# COURS ÉLÉMENT

# D'HISTOIRE DU DROIT FRANÇAIS

## A L'USAGE

## DES ÉTUDIANTS DE PREMIÈRE ANNÉE

PAR

## A. ESMEIN

MEMBRE DE L'INSTITUT
PROFESSEUR A LA FACULTÉ DE DROIT DE PARIS
ET A L'ÉCOLE LIBRE DES SCIENCES POLITIQUES
PRÉSIDENT DE SECTION A L'ÉCOLE PRATIQUE DES HAUTES ÉTUDES

*Ouvrage couronné par l'Académie des Sciences morales et politiques*

## QUINZIÈME ÉDITION

MISE A JOUR

## R. GÉNESTAL

PROFESSEUR A LA FACULTÉ DE DROIT DE CAEN
DIRECTEUR D'ÉTUDES A L'ÉCOLE PRATIQUE DES HAUTES-ÉTUDES

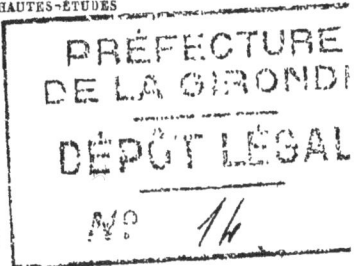
LIBRAIRIE
DE LA SOCIÉTÉ Aᵐᵉ DU
RECUEIL SIREY
LÉON TENIN, Directeur
22, Rue Soufflot, PARIS-5ᵉ

1925

# COURS ÉLÉMENTAIRE

# D'HISTOIRE DU DROIT FRANÇAIS

## A L'USAGE

## DES ÉTUDIANTS DE PREMIÈRE ANNÉE

Bordeaux, Imprimerie Cadoret, 17, rue Poquelin-Molière

# COURS ÉLÉMENTAIRE

# D'HISTOIRE DU DROIT FRANÇAIS

A L'USAGE

## DES ÉTUDIANTS DE PREMIÈRE ANNÉE

PAR

## A. ESMEIN

MEMBRE DE L'INSTITUT
PROFESSEUR A LA FACULTÉ DE DROIT DE PARIS
ET A L'ÉCOLE LIBRE DES SCIENCES POLITIQUES
PRÉSIDENT DE SECTION A L'ECOLE PRATIQUE DES HAUTES-ÉTUDES

*Ouvrage couronné par l'Académie des Sciences morales et politiques*

## QUINZIÈME ÉDITION

MISE A JOUR PAR

## R. GÉNESTAL

PROFESSEUR A LA FACULTÉ DE DROIT DE CAEN
DIRECTEUR D'ÉTUDES A L'ÉCOLE PRATIQUE DES HAUTES-ÉTUDES

LIBRAIRIE
DE LA SOCIÉTÉ A<sup>ᵐᵉ</sup> DU
RECUEIL SIREY
LÉON TENIN. Directeur
22, Rue Soufflot, PARIS-5e

1925

## PRÉFACE DE LA QUATORZIÈME ÉDITION

L'œuvre du maître lui survit. Elle garde toute sa valeur et il ne pouvait s'agir de la remanier. Je n'y ai touché, on le verra, que d'une main pieuse et discrète.

La présente édition n'est qu'une mise à jour. M. Esmein avait fait lui-même une dernière revision de son livre en 1911. Je n'avais qu'à y introduire les additions et modifications que nécessitaient les travaux parus depuis cette date. Exceptionnellement j'ai ajouté quelques références à des livres antérieurs.

Ces additions et modifications sont presque toutes faites sous forme de notes. J'ai évité autant que j'ai pu de modifier le texte.

Juin 1920.

R. GÉNESTAL.

# PRÉFACE DE LA PREMIÈRE ÉDITION

---

Le présent ouvrage est destiné à l'enseignement; il s'adresse non aux savants, mais aux étudiants de bonne volonté. Voici ce qu'il contient et en même temps ce qu'il ne faut pas y chercher.

Ce n'est pas, sous une forme abrégée, une histoire complète du droit français : il ne comprend en effet ni l'histoire de toutes les périodes, ni celle de toutes les institutions. J'ai laissé absolument de côté les institutions de la Gaule indépendante; c'est matière d'érudition pure, et l'on ne peut démontrer presque sur aucun point l'influence persistante de ces vieilles coutumes dans le développement du droit postérieur. Je ne présente pas non plus le régime de la Gaule romaine pendant les trois premiers siècles de l'ère chrétienne : il appartient beaucoup plus à l'histoire du droit romain qu'à celle du droit français, et on en trouve le tableau dans les divers manuels des institutions romaines. Je commence mon exposition par l'étude des institutions romaines, telles qu'on les constate en Gaule aux IV$^e$ et V$^e$ siècles; ce sont celles avec lesquelles les barbares devaient se trouver en contact.

Pour les périodes qu'il embrasse, ce cours ne comprend pas l'histoire de toutes les branches du droit. De parti pris, j'ai laissé de côté l'histoire interne du droit privé, ou plutôt je n'en ai retenu que deux chapitres, qui jusqu'à la Révolution appartiennent autant au droit public qu'au droit privé : l'état des personnes et le régime de la propriété foncière. La raison est que le cours d'histoire du droit, auquel corres-

pond ce livre, est placé en première année dans les Facultés
de droit : il s'adresse à des élèves qui suivraient difficilement,
dans les détails techniques et nécessaires, l'histoire de la
famille, des contrats et des successions en droit français; ils
peuvent, au contraire, parfaitement saisir dans les grandes
lignes l'histoire du droit public et l'histoire des sources, et
c'est à cet objet que le cours a été limité. Le but principal
de cet enseignement me paraît être de dégager par la méthode
historique, la notion de l'État et ses attributs essentiels.

Étant donnée cette conception, il semble que j'aurais dû
comprendre dans mon exposition le droit de la Révolution
française, car c'est lui qui véritablement a créé l'État moderne,
l' droit ancien n'en est que la préparation. Cependant je ne
l'ai pas fait, je n'ai pas dépassé l'ancien régime et me suis
arrêté en 1788. C'est que je crois le droit de la Révolution
trop important pour la place nécessairement restreinte que
i'aurais pu lui consacrer ici. J'espère d'ailleurs pouvoir un
peu plus tard combler cette lacune. Le cours d'histoire du
droit, en première année, est suivi d'un cours élémentaire
de droit constitutionnel, que j'ai l'honneur de professer. Je
compte publier, le plus tôt qu'il me sera possible, des *Éléments du droit constitutionnel* (1), et là, j'aurai nécessairement l'occasion d'exposer les principes essentiels introduits
dans le droit public par la Révolution. Plus tard enfin, si ce
n'est point former de trop vastes projets, je voudrais relier
en quelque sorte ces deux ouvrages par un troisième, une
histoire élémentaire du droit public en France, depuis la
Révolution jusqu'à la chute du second Empire.

En terminant, j'adresse une prière au lecteur. Je lui
demande de juger les tableaux successifs que contient ce
livre, en les prenant pour ce qu'ils sont, c'est-à-dire pour de
simples moyennes. En histoire du droit on ne peut arriver à
la vérité complète (en tant qu'elle est accessible), qu'en se
restreignant dans l'espace et dans le temps et en descendant
aux détails. Lorsqu'on présente des tableaux d'ensemble
embrassant tout un pays et toute une époque, on sacrifie

---

(1) Cet ouvrage a été publié, conformément à la promesse ici faite : *Éléments de
droit constitutionnel*, par A. Esmein, 1 vol., *Librairie du recueil des lois et arrêts*,
Paris, 1896; 7ᵉ édition, 1920. — J'ai également consacré un ouvrage élémentaire à
l'histoire du droit de la Révolution et du premier Empire : *Précis élémentaire de
l'histoire du droit français de 1789 à 1814 (Révolution, Consulat et Empire)*, par
A. Esmein, 1908.

nécessairement une part de vérité. Mon exposition ressemble nécessairement ici à ces cartes géographiques qui, sous un petit format, représentent un continent tout entier : forcément elles donnent aux pays des contours qui, dans le détail, ne correspondent pas à l'exacte réalité. Tout ce qu'on demande c'est qu'elles soient exactes dans leurs grandes lignes, et qu'elles présentent fidèlement la physionomie générale (1).

Luzarches, 17 avril 1892.

(1) On trouvera dans ce livre d'assez nombreuses références aux ouvrages sur l'histoire du droit français; mais ce que je signale au cours de l'exposition ce sont seulement les monographies spéciales, ou les études qui me paraissent particulièrement utiles pour le sujet traité. Je n'ai point cherché à fournir une bibliographie générale et complète. Je ne renvoie pas non plus, dans chaque chapitre, aux ouvrages généraux publiés sur l'histoire du droit français. Voici, une fois pour toutes, l'indica tion des plus importants · Glasson, *Histoire des institutions et du droit de la France,* 7 vol., 1887-1897; — Viollet, *Precis sur l'histoire du droit français,* 1884-1886; 3° edition 1905, *Histoire des institutions politiques et administratives de la France,* 3 vol., 1890 98, *Le roi et ses ministres pendant les trois derniers siècles de la monarchie,* 1912; — J. Brissaud, *Cours d'histoire générale du droit français public et prive* à l'usage des etudiants en licence et en doctorat, 2 vol., Paris, 1904, — J Flach, *Les origines de l'ancienne France,* t. I, 1886, t. II, 1893, t. III, 1904; t. IV, 1917; — Laferrière, *Histoire du droit civil de Rome et du droit français,* 6 vol, 1847-1858; — Warnkonig et Stein, *Franzosische Staats und Rechtsgeschichte,* 3 vol, 1846, — Schaeffner, *Geschichte der Rechtsverfassung Frankreichs,* 1859. Je signalerai enfin un excellent manuel elementaire : Gasquet, *Précis des institutions politiques et sociales de l'ancienne France,* 1885.

# PRÉFACE DE LA DEUXIÈME ÉDITION

---

Je suis profondément reconnaissant de l'accueil qui a été fait à ce livre .

L'Académie des sciences morales et politiques a bien voulu l'associer à mon ouvrage sur le *Mariage en droit canonique*, en me décernant le prix Kœnigswarter en 1894.

Je puis dire que le public, le souverain juge, m'a également donné ses suffrages, car la première édition est déjà épuisée, et la nécessité s'impose d'en préparer une seconde.

Cette seconde édition est avant tout une réimpression; le plus souvent elle se borne à reproduire le texte primitif. Je n'ai point certes l'outrecuidance de penser que j'aie atteint, et du premier jet, la perfection; nul ne connaît mieux que moi ce qui manque à mon livre. Mais cette exposition, long-temps mûrie, a pris, je crois, la forme la moins imparfaite que je pouvais lui donner, celle qui répond le mieux à la nature de mon esprit et au cours de mes études. Ce que je devais faire, c'était m'efforcer à l'améliorer dans le détail. Le temps ne m'a point permis de faire cette revision impitoyable et minutieuse, aussi complète que je l'aurais désiré. Cependant j'ai retouché bien des passages, ajouté un assez grand nombre d'indications nouvelles, fait disparaître certaines incorrections et rectifié quelques erreurs. Le lecteur attentif pourra aisément constater cet effort vers le mieux.

Paris, novembre 1894.

---

# PRÉFACE DE LA TROISIÈME ÉDITION

————

Voici, en cinq ans, la troisième édition de ce livre. Le public lui continuant son bienveillant accueil, je devais poursuivre l'amélioration de mon œuvre, telle que je l'avais entreprise en préparant la seconde édition. C'est ce que j'ai tenté dans la mesure où le temps me l'a permis. On pourra constater encore que nombre de passages ont été retouchés, refondus, ou complétés surtout dans la troisième partie. Mais, en outre, cette troisième édition contient une addition, qui lui donne une supériorité marquée sur les éditions antérieures, et dont je puis parler d'autant plus librement que je n'en suis pas l'auteur. C'est une table alphabétique des matières, ample et détaillée, qu'a bien voulu dresser M. Georges Appert. Elle permettra aux travailleurs d'utiliser aisément et sûrement tous les renseignements, nombreux, je puis le dire, qui sont contenus dans le texte et dans les notes.

Luzarches, 23 septembre 1897.

# PRÉFACE DE LA TREIZIÈME ÉDITION

———

Il y a longtemps que je n'ai parlé aux lecteurs de ce livre et cependant, depuis ma dernière préface, il a eu d'assez nombreuses éditions. Mais depuis la troisième édition, comme on a pu le voir, le texte est resté le même. La faveur persévérante du public m'impose un nouvel effort; je l'ai accompli cette fois. Cette nouvelle édition a été mise au courant des principaux travaux publiés postérieurement en France et à l'étranger; le cours de mes propres études m'a amené à y introduire d'autres changements et additions. Certaines thèses nouvelles d'histoire du droit, que je n'ai pas acceptées, demandaient cependant, par leur originalité et leur importance, un examen spécial : on le trouvera imprimé en plus petit caractère, à la suite de chaque chapitre où il est traité de la matière qu'elles concernent.

Les citations très nombreuses de Beaumanoir que contient ce livre ont été faites à l'origine d'après l'édition de Beugnot : c'était la seule qui existait alors, sauf celle de La Thaumassière. J'ai maintenu ces références, mais j'y ai joint généralement un renvoi aux numéros de l'édition qu'a donnée depuis M. Salmon.

Trouvérac (Charente), 2 octobre 1911.

———

# PREMIÈRE PARTIE

## LES ORIGINES

___

### CHAPITRE PREMIER

Les institutions en Gaule aux IVe et Ve siècles.

___

L'âge vraiment historique commence pour les institutions de la Gaule avec la conquête romaine. Conquise par les Romains, elle fut promptement et profondément romanisée. Par le fait même de la conquête, selon le droit de la guerre tel que le connut l'antiquité, elle avait perdu la jouissance de son droit national, ou plutôt n'en avait gardé que ce que lui en laissait la tolérance précaire ou l'administration du vainqueur. Par des concessions émanées de Claude, de Galba et d'Othon (1), les Gaulois de condition libre paraissent avoir acquis le droit de cité romaine, avant l'octroi général qu'en fit Caracalla à tous les habitants de l'empire. Dès lors, peuplée de citoyens romains (2), la Gaule, tout en conservant, comme les autres parties de l'empire, d'importantes coutumes provinciales (3), ne connut plus en principe que le droit romain : elle en suivit et subit le développement, soit pour les institutions publiques, soit pour les institutions privées. Que représentait ce droit pour la Gaule, au ve siècle, au moment où les barbares allaient s'établir sur le sol gaulois ?

___

(1) Tacite, Ann XI, 23; Hist., I, 8, 51, 78; — C. Jullian, *Hist. de la Gaule*, IV, p. 174, 184, 240.

(2) L'édit de Caracalla ne s'applique pas absolument à tous les habitants de l'empire. Mais il est difficile d'établir exactement la portée des exceptions. Il faut exclure certainement les dédilices, peut-être aussi tous ceux qui n'appartiennent pas à une *civitas* ayant une organisation municipale (Mommsen, *Hermes*, XVI, p. 475), sans doute enfin toutes les populations implantées dans l'empire postérieurement à l'édit. Voir Girard, *Manuel de droit romain*, 6e édition, p. 119.

(3) Sur l'importance des coutumes provinciales dans l'empire romain, voyez, il est vrai, pour l'Orient, Mitteis, *Reichsrecht und Volksrecht in den östlichen Provinzen des römischen Kaiserreichs*, 1891.

C'était, pour le droit public et pour le droit privé, une législation savante et bien ordonnée, arrivée à un haut degré de perfection technique. L'administration impériale, en particulier, était un admirable mécanisme. Mais la vie se retirait peu à peu de ce grand corps si bien organisé; cela venait surtout de ce que toute liberté en était absente (4).

La liberté politique, qui implique la participation des citoyens aux affaires publiques, à celles qui intéressent l'Etat tout entier, avait disparu la première. De bonne heure, sous le Haut-Empire, les citoyens romains, disséminés d'ailleurs sur une immense étendue de pays, avaient cessé de participer au vote des lois et des impôts, à l'élection des magistrats supérieurs. Tout pouvoir, à cet égard, avait passé à l'empereur et au sénat, puis s'était concentré, au Bas-Empire, entre les mains de l'empereur seul : le sénat n'était plus qu'un corps de parade, sans aucune autorité (5); le titre de sénateur, accordé à un grand nombre de fonctionnaires et se transmettant héréditairement, n'était plus qu'un titre de noblesse (6).

Les libertés locales avaient persisté plus longtemps, c'est-à-dire celles qui assurent aux habitants d'une circonscription l'autonomie administrative, en leur donnant droit de diriger eux-mêmes la gestion des intérêts locaux. Le régime municipal, qui les représentait, fut libre et florissant pendant les deux premiers siècles de l'ère chrétienne. Mais, dans le cours du III$^e$, la forte organisation municipale de l'empire, sans perdre son importance, perdit, dans une large mesure, son indépendance. Elle devint, en réalité, un rouage de l'administration impériale, le dernier et le plus important, celui qui était en contact immédiat avec la population, et sur lequel portait le poids de toute la machine (7).

L'empire étant devenu une monarchie absolue et administrative, l'administration impériale prit peu à peu pour tâche d'assurer partout non seulement l'ordre et la justice, mais encore la vie et la prospérité matérielles. Pour arriver à ce résultat, elle tendit à constituer un vaste système de classes et presque de castes, de façon que tous les services nécessaires ou utiles à la vie sociale eussent toujours un personnel suffisant. Elle s'ingénia à maintenir d'autorité chaque homme dans la fonction ou la profession qu'il avait adoptée ou pour laquelle il était désigné par sa condition

---

(4) Sur ce qui suit voyez l'ouvrage si intéressant et plein de choses de M. Otto Seeck, *Geschichte des Untergangs der antiken Welt*, t. I², 1897; II, 1901; III, 1909; IV, 1911; V, 1913.

(5) Kuhn, *Die städtische und bürgerliche Verfassung des römischen Reichs*, II, p. 203: — Otto Seeck, *op. cit.* t. II, p. 3-110

(6) Kuhn, *op. cit.*, II, p. 197 et suiv.; — Otto Seeck, *op. cit.*, t. II, p. 145-191.

(7) Otto Seeck, *op. cit.*, t. II, *Die Verwaltung der Städte*, p. 145 et suiv.

sociale, sa fortune ou son éducation (8), et, par une conséquence naturelle, elle tendit à rendre les fonctions et professions légalement héréditaires, en forçant les fils à continuer celles de leurs pères (9). Sans doute, ce système, dont les origines premières et la formation successive n'apparaissent pas avec une clarté parfaite, n'arriva jamais à une application générale; mais nous en trouvons des applications partielles et très importantes. C'est ainsi que les décurions, membres des sénats municipaux, étaient attachés à leur fonction, et que leurs fils étaient nécessairement décurions à leur tour; les fils des vétérans et soldats étaient tenus d'entrer dans l'armée (10); les *officiales*, c'est-à-dire les employés des bureaux des fonctionnaires supérieurs, étaient rivés à leur emploi (11), et, souvent, leurs fils devaient suivre la même carrière (12). D'autre part, les colons étaient attachés, à perpétuelle demeure, à la terre qu'ils cultivaient, et leur condition était héréditaire; les ouvriers et artisans des villes étaient, au moins pour certaines professions, attachés de la même manière à leur métier; et, en général, les marchands et artisans étaient enrégimentés sous l'autorité et la surveillance de l'administration. Celle-ci, on le voit, réglementait la production des richesses.

Cette vaste machine administrative ne fonctionnait point sans nécessiter d'immenses dépenses. De là des impôts très lourds, qui écrasaient la population, en même temps que la production décroissait sous la double influence de la réglementation à outrance et du travail servile, peu productif de sa nature.

L'administration qui régissait l'empire s'était constituée peu à peu, entraînant une centralisation progressive; elle avait reçu sa forme dernière, à la fin du III$^e$ siècle et au commencement du IV$^e$, par les réformes de Dioclétien et de Constantin (13); celles-ci avaient eu pour but de la simplifier, en la régularisant, et représentaient en même temps un faible essai de décentralisation. Voilà les caractères généraux que présentaient les institutions romaines aux IV$^e$ et V$^e$ siècles, pour la Gaule romaine comme pour le reste de l'empire; il faut maintenant pénétrer un peu dans le détail.

---

(8) Kuhn, *op. cit., passim*, et, spécialement, II, p. 147; — Otto Seeck, *op. cit., Die Erblichkeit der Stände*, t. II, p. 300 et suiv.

(9) Novelles de Majorien, tit. VII, § 7 : « Obviandum est eorum dolis qui nolunt esse quod nati sunt. »

(10) L. 8, C. Th., VII, 1; L. 7, 9, C. Th., VII, 22; — Kuhn, *op. cit.*, II, p. 148.

(11) Kuhn, *op. cit., .*p. 160.

(12) Code de Justinien, XII, 47 et 49; spécialement, L. 7, C., XII, 22; — Kuhn, *op. cit.*, II, 173.

(13) Otto Seeck, *op cit.*, t.I², n$^{os}$ 1-5, p. 1-191.

## § 1. — Organisation administrative et judiciaire (14).

Depuis la mort de Théodose I<sup>er</sup>, la division du monde romain
en deux empires, celui d'Orient et celui d'Occident, était devenue
définitive. L'unité n'avait cependant pas été absolument brisée;
lorsque l'un des deux empereurs mourait, le survivant redevenait
le maître de tout l'empire, à moins qu'il ne donnât lui-même un
successeur à l'empereur disparu, ce qui, d'ailleurs, était la
règle (15).

Chacun des deux empires se divisait en un petit nombre d'immenses circonscriptions appelées *préfectures du prétoire*, du nom
du magistrat qui était placé à leur tête. Il y en avait deux dans
l'empire d'Occident, dont l'une se nommait la préfecture des Gaules; elle comprenait d'ailleurs, outre la Gaule, la Bretagne, l'Espagne et la Mauritanie Tingitane. Le préfet du prétoire des Gaules
résidait à Trèves, jusqu'au moment où l'avance des barbares l'obligea de se transporter à Arles. Ses pouvoirs étaient très larges (16),
et les pays qu'il gouvernait formaient une immense étendue. La
position du vice-roi des Indes, pour la couronne d'Angleterre, peut
aujourd'hui fournir un point de comparaison, pour se figurer quelle
était sa puissance. Les préfectures étaient divisées en diocèses,
ayant chacun à leur tête un *vicarius* du préfet du prétoire, sauf
celui où résidait le préfet lui-même (17). La Gaule proprement
dite était divisée en deux diocèses, l'un dit *Viennensis*, et l'autre
*diœcesis Galliarum*. Le diocèse était lui-même une circonscription
très étendue, et il se subdivisait en provinces. Il y en avait, en
dernier lieu, dix-sept en Gaule, dix dans le diocèse des Gaules et
sept dans l'autre, que, pour cela, on appelait aussi *diœcesis septem provinciarum*. Elles étaient régies par des gouverneurs, portant le nom générique de *præsides* ou *rectores*, et exerçant, en
principe, les mêmes pouvoirs : ils portaient pourtant des titres
divers et avaient un rang honorifique différent, souvenirs, le plus

(14) Les principales sources de renseignements sont ici :
1° Le Code Théodosien (éd. Mommsen, *Libri Theodosiani sexdecim*) et les Commentaires de Jacques Godefroy sur ce code (éd. Ritter) — 2° La *Notitia dignitatum et
administrationum omnium tam civilium quam militarium in partibus Orientis et
Occidentis* (éd. Boecking ou Seeck); c'est-une liste des principaux fonctionnaires,
rédigée entre les années 411 et 413. — 3° la *Notitia provinciarum et civitatum Galliæ*
(dans Longnon, *Atlas historique de la France*, texte explicatif, p. 14); cette liste des
cités de la Gaule a été sûrement rédigée après l'année 375, et probablement au commencement du v<sup>e</sup> siècle.
(15) Gaudenzi, *Sui rapporti tra l'Italia e l'impero d'Oriente*, 1886, p. 7.
(16) Voyez, dans les *Variæ* de Cassiodore, *VI, 3*, une formule, inspirée sans doute
par les traditions de la chancellerie impériale, et où sont énumérées les prérogatives
du préfet du prétoire. On y lit en particulier ceci : « Quid est quod non habeat
commissum cujus est vel ipse sermo judicium ? Pene est ut leges possit condere. »
(17) Sur les *vicarii*, voir Otto Seeck, *cp. cit*, t. II, p. 65 et suiv.

souvent, d'un état antérieur par lequel avait passé l'administration provinciale. Enfin, chaque province se subdivisait en un certain nombre de *civitates*. Ici nous arrivons à un élément qui ne représentait pas seulement une circonscription administrative plus ou moins factice, mais un organe essentiel de l'Etat romain. Les cités avaient été véritablement les unités constitutives de l'empire; et celui-ci, pendant les deux premiers siècles, n'était guère autre chose qu'un Etat fédératif, où les cités représentaient de petits Etats en principe autonomes, et où le pouvoir impérial figurait l'autorité fédérale. Puis, comme cela a été dit plus haut, les cités avaient peu à peu vu décroître leur autonomie; elles étaient devenues surtout des instruments de l'administration impériale, mais elles étaient toujours la base de l'édifice.

Chaque *civitas* comprenait une ville, qui en était le chef-lieu, et un territoire (*territorium*), généralement étendu, qui en formait la circonscription (18). Mais, bien que ce territoire fût rattaché à la cité pour divers services publics, spécialement pour les impôts, et soumis dans cette mesure à l'autorité des magistrats de la cité, il ne faisait vraiment pas corps avec elle. La *civitas* avait une organisation municipale complète, qui représentait pour elle un véritable gouvernement propre; le *territorium*, au contraire, comprenant des hameaux ou des bourgs (*vici*, *pagi*) et de grands domaines fonciers, n'avait pas d'organisation municipale (19), et ses habitants n'étaient pas citoyens actifs de la cité dont ils dépen-

---

(18) M. Mommsen paraît avoir démontré que tout d'abord, sous la domination romaine, la *civitas* gauloise conserva son ancienne organisation et sa division traditionnelle en *pagi*, les hommes libres répartis sur tout le territoire ayant des droits égaux. Mais il est certain que l'organisation municipale romaine se substitua à cet état de choses, qui ne fut que transitoire (Mommsen, *Hermes*, XVI, p. 447 et suiv ; XIX, p. 316; — Blumenstok, *Entstehung des deutschen Immobiliareigenthums*, Innsbruck, 1894, p. 51 et suiv.).

(19) La question cependant est discutée. Voyez, sur ce point, Houdoy, *De la condition et de l'administration des villes chez les Romains*, p. 204 et suiv. Le texte qui paraît le plus favoriser l'opinion contraire à la nôtre est ce passage de Salvien (v° siècle). *De Gubernatione Dei*, V., 4 : « Quæ enim sunt non modo urbes sed etiam municipia atque vici, ubi non quot curiales fuerint tot tyranni sint ?. » D'après cela, les *vici* auraient eu des décurions, un sénat municipal. Mais le texte n'a pas cette portée. Salvien ne parle que des *civitates*, comme la suite l'indique : « Quis ergo, ut dixi, locus est ubi non *a principalibus civitatum* viduarum et pupillorum viscera devorentur ? » Par le mot *vici*, il veut désigner les plus petites cités municipales. On avait d'ailleurs reconnu aux *vici* la personnalité civile à fin d'acquérir et d'agir en justice, L. 73, § 1, D., *De legat.* I; L. 1, § 5, C. II, 58 (59); et le pouvoir impérial pouvait toujours transformer un *vicus* en *civitas*. Voyez encore en sens contraire et comme attribuant aux *vici* et *pagi* une importance administrative plus grande et une organisation propre : Flach, *Les origines de l'ancienne France*, t. II, p. 36 et suiv.; — Blumenstok, *Entstehung d. Immobiliareig.*, p. 126 et suiv.; mais voyez aussi d'Arbois de Jubainville, *Recherches sur l'origine de la propriété foncière et des noms de lieux habités en France*, p. 10; Declareuil, *Quelques problèmes d'histoire des institutions municipales au temps de l'empire romain*, Nouv. revue hist. de droit, 1908, p. 547; Jullian, *Hist. de la Gaule*, IV, p. 352 et suiv.

daient, cette qualité paraissant avoir été réservée à la population fixée et établie dans la ville et dans sa banlieue (*suburbanum*) (20). Les grands domaines du territoire, désignés par les noms de *saltus*, *possessiones* (21), semblent même placés en dehors de l'action des cités (22). Le régime municipal romain avait, par là, un caractère urbain très prononcé; l'organisation municipale était un privilège des villes, et cela établissait une véritable antinomie entre celles-ci et les campagnes. Quelle était cette organisation ?

Pendant les deux premiers siècles de l'empire, elle avait représenté un gouvernement libre et autonome, reproduisant en petit le gouvernement de la Rome républicaine. Elle comprenait trois organes essentiels : des comices, avec un droit de suffrage plus ou moins étendu suivant les cités; des magistrats municipaux, élus par les comices, un sénat ou curie, composé des magistrats sortis de charge, et complété, au besoin, par l'adjonction des citoyens les plus riches et les plus honorables. Les sénateurs municipaux s'appelaient *décurions;* plus tard, ils portèrent fréquemment le titre de *curiales* (23). Mais, dans le cours du III⁰ siècle, des modifications profondes transformèrent cette organisation. Les comices, dans les cités, cessèrent de se réunir, et le droit d'élire les magistrats municipaux passa à la curie; en même temps, la règle s'établit que celle-ci ne pouvait les choisir que parmi ses membres (24). Comment ce changement se produisit-il ? Je ne puis le rechercher ici (25): mais, une fois produit, il en entraîna un autre.

(20) Esmein, *Mélanges d'histoire du droit*, p. 309. Voyez, en sens contraire, Kuhn, *op cit.*, II, p. 29 et suiv.

(21) L. 33, C. Th. XVI, 2; L. 3, § 1, C. J., V, 27; L. 14, C. J., XI, 62; L. 28, § 4, C. J., I, 3; — Esmein, *Mélanges d'histoire du droit*, p. 209 et suiv. — A la fin du IV⁰ siècle, le recouvrement de l'impôt foncier dû par les grands propriétaires est opéré non plus par les *curiales*, mais directement par l'*officium* du gouverneur de la province; les grands domaines ne sont plus portés au cadastre de la cité, mais ont un cadastre spécial (H. Monnier, *Etudes du droit byzantin*, dans la *Nouvelle revue historique de droit français et étranger*, t. XVI, 1892, p. 336).

(22) Esmein, *Mélanges*, p. 209, 309 et suiv.; — Declareuil, *Nouv. revue hist. de droit*, 1908, p. 554; — Blumenstok, *Entstehung d. Imm.*, p. 126.

(23) Sur le sens différent des mots décurion (membre du Sénat municipal) et curiale ou *subnixus curiæ* (celui qui a des ressources suffisantes pour être chargé des *munera municipalia*) voir Declareuil, *Nouv. revue hist. de droit*, 1907, p. 476.

(24) Voici ce que dit le jurisconsulte Paul, qui vécut sous Septime Sévère, Caracalla et Alexandre Sévère (L. 7, § 2, D., L. 2) « Is qui non sit decurio duumviratu vel aliis honoribus fungi non potest, quia decurionum honoribus plebeii fungi prohibentur. »

(25) Voyez, sur ce point, Kuhn, *op cit*, II, p. 236 et suiv. M. Otto Seeck, *op cit.*, II, p. 184, 187 et suiv., 313 et suiv., expose ainsi la suite des faits Les dépenses qu'entraînaient les magistratures municipales gratuites (largesses aux citoyens, dépenses pour la cité) firent que, le patriotisme local diminuant et les riches citoyens émigrant à Rome, le nombre des candidats à ces magistratures diminua, si bien que souvent il n'y en eut pas autant que de places à remplir Comme le montre la *Lex Malacitana* (c. 51) le *duumvir*, qui présidait les comices, dut alors désigner d'office des candidats pour les magistratures auxquelles il ne s'en présentait point, lesquels étaient naturelle-

Dorénavant, la curie ne pouvait plus se recruter parmi les anciens magistrats, puisque, pour devenir magistrat, il fallait d'abord être décurion. Un nouveau mode de recrutement s'imposait; on le trouva dans l'hérédité : le fils du décurion fut décurion comme l'avait été son père. En établissant cette règle, on suivait d'ailleurs des précédents : la tendance s'était montrée de bonne heure à faire entrer de préférence dans la curie les fils des décurions (26), avant même qu'ils eussent exercé une magistrature. Mais ce qui n'était qu'un fait et une habitude devint une règle de droit précise et impérative. Le fils légitime du décurion fut décurion dès sa naissance et nécessairement, sauf à attendre l'âge compétent pour exercer ses fonctions (27). Pour ses fils naturels, le décurion put leur assurer la légitimité en les agrégeant à sa curie (28). Le sénat, d'ailleurs, se complétait par l'*allectio* de nouveaux membres, pris parmi ceux dont la fortune atteignait le taux nécessaire pour être décurion (29). L'administration des cités était mise ainsi aux mains d'une noblesse locale héréditaire, renforcée par les plébéiens qui arrivaient à la fortune. On ne comprendrait point qu'on fût arrivé à un pareil système, qui devait souvent fournir un personnel bien peu capable, si l'on ne savait quelles sont devenues les attributions les plus importantes de ces curiales du Bas-Empire (30). Ils sont, avant tout, les instruments et les esclaves,

---

ment obligés de les accepter. Mais le *duumvir* était responsable pécuniairement s'il en avait désigné dont la fortune n'était pas suffisante. Au lieu de les faire élire par les comices, ce qui était une pure formalité quand il y avait juste autant de candidats que de places à remplir, il préféra les faire approuver par un vote de la majorité de l'*Ordo*, qui prenait alors cette responsabilité. C'est ainsi que les comices auraient disparu, n'étant plus réunis. D'après Declareuil, *Nouv. revue hist. de droit*, 1902, la réforme aurait été faite par une constitution impériale, à laquelle ferait allusion un rescrit de Caracalla et Geta (1. 6, pr., Dig. L, IV).

(26) Pline le Jeune, *Epist*. X, 83.

(27) L. 122, C. Th., XII, 1 : « Qui statim ut nati sunt, curiales esse cœperunt. » D'après M. Otto Seeck, *op. cit*, II, p. 312 sq., c'est seulement à partir du règne de Dioclétien que les fils de décurions auraient été de droit et nécessairement membres de l'*Ordo*. Auparavant ils auraient été protégés par une règle d'après laquelle un *filiusfamilias* n'aurait pas pu pendant la vie de son père recevoir une magistrature municipale ou entrer dans la curie sans le consentement de celui-ci (p. 313). Cette règle aurait été abrogée par Dioclétien (p. 314) et les fils de décurions, ayant la fortune nécessaire en la personne de leur père, auraient été incorporés à la curie s'ils n'avaient aucune excuse pouvant les en dispenser. Mais les textes que cite M. Seeck pour établir ce changement de législation (L. 5, C. J., X, 32; L. 7, C. Th, XII, 1) ne paraissent point probants; le principe qu'ils proclament, à savoir que la puissance parternelle ne régit point la condition du fils quant au droit public, semble au contraire ancien.

(28) L. 3, C. J., V, 27.

(29) L. 13, 33, C. Th, XII, 1.

(30) Dès le Haut Empire les villes perdent le droit de contracter des emprunts et d'établir à leur profit de nouveaux impôts sans l'autorisation de l'autorité supérieure. Leurs finances passent sous le contrôle des *curatores* impériaux. Otto Seeck, *op cit.*, II, p. 169.

pour ainsi dire, de l'administration impériale (31) : c'est d'eux
qu'elle se sert pour diriger en bas tous les services qui assurent le
fonctionnement de la machine administrative (32). Elle les emploie
en particulier pour faire, sous leur responsabilité personnelle et
celle de la curie, la répartition et la levée des principaux
impôts (33) et pour exécuter ces réquisitions de personnes et de
choses qui jouent un si grand rôle dans le régime du Bas-Empire.
Dans ces conditions, ce qui importe surtout, c'est d'avoir un corps
de décurions suffisamment nombreux et solvables, la curie ayant
elle-même un riche patrimoine. Aussi toutes les précautions sont-
elles prises pour atteindre ce but. Les curiales ne peuvent point
vendre leurs immeubles sans un décret du juge (34); ils ne peuvent
pas, sous des peines sévères, quitter la ville pour résider à la
campagne (35). S'ils laissent leurs biens à des héritiers qui ne
soient pas décurions, un quart du patrimoine est attribué à la
curie (36). Lorsque leur héritage va à leurs filles, celles-ci subis-
sent la même réduction du quart, si elles n'épousent pas des
curiales (37). Au contraire la capacité propre des curiales importe
assez peu. Aussi admet-on parmi eux, à côté de l'*infans* (38), l'illet-
tré (39) et la personne notée d'infamie (40). Mais, en même temps,
la qualité de décurion, au lieu d'être principalement un honneur,
est devenue avant tout une lourde charge, et les habitants des cités
sont tentés de s'y soustraire. La loi y pourvoit, comme on l'a dit
plus haut. En même temps qu'elle fait entrer de force dans la
curie le citoyen qui arrive à la fortune, elle décide que, une fois
décurion, on l'est nécessairement et à perpétuité; on est attaché
à la fonction. Vainement les curiales cherchent-ils à échapper au
joug en entrant dans l'armée (41), dans le clergé (42), dans les
fonctions de l'administration impériale (43), même dans la classe

(31) Dans Salvien, *De Gubernatione Dei*, V, 4, ils sont qualifiés *judicibus obse-
quentes*. Les *judices* dont il est ici question sont les gouverneurs des provinces.
(32) Voyez, dans Kuhn, *op. cit*, II, p. 244, la liste des *munera* ou des charges qui
pouvaient leur être imposées.
(33) L. 8, 117, C. Th., XII, 1; L. 20, C. Th. XII, 6; L. 12, 16, C. Th., XI, 7. Le système
de la responsabilité des décurions pour les impôts qu'ils étaient chargés de percevoir
est ancien et remonte au moins au temps des Sévère. L. 1, D., XVII, 7. Jullian,
*Hist. de la Gaule*, IV, p 335. Voir Declareuil, *op. cit. Nouv. revue hist de droit*, 1910,
p. 200 et suiv.
(34) C. J., X, 34.
(35) L. 1, C. J., X, 38 (37).
(36) L. 1, 2, C. J., X, 34.
(37) L. 2, § 3, C. J., X, 34.
(38) L. 1, C. J., X, 41 (40).
(39) L. 6, C. J., X, 32 (31).
(40) L. 8, C. J., X, 32 (31); L. 1, C. J., X, 58.
(41) L. 11, 13, C. Th., XII, 1.
(42) L. 3, C. Th., XVI, 2; cf. L. 49, 59, 99, C. Th, XII, 1
(43) L. 13, 48, C. Th., XII, 1.

des ouvriers de l'Etat (44) ou dans celle des colons (45); toujours, sauf de bien rares exceptions, la loi poursuit ces déserteurs (46) et les ramène à la curie. Cette application du système des classes fut, sans doute, l'une des premières (47).

Sous un semblable régime, les abus devaient être très grands, surtout en ce qui concernait la répartition des impôts. Les décurions, talonnés par l'administration impériale, tyrannisaient à leur tour les petites gens; contribuables eux-mêmes, ils cherchaient à faire peser sur le peuple le plus lourd du fardeau de l'impôt, d'autant plus qu'ils étaient, d'autre part, obligés de ménager les hommes puissants, les hauts fonctionnaires en activité ou en retraite qui avaient des biens dans la circonscription de la cité. Ce n'est pas seulement Salvien qui nous expose ces abus dans le tableau si sombre qu'il a tracé de la Gaule dans la seconde moitié du v⁰ siècle (48); ils apparaissent aussi dans les lois qui cherchent à y porter remède (49). Le mal était si grand qu'au IV⁰ siècle on créa un nouveau magistrat municipal dont la seule fonction fut d'abord de dénoncer et d'empêcher ces injustices : le *defensor civitatis* (50). On trouve la première mention des *defensores* en l'année 364, à propos de l'Illyrie, et il est probable qu'il n'y en eut d'abord que dans quelques cités; on en institua çà et là avant de créer un *defensor* dans toutes les *civitates*. Ils furent spécialement chargés de défendre la plèbe des villes contre les exactions des *potentiores*, et ils portent souvent le titre de *defensor plebis*; cependant ils devaient prêter aussi leur appui aux décurions eux-mêmes (51). Mais, ce qui montre combien une telle fonction était délicate et difficile à remplir, ce sont les variations par lesquelles passa la législation quant au mode employé pour désigner le titulaire. Nommés d'abord par le préfet du prétoire, sauf qu'il ne

(44) L. 32. C. J., X, 32 (31).

(45) Novelles de Majorien. tit. VII (édit. Hænel, p. 315, Mommsen, p. 167).

(46) Les lois qui contiennent et appliquent cette règle sont très nombreuses aux titres du Code Theodosien (XII, 1) et du Code de Justinien (X, 32 [31]), *De decurionibus et filiis eorum*. Le mot *desertores* est appliqué aux magistrats municipaux (L. 20, C. J., X, 32). On en arriva à prononcer l'*addictio* à la curie à titre de peine; les constitutions impériales furent obligées de prohiber cette pénalité singulière (L. 66, 108, C. Th., XII, 1). Voir sur tous ces points Otto Seeck, *op. cit*, II, p. 314, sq.

(47) Ulpien, au Digeste (L. 2, § 8, D., L. 2) parle déjà de ceux qui « ad decurionatus honorem inviti vocantur ».

(48) Voyez spécialement *De gubernatione Dei*, V, 4.

(49) L. 1, C. J., X, 22; L. 1, C. J., X, 25, L. 1, C. J., XI, 58.

(50) Sur ce qui suit, voyez Chénon, *Etude historique sur le « defensor civitatis »*, dans la *Nouvelle revue historique de droit français et étranger*, 1889, p. 321 et suiv., 515 et suiv.; — Otto Seeck, *op. cit*, II, p. 173 et suiv.; — Declareuil, *Nouv. revue hist. de droit*, 1908, p. 46 et suiv. La plupart des constitutions qui concernent le *defensor* sont réunies au Code Théodosien (édit. Mommsen), I, 29.

(51) L. 7, C. Th., I, 29 : « Plebem tantum vel decuriones ab omni improborum insolentia tueantur. »

pouvait les prendre dans certaines catégories de personnes, celles
contre lesquelles vraisemblablement ils auraient à défendre le
peuple, les *defensores* furent plus tard élus par les cités, sauf la
confirmation de l'autorité impériale. Mais le principe de l'élection
admis, on varia quant au mode de suffrage. Le suffrage universel.
l'élection par tous les habitants de la cité, paraît avoir été le système d'abord pratiqué, et ce fut lui qui l'emporta en définitive (52).
Mais, entre temps, fonctionna un collège électoral restreint, comprenant seulement le clergé, les *honorati* ou fonctionnaires impériaux sortis de charge, les curiales et les *possessores* ou propriétaires fonciers (53). En définitive, l'institution du *defensor* n'atteignit point le but en vue duquel elle avait été créée. La législation
impériale l'en faisait elle-même dévier, en conférant au *defensor*
des attributions et des fonctions analogues à celles des officiers
municipaux, en faisant du *defensor* jusqu'à un collecteur d'impôts (54).

Cette protection, instituée par la loi, s'était montrée inefficace.
D'ailleurs, ceux qui avaient besoin d'être protégés s'étaient eux-
mêmes cherché des protecteurs. Ils les avaient trouvés chez les
grands qui possédaient la puissance de fait, par la fortune ou la
position sociale. Par une habitude qui n'avait jamais cessé dans
la société romaine, mais qui reprenait alors une force nouvelle,
ils se faisaient les clients de ces *potentes*, et, moyennant ce dévouement, ils obtenaient leur protection. Ce phénomène se produisait
surtout parmi le peuple des campagnes, en dehors des cités : là,
des cultivateurs isolés, des hameaux et des bourgs entiers, se
mettaient sous la protection du grand propriétaire voisin, qui,
souvent, avait rempli de hautes charges dans l'empire. Cela s'appelle alors les *patronicia vicorum*, et ils nous ont été décrits, pour
la Gaule, par Salvien (55) et, pour l'Orient, par Libanius. Mais ce
n'étaient pas les seules personnes qui cherchaient et obtenaient
protection, les curiales en faisaient parfois autant, et nous les
voyons chercher asile et *patrocinium* chez un *potens* (56) ou se

(52) *Lex romana Wisigothorum* (édit. Hænel) : L. 1, C. Th., I, 10 *Interpretatio*;
— C. Th. éd. Mommsen, I, XXVIII, 6. — Novelles de Majorien, tit. III (Code Théodosien,
édit. Hænel, p. 300; édit. Mommsen, II, p. 150)

(53) L. 8, pr., C. J., I, 55.

(54) L. 12, C. Th., XI, 7. Il est vrai que, dans ce texte, il est chargé de percevoir
l'impôt des *minores possessores* à la place des décurions. Otto Seeck, *op. cit*,
II, p. 175. Pour empêcher les abus « Théodose I fit élire les *defensores*, par les
villes elles-mêmes, réservant seulement la confirmation à la Cour. Mais dans les
idées de ce temps un fonctionnaire électif était bien au-dessous de ceux qui avaient
été nommés par l'Empereur, par ses préfets. Ainsi le *defensor* vint-il grossir le tas
des curateurs et des *ducpiri*. Ces trois fonctions subsistèrent les unes à côté des
autres, avec des devoirs spéciaux à remplir, mais aucune d'elles n'exerçait plus un
pouvoir réel sur l'administration de la ville ».

(55) *De gubernatione Dei.* V, 8.

(56) L. 76, C. Th., XII, 1; — Novelles de Majorien, tit. II (édit. Hænel, p. 297,
Mommsen, p. 153).

faire ses *procuratores* (57). Les lois des ive et ve siècles prohibent sévèrement ces *patrocinia* (58), qui créent des autorités privées en concurrence avec celle de l'Etat; mais ces défenses sont vaines : ce n'est plus qu'un rappel de principe. J'aurai l'occasion de revenir un peu plus loin sur ce sujet.

Pour terminer avec l'organisation administrative de la Gaule, il faut dire un mot d'une institution, dont on a parfois exagéré l'importance, mais qui introduisait une certaine vie provinciale à côté du mécanisme administratif. Je veux parler des Assemblées de province et de diocèse (59). Les plus anciennes de ces assemblées (60) remontent aux premiers temps de l'empire et elles tirèrent leur origine, du moins en Occident, du culte païen et officiel de l'empereur, du culte de Rome et d'Auguste, qui fut, dans une certaine mesure, un agent de civilisation et un moyen de gouvernement. Dans chaque province où il était institué, ce culte était représenté par un flamine (61) et donnait lieu périodiquement à des fêtes, où se réunissaient les délégués des diverses *civitates* de la province. Le flamine était le président naturellement désigné de cette assemblée de délégués. Celle-ci constituait aussi une association autorisée et protégée par la loi, mais non un corps administratif proprement dit. Elle avait des biens, dotation du culte impérial, et délibérait sur leur gestion; mais là se bornaient ses attributions officielles. Seulement, par la force des choses, ces réunions des notables de la province amenaient un échange d'idées entre eux et des communications adressées à l'administration impériale. Celle-ci leur accorda le droit de traduire les vœux de la population et de faire valoir ses plaintes. Elles pouvaient faire présenter ces vœux, par des délégués, au préfet du prétoire ou à l'empereur. Elles contrôlaient aussi, d'une manière indirecte, l'ad-

(57) L. 92, C. Th., XII, 1.

(58) C. Th., XI, 24, *De patrociniis vicorum.*

(59) Voyez sur cette institution · P. Guiraud, *Les assemblées provinciales dans l'empire romain*, Paris, 1887; — E. Beurlier, *Le culte impérial, son histoire et son organisation depuis Auguste jusqu'à Justinien*, Paris, 1891, spécialement *deuxième partie*, ch. I.

(60) En Gaule il y eut une assemblée à Lyon, ou plutôt au confluent de la Saône et du Rhône, pour la *Gallia comata*, et cette assemblée survécut à la division en provinces, une autre pour la Narbonnaise, et des assemblées spéciales pour les petites provinces alpestres et pour les neuf peuples d'Aquitaine, entre la Garonne et les Pyrénées, qui formèrent au second siècle la province de Novempopulanie. C. Jullian, *Histoire de la Gaule*, IV, p. 432 et suiv. et 447.

(61) En 1889, il a été trouvé à Narbonne une inscription mutilée contenant un fragment de loi très intéressant sur le *flamen* provincial et la *flaminica*, sa femme. Elle est reproduite au *Corpus inscriptionum latinarum* de Berlin (XII, 6038) avec des notes de MM. Hirschfeld et Mommsen. Voyez aussi, sur ce texte, P. Guiraud, *Un document nouveau sur les assemblées provinciales de l'empire romain*. 1889, et le *Bulletin critique* des 15 mars et 15 mai 1888 ( articles de MM. Héron de Villefosse et Mispoulet); — Mispoulet, dans la *Nouvelle revue historique de droit français et étranger*, 1888, p. 253 et suiv.

ministration des gouverneurs, lorsqu'ils étaient sortis de charge. Aux uns, elles décernaient des honneurs et des statues; contre les prévaricateurs, elles pouvaient intenter, conformément au droit commun, le *crimen repetundarum* et choisissaient quelques-uns de leurs membres pour soutenir en leur nom l'accusation. Aux ive et ve siècles, ces assemblées provinciales subsistent; avec le christianisme, elles perdent leur ancien caractère religieux, le culte de l'empereur étant aboli, mais elles paraissent devenir un organe régulier de l'administration romaine. Elles semblent avoir le droit de se réunir librement (62); elles ont des réunions ordinaires et extraordinaires (63). Cela devient une assise solennelle tenue dans un lieu public où tous peuvent assister; mais seuls ont séance et voix délibérative les représentants des cités, et, à côté d'eux, au premier rang, les *honorati*, ou fonctionnaires impériaux sortis de charge qui habitent la province (64). Lorsque fut établie la division supérieure du diocèse, la législation impériale lui donna une assemblée du même genre ou du moins en permit la réunion spontanée (65). Pour la Gaule, en particulier, lorsque le siège du préfet du prétoire eut été transféré à Arles, le préfet Petronius eut l'idée de donner au *concilium* des *septem provinciæ* une périodicité régulière, et, en 418, une célèbre constitution d'Honorius régularisa cette institution (66). Ce *concilium* comprenait les *judices*, c'est-à-dire les *præsides* en fonctions, les *honorati*, et des *curiales* des cités; d'après un passage d'Hincmar de Reims, reproduisant sans doute d'anciens documents, il aurait aussi compris les évêques (67). Mais son activité paraît avoir été irrégulière et peu durable.

En décrivant l'organisation administrative, j'ai, en même temps. décrit dans ses grandes lignes l'organisation judiciaire, car, jusqu'au bout, dans le monde romain, les attributions administratives et judiciaires ont été réunies dans les mêmes mains. Chacun des fonctionnaires que j'ai décrits était, en même temps, un juge, et, en principe, administrait à la fois la justice civile et criminelle. Le juge de droit commun était le gouverneur de la province. Les magistrats municipaux des cités exerçaient aussi le pouvoir judiciaire, mais leur compétence était limitée de deux côtés, assez

(62) L. 1, C. Th., XII, 12. Cette constitution des empereurs Constantin et Constans ne vise, il est vrai, que les provinces africaines.

(63) L. 12, 13, C. Th., XII, 12.

(64) L. 12, 13, C. Th., XII, 12; — Sidoine Apollinaire, *Epist.* I, 3 (édit. Baret), *olim*, I, 6.

(65) L. 9, C. Th., XII, 12.

(66) Hænel, *Corpus legum ante Justinianum latarum*, p. 238; — Pardessus, *Diplomata, Chartæ*, p. 3 et suiv.

(67) *Hincmari Opera* (édit. Sirmond), II, p. 730 : « Ut de his (septem) provinciis honorati vel possessores, judices et episcopi præfatarum provinciarum... ad concilium forense vel ecclesiasticum convenirent ».

étroitement. Ils ne connaissaient que des litiges peu importants, et
en matière criminelle, ils procédaient seulement à l'arrestation des
accusés et à une première instruction préparatoire; d'autre part,
ils n'avaient pour justiciables que les habitants de la cité et de sa
banlieue (68). Dans ce système, pour beaucoup de personnes la
justice était éloignée du justiciable, car les provinces avaient une
grande étendue. Il est vrai que les gouverneurs, suivant une tradition ancienne et non interrompue, faisaient périodiquement des
tournées dans la province, tenant des assises aux principaux lieux
de leur ressort (69). La juridiction du préfet ou du vicaire se manifestait surtout par la procédure de l'appel.

L'appel est le droit pour une personne de porter à nouveau en
tout ou en partie, devant un juge supérieur, la cause déjà tranchée par un juge inférieur, dont le jugement peut alors être
réformé. Ainsi entendu, l'appel n'existait pas sous la République
romaine; mais il fit son apparition avec l'Empire. Dès le règne
d'Auguste, il fut admis que le citoyen pourrait appeler à l'empereur (70). Puis cette voie de droit se régularisa, en ce sens que
l'appel suivit, en la remontant, la hiérarchie des fonctionnaires.
C'est ainsi qu'il se présente dans le droit des IV<sup>e</sup> et V<sup>e</sup> siècles. Du
magistrat municipal, on peut toujours appeler au *præses* de la
province. Quant à l'appel intenté contre le jugement du *præses*,
il faut distinguer. Si la province est située dans un diocèse à la
tête duquel est un *vicarius*, on appelle du *præses* au *vicarius* et de
celui-ci à l'empereur; si, au contraire, elle est située dans le diocèse où réside le préfet du prétoire, on appelle du *præses* au préfet,
mais ce dernier juge sans appel, comme l'empereur lui-même
dont il tient la place (71).

### § 2. — LES IMPÔTS.

La fiscalité développée, les lourds impôts sont un des traits
distinctifs du Bas-Empire, et, ce qui caractérise encore ce système, c'est la prédominance de l'impôt direct sur l'impôt indirect.
Par l'impôt direct, l'Etat demande, périodiquement et d'ordinaire
chaque année, au contribuable, soit une somme fixe, soit une
contribution aux dépenses publiques, proportionnelle au capital
ou au revenu possédé. Les impôts directs sont naturellement perçus d'après des listes nominatives dressées à l'avance. Il y a impôt

---

(68) Esmein, *Mélanges*, p. 309, et *Quelques renseignements sur l'origine des juridictions privées*, p. 13.

(69) L. 11, 12, C. Th., I, 16; — Novelles de Majorien, tit. II et IV

(70) Mommsen, *Römisches Staatsrecht*, II², p. 930 et suiv.

(71) Cela résulte des textes réunis au Code Théodosien; voyez, en particulier, L. 16
C. Th., XI, 30, et le Commentaire de Godefroy.

indirect, au contraire, lorsque l'État perçoit une certaine somme, fixe ou proportionnelle à la valeur, à l'occasion de l'acquisition, de la consommation ou de la circulation des objets qui représentent la richesse. Ici, c'est un acte volontaire du contribuable, au moins en apparence, qui donne lieu à la perception de l'impôt. Les deux formes d'impôt figuraient dans le système de l'empire-romain, mais la première, je l'ai dit, était prédominante.

L'impôt direct permanent, frappant les biens ou les personnes, s'était longtemps présenté chez les Romains comme une conséquence de la conquête, comme un tribut payé par le vaincu au vainqueur; il n'avait porté que sur les provinces. Mais, peu à peu, il s'était régularisé et consolidé et avait été étendu à l'Italie au commencement du ive siècle (72). Cet impôt provincial, fruit de la conquête, avait pris naturellement deux formes : celle d'une capitation proprement dite, c'est-à-dire d'un tribut payé par les habitants à tant par tête, et, d'autre part, celle d'un impôt foncier, redevance due par les terres, dont la propriété avait passé au peuple romain, bien qu'il laissât aux particuliers un droit de jouissance perpétuelle, héréditaire et aliénable. Il semble que ces impôts sous le Haut-Empire aient été arrêtés à des sommes fixes; ils s'étaient anciennement payés tantôt en céréales, tantôt en argent, puis le paiement en argent semble avoir été généralisé.

Des changements profonds furent introduits dans le système des impôts à partir de Dioclétien. Dans le Haut-Empire, l'impôt, que devait payer la population rattachée à chaque cité, soit comme capitation, soit comme impôt foncier, fut arrêté à une somme fixe et, en même temps, les contributions antérieurement payées en nature furent généralement converties en argent; là où, par exception, elles s'étaient maintenues, le chiffre en était également devenu invariable (tant de centaines ou de milliers de boisseaux de blé, par exemple). En même temps aussi la cité était devenue la débitrice directe de son contingent d'impôts envers l'Empire. C'étaient les *decemprimi*, les dix premiers membres de l'*ordo* portés sur l'*album*, qui étaient chargés de la répartition et du recouvrement. Mais, comme du même coup la cote personnelle des habitants et celle de chaque *caput* foncier étaient devenues invariables, et qu'au contraire la population pouvait baisser et la culture se restreindre, c'étaient les *decemprimi* qui étaient responsables du déficit en résultant. Cela faisait pour l'Empire, en cette partie, un budget fixe et assuré.

Mais quelque peu avant le règne de Dioclétien, par suite d'une réforme monétaire profonde, qui avait considérablement abaissé la valeur réelle des monnaies tout en leur laissant leur valeur

(72) Aurelius Victor, *Cæsares*, xxxix; — Lactance *De mort persec.*, c. xxiii.

monétaire antérieure, on arriva à payer en nature la solde des soldats et officiers de l'armée, ainsi que le traitement des fonctionnaires civils. Pour se procurer les denrées et objets très divers que le système nécessitait, les Empereurs adressèrent souvent aux contribuables des réquisitions générales de ces objets, *indictiones*. Elles furent d'abord extraordinaires et momentanées; puis, cela devint une pratique constante. Dioclétien, pour régulariser le système, rétablit le cens quinquennal, *census*, qui était tombé en désuétude, et qui fut dès lors toujours opéré par des fonctionnaires impériaux (73).

Malgré ces changements, nous croyons avec la doctrine commune depuis Savigny, à la persistance de deux impôts directs distincts, l'un personnel, la *capitatio plebeia*, l'autre foncier, la *jugatio* ou *capitatio terrena* (74). Mais à partir de Dioclétien, ils se transformèrent profondément. Le produit n'en était plus arrêté à des sommes invariables, mais calculé d'après les besoins de l'Empire. Chaque année était promulguée une ordonnance impériale, *indictio*, indiquant ce qui serait perçu pour l'année suivante. Ces sommes étaient réparties entre les préfectures, les diocèses, les provinces et les cités. La *capitatio terrena* ou *jugatio* était un impôt foncier; elle avait eu pour origine le tribut en argent ou en fruits que le peuple romain levait sur le sol provincial, comme prix de la jouissance perpétuelle qu'il en laissait aux propriétaires de fait, car on sait qu'en droit lui seul en était le véritable propriétaire. Devenu un impôt général, c'était un impôt de répartition, c'est-à-dire que le pouvoir impérial ne déterminait pas directement et d'emblée la somme que devait payer chaque propriétaire d'après l'importance de sa propriété; ce qu'il déterminait périodiquement, c'était la somme totale que devait fournir la *capitatio terrena* pour tout l'empire, et cette somme, par une série de répartitions successives, finissait par être distribuée entre tous les propriétaires. La circonscription dernière pour cette répartition était le *territorium* de la *civitas*, et pour l'assiette de l'impôt, toutes les propriétés foncières, comprises dans ce territoire (75), étaient, par voie de groupement ou de décomposition, ramenées à une unité imposable appelée *caput* ou *jugum*. Chaque *caput* représentait une

(73) Otto Seeck, Geschichte des Untergangs der antiken Welt, II, p. 221 et suiv.

(74) Pour ces expressions, voir Jacques Godefroy, sur le Code Théodosien, XIII, 10 *paratitlon*, édit., Ritter, t. V, p. 126-7, C. Th , XI, 1, *paratitlon*.

(75) Peut-être les propriétés urbaines, *prædia urbana* (et *suburbana*), non comprises dans le cadastre général, payaient-elles un impôt autre que la *capitatio terrena* et distinct de celle-ci. Voyez H. Monnier, *Etudes de droit byzantin*, l'ἐπιβολή dans la *Nouvelle revue historique de droit français et étranger*, t. XVI, 1892, p. 449 et suiv., 499 et suiv. — Cf. ce passage de Grégoire de Tours, sur l'exemption d'impôt accordée par l'empereur Léon à la ville de Lyon, *De gloria confessorum*, édit. Krusch, c. 63: « Tributum petitum civitati concedit unde usque hodie circa muros urbis illius in tertio milliario non redduntur in publico. »

même valeur, et, dans la répartition, il devait lui être attribué la
même somme d'impôts. Selon la nature et la fertilité du sol, le
caput comprenait une étendue plus ou moins grande de terrain;
il pouvait comprendre plusieurs propriétés distinctes, appartenant à des maîtres différents, tandis que les propriétés importantes contenaient un certain nombre de capita. D'ailleurs, à côté de
sa part dans l'impôt foncier proprement dit, ou jugatio, le propriétaire foncier payait aussi un impôt à raison des animaux ou
des esclaves qu'il avait sur son fonds (76).

La capitatio humana ou plebeia avait eu également pour origine
la conquête. Anciennement, c'était sans doute une capitation proprement dite, c'est-à-dire une somme fixe que devait payer, dans
chaque province, chaque tête de provincial. Mais, en se généralisant et s'étendant à l'empire entier, elle prit, elle aussi, le caractère d'un impôt de répartition. Pour former le caput ou unité imposable, on réunissait souvent plusieurs personnes en un groupe,
en tenant compte du sexe (77), et peut-être de l'âge (78), et probablement sur ce point les règles différaient suivant les provinces (79). Cette capitatio, comme l'indique l'épithète de plebeia, qui
lui est donnée, devait être payée par tous ceux qui étaient classés
parmi les plebeii et l'on verra un peu plus loin quèls étaient ceux-
là. Cependant on a soutenu qu'il fallait se rattacher à un autre
criterium; qu'elle était payée par tous ceux, mais par ceux-là
seulement, qui, n'étant pas propriétaires fonciers, ne supportaient
pas la capitatio terrena. La capitatio plebeia, bien qu'on ait également soutenu le contraire (80), existe et persiste dans l'empire
romain aux ive et ve siècles. Seulement remise en fut faite à titre
perpétuel par Constantin à la plebs urbana, aux plébéiens des
villes (81), et, postérieurement, elle fut également abolie au profit
de la plèbe rurale dans certaines provinces. En dehors de ces
deux formes principales, l'impôt direct était levé également sur
les capitalistes, prêteurs d'argent, et sur les marchands (82).

Pour la répartition de ces impôts, la somme totale, que chacun

(76) L. 1, pr., C. J., X, 36 (35) : « Jugationibus tantum non humanis vel animalium
censibus neque mobilibus rebus jubemus indici. » Il s'agit là d'un supplément d'impôt
que le législateur veut faire porter sur la jugatio. — Cf. Zachariæ, Zur Kenntniss
des römischen Steuerwesens, 1863. — Matthias, Die römische Grundsteuer, 1882,
spécialement p. 10 suiv. Quant aux conceptions différentes de la capitatio terrena
produites par MM. Fustel de Coulanges et Glasson, voyez : Esmein dans la Nouvelle
revue historique de droit français et étranger, 1899, p. 303 et suiv.
(77) L. 10, C. J., XI, 48 (47).
(78) L. 3, pr., D., L. 15.
(79) Exemple : L. 2, C. Th., XI, 23.
(80) Voyez, sur ce point, Esmein, dans la Nouvelle revue historique de droit français
et étranger, 1889, p. 306.
(81) Au moins en Orient. L. 1, C. J., XI, 49 (48) et 52 (51).
(82) L. 22, § 7, D., L. 1.

d'eux devait produire, était fixée périodiquement par le Conseil de l'empereur, et ce dernier émettait tous les ans un ordre général (*indictio*) fixant la somme d'impôts qui devait être perçue l'année suivante, et que le Conseil avait répartie entre les préfectures et sans doute aussi entre les diocèses, provinces et cités. Le terme *indictio* devint ainsi synonyme d'année (83). Au ive siècle à partir de Constantin on compte les *indictiones* successives par périodes de quinze ans (*prima, secunda... quinta decima indictio*) (84), ce qui laisse supposer que dès lors la contribution des diverses parties de l'Empire était fixée pour quinze ans.

D'ailleurs, dans le cours de cette période, pouvaient intervenir des augmentations (*superindictiones*) ou des remises accordées par le pouvoir impérial. Tous les ans, le préfet du prétoire déterminait exactement ce que devait fournir chacune des provinces et chacune des cités (85). Dans le territoire de chaque cité, c'étaient les curiales qui faisaient la répartition dernière entre les contribuables, et, là, il paraît bien certain que les règles du droit et de la justice n'étaient pas toujours observées. Les petits n'étaient pas épargnés, et il n'était même pas rare qu'ils eussent à payer deux fois (86).

Ce que devaient les contribuables de l'impôt direct, ce n'était pas, d'ailleurs, toujours une somme d'argent. Souvent, ils devaient des objets en nature, des *species* : des céréales (*annonæ*), des fruits secs, des viandes salées, des vêtements, des métaux en lingots, selon les pays (87). Ces produits, accumulés dans des magasins publics, étaient destinés à l'armée, aux fonctionnaires impériaux, aux libéralités que l'empereur faisait parfois au peuple. On fit fournir ainsi aux propriétaires contribuables jusqu'à des conscrits pour l'armée.

Les impôts indirects avaient joué un grand rôle dans les finances du Haut-Empire : il en existe encore beaucoup au Bas-Empire, bien que leur importance dans le système ait diminué. Les plus notables sont les droits de douane ou de péage (*portoria*), qui étaient perçus sur les marchandises, soit aux frontières de l'em-

---

(83) Godefroy, C. Th., XI, 1, *paratitlon*, édit. Ritter, t. IV, p. 3 : « Ad hanc collectionem faciendam indictio a principe singulis annis, unde annus et indictio pro eodem. »

(84) Godefroy sur la loi 6, C. Th., XI, 28.

(85) L. 4, C. J., X, 23 Cf. Novelle 128 pr.

(86) L. 2, C. Th., XI, 26.

(87) L. 1, C. J., X 23; L. 6, C. Th., XII, 6. — En principe, le contribuable qui devait une *species* ne pouvait se libérer en argent; L. 3, C. Th., XI, 21. — Grégoire de Tours (*Vitæ Patrum*, II, 1, édit. Krusch. p. 669) rapporte, d'après des documents qui remontent à l'époque romaine, une application intéressante de cette règle « Hoc (sanctus Illidius) obtinuit ut Arverna civitas, quæ tributa in specie triticea ac vinaria dependebat, in auro dissolveret, quia cum gravi labore pænu inferebantur imperiali. »

pire, soit à l'intérieur, quand elles passaient de certaines régions
à d'autres (88). Ces impôts indirects étaient ou affermés à des
publicains, selon une ancienne tradition de l'administration
romaine, ou administrés en régie par des *procuratores*.

A côté des impôts proprement dits, les habitants de l'empire
étaient soumis, pour le service public, à des réquisitions fréquentes et variées, qui portaient tantôt sur leurs biens, tantôt sur leurs
personnes. Les unes étaient un fardeau des *possessores* ou propriétaires, les autres, de véritables corvées imposées aux plébéiens (89) : il s'agissait, par exemple, de fournir les chevaux
pour la poste impériale ou des maisons pour le cantonnement des
troupes; ou il fallait des hommes pour les travaux publics, et mille
autres services de la même nature. Cette sorte de servitude remontait haut dans son principe. L'antiquité romaine avait toujours tenu
que le citoyen était constamment et gratuitement à la disposition
de sa cité, qui pouvait à volonté imposer toutes les tâches, *munera*,
qu'exigeait l'intérêt public : c'était ce principe que l'empire avait
invoqué et développé à son profit (90).

(88) Les principaux impôts indirects sont énumérés dans une constitution curieuse de
Constantin, L. 1, § 4 7, C. J , XII, 47.

(89) On trouve une ample énumération de ces *munera* dans la loi 15, C. Th., XI, 16.

(90) La question des impôts au Bas-Empire, *capitatio* et *jugatio*, a donné lieu depuis
une vingtaine d'années, à des controverses passionnées. Voyez O. Seeck, *Geschichte
des Untergangs der antiken Welt*, II, p. 221 et suiv.; — F. Thibault, *Les impôts directs
sous le Bas-Empire romain*, *Revue générale de droit*, 1900 ; — Léo, *Die
capitatio plebeia und die capitatio humana*, Berlin, 1900; — Piganiol, *L'impôt de
capitation dans le Bas-Empire romain*, thèse lettres, Paris, 1916. Tous ces systèmes
ont ceci de commun qu'ils considèrent plus ou moins la *capitatio* comme une forme de
l'impôt foncier. Pour M. O. Seeck, Dioclétien, en régularisant les indictions et en
rétablissant le cens quinquennal, aurait opéré une sorte de fusion de la capitation
personnelle et de l'impôt foncier. Le propriétaire foncier payerait désormais à la
fois : 1° à raison du nombre de *juga*, (unités foncières variables suivant la richesse
du sol et la nature des cultures), c'est la *jugatio*; 2° à raison du nombre de têtes de
bétail, c'est la *capitatio animalium*, 3° à raison du nombre des têtes de cultivateurs
c'est la *capitatio humana* ou *plebeia* M. Thibault, dont le système se présente avec
la plus grande netteté, ne reconnaît qu'un seul impôt, impôt foncier, calculé suivant
les régions et les époques soit à raison des têtes de cultivateurs, soit à raison du
nombre des têtes de bétail (dans les pays d'élevage), soit à raison du nombre d'unités
foncières (au fur et à mesure que les opérations cadastrales étaient assez avancées).
M. Léo s'éloigne moins du système généralement adopté depuis Savigny, puisqu'il
admet le maintien, à côté de l'impôt foncier, d'un impôt personnel, la *capitatio
plebeia*. Mais tandis que l'on considère généralement comme synonymes les expressions
*capitatio humana* et *capitatio plebeia*, M. Leo voit dans la *capitatio humana* un
impôt distinct, impôt sur le capital servile payé par le propriétaire foncier. M. Piganiol adopte la base même du système de M. Thibault : La *capitatio humana* est un
impôt foncier calculé par têtes de cultivateurs. Mais les textes montrent que la
*capitatio humana* et la *capitatio terrena* étaient perçues à la même époque dans les
mêmes circonscriptions et s'appliquaient aux mêmes terres. Il conclut que la *capitatio
humana* est un impôt foncier calculé par têtes de cultivateurs et s'appliquant aux
colons, fermiers ou esclaves qui cultivent une tenure dans un domaine, les terres
que le propriétaire fait valoir directement étant au contraire imposées d'après leur
étendue, leur qualité et la nature des cultures (*jugatio*). La *capitatio* prendrait le nom
de *plebeia* quand elle s'applique non plus au colon, mais au petit propriétaire libre.
Mais quelle que soit l'ingéniosité de ces systèmes, il nous paraît inadmissible que la

## § 3. — Etat des personnes et condition des terres.

## I

La société que nous ét dions n'était point composée d'hommes égaux en droit : l'égalité, comme la liberté, en était absente. En premier lieu, l'esclavage existait, et la division la plus compréhensive des personnes était celle entre hommes libres et esclaves. Les esclaves étaient nombreux, appartenant au fisc impérial, aux cités,

*capitatio plebeia* soit autre chose qu'un impôt personnel. Dans les textes du Code de Justinien, comme dans ceux du Code Théodosien, la *capitatio plebeia*, apparaît toujours comme un impôt particulier, distinct de la *capitatio terrena*. La preuve, c'est que des lois en font remise à la population des capitales, à la population des villes en général (L. 2, C. Th., XIII, 10; L. I, C. J., XI, 49); cela se comprend très bien si c'est un impôt personnel, que paie la population urbaine, sauf les décurions; cela ne se conçoit point s'il s'agit d'une partie de l'impôt foncier, car le dégrèvement n'eût guère profité à la plèbe des villes. La population des campagnes payait aussi la *capitatio plebeia* sauf que des provinces entières en furent déchargées (L. 1, C. J., XI, 52). Il est également impossible d'admettre qu'un petit propriétaire cultivateur, qui payait tant pour les arpents qu'il possédait et qui formaient, je le suppose, un *caput* foncier, payât une somme égale pour sa personne. Le seul rapport qui s'établit entre la *capitatio plebeia* et la propriété foncière, c'est que, la première, portant principalement en fait sur les colons et les esclaves agricoles, le propriétaire fut rendu responsable de celle des colons; mais il n'en résulte point que chaque colon ou esclave agricole ait compté pour un *caput* dans la *capitatio terrena*.

Ce n'est point la première fois que cette idée cependant a été émise. M. Fustel de Coulanges a produit une conception semblable à celle de M. Seeck (*Recherches sur quelques problèmes d'histoire*, p. 79. Voyez mon article dans la *Nouvelle revue historique de droit*, 1879, p. 303). Bien auparavant Jacques Godefroy avait aussi soutenu l'unité de la *capitatio*. Mais il ne prétendait point compter chaque cultivateur comme un *caput* foncier. Il soutenait seulement que leur estimation se joignait à celle de la terre et que la portion de la *capitatio* qui y était afférente avait le même caractère que celle afférente aux animaux qui se trouvaient sur le fonds. Sur la loi 2, C, Th., XIII, 10, édit. Ritter, t. V, p. 131 : « Neque Heraldi interpretatio melior est... qui capitationem interpretatur eam quæ imponebatur pro mancipiorum et colonorum adscriptorum numero et secundum mancipiorum capita. Ex tot enim legibus liquido constat capitationem pro numero jugorum seu capitum impositam; denique terrena hæc capitatio seu jugatio fuit et vere dicitur; sic tamen terrena hæc fuit ut ratio habeatur quoque hominum et animalium, velut quæ pars *capitis* seu substantiæ et facultatum essent. » D'ailleurs il était obligé de soutenir sa thèse, pour écarter l'existence d'une *capitatio plebeia* distincte, de donner parfois aux textes le sens le moins naturel. C'est ainsi que, sur la loi 2, C. Th., XIII, 10, qui édicte l'exemption de la *capitatio plebeia* au profit des habitants des villes, il est obligé d'admettre qu'il s'agit des plébéiens qui ont quelque propriété foncière, *ibid.*, p. 132 : « Ergo hujus legis hæc prescripta sententia ut plebem urbanam, si modicum forte quid possideret jugorum seu capitum ruri, a capitatione immunem esse. » De même dans la loi 11, C. J., *de agricolis*, où il est dit que les clercs doivent être ordonnés dans le *vicus* ou la *villa* où ils ont leurs biens « ut propriæ capitationis onus et sarcinam agnoscant », Godefroy voit une règle qui se rapporte à la *jugatio*. Mais comment concevoir que l'ordination d'un homme de la campagne dans une ville l'ait déchargé de l'obligation de payer l'impôt foncier pour les immeubles qu'il possède dans le village? Au contraire il est naturel que la *capitatio plebeia* ne fût payée que là où le plébéien avait son domicile. S'il était ordonné dans une ville, il en devenait exempt comme les autres habitants.

aux particuliers; ils étaient employés d'ordinaire aux travaux domestiques ou agricoles. L'affranchissement était possible et les formes étaient celles du droit romain classique : depuis Constantin s'y était ajouté l'affranchissement dans les églises. Mais les hommes libres eux-mêmes n'étaient point tous de condition égale en ce qui concerne le droit public et administratif. Ils se divisaient, au contraire, en deux grandes classes.: les uns étaient dits *honestiores* et les autres *humiliores*, *plebeii* (91) ou *tenuiores*. Cette distinction, qui remonte haut (92), n'exista d'abord que dans les mœurs; mais dès le $\text{II}^e$ siècle de l'empire (93), peut-être dès le premier (94), elle passait dans le droit et produisait des conséquences quant au droit pénal. Au $\text{III}^e$ siècle, elle est nettement précisée par les jurisconsultes (95); elle prend une importance de plus en plus grande dans le droit administratif de l'empire.

Les *honestiores* constituaient une véritable noblesse, mais une noblesse de fonctionnaires. Cette noblesse, en effet, dérivait de l'exercice des fonctions publiques : elle était, par suite, attachée à la personne, et ne devenait héréditaire que lorsque la fonction l'était elle-même, ce qui arrivait d'ailleurs assez souvent, par exemple pour les sénateurs et les décurions. Cette noblesse comprenait plusieurs degrés et formait une hiérarchie. Le degré inférieur était représenté par les décurions des cités; au-dessus s'étageaient les hauts fonctionnaires de l'empire (96), divisés par classes, dont chacune était distinguée par une épithète de dignité spéciale; il y avait les *illustres*, les *spectabiles*, les *clarissimi*, les *perfectissimi*, les *egregii* (97). On trouvait quelque chose de semblable dans la Russie moderne, où les fonctionnaires supérieurs de tous les ordres étaient répartis en quatorze classes, désignées chacune par une épithète honorifique, et constituaient par là une noblesse d'un genre particulier (98), tantôt personnelle et tantôt héréditaire. Les nobles du Bas-Empire, les *honestiores*, jouissaient de certains privilèges, spécialement quant au droit criminel; mais, en principe, ils n'étaient point privilégiés quant aux impôts. Ils avaient, au contraire, du moins les décurions et les sénateurs, un

(91) Duruy, *Mémoire sur la formation historique des deux classes de citoyens romains désignés dans les Pandectes sous les noms d' « honestiores » et d' « humiliores »* (*Mémoires de l'Académie des inscriptions*, t. XXIX, p. 253 et suiv.).

(92) Pline le jeune, *Epist.* X, 83 : « Melius honestorum hominum liberos quam *e plebe* in curiam admitti. »

(93) Gaius, *Instit*, III, 225.

(94) Tacite, *Ann.*, XVI, 5, cf. L. 11, § 1, D., IV, 3.

(95) Par exemple, Paul, *Sent.*, V, 4, 10.

(96) Cette classification est déjà indiquée par Paul, *Sent*, V, 4, 10. — Cf. C. J XII, 8 : *Ut dignitatum ordo servetur.*

(97) Kuhn, *op. cit.*, II, p 182 et suiv., et la *Notitia passim.*

(98) Voyez à la fin du Dictionnaire russe-français de Makaroff, le *Tableau synoptique de la hiérarchie russe.*

privilège à rebours, consistant à payer des impôts à eux spéciaux, outre les impôts ordinaires (99).

La classe des *humiliores*, c'est-à-dire tout le reste de la population libre, comprenait les petits propriétaires fonciers (*possessores*), dont le nombre diminuait tous les jours (100), et les marchands (101), mais surtout la masse des prolétaires, de ceux qui vivaient du travail de leurs bras. Dans la condition que leur faisait le droit administratif apparaît nettement le système des classes, dont il a été parlé plus haut. Voyons quel était le sort des ouvriers et des marchands, et, d'autre part, des agriculteurs.

A. — Tous les artisans, ouvriers et marchands des villes étaient sous la surveillance de l'administration impériale, qui s'appliquait d'une façon plus ou moins étroite.

1° L'Etat avait pris à son compte et se réservait la fabrication de certains objets, par exemple les armes, les étoffes précieuses, certaines orfèvreries. Il y avait là de véritables monopoles, et, pour les exercer, des manufactures impériales. Les ouvriers qui y étaient employés, ingénus, affranchis ou esclaves, étaient obligatoirement attachés à leur service, leur mariage était étroitement réglementé, et les enfants qui en naissaient étaient nécessairement voués à la même profession (102).

2° Parmi les autres métiers, laissés à l'industrie privée, certains faisaient l'objet d'une réglementation toute spéciale (103). Il s'agissait de professions qui étaient considérées comme absolument indispensables pour assurer la vie des cités : les bateliers ou marins (*navicularii*), qui apportaient les céréales par mer et par la voie des fleuves, les boulangers (*pistores*), les marchands ou conducteurs de troupeaux, qui fournissaient la viande nécessaire à l'alimentation. Pour ceux-là, on considéra leur profession comme un véritable service public, et, par suite, on commença par exempter ceux qui s'y consacraient des *munera* ou charges imposées aux

<hr/>

(99) Kuhn, *op. cit.*, II, p. 219 et suiv. M. Thibault (*Les clarissimes et la capitatio ou jugatio au Bas-Empire romain, Vierteljahrschrift für Sozial und Wirthschaftsgeschichte*, 1904, p. 395.) a voulu démontrer que les clarissimes ou nobles n'étaient pas soumis à l'impôt ordinaire. L'opinion contraire a été reprise par M. Piganiol (*L'impôt foncier des clarissimes et des curiales au Bas-Empire romain, Mélanges d'archéologie et d'histoire publiés par l'école de Rome*, XXVII, p. 125).

(100) Voir plus loin ce qui est dit de la propriété foncière. — Cf. L. 6, C. Th., IX, 27; L. 11, C. Th., IX, 31.

(101) I. 6, C. J., XII, 1; L. 3, C. J., IV, 63, défendant le commerce aux *nobiliores natalibus et honorum luce conspicui*, afin que *inter plebeium et negotiatorem facilius sit emendi vendendique commercium*.

(102) C. Th., X, 20, De murilegulis et gynaeciariis et monetariis et bastagariis; 1, De vestibus oloveris et auratis; 22, De fabricensibus. — Notitia, ch. x, éd. Bœcking.

(103) Sur les corps de métiers dans l'empire romain, voyez spécialement Kuhn, *op. cit.*, II, p. 75 et suiv.; — Liebenam, *Zur Geschichte und Organisation des römischen Vereinswesens*, 1890, p. 41 et suiv.; — Bernhard Matthias, *Zur Geschichte und Organisation der römischen Zwangsverbände*; Rostock, 1891.

autres citoyens; puis, on en arriva à les attacher plus ou moins étroitement à leur métier, comme le curiale était attaché à la curie, et à rendre la profession obligatoirement héréditaire (104). Nous en avons la preuve pour la ville de Rome (105) et les mêmes règles durent s'établir aussi dans les provinces.

3° Pour les autres métiers, ils furent également réglementés dans les villes, en ce sens que tous ceux de quelque importance furent successivement organisés en *collegia* ou corporations (106), dont les membres étaient exemptés des *munera*, comme remplissant un service public, et qui étaient soumis à la surveillance et à la juridiction de fonctionnaires impériaux (107). Mais, bien que l'intention de l'administration impériale fût de les attacher par là à leur profession et qu'il lui parût chose naturelle et normale que le fils suivît la profession du père (108), il ne semble pas que la loi ait introduit le service forcé et l'hérédité obligatoire (109).

4° Les marchands (*negotiatores*), dans chaque cité, formaient aussi une corporation soumise au contrôle et à l'autorité de l'administration (110) impériale.

B. — La population agricole était moins libre encore que la population ouvrière. Elle se composait presque entièrement de colons et d'esclaves. Le colon est un homme libre : à la différence de l'esclave, il a la personnalité juridique; il a donc une famille légitime et un patrimoine propre. Mais il a perdu la liberté de changer de résidence ou de profession. Il est attaché à perpé-

---

(104) Voyez spécialement, Matthias, *op. cit.*, p. 30 et suiv.; — Otto Seeck, *op. cit*, II, 311 2, d'après lui ce serait Maxentius qui aurait légalement établi cette attache.

(105) C. Th., XIV. 3 et suiv.; L. 5, § 3 et suiv., D, L. 6, C. J., XI, 2, *De naviculariis:* — Symmaque, *Epist.* X, 34. (*Mon. German*, *Auct. Ant.*, VI, 1. X, ep. XIV, p. 291.)

(106) Dans les grandes villes, à Rome par exemple, l'origine de quelques-uns de ces *collegia* remontait à la plus haute antiquité.

(107) L. 5, § 12; L. 6, Dig., L. 6; — *Scriptores rei Augustæ*, Alex. Sev., ch. xxvii — Cf. Liebenam, *op. cit.*, p. 49 et suiv.; — Matthias, *op. cit.*, p. 35 et suiv.

(108) L. 2, C. Th., XIII, 4 (loi de Constantin de 337) : « Artifices artium... per singulas civitates morantes ab universis muneribus vacare præcipimus... quo magis cupiant et ipsi peritiores fieri et *suos filios erudire* »

(109) On pourrait, en sens contraire, objecter les textes nombreux qui déclarent les *collegiati* ou *corporati* des villes attachés à leur *collegium* ou *corpus*, si bien qu'on les y ramène de force s'ils l'abandonnent. Voyez spécialement, le titre De *collegiatis*, C. Th., XIV, 7, avec le parallèle de Godefroy, et la loi 1, C. Th., XII, 19. Mais il est fort probable que les corps dont il s'agit là ne sont point les corporations d'artisans. Ce sont des corps recrutés parmi les plébéiens de la ville, pour satisfaire certains services municipaux indispensables, par exemple celui des pompiers en cas d'incendie, celui des croquemorts et celui des bains publics. A ce titre, ils étaient attachés au *collegium*, comme le curiale à la curie Telle est l'opinion de Godefroy, et aussi celle de Kuhn, *op cit* II, p. 79. Il est vrai que, sans doute, ces corporations s'étaient recrutées d'abord parmi les artisans · pour les pompiers, cela paraît certain (Pline, *Epist.* X, 42); mais il dut cesser d'en être ainsi lorsque les *artifices* eurent été exemptés des *munera*; dans tous les cas, les deux sortes d'associations étaient distinctes.

(110) Code Justinien, IV, 63, *De commerciis et mercatoribus;* → Karlowa, *Röm. Rechtsgeschiche*, I, p. 913

tuelle demeure, et sa race après lui, au domaine d'un propriétaire
foncier : agriculteur forcé, il cultive à son profit une parcelle de
ce domaine, moyennant une redevance fixée par la coutume des
lieux et qu'il paie au propriétaire.

Le colonat romain est ainsi une nouvelle application du système
des classes; il complète logiquement l'organisation que j'ai décrite
jusqu'ici. Il ne faudrait pas croire, cependant, qu'il ait été créé
de toutes pièces, à un jour donné, par la législation impériale (111).
Il n'apparaît nettement dans les lois qu'à partir de Constantin;
mais les constitutions de cet empereur le supposent déjà existant
et ne font qu'en préciser la condition (112). Il a été établi d'abord
par la coutume, et diverses influences ont contribué à ce résultat (113). Cette attache du cultivateur au sol avait apparu déjà
dans certains pays avant qu'ils fussent devenus provinces de l'empire. Il en était ainsi en Egypte depuis des siècles (114), et ce
régime se conserva sous l'empire et put servir de modèle et
d'exemple. Une autre pratique put aussi constituer l'un des précédents du colonat généralisé; ce sont les établissements de pri-
sonniers barbares, que, durant les trois premiers siècles, le pouvoir impérial répartit comme cultivateurs forcés dans diverses
régions (115). Mais des causes plus générales durent opérer; ce
sont les conditions toutes particulières où se trouvaient les cultivateurs établis volontairement sur les grands domaines éloignés
des cités. Certaines de ces grandes propriétés ou *saltus* appartenaient au fisc impérial, et les cultivateurs qui y résidaient étaient,
dès le IIe siècle, à la discrétion des agents impériaux, qui, sans
doute, ne leur auraient point permis d'émigrer à leur gré (116).
Ainsi se forma la classe des colons fiscaux (117). Sur les grands
domaines des particuliers, il semblerait que la liberté du cultiva-

(111) C'est cependant ce qu'admet M. Otto Seeck, *op. cit*, II, 321 : « Le 30 octobre
332, alors que le nouveau cens était déjà commencé, fut édictée cette loi désastreuse
qui avait pour objet inévitable de conserver aux biens-fonds de l'Empire pour l'éter-
nité la valeur fiscale qu'ils avaient alors. » Mais la loi qu'il cite, C. Th., V, 9, 10, ne
crée point le colonat; elle le suppose au contraire existant en édictant des peines
contre celui qui détourne et détient le colon d'autrui.
(112) L. 1, 2, C. J., XI, 48 (47); L. 1, C. J., XI, 50 (49).
(113) Sur le colonat, Voyez Esmein, *Mélanges*, p. 293 et suiv.; — Kuhn, *op. cit*,
p. 257 et suiv.; — Karlowa, *Röm.Rechtsgeschichte*, p. 918 et suiv.; — Fustel de
Coulanges, *Recherches sur quelques problèmes d'histoire*, p 3-145; — Girard, *Manuel
de droit romain*, 6e édit., p. 135; — Rostowzew, *Studien zur Geschichte des römischen
Kolonats*.
(114) Revillout, *Cours de droit égyptien*, t. I, p. 129 et suiv. Il résulte des études
récentes sur le colonat (Rostowzew, *op. cit*, compte rendu Mispoulet dans le *Journal
des savants*, 1911) que les premiers précédents du colonat romain doivent être recherchés dans les royaumes des Attalides et des Séleucides.
(115) Kuhn, *op. cit.*, II, p. 260 et suiv.
(116) Esmein, *Mélanges*, p. 313 et suiv.
(117) C. J., XI, 63 (62) et suiv.

teur dùt être respectée, ici le propriétaire n'était point un représentant de l'autorité publique; mais, en réalité, le paysan qui
vivait là, isolé des cités, dans l'organisation desquelles il n'avait
point de place, était, en fait, attaché au sol de père en fils, par
l'impossibilité presque complète où il se trouvait de changer de
profession ou de résidence. Ce fait, la coutume le transforma en
droit (118). On a aussi relevé une autre cause, qui dut contribuer
à transformer en colons nombre de petits fermiers ou métayers;
c'est la dette arriérée de fermages et l'insolvabilité croissante qui
retenait les fermiers à la discrétion du propriétaire (119).

Mais si la législation impériale ne créa pas directement le colonat, elle accueillit avec faveur cette institution coutumière et créa,
par voie d'autorité, des classes entières de colons. En 382, tous
les mendiants valides sont changés en colons (120) : à peu près
à la même époque, on soumet au colonat tous les cultivateurs de la
Palestine, qui, jusque-là, avaient échappé à ce régime (121).
L'empereur Anastase décide que la personne qui a servi trente
ans comme colon devient colon par la prescription (122) ; enfin,
Valentinien III reconnaît explicitement à tout homme libre
(pourvu qu'il ne soit pas revendiqué par une curie ou un *collegium*) le droit de se faire colon, par une déclaration de
volonté (123). C'est que cette institution répondait admirablement
au génie de l'administration du Bas-Empire. C'était une application du système des classes, qui assurait des bras à l'agriculture,
et, en même temps, elle garantissait, semblait-il, le paiement des
principaux impôts. En effet, la culture des terres étant assurée par
là, le propriétaire pourrait toujours payer la *capitatio terrena*.
Mais, d'autre part, le colon libre lui-même était un contribuable;
il devait la *capitatio plebeia* ou *humana*. Lorsque la *plebs urbana*
eut été déchargée de cet impôt, les colons en constituèrent presque
les seuls contribuables; un grand nombre des qualifications qui
leur sont données par les textes se rapportent à cet ordre
d'idées (124). Or, la loi rendit le propriétaire responsable de la

---

(118) Esmein, Mélanges, p. 309 et suiv.

(119) Fustel de Coulanges, *Recherches sur quelques problèmes d'histoire*, p. 9 et
suiv. — M. Kovalevsky a depuis insisté sur ce point, en montrant que c'est par la
même cause que s'est principalement constitué le servage en Russie (*Nouvelle revue
historique de droit français et étranger*, 1889, p. 410 et suiv.). — Si le *colonus* du
Bas-Empire a été souvent un fermier volontaire dans un état antérieur, il semble bien
que ce ne fût alors qu'un fermier parcellaire, dépendant d'un intendant ou d'un
fermier principal.

(120) L. 1, C. Th., XIV, 18.

(121) L. 1, C. J., XI, 51 (50).

(122) L. 18, C J., XI, 48 (47).

(123) Novelles de Valentinien III, tit. XXX, § 5 (éd. Hænel, p. 226, Mommsen,
XXXI, p. 129); — Salvien, *De gubernatione Dei*, V, 8.

(124) *Censiti, censibus obnoxii, adscripticii, tributarii.*

*capitatio plebeia* de son colon et l'obligea à faire l'avance de celle-ci, en assurant ainsi la rentrée (125).

L'attache du colon était perpétuelle; sa condition, héréditaire (126). Il n'y avait pas d'affranchissement possible pour lui; car l'affranchissement a pour but de conférer la qualité d'homme libre, que le colon possède déjà, et l'assujettissement particulier du colon est imposé par le droit administratif et est d'ordre public (127).

Le système qui avait abaissé le cultivateur libre à l'état de colon eut pour effet d'améliorer la condition des esclaves attachés par leurs maîtres à la culture, et qui composaient encore la majeure partie de la classe agricole. Ils furent déclarés inséparables du domaine qu'ils cultivaient : ce fut ici la volonté et la liberté du propriétaire qui furent restreintes, et l'esclavage en profita. Le point de départ de cette transformation fut, sans doute, l'intérêt fiscal : ces esclaves étant recensés pour le paiement de l'impôt comme une dépendance du domaine, il était plus commode, pour les agents du fisc, qu'ils restassent attachés à la terre, et, dès le IIIᵉ siècle, on voit des traces de cette immobilisation. Au IVᵉ siècle, la loi défendit de vendre ces esclaves en dehors de la province (128); elle défendit enfin de les vendre sans la terre à laquelle ils étaient attachés (129). On avait ainsi créé des colons esclaves à côté des colons libres (130), et, lorsqu'ils étaient affranchis, ils prenaient la condition de ces derniers (131).

## II

La propriété foncière en Gaule, aux IVᵉ et Vᵉ siècles, était d'un type supérieur : c'était, quant aux résultats pratiques, la forme de propriété que nous avons en France depuis la Révolution et qui dérive, en effet, du droit romain.

Les sociétés anciennes ont presque toutes, à leur début, pratiqué la propriété collective du sol; la tribu en était le seul propriétaire, les individus ou les familles n'en ayant que la jouissance temporaire. Il semble qu'il y ait là, dans le développement social,

---

(125) Sur ce point, Esmein, dans la *Nouvelle revue historique de droit français et étranger*, 1880, p. 309.

(126) Quant au droit du colon d'acquérir des biens et de les aliéner, voyez Kuhn, *op. cit.*, II, p. 267, 268. — Sur le sort des enfants nés d'un mariage mixte entre un colon et une personne libre non soumise au colonat, L. 13, 16, C. J., XI, 48 (47).

(127) Esmein, *Mélanges*, p. 370 et suiv.

(128) L. 2, C. Th., XI, 3

(129) L. 7, C. J., XI, 48 (47).

(130) Je crois que c'est là l'*adscripticius*, lorsque les lois entendent, par ce terme, un colon d'ordre inférieur.

(131) Esmein, *Mélanges*, p. 373.

une étape nécessaire à laquelle les diverses races humaines s'attardent plus ou moins longtemps. Les Romains s'en étaient dégagés de très bonne heure, si bien qu'il faut l'œil exercé de la critique moderne pour en retrouver chez eux des traces certaines. A l'époque où nous nous plaçons, depuis des siècles, la propriété du droit romain était individuelle. Mais, de plus, la propriété du sol était complètement libre et représentait un droit absolu. Le propriétaire, à condition de respecter les lois et à charge de payer l'impôt, pouvait jouir et disposer de sa chose sans restriction ni limite, sans devoir rien à personne à raison de son droit perpétuel sur la chose. Cela est important à noter parce que, à l'opposé de cette forme supérieure de la propriété foncière individuelle, il en existe une autre, dont le type le plus complet se trouve dans la société féodale et qu'on appelle la *tenure*. Dans ce système, le droit sur la terre apparaît comme un droit dérivé, comme une concession limitée et conditionnelle, grevée de charges au profit du concédant ou de ses successeurs, le plus souvent héréditaire, mais difficilement aliénable par le concessionnaire.

Cependant, au point de vue juridique, la propriété foncière dans la Gaule romaine était encore imparfaite, parce qu'elle était *provinciale*. Le vieux principe n'était pas encore abrogé d'après lequel l'Etat romain était le seul propriétaire des terres jadis conquises; il maintenait, sur le sol provincial, le domaine éminent de César ou du Sénat. Seul, était susceptible du véritable *dominium* le sol de l'Italie, ou la partie du sol provincial auquel la même qualité avait été conférée d'une manière artificielle sous le nom de *jus italicum* (132). Mais cette infériorité, à laquelle se rattachait jadis l'impôt foncier des provinces, était devenue dans le cours du temps purement théorique. Il en restait ceci, que les actions protégeant la propriété provinciale étaient autres que celles qui protégeaient le *dominium*, mais elles étaient également efficaces; les modes d'aliénation différaient aussi de part et d'autre, mais ceux qui s'appliquaient à la propriété provinciale étaient les plus commodes et les plus souples.

Envisagée, non plus au point de vue juridique, mais au point de vue économique et social, cette propriété affectait principalement la forme de la grande propriété. En dehors de la banlieue des villes, la petite et la moyenne propriété tendaient à disparaître (133). C'était un mouvement déjà commencé depuis longtemps (134), mais qui s'accentuait de plus en plus; il avait

(132) Heitsterbergk, *Das jus Italicum*; — Robert Beudant, Thèse de doctorat.
(133) Voyez cependant, en sens contraire, Blumenstok, *Entstehung des d. Immobiliareig.*, p. 138 et suiv.; mais ses arguments ne me paraissent point probants.
(134) Fustel de Coulanges, *L'alleu et le domaine rural*, p. 27 et suiv.

maintenant deux causes : la fiscalité exagérée et l'insécurité du petit propriétaire.

J'ai dit combien étaient devenus lourds les impôts et comment le petit propriétaire était écrasé dans une répartition trop souvent injuste. Il y en a des signes indéniables. On voit le propriétaire appauvrir sa terre en coupant les vignes et les arbres fruitiers pour diminuer la somme de ses impôts (135); on voit, dernière extrémité, les propriétaires abandonner leurs terres, abdiquer leur propriété pour échapper au fisc, et les lois constatent le fait en réglant le sort des propriétés abandonnées (136). L'insécurité n'était pas moins à redouter pour les petits. Les grands propriétaires, les *puissants*, cherchaient, en effet, à accroître encore leurs domaines en y joignant les parcelles voisines ou enclavées; et deux moyens étaient à leur disposition. Ils pouvaient audacieusement en prendre possession; ces envahissements (*invasio, pervasio*) reviennent souvent dans les lois de cette époque, et, la justice étant bien peu accessible aux petites gens, ils restaient d'ordinaire impunis (137); ou bien ils forçaient le petit propriétaire à leur vendre son champ, en dictant les conditions de vente (138). Les malheureux ainsi dépouillés n'avaient que la ressource de se faire les colons d'un grand domaine (139[1]). Aussi, avant d'en arriver à ces extrémités, les petits, le plus souvent, prenaient-ils les devants, et allaient se mettre sous le *patrocinium* (139[2]), sous la protection

(135) L. 1, C. Th , XIII, 11.

(136) C. J., XI, 59 (58), *De omni agro deserto*. — Salvien. *De gubernatione Dei*, V, 7. — C'est là un phénomène qu'on a pu revoir dans d'autres temps; mais, chez les Romains, il y avoit une raison de plus pour que les malheureux abandonnassent leurs propriétés, c'est que la torture était souvent employée par les agents de recouvrement pour faire payer les récalcitrants (L. 2, C. J., X, 19; Salvien, *op. et loc. cit*). Cf. H. Monnier, *Etudes de droit byzantin, Nouv. revue hist. de droit*, XVI, 1892.

(137) L. 10, C. J., XI, 59 (58) : « Qui per potentiam fundos opimos ac fertiles occupaıunt ». — L. 1, C. J., XI, 60 (59) . « Quidquid potentia uniuscujusque elicuit ». — Salvien, *De gubernatione Dei*, V, 8 : « Plerique pauperculorum spoliati resculis suis et exterminati agellis suis .. qui privata pervasione nudatı sunt »

(138) L. 1, § 1, C. J., X, 34 : « Vel circumventum se insidiis vel oppressum potentia comparatoris queri debeat. »

(139[1]) Salvien, *op. cit*, V, 8 : « Cum domicilia atque agellos aut pervasionibus perdunt aut fugali ab exactoribus deseıunt, quia tenere non possunt, fundos majorum expetunt et coloni divitum fiunt. »

(139[2]) On a cherché de diverses manières à préciser les effets du *patrocinium*, M. Zuluela (*De patrociniis vicorum, a commentary on Th., XI, 21, and C. J , XI, 54*, Oxford Studies on social and legal history, dirigées par Vinogradoff, I, 2, 1909) pense que les paysans libres des *vici* recouraient aux *patrocinia* pour se dégager de la responsabilité collective qui pesait sur le village. Il est certain que le *patrocinium* devait produire ce résultat, mais, pour M. Thibault, il a un effet beaucoup plus radical, il supprime l'impôt. En effet le petit propriétaire se faisait colon d'un clarissime en lui vendant fictivement sa terre, et, comme le clarissime, selon M. Thibault, n'est pas soumis à l'impôt foncier (calculé par têtes de cultivateurs), la terre fictivement vendue est ainsi soustraite à l'impôt. (Thibault, *Les patrocinia vicorum, Vierteljahresschrift fur Sozial-und Wirthshaftsgeschichte*, II, 1904, p. 413). Cette explication est rejetée par M. Piganiol, qui croit, suivant l'opinion commune, les clarissimes soumis à

d'un *potens*, du grand propriétaire de la contrée (140), comme je l'ai dit plus haut; mais cela n'empêchait point la perte de leur propriété. Le *potens*, en effet, faisait payer le patronage qu'il accordait, et le prix, c'était le champ du protégé (141). Il y avait une vente consentie, mais pour la forme, et dont le prix n'était pas payé (142). Salvien nous fait apparaître plus clairement encore l'économie de l'opération : le protégé abandonnait son bien au protecteur en toute propriété, mais celui-ci lui en laissait la jouissance jusqu'à sa mort; à la génération suivante, le propriétaire n'avait plus devant lui que des colons (143). Ainsi se formaient, dans l'empire même, des clientèles (144), qui, bien que extra-légales, sont un des précédents lointains de la féodalité (145). A un autre point de vue, les grands propriétaires prenaient déjà, par avance et en fait, la position de seigneurs. J'ai dit que leurs grands domaines à l'écart des cités étaient soustraits à l'action judiciaire des magistrats municipaux, et que la justice du *præses provinciæ* était bien éloignée. Dans ces conditions, ces domaines constituaient comme des lieux d'asile et de franchise où l'action du pouvoir public se faisait difficilement sentir. On le constate dès le Haut-Empire, quand il s'agit de poursuivre les esclaves qui s'y réfugient (146); au Bas-Empire, quand il s'agit de traquer les brigands qui s'y retirent (147), ou même d'obtenir le paiement de l'impôt (148). Là vivait toute une population de petites gens, esclaves,

l'impôt foncier comme les autres propriétaires. Le *patrocinium* est une protection accordée par un puissant qui, « par son influence ou sa puissance redoutable peut rendre plus léger le fardeau de l'impôt ». C'est l'opinion traditionnelle. Mais M. Piganiol distingue deux variétés de *patrocinium*, suivant que le patron est un grand propriétaire prenant sous son patronage des paysans libres, ou un chef militaire prenant sous son patronage soit des paysans libres habitant les *vici*, soit des colons d'un grand domaine et qui « acquiert ainsi soit dans le village libre, soit dans le grand domaine concurremment avec le clarissime, un domaine éminent » (Piganiol. *L'impôt de capitation sous le Bas-Empire*, p. 48). Cette distinction ne paraît pas avoir de base dans les textes.

(140) Salvien, op. cit., V 8 : « Tradunt se ad tuendum pro'egendumque majoribus dedititios se divitum faciunt, et quasi in jus eorum ditionemque transcendunt. »

(141) Salvien, *op. cit.*, V, 8, Otto Seeck, *op. cit.*, II, 294.

(142) L. 8, C. J., X, 19 : « Si quilibet cujuscumque dignitatis atque fortunæ, revera fundos .. non patrocinii gratia sed emptionis jure .. possederit. » — L. l., p., C. J., XI, 54 (53) : « Si quis in fraudem circumcriptionemque publicæ functionis ad patrocinium cujuscumque confugerit, id quod hujus rei gratia geritur sub pretextu venditionis vel donationis, seu conductionis... nullam habeat firmitatem. »

(143) *Op. cit*, V. 8.

(144) Le mot même se trouve dans la loi 1, § 1, C. J., XI, 54 (53).

(145) Flach, *Les origines de l'ancienne France*, I, p. 70 et suiv.; — Schröder, *Lehrbuch der deutschen Rechtsgeschichte*, 6ᵉ édit., p. 169 et suiv. Ces auteurs, surtout M. Schröder, insistent sur l'influence qu'aurait exercée en Gaule, pour l'établissement de ces rapports. la tradition de l'ancienne clientèle gauloise. — César. *De Bello Gallico*. VI, 15.

(146) Dig., XI, 4, *De fugitivis*.

(147) L. 2, C. J., IX, 39.

(148) Novelles de Majorien, tit. II : « Habenda sane ratio est potentium personarum

colons, clients libres placés sous le *patrocinium* : il arriva naturellement que ce fut le grand propriétaire seul qui établit la police
et administra la justice entre ces résidents de ses terres; sur quelques-uns, les esclaves, il avait un pouvoir de droit, la puissance
dominicale; sur les autres, un pouvoir de fait (149). Pour cette
administration, les grands propriétaires ont des intendants (*actores, procuratores*), dont les lois parlent souvent, et qui sont presque des personnages officiels. Le noble romain du v⁰ siècle, dans
sa *villa*, est déjà, en fait, un seigneur féodal. Les étrangers qui ont
un litige avec un habitant du domaine lui soumettent leur cause
au lieu d'en saisir la justice (150); parfois, il entretient une troupe
armée, d'esclaves ou de clients (151). Aussi, dès cette époque,
apparaissent les termes qui serviront plus tard, dans la monarchie mérovingienne et carolingienne, à désigner le propriétaire-
seigneur et ses sujets : le premier est désigné par le titre de
*potens* (152); les seconds sont dits *homines sui* (153).

Pour terminer ce rapide exposé sur le régime de la propriéte
foncière, disons que certaines terres se trouvaient soumises à une
législation particulière. C'étaient des terres, d'abord inoccupées ou
devenues désertes et situées aux frontières (*agri limitanci*), que
l'empire avait attribuées par lots à des colonies de vétérans. Ceux-
ci, tenus de garder une sorte de château fort (*castellum, burgus*),
étaient attachés à ce poste et leurs fils après eux (154). Propriétaires de la terre à eux concédée, ils ne pouvaient l'aliéner au
profit d'une personne d'une autre condition (155). Si j'ai rappelé
cette institution d'importance secondaire, c'est qu'on a voulu parfois, quoique bien à tort, y voir le prototype du fief, l'origine des
devoirs militaires du vassal envers son seigneur. Cette hypothèse
ancienne a même été reproduite de nos jours par un écrivain
renommé (156).

quarum actores per provincias solutionem fiscalium negligunt, dum pro sui terrore
fastigii minime perurgentur, ac se in prædiis retinent contumaces, ne ad eos præ
ceptum judicis possit aut conventio pervenire. »

(149) Esmein, *Quelques renseignements sur l'origine des juridictions privées,
Mélanges d'archéologie et d'histoire*, publiés par l'Ecole française de Rome, t. XI,
1886).

(150) Esmein, *Quelques renseignements*, etc., p. 11 et suiv.

(151) L. 10, C. J., IX, 12 (a. 468): « Omnibus per civitates et agros habendi buc-
collarios vel Isauros armatosque servos licentiam volumus esse præclusam. » — Cf.
Grégoire de Tours, *Historia Francorum*, II, 8. Le *buccellarius* se retrouve aussi dans
la *Lex Wisigothorum*. — Viollet, *Précis de l'histoire du droit français*, p. 533.

(152) L. 1, C. Th. 1, 7; L. 146, C. Th., XII, 1; Otto Seeck, *op. cit.*, I.

(153) L. 7, §5, C. J., XI, 58 (57); L. 4, C. J., XII, 1; — Esmein, *Quelques renseignements*, etc., p. 10. — Cf. Wilhelm Sickel, *Die Privatherrschaften im fränkischen
Reiche*, dans la *Westdeutsche Zeitschrift für Geschichte und Kunst*, XV, 2, p. 113
et suiv.

(154) L. 2, C. Th., XII, 19.

(155) C. J., XI, 60, *De fundis limitrophis*, etc. Cf. Blumenstok, *op. cit.*, p. 168.

(156) Sumner Maine, *L'ancien droit* (traduction Courcelle-Seneuil), ch. VIII.

§ 4. — Sources du droit et droit criminel.

I

Les habitants de la Gaule, sujets de l'empereur (*provinciales*), vivaient sous le droit romain, sauf l'application, sur certains points, de coutumes provinciales; et le droit romain se présentait, au v° siècle, sous la forme de la loi écrite. Les sources d'où étaient dérivées les règles du droit sous la République et le Haut-Empire étaient diverses et nombreuses : coutume, lois proprement dites, édits des magistrats, sénatusconsultes, réponses des prudents et constitutions impériales. Mais, au iv° siècle, toutes ces sources s'étaient successivement taries, sauf une seule : la législation des constitutions impériales restait en activité. Dès cette époque, on prit l'habitude de ramener à deux catégories le fonds ainsi accumulé au cours des siècles. L'une, dite *jus* ou *jus vetus*, comprenait tout ce qu'avaient produit les sources anciennes du droit, jusqu'au moment où les constitutions impériales avaient commencé à former une législation abondante, c'est-à-dire jusqu'au iii° siècle environ : mais, pour étudier ou appliquer les règles appartenant à ce premier fonds, l'école ni la pratique ne remontaient plus aux sources mêmes, aux textes originaux ou créateurs : on cherchait l'expression du *jus vetus* seulement dans les écrits des jurisconsultes classiques, qui en avaient extrait la substance et dégagé le système. L'autre catégorie, sous le nom de *leges*, comprenait la législation des constitutions impériales, qui avait pris une valeur spéciale à partir du moment où toute la production du droit nouveau s'était concentrée en elle (157). Les constitutions impériales les plus importantes pour la pratique avaient été relevées, dans leurs écrits, par les jurisconsultes classiques; mais c'est surtout au moment où s'arrête cette littérature qu'elles devinrent plus nombreuses que jamais, plus utiles à connaître.

Cette législation fragmentaire était difficile à saisir dans son ensemble. Sans doute les constitutions et les rescrits étaient conservés à la chancellerie impériale dans des registres tenus règne par règne. De plus on affichait les édits et même, jusqu'à Constantin, les rescrits d'une portée générale (158); les fonctionnaires auxquels ces documents avaient été transmis devaient aussi en garder copie dans leurs archives. Mais cela ne suffisait pas pour

(157) L. 25, pr., C. Th., XI, 36 : « Satis et jure et constitutionibus cautum est. » — L. 1, § 1, C. J., I, 17.

(158) Voyez, sur ce point, Girard, *Textes de droit romain annotés*, 4° édit., p. 206, et *Manuel de droit romain*, 6° édit., p. 61.

que la législation des *leges* fût bien connue des particuliers et des hommes d'affaires.

Des jurisconsultes furent alors amenés à composer, pour la commodité du public, des recueils de constitutions qui prirent le nom de *Codices*. Deux de ces recueils acquirent une grande célébrité. L'un est le Code Grégorien (*Codex Gregorianus*), dont l'auteur s'appelait probablement Gregorius : composé, semble-t-il. sous le règne de Dioclétien, il contenait des constitutions impériales de Septime Sévère à Dioclétien, réparties par livres et par titres (159). L'autre est le Code Hermogénien, composé dans la seconde moitié du IVe siècle (probablement après 365) par un jurisconsulte nommé Hermogenianus, peut-être le même dont les ouvrages ont fourni des fragments au Digeste (160). Ces deux codes eurent un succès considérable et prirent en fait la valeur de recueils officiels (161).

Mais le droit romain, même ainsi concentré dans son expression, formait un ensemble de documents trop vaste pour que la pratique et même la science, bien réduite, du Ve siècle ne s'y perdissent pas. Les empereurs Valentinien III et Théodose II le reconnurent (162) et cherchèrent à y remédier. En 426, Valentinien III donna force de loi aux écrits des cinq jurisconsultes, Papinien, Paul, Ulpien, Gaius et Modestin, ainsi qu'aux passages des autres prudents rapportés dans leurs œuvres (163); c'était enlever toute autorité aux autres œuvres juridiques et restreindre à celles-là les recherches à faire. Le *jus* était, par là, simplifié. En même temps, Théodose II faisait quelque chose de semblable pour les *leges*. Il ordonnait la rédaction d'un nouveau code destiné, non pas à remplacer, mais à compléter les codes Hermogénien et Grégorien. Il devait comprendre seulement des constitutions ayant le caractère de lois générales ( à la différence des rescrits); il ne devait remonter qu'aux lois de Constantin et présenter dans chaque titre les constitutions dans l'ordre chronologique (164). Ce plan fut suivi, avec quelques déviations, et le code ainsi rédigé et divisé en seize livres, approuvé par l'empereur d'Occident, Valentinien III, fut promulgué dans les deux empires en 438. Nous avons le procès-verbal de la séance dans laquelle il fut communiqué au Sénat de Rome. L'unité du monde romain se

(150) Mommsen, dans la *Zeitschrift der Savigny Stiftung*, X, p. 345 et suiv.

(160) Karlowa, *op. cit*, p. 942; — Krüger, *Histoire des sources du droit romain*, traduction Brissaud, Paris, 1894, § 34, p. 371, et suiv.; — Girard, *Manuel de droit romain*, p. 74.

(161) Lorsque Théodose II donna l'ordre de rédiger le code qui porte son nom, il prit pour modèle les Codes Hermogénien et Grégorien (L. 5, C Th., I, 1).

(162) *De Theodosii Codicis auctoritate.*

(163) L. 3, C. Th., I, 4.

(164) L. 5, C. Th I, 1.

maintenait ainsi dans la législation. Il est vrai que les deux empereurs et leurs successeurs n'avaient point renoncé au droit de légiférer : ils en usèrent après la promulgation du Code Théodosien, et les constitutions qu'ils rendirent prirent le nom de *Novellæ leges*. Mais il était entendu que les Novelles d'un empereur seraient aussi introduites dans l'autre empire (165).

## II

Le droit criminel que pratiquaient les Romains aux ${}_{IV}{}^{e}$ et ${}_{V}{}^{e}$ siècles, quoique savant et énergique, était bien inférieur à leur droit civil (166). Le droit pénal, en particulier, c'est-à-dire l'ensemble des règles déterminant les actes punissables et les peines qu'ils entraînent, était défectueux sous plusieurs rapports. D'abord, au milieu d'une civilisation très avancée, il avait conservé, sur certains points, la trace des conceptions primitives de l'humanité en fait de répression. C'est un fait bien connu que, dans les sociétés, la répression des délits est d'abord laissée à la vengeance privée; mais, le plus souvent, les représailles effectives sont écartées moyennant une indemnité, ou *composition* de valeur pécuniaire, payée par l'auteur à la victime ou à ses représentants; puis, par l'action de la coutume ou de la loi, cette composition, dûment tarifée, s'impose. La victime du délit n'a plus qu'un droit, celui d'en exiger le paiement, et elle obtient, à cet effet, une action devant les tribunaux (167). Le droit romain, dans son dernier état, avait conservé ce système quant à certains délits contre les particuliers : le vol, les coups et blessures et les injures, par exemple. Ces délits s'appelaient *delicta privata*, et les amendes spéciales payées à la victime, qui en étaient la punition, portaient le nom de *pœnæ privatæ*. Pour les autres délits et crimes, ils étaient punis de peines véritables, afflictives; mais le système de cette pénalité était quelque peu incohérent et très vicieux sur certains points; il avait subi des déviations, résultant des transformations politiques et sociales successivement opérées dans le monde romain. Sous la république, pour la répression, le point de départ avait été l'arbitraire du magistrat. Il est vrai que, de bonne heure, cet arbitraire avait été corrigé au profit du citoyen romain, par le droit qui lui fut reconnu d'en appeler à l'assemblée du peuple toutes les fois qu'il était menacé d'une peine afflictive, et cette assemblée devint son seul juge en matière criminelle; mais l'arbitraire avait subsisté, illimité, à l'égard du provincial. A la fin de la république et au début de l'empire, toute une série de lois, qui

---

(165) Karlowa, *op. cit*, p. 946.

(166) Sur le droit criminel romain, voir : Mommsen, *Römiches Strafrecht*, traduction française par Duquesne.

(167) Voyez, sur ce point, Girard, *Nouvelle revue historique*, 1886, p. 284 et suiv.

se rattachent pour la plupart aux noms de Sulla. de Pompée, de César et d'Auguste, avaient précisé les principaux crimes et édicte des peines fixes devant leur être appliquées. Ces *leges judiciorum publicorum* établissaient aussi, pour le jugement, des jurys criminels, remplaçant l'assemblée du peuple; mais cette dernière partie du système n'était applicable qu'aux seuls citoyens romains; les provinciaux profitèrent peut-être de la fixité des peines. Sous l'Empire d'ailleurs, avant même que le droit de cité eût été étendu à tous les hommes libres, la condition des uns et des autres s'égalisa quant au droit pénal; les jurys criminels tombèrent en désuétude et cessèrent de fonctionner au IIᵉ siècle (168), et tout pouvoir passa aux magistrats impériaux, pour juger au criminel, à Rome comme dans les provinces. Le bénéfice de l'appel fut étendu à tous. Mais, en même temps, reparut le système des peines arbitraires. Le juge put modifier à son gré, en plus comme en moins, la peine portée dans les lois (169). Le principe s'introduisit même qu'il n'était pas nécessaire qu'une loi eût prévu et puni un délit pour qu'il fût punissable; la jurisprudence en créa ainsi de nouveaux, ce qui permit, d'ailleurs, de punir de peines afflictives certains *delicta privata* (170). En même temps, s'introduisait une règle plus détestable encore, celle de l'inégalité des peines. Pour le même délit, la peine fut différente selon la condition sociale du coupable; et ici reparaît une des consequences juridiques les plus nettes de la distinction entre *honestiores* et *humiliores*. Les peines réservées aux seconds et épargnées aux premiers étaient, naturellement, plus dures ou plus honteuses (171). Enfin, les peines appliquées aux esclaves étaient elles-mêmes plus sévères et plus odieuses que celles prononcées contre les hommes libres, même *humiliores* (172). Les peines étaient d'ailleurs très variées, souvent atroces, et les plus graves condamnations entraînaient la confiscation des biens du condamné. Chose remarquable, la prison n'était pas prononcée à titre de peine; c'est la peine qui distingue les législations pénales perfectionnées (173).

La procédure criminelle, c'est-à-dire cette partie du droit qui détermine la poursuite, l'instruction et le jugement des procès criminels, présentait aussi de singulières disparates. On distingue, quant à la poursuite, deux systèmes fondamentaux et opposés, la procédure accusatoire et la procédure inquisitoire. Dans le système accusatoire, le procès criminel ne peut s'engager sans

(168) L. 8, D., XLVIII, 1.
(169) L. 13, D., XLVIII, 19.
(170) L. ult., D. XLVII, 2.
(171) L. 1, § 11, D., XLVIII, 19; L. 2, L. 3, § 5, L. 16, D., XLVIII, 8.
(172) L. 10, 28 § 2, 16, D., XLVIII, 19.
(173) L. 8 § 9. D., XLVIII, 19 : « Carcer ad continendos homines non ad puniendos haberi debet. »

un accusateur qui en prenne l'initiative et la responsabilité; dans le système inquisitoire, au contraire, le juge entame les poursuites de son propre mouvement et se saisit d'office de l'affaire. La procédure criminelle des iv<sup>e</sup> et v<sup>e</sup> siècles était à la fois accusatoire et inquisitoire. De la procédure des *judicia publica*, elle avait gardé cette règle que tout citoyen, *quivis ex populo*, pouvait se porter accusateur et susciter un procès criminel, mais elle la tempérait par certaines restrictions, refusant le droit d'accusation à diverses catégories de personnes. A l'ancienne juridiction des gouverneurs sur les provinciaux, elle avait emprunté la règle que le juge pouvait lui-même poursuivre d'office, et elle l'appliquait largement. Cette procédure était d'ailleurs assez rationnelle quant à l'instruction. Elle était publique, sauf que le procès se déroulait dans une salle d'audience, appelée *secretarium*, où n'entraient qu'un petit nombre de privilégiés (174). La preuve se faisait, comme aujourd'hui, par des témoignages et des écrits : les témoins déposaient à l'audience en présence de l'accusé. Mais un mode de preuve odieux s'était introduit et était devenu d'un usage constant et général : la question ou la torture, ayant pour but d'arracher par la souffrance des aveux à l'accusé. Sous la république et au commencement de l'empire, le citoyen romain échappait à la torture. Seuls y étaient alors soumis : l'esclave, quand il était accusé ou même appelé à témoigner en justice, car l'antiquité n'a jamais admis le témoignage de l'esclave sans le contrôler, pour ainsi dire, par la torture, — et le provincial, à l'égard duquel tout était permis. La règle s'introduisit, aux premiers temps de l'empire, que le citoyen pouvait être, par exception, soumis à la question quand il était accusé de lèse-majesté. Puis cela devint une règle générale, applicable dans toutes les accusations, une pratique si commune que la loi recommande au juge de ne pas commencer par là l'instruction et de recueillir d'abord des indices (175). Seulement, certaines catégories de personnes y furent soustraites, les *honestiores* à partir des décurions (176), et les soldats (177); mais ce privilège cessait de s'appliquer quand il s'agissait du crime de lèse-majesté (178). L'appel continuait à être admis en matière criminelle, sauf pour certains crimes particulièrement odieux, lorsque l'accusé avait avoué, en même temps qu'il était convaincu (179).

(174) Salvien, *De gubernatione Dei*, III, 9 : « Ecclesias... minoris reverentiæ quidam habent quam cujuslibet minimi ac municipalis judicis domum. Siquidem intra januas non modo illustrium potestatum, sed etiam præsidum ac præpositorum non omnes passim intrare præsumunt, nisi quos aut judex vocaverit, aut negotium traxerit, aut ipsa honoris proprii dignitas introire permiserit. »
(175) L. 8, § 1, C. J., IX, 41
(176) L. 11, C. J., IX, 41.
(177) L. 8, pr., C. J. IX, 41.
(178) L. 16, § 1, C. J., IX, 41.
(179) L. 2, C. J, VII, 65.

# CHAPITRE II

## Les coutumes germaniques et les établissements des barbares en Gaule.

---

§ 1. — LES COUTUMES GERMANIQUES AVANT LES INVASIONS.

Les hommes de race germanique, qui démembrèrent l'empire d'Occident, apportaient avec eux des coutumes dont l'influence, en Gaule, sur certains points, devait être très grande. Ce droit coutumier dérivait en grande partie du fonds primitif, commun aux peuples indo-européens, et, dans son ensemble, il était resté très primitif : on a constaté avec exactitude que le droit germanique, à l'époque des *Leges barbarorum*, était moins avancé dans son développement que le droit romain à l'époque des XII Tables (1). Il nous est possible de reconstituer ce droit, dans ses lignes principales (2), grâce à trois ordres de documents : 1° Les témoignages des auteurs latins qui ont écrit avant les invasions. Il en est deux principaux : César, dans son livre *De Bello Gallico* (3), qui a la valeur d'un témoin oculaire; Tacite, dans son traité *De situ, moribus et populis Germaniæ*, que l'on prenait jadis pour une sorte de roman philosophique, et auquel la critique moderne a rendu la valeur d'une œuvre d'observation et de précision (4); 2° Les données fournies par les auteurs qui, après la fondation des royaumes barbares en Occident, ont écrit l'histoire des diverses races qui les avaient fondés (5). Mais les renseignements qu'ils four-

---

(1) Sumner Maine, *L'ancien droit*, ch. VIII.

(2) Cette reconstruction a été faite, jusque dans les détails, par un grand nombre d'écrivains. Voyez Brunner, *Deutsche Rechtsgeschichte*, I², § 6-24; — Waitz, *Deutsche Verfassungsgeschichte*, t. I (3ᵉ édit.) ; — Schröder, *Deutsche Rechtsgeschichte*, 6ᵉ édit , 1919, p. 11-97 ; — Stubbs, *Constitutional History of England*, I, ch. II-IV, et l'édition française donnée par M. Petit-Dutaillis, *Histoire constitutionnelle de l'Angleterre*, I, 1907; — Geoffroy, *Rome et les barbares:* — Glasson, *Histoire du droit et des institutions de la France*, t. III ,p. 1-98 ; — Otto Seeck, *op. cit.*, t. I², p. 191.

(3) Au livre VI, ch. XXI et suiv., il compare les coutumes des Gaulois et celles des Germains; au livre IV, I et suiv., il décrit les coutumes d'une peuplade germanique, les Suèves. L'ouvrage a été écrit au milieu du 1ᵉʳ siècle avant l'ère chrétienne.

(4) L'ouvrage a été écrit à la fin du 1ᵉʳ siècle de l'ère chrétienne .

(5) Les principaux sont : Grégoire de Tours, *Historia Francorum* (seconde moitié du VIᵉ siècle) ; — Jordanès, *De Gothorum origine et rebus gestis* (VIᵉ siècle) ; — Procope, écrivain grec contemporain de Justinien, *De Bello Vandalico, De Bello Gothico* ; —

nissent, sur l'état de choses antérieur aux invasions, sont fragmentaires et ne sauraient avoir la valeur de témoignages contemporains des faits; 3° les coutumes rédigées des peuplades de race germanique. Il y en a deux groupes. Le premier comprend les *Leges barbarorum*, c'est-à-dire les rédactions faites à partir du v⁰ siècle, généralement en langue latine, dans les divers royaumes fondés par les barbares sur les débris de l'empire d'Occident. Celles dont les indications sont les plus précieuses sont naturellement les plus anciennes; mais toutes, à un degré plus ou moins avancé, ont subi l'influence de la civilisation romaine (6). Le second groupe comprend les vieilles lois ou coutumes danoises, suédoises, norvégiennes, irlandaises (7). Elles sont fort instructives, parce que le rameau scandinave de la race germanique est resté pendant très longtemps à l'état indépendant, soustrait à l'influence de la civilisation romaine. Mais ces rédactions sont relativement bien récentes; elles sont des xii', xiiie et xive siècles.

A l'époque de Tacite, la race germanique n'était point organisée en nations proprement dites : elle était si loin de l'unité nationale qu'il n'existait point, dans sa langue, un nom pour la désigner dans son ensemble (8). Elle se divisait en un grand nombre de peuplades indépendantes, ayant les mêmes coutumes et parlant la même langue, et pouvant se classer par leurs affinités les plus proches, mais politiquement tout à fait distinctes. Chacune de ces peuplades indépendantes, formant un petit Etat, porte, dans Tacite, le nom de *civitas*, qu'avaient de tout temps employé les Romains pour désigner un Etat libre. Elle représentait, comme tous les groupes primitivement agglomérés dans la race indo-européenne, une union de familles, qui, tout en conservant leur individualité propre, vivaient sous un gouvernement communal, de forme démocratique et aristocratique à la fois. C'est aussi le type originaire des cités grecques et italiques, mais la *civitas* germanique s'en distingue par un trait saillant : elle ne comprend point de *ville;* l'élément urbain, qui joue un rôle prépondérant en Grèce et en Italie, fait ici complètement défaut (9).

A l'époque de Tacite, la forme de l'Etat, dans la majorité des *civitates*, était républicaine (10), et l'on peut affirmer qu'originai-

Isidore de Séville, *Historia sive Chronicon Gothorum* (vii⁰ siècle); — **Paulus Warnefridus**, *De gestis Langobardorum* (viii⁰ siècle).

(6) Voyez, ci-après, ch. iii, sect. I, § 5.

(7) **Dareste**, *Etudes d'histoire de droit*, p. 279 et suiv.; — **Beauchet**, *La loi de Ves trogothie*, traduite, annotée et précédée d'une étude sur les sources du droit suédo's. Paris, 1894; du même, *La loi d'Upland*.

(8) Tacite, *Germ.*, 2.

(9) Tacite, *Germ.*, 16 : « Nullas Germanorum populis urbes habitari satis notum est. »

(10) *Germ*, 25.

rement cette forme était générale. Le pouvoir suprême, la souveraineté, résidait dans une assemblée ou *concilium*, comprenant tous les hommes libres en âge de porter les armes (11), où chacun pouvait prendre la parole, et qui statuait par des clameurs favorables ou hostiles, mode primitif de votation, qui se trouve, au début, chez tous les peuples. Ce *concilium* décidait seul toutes les affaires importantes, et, en premier lieu, la guerre et la paix. Il statuait aussi sur les accusations capitales, qui devaient être intentées devant lui (12). Enfin, par suite de sa composition même, cette assemblée, c'était l'armée, la nation en armes (13). Mais la *civitas* avait aussi des autorités locales et inférieures. Elle se subdivisait en cantons que Tacite appelle des *pagi*, à la tête desquels étaient placés des chefs appelés *principes*, qui étaient élus par le *concilium* (14); ils étaient pris parmi les nobles (15) et probablement nommés à vie (16). Ils rendaient la justice dans les *pagi* (17), et, sans doute, commandaient le contingent militaire que devait fournir le *pagus* (18). On peut même préciser un peu plus ce qu'était cette circonscription du *pagus*. On voit, en effet, que, lorsque le *princeps* y rend la justice, il est assisté de cent compagnons (19) et que cent hommes composent également le contingent militaire du *pagus* (20). C'était donc une *centaine*, c'est-à-dire originairement un groupe de cent chefs de famille. C'est une division qui se retrouve à peu près partout où sont établis les hommes de race germanique; et cette race semble avoir une tendance naturelle à s'organiser spontané-

(11) *Germ.*, 11, 12, 13.
(12) *Germ.*, 12. Tel est bien le sens du passage de Tacite : « Licet apud concilium accusare quoque et discrimen capitis intendere » Mais certains auteurs estiment qu'en outre tout citoyen, au lieu de porter son procès devant l'assemblée de la centaine, dont il sera question plus loin, pouvait en saisir directement le *concilium* (Schröder, *Rechtsgeschichte*, 6ᵉ édit., p. 49). Les termes de la phrase semblent cependant formels.
(13) *Germ.*, 13.
(14) *Germ.*, 12.
(15) *Germ.*, 12, 13.
(16) Une expression de Tacite (*Germ.*, 22), *de asciscendis principibus. . consultant*, paraît représenter les *principes* comme une classe permanente, à laquelle de nouveaux membres sont agrégés.
(17) *Germ.*, 12.
(18) *Germ.*, 6.
(19) *Germ*, 12 : « Centeni singulis ex plebe comites, consilium simul et auctoritas, assunt. »
(20) *Germ*, 6 : « Definitur et numerus : centeni ex singulis pagis sunt. » On a beaucoup discuté sur la nature originaire de la centaine : groupe de cent guerriers ; c'est la théorie qui correspond le mieux aux textes de César et de Tacite (Brunner, *Deutsche Rechtsgesch.*, I, 2ᵉ édit., p. 167), groupe territorial de cent exploitations, ce qui peut s'accorder avec la précédente hypothèse (Rietschel, *Untersuchungen zur Geschichte der germanischen Hundertschaft*, Zeitsch. der Savigny Stiftung, G. A., 1907; Vinogradoff, *English society in the eleventh century*, 1907, p. 29 et 138). Pour M. Cl. von Schwerin (*Die germanische Hundertschaft*, Breslau, 1907), le mot *hundert* n'aurait pas le sens précis de cent, mais signifierait d'une façon vague une masse d'hommes.

ment ainsi (21), comme un certain liquide se cristallise sous une forme particulière. On voit aussi par là que, dans la centaine, tous les chefs de famille participaient à l'administration de la justice. Deux traits complètent le tableau : César nous apprend que les allotissements de terres, dont il sera parlé plus loin, se faisaient par groupes familiaux (22), et Tacite nous dit que les guerriers étaient groupés par familles dans le contingent du *pagus* (23) : celui-ci était donc un groupement de familles. Mais le nombre de cent chefs de famille par centaine ne dut être exact qu'à l'origine, lors du premier établissement; il devait varier dans la suite : le nom de la circonscription se conserva cependant (24).

Ce gouvernement avait des finances absolument rudimentaires. La *civitas* recevait une partie des compositions en têtes de bétail, qui constituaient la peine des délits (25). D'autre part, les citoyens faisaient aux *principes* des offrandes en bétail ou en céréales, purement volontaires en droit, mais moralement imposées par la coutume (26). Telle était l'organisation politique de la *civitas* germanique; mais, à côté des autorités régulièrement constituées qu'elle comprenait, elle en connaissait d'autres, extraordinaires ou supplémentaires, pour ainsi dire.

C'était d'abord un chef militaire ou *dux*, qui était élu en temps de guerre, et dont les pouvoirs, d'ailleurs restreints, devaient cesser avec l'expédition pour laquelle il avait été choisi (27). C'était, en second lieu, l'institution du *comitatus* (28). Celle-ci, dont l'influence devait être considérable dans l'histoire de l'Europe occidentale, et où l'on voit l'un des précédents lointains de la féodalité, est nettement décrite par Tacite. C'était une association d'une nature particulière qui intervenait entre un *princeps* et un certain nombre de

(21) Voyez, dans les *John Hopkin's University Studies in historical and political science*, 3ᵉ série, les études de M. Edward Ingle, p. 143 et suiv., et de M. Levis W. Wilhem, p. 342 et suiv. M. Brunner, *Deutsche Rechtsgeschichte*, I², p. 157 et suiv., admet que le *pagus* (*Gau*) est une circonscription plus large que la centaine, comprenant à l'origine mille pères de famille et fournissant mille soldats ; la centaine ne serait qu'une subdivision du *pagus*. Il se base sur des textes concernant le *pagus* gaulois et sur un passage de César relatif aux Suèves (*de bello gallico*, IV, 1), d'après lequel chaque *pagus* fournit 1.000 hommes formant un millénaire composé de 10 centaines. Mais les passages cités de Tacite paraissent formels en notre sens.

(22) *De Bello Gallico*, VI, 22.

(23) *Germ.*, 7.

(24) *Germ.*, 6 : « Quod primus numerus fuit jam nomen et honor est. »

(25) *Germ.*, 12. M. Brunner pense que la *civitas* (ou le roi quand il y en avait un ne touchait cette part de composition que pour les procès jugés dans le *concilium*. Le *princeps* en profitait, au contraire, quand le procès était jugé dans la centaine (*Rechtsgeschichte*, I, 2ᵉ édit., p. 173, n. 49).

(26) *Germ.*, 15 : « Mos est civitatibus ultro ac viritim conferre principibus vel armentorum vel frugum quod pro honore acceptum etiam necessitatibus subvenit. »

(27) *Germ.*, 7. — Cf. Schröder, *op. cit.*, 6ᵉ édit., p. 30 et 34.

(28) Sur le *comitatus*, voir Guilhiermoz, *Essai sur l'origine de la noblesse française au moyen âge*, 1902, p. 26-27.

membres de la *civitas*. Ceux-ci, qui se faisaient individuellement
agréer par lui, étaient dits ses *comites* et lui devaient en vertu d'un
serment solennel un dévouement complet, spécialement dans la
guerre. Le chef, de son côté, leur donnait un cheval de guerre et
des armes, lès gratifiait selon leurs mérites et les entretenait dans
une chère abondante (29). Il semble, d'ailleurs, que ces *comites* se
soient recrutés seulement parmi les nobles, surtout parmi les plus
jeunes, et constituassent une classe qui, repoussant les travaux de
l'agriculture, ne voulait vivre que de guerre et de butin (30). Il
semble enfin, lorsque la peuplade était en paix, que ces associations ou
leurs membres individuellement pouvaient se mettre au service d'une
autre peuplade. Comment expliquer leur existence ? Comment un
Etat organisé pouvait-il admettre, à côté des cadres arrêtés et des
autorités constituées, ces groupements facultatifs et ces autorités
librement choisies ? C'est que, dans les sociétés primitives, pendant
longtemps l'Etat, encore peu développé, n'est point jaloux ni exclusif. Investi de fort peu d'attributions, il ne réclame pas sans partage
le droit de commander aux hommes. D'ailleurs, dans les *civitates*,
une certaine régularisation de ces formations hors cadre paraît
s'être introduite : seuls possédaient le droit d'avoir un *comitatus*, de
se faire les chefs d'un de ces groupes, le roi, le *dux* et les *principes*, c'est-à-dire des magistrats élus par la nation (31). Cette institution du *comitatus* a été souvent présentée comme propre aux
Germains. Je crois, au contraire, qu'une semblable organisation
se présente naturellement dans les sociétés qui ne sont pas encore
pleinement tassées, où la constitution politique est encore flottante,
si ce n'est sur quelques points essentiels. Les *ambacti*, les *devoti* ou
*sóldurii*, que César décrit chez les Gaulois (32), semblent les proches parents des *comites* que Tacite trouve chez les Germains. Les
ἑταῖροι, des peuplades grecques, dont il est si souvent question

(29) *Germ.*, 13, 14. Comme le dit M. Brunner (*Deutsche Rechtsgeschichte*, I², p. 187) :
« Le trait distinctif du *comitatus* c'est que le *comes* fait partie de la maison du chef.
Les *comites* mangent, jouent et dorment dans la salle (*Hall*) du chef. » La nourriture
large et assurée est un élément essentiel des groupements qui se forment autour
d'un chef dans les sociétés primitives.

(30) Dans César (*B. G.*, VI, 23), le *comitatus* n'apparaît pas comme un groupement
permanent; c'est un recrutement volontaire en vue d'une expédition déterminée.

(31) Dans ce sens, Stubbs, *Constitutional History*, ch. II, édition française, p. 28 ; —
Schröder, *op. cit*, 6° édit., p. 39 : il justifie cela par cette idée que, dans d'autres conditions, cet assujettissement du *comes* eût été, dans les idées des Germains, incompatible avec la qualité d'homme libre. — M. Siegel (*Deutsche Rechtsgeschichte*, p. 140)
montre aussi le droit d'avoir un *comitatus* comme un privilège du *princeps*; d'après
lui, le *comitatus* ne se composait, d'ailleurs, que de jeunes gens, non encore établis
comme chefs de famille et, par suite, non astreints au service militaire. Pour ceux
qui considèrent qu'en droit tout homme libre peut se constituer un *comitatus*, il est
certain qu'en fait c'est un privilège des grands. Brunner, *Deutsche Rechtsgeschichte*.
I, 2° édit., p. 187, n. 32.

(32) *De Bello Gallico*, VI, 15 et 20.

dans les poèmes homériques, me paraissent aussi représenter une association similaire et les compagnons d'Ulysse se rapprocher des *comites* germains. Ce qui distingue le *comitatus* germanique, c'est qu'il persiste, en se régularisant, à un âge où la *civitas* a déjà une constitution arrêtée.

La constitution que j'ai décrite avait subi chez un assez grand nombre de peuplades, à l'époque de Tacite, une modification importante : la forme républicaine avait disparu chez elles et la monarchie s'y était introduite. Mais cela n'avait point amené des changements profonds et fondamentaux. La royauté s'était superposée à l'ancienne constitution républicaine, sans la détruire ni même la modifier profondément. Le pouvoir souverain résidait toujours dans le *concilium* qui conservait ses anciennes attributions; les *principes* étaient toujours les chefs élus des centaines. Les droits et prérogatives de la puissance royale étaient donc fort restreints (33). Outre l'ascendant moral qu'il exerçait, le roi paraît avoir eu seulement deux privilèges légaux. Il recevait la part des compositions, qui, primitivement, était perçue par la *civitas* (34). Il est probable qu'il avait le droit de prendre sous sa protection spéciale (35), avec la sanction d'une amende particulière contre qui la violerait, certaines personnes ou certains lieux. D'autre part, le roi, sans aucun doute, comme les *principes*, recevait des présents de la population et avait, comme eux, un *comitatus*, le plus considérable de tous. Les rois paraissent avoir été électifs, mais toujours choisis dans les familles les plus nobles (36). D'ailleurs, la royauté et la création momentanée d'un *dux* militaire n'étaient point incompatibles; et le *dux*, ayant la discipline de l'armée, exerçait des pouvoirs plus étendus que ceux du roi : il pouvait prononcer la peine de mort et des châtiments corporels (37); il est vrai que, du temps de Tacite, il ne pouvait exercer ce pouvoir que par l'intermédiaire des prêtres.

---

(33) *Germ.*, 7 : « Nec regibus infinita aut libera potestas. » — Brunner, *Deutsche Rechtsgeschichte*, I², p. 170 et suiv., présente le pouvoir du roi comme ayant la même nature que celui des *principes*, il n'est que le *princeps civitatis*. Mais la perception d'une partie des compositions, qui lui est attribuée, alors qu'elle l'était auparavant à la *civitas*, montre bien une différence essentielle.

(34) *Germ*, 7 : « Pars multæ regi vel civitati exsolvitur. »

(35) Cela semble résulter du passage de Tacite (*Germ.*, 25). d'après lequel les affranchis, qui sont à peine au-dessus des esclaves dans les *civitates* républicaines, peuvent, au contraire, s'élever au-dessus même des nobles, dans celles où la royauté est établie. Cela ne peut provenir que d'une protection spéciale accordée par le roi. — Cf. Schroder, *Deutsche Rechtsgeschichte*, 6ᵉ édit., p. 52; — Lehmann, *Der Königsfriede der Nord-germanen*, 1886; — Brunner, *Rechtsg.*, §§ 65, 66.

(36) *Germ*, 7 : « Reges ex nobilitate, duces ex virtute sumunt. » On entend géné ralement cette phrase de Tacite rapprochée des renseignements que fournit l'histoire postérieure des royautés barbares, en ce sens que le choix s'exerce normalement parmi les membres de la famille royale, exceptionnellement seulement en dehors de cette famille. Brunner, *Deutsche Rechtsgeschichte*, I, 2ᵉ édit., p. 167.

(37) *Germ.*, 7 : « Animadvertere, vincire, verberare. »

La *civitas*, comme toutes les peuplades antiques, comprenait des hommes libres et des esclaves. Les premiers se divisaient en *ingenui*, ou hommes simplement libres, et en *nobiles* (38). La noblesse ne paraît pas avoir eu d'autres privilèges que de fournir les rois, les *principes*, et peut-être leurs *comites*. Quant aux esclaves, ils paraissent s'être divisés en deux classes. Les uns n'étaient que des objets de commerce, vendus sans doute à l'étranger; et de ce nombre paraissent avoir été les débiteurs insolvables, que la coutume germanique, comme beaucoup d'autres, réduisait en esclavage (39). Quant à ceux que les Germains gardaient, ils n'étaient pas employés au service domestique; c'étaient des esclaves agricoles, qui avaient leur ménage et leur demeure à part, et qui ne devaient au maître qu'une part des fruits produits par la terre qu'ils cultivaient (40). Leur condition, en fait, n'était pas éloignée de celle du colon romain. L'esclavage pouvait cesser par l'affranchissement; mais Tacite, parlant des affranchis, dit que leur condition ne diffère guère de celle des esclaves (41). A côté des esclaves et des hommes libres dans la période qui suit les invasions, nous trouvons une catégorie de personnes appelées *liti*, *lidi* ou *leti*. Il est probable que leur état remontait aux anciennes coutumes; mais quel était cet état à l'origine? Selon les uns, ces *lidi* n'auraient pas été autre chose que les anciens affranchis (42); selon d'autres, c'étaient, à l'origine, des vaincus, réduits à une sorte de servage au profit de la cité conquérante (43). On peut invoquer un fait dans ce dernier sens : les Romains avaient concédé en Gaule des terres à certains barbares, moyennant qu'ils paieraient un tribut et fourniraient des contingents de troupes; or, les contingents s'appelaient *leti*, et les terres concédées *terræ leticæ* (44).

La forme de la propriété foncière qui dominait chez les Germains

(38) *Germ.*, 25. — Cf. César, *De Bello Gallico*, VI, 23, — Meyer, *Das germanische Uradel*, Zeitschrift der Savigny Stiftung, G. A., 1911.

(39) *Germ.*, 27. Tacite donne pour exemple les joueurs qui finissent par perdre jusqu'à leur liberté.

(40) *Germ.*, 25. — Brunner, *Deutsche Rechtsgeschichte*, I, 2ᵉ édit., p. 141, conclut de quelques autres passages de Tacite (c. 20, montrant les enfants du maître élevés avec ceux de l'esclave *inter eadem pecora*, et c. 25, qui suppose la présence de l'affranchi dans la maison) que les Germains connaissaient aussi les esclaves domestiques.

(41) *Germ.*, 25 : « Libertini non multum supra servos sunt. » M. Schröder (*op. cit.*, 6ᵉ édit., p. 52) explique cela, en supposant que le plein affranchissement accompli devant le *concilium* ou devant le roi et qui seul, d'après certaines *leges*, confère la pleine liberté, n'était pas encore connu à l'époque de Tacite. Mais il est difficile de croire que le plein affranchissement par intervention de l'autorité publique, qui se rencontre dans un grand nombre de droits barbares postérieurement aux invasions, ne remonte pas aux coutumes communes aux anciens Germains. Brunner, *Deutsche Rechtsgeschichte*, I, 2ᵉ édit., p. 146.

(42) Siegel, *Deutsche Rechtsgeschichte*, p. 163

(43) Schröder, *op. cit.*, 6ᵉ édit., p. 53.

(44) *Notitia* (édit. Boecking), ch. xl, § 4, *Præfecti lætorum et gentilium*.

et qui représentait le droit commun, c'était la propriété collective avec des allotissements périodiques, pour la jouissance privée (45). La *civitas*, ou peut-être chaque centaine, prenait possession d'un territoire propre à la culture, dont elle était seule propriétaire; et périodiquement, par les soins des *principes*, des lots étaient fixés et attribués aux familles, qui en jouissaient et en recueillaient les fruits, jusqu'à un nouveau partage; les pâturages et les bois restaient soumis à la jouissance commune. Ces partages, d'ailleurs, se renouvelaient tous les ans; ils se faisaient suivant des règles que nous ne connaissons pas; mais les lots n'étaient point égaux, ils variaient spécialement selon la dignité des personnes, ce qui implique que les *principes* avaient une part avantageuse. Tel était, incontestablement, le régime agraire au temps de César (46). Tel il était encore à l'époque de Tacite (47). Cependant, un tel régime n'excluait pas toute propriété individuelle du sol; celle-ci n'existait qu'à l'état d'exception, mais avait deux applications possibles.

D'abord, la maison du chef de famille, ainsi que le sol sur lequel elle était bâtie et l'enclos qui l'entourait. Il est impossible que ces demeures, telles que les décrit Tacite, établies d'après un plan si

(45) Cette question est vivement discutée entre les historiens du droit. Voyez spécialement, pour la France, Fustel de Coulanges, *Recherches sur quelques problèmes d'histoire*, p. 189 et suiv.; Glasson, *Etude sur les communaux et le domaine rural à l'époque franque*. — Cf. Blumenstok, *Die Entstehung des deut Immobiliareigenthums* et surtout Brunner, *Deutsche Rechtsgeschichte*, I² ,p. 84 et suiv. — Souvent il y a chez les auteurs comme un parti pris, qui les empêche de reconnaître chez les Germains la propriété collective.

(46) *De Bello Gallico*, VI, 22 : « Neque quisquam agri modum certum aut fines habet proprios; sed magistratus ac principes in annos singulos gentibus cognationibusque hominum qui una coierunt, quantum et quo loco visum est agri attribuunt atque anno post alio transire cogunt. » Cf. IV ,1.

(47) C'est le sens naturel de la phrase célèbre, qui a été traduite cependant de tant de manières : *Germ.*, 26 : « Agri pro numero cultorum in vices ab universis occupantur, quos mox inter se secundum dignationem partientur : facilitatem partiendi camporum spatia præstant. Arva per annos mutant, et superest ager. » On pourrait cependant voir là, non les allotissements périodiques faits par voie d'autorité, mais un autre mode primitif d'occupation sur lequel M Maxime Kovalevsky a appelé l'attention, et qui exclut également la propriété privée (Kovalevsky, *Le passage historique de la propriété collective à la propriété individuelle*, dans les *Annales de l'institut international de sociologie*, t II, 1896). Il s'agit de la coutume d'après laquelle chaque famille est autorisée à s'approprier temporairement et à cultiver sur le territoire de la commune la quantité de terrain dont elle croit avoir besoin. Les limites qu'elle se fixe ainsi librement sur un territoire, que la population n'est pas assez dense pour utiliser dans son entier, « ne durent que l'espace d'une ou de plusieurs années, car, la récolte cessant d'être bonne, on passe à d'autres régions ». C'est dit M. Kovalevsky, « ce système que Tacite nous dépeint d'une façon si exacte en disant : *Arva per annos mutant et superest ager* ». — Sans doute cette interprétation paraît bien s'adapter au texte. Mais dans le texte de César, qui est antérieur, il s'agit bien d'allotissements faits par voie d'autorité (*per magistratus et principes*). Il est donc vraisemblable que ce système subsiste encore au temps de Tacite. Sur l'évolution postérieure et parallèle dans un pays occupé par des peuplades germaniques, voir Beauchet, *Histoire de la propriété foncière en Suède*, et mon rapport à l'Académie des sciences morales et politiques sur le prix Koenigsvarter, *Séances et travaux*, t. LXXXII, p. 260 et suiv.

contraire à toute promiscuité (48), n'aient pas été permanentes et absolument privées. D'ailleurs, la maison familiale et son enclos forment le premier îlot de propriété individuelle qui apparaît dans les coutumes des peuplades indo-européennes (49). D'autre part, il semble bien que Tacite constate indirectement l'existence de propriétés foncières individuelles, d'une plus grande importance (50). Comment avaient-elles pu se constituer? Par un moyen qui fut admis chez les peuples les plus divers. Le terrain, objet de la propriété collective et soumis aux partages périodiques, ne comprenait pas tout le territoire sur lequel s'étendait le pouvoir de la *civitas*. En dehors, se trouvaient des terres incultes et non appropriées : la coutume admettait que celui qui les défrichait et les cultivait en avait la jouissance privative et perpétuelle. Ainsi se constituait la propriété privée à côté de la propriété commune (51). Ces propriétés foncières individuelles, qui sûrement étaient héréditaires, probablement étaient inaliénables.

Les Germains ne connaissaient point la loi proprement dite; ils vivaient sous l'empire de la pure coutume, résultant du consentement tacite de la population, conservée par l'autorité des anciens (52), non fixée par l'écriture dont ils ignoraient l'usage (53). Quant au droit criminel, ils en étaient encore à des formes primitives. Tous les délits contre les particuliers donnaient ouverture à la vengeance privée, à la guerre privée de famille à famille (54). Mais la paix se faisait d'ordinaire moyennant une composition payée par le coupable, et consistant en têtes de bétail, la monnaie primitive. Cette composition se partageait, suivant certaines règles, entre les membres de la famille offensée (55). Cependant, par rapport au système de la pure vengeance privée, deux progrès avaient été accomplis à l'époque de Tacite. En premier lieu, la coutume avait établi un tarif des compositions à payer pour chaque délit (56).

(48) *Germ.*, 16.

(49) Esmein, *La propriété foncière dans les poèmes homériques* (*Nouvelle revue historique de droit français et étranger*, 1890, p. 835 et suiv.).

(50) Tacite (c. xvii) parle de *locupletissimi*, et il n'est pas probable que la richesse de ceux-ci consistât uniquement en troupeaux. Surtout ce qu'il dit des esclaves agricoles (c. xxv) paraît impliquer l'existence de propriétés individuelles importantes; c'est seulement sur de semblables domaines que le maître pouvait les établir à titre de colons et leur donner une demeure fixe (*penates*).

(51) Esmein, *La propriété foncière dans les poèmes homériques*, loc. cit., p. 842 et suiv. ; — Cf. Dareste, *Etudes d'histoire du droit*, p. 294, 312 et suiv. (Suède et Danemark); — Kovalevsky, dans la *Nouvelle revue historique du droit français et étranger*, 1891, p. 480 et suiv.

(52) Siegel, *Deutsche Rechtsgeschichte*, p. 15.

(53) *Germ.*, 19.

(54) *Germ.*, 21.

(55) *Germ.*, 21 : « Luitur etiam homicidium certo armentorum ac pecorum numero, recipitque satisfactionem universa domus »

(56) Cela résulte du texte cité à la note précédente : « *certo numero armentorum ac pecorum* ». Cf. *Germ.*, 12.

Secondement, elle ouvrait une action en justice à la victime ou à ses représentants pour faire condamner le coupable au paiement de la composition (57). Mais elle ne leur imposait point cette voie et les laissait libres encore de poursuivre la vengeance. Le pouvoir public n'intervenait que comme médiateur et il se faisait payer le prix de cette médiation; c'était la part de la composition qui revenait à la *civitas* et au roi. Cependant, pour certains crimes, le droit s'était élevé à la répression publique par la peine de mort. Mais il s'agissait alors de crimes contre la *civitas* elle-même, comme la trahison en faveur de l'ennemi, ou de faits, qui, comme les actes contre nature, étaient considérés comme pouvant attirer sur le peuple entier la colère des dieux (58).

§ 2. — LES ÉTABLISSEMENTS DES BARBARES EN GAULE.
LA PERSONNALITÉ DES LOIS.

Dans le cours du v° siècle, trois royaumes barbares se fondèrent en Gaule, celui des Burgondes, celui des Wisigoths et celui des Francs, qui devait, dans la suite, absorber les deux autres. Quels changements ces conquêtes et ces établissements apportèrent-ils aux institutions qu'avait laissées en Gaule l'empire romain ? En fait, les Gallo-Romains, très civilisés et polis, souffrirent beaucoup au contact violent des barbares, grossiers et rudes (59). Mais, en droit, quelle condition leur fut-elle faite ? C'est là une question qui, au XVIII° siècle, passionna les esprits dans notre pays, car on y mêlait des préoccupations contemporaines; les défenseurs des privilèges de la noblesse voulaient les rattacher à la conquête germanique elle-même. C'est ce que fit en particulier le comte de Boulainvilliers. Dans un livre d'esprit original, mais très superficiel quant à l'érudition (60), il voulut établir que les nobles français étaient les successeurs directs des Francs qui avaient conquis la Gaule, et que

(57) *Germ.*, 12 : « Sed et levioribus delicis pro modo pœna. Equorum pecorumque numero *convicti multantur.* »

(58) *Germ.*, 12 : « Proditores et transfugas arboribus suspendunt; ignavos et imbelles aut corpore infames cœna ac palude, injecta super crate, mergunt. » — Selon certains auteurs, les vieilles coutumes germaniques auraient même rangé dans cette classe et puni de mort quelques crimes contre les particuliers, spécialement l'assassinat (à la différence de l'homicide simple), et la composition pécuniaire n'aurait été que plus tard substituée à la peine de mort : Ernest Mayer, *Zur Entstehung der lex Ribuariorum*, 1886, p. 85, note 12, p. 111.

(59) Voyez un passage de Salvien (*De gubernatione Dei*, V, 5), où celui-ci, d'ailleurs, raconte que le sujet romain préfère encore parfois la domination des barbares à l'administration impériale : « Et quamvis ab his ad quos confugiunt discrepent ritu, discrepent lingua, ipso, ut ita dicam, corporum atque induviarum barbaricarum fœtore dissentiant, malunt tamen in barbaris pati cultum dissimilem quam in Romanis injustitiam sævientem. »

(60) *Histoire de l'ancien gouvernement de la France*, 1727.

les Gallo-Romains avaient tous été réduits en servage (61). En sens opposé, l'abbé Dubos composa un ouvrage savant et critique (62), où il prétendait établir que les Gallo-Romains avaient conservé, dans la conquête, leur condition et leurs droits antérieurs. Montesquieu, dans l'*Esprit des lois* (63), chercha, en se plaçant exclusivement au point de vue de la science historique, à rétablir la vérité, et c'est un des savants qui ont le plus contribué à éclaircir ce point. Aujourd'hui, la question ne peut plus avoir qu'un intérêt historique. Cependant, elle met encore en présence deux écoles opposées : d'un côté, les *romanistes*, qui, dans la formation des institutions propres aux royaumes barbares, attribuent la prépondérance à l'élément romain (64); d'autre part, les *germanistes*, qui y font jouer le premier rôle aux coutumes germaniques (65). Pour élucider ce problème, il faut le décomposer et se demander si les Gallo-Romains ont perdu ou conservé leur liberté, leurs propriétés et la jouissance de leurs lois.

1° Quant à la liberté, la réponse est facile. Dans les invasions, comme dans toutes les guerres antiques, il fut fait un grand nombre de captifs de tout sexe et de tout âge, qui furent réduits en esclavage. Mais, en dehors de cette minorité sacrifiée et très faible, la masse des Gallo-Romains conserva sa liberté dans les royaumes barbares, et même, comme on le verra, elle obtint en principe l'égalité de droits avec les conquérants. En ce qui concerne la propriété, la question est obscure en partie; mais, cependant, on peut dégager un certain nombre de points certains;

2° Les barbares envahissant l'empire voulaient incontestablement obtenir des terres : c'est ce qu'ils demandaient toujours à l'autorité romaine, quand ils se pressaient aux frontières, avant d'entrer en maîtres. La terre était alors la principale richesse, et la conquête devait être productive. De là dut résulter nécessairement une dépossession partielle des propriétaires gallo-romains; mais elle ne fut ni aussi considérable, ni aussi violente qu'on pourrait le croire tout d'abord. Il faut bien remarquer que le fisc impérial avait, en Gaule, d'immenses domaines, qui, par le fait même de la conquête, passaient au monarque barbare, et au moyen desquels celui-ci pouvait faire des largesses à ses hommes. D'autre part, il paraît établi que

---

(61) T. I, p. 34 et suiv.

(62) *Histoire de l'établissement de la monarchie française dans les Gaules.*

(63) Livre XXX, ch. vi et suiv

(64) Fustel de Coulanges, spécialement dans son *Histoire des institutions politiques en France*, peut être considéré comme le représentant le plus décidé et le plus illustre de l'école romaniste.

(65) M. Sohm, parmi tant d'autres savants allemands, peut être considéré comme un de ceux qui représentent le plus fidèlement l'école germanique. Voyez son ouvrage : *Die fränkische Reichs-und Gerichtsverfassung*, 1871.

la dépossession, dans la mesure où elle se produisit, fut acceptée sans trop de regrets par ceux qui la subissaient. Il est certain que parfois les Gallo-Romains virent les établissements des barbares presque avec satisfaction; ils espéraient que c'était la fin de l'intolérable fiscalité de l'empire, et consentaient à payer leur libération par le sacrifice de leurs propriétés (66). Quant au colon, attaché à la glèbe, peu lui importait que la terre appartînt à un Romain ou à un barbare : sa condition ne changeait pas. Mais, laissant de côté ces considérations générales, il faut voir de plus près ce qui se passa dans chacun des trois royaumes fondés en Gaule (67).

Pour le royaume des Burgondes, nous avons, dans la *Lex Burgundionum*, des indications précieuses quoique incomplètes. Nous savons qu'une dépossession partielle des Romains eut lieu et nous entrevoyons même comment elle s'opéra (68). Lorsque, après l'année 443, les Burgondes s'établirent d'abord dans la Savoie, puis dans le pays de Lyon, ils se cantonnèrent chez les propriétaires romains, qui durent leur fournir logement et nourriture. Cette première installation, qui avait été à peu près pacifique, se fit régulièrement. Les guerriers burgondes suivirent tout simplement les règles qu'observaient les Romains pour le logement des troupes chez l'habitant, et qui étaient bien connues des barbares, comme toute l'organisation militaire des Romains. La charge que la loi romaine permettait d'imposer de ce chef à l'habitant, ou *hospes*, était fort lourde; le Code Théodosien contient un titre entier sur la matière (69); nous y voyons, en particulier, que le soldat avait droit au tiers de la maison pour en user privativement. Mais le cantonnement des Burgondes avait un caractère tout nouveau. Il se présentait non comme une mesure temporaire, mais définitive; de plus, le Romain n'avait pas seulement comme autrefois, à loger son hôte, il devait sûrement le nourrir. Cela devait conduire à une liquidation nécessaire. Au lieu de maintenir le Romain indéfiniment soumis à cette charge insupportable, mieux valait, pour les deux parties, attribuer au Burgonde une portion du domaine et laisser au Romain le surplus, franc et quitte de toute servitude. On aboutissait ainsi à un partage, et plusieurs ordonnances des rois burgon-

(66) Salvien, *De gubernatione Dei*, V, 8 et le texte de la Chronique de Frédégaire restitué par M. Monod, *Bibliothèque de l'Ecole des Hautes-Etudes*, fasc. 63, p. 58-59.

(67) Les résultats que je vais résumer ont été dégagés, dans tout ce qu'ils ont d'essentiel, par Gaupp, dans son livre intitulé : *Die germanischen Ansied lungen und Landteilungen in den Provinzen des römischen Westreichs*, 1844. Cet ouvrage a servi de base à tous les travaux qui ont été composés depuis sur le même sujet. Voyez aussi Brunner, *Deutsche Rechtsgeschichte*, I², §§ 8-10; Otto Seek, *op. cit.*, I.

(68) Sur ce point, voyez Saleilles, *De l'établissement des Burgondes sur les domaines des Gallo-Romains*, Dijon, 1891; là sont indiqués (p. 2, note 1) tous les travaux alors publiés sur la question.

(69) L. VII, tit. vIII, *De metatis*.

des firent en effet cette attribution. Une première paraît avoir partagé la maison et les terres qui en dépendaient par moitié (70). Puis, une loi nouvelle vint attribuer au barbare la moitié de la maison, les deux tiers des terres arables et un tiers des esclaves, les bois et les prairies restant indivis par moitié entre les deux parties. Enfin, une dernière ordonnance, qui se rapporte à de nouveaux pays occupés ou à de nouveaux contingents, ne donna plus au Burgonde que la moitié de la maison et des terres. Les relations juridiques qui s'établirent, de ce fait, entre le Romain et le Burgonde furent désignées par un nom qui en rappelait l'origine première : cela s'appela l'*hospitalitas*, les barbares possédant les immeubles à eux attribués *hospitalitatis jure;* mais ils en avaient la pleine propriété, même aliénable par eux, sauf un droit de préemption en faveur du Romain. D'ailleurs le Burgonde qui avait reçu par donation royale une terre du fisc ne paraît pas avoir droit à l'*hospitalitas* (71).

Chez les Wisigoths établis en Gaule, il y eut aussi une dépossession partielle des propriétaires gallo-romains, ayant pour origine première le cantonnement et l'*hospitalitas* à la romaine. Les détails ici sont moins abondants que pour les Burgondes. Nous savons seulement que les deux tiers des terres furent attribués au guerrier wisigoth; car les propriétés laissées aux Romains sont appelées par la loi les *tertiæ Romanorum* (72), tandis que, par opposition, elle parle des *sortes Gothicæ*.

Quant au royaume des Francs, nous n'avons pas de documents

(70) Sur le point de savoir quelle fut l'unité sur laquelle se fit le cantonnement et plus tard le partage, voyez l'étude de M. Saleilles. On peut hésiter entre le domaine entier et la ferme ou métairie formant une unité pour l'exploitation.

(71) Dans ce sens, Gaupp, *op. cit.*, § 43; en sens contraire, Saleilles, *op. cit.* — Les titres de la loi des Burgondes qui fournissent les renseignements résumés au texte sont les suivants : XXXVIII, LIV, LV, LXXIX, *Constitutiones extravagantes*, XXI, 12, dans la dernière édition de la Loi des Burgondes donnée par M. de Salis dans les *Monumenta Germaniæ historica*, p. 70, 88, 100, 121.

(72) Ch. VIII, IX, XVI, *Lex Wisigoth*, X, 1; — Blume, *Die Westgotische Antiqua*, ch CCLXXVII, CCCIII. M. Brunner, I², 75 et suiv., a, avec sa précision et son jugement ordinaires, étudié les établissements des Germains dans l'Empire romain. Il estime qu'en général et notamment chez les Wisigoths et les Burgondes on prit pour unité dans les partages qui succédèrent aux premiers cantonnements, le *fundus*, c'est-à-dire les pièces ou ensemble de pièces, qui formaient une unité pour la culture. Il étudie également ce qui se passa pour l'établissement des Ostrogoths et des Lombards en Italie. Partout il semble qu'on soit parti du cantonnement et de l'*hospitalitas* à la romaine, pour aboutir à un partage entre le *possessor* romain et le barbare hospitalisé. Il semble aussi que la part du barbare fut d'abord d'un tiers, ce qui répond bien aux données de l'*hospitalitas* romaine Mais sans doute souvent l'arrivée de troupes nouvelles entraîna à leur profit l'attribution d'un autre tiers. C'est ainsi que tout d'abord M. Brunner relève p. 72 « qu'après que les Suèves sous Arioviste entrèrent en Gaule ils prirent aux Séquanes un tiers de leur territoire, puis un autre tiers sous la pression de nouvelles bandes ». Chez les Vandales d'Afrique, p. 78, le premier cantonnement ne donna pas lieu à un partage avec les *possessores*, mais à des mesures plus radicales, par suite de l'extermination de la population.

directs et précis; on ne trouve pas de traces d'un cantonnement régulier et d'un partage consécutif. Mais il faut distinguer les conquêtes successives des Francs.

Les premières conquêtes des Francs Saliens, celles antérieures à Clovis, et les conquêtes propres des Francs Ripuaires eurent pour conséquence une dépossession totale des Gallo-Romains, par la raison que toute la population romaine fut détruite ou abandonna le pays. Il y a, de ce dernier fait, un indice certain : c'est la disparition du christianisme dans ces régions. Or, au v⁰ siècle, en Gaule, le christianisme et la présence des Romains sont deux choses inséparables. Cela est prouvé par de nombreux témoignages pour les pays occupés par les Saliens; aux vi' et vii' siècles, les païens dominèrent ou restèrent seuls (73). Quant aux Ripuaires, c'est en l'an 464 qu'ils occupèrent définitivement le diocèse de Trèves, et, à partir de ce moment, pendant plus d'un siècle, les inscriptions chrétiennes disparaissent dans ce diocèse, signe certain que la population chrétienne, c'est-à-dire romaine, a elle-même disparu (74). Quant aux conquêtes de Clovis jusqu'à la Seine, puis jusqu'à la Loire, il est probable qu'elles n'entraînèrent point, en principe et par système, la dépossession des Romains. Il y avait eu déjà de longues relations de voisinage entre conquérants et conquis; le clergé, si favorable à Clovis, protégeait les Romains, et les vastes domaines du fisc devaient suffire pour lotir les nouveaux maîtres. Peut-être même y eut-il traité et capitulation consentie, plutôt que conquête proprement dite (75). Dans tous les cas, il n'y eut point dépossession complète, car la loi salique, rédigée sous le règne de Clovis, parle du *Romanus possessor* (76). Enfin, la conquête du royaume des Wisigoths par Clovis dut avoir seulement pour effet de substituer, dans cette partie de la Gaule, des

(73) Roth, *Geschichte des Beneficialwesens*, p. 65.

(74) Edmond Le Blant, *Inscriptions chrétiennes de la Gaule*, t. I, préface, p. xlv et suiv.

(75) Procope, *De Bello Gothico*, I, 12. Cf. Brunner, I², p. 272.

(76) *Lex. Sal.*, XLI, 6. Selon certains auteurs, la plus ancienne rédaction de la loi salique, le texte le plus ancien que nous en possédions, remonterait aux établissements antérieurs aux conquêtes de Clovis; ce serait alors à ces établissements qu'il faudrait rapporter les indications que ce texte contient. Voyez en ce sens, Blumenstok, *Die Entstehung d. Immobiliareigenthums*, p. 198. — Cependant Gaupp, *op. cit.*, § 58, indique un indice possible d'une dépossession régulière et d'un partage; c'est le *wergeld* (prix de la vie) différent, assigné dans le tarif des compositions de la loi salique en cas de meurtre d'un Franc et d'un *possessor Romanus*. Le *wergeld* du Franc est de 200 *sc'idi*, celui du Romain seulement de 100. Cela donne une proportion de deux tiers à un tiers; or, c'est la proportion entre la part de propriété donnée au barbare et celle laissée au Romain dans la répartition faite chez les Wisigoths et les Burgondes. La valeur respective des hommes aurait été mesurée sur la valeur respective de leurs propriétés. Mais c'est là un indice bien faible. Sur l'explication donnée par Brunner de cette inégalité, selon lui seulement apparente, voir plus loin p. 52, n. 89

Francs aux Wisigoths allotis; les *sortes Gothicæ* furent attribuées aux vainqueurs, et la condition antérieure des Gallo-Romains ne fut pas modifiée; à plus forte raison, l'annexion de la Bourgogne à la monarchie franque, en 533, laissa-t-elle intact, dans ce pays, l'état de choses antérieur.

3° Les Gallo-Romains, dans les royaumes barbares, conservèrent la jouissance de leur droit et de leurs lois, dans la mesure où cela n'était pas absolument incompatible avec la conquête. Ce résultat, étonnant à première vue, s'explique par deux ordres de faits.

En premier lieu, les rois barbares ne songèrent aucunement à renverser de fond en comble l'ordre établi par les Romains. Ils cherchèrent plutôt à se substituer à la puissance impériale à l'égard des *provinciales*. Ils se présentèrent d'abord, les uns en réalité, les autres en apparence, comme des délégués ou des concessionnaires de l'empire. Pour les rois wisigoths, ce fut, d'abord et dans la forme, une réalité. Les provinces du midi de la Gaule, qui constituèrent leurs premières possessions dans ce pays, furent cédées par l'empire, à Alaric, dans une donation formelle (77), confirmée plus tard au profit des rois Athaulf et Wallia (78), et, d'après cette concession, les rois wisigoths détenaient ces provinces au nom de l'empire, sur les terres duquel leurs troupes étaient établies à titre de *fœderati*. Ce fut seulement le septième roi des Wisigoths, Euric (466-484), qui répudia ce régime et affirma un droit propre sur ses possessions (79). Les Burgondes, de leur côté, lorsqu'ils furent établis en Savoie, après avoir été vaincus par Aëtius, furent probablement des concessionnaires de l'empire. A l'époque d'Euric, Jordanès les présente encore comme des *fœderati* (80). Jusqu'à la chute de l'Empire d'Occident, leurs rois reçurent des empereurs les plus hautes dignités de la hiérarchie impériale, les titres de *magister militum* et de patrice. Dans de telles conditions, les rois barbares ne pouvaient que continuer l'administration romaine autant qu'il était en eux. Il est vrai que les Francs ne connurent pas, à proprement parler, une condition pareille. Au IVᵉ siècle, lorsque, refoulés par les Saxons, ils avaient occupé la Toxandrie, entre la Meuse et l'Escaut, l'empereur Julien ayant voulu les repousser, ils avaient demandé et obtenu qu'on les tolérât, à condition qu'ils fourniraient des contingents à l'armée romaine : en effet, les contingents des Saliens figurent dans la *Notitia*. Mais cette condition de *fœderati*, ils la dépouillèrent dès le Vᵉ siècle, et sous

---

(77) Jordanès, *De rebus Geticis*, ch. xxx.

(78) Jordanès, *De rebus Geticis*, ch. xxxi, xxxiii.

(79) Jordanès, *op. cit.*, ch. xlv, xlvii : Euricus ergo Westgothorum rex, crebram mutationem Romanorum principum cernens, Gallias *suo iure* nisus est occupare. »

(80) *Op. cit.*, ch. xlv : « Ad Burgundionum gentem vicinam, in eo tempore Romanis fœderatam advenit. »

Clodion, ils sont les maîtres absolus des pays qu'ils conquièrent. Seulement, il faut ajouter qu'un long contact avec la population romaine les habitua aux usages de celle-ci et que peut-être même ce fut un traité conclu avec elle qui donna à Clovis le pays entre la Seine et la Loire. Sous le règne même de celui-ci, des relations allaient s'établir entre lui et l'empereur d'Orient, qui donneraient encore au royaume des Francs l'apparence fictive d'une dépendance lointaine de l'empire. En effet, après la chute de l'empire d'Occident, les empereurs de Byzance affectèrent de considérer les provinces anciennement romaines et soumises aux barbares comme faisant toujours partie de l'empire et relevant de leur domination. Sans doute, c'était une pure fiction, une prétention théorique, quelque chose de semblable à la suzeraineté affirmée encore aujourd'hui par la Chine sur des pays qui depuis des siècles sont effectivement détachés de son empire. Mais ces prétentions s'affirmaient quelquefois par des faits précis; l'empereur byzantin conférait aux rois barbares d'Occident des dignités de la hiérarchie impériale. L'empereur Anastase (491-518) conféra ainsi au roi burgonde Sigismond le titre de patrice (81) et à Clovis le titre de consul (82). Les monarques barbares se prêtaient volontiers à cette sorte de comédie, qui, sans doute, flattait leur orgueil, et qui, peut-être, leur était utile pour gouverner leurs sujets romains. Il ne faut donc point s'étonner de voir les rois francs appeler ceux-ci *provinciales*, comme les appelait jadis l'empereur (83).

Même en laissant de côté ces faits historiques, on peut comprendre que les rois barbares devaient nécessairement maintenir aux Gallo-Romains la jouissance de leur droit national. C'est, en effet, une nécessité qui s'impose au vainqueur de laisser aux vaincus leurs lois, toutes les fois que la conquête juxtapose deux races trop différentes par le degré et la forme de la civilisation. C'est ce que font de nos jours, dans une large mesure, les Français en Algérie, les Anglais et les Français dans l'Inde et en Indo-Chine. C'était là une nécessité d'autant plus impérieuse pour les barbares que la loi romaine était fort supérieure aux coutumes germaniques. D'ailleurs, les hommes de race germanique ne connaissaient pas, par leur tradition propre, la loi proprement dite, qui, étant l'ordre de l'autorité suprême, se conçoit comme pouvant être imposée; tout

---

(81) Voyez Garnier, *Traité de l'origine du gouvernement français*, 1765, p. 14.

(82) Greg. Tur., *Historia Francorum*, I, 38. — Voyez d'ailleurs, sur ce fait, W. Sickel, *Die Entstehung der fränkischen Monarchie*, dans la *Westdeutsche Zeitschrift für Geschichte und Kunst*, IV, 3, p. 237. — Cf. Agathias, *Hist.*, I, 2; et, sur ce passage, Sickel, dans les *Göttingische gelehrte Anzeigen*, juillet 1886, p. 555 et suiv.

(83) *Clotarii II Præceptio* (Boretius, *Cap.* I, p. 18) : « Usus est clementiæ principalis necessitatem *provincialum* vel subiectorum sibi omnium populorum provida sollecicius mente tractare. »

droit pour eux se résumait dans la coutume : or celle-ci résulte nécessairement, pour chaque homme, du passé de la race à laquelle il appartient; chaque homme a, naturellement dans ce système, le droit de vivre selon la coutume de ses ancêtres. Mais, pour la même raison il ne pouvait être question pour les barbares, dans les nouveaux royaumes, d'abandonner leurs coutumes nationales (80). Dans ces conditions, la solution qui s'imposait, c'était que les hommes des diverses races vivraient sous leur loi ou coutume d'origine, dans la mesure où cela n'était pas incompatible avec l'unité des nouveaux royaumes. Cela était possible pour le droit privé, même pour le droit criminel. Mais il était impossible qu'il y eût deux formes de gouvernement distinctes et coexistantes, ou deux organisations judiciaires. Il s'établit donc, sur ces points, un seul système, le même pour tous, sans distinction de race; mais il emprunta au fonds romain une portion notable, peut-être prépondérante, de ses éléments constitutifs. Au point de vue du droit public, l'égalité en principe existait entre les barbares et les Gallo-Romains, les uns comme les autres étant également admissibles aux différents emplois (85).

Le système auquel on était ainsi fatalement arrivé, quant au droit privé et criminel, a reçu le nom de système de la personnalité des lois. Il était simple en apparence, très compliqué en réalité et fertile en difficultés. Il s'appliquait aisément, en effet, quand les deux parties appartenaient à la même race; mais il se prêtait mal aux affaires qui mettaient en présence deux parties de race différente. Aussi ne fut-il pas appliqué de la même manière dans tous les royaumes barbares (86).

(84) Seul le roi ostrogoth Théodoric soumit ses sujets barbares à l'empire du droit romain.

(85) Deux inégalités seulement peuvent être signalées. D'un côté, sous les Mérovingiens, les Romains restèrent soumis, en principe, aux impôts du système romain, qui ne purent tous être étendus aux barbares D'autre part, le *wergeld* du Romain était inférieur, chez les Francs, à celui du Franc.

(86) Sur ce qui suit, voyez Brunner, *Deutsche Rechtsgeschichte*, I², § 35; — L. Stouff, *Etude sur le principe de la personnalité des lois depuis les invasions barbares jusqu'au xii* siècle, Paris, 1894. MM. Dahn (*Die Könige der Germanen*, t. VII, 3, p. 1 et suiv.), et R. Schröder (*Neuere Forschungen zur frünkischen Rechtsgeschichte*, dans *Historische Zeitschrift*, N. F., t. XLII, p. 193 et suiv.), soutiennent que le système de la personnalité des lois est un principe propre au droit germanique. Il se serait appliqué partout où, des dominations étendues ayant été établies par les hommes de race germanique, les hommes d'une autre race, devenus leurs sujets, ne furent plus traités comme des étrangers dépourvus de tout droit. M. Dahn n'hésite pas à affirmer (*loc. cit*, p. 2) qu'il s'appliquait dans les pays conquis par Marbod et Ermanrich, et dans ceux sur lesquels s'étendait le pouvoir d'Arioviste. Il est vrai que ces deux auteurs cherchent surtout à établir que le principe de la personnalité des lois n'est pas propre au seul droit des Francs: nous le croyons aussi, comme on peut le voir au texte. Nous voyons cependant les choses sous un jour tout différent. Pour nous, le système de la personnalité des lois est le *produit naturel* du milieu et s'est constitué progressivement; ce n'est pas l'application d'un principe supérieur et raisonné apporté par les barbares.

A. — Le royaume des Burgondes ne comprenant que deux races d'hommes, les Burgondes et les Gallo-Romains, le problème y était relativement simple. Il fut décidé que les Romains conserveraient la jouissance des lois *romaines dans leurs rapports entre eux : quant aux procès entre Romains et Burgondes, ils devaient être tranchés, quelle que fût la position respective des parties, par la loi burgonde, la *Lex Burgundionum* rédigée sous Gondebaud (87).

B. — Chez les Wisigoths, il n'y eut aussi que deux races en présence, et la solution fut probablement la même. Les Romains conservèrent entre eux la jouissance du droit romain, cela est certain. Mais il est probable que les procès entre Romains et Wisigoths furent tranchés d'après la loi des Wisigoths, au moins quand elle eut été rédigée par écrit sous le roi Euric.

C. — Dans le royaume des Francs, la situation fut d'abord la même; jusqu'à la fin du règne de Clovis, il n'y eut que deux races parmi les sujets de cette monarchie, les Francs Saliens et les Romains, et il est presque certain que la solution fut d'abord celle que nous avons déjà constatée deux fois. Les Romains, dès cette époque, durent conserver entre eux l'usage du droit romain (88); dans tout litige entre un Romain et un Franc Salien, la loi salique dut s'appliquer (89). Mais la monarchie franque ayant reçu, dès la

(87) *Legis Gundobadæ forma,* éd. de Salis, § 2 : « Omnes itaque administrantes ac judices secundum leges nostras quæ communi tractatu compositæ et emendatæ sunt inter Burgundionem et Romanum judicare debebunt... » — § 8 : « Inter Romanos vero... Romanis legibus præcipimus judicari. »

(88) Nous n'avons pourtant, sur ce point, que des documents postérieurs; *Præceptio de Clotaire II,* ch. IV (Boretius, *Capit.,* I, p. 19) : « Inter Romanos negutia causarum Romanis legebus præcepemus terminari. »

(89) En effet, la partie la plus ancienne de la loi salique (tit. XIV, 1-3) détermine la composition à payer non seulement par le Franc qui a dépouillé un Romain, mais aussi par le Romain qui a dépouillé un Franc. C'est donc que le Romain, poursuivi par un Franc, était jugé, non d'après la loi romaine, mais d'après la loi salique. Cf. Brunner, *Deutsche Rechtsgeschichte,* I², p. 383. — M. Schröder, dans la *Historische Zeitschrift,* N. F., t. XLII, p. 194, 195, cherche cependant à établir que même le texte ancien de la loi salique suppose le droit romain reconnu dans les rapports des Gallo-Romains avec les Francs. Il tire cette démonstration de la disposition qui fixe le *wergeld* du Romain libre à 100 *solidi,* tandis que celui du Salien est de 200 *solidi* (ci-dessus, p. 48, note 76). Voici comment il raisonne, utilisant des données dégagées par M. Brunner Le *wergeld* du Franc, d'après celui-ci, contient en réalité trois sommes distinctes, trois dettes égales, mais procédant de causes différentes : 66 sol. 2/3 attribués aux héritiers de la victime; 66 sol. 2/3 attribués en bloc à tous les parents tenus à la vengeance privée en vertu de la solidarité familiale; 66 sol. 2/3, montant du *friedgeld.* Or, la seconde dette n'a pas de raison d'être, quand il s'agit du meurtre d'un Romain à l'égard duquel cette solidarité familiale n'existe pas d'après son droit personnel. Voilà pourquoi, en vertu même et par application du droit romain, le *wergeld* du Romain serait abaissé à 100 sol. En effet, cette déduction étant faite, le *friedgeld,* qui est toujours de la moitié de la composition proprement dite, doit être ramené à 33 sol. 1/3, ce qui donne un total de 100 *solidi.* Il est impossible d'être plus ingénieux. Mais n'est-il pas permis de croire que si la vie d'un Romain était payée seulement 100 *solidi,* tandis que celle d'un Franc était payée 200, cela venait directement de ce que, pour la loi salique, la seconde était deux fois plus précieuse et mieux

fin du règne de Clovis et dans la suite, de nouveaux et considérables développements, la situation changea. Par la réunion sous un même roi des diverses tribus saliennes et ripuaires, par la conquête de la Bourgogne, par la soumission successive des Alamans, des Bavarois et d'autres peuplades germaniques, il arriva que le royaume comprit des sujets appartenant à un assez grand nombre de races diverses. Cependant le pli était pris, l'idée de la personnalité des lois s'était implantée; on admit que chacune de ces races diverses conserverait la jouissance de ses coutumes propres; nous en avons des preuves certaines (90). Mais, à partir de ce moment, en cas de procès mixte entre hommes de races diverses, la solution suivie jusque-là ne pouvait plus se maintenir : on ne pouvait déclarer d'avance quelle loi s'appliquerait alors, ni donner à une loi une prédominance certaine et constante sur toutes les autres. Une règle s'imposait : suivre dans tous les cas la loi du défendeur; car, en cas de doute, le bon sens et l'équité indiquent que c'est lui qu'on doit favoriser. C'est, en effet, le principe qui se fit recevoir. La loi du défendeur détermina les règles applicables au fond, soit pour le droit privé, soit même pour le droit criminel (91). Elle déterminait aussi les modes de preuve qui seraient admis, et dans les actes extrajudiciaires, pour les contrats et les transferts de propriété, on se rattacha à la même idée : c'était la loi de celui qui s'obligeait ou qui aliénait qui devait déterminer les formes et les éléments essentiels de l'acte. Quant à la procédure proprement dite, il s'établit des formes communes, les mêmes pour tous, de même qu'il n'y avait qu'une seule organisation judiciaire. Dans un pareil système, il était inévitable que les actes extrajudiciaires et les jugements constatassent la race à laquelle appartenaient les parties. Le procès engagé devait même naturellement commencer par cette question adressée au défendeur : *Sub qua lege vivis?* Mais il ne faudrait pas croire, comme on l'a enseigné autrefois, que cha-.

protégée que la première. Si le raisonnement de Brunner était juste, il devrait rendre compte aussi de la différence de wergeld entre le lite franc et le colon, *tributarius romanus.* Or, M. Kroell a montré qu'il ne s'applique pas (Kroell, *Etude sur l'institution des lites en droit franc,* dans les *Etudes d'histoire juridique offertes à P.-F. Girard,* 1913, II, p. 199).

(90) Voyez, dans les formules de Marculfe (I, 8), la formule de nomination d'un comte : « Actionem comitie... in pago illo... ubi ad agendum regendumque commisimus, ita ut... omnis populus ibidem commanentes tam Franci, Romani, Burgundiones vel reliquas nationes... recto tramite *secundum lege et consuetudine eorum* regas. » — *Lex Ripuariorum* (édit. Sohm), XXXI, 3 . « Hoc autem constituemus ut infra pago Ribuario tam Franci, Burgundionis, Alamani, seu de quacumque natione commoratus fuerit in judicio interpellatus sicut lex loci continet, ubi natus fuit, sic respondeat. » Cf. *ibid.,* LXI, 2.

(91) La *Lex Rip.* (LXI, 2), parlant d'un homme qui vit selon la loi romaine, s'exprime ainsi : « Quod si aliquid criminis admiserit secundum legem Romanam judicetur »

cun pût, par une déclaration, choisir la loi sous l'empire de laquelle
il lui plaisait de vivre. La loi applicable à chaque homme était
nécessairement déterminée par sa naissance, l'enfant légitime prenant la nationalité et la loi de son père, et l'enfant illégitime celles
de la mère. Cependant cette règle n'était pas absolue; elle comportait certaines exceptions :

1° Les femmes mariées (au moins quand il s'agissait d'une femme
épousant un barbare, sous le *mundium duquel elle passait*) prenaient la loi de leur mari et la conservaient même après la mort de
celui-ci;

2° Les affranchis n'avaient pas une loi de naissance; car, au
moment de leur naissance, ils étaient esclaves, c'est-à-dire dépourvus de toute personnalité juridique : mais, après leur affranchissement, il fallait leur en attribuer une. La solution simple, celle que
le droit romain avait admise à un autre point de vue (92), eût été
de leur attribuer la nationalité du maître qui les affranchissait.
On en adopta pourtant une autre; on s'attacha à la forme dans laquelle s'était produit l'affranchissement. Il y avait des modes d'affranchissement fournis par le droit romain, d'autres par la coutume
germanique. Si l'on avait employé l'un des premiers, l'affranchi
était toujours romain (93); l'un des seconds faisait, au contraire,
un affranchi soumis à une loi barbare. Cette solution ne revenait
pas à la première, car certains modes étaient accessibles à tous
pour affranchir, sans distinction de race;

3° L'Eglise, considérée comme corps, vivait sous l'empire de la
loi romaine dans les royaumes barbares (94). Cela était parfaitement naturel et logique; car elle représentait alors véritablement
ce qui restait de la civilisation romaine. Mais cette règle s'appli-
quait-elle aux membres du clergé individuellement considérés ?
Cela a été pendant longtemps l'opinion commune; on croit plutôt,
aujourd'hui, que l'homme de race barbare, entré dans le clergé,
pouvait revendiquer sa loi d'origine (95).

Ce système de la personnalité des lois, qui fut en vigueur sous
les Mérovingiens et les Carolingiens, était singulièrement complexe et gênant pour le commerce juridique. Au ıx' siècle,
Agobard, évêque de Lyon, écrivait que souvent cinq hommes se
trouvaient réunis, qui vivaient sous cinq lois différentes (96). C'est

(92) L. 6, § 3, D., L, 1.

(93) *Lex Rip* , LXI, 1, 2 : « Si quis servum suum libertum fecerit et civem Romanum,
quod si aliquid criminis admiserit secundum legem Romanam judicetur. » — LVIII, 1 :
« Qualiscumque Francus Ribuarius... servum suum secundum legem Romanam liberare
voluerit. »

(94) *Lex Rip.*, LVIII, 1 : « Secundum legem Romanam, quam ecclesia vivit. »

(95) Lœning, *Geschichte des deutschen Kirchenrechts*, II, p. 286 et suiv.

(96) *Adversus legem Gundobadi*, nº 4 (Migne, *Patrol. lat ,* CIV, p. 16) : « Tanta

principalement cette gêne qui amènera la formation des coutumes locales, destinées à supplanter les lois personnelles. Mais alors même que le système était dans toute sa force, il s'était produit quelques faits généraux qui introduisirent partiellement l'uniformité du droit : de bonne heure, certaines institutions romaines se communiquèrent aux barbares, et les Romains, de leur côté, adoptèrent certaines coutumes germaniques.

Les hommes de race germanique devinrent tributaires du droit romain par des causes très simples et très puissantes, deux en particulier. Ce fut d'abord l'usage des actes écrits destinés à constater les conventions et les aliénations. Cet usage était très répandu chez les Romains, qui ne faisaient aucun acte juridique de quelque importance sans le constater par un écrit. Il était, au contraire, totalement inconnu des Germains. Par sa commodité même, dans les nouveaux royaumes, il se communiqua promptement aux barbares. Mais, comme les hommes qui faisaient profession de rédiger ces actes, les *notarii*, ne savaient les rédiger que d'après le droit romain, dans des formules traditionnellement reproduites, les barbares prirent forcément l'habitude de contracter, dans ces cas, selon la loi romaine. Dans le même sens agit l'influence de l'Eglise. Celle-ci s'adressait à tous les fidèles sans distinction de race. Elle conserva ou propagea parmi eux la pratique de certains actes du droit romain, dans lesquels elle jouait un rôle actif ou qui, souvent, devaient intervenir à son profit. C'est ainsi qu'elle ouvrit à tous l'affranchissement *ante Ecclesiam* (97); de même, elle contribua à conserver parmi les Romains et à répandre parmi les barbares l'usage du testament, qui contenait toujours, à cette époque, des legs pieux en faveur des églises ou des pauvres (98).

En sens inverse, certains usages très rudes et très grossiers des hommes de race germanique se communiquèrent aux Romains, deux en particulier : le système des compositions pécuniaires en cas de délit, substituées aux peines afflictives, et, en cas d'accusation, la disculpation de l'accusé par son propre serment, soutenu par celui d'un certain nombre de *cojurantes* (99). Ceci, à première vue, ne se comprend pas bien.

On conçoit aisément que les règles du droit romain, représentant

diversitas legum, quanta non solum in singulis regionibus aut civitatibus, sed etiam in multis domibus habetur. Nam plerumque contingit ut simul eant aut sedent quinque homines et nullus eorum communem legem cum altero habeat. »

(97) *Lex Rip.*, LVIII, 1; — De Rozière, *Recueil général des formules usitées dans l'empire des Francs du v* au x* siècle*, nᵒˢ 62 et suiv. (*manumissiones in ecclesiis*).

(98) Cependant le testament éprouva des difficultés à se faire pleinement admettre; voyez Greg. Tur., *Historia Francorum*, IV, 51, 36, 46; V, VI, 3, 45. VII, 7; — Alcuin, *Epist. CXXVII.*

(99) Esmein, *Mélanges*, p. 361 et suiv

un droit raisonnable et excellent, aient exercé leur influence sur
les barbares; mais comment les Romains civilisés adoptèrent-ils les
pratiques grossières importées par les envahisseurs ? En réalité,
cela s'explique. Ces pratiques étaient grossières incontestablement;
mais elles avaient l'avantage d'être simples. Elles avaient répondu
aux besoins de l'état social en vue duquel elles avaient été créées, et
la société des Gallo-Romains présentait dorénavant un milieu analogue. Cette société se décomposait; la notion de l'Etat s'y obscurcissait; elle retournait à la barbarie; il est assez naturel qu'elle ait
accueilli favorablement des institutions barbares.

# CHAPITRE III

## Les institutions de la monarchie franque.

———

Ce que je me propose d'exposer ici, ce ne sont point toutes les institutions de la monarchie mérovingienne et carolingienne, dans leur ensemble et leurs détails : car c'est là une étude qui rentre, pour la plus large part, dans l'érudition pure. Je voudrais seulement dégager les principes essentiels et les institutions typiques. Aussi je n'examinerai pas séparément les institutions mérovingiennes et les carolingiennes. Bien que, sur certains points, il existe des différences assez profondes entre les unes et les autres, elles reposent sur les même principes et sont les termes successifs d'une même évolution; les secondes sont le développement naturel ou la réforme des premières. Je distinguerai, au contraire, dans le droit public, deux groupes d'institutions, pour les étudier séparément, bien qu'elles aient coexisté dans le temps et fonctionné côte à côte. Les unes sont normales, en ce sens qu'elles répondent à la notion de l'Etat et sont une émanation de la puissance publique; les autres, au contraire, sont les précédents directs de la féodalité.

## SECTION PREMIÈRE

Les institutions publiques. — L'état des personnes et la propriété foncière. — Le droit criminel. — Les sources du droit.

§ 1. — Le pouvoir royal et ses principales manifestations.

### I

Dès la fondation de la monarchie franque, dès le règne de Clovis, nous trouvons le pouvoir royal largement développé, dégagé du cercle étroit d'attributions où l'avait confiné l'ancienne coutume germanique. La royauté est héréditaire, et le roi, sur tous les points où s'étend son action, exerce, on peut le dire, le pouvoir absolu (1). Il a sur ses sujets droit de vie et de mort (2); il a l'*imperium* militaire et fait la guerre et la paix; il rend la justice, particulièrement dans les accusations criminelles, comme le faisait déjà l'ancien *concilium* (3); il peut mettre hors la loi tel ou tel de ses sujets (4); enfin, il peut émettre des ordres permanents et obligatoires, sous la sanction d'une forte amende 'contre les contrevenants : c'est ce qu'on appellera le ban du roi (*bannus*) (5). Il peut prendre aussi des personnes choisies sous sa protection spéciale ou *mundeburdis*. Le pouvoir royal, ainsi entendu, s'est développé entre l'époque de Tacite et celle où se fondent les royaumes barbares. Il est résulté de la transformation de la vieille constitution germanique, et non point de l'influence des institutions romaines, qui ne s'était pas encore fait sentir : ce qui le montre, ce sont les manifestations originales par lesquelles il se traduit. Cette transformation est probablement résultée d'un fait très simple. Si, dans la *civitas* germanique, les pouvoirs du roi étaient très bornés; ceux du *dux*, 'choisi en temps de guerre, étaient au contraire plus étendus, sauf le contrôle exerce par les prêtres. La période des invasions, tout le v⁰ siècle, fut un temps de guerres continuelles; il arriva naturellement que le *dux* put rester en fonctions pendant sa vie entière et se délivrer du contrôle sacerdotal. La fonction se consolida ainsi et donna naissance à la nouvelle royauté. Les premiers rois barbares sont les anciens *duces*, devenus permanents, indépendants, et enfin héréditaires (6).

Mais le monarque franc, comme d'ailleurs les autres rois bar-

---

(1) Fustel de Coulanges, *La monarchie franque*, 1888, ch. II : — W. Sickel, *Die Entstehung der fränkischen Monarchie*, loc. cit., p. 249 et suiv. ; — Schröder, *Deutsche Rechtsg.*, 6ᵉ édit., p. 112 et suiv. ; — Siegel, *Deutsche Rechtsg.*, § 63, 64 ; — *contra* Brunner, *Deutsche Rechtsg.*, II, 9.

(2) Fustel de Coulanges, *op. cit.*, p. 123; l'*Historia Francorum* de Grégoire de Tours abonde en passages qui montrent ce pouvoir; Dahn, *Die Könige der Germanen*, t. VII, 3, p. 384 et suiv. — Cf. M. Prou, *Examen de quelques passages de Grégoire de Tours relatifs à l'application de la peine de mort*, dans les *Mélanges Havet*, p. 2 et suiv. Notre savant ami conteste le droit arbitraire de vie et de mort chez le monarque mérovingien. Dans les divers passages qu'il étudie, il ne voit pas simplement un abus de pouvoir, il les explique en disant que le roi, investi du suprême pouvoir judiciaire, faisait immédiatement et sans forme de procès l'application des lois édictant la peine de mort. Mais le droit arbitraire de vie et de mort existe par cela seul que sans forme de procès et sans défense possible, sur un simple ordre du maître, un homme peut être mis à mort, alors même qu'un crime véritable serait allégué contre lui. Lorsque Henri III faisait assassiner le duc de Guise, il invoquait aussi des crimes d'Etat contre lui.

(3) *Lex Sal*, XVIII; XXVI, 1 · XLV.

(4) *Lex Sal*, LVI

(5) Ce pouvoir paraît avoir commencé par le droit de convoquer les troupes et de leur commander (*heribannus*), puis s'être généralisé. — Sickel, *Zur Geschichte des Bannes*, Marburg, 1886, p. 3 et suiv.: — Schröder, *op. cit.*, 6ᵉ édit., p. 122. Dans la monarchie franque, l'amende du ban du roi est de 60 *solidi* (*Lex Rip.*, XV, 1): — Brunner, II, § 66.

(6) Schröder, *op. cit*, 6ᵉ édit., p. 113 et suiv.

bares établis en Gaule, en conquérant des pays romains habités par les *provinciales* de l'empire, acquit, par cela même, une nouvelle qualité et des pouvoirs nouveaux. A l'égard de cette classe de sujets il succédait aux droits de l'empereur romain, à la toute-puissance impériale et aux prérogatives nombreuses et savamment régularisées qui en découlaient. De là, un élargissement du pouvoir royal. D'ailleurs, il n'y eut point, en principe, quant au droit public, deux classes de sujets distincts auxquelles le roi commandait en vertu de principes différents : tous étaient, au même titre, les sujets du roi, et celui-ci prétendait à l'égard de tous exercer les mêmes droits. La monarchie franque, dans ses jours de force, tendit à devenir une monarchie absolue et administrative, sur le type de l'empire romain. Mais, jamais, elle n'arriva à ce résultat. Elle se heurta constamment à une aristocratie de fait très puissante, à ces *potentes* dont nous avons déjà signalé l'apparition dans l'empire d'Occident. D'autre part, le monarque franc ne put jamais ramener à une véritable unité les deux qualités distinctes qu'il réunissait en lui. Certaines prérogatives de l'empereur romain, telles que l'impôt direct et permanent, ne purent efficacement s'exercer à l'égard des hommes de race germanique et finirent par se perdre à l'égard de tous. A l'inverse, certaines manifestations de la royauté germanique, peu compatibles avec un Etat régulier, persistèrent dans la monarchie franque, par exemple l'habitude pour le roi de prendre sous sa protection spéciale certaines personnes ou certains établissements (7); et c'est la vieille coutume du *comitatus* germanique qui produira l'antrustionat, puis le séniorat et la vassalité. Mais l'élément le plus dissolvant fut une conception sur la nature même du pouvoir royal que les rois barbares apportèrent avec eux.

Il est un fait aussi dont l'importance n'est pas signalée le plus souvent et cependant ne pourrait être exagérée. Par suite de l'invasion, de l'occupation définitive du pays par des armées étrangères et victorieuses, malgré les établissements territoriaux, les attributions de terres dont il a été parlé plus haut et qui sans doute n'étaient guère cultivées que par des esclaves ou des colons, ces envahisseurs formaient en Gaule une classe toute nouvelle. C'étaient des hommes qui, sans être encadrés dans une armée régulière et permanente, laquelle alors n'existait pas (8), ne voulaient,

---

(7) De Rozière, form. 9 et suiv., *Cartæ de Mundeburde.*

(8) Certains auteurs, en particulier M. Guilhiermoz, dans son beau livre sur *L'origine de la noblesse en France*, signalent, en leur attribuant une grande importance, les soldats privés et soldés qu'entretenaient les rois Mérovingiens et dont le modèle aurait été fourni par les pratiques du Bas-Empire et de l'Empire Byzantin; Guilhiermoz, p. 5 et suiv. Sans doute ces troupes existaient mais, comme gardes du corps ou plutôt comme les soldats qui composaient l'*officium* des magistrats romains.

selon leurs coutumes traditionnelles, pratiquer que le métier des armes : la guerre était leur but naturel et leur état normal. Nos anciens auteurs, surtout Boulainvilliers, relevaient et accentuaient ce trait; mais ils le déformaient en y voyant l'origine immédiate de la noblesse féodale. Mais, ramené à son état réel, cet élément donnait à la nouvelle monarchie une partie de ses caractères. C'est de là que dérivait cette espèce de dépendance que montrait souvent le roi Mérovingien, lorsqu'il s'adressait à ses *leudes* ou *fidèles*. De là vient aussi la coutume des Champs de Mars ou de Mai. Qu'on se figure enfin quelles devaient être les mœurs et la puissance de fait de ces hommes, dans un âge de violences et de trouble, presque d'anarchie. Sans doute tous les barbares établis en Gaule ne gardèrent pas cette attitude constamment guerrière, mais seulement ceux qui restèrent suffisamment riches; mais sans doute bientôt des hommes également riches, mais d'origine romaine, les imitèrent.

Quelle qu'eût été la toute-puissance de l'empereur romain, elle avait été dominée par l'idée de l'Etat. L'empereur n'était que le représentant de l'Etat; c'était au nom et dans l'intérêt de l'Etat, c'est-à-dire de tous, qu'il possédait et exerçait le pouvoir. Le roi barbare, au contraire, le monarque franc, considérait le pouvoir royal comme sa chose, son bien propre et son patrimoine privé (9). Cette conception venait peut-être de la coutume germanique, car elle apparaît ordinairement dans les coutumes primitives (10); peut-être s'était-elle renforcée par ce fait que les nouveaux royaumes avaient été le produit de la conquête. Toujours est-il qu'il en résulta deux conséquences capitales :

1° La monarchie, sous les Mérovingiens et les premiers Carolingiens, était vraiment héréditaire : il y avait bien, sous les Mérovingiens, une reconnaissance solennelle du nouveau roi par les principaux du royaume, mais ce n'était point du tout une élection ni une confirmation (11). Le pouvoir royal. étant considéré comme compris dans le patrimoine du roi, se transmettait d'après les règles du droit privé qui réglaient la dévolution des biens dans la

---

(9) Fustel de Coulanges, *La monarchie franque*, p. 45, 125 ; — W. Sickel, *Die Entstehung der fränkischen Monarchie*, loc. cit, p. 249, 331. M. Fustel (p. 118 et suiv.) a très ingénieusement montré ce changement de conception en établissant le changement de signification du mot *publicus*. Dans la langue de l'empire, il signifiait la chose de l'Etat; dans la langue de la monarchie franque, il signifie la chose du roi.

(10) Elle se traduit nettement dans la haute antiquité grecque : Esmein, *La propriété foncière dans les poèmes homériques*, loc. cit., p. 832, note 2.

(11) Fustel de Coulanges, *La monarchie franque*, ch. ı ; l'auteur (p. 54) admet, avec assez de vraisemblance, que cette cérémonie était la survivance, dans la forme, d'un droit d'élection primitivement exercé. — Certains auteurs admettent que, quand la monarchie avait été divisée entre plusieurs frères, si l'un d'entre eux mourait, son royaume passait d'ordinaire, non à ses fils, mais à ses frères. — Schröder, *Deutsche Rechtsq.*, 6ᵉ édit., p. 117 et 8 ; — Paul Viollet, *La tanistry*.

famille. Il en résulta que, regardant le royaume en quelque sorte
comme les terres du roi, on exc'ut de la succession au trône les
femmes, les filles du roi, que la loi salique et la loi des Ripuaires
excluaient de la succession aux terres, tant qu'il y avait des parents
mâles; mais. en revanche, lorsqu'il y avait plusieurs héritiers
mâles du même degré, plusieurs fils, on les admit tous à la succession, au partage égal, toujours en suivant les mêmes règles. De
là, les partages de la monarchie franque, qui furent une si grande
cause de faiblesse, surtout pour la dynastie mérovingienne (12).
Par la même raison, le roi pouvait disposer du pouvoir royal de
son vivant (13), et Charlemagne fit de ce droit une application
nouvelle en opérant, de son vivant, un partage de ses Etats entre
ses fils, exemple qui fut suivi par Louis le Débonnaire (14).

Cependant M. Brunner, dont la doctrine a été acceptée par
M. Flach (15), a soutenu que les partages mérovingiens laissaient
intacte l'unité de la monarchie franque, n'étant faits que pour
l'administration distincte des divers héritiers d'un roi : « Ces partages, exactement conçus, n'étaient pas des partages du royaume,
mais des partages de l'administration du royaume, de sorte que
théoriquement la souveraineté restait indivisible et l'idée de l'unité
du royaume restait vivante. La royauté était et restait conçue comme un droit de la race Mérovingienne. Chacun des rois datait ses
actes simplement *anno regni nostri*, sans indiquer sa partie de
royaume. Un roi succédait-il au royaume d'un autre, dans ce territoire nouvellement acquis il datait les années de son règne, non de
l'époque à laquelle il y était devenu roi, mais de l'époque à laquelle
il était devenu roi de sa part originaire. La part de chacun s'appe
lait *sors* ou *pars* et ne formait pas toujours un ensemble d'un seul
tenant. Des villes ou territoires restaient possédés en commun. Les
régents partiels s'affirmaient ensemble à l'extérieur; ils faisaient la
guerre et recevaient des soumissions en commun. Les guerres entre
eux apparaissaient comme des guerres civiles (16) ». Mais c'est là
une conception qui me paraît trop savante pour l'époque Mérovingienne; et, si elle avait régné, aucun des rois Mérovingiens n'aurait pu disposer à lui seul de son royaume ni des villes qui le composaient. Les faits que relève le savant historien du droit me parais-

(12) Fustel de Coulanges et Sickel, *op. et loc cit.*
(13) Fustel de Coulanges, *op. cit.*, p. 45 et suiv.
(14) Voyez des exemples de ces *divisiones regni aut imperii* dans Boretius et Krause,
*Capitularia regum francorum*, t. II, p. 20, 58, 193 ; sur les difficultés auxquelles donnèrent lieu les partages opérés par Louis le Débonnaire et sur le sort ultérieur de
l'unité de l'Empire franc, voir Brunner, I², p. 277
(15) *Les origines de l'ancienne France*, t. III, p. 163.
(16) Brunner, *Deutsche Rechtsgeschichte*, II, 26. Sur les *guerres civiles*, il cite
Grégoire de Tours H F. V, prolog. Mais chez Grégoire c'est une appréciation morale,
non juridique.

sent s'expliquer autrement. Chacun des fils d'un roi défunt étant son
héritier prétendait, éventuellement, à toute sa succession, c'est-à-dire
à tout le royaume; la présence seule d'héritiers égaux l'obligeait à
se contenter d'une part : *concursu partes fiunt*. Mais lorsqu'il en
acquérait postérieurement une autre partie, il se considérait comme
rentrant simplement dans son droit. Il est vrai que cela paraît
exclure un partage en toute propriété irrévocable; mais le principe
de la copropriété de famille exerçait en droit privé des effets qui
survivaient au partage. Les villes qui restaient en commun s'accordent très bien avec les règles du droit privé. Ce sont des objets que
volontairement on laisse en dehors du partage;

2° Le roi, considérant le pouvoir royal comme sa propriété privée, trouva naturel de disposer, à titre gratuit, de ses attributs au
profit de certaines personnes ou de certains établissements. De là
ces renonciations aux droits régaliens, ces concessions viagères,
puis héréditaires des fonctions publiques, ces chartes d'immunité,
qui jouent un si grand rôle dans la préparation de la féodalité. Tout
cela, incompréhensible tant que la notion de l'Etat persiste, devient
naturel dès que le pouvoir royal appartient au roi en propre et
privativement (17).

On a souvent, enfin, signalé un autre trait comme caractérisant
la nature de cette monarchie. C'est le serment de fidélité que le
nouveau roi, sous les Mérovingiens, exigeait régulièrement de tous
ses sujets adultes (18), et qui apparaît encore, quoique moins régulièrement, sous les Carolingiens. Mais il y a là une pratique qui
s'est produite dans d'autres milieux; peut-être même n'était-ce que
l'imitation des usages suivis dans l'Empire romain (19).

Voilà comment, dans ses traits généraux, le pouvoir du roi était
conçu. Voyons comment il s'exerçait.

## II

Le monarque franc avait autour de sa personne, lui servant
comme organes du gouvernement central, un certain nombre d'officiers. Ils se divisent en deux groupes, de provenance diverse. Les
uns étaient un legs de l'organisation romaine; ils formaient une
chancellerie destinée à rédiger les diplômes qui contenaient l'expression de la volonté royale, les concessions qu'elle accordait.

(17) W. Sickel, *op et loc cit.*, p. 249 et 331.
(18) Nous avons dans Marculfe, I, 40 (de Rozière, n° 1), la formule par laquelle le
roi ordonnait aux comtes de faire prêter ce serment, appelé *leudesamium*. Voyez
aussi dans de Rozière, n° 2 et suiv., les formules du serment de fidélité lui-même.
(19) Garnier, *Traité de l'origine du gouvernement français*, p. 103 ; — Fustel de
Coulanges, *op. cit.*, p. 55, note 1. En sens opposé, Flach, *Les origines de l'ancienne
France*, t. II, p. 442

Pour les constituer, on avait sans doute pris pour modèle la cour impériale, ou plutôt les bureaux du préfet du prétoire ou du *magister militum per Gallias*. Le principal d'entre eux, sous les Mérovingiens, paraît s'être appelé *referendarius* (20); sous Charlemagne, c'était le *cancellarius* (21) (*summus cancellarius* à partir de 819). L'autre groupe était de provenance germanique et présentait un caractère tout particulier. Le roi germanique jouait primitivement un rôle restreint et tout personnel; il n'avait donc point de ministres, car il n'avait pas de gouvernement proprement dit à exercer, ni de fonctionnaires quelconques; on ne pouvait même imaginer qu'il déléguât son autorité (22). Mais il avait auprès de lui un certain nombre de serviteurs préposés aux principaux services de sa maison, et probablement pris parmi ses *comites*, car il ne semble pas que servir un chef fût considéré autrement que comme un emploi honorable. Il fut tout naturel que, ses pouvoirs augmentant et ses attributions constituant un vrai gouvernement, il y fît participer ses officiers domestiques, auxquels il délégua ainsi une partie de son autorité. Cela concordait parfaitement avec l'idée qui faisait du pouvoir royal la chose propre du monarque; ce pouvoir était administré comme la maison même du roi. C'est ainsi que nous trouvons auprès de la personne du roi franc un certain nombre d'officiers qui sont, avant tout, des serviteurs domestiques et des officiers du palais, mais qui constituent en même temps, pour les affaires publiques, ses conseillers ordinaires et comme ses chefs de service. Les principaux sont : le sénéchal (*senechalcus*) ou intendant, le maréchal (*comes stabuli*) préposé aux écuries, le trésorier, *thesaurarius* et l'échanson (*pincerna, buticularius*). Ce sont là des emplois qui se trouvent dans tous les royaumes fondés par les barbares. A côté d'eux, il faut signaler, dans la monarchie franque : le comte du palais (*comes palatii*) qui sera plus spécialement préposé à l'administration de la justice (23), et le maire du palais (*major domus, major palatii*) qui s'éleva au-dessus de tous les autres officiers sous les Mérovingiens (24).

A côté de ces officiers, le roi franc avait d'ordinaire à sa cour un entourage de fidèles, qu'il hébergeait et qui étaient à sa disposition pour porter ses ordres. Nous en parlerons quand nous étudierons l'antrustionat et la vassalité.

(20) Greg. Tur., *Historia Francorum*, V, 3, 13, 45.

(21) Hincmar, *De ordine palatii*, c. xvi, édit. Prou, p. 43.; — Brunner, II, § 74; — Perrichet, *La grande chancellerie de France des origines à 1328*, thèse Paris, 1912, p 1 et suiv.

(22) W. Sickel, *Die Entstehung der fränkischen, Monarchie, loc. cit.*, p. 337; — Brunner, II, § 71.

(23) Brunner, § 73

(24) Brunner, § 72

De bonne heure, les rois mérovingiens employèrent, dans des cas extraordinaires, des hommes de confiance, auxquels ils donnaient de pleins pouvoirs pour régler certaines affaires en leur nom. Ceux qui étaient chargés d'une semblable mission recevaient le titre de *missi*, ou *missi dominici*. Mais ce ne fut là. sous la dynastie mérovingienne. qu'une ressource supplétoire du gouvernement royal, dont l'usage devint plus rare avec l'affaiblissement de la royauté. L'institution prit une valeur nouvelle sous les premiers Carolingiens. Sous Charlemagne, elle devint un rouage normal et important de l'administration et conserva ce caractère sous Louis le Débonnaire. Les *missi* devinrent des inspecteurs généraux d'un genre particulier. Le pays était divisé en grandes circonscriptions ou circuits. et à chacune d'elles étaient assignés deux *missi*, ordinairement un comte et un évêque, qui devaient la parcourir à des époques déterminées de l'année. Ils n'inspectaient pas seulement; ils représentaient véritablement partout l'autorité royale, pouvant statuer comme le roi en personne. Aussi, aux assises solennelles qu'ils tenaient, et où devaient se rendre tous les fonctionnaires, ils rendaient la justice comme elle aurait pu être rendue par le roi. Cette institution, manifestation d'un pouvoir central vigoureux. devait se désorganiser et tomber en désuétude avec la décadence carolingienne (25).

III

Le roi franc rend lui-même la justice, et c'est là une de ses attributions essentielles. Pour cela, il tient un tribunal dans son palais (*in palatio*), dans les différentes résidences où il se transporte, et il siège assisté d'un conseil où figurent ses principaux officiers et les personnages importants présents à la cour. Ce tribunal du roi n'est pas, d'ailleurs, une cour suprême à laquelle on puisse toujours appeler des sentences rendues par les juridictions inférieures; ce n'est pas non plus, en principe, une juridiction privilégiée à laquelle soient réservées les causes de certaines personnes; cependant c'est à la fois une cour d'appel et une juridiction privilégiée, mais dans des conditions toutes particulières. L'appel proprement dit, tel que nous l'avons vu dans l'empire romain, a disparu dans la monarchie franque; c'était une conception trop savante pour se conserver dans un pareil milieu. Mais le roi accueille les recours des parties lorsque celles-ci accusent le juge, non pas d'erreur, mais d'une injustice proprement dite ou d'un déni de justice. Cette prise à partie, qui se trouve déjà dans la loi salique (26), est maintenue

---

(25) Sur les *missi*, voyez surtout Schröder, *Deutsche Rechtsg.*, 6ᵉ édit., p. 143 et suivantes.

(26) *Lex Sal.*, LVII, 3.

et précisée par les capitulaires (27) et est portée devant le tribunal du roi. En dehors de ce cas, la compétence de ce tribunal est à la fois illimitée et indéterminée; elle n'a pour règle que la volonté même du roi. Il peut, quand il lui plaît, accueillir toutes les causes, qu'elles aient été ou non tranchées par d'autres juges; mais il peut aussi repousser tous les plaideurs. En général, pour qu'une affaire soit accueillie à son tribunal, il faut que le demandeur présente une autorisation émanant de la chancellerie *indiculus regalis*. Certaines personnes obtenaient, par une concession générale du roi, le droit ferme de porter leurs causes au tribunal du palais, toutes les fois qu'une décision rendue devant le tribunal du comte leur porterait préjudice. Les puissants étaient toujours accueillis, et, d'ailleurs, cette juridiction était souvent la seule qui pût s'imposer à leur respect (28). Par là, le tribunal du roi pouvait jouer le rôle d'une cour d'équité, corrigeant la rigueur du droit légal.

Quelle avait été l'origine de cette juridiction royale ? Dans une certaine mesure et pour certaines de ses applications, elle dérivait de la coutume germanique. Lorsque la monarchie s'était transformée et fortifiée par la conquête, le roi avait succédé aux attributions judiciaires de l'ancien *concilium* (29). Mais elle dérivait aussi, pour une large part, de la tradition romaine. L'Empereur, le préfet du prétoire avaient toujours administré la justice, non pas seulement en statuant comme juges d'appel, mais aussi en attirant devant eux les causes des personnes qui obtenaient cette juridiction privilégiée par des concessions impériales (30).

## IV

Le roi franc exerçait le pouvoir législatif. Il faisait des lois ou ordonnances obligatoires pour tous, qui, sous les Mérovingiens, portent les noms de *decretum, decretio, edictum, præceptio,* et, sous les Carolingiens, celui de *capitula* (31); on les désigne aujourd'hui, les unes et les autres, sous le nom générique de *capitulaires*. Jamais elles ne s'appellent *leges;* ce nom est réservé aux rédactions écrites des coutumes des diverses races. Ce pouvoir législatif est manifestement un emprunt fait au droit romain, comme l'indi-

---

(27) Esmein, *La chose jugée dans le droit de la monarchie franque (Nouvelle revue historique de droit français et étranger,* 1887, p. 549 et suiv.)

(28) Sur tous ces points, Esmein, *La chose jugée dans le droit de la monarchie franque, loc. cit.,* p. 551 et suiv.

(29) Schröder, *Deutsche Rechtsg.,* 6ᵉ édit, p 120 ; — Brunner, I², § 37.

(30) L. 6, 9, C. Th., II, 1, avec le Commentaire de Godefroy ; — *Novellæ Marliani.* tit I; l. 5, § 1. C. J., III, 13.

(31) Ce terme était lui-même emprunté à la langue du droit romain pour désigner une suite d'articles de loi portant sur des matières différentes. — Voyez : *Pragmatica Sanctio Justiniani imperatoris continens « varia capitula »*

quent les termes employés pour désigner ces lois, tous empruntés
au vocabulaire romain. Les hommes de race germanique ne connaissaient rien de tel; toutes les règles du droit étaient, pour eux,
fixées par la coutume. Ce qu'ils avaient inventé qui se rapprochât
le plus de la loi, c'était le *ban du roi;* mais ces ordres généraux,
sanctionnés par une amende, n'étaient que des mesures transitoires,
attachées à la vie du roi de qui elles émanaient. Le roi franc exerçait le pouvoir législatif pleinement et sans limite. Sans doute,
comme nous le dirons plus loin, les ordonnances étaient rendues
habituellement après de grandes assemblées, où étaient convoqués
les principaux personnages du royaume, et souvent elles mention-
nent l'adhésion que ceux-ci y ont donnée. Mais c'était là une consultation qui, en droit, n'était pas obligatoire, et la nation ne participait pas au pouvoir législatif. Dans le cas seulement où il s'agissait
de rédiger officiellement ou de modifier la coutume nationale qui
constituait la loi personnelle aux hommes de chaque race, on
admettait que la participation de ceux-ci et même leur consentement étaient nécessaires (32). Les capitulaires étaient donc de véritables lois ayant un caractère de généralité et de permanence (33).
Cependant, c'est là un point qui fait l'objet de vives controverses,
et d'éminents germanistes (34) soutiennent, au contraire, que les
ordonnances ou capitulaires des rois francs n'étaient pas des lois
véritables et qu'ils s'en distinguaient par deux traits :

1° Les capitulaires n'auraient eu de force que pendant la vie et
le règne de leur auteur; ils auraient été caducs à sa mort, à moins

---

(32) Cap. de 803 ch. xix (Boretius, I, p. 116) : « Ut populus interrogetur de capitulis
quæ in lege noviter addita sunt; et postquam omnes consenserint, subscritiones et
manufirmationes suas in ipsis capitulis faciant. » — On trouve, dans Boretius (I, p. 112),
le procès-verbal, pour un comté, de ce consentement donné. On pourrait cependant
songer à voir là seulement un mode particulier de promulgation de la loi. Mais un
passage célèbre de l'édit de Pistes de Charles le Chauve donne une autre portée à
ce consentement. Dans le chapitre vi, il s'agit de sujets qui avaient leur domicile et
leurs propriétés dans les comtés envahis par les Normands. Dans les comtés où ils
se sont réfugiés, ils n'ont plus ni domicile ni propriétés et prétendent par là échapper
aux poursuites qui pourraient être judiciairement intentées contre eux : « Quia non
habent domos ad quas secundum *legem* (la loi salique) manniri et banniri possint,
dicunt quod de mannitione et bannitione *legibus* comprobari et *legaliter* judicari
non possunt. » Le roi édicte, pour parer à cette fraude, une modification de la procédure légale, mais il ajoute : « Et quoniam *lex* consensu populi fit et constitutione regis.
Franci jurare debent quia secundum regium mandatum nostrum ad justitiam redden-
dam vel faciendam, *legibus* mannitus vel bannitus fuit. » (M. Germ. Cap. II, p. 313)
— Cependant, voici ce que l'évêque Agobard demande à l'empereur (*Adversus
legem Gundobadi,* c. vii) : « Si autem placeret domino nostro sapientissimo imperatori
ut nos transferret ad legem Francorum et ipsi nobiliores efficerentur et hæc regio
sublevaretur. » Cf. Siegel, *Deutsche Rechtsg*, p. 34.

(33) Dans ce sens, voyez surtout : Fustel de Coulanges, *La monarchie franque,*
ch vi ; — Löning, *Geschichte des deutschen Kirchenrechts,* II, p. 17 et suiv.

(34) Je citerai, comme résumant les autres, Thévenin, *Lex et Capitula (Bibliothèque
de l'Ecole des Hautes Etudes,* et Schröder, *Deutsche Rechtsgeschichte,* 6e édit., p. 282
et suiv.

que le successeur ne les confirmât (35). Mais si l'on montre des ordonnances de ce genre, émanant du roi précédent, confirmées par le nouveau roi (36), le recueil d'Ansegise prouve que, sous le règne de Louis le Débonnaire, on considérait les capitulaires promulgués par Charlemagne, comme ayant conservé en bloc leurs force et vigueur, sans avoir été confirmés par son successeur (37).

2° Les capitulaires auraient été des *leges imperfectæ*, en ce sens que leur violation aurait été seulement punie par l'amende du *bannus regius;* leurs règles n'auraient pas eu judiciairement une sanction directe. Mais cela ne saurait être exact; car nous voyons les capitulaires édicter, comme punition de certains crimes, la peine de mort ou des mutilations; ils contiennent aussi des règles sur le mariage, qui, certainement, recevaient leur application devant les juridictions séculières (38).

## V

Dans la *civitas* germanique, la même où la royauté s'était établie, l'autorité souveraine résidait dans le *concilium*, composé de tous les hommes libres en âge de porter les armes. Dans la monarchie franque, existe-t-il quelque chose de semblable ? On a prétendu en trouver encore des traces au début du règne de Clovis (39); mais cela paraît peu vraisemblable, car, dans la loi salique, le roi exerce déjà les attributions judiciaires du *concilium*. Dans tous les cas, dans le royaume franc constitué par les victoires successives de Clovis, il n'apparaît plus. Il n'en reste qu'une chose : l'habitude, pour le

(35) *Contra* Brunner, 1², p. 549. Un pareil système d'ailleurs se concevrait très bien. C'est ainsi que dans notre ancien droit, au xvi⁰ siècle encore, on admettait en principe que, la souveraineté du roi s'éteignant à sa mort, les lois qu'il avait édictées étaient caduques, à moins qu'elles ne fussent confirmées expressement, ou *tacitement,* par son successeur. Voyez Bodin, *Les six livres de la République,* L. I, ch. viii, édition de Genève 1629, p. 131-2.

(36) Cap. de 779, ch. xii (Boretius, I, p. 50), *Breviarium missorum Aquitanicum* (Boretius, I, p. 62-65).

(37) Il pouvait se faire, d'ailleurs, qu'un certain nombre de capitulaires eussent le caractère de règlements personnels au prince qui les avait rendus; cela avait été vrai des actes des empereurs romains; Herzog, *Geschichte und System der ræmischen Staatsverfassung,* II, p. 717.

(38) Esmein, *Le mariage en droit canonique,* I, p. 10 et suiv. La théorie des germanistes oppose le droit populaire, *Volksrecht,* au droit royal, *Konigsrecht,* le premier étant seul appliqué par les juridictions ordinaires, le second n'étant appliqué que par le tribunal du roi ou les délégués du roi. Le roi ne peut par un capitulaire modifier le *Volksrecht,* mais il peut le tourner ou le mettre en échec par le *Konigsrecht,* qu'il fait appliquer par ses officiers. Par exemple, le citoyen franc a droit à la vengeance privée ou *Fehde,* mais le roi veut que ses officiers exigent de celui qui se dispose à l'exercice de la *Fehde* la renonciation à ce droit. Brunner, *Deutsche Rechtsg.,* I, p. 548. Mais la distinction est souvent bien incertaine.

(39) Schröder, *Deutsche Rechtsg.,* 6⁰ édit., p. 159 et suiv ; l'auteur pensait même que la loi salique aurait été approuvée par ce *concilium.*

roi, de convoquer au printemps, à ce qu'on appelle le champ de mars, les guerriers qui lui doivent le service; cela pouvait constituer des assemblées fort nombreuses, car tout homme libre devait le service militaire. Mais c'étaient là, seulement, des revues militaires; les hommes convoqués n'y figuraient que comme soldats, non comme membres d'une assemblée délibérante, sauf, qu'en fait, dans un tel milieu, le sentiment populaire devait aisément trouver son expression. L'habitude de ces champs de mars paraît d'ailleurs s'être perdue en Neustrie, au cours du viie siècle, tandis qu'elle se conservait en Austrasie; l'institution redevint régulière avec les premiers Carolingiens sous le nom de champ de mai pour disparaître définitivement sous Louis le Pieux (40). Mais des assemblées consultatives d'un autre genre, appelées *placita*, apparaissent déjà sous les Mérovingiens, plus fréquentes et plus importantes sous les Carolingiens (41). Ce n'est point une résurrection des vieilles libertés germaniques; ce sont des réunions d'hommes importants, ecclésiastiques et laïcs, que le roi convoque pour prendre leurs conseils. Sous quelle influence cette institution s'est-elle établie ? Il n'est pas probable que les assemblées provinciales de l'empire romain aient servi de modèle; mais, au contraire, les synodes ou conciles de l'Eglise ont certainement servi d'exemple, peut-être même de point d'attache (42). Il paraît également certain que, tant que se conserva la coutume du champ de mars, la réunion du *placitum* coïncidait avec une de ces revues (43). D'ailleurs, ces assemblées ont eu pour cause et pour raison principale d'être le besoin de coordonner l'administration d'un vaste royaume. Ce qui le montre bien, c'est leur composition. Sous les Carolingiens, tout au moins, elles sont composées de membres pour qui siéger et délibérer n'est pas un droit, mais un devoir : ils sont convoqués par le roi et tenus de venir l'assister de leurs conseils. Ce sont, à proprement parler, des réunions de fonctionnaires. Elles sont, en effet, essentiellement composées, d'un côté, d'évêques et d'abbés, qui sont réellement des fonctionnaires de la monarchie franque (44), et de comtes, qui sont les représentants du roi dans les provinces. Proba-

---

(40) Schröder, *Deutsche Rechtsg.*, 6° édit., p. 160.

(41) Sur ces assemblées, consulter Fustel de Coulanges, *La monarchie franque*, ch. iii; — W. Sickel, *Die merovingische Volksversammlung*; — Brunner, § 76.

(42) Les synodes d'évêques dans la monarchie franque se réunissaient avec la permission ou sur l'ordre du roi. Celui-ci y assistait le plus souvent, et, avec lui, d'autres laïcs, grands personnages. M. Schröder (*op. cit.*, 6° édit., p 160) suppose que le roi saisit naturellement ces occasions pour mettre en délibération, avec les évêques et les grands réunis là, des objets importants.

(43) *Decretio* de Childebert II (Borelius, I, p. 15), c. i · « Antonaco, kalendas marcias anno vicesimo regni nostri convenit. » C. iv : « Pari conditione convenit kalendas marcias omnibus nobis adunalis. »

(44) Sur ces divers points, Hincmar, *De ordine palatii* (édit. Prou), c. xxix, xxx, xxxiv, xxxv.

blement y figuraient aussi des *potentes* qui n'exerçaient aucune fonction publique; mais c'étaient alors des *vassi regii*, auxquels le roi pouvait demander, en vertu de leur obligation particulière de fidélité, tous les services qui conviennent à un homme libre (45).

Sous Charlemagne, ces *placita* prirent une périodicité régulière. Il s'en tenait deux par an. L'un, en automne, peu nombreux, comprenant seulement les personnages les plus importants; l'autre, plus nombreux, au printemps, au moment du champ de mai, où l'on réglait le *status totius regni*. Nous sommes exactement renseignés sur cette organisation par un écrit d'Hincmar de Reims, que l'on a intitulé *De ordine palatii*, et qui a été composé en 883, et d'après un petit traité sur le même sujet d'Adalhard, abbé de Corbie et parent de Charlemagne (46). Après Charlemagne, cette périodicité disparut; mais les *placita* qui furent réunis sous Louis le Débonnaire et Charles le Chauve acquirent peu à peu une importance nouvelle. Avec la féodalité commençante, les comtes étaient devenus maîtres de leurs charges, et l'Eglise conquérait une presque totale indépendance. Les *placita* étaient, dès lors, composés non plus de véritables fonctionnaires, mais de seigneurs presque indépendants; ils pouvaient imposer leurs volontés.

§ 2. — L'ADMINISTRATION LOCALE, LA JUSTICE, LES IMPOTS.

I

L'administration des provinces était dirigée par des officiers royaux appelés *comites* ou *grafiones* (47), les comtes, qui réunis-

---

(45) Voyez plus loin, ch. iv.

(46) *De ordine palatii,* surtout c. xxix-xxxv, avec les notes de M. Prou.

(47) Le mot *grafio* est la forme latinisée d'un terme germanique, dont, suivant M. Brunner (II, 161) l'étymologie n'est pas certaine; il a donné l'anglo-saxon *gerefa* et l'allemand *graf*. Schröder, *Deutsche Rechtsg*, 6°édit., p. 136, n. 10. Quant à l'expression *comes*, elle appartient à la langue de l'Empire romain. M. Otto Seeck (op. cit, II, 72 et suiv.) rattache au règne de Constantin la formation autour du prince d'un groupe de *comites*, dont la fonction (*comitiva*) était d'abord simplement celle de conseiller du prince. Constantin se serait choisi des conseillers fixes, au lieu qu'auparavant l'usage était de composer le conseil de nouveau, à chaque séance, des fonctionnaires impériaux alors présents. Ces conseillers ou *comites*, auraient été, comme auparavant, les uns des militaires et d'autres des juristes. Mais, bien que la fonction en elle-même se bornât à cela, il était tout naturel, dans un temps surtout où les anciennes fonctions se transformaient profondément et où beaucoup de choses étaient dans un état transitoire et mal réglé, il était naturel que l'Empereur chargeât tel ou tel de ses *comites* de missions importantes le chargeant de régler une situation et de procéder à une enquête, à une inspection. Parfois, dans ces conditions, la mission en se prolongeant donna lieu à des fonctions permanentes, comme celles du *comes et quæstor sacri palatii, comes rerum privatarum, comes sacrarum largitionum*. Puis, le nombre des *comites* s'étant multiplié à l'excès, tous ne furent plus admis au conseil et alors le titre de *comes* se serait appliqué à des fonctions de diverse nature déjà existantes ou nouvelles, aux commandements exclusivement militaires mais durables :

saient entre leurs mains l'ensemble des pouvoirs, ayant à la fois
des attributions administratives, judiciaires et financières. Chacun
d'eux était préposé à une circonscription, qui porte habituellement
le nom de *pagus*, et dont les habitants sont dits les *pagenses* du
comte : le *comitatus* ne fut point, en principe, une circonscription
nouvelle, mais bien le *territorium* de la *civitas* romaine (48). Les
comtes avaient sous eux des agents inférieurs ou des suppléants dont
il sera bientôt question; mais, en principe, ils n'avaient pas d'autres
supérieurs que le roi qui les nommait et les révoquait à son gré.
Cependant, sous les Mérovingiens, il arrive assez souvent que plusieurs comtes, tout en ayant chacun leur comté, soient réunis sous
l'autorité d'un fonctionnaire supérieur appelé *dux* (49). D'où vient
cette institution des comtes, qui est la cheville ouvrière de la
monarchie franque : est-elle d'origine romaine ou germanique ? Il
est assez difficile de le distinguer; car, si le titre de *comes* est
emprunté à la hiérarchie de l'empire romain, et si le *comes civitatis*
se trouve dans tous les royaumes fondés par les barbares établis dans
l'empire, chez les Wisigoths, chez les Burgondes et chez les Ostrogoths, le comte franc porte aussi un autre nom d'origine germanique; il s'appelle encore *grafio* (graf). Cependant, c'est, je le crois,
une institution qui, créée sous l'empire romain exceptionnellement
pour quelques cités (50), a été généralisée par les barbares et

de là les *comites rei militaris*, le *comes et magister peditum* ou *equitum*. M. Seeck
signale aussi (p. 105) un *comes provinciæ*, commandant de troupes pour une province
Il y a là des indications fort intéressantes, et certains pourraient être tentés de voir
là l'origine de diverses institutions de la monarchie franque : les *antrustions* méro
vingiens, les *missi*, les comtes proprement dits, d'autant que M. Seeck, à plusieurs
reprises, admet qu'il y avait des barbares ou *semi-barbares* parmi les comtes impériaux. Mais ce serait exagérer et confondre; des formations juridiques ou politiques,
pleinement indépendantes, peuvent présenter des analogies frappantes. Cependant on
va voir ce que nous disons du *Comes civitatis*. Voir Declareuil, *Les comtes des cités
a la fin du v* siècle*, *Nouv. revue hist. de droit*, 1910, p. 793.

(48) Greg. Tur., *Historia Francorum*, IV, 42 : « Peonius vero hujus municipii
Autisiodorensis) comitatum regebat. » Dans la suite, il se forma des comtés secondaires, démembrant les anciens territoires.

(49) Greg. Tur., *Historia Francorum*, VIII, 18 : « Nicetius.. a comitatu Arverno
submotus, ducatum a rege expetiit... Et sic in urbe Arvena, Rutena atque Ucetica
dux ordinatus est. » VIII, 26 : « Toronicis vero atque Pictavis Ennodius dux datus
est. » — IX, 7 : « Ennodius cum ducatum urbium Toronicæ atque Pictavæ ministraret
adhuc et Vice Juliensis atque Benarnæ urbium principatus accepit. Sed euntibus
comitibus Thoronicæ atque Pictavæ urbi ad regem Childebertum obtenuerunt eum a
se removere. » Cf. II, 20 : VI, 19, 41. — Chez les Wisigoths, il semble qu'il y avait
un comte par *civitas* et un *dux* par *provincia* ; c. xII, xvII, xvIII, *Lex Wisig.*, II, 1,
voyez, d'ailleurs, la hiérarchie entière des fonctionnaires wisigoths, c. xxvI, *ibid.*

(50) Esmein, *Mélanges*, p. 387 et suiv.; — W. Sickel, dans les *Göttingische gelehrt·
Anzeigen*, 1⁺ juillet 1886, p. 569 et suiv. Mais voyez aussi du même auteur *Beiträge
zur deutschen Verfassungsgeschichte des Mittelalters*, dans les *Mittheilungen des
Instituts für œsterreichische Geschitsforschung*, Ergänzungsband III, 1894, p. 1 et
suiv. du tirage à part. M. Brunner (§ 86) admet l'existence du *comes civitatis* romain
mais il n'y voit à l'époque romaine qu'un chef de troupes, n'ayant pas d'autre attribution que le commandement militaire, ce qui est possible. Il admet aussi que le

étendue à toutes, à raison de sa commodité et de sa simplicité. En effet, par là, l'unité administrative qui, dans l'empire, était très vaste étant représentée par la province, se trouvait heureusement restreinte : le centre de gravité passait de la province à la cité.

Avec l'établissement de la monarchie franque, l'organisation municipale n'a point disparu. Sous les Mérovingiens, on voit subsister les curies, et avec elles, les défenseurs des cités; seulement leur rôle est bien réduit. Ces organes ne paraissent plus servir pour l'administration proprement dite, qui est toute aux mains du comte et de ses subordonnés; les curies semblent fonctionner seulement pour la réception officielle et l'enregistrement des actes rédigés conformément à la loi romaine (51). Mais, sous les Carolingiens disparaissent les traces de cette ancienne organisation (52).

præses mérovingien fut une transformation de cette fonction à laquelle se joignirent des attributions judiciaires, administratives et fiscales imitées de celles qu'avait eues le comes provinciæ romain. Mais il veut que le grafio, à l'origine et pendant très longtemps, ait été distinct du comes. Le grafio, d'origine germanique, aurait été lui aussi un chef simplement militaire (celui qui primitivement commandait mille hommes, voyez ci-dessus, p. 38, note 21). Dans le régime que reflète la Lex Salica, ce n'est point lui qui préside le mallus, l'assemblée judiciaire, mais bien le thunginus; il n'a que la fonction exécutive. Dans les régions où il aurait subsisté (Austrasie), il aurait garde ce caractère jusqu'au règne de Charlemagne. Pour soutenir sa thèse M. Brunner (t. II, p. 162, note 9) invoque divers textes, dans lesquels en effet les comites paraissent distingués des grafiones. Mais il reconnaît que Grégoire de Tours ne connaît que des comites et que sous Charlemagne le comes et le grafio ne font qu'un. En plus, il est obligé d'interpréter ce passage des Novelles de la loi salique (édit. Hessels, 72, 74) : « judex, hoc est comes aut grafio », en ce sens invraisemblable que ce texte (p. 163) viserait un fonctionnaire qui peut être ou un comes ou un grafio. Nous croyons à l'identité constante du comes et du grafio après les établissements des Francs en Gaule. Les textes en apparence contraires cités par M. Brunner peuvent s'expliquer en ce sens que, partant de cette identité, les uns emploient alternativement l'un ou l'autre terme comme synonymes, les autres les rapprochent en les séparant par la conjonction aut pour bien montrer la synonymie. Cf. Schröder, D. R., 6e édit., p. 137 et suiv. M. Brunner admet aussi, ce qui est peu vraisemblable, que le comes n'aurait été nommé par un acte écrit qu'en Neustrie (II, p. 161). M. Declareuil (Nouv. revue hist. de droit, 1910, p. 834) a voulu démontrer qu'il n'y a pas eu dans le monde romain de comtes de cités et que les comtes qui se trouvent à la tête des cités dans tous les royaumes barbares n'ont rien de commun avec les fonctionnaires romains qui portaient ce titre. Le comte barbare serait une création nouvelle nécessitée par la disparition de l'administration municipale; s'il porte le titre de comte, c'est que, délégué du roi et membre de son comitatus, il était qualifié « dans les dialectes germaniques, d'une appellation qui évoquait l'idée d'accompagner, de faire suite ou escorte et qui se traduisait exactement en latin par comes ». Cette thèse extrême est peu vraisemblable. Enfin, M. Babut (Revue hist., CXXXI, 1919, p. 265), cherchant à établir la correspondance entre la hiérarchie militaire romaine et la hiérarchie mérovingienne, a émis l'hypothèse intéressante que les comtes mérovingiens sont les successeurs non pas des chefs militaires appelés comtes dans la Noticia (ceux-ci étaient beaucoup moins nombreux et ils avaient un commandement bien plus important), mais des tribuns, officiers de grade inférieur, qui auraient été décorés au ve siècle du titre de comtes.

(51) Waitz, Deutsche Verfassungsgeschichte, II, 1³, p. 422 et suiv.; — De Rozière, form. 259 et suiv.

(52) Waitz, Deutsche Verfassungsgeschichte, III³, p. 407. — Voyez cependant, quant à la persistance de l'enregistrement à la curie, Thévenin, Textes relatifs aux

Voilà les traits généraux de cette administration; reprenons maintenant l'une des fonctions du comte, celle qui consiste à administrer la justice, et voyons comment elle s'exerçait.

## II

C'est une question depuis longtemps et vivement discutée que celle de savoir quel était au juste le fonctionnment des tribunaux de la monarchie franque, et si cette organisation judiciaire avait emprunté ses règles et ses éléments constitutifs aux coutumes germaniques ou aux usages romains (53). Voici, rapidement résume, ce qui me paraît se dégager des textes.

Dans la *civitas germanique*, la justice paraît avoir été véritablement populaire. Elle était rendue dans le *pagus*, ou centaine, par le *princeps*, mais tous les chefs de famille participaient à la décision; ce sont les *centeni comites* qui, selon Tacite, assistent le *princeps, consilium et auctoritas adsunt*. Dans la loi salique, la justice a encore le caractère populaire, mais à un degré moindre. Elle est rendue également dans une assemblée appelée *mallus* (54) ou *mallobergus* (55), et c'est encore une assemblée de centaine, car celui qui la tient s'appelle *thunginus* ou *centenarius* (56). Celui-ci n'est point un fonctionnaire royal, mais, sans doute, un magistrat élu par la centaine. Le comte existe déjà dans la loi salique, mais il ne fait qu'exécuter le jugement, il ne le rend pas (57). Ce n'est

*institutions privées et publiques aux epoques merovingienne et carolingienne*, n° 127. — Mais cf. Stouff, dans la *Nouvelle revue historique de droit*, 1887, p. 282 et suiv. — Flach, *Les origines de l'ancienne France*, t II, p 227 et suiv.

(53) Voyez, sur ce sujet : L. Beauchet, *Histoire de l'organisation judiciaire en France, époque franque*, 1886; — Fustel de Coulanges, *La monarchie franque*, ch xiii, *Recherches sur quelques problèmes d'histoire*, p. 359 et suiv.; — Beaudoin, *La participation des hommes libres au jugement dans le droit franc* (*Nouvelle revue historique de droit*, 1888).

(54) *Lex Sal*, I, 1, XLIV, 1; L. 1; LX, 1.

(55) *Lex Sal.*, LVII, 1.

(56) *Lex Sal.*, XLIV, 1. Après bien des discussions la critique s'était à peu près mise d'accord pour voir dans le *thunginus* et le *centenarius* un seul et même personnage sous deux noms différents. Mais M. Brunner les a distingués de nouveau. Ce seraient deux fonctions procédant l'une et l'autre de la coutume germanique et supposant déjà une distinction dans la compétence du *mallus*. Pour certaines causes d'importance secondaire, il aurait été présidé par le *centenarius*, tandis que pour les affaires les plus graves il devait être présidé par le *thunginus*; Brunner, *Deutsche Rechtsgeschichte*, II, p. 149 et suiv., 219, — W. Sickel, *Beiträge*, p. 83 et suiv.; — Schröder dans la *Historische Zeitschrift*, N. F., t. XLII, p. 196 et suiv. — Mais cette distinction ne me paraît point établie encore moins la théorie sur la compétence qu'on y rattache. Le *centenarius* me paraît être le nom latin du *thunginus*. M. Schröder (*loc. cit.*, p. 198) relève même, après M. Sickel, ce fait que deux manuscrits de la loi salique, dans deux passages où le *thunginus* est seul mentionné par les autres manuscrits, ajoutent les mots *aut centenarius* (58, 2 et 60, 1). — Dans ce sens, voyez Dahn, *Die Könige der Germanen*, VII, 2, p. 134 et suiv.

(57) Lex Sal., **L et LI.**

pas, d'ailleurs, le *centenarius* lui-même qui arrête la sentence, mais des personnages appelés *rachimburgii*, qui siègent au *mallus*, au moins au nombre de sept, et qui *legem dicunt* (58). Est-ce à dire que l'assemblée des hommes libres, que comprend le *mallus*, a cessé de donner son approbation à la sentence ? Non, sans doute; seulement ce sont les anciens, les notables, qui seuls jouent un rôle actif; ils dégagent le droit, et l'assemblée qui se tient debout autour d'eux, ne fait que confirmer la sentence par ses acclamations, ou peut-être témoigner par des murmures sa désapprobation (59). C'est exactement la forme de justice populaire qui est décrite, pour la Grèce antique, sur le bouclier d'Achille (60) : les γερόντες me paraissent y jouer le rôle que la loi salique attribue aux *rachimburgii;* d'autre part, la foule au *mallus* devait, comme elle le fait dans Homère, marquer son sentiment par des clameurs (61). C'était sans doute la coutume, l'usage, non pas une élection proprement dite, qui désignait les hommes notables ayant le droit de siéger (62).

Si nous avançons plus loin dans la monarchie franque, nous constatons un premier fait. C'est le comte dorénavant qui rend la justice et siège au tribunal, au *mallus* comme on dit encore (63). Il rend la justice au civil et au criminel, et le magistrat populaire de la loi salique a disparu; on retrouvera bien un officier appelé *centenarius*, mais celui-ci sera le subordonné du comte. Cette transformation probablement s'est opérée sous l'influence du droit romain. Mais, sur d'autres points, la coutume germanique paraît avoir communiqué quelques-uns de ses traits au droit nouveau qui s'est formé :

(58) *Lex Sal.*, LVII, *Legem dicere* veut dire proprement énoncer la règle de droit, et, plus spécialement, le mode de preuve applicable dans l'espèce. Esmein, dans la *Nouvelle revue historique de droit*, 1889 p. 312. — Sur tous ces points, voyez Thonissen, *L'organisation judiciaire et le droit pénal de la loi salique.*

(59) Dans ce sens : Sohm, *Fränkische Reichs-und Gerichtsverfassung*, p. 372 et suiv. Schröder, *Deutsche Rechtsgeschichte*, 6° édit., p. 178 et suiv. — Cf. Siegel, *Deutsche Rechtsg.*, § 180.

(60) *Iliade, XVII*, v. 497 et suiv.

(61) Grégoire de Tours, H. F., VI, 8. Voyez Esmein, *Le jugement de Daniel*, dans la *Nouvelle revue historique de droit*, t. XXXI, p. 741 et suiv.

(62) Cependant, c'est bien le comte qui choisit les rachimbourgs lors de la prise de gages (*Lex Sal.*, L. 3). — Certains historiens attribuent aux rachimbourgs une tout autre qualité. M. Kovalevsky voit, dans les *rachimburgii* de la loi salique, des arbitres judiciaires, forme par laquelle commence d'ordinaire l'administration de la justice : *Coutume contemporaine et ancienne loi* (édit. russe), p. 408 et suiv., traduction française, Paris, 1893 p. 375. M. Fustel de Coulanges attribue aussi le caractère d'arbitres aux rachimbourgs, soit de la loi salique, soit de la monarchie mérovingienne : *La monarchie franque*, p. 350 et suiv. ; *Recherches*, p. 423 et suiv.

(63) Ce changement se constate dans le premier capitulaire ajouté à la loi salique (*Lex Salica*, éd. Behrend, c. 1, 7, 9, p. 90, 91) qui sûrement est très ancien et que l'on s'accorde à regarder comme étant de Clovis. Schröder, *loc. cit.*, p 200 : — Dahn, *Die Könige der Germanen*, VII, 3, p. 57.

1° En premier lieu, bien que le comte commande au *territorium* entier d'une *civitas*, ce n'est point là la circonscription judiciaire. Ce territoire est divisé en cantons, que le comte parcourt successivement pour y rendre la justice (64). Quelles étaient ces subdivisions ? Elles remontaient probablement, pour la plupart, à l'époque romaine, mais elles prennent le nom usité traditionnellement chez les Germains; elles s'appellent des centaines. Cette dénomination apparaît déjà sous les Mérovingiens, et elle devient d'un usage constant sous les Carolingiens (65). Ce qui paraît d'ailleurs absolument démonstratif, c'est que le comte a sous ses ordres un officier inférieur qui, au besoin, tient l'assise à sa place et qui se nomme *vicarius* ou *centenarius* (66).

2° Le comte ou le centenier ne siègent pas seuls. Avec eux siègent au *mallus* des personnages désignés par différents noms : *rachimburgii*, *boni homines*, *magnifici* ou *illustres viri*, et ce sont ces derniers qui arrêtent les jugements (67). D'où vient cette institution ? Il semble que le doute n'est pas possible, la persistance du nom de rachimbourg est démonstrative. C'est le système de la loi salique, qui s'est conservé et généralisé; ce sont les notables, admis par le comte, qui disent le droit. Voici encore un fait qui montre bien nettement la filiation : les rachimbourgs de l'époque mérovin-

(64) Greg. Tur., *Historia Francorum*, VIII, 18 : « Gundovaldus autem comitatum Meldensem... competiit, ingressusque urbem causarum actionem agere cœpit. Exinde *dum pagum urbis in officio hoc circuiret*, in quadam villa a Werpino interficitur. »

(65) Guérard, *Essai sur le système des divisions territoriales de la Gaule* ; — Waitz, *Deutsche Verfassungsgeschichte*, II, 1, p. 398 et suiv.

(66) *Lex Rip*, I., 1 : *Lex Alam.*, XXXVI, 1. Voyez une formule contenant les instructions d'un comte à son *vicarius* : de Rozière, 886. M. W. Sickel a parfaitement mis en lumière le caractère du *vicarius* ou *centenarius*. Il est nommé par le comte, non par le roi en vertu d'un large pouvoir de délégation qui appartient au premier. C'est pourtant un véritable fonctionnaire royal, distinct du simple *missus* par lequel le comte, comme d'ailleurs le *vicarius* lui-même, peut déléguer momentanément tel ou tel acte de sa fonction (*Beiträge zur deutschen Verfassung*, p. 2 et suiv., 35 et suiv.). M W. Sickel montre aussi que tout autre est le *vicecomes*, qui n'apparaît que dans le dernier tiers du vııı° siècle. Le *vicecomes* n'est pas un fonctionnaire subalterne créé par le comte, mais un suppléant général et permanent qu'il se donne en usant de son droit de délégation; *op. cit.*, p. 108 et suiv. M. Brunner, et cela est logique dans la suite de ses idées, admet que le *centenarius* est différent du *vicarius*. Le premier serait un auxiliaire, un suppléant du *thunginus* élu, comme ce dernier, par la centaine. Mais le comte aurait conquis peu à peu le droit de le nommer et en aurait fait son subordonné. Le *vicarius* serait au contraire un suppléant que se serait choisi le comte Mérovingien. Du reste (II, 176) « dans les territoires romains de la Gaule, après la conquête, la fonction du *centenarius*, pas plus que celle du *thunginus* ne fut introduite ». Enfin le savant maître conclut (II, 177) : « Sous les Carolingiens nous trouvons une division complète de la partie occidentale de l'empire en vicaries. Chaque comté se subdivise en plusieurs vicaries. Le vicaire est le subordonné du comte pour la vicarie, et dorénavant, ce qui n'était point encore le cas pour l'époque Mérovingienne, il est un membre de l'organisation administrative franque. Avec cette nouveauté coïncida ce fait que la *vicaria* se confondit avec la *centena* et le vicaire avec le centenier devenu subordonné du comte. »

(67) Voyez, par exemple, de Rozière, 486, 493, 494, 499, 503, 506, 507.

gienne seront remplacés sous Charlemagne par des auxiliaires permanents de la justice, remplissant les mêmes fonctions et nommés
*scabini;* or, dans les régions du nord et de l'est, où cette organisation se conserva intacte pendant des siècles, nous voyons les échevins du moyen âge remplir exactement les mêmes attributions que
la loi salique assigne aux *rachimburgii* (68). Cette organisation,
dans la monarchie franque, s'est étendue à tout le royaume (69), et
la raison en paraît assez simple : elle était commode et en quelque
sorte naturelle; avec le mélange des races et la personnalité des
lois, des notables pris dans les diverses nationalités, pouvaient seuls
dégager pratiquement les règles à suivre dans chaque cause (70).

Le *mallus* n'avait pas cessé, d'ailleurs, d'être une assemblée des
hommes libres de la centaine. Tous sont même tenus de s'y rendre,
à certaines époques, ou sur la convocation du comte, sous peine
d'amende (71). Mais, à vrai dire, ce n'est point pour y rendre la
justice; c'est tantôt pour recevoir une réquisition de l'autorité royale,
tantôt pour prêter le serment de fidélité au roi, tantôt pour écouter
la lecture des capitulaires promulgués, tantôt pour recevoir l'ordre
de se rendre à l'armée à telle époque (72). Cependant, on ne peut
pas dire qu'au *mallus*, où se rend la justice, l'assemblée des hommes réunis en ce lieu soit absolument inerte et ne joue plus que le
rôle de spectateurs : suivant la tradition, ils manifestent leur sentiment par des clameurs. Dans Grégoire de Tours et dans les hagio-
graphes, il est assez souvent parlé de ces acclamations de la foule,
et l'on peut même trouver des textes de loi (73) et des documents
judiciaires (74) où elle est regardée comme prenant ainsi part au

(68) Il y a, on peut le dire, identité complète quant au double rôle attribué de part
et d'autre aux rachimbourgs et aux échevins : 1° *legem dicere* (*Lex Sal.* LVII);
2° intervention dans la saisie des gages (*Lex Sal.*, I., 4). Voyez, en particulier, *Oude
Dingdalem van Waterland*, publiés par J. A. Fruin, p. 7 et suiv.

(69) Sohm, *Fränkische Reichs-und, Gerichtsverfassung*, p. 115 et suiv.

(70) W. Sickel, *Die Entstehung des Schöffengerichts*, dans la *Zeitschrift der Savigny Stiftung, t. VI* (Germ. Abth.).

(71) Cap. de 769-770, c. XII (Boretius, I, 45) : cap. de 805, c. XVI (p. 126).

(72) Fustel de Coulanges, *La monarchie franque*, p. 236 et suiv.

(73) La *Lex Wisigothorum* est certainement, de toutes les *Leges*, celle qui a subi
le plus profondément l'influence du droit romain. Elle permet au juge de ne point
laisser le public entrer au prétoire où il rend la justice; mais elle admet aussi,
si le juge le veut, l'intervention des assistants : c. II, *Lex Wisig.*, I, 2 : « Judex
autem si elegerit auditores alios secum esse præsentes, aut forte causam, quæ pro-
ponitur, cum eis conferre voluerit, suæ sit potestatis. » Le mot *auditores* désigne
ici le public; le contexte ne laisse aucun doute à cet égard.

(74) *Cartulaire de l'abbaye de Beaulieu* en Limousin, n° 47 (a. 960), p. 86 : « Judicaverunt memorati Regimundus comes, cæterique ei in circuitu sistentes... judicaverunt iterum dictus comes, cæteraque ei assistens turba. » — Cf. c. III, X, De
cons., I, 4 : « Quod in tua diœcesi etiam in causis ecclesiasticis consuetudo minus
rationabilis habeatur quod cum aliqua causa tractatur ibidem... a præsentibus litte-
ratis et illiteratis sapientibus, et insipientibus, quid juris sit quæritur, et quod illi
dictaverint, vel aliquis eorum, præsentium concilio requisito pro sententia teneatur. »
Ce texte, il est vrai, qui concerne la cour de l'évêque de Poitiers, est d'une tout

jugement. Dans la conception de la justice restée encore populaire, il semble que tous ceux qui sont réunis dans le lieu où elle se rend font partie d'un même corps et concourent, avec des rôles divers, à une œuvre commune. Les uns sont assis-(*residentes*) et disent le droit; les autres sont debout (*adstant, assistant*), et c'est le chœur de cette tragédie judiciaire, mais ce sont des acteurs.

Dans cette organisation judiciaire, Charlemagne introduisit trois réformes, qui, en réalité, ne furent que des retouches sur des points particuliers :

1° Il remplaça les rachimbourgs, ces notables jugeurs qui pouvaient changer dans chaque affaire, par un collège permanent d'échevins ou *scabini*, la fonction restant la même. Les *scabini* sont nommés par le comte, avec l'assistance du peuple, c'est-à-dire en assise publique (75). Ils doivent assister à tous les plaids, tout au moins au nombre de sept (76), ou de douze s'il est possible (77). Par là, le fonctionnement de la justice était assuré et les notables déchargés d'un service pénible;

2° L'obligation pour l'ensemble des hommes libres de se rendre périodiquement au *placitum*, sous peine d'amende, était restreinte à trois placita par an; le comte ne pouvait plus convoquer aux autres que les scabins, les parties et les témoins (78);

3° La compétence du comte et celle du centenier ne s'étaient pas distinguées jusque-là l'une de l'autre; et cela se conçoit, puisque le second n'était, en réalité, que le suppléant du premier. Cela était cependant assez peu raisonnable. Aussi les causes les plus graves, celles qui portaient sur des crimes pouvant entraîner peine afflictive, sur des questions de liberté, de propriété foncière ou de propriété d'esclaves, furent-elles réservées à l'assise du comte (79).

## III

Les Romains avaient établi un système d'impôts très savant et très lourd; les Germains, au contraire, ne connaissaient pas l'impôt

autre époque (a. 1199); mais il me paraît attester la persistance d'une vieille coutume — Cf., sur la question, à l'époque carolingienne, Saleilles, *Du rôle des scabins et des notables dans les tribunaux carolingiens* (*Revue historique*, t. XL, 1889).

(75) *Cap. Aquisgr.* de 809, c. xi (I, p. 149); — *Cap missorum primum* de 809, xxii (I, 151).

(76) *Cap. missorum* de 803, c. xx (I. 116).

(77) *Cap. de justiciis faciendis*, c. ii (I, 295); — *Cap francica*, c. iv (I, 214).

(78) *Cap. missorum* de 817, c. xiv (I, 290).

(79) *Cap. de justiciis faciendis* de 811-813, c. iv (I, 176): — *Primum capitulum missorum Aquisgr.* de 810, c. iii (I, 153). — Cf. Nissl, *Der Gerichtsstand des Clerus im fränkischen Reiche*, p 144. M. Brunner (II, 178) admet que déjà le comte, dans les régions romaines de la Gaule, comme avant lui le *præses*, aux attributions duquel il avait succédé, se réservait le jugement des *causæ majores*. Mais les règles établies au ixᵉ siècle pour délimiter la compétence respective du comte et du *vicarius* auraient été plus précises et auraient restreint plus étroitement la compétence du **second.**

proprement dit; nous avons vu seulement, chez eux, une portion des compositions attribuée au roi, et des dons coutumiers offerts aux *principes* et au roi. Les monarques francs essayèrent de maintenir à leur profit ces diverses prestations, de faire fonctionner à la fois l'un et l'autre système sans y réussir, d'ailleurs, complètement. On ne peut pas dire qu'il y eût véritablement à cette époque des finances publiques, mesurées sur les besoins et les forces de l'Etat; il y avait seulement les revenus du roi, qui lui appartenaient en propre. Cela résulte de la conception même du pouvoir royal exposée plus haut. Cela était d'autant plus vrai que les services publics n'étaient pas rétribués : les hommes libres devaient le service militaire sans solde et à leurs frais; les travaux publics étaient exécutés par voie de corvées; le comte n'avait pas d'appointements proprement dits, mais seulement touchait une part des amendes. Voici quelles étaient les principales sources de revenus du roi :

1° Le produit des grands domaines royaux ou *villæ*, administrés par des fonctionnaires spéciaux, appelés *domestici* sous les Mérovingiens. Suivant un mode économique, que l'on retrouve souvent dans les civilisations peu avancées, le roi vivait, autant que possible, sur ses domaines : le roi se transportait avec sa suite de *villa* en *villa* pour consommer sur place les produits. De là, des habitudes ambulatoires qui persisteront pendant des siècles. Charlemagne régularisa et systématisa l'administration des *villæ* royales;

2° Les profits de justice. C'étaient d'abord les prestations pécuniaires édictées au profit du roi par la coutume germanique : le *fredum* (*friedgeld*, argent de paix), ou partie de la composition (le tiers) qui devait être payée au roi (80); le *bannus*, ou amende de 60 *solidi*, parfois multipliée, prononcée contre ceux qui violeraient les ordonnances ou ordres du roi. A cela se joignait la confiscation des biens des condamnés, en cas de crimes graves, que les rois francs empruntèrent à la législation romaine;

3° Des réquisitions en nature très nombreuses étaient exercées sur les sujets au profit du roi. En particulier, le roi et ceux qui voyageaient en son nom avaient le droit de se faire loger et héberger, eux et leur suite (81), charge qui, d'ailleurs, pesait surtout sur les riches et les établissements ecclésiastiques. Une réquisition plus générale était celle qui fut levée fréquemment sous les Carolingiens, sous le nom de *fodrum*, pour la nourriture de l'armée, hommes et chevaux (82). Sur ces points, des coutumes germaniques coïncidèrent probablement avec les pratiques analogues constatées dans l'empire romain;

---

(80) *Lex Sal.*, L, 4; — *Lex Rip*, l.XXXIX.
(81) W. Sickel, *Zum Ursprung des mittelalterlichen Staates* (tirage à part, p. 32)
(82) Waitz, *op. cit.*, IV³, p. 15 et suiv.

4° Les dons offerts par les sujets. Cette habitude des présents coutumiers, apportée de Germanie, se conserva dans la monarchie franque. Sous les Carolingiens, cela devint une obligation véritable pour les grands du royaume et pour les monastères. Sous Charlemagne, le *placitum* du printemps avait en partie pour but l'apport de ces dons (83) et nous avons une pièce de 817, où l'empereur Louis détermine les monastères qui doivent ces prestations et ceux qui en sont dispensés (84);

5° Les impôts proprement dits. Les rois mérovingiens cherchèrent à maintenir et même à étendre, dans une certaine mesure, le système d'impôts directs établi par les Romains. Mais ils se heurtèrent à des difficultés presque insurmontables. D'un côté, les résistances furent très vives; d'autre part, l'organisation des impôts romains était un instrument trop délicat et trop savant pour être manié par des mains grossières (85) Les tentatives pour soumettre à l'impôt les hommes de race franque paraissent avoir été vaines; cela est certain du moins quant à la *capitatio humana*, qui passait traditionnellement pour un signe d'infériorité sociale et presque de servitude (86). Quant à la population romaine, elle ne pouvait, en droit, contester le principe de l'impôt; mais c'était justement à raison des impôts qu'elle avait vu presque avec joie la chute de l'empire; elle résistait souvent lorsque le monarque franc voulait reprendre la fiscalité impériale, et, chose notable, elle était soutenue dans sa résistance par l'épiscopat. Cependant, malgré ces résistances, les deux impôts directs des Romains, la *capitatio humana* et la *capitatio terrena*, paraissent avoir été levés au vi° siècle, avec une certaine continuité, dans la monarchie franque. Mais ils avaient subi une transformation très importante, surtout pour la *capitatio*

---

(83) Hincmar, *De ordine palatii*, c. xxix, *in fine* (édit. Prou, p. 74) : « Cæterum propter dona generaliter danda », et la note de M. Prou.

(84) *Notitia de servitio monasteriorum* (I, p. 350) : « Inter cæteras imperii disposi tiones statuit quæ monasteria in regno vel imperio suo et dona et militiam facere possunt, quæ sola dona sine militia, quæ vero nec dona nec militiam sed solas orationes. »

(85) Sur cette question des impôts, voyez Greg. Tur., *Historia Francorum*, III, 25, 36; V, 26, 28, 34; VI, 22, 45; VIII, 15, 23; IX, 30; X, 4, 7; — Lehuëlou, *Institutions mérovingiennes*, p. 312 et suiv.; — Roth, *Geschichte des Beneficialwesens*, p. 85 et suiv.; — Dahn, *Die Könige der Germanen*, VII, 3, p. 96-129. — M. Thibault, qui ne reconnaît dans le Bas-Empire romain qu'un impôt unique, l'impôt foncier (cf. *supra*, p 18, n. 90), estime que dans les royaumes gothiques et burgunde les Barbares ne devaient pas l'impôt pour les terres qu'ils avaient obtenues par partage avec les Romains (*sortes*). ( Thibault, *L'impôt direct dans les royaumes des Ostrogoths, des Wisigoths et des Burgundes, Nouv. revue hist. de droit*, 1901). Suivant le même principe, les Francs étaient exempts de l'impôt; quant aux Romains, les *possessores* continuèrent de le payer et les *clarissimes* d'en être exempts. D'ailleurs, les contri buables eux-mêmes cessèrent bientôt de payer parce que les rôles n'étaient pas tenus à jour et parce que, pour échapper au payement, ils faisaient passer leurs terres à des non-contribuables, desquels ils les reprenaient en précaire. (Thibault, *L'impôt direct dans les royaumes francs, Nouv. revue hist. de droit*, 1907.)

(86) Marculfe, I, 19, — Greg. Tur., VII, 15

*terrena*, et qui devait favoriser la désagrégation du système. Ces impôts, sous les Romains, étaient des impôts de répartition, et, par suite, la cote de chaque contribuable n'était point arrêtée à une somme invariable, pouvant varier, au contraire, selon la somme totale que l'Etat, d'après ses besoins, demandait à l'impôt. Sous les Mérovingiens, il est à peu près certain que la *capitatio terrena*, comme la *capitatio humana*, devint un impôt de quotité. On fixa à une certaine somme, ou à une certaine quantité d'objets en nature, la contribution de chaque propriété (87), si bien que toute augmentation paraissait une injustice. Cela se fit sans doute tout naturellement, parce que l'administration nouvelle était incapable de manier le système savant de répartition suivi par les Romains; cela concordait très bien, d'ailleurs, avec l'idée qui ne proportionnait plus l'impôt aux besoins de l'Etat et en faisait un revenu propre du roi. C'était une redevance des personnes ou des propriétés. Cela eut une conséquence notable. Les impôts romains, péniblement maintenus sous les Mérovingiens aux vi⁰ et vii⁰ siècles, disparurent ensuite, en tant que système général s'appliquant à tous : il n'y a plus d'impôt direct général sous les Carolingiens (88). Cependant, ils ne disparurent pas complètement; ils subsistèrent localement, transformés en redevances coutumières (89). Il y avait un grand nombre de sujets qui payaient un *census* au roi, soit à raison de leur personne, soit à raison de leurs biens: mais c'était devenu déjà le *cens* (personnel ou réel) du moyen âge.

Quant aux impôts indirects, ils prirent, au contraire, un développement considérable, surtout sous la forme de péages locaux; on constate ainsi l'existence de droits nombreux, désignés sous les noms les plus divers, levés sur la vente des marchandises, la circulation des marchandises, des hommes et des animaux (90).

§ 3. — ETAT DES PERSONNES ET CONDITION DES TERRES.

I

La société romaine du Bas-Empire présentait une grande variété de conditions; cette variété augmente encore dans la monarchie

(87) On serait ainsi revenu au régime qui existait dans le Haut-Empire, si les idées de M. Otto Seeck sont exactes. Voyez ci-dessus, p. 14

(88) Waitz, *op. cit.*, IV, p. 112 et suiv ; Lehuérou, *Institutions carolingiennes*, p. 479 et suiv.

(89) Ce caractère coutumier apparaît nettement dans le capitulaire *De justiciis faciendis*, c. III (I, p. 295) : « Statuendum est, ut unusquisque qui censum regium solvere debet in eodem loco illum persolvat ubi pater et avus ejus solvere consueverunt. » — *Edictum Pistense*, a. 864, c. XXVIII (Boretius et Krause, *Capitularia*, II, p. 322) : « Illi Franci qui censum de suo capite vel de suis rebus ad partem regiam debent. »

(90) Waitz, *op. cit.*, IV, p. 55 et suiv

franque. Aux types romains, conservés pour la plupart, s'ajoutent des états nouveaux, formes du droit germanique ou produits naturels du milieu transformé. La division capitale des personnes est toujours celle en hommes libres et esclaves; mais, entre ces deux classes, se place une classe intermédiaire, de plus en plus nombreuse, comprenant des types fort divers, et que l'on a pris l'habitude de désigner sous le nom de population quasi servile.

A. *Hommes libres.* — Les hommes complètement libres sont ceux qui sont libres de naissance. Il semble qu'entre eux une certaine égalité s'introduisit dans la monarchie franque, par la disparition de la noblesse. L'empire romain avait une noblesse très particulière; les coutumes germaniques comportaient aussi une noblesse; l'une et l'autre se perdent dans la monarchie franque. La noblesse romaine, étant une noblesse de fonctionnaires, logiquement devait disparaître avec les fonctions d'où elle dérivait, c'est-à-dire avec l'organisation impériale. Elle survécut cependant pendant un certain temps. La *Lex Burgundionum* mentionne le *Romanus nobilis* (91); dans la deuxième moitié du vie siècle, Grégoire de Tours parle, en maint passage, de nobles Romains, de race sénatoriale. Mais ensuite la tradition disparaît. La noblesse germanique se perd également pendant les invasions; après les établissements des barbares, on ne la retrouve plus nettement que dans les lois des Saxons, des Frisons et des Angles (92). Dans la monarchie franque, on a pu dire exactement qu'en droit il n'y avait qu'une famille noble, celle qui avait le privilège de fournir les rois. Il y a donc une égalisation apparente entre les hommes libres; mais cette apparence est trompeuse. En même temps que les anciennes noblesses disparaissaient, une nouvelle était en voie de formation; à la place des anciennes inégalités, il allait s'en établir d'autres. D'un côté, sous les Carolingiens, l'idée prévaut que celui-là est déchu de sa pleine dignité et indépendance qui vit sur la terre d'autrui et pour la cultiver. Cela coïncide avec l'établissement du seniorat. En même temps il se constitue une noblesse de fait; elle comprend tous ceux qui ont la puissance, c'est-à-dire ceux qui exercent une fonction publique importante ou qui possèdent de grandes propriétés foncières. Ce sont ceux-là que les documents privés ou même les lois de la monarchie franque désignent sous le nom d'*optimates*, *proceres*, *illustres personæ*. C'est une noblesse en voie de formation.

---

(91) *Lex Burg.*, XXVI, 1.

(92) *Lex Frison.*, tit. I; *Lex Saxon.*, tit. I; *Lex Anglor. et Werin.*, tit. I. — La Loi des Burgondes (XXVI, 1) met sur la même ligne l'*optimas Burgundio* et le *nobilis Romanus*. — On trouve, dans les *Leges*, quelques traces d'une division des personnes libres en *meliores* et *minores personæ*, qui fait songer à la distinction des *honestiores* et des *humiliores*; voyez Waitz, *op. cit.*, II, 1, p. 263 et suiv.

B. *Esclaves*. — Ils sont toujours très nombreux, et les *Leges* en tarifant la composition à payer pour le meurtre d'un esclave, d'après sa fonction ou son métier, nous font connaître les principaux emplois que leur donnaient les maîtres. En droit leur condition tendait à s'améliorer, principalement sous l'influence de l'Église. Celle-ci, par son action disciplinaire, réagissant contre la loi civile, cherchait à leur assurer l'équivalent de la personnalité juridique qui leur manquait, en protégeant leur famille et leurs biens (93). Elle reconnaissait comme légitime le mariage de l'esclave, pourvu qu'il eût été contracté avec le consentement du maître (94); et elle défendait aux maîtres d'enlever à l'esclave ce qu'il avait amassé par son travail et son économie (95). Elle punissait aussi le maître qui tuait son esclave sans juste cause et sans qu'un jugement fût intervenu. Mais l'esclave, même marié, pouvait toujours être vendu; tout ce que fit la législation séculière, ce fut qu'elle défendit de vendre les esclaves aux païens, en dehors des frontières : elle ordonna aussi que la vente eût lieu en présence de l'évêque ou du comte, ou de leurs suppléants (96). Mais la coutume devait peu à peu assimiler aux colons les esclaves agricoles, les plus nombreux de tous, et, par là, leur assurer la fixité de domicile et la sécurité.

C. *Population quasi servile*. — Elle formait une classe de plus en plus nombreuse, constituée à la fois par les institutions romaines et germaniques, augmentée par de nouvelles recrues et comprenant des êtres qui avaient la personnalité juridique, mais subissaient, comparés aux hommes libres, certaines infériorités. Cela impliquait des catégories diverses :

1° Les *colons* du droit romain, dont la condition s'est maintenue, et qui sont très souvent visés par les textes;

2° Les *liti* ou *lidi*; ce sont des colons d'origine germanique qui figurent souvent dans les *Leges* et dans les documents mérovingiens et carolingiens; leur condition paraît semblable à celle du colon romain (97):

3° La plupart des affranchis (98). L'affranchissement était fort

(93) Esmein, *Le mariage en droit canonique*, t. I, p. 317 et suiv.
(94) Concile de Châlon, de 813, au Décret de Gratien, c. VIII, C XXIX, qu. 2 — Cf. Boretius, *Capit.*, I, p. 219.
(95) Voyez les textes cités dans mon *Mariage en droit canonique*, t. I, p. 322 note 2.
(96) *Cap. Liptinense*, c. III (I, p. 28); — *Cap.* de 779, c. XIX (I, 51).
(97) Thévenin, *Textes*, n° 74, p. 93; — Kroell, *Etude sur l'institution des lites en droit franc*, dans les *Etudes d'histoire juridique offerte à P.-F. Girard*, 1913, II, 115
(98) Sur ce point et dans des sens divers, voyez : E. Mayer, *Zur Entstehung der lex Ribuariorum*, p 137 et suiv.. — Roth, *Feudalität und Unterthanenverband*, p. 289 et suiv.; — Marcel Fournier, *Essai sur la forme et les effets de l'affranchissement dans le droit gallo-franc*, dans la *Bibliotheque de l'école des Hautes-Etudes*; — Fustel de Coulanges, *L'alleu et le domaine rural pendant l'époque mérovingienne*, ch. X et XI.

rcpandu dans le droit de la monarchie franque. J'ai déjà eu l'occasion de dire que fonctionnaient à la fois et parallèlement des modes d'affranchissement d'origine romaine et d'autres d'origine germanique; mais tous n'avaient pas la même efficacité. Il en était deux seulement qui faisaient, de l'affranchi, l'égal d'un homme libre. C'était, d'abord, un mode d'affranchissement germanique qui s'accomplissait devant le roi et dans le rituel duquel figurait un denier, sans doute prix symbolique de la liberté donnée : cela s'appelait la *manumissio per denarium*, et l'affranchi prenait l'épithète de *denarialis* (99), *denariatus*. C'était, ensuite, l'affranchissement à la romaine, soit *in ecclesiis*, soit par acte simplement privé (*carta*), mais conçu de telle manière que, dans l'acte dressé de part et d'autre, le *manumissor* donnait expressément à l'affranchi la qualité de *civis Romanus* (100). Pour les autres modes, ils ne faisaient pas de l'affranchi l'égal d'un homme pleinement libre, et cela était bien conforme à la vieille conception germanique : sur lui continuaient à peser certaines charges, indéfiniment transmissibles à ses descendants. L'affranchissement pouvait alors faire de l'affranchi un lite ou un colon (101); dans tous les cas, celui-ci avait un patron à qui il devait une redevance annuelle, un *census*, et des prestations ou services. Ce patron, c'était en principe, le *manumissor*, et après lui ses héritiers; mais le titre d'affranchissement pouvait avoir assigné comme patron une autre personne ou donné à l'affranchi le droit de s'en choisir un (102). Dans ce cas, le patron désigné ou choisi était généralement une église ou un couvent, car l'Eglise avait pris sous sa protection générale les affranchis. Sous les Mérovingiens, elle revendiqua même la juridiction sur eux (103), et elle obtint deux choses : 1° le droit d'intervenir toutes les fois que l'affranchissement lui-même était mis en question (104); 2° le patronage et la juridiction sur tous ceux qui seraient affranchis *in ecclesiis* (105);

4° A ces hommes s'en ajoutent d'autres, qui, pleinement libres de naissance, renonçaient volontairement à leur liberté d'une façon

---

(99) *Lex Rip.*, LVII, 1; LXII, 2; — de Rozière, form. 55 et suiv.

(100) Bien qu'on donne souvent une portée moindre à l'affranchissement romain, ce résultat me paraît établi par deux textes : *Lex Rip.*, LXI, 1 : « Si servum suum libertum fecerit et civem Romanum portasque apertas conscripserit, et sine liberis discesserit, non alium quam fiscum habeat heredem. » Cf. *Lex Rip.*, LVII, 4; *Ludovici, Pii ad Hetti episcop. Trevirensem præceptum* (Boretius, I, p. 356) : « Modus autem absolutionis et manumissionis illius talis esse debet : scribatur ei libellus perfectæ et absolutæ ingenuitatis more quo hactenus hujusmodi libelli scribi solebant, civem Romanum liberæ potestatis continens. » V. de Rozière, form. 82, 86.

(101) *Lex Rip.*, LXII, 1 : « Si quis servum suum tributarium aut litum fecerit »; — de Rozière, form. 128.

(102) Voyez de Rozière, form. 83 et suiv.

(103) Deuxième concile de Mâcon (a. 585), c. VII, dans Maassen, *Concilia*, I, p. 167.

(104) Edit de Clotaire II, de 614, c. VII (Boretius, I, p. 22)

(105) *Lex Rip.*, LVIII, 21.

plus ou moins complète. La liberté était alors dans le commerce.
C'est un point certain que la coutume germanique en permettait
l'aliénation (106). Dans la monarchie franque, où la notion de
l'Etat s'obscurcissait, il devait en être de même. Les hommes libres
se vendaient, et les actes qui contenaient ces ventes portent d'ordinaire le nom d'*obnoxiationes* (107). Ce qui les poussait, c'était
d'ordinaire la misère et la faim, comme le constatent les formules; souvent aussi, c'était l'impossibilité de payer une dette, et
surtout une composition : dans ce cas, d'ailleurs, l'homme ne
faisait guère que devancer une solution inévitable. L'asservissement
du débiteur était alors la sanction possible des obligations (108).

Tous ces hommes vivaient côte à côte sur les domaines des
riches, c'est-à-dire des grands propriétaires, et, à côté d'eux,
vivaient aussi des hommes libres qui avaient obtenu des concessions
de terres. Peu à peu, leur condition devait s'égaliser, et les classes
diverses, qui composaient la population quasi servile, devaient se
fondre dans le servage.


## II

On a vu que la propriété foncière dans l'empire d'Occident se
présentait sous la forme supérieure de la propriété individuelle,
libre et absolue; que les Germains, au contraire, avant les établissements, pratiquaient principalement la propriété collective du sol,
qu'ils admettaient seulement à titre d'exception la propriété foncière
individuelle, héréditaire, mais probablement non inaliénable. Dans
la monarchie franque, ce fut le type supérieur, le type romain qui
l'emporta. La propriété immobilière, en quelques mains qu'elle
se trouve et sans distinction de race entre les propriétaires, apparaît comme un droit privatif et absolu. Le propriétaire peut en
disposer à son gré; il nous a été conservé des actes et des formules
sans nombre où nous le voyons vendre, donner, engager la
terre (109); et il est dit expressément que l'acquéreur aura le droit
le plus absolu de disposition sur la chose qu'il a acquise (110).
D'ailleurs, chez les Burgondes et les Wisigoths, la propriété foncière, même celle établie au profit des barbares par le partage
initial, apparaît aussi comme individuelle et aliénable. Comme
dans l'Empire romain la propriété foncière continua à affecter

(106) Tacite, *Germ.*, 24
(107) De Rozière, form. 44 et suiv.
(108) Esmein, *Etudes sur les contrats dans le très ancien droit français*, p. 154
et suiv.
(109) De Rozière, form. 159 et suiv., 267 et suiv., 374 et suiv.
(110) « Ut quicquid exinde a die præsente facere volueris liberam et firmissimam
in omnibus habeas potestatem faciendi. » Voyez les formules citées à la note précédente

principalement la forme de la grande propriété et conserva la
physionomie et le mode d'exploitation de la *villa* romaine. D'un
côté la portion réservée au propriétaire pour son habitation et les
servitudes dont elle était assortie, l'*indominicalum*, qui est exploité
par le faire valoir du *dominus*, grâce aux corvées des tenanciers;
d'autre part les *tenures*, sur lesquelles sont établis, *casati*, les
tenanciers de condition servile ou quasi servile (111). Les unités
entre lesquelles se décomposait le grand domaine portent le nom
de *mansus*, terme qui, à mon sens, désigne simplement l'habitation
d'un ménage, un foyer et la terre qui en dépend, sur laquelle est
établie une famille de cultivateurs (112). Mais il paraît aussi que
dans certaines régions les barbares s'établirent avec un régime où
la copropriété de village se manifestait encore par certains effets.
Le terme *villa* désigne non seulement le grand domaine à la
romaine, mais aussi et surtout une agglomération de propriétaires
ruraux, un village, dont les membres ont bien la propriété individuelle sur leurs parcelles respectives, mais où les droits du groupe,
de la collectivité apparaissent dans de certains cas.

Dans certaines régions, les propriétaires formaient de ces groupes, et le groupe avait gardé certains droits sur les propriétés individuelles de ses membres : il pouvait empêcher un étranger de s'y
introduire, et, lorsqu'un de ses membres mourait, les autres avaient,
dans certains cas, le droit de recueillir sa propriété par droit de
succession. Le premier trait nous est indiqué par un passage de
la loi salique qui nous montre plusieurs personnes établies sur un
territoire sans doute subdivisé en parcelles, et qu'il appelle *villa*,
il déclare que si un étranger veut prendre la place de l'une de
ces personnes, avec le consentement de celle-ci, ou s'établir chez
elle, il pourra cependant être expulsé si toutes les autres, tous les
*vicini* ne donnent pas aussi leur consentement (113). Le second

---

(111) M. Fustel de Coulanges et son école ont insisté particulièrement sur ce fait
qu'ils ont mis en lumière. Fustel de Coulanges, *Histoire des institutions politiques
de l'ancienne France. L'alleu et le domaine rural pendant l'époque mérovingienne*,
1889; — Henri Sée, *Les classes rurales et le régime domanial en France au Moyen
âge*, p. 28 et suiv.

(112) *Mansus* paraît avoir la même étymologie que *mansio*. M. Sée (*op. cit*, p. 29),
appelle même *mansus indominicatus* la portion du grand domaine réservée, celle
qui n'est pas concédée. Aujourd'hui encore dans certaines régions de la France, en
Limousin, par exemple, on appelle encore un *domaine* chacune des métairies dont
se compose une propriété importante. Cf. Esmein, *Notes sur le cartulaire de Saint-
Pierre d'Angoulême*, p 16.

113. *Lex Sal*, XLV, 1, *De migrantibus* · « Si quis super alterum in villa migrare
voluerit, si unus vel aliqui de ipsis qui in villa consistunt eum suscipere voluerit,
si vel unus extiterit qui contradicat, migrandi ibidem licentiam non habebit. » Cepen
dant, ce droit d'expulsion disparaissait au bout d'un an, *ibid.*, § 3 : « Si vero quis
migraverit et infra XII menses nullus testatus fuerit, securus, sicut et alii vicini
maneat. » M. Fustel de Coulanges a vainement tenté de donner à ces passages un
autre sens, *L'alleu et le domaine rural*, p. 187 et suiv., et *Etude sur le titre XLV
de la loi salique « De migrantibus »*, dans ses *Nouvelles recherches sur quelques*

trait résulte d'un édit du roi Chilpéric. Parlant des lieux où les propriétaires sont constitués par groupes de *vicini*, il décide que, si l'un d'eux vient à mourir sans laisser de fils, mais en laissant soit une fille, soit un frère ou une sœur, ce sont ces derniers et non les *vicini* qui recueilleront la terre (114). C'est donc que les *vicini* avaient un droit de succession, et même qu'avant l'édit de Chilpéric ils n'étaient primés que par les fils. Mais les établissements régis par cette coutume, affaiblissement de l'ancienne coutume germanique, devaient former des îlots perdus au milieu d'un pays où la propriété était constituée à la romaine, et ce régime n'a pas exercé une influence notable dans l'histoire de nos institutions.

En même temps que le type romain de la propriété se maintenait dans la monarchie franque, des pratiques s'introduisaient, qui devaient le déformer pour y substituer la tenure féodale. Mais nous les examinerons en étudiant les institutions de la monarchie franque, qui constituent les précédents de la féodalité.

## § 4. — LE DROIT CRIMINEL (115).

Le système de la personnalité des lois s'appliquait, on l'a vu, au droit criminel aussi bien qu'au droit privé. Par suite, dans la monarchie franque, les Romains continuèrent à être soumis au droit pénal romain et aux peines afflictives qu'il édictait (116).

*problèmes d'histoire.* Voyez dans notre sens l'étude approfondie de M. Blumenstok, *Entstehung d. deut Immobiliareig.*, p. 227 et suiv., 250 et suiv., 345 et suiv. Blumenstok cependant n'admet pas entre les *vicini* un droit fondamental de copropriété réduit à un *retrait de vicinité*; les *vicini* agiraient comme représentant l'Etat concédant des terres occupées par les Francs. M. Flach dit de son côté (*Origines de l'anc France*, II, p. 51) : « Est-ce à dire que ce village soit nécessairement une communauté de propriétaires libres ? Nullement et sur ce point je donnerais volontiers raison à M. Fustel : l'expression *villa aliena* qui se rencontre dans plusieurs manuscrits, qui se retrouve dans la *Lex Emendata*, donne à entendre que la loi a en vue des tenanciers. Mais ces tenanciers n'en forment pas moins un village et, à certains égards, une communauté, puisqu'ils ont un droit collectif à la tenure et à ses dépendances. » Mais l'idée même de copropriété me paraît attestée par ce passage de Grégoire de Tours, *H. F.*, VII, 47 : « Domus omnes tam Sicharii quam reliquorum *qui participes hujus villæ erant* concremavit abducens secum pecora et quæcumque movere potuit. » Il s'agit de représailles qui atteignent non seulement le coupable Sicharius, mais en même temps ses *vicini* innocents. On ne saurait entendre ce texte d'une indivision accidentelle entre copropriétaires.

(114) *Edictum Chilperici*, c. III (Boretius, I, p. 8) : « Simili modo placuit atque convenit, ut si quicumque vicinos habens aut filios aut filias post obitum suum superstitus fuerit, quamdiu filii advixerint terra habeant sicut et lex Salica habet. Et si subito filios defuncti fuerint, filia simili modo accipiant terras ipsas sicut et filii si vivi fuissent aut habuissent; et si moritur, frater aller superstitus fuerit, frater terras accipiant, non vicini. » Le mot *vicini* ne peut vouloir dire simplement *voisins*, car tout propriétaire a des voisins, et le texte suppose, au contraire, que le défunt a ou n'a pas de *vicini*. Blumenstok, *op. cit.*, p. 292 et suiv.

(115) L'ouvrage le plus complet à consulter sur cette matière est Wilda, *Das Strafrecht der Germanen*, 1842

(116) *Lex Rip* LXI, 2; — de Rozière, form., n°s 241, 48, 49, 405, 511; — Esmein, *Mélanges*, p. 362

Les hommes de race barbare, au contraire, étaient jugés d'après leurs coutumes, et les *Leges barbarorum* nous montrent que le système de répression admis par la vieille coutume des Germains subsistait encore dans ses lignes essentielles. Il est vrai, la vengeance privée n'est plus reconnue comme légitime que par quelques-unes des *Leges;* cette guerre de famille à famille, qui porte le nom de *faida*, est encore admise par les lois des Saxons (117), des Frisons (118) et des Lombards (119), tempérée seulement en ce que la vengeance ne doit pas s'exercer à de certains temps et en de certains lieux. Mais le droit de la monarchie franque, la législation des capitulaires ne l'admet plus : elle ne permet pas à la victime du délit ou aux parents qui la représentent de refuser la composition que le coupable est prêt à payer; pour toutes représailles elle ouvre le droit de demander en justice le paiement de cette composition (120). D'ailleurs, dans cette monarchie où régna toujours une anarchie plus ou moins développée, la *faida* ne put point être efficacement éliminée. Les lois et les autres documents montrent qu'elle persiste malgré les défenses réitérées, et que l'on est obligé d'en tenir compte (121). La composition pécuniaire était donc le moyen normal de répression des délits. Le montant, pour chaque délit, en était fixé par la loi, et la plus grande partie des *Leges* les plus anciennes est consacrée à ces tarifs. Il y avait une composition-type, celle payée en cas de meurtre, et, comme elle était plus ou moins élevée selon le sexe, l'âge, la race, la fonction ou le degré de liberté de la personne tuée, elle représentait, en réalité, la valeur pécuniaire de chaque homme. Cela s'appelait le *wergeld* (*weregildus* ou *widrigildus*) et souvent, pour le calcul d'autres compositions, celle-là servait de point de départ. Une part de la composition, appelée *fredum*, était acquise au roi, comme il a été dit plus haut. Ce système, tout grossier qu'il fût, avait une valeur répressive plus grande qu'on ne serait tenté de le croire. Ce qui suffirait à le prouver, c'est que, sous les Carolingiens, le pouvoir royal abaissa le taux des compositions en substituant, pour leur calcul, au sou d'or, qui valait

---

(117) *Lex Sax.*, II, 5; III, 4 (édit. Walter).

(118) *Lex Frison.*, tit. III, et *Add. I, De pace faidosi.*

(119) *Edict. Roth.*, 45, 74, 17-18, 35-38; — *Liutpr.*, 119, **135.**

(120) *Cap. Harist.* de 779, c. xxii (I, p. 51) : « Si quis pro faida precium recipere non vult, tunc ad nos sit transmissus, et nos eum dirigamus ubi damnum minime facere possit. Simili modo et qui pro faida pretium solvere noluerit nec justiciam exinde facere. » — Greg. Tur., *Vitæ Patrum*, VIII, 7 (édit. Krusch, p. 697) : « Seditioni quodam loco exorta, unus elevati ensis acumine cum adsultu gravi virum percutit. Post dies autem paucos nanctus ab interempti germano simili exitu trucidatur. Quod cum judex loci illius comperisset, vinctum virum in carcerem retrudi præcepit, dicens : « Dignus est leto hic scelestus ocumbere, qui voluntatis propriæ arbitrio, nec spectato judice ausus est temere mortem fratris ulcisci. »

(121) *Cap. Comp.* de 757, c. xxi (I, p. 39); — *Cap. miss.* de 802, c. xxxii (I, p. 97); — *Cap. Trod.* de 805, c. v (I, p. 123); — *Cap. carisiac.* de 873, c. iii.

40 deniers, un sou d'argent qui n'en valait que 12 (122). En effet, les compositions représentaient souvent des sommes très élevées, étant donné le milieu, et le paiement en était énergiquement sanctionné. Le condamné insolvable était livré au créancier et perdait au moins la liberté (123). Anciennement, d'ailleurs, ce n'était pas lui seul qui était tenu de cette dette; sa famille devait aussi y contribuer ou même la payer à sa place, s'il abandonnait sa maison aux parents les plus proches, tenus de contribuer. Mais cette solidarité familiale dans le paiement de la composition (124) fut supprimée par Childebert II (125). Cependant la valeur répressive des peines afflictives ne fut point méconnue par les monarques francs, et les capitulaires en édictèrent, pour un certain nombre de crimes, contre tous les sujets sans distinction de race; c'est ainsi que furent punis la trahison et l'infidélité envers le roi, la désertion à l'armée, la fausse monnaie, le faux témoignage, le brigandage, le vol dans les églises (126). Les peines édictées étaient alors cruelles : la peine de mort, surtout par la pendaison, la mutilation des divers membres. Mais si, sur ces points, il s'établissait une loi commune, et si les barbares étaient ainsi partiellement ramenés sous l'empire du système romain, en sens inverse, par l'action de diverses influences, les Romains souvent substituaient, quant à eux, les compositions aux peines afflictives (127).

La procédure criminelle, quant à la poursuite, fut dominée par le principe accusatoire. C'était la règle mise en première ligne par le droit romain; et, pour les délits qui, conformément à la coutume germanique, étaient punis seulement de compositions pécuniaires, on ne concevait pas que le procès fût engagé autrement que par la victime ou par ses représentants. Mais on a vu que le droit romain avait aussi admis largement la poursuite d'office par le juge, et cette poursuite d'office se maintint, dans la monarchie franque, pour les délits qui étaient punis de peines afflictives, soit par application du droit romain, soit par le texte des capitulaires.

La théorie des preuves, je l'ai dit, suivait le système de la per-

(122) Waitz, *op. cit.*, IV, p. 79 et suiv. Sur ce fait et sur les précédents auxquels il se rattache, voyez : Maurice Prou, *Introduction au Catalogue des monnaies mérovingiennes de la Bibliothèque nationale*, Paris, 1892, p. vii et suiv.

(123) Esmein, *Études sur les contrats dans le très ancien droit français*, p. 154 et suiv.

(124) *Lex Sal.*, LVIII, *De Chrene Chruda*; — Von Amira, *Erbenfolge und Verwandtschaftsgliederung nach den alt-niederdeutschen Rechten*, p. 80 et suiv.; — — Brunner, *Deutsche Rechtsgeschichte*, § 21.

(125) *Childeberti II Decretio* (a. 596), c. v (I, p. 16) : « De homicidiis vero ita jussimus, observare ut quicumque ausu temerario alium sine causa occiderit vitæ periculum feriatur; nam non de pretio redemptionis se redimat aut componat. Forsitan conveniet ut ad solutionem quisque descendat, nullus de parentibus aut amicis ei quicquam adjuvet. »

(126) Waitz, *op. cit.*, IV, p. 506.

(127) Esmein, *Mélanges*, p. 362 et suiv.

sonnalité des lois. Pour les Romains, c'était celle indiquée plus
haut, simple et raisonnable, mais viciée par l'emploi de la torture,
qui se maintint dans la monarchie franque, et qui apparaît à chaque instant dans les écrits de Grégoire de Tours. Le système des
preuves, dans les coutumes germaniques, était, au contraire, très
different et fort extraordinaire en apparence. Le voici, tel qu'il se
dégage, dans ses grandes lignes, de l'ensemble des *Leges barbarorum* (128).

L'effort principal de la poursuite devait être de constater le
flagrant délit : c'est là, d'ailleurs, un trait commun aux procédures primitives; le flagrant délit apparaît comme l'hypothèse
normale pour la répression, car elle ne donne prise à aucun
doute (129). Lorsque le coupable était surpris, le poursuivant l'en-
chaînait et le traduisait devant la justice : la condamnation était
nécessairement prononcée sur le serment du poursuivant et d'un
certain nombre de personnes venant attester la capture (130).
Mais, hors le cas de flagrant délit, si l'accusé n'avouait pas, mais
niait au contraire, c'était à lui qu'incombait la preuve de sa non-
culpabilité. Ce renversement de la règle qui semble inspirée par
le bon sens, et qui impose le fardeau de la preuve au demandeur,
s'explique par la manière dont cette preuve était faite; elle consistait dans un serment (serment purgatoire), que prêtait l'accusé
et par lequel il affirmait son innocence. Ce serment, que jadis, au
temps du paganisme, le guerrier prêtait la main posée sur ses
armes et qu'il prêta plus tard sur les reliques des saints, ne se
présentait point isolé. Il devait être soutenu par le serment d'un
certain nombre de personnes, fixé par la coutume (*cojurantes
sacramentales*), qui devaient être en principe de la même condition que l'accusé et dont le nombre variait selon les divers
délits (131). A l'origine, les *cojurantes* étaient toujours pris dans
la famille de l'accusé, éventuellement exposée à la *faida* (132);
mais, dans la monarchie franque, généralement on se relâcha de
cette exigence (133). C'était là le mode de preuve normal qui

---

(128) A proprement parler, on ne trouve, ce système, sans altération, dans aucune
des *Leges;* on arrive, cependant, à l'extraire de celles-ci en rassemblant les règles
communes qu'elles présentent, et en les complétant, pour le surplus, les unes par les
autres, quant à leurs éléments sûrement puisés dans l'ancienne coutume. — Sur ce
sujet, voyez principalement : H. Siegel, *Geschichte des deutschen Gerichtverfahrens,*
p. 161 et suiv. — Cf. Fustel de Coulanges, *La monarchie franque,* p. 419 et suiv.
  (129) Esmein, *Mélanges,* p. 80 et suiv., et *Un contrat dans l'Olympe homérique,*
p. 6 et suiv.
  (130) H. Siegel, *op. cit.,* p. 76 et suiv.; — Mayer, *Zur Entstchung der lex Rib ,*
p. 117 et suiv.
  (131) Sur les *cojurantes,* Konrad Cosack, *Die Eidhelfer des Beklagten nach ältesten
deutschen Recht,* 1885.
  (132) C'est encore la règle dans la *Lex Burgundionum,* VIII, 1 : « Si ingenuus per
suspicionem vocatur in culpam... sacramenta præbeat, cum uxore et filiis et propin
quis sibi duodecim juret. »
  (133) Mais, parfois, les *cojurantes* sont choisis en partie par le demandeur.

constituait un droit pour l'accusé, à moins d'être exclu par une
règle formelle (134); mais il pouvait être écarté dans certaines
hypothèses, et alors intervenaient à sa place des épreuves (*judicia
Dei*), dans lesquelles on faisait appel au jugement même de la divi-
nité. Ces épreuves, que l'on nomme aujourd'hui fort souvent
*ordalies* (de *ordeal*, *urtheil*, — jugement), étaient elles-mêmes de
deux sortes. Dans les unes, ne figurait qu'une des parties, ordinairement le défendeur; c'étaient, pour prendre les plus répandues, l'épreuve du fer rouge (*judicium ferri candentis*), celle de
l'eau bouillante (*judicium aquæ calidæ*) et celle de l'eau froide
(*judicium aquæ frigidæ*). Elles intervenaient à la place du serment, dans deux hypothèses principales : 1° lorsque l'accusé était,
non pas un homme pleinement libre, mais un esclave ou une personne de condition quasi servile, la disculpation par le serment
et les *cojurantes* étant considérée comme un attribut de la pleine
liberté (135); 2° lorsque les parties, quoique pleinement libres,
convenaient qu'elles termineraient la querelle par un *judicium;*
mais alors celui-ci était, d'ordinaire, subi par un remplaçant, un
*vicarius*, considéré comme représentant l'une d'elles (136). La
seconde catégorie d'épreuves présentait ce caractère que les deux
parties jouaient un rôle actif; c'étaient le duel judiciaire (*pugna
duorum*, *campus*) et l'épreuve de la croix, manifestement introduite par l'Eglise, et consistant à mettre les deux adversaires
debout au pied d'une croix et à déclarer vaincu celui que la fatigue
atteignait le premier (137). Ces épreuves intervenaient parfois
d'emblée sur la provocation d'une des parties, mais le plus souvent elles servaient au demandeur à empêcher la disculpation par
le serment du défendeur qu'il soupçonnait de parjure : lorsque ce
dernier se présentait pour jurer avec ses *cojurantes*, et avant qu'il
eût posé la main sur l'autel, le demandeur pouvait alors le provo-
quer au duel ou à l'épreuve de la croix (138). L'Eglise intervenait
dans les *judicia Dei* pour bénir les objets ou éléments qui devaient

(134) Dans les *Leges* et dans les formules de jugement intervient constamment cette
alternative : *aut componat aut juret cum tantis viris.*

(135) *Concil. Tribur.* (a. 895), c. xv, C. II, qu. 5)   « Nobilis homo et ingenuus si in
synodo accusatur et negaverit, si cum constiterit fidelem esse, cum duodecim ingenuis se expurget; si antea deprehensus fuerit in furto aut perjurio, aut falso testi-
monio ad juramentum non admittatur, *sed sicut qui ingenuus non est*, ferventi aqua
vel candenti fero se expurget. »

(136) Hincmar de Reims, *De nuptiis Stephani et filiæ Ragemundi comitis* (*Op.*, édit.
Sirmond, II, p. 651) : « Quæ sacramenti purgatio et in ecclesiasticis et in exteris
legibus usitatissima... Judicium autem nonnisi pro pacis caritatisque concordia,
inter coæquales fieri solet; fit autem a subjectis ad satisfactionem majorum. »

(137) De Rozière, form. 502.

(138) *Lex Burg.*, VIII, 2; — *Lex Rip.*, LXVII, 5; — *Cap.* de 779, c. x (I, p. 49);
— *Cap.* 804-805, c. iii (I. p. 180); — *Cap. ital.*, 809-810, c. iv (I, p 208); —
*Cap. leg Rip. add*, 803, c. iv (I, p. 117).

y servir (139). D'ailleurs, leur opération n'était pas toujours aussi simple qu'elle paraît à première vue. Ainsi, pour le *judicium ferri candentis* ou *aquæ calidæ*, on n'exigeait point, pour qu'elle réussît, que celui qui saisissait le fer rouge ou qui plongeait sa main dans l'eau bouillante n'eût pas été brûlé; mais on mettait sous scellé la main brûlée, et au bout de trois jours, on examinait la plaie; si elle paraissait en voie de guérison, l'épreuve avait réussi; si la plaie présentait une mauvaise apparence, l'épreuve avait tourné contre celui qui l'avait subie (140). Pour l'épreuve de l'eau froide, on était plongé dans une cuve ou fosse remplie d'eau, les pieds et les mains liés, et pour triompher, on devait couler au fond; si l'homme surnageait, l'eau l'avait rejeté comme impur (141). Tel est le système de preuves qu'apportèrent avec eux les barbares : comment s'explique-t-il ?

Souvent les germanistes ont cherché à l'expliquer par un sentiment de fierté et d'indépendance propre à l'âme germanique. Toute accusation attaque l'honneur de l'accusé, et celui-ci n'admet pas qu'on lui demande autre chose qu'une disculpation par le serment, sinon il en appelle au jugement de Dieu; il ne connaît que sa parole, Dieu et son épée (142). Mais c'est là une erreur certaine. Le système, en effet, n'est point propre aux coutumes germaniques; il caractérise, non une race déterminée, mais un certain degré inférieur de civilisation. On retrouve le serment purgatoire, les *cojurantes*, les ordalies dans l'antiquité grecque (143) et chez les Indous (144); on les voit fonctionner de nos jours chez un grand nombre de peuplades sauvages (145). Ce système s'explique par l'extrême difficulté de la preuve directe et adéquate : en dehors du cas de flagrant délit, comment prouver pleinement et sûrement l'existence d'un délit contre celui qui le nie ? Il y a là un problème dont, après des siècles de civilisation lentement acquise, nous ne sentons plus la terrible gravité, bien que nos lois soient encore pleines de précautions contre les erreurs ou les tromperies possibles dans la preuve judiciaire; mais il devait paraître insoluble aux hommes primitifs (146). En dehors du flagrant délit ou de

(139) De Rozière, form. 581 et suiv.
(140) De Rozière, form. 601.
(141) Hincmar, *De divortio Lotharii* (Migne, *Patrol. lat.*, t. CXXV, p. 666 et suiv.).
(142) Bethmann-Hollweg, *Der Civilprozess des gemeinen Rechts*, t. IV, p. 28 et suiv.; — Brunner, *Die Entstehung der Schwurgerichte*, p. 48 et suiv.; — Sohm, *Frän kische Reichs und Gerichtsverfassung*, p. 127 et suiv.
(143) Esmein, *Mélanges*, p. 240 et suiv.; — Sophocle, *Antigone*, v. 264 et suiv., et schol; — G. Glotz, *L'ordalie dans la Grèce primitive*, 1904.
(144) *Lois de Manou*, trad. Loiseleur-Deslongchamps, L. VIII. 109, 113-116.
(145) Kohler, *Studien über Ordalien der Naturvölker* (dans *Zeitschrift für ver gleichende Rechtswissenschaft*, t. V, p. 368 et suiv., et t. IV, 365 et suiv.); — Post, *Afrikanische Jurisprudenz*, II, p. 110 et suiv.
(146) Il est possible que dans les coutumes primitives les hommes, désignés par l'opinion publique comme les auteurs d'un acte malfaisant, se soient spontanément

l'aveu de l'accusé, tout était incertitude : on ne pouvait qu'en appeler aux divinités, toujours présentes, par un serment solennel qui appellerait leur colère sur le parjure et sur les siens, ou par une ordalie. Ce système grossier, les barbares s'en contentaient encore après les établissements et continuèrent à le pratiquer dans la monarchie franque; ils ne lui substituèrent pas, en général, la preuve par témoins du droit romain. Celle-ci paraît cependant avoir passé dans la loi salique, qui veut que l'accusé soit convaincu par des témoignages produits contre lui, et n'introduit qu'à défaut de cette preuve l'ordalie par l'eau bouillante ou les *cojurantes* (147). Il y a là quelque chose de très remarquable et qu'on ne peut attribuer qu'à l'influence romaine, bien que celle-ci, en général, se soit assez peu exercée sur la loi salique (148). Mais le système romain ne paraît pas avoir pénétré dans les autres *Leges*. Au ixᵉ siècle, les écrits d'Agobard montrent bien que la preuve par témoins était exclue en Bourgogne dans les accusations criminelles (149); et, par un phénomène singulier, c'est la pratique du serment purgatoire, des *cojurantes* et des ordalies, qui gagne du terrain, passant chez les Romains et refoulant la preuve testimoniale. J'ai déjà indiqué plus haut ce fait, et j'ai dit comment peut s'expliquer, en général, cette propagation des grossières institutions apportées par les barbares; mais le discrédit où tomba la preuve testimoniale a aussi ses causes spéciales. La preuve par témoins, toute simple qu'elle paraisse, ne peut fonctionner régulièrement que dans une société parfaitement policée, où l'Etat assure efficacement aux individus, qu'il domine, la sécurité et la protection de leurs droits. Son emploi devient impossible là où l'Etat est rudimentaire ou affaibli et où les individus se constituent en groupes, naturels ou artificiels, pour la défense mutuelle : et nous verrons bientôt que telle était justement la condition de la monarchie franque. Là, en effet, par solidarité forcée, jamais un homme ne témoignera contre un autre homme du même groupe; il ne témoignera pas non plus par crainte de la vengeance et des représailles contre un homme appartenant à un autre groupe.

disculpés par une ordalie avant qu'il y ait eu un droit permettant de les poursuivre et une autorité compétente pour les juger. Il y a certains indices dans ce sens.

(147) *Lex Sal.*, XXXIX, 2; LIII, 1; II, 12; XXXIII, 2.

(148) M. Sohm (*Zeitschrift für Rechtsgeschichte*, t. V, p. 403 et suiv.) a essayé d'établir que le système de la loi salique représente seul la vieille coutume germanique, qui serait altérée dans les autres *Leges*; mais c'est là manifestement un paradoxe. Voyez Brissaud, *La loi salique et le droit romain* dans les *Mémoires de l'Académie des sciences, inscriptions et belles-lettres de Toulouse*, 9ᵉ série, t. III, 1891.

(149) *Liber adversus legem Gundobadi et impia certamina quæ per eam geruntur*, c. vi (Migne, *Patrol, lat.*, t. CIV, p. 117) : « Propter legem, quam dicunt Gundobadam... non possit super illum testificari alter etiam bonus christianus. Ex qua re oritur res valde absurda, ut si quis eorum in cœtu populi aut etiam in mercatu publico commiserit aliquam pravitatem, non coarguatur testibus, sed sinatur jurare, tanquam non fuerint per quos veritas posset agnosci. » Cf. *ibid.*, p. 220 et 221.

Dans un pareil milieu, le système du serment purgatoire et des *cojurantes* produira encore de meilleurs résultats que la preuve par témoins, et c'est ce qu'a constaté un savant russe, M. Kovalevsky, d'après des faits précis recueillis parmi les populations du Caucase (150).

### § 5. — LES SOURCES DU DROIT.

Les sources du droit dans la monarchie franque comprennent deux catégories de documents : 1° les textes des lois; 2° les documents de la pratique.

### I

Par suite du système de la personnalité des lois, on trouve autant de lois, ou coutumes, qu'il y avait de races distinctes parmi les sujets de la monarchie franque. Mais ces coutumes nationales, qui prennent, une fois rédigées par écrit, le nom de *Leges*, se divisent naturellement en deux groupes que nous allons examiner successivement : les *Leges barbarorum* et les *Leges Romanorum;* nous parlerons ensuite des lois communes à tous les sujets, c'est-à-dire des ordonnances des rois francs ou capitulaires.

Avant les invasions, les peuplades germaniques vivaient, on l'a vu, sous l'empire de la simple coutume, fixée seulement par l'usage et la tradition; mais, après les établissements, la plupart de ces coutumes furent rédigées par écrit du vᵉ au viiiᵉ siècle. Les causes qui amenèrent ces rédactions sont multiples. Ce fut d'abord, très certainement, l'exemple et l'influence des Romains, qui vivaient sous le régime de la loi écrite (151); puis la nécessité de fixer le droit des barbares, exposé à se décomposer dans ce milieu nouveau; enfin le système de la personnalité des lois lui-même, dont l'application était rendue plus facile par ces rédactions. Les conditions dans lesquelles elles se firent sont difficiles à préciser; il n'est même pas toujours possible d'affirmer, en présence de certains textes, si nous avons affaire à une rédaction officielle ou privée. Cependant, la plupart sont des rédactions officielles, faites par l'autorité des rois avec la participation du peuple (152). Mais

---

(150) *Coutume contemporaine et ancienne loi* (édit. russe), t. II, p. 226; traduction française, p. 440 et suiv.; — *La loi et la coutume au Caucase* (en russe), 1890, t. I, p. 195 et suiv. J'y trouve cette constatation, p. 196 : « Les membres du tribunal montagnard à Naltchika sont unanimes à se plaindre des mensonges des témoins. et, comparant ceux-ci aux *cojurantes*, ils n'hésitent pas à préférer ces derniers. »

(151) Le prologue de la loi salique, dans sa forme la plus brève, énonce expressément cette idée; il dit que la loi a été rédigée « ut... quia (Franci) ceteris gentibus juxta se positis fortitudinis brachio præminebant, ita etiam legum auctoritate præcellerent. »

(152) C'est la formule même de l'Edit de Pistes : « Lex fit consensu populi et constitutione regis. » Ci-dessus, p. 66, note 32.

il ne faudrait point songer ici à un vote proprement dit de la loi. Un certain nombre d'hommes sages et expérimentés (*viri sapientes, illustres, antiqui*) étaient choisis par le roi pour arrêter la rédaction (153), puis le texte arrêté par eux était publié dans de grandes assemblées, où la population était convoquée, ou bien encore dans les assises judiciaires, et il était censé accepté par tous. Souvent, en outre, des ordonnances proprement dites des rois étaient intercalées dans la *Lex*. Ces rédactions se firent toutes en latin par la raison que le latin était la seule langue qu'on écrivît alors; mais c'est le latin *vulgaire* ou *populaire*, qui était la langue courante; elles contiennent, d'ailleurs, un certain nombre de mots germaniques, soit sous leur forme propre, soit latinisés. Il faut ajouter que, pour une même *Lex*, il nous a souvent été transmis plusieurs textes fort différents. Cela vient, le plus souvent, de ce qu'il y a eu des rédactions successives; parfois, c'est le fait des copistes, qui n'avaient aucun scrupule de retoucher le texte authentique, pour le rendre plus clair, ou d'y insérer des documents étrangers pour le compléter et le rendre plus utile. Toutes les *Leges barbarorum* n'ont point été rédigées dans la monarchie franque ou dans les pays qui en étaient tributaires. Un groupe important appartient à l'Italie, les *Edicta* des rois lombards; d'autres ont été rédigées en Espagne; d'autres en Angleterre, les lois des Anglo-Saxons. Je ne passerai point en revue toutes les lois ni même tous ces groupes : je prendrai seulement quatre *Leges* pour les décrire, la loi salique et la loi des Ripuaires, la loi des Burgondes et celle des Wisigoths; elles présentent, en effet, des types remarquables et divers, et ce sont elles, du moins les trois premières, qui ont le plus d'importance dans l'histoire de notre droit (154).

## II

C'est au xixe siècle seulement que la critique a nettement dégagé le caractère de la loi salique (155) et débrouillé l'histoire de ses rédactions. Déjà, cependant, au xviie siècle Adrien de Valois (156), au xviiie Montesquieu et Voltaire (157), avaient fixé un certain

(153) Les prologues de la loi salique donnent les noms de quatre sages ayant présidé à sa rédaction, Wisogast, Bodogast, Salegast et Windogast; mais ce sont probablement des noms légendaires, comme l'indique leur formation similaire M. Siegel paraît, cependant, voir là des personnages réels, *Deustsche Rechtsg*, § 10.

(154) Pour les autres, je renverrai aux ouvrages généraux cités, et particulièrement au *Précis* de M. Viollet et à la *Deutsche Rechtsg*, de Brunner, I², § 43 et suiv.

(155) Editions : Pardessus, *Loi salique*, 1843; — Hessels et Kern, *Lex Salica*, Lorden, 1880 (édition synoptique des différents textes); — Holder, *Lex Salica mit den mallobergischen Glossen* (a publié successivement les différents textes), 1879-1880; — Behrend, *Lex Salica*, 2e édit., 1898; — Geffcken, *Lex Salica*, 1898. Une édition est en préparation par M. Mario Krammer pour les *Monumenta Germaniæ historica*

(156) *Rerum Franciscarum lib, tert.*, édit. Paris, 1646, t. I, p. 120.

(157) *Esprit des lois*, 1 XXVIII, et Voltaire, *Commentaire sur l'esprit des lois*

nombre de points. Mais leur critique était forcément limitée; car, au xviii° siècle, trois textes seulement de la loi salique avaient été publiés. Ce fut un autre Français, Pardessus, qui fit faire à la science un pas décisif, lorsqu'il publia et compara, en 1843, tous les textes connus de la *Lex*. Depuis lors, ce sujet a été constamment étudié, surtout en Allemagne. Voici les principaux résultats auxquels on est arrivé (158).

Tous sont d'accord pour reconnaître que nous ne possédons dans aucun manuscrit la rédaction première de la loi; mais on admettait généralement que la rédaction la plus ancienne que nous possédions est un texte assez court, intitulé *Pactus legis Salicæ*, ne comprenant que soixante-cinq titres, et dans lequel sont intercalés un assez grand nombre de mots tudesques précédés du mot *mal.* ou *malberg*. On est convenu d'appeler ces intercalations les *gloses malbergiques*. Il paraît plus probable aujourd'hui que le texte en quatre-vingt-dix-neuf titres ou plutôt une rédaction antérieure dont le texte conservé dérive, est la forme la plus ancienne de la loi (159).

Les avis sont fort partagés sur l'âge et la date de la rédaction première. Les uns admettent que la loi salique aurait été rédigée tout d'abord en langue tudesque, à une époque où les Saliens étaient encore sur les bords du Rhin. Cette donnée est fournie par une pièce qui se trouve dans plusieurs manuscrits, sous des formes différentes d'ailleurs, comme prologue de la loi, et qui paraît remonter au vi° siècle (160). Abandonnée généralement par la science, elle a été reprise de nos jours par M. Kern, qui voit, dans les gloses malbergiques, des restes du texte primitif conservés dans l'adaptation latine, sans doute parce que la traduction n'en paraissait pas absolument satisfaisante (161). Mais c'est une hypothèse inadmissible. Une rédaction aussi développée suppose

(158) Parmi les ouvrages de langue française, consulter Thonissen, *L'organisation judiciaire, le droit pénal et la procédure de la loi salique;* — Dareste, *Etudes d'histoire du droit,* p. 382 et suiv.

(159) Telle était l'opinion de Pertz, telle est celle de M. Mario Krammer, *Kritische Untersuchungen zur Lex Salica,* dans *Neues Archiv der Gesellschaft für ältere deutsche Geschichtskunde,* t. XXX, 1905, p. 263 et suiv. et *Fesgabe Brunner,* 1910. — Cf. Brunner, *op. cit.,* I², p. 429.

(160) Gaudenzi, article *Salica legge,* dans le *Digesto Italiano,* lettre S, p. 194 et suiv.; — M. Brunner, *Deutsche Rechtsgeschichte,* I², p. 434, l'attribue à la première moitié du vi° siècle.

(161) Dans Hessels, *Lex Salica, the ten texts,* p. 435. — M. Calmette a repris la question en 1899, dans la *Bibliothèque de l'Ecole des Chartes* (t. LX, p. 397). Pour lui les mots de langue francique précédés du mot *malberg* seraient non pas des gloses, ce que leur place uniforme et le défaut de concordance avec les mots auxquels les gloses s'appliqueraient rend inadmissible, mais des renvois aux premiers mots des textes correspondants dans une version en langue franque. Cette hypothèse est impossible à concilier avec la place que les gloses occupent presque toujours à la fin du texte immédiatement avant le chiffre de la composition. D'Arbois de Jubainville, *les*

l'usage de l'écriture que les Francs ne pratiquaient point (162);
elle suppose plus encore le contact prolongé de la civilisation
romaine. Il faut donc admettre que la première rédaction était
contenue dans un texte latin et qu'elle a été faite après les établissements. Mais sur la date précise de cette rédaction, les hypothèses ont été nombreuses et variées. La thèse de M. Brunner qui, rai-
sonnant sur le texte en 65 titres, plaçait la rédaction de la
loi entre 507 et 511 a été longtemps dominante (163). Elle se base
tout d'abord sur des arguments tirés du prologue et de l'épilogue
de la loi qui, l'un et l'autre, attribuent à Clovis une part importante dans cette codification, ce qui oblige à la placer avant 511.
Comme la loi ne contient aucune trace de paganisme, Clovis ne
peut l'avoir rédigée qu'après sa conversion, 496; comme elle parle
dans son chapitre *de filtortis* (164) de Francs domiciliés au delà
de la Loire, elle doit être postérieure à 506, début de la conquête
du royaume wisigothique. La loi se trouve ainsi datée des dernières années de Clovis (507-511). Mais plusieurs historiens allemands
se sont, depuis le début du siècle, vivement élevés contre cette
opinion et, partant d'arguments tirés du système monétaire de la
loi salique, ont prétendu en faire descendre la rédaction jusqu'à
la fin du viie siècle. En effet, la loi exprime les chiffres d'amendes
et de compositions en deniers d'argent, dont quarante valent un
sou. Or, d'une part, le denier n'apparaît pas chez les Francs
avant le règne de Sigebert Ier (561-579), on n'en a trouvé aucun
antérieur à cette date et les textes mérovingiens du vie siècle ne
parlent pas de deniers. D'autre part, un sou léger (de 21 siliques
ou 42 demi-siliques), correspondant approximativement au sou de
40 deniers de la loi, ne fut pas frappé avant le règne de Dagobert
ou tout au plus avant les dernières années du règne de son père
Clotaire II. En dépit de la force de ces arguments tirés de la numismatique, les historiens du droit ne pouvaient se résigner à placer
à la fin du viie siècle la rédaction d'une loi qui porte dans beaucoup de ses dispositions un caractère archaïque si marqué. En
effet, on n'y reconnaît point certaines institutions propres à la fin
de la période mérovingienne et à l'époque carolingienne, elle vise
certaines fonctions (*thunginus*, *sacebaro*) qui ont disparu de bonne

*gloses malbergiques* (*Nouv. revue hist. de droit*, 1902, p. 325). Suivant une hypothèse ingénieuse de Sohm, les gloses malbergiques étaient le commencement de la
formule en langue tudesque, que l'on devait prononcer pour intenter l'action corres
pondante; cela aurait constitué dans le texte latin autant de points de repère pour
les Francs. Sohm, *Procédure de la loi salique*, trad. Thévenin, p. 162.

(162) Ils avaient pourtant fait quelque usage des caractères runiques *Fortunat*,
*Carmina*, VII, 18.

(163) Brunner, *Deutsche Rechtsg.*, I², § 40, — id. *Zeitschrift der Savigny-Stiftung*,
*G. A.*, 1908.

(164) N° 47 de la rédaction en 65 titres.

heure et n'ont pas laissé de traces ailleurs. M. Mario Krammer, qui prépare pour la collection des *Monumenta Germaniæ historica* l'édition critique de la loi, paraît avoir trouvé la conciliation. Voyant dans le texte en quatre-vingt-dix-neuf titres, ou plutôt dans un texte perdu dont celui-ci dérive, la forme la plus ancienne de la loi, M. Krammer en rapproche les renseignements tirés du prologue et de l'épilogue. Si l'on écarte les traditions fabuleuses du grand prologue sur une rédaction datant de l'époque païenne antérieure à la conquête, il en reste que Clovis est le premier rédacteur et que des additions ont été faites par ses fils. Les renseignements précis donnés par l'épilogue, appliqués au texte en quatre-vingt-dix-neuf titres, permettent de déterminer que Clovis a fait une première rédaction des titres 1 à 74 entre 486, puisque le Code d'Euric y est connu et qu'il est question de Romains vivant à côté des Francs, et 496, puisque toute cette partie de la loi ne contient aucune trace de christianisme; qu'il a ajouté après sa conversion, 496, et avant la conquête du royaume wisigothique, 507, les trois titres 75, 76 et 77, qui visent les églises. Quant aux derniers titres, ils sont à attribuer à Childebert 1er (titres 78 à 83) et à Clotaire II (titre 84 à 99). Le titre *de filtortis* (n° 82 de cette rédaction), qui parle de Francs habitant au delà de la Loire, ne peut donc servir à dater la loi même, comme le voulait Brunner, mais seulement une addition à la loi. M. Krammer admet d'ailleurs la thèse rapportée plus haut sur la date du système monétaire de notre texte de la loi. Mais ce texte est une révision d'un autre plus ancien qui est perdu et qui devait compter en sous constantiniens de 24 siliques, soit 48 demi-siliques, ou deniers, les Francs appelant deniers soit le demi-silique ayant cours en Gaule, soit de vieilles monnaies romaines d'argent d'un poids équivalent dont ils se servaient avant la conquête (165).

Plus tard, aux dispositions mêmes de la loi des capitulaires mérovingiens ajoutèrent des dispositions nouvelles, qu'on inséra dans certaines copies, de manière à faire du tout une même suite de titres, et l'on obtint ainsi des textes qui en contiennent jusqu'à cent cinq ou cent sept. Enfin, à l'époque carolingienne, il fut fait du texte en soixante-cinq titres portés à soixante-dix, un remanie-

---

(165) Sur la date de la loi salique, voir la bibliographie donnée par Brunner *Deutsche Rechtsgesch.*, I, 2ᵉ édit., § 50, et ajouter : Brunner, *Über das Alter der Lex Salica und des Pactum pro tenore pacis, Zeitschrift der Savigny-Stiftung, G A.,* 1908; — Rietschel, *Die Entstehungzeit der Lex Salica, ibidem,* 1909; — Mario Krammer, *Die Entstehung der Lex Salica, Festgabe Brunner, I,* 1910; — Hilliger, *Lex Salica, Epilog und Hunderttiteltext, hist Vierteljahresschrift,* 1911. Plus spécialement sur la question monétaire : Luschin von Ebengreuth, *Der Denar der Lex Salica, Sitzungsberichte der Akad. Wien,* 1909, et compte rendu Prou dans *Moyen Age* et *Revue numismatique,* 1910; — Hilliger, *Schilling und Denar der Lex Salica, Hist Vierteljahresschrift,* 1910; — Rietschel, *Die Munzrechnung der Lex Salica Vierteljahrsschrift für Sozial und Wirthschaftsgesch.,* 1911.

ment qui consista à le rendre plus correct et plus clair et à supprimer les gloses malbergiques : c'est ce qu'on appelle la *Lex Salica emendata*, ou *a Carolo Magno emendata*. Mais si la rédaction nouvelle fut faite sur l'ordre de Charlemagne, ce ne fut point une œuvre législative. Sous Charlemagne et sous Louis le Débonnaire, la loi salique fut retouchée ou complétée par divers capitulaires, mais ceux-ci n'y furent pas incorporés.

La loi salique est surtout connue chez nous par le renvoi qu'on y fit, au XIV° siècle, pour exclure les femmes de la succession à la couronne de France. Voltaire écrivait déjà : « La plupart des hommes qui n'ont pas eu le temps de s'instruire, les dames, les courtisans, les princesses même, qui ne connaissent la loi salique que par les propos vagues du monde, s'imaginent que c'est une loi fondamentale par laquelle, autrefois, la nation française assemblée exclut à jamais les femmes du trône. » Mais l'historien du droit de la monarchie franque la considère à un tout autre point de vue. Elle est fort instructive, car, de toutes les *Leges*, c'est celle qui (sauf en ce qui concerne la théorie des preuves) a été le moins influencée par le droit romain. Elle représente assez bien, dans son ensemble, ce qu'était la coutume d'une peuplade germanique dans sa forme première. Celle-ci devait consister simplement dans un tarif de compositions, comme ces *kanouns* que l'on trouve aujourd'hui chez les tribus kabyles, rédigés par écrit, ou simplement conservés par la mémoire (166). La loi salique en soixante-cinq titres est consacrée, pour la plus grande partie de ses dispositions, au tarif des diverses compositions : c'est là certainement son objet principal. Elle y ajoute les règles notables de procédure au moyen desquelles on peut obtenir la condamnation du coupable et le paiement de la composition qu'il doit (167). Quant au droit privé proprement dit, celui qui régit la famille, la propriété, les contrats et les successions, elle contient peu de dispositions. Sur soixante-cinq titres, six ou sept seulement se rapportent à ces matières (168); parmi ceux-là figure le titre LIX, *De alodis*, c'est-à-dire des successions (169); là, est écrite la célèbre règle qui

(166) Hanoteaux et Letourneux, *La Kabylie et les coutumes kabyles*, t. II, p. 138, t. III, p. 327 et suiv.

(167) C'est ce que relève le petit prologue; l'un des buts que l'on aurait poursuivis en rédigeant la loi serait *ut juxta qualitatem causarum sumeret criminalis actio terminum*. M. Blumenstok, *op. cit.*, p. 210, donne une idée un peu différente de la loi salique. « Cette législation, dit-il, n'intervient que lorsqu'il s'agit d'un point de la vie juridique qui met le peuple en rapport direct avec l'individu, soit pour punir celui-ci, soit pour le protéger et l'assister en vue de faire valoir son droit. »

(168) *Lex Sal.*, XLIV, *De reipus* (mariage d'une veuve), XLV, *De migrantibus* (voir ci-dessus, p. 84, note 13; XLVI, *De adfatimire* (l'afatomie, ou sorte de donation à cause de mort); L, *De fide facta*; LII, *De re præstita* (des promesses et prêts); LX *De eum qui se de parentilla tollere vult* (sortie de la famille); LIX, *De alodis*.

(169) Voyez sur ce titre, H. Rosin, *Commentatio ad titul. leg. Salicæ* « *De alodis* »

exclut les femmes, tant qu'il reste des parents mâles, de la succession à la terre (170), et c'est le souvenir vague de cette règle qui fut invoqué au xiv' siècle lorsqu'on voulut les exclure de la succession au trône.

On peut dire de la *Loi des Ripuaires* qu'elle est la sœur cadette de la loi salique. Elle a été rédigée après celle-ci et, dans une certaine mesure, elle en présente une copie, une adaptation (171). Mais, à la différence de la loi salique, la *Lex Ripuariorum* ne présente pas de variétés profondes dans le texte qu'en fournissent les divers manuscrits; peut-être cela vient-il de ce que tous reproduisent une récension faite sous les Carolingiens. Seulement, la division par titres n'est pas partout la même : tantôt on en trouve quatre-vingt-neuf, et tantôt quatre-vingt-onze, cela vient de ce que, dans les manuscrits de ce dernier type, on a fait trois titres de ce qui, ailleurs, n'en fournit qu'un seul (172). Cette *Lex*, dans la forme sous laquelle elle nous a été transmise, a été rédigée et promulguée, dans son ensemble, par l'autorité d'un roi franc (173); mais, malgré cette unité apparente, elle contient, en réalité, des parties distinctes quant à leur origine et renferme juxtaposés des éléments assez hétérogènes. Ainsi, du titre Ier au titre XXXI, elle présente un tarif de composition particulier, calculé autrement que celui de la loi salique; puis, de XXXII à LXIV, elle suit (sauf une intercalation importante) le texte ancien de la loi salique. Les titres LVII à LXII sont certainement des ordonnances royales particulières sur les affranchissements et les ventes d'immeubles. Les titres LXV à LXXXIX sont des dispositions de nature diverse, qui paraissent être des additions postérieures. Quand et comment ces diverses parties ont-elles été réunies et soudées ensemble ? Cela est difficile, sinon impossible à déterminer : il y a eu, sans doute, des sortes de codifications successives, et, seule, la première partie doit représenter la coutume propre et originale des Francs Ripuaires. Un prologue ancien, commun aux lois des Alamans, des Bavarois et des Ripuaires, raconte qu'elles auraient été rédigées à Châlons sous Thierry, fils de Clovis, puis complétées par les rois Childebert et Clotaire et enfin revisées par Dagobert. Mais cette pièce est justement suspecte à la critique (174). Quant

(170) *Lex Sal.*, LIX, 5 : « De terra vero nulla in muliere hereditas non pertinebit, sed ad virilem sexum qui fratres fuerint tota terra pertineat. »

(171) Sur cette loi, voir principalement E. Mayer, *Zur Entstehung der lex Ribua riorum*, München, 1886.

(172) Je cite toujours d'après le texte divisé en quatre-vingt-neuf titres.

(173) Le titre LXXXVIII commence ainsi : « Hoc autem consensu et consilio seu paterna traditione et legis consuetudinem super omnia jubemus. » L'expression *cons tituimus* se retrouve dans les diverses parties : XVIII, 1; XXXI, 2; LVII; LVIII LXXIV; LXXXII.

(174) Esmein, dans la *Nouvelle revue historique de droit*, 1885, p. 689

à son contenu, la loi des Ripuaires, comparée à la loi salique, présente un droit plus éloigné du vieux fonds germanique. L'influence romaine s'y fait nettement sentir, surtout par la place et le rôle qu'y tiennent les actes écrits; l'influence de l'Eglise n'est pas moins visible par les privilèges qui lui sont accordés; enfin le pouvoir royal y apparaît plus développé que dans la loi salique. Sur un point, cependant, il semble qu'il y ait un retour en arrière. La théorie des preuves est principalement établie d'après les principes germaniques; le serment purgatoire et les *cojurantes* figurent au premier rang, et le duel judiciaire intervient. Mais j'ai dit (175) comment s'explique cette anomalie apparente. La meilleure édition de la loi des Ripuaires, avec une introduction critique et des notes abondantes, a été donnée par M. Sohm dans les *Monumenta Germaniæ historica* en 1883.

La loi des Burgondes et celle des Wisigoths, bien que fort différentes, présentent cependant un caractère commun. Ce sont des recueils de constitutions royales, et non plus des rédactions de coutumes : cela est vrai surtout de la seconde, qui se présente sous sa forme dernière comme un code méthodique et complet. La *Lex barbara Burgundionum* (176) a été traditionnellement attribuée au roi Gondebaud (474-516), et sous les Carolingiens déjà elle est visée couramment sous le nom de *Lex Gundobada*, expression dont on fera plus tard *Loi Gombette*. En effet, une préface, au nom de Gondebaud, placée en tête du texte, indique qu'il a voulu faire un recueil de ses ordonnances et de celles de ses prédécesseurs (177). Ce *Liber constitutionum* doit avoir été rédigé dans les dernières années du v° siècle. Mais le texte que nous possédons contient quelque chose de plus : il renferme, en effet, des constitutions postérieures, dont quelques-unes sont datées et qui émanent soit de Gondebaud lui-même, soit de son fils et successeur Sigismond. On comprend très bien que la rédaction du code de Gondebaud n'ait pas arrêté la production législative; mais comment ces additions y ont-elles été introduites (178) ? Selon les uns, il y aurait eu des revisions successives de la *Lex*, l'une par Gondebaud, une autre par Sigismond en l'année 517. Mais cela est fort douteux, l'état du texte, les contradictions qu'il renferme, le renvoi à des lois qui ne sont pas dans le recueil ne permettent pas de croire à une nouvelle rédaction officielle; il est plus vraisemblable que ce sont les copistes qui ont intercalé dans le texte

(175) Ci-dessus, p. 56, 90.

(176) Sur cette loi, voir surtout Brunner, *Deutsche Rechtsgeschichte*, 1², § 19, p. 497

(177) « Vir gloriosissimus Gundebaldus, rex Burgundionum. Cum de parentum nos trisque constitutionibus pro quiete et utilitate populi impensius cogitaremus... mansuris in ævum legibus sumpsimus statula prescribi. »

(178) Selon tous les manuscrits, sauf deux, le roi Sigismond aurait procédé, en 517, à une revision de la loi.

ces lois postérieures à côté ou à la place de celles qu'elles modifiaient. Peut-être même la législation était-elle ainsi tenue à jour
par les scribes officiels sur les exemplaires conservés au trésor
royal ou à la chancellerie. Quant au fond, la *Lex Burgundionum*
porte dans une large mesure la trace de l'influence romaine; celle-
ci est particulièrement sensible en ce qui concerne la terminologie
légale et la forme des actes écrits. Mais, d'autre part, cette loi présente très net le système de preuves qui caractérise la coutume
germanique, l'exclusion du témoignage en matière pénale, le serment purgatoire, les *cojurantes* et spécialement un large emploi
du duel judiciaire (179).

Isidore de Séville († 636) constate que le roi Euric (466-484) a,
le premier, donné des lois écrites aux Wisigoths (180), qui vivaient
jusque-là sous l'empire de la seule coutume (181). Le même chroniqueur rapporte aussi qu'au vi⁰ siècle, alors que la monarchie
wisigothe était transportée en Espagne, le roi Léovigilde (568-
586) revisa la loi d'Euric (182). Mais ces deux premières rédactions sont perdues, ou, du moins, nous n'en possédons que des
fragments, dont même l'identité n'est pas sûrement déterminée.
D'une part, on a trouvé dans un palimpseste de Paris un fragment important d'une rédaction ancienne de la loi des Wisigoths
que Bluhme a publié en 1847 sous le nom d'*Antiqua* (183). Depuis
lors, M. Gaudenzi a découvert et publié successivement en
1886 (184) et en 1888 (185) deux séries de fragments juridiques.

(179) C'est ce qui est spécialement relevé par Agobard, *Liber adversus legem Gundobadi*, c. VI, VII, x. *Les meilleures éditions de la Lex Burgundionum* ont été données
par Bluhme, dans les *Monumenta Germaniæ historica Leges*, III, 525, et par Bin
ding, dans les *Fontes rerum Bernensium* (1880). Une nouvelle édition en a été donnée
dans les *Monumenta*, in-4°, *Leges*, sect. I, t. II, § I, 1892. par M de Salis. M. Valentin
Smith a publié en France de 1889 à 1890, en 14 fascicules, les divers textes conservés
de la loi : *La loi Gombette, reproduction intégrale de tous les manuscrits connus*
Un nouveau manuscrit de la loi, de la seconde moitié du IX⁰ siècle, a été depuis signalé
et étudié par M. Petot, *Un nouveau manuscrit de la loi Gombette* (*Nour revue hist
de droit*, 1913, p. 337).

(180) L'édition critique des lois des Wisigoths a été donnée par M. Karl Zeumer
dans les *Monumenta Germaniæ · Leges Visigothorum*. in-4°, 1902. Antérieurement, en
1894, il avait publié : *Leges Visigothorum antiquiores*. in-8° — Cf. De Ureña y Smen
jaud, *La legislacion gotico-hispana*, Madrid, 1905.

(181) *Historia seu Chronicon Gothorum* : « Sub hoc rege Gothi legum instituta
scriptis habere cœperunt; nam antea tantum moribus et consuetudine tenebantur. »
Il y eut cependant des constitutions antérieures, dont les plus anciennes remontent à
Théodoric I (419-451) et les fragments de l'Antiqua en font mention.

(182) « In legibus quoque (Leuvigildus) ea quæ ab Eurico incondite constituta vide
bantur correxit, plurimas leges prætermissas adjiciens, plerasque superfluas aufe
rens. »

(183) *Die westgothische Antiqua oder das Gesetzbuch Reccareds des ersten*, Halle,
1847.

(184) *Un' antiqua compilazione di diritto romano e visigoto, con alcuni frammenti
delle leggi di Eurico; tratta da un manoscritto della biblioteca di Hotkham*, Bologna,
1886. Ces textes sont reproduits dans la *Nouvelle revue historique de droit*, 1886, p. 325
et suiv.

(185) *Nuori frammenti dell' editto di Eurico*, Roma, 1888, reproduits dans la *Nou
velle revue historique de droit* 1889 p. 430 et suiv.

dont la seconde au moins pourrait appartenir à une rédaction de
la loi des Wisigoths. Mais les auteurs sont partagés quant à l'attribution de ces divers textes. M. Gaudenzi, et je me suis d'abord
rangé à son avis (186), voit, dans les textes qu'il a publiés, des
fragments de l'édit même d'Euric, et dans l'*Antiqua* de Bluhme,
un morceau du texte revisé par Léovigilde. Mais M. Brunner,
reprenant une opinion anciennement émise, juge que l'*Antiqua* de
Bluhme, que ce dernier, de son côté, attribuait au roi Reccarède Ier (187), n'est pas autre chose que l'édit même d'Euric.
Quant aux textes publiés par M. Gaudenzi, il les attribue à une
compilation privée, composée pour compléter et élucider l'*Antiqua*
de Bluhme (188).

La dernière et complète rédaction de la loi des Wisigoths qui
eut lieu à la fin du VIIe siècle contient d'ailleurs un grand nombre
de constitutions qui portent la rubrique *Antiqua* et dont un assez
grand nombre, rapportées sans être attribuées à un roi déterminé,
paraissent être des fragments du code d'Euric (189).

Celui-ci a pris aux yeux de la critique la plus récente une importance nouvelle et considérable. M. Brunner le premier, dans la
première édition du tome I de sa *Deutsche Rechtsgeschichte*, a
signalé la parenté qui existe entre des *Constitutiones antiquæ* de
la loi des Wisigoths et certains passages des textes les plus
anciens de la loi salique. Cette ressemblance a été également relevée entre ces mêmes *antiquæ* et certains passages de la loi des
Burgondes, de la loi des Bavarois et de l'*Edictus* des rois des
Lombards. Cette piste a été suivie par M. Karl Zeumer, puis par
M. Mario Krammer, qui s'est proposé d'identifier tous les passages où cette parenté apparaît. Ce sont, de part et d'autre, les
mêmes expressions qui sont employées pour désigner l'hypothèse
que le texte prévoit. La similitude pourrait parfois s'expliquer
par ce fait que, les mêmes éléments concrets étant visés d'un côté
et d'autre, il paraît naturel que les mêmes expressions empruntées
au latin vulgaire, à la langue courante, aient été employées par

(186) *Nouvelle revue historique de droit*, 1889, p. 428 et suiv.
(187) Voyez son introduction, p. XIII.
(188) *Deutsche Rechtsgeschichte*, I², p 495 et suiv. M. Brunner croit relever dans ces
textes des références à la loi des Burgondes et à l'*Edictum Theodorici*. Il a, par là
même, pensé que la compilation avait dû être faite dans une région qui aurait appartenu successivement, et dans un court laps de temps, aux Wisigoths, aux Burgondes
et aux Ostrogoths. Il trouve cette région dans la Provence, qui, occupée par Euric en
477, passe en 510 aux Ostrogoths d'Italie. Cette opinion paraît généralement adoptée
en Allemagne où l'on désigne ces textes sous le nom de *provenzalische Fragmente*
(189) Brunner, *op. cit*, I¹, p. 300 et suiv., I², p. 438 et suiv.; — Mario Krammer,
*Neues Archiv, loc. cit*, p. 365 et suiv. Peut-être les passages de la loi salique qui se
rapportent à la culture de la vigne s'expliquent-ils par des emprunts à la loi d'Euric,
mais l'emprunt ne se conçoit que si cette culture existait alors dans la monarchie
franque

les rédacteurs. Mais dans un certain nombre de cas tout au moins, il y a plus : l'un des textes manifestement a été copié sur l'autre. On est forcément conduit à cette conclusion, que c'est la loi Wisigothe, la loi d'Euric, qui a servi de modèle aux autres, dans cette œuvre si difficile de la rédaction des coutumes germaniques en latin. Elle dut sans doute cette influence à ce fait qu'elle fut la première. En même temps elle donne une date *a qua* certaine pour la rédaction des textes les plus anciens de la loi salique, où la loi d'Euric a été utilisée, cette rédaction ne pouvant être antérieure à la loi d'Euric, 485.

M. Zeumer a établi que le roi Léovigilde (508-586) fit une revision de la loi d'Euric (190), y insérant ses propres constitutions et celles de ses prédécesseurs. Mais les transformations qui se préparaient dans le royaume des Wisigoths allaient bientôt produire une nouvelle législation d'ensemble. En effet, les Wisigoths Ariens devaient se convertir au catholicisme et Reccarède I<sup>er</sup> fut le premier roi catholique. D'autre part, le système de la personnalité des lois allait disparaître; Romains et Wisigoths allaient être soumis aux mêmes lois. Cela aboutit à un véritable code préparé par le roi Chindaswind (642-653) et promulguée par son fils Receswind (649-672) probablement en 654. Ce fut cette rédaction, la *Lex Receswindiana*, qui donna à la *Lex Wisigothorum* sa forme définitive; en même temps la *Lex Romana Wisigothorum* était abrogée, Goths et Romains devant dorénavant vivre sous le même code, dont les éléments étaient empruntés, partie au droit romain et partie au droit des Wisigoths. Elle ne devait plus recevoir que quelques additions des rois Egica (687-702) et Wittiza (700-710) (191); c'est la *Lex Wisigothorum vulgata*.

C'est sous cette forme que nous possédons au complet la *Lex Wisigothorum*. Elle présente un code divisé en douze livres, subdivisés en titres, dont chacun contient un certain nombre de lois ou chapitres (*capituli*). Il a été manifestement construit sur le type des codes romains, et la division en douze livres montre que c'est le code même de Justinien qui a servi de modèle (192). De toutes les *Leges*, c'est celle qui a reçu le plus profondément l'influence du droit romain, et l'influence de l'Eglise n'y a pas laissé une empreinte moins profonde.

(190) Sur ce qui va suivre consulter : l'édition des *Leges Visigothorum* de Zeumer, et Brunner, *op. cit.*, I², p. 489 et suiv.

(191) Les dates se rapportant aux règnes de Chindaswind et Resceswind d'un côté, et, d'autre part d'Egica et Wittiza s'expliquent par ce fait que, dans chaque groupe, le second roi fut associé au premier et régna pendant quelques années conjointement avec celui-ci.

(192) Voyez, cependant, Conrat, *Geschichte und Quellen des römischen Rechts im früheren Mittelalter*, I. p. 32, note 4.

## III

Les *Leges Romanorum* sont des recueils de droit romain, ou des adaptations des lois romaines, faits par l'autorité des rois, dans les royaumes barbares, pour l'usage de leurs sujets romains, en vue de la personnalité des lois. Deux sont nées en Gaule, l'une dans le royaume des Wisigoths et l'autre dans celui des Burgondes. On a d'abord quelque peine à comprendre l'utilité de ces rédactions. Les Romains avaient déjà des lois écrites, introduites et répandues en Gaule avant la chute de l'empire d'Occident : elles étaient concentrées dans les Codes Grégorien, Hermogénien, Théodosien, et dans les écrits des jurisconsultes de la loi des citations. Mais ces textes ne répondaient plus aux besoins de la pratique. Bien qu'ils représentassent eux-mêmes une simplification et une réduction par rapport à l'état antérieur, ils étaient devenus difficilement utilisables, comme trop volumineux et trop savants. Il était nécessaire d'en extraire la substance, traduite autant que possible en langue vulgaire.

La *Lex Romana Wisigothorum* fut rédigée par ordre d'Alaric II, roi des Wisigoths, et nous connaissons par l'acte de promulgation, ou *auctoritas*, placé en tête, l'histoire abrégée de sa rédaction (193). Alaric confia d'abord à une commission composée de *sacerdotes* et de *nobiles viri* le soin de faire des extraits et remaniements des lois romaines, afin d'en bannir toute obscurité; puis il fit rédiger un projet de texte par des *prudentes* et le soumit à une assemblée composée d'évêques et de *provinciales electi*, qui l'approuva (194). Il le promulgua ensuite par l'organe de son référendaire Anien : l'*auctoritas* d'Alaric a été donnée à Toulouse dans la vingt-deuxième année de son règne, qui, selon la computation généralement suivie, correspond à l'année 506. Toutes les autres lois romaines étaient abrogées. La *Lex Romana* reflète en plus petit les deux groupes de textes qui, au v\* siècle, constituaient la loi écrite des Romains, le *jus* et les *leges* (195); généralement, ils y figurent sous forme d'extraits, parfois sous la forme d'un abrégé proprement dit. Voici, d'ailleurs, le contenu, dans l'ordre même où se

(193) *Lex Romana Wisigothorum*, édit. Hænel, 1848, p. 2. Cette édition est un des monuments de la critique contemporaine. L'introduction très ample, en latin, que M. Hænel a mise en tête, contient tous les renseignements que nous possédons sur la *Lex* Un nouveau manuscrit partiel de la *Lex Romana* retrouvé en Espagne a été publié par l'Académie royale d'Espagne : *Leg. rom. wisig fragmenta*, Matriti, 1896.

(194) « Venerabilium episcoporum vel electorum provincialium nostrorum roboravit assensus. » Cette assemblée paraît avoir été constituée sur le modèle des *concilia provinciaux* dont nous avons signalé l'existence dans l'empire, et dont la tradition n'était sans doute pas encore perdue.

(195) Edit. Hænel, p. 2 : « Nec aliud cuilibet *aut de legibus aut de jure* liceat in disceptationem proponere... Anianus... hunc codicem de *Theodosianis legibus* atque *sententiis juris* vel diversis libris electum... edidi. »

présentent ses différentes parties : 1° un choix de constitutions du Code Théodosien (196); 2° les Novelles des empereurs Théodose II, Valentinien III, Marcien, Majorien et Sévère; 3° les Institutes de Gaius, non point sous leur forme intégrale, mais sous la forme d'un abrégé intitulé *Liber Gaii*, et qui ne résume pas toute la matière contenue dans l'ouvrage original; il s'arrête avant la fin du commentaire troisième (197); 4° les Sentences de Paul; 5° vingt-deux constitutions du Code Grégorien; 6° deux du Code Hermogénien; 7° les Réponses de Papinien, représentées par un seul extrait du livre premier. On remarquera que, des jurisconsultes de la loi des citations, il en est deux, Ulpien et Modestin, qui ne sont pas représentés du tout; et, d'autre part, dans l'ordre où ils sont utilisés, les divers recueils ou documents se présentent sous une forme de plus en plus réduite, à mesure qu'on avance vers la fin. Cela vient-il de ce que cet ordre correspondait au degré d'utilité pratique, ou les commissaires d'Alaric ont-ils été pris de lassitude au cours de leur travail ? La *Lex* ne contient pas seulement ces textes; **ils sont généralement suivis d'une** *interpretatio*, **qui constitue un bref commentaire**, ou souvent une paraphrase en langue courante. On a cru pendant long-temps que cette *interpretatio* était l'œuvre des commissaires d'Alaric et destinée à faire connaître comment à leur époque les textes étaient interprétés. Mais il paraît bien acquis aujourd'hui qu'ils n'ont fait qu'utiliser des commentaires antérieurement rédigés, produits dégénérés des écoles d'Occident aux iv° ou v° siècles (198). Cependant, il est probable qu'ils y ont apporté quelques retouches (199). L'*Epitome* de Gaius, qu'ils ont inséré en partie, est aussi une œuvre antérieure de la même nature; il n'est accompagné d'aucune *interpretatio*, ce qu'explique bien sa nature même d'abrégé et d'adaptation.

La *Lex Romana Wisigothorum* ne fut que pendant une année le code en vigueur, pour les Romains, dans une notable partie de la Gaule; car la domination wisigothique en ce pays tomba en l'an 507. Mais elle n'en resta pas moins l'expression officielle du droit romain, et son autorité s'étendit à toute la monarchie franque. Tout

---

(196) Les compilateurs ont en particulier laissé de côté les titres *de fide catholica* et *de hereticis* incompatibles avec l'arianisme des Wisigoths.

(197) Il s'arrête à la matière du *furtum*, sur lequel il contient quelques règles (édit Hænel), p. 336.

(198) Brunner, *Deutsche Rechtsg*, I², p. 516 et suiv.; — Karlowa *Röm. Rechtsg*, I, p. 977, — Krüger, *Geschichte der Quellen*, p. 311; trad. française, p. 416 et suiv. Des objections contre cette hypothèse ont cependant été produites récemment : Mommsen, *Theodosiani libri*, p. xxxv, lxxxvi; — Conrat, *Entstehung des Westgoth. Gaius*; cf. Brunner, I², p. 514.

(199) L'*auctoritas* d'Alaric désigne ainsi le texte rédigé par les *prudentes* : « quæ excerpta sunt, vel *clariori interpretatione* composita ». Cela semble indiquer à la fois l'existence et la revision d'une *interpretatio* préexistante.

imparfaite qu'elle fût, elle répondait aux besoins de la pratique; elle constituait, effectuée d'une façon plus grossière mais par la même peut-être plus commode, cette concentration des lois romaines que réalisa en Orient la compilation de Justinien. Cette dernière, dûment promulguée en Italie, pénétra sûrement dans la monarchie franque; mais elle ne s'y fit point recevoir dans la pratique; seule, l'Eglise l'adopta et en invoqua souvent les textes à son profit. La *Lex Romana Wisigothorum* resta l'expression incontestée du droit romain en Gaule, tant qu'il continua à s'appliquer comme loi personnelle. Ce n'est qu'après la renaissance scientifique des xie et xiie siècles que la compilation de Justinien acquerra cette autorité. Comme toute œuvre devenue populaire, la *Lex Romana* reçut des surnoms : on l'appela le *Breviarium* (l'abrégé) *Alarici*, ou *Breviarium Aniani*. C'est sous ce nom de Bréviaire d'Alaric qu'elle est encore le plus connue. Mais, l'ignorance grandissant, le Bréviaire parut lui-même trop volumineux, et, du viie au ixe siècle, il fut composé un assez grand nombre d'abrégés de cet abrégé, de plus en plus barbares et dénaturés (200).

La *Lex Romana Burgundionum* est une œuvre d'un tout autre caractère (201). Elle est due, comme la *Lex barbara*, à l'initiative du roi Gondebaud (202); mais on ne peut déterminer au juste sa date (203). Elle suit, pour la plus grande partie, l'ordre des titres de la *Lex barbara*, sans avoir, pour tous, des titres correspondants. Elle est constituée par des extraits des lois romaines, des Sentences de Paul, des Institutes de Gaius; elle comprend aussi quelques constitutions des rois burgondes, rendues spécialement pour les Romains. Ce n'est point, comme le Bréviaire, un résumé de l'ensemble des lois romaines; c'est plutôt une sorte d'instruction officielle rédigée pour l'usage des juges et attirant leur attention sur les points les plus importants. La *Lex Romana Burgundionum* paraît avoir été assez utile et assez populaire, car elle reçut de bonne heure (204) un surnom, qui, en même temps, est une preuve de l'autorité générale qu'avait acquise le Bréviaire d'Alaric : on l'appela *Liber Papiani* ou *Papianus*, le *Papien*. Voici comment une méprise fut l'origine de ce surnom. La *Lex Romana Wisigothorum*, ayant acquis partout, dans la monarchie franque, la valeur du code des Romains, s'introduisit naturellement chez les Burgondes; mais

(200) Ils sont reproduits par Hænel dans un ordre synoptique.
(201) Voir, sur cette loi, Brunner, *Deutsche Rechtsg.*, I², p. 506.
(202) Elle est annoncée dans une préface de la loi barbare : « Inter Romanos... Romanis legibus præcipimus judicari : qui formam et expositionem legum conscriptam, qualiter judicent, se noverint accepturos, ut per ignorantiam se nullus excuset. »
(203) On ne peut, en particulier, déterminer au juste si la *Lex Romana Burgundionum* a été rédigée avant ou après la *Lex Romana Wisigothorum*. Voyez sur ce point Hænel, *op. cit.*, p. xcii et suiv.
(204) Brunner, *op. cit.*, I², p. 509.

néanmoins dans les manuscrits destinés à leur usage, on copia, à la suite, la *Lex Romana Burgundionum*, qui conservait son utilité propre. Or nous savons que le Bréviaire se termine par un extrait de Papinien, sous cette rubrique : *Incipit Papiniani* (en abrégé *Papiani*) *liber I Responsorum*. On prit ce texte, qui constituait la fin de la première loi, pour le commencement de la seconde, c'est-à-dire de la *Lex Burgundionum*, et on appela celle-ci *Liber Papiani* (205).

IV

Les *capitulaires* ou ordonnances des monarques francs, à la différence des *Leges*, sont, on l'a vu, des lois générales, applicables à tous les sujets de la monarchie, à moins que leur auteur, de parti délibéré, les ait seulement rédigés pour une partie de son royaume ou pour une classe de ses sujets. D'ailleurs, les capitulaires carolingiens ne sont pas toujours des lois proprement dites, destinées à toujours durer : ils contiennent aussi des règlements provisoires ou des instructions adressées à des fonctionnaires. Enfin, considérés comme lois ou comme règlements, ils se divisent, par leur contenu, en deux classes. Par suite d'un état de droit que je décrirai plus loin, le monarque franc est véritablement le chef de l'Eglise des Gaules, et il légifère sur la discipline ecclésiastique, en répétant d'ailleurs le plus souvent les décisions des conciles; il y a donc les *capitularia ecclesiastica* qui contiennent des règlements ecclésiastiques, et les capitulaires séculiers. En prenant seulement ces derniers nous constatons que, quant à eux, il s'est introduit une division tripartite, qui est devenue classique, et qui répond d'ailleurs à la terminologie contenue dans les textes eux-mêmes. On distingue : 1° les *capitularia legibus addenda* ou *pro lege tenenda*. Ce sont des dispositions destinées à compléter ou à réformer sur certains points les *Leges*, et qui, par suite, font en quelque sorte corps avec elles et en prennent la nature, sauf peut-être la nécessité d'une intervention des populations, dont il a été parlé plus haut (206); 2° les *capitularia per se scribenda*; ce sont les plus nombreux, et ce sont des ordonnances qui constituent des lois ayant leur valeur propre et indépendante; 3° les *capitula missorum;* ce sont des instructions, généralement très intéressantes, données aux *missi*, pour la tournée d'inspection qu'ils vont commencer.

Les capitulaires étaient rédigés et mis en forme par la chancellerie royale ou impériale en plusieurs exemplaires; l'un était

(205) La *Lex Romana Burgundionum* a été éditée par M. Bluhme et, de nouveau, par M. de Salis dans les *Monumenta Germaniæ historica*, in-4°, Leges, sect I, t. II, P. 1
(206) Ci-dessus, p 66, note 32.

gardé dans les archives royales, les autres envoyés aux principaux fonctionnaires. Mais il ne semble pas qu'il en ait été tenu des registres officiels. Il résultait de là, non seulement pour les particuliers, mais aussi pour l'ensemble des fonctionnaires, une grande difficulté : comment connaître sûrement cette législation si importante et s'en procurer le texte ? La difficulté était la même que celle qui avait existé aux IIIe et IVe siècles quant à la législation des constitutions impériales. Aussi les mêmes besoins amenèrent les mêmes productions; il fut composé, dans la monarchie franque, des recueils privés de capitulaires, rassemblés par des particuliers, comme avaient apparu dans l'empire les Codes Grégorien et Hermogénien. Le premier fut composé sous Louis le Débonnaire par Anségise, abbé de Fontenelle, personnage qui a joué un rôle assez important sous ce règne et le précédent. Anségise a fait précéder son recueil d'une préface dans laquelle il donne la date de publication, l'année 827 (207), et les motifs qui l'ont amené à le composer : il l'a fait par amour pour l'empereur et pour ses fils et pour être utile à l'Eglise (208). Il a divisé son recueil en quatre livres. Comme il l'annonce lui-même, le premier comprend les capitulaires de Charlemagne *ad ordinem pertinentia ecclesiasticum;* le second, les capitulaires ecclésiastiques de Louis le Débonnaire; le troisième, les capitulaires de Charlemagne *ad mundanam pertinentia legem;* et le quatrième, les capitulaires qu'ont promulgués l'empereur Louis et son fils, le césar Lothaire, *ad augmentum mundanæ legis.* Le recueil contient trois appendices très courts, qui renferment seulement des nomenclatures de pièces, ou des mentions des pièces se répétant. Anségise, d'ailleurs, n'avait pas la prétention de rédiger un recueil complet; il donne « ce qu'il a pu trouver ». En réalité, on l'a démontré, il n'a utilisé que vingt-neuf capitulaires. Son livre n'en eut pas moins un immense succès, tout de suite, il fut accepté comme un recueil officiel; et dès l'année 829, Louis le Débonnaire le cite et y renvoie dans un capitulaire (209).

Vers le milieu du IXe siècle parut un nouveau recueil, qui ajoutait trois nouveaux livres aux quatre livres d'Anségise. Il était précédé de deux préfaces. Dans la première, en vers latins, l'auteur déclare s'appeler *Benedictus Levita,* le diacre Benoît. Il appartient à l'église de Mayence, et c'est sur l'ordre de son évêque, Otger (Autcarius), qu'il a entrepris de continuer et de compléter

---

(207) Boretius, *Cap.,* I, p. 394

(208) « Pro dilectione nimia... gloriosissimorum principum et pro amore sanctissimæ prolis eorum sed et pro sanctæ Ecclesiæ statu, placuit mihi prædicta in hoc libello adunare quæ invenire potui capitula ».

(209) *Capit. Worm.,* c. v (Boretius et Krause, *Capitularia,* II, p. 380) : « Ita enim continetur in capitulare bonæ memoriæ genitoris nostri in II, c. CLVII... tam in capitulare nostro in libro II, c. XXI. »

l'œuvre d'Anségise (210). Dans la seconde préface, qui est en prose, il déclare qu'il a puisé surtout ses documents dans les archives de Mayence, où Riculf, prédécesseur d'Otger, en avait réuni un grand nombre; il a publié ce qu'Anségise avait ignoré ou laissé de côté (211). En réalité, ce recueil contient peu de pièces sincères, peu de capitulaires réels et authentiques. La plupart sont des pièces forgées; aussi, les appelle-t-on d'ordinaire les *Faux capitulaires*. La critique a même dans le détail montré les éléments constitutifs de ces pièces et le procédé de composition. Elles sont constituées par des emprunts faits au Bréviaire d'Alaric, à l'*Epitome* des Novelles de Justinien par Julien, aux lois des Wisigoths et des Bavarois, surtout aux documents ecclésiastiques : canons des conciles, décrétales des papes, écrits des Pères de l'Eglise et *libri pænitentiales*. Le but évident de l'auteur, c'est d'étendre les droits de l'Eglise, en particulier la juridiction ecclésiastique (212), et c'est à cela que servent la plupart des morceaux fabriqués par lui. Où et quand ce recueil a-t-il été composé ? C'est un point qui n'est pas absolument éclairci. Les données de la préface sont certainement mensongères. Les Faux capitulaires n'ont pas été composés à Mayence, mais sûrement dans la Gaule occidentale. Ils ne constituent pas une production isolée; mais, au contraire, ils font partie de toute une série d'apocryphes, qui ont entre eux des affinités étroites, et dont les plus importants, outre celui dont il est ici question, sont les *Fausses décrétales* et les *Capitula Angilramni, Metensis episcopi* : le nom de *Benedictus Levita* est probablement un nom de fantaisie, comme celui de *Isidorus Mercator*, pris par l'auteur des Fausses décrétales. Toutes ces œuvres sortent vraisemblablement d'une même officine : on a pensé pendant longtemps qu'elles avaient été composées dans la province ecclésiastique de Reims; on incline, d'après des travaux plus récents, à croire que l'atelier de fabrication se trouve dans le diocèse du Mans (213). Cette énorme production de lois ou règle-

(210) Autcario demum, quem tunc Moguntia summum — Pontificem tenuit, præci piente pio, — Post Benedictus ego, ternos Levita libellos — Adnexi, Legis quis recitatur opus. »

(211) « Hæc vero capitula quæ in subsequentibus tribus libellis coadunare studuimus, in diversis schedulis, sicut in diversis synodis ac placitis generalibus edita erant, sparsim invenimus et maxime in sanctæ Moguntiacencis metropolis ecclesiæ scrinio a Riculfo ejusdem sanctæ sedis metropolitano recondita et demum ab Autcario secundo ejus successore atque consanguineo inventa reperimus »

(212) Voici, d'ailleurs, ce qu'il dit dans la préface · « Ea quæ ille (Ansegisus) aut invenire nequivit aut inserere fortasse noluit, et illa quæ postmodum a fidelibus sanctæ Dei Ecclesiæ et Pippini atque Karoli atque Ludovici didicimus jam dictis libellis minime esse inserta, pro Dei omnipotentis amore, et sanctæ Dei Ecclesiæ ac servorum ejus atque totius populi utilitate, fideliter investigare curavimus. »

(213) B. Simson, *Die Entstehung der pseudoisidorischen Fälschung in Le Mans*, Leipzig, 1886; — P. Fournier, *La question des fausses décrétales (Nouv. revue hist de droit*, 1887). L'hypothèse de l'origine rémoise est celle à laquelle s'arrête M. Seckel

ments supposés peut paraître bien surprenante : ce qui est plus étonnant encore, c'est leur succès immédiat et à peu près incontesté. Pour nous en tenir ici aux Faux capitulaires, ils ont été publiés après l'année 847 (214); or, en l'année 857, ils sont cités par le capitulaire de Kiersy, comme un texte sûr et officiel (215). Tout cela s'explique cependant. On est à une époque où la probité littéraire et scientifique n'existe pas encore; chacun sert, par tous les moyens, la cause qu'il croit juste; surtout, il n'y a point de critique littéraire ou juridique, étant données l'ignorance qui grandit et la rareté des manuscrits qui ne permet pas de comparer les textes. Dans ce milieu, tout livre, quel qu'il soit, a une immense autorité, et on le reçoit pour tel qu'il se présente (216).

Voilà les recueils des capitulaires, qui ont été faits dans la monarchie franque, pour les besoins de la pratique, à l'époque où ces textes étaient en vigueur. Dans les temps modernes, il en a été composé de tout différents, en vue des études historiques. Leurs auteurs se sont proposé surtout de rétablir dans leur texte original et dans leur succession historique les divers capitulaires qui nous ont été conservés isolément; ils ont, en même temps, donné des éditions critiques du *capitularium* d'Anségise et de celui de Benedictus Levita. Les premières de ces éditions ont paru en France : en 1623, le Père Sirmond a publié les capitulaires de Charles le Chauve et de ses successeurs (217); en 1677, le savant Baluze a donné une édition excellente et complète des capitulai-

---

qui prépare l'édition critique pour les *Monumenta Germaniæ*, a publié plusieurs études sur les sources dans le *Neues Archiv* et résumé ses conclusions dans l'article Pseudo-Isidor de la *Realencyclopedie für protestantische Theologie und Kirche*, XVI, 1905). Le principal argument en faveur de cette hypothèse est que la collection des fausses décrétales a été connue et utilisée pour la première fois dans la province de Reims. M. Lot adopte cette conclusion (Lot, *Hugues Capet*, 1903, app. IX, et *Revue hist.*, 1907), en ajoutant que l'on peut accepter l'indication de l'auteur lui-même et admettre sur certains indices que le travail a été commencé à Mayence (le principal argument contre l'origine mayençaise est que du prologue en vers il résulte que l'auteur ne savait pas sur quelle rive du Rhin se trouve Mayence). Enfin, l'hypothèse mancelle a été de nouveau défendue par M. Fournier, qui, en 1907, a remis au point la question étudiée par lui 20 ans auparavant (P. Fournier, *La question des fausses décrétales*, Revue d'histoire ecclésiastique de Louvain, 1907); puis par M. B. von Simson, *Pseudo-Isidor und die Le Mans Hypothese, Zeitschrift der Savigny-Stiftung*, K. A., 1914.

(214) C'est, en effet, la date de la mort d'Otger de Mayence, laquelle est supposée dans la préface en vers.

(215) *Capit. Carisiac*, c. IV (Boretius et Krause, *Capitularia*, t. II, p. 286, 289). Etant donné que les fausses décrétales sont utilisées dès le mois de novembre 852 par Hincmar de Reims et qu'elles sont postérieures aux faux capitulaires, on peut placer la composition de notre recueil dans les années 848 à 850. Seckel, *Neues Archiv*, XXVI, p. 51, et *Realencyclopedie für protestantische Theologie*, XVI, p. 309.

(216) Cependant l'auteur a pris quelques précautions pour masquer ses falsifications; voici, en particulier, ce qu'il dit dans la préface : « Secundo vero in libello, post capitulorum numerum, prima fronte posita sunt quædam ex lege divina excerpta capitula, sicut ea sparsim in eorum mixta capitulis reperimus ut omnes hæc capitula legibus divinis regulisque canonicis concordare non ignorent »

(217) *Karoli Calvi et successorum aliquot Franciæ regum capitula*. Parisiis, 1623.

res (218). De nos jours, deux éditions ont été publiées dans la collection des *Monumenta Germaniæ historica;* la première par Pertz; la seconde, de valeur très supérieure, par MM. Boretius et Krause (219).

V

Les *documents de la pratique* sont très importants pour l'histoire du droit de la monarchie franque. Seuls, ils font connaître le droit réellement appliqué, à une époque où la loi écrite, quoique impérative, était mal observée : ce sont eux également qui nous révèlent comment, malgré la personnalité des lois, le droit romain et la coutume germanique fusionnaient peu à peu. Ils se classent en plusieurs catégories

Les *recueils de formules* sont peut-être les plus instructifs. Ce sont des modèles d'actes, dressés d'avance pour servir aux praticiens, qui étaient appelés à en rédiger de réels. A toute époque, on trouve de ces recueils usuels, et nous avons encore nos formulaires du notariat. Mais, dans la monarchie franque, ils présentent ce caractère qu'ils fournissent des modèles pour les jugements et actes judiciaires aussi bien que pour les contrats et actes d'aliénation, pour les titres rédigés au tribunal du comte ou à la cour de l'évêque. De nombreuses collections de ces formules sont parvenues jusqu'à nous; mais, pour une seule, on connaît le nom de l'auteur; ce sont les formules du moine Marculfe (220). La date en est d'ailleurs difficile à déterminer, car le principal point de repère, c'est la dédicace à un évêque *Landericus* ou Landry; or, on trouve plusieurs évêques de ce nom. Aussi, tandis qu'en général on place la rédaction des formules de Marculfe au milieu du VIIe siècle, d'autres la placent à la fin du VIIe et d'autres à la fin du VIIIe (221). Les autres collections sont désignées par le nom de la région pour laquelle elles ont été rédigées, exemple : *formulæ*

*Andegavenses* (222), *formulæ Arvernenses, formulæ Turonenses;* ou par le nom de leur premier éditeur : formules de Bignon, de Sirmond, de Baluze. Il a été publié deux recueils complets et scientifiques des formules usitées dans la monarchie franque. Dans l'un, composé par M. Eugène de Rozière (223), les formules sont classées par ordre de matières. Il présente comme autant de traités par les formules des diverses institutions qui y sont visées. Dans l'autre, publié par M. Zeumer (224), les diverses collections, composées dans la monarchie franque, gardent, au contraire, leur individualité et sont reproduites en bloc et successivement, de manière à représenter l'ordre, dans lequel elles ont fait leur apparition historique, et leur domaine géographique.

Les formules sont des actes fictifs : mais des actes réels, rédigés à l'époque mérovingienne ou carolingienne, sont parvenus jusqu'à nous en très grande quantité. Les uns ont été conservés individuellement, mais il en a été fait des recueils, soit dans des ouvrages qui constituent par eux-mêmes un choix de ces documents (225), soit dans les histoires des diverses provinces de l'ancienne France, où ils figurent comme pièces justificatives. Il en est un grand nombre qui ont été réunis, généralement dans l'ordre chronologique, dès l'époque même où ils ont été rédigés : ce sont ceux qui sont contenus dans les *Cartulaires* des églises et des couvents, c'est-à-dire dans les registres que tenaient les administrateurs de ces établissements et où ils avaient soin de transcrire les actes qui constituaient les titres de propriété de leurs biens. D'autres documents très instructifs pour l'histoire de l'état des personnes et de la propriété foncière se trouvent dans les *polyptyques* ou *libri censuales* (226). Ce sont des registres sur lesquels les grands propriétaires inscrivaient, dans l'ordre où elles étaient groupées pour l'administration, toutes les parcelles qui composaient leurs immenses domaines, avec le nombre, le nom et la qualité des tenanciers et les redevances qu'ils payaient. Les

---

(222) Les *formulæ Andegavenses* sont particulièrement intéressantes à raison de leur ancienneté. En effet, les formules 1 et 34 sont datées de la quatrième année du règne de Childebert, et il ne peut être question là que de Childebert Ier. Cependant, on tend à considérer aujourd'hui le recueil comme postérieur à cette date, car on doit ramener la formule 57 à l'année 678. Il n'en est pas moins vrai qu'il faut admettre que le rédacteur devait avoir sous les yeux des actes du règne de Childebert Ier. Voyez, sur ce point, Brunner, *Deutsche Rechtg*, I², p. 578.

*(223) *Recueil général des formules usitées dans l'empire des Francs du Ve au Xe siècle*, Paris, 1899. C'est le recueil toujours cité dans le présent livre.

(224) *Formulæ Merovingici et Karolini ævi*, 1886, *Mon. Germ., Leges, Section V.*

(225) Le principal est intitulé : *Diplomata et cartæ ad res Franco-Gallicas spectantia;* il a été publié par Bréquigny et La Porte du Theil, et réédité par Pardessus Les *Monumenta G. hist.* contiennent aussi un recueil de *Diplomata*.

(226) Voyez, dans Flach, *Les origines de l'ancienne France*, t. I, p. 25, la liste des cartulaires et polyptyques manuscrits et imprimés.

domaines ròyaux étaient ainsi décrits, et également ceux des églises et des couvents (227).

### Les précédents de la féodalité dans la monarchie franque.

La féodalité a été le résultat d'un état d'anarchie persistant et grandissant, dont déjà nous avons plus d'une fois relevé les traces : elle en est sortie naturellement et nécessairement. Mais on constate dans la monarchie franque, spécialement sous les Carolingiens, toute une série d'institutions déjà formées ou de faits sociaux nettement accentués, qui constituent les précédents immédiats des institutions féodales. Cette organisation, qui contient en puissance la féodalité entière, coexiste avec les institutions normales, que nous avons décrites; elle s'enchevêtre et se combine avec elles, mais elle s'en distingue pourtant par ses origines et par ses tendances; et il est logique de l'exposer, à part. Les institutions ou faits qui constituent ainsi les précédents de la féodalité sont : la vassalité et le séniorat, l'appropriation des fonctions publiques, la transformation de la propriété foncière, les chartes d'immunité et la formation des juridictions privées.

### I

L'institution germanique du *comitatus* (228) ne disparut point après les établissements des barbares dans l'empire; elle persista; mais, dans la monarchie mérovingienne, elle ne paraît fonctionner qu'au profit de la royauté : le roi seul est le centre d'un groupe de *comites*. Ceux que l'on peut appeler ainsi, ce ne sont point les hommes qui sont désignés dans les textes comme ses fidèles ou ses *leudes*; car ces mots désignent d'une façon générique les sujets d'un roi, ceux dont il a exigé ou pu exiger le serment de fidélité (229). Mais, sous les Mérovingiens, on trouve deux classes de personnes qui certainement sont dans des rapports particuliers

(227) Edit de Pistes (a. 864), ch. xxix : « Illi coloni, tam fiscales quam ecclesiastici, qui, sicut in polyptycis continetur, et ipsi non denegant, carropera et manopera ex antiqua consuetudine debent. » — Le polyptyque le plus connu est celui de Saint-Germain-des-Prés, rédigé au ixᵉ siècle, du temps de l'abbé Irminon; il a été publié par Guérard, en 1843, avec de savants prolégomènes, et, de nouveau, en 1886, par M. Longnon.

(228) Ci-dessus, p. 44. Sur ce qui suit voir : Brunner, *op. cit.*, § 92; Flach, *Les origines de l'ancienne France*, t. I, p. 76 et s., 435; Fustel de Coulanges, *Le bénéfice et le patronat*, p. 187 et s.; Guilhiermoz, *Essai sur l'origine de la noblesse en France*, p. 38-78.

(229) C'est dans ce sens, en particulier, que le mot est pris dans le traité d'Andelau — Greg. Tur., *Historia Francorum*, IX, 20.

avec le roi. Ce sont d'abord les *antrustions* (230); ceux-là sont des sujets qui ont juré au roi une fidélité particulière en mettant leurs mains entre ses mains, et Marculfe nous a conservé l'acte qui constatait cette prestation de serment (231). Ceux-là forment une classe déterminée (232), et jouissent de certains privilèges : leur *wergeld* s'élève et devient le triple de celui d'un autre homme libre (233). D'autre part, ils avaient sûrement l'obligation d'être toujours au service et à la disposition du roi, et, puisqu'ils venaient en armes prendre leur engagement solennel, c'est que, sans doute, ils devaient surtout le servir à la guerre. Nous trouvons aussi auprès du roi mérovingien d'autres personnes, désignées déjà dans la loi salique, et qui jouissent également du triple *wergeld* : elles sont dites les convives du roi, *convivæ regis* (234); étaient-ce des *comites* de la même nature que les antrustions désignés là par un autre trait du *comitatus* germanique, l'entretien à la table du chef ? (235). Cela est douteux, car nous trouvons parmi eux des hommes qui n'étaient pas libres de naissance. Enfin, il y avait des personnes, hommes ou femmes, ou personnes morales, que le roi prenait sous sa protection spéciale, et qui étaient dites *in verbo regis* (236), *in mundeburde regis* (237); mais si c'était là peut-être l'effet d'une habitude traditionnelle de la royauté germanique, c'était tout autre chose que le *comitatus*.

Sous les Carolingiens, les antrustions ont disparu. Mais on trouve d'autres personnages qui paraissent remplir un rôle fort semblable. Ce sont les *vassi* du roi (*regales* ou *dominici*) (238). Les textes nous disent d'eux qu'ils ont solennellement juré fidélité au roi en mettant leurs mains dans les siennes, ce qui est habituelle-

(230) Voyez Deloche, *La trustis et l'antrustionat royal.*

(231) Marculfe, I, 18 (de Rozière, form. 8) : « Ille fidelis... veniens ibi una cum arma sua in manu nostra *trustem* et fidelitatem nobis visus est conjurasse. » Le mot « antrustion » vient de *trustis* (trost) qui signifie originairement fidélité.

(232) Marculfe, I, 18 : « Ut deinceps memoratus ille in numero antrustionum computetur. »

(233) Marculfe, I, 18 : « Et si quis fortasse eum interficere præsumpserit noverit se virgildo suo solidis DC esse culpabilem judicetur. » — Quant aux délais judiciaires ils paraissent aussi être sous l'application de règles spéciales, *Edict. Chilp.*, c. II (I, p. 10); cf. Waitz, *op. cit.*, II, 1, p. 339.

(234) Le mot se trouve dans la version latine du livre de Daniel. Daniel est *conviva regis*. Voyez Esmein, *Le jugement de Daniel, Nouvelle revue historique*, t. XXXI, p. 731.

(235) Cf. Waitz, *op. cit.*, II, 1, p. 337.

(236) Greg Tur., *Historia Francorum*, IX, 27; on voit aussi des personnes *in verbo reginæ*; Greg. Tur., *Historia Francorum*, VII, 7.

(237) Marculfe, I, 24; voyez toute la série des *cartæ de mundeburde*, de Rozière, form. 9 et suiv.

(238) Sur cette institution de la vassalité et sur les rapports analogues qui existent dans la monarchie franque, voir spécialement : Roth, *Geschichte des Beneficialwesens*, 1850; *Feudalität und Unterthanenverband*, 1863; — Waitz, *op. cit.*, II, 1, p. 241 et suiv.: — W. Sickel, *Die Privatherrschaften im fränkischen Reiche*, dans la *Wesdeutsche Zeitschrift für Geschichte und Kunst*, t. XV, 2, p. 111 et suiv.; XVI, 1, p. 47 et suiv.

ment indiqué par l'expression *sese commendaverunt* (239). Par là même, ils sont tenus à un complet dévouement envers le roi. Ils sont tenus de le servir (240) sur sa réquisition; et, en effet, on les voit employés comme des hommes de confiance, soit au palais, soit au dehors, et chargés des missions les plus délicates. Dans les capitulaires, le roi leur commande souvent, comme il commande aux fonctionnaires royaux. La nature de leurs obligations ne peut être juridiquement déterminée d'une façon précise, comme on a souvent essayé de le faire : ils devaient aider le roi de tout leur pouvoir, par leurs conseils et leurs actes (241); le roi devait seulement ne les employer qu'à des actes compatibles avec leur qualité et leur capacité. On s'est demandé souvent, en particulier, si leur obligation de vassal comprenait le service militaire. La question me paraît mal posée : tous les hommes libres devaient ce service (sauf les atténuations apportées par la législation de Charlemagne en faveur des plus pauvres); il n'y avait donc pas besoin d'une obligation particulière pour que les *vassi regales* en fussent tenus. Mais, d'autre part, ils devaient être les premiers à prendre les armes pour être fidèles à leur serment, et conduire avec eux leurs hommes, comme on le verra bientôt; aussi sont-ils souvent visés en première ligne pour ce service. Il pouvait se faire, au contraire, que, servant le roi dans quelque autre emploi, ils fussent dispensés par cela même de se rendre à l'armée (242). En retour de leurs obligations, les *vassi* obtenaient la protection spéciale du roi; mais on ne peut affirmer qu'ils eussent droit au triple *wergeld* des antrustions (243), ni qu'ils fussent en droit soustraits à la juridiction des comtes, bien que leurs procès fussent en fait portés au tribunal du roi. Les *vassi dominici* carolingiens sont-ils les successeurs, les continuateurs, sous un autre nom, des antrustions mérovingiens ? Ce que l'on peut affirmer, c'est que les *vassi dominici* diffèrent en un point des *antrustiones*; tandis que ces derniers paraissent avoir été en nombre restreint, formant un groupe attaché à la personne du roi, comme les anciens *comites*, les *vassi dominici*, au contraire, sont très nombreux, répandus par tout le royaume. L'effort du roi carolingien, c'est d'attirer tous les per-

(239) Waitz, II, 1, p. 246 et suiv.

(240) Roth, *Feudalität*, p. 212.

(241) Le serment que Charles le Chauve exigea d'Hincmar de Reims doit reproduire le serment du vassal, puisqu'il est prêté au roi en tant que *senior*. Or, voici comment il débute (*Hincmari Opera*; édit. Sirmond, II, p. 834) : « Sic promitto ego quia de isto die in antea isti seniori meo, quamdiu vixero, fidelis et obediens et adjutor, quantocunque plus et melius sciero et potuero, et consilio et auxilio secundum meum ministerium in omnibus ero. »

(242) *Cap.*, 811, *De rebus exercitalibus*, c. viii (I, p. 165); *Cap Bonon.*, 811, c. vii (I, 167).

(243) Pour l'affirmative, Roth, *Beneficialwesen*, p. 282 — En sens contraire, Waitz, *op. cit.*, II, 1, p. 251.

sonnages influents dans les liens de sa vassalité. Il semble puiser là une force nouvelle (244) : en réalité, c'est un affaiblissement, car ces hommes prennent l'habitude d'obéir, non point par respect de la puissance royale, mais à raison de la promesse spéciale, du contrat qu'ils ont consenti; le roi peu à peu disparaît derrière le *senior* (245).

Comment avaient disparu les antrustions et comment les *vassi* avaient-ils en quelque sorte pris leur place ? Sur le premier point, M. Brunner fournit une explication simple et vraisemblable; il pense que les antrustions, richement dotés par le roi, pour la plupart, de donations en terres, se rendirent indépendants et cessèrent leurs services. Cela aurait amené la constitution auprès du monarque franc d'un nouveau groupement, celui des *vassi*. L'éminent historien voit un phénomène semblable chez les Anglo-Saxons, où le Thegn (Thane) aurait remplacé le Gesith, dans ces mêmes conditions.

Mais d'où vient l'institution de la vassalité ? Elle paraît s'être développée à l'aide d'éléments germaniques, qui ne peuvent être autre chose que la tradition du *comitatus*. On la trouve dans d'autres royaumes barbares que celui des Francs, et le terme qui désigne les fidèles dont il s'agit est souvent le mot *gasindus*, que l'on trouve aussi dans les formules franques, ou un mot de même origine. Seulement, à la différence de l'antrustionat, la vassalité n'est pas une institution qui profite au monarque seul, les particuliers ont aussi des *vassi* et peut-être cette application (les *vassi* ou *gasindi* des particuliers) en est-elle la plus ancienne; peut-être le roi franc n'a-t-il fait qu'imiter ici ce que faisaient déjà les personnages puissants de son royaume. On a cherché (246) à rattacher le vasselage à des institutions romaines du Bas-Empire, soit

(244) Cf Schröder, *Deutsche Rechtsg.*, 6ᵉ édit., p. 170.

(245) C'est ce que fait déjà remarquer Hincmar, à propos du serment que Charles le Chauve lui a imposé (*Opera*, édit. Sirmond, II, p. 835) : « Cæterum rationabilius dicetur *isti imperatori* quam *isti seniori meo.* »

(246) Suivant M. Guilhiermoz (*Essai sur les origines de la noblesse française*, 1902). les *antrustions* et les *vassi* se rattachent non pas au *comitatus* germanique, mais aux soldats privés (*buccellarii* et esclaves armés) qu'entretenaient au Bas-Empire les généraux et les grands personnages. Pour l'établir, M. G. oppose les *comites* germains, jeunes gens recrutés dans l'aristocratie, aux *buccellarii* recrutés par les Romains parmi les Barbares, uniquement choisis pour leur force et leur courage, et pour qui cette situation était une profession durable. Or, par leur recrutement dans la catégorie inférieure de la population et la durée de leur service, les *antrustions* royaux et les *pueri* au service des grands ressemblent beaucoup plus aux seconds qu'aux premiers. Il ne faudrait cependant pas exagérer le caractère aristocratique du *comitatus*; Tacite dirait-il à propos des jeunes nobles qui faisaient parmi eux l'apprentissage du métier des armes « nec rubor inter comites adspici », si les *comites* appartenaient tous à l'aristocratie de leur pays ? Mais il reste indéniable que l'institution des soldats domestiques romains a pu, concurremment avec le comitat germanique, exercer son influence sur l'antrustionat et la vassalité. En ce sens, Brunner, *Deutsche Rechtsgech*, II, p. 262 Sur les précédents gaulois de la vassalité voir Schrœder, *Deutsche Rechtsgech*, 6ᵉ édit., p 168 et 9.

aux clients du noble gallo-romain, soit aux soldats privés qu'il entretenait à sa solde. Mais, outre que la clientèle de la basse époque romaine représente surtout un groupe de parasites ou de flatteurs et que les soldats privés de cette époque sont simplement des mercenaires, tout pour les *vassi* ramène aux origines germaniques : les formes de l'engagement, la fidélité absolue du *vassus*, les traces aussi de sa vie passée normalement dans la maison du *senior* (247).

Dans la monarchie carolingienne, le roi n'est donc pas le seul qui soit aussi le centre et le chef d'un groupe de fidèles. Non seulement dans les chroniques, mais aussi à partir du viiie siècle, dans les textes de lois, on voit mentionnées des personnes appelées *scniores*, qui exercent une autorité reconnue par la loi sur d'autres hommes, qui sont dits leurs vassaux ou leurs hommes (*vassali, homines sui*). Cependant, ils n'exercent pas cette autorité en qualité de fonctionnaires; car si, parmi eux, figurent des comtes, des évêques, des abbés, d'autres sont de simples particuliers. On voit que c'est une classe toujours ouverte. Les *vassali* auxquels ils commandent se sont recommandés à eux, *sese commendaverunt*, par le même serment que le *vassus dominicus* a dû prêter au roi, et nous avons les termes mêmes de l'engagement qu'ils contractaient. Ils devaient « servir et assister le *senior* pendant toute leur vie, comme il convient à des hommes libres » (248). Cela ne comprenait pas d'obligations absolument déterminées, mais cela supposait un dévouement constant du *vassalus* envers le seigneur, en même temps qu'un droit général de commandement chez ce dernier, et la coutume déterminait les cas où un service précis était dû (249). C'est ainsi que nous voyons le vassal obligé de venir garder la maison de son seigneur (250), de suivre celui-ci dans une autre région (251); le seigneur peut, semble-t-il, le forcer à prendre femme (252), à s'obliger par serment (253). Pour ce qui

(247) Brunner, *op. cit.*, t. II, p. 258 et suiv.

(248) De Rozière, form. 43, *Qui se in alterius potestate commendat* : « Dum ego in caput advixero, ingenuili ordine tibi servicium vel obsequium impendere debeam, et de vestra potestate vel mundoburdo tempore vitæ meæ potestatem non habeam subtrahendi, nisi sub vestra potestate vel defensione diebus vitæ meæ debeam permanere. »

(249) Hincmar, *Ad Ludovicum Balbum* (*Opera*, II, p. 183) : « Homo subjectus vadit solliciter cum seniore suo ut ea faciat quæ illi placeant... secundum sæculum ad honorem et profectum, et si in aliquo fecerit quod seniori suo displiceat, hoc statim emendare festinat ut ad gratiam illius reveniat »

(250) Hincmar de Laon (*Hincmari Opera*, II, p. 613) · « Filium suum quem mihi commendaverat, cum præcepissem cum aliis meis qui de eodem pago sunt, meas tenere mansiones: »

(251) *Cap. Vermeriense*, c. ix (I, p. 41).

(252) Voyez mon *Mariage en droit canonique*, t II, p 68.

(253) Hincmar (*Op.*, II, p. 823) : « Pervenit ad nos quia hominem tuum Ratramnum irrationabiliter et inconvenienter sacramentum jurare fecisses; qui licet tibi servitium debeat, tamen sub nostra cura fu et ille de salute vestra esse debetis. »

est d'une obligation au service militaire du *vassus* envers le *senior*,
il n'en saurait être question en droit; car les capitulaires défendent
aux particuliers d'avoir des troupes de gens armés (254). Mais,
en fait, nous sommes dans un milieu où les guerres privées, bien
que défendues, ne sont point rares  (255), et, en semblable occasion, en vertu de son devoir général de fidélité, le *vassus* doit
sûrement défendre le *senior*. Dans la seconde moitié du ixᵉ siècle,
l'obligation au service militaire apparaît formellement comme
imposée à un certain nombre de vassaux, qui portent déjà le nom
de *milites* (256). Peut-être 'en était-il ainsi dès les premiers temps
où les·particuliers eurent des *vassi*. Ce n'était pas seulement la
tradition du *comitatus* germanique, mais aussi le produit naturel
d'une société, où toute une classe d'hommes ne vivait que pour
le métier des armes (257), d'où la *faida* n'avait pu être éliminée,
et où se déchaînaient des guerres privées dépassant le cercle de
la famille. D'ailleurs, sans doute, le service privé se masquait
d'un prétexte de service public, le *senior* conduisait en temps de
guerre ses *vassi* à l'armée du roi. Le *senior*, de son côté, a des
obligations envers le *commendatus*; il lui doit sa protection (*tutela*,
*mundeburdis*), prenant en main sa cause; il semble aussi qu'il lui
doive l'assistance proprement dite, lui fournissant de quoi
vivre (258), par la concession d'une terre ou autrement. ·

(254) *Cap. Harislal.*, 779, c. xıv (I, 50).

(255) Elles apparaissent déjà très nettement dans Grégoire de Tours, *Historia Francorum*, VI, 4; VII, 2, 46, 47; VIII, 20, 32; IX, 9, 35, X, 5.

(256) Voyez M. Sickel, dans *Westdeutsche Zeitschrift*, XVI, 2, p. 154. Nous en avons
un exemple précis dans la *Chronique de l'abbaye de Saint-Riquier* rédigée par le
moine Harulf et publiée par M. F. Lot en 1894 dans la *Collection de textes pour servir
à l'étude et à l'enseignement de l'histoire*. La chronique de Harulf a été rédigée en
partie à la fin du xiᵉ siècle, en partie au commencement du xiiᵉ (voir p. xvi); mais elle
contient des documents beaucoup plus anciens, en particulier un relevé (*descriptio*) de
tous les biens et droits de l'abbaye, fait par ordre de Louis le Débonnaire, p. 86 et
suiv. Là se trouvent, p. 96-97, les noms de 103 hommes qui devaient le service à
l'abbaye de Saint-Riquier, et voici comment les désigne le chroniqueur : « Sed jam
illorum nomina recitemus qui ex sancto Richario beneficia retentabant, quique cum
sibi subditis militibus nostro abbati et ministris Ecclesiæ nobiliter satis serviebant
terra marique, vel ubicumque eorum comitatu cuilibet e sancti loci fratribus indi-
guisset... Hæc sunt nomina militum monasterio b. Richarii famulantium quos ubique
abbas vel propositi secum ducebant, quique consuetudinaliter in die festi sancti
Richarii et in Nativitate Domini vel in Resurrectione seu in Pentecoste semper monas
terio aderant, accurate, prout quisque poterat, ornati. » — Il est vrai que ces phrases
sont du chroniqueur lui-même; mais il en a puisé les éléments dans le vieux texte qui
lui fournissait la liste des hommes. Il renvoie à l'état détaillé des revenus de Saint-
Riquier, qu'il 'analyse. M. Lot a donné en appendice (nᵒ VII) cet état pour la ville
même, et j'y relève ceci, p. 308 : « Vicus militum CX, unusquisque semper equum,
scutum, gladium, lanceam, cæteraque arma exhibet. »

(257) Ci dessus, p. 59.

(258) De Rozière, form. 43 : « Ut me tam de victu quam de vestimento, juxta quod
vobis servire et promereri potuero, adjuvare vel consolare debeas. » Il s'agit ici, il
est vrai, d'un malheureux qui n'a pas de quoi vivre, et la misère est la cause même
de la recommandation. Mais si la nature de l'assistance devait varier selon la condi
tion du recommandé, elle devait toujours exister

Ces rapports ainsi définis sont reconnus et sanctionnés par la loi carolingienne. Ces deux hommes sont légalement liés pour la durée de leur vie (259) : le *vassalus* ne peut point quitter le *senior* sans la permission de celui-ci, à moins qu'il n'ait été victime de sa part de quelque odieux attentat. La loi admet ce groupement des sujets; on a même pu soutenir qu'elle l'imposait. En effet, un capitulaire de 847 paraît ordonner à tout homme libre de se choisir un *senior* (260). Mais il y a là une permission et non pas une contrainte; le sujet peut rester sous l'autorité directe du roi.

J'ai dit plus haut que la législation carolingienne ne fit rien pour entraver la formation des liens de vassalité, qui, cependant, créaient des autorités privées s'interposant entre le roi et les sujets; et cela se conçoit, car elle eût été certainement impuissante à arrêter ce mouvement. Mais elle fit plus, elle le favorisa. Cela paraît plus singulier, mais se peut comprendre cependant. En effet, les vassaux des *seniores* continuaient à être soumis à l'autorité publique; ils étaient tenus envers elle aux mêmes services et prestations que les autres sujets, et le seniorat paraissait même un moyen commode et sûr pour assurer l'accomplissement de ces obligations : cela se voit bien pour deux services essentiels, la justice et la guerre. Tous les hommes libres devaient alors le service militaire sans solde et à leurs frais : mais lorsque le comte convoquait le contingent de son *pagus*, malgré la grosse amende qui frappait les récalcitrants, il semble qu'il lui était difficile de réunir tous ses soldats. Les capitulaires imposèrent au *senior*, sous sa responsabilité personnelle, l'obligation de réunir et de conduire les hommes à l'armée en cas de convocation (261). D'autre part, le *senior* pouvait représenter en justice son vassal; et lorsqu'un tiers avait une réclamation à faire valoir contre celui-ci, c'était au *senior* qu'il s'adressait; le *senior* était tenu ou de lui faire rendre justice ou de faire comparaître son homme au tribunal (262). L'administration royale était, par là, déchargée d'autant. La législation carolingienne suit d'ailleurs la même politique à l'égard d'autres institutions similaires. C'est ainsi qu'elle traite les *avoués* (*avocats*) des évêques (263); c'est ainsi qu'elle se comporte à l'égard

---

(250) *Cap.*, 813, c. xiv (I, p. 172) : « Quod nullus seniorem suum dimittat, postquam ab eo acceperit valente solido uno, excepto, si eum vult occidere, aut cum baculo cædere, vel uxorem aut filiam maculare, seu hereditatem ei tollere. » Cf. *Capitula Francica*, c. viii (I, p. 215).

(260) *Conv. ap. Marsnam* (An. Karoli), c. ii (II, p. 71) · « Volumus etiam ut unusquisque liber homo in nostro regno seniorem, qualem voluerit, in nobis et in nostris fidelibus accipiat. »

(261) Voyez, par exemple, *Capitula de rebus exercitalibus*, 811 (I, p. 164); — *Cap. Bononiense*, 811, c. vii, ix (I, p 167).

(262) Waitz, *op. cit.* (IV, p. 269); — Roth, *Feudalität*, p. 225 et suiv.

(263) Senn, *L'institution des avoueries ecclésiastiques en France*, 1903.

des propriétaires *immunistes* (264) : aux uns et aux autres elle reconnaît des droits sur leurs hommes, en leur imposant des responsabilités quant aux obligations de ces derniers en ce qui concerne le droit public. Je ne vois point là un plan savant et préconçu; c'est un effort pour régulariser un état de choses que des causes profondes, inéluctables avaient créé et qui existait déjà, au moins en partie, sous les Mérovingiens. En réalité, par la création de ces intermédiaires, le pouvoir royal perdait son ressort; le roi disparaissait peu à peu derrière le *senior*, qui était le plus proche et commandait directement (265). Il est vrai que le *senior* lui-même entrait dans la classe des *vassi dominici*.

## II

Nous avons vu plus haut que, dans la monarchie franque, comme dans les autres royaumes fondés par les barbares, c'était la forme romaine de la propriété qui l'avait emporté. Il semble, d'autre part, qu'à la suite des établissements la petite ou moyenne propriété, qui tendait à disparaître dans l'Empire, se soit reconstituée dans une certaine mesure. Mais ces deux résultats ne devaient pas être définitifs (266).

En premier lieu, la tendance à la reconstitution des grands domaines devait reprendre, dans la monarchie franque, plus énergique que jamais. Le petit propriétaire abdique pour des causes analogues à celles qui ont été signalées au Bas-Empire : l'insécurité et les charges trop lourdes. L'insécurité vient de l'anarchie générale, de la faiblesse du pouvoir public : dans cette société, la force prime le droit. Les charges ne proviennent pas, à proprement parler, des impôts, comme dans l'Empire, mais des services personnels, des réquisitions, auxquels est soumis le petit propriétaire, et qui l'obligent fréquemment à payer de sa personne et de sa bourse en même temps : au premier rang, étaient les convocations au *placitum* et les appels à l'armée. Il aimait mieux renoncer à sa propriété pour devenir le tenancier d'un puissant qui le protégerait contre les attaques des particuliers, peut-être même contre les exigences de l'autorité publique. Les capitulaires montrent que souvent les comtes abusaient systématiquement de leurs pouvoirs

---

(264) Maurice Kroell, *L'immunité franque*, p. 151 et suiv.

(265) Voyez *Capitula de rebus exercitalibus*, c. viii (I, p. 165) : « Sunt... qui remanent et dicunt quod seniores eorum domi resideant et debeant cum eorum senioribus pergere, ubicumque jussio domini imperatoris fuerit. Alii vero sunt qui ideo se commendant ad aliquos seniores, quos sciunt in hostem non profecturos. »

(266) Pour ce qui suit, consulter l'étude citée de M. W Sickel : *Die Privatherrschaften im fränkischen Reiche, Westdeutsche Zeitschrift*, XV et XVI; — Brunner, *Deutsche Rechtsgesch*., I², § 27.

à l'égard du petit propriétaire et qu'ils l'accablaient de réquisitions pour le forcer à leur céder sa terre (267).

Deuxièmement, la propriété libre et absolue, le *proprium* comme on dit dans la langue de cette époque, tendait à devenir de plus en plus rare. La plupart des hommes qui avaient la jouissance de la terre ne la tenaient plus que des concessions conditionnelles e' limitées, émanées des grands propriétaires. Ces concessions, d'ailleurs, n'étaient pas consenties d'ordinaire moyennant de lourdes redevances pécuniaires. Un assez grand nombre étaient absolument gratuites; d'autres comportaient des redevances très faibles en argent ou en nature. Toutes se présentent comme ayant pour durée normale la vie du concessionnaire; ce n'est que par une nouvelle évolution qu'elles tendront à devenir plus tard héréditaires. Ce phénomène, qui contenait en puissance les futures tenures féodales, avait des causes multiples.

La concession des terres n'avait point toujours à cette époque pour but véritable de tirer un profit de la propriété foncière : souvent elle était tout autre chose qu'une simple amodiation et avait pour but de développer l'influence sociale et politique du concédant (268). Il était alors tout naturel qu'elle fût gratuite; il était également naturel qu'elle fût simplement viagère, le concédant voulant garder pour lui ou pour son héritier le moyen de s'attacher les fils comme il s'était attaché les pères. Même dans le cas où la concession de la terre avait pour but de lui faire rapporter une rente au profit du propriétaire, les charges pécuniaires exigées du concessionnaire ne pouvaient pas être bien lourdes. En effet, dans cet âge de grande propriété et de peu de sécurité, les terres étaient peu productives; faute de bras pour les cultiver, beaucoup restaient incultes : le peu que le propriétaire tirait d'une concession était autant de gagné (269). Enfin, pour une autre raison, souvent le concédant ne pouvait pas en réalité dicter les conditions et devait les faire très douces : il arrivait, en effet, qu'il n'était concédant qu'en apparence, et que c'était lui, au contraire, qui réalisait une acquisition. Nous

(267) *Capitula de rebus exercitalibus*, c. III (I, 165) : « Dicunt etiam quod quicumque proprium suum episcopo, abbati vel comiti aut judici vel centenario dare noluerit occasiones quærunt super illum pauperem, quomodo eum condempnare possint et illum semper in hostem faciant ite, usque dum pauper factus, volens, nolens, suum proprium tradat aut vendat; alii vero qui traditum habent absque ullius inquietudine domi resideant. »

(268) M. Blumenstok dans son ouvrage souvent cite, *Die Entstehung des deut Immobiliareigenthums*, p. 332, fait à ce sujet une remarque très juste : c'est que, à cette époque et dans ce milieu économique la propriété foncière était un moyen de vivre plus ou moins largement, et non de s'enrichir. Les produits de la terre étaient destinés à la consommation directe, non à former un capital. Le grand propriétaire, qui avait plus de terre qu'il ne lui en fallait pour la complète satisfaction de ses besoins, faisait donc naturellement des concessions libérales.

(269) Pour ce qui suit, consulter : Laboulaye, *Histoire de la propriété foncière en Occident*; — Garsonnet, *Histoire des contrats de location perpétuelle ou à long terme*

avons dit plus haut que le petit propriétaire était souvent amené et
contraint à se défaire de son bien; mais alors il ne le vendait pas
le plus souvent, car il n'aurait su que faire du prix de vente. Il
allait trouver le *potens* du voisinage et lui donnait sa parcelle en
toute propriété, mais à condition que celui-ci lui en rendît la
jouissance et la lui garantît jusqu'à la fin de ses jours. Il perdait un droit de propriété fort compromis, mais il acquérait un
usufruit assuré : c'était alors la manière de faire un placement à
fonds perdu. C'est là, d'ailleurs, une combinaison qui se présente
naturellement dans un pareil milieu; nous l'avons constatée aux
derniers jours de l'Empire (270). Dans la monarchie franque, elle
est très fréquente : on l'appelle parfois la *recommandation des
terres*, par analogie avec la recommandation des personnes (271).

Ces concessions simplement viagères forment d'abord le droit
commun; mais, presque aussitôt, elles tendent à devenir héréditaires, au moins au profit des enfants du concessionnaire. C'est
que, par une sorte de loi naturelle, la possession de la terre tend
à se consolider entre les mains de ceux qui la détiennent à demeure
et qui la font produire : la tenure tend à se transformer en propriété. Dans le système que nous envisageons, le possesseur n'était
cependant pas appelé à devenir ou à redevenir propriétaire : il
devait nécessairement rester tenancier, car les rapports naissant
de la tenure allaient bientôt constituer le lien le plus fort entre les
hommes. Mais, quand les devoirs et les droits furent bien fixés
entre ceux qui tenaient la terre et ceux de qui ils la tenaient, la
tenure put devenir héréditaire, passer aux héritiers sous les mêmes
obligations dont avaient été tenus leurs auteurs.

Les types de concession qui s'introduisirent dans la monarchie
franque furent nombreux et variés; je n'en détacherai que deux
pour les étudier avec quelques détails : la *precaria* et le bénéfice.

La *precaria* paraît avoir été introduite par l'Eglise; bien que
parfois elle émane de laïcs (272), en général elle procède des
établissements ecclésiastiques. Elle s'est présentée, d'ailleurs, successivement sous deux formes. Dans la première, c'est une con
cession faite seulement pour cinq ans et moyennant le paiement
d'un *census* annuel : elle est, d'ailleurs, indéfiniment renouvelable,
mais toujours pour cinq années. Il est convenu que faute de paie-

(270) Ci-dessus, p. 27.

(271) Les textes emploient cependant le mot *commendare* pour désigner, non pas
l'oblation, mais la concession de la jouissance (de Rozière, form. 329). — Sur l'acte
même, voyez *Lex Alamannorum*, tit. II; — *Lex Bajuwariorum*, tit. I, c. I; — Polyptyque d'Irminon (édit. Longnon, n° 61, p. 38) · « Isti homines fuerunt liberi et ingenui;
sed quia militiam regis non valebant exercere, tradiderunt alodos suos sancto Germano. »

(272) De Rozière, form. 325. Sur cette institution voir un excellent travail de M Wiart
*Essai sur la « precaria »*, thèse de doctorat. Paris, 1894.

ment du *census*, la concession sera retirée de plein droit (273).
Elle est constatée par deux titres : l'un, dit *precaria*, constate la
demande de concession, la prière adressée par le particulier à
l'Eglise, et il reste entre les mains du concédant; celui-ci, en cas
de litige, n'aura qu'à le produire pour établir que la terre lui
appartient, et que le tenancier n'en est pas propriétaire; l'autre
titre, appelé *præstaria* ou *commendatitia*, c'est l'acte même qui
constate la concession, et il est remis au concessionnaire (274). Où
l'Eglise avait-elle pris cette forme de concession ? Tous reconnaissent que c'est un emprunt aux institutions romaines, mais on n'est
pas d'accord quant à l'institution qui a été copiée. D'après une opinion, jadis commune, et qui compte encore des partisans (275),
nous aurions là, tout simplement, la continuation d'une convention bien connue des romanistes sous le nom de *precarium;* c'était
l'acte par lequel une personne cédait gratuitement à une autre, et
sur sa demande (*preces*), l'usage d'une chose, mais en se réservant
de retirer à volonté la concession. C'est surtout la similitude des
noms (*precaria, precarium*) qui a fait soupçonner entre les deux
institutions un rapport de filiation; mais le *census* stipulé dans la
*precaria* et surtout la durée ferme de cinq années nous éloignent de
cette origine (276). Des recherches plus précises font penser que,
si l'Eglise s'est inspirée du droit romain, ce n'est pas au droit
privé, mais au droit administratif qu'elle a emprunté le modèle à
copier. Propriétaire aux immenses domaines, elle a imité le plus
grand propriétaire foncier de l'Empire, c'est-à-dire le fisc impérial.
Or, celui-ci, pour exploiter ses terres, employait deux sortes de
concessions : l'une était une emphytéose perpétuelle, et nous
savons que l'Eglise, de bonne heure, a consenti de semblables
baux (277); l'autre forme de concession était un bail temporaire,

(273) Marculfe, II, 39, 41; — de Rozière, form. 323, 325. La durée de cinq ans nous
est surtout connue par les formules ou les actes qui ont pour but de l'étendre, d'écarter la nécessité du renouvellement quinquennal. De Rozière, 325, 328; — Pardessus,
*Diplomata*, n° 557; — Thévenin, n° 56
(274) Voyez la série des formules de *precariæ* dans de Rozière n°° 319-367.
(275) Fustel de Coulanges, *Le bénéfice et le patronat à l'époque mérovingienne*,
p. 63-187; — Brunner, *op. cit.*, I², p. 289 et suiv. Que M. Fustel de Coulanges professe
cette opinion, cela se conçoit; ce n'était pas un juriste. Mais elle surprend quelque
peu chez M. Brunner, qui est un juriste excellent : il est obligé d'admettre que, pour
devenir la *precaria*, le *precarium* a dû perdre tous ses caractères essentiels ou naturels, et prendre les caractères opposés.
(276) Les anciens canonistes avaient bien la notion exacte des différences qui existent entre le *precarium* et la *precaria*; Bernard de Pavie, *Summa decretalium* (XIIᵉ siècle), L. III, tit. 12, n° 1 : « Precarium est quod precibus alicui conceditur ita ut quando
cumque concessor voluerit valeat revocare, ut Dig., de precario, I, 1; — § 2. Precaria
sive emphyteosis est quidam contractus meliorationis inter dominum colonumque
consistens, puta : concedo tibi terram colendam ad certum tempus certumque reditum
mihi dandum. » Au XVᵉ siècle la distinction est toujours affirmée : Panormitanus,.
sur le c. I, X, de prec., III, 14, n° 1 : « Nota quod precaria in feminino genere differt
a precario neutri generis. »
(277) Esmein, *Les baux perpétuels des formules d'Angers et de Tours* (*Mélanges*,
p. 393 et suiv.).

dont la durée était fixée à cinq années, par un souvenir vivace du temps où le censeur consentait pour un *lustrum* toutes les locations fiscales. C'est ce type que l'Eglise copia tout d'abord dans la *precaria* (278). Mais j'ai dit que celle-ci se modifia et prit une seconde forme, qui bientôt refoula la première. Elle consista en ce que la concession fut consolidée doublement : 1° on la rendit viagère, en écartant la nécessité du renouvellement quinquennal, ou en tenant d'avance celui-ci pour accompli (279); 2° on écarta la clause en vertu de laquelle, faute de paiement du *census*, la concession était révoquée de plein droit et l'on se contenta de frapper d'une amende le tenancier récalcitrant (280); fréquemment même le paiement d'un *census* était écarté dans l'intention des parties; 3° enfin, parfois même, la *precaria* fut déclarée transmissible aux héritiers du concessionnaire (281). Cette transformation s'explique par les causes générales indiquées plus haut : ce qui agit surtout dans ce sens, c'est ce fait que la *precaria* était devenue souvent un moyen d'acquisition pour l'Eglise. Parmi les petits propriétaires, qui étaient réduits à abdiquer leur propriété pour en reprendre seulement la jouissance viagère, beaucoup donnaient la préférence à l'Eglise; et c'était alors au moyen d'une *precaria* qu'ils reprenaient la jouissance de leur bien (282). Il y avait de cette préférence plusieurs motifs. C'était d'abord que les biens de l'Eglise étaient plus régulièrement administrés que les autres et ses tenanciers souvent mieux traités. Mais surtout, il y avait un intérêt immédiat et pécuniaire. En effet, l'Eglise avait pour coutume de rendre au donateur, par voie de *precaria*, non seulement l'usufruit du domaine qu'il avait donné, mais encore la jouissance viagère d'une quantité égale de terre prise sur le domaine ecclésiasti que (283).

(278) Esmein, *Mélanges*, p. 394. Il faut d'ailleurs ajouter que le laps de cinq ans était aussi la durée normale ordinaire des baux privés chez les Romains; voyez dans mes *Mélanges*, l'étude sur *Les baux de cinq ans en droit romain*.

(279) De Rozière, form 319, 320, 325, 928.

(280) C'est d'après ce type que sont rédigées la plupart des formules de *precariæ*, de Rozière, n° 319 et suiv., *passim*.

(281) Thévenin, n° 54 ; — de Rozière, 350 et suiv. ; — Roth, *Feudalität*, p. 159.

(282) C'est ce qu'on appelle d'ordinaire la *precaria oblata*; voyez de Rozière, for. 339 et suiv.

(283) C'est ce qu'on appelle souvent la *precaria remuneratoria*; Roth, *Feudalität*, p 147. — On a parfois donné pour origine à cette pratique les prescriptions contenues dans la compilation de Justinien et défendant aux églises d'aliéner leurs biens-fonds. On ne leur permettait même pas d'en concéder l'usufruit, à moins que l'impétrant ne donnât à l'Eglise, sauf réserve d'usufruit à son profit, une terre d'un revenu egal : L. 14, § 5, C. J., I, 2 · Novelle, VII, c. i et ii. Seulement, dans la monarchie franque, les rôles furent renversés; c'est l'Eglise qui fait l'offre d'un usufruit sur ses terres aux particuliers qui lui abandonneront la propriété des leurs, c. iv, C X., qu. 2. Le texte de Justinien ne paraît pas avoir exercé d'influence en Gaule (Wiart, *op. cit.*, p. 244).

La *precaria*, et nous allons en trouver des preuves précises, non seulement comportait la qualité d'homme entièrement libre chez le concessionnaire, mais pouvait même être concédée à de grands personnages, à des hommes puissants. Ce n'était point la tenure qui servait le plus ordinairement à tirer un revenu de la terre; nous avons vu qu'elle était souvent devenue gratuite. Les grands propriétaires fonciers tiraient pourtant de leurs terres des profits, qui étaient leur principale richesse, redevances en argent, *census*, ou en nature. Mais la concession, fréquemment consentie à des esclaves, ou à des colons, était faite sans contrat le plus souvent à des conditions variables, qui n'étaient enregistrées que dans les papiers de l'intendant, ou sur les *libri censuales* ou polyptyques, dont il a été parlé plus haut (284). Elles étaient donc à l'origine purement précaires. Mais la coutume les consolida peu à peu, et les relevés des polyptyques étaient comme des titres de fait pour les tenanciers (285).

Le mot *beneficium*, pris dans un sens large, désigne tout acte contenant une concession gracieuse et, par là même, un bienfait; et, par suite, il peut être employé pour désigner toute concession de terre et, en particulier, la *precaria* (286), comme il sert à désigner un prêt d'argent consenti (287). Mais dans un sens restreint (et c'est en ce sens que nous le prenons ici), il désigne, sous les Carolingiens, une terre concédée gratuitement et à titre viager, d'ordinaire par un *senior* à son vassal. C'est une institution pratiquée à la fois par la royauté, l'Eglise et les laïcs puissants; mais ce sont les bénéfices royaux qui ont eu le plus d'importance et qui, peut-être, ont servi de modèle à tous les autres. L'origine des bénéfices, ainsi entendus, est douteuse. On les a souvent rattachés, comme la *precaria*, au *precarium* du droit romain, ce qui impliquerait qu'à l'origine ils auraient été révocables à la volonté du concédant et qu'ensuite ils se seraient consolidés en devenant viagers; comme, d'autre part, ils finirent par devenir héréditaires, ils auraient, dans cette hypothèse, passé par trois états successifs. et c'est bien ainsi que leur histoire est décrite dans un vieux coutumier lombard, au XII° siècle (288). Mais, en ce qui concerne la

---

(284) Ci-dessus, p. 111.

(285) Voyez le Polyptyque d'Irminon, avec les *prolégomènes de Guérard*; Henri Sée, *Les classes rurales* et *le régime domanial en France au Moyen âge*, p. 34 et s, 78 et suiv.

(286) Pardessus, *Diplomata*, n° 557 : « Preco et supplico gracie vestre ut michi in usum beneficii rem ecclesie vestre.. concedere deberetis... Unde placuit vobis ut *duas precarias* absque quinquenii renovacione facta fuissent. » Cf. de Rozière, form. 322

(287) De Rozière, form. 368 : « Vestra bonitas habuit ut libera de argento de rebus vestris *nobis ad beneficium præstetistis*. »

(288) *Consuetudines* ou *Libri feudorum*, l. 1, tit. I, § 1 : « Antiquissimo enim tempore sic erat in dominorum potestate connexum ut quando vellent possent auferre rem in feudum a se datam Postea vero eo ventum est ut per annum tantum firmita-

France, les choses se présentent autrement, et les concessions de terres faites par le roi à ses fidèles ne paraissent avoir jamais eu le caractère précaire : toute la question est de savoir si le bénéfice simplement viager apparaît déjà sous les Mérovingiens ou s'il date seulement des Carolingiens. C'est une question qui a été et est encore très vivement discutée. Voici ce qui paraît se dégager des textes et de leur critique (289).

Sous les Mérovingiens, surtout par l'influence du droit romain, les donations de terres faites par les rois transféraient souvent la propriété pleinement héréditaire et aliénable (290). Mais il ne semble pas pourtant qu'en droit tel fût l'effet normal des donations royales; il fallait, au contraire, une clause formelle pour qu'elles produisissent cet effet (291). En dehors d'une concession précise conçue en ce sens, la donation transférait bien la propriété, mais une propriété limitée qui n'était ni aliénable, ni même nécessairement héréditaire (292). Cependant, la transmission aux descendants du donataire paraît s'être établie (293), comme étant de droit, à moins qu'un acte formel de la volonté royale ne fît rentrer le bien dans le patrimoine fiscal à la mort du donataire (294). On voit, il est vrai, les enfants demander au roi et obtenir de lui la confirmation d'une donation fiscale faite à leur père (295); mais cet acte se conçoit très bien; les héritiers allaient au-devant d'une révocation possible et voulaient obtenir une complète sécurité (296). Enfin ces donations, sans être proprement révocables au gré du

tem haberent; deinde statutum est usque ad vitam fidelis produceretur. Sed quum hoc jure successionis ad filios non pertineret, sic progressum est ut ad filios perveniret. » — M. Waitz admet que ces trois formes ont existé d'une façon concomitante sous les Mérovingiens, *Deutsche Verfas.*, II, 1, p. 319, note 3.

(289) Les travaux principalement à consulter sont : Waitz, *op. cit.*, II, 2, p. 308 et suiv.; — Roth, *Beneficialwesen* et *Feudalität*; — et, plus récemment, Brunner, *Die Landschenkungen der Merovinger und der Agilolfinger*, et surtout *Deutsche Rechtsgeschichte*, § 91, t. II, p. 243 et suiv.

(290) La formule de ces donations est donnée par Marculfe, I, 14.

(291) Les stipulations du traité d'Andelau, en ce qui concerne les donations faites par le roi Gontran à sa fille Clotilde, sont intéressantes à cet égard. Après avoir confirmé ces donations, le traité ajoute : « Et si quid de agris fiscalibus vel specibus atque præsidio pro arbitrii sui voluntate facere aut cuiquam conferre voluerit, in perpetuo, auxiliante Domino, conservetur neque a quocumque ullo nunquam tempore convellatur. » Greg. Tur., *Historia Francorum*, IX, 20, édit. Arndt, p. 375.

(292) Brunner, *Deutsche Rechtsg.*, II, p. 244, 245 et suiv.

(293) Chez les Burgondes et les Bavarois elle fut formellement établie par la loi; *Lex Burgund.*, tit. I, 1, 3, 4; *Decretum Tassilionis ducis*, c. VIII.

(294) Greg. Tur., *Historia Francorum*, VIII, 22 : « Hoc anno et Wandelenus, nutritor Childeberti regis, obiit... quæcumque de fisco meruit, fisci juribus sunt relata. Obiit his diebus Bodygesilus dux plenus dierum, sed nihil de facultate ejus filiis minutum est. » Cf. VI, 22 : « Nunnichius comes... interiit, resque ejus, quia absque liberis erat, diversis a rege concessæ sunt. »

(295) Voyez la formule de Marculfe, I, 31.

(296) Greg. Tur., *Historia Francorum*, IX, 35 : « Explicita igitur tam infelicem vitam filius ejus ad regem abiit resque ejus obtinuit. »

concédant, étaient facilement confisquées par les rois mérovingiens, en 'cas de faute grave, en cas d'infidélité du donataire : elles
étaient révoquées alors que les biens propres et patrimoniaux du
coupable n'étaient pas confisqués (297). Mais tout cela c'était une
conception particulière des donations royales, d'après laquelle,
dans une certaine mesure, le maintien du bienfait était subordonné à la grâce du roi : ce n'était point du tout le bénéfice proprement viager, qu'on trouve sous les Carolingiens (298). Ce qui
produisit ce dernier, ce fut probablement l'imitation par le pouvoir royal des *precariæ* ecclésiastiques, et un événement célèbre
fournit le point d'attache.

Il se trouva, sous Charles Martel, que le patrimoine royal était
fort épuisé, et cependant le pouvoir royal avait un besoin pressant,
dans des circonstances difficiles, de s'attacher les grands, les
*seniores,* par des bienfaits. Le puissant maire du palais n'hésita
pas à prendre sur les biens de l'Eglise les terres dont il avait
besoin pour faire des largesses, et il les donna à ses fidèles, sans
doute encore dans les conditions indiquées plus haut. C'était, à
cette époque, un principe reçu dans le droit public, que le roi
avait la haute main sur le patrimoine ecclésiastique et pouvait en
disposer en cas de besoin (299), et, plus tard, sous Louis le

(297) Greg. Tur., *Historia Francorum*, XI, 38, *in fine* : « Sunnegisilus et Gallo-
magnus, privati a rebus quas a fisco meruerant in exilio retruduntur. » — « Venien
tibus legatis, inter quos episcopi erant, a rege Guntchramno et petentibus pro his,
aʊ exilio revocantur; *quibus nil aliud est relictum, nisi quod habere proprium vide
bantur.* »

(298) M. Brunner, *Deutsche Rechtsg.*, II, p. 245, parle aussi de donations, qui, faites
par le roi pour servir de dotation à un service ou à un office déterminé, seraient
devenues caduques lorsque le donataire aurait cessé le service ou perdu l'office. Ma's
il paraît difficile de dégager des textes cette combinaison, comme une forme précise,
dans la monarchie mérovingienne.

(299) Schröder, *Deutsche Rechtsgeschichte*, 2ᵉ édit., p. 143, 160. A partir de la troi
sième édition de son *Lehrbuch*. M. Schröder a abandonné cette idée. Maintenant il
dit dans sa sixième édition, p. 171 : « Un emprunt forcé (*Zwangs Anleihe*) sur l'Eglise
fortement menacée par l'Islam servit à fournir les moyens nécessaires. » il ajoute,
note 12 : « La mainmise sur la propriété ecclésiastique, sous Charles Martel, a été
exactement définie par M. Brunner un *emprunt forcé.* » Précédemment (p. 158) : « La
conception de la propriété des églises (*Eigenkirchen*, voir plus loin, ch. IV, § 2) ne
s'étendit pas d'abord aux églises qui dataient de l'époque romaine; cependant à la
suite de la sécularisation sous Charles Martel, beaucoup de ces églises furent concédées en bénéfice aux vassaux royaux, ce qui conduisit naturellement à une assimi
lation avec les églises-propriétés (*Eigenkirchen*) concédées de la même manière. »
Mais, si M. Schröder avait peut-être trop précisé d'abord le droit prétendu par le
roi franc sur les biens ecclésiastiques, qu'il appelait *Bodenregal*, il a eu tort, croyons-
nous, d'abandonner l'idée d'un pareil droit. Le roi se considérait comme pouvant
disposer de ces biens en cas de besoin urgent. C'est ce que soutient encore M. Hauck,
*Kirchengeschichte Deutschlands*, 2ᵉ édit., t. I, p. 397-398. M. A. Bondroit dans son
intéressante étude sur *Les precariæ verbo regis avant le Concile de Leptines* résume
très bien (p. 16) les idées de M. Hauck qui nous paraissent fort exactes : « M. Hauck
estime que certains auteurs, Löning notamment, ont tort de prétendre que les rois
de la première race ne revendiquaient aucun droit sur le patrimoine ecclésiastique.
Cette assertion n'est vraie qu'en partie. Les princes mérovingiens, Clovis en tête,

Débonnaire et Charles le Chauve, il en sera fait de nouvelles applications. Mais l'Eglise n'en sentit pas moins très rudement le coup (300) : elle éleva des plaintes énergiques, et, sous les fils de Charles Martel, Pépin et Carloman, elle obtint une satisfaction partielle. Une partie des biens qui lui avaient été pris furent rendus; les autres furent laissés à ceux qui en avaient reçu la concession, mais dans des conditions nouvelles : ils furent considérés comme tenus de l'Eglise à titre de *precaria* et moyennant un *census*, payé, semble-t-il, par les cultivateurs qui habitaient ces terres. A la mort du concessionnaire, la *precaria*, selon le droit commun, devait faire retour à l'Eglise. Il était dit, en outre, que si, à l'avenir, le roi avait besoin de concéder des biens ecclésiastiques à des laïcs, cela se ferait au moyen d'une précaire consentie, *sud verbo regis*, par l'Eglise elle-même. Telle est la solution qui fut adoptée au synode de Lestinnes en 743 (301). Il est fort probable que c'est à partir de ce moment que le pouvoir royal, employant la *precaria* ecclésiastique pour son propre compte, commença à conférer lui-même des bénéfices viagers. L'Eglise lui aurait ainsi fourni, à cette époque, non seulement la matière, mais aussi la forme pour ses donations. Mais ce qui donna aux bénéfices royaux une physionomie propre et les différencia de la *precaria*, c'est qu'ils avaient une fonction différente. Tandis que celle-ci avait été souvent un instrument économique, destiné à mettre en valeur le patrimoine de l'Eglise, les autres étaient, en réalité, un instrument politique. Ils étaient destinés à assurer des vassaux au *senior* et étaient, par suite, naturellement et complètement gratuits (302) : mais ils n'étaient accordés en fait que moyen-

ont revendiqué ce droit. Les canons des conciles sont là pour attester que ces revendications faisaient partie de la politique mérovingienne. »

(300) Sur cet acte célèbre, désigné souvent par le terme *sécularisation des biens ecclésiastiques*, voir Had. Valesius, *Rerum Francicarum*, lib. XXV, t. III, p. 538 et suiv.; — Roth, *Feudalität*, p. 71 et suiv.; — Waitz, *op. cit.*, III, 36 et suiv.; — Schröder, *op. cit.*, 6ᵉ éd., p. 170 et suiv.; — Brunner, *Deutsche Rechtsg.*, II, p. 246 et suiv.

(301) *Capitul. Liptin*, c. ii (I, p. 28). Cf. *Cap. Suessionense*, c. iii (I, p. 29). Cette réglementation fit l'objet de toute une série de capitulaires postérieurs. Voyez : Ulrich Stutz, *Das Karolingische Zehntgebot, zugleich ein Beitrag zur Erklärung von c. 7 und 13 des Kapitular Karls der Grossen von Heristall,* dans *Zeitschrift der Savigny Stiftung für Rechtsgeschichte*, t. XXIX.

(302) Peut-être, par quelques-unes de ses applications exceptionnelles, la *precaria* fournit-elle le modèle direct du *beneficium*. Dans certaines *precariæ*, en effet, à raison des conditions spéciales, dans lesquelles elles intervinrent, le paiement d'un *cens* est formellement écarté. La concession devient purement gratuite, et les formules, tout en conservant la qualification de *precaria*, disent alors que le concessionnaire *tenet per beneficium, ad beneficium*; de Rozière, n° 345, § 2 (Marc., 11, 5) : « Nobis ad beneficium usufructuario ordine excolendum tenere permisistis. » : — N° 328, § 2 (Marc., II, 40) : « Per nostrum beneficium et successorum nostrorum dum advixeritis amba locella excolere debeatis. » — N° 336 : « Omni tempore vitæ meæ conscriptam rem per vestrum beneficium habebo, tenebo atque possidebo. » M. Brunner dit aussi,

nant un serment de recommandation, dont ils étaient le prix. Par
là même, le bénéfice ne fut pas seulement pratiqué par le pouvoir
royal, il s'étendit aussi loin que le séniorat lui-même : tous les
*seniores* en accordèrent à leurs propres vassaux, et tous ces bénéfices représentèrent des concessions de la même nature.

Le concédant retenait la propriété, et le concessionnaire n'avait
sur la terre qu'un droit de jouissance viagère : *usufructuario
ordine possidebat;* il ne pouvait aliéner le bien et ne devait pas le
détériorer. On s'est demandé souvent si le bénéfice ne mettait pas
des obligations et des devoirs à la charge du bénéficiaire. Il ne
semble pas qu'il engendrât directement aucune obligation; mais il
ne faut pas oublier qu'en fait la concession du bénéfice supposait
la vassalité chez le concessionnaire, et il fournissait une sanction
indirecte pour les obligations du vassal. Il est certain, en effet,
que le maintien de la concession était subordonné à l'accomplissement de ces obligations. Si le vassal manquait d'une façon grave
à ses devoirs, le retrait du bénéfice pouvait être poursuivi et prononcé en justice au profit du seigneur (303); c'était la coutume qui
déterminait dans quel cas le manquement était assez grave pour
entraîner cette sanction rigoureuse. Cette privation pouvait, en
outre, être prononcée lorsque le bénéficiaire outrepassait son
droit sur la terre en vendant ou en détériorant l'immeuble (304). Il
paraît d'ailleurs certain que dès la seconde moitié du ix° siècle
les bénéfices étaient concédés en vue du service militaire pour
former comme la solde permanente des *milites*. Cela résulte clairement d'un passage d'un curieux traité d'Hincmar de Reims,
*collectio de ecclesiis et capellis*, que l'on croyait perdu et qui a
été retrouvé et publié en 1889 (305). Hincmar constatant les abondantes concessions faites dans ce but sur les terres de l'Eglise,

*Deutsch Rechtsg*, II, p. 251 : « En dehors du cercle des concessions royales le mot
*precaria* est employé dans un sens si compréhensif qu'il embrasse aussi le *beneficium.* »
    (303) Voici la formule employée dans une concession de bénéfice à la fin du viii° siè-
cle où au commencement du ix° (Loersch et Schröder, *Urkunden zur Geschichte des
deutschen Rechts*, 2° édit., n° 38, p. 25) : « Ipse Uuldorrich se ipsum tradidit in
servitium Attonis episcopi... usque ad finem vitæ suæ, in hoc enim ipsum beneficium
accepit ut fideliter in servitio domus sanctæ Mariæ permansisset, *et, si aliquid aliter
fecisset, privatus de ipso beneficio permansisset.* » — Nous avons aussi une lettre
instructive d'Hincmar de Laon, dans laquelle il raconte pour quelles causes il a
fait prononcer le retrait de bénéfices contre un de ses vassaux (*Hincmari Opera*, édit.
Sirmond, II, p. 608 et suiv.). Ici, le motif déterminant semble avoir été que le vassal
n'a pas suivi son seigneur à l'armée du roi, p. 611 : « Judicaverunt adstantes laici
ut sacramento probaretur ex mea parte quod de regis servitio sine mea licentia
veniret, et amitteret illud beneficium. »
    (304) Ces griefs figurent parmi ceux qu'Hincmar de Laon invoquait contre son
vassal, *op. cit.*, p. 611 : « Pervenit autem ad me clamor de eodem Ragenardo quod
suum habuerat destructum beneficium... Invenit missus meus et mansum indominicatum et ipsam ecclesiam penitus destructam ac silvam venditam. »
    (305) Il a été d'abord publié par M. Grundbach dans *Brieger's Zeitschrift für Kir
chengeschichte*, t. X (1889), p. 92-145, puis par M. Gaudenzi, d'après un autre manuscrit dans la *Bibliotheca juridica medii ævi*; il a été composé entre 855 et 861

compare la condition de la Gaule à celle de l'Italie, où les *milites* seraient d'après lui soldés par le pouvoir royal. Il appelle également *casati* les vassaux établis sur des bénéfices (306), c'est un nom que nous retrouverons plus loin.

Le bénéfice était une concession viagère qui prenait fin à la mort du bénéficiaire. Il semble bien qu'il était soumis également à une autre cause de caducité et qu'il prenait fin à la mort du concédant. Mais, en fait, le *senior* n'avait pas intérêt à se prévaloir, dans la plupart des cas, de cette double cause de caducité. Le nouveau *senior* laissait le bénéfice au vassal qui l'avait possédé, pourvu que celui-ci se recommandât à lui, et, à la mort du vassal, le *senior* laissait le fief à l'un de ses enfants, qui devenait son vassal à la place du père. Tout ce qu'on demandait, c'est que le serment de fidélité fût fourni au nouveau *senior*, ou fourni par le nouveau vassal. Sous l'influence de cette pratique usuelle, une idée commune s'établissait d'après laquelle il était juste que, dans ces conditions, le bénéfice se transmît héréditairement. Mais, à la fin du IXe siècle, on n'était pas allé plus loin dans cette voie; en équité, le bénéfice était héréditaire, il ne l'était pas encore en droit (307), et la coutume n'avait pas déterminé les règles de cette succession. C'est encore à ce point de vue que se place le célèbre capitulaire de Kiersy-sur-Oise de 877. Il suppose la pratique commune que je viens de rappeler : il ne suppose pas et crée encore moins, comme on le disait jadis, l'hérédité proprement dite des bénéfices (308).

### III

Sous les Mérovingiens, les officiers royaux, ducs et comtes, étaient choisis et nommés par le roi et toujours révocables par

(306) Grundbach, *loc. cit.*, p. 126 : « Nec militia de episcopiis 'n illis regionibus (sc. Italia) solvitur sed ex roga publica militiæ stipendia ministrantur : in istis autem nostris regionibus pro quarta parte quæ in illis provinciis in redditibus et oblationibus clericis tribuitur, rerum pars congrua nostris clericis deputatur et pars rerum ecclesiarum luminaribus, pars hospitalibus pauperum, *pars autem militantibus, qui sub nomine casatorum censentur*, pars denique episcopo et qui in ejus sunt obse quio ceditur. »

(307) C'est exactement le point de vue auquel se place Hincmar de Reims à propos d'une curieuse affaire de bénéfice, dans laquelle était impliqué son neveu Hincmar de Laon : *Expositiones Hincmari Rhemensis ad Carolum regem* (Migne, *Patrologie*, t. CXXV, p. 1035 et s., 1050 et s.). Voici quelques passages notables, p. 1025 : « Filius Liudonis ad vestram dominationem se reclamavit quia isdem frater noster *ab eo exenium acceperit et patris sui beneficium ei donaverit*, et deinde ab eo irrationabiliter tulerit. » — P. 1050 : « Episcopus... de rebus Ecclesiæ propter militiam beneficium donat, aut filiis patrum qui eidem Ecclesiæ profuerunt et patribus utiliter succedere potuerunt. » — Remarquons le mot *exenium*, qui figure dans le premier passage : il veut dire *présent*, et il en résulte que le *senior* ne concédait point à nouveau le fief au fils du vassal défunt, sans exiger de lui une certaine offrande C'est l'origine du *relief* féodal.

(308) Emile Bourgeois, *Le capitulaire de Kiersy-sur-Oise*, 1885, p. 127 et suiv.

HIST. DU DR. 9

lui (309). Il semble même que leurs pouvoirs leur étaient conférés pour un temps déterminé et très court, sauf un renouvellement toujours possible (310); en fait, les comtes gardaient souvent leurs fonctions pendant une longue suite d'années (311). Ils n'avaient qu'une délégation temporaire de la puissance publique. Mais, sous les Carolingiens, dès la première moitié du ix siècle, la situation a changé. Les comtes, quoique toujours nommés par le roi et responsables envers lui, sont assez ordinairement investis à vie de leurs fonctions, et souvent le fils succède au père dans le même emploi. Dans la seconde moitié du ix siècle, c'est devenu la règle générale : le comte possède sa charge pendant sa vie et — le capitulaire de Kiersy-sur-Oise en fournit la preuve — la coutume admet, comme chose normale et équitable, qu'il ait pour successeur un de ses fils (312). Ces fonctions publiques ont ainsi été appropriées par ceux qui les exercent; elles entrent dans leur patrimoine. Cela est résulté de deux causes principales.

Cela a été parfois le résultat d'une usurpation proprement dite, que le pouvoir royal n'a pas pu réprimer et que, par suite, il tolère. C'est ainsi que, de bonne heure, déjà sous les Mérovingiens, les comtes bretons prennent une semblable position (313); l'Aquitaine, à diverses reprises, dégage également son indépendance par l'organe de ses ducs (314). Mais, somme toute, ce n'est pas là la principale cause qui a amené l'appropriation des fonctions publiques supérieures; ce qui a agi surtout dans ce sens, c'est la théorie du bénéfice royal, telle que je l'ai décrite. La charge de comte fut considérée comme un bénéfice conféré par le roi, et comme le bénéfice, la charge ainsi conférée représenta un droit viager, puis tendit à devenir héréditaire (315). Cela était d'ailleurs naturel, étant donnée la conception fondamentale du pouvoir

(309) On trouve fréquemment de ces révocations dans Grégoire de Tours; voyez par exemple : *Historia Francorum*, IV, 13; V, 47; IX, 7, 12.

(310) Grégoire de Tours rapporte un fait qui le suppose expressément; *Historia Francorum*, IV, 42 (édit. Arndt, p. 15) : « Peonius vero hujus municipii comitatum regebat. Cumque *ad renovandam actionem* munera regi per filium transmisisset, ille, datis rebus paternis, comitatum patris ambivit supplantavitque genitorem. »

(311) Grégoire de Tours parle d'un comte qui conserva ses fonctions pendant quarante ans; *Vitæ Patrum* (édit. Krusch), p 687.

(312) Roth, *Beneficialwesen*, p. 432.

(313) Greg. Tur., *Historia Francorum*, IV, 4; V, 16; — Waitz, *op cit*, III, p. 364.

(314) Waitz, *op cit*, III, p 48, 364

(315) Brunner, *Deustche Rechtsg*, II, p 254; — Roth, *Beneficialwesen*, p. 330 et suiv. M. Roth, il est vrai, ne présente pas cette assimilation comme s'étant directement opérée. Il voit un moyen terme dans les bénéfices en terres que le roi concédait ordinairement au comte dans sa circonscription. Ceux-ci devinrent la dotation de la charge, et en voyant celle-ci se transmettre avec ces bénéfices proprement dits on en serait arrivé à la considérer elle-même comme un bénéfice. Voyez aussi M. W. Sickel, *Beitrage zur deutschen Verfassungsgeschiche*, p. 28, sur les concessions analogues de bénéfices que les comtes faisaient à leurs subordonnés.

royal (316) : la fonction publique était dans le patrimoine du roi, comme les *villæ* fiscales, et pouvait en être détachée de la même manière. La langue juridique du IX<sup>e</sup> siècle fournit la preuve très claire de cette assimilation : les mots *honor*, qui signifie la charge publique, et *beneficium*, qui désigne le bénéfice, deviennent véritablement synonymes et sont souvent pris l'un pour l'autre (317). C'est des *bénéfices-honneurs*, et seulement de ceux-là, que s'occupe le capitulaire de Kiersy-sur-Oise (318). Voilà comment se formèrent les grandes seigneuries féodales, et il en est un assez grand nombre pour l'histoire desquelles on peut remonter jusqu'à la fin du IX<sup>e</sup> siècle. Mais il faut remarquer que, tandis que les comtes acquéraient ainsi le pouvoir à titre propre, sauf à entrer nécessairement dans la vassalité du roi, d'autre part, par un procédé semblable, il se restreignait entre leurs mains : un certain nombre de leurs inférieurs ou suppléants voyaient aussi s'accomplir à leur profit l'appropriation de leur charge, et souvent des *seniores* s'interposaient entre eux et leurs *pagenses*.

## IV

Déjà sous les Mérovingiens, plus fréquemment encore sous les Carolingiens, les établissements ecclésiastiques et parfois aussi les grands propriétaires laïques obtiennent d'étranges concessions appelées *immunitates*, *chartes d'immunité* (319). Elles ont pour objet de faire de leurs domaines une sorte d'enceinte réservée, dont l'entrée est interdite aux agents du pouvoir public (320). Voici, en effet, les principales clauses que contiennent ces chartes. Elles défendent aux *judices*, et par là, il faut entendre tous les fonctionnaires royaux, de s'introduire sur le territoire de l'immunité : 1° pour y rendre la justice ou tenir des assises (321); 2° pour lever

(316) Ci-dessus, p. 60 et suiv.

(317) Roth, *Beneficialwesen*, p. 432; — Bourgeois, *Le capitulaire de Kiersy*, p. 129.

(318) *Secus*, M. Bourgeois, *op. cit.*, p. 129 et suiv.

(319) Sur les immunités, voir : Flach, *Les origines de l'ancienne France*, t. I, p. 91 et suiv.; — Beauchet, *Histoire de l'organisation judiciaire*, I, c. III, II, c. V; — Fustel de Coulanges, *L'immunité mérovingienne*, dans la *Revue historique*, 1863 , *Le bénéfice et le patronat*, p. 336 et suiv.; — Prost, *L'immunité*, dans la *Nouvelle revue historique de droit*, 1883, p. 113 et suiv., 262 et suiv.; — Brunner, *Deutsche Rechtsg.*, § 94. — Maurice Kroell, *L'immunité franque*, 1910. Le travail complet et intéressant de M. Kroell établit une distinction profonde entre l'immunité mérovingienne et l'immunité carolingienne. Nous croyons qu'il y a là une véritable exagération. Sans doute certains traits de l'institution ont été précisés et développés sous les monarques carolingiens, qui ont aussi cherché à mieux réglementer ce régime étrange, comme ils l'ont fait pour les institutions similaires. Mais, à mes yeux, l'institution de l'immunité franque présente une unité fondamentale au cours de son histoire. Je crois aussi qu'aux diverses époques il y a eu concurremment plusieurs types, assez distincts, de l'immunité.

(320) Voyez les formules d'immunité : de Rozière, n<sup>os</sup> 16 et suiv.

(321) De Rozière, form. 17 : **Ad** causas judiciario more audiendas vel discutiendas. »

les impôts ou la part des compositions due au roi (*fredum*) (322), 3° pour réclamer le gîte ou les vivres dus aux envoyés du roi (323); 4° pour exercer d'une façon générale aucun acte de contrainte ou d'autorité (324). Cela jette un jour singulier sur le droit public de cette époque. On y voit qu'on considérait alors comme un précieux avantage d'être soustrait à l'action des agents du pouvoir royal, ce qui montre que l'administration était plus oppressive que tutélaire; on voit, en même temps, que le pouvoir royal accordait volontiers une semblable exemption, ce qui montre comment il comprenait sa mission. Mais ces textes posent un double problème; il faut se demander : 1° quelle fut l'origine de ces concessions; 2° quelle était la situation faite par elles aux habitants de l'immunité.

Quelle que fût la facilité avec laquelle le pouvoir royal renonçait alors à ses attributs, même essentiels, il dut y avoir une cause particulière qui provoqua ces concessions et les rendit naturelles.

Cette condition singulière ne fut point inventée de toutes pièces et à un jour donné. Ses premiers éléments remontent à l'empire romain, où ils constituaient une branche abusive, mais compréhensible de l'administration impériale. Ce régime se transmit, ou plutôt continua, quant à l'administration des domaines fiscaux mérovingiens et carolingiens, et dans la Monarchie franque il passa en s'aggravant, aux grands domaines des particuliers.

Le mot *immunitas* avait d'abord désigné dans l'empire l'exemption partielle ou totale des impôts. Cette exemption, aux derniers siècles de l'empire d'Occident, avait été accordée aux fermiers principaux (*conductores*), aux cultivateurs libres et aux colons des domaines impériaux. Remise des *extraordinaria* ou *sordida munera* leur fut d'abord accordée, puis l'exemption de tous les impôts proprement dits. Les habitants du grand domaine impérial ne durent plus sans doute que, les uns (les *conductores*) leur prix de ferme, les autres leur *canon* ou *census* emphytéotique ou colonaire. Mais ce n'était pas le seul trait que présentaient les domaines fiscaux. Ils étaient administrés par des *procuratores*, qui étaient des agents impériaux, ayant au-dessus d'eux des *rationales*, *rationales rei privatæ*. Sans doute, en principe, ce n'étaient là que des agents fiscaux, mais ils devaient cependant maintenir la paix, faire la police sur le grand domaine, qui échappait à l'action des magistrats municipaux. Ils avaient une puissance de fait considérable, presque absolue, sur la population, souvent nombreuse, du

(322) De Rozière, form. 24 : « Nec freda aut tributa .. aut telonea... tollere. »
(323) De Rozière, form. 16 : « Nec mansiones aut paratas. tollere non præsumatis. »
(324) De Rozière, form. 20 : « Nec eos de quaslibet causas distringendum. » — Le mot *distringere* désigne tout acte de contrainte, d'autorité, de réquisition.

grand domaine : esclaves, colons ou hommes libres. Comment ces
pauvres gens auraient-ils pu réclamer efficacement ? Nous en avons
bien la preuve dans la plainte adressée à Hadrien par les *colons*
du *Saltus Burunitanus*, que les *conductores* opprimaient et mettaient à la torture (325). Au vᵉ siècle les empereurs Valentinien et
Valens condamnent à être brûlés vifs les *procuratores* qui oppri-
ment les habitants (326); mais la rigueur même des menaces légales montre qu'elles étaient vaines. La législation transforma en
partie cette puissance de fait en un pouvoir légal; et les termes
employés par elle sont souvent des plus suggestifs (327). La loi
attachait d'abord toute cette population de cultivateurs au domaine,
les hommes libres, comme les colons et les esclaves (328). Elle
reconnaissait implicitement au *procurator* le droit de juger les
litiges qu'avaient entre eux les membres de ce personnel; mais il
ne pouvait connaître des crimes proprement dits commis par eux.
Pour ces crimes le juge de droit commun, le *rector provinciæ*,
restait compétent; mais le procureur était tenu de faire comparaître devant le *præses* l'accusé, *exhibere*, *representare* (329), et
de l'assister, de surveiller l'affaire. Si un tiers intentait une action
contre un habitant du domaine, il devait s'adresser d'abord au
*procurator* pour obtenir justice et, si satisfaction ne lui était pas
donnée et que le défendeur fût un colon ou un homme libre,
l'affaire était bien portée devant le *rector provinciæ*, mais le défendeur était représenté par le *procurator*. Il en était de même si un
homme du domaine intentait une action contre un tiers (330). Le
but qu'on poursuivait en admettant cette représentation s'aperçoit
facilement : il importait de ne pas forcer les cultivateurs à des
déplacements, de les laisser à leurs travaux (331). Cette réglementation se comprenait fort bien dans son ensemble : le *procurator*

(325) Esmein, *Mélanges*, p. 293 et suiv.
(326) L. 9, C. J., III, 26 : « Universi fiduciam gerant ut si quis eorum ab actore rerum privatarum nostrarum sive ab procuratore vexatus fuerit injuriis, super ejus contu- meliis vel depredationibus deferre querimoniam... non dubitet... si in provincialem hanc audaciam quisquam moliri ausus fuerit publice vivus comburetur »
(327) Code de Justinien, III, 26 : « *ubi causæ fiscales vel divinæ domus* hominumque, ejus *agantur.* »
(328) L. I., C. J., *Ne rei dominicæ*, VII, 38 · « Sæpenumero præceptum est ut *servi atque liberi colonique* præterea rei nostræ, nec non etiam eorum soboles ac nepotes, quicumque de possessionibus nostris recessissent.. omni temporis definitione submota nostro patrimonio reddantur. »
(329) L. 8, C. J., III, 26 (Constantinus a. 355) : « Cum aliquid colonus aut servus rei privatæ nostræ contra disciplinam publicam asseratur perpetrare ad judicium rectoris provinciæ venire cogendus est, sic videlicet, ut præsente rationali vel procura- tore domus nostræ, inter eum et accusatorem causa tractetur et si facinus fuerit approbatum juris severitas exerceatur. » .
(330) Voyez sur ces divers points : Maurice Kroell, *L'immunité franque*, p. 12 et suiv.
(331) L. 7, C J., III, 26 (Constantinus ad Boulophorum rationalem summæ rei, a 318) : « Dominicis colonis et patrimonialibus gravitatem tuam censemus disceptatricem esse debere, duces enim et præpositos militum et castrorum et rectores provin- ciarum *vocandis et arcessendis colonis abstinere oportet* »

et ses supérieurs étaient des fonctionnaires impériaux; c'était toujours l'Etat qui exerçait par eux la puissance publique; les pouvoirs des juges de droit commun étaient seulem...t quelque peu
restreints en faveur d'autres fonctionnaires. Mais en même temps
la législation et la pratique romaines avaient créé un type d'administration qui dans la monarchie franque s'appliquera à bien
d'autres situations, aux *immunités*, aux *potestates*, au séniorat;
partant certains particuliers commandèrent comme des fonctionnaires publics.

Après la conquête de la Gaule par les Francs, les anciens
domaines impériaux, devenus domaines du roi franc, conservèrent
naturellement ce régime, qui ne pouvait, dans ce milieu nouveau,
que rendre plus forte la compétence exclusive de l'agent fiscal
qui les administrait.

Les domaines du roi formaient, pour leur administration, des
circonscriptions (*fiscus*), qui étaient placées sous l'autorité de
fonctionnaires ou *judices* particuliers. Le *judex*, ainsi placé à la tête
d'un *fiscus*, non seulement en était le régisseur et en recueillait
les revenus, mais, en même temps, il exerçait seul le pouvoir judiciaire sur les habitants et percevait, s'il y avait lieu, les revenus
publics (332). L'action du comte s'arrêtait à la frontière du
domaine fiscal, pour laisser la place libre à l'intendant royal.
Probablement, c'est cet état de choses qui fournit le modèle de
l'immunité (333). Lorsque le roi faisait donation de quelque portion de ses domaines, il accorda assez facilement qu'elle continuerait à être soustraite à l'action des comtes, comme elle l'avait été
quand elle appartenait au fisc. Puis, le type de l'immunité ainsi
créé, on put le transporter sur des terres qui n'avaient jamais fait
partie des biens fiscaux. Ce qui est certain, c'est que les textes
rapprochent souvent, en les soumettant à des règles communes, le
• *fiscus* et l'*immunitas* (334).

(332) Voyez le capitulaire *De villis*, c. iv, 52 et suiv., et le commentaire de Guérard,
p 96 et suiv. On peut remarquer que le c. xxix contient justement, par rapport aux
*villæ* royales, une des prohibitions dont profitent les immunités : « Et quando missi
vel legati ad palatium veniunt vel redeunt, nullo modo in curtes dominicas *mansio*
*naticas prendant.* »

(333) Schröder, *Deutsche Rechtsg.*, 6° édit., p. 214 et suiv. M. Brunner, qui expose
cette hypothèse avec sa force et sa clarté ordinaires, admet même (II, p. 254, 292)
que l'immunité propre aux terres fiscales se maintient toujours et de plein droit
au profit de celles de ces terres qui furent données par le roi en bénéfice, tandis que
la concession expresse de l'immunité serait nécessaire pour assurer celle-ci aux
terres royales données en toute propriété. L'idée sur laquelle il s'appuie, c'est que
les terres données en bénéfice sont toujours la propriété du roi. Cela est vrai, en un
sens; mais ces terres ne sont plus administrées par des fonctionnaires royaux, et dès
lors il faut une défense expresse pour en interdire dorénavant l'entrée aux *judices*
Les textes cités par M. Brunner (II, p. 192, note 28) ne me paraissent pas probants.

(334) Voyez, par exemple, l'édit de Pistes, c. xviii : « Si falsus monetarius... in
fiscum nostrum vel in quancumque immunitatem... confugerit. »

Quelle condition était faite aux habitants de l'immunité ? On peut dire en principe qu'ils restaient soumis aux charges, prestations et devoirs que leur imposait antérieurement l'autorité publique; mais le droit de leur commander et de les requérir pour l'accomplissement de ces obligations passait des officiers publics au maître du domaine ou à son représentant. Il reste à savoir si celui-ci servait seulement d'intermédiaire entre les hommes et le pouvoir royal, ou s'il commandait en son nom propre, pour son propre compte et à son profit personnel. La question est assez obscure et comporte des distinctions. Quant aux profits pécuniaires que percevait le pouvoir royal, *tributa*, *freda*, *telonea*, le propriétaire immuniste les perçoit à son profit; une clause de la charte les lui attribue presque toujours (335), et selon certains auteurs, c'est même la clause fondamentale et première de l'immunité, celle dont toutes les autres n'auraient été que la conséquence et la garantie (336). Le service militaire, au contraire, continue à être dû au roi par les habitants libres de l'immunité : c'est le propriétaire immuniste qui leur transmet la convocation et qui est tenu de les conduire à l'armée. Les évêques et les abbés sont ainsi tenus d'amener leurs contingents : cependant, parfois, une clause formelle de la charte d'immunité fait remise du service militaire (337).

Reste la justice. L'immuniste, par lui-même ou par ses intendants, l'exerçait à peu près dans les mêmes conditions que le

(335) Marculfe, I, 3; — de Rozière, 19 · « Quicquid exinde aut de ingenuis aut de servientibus ceterisque nationibus quæ sunt infra agros vel fines seu supra terras prædicte ecclesie commanentes, fiscus aut de freda aut undecunque poluerat sperare, ex nostra indulgentia pro futura salute in luminaribus ipsius ecclesie per manu agentium eorum proficiat in perpetuum. »

(336) Waitz, *op. cit*, II, 2, p. 339 et suiv. Il est certain que, dans les textes romains du Bas-Empire, le mot *immunitas* designe l'exemption des impôts ou des charges publiques. M. Kroell, *L'immunité franque*, p. 111 et suiv., a attiré l'attention sur deux diplômes accordés à des couvents du Mans et d'Angers et contenus dans les *Gesta episcorum Cenomanensium* Comme M J. Havet dans ses *Questions Mérovingiennes*, il en admet l'authenticité et y signale un curieux forfait quant aux impôts proprement dits · le couvent immuniste continuerait à verser certaines sommes en tenant lieu et fixées d'avance. Ce trait, qui ne peut guère avoir été inventé par un faussaire carolingien, est très intéressant et mériterait d'être étudié de plus près. M. Kroell étudie aussi trois chartes d'immunité accordées au monastère de Saint-Calais (p. 121)), qui sont muettes sur l'attribution des impôts à l'immuniste. Mais il me parait quelque peu aventureux lorsque de ces cinq pièces il tire cette conclusion (p. 121, 122) : « Ce qu'il y a de remarquable c'est qu'ils ne contiennent pas, comme les formules de Marculfe et les diplômes de l'Est et du Nord, l'abandon formel des revenus du fisc au propriétaire foncier... il est permis de croire que ce qui se passait au Mans et à Angers avait lieu aussi en fait à Saint-Calais et peut-être dans toute la région. Au contraire dans le Nord et l'Est de la Gaule, le roi montra plus de générosité, concédant à l'immuniste tous les revenus du fisc. » Ici encore je ne crois pas à l'existence de deux régimes régionaux opposés; mais il peut y avoir eu des différences individuelles. M. Kroell admet d'ailleurs (p. 114) que « partout les *freda* sont abandonnés à l'immuniste. »

(337) Waitz, *op. cit.*, p. 599 et suiv.

*procurator* des anciens domaines impériaux. Il jugeait les litiges
que les habitants avaient entre eux, quand il ne s'agissait pas de
crimes publics commis par eux; dans ce dernier cas il devait faire
comparaître l'accusé au tribunal du comte. Il recevait aussi les
réclamations dirigées contre les habitants par des hommes du
dehors; mais, si ceux-ci n'avaient pas satisfaction, l'affaire était
portée au tribunal du comte, ou du *missus*, où l'agent de
l'immunité représentait le défendeur. C'était au moyen de la
même représentation que les actions intentées par des habitants
de l'immunité étaient portées devant le juge compétent. Cette
juridiction, ainsi limitée, était reconnue par la loi; ceux qui la
rendent sont appelés *judices* dans les capitulaires. M. Brunner a
d'ailleurs très judicieusement fait remarquer que l'attribution des
*freda* à l'immunité contenait implicitement une attribution de juridiction. Ce régime était également une conséquence forcée de ce
que les *judices* royaux étaient exclus de l'*immunité* et ne pouvaient
s'y transporter pour y rendre la justice. Enfin certaines *cartæ
immunitatis* contiennent formellement, surtout sous les Carolingiens, l'attribution du droit de justice à l'immuniste. Mais ce qu'il
faut bien remarquer, c'est que jamais la législation carolingienne
n'abandonna entièrement en cette matière les droits de la puissance publique. Je ne saurais mieux faire que de reproduire ici
l'appréciation de M. Brunner : « La juridiction de l'immunité
s'étend juste dans la mesure où la justice publique a un caractère
pécuniaire : elle a compétence seulement pour les cas qui condui-
sent au paiement d'une composition ou de l'amende du ban
(*bannus*). Par suite elle est exclue pour le droit criminel. Dans les
cas où le juge agit d'office, c'est-à-dire dans le cas de flagrant
délit en matière de crime, le coupable doit lui être livré (338). Si
un tiers intente une poursuite criminelle contre un habitant de
l'immunité, la citation doit être adressée à l'*immuniste*, qui fait
comparaître l'accusé au tribunal du comte par l'intermédiaire de
son agent. De même les crimes qui se commettent entre habitants
libres de l'immunité doivent être portés au tribunal du comte, car
c'est là seulement que peuvent être prononcées contre eux des peines capitales ou corporelles. Pour les méfaits dont les non-libres
se rendaient coupables les uns à l'égard des autres, l'immuniste
en qualité de maître pouvait exercer la répression. Cependant, en
vertu des principes canoniques il était interdit aux immunistes
ecclésiastiques de prononcer des peines entraînant l'effusion de

---

(338) Cette remise est parfois qualifiée *extradition* La comparaison ne me paraît
pas exacte. Dans l'*extradition* des temps modernes ce sont deux Etats qui traitent de puissance à puissance. Dans la monarchie franque l'immuniste est un sujet
qui s'incline devant la puissance publique, qui, dans certains cas, n'exerce pas tous
ses droits envers lui.

sang. Les procès concernant la liberté, par lesquels la liberté d'un habitant était contestée soit par l'*immuniste*, soit par un autre habitant de l'immunité, soit par un tiers, devaient être vidés au tribunal du comte, tout au moins depuis qu'ils furent soustraits à la compétence du juge inférieur. Quant aux procès concernant la propriété proprement dite de la terre, la condition des habitants n'y donnait naturellement pas lieu. » Un peu plus loin M. Brunner ajoute : « La juridiction qui faisait défaut à l'*immuniste* coïncidait en substance avec celle qui était réservée au comte, par rapport au *Vicarius* ou *Centenarius*. Par conséquent la juridiction qui appartenait à l'*immuniste* était celle qui appartenait au *Vicarius* ou *Centenarius*. Lorsqu'au commencement du IX⁰ siècle cette dernière fut restreinte, cette réforme n'exerça pas son influence sur toutes les juridictions d'immunité alors existantes, si bien qu'ils subsista des exceptions, qui étaient des survivances de l'ancienne compétence traditionnelle. » (339). Ce sont des constatations qu'il est utile d'enregistrer.

Cette juridiction des grands propriétaires immunistes n'avait d'ailleurs rien de très particulier dans la monarchie franque; elle appartenait en principe à tous les grands propriétaires sur les habitants de leur domaine qui, envisagé à ce point de vue, s'appelle une *potestas* (340). La *potestas* quant au droit de juridiction équivaut à l'*immunitas* et les textes sont clairs à cet égard depuis l'Edit de Clotaire jusqu'à l'Edit de Pistes (341). D'où est venu le droit du maître de la *potestas* ? M. Brunner, dans un très intéressant chapitre (342), le rattache à la responsabilité légale qui, d'après les principes germaniques, incombait au maître de maison, quant aux méfaits de ceux qui habitaient la maison; du propriétaire, quant aux actes de ses esclaves et de ses colons. Cette responsabilité aurait été étendue ensuite aux actes des hommes libres, auxquels des terres du domaine auraient été concédées. De la responsabilité serait né le droit de correction, de juridiction sur les personnes dont on était responsable (343). Que cet élément ait

(339) *Deutsche Rechtsgeschichte*, t. II, p. 300, 302.

(340) Ce mot, à nos yeux, désigne simplement le domaine d'un *potens*: ci-dessus, p. 27 Cependant on pourrait se demander s'il ne vise pas la *potestas dominica*, le droit du *potens* ayant commencé par le pouvoir qu'il avait sur les esclaves. Voy. *Cap. de latronibus* (Boret., I, p. 181), c. 9 : « Ut si servi invicem inter se furtum fecerint *et in una fuerint potestate*, domini eorum habeant licentiam faciendi justiciam; si vero de foris accusator adversus eum serrexerit, quæ ad latrocinium pertinent habeant missi nostri de hoc licentiam faciendi justiciam. » Mais je crois que même dans ce texte, *potestas* désigne le grand domaine.

(341) Edit de Clotaire II de 614, c. 14, 15 (Boret., I, p. 22). *Edictum Pistense*, c 8 « Si falsus monetarius in fiscum nostrum vel in qualemcumque immunitatem *aut alicujus potentis potestatem vel proprietatem* confugerit. » Cf. cc. 19, 20.

(342) T II, § 94.

(343) M. Sée fait au contraire dériver la responsabilité de la juridiction qu'il suppose preexistante, *op. cit.*, p. 108.

exercé quelque influence, cela paraît probable : il est certain que l'homme qui n'avait point de terre lui appartenant en propre ne donnait au ix<sup>e</sup> siècle aucune prise à la puissance publique, quant à la *districtio* que celle-ci prétendait exercer sur lui; il fallait bien s'en prendre au grand propriétaire qui conservait la propriété de la terre qu'il lui avait concédée.

Mais la cause principale, capitale, qui opéra, ce fut l'état de fait que nous avons signalé au profit des *potentes* dans l'empire (344). L'espèce de juridiction qui en était résultée, non reconnue par la législation romaine, est admise au contraire par la législation de la monarchie franque (345). En même temps, comme l'a montré M. Brunner (346), on reconnut à l'homme puissant le droit de représenter en justice les hommes qui dépendaient de lui. Son pouvoir sur eux était alors qualifié *Mithio* (347), et ces personnes étaient dites *Sperantes*, ceux qui espéraient en lui.

M. Brunner, reproduisant encore ici la distinction qu'il établit entre la partie de la monarchie franque où dominait le droit germanique et celle qui restait sous l'influence du droit romain, n'applique sa théorie sur l'origine de ces juridictions privées qu'à la première zone. Pour la seconde (p. 285, 286) il admet que la juridiction des *potentes* dérive des pratiques romaines du Bas-Empire; il veut même lui trouver une origine légale. Elle viendrait de ce que « les grands propriétaires étaient ordinairement nommés *assertores pacis*, fonction sur laquelle nous savons fort peu de chose, et après la conquête ils auraient conservé ce pouvoir ». Ailleurs, les églises auraient fait du *defensor civitatis* un fonctionnaire ecclésiastique. C'est à raison de cette puissance déjà acquise à l'époque gallo-romaine que, suivant le même auteur (p 299), « sûrement ce n'est point par hasard que les *cartæ immunitatis* qui attribuent juridiction à une église ou à un *judex privatus (Vogt)* se rapportent, non aux pays gallo-romains, mais aux régions dont la population est germanique ou à l'Italie. Le fait, qui reste d'ailleurs étonnant, que les plus anciennes *cartæ immunitatis* ne parlent pas d'une juridiction de l'immuniste (348) et développent seulement le caractère négatif de l'immunité ou tout au plus l'attribution des revenus publics (349), devrait s'expliquer

---

(344) Ci-dessus, p. 27.

(345) Je ne crois point, comme M. Kroell, op cit, p. 21, que les *potentes* dans l'empire prirent pour modèle l administration des domaines fiscaux et s'efforcèrent d'usurper les mêmes droits. Ce sont les conditions du milieu qui ont naturellement produit cet état de choses.

(346) *Deutsche Rechtsgeschichte*, t. II, p 276 et s.

(347) Je croirais que le mot *mithio* se ramène à une corruption du mot *medio*, et signifie que le potens sert d'intermédiaire à ces *Sperantes*; cf., le mot *meta* chez les Lombards. Cf. Brunner, *Mithio et sperantes*, Berlin, 1884.

(348) Ci-dessus, p 131.

(349) La concession formelle de la juridiction à l'immunité nous paraît être une précision qui s'introduirait après coup.

par l'état de fait dans lequel les grandes églises romaines se trouvaient avant les concessions d'immunité. Il a été exposé plus haut (p. 285) comment ces églises possédaient la juridiction dès l'époque romaine et comment les droits de l'église sur les habitants de ses domaines dépassaient sur bien des points ceux qui appartenaient au propriétaire foncier (*Grundherrlichkeit*) d'après le droit germanique... Pour elles l'immunité était seulement le cadre (*Rahmen*) dans lequel la juridiction privée qu'elles possédaient déjà était incorporée à la constitution de la monarchie franque et étaient réglés leurs rapports avec les fonctionnaires » (350). Mais les grandes églises de l'Est avaient sans doute joui de la même condition que les autres dans le monde romain et lorsqu'elles furent rétablies, après la christianisation de la population germanique dans ces régions, elles durent reprendre leurs anciens droits. Elles vivaient *secundum legem romanam* et non d'après le droit germanique. Le plus vraisemblable d'ailleurs n'est-il pas que les Francs, ou autres barbares, devenus grands propriétaires en Gaule, après les invasions, imitèrent, sur ce point comme sur les autres, l'administration des grands propriétaires gallo-romains, qui était au moins représentée dans l'Est et le Nord par celle des *villæ* royales. Enfin la *potestas* franque dérivait tout naturellement de la condition de fait acquise par le *potens* gallo-romain. N'est-ce pas l'hypothèse la plus simple et la mieux appuyée ?

Quoi qu'il en soit, nous avons déjà constaté certains rapports de droit qui y conduisaient naturellement; certains textes montrent cette juridiction fonctionnant déjà dans la seconde moitié du IXᵉ siècle (351). Tout cela, ce sont presque déjà les justices féodales : cependant, elles sont encore dominées par le pouvoir royal, qu'elles ne font que suppléer et qui les contrôle; mais ces derniers liens de dépendance ne tarderont pas à se dénouer.

(350) *Deutsche Rechtsgeschichte*, t. II, p. 299.
(351) Hincmar de Laon, dans un passage plus haut cité (147, note 1), raconte comment il a fait citer et juger devant lui son vassal Ragenardus. Un des griefs qu'il avait contre ce dernier consistait en ce que Ragenardus lui-même ne rendait pas la justice à ses hommes; *Hincmari Opera* (édit. Sirmond, II, p. 611 : « Justitiam de suis qui de illo reclamabant hominibus villanis reddere nunquam voluerit. »

# CHAPITRE IV

## L'Eglise dans l'empire romain et dans la monarchie franque.

———————

La condition de l'Eglise demande un chapitre à part dans les origines du droit français, parce que, pendant des siècles, l'Eglise n'a pas seulement représenté une croyance et un culte, une association religieuse; elle constituait aussi une véritable organisation politique. Par un enchaînement particulier de causes et de circonstances, elle était arrivée, quoique comprise dans un ou plusieurs Etats, à s'organiser elle-même comme un véritable Etat et à en exercer les attributs : elle avait, dans son clergé, une hiérarchie complète de magistrats; elle avait acquis d'immenses biens; elle s'était fait une législation propre qu'elle parvenait souvent à faire adopter par le pouvoir séculier lui-même; elle avait des tribunaux qui statuaient sur les procès civils ou criminels, qui prétendaient exclure la justice séculière dans certains cas, et, dans beaucoup d'autres, fonctionner en concurrence avec elle. Par là, elle devint un facteur important pour le droit public et pour le droit privé. La cause première de ce développement, cette cause dont les effets devaient être si puissants et si durables, c'est la position qu'elle a été amenée à prendre dans l'empire romain.

## § 1er. — L'ÉGLISE DANS L'EMPIRE ROMAIN (1).

L'Etat romain, tant qu'il resta païen, avait eu un culte national et un sacerdoce entouré de grands honneurs; mais ce sacerdoce n'avait jamais empiété sur la puissance civile. D'un côté, ces prêtres étaient peu nombreux; d'autre part, on en arriva, sous la République, à les faire élire par le peuple; et ces sacerdoces étaient brigués par les mêmes hommes qui recherchaient les magistratures civiles : souvent le même personnage était successivement pontife et magistrat. Les sacerdoces et les magistratures dérivaient de la même

---

(1) Sur la condition de l'Eglise dans l'empire romain, voyez Ed. Lœning. *Geschichte des deutschen Kirchenrechts*, 1878, t. I.

source et ne pouvaient constituer des pouvoirs rivaux. Mais, lorsque le christianisme fut officiellement reconnu dans l'empire, sous Constantin et ses successeurs, il en résulta un rapport tout nouveau entre le culte et l'Etat. La religion qui était admise ainsi à la vie légale avait trois siècles d'existence indépendante, pendant lesquels elle s'était puissamment constituée en se donnant des organes qui devaient remplacer pour ses fidèles les organes de l'Etat. Par la reconnaissance officielle, cette organisation fut maintenue et légalisée et continua à fonctionner, sous le contrôle de l'Etat, mais en concurrence avec l'action des pouvoirs publics. Cette union singulière fut, en quelque sorte, imposée par les circonstances.

Pendant les trois premiers siècles de l'ère chrétienne (2), passant par des alternatives de tolérance et de persécution, les communautés chrétiennes s'étaient rapidement développées, cherchant surtout à profiter des lois romaines sur les associations, qui permettaient librement les sociétés de secours mutuels parmi les petites gens, les *collegia tenuiorum* (3). Elles s'étaient organisées de manière à vivre d'une vie propre, en dehors de l'Etat païen, aux services duquel elles s'efforçaient de ne jamais recourir; les chrétiens de plus en plus se désintéressaient de la société civile pour se rattacher uniquement à l'Eglise, qui, pour eux, remplaçait l'Etat. Il y avait là pour l'empire un immense danger; le christianisme soutirait ses forces vives : pour faire cesser ce dualisme épuisant et pour reconstituer l'unité de la patrie, Constantin annexa l'Eglise à l'Etat, en lui donnant l'existence officielle, en lui conférant des privilèges qui n'étaient d'ailleurs, pour la plupart, que la reconnaissance en droit des pouvoirs que précédemment elle exerçait en fait. Mais il n'absorba point l'Eglise dans l'Etat; il y eut entre eux une union très étroite; les évêques devinrent des autorités publiques, les conseillers de l'empereur ; l'empereur exerça un pouvoir de contrôle sur l'Eglise, mais elle conserva son organisation propre et largement indépendante. D'ailleurs, sous Constantin, régna la liberté de conscience : il y eut, dans l'empire, deux cultes officiels et égaux, l'ancien culte national et païen, et l'Eglise chrétienne. Ce n'est qu'au cours

(2) Sur cette période, voir Duchesne, *Histoire ancienne de l'Eglise*, 3 vol. 1906-1910; — Von Achelis, *Das Chistentum in den ersten drei Jahrhunderten*, 2 vol., 1912, Leipzig; — Harnack, *Die Mission und Ausbreitung des Christentums in den drei ersten Jahrhunderten*, Leipzig, 3ᵉ édit., 1915.

(3) Cette opinion due à Rossi *(Roma sotterranea*, I, p. 101) est assez vivement combattue aujourd'hui. (Voir Duchesne, *Hist. ancienne de l'Eglise*, I, p. 384, — Neubecker, *Vereine ohne Rechtsfähigkeit*, 1, § 25; — Saleilles, *L'organisation juridique des premières communautés chrétiennes, Mélanges Girard*, 1912, II. Les communautés seraient seulement des associations de fait, qui, bien que non autorisées et à ce titre illégales, jouissaient, comme les autres associations dans le même cas, en dehors des périodes de persécutions, d'une large tolérance. Suivant Saleilles cette tolérance allait jusqu'à leur reconnaître la propriété collective des biens qu'elles détenaient en fait Pour Neubecker, les églises possédaient juridiquement par personnes interposées.

du IVe siècle que cet équilibre fut rompu et que, sous l'influence de l'Eglise, les lois des empereurs prohibèrent et proscrivirent le paganisme (4). Disons quelle fut dans l'empire l'organisation de l'Eglise et quels furent ses privilèges.

I

Tout en s'organisant à l'écart de l'Etat, l'Eglise avait utilisé, pour son organisation, les circonscriptions administratives de l'empire. Après une première période de tâtonnements, l'unité constitutive de cette organisation devint l'évêché, et en principe, il fut établi un évêque dans chaque *civitas* (5). Autour de lui se forma un clergé composé de fonctionnaires ecclésiastiques nommés par lui (6). Mais ce clergé, comme l'évêque, fut d'abord cantonné dans la ville; l'organisation ecclésiastique, comme le régime municipal romain, eut ainsi un caractère urbain très accentué. Cependant, il s'établit ensuite des chapelles ou oratoires dans les petites agglomérations situées en dehors des villes, avec un prêtre ou un diacre délégué par l'évêque. On trouve de ces établissements en Gaule dès la fin du IVe siècle. Les évêchés des diverses *civitates* comprises dans une même province de l'Empire formèrent, par imitation de la hiérarchie civile, une province ecclésiastique, et l'évêque du chef-lieu de cette province acquit aussi, par la même cause, sous le nom de métropolitain, une certaine autorité sur les évêques des autres *civitates* (7). Dès le IVe siècle, l'autorité des métropolitains était établie en Gaule. Enfin, tandis que certains métropolitains acquéraient en Orient une dignité spéciale, sous le nom de patriarches ou primats, l'évêque de Rome, grâce au prestige de la capitale ancienne du monde romain, devenait peu à peu le chef reconnu de l'Eglise entière : son autorité était pleinement reconnue en Gaule au Ve siècle (8). A côté de ces magistratures permanentes, l'Eglise avait aussi ses assemblées délibérantes et législatives, composées d'évêques réunis en *concilium* ou synode. De ces conciles, les uns étaient

(4) Voyez les lois contenues au Code Théodosien, XVI, 10, *De sacrificiis, paganis et templis*, et au Code de Justinien, 1, II. *De paganis, sacrificiis et templis*.
(5) Cette correspondance entre la *civitas*, unité administrative, et l'évêché était un principe bien arrêté au Ve siècle; le concile de Chalcédoine ordonne que si le territoire d'une *civitas* est démembré par l'autorité impériale, qui en fait deux *civitates* distinctes, l'organisation du clergé doit être modifiée en conséquence, c. XVII (Bruns, *Canones*, I, p. 30). Sur la formation de l'épiscopat, voyez Sohm, *Kirchenrecht*, 1892, t. I, § 13 et suiv., particulièrement p. 164 et suiv. — Jean Réville, *Les origines de l'épiscopat, Bib. de l'Ecole des hautes études, Sciences religieuses*, V.
(6) Ce sont ceux qui formeront la hiérarchie des ordres majeurs et des ordres mineurs : *presbyteri, diaconi, subdiaconi, lectores, ostiarii, exorcistæ, acolytæ*.
(7) Sur la formation de l'organisation métropolitaine, Sohm, *Kirchenrecht*, § 30.
(8) Sohm, *Kirchenrecht*, § 31.

généraux, où étaient appelés à siéger tous les évêques de la chrétienté, et le premier fut celui de Nicée, convoqué en 325 par l'empereur Constantin lui-même. Les autres étaient particuliers, ne comprenant que les évêques d'une région déterminée : les plus réguliers de ceux-là étaient les synodes provinciaux, où le métropolitain réunissait périodiquement ses évêques suffragants (9).

Toute cette organisation fut reconnue comme une institution legale par Constantin et ses successeurs. Mais, en même temps, l'empereur acquit sur elle, en l'annexant à l'Etat, un pouvoir de surveillance et de contrôle : il était, comme on dira de bonne heure, l'*évêque du dehors* (10). Mais la législation impériale 'n'intervint que très discrètement pour limiter le libre recrutement du clergé, ou l'action propre de l'Eglise. Pour ce qui est de l'entrée dans le clergé, elle la défendit seulement à deux classes de personnes, qu'il importait de conserver dans leurs fonctions civiles : les curiales (11) et les colons ou esclaves agricoles (12). Ils assuraient, les uns l'administration, et les autres le pain de l'empire. Mais les lois multiples qui statuent sur cette matière, validant souvent par mesure transitoire les entrées irrégulièrement admises, montrent que ces prohibitions étaient mal observées. Quant aux esclaves, quels qu'ils fussent, l'Eglise avait pris les devants (13) : elle ne les admettait dans ses rangs qu'avec le consentement du maître, qui devait alors les affranchir. Pour le choix des évêques, sans entrer dans l'examen des pratiques suivies à cet égard dans les premiers temps de l'Eglise, il faut constater qu'au vᵉ siècle l'évêque de chaque *civitas* était élu par le clergé et le peuple de la cité, dans une assemblée présidée d'ordinaire par les autres évêques de la même province (14).

(9) Cf. Sohm, *Kirchenrecht*, §§ 22-27. Sur les résistances que rencontra en Gaule l'exercice de cette autorité, voir Babut, *Le concile de Turin*, thèse lettres, Paris, 1904.

(10) Eusèbe, *Vita Constantini*, IV, 24. Le sens traditionnellement attribué à cette expression a été contesté par M. Babut. Elle signifierait, non pas que Constantin était évêque pour les *choses* du dehors, mais pour les *gens* du dehors, c'est-à-dire qu'il commandait à tous ses sujets, païens comme chrétiens, *Rev. crit. d'hist. et de litt*, 1909, II, 362.

(11) L. 3, C. Th., XVI, 2; L. 46, 59, 99, C. Th. XII, 1.

(12) L. 4, 12, 16, C. J., I, 3.

(13) *Canones apostolorum*, c. lxxxi (Bruns, I, p. 12).

(14) Voyez les textes rassemblés au Décret de Gratien (1ʳᵉ partie), D. LXIII, spécialement les c. xi et xix. On est loin d'être d'accord sur l'origine des élections épis copales; deux opinions principales sont en présence, qui comportent d'ailleurs plusieurs variantes. Selon les uns, l'élection de l'évêque n'appartiendrait pas aux primitives institutions de l'Eglise : elle se serait introduite relativement assez tard, vers la fin du ivᵉ siècle en ce qui concerne la Gaule. Elle proviendrait de l'influence du régime municipal romain sur la société religieuse. L'Eglise se serait alors confon due avec la cité. Celle-ci « élisait ses magistrats, elle voulut élire son évêque le jour où l'évêque devint en fait son magistrat; les comices religieux remplacèrent les comices politiques ». Ces derniers mots sont empruntés à M. Imbart de La Tour,

Cette élection, dont les règles et les formes paraissent avoir été assez peu précises, ne produisait d'ailleurs effet qu'autant qu'elle avait été confirmée par le métropolitain : c'était alors seulement qu'intervenait la consécration (15). Le pouvoir impérial n'entama que faiblement cette liberté. Depuis le règne de Théodose Ier, il nomma directement le patriarche de Constantinople, mais il n'intervenait pas en principe dans les élections des évêques en Occident (16). En cas d'élection contestée, il intervenait seulement pour trancher la difficulté, statuant directement ou déférant à un synode la connaissance du litige. Lorsque des conciles importants se réunissaient, c'était toujours avec l'autorisation impériale, souvent sur une convocation impériale, et l'Empereur, lorsqu'il ne présidait pas lui-même, y envoyait ses commissaires avec des instructions expresses.

Les élections épiscopales dans l'Eglise de France du IXe au XIIe siècle, Paris, 1891, p. 55 et suiv. : dans le même sens, Fustel de Coulanges. La monarchie franque, p 505 et suiv.; cf. Hatch, Die Gesellschaftsverfassung der christlichen Kirchen im Alterthum, Giessen, 1888, p. 129. — Mais cette opinion est peu solide La primitive Eglise pouvait bien emprunter à l'administration romaine ses circonscriptions; elle ne lui empruntait point ses pratiques. De plus, à l'époque où MM. Fustel et Imbart placent l'introduction des élections épiscopales, les élections municipales avaient perdu leur vitalité; elles ne se faisaient plus que dans la curie et se ramenaient le plus souvent à un simple roulement entre les principaux curiales. Elles ne peuvent donc alors avoir servi de modèle; tout au plus pourrait-on songer à l'élection du defensor civitatis; mais il est plus vraisemblable que celle-ci se modela sur l'élection même de l'évêque. Aussi l'autre opinion considère-t-elle à juste titre cette élection comme tirant son origine de la coutume des anciennes communautés chrétiennes. Mais les uns l'expliquent simplement par l'idée que ces petites communautés formaient naturellement des groupes autonomes et démocratiques où l'assemblée des fidèles était l'organe du gouvernement; Loening, Die Gemeindeverfassung des Urchristenthums, Halle, 1889, Weizäcker. Das apostoliche Zeitalter der christlichen Kirche. M. Sohm au contraire rattache cette élection à la direction religieuse propre à l'ancienne ecclesia chrétienne; et il est certain qu'en se plaçant à ce point de vue il explique avec une logique singulière le développement et les règles si particulières de ces élections (Sohm, Kirchenrecht, § 7, p. 56 et suiv.; § 23, 24, p. 271 et suiv.). Il faut ajouter que tandis que l'élection par le clergé et le peuple, pleinement établie au IIIe siècle, se développait et se maintenait en Occident, en Orient au contraire une réaction se manifestait contre elle à la fin du IVe siècle, qui aboutissait à faire nommer l'évêque par un synode composé seulement d'évêques (Sohm, Kirchenrecht, p. 274 et suiv.). — Cf. Esmein dans la Revue de l'histoire des Religions, 1895, p. 44, Esmein, L'unanimité et la majorité dans les élections épiscopales, dans les Mélanges Fitting.

(15) Au Décret de Gratien, c. I, D. LXIV; c. IX, D. LXIII; c. I, D. LXII. D'abord c'étaient les évêques voisins qui proclamaient l'élection et l'approuvaient avant de procéder à l'ordination; le droit du métropolitain date du IIe siècle (Sohm, Kirchenrecht, p. 273, 274).

(16) Dans ce sens, Loening, op. cit., t. I, p. 122 et suiv. Voyez aussi la tradition sur l'élection de saint Ambroise et le refus de Valentinien Ier de désigner alors l'évêque, c. III, D. LXIII. — Cependant on peut remarquer qu'après la chute de l'empire d'Occident, dans les divers royaumes fondés par les barbares, le roi se réserve le droit de confirmer les élections d'évêques. Nous le constaterons bientôt pour la monarchie franque, la même chose est constatée chez les Lombards (c. IX, D., LXIII et chez les Wisigoths d'Espagne (c. XXV, D. LXIII). Cela pourrait faire supposer une pratique analogue dans l'empire romain.

## II

L'Église reçut des empereurs chrétiens de nombreux et importants privilèges. Les uns concernaient les clercs individuellement considérés : c'est ainsi qu'ils furent exemptés des charges personnelles, *personalia et sordida munera*, qui pesaient d'un poids si lourd sur les sujets de l'Empire (17); mais leurs biens restèrent soumis à l'impôt (18). Les autres privilèges concernaient l'Eglise considérée comme corps et les établissements ecclésiastiques; les deux principaux sont un patrimoine et une juridiction.

Constantin accorda aux églises, ainsi investies de la personnalité civile, le droit d'acquérir des biens. Les temples païens avaient joui de ce privilège, mais dans une mesure restreinte : les églises furent déclarées capables d'acquérir toutes sortes de biens, par disposition testamentaire aussi bien que par acte entre vifs (19), et cela sans limitation et sans contrôle de la part de l'Etat (20). C'était pour elles une conquête des plus précieuses; car, jusque-là, elles n'avaient pu acquérir des biens en propre et n'avaient possédé que sous le couvert des clercs ou des fidèles (21). Constantin fit plus encore : il constitua un premier fonds à l'Église de chaque *civitas*, en lui attribuant, à titre de dotation, une partie des biens ou des revenus de la cité elle-même (22); plus tard, ce fonds fut grossi par les biens des temples païens supprimés. Mais quelle que soit la portée de ce privilège, il était moins exorbitant que le pouvoir de juridiction, quoique très limité, qui fut accordé à l'Église. Il y avait là un véritable abandon d'un des attributs essentiels de la puissance publique; mais cela résulta naturellement des conditions dans lesquelles se fit la reconnaissance de l'Eglise.

Aucune société ne peut exister sans une organisation de la justice plus ou moins complète. Les communautés chrétiennes qui voulaient vivre, isolées et indépendantes dans le monde païen, en écartant toute intervention de l'État, avaient dû nécessairement

(17) L. 2, 8, 10, 36, C. Th., XVI, 2.

(18) Eusèbe, *Historia ecclesiast*, X, 7, p. 432; L. 3, C. J., I, 3. Ils furent seulement exemptés des taxes perçues sur les négociants, quand ils faisaient le commerce; L 8, 5, 10, C. Th., XVI, 2; mais voyez aussi les lois 11 et 16, C. Th., XIII, 1, qui restreignent. puis suppriment cette exemption.

(19) L. 4, C. Th , XVI, 2.

(20) Mais l'impôt continuait à peser sur les biens de l'Eglise (L. 2, 3, 11, C. J., I, 3 ; L 5, *ibid.*, L. 11, C J., I, 2 ; L. 21, *ibid.*, XII, 51 (52).

(21) Sur la question du sujet de la propriété des biens d'Eglise avant et après Constantin, voir Saleilles, *L'organisation juridique des premières communautés chrétiennes*, *Mélanges Girard*, II, 1912; — Knecht, *System des justinianischen Vermögens rechts*, 1905 ; — Lesne, *Histoire de la propriété ecclésiastique en France*, I, p. 1 et suiv., Paris, thèse lettres, 1910 — Chénon, *Les conséquences juridiques de l'édit de Milan*, *Nouv. revue hist de droit*, 1914. Cf. *supra*, p. 141, n. 3.

(22) Esmein, *Mélanges*, p. 398 et suiv.

organiser une juridiction propre, pour réprimer les délits qui se commettraient dans leur sein et trancher les litiges civils qui s'élèveraient entre leurs membres : c'était le seul moyen d'écarter l'action des juges de l'Empire. Elles arrivèrent à ce but de deux façons :

1° Elles établirent une répression disciplinaire énergique sur leurs membres. Le chrétien qui commettait un délit était dénoncé à la communauté, qui, s'il était convaincu et ne s'amendait pas, pouvait l'expulser. Dès les premiers temps, dans les Epîtres de saint Paul, dans les Evangiles et dans la lettre de Pline sur les chrétiens, plus tard dans l'*Apologétique* de Tertullien, on trouve la constatation très nette de cette répression (23). Dans le cours du III° siècle, le pouvoir de répression passa de l'assemblée des fidèles à l'évêque, et ses conditions d'exercice se précisèrent : pour y donner lieu, il fallait un péché grave et public (24). Nous voyons ainsi dans des textes anciens l'évêque administrant cette juridiction disciplinaire. infligeant des pénalités dont la principale était l'excommunication (25);

2° Lorsqu'il s'agissait d'un litige entre deux chrétiens, la tendance, dès les premiers temps, fut de substituer au jugement par le tribunal païen un arbitrage entre frères. C'est là ce que recommandait déjà saint Paul (26). Ces arbitrages furent portés d'abord devant la communauté réunie, puis devant l'évêque (27), qui, ici encore, succéda au pouvoir de l'assemblée. Ici même, l'intervention de l'évêque pouvait prendre une forme juridique, d'après les règles du droit romain qui reconnaissait l'arbitrage. Mais il fallait pour cela l'accord des deux parties. Il fallait, en outre, pour que le compromis (28) fût reconnu par le droit romain, qu'il se présentât revêtu de certaines formes, dont la plus usuelle était l'emploi de la stipulation. Enfin, la sentence de l'arbitre n'était pas exécutoire par l'autorité publique; celle des deux parties qui refusait de l'exécuter pouvait seulement être condamnée à une peine pécuniaire, stipulée dans le compromis, ou à des dommages- intérêts (29).

Après la reconnaissance officielle de l'Eglise, sous les empe-

---

(23) *I Corinth.*, c. v., v 1-7 ; — *Matth.*, xviii, v. 15-17 ; — Pline, *Epist*, X, 97; — Tertullien, *Apolog.*, c. ii ; — cf. Sohm, *Kirchenrecht*, I, p. 33 et suiv., 228 et suiv.

(24) Tertullien, *De pænit*, c. xix ; c. xxii, C XI, qu. 3 (Origène).

(25) Voyez les *Constitutiones apostolicæ* (édit. Pitra, *Juris ecclesiastici Græcorum Historia et Monumenta*, t. I), I. II, c. vii, ix, xvi, xlii ; — Von Achelis, *op cit*, II, p. 121 et suiv.

(26) I. *Corinth.*, vi, v. 1-8.

(27) *Constitutiones apostolicæ*, I. II, c. xliii

(28) On appelle ainsi le contrat par lequel deux personnes s'engagent à porter un litige devant un arbitre au lieu d'en saisir le juge.

(29) L. 11, § 2, 4; 13, § 2, D. IV, 8.

reurs chrétiens, la juridiction disciplinaire de l'évêque continua à s'exercer comme précédemment, mais en quelque sorte avec un caractère nouveau. Elle gardait bien son caractère ecclésiastique, mais elle n'était plus ignorée de l'autorité publique : elle s'exerçait avec l'autorisation et l'approbation formelle du pouvoir impérial (30). D'ailleurs, elle ne constituait pas un empiétement sur la justice publique; elle s'exerçait parallèlement à celle-ci, chacune restant indépendante dans sa sphère propre. Cette juridiction complétait aussi son organisation : l'appel contre les sentences de l'évêque était ouvert devant le synode provincial, et un droit d'appel devait s'élaborer plus tard au profit de la papauté (31). Que devenait, en même temps, la juridiction arbitrale de l'évêque ? Elle fut consolidée, transformée par Constantin. Nous sommes renseignés à cet égard surtout par les Constitutions dites de Sirmond : c'est une suite de constitutions de Constantin et de ses successeurs, qui nous sont parvenues avec l'indication qu'elles faisaient partie du livre XVI du Code Théodosien, bien que nous ne les trouvions point dans le corps de ce code. Elles ont été publiées par le Père Sirmond en 1631, comme appendice au Code Théodosien (32), et leur authenticité a été vivement discutée (33), bien que l'Eglise les ait invoquées au moins depuis le ixe siècle; aujourd'hui, la critique tend à les reconnaître comme authentiques. L'une de ces constitutions attribuée à Constantin vise l'arbitrage des évêques et donne aux parties le droit d'y recourir en tout état de cause, alors même qu'elles auraient déjà saisi le juge, pourvu que ce dernier n'ait pas encore rendu son jugement (34). On a soutenu que par ce texte l'empereur faisait des évêques des arbitres privilégiés, en dispensant alors le compromis de toute forme particulière; mais cela ne paraît pas vraisem-

(30) Loening, op. cit., p. 284.

(31) Sur les origines de ces appels, Sohm, *Kirchenrecht*, p. 364, 414 et suiv. L'auth·nticité des canons du concile de Sardique (343), qui sont la base la plus ancienne du droit d'appel au pape, a été contestée par Friedrich (*Die Unechtheit der canones von Sara.ka*, *Sitzungsberichte der Akad. von München*, 1901). Mais cette thèse est aujourd'hui abandonnée. Voir en dernier lieu sur cette discussion, G. von Hankiewicz, *Die canones von Sardika, ihre Echtheit und ursprüngliche Gestalt*, *Zeitsch. der Savigny Stiftung*, K. A., 1911. Sur l'autorité exercée par l'évêque de Rome sur les diverses Eglises et en particulier sur l'Eglise de Gaule, voir E. Heckrodt, *Die Kanones von Sardika aus der Kirchengeschichte erläutert*, Bonn, 1917. Les dispositions de ce concile ont pour but, en instituant l'appel au pape, d'ôter à l'empereur la décision suprême en ce qui concerne les procès d'évêques.

(32) Hænel les a rééditées à la suite du Code Théodosien (p. 415 et suiv.), ainsi que Mommsen, C. Th., I, p. 907.

(33) Voyez surtout Jacques Godefroy, dans son Commentaire du Code Théodosien (édit. Ritter), t. VI, p. 339 et suiv.

(34) C. xvii : « Et si quis ad legem christianam negotium transferre voluerit et illud judicium observare; audiatur, etiam si negotium apud judicem sit inchoatum, et pro sanctis habeatur quidquid ab his fuerit judicatum. » .

blable (35). Ils devinrent, tout au moins plus tard, des arbitres privilégiés en ce sens qu'une constitution des empereurs Arcadius, Honorius et Théodose, de l'an 408, rendit leurs sentences arbitrales exécutoires comme les jugements proprement dits (36). Il est possible que Constantin ait fait plus encore et qu'en matière civile il ait donné aux évêques une juridiction proprement dite, en concurrence avec les juges séculiers, de telle sorte qu'il aurait suffi, pour les saisir, de la volonté d'une seule des parties et que cette option aurait pu se produire, alors même que la cause avait été portée devant le juge séculier et jusqu'au jugement. C'est ce que dit formellement la première constitution de Sirmond (37), la célèbre constitution de Constantin au *dux* Ablavius, dont l'Eglise invoquera l'autorité pendant tout le Moyen âge. Mais, si cette loi est authentique, elle ne resta pas longtemps en vigueur, car nous avons une constitution des empereurs Arcadius et Honorius, de l'année 398, qui exige nettement, pour saisir l'évêque, le consentement des deux parties (38). Les évêques restèrent donc simplement des arbitres privilégiés. Mais, en cette qualité, leur juridiction fut recherchée et prit une grande extension : il suffit de faire remarquer l'importance du titre qui leur est consacré au Code de Justinien (39).

Cette juridiction, d'ailleurs, fut restreinte aux matières civiles. Dans l'empire, l'Eglise n'acquit point, à l'exclusion des tribunaux de l'Etat, la juridiction criminelle, même sur les membres du clergé. Ceux-ci ne relevaient des évêques qu'au point de vue de la juridiction disciplinaire et quant à leurs manquements aux devoirs ecclésiastiques; pour les crimes et délits de droit commun, ils restaient justiciables des tribunaux ordinaires. Une seule exception doit être admise. D'après une loi de Constantin, les évêques ne pouvaient être mis en accusation que devant un synode (40); mais l'Empereur, parfois, se saisissait directement de semblables accusations (41). Il faut ajouter, cependant, que

---

(35) Cela ne ressort pas des termes; et plus tard, la Novelle de Valentinien III, *De episcopali audientia*, exige encore un compromis en forme.

(36) L. 8, C. J., I, 4.

(37) Hænel, p. 445 ; Mommsen, I, p. 907.

(38) L. 7, C. J., I, 4 : « si qui *ex consensu* apud sacræ legis antistitem litigare voluerint, non vetabuntur, sed experientur illius (in civili dumtaxat negotio) arbitri more residentis judicium. »

(39) I, 4, *De episcopali audiencia*.

(40) L. 12, C. Th. XVI, 2. -- Bien que ce texte soit général dans ses termes, il n'est point absolument certain qu'il ait toute la portée qu'on lui attribue d'ordina're; en effet, la Novelle de Valentinien III, *De episcopali audientia*, suppose encore les évêques comparaissant en matière criminelle devant les tribunaux, voyez *Nouvelle revue historique de droit*, 1889, p. 310.

(41) Sulpice Sévère, *Historia sacra*, L. II, c. XLIX et suiv.

certains auteurs, invoquant une constitution des empereurs Honorius et Théodose, de l'année 412, enseignent qu'à partir de cette
époque les évêques auraient seuls connu des délits imputés aux
clercs (42). Mais cette loi doit être entendue comme visant seulement leurs délits ecclésiastiques, et une Novelle de Valentinien III exclut toute idée d'une semblable juridiction.

Le clergé intervenait, il est vrai, indirectement dans l'administration de la justice criminelle, par l'exercice du droit d'asile.
Les statues des empereurs divinisés avaient constitué des lieux
d'asile dans l'Etat païen; la même faveur fut reconnue aux temples
chrétiens, leurs dépendances y comprises (43). Aucune autorité
privée ou publique ne pouvait, en principe, en arracher ceux qui
s'y étaient réfugiés. Les lois impériales n'exceptèrent de cette
protection que ceux que tenait enserrés un service public : les
curiales, les débiteurs du fisc, les ouvriers des manufactures impériales (44). Pour les esclaves, ils devaient aussi être rendus à leur
propriétaire, mais après que l'autorité ecclésiastique avait pu
obtenir leur grâce du maître (45). Les criminels de toute espèce
pouvaient, en principe, user de cet asile; cela donnait lieu à une
intervention de l'autorité ecclésiastique, qui s'efforçait de les
amender et en même temps de faire régler leur sort le plus équitablement possible par l'autorité publique (46). Le clergé, d'ailleurs, patron des malheureux, se faisait un devoir d'intervenir
auprès des juges en faveur des criminels pour obtenir leur absolution ou, tout au moins, pour empêcher qu'ils ne fussent con-

(42) Glasson, *Histoire du Droit et des Institutions de la France*, I, p. 568 et suiv.
Mais voyez *Nouvelle revue historique*, 1889, p. 310 et suiv. Dans une savante et intéressante étude sur *Les origines du privilège clérical* (*Nouv. revue hist. de droit*, 1908),
notre cher collègue, R. Génestal, a voulu prouver que, tout au moins en matière
répressive, les juridictions ecclésiastiques avaient acquis, au cours du IVᵉ siècle, le
droit de juger les clercs en général avant qu'ils pussent être poursuivis devant les
juridictions séculières, et qu'acquittés par les premières, ils ne pouvaient pas être
traduits devant les secondes. Ce privilège n'aurait été aboli que par une réaction qui
se produisit à la fin du règne de Valentinien III. Mais il nous semble qu'il tire des
constitutions impériales plus qu'elles ne contiennent, en faisant prévaloir les considérations, vagues et favorables des préambules, sur le dispositif précis et limité.
M Martroye (*Saint Augustin et la compétence des juridictions ecclésiastiques*, *Mémoires de la Société des Antiquaires de France*, X, année 1910, Paris, 1911) a repris contre
M Génestal la thèse soutenue au texte. Il s'efforce d'établir que les tribunaux
ecclésiastiques n'ont jamais été compétents pour appliquer les peines séculières.
Mais ceci est hors de discussion, le privilège, dans la mesure où l'on reconnaît son
existence n'ayant jamais pu avoir pour résultat que de faire dépendre les poursuites
à fin pénale devant le juge séculier d'une instance préalable en cour ecclésiastique
ayant pour but d'établir la culpabilité et de prononcer la déposition du clerc coupable.

(43) C. Th., IX, 45, *De his qui ad ecclesias confugiunt*; C. J., id, I, 12.

(44) L. 1, 3, C. Th., IX, 45.

(45) L. 5, C. Th., IX, 45.

(46) L. 6, § 10, C. J., 1, 12

damnés à mort (47). Ces interventions étaient si fréquentes que
des lois furent rendues pour les prohiber (48).

Jusqu'ici, en traitant de l'Eglise, je n'ai parlé que du clergé
proprement dit. Mais de bonne heure, une classe intermédiaire
s'était formée entre lui et les simples fidèles : ce sont les *religieux*
ou *moines*. Sans entrer dans les ordres sacrés, en restant des
laïcs, ils vivaient d'une vie particulièrement sainte, d'abord isolés,
puis réunis en corps, sous l'autorité d'une règle particulière fixant
leur discipline et leurs devoirs. Les premières règles mònastiques
apparaissent au IVᵉ siècle; dès 360, il se fonde en Gaule des
monastères. Ces ordres religieux et leurs monastères furent également reconnus par les lois des empereurs chrétiens. Toute liberté
fut laissée pour la fondation des monastères, et ceux-ci constituèrent des personnes morales, capables d'acquérir des biens par
acte entre vifs. Mais on ne voit point qu'aucune loi (et une loi
aurait été nécessaire) leur ait conféré le droit d'acquérir par libéralité testamentaire (49). Ils succédaient seulement *ab intestat* à
ceux de leurs membres, hommes ou femmes, qui mouraient sans
laisser d'héritiers (50). En principe, les ordres monastiques se
recrutaient librement; leur entrée, comme celle du clergé, était
seulement interdite à certaines catégories de personnes pour un
motif d'intérêt public (51).

## § 2. — L'ÉGLISE DANS LA MONARCHIE FRANQUE.

L'Eglise conserva et agrandit dans la monarchie franque (52) la
situation et les privilèges qu'elle avait obtenus dans l'empire.
Il est facile de saisir les causes principales de ce phénomène.
Ce fut, d'abord, une influence d'ordre religieux : l'ascendant de
la foi chrétienne, et, par là même, l'autorité de l'Eglise furent
plus grands sur les barbares, naïfs et rudes, qu'ils ne l'avaient été
chez les Romains civilisés et sceptiques. Mais ce furent surtout
des raisons d'ordre politique. Il y eut, sous Clovis, une alliance
véritable entre le roi franc et le clergé catholique. Ce fut ce dernier qui fraya à Clovis le chemin du centre et du sud de la Gaule,

(47) Esmein, *Mélanges*, p. 369 et suiv.

(48) L. 4, 16, 22, C Th., IX, 40.

(49) L. 13, C. J., I, 2, où l'on suppose une religieuse, ou autre femme spécialement
attachée à l'Eglise, laissant ses biens à un moine, mais non à un monastère.

(50) L. 20, C. J., I, 3.

(51) Ainsi les curiales, L. 63, C. Th., XII, 1.

(52) Consulter le second volume de l'ouvrage de M. Loening, qui ne dépasse pas,
il est vrai, la période mérovingienne, et Waitz, *op. cit.*, III, 416 et suiv.; Hauck,
*Kirchengeschichte Deutschlands*, t. I à V; Werminghoff, *Geschichte der Kirchen
verfassung Deutschlands im Mittelalter*, 1905.

occupés par les Romains. Il seconda ses entreprises contre les Burgondes et les Wisigoths, qui s'étaient convertis au christianisme, mais étaient des hérétiques ariens : les victoires du roi franc sur ces deux peuples apparurent comme des triomphes du catholicisme sur l'hérésie. Enfin, après la chute de l'Empire d'Occident, parmi les ruines des institutions romaines, l'Eglise était le seul organisme qui fût resté intact; par là même elle représentait une force considérable. Dans chaque cité, l'évêque était le premier personnage et le représentant naturel de la population gallo-romaine, comme le clergé figurait la première classe de la cité. C'était l'Eglise qui conservait à peu près seule la tradition, la science et la civilisation romaines. Pour gouverner les Gallo-Romains, son concours était indispensable au roi barbare : aussi, il l'associa au gouvernement et lui délégua, comme nous le verrons, certains attributs de la puissance publique. Mais, en revanche, le monarque franc prit sur l'Eglise des Gaules un pouvoir de direction et de contrôle plus énergique et plus complet que celui qu'avait exercé l'empereur romain (53). Il devint son véritable chef, choisissant ses principaux dignitaires et légiférant pour elle. Cependant, l'Eglise universelle avait un chef spirituel, le pape; mais il n'eut, pendant longtemps, qu'une action restreinte sur l'Eglise des Gaules et ne gêna point la dynastie mérovingienne. Sous les Carolingiens, son intervention devint, au contraire, fréquente et efficace; mais, sous les premiers Carolingiens, elle ne contraria en rien l'action du pouvoir royal, car la papauté était alors la cliente et la protégée de la monarchie franque. Après la chute de l'Empire d'Occident, la papauté, par tradition, était restée sous la protection et, dans une certaine mesure, dans la dépendance des Empereurs d'Orient; mais cette protection devenait, en fait, de moins en moins efficace. Ayant besoin d'un secours plus actif, spécialement contre les rois lombards, la papauté se tourna vers la grande puissance qui s'était élevée en Occident, vers la monarchie franque, avec laquelle déjà elle avait entretenu quelques relations sous les Mérovingiens. Des relations suivies entre les papes et les rois francs commencèrent sous Charles Martel, après la bataille de Poitiers, et se continuèrent sous Pépin et Charlemagne; sous le règne de ce dernier a été

---

(53) M. von Schubert (*Staat und Kirche in den arianischen Königreichen und im Reiche Chlodwegs*, München und Berlin, 1912) a voulu montrer que le double caractère que présente l'Eglise franque, Eglise nationale et Eglise d'Etat, se rencontre d'abord dans les royaumes ariens, dont Clovis aurait volontairement introduit les conceptions en Gaule. Ce n'est qu'une hypothèse. Il serait étrange, si ces deux caractères étaient essentiellement ariens, que le royaume dans lequel ils ont été le plus fortement marqués, fût précisément le seul qui n'ait jamais été touché par l'arianisme. Voir Génestal, *Les origines du droit ecclésiastique franc* (*Nouv. revue hist. de droit,* 1914).

rédigé, en 791, un recueil officiel des lettres des papes aux rois
francs, résultat de ce commerce; c'est ce qu'on appelle le *Codex
Carolinus* (54). Cela amena, sous les règnes de Pépin et Charlemagne, une intervention armée des Francs en Italie pour secourir
la papauté consacra la dynastie carolingienne : le pape Zacha-
royaume lombard et par la donation de certains territoires, que
les monarques francs firent à l'Eglise de Rome. En revanche,
la papauté, et cette intervention se termina par la ruine du
rie approuva la déchéance du dernier roi mérovingien, et le pape
Léon III ressuscita, au profit de Charlemagne, l'Empire d'Occident. Dès lors se précisa en Occident une conception nouvelle
des rapports entre l'Eglise et l'Etat : la chrétienté fut conçue
comme ayant deux chefs, l'empereur et le pape; chacun d'eux a
son domaine distinct, mais l'empereur est cependant supérieur au
pape (55). Cela rendait parfaitement logique un des traits qui
depuis longtemps caractérisait l'organisation politique de la
monarchie franque, à savoir que les dignitaires de l'Eglise étaient
en même temps des fonctionnaires de l'Etat : on l'a vu plus haut,
dans le comté, le comte et l'évêque étaient, en réalité. deux agents
égaux, devant se prêter un mutuel appui et se surveiller l'un
l'autre; les *missi* allaient d'ordinaire deux par deux, un comte et
un évêque, et enfin, dans les *placita*, les évêques et les abbés
siégeaient à côté des comtes. Mais c'était là un équilibre instable
entre les deux puissances : cette harmonie ne survivra pas à
Charlemagne, et déjà sous Louis le Débonnaire, plus nettement
sous ses successeurs, l'Eglise s'efforcera de conquérir l'indépendance, puis la suprématie. Pour l'instant, voyons ce que devinrent,
dans la monarchie franque, son organisation et ses privilèges.

## I

L'unité constitutive de l'Eglise était toujours l'évêché; seulement, le clergé perdait peu à peu son caractère strictement urbain;
les paroisses rurales s'étaient développées et multipliées. Les
principes antérieurs, quant à la nomination de l'évêque, restaient
en vigueur : la règle était qu'il était élu par le clergé et le peuple
de la cité (56). Mais, en même temps, la règle s'établissait que

(54) Il a été édité par M. Jaffé.
(55) Sur tout ce développement, voyez Waitz, *op. cit.*, III, p. 59 et suiv., 162 et suiv
(56) Voir : Hauck, *Bischofswahl unter den Merovingern*, Erlangen, 1883 ; — Vacan
dard, *Les élections épiscopales sous les Mérovingiens* (*Rev. des questions hist.*, 1898,
et *Etudes de critique et d'histoire religieuses*, Paris, 1905) ; — Imbart de La Tour
*Les élections épiscopales dans l'Eglise de France du IX° au XII° siècles*, Paris 1891,
et compte rendu par Esmein, *Rev. d'hist. des religions*, 1895 ; — Esmein, *L'unanimité
.et la majorité dans les élections épiscopales*, Mélanges Fitting, I, 1907 ; — Wretschko,
*Die electio communis*, Deutsche Zeitschrift für Kirchenrecht, 1901.

cette élection n'était valable et ne produisait effet que si elle recevait l'approbation (*assensus*) du roi, et même le roi se réservait le droit de nommer directement l'évêque. Cela est dit expressément dans le décret de Clotaire II, de l'an 614 (57), et les formules reproduisent les actes par lesquels s'exerçaient l'une et l'autre prérogative (58). Dans ces conditions le droit d'élection dégénérait le plus souvent en un simple droit de pétition et de présentation; le clergé et le peuple de la cité demandaient au roi de leur donner pour évêque tel personnage, sur lequel se portaient leurs vœux (59). Ce régime était plus ancien que l'édit de 614; car il apparaît nettement, et à maintes reprises, dans les œuvres de Grégoire de Tours (60); il paraît s'être établi dès les premiers temps de la monarchie franque, et il existe également dans les autres royaumes fondés en Gaule par les barbares (61); l'Eglise, sauf quelques protestations (62), s'y soumit sans résistance, et il persiste sous les premiers Carolingiens (63). Louis le Débonnaire passe pour avoir, dans un capitulaire de 818-819 (64), établi la liberté des élections épiscopales; mais tout ce que ce texte peut contenir, c'est une renonciation à la nomination directe par le roi. Pour procéder à l'élection d'un évêque, il fallait, au ix' siècle, que le peuple et le clergé obtinssent du roi la permission d'y procéder; pour être valable, l'élection devait ensuite être approuvée par le roi, et c'était encore celui-ci qui mettait l'évêque en possession du temporel de son évêché, en exigeant de lui un serment de fidélité (65).

L'évêque recrutait son clergé et en nommait les dignitaires. Mais, sous les Mérovingiens, il fallait, pour entrer dans le clergé, une autorisation du pouvoir royal, constatant que le candidat ne

---

(57) C. ɪ (I, p. 21) : « Ita ut episcopo decedente in loco ipsius qui a metropolitano ordinari debeat cum provincialibus a populo et clero eligatur; si persona condigna fuerit per ordinationem principis ordinetur; certe si de palatio eligitur per meritum personæ et doctrinæ ordinetur. »

(58) Marculfe, I, 6 (nomination directe par le roi) ; I, 7 (confirmation de l'élection), cf. de Rozière, form. 512 et suiv.

(59) Exemple : Rozière, form. 513-515 bis.

(60) Greg. Tur., *Historia Francorum*, III, 2, 17; IV, 3, 6, 7; V, 5, 45, 46; VI, 9, 15, 36, 38, 39; VII, 1, 7, 31; VIII, 2, 7, 22, 28, 39; IX, 18, 22, 24; X, 26, — *Vitæ Patrum*, VIII, 3; IV, 1; VI, 2; XVII, 1.

(61) Voyez, pour le royaume des Wisigoths, Greg. Tur., *Historia Francorum*, II, 23; *Vitæ Patrum*, IV, 1; pour le royaume des Burgondes, *Vitæ Patrum*, VIII, 1.

(62) Troisième concile de Paris de l'année 556, c. vɪɪɪ (*Concilia ævi Merovingici*, éd Maassen, dans les *Monumenta*, I, p. 144; c. v, D. LXIII).

(63) Le roi nomme même évêques des personnes de son entourage qui ne se font pas consacrer et se contentent de toucher les revenus de leur église. Pöschl, *Der vocalus episcopus der Karolinger, Archiv für katholisches Kirchenrecht*, 1917.

(64) *Capitul. ecclesiast.*, 818-819, c. ɪɪ (I, p. 276).

(65) Cela est dit expressément dans un écrit adressé en 881 au roi Louis III par Hincmar de Reims; *Hincmari Opera*. (éd. Sirmond), II, p 780; — Imbart de la Tour, *Les élections épiscopales*, p. 71 et suiv.

devait point le *census* personnel à la royauté (66). Cette exigence, maintenue par la législation de Charlemagne (67), tomba en désuétude au cours du ixᵉ siècle.

Un phénomène très notable s'était produit, dont l'influence a été fort grande, puisque, par une transformation qui se produisit au xiiᵉ siècle, le droit de *patronage* devait en sortir. Beaucoup de particuliers, grands propriétaires et seigneurs en puissance, se prétendaient propriétaires des chapelles et des églises (68). Sans doute, dans cette société où la foi chrétienne était si -forte, ils n'avaient pas l'idée d'usurper sur les droits de l'Eglise : leur prétention, reconnue et consolidée par la coutume, résultait de cette tendance qui portait alors les hommes à considérer toutes choses sous leur aspect matériel et pécuniairement profitable. Les établissements ecclésiastiques, couvents et évêchés, revendiquaient cette propriété et en tiraient profit, aussi bien que les laïcs. Le propriétaire de l'église revendiquait naturellement le droit de choisir le prêtre qui la desservait; il revendiquait aussi, en partie tout au moins, les revenus de l'église : oblations et taxes (ce qu'on appellerait aujourd'hui le *casuel*) et la dîme qui pouvait lui être due. L'origine du droit est assez claire, quoique controversée. Il vient de ce que le grand propriétaire, ou quelqu'un de ses ancêtres, avait fondé l'église, l'avait bâtie, ou tout au moins (c'était le point important) avait fourni le terrain sur lequel elle avait été construite. Dès le vᵉ siècle, des prétentions de ce genre, quoique plus modestes, se manifestaient de la part des propritaires, qui prétendaient avoir conservé la propriété de ce terrain. Dans le

(66) Marculf², I, 19, premier concile d'Orléans de 511, c. ɪv (Maassen, I, p 4).
(67) *Cap. miss* , 803, c. xv (I, p 125). — Cf. Anségise, *Capitul* , I, 114 et 125.
(68) Hincmar de Reims, *Collectio de ecclesiis et capellis;* — Thomassin, *Vetus et nova ecclesiæ disciplina circa beneficia*, Part. II, L. I, ch. 29 et suiv. ; — Loening. *op. cit.*, t. II, p 357 et suiv.; — Imbart de la Tour, *Revue historique*, 1898, t. LXVI, — Stutz, *Geschichte des kirchlichen Beneficialwesens*, t. I; — Paul Thomas, *Le droit de propriété des laïques et le patronage laïque au Moyen âge*, 1906; — Galante, *Della condizione delle cose sacre*, Torino, 1903; — Lesne, *Hist. de la propriété ecclésiastique*, I, p. 70; — Schindler, *Zur geschichtlichen Entwickelung des Laienpatronats und des geistlichen Patronats nach germanischen und kanonischen Rechte, Archiv f. katholisches Kirchenrecht*, 1905. Pour Stutz, l'origine du système est essentiellement germanique; M. von Schahert (*Staat und Kirche in den arianischen Königreichen und im Reiche Chlodweqs mit Excursen über das älteste Eigenkirchenwesen*, 1910), croyant remarquer que le système se développe d'abord dans les royaumes ariens, estime que la Gaule mérovingienne a subi ici une influence extérieure, wisigothique et burgunde. Il paraît plus probable que l'origine commune de la patrimonialité des églises dans les royaumes ariens, comme dans le royaume de Clovis, doit être recherchée dans le monde romain. Non seulement il y avait effectivement avant les invasions des églises privées, mais les propriétaires de ces églises manifestaient déjà, en dehors de toute influence germanique ou arienne, une tendance à considérer que leur droit de propriété leur donnait certains droits sur le gouvernement de leurs églises. En ce sens, Génestal, *Les origines du droit ecclésiastique franc* (*Nouv. rev. hist. de droit*, 1911, p. 524).

désordre de la monarchie franque, ces prétentions s'accentuèrent
et triomphèrent. Cela aboutit à une théorie assez nette : l'église
envisagée sous son aspect matériel était une dépendance du sol, et
ce qu'elle pouvait avoir de revenus était comme un fruit du sol (69):
naturellement le seigneur disposait de l'église à sa volonté, comme
il pouvait disposer du sol; l'un emportait l'autre, et tous les modes
de succession et d'aliénation lui étaient applicables.

Tant qu'il s'était agi de chapelles particulières, élevées sur le
domaine d'un particulier, un tel régime, quelque grossier qu'il
fût, ne présentait pas de très graves inconvénients. Mais beaucoup
de ces chapelles tendaient à devenir des paroisses rurales, et cette
transformation les mettait en conflit avec les *églises épiscopales*,
celles qui s'étaient développées au sein de la hiérarchie ecclésiastique proprement dite. L'attribution de la dîme en particulier faisait
souvent difficulté et c'est principalement sur cette question
qu'Hincmar composa son traité *de ecclesiis et capellis*. Cependant
le courant qui conduisait à ce résultat était si fort depuis le
VIIᵉ siècle, que cette propriété des églises fut acceptée, reconnue
par le droit canonique et par la législation des Capitulaires; l'autorité ecclésiastique et royale s'efforça seulement de prendre des
précautions pour assurer le bon recrutement du clergé qui desservait ces églises et de leur conserver une portion de revenus suffisante. Pour trouver une réaction énergique il faudra aller jusqu'à
Alexandre III, qui transformera le droit de propriété en droit de
patronage.

L'Eglise avait toujours ses assemblées délibérantes. Les plus
importantes étaient alors les conciles ou synodes nationaux, comprenant tous les évêques d'un royaume, qui se tenaient avec l'autorisation et souvent sur l'ordre du roi. Souvent les rois promul-
guaient dans leurs capitulaires ecclésiastiques les décisions de ces
conciles et leur donnaient ainsi la force de lois du royaume; ils
légiféraient aussi dans ces capitulaires, de leur autorité propre,
sur la discipline ecclésiastique.

Les ordres monastiques avaient pris un grand développement.
L'unité juridique était toujours le monastère, et de très nombreux
monastères avaient été fondés par les rois, surtout par ceux de la
première race, et par de riches particuliers. Il semble que la fondation d'un couvent, lorsqu'elle n'émanait pas du roi, était ordinairement confirmée par l'autorité royale (70). A la tête de chaque
monastère était placé un abbé, personnage très important : d'après

(69) Paul Thomas, *op cit.*, p. 33 et suiv.
(70) Voyez du moins les formules de confirmation royale : de Rozière, form. 565
et suiv. Cependant, sauf le cas où le terrain sur lequel le monastère était bâti appartenait au *fiscus*, une autorisation préalable du roi, ne paraît pas avoir été nécessaire.
Mais on s'adressait presque toujours a lui pour obtenir des privilèges.

les règles du droit canon il était élu par les moines, sauf confirmation de l'évêque (71). Mais à l'époque mérovingienne, si le monastère était, comme il arrivait souvent, propriété soit du roi, soit d'un particulier, le propriétaire nommait l'abbé. Il n'y avait élection que dans les monastères indépendants ou pour ceux des monastères appropriés dont le propriétaire renonçait à son droit de nomination. A l'époque carolingienne, le roi acquiert des droits sur un très grand nombre d'abbayes, soit que la propriété d'un monastère patrimonial lui soit transférée, soit qu'un monastère libre se mette en sa *tuitio*. Ainsi s'étendent les droits du roi. Il faut sa permission pour procéder dans tous ces établissements à une élection et souvent il désigne lui-même l'abbé (72).


## II


L'Eglise consacra et accrut ses deux principaux privilèges : son patrimoine et sa juridiction.

Dans la monarchie franque, tous les établissements ecclésiastiques avaient le droit d'acquérir des biens de toute nature et par tous les modes d'acquisition, sans limite ni contrôle. Les couvents, comme les églises, avaient conquis le droit de recevoir des libéralités testamentaires. L'Eglise usa largement de ce droit. Par son influence sur la royauté, par son ascendant sur l'esprit des fidèles, elle obtint des rois et des particuliers d'abondantes donations, consistant surtout en immeubles : elle tendit à devenir le plus grand propriétaire foncier, et la constitution de cet immense patrimoine devait avoir de profondes et durables conséquences. En outre, sous les Carolingiens, elle reçut de la loi le droit de percevoir à son profit un véritable impôt sur toutes les propriétés, c'est-à-dire la *dîme*, le dixième des produits de la terre et parfois du croît de certains animaux.

En dehors des oblations volontaires que de bonne heure les fidèles prirent l'habitude d'apporter aux églises, l'Eglise s'efforça de leur imposer le paiement obligatoire de la dîme (73). Les Pères s'appuyèrent principalement sur les textes de l'Ancien Testament qui l'avaient établie en Israël, bien qu'il fallût leur faire subir une

(71) Le droit çanonique était encore à cette époque assez peu net sur ce point et il ne paraît pas y avoir eu de règle absolument uniforme. L'évêque avait parfois le droit de nommer l'abbé. La règle de saint Benoît prévoit une élection par les moines et une confirmation par l'évêque assisté des abbés de la région et de pieux laïcs. Lévy Bruhl, *Les élections abbatiales en France jusqu'à la fin du règne de Charles le Chauve*, 1913, p. 15.

(72) Lévy-Bruhl, *op. cit.*

(73) Sur les origines et le développement de la dîme, voir : Loening, *op. cit.*, t. II; Paul Viard, *Histoire de la dîme ecclésiastique, principalement en France jusqu'au décret de Gratien*, Dijon, 1909 (Thèse de doctorat).

transposition, la dîme israélite étant établie en principe au profit des seuls Lévites. En Orient ce principe se fit recevoir sans grande difficulté; il est appliqué aux ive et ve siècles, comme le montrent les textes de cette époque; mais dans l'Eglise d'Occident il en fut autrement. En Gaule, jusque vers la fin du vie siècle, le paiement de la dîme fut considéré et pratiqué comme un acte de piété volontaire. En l'an 585 le second concile de Mâcon en ordonna le paiement (74). Mais il ne paraît pas avoir été exactement obéi, et soixante-cinq ans plus tard, en 650, un concile de Rouen (75) édictait de nouveau cette obligation. Mais l'Eglise pour la sanctionner n'avait que des peines disciplinaires, qu'il était difficile d'employer, étant donné le milieu. Ce fut la loi civile, les capitulaires des premiers Carolingiens qui établirent la dîme au profit de l'Eglise, imposèrent aux sujets l'obligation légale de la payer. Le premier acte du pouvoir royal dans ce sens paraît avoir été une lettre de Pépin le Bref à Lullus, archevêque de Mayence (76). M. Stutz, dans une remarquable étude, a émis l'idée, déjà indiquée par Montesquieu, que l'établissement légal de la dîme aurait été une compensation donnée à l'Eglise par le pouvoir royal, qui ne pouvait lui rendre les terres dont il avait disposé au profit de ses *leudes* (77). Il est certain que la double dîme (*nona et decima*) fut imposée aux possesseurs de ces terres. Mais cette concession résultait naturellement des rapports qui existaient entre l'Eglise et l'Etat; le clergé remplissait un service public, sous l'autorité du pouvoir royal.

Cet immense patrimoine de l'Eglise, les rois francs considéraient cependant qu'ils avaient sur lui un pouvoir supérieur de disposition, dont ils pouvaient user en cas de besoin pressant. Sous le règne même de Clovis, ce pouvoir paraît avoir été invoqué et exercé (78). On a vu plus haut comment il fut exercé sous Charles Martel et Pépin le Bref (79). Au ixe siècle, on en trouve aussi des applications nombreuses sous Louis le Débonnaire et sous ses fils : dans les dissensions et les guerres civiles de cette époque, des terres furent enlevées par les princes aux églises et aux couvents et attribuées par eux à des laïcs, à titre de bénéfice et de précaire; des monastères même furent donnés à des laïcs.

(74) Bruns, *Canones et concilia*, II, p. 250, c. 5.

(75) Bruns, *Canones et concilia*, t. II, p. 269, c. 2; = c. 5. C. XVI, qu. 7.

(76) Boretius (I, p. 42) ; voyez les capitulaires de 779, c. 7 (p. 48) et de 794 (p. 76).

(77) Ulrich Stutz, *Das Karolingische Zehntgebot*, Zugleich ein Beitrag zur Erklärung von c 7 und 13 des Kapitulars Karls des Grossen von Hœristall, dans la *Savigny Stiftung für Rechtsgeschichte*, t. XXIX. G. A.

(78) Troisième concile de Paris de 556, c. i (Maassen, I, 141, 3) : « Accidit etiam ut temporibus discordiæ sub permissione bonæ memoriæ domni Clodovici regis res ecclesiarum aliqui competissent, ipsasque res improvisa morte collapsi propriis hæredibus reliquissent. »

79) Ci-dessus, p. 126 et suiv.

L'Eglise, comme précédemment, chercha à rentrer dans ses biens, et l'on peut relever toute cette négociation dans les actes du règne de Charles le Chauve (80) ; mais elle ne niait point, en principe, son obligation de contribuer aux charges de l'Etat (81). Cependant, les propriétés de l'Eglise avaient conquis l'immunité de l'impôt. Cela n'avait point été accordé d'abord sous les Mérovingiens (82), mais cela était résulté de deux causes dans la suite du temps. L'impôt proprement dit avait cessé de jouer un rôle véritablement important sous les Carolingiens (83); et, surtout, les églises et les couvents avaient obtenu, presque sans exception, des chartes d'immunité : or celles-ci, on le sait, conféraient au propriétaire immuniste l'impôt dû antérieurement au pouvoir royal (84). Quant aux clercs, individuellement considérés, ils étaient exempts de toutes charges et services personnels, qui étaient si lourds dans cette organisation politique; spécialement, ils étaient exemptés du service militaire (85). On voit cependant, sous les Carolingiens, les évêques et les abbés constamment requis de se rendre à l'armée et s'y rendant effectivement : mais ils figurent alors en qualité de grands propriétaires immunistes, tenus de conduire leurs hommes à l'ost du roi.

### III

On a vu que, somme toute, le droit de juridiction conquis par l'Eglise dans l'Empire romain comprenait seulement deux choses : le libre exercice de la juridiction disciplinaire et la fonction arbitrale des évêques. Mais, dans la monarchie franque, ces droits se renforcent et s'étendent : l'Eglise acquiert une véritable juridiction, qui, dans une certaine mesure, exclut l'action des tribunaux séculiers et qui, dans d'autres cas, concourt avec elle. Cela se fit, en partie, par la coutume, mais surtout par des concessions expresses du pouvoir royal, qui devaient paraître naturelles dans un système politique où les dignitaires de l'Eglise étaient en même temps des fonctionnaires de l'Etat (86).

(80) *Synodus ad Teodonis villam*, a. 844; c. iii-v (Boretius et Krause, *Capitularia*, t. II, p. 114); — *Concilium Vernense*, a. 844, c. ix, xii (Krause, II, p. 385); — Synode de Beauvais, a. 845 (Krause, II, 387).

(81) *Synodus ad Teodonis villam*, c. iii.

(82) Greg. Tur., *Historia Francorum*, III, 25, V. 26, 28; VII, 42.

(83) Ci-dessus, p. 77.

(84) Ci-dessus, p. 131 et suiv.

(85) Dans Grégoire de Tours, ce sont seulement les *juniores Ecclesiæ*, c'est à-dire les hommes ou serviteurs laïcs des églises, ou peut-être les clercs des degrés inférieurs, pour lesquels l'immunité est contestée par le pouvoir royal; *Historia Francorum*, V, 26; VII, 42.

(86) Sur ce sujet, consulter : Dove, *De jurisdictionis ecclesiasticæ apud Germanos Gallosque progressu*; — Sohm, *Die geistliche Gerichtsbarkeit im fränkischen Reiche*. dans *Zeitschrift für Kirchenrecht*, t. IX, p. 193 et suiv. ; — Nissl, *Der Gerichtstand des Klerus im fränkischen Reiche*. — E. Ott, *Kirchliche Gerichtsbarkeit*

La prétention que produisit l'Eglise fut de réserver aux tribunaux ecclésiastiques le jugement de toutes les poursuites civiles ou criminelles dirigées contre des membres du clergé; c'est le droit que, plus tard, les canonistes appelleront le *privilegium fori*. Déjà, dans l'Empire romain, des conciles avaient fait défense aux clercs de citer d'autres clercs devant les tribunaux séculiers, soit au civil, soit au criminel, et leur avaient enjoint de saisir toujours de leurs litiges la juridiction ecclésiastique (87). Mais, après la chute de l'Empire d'Occident, les conciles, qui se tinrent en Gaule au vɪᵉ siècle, émirent des prétentions plus hardies. S'adressant, non plus seulement aux clercs, mais aux laïcs et aux juges publics, ils défendirent, sous peine d'excommunication : aux premiers, de citer un clerc devant la justice séculière sans l'assentiment préalable de l'évêque; aux seconds, d'exercer contre les clercs aucun acte de contrainte ou de répression. Cette législation des conciles suivit d'ailleurs une marche ascendante (88), et elle atteignit son point culminant au cinquième concile de Paris en l'année 614 (89).

Cette fois l'Eglise allait recevoir satisfaction du pouvoir royal. En effet, en cette année 614, le roi Clotaire II rendait un édit qui acceptait une grande partie des règles posées par le concile de Paris, et spécialement celle qui concernait les poursuites contre les membres du clergé. Cependant l'édit de Clotaire II ne reproduit pas sans modification le canon du concile de Paris : manifestement, il n'accorde pas tout ce que demandait le concile. Il paraît bien admettre pleinement le *fori privilegium*, en matière civile, mais, au criminel, ne l'octroyer qu'aux clercs des ordres supérieurs, les prêtres et les diacres (90). Cet état de droit semble avoir persisté

(87) Troisième concile de Carthage, a. 386, c. xliii, C. XI, qu. 1 ; douzième concile de Carthage, a. 407, c. xi, C. XI, qu. 1.

(88) Ainsi d'abord les conciles défendent seulement aux clercs de citer d'autres clercs devant les tribunaux séculiers, mais leur conseillent d'y comparaître lorsqu'ils sont cités par des laïcs; concile d'Agde de 506, c. xxxii (Bruns, II, p. 152). De même, on ne voit pas toujours très exactement ce que l'Eglise réclame : d'après certains textes, il semble qu'elle demande seulement un essai préalable de conciliation devant l'évêque et l'intervention d'un représentant de l'autorité ecclésiastique pour assister le clerc devant le tribunal séculier; quatrième concile d'Orléans, a. 541, c. xx (Maassen, I, p 91).

(89) C. vi (iv) (Maassen, I, p. 187) : « Ut nullus judicum neque presbyterum neque diaconum vel clerecum aut junioris Ecclesiæ sine conscientia pontefecis per se distringat aut damnare præsumat; quod si fecerit, ab ecclesia qui injuriam inrogare dignoscitur tamdiu sit sequestratus, quamdiu reato suo corregat et emendet. »

(90) Voici ce texte, c. iv (I, p. 20) : « Ut nullus judicum de qualebit ordine clerecus de civilibus causis, præter criminale negucia, per se distringere aut damnare præsumat, nisi convicitur manefestus, excepto presbytero aut diacono. Qui convicti fuerint de crimine capitali juxta canones distringantur et cum ponteficibus examinentur. » Ce passage difficile a reçu des interprétations très diverses; la plus vraisemblable me paraît être celle que j'ai reproduite au texte, et l'ouvrage le plus clair sur la question est celui de Nissl, plus haut cité, dont j'ai donné l'analyse dans la *Nouvelle revue historique de droit*, 1887, p. 401 et suiv

sous les Carolingiens (91), mais en se modifiant encore au profit de l'Eglise. Sous Charles le Chauve, Hincmar de Reims donne une formule un peu différente du *privilegium fori* : il paraît le regarder comme absolu au criminel et au civil, sauf pour les causes qui mettent en jeu la propriété des immeubles et des esclaves, pour lesquelles le clerc continuerait à être justiciable des tribunaux publics (92). Mais deux garanties subsistaient au profit du pouvoir royal. La première concerne les poursuites criminelles dirigées contre les évêques (et sans doute aussi celles contre les prêtres et les diacres) : en semblable matière, le jugement est bien rendu par un synode d'évêques; mais la mise en accusation n'a lieu qu'après une instruction préalable conduite et opérée par le pouvoir royal, et c'est au nom du roi que l'accusation est intentée (93). En second lieu, le procès concernant un clerc peut toujours être porté devant le roi lui-même, soit directement, soit par voie de *reclamatio;* mais cela n'est que l'application des principes généraux. La justice du roi représentait, dans la monarchie franque, non un degré supérieur de la juridiction séculière, mais la plénitude de la juridiction à l'égard du clergé, comme à l'égard des laïcs (94).

En même temps qu'elle acquérait cette juridiction proprement dite sur les membres du clergé, l'Eglise continuait à exercer à l'égard des laïcs sa juridiction arbitrale et disciplinaire. La première n'apparaît pas très souvent dans les textes; mais on en trouve cependant des traces certaines (95). Quant à la seconde, elle fonctionne plus activement que jamais, dans des conditions nouvelles, et prépare, sur bien des points, la compétence exclusive qu'acquerra la juridiction ecclésiastique dans la société féodale. Aux viii$^e$ et ix$^e$ siècles, elle reçut une application spécialement intéressante dans les *causæ synodales.*

De bonne heure, ce fut, pour les évêques, un devoir et une habi-

(91) Certains textes de capitulaires semblent faire de l'évêque le seul juge des clercs, mais peut-être visent-ils les délits ecclésiastiques proprement dits. D'autres, pour les procès entre clercs et laïcs, établissent des tribunaux mi-partie ecclésiastiques et séculiers; *Cap. Francofurt.,* a. 794, c. xxx (p. 177).

(92) *Ad Carolum Calvum* (Migne, *Patrol. lat ,* t. CXXV, p. 1047) : Nec clericus minime autem episcopus publicis judiciis se potest purgare, quia non potest ullius alterius nisi episcoporum et suorum regularium judicum subdi vel teneri judicio, Neque cuiquam licet episcopum vel alicuius ordinis clericum quolibet modo damnare nisi canonico episcoporum judicatum judicio, vel si causa exigit regulari eorum petitione... De sibi autem commissæ ecclesiæ rebus vel mancipiis... advocatum publicis judiciis dare debet. Ex capite autem suo, tam pro crimine quam pro civili causa, aut apud electos judices de quibus et sicut sacræ leges definiunt, aut ipse in synodo coram episcopis debet reddere rationem. »

(93) Nissl, *op. cit ,* p. 48 et suiv.

(94) Nissl, *op cit.,* p. 214 et suiv

(95) Greg. Tur., *Vitæ Patrum.* VIII 3 (édit. Krush), p. 633; — Regino, *Libri duo de synodalibus causis,* II. c. xcviii.

tude, de visiter périodiquement les diverses églises comprises dans leur circonscription épiscopale; et, au témoignage de Sulpice Sévère, dès le IV<sup>e</sup> siècle, l'évêché était divisé, à cet effet, en plusieurs districts, que l'évêque parcourait successivement. Dans ces *visitationes*, il exerçait son pouvoir de juridiction au moyen d'une assise ou *synodus*, où étaient convoqués les ecclésiastiques et les fidèles. Au IX<sup>e</sup> siècle, cela devint un moyen très énergique de répression, par le fonctionnement d'un véritable jury d'accusation. L'évêque choisissait, parmi les fidèles réunis, un certain nombre d'hommes de confiance et, par un serment particulier, les obligeait à lui dénoncer toutes les personnes coupables, à leur connaissance, de péchés publics. La personne dénoncée était tenue de se disculper par les moyens de preuve des coutumes germaniques, adoptés ici par l'Eglise, c'est-à-dire par le serment et les *cojurantes* ou par une ordalie (96); sinon elle était tenue pour convaincue et frappée de la peine disciplinaire portée par les canons. Nous connaissons exactement cette institution par un livre que composa, en l'an 906, ou environ, Régino, abbé de Prum, et qui justement est destiné à servir de guide pour les *causæ synodales* (97). Au commencement du XI<sup>e</sup> siècle, on trouve encore des détails sur cette institution dans le décret de Burchard de Worms. On ne sait, d'ailleurs, exactement si cette pratique est un produit direct de la discipline ecclésiastique, car, à la même époque, elle est également employée par le pouvoir séculier (98).

La juridiction disciplinaire de l'Eglise s'exerçait avec l'approbation du pouvoir royal, souvent même sur l'invitation formelle de celui-ci, et dans des conditions qui n'étaient pas toujours les mêmes. Le plus souvent, la répression ecclésiastique devait renforcer et doubler la répression séculière; le délinquant devait être poursuivi successivement par les deux autorités et frappé de deux peines distinctes (99). Mais, parfois aussi, le pouvoir royal sollicitait et ordonnait l'intervention de la justice ecclésiastique, pour rendre inutile, en faisant cesser le désordre, l'intervention de la justice séculière et pour suppléer, par suite, à celle-ci. Sans doute, la justice séculière n'était pas dépossédée par là, elle se réservait toujours d'intervenir, s'il était nécessaire; mais, cependant, elle s'effaçait devant la justice ecclésiastique, et il était fatal que, dans ces cas, cette dernière finît par acquérir une compétence exclusive. C'est ainsi que se prépara, dans la monarchie franque, sur un cer-

---

(96) C. xv, C. II, qu. 5; Regino, II, c. LXXIII, CCCIII.

(97) *Reginonis abbatis Prumiensis libri duo de synodalibus causis et disciplinis ecclesiasticis*, édit. Wasserschleben, Lipsiæ, 1840.

(98) *Pippini Italiæ regis Capit* (782-786), c. VIII (I, p. 192); — *Hludovici II imperat. conventus Ticinensis*, a. 850, c. III. — Voyez sur ce point, Esmein, *Histoire de la procédure criminelle en France*, p. 70 et suiv.

(99) Voyez, par exemple, l'Edit de Pistes, a. 864, c. IX, XIII, XX.

tain nombre de points, la compétence future des cours de l'Eglise; c'est spécialement ce qui se produisit pour les causes matrimoniales. Les capitulaires ayant adopté certaines règles du droit canonique sur le mariage, en particulier la défense de mariage entre proches parents ou alliés, et, dans une certaine mesure, l'indissolubilité du lien conjugal, ils invitèrent les évêques à surveiller l'application de ces règles et à obtenir par leur action propre la séparation des conjoints qui s'étaient unis au mépris de ces principes. Le pouvoir civil n'intervenait que si la juridiction ecclésiastique s'était montrée impuissante (100). Ce n'était pas encore la juridiction exclusive de l'Eglise sur le mariage; celle-ci ne s'établira qu'au cours du x⁰ siècle; mais cela en était la préparation.

## IV

Par la position qu'elle avait prise dans l'Empire romain et dans la Monarchie franque, l'Eglise avait été naturellement conduite à se faire une législation propre, un système juridique pour son usage particulier (101). C'est le droit canonique. Les règles dont il se composa furent le produit de deux facteurs principaux. Les unes furent établies par la coutume, et, tout d'abord, il n'y en eut que de cette provenance. Les autres furent édictées par les autorités qui représentèrent, dans l'Eglise, le pouvoir législatif; elles sont contenues dans les derniers des conciles, qui, à partir du IV⁰ siècle, fonctionnent comme assemblées délibérantes et légifèrent, et dans les décrétales des papes, qui, au moins à partir de la fin du IV⁰ siècle, exercent le pouvoir législatif concurremment avec les conciles, et dont les lettres ou rescrits imitent, dans la forme, les constitutions des empereurs romains (102). Mais si le droit canonique, considéré quant à son mode d'établissement, se ramène nécessairement, comme tout droit positif, à la coutume ou à la loi écrite, lorsqu'on analyse ses éléments constitutifs, on constate qu'ils sont très nombreux et variés. Les principaux sont les suivants : 1⁰ les textes de l'Ecriture, de l'Ancien et du Nouveau Testament, en tant qu'ils contenaient des principes juridiques applicables aux chrétiens; 2⁰ les écrits des Pères de l'Eglise, qui fournissaient l'interprétation autorisée de ces textes et contenaient la

(100) Esmein, *Le mariage en droit canonique*, I, p. 16 et suiv.
(101) Sur ce sujet, consulter Ad. Tardif, *Histoire des sources du droit canonique*
(102) M. Sohm, *Kirchenrecht*, p. 364, 418, rattache à l'autorité de fait qu'acquirent au cours du III⁰ siècle les évêques des grandes et principales cités de l'empire, l'origine première de la réglementation par voie de décrétales. Les églises secondaires, placées dans leur sphère d'influence, s'adressaient à eux pour obtenir une solution des questions difficiles. Dans la seconde moitié du IV⁰ siècle, cela se change en un droit ferme et légal de décision au profit de l'évêque de Rome, droit qui fut d'ailleurs confirmé par les empereurs, par Valentinien III, en 445.

tradition de l'Eglise; les Pères ont été, en quelque sorte, les antiques *prudents* de ce système juridique; 3° la coutume de l'Eglise universelle; 4° les décrets des conciles et les décrétales des papes; 5° des emprunts très importants faits par l'Eglise au droit séculier des peuples au milieu desquels elle accomplit son développement. Ces emprunts furent particulièrement considérables en ce qui concerne le droit romain, si bien que, sur beaucoup de points, ce droit est la base même du droit canonique. Cela s'explique aisément pour la période que nous étudions. Dès le début, alors qu'elle s'isolait de l'Empire, l'Eglise avait emprunté au droit romain, pour sa juridiction, les formes et les règles qui n'étaient pas en contradiction avec l'esprit chrétien. Plus tard, les Empereurs avaient légiféré à son profit. Après la chute de l'Empire d'Occident, elle était devenue le principal représentant de la civilisation romaine, et, dans le système de la personnalité des lois, elle vivait *secundum legem Romanam*. Les emprunts que fit le droit canonique aux coutumes germaniques furent moins importants, quoique notables encore, surtout dans la théorie des preuves. Enfin, dans ce système, s'incorporeront définitivement quelques capitulaires des monarques francs, naturellement des capitulaires ecclésiastiques.

Tous ces éléments, si divers, n'arrivèrent qu'assez tard à une fusion définitive. Ce n'est que par un travail qui commence au cours du xiiᵉ siècle, et qui se fera surtout par l'école, que le droit canonique deviendra un système juridique suffisamment harmonique et complet. Dans l'Empire romain, dans la Monarchie franque, on est bien loin encore de ce résultat : à plus forte raison ne faut-il pas s'attendre à trouver dans cette période un code complet du droit canonique. Mais, de bonne heure, on composa des recueils partiels, contenant les règles les plus essentielles ou les textes les plus importants. Les premiers apparurent en Orient, et il y en eut de deux sortes. Ce furent d'abord des *coutumiers*, c'est-à-dire des ouvrages composés par des particuliers pour exposer la coutume de l'Eglise, et, dans les quatre premiers siècles, il en parut un certain nombre, qui prétendaient reproduire la doctrine des apôtres (103). Le plus ancien paraît avoir été la Διδαχή Κυρίου διὰ τῶν δώδεκα ἀποστόλων, qui a seulement été publiée de nos jours (104). A la fin du iiiᵉ siècle ou au commencement du ivᵉ, fut composé un autre ouvrage en six livres, auquel, dans le cours du ivᵉ, furent

(103) Voir Harnack, *Geschichte der altchritslichen Litteratur*, 2ᵉ éd., 1912 ; — Sägmüller, *Lehrbuch des katholischen Kirchenrechts*, 3ᵉ éd., I. p. 144.

(104) La meilleure édition a été donnée dans les *Texte und Untersuchungen von Gebhardt und Harnack* (B. II, H. I); — Harnack, *Die Apostellehre*, Leipzig, 1886; — *Les pères aspostoliques*, I. *Doctrine des apôtres, Epitre de Barnabé*, texte grec, avec traduction française par Hippolyte Hemmer, Gabriel Oger et A. Laurent, Paris, Picard, 1907.

ajoutés d'abord une adaptation de la Διδαχή, comme formant un septième livre, puis un huitième livre : le tout fut désigné sous le nom de *Constitutions apostoliques* (105). Enfin, au ive siècle encore, fut composé un recueil très bref appelé *Canons des Apôtres* (Κανόνες τῶν ἀποστόλων) divisé d'abord en cinquante, puis en quatre-vingt-cinq articles. Des ouvrages d'une autre nature furent aussi composés en Orient. C'étaient des recueils contenant les plus anciens conciles, tenus dans cette portion de l'Empire, et dont les canons étaient donnés en langue grecque. Ces compilations pénétrèrent ensuite en Occident, mais les coutumiers y acquirent peu d'autorité. Les Occidentaux se mirent aussi à composer des recueils de conciles, traduisant les textes grecs, et y ajoutant les décrets des conciles postérieurs tenus en Occident dans le latin original; ils y insérèrent en outre des décrétales des papes. Trois de ces recueils surtout sont intéressants pour l'histoire de notre droit.

Le premier vient d'Italie. Il fut composé par un moine d'origine slave, nommé Denys le Petit (*Dionysius Exiguus*), qui s'établit à Rome à la fin du ve siècle, après l'année 496, et y resta jusqu'à sa mort, qui se place entre 526 et 555. Il composa successivement deux recueils distincts. L'un, le plus ancien, était un recueil de conciles dont il donna même deux éditions pour ainsi dire, ayant retouché son œuvre après l'avoir publiée (106). Ce recueil comprenait : 1° une traduction latine des cinquante premiers canons des apôtres; mais l'auteur indique qu'ils ne sont pas acceptés par tous (107); 2° des conciles, pour la plupart traduits du grec. Denys composa ensuite, sur le modèle de son recueil de conciles, un recueil de décrétales qu'il rédigea probablement sous le pontificat du pape Symmaque (498-514) (108). Il faut remarquer que Denys ne donne aucune décrétale des papes des trois premiers siècles. Les plus anciennes qu'il reproduit sont du pape Sirice (385-398) (109), et les plus récentes du pape Anastase II (496-498). Ces

---

(105) Διατάγαι τῶν ἁγιῶν ἀποστόλων dans Pitra, *Juris ecclesiastici Græcorum Historia et Monumenta*. t. I.

(106) Voir la préface de la première édition dans Maassen, *Geschichte der Quellen und Literatur des canonischen Rechts*, I, p. 960 (cf. p. 425) et le texte de la seconde édition dans Justel, *Bibliotheca veterum Patrum*, I, p. 101 et suiv.

(107) *Epistola Dionysii Exigui Stephano episcopo* : « In principio itaque canones qui dicuntur apostolorum de Græco transtulimus, quibus... plurimi consensum non præbuere facilem. »

(108) *Dionysius Exiguus Juliano presbytero* : « Præteritorum sedis apostolicæ præsulum constituta, qua valui cura diligentiaque collegi, et in quemdam redigens ordinem titulis distinxi compositis. » Le recueil de décrétales est dans Justel, *Bibliotheca*, p. 183.

(109) M. Sohm, *Kirchenrecht*, p. 418, estime qu'en effet la série des décrétales, qui constituent une véritable législation, commence avec le pontificat de Sirice, en l'année 385. Il en est même une qui date sans doute de son prédécesseur Damase. Ch. Babut, *La plus ancienne décrétale*, 1905. La plus ancienne collection de décré

deux recueils, réunis en un seul et augmentés de quelques additions, furent, au VIII<sup>e</sup> siècle, en 774, adressés officiellement (110)
à Charlemagne par le pape Adrien I<sup>er</sup>. Cette compilation devint en
France l'expression traditionnelle et autorisée du droit canonique;
on lui donna le nom de *Codex canonum Ecclesiæ Gallicanæ*.

En Espagne on avait adopté un autre recueil, qui a été faussement attribué à Isidore de Séville (+ 636). Cette collection était
établie sur le même plan que celle de Denys le Petit, mais contenait un plus grand nombre de documents. On l'appelle la *Collectio Hispana* ou l'*Hispana*; elle a aussi reçu le nom de *Codex canonum Ecclesiæ Hispanæ*. Elle pénétra en France, probablement à
la suite des expéditions que Charlemagne fit en Espagne.

Au milieu du IX<sup>e</sup> siècle, apparut une collection nouvelle, dont
l'auteur, dans une préface, déclarait s'appeler *Isidorus Mercator* (111). Elle reproduisait, en grande partie, les recueils précédents, suivant principalement l'*Hispana* (112); mais elle s'en
distinguait par deux traits remarquables. D'abord, elle contenait
une riche collection de décrétales du II<sup>e</sup> et du III<sup>e</sup> siècles, depuis le
pape Clément (+ 101) jusqu'au pape Melchiadès (+ 314), lesquelles
paraissaient pour la première fois. De plus, ces décrétales tranchaient la plupart des points de discipline ecclésiastique qui
étaient discutés au IX<sup>e</sup> siècle. Une double tendance, en particulier, s'y manifestait : d'un côté, protéger les évêques et les clercs
en général contre les accusations intentées par des laïcs; d'autre
part, augmenter l'autorité directe du pape sur les évêques, et diminuer, dans la même mesure, l'autorité de leur métropolitain. En
réalité, ces décrétales étaient des pièces fabriquées, comme les
*Faux capitulaires*. La critique moderne a montré en détail les
éléments à l'aide desquels ces textes avaient été composés et dégagé
les procédés de fabrication (113) : on les appelle *Fausses décrétales pseudo-isidoriennes*, et le nom d'*Isidorus Mercator* est un
nom de fantaisie, comme celui de *Benedictus Levita*. Un seul point
reste discuté; dans quelle partie de la France cet ouvrage a-t-il
été composé ? Jusqu'à ces derniers temps, l'hypothèse générale-

tales semble avoir été formée sous Innocent I<sup>er</sup> (401-417) et progressivement accrue
sous les pontificats suivants; huit décrétales ainsi réunies circulaient en Italie et en
Gaule sous le titre de *canones urbicani*. R. Massigli, *La plus ancienne collection de
décrétales (Revue d'hist. et de litt relig*, 1914).

(110 Maassen, *Geschichte der Quellen*, I, p. 680 et suiv. ; — Sägmüller, *op. cit.*,
p. 159 et suiv. ; — R. Massigli, *Sur l'origine de la collection dite* hadriana *augmentée,
Mél d'archéologie et d'hist. de l'école de Rome*, 1912, p. 163-83

(111) Hinschius, *Decretales pseudo-Isidorianæ*, p. 17; — Friedberg, *op. cit.*, p. 97.

(112) Ou plutôt une forme déjà altérée et remaniée de l'*Hispana*, Maassen, *Geschichte
der Quellen*, I, p. 711 et suiv. ; *Pseudo-Isidorische Studien*, I, p. 22 et suiv.

(113) Voyez la belle édition critique donnée par M. Hinschius, *Decretales pseudo
Isidorianæ et Capitula Angilramni*, ad fidem librorum manuscriptorum recensuit, fontes
indicavit, commentationemque de collectione pseudo-Isidori præmisit Paulus Hinschius.

ment admise était que les Fausses décrétales avaient vu le jour
dans la province ecclésiastique de Reims, et qu'elles avaient été
composées pour servir d'arme contre Hincmar de Reims, spécialement dans sa lutte contre Hincmar de Laon. Mais, au fond, cela
est peu vraisemblable, car Hincmar de Reims se vante de les avoir
connues un des premiers (114); et, en effet, jusqu'à présent, la
plus ancienne citation qu'on en ait relevée se trouve dans un de
ses écrits (115). Des travaux plus récents en placent la composition dans le diocèse du Mans, sous l'inspiration de l'évêque
Aldric (116). On peut remarquer, dans ce sens, qu'elles ont des
affinités certaines, une parenté indéniable, non seulement avec les
faux capitulaires et les faux *Capitula Angilrammi Metensis episcopi*, mais aussi avec deux autres apocryphes, composés certainement dans l'entourage de l'évêque du Mans, les *Acta pontificum
Cenomanensium* (117) et les *Gesta Aldrici*. Quoi qu'il en soit, tous
ces textes factices forment un ensemble, se répétant souvent les
uns les autres, et, sans doute, ils sortent tous de la même officine.
Ils trompèrent d'ailleurs les contemporains sans difficulté et
d'emblée. Seul, Hincmar de Reims a signalé des contradictions et
des invraisemblances dans les *Capitula Angilrammi* et même dans
les Fausses décrétales (118). Mais malgré sa sagacité, il a accepté
celles-ci comme authentiques dans leur ensemble. Dès 857, elles
sont citées dans un appendice à un capitulaire de Kiersy (119).
Pendant tout le Moyen âge, la papauté les invoquera à son profit.

(114) *Hincmari Opera*, édit. Sirmond, II, p. 436 et 320.
(115) *Capitula synodica*, a. 852, c. xi, édit. Sirmond, I, p. 713 ; le passage cité est
tiré d'une épître de *Stephanus ad Hilarium* (Hinschius, p. 183).
(116) Simson, *Die Entstehung der Pseudo Isidorischen Falschungen in Le Mans*,
Leipzig, 1886; — du même, *Pseudo-Isidor und die Geschichte der Bischöfe von Le
Mans*, dans la *Zeitschrift für Kirchenrecht*, XXI, p. 151 et suiv. Voyez, sur ces travaux,
deux articles de M. Paul Fournier : *La question des Fausses décrétales*, dans la
*Nouvelle revue historique de droit*, année 1887, p. 70 et suiv., et année 1888, p. 103
et suiv. Du même, *Etude sur les fausses décrétales*, 1908 (*Revue d'histoire ecclésiastique*, Louvain, t. VI, n° 1-4; t. VII, n° 1); B. von Simson, *Pseudo-Isidor und die Le
Mans Hypothese* (*Zeitschrift der Savigny Stiftung*, K. A., 1914).
(117) *Archives historiques du Maine*, II, *Actus pontificum Cenomanis in urbe degen-
tium*, publiés par l'abbé A. Busson et l'abbé A. Ledru, *Au Mans*, 1902.
(118) *Opera*, édit. Sirmond, II, p. 475-477 ; cf, p. 460-461, p. 793.
(119) *Capitulare Cariacense*, Admonitio (Boretius et Krause, *Capitularia*, II, 287)

# DEUXIÈME PARTIE

# LA SOCIÉTÉ FÉODALE

---

## CHAPITRE PREMIER

### Les principes du système féodal.

---

La féodalité est une forme d'organisation sociale et politique qui, au Moyen âge, s'est établie non seulement en France, mais dans toute l'Europe occidentale. C'est, d'ailleurs, un type qui s'est reproduit dans d'autres pays et à d'autres époques. Il a existé une féodalité musulmane, originale et puissante (1). Une féodalité très développée a vécu au Japon pendant des siècles; son abolition, aujourd'hui complète, n'a commencé qu'après 1867. La Chine a anciennement connu le régime féodal. Il semble donc que c'est là un des types généraux d'après lesquels les sociétés humaines tendent à se constituer spontanément dans des milieux déterminés. Mais ici je n'ai à parler que de la féodalité chrétienne et occidentale (2); je voudrais en dégager l'esprit et les éléments essentiels.

Ses éléments constitutifs sont au nombre de deux : le groupement féodal et la seigneurie.

---

(1) Tischendorf, *Das Lehnwesen in den moslemischen Staaten*, 1872.

(2) C'est une question de savoir si la féodalité s'est pleinement développée dans la Russie du Moyen âge. L'opinion commune, jusqu'à ces derniers temps, était qu'il n'y en avait eu que des rudiments. Mais, dans ces dernières années, un historien de grande valeur, M. Paulov Salvamsky, a développé l'opinion contraire, cherchant à établir par des documents que toutes les institutions caractéristiques de la féodalité se retrouvent en Russie. Voyez, sur ce point, Mlle Sophie Baumstein, *Le problème de la féodalité en Russie*, thèse de doctorat, Paris, 1908.

## I

Le groupement féodal a pour point de départ le fief, qui est l'unité constitutive et comme la cellule de cet organisme (3). Le fief, réduit à sa plus simple expression, est une terre ou un droit immobilier concédé à charge de certains services par un homme, qui prend le nom de seigneur de fief, à un autre homme, qui prend le nom de vassal. Un contrat est ainsi intervenu entre ces deux hommes; mais la portée en dépasse de beaucoup le domaine et les bornes du droit privé, tel que nous le concevons. Ce que le vassal promet au seigneur dans un *hommage* solennel, ce n'est point une somme d'argent ou une redevance ayant une valeur pécuniaire : il lui promet, avant tout, une fidélité absolue; il lui promet, en outre, certains services, qui rappellent, en les imitant, les obligations normales du citoyen envers l'État. On les ramène à trois principaux : le vassal doit venir combattre pour son seigneur, lorsqu'il en est requis; il doit se soumettre à la justice de son seigneur, ou siéger comme juge sous sa présidence; il doit, lorsqu'il en est requis, conseiller son seigneur et l'assister de ses avis. Enfin, s'il ne doit, à raison de son fief, aucune redevance pécuniaire périodique et forcée, dans un petit nombre de cas déterminés par la coutume et où le seigneur a un besoin pressant d'argent, il devra l'assister de sa bourse par l'aide féodale. Le seigneur, de son côté, contracte des obligations envers son vassal; il lui doit fidélité, justice et protection.

Ce singulier contrat d'assurance mutuelle atteste à tous les yeux que, dans la société féodale, la notion de l'État s'est profondément altérée. Ces deux hommes, en s'associant, ont suppléé tant bien que mal à l'inertie ou à l'absence de la puissance publique. Ils ont conclu en petit un véritable *contrat social*, au sens que Rousseau donnait à ce mot, quoique dans des conditions bien différentes de celles qu'il a rêvées. Par la force des choses, le groupement ne sera pas restreint à ces deux hommes.

Celui qui est devenu ainsi seigneur de fief, d'ordinaire, n'a pas concédé de fief qu'à un seul homme; il a fait de ces concessions à plusieurs personnes et a réuni ainsi sous sa puissance un certain nombre de vassaux. Cela est venu tout naturellement de ce que,

---

(3) M. Flach, dans le second volume de son beau livre : *Les origines de l'ancienne France*, a produit une tout autre conception de la féodalité primitive. Dans les groupes féodaux des x⁵ et xi⁵ siècles, il ne voit que des rapports personnels, l'ancien *comitatus* germanique : dans cette organisation, la concession du fief ne serait qu'un élément accidentel et secondaire, non capital et générateur. J'ai essayé de réfuter cette thèse dans ce qu'elle présente d'exagéré · voyez mon article intitulé · *Nouvelle théorie sur les origines féodales*, dans la *Nouvelle revue historique de droit*, 1894, p 523 et suiv

dans l'âge de la force et de la violence, il faut être riche et puissant pour se faire chef et protecteur. Ces divers vassaux d'un même seigneur, tous unis à lui par les mêmes devoirs, forment le groupe féodal (4), et celui-ci est l'âme même de la société féodale. Il forme, en effet, comme un petit État, muni d'un gouvernement propre et capable d'accomplir toutes les fonctions essentielles de l'Etat. Par le service de guerre des vassaux, le groupe féodal est une armée; par le service de justice, c'est une cour judiciaire; par le service de conseil, c'est un conseil de gouvernement. Mais cela suppose aussi que le grand État, dans lequel se sont développés ces petits États, n'assure plus aux hommes la justice, la sécurité et la paix inté-rieure.

Le groupe féodal ainsi constitué n'est pas encore complet. D'au-tres personnes y sont encore rattachées, mais pour y jouer un rôle secondaire et subordonné. Ceux-là, ce sont des cultivateurs, des vilains et des serfs. Ce sont souvent des vilains de franche condi-tion, qui ont reçu des concessions de terre, soit du seigneur, chef de groupe, soit de ses vassaux; mais ces concessions sont d'une tout autre nature que le fief; elles sont faites moyennant des pres-tations de valeur pécuniaire, en argent ou en nature. Ce sont aussi des serfs qui sont attachés aux terres du seigneur ou à celles de ses vassaux. Toutes ces personnes ne sont point des membres actifs du groupe féodal, tel que je l'ai décrit. Elles n'ont de rapports directs qu'avec celui dont elles sont les tenanciers ou à la terre de qui elles sont attachées, et leur état comporte plus de devoirs que de droits. Mais elles gravitent dans l'orbite du groupe féodal, car elles se rattachent soit au seigneur, soit aux vassaux qui le com posent. Ce sont elles qui, par leur travail et leurs redevances, fournissent aux besoins économiques du groupe tout entier (5); et la protection contre les violences du dehors, elles la trouvent dans la force militaire et sociale dont dispose ce groupe, celui dont elles relèvent, ayant le droit d'en invoquer l'appui.

Tous ces hommes ainsi constitués en groupe organique, sei-gneurs, vassaux, tenanciers et serfs, quel est le lien qui les unit? C'est la terre : les uns l'ont concédée, les autres l'ont reçue à de certaines conditions. Mais, par là même, la propriété foncière a pris une forme nouvelle, appropriée aux besoins sociaux. A la

(4) Ils sont égaux entre eux et membres d'une même société ; aussi la langue de la féodalité les appelle-t-elle *pares*, les pairs.

(5) Voici ce que dit encore au XVIe siècle Guy Coquille, *Institution au droit des Français*, édit. 1632, p. 153 : « Chascun doit service au public ou de sa personne, comme font les nobles à cause de leurs fiefs, ou de sa bourse comme les roturiers.. selon ceste grande ancienneté, quand les tailles n'estoient point, les cens ou autres redevances foncières estoient payées au roi ou à ceux qui tiennent en fief du roi, qui doivent service personnel de leurs fiefs; qui estoient l'ayde que chascun faisoit de es biens. »

propriété libre et absolue, qui ne s'est conservée qu'à titre d'exception, s'est largement substituée la tenure; presque tous tiennent la terre de quelqu'un en vertu d'une concession conditionnelle et limitée.

Le groupe féodal, je l'ai dit, est organisé pour se suffire à lui-même; cependant, il n'est pas nécessairement isolé dans la société féodale; régulièrement, il ne doit pas l'être. Le seigneur, chef du groupe, a pu lui-même entrer à titre de vassal dans un autre groupe de même nature, dont le seigneur-chef sera d'ordinaire plus puissant que lui-même. Dès lors, ses propres terres relèvent directement de ce seigneur à titre de fief, et les terres de ses vassaux en relèvent indirectement, en arrière-fief, comme diront les feudistes. Le premier groupe est ainsi rattaché à un second; le second pourra se rattacher à un troisième, et ainsi de suite jusqu'à ce qu'on arrive à un seigneur qui ne reconnaîtra pas de supérieur, qui ne tiendra ses droits de personne, c'est-à-dire au roi de France. Le roi, quand ce rattachement sera complet, aura ainsi sous lui, étagés par échelons, tous les fiefs et toutes les tenures féodales du royaume, qui seront censés être une émanation directe ou indirecte de sa puissance. Cette hiérarchie permettra de conserver, au moins fictivement, l'unité nationale dans la France féodale; et, de là, pour le roi, cette qualité de *souverain fieffeux du royaume*, que lui attribueront les juristes, et dont, en la dénaturant parfois, ils sauront tirer un parti merveilleux au profit de la royauté. Mais, remarquons-le, selon les principes féodaux, chaque vassal n'a de devoirs et d'obligations qu'envers son propre seigneur; il n'est pas l'homme du suzerain supérieur (6), il ne lui doit rien; parfois, seulement, son propre seigneur pourra le requérir, en vertu de son droit personnel, au profit du suzerain supérieur. Dans le cours du temps, il est vrai, ce principe s'affaiblira, et certains rapports s'établiront entre le seigneur supérieur et l'arrière-vassal, mais en passant toujours par l'intermédiaire du seigneur moyen.

Cette ordonnance savante n'est pas en France aussi ancienne que la féodalité elle-même : elle fut, sur certains points, très lente à s'établir. La féodalité, chez nous, s'était formée spontanément, dans une période d'anarchie profonde : il en résulta tout naturel-

---

(6) Durantis, *Speculum juris* (xiiiᵉ siècle), tit. *De feudis*, nᵒ 28, édit. Francfort, 1592, p. 309 : « Quæritur utrum homo hominis mei sit homo meus. Responde quod non. Ex quo patet quod licet magni barones... duces et alii similes sint immediate vasalli sive homines ligii regis, in cujus regno sunt... tamen homines baronum non sunt homines ipsius regis. » — Joinville, *Histoire de saint Louis*, ch. xxvi, édit. de Wailly, p. 64 : « Li roys manda tous ses barons à Paris, et lour fist faire sairement que foy et loiautei porteroient à ses enfants, se aucune chose avenoit de li en la voie. Il le me demanda; mais je ne voz faire point de sairement, car je n'estoie pas ses hom. » Joinville était le vassal du comte de Champagne. — Voyez une conséquence de ce principe dans le *Livre de Jostice et de Plet* (xiiiᵉ siècle), L. XII, ch. xxvi, § 4, édit Rapetti, p. 258.

lement qu'au début nombre de seigneurs furent absolument indépendants, nombre de groupes féodaux absolument isolés. Ce n'est
que peu à peu que la hiérarchie s'établit par un second travail de
régularisation et de tassement. Les seigneurs les plus forts amenèrent à leur hommage les seigneurs les plus faibles : le roi ramena
au sien les seigneurs supérieurs. Mais la royauté capétienne eut
anciennement bien du mal à obtenir certains hommages, et les
obligations féodales de ces grands vassaux, aussi puissants que le
roi, restèrent bien souvent lettre morte.

Dans d'autres pays, au contraire, cette hiérarchie complète et
régulière est née en même temps que la féodalité : c'est ce qui s'est
passé en Angleterre. Mais c'est que, dans ce cas, le système féodal
a été importé, tout formé, et implanté par le vainqueur dans la
terre conquise.

## II

Le second élément constitutif du système féodal est la *seigneurie*.

Le droit de commander aux hommes ne dérive pas seulement
des contrats et des concessions de terre qui ont donné naissance
aux groupes féodaux. L'autorité publique, jadis incarnée dans le
pouvoir royal, n'a pas disparu, pas plus que les droits qui en
forment les attributs essentiels, bien que les droits dérivant des
associations féodales lui fassent une rude concurrence : mais elle
s'est dénaturée et démembrée, elle est devenue la seigneurie. La
seigneurie n'est pas autre chose que la souveraineté, ou un démembrement de la souveraineté, qui a passé dans la propriété privée,
dans le patrimoine de certains individus. Cette acquisition, comme
on l'a vu, s'est produite, tantôt par suite des concessions émanant
du pouvoir royal lui-même, tantôt par une simple usurpation, consolidée par une longue possession et confirmée par la coutume.
Tantôt ce démembrement de la souveraineté, s'exerçant sur un
certain territoire, a été rattaché comme une qualité ou un appendice, à certaines propriétés foncières avec lesquelles il se possède
et se transmet; tantôt il constitue une propriété distincte et ayant
une existence propre. Mais toujours, dans la féodalité pleinement
hiérarchisée, cette propriété revêt la forme féodale : elle est toujours tenue en fief, soit d'un seigneur, soit du roi. L'autorité
publique s'est ainsi pliée au génie et à la hiérarchie du système
féodal.

Toutes les seigneuries avaient la même nature, étant des démembrements de la puissance publique inféodée. Mais elles différaient
grandement, soit quant aux droits qu'elles conféraient aux seigneurs, soit quant à l'étendue du territoire qu'elles comprenaient.

Il y avait d'abord les seigneuries qui constituaient ce qu'on appellera dans la suite les *fiefs titrés*, les *fiefs de dignité* et qui formaient elles-mêmes une hiérarchie (7). Au degré supérieur étaient les *duchés* et les *comtés*. C'étaient de véritables principautés, ce qu'on nomme souvent les *grands fiefs;* et pendant un temps assez long, souvent le duc ou le comte était aussi puissant que le roi, auquel il devait l'hommage. Ce sont ces seigneuries dont la réunion au domaine de la Couronne constituera vraiment l'unité territoriale de la France. L'origine des duchés et des comtés est très claire, ce sont les fonctions supérieures de la Monarchie Carolingienne, appropriées au profit des titulaires. Il est rare qu'on constate ici une usurpation pure et simple, un comte qui se soit créé lui-même de toutes pièces (8). Mais les ducs et les comtes ont eu fortement à lutter contre la féodalité inférieure de leur région. Les *vicomtés* ont été un produit semblable; mais les *marquisats* sont des créations bien postérieures, car les anciens *marchiones* de la Monarchie Carolingienne étaient devenus des ducs. Les *châtellenies* au contraire sont une formation première et spontanée de la société féodale. Ces seigneuries sont nées d'un phénomène dont l'importance a été considérable et s'est fait sentir dans la condition des ducs et des comtes eux-mêmes : c'est la possession des châteaux.

Dans cet âge d'anarchie et de violences qui a vu éclore la féodalité, le *château*, le château fort, était la condition même de la force, la possibilité de se défendre, soi et les siens. En posséder un grand nombre était la puissance véritable. Il en résulta que la possession d'un *castrum*, *castellum*, fit naître par elle-même une seigneurie, dont la dénomination fut d'abord indécise, le seigneur étant simplement appelé *princeps*, puis qui prit le titre de *castellania*, *châtellenie*, la possession du seigneur *châtelain*. De la possession du château on concluait à la possession de la justice et longtemps cette conception laissera une trace dans les théories de droit féodal (9). La *châtellenie* fut anciennement l'unité féodale et le grand seigneur, duc ou comte, divisa son domaine en *châtellenies*, d'après le nombre de ses châteaux : il avait dû souvent les inféoder à des châtelains; mais ceux-ci devaient dans des cas déterminés remettre momentanément le château entre ses mains; c'était une de leurs obligations féodales importantes (10).

Certains possesseurs de châteaux, les plus puissants, qui n'avaient pas eu jusque-là d'autre titre, prirent ou reçurent au

(7) Je suis principalement ici l'exposition de M Guilhiermoz, *Essai sur l'origine de la noblesse*, spécialement p. 157 et suiv., 235 et suiv.
(8) Guilhiermoz, *op cit.*, p. 161.
(9) Boerius, *Decisiones burdigalenses* (xvie siècle), déc , 43, 50, 220, 320.
(10) A. Luchaire, *Les premiers Capétiens*, dans l'*Histoire de France* d'Ernest Lavisse. t II. p. 14 et suiv.

xie siècle celui de *baron*, dénomination qui désignait l'homme fort;
et ainsi fut créée une dignité seigneuriale nouvelle et ces seigneuries devinrent des *baronies* (11). Le terme *baron* eut d'ailleurs deux
significations : tantôt, au sens étroit, il désignait le titulaire d'une
baronie; tantôt, dans un sens large, il désignait les titulaires des
seigneuries supérieures, les *barons* du royaume, et c'est dans ce
dernier sens que Beaumanoir l'emploie, lorsqu'il dit que de son
temps le *baron* est le seigneur souverain (12).

Toute cette formation, purement coutumière, s'arrêta, s'immo-
bilisa, à un moment donné. Au début de l'anarchie féodale, tout
homme qui était assez fort pour cela, qui en avait les moyens
matériels, pouvait se bâtir un château : mais le principe s'établit
vers la fin du xiie siècle que, pour construire un château, il fallait
l'autorisation de celui qui représentait alors la souveraineté (13).
Les châtelains existants avaient dès lors un droit acquis à empêcher qu'un nouveau châtelain s'élevât pour leur faire concurrence,
et le royaume se trouva par lui-même divisé en châtellenies.

Ainsi s'était constituée la hiérarchie des *fiefs titrés* (14). Au-
dessous étaient les simples seigneuries justicières, celles qui comportaient les droits de justice, mais sans aucune dignité spéciale
qui y fût attachée. Elles étaient nées elles-mêmes de la concession
ou de l'usurpation. Lorsque la royauté eut fait reconnaître sa
souveraineté générale et exclusive, elle seule pourra créer des
seigneuries nouvelles.

Quelle était la mesure des droits de ces seigneurs, quels attributs de la puissance publique chacun d'eux pouvait-il exercer dans
les limites de son territoire ? Il est bien difficile de le déterminer
en termes généraux; car c'est la coutume qui fixe, avant tout, le
droit public de la société féodale, et la coutume varie selon les
lieux. Mais il est possible de dégager deux règles générales. En
premier lieu, la seigneurie qui représente, de droit commun, la

(11) Guilhiermoz, *op. cit.*, p. 155 et suiv

(12) Beaumanoir, édit. Salmon, n° 1043 : « Pour ce que nous parlons en cest livre en
pluseurs lieus du souverain et de ce qu'il puet et doit fere, li aucun pourroient
entendre, pour ce que nous ne nommons comte ne duc, que ce fust du roi, mes en
tous les lieus la où li rois n'est pas nommés, nous entendons de ceus qui tienent
en baronie, car chascuns barons est souverains en sa baronie » — N° 1722 : « Il est
en la volenté du conte de remetre en sa court quand il plera les gages pour muebles
ou pour eritages, car quant li rois Loueïs les osta de sa court, il ne les osta pas de
la court à ses barons. » Le *comte* de Clermont est un de ces *barons*

(13) Guilhiermoz, *op. cit.*, p. 163 et suiv.

(14) *Livre de Jostice et de Plet* (xiiie siècle), I, 15, § 1 : « Duc est la première
dignité et puis comte et puis vicomte, et puis baron et puis châtelain et puis vavassor,
puis citaen et puis vilain » La hiérarchie est arrêtée. Les deux dernières qualités
sont celles non de seigneurs, mais de sujets. Ce sont l'habitant des villes (*citaen*) et
l'habitant des campagnes (*vilain*). Sur le *vavasseur*, voyez Guilhiermoz, *op. cit*.
p. 150-1 164-5

plénitude de la souveraineté, c'est la baronie (15). Secondement,
le seigneur qui exerce les attributs les plus précieux de la puissance publique, c'est le seigneur haut justicier. Sur son territoire,
il rend la justice au criminel et au civil, avec une compétence
illimitée, et pendant longtemps ses arrêts seront souverains; lui
seul a le droit de lever les impôts sur ses sujets. Il a, à l'exclusion
de tout autre, ces deux droits essentiels : la justice et le fisc.
C'était donc la haute justice qui représentait véritablement la
puissance publique dans la pure société féodale. Les droits qu'exerçaient les seigneurs supérieurs, là où ils n'avaient pas conservé
eux-mêmes la haute justice, se réduisaient à peu de chose : leur
puissance dérivait surtout de leurs domaines propres et du nombre de leurs vassaux. D'ailleurs, les pouvoirs du haut justicier lui-
même ne doivent pas être exagérés; ils étaient limités, soit quant
au fisc, soit quant à la justice, par d'autres principes féodaux.

La société féodale se divise en trois classes d'hommes : les
nobles, les vilains ou *homines potestatis* et les serfs (16); la puissance du haut justicier ne s'exerce pleinement que sur les vilains
et les serfs, les gentilshommes y échappent presque complètement.
En effet, les nobles sont exempts, en principe, des impôts directs
ou indirects que lève le haut justicier sur ses sujets. D'autre part,
le noble est toujours un vassal, un homme de fief : en cette qualité,
il ne reconnaît pour juge que le seigneur auquel il a fait hommage, auprès duquel il trouve un tribunal composé de ses
pairs (17). En principe, il échappe par là à la compétence de la
justice fondée sur l'autorité publique, il n'est point le justiciable
du seigneur haut justicier, à moins que celui-ci ne soit en même
temps son seigneur de fief et ait reçu son hommage, et alors c'est
cette dernière qualité et non pas la première qui fonde la compétence. Même en ce qui concerne le vilain, le seigneur justicier
peut voir certaines causes échapper à sa justice. Je montrerai plus
loin qu'originairement tout homme qui avait concédé valablement
une tenure à un autre homme, acquérait, par là même, le droit de
statuer sur les procès auxquels cette tenure pouvait donner lieu.

(15) Beaumanoir, *Coutumes de Beauvoisis* (xiii* siècle), ch xxxiv, ci-dessus, p. 173,
note 12. — *Etablissements de saint Louis*, I, 26, édit. Viollet : « Bers (baron) si a
toutes joutises en sa terre ne li rois ne puet metre han en la terre au baron sanz son
assantement. » — *Coutumier d'Artois* (vers 1300), édit. Ad. Tardif, XII, 1 : « Et qui
a marchiet et chastelenie et paiage et lige estaige, il tient en baronie à proprement
parler »; XLVII, 6 : « en le court souveraine, c'est-à-dire dou baron. »
(16) Beaumanoir, édit. Beugnot, xlv, 30, Cf, xii, 3, édit. Salmon, n°s 1451 et 365.
Il y a, en réalité, dans cette société encore deux autres classes de personnes, les
ecclésiastiques et les bourgeois; mais, avant d'avoir ces qualités particulières, ils
sont nobles, roturiers ou serfs La condition spéciale des ecclésiastiques et des
bourgeois consiste dans certains privilèges, que nous exposerons en étudiant l'Eglise
et les villes dans la société féodale.
(17) Voyez, par exemple, *Etablissements de saint Louis*, I, 76.

Voilà les éléments essentiels du système féodal dans toute sa force. Il faut maintenant étudier en détail les principales institutions féodales. Mais deux observations préliminaires doivent être faites.

Le régime féodal a eu une existence des plus longues. Peu à peu constitué au cours des ix⁰ et x⁰ siècles, il est systématisé dès le xi⁰ et, d'autre part, il vivra, par certains côtés, jusqu'à la Révolution française. Dans cette partie de mon livre, je n'ai point l'intention de le suivre dans toute son histoire et d'exposer, après sa période de force, sa décadence et enfin son abolition. Ce que je veux étudier ici, ce sont les institutions féodales dans leur originalité et leur complet épanouissement. Je les prends dans la période où elles représentent vraiment l'organisation politique de la société française, où elles en sont le ressort principal et essentiel, et cette période s'étend du commencement du xi⁰ siècle à la fin du xiv⁰ (18). D'autre part, dans ce tableau des institutions féodales, je ferai presque abstraction du pouvoir royal. Il n'a jamais disparu cependant de la France féodale; dès le xii⁰ siècle, il joue un grand rôle politique, aux xiii⁰ et xiv⁰ siècles, il a accompli d'immenses progrès à l'encontre des pouvoirs féodaux. Mais ce développement et ces progrès feront dans la suite l'objet d'une étude spéciale. Pour le moment, j'expose les institutions féodales dans leur logique, comme un système juridique original, et le pouvoir royal n'y apparaîtra qu'autant qu'il joue un rôle et revendique des droits qui sont conformes au génie de ce système et dérivent de cette logique.

J'étudierai successivement dans la société féodale : 1° la condition des terres et l'état des personnes; 2° le droit de guerre, la justice et les droits fiscaux; 3° l'Eglise; 4° les villes.

Le tableau général de la féodalité française qu'on vient de lire date de la première édition de ce livre (1892). Je le reproduis encore à peu près tel quel; car mes idées n'ont pas changé et il me paraît toujours refléter la vérité. Mais il est un élément essentiel du système, *la seigneurie*, que nombre d'historiens présentent aujourd'hui sous un autre jour, quant à ses origines et à sa nature primitive. Ces historiens forment vraiment une école, qu'on peut appeler l'*école du régime domanial*, et l'on comprendra bientôt la portée de ces termes. Elle a eu pour premier chef Guérard, principalement dans ses *Prolégomènes* au Polyptyque d'Irminon. Fustel de Coulanges a mis en lumière une partie des thèses qui constituent la doctrine de cette école, et les élèves de cet illustre maître lui ont donné une forme

---

(18) C'est le point de vue auquel s'est placé Brussel, dans son livre remarquable : *Nouvel examen de l'usage général des fiefs en France pendant les* xii⁰, xiii⁰ *et* xiv⁰ *siècles*, 2 vol., Paris 1750.

compréhensive et précise. L'un d'eux a publié un livre, qui peut être considéré comme en contenant l'expression autorisée : c'est M. Henri Sée, professeur d'histoire à l'Université de Rennes, dans son ouvrage sur *Les classes rurales et le régime domanial en France au Moyen Age*, paru en 1901. C'est une œuvre remarquable, dont nous n'admettons point les conclusions, mais qui contient une exposition claire et puissante, et un dépouillement très étendu de textes, qui pourra servir à bien d'autres qu'à l'auteur.

L'idée maîtresse de cette doctrine est que la *seigneurie* avec ses divers attributs n'est point un démembrement de la puissance publique, qui s'est fragmentée et est entrée dans la propriété des particuliers; ce serait un produit direct et naturel de la grande propriété foncière, dans un milieu où la notion de l'Etat, de la véritable autorité publique, aurait disparu (19). Ce serait d'ailleurs là le dernier terme d'une évolution commencée depuis des siècles; la *villa* romaine, le grand domaine, *potestas* ou *immunitas*, de la Monarchie Franque, en seraient les phases antérieures. Jadis on disait que la féodalité était la confusion de la souveraineté et de la propriété, mais en ce sens que la souveraineté démembrée était devenue propriété particulière; dans la doctrine du *régime domanial* on peut dire encore que cette confusion est également admise, mais en ce sens que le propriétaire foncier, le grand propriétaire, est devenu souverain en cette qualité.

C'est là un résultat dont l'exagération paraît évidente, car, quelle qu'ait été l'anarchie qui régna depuis le milieu du ixe siècle jusqu'au milieu du xie, la société en France, même la société politique, ne disparut jamais. Aussi M. Sée n'applique-t-il point sa théorie aux grandes seigneuries, aux Duchés et aux Comtés, qui manifestement sont des démembrements de la souveraineté monarchique, bien que les ducs et les comtes, à un moment donné, n'aient guère d'autre puissance que celle que leur assurent le nombre de leurs vassaux et l'étendue de leurs domaines propres. Il ne l'applique qu'à l'exploitation du grand domaine rural, aux droits exclusifs du propriétaire sur la population qui le cultive. En même temps il constate que la population, qui est soumise au seigneur, est seulement celle qui tient de lui des tenures vilaines ou serviles (20). Voilà bien des limitations

(19) Henri Sée, *op. cit.*, préface, p. viii : « On verra que le seigneur dispose sur son domaine d'une autorité souveraine : il soumet à une infinité de redevances et de services les paysans qui cultivent ses terres; et c'est encore du propriétaire foncier que dépendent toutes les manifestations de la vie économique des campagnes Ce régime est une conséquence directe de l'organisation du domaine rural, telle qu'elle apparaît déjà à l'époque romaine et l'avènement de la féodalité a pour premier effet de le fortifier. »

(20) Henri Sée, *op. cit.*, p. 302 : « L'on sait déjà que le régime domanial se distingue absolument du régime féodal. Mais il importe de constater encore qu'il ne s'exerce que sur les terres occupées par les paysans, sur les tenures vilaines, et qu'il ne porte jamais sur les fiefs. C'est le vassal qui est le véritable maître du domaine. » Il faut pourtant reconnaître que dans le principe le seigneur était considéré comme le propriétaire du fief concédé au vassal. Voir plus loin, deuxième partie, ch. II, sect I, n° 11).

et la formule du système, si tranchante en apparence, doit tout au moins être restreinte.

Les constatations que nous avons faites déjà · dans le chapitre consacré aux *précédents du régime féodal* (21) nous paraissent fournir une démonstration documentée contre l'existence dans la Monarchie franque du prétendu *régime domanial*, ainsi entendu: l'exposition qui va suivre sur la féodalité ancienne (Ch. II-V) donne, je le crois, leur véritable nature aux institutions féodales. Mais dès maintenant il est utile d'éprouver en quelque sorte la doctrine du *régime domanial* en en étudiant l'application aux différents attributs de la seigneurie.

1°. D'abord la *justice*. Pour M. Sée, dans la société féodale ancienne toute la justice, sauf celle qui est rendue aux hommes de fief dans le jugement par les pairs, est d'origine et de nature domaniales : « La justice domaniale, dit-il, se distingue très nettement de la justice féodale (22). Celle-ci ne s'applique qu'aux seigneurs, aux membres de la société féodale; la justice domaniale, au contraire, n'atteint que les personnes des tenanciers, n'a trait qu'aux relations de la vie domaniale... C'est pour n'avoir pas suffisamment distingué la justice domaniale de la justice féodale que l'on a cru y voir une forme de l'appropriation des droits publics par les seigneurs féodaux. On a déjà montré qu'en fait, même dans les premiers siècles du Moyen âge, la justice intérieure du domaine *a dû* toujours être indépendante de la justice publique, que la justice domaniale *semble* dériver directement du droit de propriété que le maître exerce sur les personnes de ses esclaves et sur les terres de son domaine. » (23). Certes, nous avons vu qu'une juridiction s'était établie au profit du grand propriétaire dans l'*immunitas* ou dans la *potestas*. Mais nous avons vu aussi que l'origine, en dehors de la *dominica potestas* sur les esclaves proprement dits, avait été une série d'empiétements et de pratiques par lesquels on suppléait, tant bien que mal, aux insuffisances de la justice publique. Cet état *de fait* est devenu seulement un état *de droit* par la reconnaissance que lui accorda la puissance publique dans les chartes et les capitulaires de la Monarchie Franque. Cette juridiction est donc en droit une concession de la puissance publique, non un simple fruit, un produit légitime de la propriété. C'est d'ailleurs la puissance de fait, non la propriété par elle-même, qui engendra cette juridiction; c'est le *potens*, non le *proprietarius*, qui l'obtint.

Nous avons vu également que la puissance publique, en reconnaissant cette juridiction, en avait fixé les limites (24). La conception de M. Sée entraîne cette conséquence que tout grand propriétaire exerce la justice dans sa plénitude, à la réserve, bien entendu, du

(21) Ci-dessus, p. 112 et suiv.
(22) Sur la *justice féodale* que nous distinguons, mais dans un autre sens de la *justice seigneuriale*, voir plus loin, 2ᵉ partie, ch. III, § 2.
(23) Henri Sée, *op. cit.*, p. 434-5.
(24) Ci-dessus, p. 136 et suiv.

His. du Dr. . 12

régime propre aux hommes de fief. Cela supprime, pour une première phase, la distinction de la *haute* et de la *basse justice*, qui
paraît cependant être aussi ancienne que la féodalité et se rattacher
aux précédents de la Monarchie Franque. M. Sée va jusque-là, dans
des formules d'ailleurs quelque peu embarrassées : « On distingue
presque toujours la haute et la basse justice; cette distinction, *qui
semble assez ancienne*, n'apparaît pas nettement avant·le xiie siècle (25). Ce qui différencie la haute et la basse justice, c'est moins
l'importance des causes que le tarif des amendes et des profits
qu'elles peuvent rapporter au seigneur... On a remarqué avec raison
que la haute justice n'appartient le plus souvent qu'à des seigneurs
d'une certaine importance. Souvent aussi les suzerains parvenaient à
se rendre maîtres de la haute justice sur les terres de leurs vassaux.
*Faut-il en conclure qu'elle est d'une autre nature que la basse justice,
qu'elle émane, non de l'autorité domaniale, comme cette dernière,
mais de la justice souveraine de la royauté*, que les seigneurs se
seraient appropriée ? Il semble bien, au contraire, *que la haute et la
basse justice ont pour source commune l'autorité domaniale;* c'est
sur les tenanciers, sur les paysans, qu'elles s'exercent l'une et
l'autre; c'est aux affaires domaniales qu'elles s'appliquent toutes
deux. » (26).

Mais voyons les caractères précis que relève pour ces deux justices
M. Sée, avec sa connaissance exacte des textes et sa bonne foi scientifique : « En général les délits qui sont punis d'amendes inférieures
à 60 sous appartiennent à la basse justice. » (27). Mais d'où vient ce
chiffre de 60 sous ? C'est l'amende du ban royal, *bannus dominicus*,
et par là la distinction des compétences se rattache directement au
droit public de la Monarchie Franque.

Autre caractère : « A la haute justice est réservé essentiellement
le droit de juger tous les crimes qui, comme le meurtre, le vol à
main armée, le rapt ou le viol, l'adultère, l'incendie, sont punis de
mort : aussi l'appelle-t-on souvent *Justitia sanguinis.* » (28). Mais
peut-on concevoir qu'il ait jamais existé une époque où l'on ait admis
qu'un propriétaire, quelque grand propriétaire qu'il fût, avait le
droit, en cette qualité, de prononcer la peine de mort contre un
tenancier qui n'était pas son esclave ? Non, les seigneurs qui exerçaient ce droit étaient considérés comme les titulaires de la puissance publique. Aux temps les plus anciens de la féodalité pure,
nous voyons, par les chroniques et les cartulaires, les crimes les
plus graves habituellement jugés dans des réunions de seigneurs.
La *justitia sanguinis* devait d'ailleurs avoir peu à faire quant aux
crimes contre les particuliers; les guerres privées, la vengeance
privée, en fournissaient le plus souvent la répression.

---

(25) M. Sée cite lui-même des textes très clairs du xie siècle, même de la première
moitié du xie siècle, dans lesquels la distinction apparaît, *op. cit.*, p. 450,· note 3.
(26) Henri Sée, *op. cit.*, p. 450-1.
(27) P. 448.
(28) Henri Sée, *op. cit.*, p 448.

La distinction ainsi établie entre la haute et la basse justice répond presque exactement aux données fournies par les capitulaires entre les cas réservés à la justice publique et ceux dont peut connaître le juge de l'immunité ou de la *potestas* (29). En voilà l'origine. Celle que lui attribue M. Sée est peu vraisemblable. Il y voit un effort, fait après coup par les seigneurs supérieurs : « Ce qui est vrai, dit-il, c'est que les barons et les princes souverains, comprenant le parti qu'ils pouvaient tirer de la haute justice, se sont efforcés de se la réserver exclusivement. Voilà pourquoi on a pu attribuer aux seigneurs haut justiciers des droits supérieurs; mais en réalité c'est seulement dans les derniers siècles du Moyen âge que ces privilèges commençaient à apparaître. » (30). Qu'un pareil travail de régularisation se soit produit après coup, dans une certaine mesure, cela est certain; mais les deux catégories de justice sont dans les fondements mêmes de la féodalité.

M. Sée confond la *basse justice* et la justice foncière, comme nos juristes à partir du xvᵉ siècle; c'est un point sur lequel nous reviendrons plus loin (31). Mais dans sa thèse, qui n'admet plus aucune justice publique sur les serfs et les vilains, on se demande de qui étaient justiciables les roturiers qui vivaient ou se trouvaient dans un territoire déterminé sans être tenanciers du seigneur, ou ces petits *aleutiers*, dont M. Sée est bien forcé d'admettre l'existence en certains lieux ? (32). Il semble qu'ils ne relevaient, dans ce système, ni de la *justice domaniale*, ni de la *justice féodale*· Cependant la maxime qui règle la compétence de la *justice seigneuriale* semble bien vieille : le seigneur a pour justiciables, quant aux délits, tous ceux qui sont *levans et couchans* sur son territoire.·

2º Quand il s'agit des impôts de la société féodale, la doctrine du droit domanial y voit plus naturellement encore « des redevances issues directement de l'ancien esclavage et de la constitution primitive de la tenure » (33). Ce ne sont point, dans leur origine ou dans leur création nouvelle, des charges imposées par la puissance publique ou par l'autorité qui en dérive. On admet que les impôts directs anciens, les impôts romains et les rares impôts directs qu'avait créés la Monarchie Franque, comme le *fodrum*, ont disparu sans laisser de traces, et que toutes les redevances perçues par les seigneurs sont des charges qu'ils ont imposées en qualité de propriétaires.

Cependant, avant d'aller plus loin, on peut rappeler que souvent la concession de l'immunité a eu pour conséquence l'octroi à l'immuniste du droit de lever l'impôt (34). Même le *chevage* imposé aux serfs, bien qu'il porte sur ceux qui se rapprochent le plus de l'esclavage, n'est-il pas un ancien impôt public approprié ? M. Sée fait cette remarque : « La *capitation* ou *chevage* est la seule redevance

(29) Ci-dessus, p. 137.
(30) Henri Sée, *op. cit*, p. 451.
(31) Voir plus loin, troisième partie, tit. II, section II, nº 1.
(32) *Op. cit.*, p. 305 et suiv.
(33) Henri Sée, *op. cit*, p. 311, mais cf. p. 116.
(34) Ci-dessus, p. 195

personnelle qui soit ,nettement caractérisée. » (35). A l'époque Mérovingienne encore, l'homme qui n'était pas complètement libre payait
au fisc royal un impôt personnel, qui sans doute était l'ancienne
*capitatio humana* (36) : le chevage est probablement cet impôt payé
au maître du colon ou de l'affranchi et, sans doute aussi, souvent le
*census* payé pour la tenure a pour origine l'ancienne *capitatio terrena*.
Mais dans l'école du droit domanial, et cela se conçoit, on ne distingue point les *redevances* proprement dites, celles qui sont une condition des concessions de terres ou une conséquence du lien personnel existant entre l'esclave, le colon, l'affranchi et son maître ou
seigneur, — et les levées d'argent qu'un seigneur fait d'autorité sur
les habitants d'un territoire qui ne sont point nobles ou ecclésiastiques. Tous ces droits sont simplement classés par elle en redevances personnelles ou réelles.

Mais il nous paraît que l'impôt et la notion de l'impôt n'ont jamais
disparu de la société du Moyen âge. La notion s'est seulement abais-
sée et simplifiée; on ne connaît plus qu'un impôt direct, la *taille*, et
qu'un impôt indirect, le *tonlieu* (*teloneum*) dont les applications
varient indéfiniment (37). Mais pour ce qui est de la taille seigneuriale, qui est d'abord un impôt personnel et qui partout, par un
phénomène de simplification, a tendu à devenir réelle (38), nous ne
croyons point qu'à aucune époque tout seigneur ait eu le droit de la
lever. Mais ici, il faut s'entendre. S'il s'agit de la *taille servile*, de
celle qui est levée sur les serfs par leur maître, tout seigneur qui
avait des serfs avait aussi le droit de la lever et il conservera ce
droit jusqu'à la fin de l'ancien régime, tant que le servage existera.
Il en est autrement quant au droit de lever la taille sur tous les
habitants d'un territoire, à l'exception des nobles et des ecclésiastiques. Ce fut d'abord sans doute la coutume, et la *saisine* qui déterminèrent les seigneurs qui pouvaient exercer ce droit, puis la jurisprudence le rattacha nettement à la *haute justice* (39).

Le *tonlieu*, ce sont les innombrables *péages*, droits sur le transport
ou le passage des personnes ou des marchandises, les droits de marché, les droits sur la fabrication ou la vente des divers produits.
M Sée reconnaît que dans la Monarchie Franque, c'étaient bien des
impôts publics perçus au profit du roi ou concédés par lui. Le pouvoir
royal conserva encore, dans la suite, le droit de régler les transactions
commerciales (40). Mais l'auteur admet que postérieurement ce droit

(35) P. 79.

(36) *Formules de Marculfe, l.* 19, *Præceptum de clericatu* : « Jubemus ut, si memoratus ille *de capite suo bene ingenuus esse videtur et in puletico* (polyptico) *publico
census non est.* »

(37) M. Sée donne une signification plus restreinte au *tonlieu*, qu'il distingue des
péages, *op. cit.*, p. 427 et suiv.

(38) M. Sée le montre très clairement pour la taille seigneuriale, *op. cit*, p. 357
et suiv.

(39) Cf. Henri Sée, *op. cit.,* p. 350-2.

(40) Henri Sée, *op. cit.*, p. 99 : « Ces divers droits ont été primitivement des impôts
publics, ils ont encore souvent ce caractère. Mais voici qu'aux ıxe et xe siècles ils
tombent peu à peu aux mains des seigneurs, des propriétaires laïques et ecclésiasti-

rentre dans le *pouvoir domanial*; c'est le grand propriétaire, en cette qualité, qui opère cette réglementation et perçoit les droits qui en sont la conséquence (41). Cependant quant aux droits de transit, de circulation, ils sont perçus le plus souvent sur des marchands, des voyageurs, des gens qui en général ne sont pas ses tenanciers et n'habitent pas sur son domaine. Comment le droit de propriétaire pourrait-il lui donner celui de lever des taxes sur eux ? Il est vrai que voici une explication ingénieuse : « Sous le régime domanial, le caractère commun des redevances de transit, des péages, c'est encore de représenter le salaire d'un service rendu à ceux qui les acquittent. » (42). Mais l'impôt représentant un service rendu, c'est une conception moderne et de haute civilisation, qui ne saurait rentrer dans l'esprit de l'exploitation féodale. M. Sée ajoute : « Le seigneur, en effet, promet protection et défense aux marchands qui traversent son domaine; quelquefois le seigneur lève un droit spécial, désigné d'un nom particulier, en récompense de la protection qu'il leur accorde. » Mais c'est là une pratique bien connue dans les milieux anarchiques, où des particuliers se substituent à l'autorité publique : il n'y a pas très longtemps que les brigands siciliens levaient des taxes pareilles et accordaient une pareille protection. Le fait que souvent le *tonlieu* était payé en nature ne lui donne pas non plus le caractère de redevance domaniale : c'est simplement le trait d'une époque où la monnaie est rare, difficile à se procurer et où l'on vit des produits directement obtenus. Ce que je viens de dire des péages s'applique également aux droits de marché. Seule l'autorité publique peut imposer des taxes de cette nature : les seigneurs qui les percevaient prétendaient à cette autorité; sans doute, généralement, ils l'avaient usurpée, mais elle n'en restait pas moins l'autorité publique dans son origine prétendue. On était dans un temps où l'autorité publique s'acquérait, non seulement par la concession du roi, mais encore par la possession : on ne saurait trouver d'autres sources à ces droits seigneuriaux, en dehors du brigandage, qui, pour y avoir souvent sa part, ne pouvait représenter un titre reconnu dans une société profondément troublée, mais subsistante.

D'ailleurs le droit d'une autorité publique supérieure de réglementer et taxer le commerce et la circulation n'a point totalement disparu. Sans doute il n'appartient plus au roi, mais il est encore revendiqué par celui qui est le *souverain* local, si l'on peut s'exprimer ainsi, le duc ou le comte. M. Sée reconnaît que l'autorisation du

---

ques. Ce sont les églises qui profitent surtout de cette évolution. On se l'explique aisément; les abbayes sont des centres de production très considérables. » Mais quel est le titre qui juridiquement leur fait acquérir ces droits ? La concession du pouvoir royal ou l'usurpation consolidée par la possession ? M. Sée, p. 100, indique nettement l'effet qu'ont eu, quant aux impôts, les chartes d'immunité.

(41) *Op. cit.*, p. 423 : « C'est en vertu de son droit domanial que le seigneur peut autoriser ou interdire la vente des marchandises sur son *territoire*; qu'il peut s'opposer à l'exportation des produits de sa seigneurie, qu'il est le maître encore de réglementer le prix des denrées que l'on y vend. »

(42) *Op. cit.*, p. 427.

suzerain a toujours été nécessaire pour la création d'une nouvelle foire ou d'un nouveau marché (43); et ce sera une des prétentions les plus anciennes et les plus fermes de la royauté remontante que de pouvoir seule les créer. Nous voyons aussi plus d'une fois des comtes affirmer qu'en principe les droits de péages et de marché leur appartiennent dans toute leur seigneurie (44).

3° Les *banalités*, dont le moulin et le four banal sont le type le plus simple et le plus commun, ces monopoles seigneuriaux si nombreux sont naturellement pour cette école un pur produit de l'exploitation du grand domaine. C'est le grand propriétaire qui les établit pour l'usage commun de ses tenanciers et qui, par suite, en perçoit les profits. Le four et le moulin commun existent déjà dans la villa romaine (45). Mais dans la *banalité* ce qui juridiquement est caractéristique, ce n'est pas le fait économique que le four, le moulin ou le pressoir a été construit par le grand propriétaire; c'est l'interdiction à tout autre habitant d'en construire un, l'obligation pour tous de moudre au moulin du seigneur ou d'apporter le raisin à son pressoir. Ce droit d'interdiction et de contrainte d'où vient-il ? Il ne peut venir encore que de l'autorité publique et le nom que portent ces droits l'indique clairement. C'est le *bannus*, le droit de commander sous peine d'amende, qui a passé ici au seigneur, par voie de concession ou d'usurpation, et qui lui a permis de constituer, par voie d'autorité, ce monopole : on en trouvera les preuves plus loin. Il est d'ailleurs un de ces droits qui se plie mal à la thèse *domaniale* : c'est le *banvin*, le droit pour le seigneur de pouvoir seul vendre son vin pendant un certain temps après la récolte, afin d'éviter la concurrence. Ici il n'y a point de service rendu, mais seulement un droit de commandement, un droit de défense (46).

4° Les *corvées* sont essentiellement des journées de travail gratuitement fournies par les corvéables. Elles sont, en principe, une charge imposée par le propriétaire à son serf ou tenancier. Elles sont très anciennes, puisqu'on les trouve fort nettement sous l'empereur Hadrien, dans le *Saltus Burunitanus*, où les *coloni* en doivent un certain nombre aux *conductores* (47). Elles se multiplient et prennent une plus grande importance à mesure qu'on avance vers le

(43) *Op. cit.*, p. 426 : « Tout seigneur peut-il de sa propre autorité créer des foires sur son domaine ? Il semble bien que l'autorisation du suzerain était nécessaire et aussi qu'elle ait longtemps suffi. Mais déjà au XIII° siècle la royauté et dans chacun des grands Etats féodaux, le prince, prétendent avoir le droit exclusif de concéder les foires. » Par *suzerain* l'auteur entend, sans doute, non le seul supérieur féodal du seigneur, celui auquel il faisait hommage, mais le chef de la féodalité locale, celui que le cartulaire de Saint Père de Chartres appelle *capitalis dominus*, duc, comte, vicomte ou baron.

(44) Voyez, par exemple, dans le *Cartulaire de l'abbaye de Saint-Etienne de Baigne en Saintonge* (publié par l'abbé Cholet, Niort, 1868) au n° DVIII, un acte du comte d'Angoulême (entre 1178 et 1181), qui remet aux moines sur *toute sa terre* le paiement des droits de vente et de péage; il ajoute, il est vrai, *quantum ad me spectat.*

(45) Henri Sée, *op. cit*, p. 95 et suiv., 408 et s.

(46) Henri Sée, *op. cit*, p. 313, 424.

(47) Esmein, *Mélanges*, p. 302.

régime féodal. Dans la Monarchie Franque et dans la société féodale, elles assurent le faire valoir de la partie du grand domaine que le seigneur se réserve et n'a pas concédée, l'*indominicatum*. Elles prennent d'ailleurs les formes les plus variées et ont parfois pour objet des services qui n'ont aucun rapport avec l'agriculture ou l'industrie. Mais à nos yeux c'est une exagération, lorsque l'école du régime domanial montre le service militaire comme une véritable corvée imposée aux vilains et aux serfs (48). Qu'il en soit ainsi de l'obligation de *guet* et de garde, cela est possible, bien qu'au IXᵉ siècle, elle semble peser sur les *vassi* (49). Mais que la condition servile et la tenure servile ou roturière obligent à cela le serf ou tenancier envers le grand propriétaire pris en cette qualité, cela ne nous paraît pas exact (50). Sans doute, on montre bien dans la Monarchie Franque des redevances levées sur les tenanciers en vue des dépenses que le grand propriétaire doit faire pour la guerre (51). En pleine féodalité on nous montre dans des textes nombreux les vilains et les serfs requis pour la guerre — « bons pour la taille et bons aussi pour la bataille », comme dit Théodore de Banville dans la *Ballade des pauvres gens;* mais cela se produit dans des conditions diverses et qu'il ne faut pas confondre. Il est certain que les guerres privées englobaient le seigneur et tous ceux qui dépendaient de lui, non seulement ses hommes de fief, mais ses vilains et ses serfs. Les actes commis contre eux par l'adversaire, homicides, captures, pillages, incendies, étaient par là même justifiés dans le droit de ces temps. Par suite aussi et forcément, en cas d'invasion du domaine, tous prenaient les armes pour la défense, les serfs et les hôtes, comme les autres (52). Mais c'était là des faits pour ainsi dire extrajuridiques; le serf, en pareil cas, servait par nécessité matérielle.

(48) Henri Sée, *op. cit.*, p. 313 : « On verra plus loin que les vilains et les serfs sont soumis à toutes les obligations du service militaire, non seulement au droit de guet, mais à l'ost et à la chevauchée, et que ce service, aux yeux des contemporains, ne semble qu'une redevance ou plutôt une corvée de nature purement domaniale. » — P 369 : « Le principe du service militaire domanial se dégage donc nettement : le tenancier, qui doit cultiver le domaine, est astreint aussi à le défendre; le devoir militaire dérive de l'autorité domaniale, le seigneur, quel que soit son rang, exige ce devoir en qualité de propriétaire. » Voyez cependant, p. 367 : « Le service militaire dû par les paysans, est, *en un certain sens*, une exaction, au même titre que la taille et que le droit de gîte, *car il n'est pas seulement exigé par le seigneur direct* et souvent au début, tout au moins, il a été arbitraire; mais, d'autre part, c'est une servitude domaniale, *qui n'est pas sans analogie avec la corvée.* »

(49) Ci-dessus, p. 116.

(50) Voyez les textes précis, cités plus loin, IIᵉ partie, ch. III, nº 1.

(51) Henri Sée, *op. cit.*, p. 92, 93.

(52) Dans son chapitre *des guerres*, Beaumanoir semble indiquer une obligation des hôtes et des serfs de combattre pour le seigneur, quand il est en guerre, édit. Salmon, nº 1687 : « Et aussi comme nous avons dit des soudoiers, dirons-nous de ceus as queus il convient fere aide par reson de seignourage, si comme il convient que li homme de fief et li oste qui tienent d'aus ostises et li homme de corps facent aide à leur seigneurs quand ils sont en guerre, tout soit qu'il n'aparliegnent de lignage. » Mais qu'on remarque qu'en Beauvoisis, tout seigneur de fief est haut-justicier; à ce titre, il peut requérir le service militaire des roturiers et des serfs; voyez ci-après, 2ᵉ partie, ch. III, nº 11.

Il y avait aussi de véritables réquisitions, une obligation au service militaire, qui pesait sur d'autres personnes que les hommes de
fief; mais là encore il faut distinguer. M. Sée (p. 368, note 4) cite de
notables passages d'Orderic Vital qui nous montrent Louis VI ordonnant des levées en masse : c'est par l'intermédiaire des évêques que
se fait la convocation, et tous les paroissiens marchent sans distinction. Nous voilà bien loin du service militaire domanial : c'est là une
application de l'*hériban* dans son sens compréhensif, le droit resté au
roi, dans une tradition constante, d'appeler tous les hommes du
royaume à combattre en cas de péril général.

M. Sée relève aussi un trait intéressant dans ce service militaire
ancien : « Il est vrai que le service militaire n'est pas dû séulement
au seigneur direct. Les hommes des terres ecclésiastiques y sont
souvent contraints par les seigneurs laïques... Le souverain possède
aussi, dans certains cas, le droit d'appeler à son armée, non seulement ses vassaux, mais les sujets de ceux-ci, nobles ou roturiers. » (53). Cela n'est pas très net; mais c'est là un droit qui concorde mal avec le droit de propriété, même avec le droit féodal; il
est contraire à la maxime : « *homo hominis mei non est homo
meus* ». Si le seigneur supérieur requiert ainsi le service militaire
des vilains et des serfs de son vassal, c'est qu'il commande à un
autre titre que celui de propriétaire ou de seigneur simplement
féodal; il exerce alors, pour son compte, ce démembrement de l'autorité publique, qui permettait au roi de convoquer ses sujets à la
guerre. Ce qui détermina les seigneurs qui pouvaient agir ainsi, ce
fut d'abord, sans doute, la possession fondée sur la puissance; M· Sée
montre des comtes qui le font. Lorsqu'il se fit une régularisation,
une jurisprudence, ce droit fut reconnu comme un attribut de la
haute justice (54). D'ailleurs il n'est pas douteux que dans la pure
société féodale, par une convention précise, tout homme, serf ou
roturier, pouvait s'engager à combattre pour autrui.

5° C'est aussi au régime domanial que l'on rattache la propriété
des églises, avec ses conséquences, telle qu'elle a été indiquée plus
haut (55) : « Le régime domanial devient à ce point le cadre de toute
la vie sociale que les églises elles-mêmes, avec tous les revenus
qu'elles produisent, tombent au pouvoir des propriétaires. » (56). Ici
nous sommes à peu près d'accord. Cependant la propriété de l'église
ne dérive point à proprement parler du mode d'exploitation du
domaine, mais, comme on l'a vu, de la propriété du sol sur lequel
elle est bâtie.

L'école du régime domanial revendique souvent comme un de ses
chefs notre éminent et regretté confrère, M. Luchaire, et sur certains
points ses opinions paraissent concorder avec elle. Mais nous ne pensons pas qu'il en soit ainsi. Voici la formule du système féodal.

(53) *Op. cit.*, p. 370, 371; cf. p. 367.
(54) Ci-après, 2ᵉ partie, chap. III, n° II.
(55) Ci-dessus, p. 54.
(56) Henri Sée, p. 111.

quant à la seigneurie, que M. Luchaire a donnée dans son dernier ouvrage d'ensemble : « Le premier caractère de la société nouvelle est l'extrême affaiblissement de l'organe central : *La souveraineté est morcelée, les pouvoirs publics dispersés, chaque seigneur exerce dans son fief l'autorité suprême, rend la justice, reçoit l'impôt et lève les soldats.* L'Etat s'est rapetissé, renfermé dans les limites du fief. Les hommes de la *seigneurie* sont, les uns vassaux, les autres sujets, les uns nobles, les autres roturiers; mais tous n'obéissent qu'au pouvoir local. » (57). Il ressort de là que, pour M. Luchaire, sous les premiers Capétiens, il y a encore des pouvoirs publics, et même un Etat, un petit Etat. Il est vrai qu'à ses yeux tout fief semble constituer ce petit Etat; tout *seigneur de fief* aurait eu la plénitude de la justice, le droit à l'impôt et au service militaire. Mais cela dérive, non du régime domanial, mais de l'appropriation de l'autorité publique. Il nous paraît certain qu'il y a là encore une exagération; mais un tel système n'est point incompatible en lui-même avec l'évolution du régime féodal· Cela revient à dire que tout fief aurait emporté la haute justice. Or, il n'en fut pas ainsi en général; mais cette organisation se présente dans certaines régions; c'est le régime que constate Beaumanoir au xiiie siècle dans le Comté de Clermont-en-Beauvoisis (58).

L'exposé qu'on vient de lire est un peu long, mais il s'explique par la somme de talent et de science qu'a dépensée l'Ecole du régime domanial, par le côté séduisant des thèses qu'elle professe. Avant de passer outre, je voudrais ajouter deux observations :

En premier lieu, si nous croyons ces thèses aventureuses, il faut reconnaître les services immenses qu'a rendus cette école, en attirant l'attention et faisant la lumière sur le mode d'exploitation des domaines et seigneuries féodaux, en faisant comprendre et revivre la vie économique de cette société.

En second lieu, si l'autorité publique, tout en se morcelant et en s'abaissant, n'a pas disparu, elle s'usurpe et se crée avec la plus grande facilité dans l'anarchie d'où le régime est sorti. Il suffit qu'un seigneur exerce un certain nombre de fois un attribut de l'autorité publique à l'égard de certaines personnes, pour que cela devienne pour lui un *droit ferme*. Ce qui crée le droit alors, quant à la seigneurie, c'est la possession, la *saisine*, fondée sur des précédents. Dans ces conditions, ce qui souvent crée en réalité la seigneurie, c'est la puissance de fait, dont la richesse foncière est le principal élément, mais non point la source juridique. Dans chaque région il y a des seigneurs qui imposent leur autorité, surtout par la force, et qui souvent prennent simplement le titre de *princeps* (59). C'est une féodalité supérieure locale, qui se régularisera lorsque la série des

(57) Luchaire, *Les premiers Capétiens* (987-1137), p. 8, dans Lavisse, *Histoire de France depuis les origines jusqu'à la Révolution*, t. II, II 1901
(58) Beaumanoir, édit. Salmon, n° 1041.
(59) Esmein. *Le bourg de Baigue au Moyen âge (Revue des Charentes*, 1904).

inféodations et la chaîne des hommages se seront établies. Plus tard la royauté dominera à son tour tout cela. Dans les *Olim* encore, en général lorsqu'un droit est contesté entre un seigneur et le roi, on fait une enquête pour savoir simplement si le seigneur est en possession. Au xive siècle la royauté produira une thèse qui, rétablissant au moyen d'une fiction légale la vérité première, violée par les faits, proclamera que tout droit *seigneurial* (justice et fisc) a pour origine une concession du pouvoir royal. Logiquement, pour établir ce droit, il faudra donc produire le titre de concession. Mais c'eût été comme une abolition du régime féodal, pour la plus grande partie, tant les usurpations avaient été nombreuses. On trouva un moyen pour maintenir les droits anciens : il suffisait de prouver la possession centenaire ou immémoriale; celle-ci, en effet, d'après la théorie des légistes, faisait présomption irréfutable d'un titre, dont, par suite, elle tenait lieu.

# CHAPITRE II

## La condition des terres et l'état des personnes.

---

Les tenures féodales sont la clef de voûte de l'édifice tout entier. C'est par elles que s'est organisé le groupe féodal et que la hiérarchie des seigneurs s'est constituée ; d'autre part, dans une large mesure, elles déterminent la condition même des personnes, car cette condition dépend souvent du titre auquel la personne tient la terre. Aussi, par une symétrie logique, trouvons-nous trois classes de tenures féodales : les tenures nobles, les tenures roturières et les tenures serviles, et trois classes de personnes : les nobles, les roturiers et les serfs.

## SECTION PREMIÈRE

### LES TENURES FÉODALES

#### I. — Le fief.

§ 1. — LA NATURE DU FIEF ET LES RAPPORTS QU'IL ENGENDRE.

Le fief est une terre ou une seigneurie (parfois un autre droit réputé également immobilier) (1) concédée par une personne, qui prend le nom de seigneur de fief, à une autre personne, qui prend le nom de vassal : la concession est faite moyennant certaines obligations imposées au vassal, dont la première et la principale, celle d'où dérivent toutes les autres, est un devoir absolu de fidélité envers le seigneur.

Cependant tous les fiefs n'eurent pas pour origine une concession réelle et libérale de la part du seigneur; dans les temps qui virent

---

(1) *Libri feudorum* (XIIe-XIIIe siècle), II, 1, § 1 : « Sciendum est autem feudum sive beneficium nonnisi in rebus soli aut solo cohærentibus, aut in iis quæ inter immobilia connumerantur... posse consistere. »

la formation du système féodal, la concession fut souvent fictive et seulement pour la forme. Dans le mouvement qui produisit la hiérarchie complète de la féodalité, plus d'un homme se fit le vassal d'un seigneur par nécessité et déclara tenir de lui, à titre de fief, des terres ou des seigneuries dont, jusque-là, il avait été le libre propriétaire et le maître absolu (2). C'est un phénomène analogue à ces recommandations, qui ont été précédemment signalées dans la monarchie franque. Nos anciens feudistes appelaient *fiefs de reprise* les fiefs ainsi créés.

Que le fief ait eu pour origine une concession réelle ou feinte, cela ne change en rien la nature de l'institution, et celle-ci se dégage de cette idée, que le fief établit entre le vassal et le seigneur, non pas seulement des rapports *réels*, de concédant à tenancier, mais aussi et surtout des rapports *personnels*. Cet élément personnel est celui qui domine (3) : le fief suppose avant tout un contrat véritable, la prestation d'hommage, entre le vassal et le seigneur, impliquant d'une part la fidélité et, de l'autre, la justice et la protection; la concession vraie ou feinte de la terre ou de la seigneurie n'est que la conséquence et l'accessoire de ce contrat, qui lui sert de cause et de support. Cela s'explique bien quand on remonte à l'origine même de la tenure en fief; celle-ci a été produite par la combinaison de deux institutions antérieures, la vassalité et le bénéfice de la Monarchie Franque, dont l'une engendrait seulement des rapports personnels et l'autre seulement des rapports réels. Déjà au IXe siècle, les deux institutions, distinctes en droit, étaient toujours associées en fait l'une à l'autre, en ce sens que le prince ou le *senior* ne concédaient de bénéfice qu'à ceux qui leur prêtaient le serment de vassalité. Dans le fief, les deux choses sont devenues en droit inséparables; le serment de vassalité est devenu juridiquement la condition nécessaire et préalable de la concession. Une fois cette conception formée, on y est resté fidèle dans tout le développement historique des fiefs. L'engagement personnel du vassal a paru chose si nécessaire que, lorsque le fief viager à l'origine est devenu héréditaire, il a fallu que l'héritier renouvelât ce contrat pour obtenir la posses-

(2) Durantis, *Speculum juris. De feudis*, n° 12, p. 307 : « Quod si jam subjeci mihi bona sua, accipiendo illa a me in feudum... videtur ea mihi tradidisse et in me dominium transtulisse, iterum a me in feudum recepisse. » — Hostiensis *Summa decretalium* (XIII° siècle), lit. *De usuris*, édit. Lyon, 1517, p. 445 : « Non semper trans fertur feudum in vassaltum : immo plerumque is qui possidet et a nemine recognoscit recipit illud ab illo propria voluntate, vel ut a tyrannibus defendatur. »

(3) M. Flach a très nettement dégagé le caractère personnel de la vassalité quoiqu'il en exagère les effets; *Origines de l'ancienne France*, II, p. 518 et suiv. Voyez les observations que j'ai présentées sur cette partie de son livre, sous ce titre : *Nouvelles théories sur les origines féodales*, dans la *Nouvelle revue historique de droit français et étranger*, t. XVIII, 1894, p. 523-544. Cf. Guilhiermoz. *Essai sur l'origine de la noblesse en France*, p. 125 et suiv.

sion (4); en vertu d'une règle générale, il a fallu renouer, par l'hommage, le lien personnel entre le seigneur et le vassal à tout changement de vassal ou de seigneur (5). Le principe a même été si puissant qu'il a survécu aux besoins qui l'avaient fait introduire. Lorsque, dans les derniers siècles de l'ancienne monarchie, le système
féodal eut perdu, dans une large mesure, son importance politique,
les effets du contrat féodal, très énergiques autrefois, devinrent
presque nuls : le droit féodal n'en maintint pas moins, comme une
règle essentielle, la nécessité de l'hommage renouvelé à tout changement de vassal ou de seigneur. Mais, ici, nous devons étudier ce
contrat à l'époque où il possédait encore toute son énergie, et, pour
cela, il faut nous demander quelle était sa forme, quelles obligations
il engendrait, et quelle en était la sanction.

A. Le contrat féodal ou hommage (*hominium, homagium*) était
un contrat formaliste (6). Il rappelait les formes du serment de
vassalité ou *commendatio* de la Monarchie Franque; l'un et l'autre,
d'ailleurs, étaient des applications d'un mode général pour créer les
obligations, la *fides facta* ou *fidei datio* (7). Le vassal, tête nue et

(4) Anciennement, cette mise en possession renouvelée a été parfois qualifiée con
firmation du fief. Durantis, *Speculum*, tit. *De feudis*, n° 3, p. 304 : « Porro si feudum a prædecessoribus concessum successor confirmet, hoc modo conficitur instru-
mentum. » — Ou encore, on a employé le terme de *reprise* : *Ancienne coutume de
Bourgogne* (xive siècle), ch. xxxv, dans Giraud, *Essai sur l'histoire du droit français*, II, p. 275 : « Li sires puet mettre et asseoir sa main à la chose de son fié, pour
deffault de servenz et de *reprise*. » — Guy Coquille, *Institution au droit des François*.
p. 63 : « De cette très ancienne usance est venu le mot *reprise*, qui signifie le
renouvellement d'hommage, comme si le fief étoit failly et retourné au seigneur par
le décès du vassal et que le vassal le reprist du seigneur comme par une nouvelle
concession. »

(5) On peut remarquer que Durantis considère l'obligation même résultant de l'hom
mage, comme transmise à l'héritier. Il en tire cette conséquence : à la mort du vassal,
si son fils ne vient pas renouveler l'hommage, le seigneur peut l'y forcer, au moins,
s'il ne s'agit pas d'un fief de reprise; *Speculum*, tit. *De feudis*, n° 12, p. 307 : « Si
autem aliquis se constituat hominem meum ligium qui dedi sibi aliquam rem in
feudum et quia vult sibi providere ut eum defendere debeam... Quia præsumitur ita
velle filio providisse sicut ipsi sibi, persona filii adstricta est jure homagii licet ipse
velit abstinere a re quam pater habuit in feudum. »

(6) Durantis, *Speculum*, tit. *De feudis*, n° 8, p. 306 : « In plerisque autem locis
*stipulatio* hujusmodi sic concipitur : Is qui facit homagium stans flexis genibus ponit
manus suas inter manus domini et homagium sibi facit, per stipulationem fidelitatem
promittit. » — *Grand Coutumier de Normandie* (xiiie siècle), texte latin, édit. J. Tardif,
c. xxvii, p. 94 : « Homagium est fidei promissio observandæ... quod fit expansis ac
conjunctis manibus inter manus recipientis in hæc verba. » — Boutillier, *Somme
rurale* (xive siècle), édit. Charondas, Paris, 1603, tit. LXXXII, p. 478. — L'hommage,
d'ailleurs, ne servait pas qu'à engager un homme de fief envers son seigneur; il
avait encore d'autres applications, que signalent d'une façon concordante Durantis
(loc. cit , n° 12, p. 307), le *Grand Coutumier de Normandie*, c. xxvii, et Boutillier, L. I,
tit. LXXXII, p. 478

(7) Esmein, *Etudes sur les contrats dans le très ancien droit français*, p. 98 et suiv.
Sur l'hommage servant à créer d'autres liens que ceux qui accompagnaient la conces-
sion du fief, voyez mon article : *Nouvelles théories sur les origines féodales*, dans la
*Nouvelle revue historique de droit*, 1894, p. 538.

sans épée, s'agenouillait devant le seigneur, et, mettant les mains
entre les siennes, il prononçait une formule solennelle par laquelle
il déclarait devenir son homme à partir de ce jour et s'engageait à
le défendre envers et contre tous (8). Le seigneur le relevait alors,
l'embrassait sur la bouche et déclarait le recevoir pour son
homme (9). Bien que la *fidei datio*, dont l'hommage était une application, fût considérée, au Moyen âge, comme un serment ou comme
l'équivalent d'un serment, l'habitude s'introduisait de la faire
suivre d'un serment proprement dit de fidélité, que le vassal
prêtait sur l'Evangile (10). Ce qui fit probablement introduire cet
usage, c'est l'importance extrême que le droit du Moyen âge, spécialement le droit canonique, donnait au serment prêté sur une *res
sacra* (11). Après la foi et l'hommage, venait l'*investiture* du fief,
c'est-à-dire la tradition que le seigneur en faisait au vassal, tradition d'ordinaire symbolique, conformément à l'esprit des coutumes
médiévales (12).

B. Ce contrat formaliste entraînait des obligations précises à la
charge du vassal et à la charge du seigneur.

Le vassal contractait d'abord l'obligation générale d'être fidèle
à son seigneur; mais, de plus, il lui devait certains services déterminés qui répondaient aux besoins organiques du groupe féodal et
qui se ramènent à trois chefs principaux :

(8) Sur les formes de l'hommage, voyez *Assises de Jérusalem, Livre de Jean
d'Ibelin*, ch. cxcv, édit. Beugnot, I, p. 313; — *Livre de Jostice et de Plet*, XII, 22,
§ 1; — Boutillier, *Somme rurale*, L. I, tit. LXXXII, p. 478.

(9) Durantis, *Speculum*, tit. *De feudis*, n° 3 : « Post hoc in continenti in signum
mutuæ et perpetuæ dilectionis pacis osculum intervenit »; — n° 8 : « Et dominus in
signum mutuæ fidelitatis illum osculatur. » Le baiser intervenait d'ailleurs dans
d'autres actes pour corroborer une promesse. Voyez un cas où il confirme une transaction, dans le *Livre des serfs de Marmoutiers*, édité par Salmon et Grandmaison,
*Appendice*, n° xxx, p 152 : « Et de his adfiduciavit nos per fidem, osculans inde, ob
signum fidei, priorem nostrum. »

(10) Durantis, *Speculum*, loc. cit., n° 1, p. 304 : « Dictus vero P. ibidem et in præsentia sibi promisit et corporaliter juravit ad sancta Dei Evangelia ex nunc in perpetuum sibi suisque heredibus se fidelem esse vassallum. » — Déjà, dans Yves
de Chartres, *Ep. LXXI, Gulielmo glorioso regi Anglorum* : « Quæsivit... Vestra Excel-
lentia qua ratione exsolverim Nivardum de Septolio a *fiduciis et sacramentis* quibus
se Vestræ Magnitudini obligaverat. » L'hommage se rompt par un acte formel d'exfes-
tucation, jet ou rupture de fétu. M. Bloch, *Les formes de la rupture de l'hommage dans
l'ancien droit féodal, Nouv. revue hist. de droit*, 1912, p. 141.

(11) Ce fut, en définitive, le serment de fidélité qui fut considéré comme essentiel;
car, parfois, l'hommage proprement dit n'avait pas lieu, mais seulement la fidélité.
Voyez de Laurière, sur l'art. 3 de la Coutume de Paris. Les deux choses étaient
rappelées dans l'expression courante *faire foi et hommage*. Esmein, *Nouvelles théories
sur les origines féodales*, loc. cit., p. 541. M. Guilhiermoz, *Essai sur l'origine de la
noblesse*, p. 255, établit quant aux effets une différence entre la foi et l'hommage.

(12) Durantis, *Speculum*, tit. *De feudis*, n° 1, p. 304 : « Idem A. in robur et
confirmationem concessionis præfatæ ipsum P. cum baculo vel chirotheca de dicto
feudo legitime investit. » *Ibid.*, n° 2 : « Ipsum H. de dicto feudo cum *virpa vel pileo*
legitime investivit. » — *Assises de Jérusalem, Livre de Jean d'Ibelin*, ch. cxliv

1° Il lui devait d'abord le service militaire (service d'host ou de guerre), dans des conditions qui seront indiquées plus loin (13). Ce service, dû à un particulier, suppose nécessairement la théorie des *guerres privées*, et c'est grâce à lui que le groupe féodal représentait une petite armée ;

2° Il lui devait le service de *conseil*, c'est-à-dire que toutes les fois qu'il était requis par le seigneur, il devait venir l'aider de ses conseils et délibérer avec lui et les autres vassaux, sur leurs intérêts communs. Dans les textes anciens, on ne voit guère ces délibérations, ces parlements féodaux, qu'auprès des puissants seigneurs: mais ils durent fonctionner, inaperçus de l'histoire générale, partout où il se forma un groupe féodal de quelque importance : par là, celui-ci figurait un conseil de gouvernement (14);

3° Il lui devait le service de justice ou de *cour*, ce qui comprenait deux choses. En premier lieu, le vassal, par son hommage, se soumettait, pour toutes les poursuites dirigées contre lui, au jugement du seigneur et de *ses pairs*, c'est-à-dire des autres vassaux soumis au même seigneur : cela sera expliqué plus loin. Secondement, le vassal était obligé de venir siéger comme jugeur, lorsqu'il en était requis, à la cour du seigneur, pour juger les vassaux ou les sujets de ce dernier (15). Par là le groupe féodal se présentait comme une cour de justice.

En principe, le vassal ne devait pas au seigneur de prestations pécuniaires : c'est à raison de cela que ses services, et la tenure qui les entraînait, furent considérés comme nobles. Cependant, exceptionnellement, il lui devait une contribution pécuniaire, proportionnée à l'importance du fief; mais cela se produisait dans un petit nombre de cas, dans des circonstances extraordinaires; et alors, aider le seigneur de sa bourse, c'était simplement, pour le vassal, la conséquence naturelle du devoir général de fidélité et de dévouement qu'il avait contracté envers lui. Ces contributions extraordinaires et honorables furent appelées les *aides féodales*. La coutume les limita à un petit nombre d'hypothèses déterminées, dont les principales furent (16) : le cas où le seigneur était fait prisonnier et où

---

(13) Boutillier, *Somme rurale*, I, tit. LXXXIII, p. 486 : « Sçachez que mander peut son homme de fief qui est tenu de venir en armes et en chevaux selon que le fief le doit et en ce le servir. »

(14) Voyez la formule très énergique et très remarquable que donne des devoirs du vassal Fulbert de Chartres, *Ep. LXVIII* (a. 1020), = c. xviii, C. XXII, qu. 5 : « Restat... ut consilium et auxilium domino suo fideliter præstet, si beneficio dignus videri vull et salvus esse de fidelitate quam juravit » Yves de Chartres, *Ep. CCIX,*: « Nullus quippe qui fidelitatem fecerit regi præsumet illud dare consilium quod sit contra fidelitatem suam et regni minuat majestatem. »

(15), Boutillier, *Somme rurale*, p. 485 : « Quiconques tient fief... sçachez qu'il est tenus de servir son seigneur... C'est à savoir en ses plais pour justice faire et tenir. »

(16) Voyez *Assises de Jérusalem, Livre de Jean d'Ibelin*, ch. ccxlix; *Grand Coutumier*

il fallait payer sa rançon, celui où le fils aîné du seigneur était armé chevalier, enfin le mariage de la fille aînée du seigneur. Avec les croisades, l'expédition du seigneur en Terre Sainte prit place sur la liste des aides féodales.

Le seigneur contractait aussi des obligations envers le vassal (17), lesquelles, toutefois, dérivaient plutôt de la coutume que du contrat; car l'hommage dut présenter d'abord le caractère strictement unilatéral des anciens contrats formalistes : le vassal seul y prenait des engagements. Ces obligations du seigneur étaient au nombre de deux : il devait la justice à son vassal; il lui devait aussi garantir la possession du fief dont il l'avait investi, en employant au besoin, pour le défendre, toute la force du groupe féodal (18).

C. La sanction de ces obligations réciproques était des plus simples et des plus énergiques, quoique seulement indirecte. Pour les obligations du vassal, c'était la perte du fief, le retrait de la concession prononcé par la cour féodale, la *commise*, comme diront les feudistes en empruntant un de ses termes au droit romain remis en honneur (19). La commise intervenait de deux façons. Tantôt elle était prononcée directement et d'emblée, lorsque le vassal commettait envers le seigneur un acte grave, par lequel on considérait qu'il avait *brisé sa foi*, c'est-à-dire manqué gravement à la fidélité qu'il devait au seigneur; les principaux cas étaient lorsqu'il désavouait son seigneur, lorsqu'il prenait les armes contre lui sans que celui-ci lui eût dénié la justice, lorsqu'il refusait de se soumettre à la justice du seigneur (20). En cas de manquement simple à l'un des services, le seigneur se contentait de saisir le fief du vassal négligent (21) et d'en percevoir les fruits : la commise intervenait seulement, si cet état de choses se continuait pendant un certain temps, généralement pendant un an et un jour, sans que le vassal fût rentré dans

---

*de Normandie*, ch. xxxiii, xliii; — Boutillier, *Somme rurale*, I, 86, p. 500; — Loisel, *Institutes coutumières*, 1. IV, tit. III, 54 et suiv.

(17) Fulbert de Chartres *loc. cit.* : « Dominus quoque fideli suo in omnibus vicem reddere debet. » — Durantis, *Speculum*, tit. De feudis, n° 2 : « Et nota quod qua fidelitate tenetur vasallus domino, eadem tenetur dominus et vasallo. »

(18) Durantis, *loc. cit.*, n° 1 : « Promittens (dominus)... ipsam rem ab omnibus, per sona et universitate, legitime defindere, authorizare et defendere. » — Beaumanoir, *Coutumes de Beauvoisis*, Beugnot, XLV, 4; Salmon, n° 1423 : « Li segneur sont tenu à garantir à lor homes ce qu'il tienent d'aus. »

(19) L. 14, 15, 16, De public. et vect. et commissis, XXXIX, 4.

(20) *Libri feudorum*, II, tit. V, XXII, XXIV; — *Assises de Jérusalem*, *Livre de Jean d'Ibelin*, ch. cxc; — *Etablissements de saint Louis*, I, 52, 54, 55, 86; — *Grand Coutumier de France* (xive siècle), édit. Laboulaye et Dareste, 1. II, ch. xxvi, p. 284.

(21) C'était certainement, à l'origine, une saisie privée faite par le seigneur sans autorité de justice. Durantis, *loc. cit.*, n° 34, p. 310 : « Quæritur quid si homo meus tenens feudum a me non vult mihi servitia præstare, numquid possum feudum propria auctoritate invadere et mihi ipsi facere jus de illo ? Videtur quod non. Argumentum contra quod possum ad instar locatoris. »

l'ordre (22). La même saisie, avec les mêmes conséquences, se produisait lorsque l'irrégularité consistait en ce que le fief était ouvert et
qu'il y avait *faute d'homme*, c'est-à-dire lorsqu'on se trouvait dans
l'une des hypothèses où l'hommage devait être renouvelé, et où
cependant le vassal ne l'avait pas prêté dans les délais fixés par la
coutume (23). La saisie féodale, telle que je viens de la décrire, ne
peut d'ailleurs être reconstruite que grâce à quelques indications
éparses, car de bonne heure elle s'affaiblit, n'eut plus jamais la
commise pour conséquence, et même, dans la plupart des cas, le
seigneur ne gagna plus les fruits perçus pendant la saisie (24).

Quant aux obligations du seigneur, par la même logique, leur
sanction consistait dans la rupture du lien féodal. Le vassal était
alors délié de son hommage envers le seigneur; cependant il gardait
le fief (sauf, bien entendu, le cas où un tiers avait revendiqué celui-
ci avec succès), mais il le tenait dorénavant du suzerain immédiatement supérieur dans la hiérarchie féodale (25).

Une forte et simple logique présidait à ces rapports de vassal

---

(22) *Grand Coutumier de Normandie*, ch. xxiii, 4, p. 75 . « Feodum ad dominum
revertitur, de quo tenetur... ex condemnatione possidentis. Cum enim aliquis con-
demnatur, *anno elapso*, feudum ad dominum redit de quo immediate tenetur. » –
*Etablissements de saint Louis*, ch. i, 72 : « Li sires... li doit fere metre terme d'un
an et d'un jour o jugement, et se il ne vient au terme li sires le puet bien esgarder
en jugement que il a le fié perdu. » Boutillier rapporte comme étant localement en
vigueur un système plus énergique encore pour sanctionner le service de guerre,
*Somme rurale*, I, 83, p. 486 : « Selon aucuns il y aurait trois semonces. La première
si est d'aller en l'ost quand le seigneur y doit aller, lors y a amende telle que le
relief est. Item puisque le seigneur est en l'ost aux champs, qui ne vient à cette
semonce li y a soixante livres (d'amende). Item à la tierce semonce qui n'y vient
il perd le fief. Et ainsi fust-il jugé par les coustumiers de l'Isle en l an mil trois cent
quatre-vingt-six. »

(23) *Libri feudorum*, I, tit. XXII; — *Assises de Jérusalem, Livre de Jean d'Ibelin*,
ch. cxci — Cf. *Livre de Jostice et de Plet*, XXII, 17, § 3; — Guy Pape (xve siècle), qu. 164
et suiv.

(24) *Assises de Jérusalem, Livre de Jean d'Ibelin*, ch. cxci; on y voit que, faute
de service, le droit commun n'édictait plus qu'une perte de jouissance d'an et jour :
c'est un état intermédiaire. Voyez aussi les coutumes générales données par Simon
de Montfort en 1212 aux pays qu'il occupait, dans Galland, *Contre le franc alleu
sans titre*, Paris, 1629, p. 220 : « Barones, milites et alii domini terrarum qui debent
servitium comiti, et citati ad quindenam non venerint ad locum præfixum a comite
ad exercitum (ita quod infra quindenam iter acceperint) quinta pars redituum, unius
anni scilicet, terræ illius quam tenent a comite, erit pro emenda in manu et voluntate
comitis. » Mais dans un autre cas, lorsqu'il s'agit de vassaux partis en France avec
la permission du comte, pour un séjour limité, et qui ne reviennent pas au jour dit,
ces coutumes connaissent encore la commise, p. 218 : « Tantum tenetur comes eos
expectare post terminum elapsum, salvo servitio suo, usque ad quatuor menses, sed
extunc, sine omni reclamatione, poterit terram eorum comes recipere in manu sua et
inde facere libere voluntatem suam. »

(25) Boutillier, *Somme rurale*, I, 39, p. 276 : Sçachez dans ce cas que l'homme
féodal doit à toujours estre exempt de son seigneur et retourner à son chef lieu et
seigneur souverain de toute la terre. » — Loysel, *Inst. cout.*, l. IV tit. III, 98 :
« Fidélité et félonie sont réciproques entre le seigneur et le vassal, et comme le fief se
confisque par le vassal ainsi la tenure féodale par le seigneur. »

et de seigneur; cependant une complication était possible. Bien que l'esprit de la féodalité voulût que chaque homme appartînt à un seul groupe féodal, aucune règle juridique n'assurait ce résultat. Au contraire, il était parfaitement licite que le même homme reçût des fiefs de plusieurs seigneurs et devînt ainsi le vassal de chacun d'eux (26). Mais par là il contractait des obligations inconciliables entre elles. Supposons, en effet, que tous ces seigneurs fussent en guerre l'un contre l'autre, lequel d'entre eux devait suivre et servir le commun vassal ? Pour couper court à ces difficultés, on inventa une forme spéciale d'hommage, l'*hommage lige*. C'était la promesse par le vassal de défendre et de servir le seigneur envers et contre tous, même contre ceux dont il recevrait postérieurement des fiefs. Celui qui s'était ainsi engagé ne pouvait plus ensuite consentir un autre hommage envers un autre seigneur que sous la réserve du premier (27). Par là même, les seigneurs supérieurs tendirent à réserver pour eux cette forme d'hommage (28), qui seule, dans la suite, conserva le rituel primitif. Il faut ajouter, d'ailleurs, que cette interprétation de l'hommage lige n'est pas admise par tous (29) : beaucoup y voient, à tort selon moi, une obligation du vassal, particulièrement étroite quant au service de guerre, le vassal ne pouvant pas alors invoquer la coutume qui limitait à une durée précise le service militaire que l'homme devait à son seigneur (30).

(26) Durantis, *Speculum loc. cit.*, n° 23, p. 309 : « Quæritur utrum quis potest esse homo ligius duorum. Et dicunt quidam quod non, quia duo non possunt esse domini ejusdem rei in solidum. Sed bene potest esse quis homo non ligius duorum. »

(27) Durantis, *Speculum, loc. cit.*, n° 3, p. 305 : « Nota quod est homagium ligium quod videlicet fit imperatori vel regi, nullius alterius fidelitate salva. Illud vero quod fit aliis non dicitur ligium quod fit seu juratur salva imperatoris vel regis auc toritate... Alii dicunt quod duplex est homagium. Unum dicitur ligium, in quo nullus excipitur quantum ad verba; quantum tamen ad mentem illi qui supremam et generalem habent jurisdictionem, puta imperator vel rex, intelliguntur excepti, contra quos non tenetur quis dominum juvare... Aliud vero non est ligium, quando videlicet aliquis excipitur, puta facio tibi homagium excepta fidelitate qua tali domino meo ligio teneor, vel salvo quod possim quem voluerim dominum meum ligium mihi constituere, quia nolo te contra talem juvare. Sed prius dictum verius est, licet hoc ultimum communis usus loquendi approbet. » — Cf. Ad. Beaudoin, *Homme lige*, dans la *Nouvelle revue historique de droit*, 1883, p. 659 et suiv.

(28) Voyez le passage de Durantis cité à la note précédente; *Assises de Jérusalem, Livre de Jean d'Ibelin*, ch. cxcv.

(29) Sn ce sens Guilhiermoz, *Essai sur les origines de la noblesse*, p. 324, n. 5. Déjà, au xiii° siècle, Durantis en signale une autre assez répandue, *loc. cit.*, n° 3 : « Multi tamen putant ligium homagium esse quando vassallus mittit manus suas intra manus domini et sibi homagium facit et fidelitatem promittit, et ab eo ad osculum recipitur : quod tamen non est, ut dixi. » Pour des exemples d'hommage lige, voir passim, *Le livre des fiefs de Guillaume de Blaye, évêque d'Angoulême*, édité par M. l'abbé Nauglart, Angoulême, '906. — Sur un sens particulier du terme hommage lige, Guilhiermoz, *Essai*, p. 181.

(30) Brussel, *Usage des fiefs*, I, p. 94 et suiv.; — Boutaric, *Histoire des institutions militaires en France avant les armées permanentes*, p. 120 et suiv.

## § 2. — LA PATRIMONIALITÉ DES FIEFS.

Le fief, à l'origine, dans sa forme première, fut une tenure strictement attachée à la personne du vassal, c'est-à-dire viagère et inaliénable. Cela était parfaitement logique; la concession du fief, nous l'avons vu, n'était que l'accessoire d'un contrat éminemment personnel entre le seigneur et le vassal; sa portée était exactement limitée par là même. Mais ce premier état ne dura point. Le fief devint promptement héréditaire; il devint, quoique plus tard, librement aliénable, et c'est ce que constataient les auteurs des XIIIᵉ et XIVᵉ siècles en disant que tous les fiefs en France étaient patrimoniaux (31). Cette transformation n'était, d'ailleurs, que le résultat d'une loi naturelle, déjà signalée, qui agit partout et toujours là où aucune restriction législative ne vient arrêter son action. Le droit sur la terre tend naturellement à se rapprocher de la propriété pleine, c'est-à-dire à conquérir la perpétuité et la liberté; la tenure tend insensiblement à se transformer en propriété libre et absolue.

### I

Le fief se présenta d'abord simplement comme une tenure viagère : elle prenait fin nécessairement à la mort du vassal, peut-être même à la mort du seigneur. Le bénéfice de l'époque carolingienne n'était jamais arrivé à l'hérédité légale : la coutume reconnaissait seulement comme équitable. la prétention du fils à conserver le bénéfice obtenu par son père, et le *senior* était, à moins de circonstances extraordinaires, moralement obligé de lui en maintenir la jouissance, moyennant un serment de vassalité (32). Mais on n'était pas allé plus loin, et telle fut encore la condition première du fief proprement dit. Il semble même que le caractère strictement personnel de la concession se soit d'abord plus rigoureusement accentué dans le fief que dans le bénéfice, ce qui se comprendrait bien, étant donnée l'importance nouvelle des obligations du vassal. Il fallait, pour la transmission héréditaire, la confirmation du seigneur qui intervenait librement, choisissant, comme héritier, le nouveau vassal, entre plusieurs enfants (33).

(31) Boerius, *Decisiones Burdigalenses*, Decisio 113, édit. Francfort, 1599, p. 205 : « In hoc regno de generali consuetudine feuda sunt redacta ad instar patrimoniorum quæ vendi et alienari ac donari possunt irrequisito domino ac eo invito, ut voluit Johannes Faber (XIVᵉ siècle)... Petrus Jacobi (XIVᵉ siècle). »
(32) Ci-dessus, p. 129.
(33) *Libri feudorum*. I. 1. § 1 · « Sed cum hoc jure successionis ad filios non pertineret, sic progressum est, ut ad filios deveniret, in quem scilicet dominus hoc vellet beneficium confirmare. » Guilhiermoz, *Essai*, p. 196 et suiv.

Les recueils anciens de droit féodal ont conservé la tradition de cet état de droit, et c'est la règle que les rois de France cherchent à maintenir à leur profit au x° siècle et pendant une partie du xi°, soit quant aux *honores*, soit quant aux simples fiefs relevant d'eux (34). Mais la coutume peu à peu consolida partout en France la transmission héréditaire des fiefs; elle donna aux héritiers un droit ferme et légal, qui ne dépendit plus du bon vouloir du seigneur. Il est vraisemblable que chaque fief acquit individuellemnt le caractère héréditaire, par une possession prolongée, par une sorte de prescription; au cours du xi° siècle c'est devenu une coutume générale (35). Mais lorsque l'hérédité fut pleinement établie, l'intransmissibilité première laissa pourtant des traces qui durèrent aussi longtemps que le régime féodal lui-même.

1° L'héritier désigné par la coutume eut désormais un droit ferme à recueillir le fief; mais il dut, non seulement faire au seigneur foi et hommage, mais encore recevoir de lui la possession du fief. Aux yeux des anciens feudistes, cela se présentait réellement en droit comme une confirmation de la concession, à la fois nécessaire pour l'héritier et forcée pour le seigneur, comme une nouvelle investiture (36). Lorsque la saisine héréditaire s'introduira au profit des héritiers, elle n'agira pas dans les rapports entre le seigneur et l'héritier du vassal : celui-ci devra toujours recevoir des mains du seigneur la possession du fief auquel il succède (37).

2° Le seigneur ne subit point cette hérédité sans une compensation pécuniaire et coutumière. L'héritier dut lui payer un droit qui prit ordinairement le nom de relief (*relevium*), parfois celui de rachat. Les deux expressions, d'ailleurs, étaient parlantes : d'un côté, on voulait dire que le droit du vassal défunt était tombé, et qu'il fallait le relever au profit de l'héritier; d'autre part, que celui-ci devait racheter au seigneur le fief qui lui avait fait retour. Le terme et la chose figurent de bonne heure dans les textes; mais, d'abord, la somme du relief dut être, dans chaque cas, débattue entre les parties et fixée par un accord entre l'héritier et le seigneur; cela suppose une époque où l'hérédité n'était pas encore

(34) Luchaire, *Histoire des institutions monarchiques sous les premiers Capétiens*, tome II, ch. II.

(35) Yves de Chartres, *Ep. LXXI* : « Prædictus Nivardus testatus est mihi fiducias et sacramenta quæ Sublimati Vestræ fecerat prioribus sacramentis fuisse contraria, quæ fecerat naturalibus et legitimis dominis suis *de quorum manibus suceperat hereditaria sua beneficia.* »

(36) Voyez ci-dessus, p. 193, note 23. Cf. Durantis, *loc. cit.*, n° 47, p. 312.

(37) *Décisions de Jean Des Mares* (xiv° siècle), à la suite du commentaire de Brodeau sur la Coutume de Paris, *Décis* 177 et 285; — *Grand Coutumier de France* p. 305, 306. — Mais cf. Masuer (xv° siècle), *Practica forensis*, édit. Lugduni, 1576, tit. XXVII, *De feudis*, n° 17; — Loysel, *Inst. cout.*, IV, 3, 1.

un droit ferme, et alors le mot *relief* ou *rachat* ne contenait pas une métaphore, il exprimait exactement l'acte qui s'accomplissait. Lorsque la coutume reconnut le droit de l'héritier à la succession, elle reconnut aussi le droit du seigneur au relief, et en fixa le montant. La commune mesure du droit de relief fut le revenu d'une année du fief; mais il y eut diverses combinaisons pour rendre moins aléatoire et plus commode à déterminer le montant de cette prestation (38).

Dans certaines coutumes, le droit de relief était dû non seulement à la mort du vassal, par l'héritier du vassal au seigneur, mais aussi à la mort du seigneur, par le vassal investi au nouveau seigneur; on disait alors que le fief relevait de toutes mains (39). Ces coutumes gardaient fidèlement le souvenir d'un état très ancien où le contrat de fief était considéré comme si personnel qu'il ne pouvait durer qu'autant que les deux hommes, le vassal et le seigneur, étaient l'un et l'autre en vie. Mais elles formaient une rare exception; le droit commun fut qu'en cas de mort du seigneur, le vassal devait bien l'hommage, mais non le relief : il ne devait que les mains (pour l'hommage) et la bouche (pour l'*osculum*) (40).

Originairement tout héritier, quel qu'il fût, devait le relief; mais, sur ce point encore, le droit du seigneur s'affaiblit. Les héritiers en ligne directe en furent dispensés. Cela s'appliqua en premier lieu aux descendants, les seuls héritiers en ligne directe qui furent d'abord admis; et sans aucun doute, les textes du droit romain, sur les *sui heredes* et la *continuatio dominii* à leur profit, exercèrent ici une grande influence. Puis l'exemption du relief fut étendue aux ascendants, et il ne resta dû que par les héritiers en ligne collatérale. C'était le droit commun de la France au XIIIe siècle. (41).

Le fief était devenu héréditaire alors que la féodalité politique était encore dans toute sa force, alors que les services qu'il entraînait étaient pleinement effectifs et constituaient le principal

---

(38) Beaumanoir *Coutumes de Beauvoisis*, édit. Beugnot, XXVII, 2, édit. Salmon, n° 763; — *Grand Coutumier de France*, p. 311; — Loysel, *Inst. cout.*, IV, 3, 13

(39) Le *Grand Coutumier de Normandie*, éd. Tardif, ch. XXXII, p. 107, contient un adage qui paraît bien impliquer que cette règle formait le droit commun à l'origine : « Unde patet quod homagio inhæret relevium. » Il ajoute, il est vrai : « Ubicumque enim sit relevium, necessarium est homagium concurrere, sed non e converso. » Mais, comme l'indique la suite, l'auteur veut seulement viser certaines exemptions de relief exceptionnelles. Cf., il est vrai, pour la tenure roturière, *Livre de Jostice et de Plet*, XII, 15, § 6. — Le *Grand Coutumier de France* emploie l'expression *relever de toutes mains*, mais dans un sens différent, p 313

(40) Guy Coquille, *Institution*, p. 64.

(41) *Livre de Jostice et de Plet*, XII, 6, § 1, 2; — Beaumanoir, *Coutume de Beauvoisis*, édit. Beugnot, XIV, 8, édit. Salmon, n°ˢ 468-471. Cf. Guilhiermoz, *Essai*, p. 196 et suiv., 308 et suiv.

ressort de la vie publique. Il devait, par là même, s'établir pour lui des règles spéciales de succession; il devait suivre une dévolution particulière, qui empêchât, autant que possible, l'hérédité de troubler l'harmonie du système féodal (42). Les traits principaux de cette dévolution furent le droit d'aînesse et le privilège de masculinité.

Le droit d'aînesse s'établit comme un moyen pour assurer l'indivisibilité du fief, que le droit féodal chercha aussi à garantir par d'autres règles. C'était là, en effet, un intérêt de premier ordre pour le seigneur, à raison du service militaire attaché au fief. On pourrait croire, d'abord, que l'intérêt du seigneur était en sens contraire; par la division du fief entre tous les enfants du vassal, il aurait augmenté le nombre de ses vassaux, il aurait eu, pour ses guerres, plusieurs combattants au lieu d'un seul. En réalité, c'eût été là une cause d'affaiblissement. Ce qui faisait la force des petites armées féodales, c'était la qualité, non la quantité; l'élément vraiment utile, c'était le chevalier, armé de toutes pièces, exercé et bien servi par une suite d'hommes suffisante. Mais, pour avoir et garder cette qualité, l'homme de fief devait être suffisamment riche, trouver dans les revenus de sa terre de quoi subvenir à son entretien. Il fallait donc que le fief restât entier aux mains d'un seul héritier. Celui que l'on choisit fut naturellement un fils, non une fille, — car l'admission des femmes à la succession féodale souffrit, on le verra bientôt, de sérieuses difficultés; — ce fut le fils aîné, car, à la mort du père, celui-là, selon toute probabilité, serait mieux que les autres en état de servir le fief. Voilà comment s'établit le droit d'aînesse; par une formation indépendante et spontanée, il se développa de bonne heure dans la plupart des pays où s'était implanté le régime féodal. Il y eut pourtant quelques déviations; parfois le partage égal entre les fils du vassal défunt s'introduisait en même temps que l'hérédité ferme. C'est la règle qu'enregistrent encore les *Libri feudorum* (43); mais, en général, la coutume tourna d'elle-même vers le droit d'aînesse.

(42) Durantis très exactement, faisait observer que la succession aux fiefs formait une succession distincte de la succession ordinaire, qui, elle, comprenait le reste du patrimoine, *loc. cit.*, n° 25, p. 312; cependant, dès son époque on tendait à rétablir l'unité, car on décidait que l'héritier appelé à la fois aux deux successions ne pouvait pas accepter l'une et répudier l'autre. Durantis pose aussi une règle très importante, qui est la clef même des difficultés que présentent les divers systèmes de dévolution féodale. Ce sont, dit-il, les termes des concessions originaires faites par le seigneur qui règlent ici la dévolution : « Breviter scias quod in successione feudi certa non potest regula dari, propter diversas locorum consuetudines *et propter diversa pacta et conventiones, quæ in eis apponi consu ᪷nt*; nam contractus ex conventione legem accipiunt. »

(43) *Libri feudorum*, I, 1, § 1 : « Sic progressum est ut ad filios deveniret, in quem scilicet dominus hoc vellet beneficium confirmare. *Quod hodie ita stabilitum est ut ad omnes æqualiter veniat.* »

Celui-ci s'établit, semble-t-il, sur des précédents que créèrent soit un accord intervenu entre le seigneur et le vassal, du vivant même de celui-ci, soit la dernière volonté du vassal (44); et, si la législation intervint quelquefois pour l'établir (45), elle ne l'imposa point et ne fit que préciser et consolider la coutume.

Le droit d'aînesse s'établit donc dans l'intérêt du seigneur, pour assurer l'indivisibilité du fief, non pas dans l'intérêt du vassal et de son fils aîné, pour assurer à celui-ci un avantage sur ses frères. Ce qui le montre bien, c'est que, lorsque le vassal laissait à la fois plusieurs fiefs et plusieurs enfants, on répartissait les fiefs, un par enfant, et tant qu'il y en avait, en suivant le rang d'âge dans la distribution, de sorte que l'aîné avait seulement l'avantage d'être loti le premier et le choix du meilleur fief. Ce système, que l'on peut considérer comme représentant l'état premier du droit, se retrouve dans les sources les plus diverses. Il figure dans les Assises de Jérusalem (46) et dans le Grand Coutumier de Normandie (47). C'est lui que donne encore Boutillier au xive siècle (48), pour les coutumes d'Artois, Flandre et Picardie (49); il paraît aussi avoir été d'abord pratiqué en Angleterre (50). En

(44) Voyez des exemples dans Orderic Vitalis, *Historia ecclesiastica* (édit. de la Société de l'histoire de France), t. II, p. 26, 48, 86, 129. Cf. *ibid.*, p. 76 .

(45) Voyez, pour la Bretagne, Planiol, *L'assise au comte Geffroi*, dans la *Nouvelle revue historique de droit*, 1887, p. 117 et suiv., 652 et suiv. Sur les divers systèmes qui s'établirent suivant les pays pour empêcher le démembrement héréditaire des fiefs, voir Guilhiermoz, *Essai*, ch. II, p. 195 et suiv.

(46) *Assises, Livre de Jean d'Ibelin*, ch. cxlviii, p. 223-24.

(47) *Grand Coutumier de Normandie*, édit. *Tardif*, ch. xxiv. p. 79-80 : « Impartibilis dicitur hereditas in qua divisionem nullam inter fratres consuendo patriæ patitur sustineri, ut feoda loricæ, comitatus et baroniæ et sergenteriæ... Cum autem aliquis patri suo successerit... ultimo nato debet tradi feodum ut de eo tot faciat por tiones quot participes in eo fuerint principales... Postnatus ergo debet ita facere portiones quod feoda loricæ vel alia, quæ custodiam retinent, non dividat.., factis autem portionibus... debet postnatus eas offerre in curia et dare de eis copiam fratribus primogenitis ut eligant. »

(48) *Somme rurale*, I, tit. LXXVI, p. 448 : « S'ils sont plusieurs frères demeurant après le trépas du père, lequel père tint en son vivant plusieurs fiefs... sçachez que si tous les fiefs estoient tenuz tout d'un seigneur, lors se partiroient par ceste manière, c'est à sçavoir l'aisné hoir partiroit premier et choisiroit pour luy le meilleur fief, et l'aisné après le meilleur ensuivant; et le tiers aisné après le meilleur ensuivant. Et ainsi de fief en fief et d'enfant en enfant, tant que fief y aura. Et s'il convenoit retourner et que tant de fiefs eust, si recommenceroit l'aisné fils devant aux fiefs demeurans, tant que fiefs y auroit. » Mais Boutillier n'admet ce système que lorsque les divers fiefs sont tenus du même seigneur.

(49) Note de Charondas (note c), p. 450

(50) Stephen, *Commentaries on the laws of England*, édit. 1879, t. I, p 404 · « By the laws of king Henry the First, the eldest son had the capital fee or principal feud of his father's possessions and no other preeminence (*Leges Henr*, I, c x); and the eldest daughter had afterwards the principal mansion, when the estates descended in coparceny. » (*Glanville*, 1. VII, ch III). Sur le droit d'aînesse en Angleterre voir Pollock et Maitland, *The history of English Law before the time of Edward 1er*. t. II, p. 266 et suiv

revanche, lorsqu'il n'y avait qu'un fief dans la succession, il était
intégralement attribué à l'aîné, à l'exclusion des puînés et des
filles (51). Cela était d'une logique parfaite. De part et d'autre, on
obtenait le résultat voulu : le fief n'était pas divisé. Mais ce système répondait mal au principe, toujours plus influent, de la
patrimonialité du fief. Lorsqu'il y avait plusieurs fiefs et plusieurs
enfants, il laissait entièrement au hasard la question de savoir si
tous seraient lotis; lorsqu'il n'y avait qu'un seul fief, il sacrifiait
totalement les puînés à l'aîné. Une règle uniforme, donnant aux
enfants les mêmes droits dans tous les cas, devait s'introduire.
Dans certains pays, en Angleterre par exemple, ce fut un droit
d'aînesse absolu qui se dégagea : tous les immeubles, quel que
fût le nombre, furent attribués à l'aîné (52). En France, le résultat fut différent. Si quelques coutumes maintinrent aussi le droit
d'aînesse absolu, sauf parfois un usufruit accordé aux puînés (53),
ce fut généralement l'admission assurée des puînés et des filles
qui l'emporta; mais en même temps, la coutume assurait à l'aîné
une part plus forte, un préciput. Pour cela, il fallait sacrifier
l'indivisibilité héréditaire du fief. Tantôt le préciput de l'aîné
consista simplement dans le principal manoir ou château, avec
quelques dépendances, tout le reste des fiefs compris dans la
succession devant être également partagé entre les enfants; tantôt
l'aîné eut, en outre, la plus grosse part de chaque fief, et ce furent
seulement, selon les coutumes, le tiers ou le cinquième au partage
desquels les puînés furent admis, le surplus formant le préciput
de l'aîné (54). Il semble que ce *quintement* (55) ou *tiercement* au

---

(51) C'est la règle, d'après Boutillier, lorsque les fiefs laissés par le père sont tenus
de différents seigneurs, p 448 · « Et si les fiefs estoient tenus de divers seigneurs,
lors les auroit et emporteroit tous l'aisné fils, par raison de son aisneté. »

(52) Stephen, *Commentaries*, p 404, 405.

(53) Boutillier, *Somme rurale*, I, tit. LXXIX, p. 469 : « En Vermandois n'a droict
de quint avoir sur fiefs, fors à vie tant seulement et à compte d'hoirs. Et en pays de
Hainault n'a nul quint et n'y a qu'advis d'assenne que peuvent faire le père et la
mère par advis des prochains d'un costé et d'autre. » — *Coutumes du Maine*, art. 242 :
« Si ne sont fondez tous les puisnez d'avoir leurs tierz qu'en bienfait ou usufruit leur
vie durant, qui retournera audit aisné ou à sa représentation après leur décès » —
*Coutume d'Anjou*, art. 238.

(54) *Coutumier d'Artois*, tit. XXVI, § 1, 5.

(55) Beaumanoir, *Coutume de Beauvoisis*, Beugnot, XIV, 5; Salmon, n° 465 : « Se
erítages descend as enfans et il i ait hoirs male li hoirs male aîné emporte le cief manoir
hors part, et après les deux parts de cascun fief. » Pierre de Fontaines, *Conseil à un
ami* (xiii° siècle), XXXIV, 2 : « Par nostre usage puet li frans doner à ses enfants la
tierz de son franc-fié em partie, et si départir entre ses enfans, combien qu'il en ait,
que les II parz remaignent tozjors à l'aîné ». *Livre de Jostice et de Plet*, XII, 6,
§ 10 : « Li ainznez des frères... a les deux parz de la terre; et si sont plus, la moistié;
il a la mellor herbergerie (maison) et un arpent por tot, et li autre ont tuit ensemble
un herbergerie. Et se plus i a herbergages ilz sont partiz inéement (également) as
autres frères; et sil i a plus, il vient em partie as autres frères et à l'enné, sau l'en
néence. » — Boutillier, *Somme rurale*, p. 469 : « En la conté de Flandre n'y a que

profit des puînés et des filles se soit produit d'abord comme un tempérament équitable en leur faveur, lorsque le nombre des fiefs ne permettait pas de les lotir tous et au profit de ceux-là seulement qui n'avaient pas été lotis (56); mais cela devint une règle générale applicable à tous les fiefs compris dans la succession. Le droit de l'aîné fut ainsi fixé d'une façon uniforme et constante. D'ailleurs, cette transformation du droit d'aînesse ne se produisit point sans soulever des difficultés juridiques; avant d'abroger le principe de l'indivisibilité héréditaire, on le tourna, par le moyen de la tenure, en *parage* ou *frérage*. Celle-ci consista en ce que l'aîné seul et pour la totalité du fief venait à l'hommage du seigneur, comme si aucun partage n'était intervenu : les puînés et les sœurs tenaient leurs parts du frère aîné (57). Manifestement cette combinaison, qui ne souffrait aucune difficulté dans la mesure où la coutume permettait au vassal de sous-inféoder son fief, eut pour but, tout d'abord, de maintenir en apparence le fief intact et d'écarter toute objection de la part du seigneur; mais elle était également avantageuse aux puînés. Ceux-ci, en effet, ne devenaient pas les hommes du seigneur; et, si l'aîné, seul tenu envers lui, pouvait les requérir de contribuer aux divers services et prestations dus par le fief, ils n'en étaient pas directement tenus. Ils n'étaient même pas, à proprement parler, les hommes de l'aîné, car ils tenaient de lui non en hommage, mais en parage, et ne lui devaient en principe que la *fidelitas*. Ce rapport entre la branche aînée et les branches cadettes pouvait même se prolonger très longtemps, jusqu'à l'épuisement de la parenté canonique, c'est-à-dire jusqu'au septième degré. Alors le représentant de la

---

tiercement de fief, pour les maisnez enfans, c'est à sçavoir comme en France que les maisnez ont le quint ou fief demeuré de leur père contre l'aisné hoir, tout ainsi que les maisnez en Flandre ont le tiers ou gros du fief demeuré de leur père. » — *Grand Coutumier de France*, p. 290.

(56) Boutillier, *Somme rurale*, I, tit LXXX, p. 472 : « Lors n'y auroit nul quintiage quant aux frères pour ce que chacun emporteroit son fief. Mais si tant n'y avoit de fiefs qu'il y auroit de frères. le demeurant des frères qui n'auroient fiefs auroient quint contre les autres fiefs et frères, et ainsi seroit-il des sœurs s'elles y estoient. » Cf. p. 458, 448

(57) *Grand Coutumier de Normandie*, édit. Tardif, ch. XXVIII, p. 97; ch. XXXIV, p. 112. D'après le Grand Coutumier, c'est l'aîné qui a la saisine du fief. — *Etablissements de saint Louis*, I, 10, 12, 25; — *Livre de Jostice et de Plet*, XII, 6, § 5, 6, 9; — Boutillier, *Somme rurale* I, tit. LXXXIX, p. 488. Voyez dans l'*Essai sur l'origine de la noblesse* de M. Guilhiermoz, p. 201 et suiv., les diverses combinaisons qui permettaient en réalité le partage du fief entre les héritiers, tout en maintenant en apparence l'indivisibilité à l'égard du seigneur. Celle indiquée au texte était la principale. Mais parfois, comme en Anjou, les puînés ne venaient pas à l'hommage de l'aîné, c'est ce que M. Guilhiermoz appelle proprement le *parage*. Dans le midi s'était établi un système de *coseigneurie* entre les héritiers; un seul d'entre eux cependant prêtant hommage pour tous. Sur le *parage* en Angleterre, voyez Pollock et Maitland, *op. cit.* l. II, p. 272 et suiv

branche cadette devait rentrer dans l'ordre et faire hommage au représentant de la branche aînée (58).

Somme toute, la tenure en parage était désavantageuse au seigneur : la division héréditaire s'étant en fait introduite, mieux valait pour lui avoir les puînés pour vassaux directs. Aussi une réaction se produisit-elle. Une ordonnance de Philippe-Auguste, de 1209, rendue d'accord avec un certain nombre de grands feudataires, prohiba pour l'avenir la constitution de tout nouveau parage, décidant que tous les héritiers venus au partage du fief tiendraient directement leurs parts du seigneur (59). Néanmoins, la tenure en parage subsista non seulement dans les pays que n'avait pas atteints cette ordonnance, mais même dans la France proprement dite; mais elle constitua une exception de plus en plus rare (60).

Le droit d'aînesse, je l'ai dit, supposait un homme comme sujet : le fils, quel que fût son rang d'âge, était toujours l'aîné par rapport aux filles. Cependant, lorsqu'il n'y avait que des filles du vassal en présence, la question dut se poser de savoir si le droit d'aînesse recevrait son application. Quelques coutumes l'admirent (61); mais la règle commune fut en sens contraire, et, lorsque les seuls héritiers du vassal étaient des filles, le fief se partageait également entre elles (62).

La transmission héréditaire du fief fut d'abord restreinte à la ligne directe descendante; ce n'est qu'après coup qu'on admit les collatéraux, à défaut de descendants (63). C'est sans doute pour

(58) A côté du *parage* ainsi décrit, qui est un mode de partage d'*un fief*, et qu'on peut appeler *parage particulier*, il y a un *parage général*, qui est un mode de partage d'une succession comprenant *plusieurs fiefs*. Chacun des héritiers prend un fief entier, mais les puînés tiennent leur fief de l'aîné. Voir Guilhiermoz, *Essai sur les origines de la noblesse*, p. 216 et n. 73, et R. Génestal, *Le parage normand, Bibliothèque d'histoire du droit normand*, 2ᵉ série, I, Caen, 1911.

(59) *Ordonnances des rois de France*, t. I, p. 29.

(60) En 1304, on constate dans le registre criminel de Sainte-Geneviève, comme une exception à la coutume féodale de la vicomté de Paris, que les fiefs de la châtellenie de Montmorency suivent le régime du parage. Tanon, *Histoire des justices des anciennes églises et communautés monastiques de Paris*, p. 411.

(61) *Établissements de saint Louis*, I, 12; — *Assises, Livre de Jean d'Ibelin*, ch. ci, — *Livre des droitz et des commandemens d'office de justice* (xivᵉ siècle), édit. Beautemps-Beaupré, nᵒ 425. — Cf. *Coutume de Touraine*, art. 273.

(62) *Livre de Justice et de Plet*, XII, 6, § 14 : « Entre femelles n'a point de ennéance ». — Cf. Guy Coquille, *Institution*, p. 112 : « Presque toutes les coustumes disent que, quand il n'y a que filles venans à la succession, il n'y a droict d'aisnesse, ains succèdent toutes esgalement ».

(63) Dans les *Libri feudorum*, on voit comment la succession en ligne collatérale fut d'abord seulement admise au profit des frères (I, 1, § 2), puis au profit des cousins germains, et en dernier lieu au profit de tous les collatéraux, I, 1, § 4 : « Hoc quoque sciendum est quod beneficium ad venientes ex latere ultra fratres patrueles non progreditur successione, secundum usum ab antiquis sapientibus constitutum, licet moderno tempore usque ad septimum geniculum sit usurpatum ». Il est vrai que, dans d'autres régions, la succession collatérale apparaît de bonne heure; voyez, pour la

cela qu'en succession collatérale il n'y eut point de droit d'aînesse (64); il n'y figure du moins qu'à titre d'exception. Mais ici
apparaît une autre règle de dévolution, qui fut également dictée
par les besoins féodaux, le *droit de masculinité*. La coutume féodale hésita à permettre aux femmes la possession des fiefs (65); et,
en effet, elles paraissent impropres à rendre les services, qui en
étaient la condition même : la femme ne pouvait aller à la guerre,
en général elle aurait figuré peu utilement à la cour de justice ou
au conseil (66). Cependant, en France, on ne voit pas que la coutume l'ait jamais exclue de la succession féodale : somme toute,
les services qu'elle ne pouvait rendre elle-même, elle pouvait les
accomplir par un représentant (67). Mais l'accession d'une femme
à un fief était cependant une cause de trouble dans l'organisation
féodale. Aussi la coutume, sans l'exclure absolument, chercha à
l'écarter au profit des mâles. En ligne directe, le droit d'aînesse
suffisait, tel qu'il a été décrit (68); en ligne collatérale, où il n'y
avait pas de droit d'aînesse, la règle s'établit qu'à degré égal
l'héritier du sexe masculin excluait la femme (69); c'est là ce qu'on
entendit par privilège de masculinité.

On le voit, le côté patrimonial l'emportant, l'ancienne indivisibilité du fief avait été entamée par des partages. Mais elle n'avait
cédé que peu à peu. Tout d'abord, on subordonna la possibilité

Normandie du XIᵉ siècle, Orderic Vitalis, *Historia ecclesiastica*, t. II, p. 92, 104. —
A vrai dire, une certaine succession collatérale dut souvent s'introduire d'emblée :
c'est celle qu'on trouve dans nos anciennes coutumes *souchères*, et dans l'ancien droit
anglais, et d'après laquelle, pour recueillir le bien, il est nécessaire et suffisant de
descendre du premier concessionnaire : qu'on soit le descendant ou le collatéral du
dernier vassal, peu importe alors; car, en réalité, on se présente toujours comme
descendant du vassal originaire. Ce système fut un produit de l'interprétation stricte
des concessions féodales, qui accordaient un fief à un tel et à ses descendants.

(64) *Livre de Jostice et de Plet*, XII, 16, § 15 : « En eschéete de costé n'a point de
annéenée, tuit sont inel (égaux) ». — Guy Coquille, *Institution*, p. 114 : « Presque
toutes les coustumes disent qu'en succession collatérale n'y a droict d'aisnesse ».

(65) Les *Libri feudorum* les excluent de a succession, I, 1, § 4.

(66) *Très ancienne Coutume de Bretagne* (XIVᵉ siècle), éd. Planiol, ch. ccxxxiii :
« Pource qu'il n'apartient pas à la feme à aller en ost, ne en chevauchée où il auroit
fet d'armes, car son poair n'est rien; ne ne doit aller à plez ne à jugement, comme
droit dit, et ainssi le seigneur seroit deceu de la recepvre; car il auroit poay (peu) de
conseil et d'aide d'elle ».

(67) *Livre de Jostice et de Plet*, XII, 7 § 3 : « L'on doit prendre feme à feme; car
ele pot fere par autrui ce qu'elle ne pot fere de soi » — Durantis, *Speculum, loc. cit*,
p. 811 : « Quæritur quomodo serviet feudum. Dic quod ipsa erit vasalla et jurabit per
se fidelitatem sed serviet feudum per substitutum, nam hæc opera potest dividi. » —
*Très ancienne Coutume de Bretagne*, ch. ccxxxiii.

(68) Guy Coquille, *Institution*, p. 113 : « La masculinité est spécialement et directement considérée au droit d'aînesse ».

(69) *Livre de Jostice et de Plet*, XII, 6, § 28 : « Uns hom si a sa tere qui mot de fié,
et muert sans enfanz de sa feme esposée. Sa terre doit eschéer au plus près... fors en
ce, se il i a en eschéete de costé masle et femelle iuves (de même degré) li masles
prent et la femelle non. Et se la femelle est plus près que li masle, ele prant avant
que li masles »

du partage à cette condition, que chaque part du fief serait suffisante pour assurer l'entretien d'un chevalier (70). Puis on admit la pleine divisibilité des fiefs non titrés (71); la baronie et les fiefs de dignité supérieure devenant indivisibles. Cette règle, posée au XIIIᵉ siècle (72), resta définitive, et ces grandes seigneuries conservèrent jusqu'au bout l'indivisibilité héréditaire (73) : le côté politique l'emporta ici sur le côté patrimonial.

La succession des fiefs se distingua encore par d'autres règles: la seule que je signalerai, c'est le droit de réversion. Lorsque le vassal mourait sans laisser d'héritiers et sans avoir disposé de ses biens, le fief n'allait point à l'autorité qui avait en général le droit de recueillir les biens sans maître; il faisait retour au seigneur de qui il relevait. La concession faite au vassal originaire et à ses successeurs étant épuisée, le fief était éteint.

Enfin, deux règles, qui se rattachent à l'hérédité des fiefs et à la féodalité politique, restent à signaler : l'une concerne le *mariage féodal*, l'autre la *garde*. On a dit plus haut que la femme propriétaire d'un fief faisait accomplir les services par un représentant. Un homme était tout naturellement désigné pour cela; c'était son mari : aussi la coutume voulait-elle que le mari de la vassale vînt, pour les fiefs de celle-ci, à l'hommage du seigneur (74). Mais cela n'était pas tout. Le seigneur, dans ces conditions, était directement intéressé à ce que la vassale ne restât pas fille et à ce qu'elle épousât un bon chevalier : la conséquence fut qu'il eut, à ce point de vue, voix au chapitre. Nous constatons, dans divers documents anciens, que la femme féodale ne peut se marier sans le consen-

---

(70) *Assises de Jerusalem, Livre de Jean d'Ibelin*, ch. CL; — *Clef des assises de la Haute-Cour*, ch. XCVII : « Fié qui ne doit service que d'un chevalier ne se doit partir » — Pierre de Fontaines, *Conseil*, XXXIV, 8, 9 : « Ne me semble que fiez puisse estre partiz ne doie, dont chascune partie n'est sofisanz à servir ».

(71) Le *Grand Coutumier de Normandie* divise les fiefs en partageables (ceux des vavasseurs) et impartageables (tous les autres), éd. Tardif, ch. XXIV, p. 79-80. Cependant il admet qu'entre sœurs le *feudum loricæ* se partage, p 86.

(72) *Livre de Jostice et de Plet*, XII, 6, § 16 : « Des baronies et des contiez vet autre ment : car la sole baronie n'est pas desmembrée, mès len fet l'avenant as menuez (puînés) sor rentes o sor terres, et la digneté remaint à l'ainzné ou à l'ainznée. Et s'il i a dui ou trois baronies, es sont départies senz desmembrer ». — *Etablissements de saint Louis*, I, 26; — *Coutumier d'Artois*, tit. XI, § 13. — Coutumes générales données par Simon de Montfort en 1212, *loc. cit.*, p. 216 : « Item cuilibet sive militi sive rustico licitum erit legare in eleemosyna de hæreditate propria usque ad quintam partem ad consuetudinem et usum Franciæ circa Parisius, *salvis tamen baroniis et fortiis* et jure alieno, et salvo integro servitio superioris domini, quod debet habere dominus in reliqua terra, quæ remanet pro hæreditate hæredibus ».

(73) Lebrun (XVIIᵉ siècle), *Traité des successions*, I, II, ch II, sect. 1, n° 70 . « L'aîné a le total, parce que ces sortes de fiefs ne sont pas sujets à division... Ce qui est fondé sur deux raisons : la première, que le service à la guerre, qui est attaché à ces grandes seigneuries, se rend beaucoup mieux par celui qui les possède dans leur intégrité; la seconde, que les reliefs et autres droits s'en exigent plus aisément... Mais il est dû en ce cas une récompense aux autres enfants ».

(74) *Très ancienne coutume de Bretagne*, éd. Planiol, ch. CCXXXIII.

tement du seigneur (75), et parfois celui-ci peut la forcer à se marier, en lui présentant plusieurs prétendants à choisir (76). Bien entendu, la femme restait libre, dans le premier cas, de contracter un mariage valable, et, dans le second, de ne point se marier; mais la sanction était alors la commise du fief au profit du seigneur.

Quand la succession du fief s'ouvrait au profit d'un mineur, le service féodal était arrêté dans son fonctionnement. L'enfant en bas âge ne pouvait servir le fief, et les coutumes déterminaient même un âge au-dessous duquel le vassal ne pouvait être reçu à l'hommage : c'était d'ordinaire vingt et un ans pour les hommes et quinze ans pour les filles. Tant que l'hérédité des fiefs ne fut pas légalement établie, mais seulement dans les mœurs, la minorité de l'héritier laissé par le vassal fut certainement, pour le seigneur, un motif suffisant de ne point maintenir la concession. Mais quand le fief fut devenu pleinement héréditaire, il passa héréditairement au mineur comme au majeur, et il fallut un remède aux inconvénients résultant de la minorité : on le trouva dans l'institution de la garde seigneuriale. Celle-ci consistait en ce que le seigneur reprenait la jouissance du fief pendant la minorité de l'héritier, sauf à assurer l'entretien de ce dernier (77). Mais la patrimonialité demandait plus encore, et, dans la plupart des coutumes, la garde seigneuriale fut, de bonne heure, remplacée par le *bail*, qui forme le droit commun au xiiie siècle. Il consista en ce que la jouissance du fief, au lieu de retourner au seigneur, pendant la minorité de l'héritier, resta à la famille de celui-ci; un parent, en qualité de baillistre, eut la jouissance du fief, à charge d'en faire les services. Le bail ainsi conçu appartint, suivant les cas, au père, à la mère, ou au parent qui eût recueilli le bien à défaut du mineur (78). Il

(75) *Grand Coutumier de Normandie*, éd. Tardif, ch. xxxi, p. 105 . « Femina... cum ad nubiles annos pervenerit, *per consilium et licentiam domini sui...* prout generis nobilitas et feudorum valor requisierint, debet maritari. » — *Assises de Jerusalem Livre de Jean d'Ibelin*, ch. clxxvii et clxxx; — *Etablissements de saint Louis*, I, 67. — *Cartulaire de Saint-Père de Chartres*, édit. Guérard, p. 472. Simon de Montfort, dans ses Coutumes générales, défendait seulement aux femmes féodales, pendant dix ans, de se marier à des gens du pays sans son consentement, *loc. cit.*, p. 227 : « Nullæ viduæ magnates aut hæredes mulieres nobiles habentes munitiones et castra audeant nubere, usque ad decem annos, sine licentia comitis pro voluntate sua indigenis istius terræ, propter periculum terræ; sed Francigenis quibus voluerint poterunt nubere, non requisita licentia comitis vel alterius; sed termino elapso poterunt nubere communiter » Pour l'Angleterre, Pollock et Maitand, *op. cit.*, t. 1, p. 395 et suiv.

(76) *Livre de Jean d'Ibelin*, ch. clxxi, ccxxvii et suiv.

(77) *Grand Coutumier de Normandie*, édit. Tardif, ch. xxiv et xxxi C'est de nos anciennes sources, celle qui a le mieux conservé la théorie de la garde féodale. — Cf Tanon, *Histoire des justices*, p. 412.

(78) *Assises de Jérusalem, Livre de Jean d'Ibelin*, ch. clxxi, ccxxvii; — *Livre de Justice et de Plet*, XII, 6, 12 Sur la *wardship* en Angleterre, Pollock et Maitland,

cessait à la majorité de l'héritier, qui venait alors à l'hommage et prenait possession. Cependant, anciennement, il semble que, pour les femmes féodales, une fois établi, il ne cessait que par leur mariage (79). Cela était fort logique, car cela diminuait les chances, pour elles, d'accéder à la jouissance personnelle des fiefs. La coutume féodale avait ainsi établi une sorte de tutelle quasi perpétuelle des femmes.

## II

Le fief se présenta d'abord comme étant inaliénable; le vassal ne pouvait céder son droit sur lui ni à titre onéreux, ni à titre gratuit. Cela était parfaitement logique, et pour deux raisons. D'abord, lorsque la concession était viagère en droit, cela allait de soi : l'usufruit se présente naturellement comme strictement attaché a la personne. Puis l'hommage créait un lien individuel entre le seigneur et le vassal, et l'on ne concevait pas que l'une des parties pût se substituer un tiers dans ces relations si personnelles. Permettre au vassal de céder son fief, c'eût été, en particulier, l'autoriser à se choisir un remplaçant dans le service féodal (80). Cette raison garda sa force alors même que le fief fut devenu pleinement héréditaire; le seigneur avait à l'avance agréé une famille et une race, mais non point n'importe quel étranger. Cependant l'aliénation était possible, si le seigneur y donnait son consentement : c'était, en quelque sorte, une concession nouvelle qu'il faisait au profit de l'acquéreur. Mais il fallait que le consentement du seigneur fût donné préalablement à la cession : si le vassal aliénait, sans l'avoir obtenu, la sanction était la commise même du fief. Ce droit est celui qui s'est conservé dans les *Libri feudorum*, après quelques fluctuations et malgré certains adoucissements momen-

op cit., t. I, p. 299 et suiv. — Beaumanoir, *Coutumes de Beauvoisis*, éd. Beugnot, ch. xv; ch. xxi, n°ª 12-16; éd. Salmon, n°ª 506 et suiv., 520 et suiv.; — Ordonnance de Louis IX de 1246, *Ordonn.*, I, 58; — *Somme rurale*, I, 93; — Jean Des Mares, *Décis.*, 281

(79) *Grand Coutumier de Normandie*, édit. Tardif, p. 105 : « Femina tamen nisi per matrimonium custodia non egreditur ». *Livre de Jostice et de Plet*, XII, 6, § 7, p. 233 : « Quant feme a douze anz, et ele est mariée, le bal muert, et véez la raison : li ancienz droitz si est tex que feme n'est à âge à terre tenir devant qu'ele fust mariée; et por ce que li ami la tenoent tant à marier, pour avoir le preu (profit) de la terre, mainz maus en sordoent. Et li rois Loys vost ci fere amendement, et establi, par general concil, que feme puis qu'ele aroit quinze anz fust hors de baill et tenist sa terre ».

(80) Durantis, *Speculum*, *loc. cit.*, n° 30, p. 313 : « De rigore tamen juris videtur quod invito domino... non potest feudum alienare. Si enim hoc posset per consequens posset alium in homagium subrogare, quia emptor feudi in homagium subrogatur, cum res in eum transeat cum onere suo, quod esse non debet. Nam tenetur præstare opera quæ in faciendo consistunt, scilicet juvare dominum contra inimicos et similia, in quibus non videtur quod alium valeat subrogare. »

tanés (81). C'est le principe que reproduit encore le Grand Coutumier de Normandie au xiii<sup>e</sup> siècle (82), et l'ancienne coutume de Bourgogne au xiv<sup>e</sup> (83). Mais cette logique rigoureuse ne pouvait se maintenir. Ici encore la patrimonialité l'emporta, et la coutume admit que le vassal pouvait vendre son fief, sans le consentement du seigneur : c'était déjà le droit commun en France au xiii<sup>e</sup> siècle. Mais, comme compensation, le seigneur obtint deux droits importants :

1° Dans le cas le plus usuel d'aliénation, c'est-à-dire en cas de vente, il perçut un droit pécuniaire assez élevé, représentant une portion notable du prix, généralement le cinquième. Cela s'appela ordinairement le droit de *quint* (84), parfois le droit de *lods et ventes* (85). En cas d'aliénation à titre gratuit par le vassal, la coutume accorda d'ordinaire au seigneur le droit de *relief* ou *rachat*, comme en cas de succession.

2° L'acquisition ne fut parfaite que par l'intermédiaire du seigneur. L'aliénateur, pour cela, venait se dessaisir entre les mains de son seigneur et demander à celui-ci d'investir l'acquéreur en le recevant à son hommage. En cas de vente, d'ailleurs, le seigneur n'était pas obligé d'investir l'acheteur, en percevant le droit de quint; il pouvait l'écarter, au contraire, mais en lui remboursant le prix d'acquisition, et ramener ainsi le fief à lui (86). Cela s'appela la *retenue* ou retrait féodal. Ce droit se présenta même d'abord sous une forme plus déférente pour le seigneur : le vassal qui voulait vendre son fief devait tout d'abord offrir l'acquisition à son seigneur et ce n'était que sur le refus de celui-ci qu'il pouvait l'offrir à un étranger (87).

(81) *Libri feudorum*, I, 13; II, 9, 34, 39, 40.

(82) Ed. Tardif, c. xxvii, 9, p. 96 : « Notandum etiam est quod nullus terram quam tenet de domino per homagium non potest vendere vel invadiare sine assensu domini speciali ».

(83) Edit. Giraud, p. 275 : « Len ne puet vendre simplement la chose de fié sans le consentement du seigneur de fié, car qui fait, la chose est acquise et commise au seigneur dudit fié »

(84) Guy Coquille, *Institutions*, p. 86 : « Quint denier... qui est la composition qui autrefois a esté faicte par le consentement des Estats afin de se rédimer du droit de commise, qui estoit quand le vassal vendoit sans congé du seigneur ».

(85) *Livre de Justice et de Plet*, XII, 13, § 1 : « Los si est une chose que len doit a seignor quant aucun vent sa terre. Et est appelez loz de loer : quar la vente n'est pas parfeite devant que li sires l'ait loée. Et li los si monte le quint denier... et li sires de qui fié ce est, si le doit avoir ». Le *Livre de Justice* distingue d'ailleurs du los les *ventes*, qui représentent un second droit plus faible perçu par le seigneur en même temps, XII, 14.

(86) Beaumanoir, *Coutumes de Beauvoisis*, édit. Beugnot, LI, 20 : « Cascuns doit savoir quant uns héritages est vendus soit en fief... et li venderes se dessaisit en la main du seigneur de qui li héritages muet et li requiert qu'il en saisisse l'aceteur.. li sires pot retenir le sesine por soi par le bourse paiant au vendeur; car li sires est plus pres de ravoir par le bourse ce qui muet de li que n'est personne estrange. » Edit. Salmon, n° 1552.

(87) Durantis *loc. cit.*, n° 30, p. 313 : « Quæritur utrum homo sive vasallus possit

Avant même que l'aliénation directe eût été ainsi ouverte au vassal, la coutume lui avait permis une aliénation indirecte, par voie de sous-inféodation. Le vassal, dans ce cas, sans abandonner sa place dans la hiérarchie féodale et sans déserter l'hommage, concédait tout ou partie de son fief, à titre de fief ou de tenure roturière, à une personne, qui devenait ainsi son propre vassal ou tenancier. La coutume féodale n'eut d'abord aucune défiance quant à cet acte, qui, en apparence, ne dérangeait en rien l'harmonie préétablie (88). En réalité, il était ou pouvait être fort dangereux pour les seigneurs. En effet, le vassal, en sous-inféodant, surtout à titre de fief, s'appauvrissait et pouvait mal servir un fief dont il ne jouissait plus en réalité; et le vassal qu'il s'était créé n'était point l'homme de son seigneur. Aussi une réaction se produisit-elle. En Angleterre, sous Edouard Ier, fut édicté un statut (le statut *Quia emptores*) qui, complété par d'autres, rendit à l'avenir impossibles les sous-inféodations (89). En France, les coutumes limitèrent la possibilité de la sous-inféodation à une partie du fief (90), ou ne l'admirent que dans certaines conditions, par exemple à titre de tenure roturière, non à titre de fief.

Si le vassal ne pouvait pas, au début, aliéner le droit qu'il avait

---

vendere feudum domino irrequisito. Dic quod non. Si autem dominus post requisitionem emere nolit, tunc poterit alteri vendere et sic in plerisque locis servari videmus ». — Guy Coquille, *Institution*, p. 86, rappelle aussi qu'anciennement le vassal qui voulait vendre son fief devait faire le seigneur « le premier refusant ».

(88) Durantis, *loc. cit.*, n° 38, p. 314 : « Quæritur an vasallus possit alii dare in feudum quod ipse habet in feudo. Et dicunt quidam quod sic. Tamen secundus vasallus tamdiu habebit feudum quamdiu viverit primus vasallus vel ejus filii, quia vasallus non aliter potest alteri dare in feudum quam ipse habet. Et quod feudatarius possit alii infeudare probatur... alias autem non potest dare vel alienare.» — J. Saison, sur la Coutume de Tours (édit. Francf., 1575), p. 69 : « Licet regulariter vasallus feudum vel feudi partem non possit alienare sine domini censensu, poterit tamen infeudare sine ipsius domini consensu. » Selon Brunner, *Deutsche Rechtsgeschichte*, II, p. 251 le concessionnaire d'une terre à titre de bénéfice sous les Carolingiens avait déjà le droit de la sous-concéder lui-même au même titre, en tout ou en partie.

(89) Pollock et Maitland, *The history of the english law*, I, p. 318.

(90) Beaumanoir, *Coutumes de Beauvoisis*, Beugnot, XIV, 25, Salmon, n° 497 « Selonc le coustume de Biavoisis, je puis bien fere du tiers de mon fief arrière-fief, et retenir ent l'hommage... Mais si j'en oste plus du tiers li hommages du tiers et du sor plus vient au seigneur. » Il semble cependant que dans nombre de coutumes la sous-inféodation à titre de fief sans le consentement du seigneur ait été prohibée dès le début et donnait lieu à commise. Elle aurait ensuite été permise, pour partie du fief seulement, et la cause fut peut-être la tenure en *frérage* que permettait la coutume, le partage héréditaire du fief sous cette forme; puis cela fut étendu à d'autres cas Tel est le droit que paraît encore présenter la Coutume de Beauvoisis au temps de Beaumanoir, *Coutumes de Beauvoisis*, Beugnot, ch. II, 21; ch. XLVII, 7, Salmon, n°s 77, 483. La constitution des censives et autres tenures roturières par le vassal sur son fief ne souffrit sans doute primitivement aucune difficulté: c'était alors le moyen normal pour mettre la terre en valeur. Dans la suite, par la théorie du *jeu de fief*, on la restreignit à la même quote-part du fief que la sous-inféodation proprement dite. Voir sur le démembrement et le jeu de fief, Tumoulin, sur l'art. 51. de la Coutume de Paris, Guyot, *Institutes féodales*, Paris, 1753, p 194.

sur le fief, le seigneur ne pouvait point non plus aliéner les pré-
·rogatives de la seigneurie féodale; c'eût été, en quelque sorte,
aliéner les vassaux qui en dépendaient, en transférant leur hommage à un autre·seigneur. Mais à ce point de vue encore, la patrimonialité prit le dessus, non toutefois sans difficulté (91) : l'aliénation put avoir lieu du côté du seigneur, comme du côté du
vassal.

Le développement qui avait conduit le fief à la patrimonialité
conduisit aussi fatalement à faire la théorie des droits respectifs
du seigneur et du vassal sur la chose tenue en fief. Tout d'abord
elle resta entièrement la propriété du seigneur (92), et le vassal
avait seulement sur elle un droit d'usufruit : cela répondait bien
au caractère de la concession qui d'abord était viagère, et le bénéfice carolingien était justement exprimé par cette, périphrase :
*usufructuario ordine possidere* (93). Mais cela ne pouvait s'adapter
au fief héréditaire, consolidé. Le droit plus fort du vassal se marqua par ses effets avant que des termes juridiques traduisissent
la situation nouvelle. Un cartulaire du Sud-Ouest de la France, le
cartulaire de Saint-Pierre d'Angoulême, contient implicitement une
théorie nouvelle de la tenure. Il appelle le fief *casamentum* et
nous savons en effet que les *milites* qui en recevaient un d'un seigneur, étaient dits *casati* (94). Celui qui a concédé la terre en garde
la propriété, *habet in casamento;* on dit pour désigner le droit
d'un concessionnaire sur la chose, *quod ab illo habet.* Les sous-
inféodations sont fréquentes, mais elles ne peuvent être consenties
par le *casatus* qu'avec le consentement de celui dont il tient le
*casamentum* (et de ceux qui sont au-dessus de ce dernier, si lui-
même tenait la terre d'autrui). Celui qui a concédé le premier
*casamentum*, peut au contraire aliéner librement (s'il ne tient pas
lui-même d'autrui) la terre qu'il a concédée, mais sauf respect du
droit perpétuel du *casatus* (95).

(91) Guy Pape, *Decisiones Gratianopolitanæ*, qu. 560. — Après 1360, divers sei
gneurs résistèrent à l'exécution du traité de Brétigny, en Languedoc et en Poitou, en
invoquant ce principe, Froissart, *Chroniques*, l. I, ch. cxli : « Si ne fut mie sitost fait,
car plusieurs seigneurs en la Languedoc ne voulurent mie de premier obéir, ne eux
rendre au roi d'Angleterre, combien que le roi de France les quittât de foy et d'hommage... et disoient les aucuns qu'il n'appartenoit mie à lui à quitter, et que par droit
il ne le pouvoir faire. »

((92) La *Vie de Bouchard 'e Vénérable* écrite en 1058, mais relatant des faits plus vieux
de quarante ans, compte parmi les propriétés de Bouchard celles qu'il avait concédées
en fief, édition Bourel de La Roncière, p. 22 : « Erant autem et in aliis pagis plurima
castra... proprio retinebat dominio, exceptis illis quorum nomina michi ignota existunt,
et *quæ multi milites benefitii et fidelitatis gratia ab ipso possidebant.* »

(93) Ci-dessus, p. 128.

(94) Ci-dessus, p. 129, note 306.

(95) *Cartulaire de l'Eglise d'Angoulême*, édité par M. l'abbé Nauglard, Angoulême,
1909. — Esmein, *Notes sur le Cartulaire de l'Eglise d'Angoulême*, dans les *Bulletin
et Mémoires de la Société archéologique et historique de la Charente*, année 1901-1902,

Mais la théorie véritable et définitive vient de ceux qui ancienne. ment faisaient seuls des théories, je veux dire les romanistes et · les canonistes. Ils se servirent pour cela d'une distinction que les legistes avaient dégagée dans un autre intérêt, pour expliquer certains textes romains qui les embarrassaient, étant donné que l'histoire du droit romain leur était à peu près inconnue. C'est la distinction du *dominium directum* et du *dominium utile*. Il s'agissait en droit romain de choses à propos desquelles naissent, en la personne de sujets différents, deux actions, l'*action directe* et l'*action utile*. De là s'est appliquée au fief (et aux tenures roturières) la distinction du *domaine direct* (plus tard on dira souvent le *domaine éminent*) et du *domaine utile*. Le premier représentait le droit du seigneur et le second le droit du vassal sur le fief. Cependant, au XIIIᵉ siècle encore cette thèse était contestée, comme lo montre l'exposé d'un grand canoniste de ce temps, qui lui oppose encore la conception antérieure du bénéfice conférant seulement un droit d'usufruit (devenu perpétuel) (96). Il conclut cependant en faveur du *domaine utile*, au profit du vassal, mais ajoute que, selon certains docteurs, ce domaine utile serait une *chimère* (97). Ce devait être au contraire une réalité puissante, car, à l'égard des tiers, il contenait tous les attributs normaux de la propriété.

## II. — *Les tenures roturières et les tenures serviles.*

Les tenures roturières étaient des concessions de terres faites aux membres inférieurs du groupe féodal. Anciennement, on les appelait d'ordinaire les *vilenages* (98) ou les *rotures* (99); elles

p. 17 et suiv. du tiré à part. Les pièces qui fournissent ces renseignements sont des xⁱ et xiⁱ siècles. Au contraire le *Livre des fiefs* de Guillaume de Blaye (1273-1307), qu'a publié également M l'abbé Nauglard, emploie constamment le mot *feudum* . le mot *casamentum* ne s'y rencontre qu'une fois, p. 38.

(96) Hostiensis, *Summa decretalium*, tit. *de feudis*, édit. Lyon, 1517, f° 271 : « In contrario videtur quod non habeat (vasallus) aliquod dominium, sed penes dominum remaneat. Nam cum dominus facit investituram alicujus beneficii, proprietas remanet penes eum et ususfructus transit ad investitum et ad ejus heredes. »

(97) *Ibidem* : « Quicquid superius sit allegatum, satis videtur dici posse quod habeat utile dominium ad exemplum prædictorum (*le superficiaire et l'emphytéote*); sed dominus meus (*Jacobus de Albenga, le maître d'Hostiensis*) dicit quod utile dominium est chimera. » Voir Meynial, *Notes sur la formation de la théorie du domaine divisé du xiiⁱ au xivᵉ siècle dans les romanistes, Mélanges Fitting*, II, p. 409, 1908.

(98) Beaumanoir, *Coutumes de Beauvoisis*, Beugnot, XIV, 7; Salmon, nᵉ 467 : Nous appelons villenage, héritage qui est tenu de seigneur à cens, à rente et à champart. »

(99) Parfois, pour désigner ces tenures, le mot « fief » était également employé par les textes, parfois avec l'épithète *fief vilain*; mais la différence de nature entre les deux sortes de concessions n'était pas moins certaine. Voyez, cependant, Viollet, *Précis*, 2ᵉ édit., p. 644 et suiv. M. Flach, *Origines de l'ancienne France*, II, p. 514 et suiv., paraît même avoir démontré que tout d'abord le terme *feodum* désigna

avaient pour origine les *precariæ* et *dationes sub censu* de la Monarchie Franque, et c'étaient des terres qui, à la différence des fiefs, n'avaient pas la qualité de nobles. La concession, en effet, n'avait pas eu pour but, comme le fief, de créer une association politique, dont les membres étaient égaux; elle servait surtout à l'exploitation économique des fonds. Juridiquement, les tenures roturières se distinguaient des fiefs par deux caractères principaux :

1° Les services dus par les tenanciers consistaient en prestations de valeur pécuniaire : une somme d'argent ou des fruits de la terre périodiquement fournis (100). Dans le fief, au contraire, nous avons signalé, comme caractéristique, l'absence normale de toute prestation pécuniaire.

2° Le lien qui unit le tenancier au seigneur est ici réel, et non personnel; c'est la terre qui doit, plutôt que l'homme (101). De là, cette conséquence, qu'il n'intervient pas de contrat personnel impliquant fidélité réciproque entre le tenancier et le seigneur. Il n'y a pas, dans la tenure roturière, de prestation de foi et d'hommage; l'hommage est le signe distinctif du fief (102).

D'ailleurs, pour le reste, la tenure roturière copie le fief. Le concédant, ou son successeur, porte le titre de seigneur; il a comme voie d'exécution contre le tenancier une sorte de saisie privée, qui rappelle la saisie féodale; viagères et inaliénables à l'origine, ces tenures devinrent patrimoniales, comme le fief et à peu près aux mêmes conditions; le domaine enfin est divisé en deux fractions, *domaine direct* et *domaine utile*. Les tenures roturières présentent des combinaisons nombreuses et variées; les principales sont la *censive*, le *champart* (103), les rentes seigneuriales. Je détacherai

proprement et d'ordinaire la tenure roturière, la terre concédée à charge de cens. En effet, dans les textes les plus anciens, ceux des x° et xı° siècles, le fief proprement dit est généralement désigné par le terme *beneficium*; c'est une preuve nouvelle de l'origine que nous lui attribuons. Mais de ce que le fief ne s'appelle pas encore *feodum*, M. Flach a tort de conclure qu'il n'existe pas encore. D'ailleurs, dans certaines régions, le mot *fevum* désigne de bonne heure le fief proprement dit. Voyez dans ce sens les actes du xı° siècle publiés par MM. Salmon et de Grandmaison dans le *Livre des serfs de Marmoutiers*, n°° 6, 7, 14, 23, 48, 51, 52, 56, 58, 69, 70, 75, et appendice, p. 122, 131, 139, 162. Les termes *tenere in fevum* et *tenere in beneficium* y sont employés indifféremment et comme synonymes; le plus souvent, il s'agit de tenures dont les titulaires sont des *milites*.

(100) Guy Coquille, *Institution*, p. 151 : « Autres héritages sont, dont le devoir est appelé roturier, pour ce qu'il consiste en prestations de deniers, grains et autres espèces estimables en argent. »

(101) *Livre de Jostice et de Plet*, XII, II, § 2 : « Cil (services) qui sont deu par la reson des terres sont cens, obliez, gelines, corvés, et plusors autres choses, qui plus doivent par la reson des terres que par autres. »

(102) *Grand Coutumier de Normandie*, édit. Tardif, ch. xxvı, p 91 : « Per homagium autem tenentur feoda, de quibus fides inter dominum et hominem expresse pro mittitur. »

(103) Voyez cependant Dumoulin sur la Coutume de Paris, art. 78, n° 2.

seulement la censive pour l'étudier d'un peu plus près; c'était la plus franche de toutes, et traditionnellement on la prenait comme type des tenures roturières (104). Mais dans bien des régions, les rentes seigneuriales étaient beaucoup plus répandues.   •

La censive était une terre tenue à charge d'une prestation annuelle en argent appelée *cens* (105); l'acte de concession était considéré comme un contrat, le *contractus censuarius*,.ou *bail à cens*. Elle se caractérisait par deux traits principaux.

En premier lieu, d'ancienneté et de droit commun, le retard dans le paiement du cens engendrait au profit du seigneur une amende (106), comme jadis dans la *precaria* (107); il n'en était pas de même dans les autres tenures roturières (108).

Voici maintenant le second caractère. Dans le droit coutumier classique, à partir du xvi^e siècle, les auteurs relevaient, quant au *census*, une particularité étrange : c'était sa modicité. Il était loin de représenter le revenu de l'immeuble-censive et ne constituait la plupart du temps qu'une somme insignifiante; les jurisconsultes déclaraient qu'il était surtout *recognitif* du domaine direct (109); par le paiement annuel, le censitaire reconnaissait qu'il n'était point pleinement propriétaire. Les seuls profits sérieux du seigneur censier consistaient dans les droits qu'il percevait, comme on le verra bientôt, en cas de mutation de la censive. Com-

---

(104) Guy Coquille, *Institution*, p. 131 : « Le plus commun et le plus ancien est le cens. »

(105) Le cens pouvait-il consister en autre chose qu'en argent ? Guy Coquille semble l'admettre : *Institution, loc. cit.*, « La prestation censuelle est communément en deniers qui se paient à jour certain. » Mais il semble que le paiement en deniers fût au moins un caractère naturel de la censive; il y avait bien souvent prestation de poules ou chapons, mais comme simple accessoire à la somme d'argent.

(106) Beaumanoir, *Coutumes de Beauvoisis*, édit. Salmon, n° 703 : « Quant aucun des seigneurs demandoient leurs cens et leurs rentes à leur sougiès et il n'en estoient pas paié au jour, il prenoient pour leur cens ou pour leur rentes et pour l'amende ou iour trespassé et li oste en tréoient à nous et disoient que à nul tams du monde ils n'en avoient paié amende. » Mais le bailli de Clermont les condamnait à payer. « Comme nous veissons en tel cas droit commun contre aus... Nous ne le vousismes en ce oir de tant, comme au droit cens en deniers à certain jour pour éritages eu pour masures. » Pour être exempts de l'amende il aurait fallu qu'ils montrassent « chartre ou don du seigneur ». Ce n'était point cependant une coutume universelle; elle tendit même dans la suite à devenir rare; Guy Coquille, *Institution, loc cit* « Et selon plusieurs coutumes, y a amende contre celui qui ne paie pas au jour. »

(107) Ci-dessus, p. 123.

(108) Beaumanoir, édit. Salmon, n° 703 : « Voirs est que pour rentes de blés et d'aveines et de chapons et de gelines n'avons pas veu user que l'en en pait amendes. »

(109) Guy Coquille, *Institution*, p. 131 : « La prestation ordinairement est petite et payée par reconnaissance de supériorité et non pas pour avoir profit qui ait quelque proportion aux fruits de l'héritage chargé de cette redevance. » Dumoulin, sur la Coutume de Paris, art. 73, glose 1, n° 16 · « Et quamvis hujusmodi census ut plurimum in modico ære consistat et consistere debeat, utpote in quo non id quod solvitur (quod est parvum), sed qualitas solutionis, quæ est magna, et recognitionem dominii et reverentiam implicat, consideratur, tamen quandoque ex tenore investituræ magna penditur summa. » Cf. Henri Sée, *op. cit.*, p. 398 et suiv.

ment expliquer ce caractère ? Deux causes ont contribué à le
produire. En premier lieu, beaucoup de censives étaient d'origine
très ancienne : à l'époque de leur constitution, le cens alors fixé
représentait une somme sérieuse, en proportion avec le revenu de
la terre; mais, dans le cours des siècles, l'argent perdit considérablement de son pouvoir; le cens restant le même, tel qu'il avait
été fixé à l'origine, ne représenta plus qu'une valeur insignifiante.
D'autre part, il arriva souvent que, de parti pris, le concédant
imposa un cens purement nominal; il cherchait surtout à se faire
des clients.

La censive, comme le fief, se présenta d'abord sous la forme
d'une tenure viagère et inaliénable. Mais la patrimonialité s'introduisit également en ce qui la concerne, et même plus complètement
que pour le fief. Lorsque l'hérédité s'établit au profit des descendants, puis des autres parents du censitaire, aucune règle de
dévolution spéciale ne fut édictée par la coutume; il n'y eut ici ni
droit d'aînesse, ni privilège de masculinité (110). Il n'y en avait
aucunement besoin. Pour payer de l'argent, une femme valait un
homme, et la division de la censive ne causait pas un préjudice
sensible au seigneur. Cela divisait le cens entre plusieurs débiteurs; mais la terre était toujours là pour en répondre, et la
coutume pouvait établir, comme elle le fit souvent, la solidarité
entre les divers censitaires. L'aliénabilité suivit l'hérédité; mais,
comme pour le fief, l'une et l'autre ne s'introduisirent que moyennant des profits pécuniaires payés au seigneur. Ces droits paraissent même tout d'abord avoir été plus nombreux, plus lourds que
pour le fief. En cas de transmission héréditaire, le relief était dû,
et souvent la censive relevait de toutes mains (111). En cas de
vente, les *lods* et *ventes* étaient perçus, souvent augmentés de
divers accessoires (112), et, pour les aliénations à titre gratuit, des
droits semblables s'étaient établis (113). Ce n'est pas tout : dans
tous les cas, il fallait que le nouveau censitaire se fît mettre en
possession, ensaisiner par le seigneur, et la saisine n'était accordée
que moyennant le paiement d'un nouveau profit (114). Mais tout
cela s'atténua peu à peu. L'obligation de l'ensaisinement disparut

---

(110) *Livre de Jostice et de Plet*, XII, 25, § 7 : « Femes et homes prenent inéement
en acheeste en villenage » Beaumanoir, *Coutumes de Beauvoisis*, Beugnot, XIV,
6; Salmon, n° 466; — Des Fontaines, *Conseil*, XXXIV, 12 : « Del eritage au vilain
doit avoir li unz de ses enfanz autretant comme li autres. »

(111) *Livre de Jostice et de Plet*, XII, 15, § 6 : « En totes les manières que la cen
sive mue seignor, de quelque partie ce soit, soit par le seignor qui tient le fié, soit
de par celui qui tient le vilenage, a relief. »

(112) Beaumanoir, *Coutumes de Beauvoisis*, Beugnot, XXVII, 6, 7; Salmon, n° 766 9,
— *Livre de Jostice et de Plet*, XII, 13, § 1.

(113) Guy Coquille, *Institutions*, p. 133.

(114) Beaumanoir, Beugnot, XXVII, 6; Salmon, n° 766 — *Livre de Jostice et de Plet*,
XII, 15, § 8.

pour le censitaire. En cas de transmission héréditaire, l'héritier légitime fut saisi de plein droit, par l'effet de la maxime : « Le mort saisit le vif », qui ne subit point ici de restriction, comme en matière de fiefs (115). En cas de vente ou autre aliénation entre vifs, l'acquéreur put aussi recevoir la possession de l'aliénateur sans avoir besoin de se faire ensaisiner par le seigneur, ce qu'on exprima par la maxime : « Ne prend saisine qui ne veut. » (116). Quant aux droits de mutation proprement dits, ils s'affaiblirent également. Déjà Beaumanoir montre qu'il n'est point dû de rachat en cas de donation; et la plupart des coutumes abolirent aussi le relief au profit des censitaires, en ligne collatérale comme en ligne directe. Resteront seulement, en cas de vente, les lods et ventes. De même en cas de vente, le seigneur, qui avait eu d'abord le droit de *retenue* ou de *retrait*, comme pour le fief, perdit ce privilège dans le droit commun : le retrait se présenta comme un avantage exceptionnel (117).

Le censitaire avait acquis le droit d'aliéner librement sa terre: mais pouvait-il la donner lui-même à cens par une sous-inféodation ? Il semble que, dans un premier état du droit il le pouvait, et ce nouveau cens, qui s'ajoutait au premier, portait spécialement le nom de *surcens* ou cens *costier*, à côté (118). Mais cette faculté fut supprimée dans la suite : ce devint une règle certaine et générale que le censitaire ne pouvait pas plus accenser sa tenure qu'il ne pouvait l'inféoder (119). C'est ce que dit la maxime : *Cens sur cens ne vaut* (120). Deux causes contribuèrent à ce revirement. En premier lieu, l'intérêt du seigneur censier, qui ne gagnait rien et ne pouvait que perdre à cette opération (121). En second lieu, un principe qui s'introduisit assez naturellement dans la féodalité pleinement hiérarchisée : c'est que celui-là seul qui tenait une terre

---

(115) *Grand Coutumier de France*, p. 234.

(116) *Grand Coutumier de France*, p. 265, d'après le texte rapporté à la note 5 : « Si ainsi est que ledict vendeur se veuille faire ensaisiner, car, par la coustume de ladicte prévôté, *il ne prent saisine qui ne veult*, et adonc ledict seigneur ne reçoit que ses ventes. »

(117) Jean des Mares *Décision*, 204 : « Quant aucun vent aucune chose tenue en censive, le seigneur de qui elle est tenue ne puet icelle retenir pour le prix : autrement est du seigneur duquel le fief vendu est tenu. »

(118) Beaumanoir, *Coutumes de Beauvoisis*, Beugnot, XXIV, 20; Salmon, n° 704.

(119) Guy Coquille, *Institutions*, p. 151 : « Cens ni autre redevance emportant seigneurie directe ne peut estre mise sur le premier cens au préjudice du seigneur premier. »

(120) Loysel, *Institutes*, IV, 2, 4.

(121) Voyez dans le *Cartulaire de Saint-Père de Chartres*, édit. Guérard, p. 345, un acte du XIIIᵉ siècle portant concession d'une censive, et limitant chez le censitaire la faculté d'accenser : « Si vero voluerit eam aliis ad censum tradere, totum incrementum census nostrum erit. » Dans les coutumes générales données par Simon de Montfort il est dit, *loc. cit.*, p. 226 · « Possessiones censuales non dentur vel vendantur cum diminutione domini superioris. »

noble, ou libre, pouvait conquérir, par une concession de cette terre, la qualité de seigneur féodal. C'est une idée qui apparaît dès le XIII<sup>e</sup> siècle (122). Elle se précisa à partir du XIV<sup>e</sup> siècle, en ce que, sur la tenure roturière, il n'y eut jamais place que pour un seul seigneur direct (123).

Mais le censitaire, comme d'ailleurs le vassal, put arriver à peu près au même par le *bail à rente*, que par le *bail à cens*, si ce dernier lui eût été permis. La rente dont il s'agit ne fut point un produit naturel de la féodalité, comme les *rentes seigneuriales*. Elle naquit plus tard pour satisfaire aux besoins d'une société déjà plus civilisée, mais où le prêt à intérêt était interdit par le droit canonique et où les placements d'argent étaient difficiles. Au lieu de vendre sa terre, pour obtenir un capital dont on eût été embarrassé, on la céda moyennant le droit à une rente annuelle, qui était elle-même un droit réel immobilier. Ce fut la *rente foncière, census reservativus*, et ce mode d'aliénation, qui n'était point une tenure féodale, put s'appliquer aux tenures féodales, comme aux alleux. On fit un pas de plus et on employa la rente pour se procurer des capitaux, moyennant un droit perpétuel à des arrérages annuels, ce qui fournissait en même temps aux capitalistes, lorsque les capitaux en argent devinrent moins rares, un placement avantageux. Mais la rente, dans cette nouvelle application, se modela en quelque sorte sur la rente foncière (124). On ne la concevait encore qu'incorporée à un immeuble : aussi fut-elle nécessairement *assignée* sur un bien immobilier, ce fut le *census consignativus*. Elle n'existait qu'à partir du moment où cet *assignat* avait été opéré et s'éteignait si l'immeuble venait à périr, devenait radicalement improductif. Enfin une troisième et dernière forme fut la *rente constituée, le census personalis*, dont la validité fit longtemps doute, par les scrupules des canonistes qui y voyaient un moyen pour tourner la prohibition du prêt à intérêt (125). Là le droit d'exiger des arrérages perpétuels était un simple droit de créance, un droit personnel, que l'on vendait au crédirentier moyennant un capital fourni par celui-ci et qui était simplement

(122) *Livre de Jostice et de Plet*, XII, 15, § 10 : « Nus ne se doit fere sire de ce dont il doit estre sogiez. »

(123) Johannes Faber (XIV<sup>e</sup> siècle), *Ad Instituta, De locat*, § 2, n° 6 : In censualibus servatur de consuetudine quod primus et directus dominus investit, et vocatur primus et directus dominus ille qui primo tradidit ad censum quamvis forte teneat ab alio in feudum. » Cf. Dumoulin, sur la Coutume de Paris, art. 73, glose 1, n° 20.

(124) Sur les origines de ces rentes en Normandie, voyez Génestal, *Du rôle des monastères comme établissements de crédit étudié en Normandie du XI<sup>e</sup> à la fin du XIII<sup>e</sup> siècle* (thèse de doctorat, Paris, 1901).

(125) Sur l'histoire des rentes en général, voir W. Endemann, *Studien über romanisch-kanonistichen Wirthschafts-und Rechtslehre bis gegen Ende des siebzehnten Jahrhunderts*, Berlin, 1883, *Der Rentenbeitrag*, t. II, p. 103-156

hypothéqué sur un immeuble. Lorsque, par exception, le débirentier pouvait éteindre la rente en remboursant le capital qu'il avait reçu, lui ou ses auteurs, on disait qu'il la rachetait. D'ailleurs le *cens* et la *rente* avaient, au point de vue économique, d'étroites affinités. Le mot *census* désignait souvent l'un et l'autre, et peut-être le *surcens* ou *cens costier* de Beaumanoir, n'est-il pas pas autre chose que la rente foncière.

Les tenures serviles, ou terres concédées par un seigneur à ses serfs, présentent une grande analogie avec les tenures roturières. Ce sont, de part et d'autre, des services de même nature qui sont dus par le tenancier. Mais elles en diffèrent cependant par deux traits importants. Dans la tenure roturière, l'origine de la concession, c'est un contrat, et, par suite, les prestations sont fixes, arrêtées par la convention. Dans la tenure servile, au contraire, il y a une simple grâce du concédant, et souvent la coutume admettait que l'autorité seigneuriale pouvait arbitrairement imposer la tenure comme la personne du serf. D'autre part, tandis que la tenure roturière devint promptement héréditaire et aliénable, la tenure servile ne conquit ni l'une ni l'autre de ces qualités (126). L'hérédité ne s'établit point en droit pour la tenure, pas plus que pour les autres biens du serf; et le consentement du seigneur restera nécessaire pour que la tenure servile puisse être aliénée par le tenancier au profit d'un autre homme également de condition servile.

### III. — *Le franc alleu.*

Les tenures féodales, que l'on vient de décrire, représentaient la forme commune de la propriété foncière (127). La propriété libre et absolue n'avait cependant point disparu; plus ou moins rare, selon les régions, elle avait subsisté sous le nom de *franc alleu, francum allodium*. Ce terme dérivait du mot *alodis*, qui, dans la langue des *Leges* et des documents contemporains, désignait la succession; il en était arrivé à désigner la propriété libre, parce que, au milieu des tenures viagères, celle-ci avait seule représenté d'abord le domaine héréditaire.

Dans le droit féodal, l'alleu se distinguait des tenures par trois traits essentiels : 1° le propriétaire, en cette qualité, ne devait de service ni de prestation à personne; 2° il transmettait et aliénait librement sa propriété, sans avoir besoin de demander aucun con-

---

(126) *Grand Coutumier de Normandie*, édit. Tardif, ch. xxvi, p 92 : « Cum aliqua borda traditur alicui ad servilia opera facienda, quam nec potest dare nec vendere nec invadiare. »

(127) Johannes Faber, *Ad Instituta, De action.*, § 1, n° 13 · « In regno Franciæ ubi omnes terræ vel quasi sunt feudales, vel aliis pensionibus seu censibus affectæ, itaque possessores quasi omnes sunt utiles domini. »

sentement et sans payer de droits à personne; 3° le domaine restait intégral entre ses mains; il n'y avait point ici de division en domaine direct et domaine utile (128). Il se trouvait même que, dans la pure société féodale, l'alleu représentait une propriété plus franche encore que le *dominium* de l'Empire romain ou que notre propriété moderne, issue de la Révolution. Dans l'Empire, comme dans notre Etat moderne, la propriété immobilière doit à l'Etat l'impôt foncier : dans la pure société féodale, l'impôt foncier proprement dit n'existe pas; la terre qui ne doit pas de redevances féodales échappe à tout impôt. Bien plus, tout en gardant sa liberté, l'alleu pouvait devenir le centre d'un groupe féodal, le support d'une seigneurie. Le propriétaire pouvait, en tout ou en partie, concéder sa terre à titre de fief ou de censive : il devenait, par ce fait, seigneur féodal ou censier, et c'était un seigneur qui n'avait pas de suzerain. A l'alleu avait pu, par la coutume ou la prescription, se rattacher le droit de rendre la justice dans un certain territoire, et alors, dans la pure société féodale, il constituait comme un petit Etat souverain. Ce dernier résultat était si exorbitant qu'il ne put se maintenir très longtemps. Dès le XIII° siècle, tout en maintenant l'alleu, comme propriété, en dehors du réseau des tenures, on fit rentrer dans la hiérarchie féodale la justice qui en dépendait. Toute justice fut considérée comme nécessairement tenue en fief par son titulaire : le justicier qui ne relevait pas d'un autre seigneur (et c'était le cas de l'alleutier) releva nécessairement du roi quant à sa justice (129). De même, il fut admis que le propriétaire d'un alleu, auquel la justice n'était pas annexée, était le justiciable du seigneur dans le territoire duquel était situé son bien (130).

L'alleu était une véritable anomalie dans la société féodale; aussi cette dernière, réagissant comme tout organisme vivant, chercha-t-elle à éliminer cet élément hétérogène. En Angleterre, elle y réussit; la propriété libre du sol disparut complètement, et aujourd'hui encore, dans ce pays où la forme féodale subsiste, les juris-

(128) Boutillier, *Somme rurale*, I, 84, p. 490 : Tenir en franc alleu si est tenir terre de Dieu tant seulement. Et ne doivent cens, rentes, dettes ne servage (service ?), relief, n'autre nulle quelconque redevance à vie n'a mort, mais les tienent les tenans franchement de Dieu »

(129) Beaumanoir, *Coutumes de Beauvoisis*, Beugnot, XI, 12; Salmon, n° 322 : « Toute coze qui est tenue comme justice laie doit avoir respect de seigneur lai... car toute laie juridictions du roiaume est tenue du roy en fief ou en arrière fief. » Dumoulin, sur la Coutume de Paris, art. 68, n° 3 : Jurisdictio competens inferiori a rege in hoc regno nunquam est alaudialis et hoc esset impossibile, sed necesse est quod recognoscatur a rege tanquam a supremo directo domino; et sic quantumcunque sit unita castro vel latifundio alaudiali, tamen feudalis est in feodo recognoscenda a rege. »

(130) Coquille, *Institution*, p. 164 : « Et est dit franc parce qu'il n'est mouvant d'aucun seigneur foncier, mais recognoist la justice du seigneur du lieu où il est assis, ou s'il y a justice, il recognoist la supériorité de la justice royale. »

consultes reconnaissent que nul ne peut avoir l'entière propriété
du sol; le droit le plus fort que l'on puisse avoir sur la terre
anglaise, c'est de la tenir en fief simple de la Couronne (131). En
France, il n'en fut pas ainsi. En fait, dans certaines provinces, la
propriété allodiale disparut complètement (132). En droit même,
aux xiii<sup>e</sup> et xiv<sup>e</sup> siècles, on trouve des coutumes qui excluent la
possibilité de l'alleu, permettant au seigneur justicier ou souve-
rain de confisquer la terre qui, dans son territoire, prétendrait à
cette qualité (133). Mais cela ne fut jamais qu'une règle exceptionnelle et qui ne se maintint pas. Le résultat général, c'est qu'à toute
époque, d'un bout de la France à l'autre, la propriété allodiale put
exister. Mais quant à la preuve de l'allodialité, des difficultés très
sérieuses se présentèrent de bonne heure; et, à cet égard, lorsque
dépassant la période que j'examine actuellement, on arrive au
droit coutumier du xvi<sup>e</sup> siècle, on trouve que les provinces, quant
à cette question, se divisent en deux groupes, suivant des principes
opposés. Dans les unes, les plus fidèles à l'esprit féodal, règne la
maxime : *Nulle terre sans seigneur*, et là existe une présomption
légale en faveur de l'inféodation des terres, dont voici la conséquence. Le seigneur justicier, dans le ressort duquel se trouvent
des terres prétendues allodiales, a le droit, sans produire aucun
titre, d'exiger des possesseurs, soit un hommage, soit les prestations que doivent les héritages roturiers voisins (134). Cependant,
cette présomption n'était pas invincible; elle pouvait céder devant

---

(131) J. Williams, *Real property*, 11<sup>e</sup> édit., 1875, p. 118 : « It is fundamental rule
that all lands within this realm were originally derived from the Crown... and the-
refore the queen is sovereign lady or lady peramount, either mediate or immediate.
of all and every parcel of lands within the realm. » — Blakstone, *Comment.*, B. II,
ch v, p. 60 : « In this manner are all the lands of the kingdom holden, which are
in the hands of the subjects : for according to sir Edward Coke, in the law of England
we have no properly *allodium*. »

(132) D'Argentré, sur la Coutume de Bretagne, art. 277, glose *g* : « Nam si alicubi
talia alaudia sunt, in Britannia certe nulla sunt, imo vulgatum ubique axioma omnia
omnium possessorum dominia et possessiones in feudum teneri, undecumque habean-
tur. »

(133) Beaumanoir, *Coutumes de Beauvoisis*, Beugnot, XXIV, 5; Salmon, n° 688 :
« Quant li sires voit aucun de ses sougès tenir heritage, duquel il ne rent à nului
chens, rentes ne redevances, li sires y pot geter les mains et tenir le come soie
propre; car nus selonc nostra coustume ne pot pas tenir d'aluef; et on apele aluef
ce c'on tient sans rèndre à nului nule redevance. Et se li quens s'aperçoit, avant
que nus de ses sougès, que tix aluef soit tenus en se conté, il les pot penre comme
siens, ne s'en est tenus à rendre n'a respondre à nus de ses souges, por ce qu'il
est sires, de son droit, de tout ce qu'il trueve tenant en alues. » — *Très ancienne
Coutume de Bretagne*, éd. Planiol, ch. ccxxv, p. 228 : « Nul ne peut ne ne doit avoir
terres, ou autres héritages, sans en avoir seigneur. »

(134) Coutume de Poitou, art. 52; Coutume de Touraine, art. 5; Coutume de Blois,
art. 33, 35, 108; Coutume de Senlis, art. 262. A prendre au pied de la lettre quelques-uns de ces textes, ils excluraient complètement la possibilité de l'alleu, et certainement tel doit avoir été le sens originaire de l'article 52 de la Coutume de
Poitou.

la preuve contraire, mais toutes les coutumes n'admettaient pas toutes sortes de preuves pour établir l'allodialité : il en était qui exigeaient un titre ou une possession immémoriale. Dans les autres provinces, régnait au contraire la maxime : *Nul seigneur sans titre.* Là, la présomption était en faveur de la franchise des terres, de l'allodialité : aucun seigneur ne pouvait exiger de devoirs féodaux, qu'en produisant un titre d'inféodation. C'était l'influence du droit romain, qui avait surtout agi dans ce sens, toute inféodation étant considérée comme une servitude : aussi les pays de droit écrit se rattachaient à ce système (135). Cependant, l'effet de cette maxime libérale était quelque peu atténué par une restriction : on admettait que si une terre était enclavée au milieu d'autres, sur lesquelles un seigneur avait non pas seulement la juridiction, mais le domaine direct, il était fondé à lui imposer, sans titre et jusqu'à preuve contraire, les devoirs fédaux (136).

L'alleu était en dehors de la hiérarchie féodale; on finit cependant par l'y faire rentrer par un certain côté. On distingue les alleux qui avaient dans leur mouvance des tenures féodales ou qui étaient assortis des droits de justice, et ceux qui ne présentaient point ce caractère. On appela les premiers *alleux nobles*, et, dans leur dévolution héréditaire, on les soumit aux règles qui régissaient les fiefs; on appela les seconds *alleux roturiers*, et ils se transmirent sans application des droits d'aînesse et de masculinité (137). Mais cette sorte de régularisation ne fut pas faite par le pur droit féodal; elle appartient au droit postérieur.

## SECTION II
### L'ÉTAT DES PERSONNES.

Dans la société féodale, il y a, nous l'avons dit. une symétrie marquée entre la condition des terres et l'état des personnes Nous avons trouvé trois classes de tenures; nous trouvons (en laissant de côté les ecclésiastiques et les bourgeois) trois classes de personnes correspondantes : les nobles, les roturiers et les serfs. J'insisterai surtout sur les deux classes extrêmes et opposées : les nobles et les serfs. La condition des roturiers se dégagera alors presque d'elle-même : elle résultera de ce que le roturier n'a pas

(135) Dumoulin, sur la Coutume de Paris, art. 68, n°° 12, 13.
(136) Dominicy, *De prærogativa allodiorum in provinciis quæ jure scripto reguntur*, c. xx, n° 6. — Sur le sens exact que l'on donnait aux deux maximes à la fin de l'ancien droit, voyez : Argou, *Institution du droit français*, L. II, ch. iii. — Prévot de la Jannès, *Les principes de la jurisprudence française*, t. I, p. 229 et suiv.
(137) Ces droits originairement n'avaient eu aucune raison d'être pour la succession allodiale; *Li droit et li coustumes de Champaigne et de Brie* (xiii° siècle), ch. viii : « Et d'échanse qui mueve d'aluef ou de censives, une suers prent contre un frère. »

les privilèges des nobles, mais ne subit pas les incapacités ou les charges propres aux serfs.

## § 1. — LES NOBLES (138).

Dans la Monarchie Franque, où avaient disparu, à la fois, la noblesse romaine et la noblesse germanique, nous avons vu une nouvelle noblesse en voie de formation. Elle est toute formée dans la société féodale; elle a été créée par la coutume, et sont devenus nobles tous ceux qui, au plus fort de l'anarchie, ont pu se consacrer au métier des armes, défendre leurs biens et leurs clients. Cela supposait en eux deux choses : le courage et la fortune, c'est-à-dire la possession de la terre, qui représentait alors presque la seule richesse. La noblesse féodale a conservé de cette origine deux traits distinctifs : elle est à la fois terrienne et militaire, et cela se voit bien par ses deux principales manifestations.

Elle se manifestait d'abord par la possession des fiefs. « Les fiefs doivent estre as gentix homes par ancienne coutume », dit Beaumanoir (139). En effet, les services qu'ils emportent sont nobles : c'est, avant tout, le service militaire, et, par le fief, le noble tient à la terre en même temps qu'au métier des armes.

La noblesse se manifestait en second lieu par l'entrée dans la chevalerie. La chevalerie est l'une des institutions les plus importantes du Moyen âge : elle a son côté juridique, comme son aspect politique et religieux (140). Elle se ramenait à une vaste confrérie, sans cadres fixes et sans organisation précise, mais avec des règles de conduite et des devoirs professionnels; en d'autres termes, c'était la noblesse féodale considérée dans l'accomplissement de ses devoirs militaires. Dans le latin du Moyen âge, le mot *miles*, signifie à la fois noble et chevalier, attestant ainsi la correspondance exacte de ces deux qualités. Tout noble était naturellement destiné à entrer dans la chevalerie, et c'était une nécessité juridique pour le mâle, qui, mineur, avait hérité d'un fief, lorsqu'il arrivait à la majorité féodale (141). C'était pour le noble-vassal

---

(138) Voir sur ce qui suit, Guilhiermoz, *Essai sur l'origine de la noblesse en France* et mon article sur ce livre dans le *Moyen âge*, mars 1902.

(139) *Coutumes de Beauvoisis*, Beugnot, XLVIII, 7; Salmon, n° 1502; là on a imprimé par erreur *serf* au lieu de *fief*.

(140) Sur la chevalerie, voyez : La Curne de Sainte-Palaye, *Mémoires sur l'ancienne chevalerie*, 1759; — Léon Gautier, *La Chevalerie*, 1884; Flach, *Les origines de l'ancienne France*, II. p. 561-577; — Guilhiermoz, *op. cit.*, ch. III et IV.

(141) *Grand Coutumier de Normandie*, éd. Tardif, ch. XXII, p. 71 : « Omnes feodum loricæ possidentes equum et arma habere tenebantur. Et quum ad ætatem viginti et unius anni devenissent, tenebantur in militibus promoveri, ut prompti et apparati ad mandatum principis vel dominorum suorum invenirentur. » Cf. Cherbuliez. *Le grand œuvre*, p. 181 et suiv — M. Guilhiermoz a dégagé avec précision les effets juridiques

cc que la prise de la toge virile était jadis pour les fils des patriciens romains; plus encore, la constatation de son aptitude à remplir les devoirs de son état. On n'arrivait normalement à la chevalerie qu'après un long stage, après une éducation toute particulière,
qui se donnait dans le monde des châteaux féodaux, qui prenait
l'enfant de bonne heure et le gardait longtemps stagiaire (142).

La noblesse féodale était héréditaire; elle se transmettait du
père aux enfants (143); mais, sauf exception, la noblesse maternelle n'était pas prise en considération (144). Cette noblesse était
privilégiée; mais ses privilèges proprement dits, distincts des
avantages conférés par la possession des fiefs, n'étaient pas très

de la chevalerie, voyez notamment p. 378. Il estime même que la noblesse et la chevalerie se confondirent jusqu'à la fin du xii° siècle; la noblesse personnelle ne se serait
dégagée que lorsque l'homme de fief fut dispensé, dans certains cas, de se faire
recevoir chevalier; cf mon article du *Moyen âge*, p. 35.

(142) La chevalerie n'apparaît qu'au xi° siècle. C'est ce que dit nettement La Curne
de Sainte-Palaye, *Mémoires sur l'ancienne chevalerie*, Paris, part. II, t. I, p. 68 :
« Il serait difficile de la faire remonter au delà du onzième siècle. » M. Léon Gautier
dit de son côté, *op. cit.*, p. 28 : « Le chevalier nous apparaît achevé, parfait, radieux
dans la plus ancienne rédaction de la *Chanson de Roland*, que nous estimons postérieure à 1066, antérieure à 1095. » Quelle en fut l'origine ? Elle est obscure. Cependant MM. Gautier et Guilhiermoz s accordent à en voir la première origine dans la
*prise d'armes* des anciennes coutumes germaniques, bien que le second songe également à certaines pratiques romaines. En effet, dans la réception du chevalier
l'*adoubement*, la remise des armes, est le point central et dominant. Mais comment
cet ancien usage a-t-il dormi si longtemps pour prendre, au ix° siècle, une importance nouvelle ? Pour M. Léon Gautier, c'est l'Eglise qui l'a ravivé et en a fait une
institution nouvelle, p. 2 : « La Chevalerie dérive d'un usage germain qui a été
idéalisé par l'Eglise » L'Eglise aurait voulu par là rendre noble et humaine la
guerre, qu'elle ne pouvait supprimer; et ce n'est qu'au xi° siècle qu'elle serait parvenue à dompter et adoucir le guerrier brutal et sauvage : « que la chevalerie (p. 23)
puisse à la fois être considérée comme une grande confrérie militaire et comme
un huitième sacrement, on n'en saurait douter après une étude attentive des textes. »
Mais, si l'influence de l'Eglise fut grande dans la formation de la Chevalerie, surtout
quant à ses rites, ce dut être une cause politique qui lui donna sa force et son impor
tance politique. C'est encore La Curne de Sainte-Palaye qui me paraît avoir produit
l'hypothèse la plus vraisemblable, *op. cit.*, t. I, p. 69 : « Il faut en chercher l'origine
dans les fiefs mêmes et dans la politique des souverains et des hauts barons. Ils
voulurent sans doute resserrer les liens de la féodalité, en ajoutant à la cérémonie de
l'hommage celle de donner les armes aux jeunes vassaux dans les premières expe-
ditions où ils devaient les conduire. Peut-être que dans la suite, en conférant de
pareilles armes à d'autres personnes qui, sans tenir d'eux aucuns fiefs, s'offroient à
les servir par affection et par le seul désir de la gloire, ils employèrent cette ressource
pour s'acquérir de nouveaux guerriers toujours prêts à les suivre, en quelque temps,
en quelque occasion que ce fût, et non pas, comme les feudataires, sous de certaines
réserves et pour un temps limité. Ceux-ci durent recevoir avec joie ces nouvelles
recrues de braves volontaires qui, grossissant leurs troupes, fortifioient leur parti »
Le chevalier qui sert un seigneur sans être son homme de fief, est un phénomène
décrit et classé, et M. Guilhiermoz, en particulier, a lumineusement établi (p. 242
et suiv.) la distinction des chevaliers domestiques, dont les *bacheliers* sont les plus
nombreux, et des *chevaliers chasés*, les *casati* qui ont reçu des fiefs.

(143) Beaumanoir, *Coutumes de Beauvoisis*, Beugnot, XLV, 30, Salmon, n° 1451

(144) Cf. Guilhiermoz, *Un nouveau texte relatif à la noblesse maternelle en Cham
pagne*, dans la *Bibliothèque de l'Ecole des Chartes*, 1889, p. 509 et suiv. : — Beaumanoir *Coutumes de Beauvoisis*, Beugnot, XLV, 30; Salmon, n° 1451.

étendus. Ils consistaient essentiellement en deux choses : D'un
côté, les règles pour l'administration de la justice n'étaient pas les
mêmes quand il s'agissait d'un noble ou d'un roturier : la composition du tribunal et surtout les délais de comparution étaient différents (145). D'autre part, les nobles étaient exempts des impôts
proprement dits que connaissait encore la société féodale et que
l'autorité seigneuriale levait sur les roturiers et sur les serfs. La
taille n'atteignait point les gentilshommes, et ils ne payaient pas
non plus les droits fiscaux qui représentaient des contributions
indirectes (146). Mais cette exemption d'impôts n'avait pas encore
l'importance qu'elle devait prendre plus tard, sous la monarchie
tempérée et sous la monarchie absolue, lorsque les impositions
générales se furent établies au profit de la royauté.

La noblesse féodale n'était point un corps fermé; elle était, au
contraire, largement et librement ouverte. Les roturiers y péné-
traient de deux façons : 1° Ils y entraient par l'acquisition des fiefs.
C'était, on l'a vu, deux choses qui naturellement allaient de pair
que la qualité de vassal (147) et celle de noble, et d'autre part,
dans les temps anciens, aucune règle n'empêchait un seigneur de
concéder un fief à un roturier. C'est seulement par un revirement,
qui sera bientôt indiqué, que l'acquisition des fiefs cessa par elle-
même de conférer la noblesse; et l'introduction de cette nouvelle
règle établit, par là même, l'existence de l'ancienne. 2° Les roturiers entraient dans la noblesse en entrant dans la chevalerie. Souvent un baron avait à son service des hommes d'armes roturiers,
et tout bon compagnon d'armes pouvait être fait chevalier, ce qui
nécessairement le rendait noble. Cet anoblissement par la chevalerie ne se présentait point anciennement comme un acte de souveraineté, car, selon la tradition, tout chevalier pouvait conférer la
chevalerie (148).

(145) Beaumanoir, Beugnot, I, 15; Salmon, n° 25; ch. ii en entier; Pierre de Fon
taines, Conseil, ch. iii.
(146) Etablissements de saint Louis, I, 63 : « Nuns gentis hom ne rent costumes ne
paages de riens que il achate ne qu'il vandé se il n'achate por revandre. » — Cepen
dant, d'après Beaumanoir (Beugnot, XXV, 15; Salmon, n° 732), les nobles étaient tenus
de contribuer aux impositions que levaient les seigneurs justiciers pour la réparation
des chemins; Loysel, Inst. cout., VI, 6, 8.
(147) Beaumanoir, Coutumes de Beauvoisis, Beugnot, XLVIII, 7; Salmon, n° 1502 :
« Le fraucise des personnes n'afranquist pas les héritages vilains : mais li francs fiés
franquist la personne qui est de poesté. »
(148) Une anecdote, que rapporte Beaumanoir, montre que cet état de droit n'était pas
encore oublié, quoiqu'il fût abrogé, dans la seconde moitié du xiii° siècle. Beaumanoir
raconte (Beugnot, XXXV, 26; Salmon, n° 1100) qu'un jour, dans un procès suivi
en Normandie, il s'agissait de procéder à une vue ou montrée, pour la validité de
laquelle la coutume exigeait la présence de quatre chevaliers. Or, il n'y en avait que
trois sur les lieux; ils étaient fort en peine, lorsqu'ils virent arriver un roturier, un
« homme de poeste », « qui passoit à ceval qui aloit en se besongne... Adont li dirent
li trois cchevaliers, qu'il lor faloit un chevalier por estre à une veue fere, et qu'il

Mais ce libre recrutement de la noblesse féodale cessa dans le cours du XIII° siècle (149). Les deux portes qui en ouvraient l'accès aux roturiers se fermèrent simultanément. La chevalerie, bien que ses plus beaux jours fussent passés, devait subsister longtemps encore. Mais, au XIII° siècle, cette règle se fit recevoir, que, pour avoir le droit d'être fait chevalier, il fallait être noble de noblesse paternelle (150). Cependant, la possibilité de faire d'un roturier un chevalier et, par suite, un noble, ne disparut pas complètement; mais cela devint un acte de souveraineté qui ne put émaner que des barons (151), puis un attribut exclusif de la royauté (152). Quant à l'acquisition des fiefs, il était très logique qu'elle anoblît le roturier, lorsque le fief n'était pas librement aliénable par le vassal. Alors, en effet, on ne pouvait en acquérir que par la concession gratuite d'un seigneur, ou par l'acceptation volontaire qu'il faisait d'un nouveau vassal. Le roturier qui méritait cette faveur était reconnu, par là même, comme capable de remplir les devoirs de noblesse; c'était le *dignus es intrare* qui lui ouvrait les portes de ce corps privilégié. Mais, lorsque le vassal put librement aliéner son fief, sans consulter son seigneur, et même contre la volonté de ce dernier, qui fut obligé de recevoir l'acquéreur à l'hommage s'il n'exerçait pas le retrait féodal, la situation devint tout autre. Maintenir le droit antérieur, c'eût été faire du marché des fiefs un marché de noblesse, et l'une des deux solutions suivantes s'imposait : ou l'on interdirait aux roturiers l'acquisition des fiefs, ou bien on la leur permettrait, mais en établissant qu'elle ne les anoblissait pas. Ce fut d'abord la première solution qui prévalut.

le feroient chevalier, si venroit avec eus à le veue fere et li dirent qu'il deist qu'il fust chevaliers, et li dona uns une colée (accolade) et dist : « Chevaliers soyés », et adont alèrent là ou le veue devoit estre fete, et fu le veue fete. » Sans doute, tout fut annulé, mais un demi-siècle ou un siècle auparavant, cela eût constitué un acte fort régulier.

(149) Guilhiermoz, ch. IV, p. 462 et suiv.

(150) *Etablissements de Saint Louis*, I, 134 : Se aucuns home estoit chevaliers et ne fust pas gentis hom de parage, tout le fust-il de par sa mère, si ne le poveroit-il estre par droit; ainz le povroit prandre li rois ou li bers (baron) en qui chastelerie ce seroit et [li feroit] par droit ses esperons tranchier sus I femier. » — Beaumanoir, Beugnot, XLV, 30; Salmon, n° 1451 : « Nus combien qu'il soit gentix hom de par la mere ne pot ostre chevalier, se li rois ne li fet especial grâce. » *Idem* Beugnot, XLV, 15; Salmon n° 1434 : « Tout soit il ainsi que le gentillece par lequel on puist estre chevaliers, doie venir de par le père, c'est coustume el roïaume de France que cil qui sont gentil hom de par le père, tout soit leur mère vilaine, poent estre chevalier, ce excepté qu'ele ne soit serve. »

(151) Bien que Beaumanoir enseigne déjà que c'est là un droit royal (Beugnot, XLV, 30; Salmon, n° 1451) il cite un cas où un simple seigneur fit chevalier un de ses serfs qu'il croyait noble, et, d'après un jugement de l'hôtel du roi, il donne à cet acte une certaine valeur, celle d'un affranchissement, *Coutumes de Beauvoisis*, Beugnot, XLV, 29; Salmon, n° 1450.

(152) *Olim*, édit Beugnot, II, p. 186, n° 34 (arrêt de 1280); — Du Tillet, *Recueil des rois de France* p. 310; — Pithou, sur la Coutume de Troyes, édit. 1609, p. 4; — Loyseau, *Traité des ordres*, ch VI, n° 38

La coutum'e, dans certains lieux, décida très logiquement que le vassal noble par là même, ne pourrait librement aliéner son fief qu'au profit d'un homme de sa condition (153). En France, il y eut quelque chose de plus : la loi intervint, et une ordonnance perdue du XIII⁰ siècle, dont parle longuement Beaumanoir (154), et que l'on a attribuée soit à Philippe-Auguste, soit à Saint Louis, soit à Philippe le Hardi, défendit expressément aux roturiers l'acquisition des fiefs. Mais c'était là chose impossible : les fiefs étant devenus librement aliénables, il fallait bien admettre à leur marché ceux qui pouvaient le mieux les payer, c'est-à-dire souvent les riches bourgeois. L'ordonnance fut mal observée, et d'ailleurs le pouvoir souverain, le pouvoir royal, pouvait en accorder la dispense (155), et il l'accordait moyennant finance. Philippe le Hardi entra dans une nouvelle voie; il sanctionna les acquisitions indûment faites dans le passé par des roturiers, moyennant le paiement d'un droit au trésor royal (156). Cet acte, qui n'était qu'une mesure particulière, destinée à régulariser des faits accomplis, devint une solution définitive. Philippe le Bel, Philippe V, Charles IV statuèrent dans le même sens, et cela aboutit à un système : les roturiers acquéraient des fiefs sans autorisation préalable du pouvoir royal, puis celui-ci, tous les quinze ou vingt ans, levait une finance sur tous ceux qui en avaient acquis depuis la dernière perception. Cela s'appelait le droit de *francs-fiefs* ou *nouveaux acquêts*. Cette jurisprudence, s'étant établie, avait pour conséquence forcée l'abrogation de l'ancienne règle d'après laquelle le roturier devenait noble en acquérant un fief. Le droit se fixa en effet en ce sens, mais lentement, non sans résistance (157); cela ne devint une loi précise et générale qu'au XVI⁰ siècle, par l'ordonnance de Blois de 1579 (158).

## § 2. — LES SERFS.

La classe des serfs était très nombreuse dans la pure société féodale; elle comprenait, au début, la plus grande partie de la

---

(153) Durantis, *Speculum*, tit. *De feudis*, n° 30 : « Poterit alteri vendere dum tamen vendat homini suæ conditionis vel meliori, ut si sit nobilis vendat nobili. Si enim vendit burgensi sive ignobili, non tenetur dominus illum recipere in hominem suum, præsertim si feudum sit nobile; imo poterit occupare feudum vel saltem poterit eligere venditorem adhuc esse hominem suum, nam per subrogationem burgensis non videtur ab homagio liberatus. »

(154) *Coutumes de Beauvoisis*, XLVIII, 1, Salmon, 1496. Sur cette ordonnance et sur ce qui suit, voyez Langlois, *Le règne de Philippe III le Hardi*, p. 260 et suiv

(155) Beaumanoir, Beugnot, XLVIII, 3, Salmon, n° 1498 : « S'autre grace ne li est fete du roi ou du conte de qui li fief muet. »

(156) Ordonnance de 1275, art. 6 (*Ord.*, I, p. 303, 304)

(157) Guy Pape, *Decisiones*, qu. 385, 386. — Cf. Chopin, *De domanio Franciæ*, édit. 1588, p. 150.

158) Art. 258 : « Les roturiers et non nobles achetants fiefs nobles ne seront pour ce

population agricole et même de la population ouvrière. En elle
s'étaient concentrées et fondues les classes servile et quasi servile
de la Monarchie Franque. L'esclavage avait disparu, non point
supprimé par la loi, mais transformé en servage par la coutume
au cours des x$^e$ et xi$^e$ siècles. Les descendants des anciens colons,
lites et affranchis, étaient également devenus des serfs. Enfin,
beaucoup d'hommes, libres de naissance, établis sur les grands
domaines féodaux, avaient reçu de la coutume la même condition (159). Quelle que fût leur origine ou leur dénomination locale,
la condition de tous les serfs était la même en un point juridiquement essentiel : ils avaient la personnalité juridique, pouvaient
avoir, par conséquent, une famille et un patrimoine. C'est là ce
qui distingue le serf de l'esclave. Mais à d'autres égards, la condition des serfs présentait une variété infinie. Je voudrais indiquer
seulement, en traits généraux et en prenant les principaux types,
quel était le lien qui rattachait le serf à la terre, quelles étaient les
charges et les incapacités qui pesaient sur lui; j'indiquerai en dernier lieu comment on naissait ou devenait serf et comment on
sortait du servage.

## I

On dit communément que le serf était attaché à la glèbe à perpétuelle demeure. Cette définition, très juste en ce qui concerne le
colon, ne s'applique pas exactement au serf. C'est à une seigneurie, au territoire d'une seigneurie (160), non à une parcelle de terre
déterminée, qu'il était attaché (161); et le lien qui le tenait ainsi
était plus ou moins étroit suivant les cas; il faut, è cet égard,

anoblis, ny mis au rang et degré des nobles. de quelque revenu et valeur que soient
les fiefs par eux acquis. »

(159) Beaumanoir, *Coutumes de Beauvoisis*, Beugnot, XLV, 19, Salmon, n° 1453.

(160) Le lien qui attachait le serf à la seigneurie n'était pas d'ailleurs indissoluble : il
existait contre le serf et non en sa faveur. En d'autres termes le seigneur, sans
affranchir le serf, pouvait le transférer de sa seigneurie à une autre. Le *Livre des
serfs de Marmoutiers* abonde en donations, achats ou échanges de serfs, consentis
par leurs seigneurs. Quelquefois ils sont cédés avec la terre, mais le plus souvent ils
le sont isolément. Quelquefois un contrat d'asservissement ou une donation de serf
contiennent cette clause que le monastère ne pourra pas dans la suite aliéner au
profit d'un autre seigneur le serf ou ses descendants (par ex. n°s 5, 6, 8). Les principes
du droit postérieur ne répugnaient même pas à des cessions semblables : ce n'était
pas un homme qui était aliéné, c'était simplement un droit seigneurial qui était cédé.
L'immobilisation complète du serf adhérant à la seigneurie devait seulement résulter
de ce qu'on le considéra comme une qualité du fief, qui ne pouvait pas plus en être
détachée que ne pouvait l'être une servitude prédiale.

(161) On pourrait appliquer ici ce que dit Hostiensis, comparant la condition du
*colonus* et celle de *l'inquilinus, Summa*, tit. *De natis ex libero ventre*, p. 366 : « Proprie colonus conditionalis est qui cum sua familia in fundo inhabitat, nec a fundo
recedere potest; inquilinus vero est qui, etsi in fundo teneatur, in suburbio tamen
commoratur, et in eo minus est astrictus quod in aliqua parte suburbii domum condu-
cendo inhabitare possit; hoc enim colono non licet. »

distinguer plusieurs catégories de serfs. Les uns étaient dits *serfs de corps et de poursuite*, et ceux-là tenaient en effet au territoire de la seigneurie; ils avaient perdu le droit de se choisir ailleurs un domicile. S'ils allaient résider au dehors, le seigneur pouvait les poursuivre et les ramener, les revendiquer au besoin contre ceux qui les auraient accueillis (162) Il en était d'autres qui n'étaient pas immobilisés de la même manière; ils avaient conservé la liberté de se mouvoir et de se déplacer : ils pouvaient choisir un domicile en dehors de la seigneurie : mais, quelque part qu'ils résidassent, ils continuaient à supporter, au profit du seigneur, les charges et incapacités résultant de la condition servile. Ceux-là étaient *serfs de servitude* simplement *personnelle* (163). D'autres, enfin, étaient mieux traités encore. Ils étaient serfs de *servitude réelle*, c'est-à-dire que leur servage était seulement la conséquence d'une tenure servile qu'ils possédaient. D'où cette autre conséquence qu'en abandonnant cette tenure ils dépouillaient par là même la condition servile et pouvaient désavouer le seigneur (164). Mais pour ce désaveu, la coutume souvent se montrait plus exigeante et n'ouvrait la liberté au serf que si, outre sa tenure servile, il abandonnait au seigneur tout ou partie de ses autres biens meubles et immeubles (165).

(162) Beaumanoir, Beugnot, XLV, 36; Salmon, n° 1457 : « En autre païs, li seigneur. les poent contraindre de toz jors manoir de soz eux. » — Ordonnance de saint Louis de 1230, art. 2 (*Ord.*, I, p. 53) : « Ubicumque aliquis invenerit judeum suum *licite capere poterit tanquam proprium servum* » — *Livre des serfs de Marmoutiers*, n° 49 : « Quod si se subtraxerit, revocetur ut fugitivus et repetatur ut servus, ubicumque fuerit. » — Charte de Louis VII pour Orléans de l'année 1180 (*Ord.*, XI, 214) : « Omnes servos nostros et ancillas, quos homines de corpore appellamus. »

(163) Beaumanoir, Beugnot, XLV, 36; Salmon, n° 1457 : « Mès on les a plus debonc rement menés en Biavoisis, car puisqu'ils paient a lor segneurs lors cens et lor cavages, tex comme ils ont acoustumé, ils poent aler servir ou manoir hors de la juridiction à lor segneur. » — Charte de l'évêque de Cambrai (1012-1048), dans Wauters, *De l'origine et des premiers développements des libertés communales en Belgique et dans le Nord de la France*, Preuves, p. 1 : « Instituit ut ubivis terrarum extra Cameracensem episcopalum vel sub qua potestate principum vir pro capitis sui censu duos denarios persolvat. »

(164) Durantis, *Speculum*, tit. *De feudis*, n° 36, p. 311 : « Est autem mansata quando dominus dat alicui mansum cum diversis possessionibus et propter hoc ille se facit hominem domini et ad certum servitium tenetur, et talis dicitur homo de mansata, qui est homo ratione possessionum, persona tamen ejus libera erit secundum consuetudinem Franciæ, si, dimissa mansata, alio se transferat. » — *Livre des serfs de Marmoutiers*, n° 76 (22 janvier 1069) : « Otbertus, qui fuit major sancti Martini, tenuit quamdam terram de sancto' Martino, propter quam etiam ipse erat servus sancti Martini. » Dans la suite du texte la fille d'Otbertus est en effet affranchie, en abandonnant la terre, mais cela paraît être encore une grâce que concède le seigneur, et qu'il soumet à certaines conditions. Cela devient un droit pour le serf, parfois stipulé à l'avance : *Livre des serfs*, App. n° 7.

(165) *Cartulaire de Saint-Père de Chartres*, p. 346, 347, 423, 457; — Coutumes générales données par Simon de Montfort, *loc. cit.*, p. 222 : « Licitum erit omnibus hominibus, qui possunt talliari transire a dominio unius domini in dominium alterius pro voluntate sua; ita tamen quod illi qui dicuntur liberi, cum mobilibus suis

## II

Les redevances que devait le serf étaient extrêmement variées; mais les trois principales étaient le chevage, la taille et la corvée.

Le chevage (*capitalicium, cavagium, census capitis*) était une capitation, une somme fixe que le serf payait tous les ans au seigneur à une date déterminée (166). C'était une somme peu importante, ordinairement deux ou quatre deniers, ou quelques livres de cire (167), et, comme le *census* dans la censive, ce *census capitis* était surtout recognitif : c'était la reconnaissance périodique et solennelle de la servitude par le serf.

La taille était un véritable impôt direct que le seigneur levait sur le revenu et les économies du serf. Il se présentait, soit sous la forme d'une taille personnelle, portant sur l'ensemble du revenu, soit sous la forme d'une taille réelle, portant seulement sur le revenu de la tenure servile (168). C'était, d'ordinaire, un impôt de répartition, le seigneur fixant la somme totale que devaient payer soit tous les serfs de la seigneurie, soit tous les serfs d'un village : alors les serfs étaient représentés par quelques-uns d'entre eux à la répartition (169). Tous les serfs n'étaient pas d'ailleurs de même condition quant à la taille. Les uns, et c'était au début le sort commun, étaient *taillables à merci, taillables haut et bas* (170). Cela voulait dire qu'ils étaient à l'entière discrétion du seigneur, qui pouvait fixer arbitrairement le chiffre de la taille et la lever

poterunt transire sine aliqua contradictione ad dominium alterius, relicta hereditate et hostisia priori domino cum omnibus iis quæ tenent ab aliis; alii vero qui dicuntur proprii homines sive servi poterunt similiter transire ad dominium alterius non solum hereditate relicta sed mobilibus priori domino.

(166) Beaumanoir, dans plusieurs passages, rapproche le *quevage* des rentes et cens que le serf doit (Beugnot, XLV, 31, 36; Salmon, n° 1452, 1457); il s'agit là des prestations annuelles dues à raison de la tenure servile; et le caractère commun, c'est la périodicité régulière.

(167) Wauters, *op. cit.*, Preuves, p. 3 : Singulis annis in die sancti Trudonis duorum denariorum ceram pro censu capitis... persolvant. » Cf. Flach, *Les origines de l'ancienne France*, t. I, p. 456 et suiv. Le chiffre de quatre deniers paraît avoir été le droit commun. Pour se faire serf ou se reconnaître tel, l'homme posait, dans beaucoup de coutumes, quatre deniers sur sa tête; voyez le *Livre des serfs de Marmoutiers*, *passim* et spécialement n° 124. Souvent celui qui revendiquait un homme comme serf, lui plaçait aussi quatre deniers sur la tête, dans le rituel de l'ancienne procédure.

(168) Enquête du xiii° siècle entre l'abbaye de Saint-Germain-des-Prés et les hommes de poesté d'Esmans, citée par M. Guilhiermoz, dans ses *Enquêtes et procès*, 1892, p. 295 : « Requisitus (abbas) utrum homines de potestate de Emanto possint ire sub quocumque domino velint, dixit quod sic, sed tamen habebant manum mortuam, *et non habent talliam nisi super suam terram.* »

(169) Coutume de Nivernais, *Des servitudes personnelles*, art. 2 et 3, avec le commentaire de Guy Coquille. — Cf. Coutume de Chastelet en Berry (1534), art. 3, dans Bourdot de Richebourg, *Coutumier général*, III, 2, p. 1014.

(170) Guy Coquille, sur la Coutume de Nivernais, tit. *Des servitudes personnelles*

aussi souvent qu'il lui plaisait. Mais, dans l'intérêt bien entendu
des seigneurs (171), ce régime fut adouci dans beaucoup de lieux.
Tantôt cela se fit au moyen d'un contrat intervenu entre le seigneur et ses serfs, et dans lequel celui-là, moyennant un sacrifice
immédiat, fixait le chiffre et le nombre des tailles qu'il lèverait à
l'avenir : on appelait cela la taille abonnée (172). Tantôt ce fut
l'action de la coutume qui opéra cette transformation; elle limita
le nombre des tailles que le seigneur pourrait lever dans une
période déterminée, et elle en fixa le montant, ou, tout au moins,
elle posa cette règle que la taille serait raisonnable (173).

Les corvées étaient des journées de travail que le serf devait
gratuitement au seigneur, dans des conditions déterminées par
l'usage des lieux (174). Pour la corvée, comme pour la taille,
certains serfs, les plus nombreux à l'origine, étaient complètement
à la discrétion de leur seigneur, *corvéables à merci.* Mais, ici
aussi, très souvent la fixité s'introduisit, soit par voie d'abonnement, soit par l'effet de la coutume. Il faut d'ailleurs faire remarquer que ces charges, la taille et la corvée du moins, n'étaient pas
nécessairement un trait de la condition servile; elles pouvaient
peser également sur les roturiers.

## III

Ce qui caractérisait surtout la condition du serf, outre l'attache
à la seigneurie, c'étaient les incapacités qui pesaient sur lui. Elles

(171) Beaumanoir, Beugnot, XLV, 36, 37; Salmon, n° 1457, 1458 : « En autre païs li
segneur poent penre de lor sers, et à mort et à vie, totes les fois qu'il lor plet et tant
qu'il lor plet Et si dist on un proverbe que cil qui a un fois escorche deus ne trois
ne tout; dont il apert, es païs où on prend çascum jor de lor, qu'il ne volent gaigner
fors tant comme il convient çascum jor à le sostenance daus et de lor mesnie. » —
Hostiensis ne protestait pas moins énergiquement, *Summa,* p. 335 v° : « Quid ergo de
militibus nostri temporis qui cum violentia faciunt tallias semel vel secundo vel quo-
tiens eis videtur, nunc plus nunc minus ? Respondeo : prædones et latrones sunt et
ad restitutionem tenentur nec aliqua consuetudo sive abusus excusat. Est et ratio
cum incerta sit consuetudo quam allegant, quia nunc plus nunc minus non habet
locum consuetudo. » — Dans ses Coutumes générales, Simon de Montfort essaya de
donner un recours aux hommes contre les abus des seigneurs, *loc. cit.*, p. 223 : « Si
homines principum et dominorum indigenarum in hac terra super talliis et exactio
nibus nimis aggravati fuerint et conquesti comiti; comes debet convenire dominos et
milites ut super talliis et exactionibus mensuram conservent competentem et ratio-
nabilem; et si necesse fuerit, poterit eos compellere ad hoc conservandum ne eorum
subditi nimis aggraventur propter nimiam malitiam dominorum suorum. »
(172) Chassanæus, *In consuetudines ducatus Burgundiæ,* édit. Lyon, 1574, p. 1285 :
« Abonnati sunt qui omnes de uno vilagio debent certam summam determinatam
et taxatam domino, et per ipsos de villagio cuilibet imponitur portio secundum magni-
tudinem prædiorum. »
(173) *Coutume du Nivernais, Des servitudes personnelles,* art. 3 et suiv.; — Coutume du Chastelet en Berry, *loc. cit.*
(174) Coutumes générales données par Simon de Montfort, *loc. cit.*, p. 223 : « Secundum antiquam consuetudinem terrarum et villarum recipiant domini ab hominibus
suis *iornalia* in operibus suis, et secundum consuetudinem dent eis ad comedendum. »

étaient au nombre de deux principales, représentées par le droit de *formariage* et le droit de *mainmorte* : l'une concernait les droits de famille et l'autre le patrimoine.

Le serf, ayant la personnalité juridique, pouvait contracter un légitime mariage et l'Eglise, qui avait acquis la juridiction matrimoniale, reconnaissait pleinement son droit à cet égard. Elle avait d'abord exigé, pour la validité de ces mariages, le consentement du seigneur; puis, tout au moins au XII⁰ siècle, elle les avait reconnus valables sans réserve. La personne de condition servile contractait un mariage légitime, alors même que le consentement du seigneur n'aurait pas été demandé ou aurait été refusé; elle pouvait épouser non seulement une personne de son état, mais même, pourvu qu'il n'y eût point d'erreur, une personne franche ou noble (175). Mais la coutume séculière était moins libérale; elle exigeait parfois le consentement du seigneur pour le mariage du serf. Il semble même que, dans certains lieux, ce consentement était toujours exigé (176), mais tel n'était pas le droit commun; d'après celui-ci, le consentement seigneurial n'était nécessaire que dans le cas de *formariage*. Le mot par lui-même (*foris maritagium*) indique un mariage que le serf voulait contracter en dehors de sa sphère propre, en dehors de la population servile de la même seigneurie : il voulait épouser soit une personne de franche condition, soit une personne de condition servile, mais dépendant d'un autre seigneur. La coutume défendait de semblables mariages, sauf autorisation du seigneur, parce qu'ils pouvaient être préjudiciables à celui-ci : les enfants qui en naîtraient pouvaient, en effet, échapper à son exploitation, n'étant pas ses serfs (177), et de là un dommage pécuniaire. Dans ces unions entre serfs ou entre serfs et francs, cela avait été, d'ailleurs, un point délicat que de déterminer si les enfants suivaient la condition du père ou celle de la mère (178). En faveur de la première solution, on pouvait dire

---

(175) Sur tous ces points, voyez Esmein, *Le mariage en droit canonique*, I, p. 313 et suiv.

(176) Voyez, par exemple, la charte de l'évêque de Cambrai (XI⁰ siècle), publiée par Wauters, *op. cit.*, Preuves, p. 1 : « Et si vir legitima copulatione mulieri nupserit aut mulier viro XII denarios persolvat. » — Enquête du XIII⁰ siècle, citée par M. Guilhiermoz : « Dicit (abbas) quod ipsi non possunt contrahere matrimonium ad voluntatem suam. » Voir Bernard, Etude sur les esclaves et les serfs d'Eglise en France du VI⁰ au XIII⁰ siècle, thèse, 1919, p. 56-7 et 181.

(177) La femme serve qui épouse un serf d'un autre seigneur, passe sous le pouvoir du seigneur de son mari. Bernard, *Etude sur les esclaves et les serfs d'Eglise en France, du VI⁰ au XIII⁰ siècle*. Th., Paris, 1919, p. 126.

(178) Durantis, *Speculum*, tit. *De feudis*, n° 5, p. 307 ' « Homo meus, cum non sit servus, bene potest contrahere matrimonium. Unde filius ex legitimis nuptiis natus patris conditionem sequetur. Argumentum contra quod iste sequatur matris conditionem, C. *De liber. caus.*, I, fin , et idem est in servo et in ascriptitio et censito... Si vero natus est ex homine jam facto meo, secundum communem usum, homo meus est et paternam fortunam agnoscit. Secundum jus tamen videtur distinguendum

qu'il s'agissait d'un mariage légitime, et que, par suite, l'enfant, conformément aux principes ordinaires, devait prendre la condition paternelle : et de fait, un certain nombre de coutumes statuèrent dans ce sens (179). Mais la solution opposée put se rattacher aux règles grossièrement interprétées du droit romain. Celui-ci, en effet, disait que les enfants, dès que l'un des parents était *servus* ou *ancilla*, devaient suivre la condition de la mère. Il est vrai que le *servus* romain, c'était l'esclave, incapable de contracter aucune union légitime. Mais le serf s'appelait aussi *servus* dans le latin du Moyen âge, et, dans la période où l'esclavage se transforma en servage, on ne dut pas distinguer nettement le serf et l'esclave. Aussi, dans la plupart des régions, on attribua toujours à l'enfant, né de ces mariages, la condition maternelle (180). D'après cela et selon les coutumes, tantôt il y avait formariage seulement lorsqu'une femme serve épousait un homme franc ou un serf appartenant à un autre seigneur (181); tantôt, et c'était le droit le plus répandu, dans le cas seulement où un homme serf épousait une femme de franche condition ou une serve dépendant d'un autre seigneur (182).

En cas de formariage si le seigneur donnait son consentement, d'ordinaire il le faisait payer. S'il le refusait, au contraire, le

nam, si ex matre libera nascitur, liber erit. Si vero mater sit tua femina, pater vero meus homo sit, plus favent mihi jura, qui sum dominus patris, quam tibi; unde filius erit homo meus »

(179) Chassanæus, *In consuetudines ducatus Burgundiæ*, sur l'art. 3, tit. IX, ainsi conçu : En lieu et condition de mainmorte l'enfant suit la condition du père et non de la mère : « In comitatu Burgundiæ et in multis locis regni Franciæ est hæc consuetudo, Contrarium est in comitatu Campaniæ, quia partus sequitur ventrem. »

(180) Hostiensis, *Summa*, tit. *De natis ex libero ventre*, p. 366 : « Cujus conditionem sequantur nati seu liberi ? Et quidem matris; nam si venter liber est partus liber erit... Aliquando tamen partus sequitur conditionem patris, scilicet de speciali consuetudine approbata. » — Beaumanoir, Beugnot, XLV, 15; Salmon, n° 434 : « Voirs est que servitude vient de par les mères, car tout li enfant que cele porte qui est serve sont serf, tout soit que li pères soit frans hons... Et encore apert-il por ce que quand il avient que uns hons est sers et il prend une fame franche, tuit li enfant sunt franc. » — C. 8, X, *De serv. non ord.*, I, 18.

(181) *Ancienne Coutume de Bourgogne*, édit. Giraud, p. 276 : « Nota que feurmariage a lieu, et si *femme* feurmariée tient ses heritages au lieu de sa nativitez et après son mariage paioit les tailles et servitudes au seigneur qui les reçoit, ne puet icelluy seigneur... demander feurmariage. » — Coutume du duché de Bourgogne, tit. IX, art. 21. — Coustume du Chastelet en Berry (Bourdot de Richebourg, III, 1, p. 1015), art. 16 : « Les *femmes* mariées à autre que la condition de leur seigneur..., ne doivent par chascun an que deux deniers tournois de commande. » — Cf. Coustume de la franchise et bourgeoisie de Boussac (*ibid.*, p. 1011) : « Qu'ils puissent... *marier leurs filles* en quelque part qu'il leur plaira sans licence de nous ni des nôtres.. sans danger quelconque. »

(182) Beaumanoir, Beugnot, XLV, 31, Salmon, n° 1452. — *Liber practicus de consuetudine Remensi* (fin du XIII° siècle), édit. Varin, n° 392, p. 305 : « Peticio super forismaritagio... Cum reus esset et sit homo de corpore dictæ ecclesiæ et eidem servili conditione forismaritagii astrictus, ipse reus contraxit matrimonium cum tali alinigena non subdita dictæ ecclesiæ sine licencia abbatissæ ipsius ecclesiæ. »

mariage n'était pas nul, car l'Eglise, qui en était le seul juge, le tenait pour valable; mais la désobéissance du serf avait une sanction pécuniaire. C'était la confiscation de tous ses biens au profit du seigneur ou une amende infligée par celui-ci; cette amende se présentait le plus souvent comme arbitraire à la volonté du seigneur (183); parfois elle était fixée par une charte seigneuriale ou par la coutume (184).

D'ailleurs, parfois, les difficultés que soulevait le formariage ne se présentaient pas, ayant été écartées par la coutume. En cas de mariage entre une personne de condition servile et une personne de franche condition, parfois elle décidait que toujours les enfants étaient serfs, suivant ainsi la condition du parent de condition servile, que ce fût le père ou la mère. Telle était, sans doute, la règle d'abord suivie en général, car on la trouve dans des textes très anciens (185); là où elle se conserva, elle s'exprima par la maxime : « En formariage, le pire emporte le bon. » (186). Dans d'autres régions, une autre règle écartait la difficulté : la personne franche qui épousait une personne serve et venait demeurer avec elle, au milieu des serfs de la seigneurie, était, par là même, réduite au servage, ce qui égalisait la condition des deux époux (187). Enfin, pour les mariages entre serfs, les seigneurs voisins faisaient des échanges, l'un permettant qu'une de ses serves ou l'un de ses serfs se mariât sur la seigneurie voisine, mais à condition de réciprocité (188).

(183) Beaumanoir, Beugnot, XLV, 31; Salmon, n° 1452 : « Quant il se marient en franques femes, quanques il ont eschiet à lor seigneur, muebles et heritages, car cil qui se formarient il convient qu'il finent (paient l'amende) à la volonté de lor seigneurs » — *Liber practicus de consuetudine Remensi*, loc. cit. : « Propter quod dicta ecclesia debet habere medietatem omnium bonorum quæ habebat dictus reus tempore quo contraxit matrimonium prædictum. »

(184) Coutume de Vitry, art. 144.

(185) *Lex Rip.*, LVIII, 11 : « Generatio eorum semper ad inferiora declinentur »

(186) Loysel, *Inst.*, I, 1, 25; — Coutumes de Nivernais, tit. VIII, art. 22; de Bourbonnois, art. 199. C'est la règle que l'on voit constamment appliquée dans le *Livre des serfs de Marmoutiers*, où le formariage n'apparaît pas. On reconnaissait là deux catégories de serfs : le *servus* proprement dit (ou *ancilla*), et le *colibertus* (ou *coliberta*) qui était probablement un descendant d'affranchis, mais dont la condition était meilleure, en ce sens, au moins, qu'il pouvait épouser une personne de franche condition, tandis que le *servus* ne le pouvait pas (n°s 66, 76, 101). Lorsqu'un des deux parents était colibert, l'autre étant franc; les enfants étaient toujours coliberts (n° 66); lorsque l'un était *servus* et l'autre *colibert*, les enfants suivaient toujours celui qui était *servus* (n° 101, Append. n° 29, p. 151). Si les deux parents étaient de condition égale, tous deux *servi* ou tous deux *coliberti*, et dépendant de seigneurs différents, les enfants étaient communs aux deux seigneurs, qui se les partageaient.

(187) Esmein, *Le mariage en droit canonique*, I, p. 326 et suiv. C'est la règle suivie dans le *Livre des serfs de Marmoutiers*, Append. n° 6, p. 125 : « Stephanus Gambacanis de Ferraria accepit in conjugio ancillam sancti Martini, per quam servus est. » N°s 96, 106, p. 89, 100. La servitude dans ce cas ne cesse point quand le mariage est dissous.

(188) *Assises de Jérusalem, Livre de Jean d'Ibelin*, ch. CCLIII; — Coutume de Nivernais, tit. VIII, art. 23, 31.

Le serf, en vertu de sa personnalité juridique, pouvait librement acquérir des biens, sauf les tenures nobles ou même parfois les roturières. En principe même, il pouvait librement aliéner entre vifs les biens qu'il avait acquis, sauf la tenure servile (189). Mais il était incapable de transmettre à cause de mort; c'est ce qu'on exprimait en l'appelant *homme de mainmorte*, car la main était prise, dans le vieux langage, comme l'organe de la transmission. Il ne pouvait pas faire de testament valable ou, du moins, la coutume lui permettait seulement de faire quelques-uns de ces legs pieux que l'Eglise exigeait souvent au Moyen âge pour accorder aux défunts la sépulture chrétienne (190). Dans la rigueur du droit, il n'avait pas non plus de successeurs *ab intestat*, pas même ses enfants (191). La conséquence juridique était forcée; à sa mort, tous ses biens revenaient à son seigneur, qui en était saisi de plein droit (192). Cependant, celui-ci n'exerçait pas le plus souvent, dans toute sa rigueur, ce droit de mainmorte; il laissait aux proches parents du serf la manse servile et les autres biens possédés par lui, à condition que l'on rachèterait la mainmorte par une somme d'argent qu'il fixait (193). Sans doute, pour la transmission héréditaire des fiefs et des censives, le droit de relief avait représenté originairement quelque chose de semblable; mais le relief avait été taxé à une valeur précise et correspondait à une hérédité assurée; pour le serf, tout restait à la volonté du seigneur.

Ce droit si rigoureux ne se maintint pas : il subit de bonne heure, au moins dès le XIIIᵉ siècle, des atténuations. Dans certai-

(189) Beaumanoir, Beugnot, XLV, 37; Salmon, n° 1458 : « Encore par nostre coustume pot li sers perdre et gaaigner par marceandise, et se pot vivre de ce qu'il a largement a se volenté. Et tant poent il bien avoir de segnorie en lor cozes qu'il aquierent a grief paine et a grand travail. » — *Ancienne coutume de Bourgogne*, p. 276 : « Li homme taillable puet vendre son acquest à sa vie. » Cependant, certaines coutumes incerporaient les acquisitions du serf à sa tenure servile, l'empêchant ainsi d'en disposer. Durantis, *Speculum*, lit. *De feudis*, p. 311 : « In plerisque autem locis provinciæ et diœcesis Narbonensis homo de mansata quidquid acquirit post acquisitam mansatam ipsi mansatæ adquirit et quod acquirit ejusdem naturæ est cujus et ipsa mansata et de ipsa mansata efficitur. Est autem natura seu conditio mansatæ ut alienari non possit. » Dans le *Livre des serfs de Marmoutiers*, la tenure concédée au serf est parfois déclarée aliénable par une concession spéciale, mais seulement au profit d'autres serfs de l'abbaye, et celle-ci se réserve un droit de préemption, n°⁸ 104, 120 et App., p. 164.

(190) Beaumanoir, Beugnot, XII, 3; Salmon, n° 365 : « Li sers ne puet laissier par son testament plus grande somme que cinq sous. »

(191) Beaumanoir, Beugnot, XLV, 31; Salmon, n° 1452 : « Et si'il muert il n'a nul oir fors que sen seignour, ne li infant du serf n'i ont rien, s'il ne le racatent au seigneur, aussi comme feroient estrange. »

(192) *Grand Coutumier de France*, II, 26, p. 287 : « Consuetudo mortuus saisit vivum... habet locum inter dominos et servos, quia servus mortuus saisit dominum viventem. »

(193) Voyez Beaumanoir, Beugnot, XLV, 31; Salmon, n° 1452, ci-dessus, note 190, — Loysel, *Inst.*, I, 1, 74.

nes régions, particulièrement dans les pays du Midi, on admit que le serf pouvait tester au profit de ses enfants, parfois au profit d'une personne quelconque de sa condition (194). Là on admit aussi que ses enfants, parfois même ses autres parents de condition servile, lui succéderaient *ab intestat* (195). Mais la plupart des coutumes furent moins libérales; elles créèrent seulement pour les serfs un équivalent grossier du droit de succession, au moyen des communautés serviles.

Par suite des conditions économiques et sociales au milieu desquelles ils se trouvaient, beaucoup de familles de serfs vivaient dans une communauté de fait. Le père gardait auprès de lui ses enfants adultes et mariés; les frères, après la mort du père, continuaient la vie commune. Tous vivaient dans la même maison et à la même table, dans la même *celle* et *à un même pain et pot* : ils ne formaient qu'un seul ménage. De ce fait, la vie commune, la coutume avait tiré une conséquence juridique, la communauté des biens. Elle admettait que, de plein droit, ces associés de fait, ces *parçonniers*, contractaient entre eux une société civile; et l'on appela *communautés taisibles* ces sociétés qui se formaient sans contrat exprès, et qui ont joué un rôle important dans le droit du Moyen âge. On partit de là pour écarter la mainmorte du seigneur (196). Lorsque, des serfs parents vivant ainsi en commu-

(194) Hostiensis, *Summa*, tit. *De agricolis*, n° 206 · Et numquid tales testari possunt ? Quidam dicunt quod non, cum servi dicantur. Azo dicit quod inter servos possunt, id est inter eos qui sunt de familia sua, sed non inter alienos. » Johannes Faber, *Ad instituta*, 1, 3, 2, n° 2.

(195) *Livre de Justice et de Plet*, XII, 25, § 2 : « A serf puet eschéer (échoir) de serf, non de franc, et convient qui soit sers a celui seignor. » — Benedicti (fin du xv° siècle) *Repetitio in cap. Raynutius*, éd. Lyon, 1544, I, p. 144 : « Si autem extarent liberi vel alii parentes, ejusdem conditionis homines, illi defuncto succederent ex testamento, si testamentum fecisset, vel ab intestato... Sed dominus jure manus mortuæ, si defunctus suæ conditionis parentes hæredes non haberet de bonis et hereditate illius remaneret saisitus, quia ubi est talis consuetudo manus mortuæ, liberi et franchi homines homini conditionato succedere non possunt. »

(196) Les communautés taisibles ne sont point une institution propre aux serfs exclusivement; elle s'applique à tous les laïcs, au moins à ceux qui ne sont point nobles. Tel est encore le droit qu'expose Beaumanoir (édit. Beugnot, ch. xxi, n°s 5, 6,; Salmon, n°s 625,626). Elle a dans son application aux roturiers, survécu dans un assez grand nombre de coutumes, et, malgré les difficultés que le Code civil oppose à leur constitution, ces communautés se sont perpétuées en fait parfois jusqu'à nos jours. Aussi ont-elles attiré l'attention des historiens du droit et des économistes-sociologues, surtout de l'école de Le Play. Elles ont fait depuis quelques années l'objet d'études locales, se rapportant à telle ancienne province ou à tel département. L'une des dernières, et l'une des plus intéressantes de ces études, est due à notre vieil ami Daniel Touzaud, docteur en droit, avocat à Angoulême. Elle est intitulée : « *Les communautés taisibles en Angoumois, autrefois et aujourd'hui*, dans les *Bulletin et Mémoires de la Société archéologique et historique de la Charente*, année 1910, p. cv et suiv. » — L'institution de la communauté taisible ne fut point créée bien entendu, pour permettre aux serfs d'éluder le droit de mainmorte du seigneur. Elle préexistait et fut simplement utilisée dans ce but; on fit admettre qu'elle ne se dissolvait pas par la mort d'un des parçonniers, dont le droit, la part, restait dans la communauté conti-

nauté taisible, l'un d'eux venait à mourir, on admit que, si la vie
commune se continuait entre les survivants, la communauté ne
serait pas considérée comme dissoute : elle subsistait, au contraire, et la part de chacun des associés se trouvait simplement
augmentée d'autant par le prédécès de l'un d'eux. La part du
prédécédé restant ainsi confondue dans la masse, le droit de
mainmorte n'avait plus d'objet auquel il pût s'appliquer. En réalité, c'était ouvrir la succession aux serfs; mais ce droit de
succession était subordonné à une double condition, à savoir que
les héritiers fussent serfs comme le défunt et que, jusqu'à son
décès, ils eussent vécu en communauté de biens avec lui (197[1]).
C'est bien sous cette forme que les textes des xiiie, xive, xve et xvi[e]
siècles présentent le droit créé au profit des serfs (197[2]). Mais ce
droit, tout d'abord, fut très fragile. Il avait pour base, en effet, la

nuée entre les survivants. Il est difficile parfois de déterminer si les règles qui s'appliquaient à la communauté taisible *entre serfs* s'appliquaient toutes à la communauté
taisible entre roturiers. Celle-ci d'ailleurs a eu des applications particulières qui
sont autant d'institutions spéciales. Telle est la continuation de la communauté de
biens conjugale entre le survivant des conjoints et les enfants issus du mariage,
que connaissait notre ancien droit classique. D'après une hypothèse, à mes yeux très
vraisemblable, la communauté de biens entre époux, qui originairement n'existait
qu'entre roturiers et qui ne se formait d'abord que par la cohabitation pendant l'an
et jour, ne serait qu'une application particulière du principe des communautés taisibles.

(197) Le *Livre des serfs de Marmoutiers* (xie siècle) ne semble pas subordonner à
la condition de la vie commune le droit de succéder aux biens laissés par un serf,
mais ce droit de succession ne paraît être ouvert qu'au profit des descendants et à
la condition qu'ils soient serfs du même seigneur que le défunt (n° 116; App. n° 24,
p 145; n° 40, p. 164). Cependant la communauté apparaît dans un passage (App. n° 21,
p. 143). Il s'agit d'une homme libre qui se fait serf de l'abbaye et qui lui donne en
même temps tous ses biens, à son décès. Mais il stipule que s'il prend femme
et qu'il ait des enfants, c'est seulement sa propre part (dans la communauté) que le
couvent recueillera à sa mort, la femme et les enfants gardant les leurs : « Nosse
debetis... Landricum servum postea perpetuum devenisse sancti Martini et nostram
omniaque sua delegasse nobis habenda post obitum suum, nisi forte uxorem jussu
quidem nostro acceptam habuerit, aut etiam filios, quibus suas accipientibus partes,
nos illam accipiemus quæ ipsi continget. »

(197[a]) *Li droit et li coustumes de Champaigne et de Brie* (à la suite du commentaire
de Pithou sur la Coutume de Troyes), ch. lx : « Il est coustume en Champaigne
que se aucuns homs de mainmorte se muert senz hoirs de son corps, ou il *ait été
partiz de ses hoirs*, que li sires emporte l'eschoite en meubles et héritages, pour
cause de la main morte. » D'après ce coutumier du xiiie siècle, le bénéfice de la
communauté servile n'excluait la main morte qu'en ligne directe, non en collatérale.
*Ibid.*, ch. xxix : « Es lieux des mains mortes, se uns homs se muert de qui il demeure
enfans, tout soit ce qu'il soient parti ou qu'ils ne le soient pas li uns des autres,
ét li un des enfants se muert, li sires emporte la main morte, c'est assavoir tel
porcien, comme il appartient à l'enfans mort. Et ainsis en use l'en généralement. »
— Masuer (xve siècle), *Practica forensis*, tit. XXXIII, n° 20 : « Quidam tamen sunt
conditionati et de manumortua quorum frater non succedit fratri, nisi fuerint conjuncti
re et verbis, id est nisi fuerint communes in bonis et ejusdem domicilii, *car le
chanteau part le vilain.* » — Chassanæus, *In consuetudines ducatus Burgundiæ*, IX,
art. 18 : « Alii sunt homines manus mortuæ, et sunt hi quibus de consuetudine
domini succedunt quando moriuntur sine liberis vel parentibus existentibus in
communione cum eis. » — Loysel *Inst.*, I, 1, 74.

communauté taisible; mais, de même qu'un fait, la vie commune, avait créé celle-ci, un fait contraire, la séparation, pouvait la détruire (198). Le départ d'un des communistes avait même des effets définitifs et à l'égard de tous. Non seulement le partant sortait de la communauté, mais encore celle-ci était dissoute à l'égard de tous, à l'égard de ceux même qui continuaient la vie commune (199), et, une fois dissoute ainsi, elle ne pouvait plus se reformer valablement, si ce n'est par l'autorisation formelle du seigneur (200). Mais on se départit de cette rigueur (201). On admit d'abord que, si la séparation avait une juste cause, comme le mariage d'une fille, l'établissement d'un fils pour l'exercice de son métier, ou encore le mauvais caractère d'un des associés « qui est homme mal gisant et fascheux » (202), les enfants séparés perdaient leur droit de succession, mais les autres, restés communs, le conservaient entre eux. Puis, dans ce cas, le seigneur étant désintéressé, écarté qu'il était par les enfants restés au foyer, on admit à la succession et au partage même les enfants séparés, par esprit d'équité (203). Dès lors, pour conserver à tous les enfants du serf leur droit de succession, il suffit que l'un d'eux restât jusqu'au dernier jour dans la maison du père ou de la mère (204).

## IV

La source la plus abondante du servage, dans la société féodale définitivement constituée, était l'hérédité. On était alors serf de naissance, d'*ourine* (*origine*), comme disent les vieux textes. Nous savons dans quel cas la naissance en légitime mariage faisait un

---

(198) Chassanæus, *loc. cit.*, art. 20 : « Pone quod pater aliquis habeat filium legitimum et naturalem, qui tamen non habitat secum sed seorsum et separatim : an succedat patri an vero dominus ? Videtur per textum nostrum quod non succedat, eo quod est partitus, divisus et separatus a patre, et ita tenet communis practica hujus patriæ. » — Loysel, *Inst.*, I, 1, 75 : *Le chanteau part le vilain*, 76. *Le feu, le sel et le pain partent l'homme morte main.* Le chanteau, c'est le pain du paysan, une fois entamé, pour rester en communauté il faut « tailler au même chanteau ». — Coutume du Chastelet en Berry, *loc. cit*, art. 16 : « En la coustume de ladicte terre le chanteau et le feu séparent et départent le vilain. »

(199) Loysel, *Inst.*, I, 1, 75 : « Un parti *tout est parti.* » — Coutume de Nivernais tit. VIII, art. 9, avec le commentaire de Guy Coquille.

(200) Coutume de Nivernais, tit. VIII, art. 15; — Coutume de Bourgogne, tit. IX, art. 10; — Coutume du Chastelet, art. 14.

(201) Guy Coquille sur la coutume du Nivernais, tit. VIII, art. 9 : « Cet article est fort rude, s'il est entendu selon sa première apparence, en tant que la faute de l'un nuirait à tous les autres qui n'ont failli. »

(202) Coutume de Nivernais, tit. VIII, art. 15 et suiv.; — Guy Coquille, sur l'art. 9.

(203) Coutume de Bourgogne, tit. IX, art. 17, et Chassanæus, sur cet article : « Sic quis consequitur per alium quod per seipsum consequi non potest. »

(204) Loysel, *Inst*, I, 1, 83 : « Un seul enfant estant en celle resqueut le droit des autres. »

serf. Ajoutons cette règle remarquable, que, d'après Beaumanoir, l'enfant naturel d'une serve n'est pas serf, bien que sa mère le soit; le bâtard est en dehors de la famille, il n'en hérite à aucun point de vue (205). Mais les causes, qui avaient constitué la classe servile antérieurement, opéraient encore, quoique moins actives : il y en avait deux principales. La première, c'était la convention. Un individu franc pouvait se faire serf par contrat, et entraîner ainsi dans le servage toute sa descendance future. Il y avait, dans ce sens, une tradition constante (206), et, malgré quelques résistances (207), le principe se maintint : on ne s'éleva pas à l'idée de l'inaliénabilité de la liberté humaine, ou plutôt on l'écarta en considérant le servage, non comme une servitude proprement dite, mais comme un service féodal (208). Le second mode d'asservissement, c'était la prescription, dont la puissance était presque sans bornes dans la société féodale. On devenait serf par le seul fait qu'on avait, pendant un temps plus ou moins long, fixé par la coutume, subi les charges et les conséquences de la condition servile. Dans certains lieux, cette prescription était très courte; il suffisait, pour la fonder, qu'une personne eût vécu pendant l'an et jour mêlée aux serfs d'une seigneurie (209).

(205) *Coutumes de Beauvoisis*, Beugnot, XLV, 16; Salmon, n° 1435 : « Le resons est que li bastart ne suit ne le condition du père, ne de la mère, n'en lignage, n'en héritage n'en autre coze; et aussi comme il ne partiroit de rien à lor biens ne à lor bones conditions, il ne doit pas partir à lor malveses conditions, ne aus redevances que il doivent à lor seigneurs. »

(206) Le *Livre des serfs de Marmoutiers* contient un grand nombre de ces actes d'asservissement, la plupart du xıᵉ siècle, quelques-uns du xııᵉ et du xıııᵉ. Le plus souvent ils sont présentés comme des œuvres pies, méritoires pour l'obligé; parfois cependant on trouve des raisons d'un autre ordre. Un homme se fait serf, parce qu'il ne peut pas payer l'amende due au couvent (n° 127), un autre parce qu'il ne peut pas rendre les choses qu'il a volées. Bien plus, un père à son lit de mort donne un de ses enfants comme serf à l'abbaye (n° 98); un mari et une femme, qui se font serfs, donnent également en cette qualité leurs enfants déjà nés (n° 110); un autre couple, il est vrai, en s'asservissant, conseillent seulement à leurs enfants de suivre leur exemple (n° 111). — Durantis, *Speculum*, tit. *De feudis*, n° 6, p. 306 : « Hinc est quod per pactionem scriptura interveniente potest quis se constituere ascripticium. » Johannes Faber, *Ad instituta*, II, 3, 4, n° 4 : « In aliis conditionibus hominum constituendis, sicut in adscripticiis, censitis et colonis et aliis conditionibus quæ plures sunt, dic... quod tales fiunt per pactum si cum scriptura se obligent et constet. » Sur les donations de soi-même, voir Bernard, *op. cit*, p. 147-167.

(207) Baldus, sur la loi fin. C., *De transactionibus*.

(208) Guy Pape, *Decisiones Grat*, qu. 314, 315 : « Etiam pacto vel stipulatione potest se quis hominem alterius constituere vel ligium, aut talliabilem vel francum, attento etiam quod et hoc libertas sua non minuitur, imo tenetur dominus eum contra alios in persona et bonis defendere, et tales homines talliabiles proprie possunt æqui parari hominibus ascriptis glebæ. » C'est bien là d'ailleurs l'idée ancienne. C'est elle, comme je l'ai dit plus haut, qui permettait de valider juridiquement les cessions de serfs consenties par les seigneurs. Elle explique aussi comment on trouve des chevaliers, *milites*, qui sont en même temps des serfs (*Livre des serfs de Marmoutiers*, App. n° 42, p. 167; cf. n° 7, p. 126). Ce sont des hommes qui concilient encore des services que le droit postérieur considérera comme incompatibles, des qualités (nob'ᵉ et serf) qui seront jugées comme inconciliables.

(209) Beaumanoir, Beugnot, XLV, 19; Salmon, n° 1438 · « Encore y a il de tix terres

Le servage pouvait cesser et disparaître de diverses façons. D'abord, par l'affranchissement que consentait le seigneur. Pour cet acte, le droit féodal n'imposait aucune forme (210), bien que, à raison de son importance, il fût toujours constaté dans un titre scellé, dans une charte seigneuriale (211). Mais le consentement du seigneur dont le serf dépendait ne suffisait pas pour opérer l'affranchissement valable. En affranchissant un serf, le seigneur, en effet, diminuait la valeur de son fief, du domaine utile qu'il possédait et auquel le serf tenait comme une dépendance : mais, par là même, il diminuait la valeur du domaine direct entre les mains de son propre seigneur. La conséquence était qu'il fallait aussi le consentement de ce seigneur supérieur, comme pour tout abrègement de fief (212); sinon, l'affranchi n'acquérait point la liberté, mais devenait le serf de ce seigneur supérieur (213). A l'égard de ce dernier, d'ailleurs, lorsque lui-même il était vassal, le même raisonnement pouvait être reproduit; d'où, en bonne logique, pour affranchir valablement un serf, il fallait le consentement de tous ceux qui, dans la hiérarchie féodale, étaient superposés au-dessus du seigneur direct (214). On n'alla jamais jus-

quant un frans hons qui n'est pas gentix hons de lignage y va manoir et il y est residens un an et un jour qu'il devient, soit hons soit feme, sers au segnor desoz qui il veut estre residens. » — Coutume de Bourgogne, tit. IX art. 6 — Coutume du Chaslet en Berry, art. 1. En outre le mariage avec une personne servile entraîne le conjoint libre dans la servitude, Bernard, op. cit., p. 130.

(210) Cela résulte bien de ce que Beaumanoir fait dériver l'affranchissement d'actes, qui n'avaient pas ce but direct, mais qui impliquaient chez le seigneur l'intention de traiter le serf comme une franche personne. Beaumanoir, Beugnot, XLV, 29, 34; Salmon, n°° 1437, 1456. Parmi les nombreux affranchissements que contient le Livre des serfs de Marmoutiers, il en est un accompli devant le roi Henri d'Angleterre en 1056 qui se fait encore per denarium (App. n° 17, p. 139). Mais, c'est là une exception: les autres sont dénués de formes; mais ils se divisent en deux classes. Les uns sont absolus, donnant à l'affranchi une liberté entière et rompant tous les liens qui l'attachaient au seigneur. Les autres sont conditionnés et limités, laissant subsister des obligations envers le seigneur (par ex., n°° 71, 76). Parfois il est difficile de distinguer l'affranchi du serf, la condition de l'un et de l'autre paraissant la même, n° 49 : « Domnus abbas Albertus et majoris monasterii fratres quemd m servum sancti Martini nomine Radulfum liberum fecerunt et clericaverunt, tali ratione et convenientia ut nunquam se a sancti Martini servitio ad alios transiens transferat sed sicut prius omni famulatu monachis ejus subjiciatur. Quod si se subtraxerit revocetur ut fugitivus et repetatur ut servus ubicunque fuerit. »

(211) Mais cela n'était point nécessaire, même pour la preuve, qui pouvait être faite par témoins (Beaumanoir, Beugnot, XLV, 14; Salmon, n° 1433).

(212) Beaumanoir, Beugnot, XLV, 18, 25, 26; Salmon, n° 1435. Dans le Livre des serfs de Marmoutiers ces autorisations du seigneur supérieur apparaissent dès le xᵉ siècle (n° 73), non pas à propos des affranchissements (ceux consentis par le couvent portent sur des biens allodiaux), mais à propos des cessions de serfs émanant des seigneurs; c'est toujours le même principe.

(213) Beaumanoir, Beugnot, XLV, 18, 26; Salmon, n° 1446; — Li drois et li coustumes de Champaigne et de Brie, ch. XVII; dans ce dernier texte, il s'agit d'un abonnement ou affranchissement partiel.

(214) Beaumanoir, Beugnot, XLV, 26 : « Ne pot nus donner abrégement de servitutes de fief, ne francises d'eritage, sans l'auctorité de ses pardessus. » Salmon, n° 1446.

que-là. Dans la pure société féodale, on s'arrêta au chef-seigneur (*capitalis dominus*), c'est-à-dire à celui, baron, comte, duc ou roi, qui représentait la souveraineté régionale (215). Plus tard, la royauté, faîte de la hiérarchie féodale, interviendra toujours pour autoriser l'affranchissement, c'est-à-dire en réalité pour percevoir un droit pécuniaire (216); mais le droit des seigneurs intermédiaires disparaîtra. Autoriser et confirmer l'affranchissement sera alors un droit strictement régalien.

De même que la prescription créait le servage, elle le faisait disparaître et transformait en franche personne le serf qui vivait pendant un certain temps en répudiant toutes les conséquences de l'état servile. Mais, sur les conditions de cette prescription libératoire, sur son admission même, les coutumes étaient très variables. Parfois elle était des plus courtes; un assez grand nombre de villes émancipées avaient au Moyen âge le privilège de conférer la liberté au serf qui y résidait pendant l'an et jour (217).

D'après une règle très ancienne, édictée d'abord pour l'esclave, puis appliquée au serf, celui-ci ne pouvait point entrer dans le clergé ou dans les ordres religieux, sans le consentement de son seigneur, qui devait alors l'affranchir (218). Mais, si cette prohibition avait été violée et que le serf eût reçu, sans cette autorisation, les ordres sacrés, la question se posait de savoir si, par le fait même de sa dignité nouvelle, il n'était pas affranchi. Le cas était discuté : en général, on admettait que la franchise était acquise, mais que les redevances pécuniaires devaient encore être fournies au seigneur par le clerc ou par quelqu'un en son nom (219).

(215) Beaumanoir, Beugnot, XLV, 18; Salmon, n° 1437 : « Bone coze est a cix qui voelent porcacier francise de lor servitute qu'il facent conferrer lor francise qui leur est promise, *par les souverains* de qui lors sires tient. » Cf. Beugnot, XLV, 26; Salmon, n° 1446 : « Aucuns ne pot francir son serf sans l'auctorité de son sovrain. » Voyez dans le *Livre des serfs de Marmoutiers*, App. n° 1, p. 121 (a. 1032-1064), un cas où l'on remonte jusqu'au comte, quatrième seigneur : « Annuit ad hoc Ivo de Curbavilla, dominus ejus... de quo ipse Nivelo (le donateur) prædictam terram in fevum tenere videbatur. Guanilo quoque thesaurarius de quo Ivo tenebat, et ipse nihilominus annuit Telbaldus comes, horum omnium dominus, sua etiam auctoritate confirmavit. »

(216) Loysel, *Inst*, I, 1, 73.

(217) Beaumanoir, Beugnot, XLV, 36 : « Les liex où il porroient aquere francise por demorer; si comme en aucunes villes es quels tout li habitants sunt franc par privilège ou par coustume. Car, sitost comme aucun set que ses sers va manoir en tel liu, s'il le requiert comme son serf dedens l'an et jor, il le doit ravoir, ou dedens tel terme come le done le coustume du lieu où il est alès manoir. » Edit Salmon, n° 1457.

(218) Beaumanoir, Beugnot, XLV, 17, 28; Salmon, n° 1448. — *Registre criminel de Saint-Maur-des-Fossés*, dans Tanon, *op. cit.*, p. 342, 344.

(219) Beaumanoir, Beugnot, XLV, 17, 28; Salmon, n° 1436, 1448. — *Liber practicus de consuetudine.Remensi*, n° 35, p. 55. Cf. Johannes Gallus (édit. Du Moulin), qu. 1. 4.

## V

Il reste à dire un mot des roturiers ou vilains. Leur condition a été indirectement dégagée par ce qui précède. Ils ne pouvaient pas invoquer les privilèges des nobles, et, à beaucoup d'égards, i s étaient traités comme les serfs, si bien que le mot *vilain*, dans les textes du xiiie siècle, désigne tantôt les roturiers des campagnes et tantôt les serfs. Il faut en dire autant de certaines autres dénominations qui sont également employées pour désigner les roturiers, par exemple les termes *hommes de poesté* (*homines potestatis*) (220) et *hommes coutumiers* (221).

Les tailles seigneuriales, les corvées pesaient sur les roturiers comme sur les serfs; mais juridiquement, ce qui les distingue de ces derniers, c'est qu'ils n'étaient pas frappés des incapacités qui visent le serf, le formariage et la mainmorte : celles-ci peuvent être considérées comme caractéristiques de la condition servile (222). Il faut ajouter que le roturier pouvait toujours se choisir librement un domicile, ce que ne pouvaient pas faire certains serfs. Il pouvait enfin librement acquérir des tenures roturières, qui, naturellement, étaient faites pour lui, tandis que souvent la coutume défendait au serf de posséder des terres autres que les tenures serviles.

Nous avons tranché au texte sans discussion une question importante. Nous avons admis (p. 219, 224) que la classe des hommes libres non nobles a toujours subsisté. Ce sont ceux que les textes juridiques appelleront d'abord les *vilains*, plus tard les *roturiers*. Ailleurs on les appelle les *hommes de poesté*; c'est l'expression dont se sert constamment Beaumanoir et elle se réfère à un passé très lointain; elle paraît bien viser les habitants non serfs de ces grands domaines, de ces *potestates*, que nous avons trouvées dans la Monarchie Franque.

Cependant on a prétendu qu'il fut un temps où tous ceux qui n'étaient pas des ecclésiastiques ou des nobles étaient des serfs. C'est ce qu'au xviiie siècle le comte de Boulainvilliers a soutenu, sans d'ailleurs présenter une argumentation bien précise, en ce qui concerne la Monarchie Franque. A ses yeux ce fut une conséquence

---

(220) Cela veut dire exactement les hommes d'un seigneur, les hommes d'une *potestas*. Voyez ci-dessus, p. 137.

(221) Les *coutumes* dont il s'agit ici, ce sont les *redevances*, surtout les droits levés sur les personnes ou sur la vente des marchandises. En anglais, le mot *custom* a conservé ce sens; la douane se dit *custom house*.

(222) *Registre criminel de Saint-Germain-des-Prés* (a. 1272); dans Tanon, *op. cit.*. p. 424 : « Et dist que pour ce que le Juif se pooit marier sans le congié du roi et donner ses biens et à mort et à vie, qu'il n'étoient pas de condition à serf quar serf ne puet tele chose feire. »

naturelle et forcée de la conquête de la Gaule par les Francs et de l'attribution des grandes propriétés rurales aux vainqueurs. Il voit dans tous les cultivateurs des serfs et c'est en ce sens qu'il entend le terme *homines potestatis* (*hommes de poesté*) : « J'ose même aller encore plus loin et faire voir que les Gaulois, qui devinrent réellement les sujets des François (Francs) par le droit de conquête et par la nécessité de l'obéissance toujours due au plus fort, n'étoient pas à la lettre sujets du roi, si ce n'est dans les terres qui lui étoient tombées personnellement en partage. En effet, le droit de Seigneurie et de Domination sur les hommes appartenoit foncièrement aux propriétaires des terres qu'ils habitoient. Car, qu'auroient fait ou pu faire les François (Francs), nouveaux conquérants, de terres sans hommes pour les cultiver ou d'hommes sans terres pour les nourrir et pour en subsister eux-mêmes ? Ces gens furent nommés gens *de poeste* ou *de poste* (*Gentes potestatis*), gens de mainmorte, serfs ou sujets. Mais de qui étoient-ils sujets, sinon des *Possesseurs* des terres, qui avoient sur eux droit de suite, droit de les revendiquer en tous lieux, même dans la cléricature ? Ils n'étoient pas sujets de l'Etat en général, si ce n'est dans la relation que leurs Maîtres, qui en étoient membres, avoient avec le corps entier de la nation et, par conséquent, ils n'étoient pas sujets du roi, qui n'avoit d'autorité que dans l'Etat. » (223). Boulainvilliers n'excepte de cette servitude, destinée à durer très longtemps, que ceux des Gaulois (Gallo-Romains), « qui conservèrent ce qu'on appeloit l'ingénuité et qui gardèrent leurs terres en tout ou en partie, de sorte que, par une suite nécessaire, ils continuèrent de posséder propriétairement les hommes qui s'y trouvoient, c'est-à-dire qu'ils eurent eux-mêmes des esclaves » (224).

Très logiquement Boulainvilliers admettait que le Tiers Etat ne s'était formé que par l'affranchissement des serfs : « Cette vérité est si certaine que, dans l'usage de la Monarchie, le Tiers Etat n'a commencé de faire corps que lorsqu'après avoir été affranchi par les seigneurs, il est entré sous la protection des Rois et a prétendu se faire leur sujet immédiat. .Entreprise dans laquelle il a été soutenu contre le droit évident des propriétaires des terres et contre la loi fondamentale du gouvernement. » (225).

Mais c'était là une thèse de fantaisie, qui ne reposait sur aucune documentation critique. L'annotateur et éditeur des *Essais sur la noblesse de France* en démontrait lui-même l'inanité (226).

De nos jours, l'école domaniale elle-même recule devant une pareille conception. Sans doute elle insiste, sur ce fait, reconnu par

(223) *Histoire de l'ancien gouvernement de la France*, par le comte de Boulainvilliers, La Haye et Amsterdam, 1727, t. I, p. 33 Cf. *Essais sur la noblesse de France*, contenant une dissertation sur son origine et abaissement par feu M. le Comte de Boulainvilliers, avec des notes historiques, critiques et politiques, Amsterdam, 1732, pp. 41, 153 et suiv.

(224) *Histoire de l'ancien gouvernement*, t. I, p. 35.

(225) *Op. cit*, t. I, p. 34. .

'226) *Essais sur la noblesse*, p. 63 et suiv.

tous, que le nombre des *vilains libres* a beaucoup augmenté à partir du XII⁰ siècle par les affranchissements de serfs. Mais elle admet qu'il y a eu toujours, même en dehors des villes, un certain nombre de non-nobles qui n'étaient pas serfs, qui étaient de franche condition : « Si nombreux que soient les serfs, dit M. Henri Sée, il semble bien que nulle part ils ne constituaient toute la population agricole. A côté d'eux, en plus ou moins grand nombre suivant les régions, se trouvent des hommes francs » (227) et l'auteur passe en revue, à ce point de vue, les principales régions de la France. M. Luchaire qui connaissait si bien le Moyen âge, fait la même constatation; il insiste particulièrement sur la mobilité des cultivateurs libres, que de son côté signale M. Sée (228) : « La classe agricole du XI⁰ siècle n'a pas la fixité et les habitudes sédentaires de nos campagnards d'aujourd'hui. Tous les paysans, serfs ou tenanciers libres et demi-libres, ne sont pas attachés au sol. Il en est qui se déplacent et en grand nombre, pour aller, çà et là, faire œuvre de déboisement et de mise en culture. Cette catégorie de travailleurs, qui se transportent d'une région à l'autre, proposant leurs bras au plus offrant, sont appelés les « hôtes » (*hospites, habitatores*) ou les « étrangers » (*convenæ, advenæ, purverci, albini*). On donne aussi à la partie flottante de la population des campagnes le nom ancien de *coloni* détourné de son sens carolingien. » (229).

Mais en 1902, dans son beau livre sur *L'Origine de la noblesse en France*, M. Guilhiermoz a produit une conception nouvelle, qui, par sa hardiesse, rappelle celle de Boulainvilliers, mais qui en diffère profondément à tous autres égards. Il ne s'agit point, comme chez l'écrivain du XVIII⁰ siècle, d'une hypothèse aventureuse sur les effets de la conquête franque, dénuée de tout support critique; c'est au contraire une thèse soigneusement élaborée et appuyée sur des textes nombreux, habilement choisis et interprétés par un maître de l'histoire du droit. Pour M. Guilhiermoz dans la pure société féodale, le noble, le chevalier est (en ne prenant que les laïcs) le seul homme libre; tous les autres sont des non-libres, des *servi*, et la liberté et la noblesse se confondent. Commentant un passage du poème d'Adalbéron adressé à Robert le Pieux, il dit : « On voit, d'une part, qu'Adalbéron était strictement fidèle à la doctrine, si énergiquement exprimée dans un capitulaire de Charlemagne, qu'il n'y a pas de condition intermédiaire entre celle de *liber* et celle de *servus*, et d'autre part, que pour lui, la classe libre est identique à celle que nous appelons la noblesse. » (230). A la page précédente il affirme « l'apparition tardive de cette idée qu'il y a une classe intermédiaire entre les nobles et les non-libres. » Pour prouver sa thèse, M Guilhiermoz produit surtout deux catégories d'arguments. En premier lieu il montre, dans notre très ancien droit coutumier, des règles, des facultés, qui paraissent raisonnablement représenter le

(227) *Les classes rurales*, p. 212.
(228) *Op. cit*, p. 237.
(229) Luchaire, *Les premiers Capétiens*, p. 23.
(230) *Essai sur l'origine de la noblesse en France*, p. 358.

droit commun, et qui pourtant ne peuvent être invoquées et exercées que par les nobles : « Quand on étudie l'ancien droit coutumier
français, on constate très souvent que certaines institutions juridiques qui, en elles-mêmes, ne portent aucun caractère de privilèges,
qui semblent être les institutions les plus normales et parfois les
plus indispensables du droit privé, sont cependant refusées aux
roturiers et réservées aux gentilshommes. Cela peut uniquement
s'expliquer par le fait que, dans un temps, les gentilshommes avaient
été seuls à posséder un droit privé, seuls à jouir de la capacité
juridique, en d'autres termes, que primitivement la noblesse n'avait
été autre chose que la pleine liberté et capacité. » (231).

Pour vérifier la prétention de M. Guilhiermoz, il faudrait faire,
une à une, la critique des règles de droit qu'il invoque en ce sens, ce
que nous ne pouvons essayer ici. Mais il est possible de présenter
quelques observations générales (232).

L'idée qui sert de point de départ à l'éminent historien, c'est que
le droit privé est naturellement un à une époque donnée. Or, il n'en
est ainsi que dans les sociétés très avancées en civilisation. Dans la
société féodale il y avait le droit des nobles, très différent de celui
des roturiers, des vilains, qui existait néanmoins, comme existait le
droit des serfs, très différent lui-même de celui des vilains; car les
serfs on le sait, avaient la personnalité juridique. Le serf avait des
droits, non seulement des droits de famille, mais un patrimoine et
même un droit judiciaire, la faculté de recourir à la justice; car
c'est à nos yeux une exagération que de dire, comme le fait l'auteur,
« que seul les gentilshommes pouvaient anciennement accomplir un
acte judiciaire » (233). Il est certain que les règles sur l'administration de la justice et sur la procédure étaient très différentes en ce
qui concerne les nobles, les roturiers et les serfs. Mais il y en avait
pour les derniers et les seconds, aussi bien que pour les premiers.
On ne doit pas être étonné non plus que, sans se confondre, le droit
des roturiers se rapprochât souvent du droit des serfs. Parfois les
arguments produits par M. Guilhiermoz sont faciles à écarter. Ainsi,
il dit (p. 351) : « Seules les femmes nobles avaient anciennement le
droit de renoncer à la communauté. » Mais ce droit de renoncer
n'est point de la nature première et vraie de la communauté entre
époux. S'il s'est introduit d'abord pour les femmes nobles, c'est que
la communauté entre époux était à l'origine une institution propre
aux vilains et aux serfs. Le régime des biens entre époux nobles
était différent, et, lorsque la communauté s'y introduisit, elle ne fut
acceptée qu'avec des restrictions, dont une fut la renonciation possible pour la femme.

Il n'est, pour nous, que deux points, sur lesquels le vilain fut
pendant longtemps l'égal du serf et différa profondément du noble,
quant aux garanties de la liberté. C'est d'abord quant aux droits

(231) *Essai sur l'origine de la noblesse en France,* p. 350.
(232) Voyez mon article dans le *Moyen âge,* p. 38 et suiv.
(233) *Essai sur l'origine de la noblesse en France,* p. 350.

que son seigneur a sur lui. A moins qu'il n'ait obtenu un privilège spécial, qu'il s'agisse de la justice *féodale* ou de la justice *seigneuriale* (234), le roturier est dépourvu de toute garantie : c'est toujours le seigneur seul qui le juge ou son officier, alors même que le litige s'élèverait entre lui-même et le roturier. C'est le dicton rapporté par Pierre des Fontaines : « Vilain, songe bien qu'entre toi et ton seigneur, il n'y a de juge fors Dieu. »

L'autre point, c'est que quant aux impositions, le vilain est complètement à la merci du seigneur justicier qui impose. Celui-ci peut le tailler arbitrairement, à volonté, à moins qu'il ne soit préservé par une charte ou par la coutume. Le noble au contraire est à l'abri des deux côtés. Dans la pure société féodale il est jugé par ses *pairs*, par les autres hommes de fief du même seigneur, simplement sous la présidence de ce dernier; il n'est point soumis en principe aux impositions.

M. Guilhiermoz, pour soutenir sa thèse, s'appuie aussi sur des textes anciens dont la portée lui paraît directe et précise, indiquant que dans la société il y a seulement trois conditions des personnes, les ecclésiastiques, les nobles et les serfs (235). Mais ce sont là des textes littéraires et non juridiques : ils expriment l'état de fait et non l'état de droit; la manière de vivre et la fonction sociale du serf et du roturier étaient à peu près les mêmes. Ces textes sont encore exacts, d'une exactitude générale, en ce que dans la classe agricole, comme dans la classe ouvrière, les serfs formaient une immense majorité.

M. Guilhiermoz a, d'autre part, rattaché sa théorie à celle du Tiers Etat : « Le droit de l'ancien régime, dit-il, distinguait en réalité cinq catégories de personnes : les clercs, les nobles, les bourgeois, les vilains libres et les serfs; mais les trois dernières catégories formaient ensemble une seule et même classe, qu'on opposait aux deux premières, sous le nom de tiers état. Or il est aisé, croyons-nous, de montrer : 1° que cette conception tripartite est le souvenir d'un état de choses qui était celui de l'époque féodale; 2° que le second ordre ou noblesse correspond à l'ancienne classe des hommes libres de l'époque franque, tandis que le tiers état correspond à l'ancienne classe des non-libres; 3° que la classe des hommes libres ou nobles ne comprenait à l'époque féodale que les seuls chevaliers. » (236).

Cela suppose admises deux choses. C'est en premier lieu que la théorie, la formation juridique des *ordres* est très ancienne. Or, cela est fort douteux. Sans doute, on voit de bonne heure, dans les textes cités par M. Guilhiermoz, la société considérée comme comprenant trois classes de personnes : ceux qui prient, ceux qui combattent et ceux qui travaillent. Mais la distinction ne fournit la théorie des ordres que lorsqu'il s'y rattacha des conséquences juridiques, des

(234) Voyez ci-après, 2ᵉ partie, ch. III, § 2.
(235) *Essai sur l'origine de la noblesse en France*, p. 357 et suiv.
(236) *Essai sur l'origine de la noblesse en France*, p 348, 349.

droits communs à tous ceux qui étaient compris dans la même catégorie. La conception de M. Guilhiermoz suppose un second point, un second élément, c'est que les *serfs* auraient été compris dans l'ordre du Tiers Etat, puisqu'au début ils l'auraient composé à eux seuls. Or, il est fort douteux qu'il en soit ainsi, même dans les derniers siècles de l'ancien régime, et sur ce point je m'associe aux réserves formulées par mon cher confrère M. Paul Viollet (237). Il semble cependant que la logique conduise à ce résultat : le Tiers Etat ne comprend-il pas tout ce qui n'est pas ecclésiastique ou noble ? Mais ce raisonnement n'est point conforme à l'idée que nos anciens auteurs se faisaient des *ordres*. Ecoutons celui qui en fut le principal théoricien, Charles Loyseau : « L'ordre est une espèce de dignité ou qualité honorable d'une même sorte, et non d'un même nom, appartenant à plusieurs personnes, ne leur attribuant de soy aucune puissance publique, mais, outre le rang qu'elle leur donne, elle leur apporte une aptitude et capacité particulière pour parvenir aux affaires et aux seigneuries. » (238). L'ordre est donc une catégorie de personnes qui ont des privilèges communs. Cela convient très bien au clergé et à la noblesse, qu'on appelait au xviiie siècle les *ordres privilégiés*. Mais cela paraît inapplicable au Tiers Etat. Pourtant son histoire le fait rentrer nettement sous la définition de Loyseau. Il paraît certain qu'il ne comprit d'abord que de véritables privilégiés, les bourgeois des villes privilégiées. Lorsque se formèrent les Etats provinciaux et les Etats Généraux, eux seuls sont convoqués pour le Tiers Etat. Beaumanoir distingue très nettement et presque constamment le *bourgeois* et *l'homme de poesté*. Mais comment les autres roturiers, les roturiers des campagnes, entrèrent-ils dans le Tiers Etat ? Ils y entrèrent en masse, lorsque, à partir de 1484, ils furent associés à l'élection des députés de cet ordre aux Etats Généraux. Mais bien auparavant, quelque étrange que cela paraisse, ils étaient devenus eux-mêmes de véritables privilégiés en acquérant des droits, une capacité qu'ils n'avaient point eus tout d'abord, en devenant capables des charges publiques, de posséder des fiefs (sauf le paiement du droit de franc-fief), etc. C'est le point de vue auquel se place l'auteur d'un traité publié en 1682 et intitulé : *Abrégé des trois Estats, du Clergé, de la Noblesse et du Tiers-Estat par le sieur D. G.* (239). On y lit à la page 88, à propos des *roturiers* : « Cette ancienne rigueur de les exclure entièrement des charges, des armées et des fiefs ne continua pas si exactement qu'à succession de temps ils n'aient été admis, comme nous le voyons aujourd'hui, aux armes, aux fiefs et aux seigneuries... et, quoiqu'à présent, ils soient entièrement libérés, c'est-à-dire exempts de la servitude et seigneurie privée, néanmoins ils sont toujours de droit commun sujets à la seigneurie politique et à certaines charges viles,

---

(237) Guilhiermoz, *op. cit.*, p. 348, note 5.

(238) *Des ordres*, ch. I, n° 3.

(239) Dans ces deux lettres on a voulu voir parfois les initiales du jurisconsulte Denis Godefroy à qui on attribuait le livre, mais cela est impossible.

comme au paiement et à la cueillette des tailles et des autres contributions pour les nécessités de l'Etat et à la garde des villes, des
châteaux et des passages et au logement des gens de guerre. » On
le voit, la conception est très nette et l'auteur fait des roturiers des
serfs affranchis, dont l'affranchissement a été le premier privilège.
Boulainvilliers disait aussi (240) que c'était par l'affranchissement que
les anciens serfs avaient pu dégager leur personnalité collective et
former le Tiers Etat.

Devant ces constatations il paraît difficile d'admettre que les serfs
aient jamais été compris dans le Tiers Etat.

Il a été mentionné plus haut une catégorie de vilains libres qu'on
appelle les *hôtes* et qui ont attiré l'attention spéciale de certains
auteurs. D'après M. Sée « le fait important, c'est que les hôtes forment une classe de tenanciers privilégiés » (241). Mais le terme, je
le crois, est pris dans deux sens distincts par les textes. Tantôt il
désigne des vilains qui ne sont point nés sur les lieux où on les
trouve. Ils sont venus chercher fortune hors du pays natal, dans ces
déplacements dont nous avons dit un mot (242). Les seigneurs qui
voulaient attirer de pareils émigrants, leur faisaient naturellement
des conditions avantageuses, pour les tenter. Ils faisaient connaître
à l'avance les conditions auxquelles ils leur accorderaient des lots
de terre à cultiver et un terrain pour bâtir une maison, une *masure*.
Ces tenures étaient appelées des « *ostises* ». Cela se présentait le plus
souvent à la campagne. Mais souvent aussi c'étaient des agglomérations que formaient ainsi les seigneurs. Près du château, ils
créaient ainsi un *burgus*, un bourg au sens ancien du mot, c'est-à-
dire qu'ils offraient et concédaient des terrains contigus, pour bâtir
sur chacun une maison assortie d'un jardin. Un *cens*, fixé d'avance,
était dû par le concessionnaire, que le seigneur exploitait aussi par
des *consuetudines* (243). C'était encore une combinaison semblable
que celle des *bastides* ou *villes neuves* du Midi, qui seront signalées
plus loin. En général les conditions faites à ces « hôtes » étaient assez
douces, parce que l'offre venait du concédant plus que la demande
du concessionnaire.

Mais le mot « hôte » avait, je le crois, une autre signification plus
large. Il désignait tous les hommes libres qui tenaient leur maison
d'un seigneur, tous ceux qui *couchaient et levaient* sur ses terres en
qualité de tenanciers, qu'ils soient des hommes d'ancienne race
locale ou des nouveaux venus. L'*ostise* désignait alors la *masure*,
l'*hospitium*, qui généralement était tenue en censive. M. Sée a
signalé la ressemblance de l'*ostise* et de la censive (244). Certains

---

(240) Ci dessus, p. 240
(241) *Op. cit*, p. 229.
(242) Ci-dessus, p. 241.
(243) Quant aux bourgs, voyez mon étude sur *Le bourg de Baigues au Moyen âge*,
dans la *Revue des Charentes* de 1904, p. 11 et suiv. du tirage à part.
(244) *Op. cit.*, p. 235 : « Il faut reconnaître qu'il y a entre le contrat d'hostise et le
contrat d'accensement, non seulement des ressemblances, mais souvent une parfaite
identité. »

passages de Beaumanoir, que j'ai cités à une autre occasion, ne me laissent aucun doute. C'est d'abord celui où il dit que les *hôtes* et les hommes de corps doivent aider le seigneur dans ses guerres, sans que les tenanciers vilains, les *hommes de poesté* soient visés en général (245). Ce qui me paraît être la raison de ce devoir, c'est la résidence sur la terre du seigneur, et on ne voit pas pourquoi il n'incomberait point à des tenanciers, dont la famille est depuis longtemps établie dans une masure, mais seulement à de nouveaux concessionnaires, aux *hôtes* dans le premier sens du mot. L'autre texte est un passage (246) où il est parlé des seigneurs qui demandent leurs cens et leurs rentes échus « à leur sougiés » avec l'amende à raison du retard. Dans la même phrase ces tenanciers, qui prétendent ne pas devoir l'amende et s'adressent à la justice, sont appelés « li oste »- Evidemment il n'y a là rien qui soit spécial aux hôtes dans le sens étroit du mot (247). Les tenanciers sont appelés *hôtes*, parce qu'ils sont les *sujets* du seigneur (248), c'est-à-dire qu'ils couchent et lèvent sur son territoire, qu'ils y ont leur demeure, *hospitium*.

(245) Ci-dessus, p. 183, note 52.

(246) Ci-dessus, p. 212, note 106.

(247) Cf. Beaumanoir, édit. Salmon, n° 862 : « L'hons de poesté, qui doit droit cens à son seigneur à certain jour *ou à autrui*, de quoi (qui) il tient eritage, s'il ne paie à jour, il est à V s. d'amende. » Le texte met en première ligne, le cas où le censitaire tient sa tenure de son seigneur, c'est-à-dire de son seigneur justicier, parce que c'est le cas le plus fréquent. Il ne met qu'en seconde ligne le cas où il *tient d'autrai*, d'une autre personne, parce qu'il est plus rare.

(248) En Beauvoisis, on le sait, tout titulaire d'un fief avait le droit de haute justice. Ci-dessus, p. 185, note 58.

# CHAPITRE III

## La guerre, la justice et le fisc.

-----

### § 1. — Les guerres privées.

Le droit de la guerre, dans les temps modernes, appartient au droit international, car la guerre n'existe que de nation à nation. Dans la société féodale, il fait partie du droit national ou intérieur, presque du droit privé, car la guerre a lieu d'individu à individu. Toute personne, au moins toute personne noble, peut recourir à la force et aux armes pour défendre son droit et venger ses injures C'est l'époque des guerres privées. Celles-ci, qu'on le remarque bien, n'étaient pas seulement des violences de fait contre lesquelles l'autorité publique était impuissante à réagir; c'étaient des voies de droit, et les meurtres, les pillages, les incendies (1), qui en étaient la conséquence, étaient parfaitement légaux, comme aujourd'hui les actes accomplis en état de légitime défense. Ce droit était encore pleinement en vigueur au cours du xiii* siècle, et Beaumanoir décrit tout au long et *ex professo* les règles des guerres privées (2).

Cependant, la société féodale n'était pas dépourvue de tribunaux; la justice y était organisée, et deux hommes y trouvaient toujours une cour compétente pour trancher leur querelle. Mais la partie lésée avait le choix, en principe, entre deux voies parallèles, la procédure judiciaire et la guerre privée, plaider ou combattre (3). D'ailleurs, les deux voies n'étaient pas alors aussi dissemblables

-----

(1) *Livre de Jostice et de Plet*, XIX, 28, § 2 : « An ville nus ne doit ardoir par nule guerre, se la guerre n'est tele que droiz la doie soffrir; ne hors de ville ausit. »

(2) *Coutume de Beauvoisis*, LIX, *Des guerres*; LX, *Des trèves et assuremens*.

(3) *Petri exceptiones legum romanarum* (édit. Savigny), III, 69 : « Unius sororis filii quæstionem suæ partis silentio dederunt; alterius autem sororis filii partem suam *per placitum et guerram exegerunt*. » — *Cartulaire de Saint-Père de Chartres*, charte du commencement du xii* siècle, p. 417 : « Posuerunt etiam in sacramento quod si quis, quicunque esset, nobis de terra illa calumpniam moveret, *ipsi placito*, *et, si necessitas postularet, bello nos quantum possent adjuvarent.* » — *Livre des serfs de Marmoutiers*, App. n° 30, p. 15 (xi* siècle) : « Ipse adjuvabit nos acquietare calumniam illam, omnibus modis quibus poterit, excepto per pecuniam dando et per guerram faciendo. »

qu'elles le paraissent; étant donnée la place que tenait le duel judiciaire, la *bataille*, dans la procédure, un procès n'était souvent qu'un combat restreint aux deux adversaires. De tels principes révèlent une société où la notion de l'État a disparu; c'est là ce qu'a produit l'anarchie d'où est sortie la féodalité. Mais, en même temps qu'elle est un fruit naturel du monde féodal, la guerre privée rappelle, par quelques-uns de ses traits, des institutions plus anciennes, des institutions primitives, qui ont ainsi une renaissance sociale. Elle est comme la *faida* germanique, comme la vengeance des coutumes primitives, une guerre, non pas d'individu à individu, mais de famille à famille. Étaient, en effet, nécessairement compris dans la guerre tous les parents des deux adversaires principaux, jusqu'au degré où le mariage devenait licite entre parents (4).

Le droit de guerre privée était-il ouvert à tous ? Oui, sans doute, au début, et ce principe est encore affirmé au cours du xiiie siècle (5). D'après Beaumanoir, le droit de guerre avait été restreint aux nobles et refusé par la coutume aux roturiers (6). Mais entre nobles il était presque illimité : tout noble pouvait déclarer la guerre à un autre; tout seigneur pouvait la déclarer au roi. Seul le vassal ne pouvait faire la guerre à son seigneur, à moins qu'il n'y eût de la part de celui-ci infidélité ou déni de justice constaté (7). Au xiiie siècle, une tendance se manifestait à défendre les guerres contre le roi, ou du moins à les rendre plus difficiles (8) C'était en vue de ces guerres privées qu'avait été établi et organisé le service militaire attaché aux fiefs ; aussi ne répondait-il vraiment qu'à ce besoin et était-il manifestement insuffisant dans les guerres nationales. Examinons quelles étaient les règles de ces guerres privées, et comment la société féodale elle-même réagit contre elles.

(4) Beaumanoir, Beugnot, LIX, 20, 21; LX, 13, Salmon, n°° 1686, 1687, 1702.

(5) Innocent IV, *Lectura super Decretales*, sur le ch. xii, *De rest. spol.*, II, 13, n° 8 : « Respondemus omnibus licitum esse movere bellum pro defensione sua et rerum suarum nec dicitur proprie bellum sed defensio. »

(6) Beaumanoir, Beugnot, LIX, 5; Salmon, n° 1671. D'après M. Guilhiermoz, cette règle au contraire serait ancienne; cela rentre dans sa théorie d'après laquelle tous les droits essentiels auraient été primitivement réservés aux nobles, *op. cm.*, p. 351. Mais cela est contraire à toutes les indications anciennes. Les textes du xe siècle sur la *paix de Dieu* sont généraux et visent toutes les personnes. Voyez concile de Charroux (Karrof), a. 989 : « tam episcopi quam religiosi clerici etiam et *omnis uterque sexus*, auxilium divinæ pietatis implorantes » et les trois canons arrêtés commencent par la formule générale « Si quis. » L. Huberti, *Studien zur Rechtsgeschichte der Gottesfrieden und Landfrieden*, p. 35.

(7) *Etablissements de Saint-Louis*, I, 52; — *Livre des droiz et commandemens*, § 435; — Boutillier, *Somme rurale*, I, 83.

(8) Durantis, *Speculum*, tit. *De feudis*, n° 28, p. 309 : « Quid igitur si aliquis baro regis Franciæ facit guerram ipsi regi : baro ipse præcepit ex debito secramento fidelitatis hominibus suis quod ipsum juvent; numquid tenentur eum contra regem juvare ? Videtur quod sic, nam grave est fidem fallere. Dicendum tamen est contra, nam baro insurgens contra dominum videtur incidere in legem Juliam majestatis. » — Cf. *Etablissements de Saint-Louis*, I, 53

# I

Tout chef de guerre, c'est-à-dire chacun des adversaires principaux, entraînait avec lui certaines classes de personnes, obligées
de marcher en campagne, ou légalement exposées aux coups. —
1° Les parents, comme il a été dit plus haut, attachés à sa cause
par la solidarité familiale. Cependant d'après Beaumanoir, ils pouvaient, par une abstention formelle, se tenir à l'écart de la lutte (9).
— 2° Les vassaux, astreints au service de guerre. Mais tous ne le
devaient pas dans les mêmes conditions : cela dépendait des
conventions et de l'importance du fief. Tantôt le vassal n'était tenu
que de venir seul, tantôt il devait amener avec lui un certain nombre
de chevaliers (10). Ce service était en principe fourni par le vassal
gratuitement et à ses frais (11); mais il avait une durée préfixe que
la coutume arrêtait d'ordinaire à quarante jours (12). On a prétendu
parfois, mais à tort, que la force de l'hommage lige consistait à
obliger le vassal de continuer indéfiniment son service jusqu'à la fin
de la guerre. — 3° Les roturiers, les vilains, figuraient eux-mêmes
dans ces guerres. Ils en étaient d'abord les premières victimes,
lorsque les ennemis de leur seigneur venaient piller et ravager ses
terres (13). De plus, ils étaient tenus de marcher comme combattants (14). Cependant ce n'était point en qualité de tenanciers qu'ils
devaient le service militaire; leurs tenures n'emportaient pas une
semblable charge, et, par conséquent, ils ne devaient pas

(9) Beaumanoir, Beugnot, LIX, 2, 18; Salmon, nᵒˢ 1668, 1685.

(10) *Livre de Jostice et de Plet*, XII, 8, § 3 : « Après un autre servise est que
doivent senez, c'est à savoir servise d'ost; et chacun le doit si come costume est..
Et est deuz en plusors manières: li uns le doit sels, li uns le doit soi et autre, li
autres le doit soi quinz, li autres le doit soi dizèmes. Et ce servise est deuz segont
la costume de la region et est acostumé par nombre d'anz. » — *Grand Coutumier de
Normandie* (texte latin), ch. xxv, xliv, lxxxv; — *Coutumier d'Artois*, LVI, 8; — Bou
tillier, *Somme rurale*, I, 88; — Coutumes générales données par Simon de Montfort,
*loc. cit.*, p. 217 : « Barones Franciæ et milites tenentur servire comiti, quando et
ubicunque guerram habebit contra personam suam, ratione hujus terræ acquisitæ vel
acquirendæ, in hac terra et hoc cum numero militum ad opus quorum comes dedit
eis terram suam et reditus. »

(11) Durantis, *loc. cit.*, p. 311 : « Quæritur utrum homo ligius teneatur sequi dominum ad exercitum suis sumptibus ? Dic quod si habeat pingue feudum, vel est dives,
dominus non tenetur sibi facere sumptus. Secus si feudum est modicum et ipse est
pauper. Non enim propter modicam rem tenetur sufferre magnam exactionem. »

(12) *Etablissements de Saint-Louis*, I, 65, p. 95. — *Grand Coutumier de Normandie*
(texte latin), ch. xxv.

(13) Voyez le *Sacramentum pacis* rédigé par Warin, évêque de Beauvais, sous le
règne du roi Robert, publié par M. Pfister, *Etudes sur le règne de Robert le Pieux*,
p. lx, art. 4 : « Villanum et villanam, servientes aut mercatores non prendam, nec
denarios eorum tollam nec redimere eos faciam nec suum habere eis tollam, ut
perdant propter werram senioris sui, nec flagellabo eos propter substantiam suam. »

(14) Boutaric, *Institutions militaires*, p. 141; Maurice Prou, dans la *Revue histo
rique*, t. XLIV, p. 313 et s.

le service militaire au seigneur foncier, en cette qualité (15).
Mais ils le devaient en qualité de sujets, au seigneur justicier,
à celui dans la haute justice de qui ils résidaient. Ce droit de
requérir les roturiers pour la guerre, ancien privilège du pouvoir
royal, s'était rattaché à la haute justice (16). Il était d'ailleurs assez
peu lourd, car la plupart des coutumes interdisaient au seigneur
d'emmener ses hommes à plus d'une journée de marche de leur
domicile : dans bien des lieux il dégénéra promptement en un
simple droit de guet et de garde du château seigneurial.

Pour conserver leur légitimité, les guerres privées devaient suivre
certaines règles. Elles devaient d'abord être régulièrement ouvertes,
ce qui avait lieu de deux façons : par *parole*, c'est-à-dire par une
déclaration formelle, et par *fait*, c'est-à-dire par suite d'une rixe où
avaient été échangées, entre nobles, des violences ou des injures
caractérisées (17). Il fallait de plus que la guerre ouverte n'eût pas
été régulièrement terminée par une paix ou suspendue par des
trêves (18). Au XIII° siècle, les actes de guerre devenaient également
illégitimes, lorsqu'ils intervenaient après que la justice avait été
saisie de l'affaire par une des parties (19) : avait-on choisi l'une des
deux voies parallèles, la voie pacifique, on ne pouvait plus revenir
à l'autre. Mais cette règle était un progrès réalisé : au XII° siècle on
pouvait encore, après un jugement rendu, recourir à la guerre (20).

(15) Boutillier, *Somme rural*, I, 84, p. 489 : « Terre... qui n'est tenue en fief, que
ruralement on appelle entre les coustumiers terre vilaine, ne doit hommage, service,
*ost ni chevauchée*, fors la rente au seigneur aux termes accoustumés. »

(16) *Etablissements de Saint-Louis*, I, 65; — *Livre des Droiz*, § 443, — *Registre
criminel de Saint-Maur-des-Fossés* (a. 1274), dans Tanon, *op. cit*, p. 323; *ibid.*, *Regis
tre de Saint-Germain-des-Prés* (a. 1295), p. 438; cf. p. 441, 433. — On trouve, il est
vrai, des textes où l'on voit un seigneur requérir pour la guerre ses tenanciers
roturiers ou serfs (hostes ou *hommes de corps*), aussi bien que ses hommes de fief
(Beaumanoir, Beugnot, LIX, 21; Salmon, n° 1687); mais sûrement il s'agit alors de
seigneurs, qui sont en même temps haut justiciers; ci-dessus, p. 183 et suiv.

(17) Beaumanoir, Beugnot, LIX, 9, 11, 18; Salmon, n°° 1674 et suiv.

(18) Beaumanoir, Beugnot, LIX, 11-14; Salmon, n° 1681, LX, *passim*; — *Grand
Coutumier de Normandie*, ch. v, LXXV.

(19) Beaumanoir, Beugnot, LIX, 16; Salmon, n° 1682 : « La tierce manière comment
guerre faut, si est quant les parties plèdent en cor par gages de bataille, d'un fet
duquel il tenoient ou pooient tenir l'un l'autre en guerre. Car on ne pot pas ne ne
doit en un mesme tems querre vengence de son ennemi par guerre et par droit de
cort. »

(20) Yves de Chartres, *Ep. CLXVIII :* « Sicut judicatum erat, venerunt utrique in
curiam comitissæ et actionibus utrinque ventilatis nescio quibus de causis comes
a causa cecidit. Postea cœperunt... adversus se guerram facere et alterius bona,
diripere. » Yves de Chartres ne paraît pas considérer ce procédé comme irrégulier.
La guerre intervient même après un jugement rendu, qui n'est pas accepté par l'une
des parties; *Livre des serfs de Marmoutiers* (n° 116, a. 1064-1100) : « Ipsi tantorum
virorum judicio non credentes, multa contradicentes, et quod sibi aliquando justitiam quærerent comminantes, illos audierunt... Ad ultimum post minas, post dicta,
post multa facta illorum... pax cum illis et concordia facta est. » On était revenu
à un état social où la justice ne pouvait plus imposer le respect de ses décisions
aux parties qui ne les acceptaient pas.

## II

Les guerres privées étaient un tel fléau que de bonne heure la société féodale chercha à réagir contre elles. Souvent, dans les villes ce furent des associations populaires, qui se formèrent pour réprimer par la force les violences individuelles. Mais la réaction vraiment efficace, quoique restreinte, devait venir de l'Eglise et de la souveraineté civile.

L'Eglise, qui avait alors à elle seule la direction morale des peuples, usa de son influence pour tempérer un mal qu'elle ne pouvait supprimer. Elle établit la paix de Dieu et la trêve de Dieu. La paix de Dieu consistait à soustraire en tout temps aux ravages des guerres privées certaines personnes et certains objets, qui étaient en quelque sorte toujours neutres et inviolables. C'étaient pour les personnes : les clercs, les agriculteurs, les voyageurs, les marchands, les femmes et les hommes qui les accompagnaient sans armes; — pour les choses : les biens des clercs et des moines, les animaux de labour et les moulins. La trêve de Dieu était une suspension d'armes édictée d'autorité dans les guerres privées, d'après laquelle les hostilités étaient défendues du mercredi soir au lundi, ou, tout au moins, du samedi au lundi de chaque semaine, et à certaines époques de l'année particulièrement sanctifiées. Le mouvement qui aboutit à ces règles paraît d'ailleurs avoir été populaire autant que religieux. D'après un historien de la première moitié du XIᵉ siècle (21), l'impulsion serait venue du sentiment de rénovation qui suivit l'an mille. Il se serait alors tenu en Aquitaine, sous la direction des évêques, abbés et religieux, des réunions où tout le peuple était convoqué, afin de rétablir la paix entre les hommes; puis de proche en proche, le mouvement aurait gagné toute la France, et alors aurait été établie la paix de Dieu proprement dite (22).

Mais ce récit paraît ne point correspondre à la réalité des faits. Le mouvement a commencé avant l'an mille, dans les dix dernières années du Xᵉ siècle. Il se produisit alors dans la partie méridionale de la France où la civilisation était plus développée. Ce fut la paix de Dieu qui fit la première son apparition; la trêve de Dieu ne vint que plus tard. Ce ne fut pas seulement l'Église qui prit l'initiative, les seigneurs et la population entière se joignirent au mouvement.

---

(21) Raoul Glaber, qui termina son histoire entre 1046 et 1049.

(22) Raoul Glaber, *Les cinq livres de ses histoires,* éd. Prou, l. IV, ch. v, nᵒˢ 14, 15, 17. Sur ce développement, voyez Pfister, *Etudes sur le règne de Robert le Pieux,* 160 et suiv.; — Huberti, *Studien zur Rechtsgeschichte des Gottesfrieden und Landfrieden, I, Die Friedensordnungen in Frankreich,* 1892. Ce dernier ouvrage vaut surtout en ce qu'il reproduit tous les textes utilisés dans la question et contient une bibliographie complète de celle-ci.

Les évêques cherchèrent avant tout à protéger les églises et les clercs; mais, dès le début, ils étendirent aussi la protection sur les paysans inoffensifs. Dans cette période se produit dans ce sens toute une série de conciles particuliers, ceux de Charroux en 989, de Narbonne en 990, d'Anse (entre Lyon et Mâcon), du Puy en Velay, vers 990 (23), de Limoges en 997-998 et de Poitiers en l'an mille (24). Dans les vingt premières années du xi° siècle, la paix de Dieu se propage vers le Nord, sous la protection du roi Robert le Pieux. Elle gagne la Bourgogne, et remonte plus haut, en particulier par l'action de Warin, évêque de Beauvais (25). La trêve de Dieu apparaît pour la première fois à un concile d'Elne en Roussillon, auquel on donne généralement la date de 1027 (26).

Jusque-là ce n'était point une institution générale de l'Église, n'ayant été établie que par des conciles particuliers. Le pape Nicolas II proclama pour la première fois le principe général de la paix de Dieu, en 1059, à un concile de Latran; enfin, en 1095, le Concile général de Clermont proclama, en les précisant, les règles de la paix et de la trêve de Dieu. Dès lors elles étaient entrées dans le droit canonique. Elles sont visées plusieurs fois dans le décret de Gratien (27), aux Décrétales de Grégoire IX, où elles forment un titre spécial (28).

Il faut ajouter qu'aux x° et xi siècles la paix, et plus tard la trêve de Dieu, n'étaient pas seulement sanctionnées par des censures ecclésiastiques. Par suite d'accords intervenus avec les seigneurs, le tribunal, établi pour poursuivre et juger les violateurs, prononçait d'autres peines, en particulier le bannissement (29¹).

Le pouvoir civil pendant longtemps fut impuissant à rien entreprendre de son chef contre les guerres privées. Mais au XIII° siècle, déjà bien plus fort, il s'efforça de les restreindre par divers moyens. Le principal fut *l'asseurement*, ou *sauvegarde*, imposé par la justice. L'asseurement n'était autre que la promesse solennelle qu'une

(23) Sur ces conciles voir l'ouvrage déjà cité de M. Huberti, *Studien zur Rechtsgeschichte der Gottesfrieden und Landfrieden*, p. 34 et suiv.
(24) Huberti, *op. cit.*, p. 123, 136.
(25) Huberti, *op. cit.*, p. 165.
(26) Huberti, *op. cit.*, p. 235, 240.
(27) C. 11, D. xc; C. 32, C. xxiii, qu. 8.
(28) X., *De treuga et pace*, I, 34.
(29¹) Voyez sur tous ces points Yves de Chartres, *Ep. XLIV, L, LXXXVI, XC, CLXVIII, CLXIX, CLXX, CLXXIII.* — Voyez l'établissement de Louis VII de 1155, acceptant pour dix ans la paix de Dieu (Isambert, *Anciennes lois françaises*, I, p. 152) : « Et si qui essent violatores ordinatæ pacis, de eis ad posse nostrum justitiam faceremus. » La *fractio pacis* constituait un crime dont connaissait d'abord la juridiction ecclésiastique, qui le punissait d'excommunication, puis de plus en plus, à partir du xii° siècle, la juridiction séculière. Des associations de paix formaient une organisation militaire, qui sanctionnait au besoin les décisions de la juridiction. Voir Molinié, *L'organisation militaire, judiciaire et financière des associations de la paix*, thèse 1912.

personne donnait à une autre de s'abstenir de toutes violences
envers elle. Cette promesse une fois donnée ne pouvait plus être
retirée, et, si elle était violée, la violation constituait un crime
capital (29²). Pendant longtemps l'asseurement ainsi compris ne
put résulter que du libre consentement; mais au xiii⁰ siècle, lorsqu'une guerre était imminente entre deux parties, le principe s'introduisit que le seigneur souverain, roi, duc, comte ou baron, pouvait
citer les adversaires devant lui et les forcer à se donner asseurement, par la saisie de leurs personnes ou de leurs biens (30). C'était
faire du souverain le représentant de la paix publique; c'était un
premier effort vers la reconstitution de l'Etat. On n'était pas arrivé
d'emblée à ce résultat; on avait commencé par admettre seulement
que la justice pourrait ordonner l'asseurement, lorsqu'il serait
requis par l'une des parties (31), puis on lui donna le droit de
l'imposer d'office.

Les premiers efforts du pouvoir législatif de la royauté se tour-
nèrent du côté des guerres privées; et ainsi fut édictée la *quarantaine le roi*. On a vu précédemment qu'en principe la guerre
englobait de plein droit tout le lignage des parties en cause, et que
d'autre part la guerre était ouverte par un simple fait, une rixe
ou une dispute. Il en résultait que les parents qui n'avaient pas
assisté au différend étaient néanmoins immédiatement exposés aux
coups et pouvaient être attaqués sans avoir été prévenus et sans être
sur leurs gardes. Un établissement royal du xiii⁰ siècle apporta un
remède à ce mal, en décidant que les actes de guerre; dans ce cas,
seraient licites seulement quarante jours après la rixe contre ceux
des parents qui n'auraient pas été présents (32). Beaumanoir attribue cette ordonnance « au bon roi Philippe », c'est-à dire à Philippe-
Auguste; d'autres l'attribuent à Saint Louis; il est probable qu'elle
fut plusieurs fois renouvelée. Un mandement de Saint Louis de
1257 alla plus loin (33): il défendit absolument toutes guerres
privées sur le domaine de la Couronne. Mais c'était là une mesure
prématurée; bien que souvent renouvelée au cours du xiv⁰ siècle,
elle sera inefficace (34), et ce n'est qu'à la fin du xv⁰ que la prohibition pourra effectivement s'introduire. D'ailleurs, prise dans son
ensemble, la législation des xiii⁰ et xiv⁰ siècles sur les guerres

(29²) Beaumanoir, Beugnot, LX, 4; LIX, 7, 8; — Salmon, nᵒˢ 1681, 1694.

(30) Beaumanoir, Beugnot, LX, 12, 18; LIX, 3; Salmon, nᵒˢ 1669, 1708. Cf. *Livre de
Jostice et de Plet*, II, 6, § 2, IV, 12, § 1. Voyez aussi l'ordonnance sur les trèves
donnée en 1275 à la ville de Valenciennes par la comtesse Marguerite; Wauters,
*Libertés communales*, Preuves, p. 230; — Hegel, *Städte und Gilden*, II, p. 146.

(31) *Etablissements de Saint-Louis*, I, 31; — Beaumanoir, Beugnot, LX, 10, Salmon,
nᵒ 1700.

(32) Beaumanoir, Beugnot, LX, 13, Salmon, nᵒ 1703

(33) *Ord.*, I, 84. Voir Perrot, *Cas royaux*, thè e 1910, p. 150, n. 1, et p. 154.

(34) Langlois, *Le règne de Philippe le Hardi*, p. 200 et suiv.

privées est beaucoup moins impérieuse. En général, elles ne sont
défendues que momentanément, en particulier pendant que le roi
soutient lui-même, au nom du royaume, une guerre nationale (35).
En 1367, une ordonnance de Charles V reconnaît encore la guerre
privée comme légitime entre nobles, lorsqu'elle a lieu du consentement des deux adversaires. Il ne la prohibe absolument que
lorsque l'un d'eux est prêt à ester à droit (36).

## § 2.— LA JUSTICE.

Comme le droit de faire la guerre, le droit de rendre la justice
s'était démembré et altéré dans la société féodale. Le pouvoir judiciaire s'était partagé entre les seigneurs féodaux, la royauté,
l'Église et les villes privilégiées, chacune de ces autorités l'exerçant à son point de vue et souvent d'après des principes différents.
Nous parlerons un peu plus loin des justices ecclésiastiques et
municipales; dans la troisième partie de ce livre nous étudierons
l'histoire de la justice royale; pour l'instant, nous nous bornerons
à la justice rendue par les seigneurs. Celle-ci se présentait sous
deux formes distinctes que j'appellerai, l'une la *justice seigneuriale*, et l'autre la *justice féodale*.

La *justice seigneuriale* était un démembrement inféodé de la
puissance publique, jadis concentrée dans la personne du roi.
C'était devenu une propriété possédée à titre de fief, le plus souvent rattachée à une terre, dont elle formait l'accessoire, et celui
qui en était le titulaire, le *seigneur justicier*, avait, en principe, le
droit de juger tous ceux qui habitaient dans un certain rayon, que
l'on appellera le territoire ou le détroit de sa justice (37). Tous
les seigneurs justiciers n'avaient pas d'ailleurs une compétence
également étendue, dans leur territoire plus ou moins grand : de
bonne heure on distingua à ce point de vue deux degrés, la *haute*
et la *basse justice* (38). La haute justice seule pouvait connaître de

(35) C'est d'ailleurs l'application d'une théorie déjà exposée par Durantis, *Specu
lum*, tit. *De feudis*, nº 16 : « Pone aliquis baro regni Franciæ habet guerram cum
alio barone; rex vero habet guerram cum alio, puta cum rege Alemaniæ qui vult sibi
subjugare regnum Franciæ. Baro præcipit hominibus suis quod juvent eum contra
alium baronem, rex vero præcipit eisdem quod juvent eum contra regem Alemaniæ :
quæritur cui magis obedire tenentur... Argumentum quod potius debeant obedire regi,
cum vocati sint ad majus tribunal. Et hoc verum est, nam rex qui habet adminis
trationem regni, vocat eos pro communi bono, scilicet pro defensione patriæ et
coronæ, unde sibi *jure gentium obedire tenentur.* » Cf. Huberti, *op. cit.*, § 17-20.
(36) Ordonnance du 20 juillet 1367, rendue après une assemblée d'Etats généraux
à Sens, *Ordonn.*, V, p. 19, art. 10.
(37) Beaumanoir, Beugnot, LVIII; Salmon, nº 1641 et suiv.; — Pierre de Fontaines,
*Conseil*, III, 7.
(38) Lettres de Philippe-Auguste de 1220 en faveur des marchands de l'eau de
Paris (Delisle, *Catalogue des actes de Philippe-Auguste*, nº 1959) : « Justitia sangui-

toute accusation criminelle entraînant une peine afflictive, la peine de mort ou une mutilation, et de tous les procès civils où pouvait intervenir le duel judiciaire, ce qui dans la procédure féodale était le cas de tous les procès quelque peu importants (39). A la basse justice appartenaient les autres causes (40). Il pouvait très bien se faire que dans le même lieu un seigneur eût la basse justice et un autre la haute (41). Au XIV⁰ siècle apparaît un degré intermédiaire, la *moyenne justice*, qui n'est pas autre chose que la basse justice enrichie de quelques-uns des droits réservés auparavant à la haute.

Mais la seigneurie ainsi comprise n'était pas la source unique de la justice. Il était une autre justice, non moins importante, qui résultait, non de l'autorité publique, mais des contrats féodaux et des tenures, et des rapports qu'ils créaient entre les hommes; c'est celle que j'appelle proprement *féodale* (42). Elle avait deux applications.

En premier lieu, le vassal, par l'hommage, s'était soumis à la juridiction du seigneur de fief, qu'il avait acceptée, et c'était lui seul qu'il reconnaissait pour juge, quand il était actionné au civil ou au criminel (43).Auprès de lui il trouvait une garantie précieuse, le jugement par les pairs, dont il va bientôt être parlé. Mais cette compétence générale et absolue, créée par la volonté des hommes, supposait le lien féodal dans toute sa force : aussi la restreignit-on à l'hommage-lige, et si le seigneur conserva, dans une certaine mesure, juridiction sur le vassal qui n'était pas son homme-lige, ce fut en vertu de la seconde application de la justice féodale.

Cette seconde application se formule dans cette règle : Tout seigneur, de qui relevait une tenure féodale, avait qualité et compétence exclusive pour trancher tous les litiges, mais ceux-là seulement, auxquels donnait lieu cette tenure, pour connaître de

nis de armis, ut baculo seu lapide vel alia re, qua ledi possit, et justitia latronis et magna justitia nobis remanent. Alia autem parva erit mercatorum. » Beaumanoir, LVIII, *Des hautes et basses justices*; — *Etablissements de Saint-Louis*, I, 34; — *Livre de Jostice et de Plet*, II, 5, § 1. Ci dessus, p. 177 et suiv.

(39) Esmein, *Etudes sur les contrats dans le très ancien droit français*, p. 48.

(40) Beaumanoir, Beugnot, LVIII, 2; Salmon, n⁰ 1642; — Loysel, *Institutes*, II, 2, 47 : « Pilory, eschelle, carquant et peintures de champions en l'auditoire sont marque de haute justice. »

(41) Beaumanoir, Beugnot, LVIII, 1; Salmon, n⁰ 1641; — *Etablissements de Saint Louis*, I, 115.

(42) Voyez, sur ce qui suit, Flach, *Les origines de l'ancienne France*, I, p. 219 et suiv.

(43) Durantis, *Speculum*, tit. *De feudis*, n⁰ 17 : « Quæritur quid juris habeo in homine meo ejusque bonis... In primis siquidem ratione homagii vendicat sibi (dominus) jurisdictionem in eo, non dico merum vel mixtum imperium. Eo enim quod aliquis est homo meus ligius, hoc ipso est jurisdictioni meæ subjectus et sum ejus judex. Et omnia bona ejus, quæ non habet ab alio in feudum non ligium, sunt mihi subjecta ratione jurisdictionis, licet illa non teneat a me in feudum. Eo enim quod personam suam mihi principaliter subjecit, videtur per consequens omnia bona subjecisse. »

toutes les actions qui étaient dirigées de ce chef contre le tenancier. C'est ainsi que nous voyons le seigneur de fief juge naturel et nécessaire de toutes les actions intentées contre le vassal à raison du fief (44). De même le seigneur censier connaît des causes concernant la censive (45). Mais cette juridiction, que l'on appelle souvent foncière, se bornait, nous l'avons dit, à ce qui concernait la tenure, et elle n'existait que pour les tenures féodales : les tenures, simplement foncières, que même un censitaire pouvait constituer sur son domaine utile, n'y donnaient pas lieu (46).

Par là est tranchée une question souvent agitée, celle de savoir si originairement la possession d'un fief n'entraînait pas toujours le droit de justice dans l'étendue des terres qu'il comprenait : je réponds affirmativement en ce qui concerne la *justice féodale* et négativement en ce qui concerne la *justice seigneuriale* (47). Cela n'empêche pas d'ailleurs que, dans certaines régions, tout fief entraînait la justice seigneuriale et même la haute justice (48); mais

(44) *Livre de Jostice et de Plet*, XIX, 26, § 2 : « Premièrement len dit que sires puet prandre les choses à celui qui sera de sa juridiction... Et se je ne suis de sa juridiction, fors de la propriété del foiz (fief), de la chose pot il prandre por le fet de mon cors ? Nenil. » — *Grand Coutumier de Normandie*, ch. xxix : « Nullus autem potest justiciam facere super feodum aliquod, nisi tenetur de eodem »; *ibid*, xxx, sur la tenure en parage : « Potest autem antenatus in postnatos justitiam exercere pro redditibus et faisantiis ad dominos feodi pertinentibus. Pro aliis autem occasionibus nequaquam nisi solummodo in tribus casibus, videlicet pro injuria personæ ipsius irrogata vel primogenito suo vel uxori. » — Cf. Beaumanoir, Beugnot, ch. L, *Des bones viles*, n° 15, 16 : « Çascuns doit defendre son heritage par devant le segneur de qui il muet. Tout nous avons dit que çascune personne de commune singulerement se pot acroistre en heritages vilains, se le communetés se voloit acroistre, il ne li seroit pas à sofrir; car malvesement porroit justicier un petit sires l'eritage dont le propriété seroit à une commune. » Salmon, n° 1521-1522. Il faut remarquer que dans ce chapitre Beaumanoir, parlant des bonnes villes en général, ne s'attache pas uniquement à la coutume de Beauvoisis, d'après laquelle tout seigneur de fief avait haute justice.

(45) *Coutumier d'Artois*, III, 17 : « Robers qui est tes couchans et tes levans, fu adjornés par devant son signeur pour chateux et moebles; et à ce jour meisme avoit jour par devant j. sien autre signeur d'iretage qu'il tenoit de lui... Mout gringneur reverence doit il a le court son signeur, desous qui il couce et lieve que à celui de qui il tient la terre a cens sans plus. » — Boutillier, *Somme rural*, I, 84, p. 489 : « Terre qui n'est tenue en fief, que rurallement qu'on appelle entre les coutumiers terre vilaine... doivent à leur seigneur service d'eschevinage. Car le seigneur de tels tenants peut faire ses eschevins pour traiter et demener les héritages entre tels subjects.»

(46) *Grand Coutumier de Normandie*, ch. LIII, p. 140 : « Sciendum est quod nullus tenens feodum suum per vile servitium potest habere curiam super tenentes de eodem, bordarii [scilicet] et servientes ad saccum et sommam et alii qui vilia debent servitia. »

(47) C'est par rapport à la justice seigneuriale qu'il faut entendre la maxime : « Fief et justice n'ont rien de commun », en tant qu'elle indique l'indépendance naturelle de la justice et du fief.

(48) Il en était ainsi, en Beauvoisis, d'après Beaumanoir, X, 2; LVIII, 1; Salmon, n° 295. — On trouve pourtant des passages de textes anciens qui semblent considérer la pleine justice comme une dépendance nécessaire du fief ou de l'alleu. *Grand Coutumier de Normandie*, ch. II : « Feodalis (jurisdictio) est illa quam habet quis ratione feodi sui. Unde ad ipsum pertinet jus inhibere de querelis ex feodo procreatis, et etiam super omnibus aliis querelis quæ contra residentes feudi pro-

ce sont là des coutumes particulières, non une conséquence nécessaire des principes féodaux. Disons maintenant comment étaient
organisés les tribunaux des seigneurs.

Le seigneur pouvait lui-même présider sa cour, ou la faire tenir
par un officier qu'il nommait et qui portait ordinairement le titre
de prévôt ou de bailli (49) : mais ni l'un ni l'autre ne siégeaient
seuls. Les règles qui déterminaient la composition du tribunal
variaient selon la qualité de la personne qui y comparaissait
comme défendeur.

S'il s'agissait d'une homme de fief, par les principes de la justice
féodale, il ne pouvait être valablement actionné que devant son
seigneur de fief; mais celui-ci, en réalité, n'était pas son juge. Le
vassal avait droit à être jugé par ses pairs, c'est-à-dire, que le
tribunal était composé d'un certain nombre de vassaux du même
seigneur, et c'étaient eux qui faisaient le jugement : le seigneur ou son bailli n'avait d'autre rôle que de présider et de
prononcer la sentence (50). Il en était ainsi non seulement lorsque
le poursuivant était un covassal ou un homme étranger au groupe
féodal, mais aussi lorsque la demande était intentée par le seigneur
lui-même, à raison du fief et des obligations qui en découlaient (51);
c'était même dans ce cas que le jugement par les pairs constituait
la garantie la plus précieuse pour l'homme féodal. Il ne faut pas
croire d'ailleurs que, pour une procédure valable, le groupe entier
des vassaux dût être réuni : le service dû par eux de ce chef était
fort lourd, très périlleux, comme on le verra bientôt. On se contentait d'un petit nombre; quatre, trois, ou même deux, paraissent
avoir été considérés comme suffisants (52). Si le seigneur n'avait
pas assez d'hommes, il devait en demander à son propre seigneur
pour compléter sa cour, et l'on considérait que la règle du jugement par les pairs était encore respectée (53).

creantur, exceptis tamen illis quæ specialiter pertinent ad ducatum. » Pour l'alleu
voyez Flach, *Les origines*, I, p. 204. Mais cela doit s'entendre ou d'un régime parti
culier, spécial à une région, comme celui qu'on trouve en Beauvoisis, ou de la
justice simplement féodale. — Cf. Boutillier, *Somme rurale*, I, 84, p. 490 : « Les
tiennent les tenans franchement de Dieu et y ont toute justice basse. »

(49) Beaumanoir, Beugnot, ch. i; Salmon, n°° 11 et suiv. — *Livre de Jostice et
de Plet*, I, 17, 19. Parfois, pour une justice seigneuriale importante, on distinguait
la prévôté et le bailliage ou assise, certains actes graves ne pouvant se faire qu'en
assise, au moins avec une valeur définitive.

(50) Beaumanoir, Beugnot, I, 13, 15; X, 2; Salmon, n°° 24, 31, 295; — *Grand Coutu
mier de Normandie*, ch. ix : « Barones autem per pares suos debent justiciari; alii
vero per eos omnes qui non possunt a judiciis amoveri. » — *Etablissements de
Saint Louis*, I, 76. — Cf. Esmein, *Histoire de la procédure criminelle en France
depuis le xiii° siècle jusqu'à nos jours*, p. 4 et suiv.

(51) Beaumanoir, Beugnot, I, 15; Salmon, n° 24.

(52) Pierre de Fontaines, *Conseil*, XXI, 29; — *Etablissements de Saint Louis*, I, 76
— Beaumanoir, Beugnot, LXVII, 2, 3; Salmon, n° 1883, — *Coutumier d'Artois*,
LVI, 32.

(53) Beaumanoir, Beugnot, LXVII, 3; Salmon, n° 1884; - Pierre de Fontaines,
*Conseil*, XXI, 19.

Lorsqu'il s'agissait, non d'un homme de fief, noble par conséquent, mais d'un roturier, le principe était différent. Celui-ci n'avait pas le droit au jugement par les pairs, qu'il comparût en vertu de la justice féodale ou de la justice seigneuriale, et alors, selon les régions, le tribunal était constitué suivant l'un ou l'autre des types que voici : tantôt c'étaient encore les hommes de fief qui siégeaient et jugeaient, comme s'il se fût agi d'un vassal (54); tantôt le bailli ou prévôt tenait seul le tribunal (55). Cependant, même dans ce dernier cas, il ne jugeait pas seul. Selon une tradition très ancienne et constante, dérivée sans doute du fonctionnement des rachimbourgs et *scabini* dans la Monarchie Franque, le juge devait consulter, avant de prononcer, les hommes notables et sages de l'assistance (56). Il les appelait à son conseil, sans être, semble-t-il, obligé de suivre leurs avis (57). Ceux qui composèrent ainsi le conseil du juge, ce furent naturellement les praticiens de profession, dès qu'il s'en forma dans les diverses juridictions. Cette règle, qui mettait presque le vilain à la discrétion du seigneur justicier ou de son bailli, s'appliquait aux procès concernant la tenure, comme aux autres causes (58). Cependant sa condition pouvait être améliorée, et il pouvait avoir droit localement et exceptionnellement au jugement par les pairs. Cela pouvait provenir de la coutume, qui dans bien des lieux instituait, pour juger les roturiers, un tribunal composé de leurs pareils, habitants de la même seigneurie : cela se présentait surtout quand il s'agissait de la justice féodale, qui était souvent rendue, quant à la tenure, par d'autres tenanciers (59). En second lieu, le seigneur pouvait, par une charte, accorder à ses vilains le privilège d'être jugés par leurs pairs (60). Enfin, lorsque le roturier put acheter un fief sur lequel il résidait, alors même qu'il ne devenait pas noble, il avait droit à

---

(54) Beaumanoir, Beugnot, I, 15; Salmon, no 25 : « Li homes... doivent juger l'un l'autre et les querelles du commun peuple. »

(55) Beaumanoir, Beugnot, I, 13: Salmon, n° 24 : « Il y a acuns lieux là u on fet les jugements par le bailli et autre lieu la u li home qui sunt home de fief font les jugements. » — *Coutumier d'Artois*, LII, 12.

(56) Beaumanoir, Beugnot, I, 13; Salmon, no 24 : « Es liex u les baillis font les jugements... il doit appeler à son conseil des plus sages et fere le jugement par lor conseel. » — *Coutumier d'Artois*, III, 20.

(57) C'est du moins ce qu'on trouve au XIVe siècle, très nettement; Esmein, *Histoire de la procédure criminelle*, p. 36, note 1.

(58) Pierre de Fontaines, *Conseil*, XXI, 8 : « Selon Dieu tu n'as mie plénière poesté sur ton vilain, dont, se tu prens dou suen fors les droites redevances qu'il te doit tu les prens contre Deu et sur le péril de l'âme, comme robierres... mes par nostre usage n'a-t-il entre toi et ton vilein juge fors Deu, tam com il est tes couchans et tes levans, s'il n'a autre loi vers toi que la commune. » — Cf. *Coutumier d'Artois*, LVI, 11-13.

(59) Boutillier, *Somme rurale*, I, 2 : « Selon la coutume des lieux à conjure d'hommes ou d'eschevins, ou de juges hostes ou cottiers. » *Ibid*, I, 3, p. 13; I, 84, p 490

(60) C'est ce qu'indique de Fontaines, dans le passage cité plus haut, où il parle du vilain qui ne peut invoquer que la *loi commune*

être juge quant à son fief par les autres vassaux du seigneur (61).

Le serf était, au point de vue judiciaire, traité comme le vilain; même dans la rigueur du droit, il ne pouvait intenter aucune action contre son seigneur (62). On trouve aussi dans certaines coutumes l'expression de cette idée, qu'à moins d'une concession émanée du souverain les serfs ne pouvaient actionner en justice les franches personnes (63).

Les justices féodale et seigneuriale différaient profondément entre elles, soit quant à leur nature, soit quant à leur importance; mais elles se ressemblaient toutes en un point. Dans le pur droit de la féodalité, c'étaient toutes des juridictions souveraines; elles statuaient toujours en dernier ressort. L'appel proprement dit, né dans l'Empire romain, avait déjà disparu dans la Monarchie Franque, à plus forte raison n'existait-il pas dans la jurisprudence des cours féodales. La conception de l'appel, en effet, n'est pas simple; c'est un produit de l'expérience, mais elle répugne naturellement à l'esprit populaire. Soumettre à un nouveau juge une cause déjà tranchée par un premier, parce qu'une erreur a pu se commettre, c'est mettre de parti pris la justice en suspicion; et, si le premier juge a pu se tromper, pourquoi n'en serait-il pas de même du second (64)? Mais, si la procédure féodale, essentiellement coutumière et populaire, ignorait l'appel, elle connaissait au contraire deux voies de recours, qu'elle qualifiait même de ce nom, mais qui étaient toutes spéciales. La première était *l'appel de*

<hr/>

(61) Beaumanoir, Beugnot, XLVIII, 7 et suiv.; Salmon, n°° 1507; — Pierre de Fontaines, *Conseil*, III, 4, 5.

(62) Beaumanoir, Beugnot, XLV, 31; Salmon, n° 1452 : « Li uns des serfs sont si souget à lor seigneurs que lor sires pot penre quanque il ont à mort à vie et lor cors tenir en prison toutes les fois qu'il lor plait, soit à tort, soit à droit, qu'il n'en est tenus à répondre fors à Dieu. » — *Livre des serfs de Marmoutiers*, n° 106 : « Iste Gaudelbertus aliquando cum se servum nostrum non bene recognosceret, cepit eum illico Odo prior noster et ad majus monasterium adduxit, ibique tandiu eum in parcere tenuit donec illum se servum esse confessus est. » — *Livre de Jostice et de Plet*, II, 4, § 2 : « Li rois defent que... serf (fasse semondre) son seigneur »; II, 15, § 2 : « L'en ne doit pas por serf semondre son segnor ce n'est por sa cruauté. »

(63) Boutillier, *Somme rurale*, I, 9, p. 42 : « Si est à sçavoir qu'en demandant en cort laie n'est à recevoir homme de serve condition contre homme de franche condition, s'il n'estoit par adventure autorisé du prince. »

(64) Cependant il résultait de la désorganisation politique et judiciaire comme un succédané de l'appel. Les tribunaux ne pouvant point imposer le respect de leurs décisions aux parties qui ne les acceptaient pas, et les compétences étant mal déterminées dans un milieu où la justice avait un caractère arbitral très prononcé, le plaideur mécontent d'un jugement pouvait porter à nouveau la cause devant une autre cour, si celle-ci voulait l'accueillir et si l'adversaire y consentait. C'est ainsi que, dans un procès rapporté au *Livre des serfs de Marmoutiers* (n° 116, a. 1064-1100), le différend est soumis successivement à trois tribunaux distincts, avant de se terminer par une transaction. Il y est dit expressément après le premier jugement : « Sed illi non *contenti diffinitione illa*, violentia comitis domni sui recuperare credentes, qued in placito supradicto non poterant, retulerunt ad ipsum comitem vim fieri sibi et injuriam. Cum vero de eodem agerent in curia ipsius, etc. » — Cf. *Cartulaire de Baigne*, édit. Cholet, n° 26.

*défaute de droit.* Elle supposait un déni de justice : le seigneur, ou le bailli qui le représentait, fermait sa cour à un demandeur, refusait d'accueillir son action, bien qu'il fût, dans l'hypothèse, le juge compétent. Le plaideur éconduit pouvait alors saisir le seigneur immédiatement supérieur dans la hiérarchie féodale; si là il subissait un nouveau refus, il pouvait remonter plus haut encore, au degré supérieur, et même jusqu'au souverain, de degré en degré. Cet appel était ouvert à tous, et le déni de justice était prouvé sans qu'intervînt contre le seigneur ou le juge aucune provocation au duel judiciaire. D'ailleurs, lorsque cet appel était bien intenté et réussissait, il entraînait de graves conséquences. Si c'était un vassal auquel son seigneur avait dénié la justice, le seigneur, ayant manqué à l'un des devoirs essentiels du contrat féodal, perdait sa suzeraineté : le vassal était délié de ses obligations et gardait cependant le fief concédé, mais il le tenait dorénavant du seigneur supérieur, dont il devenait le vassal. Si l'appelant était un roturier, le seigneur perdait en lui simplement un justiciable (65). L'autre voie de recours était l'*appel de faux jugement.* C'était une application grossière et brutale d'une voie de droit, que nous connaissons encore sous le nom de *prise à partie.* Celui qui intente la prise à partie ne soutient pas seulement qu'il y a mal jugé, il accuse le juge de prévarication, d'injustice voulue, ou tout au moins de faute grave. Dans l'appel de *faux jugement*, le plaideur reprochait au juge d'avoir rendu sciemment un jugement *faux et mauvais.* C'est là un acte que comprend très bien la conscience populaire. Mais, dans la procédure féodale, cette prise à partie avait un caractère particulièrement grave : elle se vidait par le duel judiciaire. Le plaideur provoquait un jugeur, on constituait des gages de bataille, et le duel se déroulait devant la cour du seigneur immédiatement supérieur : suivant l'issue de la bataille, le jugement était confirmé ou cassé (66). Mais l'appel de faux jugement n'était pas une voie de droit commun, ouverte à tous. C'était un privilège réservé à ceux qui avaient droit au jugement par les pairs. Il n'était donc pas ouvert en principe à d'autres qu'à l'homme de fief (67). Il constituait, en dehors même du duel, une procédure subtile et délicate (68).

(65) Sur l'appel de défaute de droit, Beaumanoir, LXI, 53, 65; LXII, 3-5; — *Etablissements de Saint Louis*, I, 56. — Cf. Esmein, *Histoire de la procédure criminelle*, p. 25.

(66) Beaumanoir, LXI, 45 et suiv.; LXVII, 7-9; — Pierre de Fontaines, ch. xxii; — *Etablissements de Saint Louis*, I, 83; — *Livre de Jostice et de Plet*, XX, 16; — *Coutumier d'Artois*, VII, 8; LVI, 27; — *Assises de Jérusalem, Livre de Jean d'Ibelin*, ch. clxxxvii. — Cf. Esmein, *Histoire de la procédure criminelle*, p. 26.

(67) Pierre de Fontaines, *Conseil*, XXII, 3 : « Vileins ne puet fausser le jugement son seigneur ne de ses homes, s'il n'est garniz de loi privée par quoi i le puisse fere. »

(68) Voyez sur ce point Brunner, *Wort und Form im altfranzösischen Process* dans

La procédure des cours féodales était, d'ailleurs, très remarquable quant à ses traits généraux. Elle était orale et essentiellement formaliste, subtile et grossière à la fois (69). La théorie des preuves était encore très influencée par les principes qui s'étaient dégagés dans la Monarchie Franque. Cependant un certain nombre de règles nouvelles ou de modifications importantes sont à signaler. Le principe qui domine, c'est que le fardeau de la preuve incombe au demandeur et que cette preuve doit se faire par des témoins d'une espèce particulière, qui viennent affirmer en pleine cour, sous la foi du serment, une formule arrêtée d'avance par un jugement; l'adversaire peut essayer de faire tomber le témoignage en *faussant* ou en *levant* le témoin, c'est-à-dire en le provoquant en duel judiciaire (70). Par suite, les ordalies unilatérales, *judicium aquæ aut ferri*, très répandues encore au xııᵉ siècle et qui apparaissent très souvent dans les chartes de commune, disparaissent peu à peu au cours du xıııᵉ siècle; le serment purgatoire et les *cojurantes* se conservent plus longtemps dans certaines régions (71). Enfin le duel judiciaire, la *bataille*, prend une extension considérable; il devient le principal mode de preuve au civil comme au criminel. Parfois il intervient d'emblée, par une provocation directe émanée du demandeur; souvent il se greffe, au cours du procès, par un *faussement* du témoin ou du juge. Le droit criminel s'est également transformé en partie; le système des compositions proprement dites a peu à peu disparu. Tous les crimes et délits sont punis ou de peines afflictives cruelles, ou d'amendes véritables payées, non au gagnant, mais au seigneur justicier. Cependant, la vieille idée de la vengeance privée domine encore la procédure criminelle. En principe, la poursuite d'office, par le juge, n'existait pas, en dehors du cas de flagrant délit; elle n'appartenait qu'au particulier lésé ou à ses représentants. Par suite, la procédure criminelle suivait en général les règles de la procédure civile, n'étant qu'un débat entre deux particuliers (72); et les parties pouvaient s'entendre pour faire la paix et se réconcilier. Ce sont d'ailleurs des points sur lesquels je reviendrai plus tard, en exposant, dans ses grandes lignes, le développement ultérieur du droit criminel.

## § 3. — Les droits fiscaux.

La fiscalité développée nous est apparue dans l'Empire romain comme la caractéristique d'un Etat très centralisé et d'une admi-

---

les *Sitzungsberichte der k. Akademie der Wissenschaften* de Vienne, t. LVII, p. 738 et suiv.

(69) Sur cette procédure, consulter le travail de Brunner cité à la note précédente; il a été traduit dans la *Revue critique de législation et de jurisprudence*, 1871-1872.

(70) Esmein, *Etudes sur les contrats dans le très ancien droit français*, p. 40 et suiv.

(71) Esmein, *Histoire de la procédure criminelle*, p. 46 et suiv., 324 et suiv.

(72) Esmein, *Histoire de la procédure criminelle*, 1ʳᵉ part., tit II, ch. ı, p. 3-65.

nistration savante. Il semblerait, par conséquent, que l'on ne dût rien trouver de semblable dans la société féodale, où la notion de l'Etat s'est profondément dénaturée, et où l'organisme administratif est redevenu tout à fait rudimentaire. Il n'est pas de société cependant où plus de prestations pécuniaires aient été exigées des hommes par l'autorité publique, et où le contribuable ait été plus durement exploité. Mais cette fiscalité avait un caractère tout particulier; elle était organisée, non dans l'intérêt public, pour la satisfaction des besoins généraux, mais dans l'intérêt particulier des seigneurs et pour leur profit personnel. Le droit de lever des contributions s'était transformé en propriété féodale, et, avec le droit de rendre la justice, dont il formait d'ailleurs une dépendance, il constituait le principal attribut des seigneuries. En réalité, dans la société féodale, il faut parler non des impôts, mais des droits fiscaux des seigneurs, qui constituaient pour eux une exploitation légitime de leurs sujets, une source normale de revenus, comme le produit de leurs terres. Sans doute les seigneurs justiciers, représentant presque tout ce qui restait de la puissance publique, rendaient des services au public, mais entre ces services et les contributions qu'ils percevaient il n'y avait plus aucune relation nécessaire et juridique. On ne peut donc parler à cette époque d'un système de contributions publiques; tout ce qu'on peut faire, c'est de classer en diverses catégories les revenus fiscaux des seigneurs d'après leur source et leur nature. J'en distingue trois classes :

1° *Les profits de justice.* La justice est avant tout considérée par le seigneur comme une source de revenus, et ces profits sont eux-mêmes de deux sortes. C'étaient d'abord les amendes, qui tantôt intervenaient comme peine des délits et tantôt comme sanction des ordres légitimes émanés du seigneur ou de son juge. Tout seigneur percevait les amendes prononcées par sa justice; mais, seules, celles de la haute justice étaient véritablement abondantes. Parfois elles étaient arbitraires, c'est-à-dire que le taux en était laissé à la discrétion du juge (73). Le plus souvent elles étaient coutumières, c'est-à-dire que le taux, dans chaque cas, en était fixé par la coutume. Dans cette fixation, les traditions de l'époque précédente avaient exercé une grande influence. Souvent, c'était l'ancien *bannus* royal qui avait fourni la mesure (74). De l'époque franque venait aussi cette règle fort répandue que, pour le même fait, l'amende variait d'après la condition et la qualité des personnes; chacun « amendait selon sa loi » (75). En particulier, on peut remarquer que l'amende infligée au noble et celle payée par le

(73) Beaumanoir, Beugnot, XXX, 20; Salmon, n° 843; — Loysel, *Institutes*, VI, 2, 2.
(74) Viollet, *Les Etablissements de Saint Louis*, t. I, p. 245 et suiv.
(75) Viollet, *Les Etablissements de Saint Louis, loc. cit.*

roturier étaient différentes; mais ici, et cela était·fort logique, le privilège était pour le roturier; lorsqu'il payait un certain nombre de sous, le noble souvent payait le même chiffre de livres (76). En seconde ligne venaient les *confiscations*. La confiscation de tous les biens du condamné, comme conséquence des condamnations capitales, avait été introduite par le droit de l'Empire romain; elle s'était conservée au profit du roi dans la Monarchie Franque. La coutume féodale la maintint et en fit un attribut de la haute justice (77). Cela était logique, car seule la haute justice pouvait prononcer la condamnation principale qui entraînait la confiscation, d'où la maxime : « Qui confisque le corps, il confisque les biens. » (78).

2° La seconde catégorie de droits fiscaux représentait de véritables impôts (79). En principe, le droit de les lever appartenait à tout seigneur haut justicier et n'appartenait qu'à lui sur son territoire (80); nous savons aussi que les nobles étaient exempts de ces impôts, auxquels étaient seuls soumis les roturiers et les serfs (81). Les uns se présentaient sous la forme d'impôts directs : telles étaient la taille servile et la taille roturière, qui parfois était réduite à un nombre de cas déterminé, correspondant aux aides féodales, mais qui souvent aussi était arbitraire, à la volonté du seigneur, dans les temps anciens (82). On peut aussi ranger dans cette catégorie les droits de gîte et de procuration, c'est-à-dire le droit pour le seigneur de se faire gratuitement loger et héberger avec sa

(76) Beaumanoir, Beugnot, XXX, 21 et suiv.; Salmon, n°ˢ 844 et suiv.; — Loysel, *Institutes*, VI, 2, 30. — Cf. *Livre de Jostice et de Plet*, XVIII, 24, § 64 : « Feme, se ele forfet de mahins forfet, si come de lédanges, de férir et de sanc et de chable, et d'amendrer forfez, l'amende n'est que la moitié mendre d'ome. »

(77) Beaumanoir, XXX, 2; Salmon, n° 824 : « Quiconque est pris de cas de crieme et atains du cas... il doit estre traînez et penduz et si meffet tout le sien quanques il a vaillant, et vient le forfeture au seigneur desoz qui il est trouvez; et en a çascuns sires ce qui es,trovez en sa signorie. »

(78) Loysel, *Institutes*, VI, 2, 19.

(79) Voyez, quant à leur origine, Flach, *Les origines de l'ancienne France*, t. II, ch. xvi et suiv., ci-dessus, p. 179 et suiv.

(80) Flammermont, *De concessu legis et auxilii tertio decimo sæculo*, p. 40 et suiv. Dans ses Coutumes générales, Simon de Monifort reconnaît le droit de lever des impôts au profit des seigneurs qui dépendent de lui. Mais il veut que le chiffre en soit fixé dans des lettres accordées par les seigneurs et confirmées par lui-même, et les seigneurs n'auront pas le droit de lever une plus forte somme d'impôts. C'était le principe féodal reconnu, mais limité et tempéré, dans cette féodalité que venait d'établir la conquête. Voyez ces coutumes, *loc cit*, p. 221 : « Item nullus, baro, miles, aut quilibet alius dominus, cui comes dederit terram in portibus istis, poterit exigere ultra mensuram falliæ statutam et confirmatam literis eorumdem dominorum et comitis, sive nomine talliæ, aut quæstus, aut bonitatis, vel cujuscumque alterius causæ, salvis tamen censibus et aliis redditibus terrarum, vinearum, domorum et aliarum rerum et justitiæ. Hæc enim tallia pro omni alia tallia, sive quæstu, sive demanda constituta est et commensurata, ultra quam non licet aliquid exigere aut extorquere amplius ab aliquo. »

(81) Ci-dessus, p. 174, 222.

(82) Flach, *op cit*, t. II, ch. xvii

suite (83). Mais le gîte et la procuration étaient surtout réglés par des coutumes très locales, et souvent la charge pesait sur des nobles ou des établissements ecclésiastiques. Les autres contributions se présentaient sous la forme de l'impôt indirect. C'étaient ces innombrables péages, droits de marché, droits de vente, qui apparaissent dans les chartes; c'étaient aussi les *banalités* (84). Ces dernières étaient des monopoles profitables établis au profit du seigneur; leur nom venait de ce que les seigneurs les avaient créées en édictant la défense de se servir d'autres objets ou de s'approvisionner ailleurs, par un règlement ou *ban* seigneurial. Les principales étaient le droit de four et de moulin banal et le droit de banvin, par lequel le seigneur se réservait, pendant un certain temps, après la récolte, le droit exclusif de vendre du vin dans son territoire. .

C'est un problème fort discuté que celui de l'origine des banalités. Trois thèses sont en présence. D'après l'une que nous connaissons déjà et qui est celle du *régime domanial* (85), la banalité dériverait directement du droit de propriété, de la grande propriété; cela se conçoit assez bien pour le four, le moulin, le pressoir banal, mais cela ne peut guère expliquer le *banvin* (86). Selon une autre théorie, défendue par notre éminent confrère, M. Paul Viollet, le four, le moulin, le pressoir banal seraient les restes d'une ancienne copropriété de village et s'expliqueraient par là: le seigneur l'aurait ensuite usurpée (87). Mais ici encore le droit de banvin ne trouve pas sa place. D'ailleurs, d'une façon générale, ces théories, fondées sur le droit de propriété, ne rendent pas compte du caractère essentiel des banalités : c'est la contrainte imposée aux sujets et l'incapacité pour eux d'avoir un établissement de même nature. Ce ne peut être qu'un effet de la puissance publique, concédée ou usurpée. Le nom d'ailleurs est significatif : *banalité*, vient de ban, et sous les Carolingiens le ban, *bannus*, était l'ordre ou la défense de la puissance publique sanctionné par une amende. L'amende était de 60 *solidi* pour le ban royal; certains fonctionnaires laïques ou ecclésiastiques avaient un *bannus* sanctionné par une amende inférieure. C'est ce ban qui a passé aux

(83) Flach, *op. cit.*, l. II, ch. xviii.

(84) Flach, *op. cit.*, l. II, ch. xvi.

85) Ci-dessus, p. 182 et suiv.

(86) Henri Sée, *op. cit.*, p. 313 : « Il semble plus naturel de considérer le banvin comme un monopole issu du droit de propriété, car nous voyons en fait qu'à une époque où les grandes transactions commerciales n'existent plus, la vie économique se restreint au domaine et que c'est le propriétaire qui la régit souverainement. »

(87) *Etablissements de Saint Louis*, Introduction, p. civ, cv. — M. Koehne (*Das Recht der Muehlen bis zum Ende der Karolingerzeit*) a établi que ni chez les Germains, ni pendant les premiers siècles du Moyen âge, les moulins n'ont appartenu aux communautés d'habitants.

seigneurs et dont ils ont usé pour se constituer des monopoles productifs. On voit d'ailleurs assez clairement comment cela s'est fait pour le banvin (88). On sait que Charlemagne, dans une conception économique qui se retrouve en d'autres milieux, a défendu de vendre le produit des récoltes au-dessus d'un prix fixe, et, plus tard, de vendre le blé sur pied ou les raisins sur le cep. C'étaient les comtes et les prélats qui étaient chargés d'appliquer ces règles édictées d'accord avec l'autorité ecclésiastique. Or, un concile de Paris de l'année 827 nous apprend que les évêques, les comtes et autres supérieurs usaient de ce droit dans leur propre intérêt, *suadente avaritia* (89). C'est ainsi qu'ils ont établi le droit de banvin pour les récoltes de leurs domaines; puis les autres seigneurs, dans l'usurpation féodale, les ont imités. La contrainte pour moudre au moulin du seigneur, cuire à son four, presser à son pressoir, en payant les droits établis, et la défense de créer sur son territoire des établissements de même nature ont été édictees de la même façon.

Il en résulta que, pour avoir un droit de banalité, il fallait avoir une *justice seigneuriale*. Au XIIIᵉ siècle les Etablissements de Saint Louis exigent que le titulaire ait au moins cette juridiction inférieure qu'on appelle la voirie (90). Au XVIᵉ siècle c'est un attribut de la haute justice. Il est vrai que la doctrine des XVIIᵉ et XVIIIᵉ siècles fera reposer la *banalité* sur un contrat réel ou présumé et en tirera des conséquences notables; mais les principes du droit féodal pur étaient alors oubliés.

3° La dernière catégorie de droits fiscaux représentait le produit

---

(88) Flach, *Origines de l'ancienne France*, t. I, p. 115 et suiv.

(89) C. 52, Labbe et Cossart, *Concilia*, t. VII, col. 1631 (*Mon. Germ. Conc.*, II, ıı, p. 645) : « Comperimus quod in quibusdam occidentalibus provinciis, *suadente avaritia*, episcopi et comites et *ceteri prelati* pauperibus sibi subjectis solent *edictum* imponere ut nullus illorum tempore messis modium frumenti nec tempore vindemiæ modium vini majori pretio nisi quod ab eis constituitur vendere presumant. » Les mots *ceteri prelati* sont pris sans doute dans le sens générique de fonctionnaires supérieurs. Le texte les appelle d'ailleurs deux fois *Seniores*. Le concile indique aussi qu'il y a d'autres abus semblables à celui qu'il signale, *similia gravamina*. Ce texte important a été invoqué par notre collègue Paul Thomas, professeur à la Faculté de droit de Toulouse, dans une leçon d'agrégation au concours de 1906 (section d'histoire du droit). Il a cité aussi deux passages du capitulaire *de villis*, les cc. 45 et 18 (Boretius, I, p. 87, 84). Le c. 45 ordonne que chaque judex ait dans son service de bons ouvriers (*ut unusquisque judex in ministerio suo bonos habeat artifices*), et notamment des brasseurs qui sachent faire la cervoise, le cidre (*pomaticum*) et le poiré. Cela indiquerait que l'officier public, le *judex*, doit s'occuper du pressoir. Mais le *judex* dont il est ici question n'est point le comte ou son subordonné, mais le fonctionnaire royal préposé à la *villa*. Il est vrai qu'il n'est pas seulement l'agent d'un grand propriétaire, mais en même temps un représentant de l'autorité publique. Le c. 18 parle seulement des fariniers du roi.

(90) *Etablissements de Saint Louis*, édit. Paul Viollet, L. I, ch. cxi (p. 196), *De Moniers et de Molins*, et ch. cxiii (p. 202), *Du droit au vavassor et au baron*; remarquer dans ce dernier passage la mention de la possession d'un bourg (*bourc*) ou de partie d'un bourg.

pécuniaire résultant de droits régaliens autres que celui de lever
l'impôt. Ces droits régaliens, qui, démembrés du pouvoir royal,
s'étaient également inféodés, peuvent se ramener à deux groupes.
Les uns appartenaient seulement en principe aux grandes seigneuries supérieures, à moins que la prescription, la grande régulatrice du Moyen âge, ne les eût rattachés à des seigneuries moindres. C'étaient, par exemple, la régale, ou droit de percevoir les
revenus des évêchés vacants (91), et le droit de battre monnaie, si
lucratif aux mains de ceux qui le possédaient (92). Les autres, au
contraire, étaient l'attribut de toutes les hautes justices. Ceux-là
découlaient de cette idée fondamentale qui fait adjuger à l'autorité
publique les biens sans maître. C'étaient les droits de déshérence,
d'épave, d'aubaine et de bâtardise (93).

Dans ce système fiscal, les impôts généraux et nationaux avaient
disparu. Le roi n'avait droit à des contributions qu'en qualité de
seigneur. Sur le territoire qui formait son domaine et où ne
s'étaient pas constituées des seigneuries supérieures, il exerçait les
mêmes droits qu'un duc ou un comte sur son grand fief; là où il
avait conservé la haute justice sur les habitants, il avait les revenus
du seigneur haut justicier.

(91) Voyez plus loin, deuxième partie, ch. iv, § 1, no II.

(92) Sur les origines du droit de monnaie féodal, voyez la remarquable étude de
M. Prou, dans son *Introduction au Catalogue des monnaies carolingiennes de la
Bibliothèque Nationale*, Paris, 1896, ch. iii, *Le droit de monnaie*, p. xlvi et suiv.
M. Prou démontre que le droit de frapper les monnaies, qui, sous les Mérovingiens,
avait en grande partie perdu le caractère régalien, pour devenir une industrie privée,
simplement contrôlée, fut au contraire énergiquement revendiqué et exercé comme
un droit royal sous les premiers Carolingiens. Les ateliers monétaires fonctionnaient
alors sous l'autorité du comte, pour le profit du roi, le comte ayant seulement droit
à une part des bénéfices de l'atelier. Mais, avec la décadence carolingienne, cet état
de choses se modifia profondément. Les comtes tendirent à s'attribuer, comme propre
et patrimonial, l'exercice de cette prérogative du pouvoir royal. Dès les premières
années du xᵉ siècle, il en est ainsi dans un certain nombre de cités. Cependant le
droit ne cesse pas encore d'être royal en apparence : « la monnaie était encore royale
quant au type, mais elle était fabriquée par les comtes et à leur profit ». Quand le
droit de battre monnaie était, par donation, transféré à une église, la donation émanait encore du roi, mais avec le concours et le consentement du comte. Dans la
seconde moitié du xᵉ siècle, le droit devient féodal; « quelques comtes osent inscrire
leur nom sur les monnaies, d'abord à côté, puis à la place de celui du roi ». Bientôt, et c'est le dernier terme de l'évolution, ils fixeront eux-mêmes le titre et le poids
des monnaies et en détermineront le cours. Les ducs ou comtes ne furent pas les
seuls qui conquirent ainsi le droit de monnaie. Les églises, sous les Mérovingiens,
paraissent avoir largement frappé monnaie; Pépin et Charlemagne laissèrent subsis
ter ce privilège au profit d'un certain nombre d'églises, en en contrôlant l'exercice.
A partir du règne de Louis le Débonnaire, le droit de monnayer est transféré par
des actes spéciaux à un certain nombre d'églises. Mais d'abord l'évêque est pure
ment substitué au comte dans l'exploitation d'un atelier public. A partir du xᵉ siècle,
c'est le droit même de battre monnaie en leur nom et où bon leur semble qui est
concédé aux églises et aux abbayes.

(93) Le droit d'aubaine permettait au seigneur d'imposer des taxes à l'étranger et
de recueillir ses biens lorsqu'il mourait; le droit de bâtardise était semblable par
rapport au bâtard.

# CHAPITRE IV

## L'Eglise.

Dans la société féodale, l'Eglise maintint et consolida les droits politiques qu'elle avait obtenus dans la Monarchie Franque. Elle conserva et étendit ses privilèges et les exerça dans une indépendance presque complète à l'égard du pouvoir civil. Cela provint de deux causes principales. En premier lieu, la féodalité fut le produit de l'anarchie et eut pour conséquence l'obscurcissement momentané de la notion de l'Etat : dans cette perturbation profonde, l'Eglise, au contraire, comme jadis à la chute de l'Empire d'Occident, conserva intactes son organisation et ses traditions. D'autre part, l'Eglise était devenue le plus grand propriétaire foncier du royaume, et nous savons quel rôle prépondérant joua la propriété foncière dans la formation des institutions féodales. Les évêques et les abbés, au nom des églises et des couvents, concédèrent des terres et eurent leurs vassaux et tenanciers; les établissements ecclésiastiques devinrent aussi le centre de groupes féodaux. Souvent aussi, aux évêchés et aux abbayes se rattacha la seigneurie souveraine ou justicière, le droit d'exercer les attributs de l'autorité publique sur tout son territoire ; les chartes d'immunité fûrent, en particulier, l'origine d'une quantité de justices ecclésiastiques. C'était, pour l'Eglise, la source d'une grande et nouvelle puissance; mais c'était aussi l'acceptation forcée de certains devoirs et d'une certaine dépendance. Ces seigneuries ecclésiastiques obéissaient, comme les autres, aux principes du droit féodal. Elles se distinguaient seulement quant à leur mode de transmission, qui n'était pas l'hérédité; elles passaient, avec le titre et le bénéfice, au nouvel évêque ou au nouvel abbé (1); elles entraînaient, pour

---

(1) *Grand Coutumier de Normandie*, ch. xxv *bis* : « Ex gratia autem fit successio quando episcopus vel abbas vel alius succedit alteri ad feoda ad beneficium pertinentia ad quod per gratiam provectus est. » — Loyseau, *Des seigneuries*, ch. xv, n° 26; — P. Bertrandi, *De origine jurisdictionum* (xive siècle), n° 8, dans le *Tractatus tractatuum*, III, 1 : « De cæteris prælatis in regno Franciæ et Teutoniæ et in pluribus aliis mundi partibus constitutis notorium est quod... cum potestate spirituali et ecclesiastica, obtinent ducatus, comitatus et baronias cum potestate temporali. »

leur titulaire, la vassalité, au moins envers le roi; il devait la fidélité, et tout au moins par représentant, les services du vassal (2). Mais, si par là l'Eglise était entrée dans la hiérarchie et dans la dépendance féodales, quant à l'exercice de ses privilèges anciens, elle avait acquis une indépendance, que n'avaient admise ni la législation des empereurs chrétiens, ni le gouvernement des monarques francs, tant qu'il ne fut pas atteint d'une irrémédiable faiblesse. La juridiction ecclésiastique proprement dite, celle qui s'exerçait dans chaque diocèse, non pas en vertu des principes féodaux, mais par application des règles canoniques, prit une immense extension, empiétant largement sur la justice séculière. La législation propre de l'Eglise, le droit canonique, acquit par là une valeur et une portée toutes nouvelles. Alors qu'il n'y eut plus, pendant deux siècles environ, de lois générales promulguées par le pouvoir séculier, l'Eglise continua à légiférer, par l'organe des conciles et des papes, pour toute la chrétienté, et elle légiféra en toute liberté. Dorénavant, en effet, les conciles s'assemblent spontanément, sur la convocation de l'autorité ecclésiastique, sans avoir besoin de l'autorisation du pouvoir civil : tout au plus, doivent-ils éviter de s'assembler sur certaines terres, lorsqu'elles appartiennent à un seigneur en conflit avec la papauté (3). Les ecclésiastiques, au profit desquels la coutume a reconnu les privilèges que leur accorde le droit canonique, et, en particulier, l'exemption d'impôt, constituent une classe de personnes semblables aux nobles et fort différentes des roturiers. Voilà les traits généraux de cette condition nouvelle. Je me propose maintenant d'examiner spécialement deux points qui ont fait aussi l'objet d'un examen spécial pour les périodes précédentes : le patrimoine et la juridiction ecclésiastiques.

## § 1. — LE PATRIMOINE DE L'ÉGLISE ET LES BÉNÉFICES.

Le patrimoine de l'Eglise doit être envisagé à deux points de vue. Il faut indiquer d'abord quelle était la consistance et la condition des biens de l'Eglise; il faudra exposer ensuite comment la jouissance en était répartie entre les membres du clergé.

(2) Voyez mon étude sur la *Question des investitures dans les lettres d'Yves de Chartres*, dans la *Bibliothèque de l'Ecole des Hautes Etudes* (Section des sciences religieuses), t. I, p. 154 et suiv.

(3) Voyez une lettre de Grégoire VII de l'année 1077 à son légat Hugues de Die (Jaffé, *Monumenta Gregoriana*, p. 273) : « Admonemus fraternitatem tuam ut concilium in partibus illis convocare et celebrare studeas, maxime quidem cum consensu et consilio regis Francorum, si fieri potest. »

# I

Le patrimoine ancien de l'Église, celui qu'elle possédait lorsque la féodalité se constitua, comprenait trois choses : 1° des biens déjà acquis, et en particulier des immeubles; 2° le droit de percevoir la dîme; 3° la faculté d'acquérir librement de nouveaux biens.

L'Église, sauf les déprédations auxquelles personne n'échappait dans un âge de violence, conserva les biens qu'elle avait acquis; et même ses terres anciennes ne subirent point, en principe, l'inféodation; elles restèrent entre ses mains avec la propriété pleine et entière, ne payant de redevance à personne (4). C'était ce qu'on appela le franc alleu ecclésiastique, ou encore la tenure en franche aumône. Seules, les seigneuries justicières annexées à ces terres furent ramenées dans la suite à la règle du ressort féodal (5), comme cela eut lieu pour le franc alleu laïque (6).

L'Église conserva aussi le droit de percevoir la dîme. Les capitulaires l'avaient introduite dans le droit public; la coutume l'y maintint, fixant les produits qui y étaient soumis. Toutes les terres, nobles ou roturières, la subissaient, et lorsque l'organisation ecclésiastique fut complète, ce fut en principe le curé de chaque paroisse qui eut le droit de la percevoir; mais, souvent, par la coutume ou par la prescription, d'autres autorités ecclésiastiques empiétèrent à leur profit sur la dîme paroissiale. Un certain nombre de dîmes sortirent pourtant du patrimoine de l'Église. Acquises à des laïcs, par usurpation ou autrement, elles furent concédées par eux à titre de fief à d'autres laïcs; c'est ce qu'on appelle les dîmes inféodées (7).

Mais les établissements ecclésiastiques ne conservèrent point sans restriction la faculté d'acquérir de nouveaux biens. Les restrictions qui furent apportées par la coutume féodale ne procédèrent pas, d'ailleurs, d'un esprit de défaveur à l'égard de l'Église; elles ne furent pas non plus dictées par la préoccupation de l'inté-

(4) Beaumanoir, Beugnot, LVIII, 1; Salmon, n° 1641 : « Tuit li home de le conté qui tiennent de fief ont en lor fiés hautes justices et basses : et aussi ont les églises, *qui tiennent héritages francs et de lonc tans* sans faire redevance nule à nului. »

(5) La Poix de Fréminville, *Traité historique de l'origine et de la nature des dixmes et des biens possédés par les ecclésiastiques en franche aumône*, Paris, 1762, p. 257 et suiv.

(6) Ci-dessus, p. 217.

(7) La Poix de Fréminville, *op. cit.*, p. 66 et suiv. — La patrimonialité des églises fut la cause principale de l'appropriation des dîmes par les laïques, le seigneur propriétaire de l'église percevant la dîme à son profit au lieu de la laisser au clerc desservant. Voir sur l'histoire de la dîme : P. Viard, *Histoire de la dîme ecclésiastique principalement en France jusqu'au décret de Gratien*, thèse, 1909, et *Histoire de la dîme ecclésiastique dans le royaume de France aux xiiᵉ et xiiiᵉ siècles*, Paris, 1912, — E. Lesne, *La dîme des biens ecclésiastiques aux ixᵉ et xᵉ siècles*, Rev. d'hist. eccl., 1913

rêt général, qui ne se fera jour que bien plus tard. Ce fut 1 intérêt
féodal, l'intérêt pécuniaire des seigneurs, qui fut ici en conflit avec
l'intérêt ecclésiastique. Ce qui montre bien que telle fut la cause
de ces restrictions, c'est que les établissements ecclésiastiques conservèrent le droit illimité d'acquérir librement de l'argent, des
meubles, même des immeubles allodiaux; la prohibition ne porta
que sur les tenures féodales (8). L'acquisition d'une de ces tenures
par une église ou par un couvent portait un trouble incontestable
dans le système. S'il s'agissait d'un fief, l'évêque ou l'abbé, qui en
devenaient ainsi les titulaires, avaient des devoirs professionnels
souvent incompatibles avec les obligations du vassal; sans doute, ils
pouvaient faire remplir par un remplaçant, qui les représentait, la
plupart de ces obligations; c'était là, néanmoins, une situation
irrégulière et peu satisfaisante. Mais il y avait une autre raison,
qui s'appliquait aussi bien aux tenures roturières qu'aux fiefs et
qui avait surtout du poids. Un des profits les plus importants que
les tenures rapportaient aux seigneurs quand elles furent devenues
patrimoniales, c'étaient les droits qu'ils percevaient en cas de transmission héréditaire ou d'aliénation entre vifs de ces tenures. Or,
si elles passaient aux mains de l'Église, cette source de revenus
était complètement tarie. Il n'y avait plus de transmission héréditaire, car le propriétaire, personne morale et non physique, ne
mourait jamais; d'autre part, il était de règle que les établissements
ecclésiastiques ne devaient pas aliéner les biens qu'ils avaient
acquis. Cependant la coutume féodale n'alla pas jusqu'à interdire
absolument aux établissements ecclésiastiques le droit d'acquérir
des tenures féodales; elle chercha une conciliation entre les intérêts.
opposés de l'Église et des seigneurs, et, dans ce but, s'introduisirent trois combinaisons diverses :

1° L'une consistait à permettre provisoirement l'acquisition;
mais l'église, ou le couvent, était forcée de se défaire de la tenure,
dans un délai déterminé, au profit d'une personne privée. Elle pouvait revendre et garder ainsi, non le bien en nature, mais sa
valeur : dans ce cas, il n'était pas dû de droit de mutation pour
cette revente forcée (9). Si, d'ailleurs, l'église n'avait pas mis dans
l'an et jour la tenure féodale hors de ses mains, la commise était
prononcée au profit du seigneur de qui cette tenure relevait.

2° Le second système était la constitution d'un *homme vivant et
mourant*. Le principal inconvénient de ces acquisitions, c'était que
le propriétaire ne mourait jamais, car le seigneur ne pouvait

(8) Le principe est nettement posé dans une lettre de Louis IX aux bourgeois de
Tournay de l'année 1235, dans Wauters, *Libertés communales*, Preuves, p. 129.
(9) Beaumanoir, Beugnot, XLV, 33: Salmon, n° 1454. C'est aussi le régime visé
dans les lettres de Saint Louis aux bourgeois de Tournay, citées à la note précédente.

jamais compter sur une aliénation volontaire de la part du tenancier. On écarta juridiquement cette dérogation aux lois naturelles,
en obligeant l'Église à mettre fictivement la tenure acquise par elle
sur la tête d'une personne déterminée : celle-ci, quant aux rapports
avec le seigneur, était considérée comme le véritable propriétaire,
et, à son décès, le relief était dû (10).

3° La troisième combinaison, la plus ingénieuse, et celle qui
devait généralement faire disparaître les deux autres, consistait à
permettre et à confirmer l'acquisition, mais en indemnisant le seigneur de qui relevait la tenure. Moyennant une somme une fois
payée, considérée comme l'indemnité de tous les profits dont il
perdait l'occasion, le seigneur consentait à ce que la terre devînt
*bien de mainmorte* : c'était l'amortissement (11). Mais, en vertu des
principes féodaux déjà exposés, le consentement de ce seigneur
ne suffisait pas : l'amortissement avait des répercussions plus
éloignées; il diminuait le domaine utile ou le domaine éminent des
seigneurs supérieurs. On exigea donc aussi le consentement de
ceux-ci, en remontant jusqu'au seigneur souverain, qui seul, en
définitive, put consentir l'amortissement (12). Ce souverain, ce fut,
suivant les cas et les régions, le baron, le comte, le duc ou le
roi (13). Mais, à la fin du xiii° siècle, la royauté prétendit tirer un
profit général de cette théorie : le roi, invoquant sa qualité de
souverain fieffeux du royaume, affirma son droit d'intervenir toutes
les fois qu'un bien était amorti et de percevoir une finance à cette
occasion. C'est le système que contient une ordonnance de

(10) Boutillier, *Somme rurale*, I, 84, p. 490 : « Supposé que le don ne soit fief
consenti n'amorti du souverain, pour ce ne demeure que le don ne soit tenu de
l'Eglise; mais il y convient avoir homme vivant et mourant qui soit responsable
de ce tenement. » Ce système se maintiendra jusqu'au bout dans quelques coutumes.
Montfort, art. 57; Bar, art. 10; Bourbonnais, art. 390; Laon, art. 209; Péronne, art. 70;
Bretagne, art. 368. Sur toute cette matière voyez *OEuvres de feu messire' Gilles Le
Maistre*, édit. Paris, 1653, 2° partie, *Des amortissements*, spécialement p. 229 et suiv.

(11) Dans le droit féodal postérieur, la question se posait pour beaucoup de coutumes de savoir si le seigneur direct n'avait pas le droit d'exiger à la fois l'indemnité et la constitution d'un homme vivant et mourant, et le président Le Maistre
enseigne que tel était le droit commun quand il s'agissait d'un fief : « Chopin et Bacquet le désirent tous les deux, et tel est l'usage. » Il déclare au contraire que, sauf
un texte formel, pour une censive, l'homme vivant et mourant n'était pas exigé
(*OEuvres de Gilles Le Maistre*, p. 231, 245).

(12) Boutillier, *Somme rurale*, I, 84, p. 491 : « Car sans appeler le seigneur moyen,
le seigneur souverain ne peut ne doit amortir quelque possession, si de luy n'est
tenue a pur, ne si le seigneur moyen, et qui y a interest, ne s'y consent et que son
droict y soit gardé .. »

(13) D'après Beaumanoir, c'est le baron qui peut amortir, XLVI, 5 : « Quant aucuns
qui tient mains franquement que li barons, donne aucun héritage à église et le fet ·
amortir par le baron, il ne pot puis demander garde en ce qu'il dona à l'église. »
— *Grand Coutumier de Normandie*, ch. xxxii : « Ex hoc etiam notandum est quod,
cum dux justitiam et jura principatus sui in omnium terris habeat subditorum, ipse
solus elemosinas potest liberas facere sive puras »

1275 (14). Cependant, cette ordonnance admettait encore des restrictions au droit royal. D'un côté, le roi renonçait à tout droit
d'amortissement pour les terres qui avaient été déjà amorties par
trois seigneurs successivement superposés à l'aliénateur (15); d'autre
part, il maintenait à un certain nombre de barons, ducs ou comtes,
le privilège. d'amortir souverainement (16). Mais c'étaient là des
réserves destinées à disparaître. Le système définitif se fixera en
ce sens que, pour l'amortissement, n'interviendront plus que deux
personnes : le seigneur direct, qui touchera l'indemnité, le roi, qui
percevra le droit d'amortissement. Les seigneurs intermédiaires
disparaîtront de l'opération, avec l'affaiblissement des principes
féodaux. Mais alors la théorie de l'amortissement avait été profondément modifiée : elle ne reposait plus sur le pur principe féodal,
mais essentiellement sur un droit royal inventé après coup et introduit dans le système ancien, qu'il transforma, commé on le verra
dans là suite (17).

Comme les biens personnels des clercs (18), et à plus forte raison, les biens de l'Église étaient soustraits à l'impôt; c'est un privilège qu'avait proclamé le droit canonique et que la coutume avait
accepté : d'ailleurs, les chartes d'immunité avaient tout naturellement conduit, dans bien des cas, à ce résultat.

## II

Comment était répartie, entre les membres du clergé, la jouissance de cet immense patrimoine ? C'est la théorie des bénéfices
ecclésiastiques qui fournit la réponse à cette question (19). Le bénéfice n'était pas autre chose, en effet, que le revenu de certains biens

---

(14) *Ord*, I, 304. Sur cette ordonnance, voyez M. Langlois, *Le règne de Philippe
le Hardi*, p. 206 et suiv. Cependant, je ne suis pas de l'avis de M. Langlois, lors
qu'il dit : « On aurait tort de croire que ce fut là une innovation théorique; ce droit,
le prince l'avait toujours eu en vertu des principes essentiels de la constitution
féodale. » D'après les principes féodaux, le droit avait toujours appartenu *au souverain*; mais le souverain, ce n'était pas toujours le roi : il s'en fallait de beaucoup

(15) Art. 2 : « Precipimus quod ubi ecclesiæ acquisierint possessiones, quas habent
amortisatas a tribus dominis, non computata persona quæ in Ecclesiam transtulit
possessiones easdem, nulla eis per justiciarios nostros molestia inferatur. »

(16) *Ord.*, I, 305; — Langlois, *op. cit.*, p. 207.

(17) Voyez ci-dessous, troisième partie, tit. II, ch. vi, § 1, n° 1.

(18) L'immunité des clercs quant aux impôts est nettement inscrite dans les Coutumes générales données par Simon de Montfort, *loc. cit.*, p. 213 : « Nullus clericus
talliabitur occasione etiam hereditatis si quam habuerit, nisi esset mercator aut
uxoratus. » Les clercs marchands et les clercs mariés (au-dessous de l'ordre de
sous-diacre) perdaient en partie le privilège clérical. Sur l'immunité fiscale des biens
d'église et des clercs, voir en dernier lieu Mack, *Die kirchliche Steuerfreiheit in Deutschland seit der Dekretalengesetzgebung*, Stuttgart, 1916

(19) L'ouvrage capital sur les bénéfices est encore le traité du P. Thomassin. *Vetus
et nova Ecclesiæ disciplina circa beneficia et beneficiarios*. L'ouvrage parut d'abord
en français en 1678, puis en latin en 1688

de l'Église, affecté, comme dotation, à une fonction ecclésiastique déterminée : celui qui était nommé à la fonction et en était régulièrement investi avait, par là même, le droit de percevoir ces revenus. On distinguait deux grandes classes de bénéfices : les bénéfices séculiers, affectés aux fonctions du clergé proprement dit ou clergé séculier, et les bénéfices réguliers, dotation des ordres monastiques. Cette constitution des bénéfices ne s'était faite d'ailleurs que lentement et progressivement.

Pour le clergé séculier, dont l'unité constitutive avait été l'évêché, l'évêque eut primitivement l'entière disposition de tous les biens ecclésiastiques qui dépendaient de son évêché, sauf la défense de les aliéner, si ce n'est dans de certaines conditions, qui fut édictée de bonne heure. Tout naturellement, il prit l'habitude de déléguer la jouissance de quelques-uns de ces biens aux membres du clergé qui l'assistaient dans son ministère, soit dans la cité même, soit dans les campagnes où ils étaient détachés. Cette délégation était faite *pro stipendio*, pour l'entretien de ces clercs; parfois, elle est dite faite à titre de *precarium* ou de *precaria*, sans être, à proprement parler, une application exacte de ces institutions. Elle fut, d'abord, purement précaire, révocable à la volonté de l'évêque; puis elle tendit constamment à se consolider, à devenir viagère, et enfin à se transformer en une dotation fixe de la fonction. La théorie des bénéfices féodaux exerça sur elle une influence incontestable, et c'est à eux peut-être qu'elle emprunta son nom définitif (20). A partir du ixe siècle, la formation des bénéfices séculiers est dégagée dans les grandes lignes : elle se compléta

(20) Cf. Ulrich Stutz, *Lehen und Pfründe*, eine akademische Rede, München, 1899. Les églises rurales ont de bonne heure, en Gaule dès le vie siècle, leur personnalité et leur patrimoine distinct, destiné à l'entretien du clerc et de l'église elle-même (Pöschl, *Bischofsgut und Mensa episcopalis*, I, ch. 1). Le clerc nommé pour le service de l'église a en même temps l'administration et la jouissance des revenus de celle-ci, comme l'évêque a l'administration et la jouissance des revenus de l'église épiscopale. On en arriva ainsi à considérer l'église et ses biens comme une concession faite au clerc à charge de service religieux, analogue aux concessions de terre faites en bénéfice à charge de service militaire. L'assimilation se fait au ixe siècle pour les évêchés et abbayes (*episcopium, episcopatus, abbatia*, désignant la fonction épiscopale et abbatiale et la jouissance des biens de l'église cathédrale ou du monastère) concédés effectivement par le roi de la même manière que les bénéfices séculiers (voir Lesne, *Evêché et abbaye, les origines du bénéfice ecclésiastique, Revue d'histoire de l'église de France*, 1914, p. 15 et suiv.) et pour les églises patrimoniales que leurs propriétaires concédaient de la même manière que les autres portions de leur domaine. La législation canonique et la séculière sanctionnèrent le système en limitant les exactions du propriétaire et en l'obligeant à laisser la jouissance d'un minimum de terres et de droits en échange du service ecclésiastique : « Sancitum est ut unicuique ecclesiæ unus mansus integer absque alio servicio adtribuatur et presbyteri in ea constituti non de decimis neque de oblationibus fidelium, non de domibus neque de atriis vel hortis juxta ecclesiam positis neque de prescripto manso aliquod servicium faciant præter ecclesiasticum. Et si aliquid amplius habuerint inde senioribus suis debitum servitium impendant. » Cap. 818-819, c. 10, *Mon. Germ.*, I, p. 277.

aux x⁰ et xıᵉ siècles et reçut son expression juridique et scientifique à partir du xııᵉ (21). Pour le clergé régulier, où l'unité constitutive fut le monastère, la formation des bénéfices fut plus lente
et moins complète; la vie en commun, qui était l'un des traits de la
règle monastique, semblait l'exclure. Cependant, la plus grande
partie des revenus du couvent fut attribuée à l'abbé, dont elle forma
le bénéfice; quelques bénéfices se constituèrent aussi pour les
autres dignitaires ou fonctionnaires de l'abbaye, sous le nom de
*bénéfices claustraux* (22).

La collation de ces divers bénéfices était la source d'une immense
influence pour l'autorité qui en disposait. Cette collation résultait,
en principe, de la nomination à la fonction ecclésiastique dont le
bénéfice constituait la dotation; mais à raison de l'importance des
biens temporels appartenant à l'Église, des considérations pure
ment temporelles devaient fatalement intervenir.

Dans l'organisation ecclésiastique du Moyen âge, la collation
des bénéfices reposait en principe sur l'indépendance des églises
locales et des corps eclésiastiques. Pour les bénéfices séculiers,
dans chaque évêché, l'évêque, suivant l'ancienne tradition, en était
le collateur ordinaire : tous, en principe, étaient à sa nomination;
son droit, cependant, était restreint de deux côtés. Les chapitres
des cathédrales ou des églises collégiales, dont les dignitaires et les
membres obtenaient des bénéfices assez importants sous le nom
de *prébenbes*, avaient souvent le droit d'élire, sauf la confirmation
de l'évêque, les titulaires de ces prébendes.

L'évêque lui-même, comment était-il nommé? L'ancien principe
de l'élection des évêques s'était conservé, et, pour procéder à
l'élection, il fallait toujours la permission du souverain séculier.
Mais le collège électoral changea au cours du temps. Anciennement
il était composé du peuple et du clergé, dans leur ensemble, *clerus
et populus*, bien que le rôle du peuple se bornât le plus souvent à
acclamer un candidat présenté par les clercs. Au xıııᵉ siècle, il se
réduisit définitivement aux chanoines de l'église cathédrale (23);

(21) Ce développement a été exposé d'une façon magistrale par M. Carl Gross.
*Das Recht an der Pfründe*, 1887, p. 16-93.
(22) Le partage du patrimoine de l'église cathédrale entre l'évêque et ses clercs,
de celui du monastère entre l'abbé et les moines, commence au ıxᵉ siècle; il est pour
une bonne part la conséquence de la sécularisation des biens d'église qui débute sous
Charles Martel et se poursuit jusque sous le règne de Charlemagne. Voir sur cette
question Pöschl, *Bischofsgut und Mensa episcopalis*, II, 1909, et Lesne, *L'origine des
menses dans le temporel des églises et des monastères*, thèse lettres, 1910.
(23) C. xlıı, X, *De elect.*, I, 6 (concile de Latran de 1215); c. xlvııı, l, lı, lvı, ibid.
— Sur les élections d'évêques au Moyen âge, voyez Luchaire, *Histoire des institutions
monarchiques sous les premiers Capétiens*, t. II, ch. ıı, — Imbart de La Tour, *Les
élections épiscopales dans l'Eglise de France du ıxᵉ au xııᵉ siècle*, Paris, 1891. —
Esmein, *L'unanimité et la majorité dans les élections épiscopales*, dans les *Mélanges
Fitting*

en France, c'était la règle admise dès la fin du xi° siècle ou le commencement du xii° (24). Cette élection, dont les formes en même temps se précisaient, devait toujours, pour devenir définitive, être confirmée par le supérieur ecclésiastique du prélat élu, l'archevêque, le primat ou le pape, suivant les cas (25) : c'était alors seulement que l'élu pouvait être consacré. Mais l'évêque dûment élu n'était pas, par là même, mis en possession des biens temporels qui constituaient son bénéfice : la souveraineté séculière, qui s'était déjà manifestée en autorisant l'élection, intervenait ici par deux droits très efficaces, la *régale* et l'*investiture*.

La régale, c'était pour le prince le droit de prendre possession du temporel des évêchés pendant la vacance du siège épiscopal, et d'en percevoir les revenus à son profit pendant ce temps. Cela avait commencé par un simple droit de garde que nous constatons dans les capitulaires carolingiens : le comte devait prendre en mains les biens de l'évêché, pendant la vacance, mais c'était uniquement pour les préserver des dilapidations (26). Cela se changea dans la suite du temps en un droit de jouissance intérimaire (27), très précieux pour les premiers Capétiens, puisqu'il mettait périodiquement entre leurs mains l'administration des seigneuries épiscopales. Le temporel de l'évêché étant ainsi entre les mains du prince, l'évêque élu devait lui demander la mise en possession. Le souverain accordait cette investiture, mais seulement lorsqu'il avait donné à l'élection son assentiment, *assensus*, droit ancien (28) qui s'était conservé sans interruption à son profit. En même temps il exigeait de l'évêque un serment de fidélité, même un hommage proprement dit lorsque l'évêché représentait une seigneurie temporelle (29). L'investiture permettait en réalité un contrôle assez sérieux du pouvoir séculier sur le recrutement du haut clergé; c'était la garantie efficace des droits traditionnels qu'il exerçait à l'occasion de l'élection des évêques. C'était, on peut le dire, le dernier lien qui retenait encore l'Église dans la dépendance de

(24) Cela ressort des lettres d'Yves de Chartres, *Ep. LIV, CXXXVIII, CXXXIX LVIII*. L'élection du pape par le collège des cardinaux a pu servir de modèle. J.-B. Sägmuller, *Die Papstwahl durch das Kardinalkolleg als Prototyp der Bischofswahl durch das Domkapitel, Theologische Quartalschrift*, XCVII, p. 321

(25) C. xliv, X, *De elect.*, I, 6.

(26) Capitulaire de Kiersy de 877, ch. viii C'est ce que rappelle exactement une lettre de Boniface VIII à Philippe le Bel, du 23 février 1299, dans Raynald, *Annales ecclesiastici*, ad an. 1299, n° 23 (éd. Theiner t. XXIII, p. 250) : « Bonorum ecclesiasticorum custodia sive gardia, quocunque regaliæ nomine nuncupatur, vacationum ecclesiarum tempore, pro utilitate ipsarum ecclesiarum extitit introducta et per Ecclesiam tolerata. »

(27) Quant à l'époque où, par cette transformation, s'introduisit le droit de régale proprement dit, voyez mon *Etude sur la question des investitures dans les lettres d'Yves de Chartres*, p. 145, note 1.

(28) Voyez ci-dessus, p. 153.

(29) Esmein, *La question des investitures*, p. 144, 174 et suiv

l'État, quoique bien affaibli. Aussi essaya-t-elle au xi⁰ siècle de le rompre par un suprême effort. Les investitures et le serment des évêques furent solennellement condamnés par les conciles de Rome (1078 et 1080) (30), de Clermont (1095), de Troyes (1107), de Reims (1119), et de là sortit la célèbre querelle des investitures, fertile en épisodes tragiques, qui divisa pendant cinquante ans la Papauté et l'Empire. En France, la lutte n'eut point la même acuité. La papauté, dans la plupart des phases de cette querelle, fit au contraire alliance avec la monarchie capétienne. Le clergé français se plia, sans beaucoup de résistance, à l'investiture du temporel par la main royale : seules, certaines formes, la tradition par la crosse et l'anneau, paraissent avoir excité de vives objections et furent mises de côté (31).

Nous avons vu précédemment que dans la Monarchie Carolingienne un grand nombre d'églises, surtout dans les campagnes, étaient devenues la propriété des laïcs (32) et nous avons dit quelles avaient été les conséquences de ce phénomène. Il y avait là un état de choses contre lequel l'Église devait inévitablement s'efforcer de réagir, lorsqu'elle aurait acquis la force necessaire. Elle réagit, en effet, mais elle ne put éliminer cet élément hétérogène d'une façon complète : elle transforma seulement cette propriété en *droit de patronage*, *jus patronatus*, lequel pouvait être un patronage laïque (33).

Elle réagit d'abord en prohibant toute investiture des églises donnée par des laïcs. Ce fut un incident de la querelle des investitures : bien que celle-ci visât surtout les droits du pouvoir séculier sur les bénéfices supérieurs, la prohibition s'appliqua aussi aux bénéfices inférieurs (34). Mais c'était relativement peu de chose, surtout en France, où l'investiture proprement dite ne souleva pas de grandes difficultés. Ce qui fut efficace, ce fut la création du *jus patronatus*, conférant seulement au patron le droit de présentation des nouveaux titulaires du bénéfice avec des droits honorifiques dans l'Église.

Les termes *patronus*, *patronatus* apparaissent dès le xi⁰ siècle en cette matière, venant en partie de l'antiquité romaine, mais tout d'abord le droit laïc sur l'église, en changeant de nom ne changea point de nature; c'est toujours un droit de propriété (35). Ce fut le pape Alexandre III qui opéra la transformation décisive. Jusque-là le

---

(30) C. xii, xiii, C. xvi, qu. 7.
(31) Sur tous ces points, voyez mon *Etude sur la question des investitures*
(32) Ci-dessus, p. 154.
(33) Paul Thomas, *Le droit de propriété des laïques sur les églises et le patronage laïque au Moyen âge*, p. 106-196.
(34) Paul Thomas, *op. cit.*, p. 135.
(35) Paul Thomas, *op. cit.*, pp. 107-109.

patron-propriétaire conférait lui-même au nouveau titulaire l'église qui lui appartenait : l'autorité ecclésiastique avait à grand'peine obtenu que la confirmation, le *consensus* de l'évêque s'y ajoutât. Alexandre III établit que le patron (le fondateur ou son successeur) aurait seulement le droit de présenter, *præsentare*, le nouveau titulaire; c'était l'évêque qui seul conférait le bénéfice (36). C'était un grand résultat obtenu, mais dans cette transformation, l'ancien droit de propriété disparu n'en modela pas moins cette présentation sous une forme très particulière. Ce fut et cela resta une règle de droit que l'évêque était obligé de conférer le bénéfice au clerc présenté par le patron, lorsque ce clerc était canoniquement capable de l'occuper, lorsqu'il n'était atteint d'aucune incapacité ou indignité prévue par le droit canonique. Le vieux germe communiqua d'autres caractères au *jus patronatus*.

Les canonistes auraient voulu (ce fut leur théorie) qu'on vît simplement dans ce droit une concession, une faveur faite par l'Église au fondateur et à ses descendants. Ils le construisirent en conséquence comme un droit, non pas *réel*, mais *personnel*, bien que perpétuel. En même temps, comme c'était, non pas une *res spiritualis*, mais une *res spiritualibus annexa*, ils établirent qu'il ne pouvait être vendu, à peine de simonie; mais il était héréditaire et pouvait même être aliéné à titre gratuit. Mais cela ne pouvait convenir aux familles des anciens propriétaires d'églises, à l'esprit féodal. Aussi le patronage ainsi conçu, le patronage personnel, resta-t-il l'exception. Le droit canonique dut en admettre un autre type, le *patronage réel*. C'était le *jus patronatus* qui était attaché, comme la seigneurie, à un fief ou à un alleu, qui pouvait être exercé par tout propriétaire de l'immeuble et se transmettait avec le bien-fonds par tous les modes d'aliénation.

Dès le xii⁰ siècle on distingua le *patronage laïque* et le *patronage ecclésiastique;* ce dernier était celui qui appartenait à un ecclésiastique ou à un établissement ecclésiastique. Il existait entre eux quelques différences; le patronage laïque était resté plus indépendant de l'autorité ecclésiastique; il assurait une grande influence aux seigneurs. Le *patronage royal*, celui qui appartenait au roi, prit de bonne heure des traits particuliers.

Les droits qu'avait conservés le pouvoir civil quant aux élections épiscopales, droits de régale, d'*assensus*, d'investiture, s'étaient démembrés en France comme les autres prérogatives du pouvoir royal. Ils étaient assez souvent exercés par de grands feudataires, ducs et comtes; nous les voyons ainsi revendiqués et possédés par le duc de Bretagne, les comtes de Champagne, de Nevers et d'An-

(36) Paul Thomas, *op. cit.*, p. 131 et suiv

jou (37). Cependant sur ce point la royauté s'était mieux défendue que sur d'autres; elle exerçait ses droits, non seulement sur ses domaines propres, mais souvent aussi en dehors, sur le domaine de plus d'un grand feudataire (38).

Pour les bénéfices réguliers, l'unité bénéficiale était l'abbaye, le monastère. L'abbé, conformément aux règles canoniques, devait être élu par les moines du couvent, sauf confirmation par l'évêque (39). Mais, ici encore, pour procéder à l'élection, il fallait la permission du souverain temporel, qui devait aussi approuver l'élection opérée. Sous les derniers Carolingiens et les premiers Capétiens, on était allé jusqu'à mettre à la tête des abbayes, pour jouir de leur temporel, des abbés laïques, et l'abbaye se transmettait héréditairement dans la famille de ces abbés (40). L'abbé régulier conférait librement les bénéfices claustraux, dont quelques-uns, les prieurés, étaient parfois très importants; seulement, certains prieurés, sous le nom de *prieurés conventuels,* étaient devenus des unités indépendantes, et le prieur, comme un abbé, était alors élu par les moines du couvent (41).

## § 2. — LA JURIDICTION ECCLÉSIASTIQUE.

Nous avons vu les premières origines de la juridiction ecclésiastique et son développement dans la Monarchie Franque. Elle atteignit son apogée dans la société féodale; l'époque de sa plus grande puissance doit, pour la France, être fixée au XII⁰ siècle. Elle avait acquis une compétence très étendue, statuant sur les causes civiles et criminelles, tantôt à l'exclusion de la justice séculière, tantôt en concurrence avec elle. Dans la mesure où elle s'exerçait, elle était devenue complètement indépendante du pouvoir civil; il n'y avait contre elle aucun recours devant la justice séculière. Cette exaltation de la juridiction ecclésiastique tenait à deux causes principales. C'était, avant tout, l'abaissement du pouvoir civil, l'obscurcissement de la notion de l'État, qui l'avait rendue possible. Le seigneur féodal ne tenait à la justice qu'à raison des profits qu'elle rapportait, à raison des amendes et des confiscations, et, tant que la justice de l'Église n'empiétait pas sur ce terrain, il voyait sans

(37) P. de Marca, *De concordia sacerdotii et imperii,* l. VIII, ch. xxv.
(38) Luchaire, *Histoire des inst. monarch. sous les premiers Capétiens* (1ʳᵉ édit.), t. II, p. 61, 69; — Luchaire, *Les communes françaises sous les Capétiens directs,* p. 265; — Imbart de La Tour, *op. cit.,* p. 233 et suiv.
(39) C. xlix, X, *De elect.,* I, 6.
(40) Luchaire, *Histoire des institutions monarchiques sous les premiers Capétiens* (1ʳᵉ édit.) t. II, p. 83 et suiv.; — Pöschl, *Bischofsgut und Mensa episcopalis,* II; — Lévy-Bruhl, *Études sur les élections abbatiales en France jusqu'à la fin du règne de Charles le Chauve,* thèse, 1913, p. 130 et suiv.
(41) Thomassin, *op cit,* part I, l. III, c LXIX, n⁰ 12.

jalousie ses empiétements; il ne résista que lorsqu'elle menaça (et ce fut l'exception) ses intérêts pécuniaires. En second lieu, les tribunaux ecclésiastiques avaient pour eux l'opinion publique au Moyen âge (42). Ils avaient, en effet, une supériorité incontestable sur les juridictions séculières. La procédure qui y était suivie était plus raisonnable et plus savante, fortement imprégnée de droit romain. L'Église, bien qu'elle eût accueilli dans certains cas le système de preuves germanique, ne l'avait pas accepté sans réserve. Elle n'avait jamais admis le duel judiciaire; et elle élimina, au commencement du xiii⁰ siècle, les autres *judicia Dei* (43). Elle avait conservé et développé l'appel du droit romain, et sa hiérarchie fournissait des degrés d'appel multipliés. De l'évêque, on pouvait appeler à l'archevêque ou métropolitain; de celui-ci, parfois au primat; enfin, on pouvait toujours appeler au pape, et le principe s'était même introduit qu'on pouvait appeler directement à lui, *omisso medio*, de toute sentence rendue par un autre juge (44). Le juge de droit commun était l'évêque, de là le nom d'*ordinaire* qui lui est donné, *judex ordinarius*. Il rendit d'abord la justice en personne, assisté d'assesseurs pris dans son clergé; mais, dans la suite, surchargé d'affaires, il dut se faire suppléer. Son suppléant fut d'abord l'archidiacre; mais les archidiacres profitèrent souvent de cette suppléance pour la transformer à leur profit en un droit de juridiction propre (45). Aussi, dans le dernier tiers du xii⁰ siècle, les évêques prirent-ils l'habitude de faire tenir leur cour par un délégué spécial, toujours révocable, qui n'eut point de pouvoir propre dans leur église, et qu'on appela *officialis*, l'official. Cette organisation s'étendit à tous les tribunaux ecclésiastiques, et de là ceux-ci prendront en France le nom d'*officialités* (46); mais la dénomination le plus souvent usitée pour les désigner aux xiii⁰ et xiv⁰ siècles était *cour d'Église* ou *cour de chrétienté*. Ces juridictions ecclésiastiques doivent être soigneusement distinguées d'autres tribunaux que possédaient aussi les évêques, les abbés et autres dignitaires ecclésiastiques. Ces derniers étaient les justices

(42) C'est ce qu'attestent les prélats dans la célèbre dispute de Vincennes où, devant Philippe de Valois, l'on discuta les droits respectifs des deux ordres de juridictions. — *Libellus domini Bertrandi*, dans Durand de Maillane, *Les libertés de l'Eglise gallicane*, t. III, p. 470 : « Consuetudo videtur introducta magis ex voluntate et electione populi recurrentis ad judicium ecclesiasticum potius quam ad judicium seculare. » P. 486 : « Et hoc est pro communi utilitate, quia multi magis eligunt vinculum Ecclesiæ quam vinculum temporale, et ante dimitterent contractus facere, sine quibus vivere non possunt, quam se supponerent curiæ temporali. » Voir J. Hashagen, *Zur Charakteristik der geistlichen Gerichtsbarkeit, Zeitschrift der Savigny-Stiftung, kan. Abt.*, XXXVII, 1916, § 2.

(43) X, *De Purg. vulgari*, V, 35.

(44) Beaumanoir, Beugnot, LXI, 65; Salmon, n⁰ 1774.

(45) Voyez les exemples dans les *Privilegia curiæ Remensis* (a. 1269), publiés par M. Varin, *Archives législatives de la ville de Reims*, 1ʳᵉ partie, Coutumes, p. 6, 7.

(46) Paul Fournier, *Les officialités au Moyen âge*, p. 4 et suiv.

temporelles dépendant des biens ecclésiastiques qui composaient leurs bénéfices; mais, sauf que leurs titulaires étaient des ecclésiastiques, elles ne différaient en rien des justices appartenant aux seigneurs séculiers : elles étaient tenues par un bailli ou un prévôt; la procédure qui y était suivie était la procédure des cours féodales; le droit qui était appliqué était la coutume locale; on ne pouvait appeler de leurs sentences que par l'appel de faux jugement ou de défaute de droit, et le recours était porté devant le supérieur féodal (47). Les cours d'Église, au contraire, tiraient leur autorité de tout autres principes : s'adressant à tous les chrétiens, elles étaient tenues par l'official; la procédure qui y était suivie était la procédure canonique; le droit qui s'y appliquait était le droit canonique; l'appel de leurs sentences était porté devant le supérieur ecclésiastique. C'est de ces juridictions qu'il s'agit maintenant de déterminer la compétence (48).

## II

L'Église (49) prétendait d'abord connaître seule, à l'exclusion des justices séculières, de toutes les poursuites à fins civiles ou repressives intentées contre les membres du clergé, et quel que fût le demandeur. C'est ce que les canonistes appellent le *privilegium fori*, ou droit pour le clerc défendeur de revendiquer la juridiction ecclésiastique, et ce que nos anciens auteurs appelaient le *privilège de clergie*. Il s'était fait recevoir par la coutume, et il couvrait tous les membres du clergé séculier, même ceux qui appartenaient aux ordres mineurs, et, d'autre part, tous les religieux profès. Le droit canonique n'admettait pas que le membre du clergé pût y renoncer; cependant, les clercs inférieurs, au-dessous de l'ordre de sous-diacre, pouvaient le perdre indirectement. Ces clercs avaient gardé le droit de contracter mariage (50), et, lorsqu'ils avaient usé de cette faculté, ils ne conservaient le privilège de clergie qu'à de certaines conditions (51).

(47) Beaumanoir, Beugnot, XI, 12, Salmon, n° 322.

(48) La source de renseignements la plus abondante sur ce point, en dehors des textes canoniques, est le chapitre xi de Beaumanoir, *Des cours d'Eglises*. Voyez aussi les documents rassemblés par Friedberg, *De finium inter Ecclesiam et civitatem regundorum judicio quid medii ævi doctores et leges statuerint*.

(49) Sur ce qui suit, consulter Paul Fournier, *Les officialités au Moyen âge*; p. 64-82; Olivier Martin, *L'Assemblée de Vincennes*, 1909; — H. Mitteis, *Beaumanoir und die geistliche Gerichtsbarkeit*, Zeitschrift der Savigny-Stiftung, kan. Abt., XXXV, 1914; — J. Hashagen, *Zur Charakteristik der geistlichen Gerichtsbarkeit vornehmlich im späteren Mittelalter*, Zeitschrift der Savigny-Stiftung, kan. Abt, XXXVII, 1916, p. 295.

(50) Esmein, *Le mariage en droit canonique*, t. II, p. 297 et suiv.

(51) C. 1, VI°, *De cler. cong.*, III, 2. Il fallait qu'ils portassent l'habit ecclésiastique et vécussent *clericaliter*; il fallait aussi qu'ils n'eussent contracté mariage qu'une seule fois et pas avec une veuve, *cum unica et virgine*.

Le privilège de clergie, pour les poursuites criminelles intentées contre les clercs et religieux, était une règle absolue, qui ne comportait pas d'exceptions, et cela leur assurait, non seulement une procédure plus raisonnable et des juges plus bienveillants, mais encore une répression plus douce. Tandis que devant la justice séculière les peines étaient afflictives et cruelles, les peines du droit canonique' étaient d'un tout autre caractère. L'Église repoussait toutes celles qui entraînaient l'effusion du sang, et la plus afflictive qu'elle prononçât était la longue prison. Cependant, dans des cas très rares, prévus par les canons, la juridiction ecclésiastique, trouvant sa pénalité insuffisante, dégradait le clerc coupable et le livrait alors, dépouillé du *privilegium fori*, au juge séculier, qui lui infligeait les peines de droit commun (52). On avait même douté que le pouvoir séculier eût le droit d'arrêter le clerc pris en flagrant délit (53); cependant, cela avait été admis, à condition qu'il fût immédiatement rendu à la cour d'Église (54). Une autre question très importante était aussi agitée. Si un accusé se prétendait clerc, et que ce caractère lui fût contesté, qui devait connaître de sa qualité ? Ce fut la juridiction ecclésiastique qui se prétendit seule compétente, et même elle fit admettre que l'accusé devait alors lui être rendu immédiatement s'il portait les marques extérieures de l'état clérical, par exemple la tonsure (55) : et, en fait, lorsqu'elle obtenait cette restitution, elle jugeait le procès quant au fond. Il en résulta ce fait attesté par des textes nombreux : souvent les malfaiteurs se faisaient tonsurer, pour profiter de la juridiction ecclésiastique, quand ils étaient poursuivis. Au xive siècle, la justice séculière en France commença à se montrer de moins facile composition : elle prit le droit d'examiner si les signes extérieurs, d'où l'accusé prétendait tirer sa qualité de clerc, n'étaient pas manifestement trompeurs, s'il n'y avait pas là un subterfuge trop grossier (56). Au civil, le privilège de clergie n'était pas absolu. Le clerc, poursuivi à raison d'une dette ou d'une question de propriété mobilière, pouvait bien revendiquer la cour d'Église (57); mais il n'en était plus ainsi quand il était actionné à raison d'une tenure féo-

(52) R. Génestal, *La dégradation des clercs et le droit normand, Bulletin des sciences économiques et sociales du comité des travaux historiques*, année 1911, Paris, 1914.

(53) *Libellus domini Bertrandi* (xive siècle), art. XLV (Durand de Maillane, *op. cit.* III, p. 494).

(54) Beaumanoir, Beugnot, XI, 40 et suiv.; Salmon, noᵇ 350 et suiv. — Panormitanus (xve siècle), sur le c. x. X, *De judic.*, II, 1.

(55) Beaumanoir, Beugnot, XI, 45; Salmon, n° 354; — c. xII, VI*, *De sent. excom.*, V, 11; — Génestal, *Le procès sur l'état de clerc aux xiiie et xive siècles* (Ecole des Hautes Etudes, section des sciences religieuses, Programmes de 1909-1910).

(56) Esmein, *Histoire de la procédure criminelle en France*, p 18 et suiv.

(57) Beaumanoir, Beugnot, XI, 7, 28; Salmon, noˢ 317, 345.

dale (58). Ici l'intérêt féodal l'avait emporté; c'était la justice féodale qui était toujours et seule compétente, et le droit canonique lui-même avait admis cette règle (59).

Lorsque s'appliquait le privilège de clergie, la compétence de la juridiction ecclésiastique était fondée sur la qualité du défendeur; c'était ce qu'on appelle une compétence *ratione personæ*. Elle possédait aussi une compétence de la même nature à l'égard d'autres personnes : les principales étaient les *miserabiles personæ*, c'est-à-dire les veuves et les orphelins, et les croisés (60). Mais ici la compétence n'existait qu'en matière civile, et elle n'excluait pas la compétence concurrente des juridictions séculières (61).

L'Église avait d'autre part très largement étendu sa compétence sur les laïcs; elle n'exerçait pas seulement sur eux une juridiction disciplinaire ou arbitrale, comme aux époques précédentes : souvent elle était l'autorité judiciaire qui tranchait souverainement leurs procès civils ou criminels. Sa compétence se fondait alors sur la nature du débat ou de l'objet en litige. Elle existait *ratione materiæ*. Le procédé par lequel elle avait été créée ou développée était des plus simples. Dès que le débat touchait à une question d'ordre religieux, l'Eglise prétendait intervenir, comme ayant seule la garde des principes de la religion, et nous savons que ces interventions dans la Monarchie Franque avaient été plus d'une fois sollicitées par le pouvoir royal. S'étant ainsi saisie de la question religieuse, elle connaissait, par voie de conséquence, des questions temporelles qui y étaient connexes; et souvent la cause de cette immixtion était bien peu sérieuse et la connexité bien lâche. Tantôt, d'ailleurs, la compétence ecclésiastique excluait celle de la juridiction séculière; tantôt elle était seulement concurrente; les deux juridictions étaient alors compétentes et pouvaient être valablement saisies, l'une ou l'autre.

L'Eglise, en premier lieu, connaissait seule de toutes les questions qui touchaient aux sacrements et aux articles de foi (62). C'est par là qu'elle avait acquis, dans le cours du xᵉ siècle, compétence exclusive quant aux causes matrimoniales, le mariage ayant été reconnu par elle comme un sacrement (63). Logiquement cela

(58) Beaumanoir, Beugnot, XI, 7 : « Excepté les héritages qu'ils tiennent en fief lai ou a cens ou à rente de seigneurs; car quiconques teigne tex héritages le juridictions en appartient as segneurs de qui li héritages est tenus. » Cf. XI, 35; Salmon, nᵒˢ 317, 348.

(59) C. vi, X, *De foro compet.*, II, 2; c. xiii, X, *De jud.*, II, 1.

(60) E Bridrey, *Le privilège de croix*, thèse Caen, 1898.

(61) Beaumanoir, XI, 8, 9; Salmon, 818 et 9; c. xi, xv, X, *De foro compet*, II, 2.

(62) Bertrandi, *De origine jurisdictionum* dans le *Tractatus tractatuum*, t. III, 1, p. 30 ; « De se et jure suo (iurisdictio ecclesiastica) extenditur ad cognoscendum et judicandum... de illis quæ sunt contra fidei articulos et sacramenta in quibus principaliter fundatur religio christiana. » — Baumanoir, XI, 28, Salmon, 338.

(63) Esmein, *Le mariage en droit canonique*, I, p. 25 et suiv., 73 et suiv.

n'aurait dû comprendre que les actions portant sur l'existence, la validité ou la nullité du mariage, car elles seules mettaient en jeu l'existence du sacrement; mais, par voie de conséquence, elle avait peu à peu élargi le cercle de sa compétence en cette matière. Elle connaissait des fiançailles, parce qu'elles étaient la préparation naturelle du mariage et entraînaient même l'obligation de le contracter; elle connaissait des effets du mariage quant aux personnes des époux et quant à leur séparation possible, car il s'agissait de devoirs dérivant du sacrement. Elle connaissait enfin des questions de légitimité, parce que la naissance en légitime mariage est une des conditions essentielles de la filiation légitime, et des rapports des époux quant aux biens, parce que l'accessoire doit suivre le principal. En France, d'ailleurs, la justice séculière retenait la connaissance de la question de légitimité, quand elle était incidente à une succession féodale (64), et les juridictions séculières connaissaient des conventions matrimoniales concurremment avec les cours d'Église (65). Toujours à raison de l'objet en litige, les cours ecclésiastiques connaissaient seules des questions sur les bénéfices, qui, il est vrai, sauf le droit de patronage, ne mettaient en scène que des membres du clergé (66), et des dîmes, à l'occasion desquelles l'action était dirigée contre des laïcs. Seules, les causes concernant les dîmes inféodées étaient portées devant le seigneur de qui elles relevaient (67).

L'Église, en matière criminelle, connaissait seule de tous les crimes ou délits qui consistaient dans la violation de la foi (68), et ils étaient nombreux, étant donnée l'intolérance naïve et épouvantable du Moyen âge. Les principaux étaient l'hérésie, le sacrilège (69) et la sorcellerie (70). La plupart du temps, l'Église en ces matières se contentait de reconnaître la culpabilité des accusés, et elle livrait ensuite les coupables au bras séculier, qui leur infligeait les peines cruelles portées par la coutume. La poursuite de l'hérésie donna lieu à une institution particulière : l'*inquisitio hæreticæ pravitatis*, ou tribunal de l'Inquisition. Elle consista en ce que pour

(64) Beaumanoir, Beugnot, XI, 24; XVIII, 1 et suiv.; Salmon, n** 314, 578 et suiv.
(65) Beaumanoir, Beugnot, X, 12; Salmon, n° 306. — *Etablissements de Saint Louis*, I, 13, 20.
(66) Beaumanoir, Beugnot, XI, 4; Salmon, n° 314.
(67) Beaumanoir, Beugnot, XI, 38; Salmon, n° 348.
(68) Beaumanoir, Beugnot, XI, 2; Salmon, n° 312.
(69) Beaumanoir, Beugnot, XI, 15; Salmon, n° 326.
(70) Beaumanoir, XI, 25. Tout en admettant les poursuites à raison de la sorcellerie, notre grand jurisconsulte du XIII° siècle émet, sur ce point, des doutes qui montrent l'élévation de son esprit. Beugnot, XI, 26 : « Moult sont deceu cil qui de tix sorceries s'entremetent et chil qui y croient, car paroles n'ont pas tel pooir comme il cuident ne tex manieres de fes comme il font... donques pot on bien veoir que les paroles qui sont dites por mal fere par le bouce d'une vielle, si ont petite vertu. » Salmon, n° 336.

ces procès une délégation particulière fut donnée par la papauté à des juges spéciaux, pris parmi les Dominicains et les Franciscains : et, par suite, il s'établit dans ces poursuites des règles exorbitantes de la procédure canonique du droit commun (71). L'*inquisitio hæreticæ pravitatis* fit son apparition dans le premier tiers du XIII<sup>e</sup> siècle, à l'occasion des grandes hérésies qui s'étaient développées au XII<sup>e</sup> siècle, celles des Vaudois et des Albigeois en particulier (72); mais elle ne put s'établir définitivement dans notre pays. Elle y fonctionna activement pendant la durée d'un siècle environ; puis, devant les résistances du clergé séculier, du Parlement et de la Sorbonne, elle s'affaiblit et tomba presque en désuétude à la fin du XV<sup>e</sup> siècle; le jugement des procès contre les hérétiques fut rendu aux tribunaux ecclésiastiques ordinaires (73), ou plutôt transporté aux juridictions royales.

La juridiction, non plus exclusive mais simplement concurrente des cours d'Eglise, était aussi fort étendue. Outre les exemples que j'ai déjà cités, elle s'appliquait à des institutions très importantes de droit privé. Il en était ainsi, en premier lieu, en ce qui concerne les testaments. Nous savons que l'Eglise avait pris dans la Monarchie Franque le testament sous sa protection et avait puissamment contribué à en conserver, à en répandre l'usage. Cepen-

(71) Molinier, *L'inquisition dans le midi de la France aux XIII<sup>e</sup> et XIV<sup>e</sup> siècles*, 1881; — Henri-Charles Lea, *A history of the Inquisition in the middle ages*, 3 vol., New-York, traduction française par Th. Reinach, Paris, 3 vol., 8°, 1901-1903; — Mgr. Douais, *L'inquisition, ses origines et sa procédure*, 1906; — Tanon, *Histoire des tribunaux de l'Inquisition en France*; — Th. de Cauzons, *Histoire de l'Inquisition en France*, I, 1909, II, 1912; — Vacandard, *La nature du pouvoir coercitif de l'Eglise*; *l'hérésie albigeoise* (*Etudes de critique et d'histoire religieuses*, I, 1910); — J. Marx, *L'inquisition en Dauphiné au XIV<sup>e</sup> siècle*, Paris, 1912 (*Bibliothèque de l'Ecole des hautes études*, fasc. 206); — Ch. Moeller, *Les bûchers et les auto da fé de l'Inquisition depuis le Moyen âge*, Rev. d'hist. eccl., 1913; — Febvre, *Notes et documents sur la réforme et l'Inquisition en Franche-Comté*, thèse lettres 1914; — E. Chénon, *L'hérésie à la Charité-sur-Loire et les débuts de l'Inquisition monastique dans la France du Nord*, Nouv. revue hist. de droit, 1917.

(72) Le premier cas certain d'inquisition déléguée au sens propre du mot se trouve dans une lettre de Grégoire IX, de l'année 1227, adressée à Conrad de Marburg (Fredericq, *Corpus documentorum inquisitionis hæreticæ pravitatis neerlandicæ*, t. I. n° LXXIII, p. 72). On la voit ensuite établie en Allemagne et en Italie, puis dans le midi de la France à partir de 1233. A la même date le pape déléguait pour la pour suite de l'hérésie en Bourgogne le prieur des dominicains de Besançon et deux frères, frère Guillaume et frère Robert, surnommé le Bougre, parce qu'il avait été lui-même hérétique et qui devint célèbre par la rigueur avec laquelle il exerça ses fonctions Chénon, *loc. cit.*, p. 326. L'Inquisition ne s'établit cependant dans notre pays qu'avec difficulté et rencontra de vives résistances.

(73) Fleury, *Institution au droit ecclésiastique* (XVII<sup>e</sup> siècle), édit. Boucher d'Argis, 1771, t. II, p. 79; — Lea, *A history of the Inquisition*, l. II, ch. II, t. II, p. 113 et suiv.; — Tanon, *op. cit*, p. 549 et suiv.; — *Preuves des libertés de l'Eglise gallicane*, édit. 1731, ch. VII, n° 35; ch. XXVIII, n<sup>os</sup> 13, 15, 20. — Au XVII<sup>e</sup> siècle, Jacques de Marsollier écrivait dans son *Histoire de l'Inquisition et son origine* (Cologne, 1693, p. 152) : « On voit encore à Toulouse et à Carcassonne les maisons de l'Inquisition. Il y a même encore dans ces villes des Dominicains qui portent la qualité d'inquisiteurs Mais c'est un titre tout pur et sans fonctions. »

dant le droit canon n'en réclamait expressément la connaissance
pour les juridictions ecclésiastiques qu'en ce qui concerne les legs
pieux (74). La coutume, en France, alla plus loin et permit toujours de saisir le tribunal ecclésiastique (75). Il est vrai que normalement le testament, au Moyen âge, contenait toujours des legs
de cette nature, si bien que, dans un de ses sens, le mot *aumône*
signifiait alors *legs* (76). L'Église en faisait une obligation pour les
fidèles; parfois elle refusait la sépulture religieuse à ceux qui
mouraient sans faire de semblables legs, ou revendiquait les meubles des *intestats*, pour en disposer dans l'intérêt de leur âme (77).
En matière de contrats, l'ancienne tradition, qui permettait aux
parties de saisir d'un commun accord la juridiction ecclésiastique,
subsistait encore (78); mais l'Église avait des prétentions plus éten
dues. Considérant que toute violation de contrat pouvait contenir
un péché, elle prétendait qu'on pouvait toujours agir de ce chef
devant la juridiction ecclésiastique, si on la préférait à la juridiction séculière; le choix aurait été au demandeur (79). Cela ne fut
point admis par la jurisprudence française. Elle admit seulement
que les parties pouvaient, en contractant, se soumettre à la juridiction ecclésiastique (80), et que celle-ci devenait compétente par ce
seul fait que le contrat avait été corroboré par le serment, acte
religieux, ce qui d'ailleurs était une pratique presque constante (81).

L'Eglise, enfin, connaissait, en concurrence avec la juridiction
séculière, de certains délits commis par les laïcs : le délit

(74) C. III, VI, XVII, X, *De test.*, III, 26; — Panormitanus, sur le c. XI, *ibid.*, n° 8 : « In
relictis ad pias causas potest etiam adire judicem ecclesiasticum, sive hæres sit
secularis sive ecclesiasticus. Dic tamen quod est mixti fori. Nam est in optione
actoris quem judicem velit adire, sæcularem scilicet, seu ecclesiasticum. »

(75) Beaumanoir, Beugnot, XI, 10, 11; XII, 60; Salmon, n°⁵ 320, 321, 428. — *Libellus
domini Bertrandi*, art. 65, 66.

(76) Voyez ce passage des coutumes générales données par Simon de Montfort,
*loc. cit.*, p. 216 : « Cuilibet sive militi sive rustico licitum erit *legare in eleemosyna*
de hæreditate propria usque ad quintam partem. »

(77) *Etablissements de Saint Louis*, I, 93; — *Grand Coutumier de Normandie*,
ch. XXI; — Beaumanoir, XI, 10; — *Libellus domini Bertrandi*, art. 64, 65; — Lucius,
*Placitorum summæ apud Gallos curiæ libri* XII, l. I, tit. V, n°⁵ 7, 8; — Johannes
Gallus, qu. 102; — Fevret, *Traité de l'abus*, l. IV, ch. VIII; — Loyseau. *Des seigneuries*, ch. V, n° 65.

(78) Beaumanoir, Beugnot, XI, 32; Salmon n° 342.

(79) Bertrandi, *De origine juridictionum*, *loc. cit.*, p. 30 : « Si enim actor voluerit,
poterit reum trahere ad judicium sæculare, et tunc judex laïcus cognoscet. Si autem
eum vult trahere ad judicium Ecclesiæ, potest, præcipue intentando actionem injuriæ
vel peccati, quia quilibet laïcus christianus est utrique judicio subditus sive subjectus,
uni ut civis, alii ut christianus. Et quælibet potestas potest in eum exercere judicium suum, si ad illud evocatur. Sed in optione actoris est evocare reum ad hoc vel
ad illud judicium et non ad utrumque. »

(80) Esmein, *Mélanges*, p. 259.

(81) Esmein, *Le serment promissoire en droit canonique*, dans la *Nouvelle revue
historique de droit*, 1888, p. 248, 319.

d'usure (82), par exemple, et le délit d'adultère (83). Il s'agissait alors de la violation de certains principes qu'elle avait pris sous sa protection spéciale.

Cette juridiction si développée et si puissante avait pourtant sa faiblesse cachée. Les tribunaux ecclésiastiques, pour assurer l'exécution de leurs sentences en matière de droit privé, ne disposaient de voies d'exécution ni sur les personnes, ni sur les biens. Ils r.'avaient qu'un moyen de contrainte indirecte, l'excommunication lancée contre la partie récalcitrante. Mais, quelle que fût, au Moyen âge, la crainte de l'excommunication, celle-ci n'était pas toujours efficace.

L'Église avait conservé dans la société féodale le droit d'asile: il était même d'une application très étendue, car tous les édifices consacrés au culte étaient lieux d'asile (84). On allait jusqu'à se demander si les croix des chemins ne participaient pas à ce privilège (85). Cependant, certaines restrictions avaient été apportées à ce droit par les diverses coutumes du Moyen âge (86).

(82) Beaumanoir, Beugnot, LXVIII, 5; Salmon, no 1925; — *Etablissements de Saint Louis*, I, 91; — *Libellus domini Bertrandi*, art. 38, 46, 54; cf. Panormitanus, sur le c. VIII, X, *De foro compet.*, II, 2.

(83) Panormitanus, sur le c. XIX, X, *De convers. conj.* III, 32; c. I, X, *De officio iud ord.*, I, 31; — *Libellus domini Bertrandi*, art. 39; — *Registre de l'officialité de Cerisy* (XIVᵉ-XVᵉ siècles), édit. G. Dupont, nᵒˢ 13. b; 168 f, g; 366 m; 370 f, h, l,; 375 k; 384 q; 385 f; 387 f; 390 h; 391; 394 d; 406; 414.

(84) Beaumanoir, Beugnot, XI, 14 et suiv.; Salmon, no 325 et suiv. — Boutillier, *Somme rurale*, II, 9; — Jean des Mares. *Decis*, 99, 100.

(85) Beaumanoir, Beugnot, XXV, 24; Salmon, no 741.

(86) Beaumanoir, Beugnot, XI, 15 et suiv.; Salmon, nᵒˢ 326 et suiv.; — *Grand Coutumier de Normandie*, ch. LXXXI; — Jean des Mares, *Decis*. 4-7; — *Le livre des usaiges et anciennes coustumes de la conté de Guysnes*, édit. Tailliar (XIIIᵉ-XIVᵉ siècles), ch. CCCLXXXIV, p. 191.

# CHAPITRE V

## Les villes (1).

———

Le régime féodal, lorsqu'il s'établit, embrassa au début les villes comme les campagnes. La ville était comprise dans une seigneurie, administrée par un bailli ou prévôt seigneurial qui y rendait la justice et percevait les droits fiscaux. Les habitants étaient répartis entre les diverses classes qui composent la société féodale, nobles, roturiers et serfs; la population servile était souvent l'élément le plus important, comprenant presque toute la classe ouvrière. Tantôt le seigneur était laïque; tantôt c'était un seigneur ecclésiastique, l'évêque ayant souvent conquis la seigneurie dans les villes; il arrivait enfin que la ville était partagée entre diverses seigneuries (2).

(1) Depuis les ouvrages classiques d'Augustin Thierry et de Guizot, il a été publié de nos jours toute une série d'études très importantes sur les institutions municipales de la France au Moyen âge. — Les unes sont des monographies consacrées à l'histoire d'une municipalité ou d'une charte déterminée, et ce sont surtout des travaux de cette nature qui ont introduit dans la question des éléments nouveaux. Les principales de ces monographies sont : A. Giry, *Les établissements de Rouen, 1883-1885;* — A. Giry, *Histoire de la ville de Saint-Omer et de ses institutions jusqu'au xiv⁰ siècle;* — E. Flammermont, *Histoire des institutions municipales de Senlis,* 1881; — Bonvalot, *Le tiers Etat d'après la loi de Beaumont et ses filiales,* 1884 — Maurice Prou, *Les coutumes de Lorris et leur propagation aux xii⁰ et xiii⁰ siècles,* 1884; — Bourgin, *La commune de Soissons et le groupe communal soissonnais, Biblioth. de l'école des hautes études,* fasc. 167, 1908; — Pirenne, *Les villes flamandes avant le xiii⁰ siècle, Annales de l'est et du nord,* 1905. — On trouvera, d'ailleurs, une bibliographie complète de ces monographies jusqu'en 1885, dans l'excellent recueil de M. Giry : *Documents sur les relations de la royauté avec les villes en France de 1180 à 1314,* Paris, 1885, introdution, p. xxxi et suiv. — Il a été publié également des ouvrages d'ensemble d'une grande valeur : A. Wauters, *Les libertés communales,* essai sur leur origine et leurs premiers développements en Belgique, dans le nord de la France et sur les bords du Rhin, 1878; — A. Luchaire, *Histoire des institutions monarchiques sous les premiers Capétiens,* I. IV, ch. iii; — A. Luchaire, *Les communes françaises à l'époque des Capétiens directs,* 1890, — Karl Hegel, *Stadte und Gilden der germanischen Völker im Mittelalter,* 2 vol,. 1891. — Sur les nombreux essais de théorie générale de l'origine des villes et des franchises urbaines, voir Pirenne, *L'origine des constitutions urbaines au Moyen âge, Revue hist.,* tomes 53 et 57, et Bourgin, *Les études sur les origines urbaines du Moyen âge. Revue de synthèse historique,* 1903.

(2) M Flach, dans ses *Origines de l'ancienne France,* t. II, p. 237 et suiv., a montré, mieux qu'on ne l'avait encore fait, ce qu'étaient devenues la configuration matérielle et l'administration des principales villes dans le haut Moyen âge .

Mais, dès la fin du xiᵉ siècle, les villes commencèrent à conquérir en France, à l'encontre des pouvoirs seigneuriaux, une condition favorable et privilégiée (3). Cette émancipation, qui se poursuit et se propage principalement au cours des xiiᵉ et xiiiᵉ siècles, aboutit à des franchises municipales, qui forment un trait important de la société féodale. Ce n'est point là, d'ailleurs, un phénomène propre à la France; le même fait s'est produit au Moyen âge, un peu plus tôt un peu plus tard, dans tous les pays où s'était établie la féodalité occidentale, en Italie, en Espagne, en Allemagne, dans les Flandres, en Angleterre. Cela montre que ce phénomène avait une cause profonde : l'incompatibilité naturelle et fondamentale entre la vie urbaine et le système féodal. D'un côté, le contact constant des hommes et l'échange continu des idées engendrent naturellement dans les villes l'esprit de liberté, qui devait vite faire sentir les rudesses de l'exploitation féodale, et l'esprit d'association, qui devait fournir le moyen pour lutter contre l'oppression. D'autre part, la concession de la terre et les rapports qu'elle engendrait étaient la clef de voûte de la constitution féodale : or, dans les villes, bien que les tenures féodales s'appliquassent aux maisons, cet élément n'avait qu'une importance vraiment secondaire; ce qui représentait surtout la fortune, c'était le produit du commerce et de l'industrie; le marchand et l'artisan, au point de vue économique, n'avaient pas besoin de seigneur, dont l'interven-

---

(3) Quels sont les faits essentiels par lesquels a commencé la différenciation juridique des villes et des campagnes ? C'est un point très difficile à déterminer. Pour M. Flach (*Origine de l'ancienne France*, t. II, p. 329, 335, note 3; 337, note 3), il semble que les fortifications soient le trait essentiel qui distingue la ville du plat pays, bien qu'il y joigne d'autres caractères. (Dans le même sens Funck-Brentano, *Les villes au début de l'époque féodale*, C. R. de l'Acad. des sciences morales, 1914. Dans l'Italie du nord la ville, *civitas* ou *castellum*, se distingue par son enceinte murée des *loci* ou *vici*, Mengozzi, *La citta italiana nell'alto medio evo*, 1914.) Mais c'est là un élément plutôt de fait que de droit, bien que les *villes closes* aient assez souvent été traitées d'une manière particulière par la législation de l'ancienne monarchie. Pour M. Pirenne (*L'origine des constitutions urbaines au Moyen âge*, dans la Revue historique, sept.-oct. 1893, p. 67), « ce qui constitue la ville du Moyen âge au sens juridique du mot, ce n'est pas un degré plus ou moins complet d'autonomie, c'est l'acquisition d'un droit municipal distinct de celui du plat pays. Les organes chargés de l'application de ce droit peuvent être fort différents, seigneuriaux ici, là communaux : cette différence importe peu. » Enfin, M. Hegel, *op. cit.*, II, p. 506, s'exprime ainsi : « La vie et la qualité même de la ville reposent sur le commerce et l'industrie; c'est par là qu'elle se distingue et s'élève au-dessus du plat pays; c'est par là que naissent le mouvement de son marché, ses relations avec les étrangers et les hôtes. Mais c'est le seigneur qui lui a conféré son droit et sa première constitution. Le point de départ est la formation d'une circonscription judiciaire distincte pour la ville et pour les biens de la ville, ou ceux qui en dépendent. Nous trouvons partout cette séparation qui s'opère entre la juridiction de la ville et celle de la campagne, aussi bien en Angleterre et dans les royaumes scandinaves que dans les villes du continent. C'est un caractère essentiel des villes, que de posséder une juridiction à part et municipale, comme c'est un droit essentiel des bourgeois de ne pouvoir être actionnés que devant cette juridiction. » Là me paraît être la vérité.

tion pour eux ne représentait qu'une gêne. Enfin, la protection militaire, que fournissait aux roturiers et aux serfs des campagnes, le pouvoir seigneurial, était moins précieuse dans les villes, où l'on était moins exposé et où l'on pouvait mieux se défendre. Par là même, on peut voir combien était peu fondée la thèse jadis classique, reproduite dans le préambule de la Charte de 1814 (4), d'après laquelle l'émancipation des villes en France aurait été une œuvre voulue et spontanée de la Monarchie Capétienne, aurait été due à son initiative et son action. Le caractère général et européen de l'émancipation des villes au Moyen âge suffit à montrer qu'il y a là un produit naturel de la société féodale, une réaction que devait nécessairement engendrer ce système. On peut constater également, par le détail, que la Monarchie Capétienne chercha plutôt à réduire l'émancipation municipale sur son propre domaine : elle la favorisa, il est vrai, sur les domaines de ses vassaux directs, mais sûrement parce qu'elle y voyait un affaiblissement de ces derniers (5). Elle chercha, d'ailleurs, de bonne heure à se faire la protectrice et en même temps la tutrice des villes privilégiées par tout le royaume; c'était étendre son pouvoir, et elle sentait aussi instinctivement qu'entre elle et les villes il se ferait une alliance naturelle et tacite contre l'ennemi commun, c'est-à-dire contre les pouvoirs seigneuriaux, démesurément développés dans notre pays. Elle intervint pour approuver et confirmer les chartes de franchises accordées par les seigneurs. Cela se fit d'abord, non par application d'un principe reconnu, mais parce que les villes, pour plus de sécurité, s'adressèrent au roi et lui demandèrent sa confirmation et sa garantie (6). A la fin du xiiie siècle, cela aboutit à une théorie précise et générale : l'assentiment du roi était toujours nécessaire pour créer une ville libre, c'est-à-dire une nouvelle personne politique. C'est ce que déclare Beaumanoir pour les communes (7), et, au xive siècle, la même règle est énoncée pour les villes de consulat (8). Cela était d'ailleurs

(4) Nous avons considéré que, bien que l'autorité tout entière réside en France dans la personne du roi, nos prédécesseurs n'avaient point hésité à en modifier l'exercice, suivant la différence des temps; que c'est ainsi que les communes ont dû leur affranchissement à Louis le Gros, la confirmation et l'extension de leurs droits à Saint Louis et à Philippe le Bel. »

(5) Luchaire, *Les communes françaises*, p. 264 et suiv. Cette politique royale est très nette vis-à-vis des consulats du Midi, R. Michel, *La sénéchaussée de Beaucaire*, p. 265.

(6) Luchaire, *Les communes françaises*, p. 270 et suiv.

(7) Beaumanoir, L, 2 : « De novel nus ne pot fere vile de commune sans l'assentement du roi, fors que li roys. » Salmon, 1517.

(8) *Appendice* à la *Pratique* de J.-P. de Ferrariis, tirée de la *Praxis* de Pierre Jacobi, édit. 1616, tit. XXXIV, n° 11 : « Sed an baro per se poterit concedere consulatum in terra sua ? Dico quod ad consulatum pertinet licita congregatio populi, pro consulibus creandis et pro pluribus aliis. Item ad consulatum pertinet jus publi

logique, étant donné le tour qu'avaient pris les principes féodaux
au profit de la royauté, en ce qui concernait l'affranchissement
des serfs, le droit de francs fiefs et l'amortissement. Le seigneur,
en accordant les franchises, renonçait à certains droits de sa seigneurie, et, par suite, diminuait la valeur de son fief. Après ces
considérations générales, examinons successivement comment ont
été établies les franchises municipales, quelles en ont été la consistance et les formes principales.

## I

J'ai indiqué quelle avait été la cause générale et profonde qui
amena l'émancipation des villes; mais il y eut aussi d'autres causes, plus précises et plus proches, qui en furent l'occasion et le
moyen. Il est certain que des institutions antérieures servirent de
point d'appui à la population urbaine; ce ne furent pas partout
les mêmes; mais il y a lieu d'examiner successivement ici les principales, qui ont été signalées comme ayant eu une influence
sérieuse :

1° On a plus d'une fois prétendu établir entre le régime municipal romain et certaines municipalités du Moyen âge un rapport de
filiation (9) : le premier, quoique très affaibli, se serait perpétué
jusqu'au moment où il aurait eu, dans des circonstances favorables, une renaissance et subi une transformation. Mais, comme
nous l'avons dit précédemment (10), tout porte à croire que les
derniers vestiges des institutions municipales romaines disparaissent en Gaule sous la dynastie carolingienne. On n'a encore établi
d'une façon précise cette filiation pour aucune cité de la France au
Moyen âge (11). Tout ce qu'on peut admettre, c'est que, dans certaines grandes villes, la tradition populaire, souvent si persistante
et si vivace, conserva, en l'exaltant, le souvenir d'un passé de
liberté municipale et fournit ainsi un élément de rénovation.

2° Nous avons étudié précédemment l'institution carolingienne
des *scabini*; nous savons que c'était un collège permanent d'assesseurs judiciaires, chargés de dire le droit et choisis par le comte
parmi les notables. Dans les campagnes, cette institution disparut
en général, et nous savons que la composition des cours féodales

candi aliquas res, pro muris faciendis et ad theatra et ad stadia designanda, quæ
sunt in dispositione solius principis vel senatus. Cum ergo baro non possit illa concedere, ergo nec consulatum. » D'ailleurs, l'auteur a dit précédemment, n° 10 : Sed
an rex poterit de jure concedere consulatum in terra baronis, non consentiente
barone ? Et dico quod non, etiam si illa terra teneatur in feudum a rege. »

(9) Voyez surtout Raynouard, *Histoire du droit municipal en France*, l. III, t. IV
(10) Ci-dessus, p. 71.
(11) Cf. Luchaire, *Institutions monarchiques*, t. II (1ʳᵉ édit.), p 152 et suiv —
Flach, *Les origines de l'ancienne France*, II, pp. 227-237.

ne le comprenait pas en principe. Mais, dans les villes, surtout dans la région du nord et de l'est, elle se maintint au contraire assez généralement et fournit souvent la base même des institutions municipales. La transformation consista en deux choses : 1° rendre électifs les *scabini*, qui, auparavant, étaient choisis par le seigneur, et en faire ainsi de véritables représentants de la population; 2° leur conférer, à côté de leurs fonctions judiciaires, des attributions administratives, c'est-à-dire la libre administration de la cité. Que cette transformation se soit accomplie, il y en a des preuves multiples. C'est d'abord le nom d'échevins ou *scabini*, que porte dans bien des villes le principal groupe de magistrats municipaux. Dans certains milieux, nous voyons nettement le collège des échevins se diviser en deux, dont l'un garde les fonctions exclusivement judiciaires, l'autre prenant des attributions administratives (12). Parfois, bien qu'ils exercent les deux ordres d'attributions, leur rôle judiciaire est de beaucoup le plus important (13). Parfois enfin, ils partagent, suivant certaines règles, le jugement des procès avec une catégorie de magistrats municipaux d'origine différente : les *jurati* ou *vere jurati* (14). Cela montre que souvent le scabinat, datant de l'époque carolingienne, a exercé une influence considérable dans le développement de la liberté municipale, que tantôt il est devenu le principal représentant de la cité pour son

---

(12) Wauters, *Les libertés communales*, p. 604. Cela est vrai surtout pour les villes de la Flandre, du Hainaut et du Brabant; Hegel, *Städte und Gilden*, II, p. 115-231. Voici comment il résume l'évolution, p. 227 : « Aussi bien dans les villes de Flandre que dans celles du Brabant, le gouvernement des échevins existait de haute antiquité et l'échevinat était à vie; le comte nommait les échevins. Un changement s'opéra par le renouvellement annuel des échevins, qui s'introduisit à Arras en 1194, puis à Ypres en 1209, et devint ensuite le droit commun. La libre élection des échevins fut aussi accordée ensuite au collège des échevins ou aux bourgeois, la confirmation en étant seule réservée au seigneur. » — Cf. Pirenne, *Histoire de la constitution de la ville de Dinant au Moyen âge*, p. 18 et suiv.

(13) Prost, *L'ordonnance des majours de Metz*, dans la *Nouvelle revue historique de droit*, 1878, p. 189 et suiv., 283 et suiv.

(14) Wauters, *Les libertés communales*, t. II, Preuves, p. 18, 172; — Hegel, *Städte und Gilden*, II, p. 227 (villes de Flandre et du Brabant) : « Le prévôt ou bailli du comte était le juge et avait le pouvoir exécutif; les échevins, qui étaient les jugeurs au tribunal, avaient aussi l'administration de la ville. Bientôt l'accroissement des affaires conduisit à un partage, soit que les échevins se divisassent en deux collèges qui présidaient alternativement l'un à la justice, l'autre à l'administration; soit que, comme c'est le droit commun au XIIIᵉ siècle, des jurés ou conseillers (*jurati, conciliarii*) fussent associés aux échevins dans l'administration. Ceux-là, toujours en nombre restreint, étaient pris également parmi les grands bourgeois et, par conséquent, ne peuvent être considérés comme les représentants spéciaux du reste de la commune. » Pirenne, *op. cit*, p. 21 : « Dans les villes flamandes, la bourgeoisie intervint de bonne heure dans la nomination des échevins, qui prirent ainsi le caractère d'une magistrature communale. Sur les bords de la Meuse il n'en a jamais été de même. Ici justice seigneuriale et échevinage ont toujours eu une signification identique. L'autonomie urbaine n'a pas, comme en Flandre, trouvé son expression dans les échevins, mais dans les jurés. »

libre gouvernement, tantôt l'un de ses organes, en concours avec d'autres (15).

3° Des corps d'une autre nature ont joué, dans cette évolution, un rôle presque toujours important, parfois prépondérant. Ce sont les corporations d'artisans, et surtout celles de marchands, et les associations spontanément formées entre les habitants. Les corps de marchands, que nous avons signalés dans l'administration romaine (16), ne disparurent point avec la chute de l'empire d'Occident : ils subsistèrent, au contraire, sans doute plus libres qu'autrefois, et maintenus par l'intérêt commun de leurs membres (17). Quoique imposés, rançonnés par l'autorité seigneuriale, ils purent vivre et parfois prospérer, et prirent presque partout une forme d'association libre, introduite par la coutume germanique, et qu'on appelle la *gilde* (18). Il y avait là un instrument puissant pour la défense des intérêts corporatifs, qui, d'ordinaire, coïncidaient avec ceux de la cité elle-même. Dans une certaine mesure, les associations d'artisans, qui s'étaient maintenues ou organisées de la même manière, agirent dans le même sens. Ce furent les agents les plus actifs pour la conquête des franchises municipales, et souvent même ils les conquirent en quelque sorte pour leur pro-

(15) Wauters, *Les libertés communales*, p. 604 et suiv.; — Bonvalot, *Le tiers État d'après la loi de Beaumont*, p. 48, 122. — Luchaire, *Les communes*, p. 173 et suiv. M. G. Mengozzi, *op. cit.*, attribue dans le développement de la vie communale, en Italie, une grande importance à la réforme de Charlemagne prescrivant que les *scabini* seront désignés par le comte « totius populi consensu ». La cité murée formant une unité, un *populus*, eut ainsi son organisme judiciaire propre élu.

(16) Ci-dessus, p. 21-22.

(17) Greg. Tur., *Historia Francorum*, III, 34; c'est un évêque qui s'adresse au roi Théodebert · « Rogo si pietas tua nabet aliquid de pecunia, nobis commodes... cumque hi negucium exercentes responsum in civitate nostra, *sicut reliquæ habent* præstiterint, pecuniam tuam cum usuris legitimis redemus. »

(18) Sur la gilde, voyez Drioux, *De la gilde germanique*, Paris, 1883; — Charles Gross, *The gild merchant*, Oxford, 1890 et surtout le bel ouvrage de M. Hegel, *Städte und Gilden*. Selon M. Hegel, la gilde aurait été le produit à la fois des coutumes germaniques et des idées chrétiennes, dans un milieu où la sécurité faisait défaut. Elle présenterait trois caractères distinctifs et essentiels : 1° l'association se réunissait périodiquement dans des banquets, auxquels devaient prendre part les associés (ce serait un souvenir des sacrifices et des banquets du paganisme germanique); 2° tous les associés devaient se considérer comme des frères, et l'association se livrait à des pratiques pieuses (ce serait la part des idées chrétiennes dans l'institution); 3° les associés étaient tenus de se soutenir et se défendre les uns les autres, l'association exerçant sur tous une juridiction disciplinaire; enfin le plus souvent l'association et les obligations des associés sont garanties par la foi du serment t. I, p. 7 et s.; 27 et s., 102 et s., 250 et s., t. II, 168, 169, 501 et suiv.). L'existence des gildes est tout d'abord attestée par les prohibitions séculières et canoniques dirigées contre elles à l'époque carolingienne (I, I, p. 1-4). Elles se développent largement chez les Anglo-Saxons, jusqu'à la conquête normande, et en Danemark, où peut-être elles avaient été importées d'Angleterre. Au Moyen âge, c'est la forme que prennent le plus souvent les corporations de marchands; à ce type se rattachent également les associations si intéressantes qui existent dans certaines villes flamandes sous le nom de *caritates* (charités), t. II, p. 147 et suiv., 172. — Cf. W. Sickel, *Die privatherrschaften im fränkischen Reiche, loc. cit.*, I, p. 168.

pre compte, devenant seuls, dans l'organisation établie, les représentants de la ville. Pour certains pays, l'Angleterre par exemple,
on a été jusqu'à soutenir qu'il y avait toujours identité à l'origine
entre la gilde des marchands et le corps municipal, et, si cette
thèse paraît trop absolue, elle contient cependant une grande part
de vérité (19). En France, l'organisation municipale révèle très
souvent la part considérable qu'ont eue les corporations dans la
conquête des franchises (20), en ce que les officiers municipaux
sont nommés par ces corporations, qui constituent ainsi le collège
électoral (21). Parfois, c'est un corps de marchands qui concentre
entre ses mains tout le pouvoir municipal (22). Pour la ville de
Saint-Omer, on a démontré que la gilde marchande est directement
devenûe la commune (23), et le même phénomène s'est produit
pour la municipalité de Paris. On sait, en effet, que celle-ci fut
d'abord concentrée dans la corporation des *marchands de l'eau*,
qui faisait l'importation des marchandises par le cours de la Seine,
et dont on a voulu souvent faire remonter les origines à une corporation de *nautæ Parisienses*, que l'on trouve à l'époque
romaine (24). Le maire de Paris, dans l'ancien régime, portera
jusqu'au bout le titre de prévôt des marchands, et l'emblème de la
vieille corporation figure encore dans le blason de la ville de
Paris. Enfin, d'autres associations jouèrent souvent un rôle prépondérant dans le mouvement d'émancipation : celles-là sont toutes politiques, bien que souvent elles se déguisent sous la forme
de confréries religieuses. Ce sont des sociétés de secours et de
défense mutuels, formées spontanément entre les habitants d'une
ville. Ces associations avaient dû être tentées de bonne heure, car
ce sont elles, sans doute, que prohibent les capitulaires carolingiens sous le nom de *geldoniæ et conjurationes* (25). Au Moyen

(19) Voyez, contre cette thèse, M. Gross, *op. cit*, ch. v-vii, qui résume tous les
travaux sur la question, et App. A. B. — M. Hegel combat également cette idée;
il n'admet l'identité de la gilde des marchands et de la municipalité anglaise que
dans quelques cas exceptionnels, pour Preston et Worcester par exemple; encore
cette assimilation serait-elle un état, non originaire, mais second (t. I, p. 93 et suiv.,
113). Mais dans son travail si complet et si consciencieux, M. Hegel a relevé nombre
de faits qui montrent que, si la gilde est rarement devenue toute l'organisation
municipale, elle en a été souvent partie intégrante et importante; voyez, par exemple,
t. II, p. 157-160 (Saint-Omer), 162 (Arras). — Cf. Pollock et Maitland, *The history
of the english law before the time of Edward I*, t. I, p. 648 et suiv.
(20) Ch. Gross, *op. cit.*, App. F. *The continental gild merchant*, p. 282 et suiv.
(21) Luchaire, *Les communes*, p. 154 et suiv., 30 et suiv.
(22) Cela explique bien le caractère aristocratique de certaines constitutions municipales.
(23) Giry, *Saint-Omer*, p. 153, 275, 278, 281, 282. — En sens contraire, Hegel, *op. cit*,
II, p. 158 et suiv.
(24) Voyez Hegel, *Städte und Gilden*, II, p. 86 et suiv. Contra Picarda, *Les marchands de l'eau, Bibliothèque de l'école des hautes études*, fasc. 134.
(25) Waitz, *Deutsche Verfass.*, IV, p. 434 et suiv. Il y a là deux traits caracté-

âge, dès la seconde moitié du xi⁰ siècle, elles se multiplient; nous les retrouverons un peu plus loin en parlant des communes jurées. On sent vraiment qu'elles constituent la plus grande force de résistance, qui reste aux populations agglomérées, contre les pouvoirs féodaux. Aussi ceux-ci et l'Eglise cherchent-ils à les étouffer. Prohibées, nous l'avons dit, aux viii⁰ et ix⁰ siècles, elles le sont encore aux xii⁰, xiii⁰ et xiv⁰ (26). Voilà les principaux précédents qui ont préparé l'émancipation des villes (27); voyons comment elle s'est accomplie.

## II

Les franchises des villes n'ont pas été toutes acquises de la même manière. Comme elles entraînaient pour le seigneur une perte pécuniaire, elles ont été rarement concédées par lui spontanément ou gratuitement. Souvent, c'est une insurrection triom-

ristiques de l'association politique : la cotisation (*geldonia*) et le serment (*conjuratio*). M. Hegel voit dans les *conjurationes*, que prohibent les capitulaires carolingiens et les règlements canoniques contemporains, de véritables gildes (t. I, p. 1-11). Il refuse, au contraire, de reconnaître ce caractère aux associations jurées pour la défense mutuelle et le respect de la paix, qui se produisent au Moyen âge et dont souvent sont sorties les communes jurées. Même là où l'analogie est pressante, comme pour la *Lex amicitiæ d'Aire* (t. II, p. 166-170), il écarte l'idée de gilde, parce qu'il manque deux des traits qui caractérisent essentiellement cette dernière : la confrérie religieuse et le *convivium*. Ces *conjurationes* politiques me paraissent cependant constituer une application dérivée de la gilde. Elles en retiennent un trait essentiel, le devoir de mutuelle assistance, et un autre caractère important, le lien du serment. Si elles ne reproduisent pas les autres traits c'est qu'ils ne s'adaptaient pas au milieu nouveau et élargi dans lequel elles se formaient. Tous les habitants d'une ville ne pouvaient pas se réunir en banquet, comme les membres d'une confrérie. Cf Flach, *Les origines*, II, p. 376, note 1.

(26) Concile provincial de Rouen, janvier 1189, ch. 25, visant probablement d'une façon spéciale la commune de Rouen (Hegel, t. II, p. 14; cf. p. 503). — En janvier 1231, sentence des princes de l'Empire rendue à Worms, sur la demande de l'évêque de Liège, et abolissant les *communiones, constitutiones, confœderationes, seu conjurationes aliquas quocumque nomine censeantur* (Pirenne, op. cit., p. 29). — Enfin les Coutumes générales données par Simon de Montfort, loc. cit., p. 224 : « Nulli barones, milites, burgenses sive rurales audeant aliquo modo se colligare, mediante fide aut sacramento, aut conjurationem aliquam facere, etiam sub prætextu confratriæ, nisi de assensu et voluntate domini. Quod si aliqui fuerint comprobati taliter conjurasse contra dominum, tam ipsi quam res eorum (erunt) in manu et voluntate domini. Si vero conjurati fuerint, licet non contra, tantum in aliorum damnum, si inde fuerint convicti aut confessi, dabunt singuli decem libras si fuerint barones, si simplices milites centum solidos, si burgenses sexaginta solidos, si rurales viginti solidos. Excipiuntur autem ab hujusmodi pœna negociatores aut peregrini qui sibi jurant pro societate sua servanda. »

(27) Des travaux remarquables, se rapportant à l'Allemagne, ont attribué, dans ce pays, aux marchés et à la protection des marchés une influence prépondérante dans le développement du droit municipal. Voyez, en particulier, Sohm, *Die Entstehung des deutschen Städtewesens*, 1890. En France les marchés sont également, par la force même des choses, un des éléments importants de la vie urbaine, et les chartes des villes ont souvent des dispositions qui s'y rapportent. Mais on ne saurait voir là, chez nous, l'une des causes de l'affranchissement municipal. Cf. Flach, *Les origines de l'ancienne France*, II, p. 293.

phante qui les a obtenues. Parfois aussi, elles ont été achetées au seigneur par les habitants : c'est ainsi qu'on voit des municipalités prendre à bail du roi ou du seigneur la prévôté de la ville pour une somme déterminée. Par cette opération, qui normalement constituait un bail perpétuel, la cîté acquérait le droit d'exercer sur elle-même, par ses représentants élus, et à son profit, les droits de justice et d'administration qui, jusque-là, appartenaient au prévôt. Cette combinaison, très fréquente en Angleterre (28), se produisit aussi parfois en France (29). Enfin, il arriva quelquefois que les seigneurs, bien avisés et par bonne politique, accordèrent à leurs villes, spontanément et sans les faire payer, des privilèges et des franchises : c'était alors dans l'espoir que, la prospérité de la ville augmentant avec sa liberté, les droits pécuniaires qui leur restaient dus seraient plus productifs et leur fourniraient une compensation suffisante. C'est ce qui se produisit, surtout pour les villes de fondation nouvelle, où les seigneurs désiraient attirer de nombreux immigrants, et qui prirent, dans le nord et dans le centre, le nom de *villes neuves*, et, dans le midi, celui de *bastides* (30).

Juridiquement, les franchises furent aussi sanctionnées de diverses manières. Le plus souvent, ce fut un titre formel, une *charte*, qui les constata et les garantit. C'était un titre capital et précieux, dont l'interprétation se faisait d'après des règles précises (31). C'est surtout par ces chartes que nous connaissons le droit municipal du Moyen âge; d'ailleurs, elles ne contiennent point d'ordinaire toutes les règles de l'organisation municipale; elles laissent dans l'ombre, le plus souvent, un grand nombre de détails. Ce qu'elles enregistrent au contraire, avec la plus grande précision, ce sont les droits fiscaux et judiciaires auxquels le seigneur renonce au profit de la ville et ceux qu'il conserve pour lui (32).

(28) Voyez l'ouvrage classique de Madox : *Firma burgi, or an historical essay concerning cities*, 1726; Pollock et Maitland, *The history of the english law*, t. I, p. 635 et suiv.

(29) Charte de Philippe-Auguste (1201-1202), au profit de la commune de Mantes; charte du même au profit de la commune de Chaumont 1205), dans Giry, *Documents*, p. 48, 49; — Borelli de Serres, *Recherches sur divers services publics du XIIIᵉ au XVIIᵉ siècle*, p. 14, note 2; 657, note 6.

(30) E. Menault, *Les villes neuves, leur origine et leur influence dans le mouvement communal*, 1868; — Curie-Seimbres, *Essai sur les villes fondées dans le sud-ouest de la France sous le nom générique de bastides*, 1880; — Flach, *Les origines de l'ancienne France*, II, p 161-203.

(31) Beaumanoir, Beugnot, L. 1; Salmon, nº 1516; — Lettres de Louis VII à la ville de Beauvais (1151), *Ord*, XI, p. 198; — Arrêt des Grands Jours de Troyes, dans Brussel, *Usage des fiefs*, II, p. 27

(32) On trouve les chartes des villes éparses dans les recueils d'anciennes lois françaises ou dans les monographies consacrées à l'histoire des différentes villes. Un grand nombre sont insérées au tome XI de la Collection des *Ordonnances*. Des types choisis se trouvent dans Giry, *Documents*.

A côté des chartes, nous avons, pour certaines villes, de véritables coutumiers municipaux, c'est-à-dire des recueils rédigés par des particuliers, et plus riches en détails (33). Enfin, Beaumanoir, dans ses *Coutumes de Beauvoisis*, a consacré un chapitre aux *bonnes villes*, c'est-à-dire aux villes privilégiées, et c'est à proprement parler la seule exposition théorique et d'ensemble que le Moyen âge français nous ait transmise sur cette matière (34).

Parfois les franchises municipales ont existé pendant assez long-temps, sans être consacrées par une charte : elles étaient alors simplement déterminées et sanctionnées par la coutume. On peut même constater que souvent les chartes supposent un état antérieur du droit municipal, sans doute assez rudimentaire, dont elles sont le développement (35).

III

Ce qui caractérise le droit municipal du Moyen âge, c'est la particularité et la diversité. Chaque ville acquiert isolément ses privilèges et reçoit son organisation particulière : dans l'ensemble du *plat pays*, qui reste soumis aux rigueurs du régime féodal, ce sont autant d'îlots qui émergent et dont chacun a sa physionomie propre (36).

La diversité n'existe pas que dans la forme, elle existe aussi et surtout dans le fond. Les franchises accordées aux diverses villes n'ont pas, en effet, la même consistance et la même étendue : elles contiennent des doses de liberté très variables. On peut cependant dégager, dans leurs traits généraux, deux types qui représentent, l'un le *minimum* et l'autre le *maximum* des franchises municipales.

Les villes qui obtinrent le moins ne conquirent guère que ce qu'on peut appeler la liberté civile. Elles obtinrent une condition favorable pour leurs habitants roturiers et serfs, au point de vue du droit fiscal, pénal et privé. Le servage et les tailles arbitraires furent abolis; la charte contint une fixation précise des droits pécu-niaires et taxes qui restaient dus au seigneur; la personne des citoyens fut garantie contre les arrestations et les emprisonnements arbitraires, leurs biens contre les réquisitions et les amendes arbi-

---

(23) Par exemple, Roisin, *Franchises, lois et coutumes de la ville de Lille* (xiii⁰ siè-cle et suiv ), édit. Brun Lavainne. Lille, 1842.

(34) *Coutumes de Beauvoisis*, ch. L. Ce chapitre et les autres passages du livre de Beaumanoir qui se rapportent au droit municipal ont été réédités d'après un manuscrit important par M. Giry, *Documents*, p. 113 et suiv.

(35) Voyez spécialement pour la ville de Rouen, Hegel, *Städte und Gilden*, II, p. 13, 14.

(36) Cette distinction entre la ville et le plat pays est générale dans l'Europe féodale. Voyez, pour l'Angleterre du xii⁰ siècle, Pollock et Mailland, *The history of the english law*, t. I, p. 625.

traires. Enfin, ces villes eurent le droit de posséder et d'acquérir des biens et d'en utiliser les revenus (37).

Les villes qui obtinrent le plus, outre les droits et avantages que je viens d'énumérer, acquirent véritablement la liberté et l'autonomie politiques. Voici, en effet, les principaux droits qui leur furent reconnus :

1° *Le droit de justice*, par lequel dans la société féodale se manifestait principalement la puissance publique. Les villes qui l'avaient obtenu revendiquaient les poursuites dirigées contre leurs bourgeois, et, comme cette justice s'exerçait par les officiers municipaux, le bourgeois acquérait par là un privilège semblable à celui que réclamait l'homme de fief, dans le jugement par les pairs. Mais il ne faudrait pas croire que ce droit de justice ait été généralement complet, entraînant la compétence à tous égards. Les seigneurs, même à l'égard des villes largement privilégiées, se réservèrent souvent deux choses : 1° la justice féodale, c'est-à-dire la connaissance des tenures qui relevaient d'eux, alors même qu'elles étaient aux mains des bourgeois (38); 2° les cas criminels les plus graves, ceux qui entraînaient la confiscation (39). D'autre part, les juridictions municipales n'eurent pas toujours la même origine ; elles se fondèrent, au contraire, sur des précédents et des principes différents.

Les unes, celles dont généralement la compétence fut le plus étendue, sortirent de l'ancienne administration de la justice avec l'intervention des *scabini*. Les échevins avaient jadis administré dans la ville la justice au nom du seigneur qui les nommait; devenus les représentants de la cité, ils continuèrent à l'administrer, sous la présidence d'un officier municipal, et au nom de la cité, sauf le respect des droits réservés au seigneur (40).

Dans les communes jurées, la justice municipale eut souvent un

---

(37) Hegel, *Städte und Gilden*, II p 77-80.

(38) Par exemple, charte de Villeneuve-le-Roi (Louis VII, 1175), *Ord.*, XI, 227, art. 3 : « Si de censu suo forisfecerint homines nostri Ville Nove militibus vel de venditionibus, in curia militum se super hoc justiciabunt. » Cf. charte de Laon (Louis VI), art. 33. — *Etablissements de Rouen* (Giry, t. II), art. 24 : « Si quis requisierit curiam suam de terra, concedetur ei. » Décision de Philippe-Auguste de 1190 concernant la commune de Noyon (Delisle, *Catalogue des actes de Philippe-Auguste*, App., p. 499) : « Si episcopus habuerit querimoniam adversus communiam vel aliquos vel aliquem de communia, liberi homines episcopi judicium faciant. »

(39) Flammermont, *Histoire des institutions municipales de Senlis*, p. 16. Lorsque Philippe-Auguste confirma en 1202 la charte octroyée en 1173 par le roi son père, il donna à la commune toute la justice qu'il avait à Senlis, à l'exception de trois cas, « eo excepto quod nobis retinemus multrum, raptum et homicidium». — *Etablissements de Rouen*, art. 11 (Giry, II, p. 18).

(40) C'est ce qu'on trouvera dans les villes où les échevins apparaissent dès le début comme exerçant seuls la justice et à tous égards. Voyez, par exemple, la confirmation des privilèges d'Arras (vers 1180), dans Wauters, *Preuves*, p. 32. — Cf. Prost, *L'ordonnance des majours de Metz*

autre fondement. Les communes, comme on le verra bientôt, eurent pour origine des associations conclues entre les habitants d'une ville, sous la foi du serment, pour maintenir la paix au dedans et faire cesser les violences du dehors. Il en résulta tout naturellement qu'elles exercèrent d'emblée sur leurs membres une juridiction disciplinaire (41) des plus énergiques, comme toutes les associations politiques qui veulent se suffire à elles-mêmes. Les pénalités disciplinaires, prononcées par l'association ou par ses représentants élus, existaient déjà, on peut en saisir la trace, lorsque la société n'était qu'une confrérie privée et ne s'était pas encore fait reconnaître comme pouvoir municipal (42); après cette reconnaissance, elles continuent à être appliquées, désormais comme l'expression du droit public, et souvent, dans une large mesure, cette juridiction écarta complètement la justice du seigneur (43). Parfois elles présentent une forme caractéristique : c'est l'expulsion du bourgeois coupable et récalcitrant, qui est rejeté de la commune, ou la destruction de sa maison. Cette justice, dans les communes, paraît avoir été administrée d'abord par des représentants spéciaux de la commune appelés *jurés* ou *voir-jurés* (*jurati, vere jurati*), que l'on voit dans certaines chartes anciennes exercer une juridiction distincte de celle des échevins, ces derniers représentant encore la justice seigneuriale (44). On conçoit aussi que cette justice disciplinaire de la commune pouvait intervenir même à l'occasion des crimes graves, dont le seigneur s'était réservé la connaissance : les deux juridictions statuaient alors successivement, chacune à son point de vue particulier (45). Conformément à son origine, la justice des communes pouvait aussi servir de moyen de défense contre le dehors. Elle citait, en effet,

(41) Cf. Luchaire, *Les communes*, p. 167.

(42) Voyez les curieuses *chartes et ordenanches de la Frarie de la halle des drops* de Valenciennes (vers 1070), dans Wauters, *Preuves*, p. 255 et suiv., et dans Caffiaux, *Mémoires sur la Charte de la Frairie de la halle basse de Valenciennes*, dans les *Mémoires de la Société des Antiquaires de France*, t. XXXVIII (1877). Sur cette *charité* Hegel, *Städte und Gilden*, II, p. 148 et suiv.; — Flach, *Les origines de l'ancienne France*, II, p. 280 et suiv.

(43) M. Hegel a très bien montré ce caractère propre aux juridictions des communes; il appelle cette juridiction justice de paix, justice extraordinaire, justice privée, justice subsidiaire; tome II, p. 44, 48 (Rouen); 57 (Amiens); 62 (Beauvais); 143 (Valenciennes); 159 (Saint-Omer); 162 (Arras).

(44) *Charte de franchise de Soignies* (1142 et 1200), dans Wauters, *Preuves;* p. 18 : « Si quis incolarum in causam ducetur coram ministro Ecclesiæ et villico, vere juratorum judicio causa terminetur. Si vero de rebus extrinsecis agatur, scabinorum judicio decidatur. » — Voyez le rôle des jurés de la paix, dans la loi de la ville du Quesnoy (vers 1180), dans Wauters, *Preuves*, p. 96; — Flach, *Les origines de l'ancienne France*, p. 378, note 1.

(45) *Etablissements de Rouen*, art. 11, p. 18 : « Si juratus communiæ juratum suum occiderit, et fugitivus vel convictus fuerit, domus sua prosternetur (voilà la justice de la commune) et ipse reus cum catallis suis tradetur justiciis domini regis, si potuerit teneri (voilà la justice du roi). »

devant elle l'homme du dehors qui avait commis un délit contre un
bourgeois dans la ville ou dans sa banlieue; et, s'il ne comparaissait pas, la commune, pour se venger, employait la force, si elle
le pouvait (46). C'est sans doute en vertu du même principe que,
suivant plusieurs chartes, la justice communale devient compétente même pour les cas réservés à la justice seigneuriale, si celle-
ci n'a pas voulu faire droit au bourgeois (47).

Enfin les juridictions municipales se fondèrent aussi sur trois
principes dont nous trouvons l'explication très nette dans les documents sur le Parloir aux Bourgeois du vieux Paris. — A. Là où la
municipalité était représentée par une corporation de marchands
privilégiés, celle-ci avait naturellement compétence pour statuer
sur les règlements du négoce et sur leur violation (48). — B. En
matière civile, les habitants pouvaient, s'ils le voulaient, porter
leurs litiges, par voie d'arbitrage, devant les officiers municipaux,
alors même que ceux-ci n'avaient pas la juridiction en cette matière, et nous voyons qu'à Paris ils usaient de cette faculté (49). —
C. Parmi leurs biens, les villes avaient souvent des terres sur lesquelles elles avaient concédé des censives, car elles jouaient le
rôle de seigneur; et, par application de la justice féodale, la municipalité connaissait alors des procès auxquels donnaient lieu ces
tenures (50).

2° La législation municipale. Ce droit, tout exorbitant qu'il
paraisse, était une conséquence du droit de justice, dans les idées
du Moyen âge. L'idée de la législation générale avait disparu:
mais chaque titulaire d'une justice pouvait faire des règlements
pour l'administration de sa justice, dans la mesure où celle-ci était
compétente (51).

(46) Esmein, Histoire de la procédure criminelle, p. 16 et suiv.

(47) Établissements de Rouen, art. 24 : « Si quis requisierit curiam suam de terra,
concedetur ei, et nisi fecerit rectum clamanti in duabus quindenis, communia faciat. »
Cf. art. 25. — Charte de Laon, art. 7 : « Si fur quilibet interceptus fuerit, ad illum,
in cujus terra captus fuerit, ut de eo justiciam faciat, adducetur; quam si dominus
terræ non fecerit justiciam in furem, a juratis perficiatur. » Cf. art. 6. — Lettres
de Louis VII (1151) reconnaissant qu'à Beauvais la justice appartient à l'évêque, non
à la commune (Ord., XI, 198) : « Sed si forte, quod absit, in eo remanserit, tunc ipsi
cives licentiam habeant suis concivibus (justiciam) faciendi, quia melius est tunc
ab eis fieri quam omnino non fieri. »

(48) Le livre des Sentences du parloir aux bourgeois (1268-1325), publié par Leroux
de Lincy, Histoire de l'hôtel de ville de Paris, 1846, p. 104, 105, 107, 119, 120, 126.

(49) Le livre des Sentences du parloir aux bourgeois, p. 107, 108.

(50) Le livre des Sentences du parloir aux bourgeois, p. 117. Il faut dire qu'en 1220
Philippe-Auguste accorda expressément aux marchands de l'eau, moyennant le paiement d'une redevance annuelle, la basse justice et la justice foncière dans la ville.
Delisle, Catalogue, n° 1959 : « Magna justitia nobis remanet. Alia autem parva
erit mercatorum et laudes et vende erunt mercatorum ad usus Parisienses. »

(51) Flammermont, Institutions municipales de Senlis, p. 14 : « Les magistrats municipaux avaient des attributions législatives très importantes; ils faisaient des bans
ou règlements... Il semble que ces attributions étaient très larges et qu'elles comprenaient à peu près toutes les matières susceptibles d'être réglées par la loi. » —

. 3° *Le droit d'imposition.* En même temps que la ville échappait au pouvoir fiscal du seigneur, dans les conditions fixées par la charte, elle acquérait le droit de s'imposer elle-même, d'établir librement par ses organes des taxes sur les habitants (52). Au xvɪᵉ siècle encore, ce droit apparaissait comme un attribut naturel des villes municipales, comme un de ceux qui les distinguaient des simples communautés d'habitants (53).

4° *Le droit d'avoir une force armée.* Cette force, composée souvent des bourgeois eux-mêmes, conduits et commandés par des officiers municipaux, servait à deux fins. D'un côté, les habitants devaient le service militaire au seigneur justicier ou au roi en vertu des principes féodaux, et l'affranchissement laissa subsister cette obligation, en la limitant et la précisant comme les autres (54). D'autre part, la ville libre et privilégiée avait le droit de faire elle-même des expéditions contre ses ennemis propres (55). C'est ainsi qu'elle partait en corps pour aller détruire la maison de l'étranger, qui était venu porter la violence chez elle et n'avait pas voulu répondre devant ses magistrats (56). Il n'y a là d'ailleurs rien de bien surprenant, dans une société où les guerres privées étaient licites (57).

Tous ces droits politiques, c'étaient les attributs naturels de la seigneurie, et les villes privilégiées furent incontestablement considérées comme des seigneuries. Parfois, cela se traduisait par une forme précise, par un hommage que le principal officier municipal faisait au roi, au nom de la ville (58); mais partout cette

Dans le *Livre Roisin*, on trouve une grande quantité de ces règlements portant sur les matières les plus diverses, par exemple, p. 52, 61, 63, 69, 77, 99, 110, 169. Parfois le comte de Flandre intervient (p. 63, 77), mais c'est l'exception. — Lorsque l'on voulait enlever ce pouvoir à la ville ayant droit de justice, la charte le disait expressément; charte d'Amiens, art. 50 : « Bannum in villa nullus potest facere nisi per regem et episcopum. » — Hegel, *Städte und Gilden*, II, 55 (Saint-Quentin); 81 (Beaumont). — Sur le droit de législation qui appartient aux villes anglaises du xɪɪɪᵉ siècle, voyez Pollock et Maitland, *The history of the english law*, I, p. 644 et suiv.

(52) Flammermont, *De concessu legis et auxilii*, p. 43 et suiv.; —' Hegel, *Städte und Gilden*, II, p. 55, 64. Voyez les curieux détails que donne Beaumanoir sur la taille municipale, tantôt établie par la ville de sa propre autorité, tantôt exigeant le consentement du seigneur (ch. ɪ, *Des bones viles*, 4, 11. — Salmon, nᵒˢ 1519, 1526). On a souvent invoqué les *Olim* pour établir que dès le règne de Saint Louis les villes ne pouvaient plus imposer les bourgeois de leur propre autorité et qu'il fallait pour cela l'autorisation royale, *Olim*, t. I, p. 445, nᵒ XXIII, p. 644, nᵒ V. Mais ces passages ne paraissent pas probants. Dans l'un il s'agit d'une ville dont le roi a suspendu les privilèges et pris l'administration dans sa main. Dans l'autre, il s'agit d'une situation particulière créée par la guerre contre les Anglais.

(53) Boerius, *Decisiones*, 60.

(54) Luchaire, *Les communes*, p. 177 et suiv.

(55) Charte de Beauvais, art. 11; — charte de Soissons, art. 14.

(56) Sur ce point, voyez en particulier le *Livre Roisin*, p. 4 et suiv. — Cf. Esmein, *Histoire de la procédure criminelle*, p. 16.

(57) Ci-dessus, p. 247 et suiv.

(58) Flammermont, *De concessu legis et auxilii*, p. 33 et suiv.

idée était la base de la pleine franchise municipale. On ne se figurait pas alors les droits politiques sous une autre forme que celle du fief ou de la seigneurie. Celle-ci d'ailleurs pouvait avoir pour titulaire réel une personne morale, comme le prouve l'existence des seigneuries ecclésiastiques. Elle pouvait de même appartenir à une collectivité d'habitants, constituant un être de raison, et représentés par des officiers municipaux (59).

Quelque étendue qu'eussent d'ailleurs les privilèges d'une ville, alors même que celle-ci ne devenait pas une personne publique, support d'une seigneurie, ses habitants, ceux qui étaient couverts par ses privilèges, appartenaient dès lors à une nouvelle classe de personnes. Le bourgeois, ou citoyen de la ville privilégiée, représente vraiment un nouvel état dans la société féodale; il se distingue des autres roturiers et se rapproche sensiblement du noble; c'est un privilégié, comme ce dernier et comme l'ecclésiastique.

## IV

Autant que par l'étendue de leurs privilèges, les villes affranchies variaient par la forme de leur organisation municipale : ici encore, c'était l'individualisme qui dominait. Cependant, sous cette diversité apparente et d'ailleurs réelle, on constate une certaine unité partielle. Divers groupes de villes arrivèrent à avoir des chartes, qui ne présentaient guère que les variantes d'un même type. Cela se fit en premier lieu par la propagation directe des chartes. Une charte rédigée pour une seule ville se trouva répondre aux besoins d'une région tout entière ou, tout au moins, d'un certain nombre d'autres cités. Elle fut copiée ou même parfois transplantée presque sans modifications (60). La charte qui a eu ainsi la propagation la plus étendue, ce sont les Etablissements de Rouen que les monarques anglais accordèrent aux principales villes, dans leurs possessions de l'ouest de la France, depuis Rouen jusqu'à Bayonne (61). Eurent également une large diffusion les chartes d'Amiens, de Laon, de Saint-Quentin; la loi de Beaumont en Argonne (62); la coutume de Lorris en Gâtinais (63); la

(59) Dans les documents se rapportant aux villes, il est aussi question très souvent des *murs* ou *remparts*. La ville se présentait naturellement comme une enceinte fortifiée, et c'était là encore un des traits qui la distinguaient du plat pays : mais avoir des remparts en bon état était pour elle tout autant une obligation qu'un droit.

(60) Ch. Gross, *The gild merchant*, App. E, *Affiliation of medieval boroughs*; — Luchaire, *Les communes*, p. 136 et suiv.; — Hegel, *Städte und Gilden*, II, p. 65, 67, 75, 77-80, 81 et suiv.

(61) Giry, *Les Etablissements de Rouen.*

(62) Bonvalot, *Le tiers Etat d'après la loi de Beaumont et ses filiales.*

(63) Prou, *Les coutumes de Lorris et leur propagation aux* xii⁰ *et* xiii⁰ *siècles*

charte enfin qui fut donnée, en 1270, aux habitants de Riom, par Alphonse de Poitiers (64) et que l'on appela l'Alphonsine.

En dehors de cette propagation directe, il arriva, par le jeu des lois naturelles, qu'un certain type d'organisation municipale tendît à se reproduire dans la même grande région du pays : c'est ainsi que s'étend et se limite l'action des dialectes, et que dans chaque province s'établit un type spécial pour le costume des habitants et la structure des habitations. Je n'ai point l'intention de présenter ici la géographie politique de la France du Moyen âge quant à l'organisation municipale (65), mais je voudrais esquisser trois formes d'organisation municipale, qui sont particulièrement nettes et qui ont été historiquement les plus importantes : la commune, le consulat et la ville de prévôté.

## V

Le mot « commune » a deux sens dans la langue du Moyen âge. Dans un premier sens large, il désigne toute ville ayant une organisation municipale complète, constituant une personne publique et exerçant des droits politiques. La commune ainsi conçue s'oppose alors aux villes, qui ne forment pas un corps municipal, et les textes indiquent les principaux signes extérieurs qui permettent de la reconnaître : c'est le fait, pour la ville, d'avoir un sceau particulier, une cloche pour convoquer les bourgeois, une caisse commune, des magistrats municipaux et une juridiction municipale (66).

Dans un sens étroit, le mot « commune » désigne la *commune jurée*, c'est-à-dire une forme particulière d'organisation municipale, qui coïncide généralement avec le *maximum* des franchises, mais qui a ses traits distinctifs et son domaine géographique. Elle paraît avoir pris naissance dans le nord de la France et dans les Flandres et représente une réaction proprement dite contre les pouvoirs féodaux. Comme je l'ai dit plus haut, c'est avant tout une association sous la foi du serment, entre habitants d'une ville,

(64) *Ord.*, XI, p. 495.

(65) Augustin Thierry a tracé ce tableau sous le titre : *Tableau de la France municipale*; il sert d'introduction au tome I des *Documents sur l'histoire du tiers État.*

(66) Marcel Fournier, *Les statuts et privilèges des Universités françaises*, t. I, n° 71, p. 61 (arrêt du Parlement) : « Licet Nivernis (Nevers) sit magna multitudo habitantium, tamen ipsi non faciunt universitatem, seu etiam unum corpus, sed ibidem ut singulares commorantur nec habent communiam, nec sigillum, nec campanam, nec bona communia, nec archam communem. » — Arrêt du Parlement qui supprime la commune de Laon (1296); Giry, *Documents*, p. 148 : « Privantes eos omni jure communitatis et collegii, quocumque nomine censeatur, campanam, sigillum, archam communem, cartas, privilegia, omnem statum justicie, jurisdictionis, judicii, scabinatus, juratorum officii... ab eis penitus et in perpetuum abdicantes. »

pour se défendre mutuellement contre les agressions et les op, ressions et pour empêcher entre eux les désordres et les violences (67) : elle porte souvent un nom caractéristique, *pax, amicitia, fœdus pacis* (68). Elle a généralement pour origine une *conjuratio* entre les habitants qui lutte et triomphe et se fait reconnaître définitivement par le seigneur comme une institution légale et permanente (69). Le trait essentiel, c'est le serment exigé de tous les membres, et, très logiquement, il résulte de l'origine et de la conception de la commune que celle-ci ne comprend pas nécessairement tous les habitants de la ville. Les roturiers sont bien tenus d'en faire partie, sauf à être expulsés (70); mais, au contraire, les nobles et les ecclésiastiques en sont exclus, tout en étant forcés de jurer le respect de ses privilèges (71); les serfs n'y sont point non plus admis en principe.

Les communes ont, d'ailleurs, un organisme municipal très varié. Partout il existe un collège de magistrats, qui portent les noms d'échevins (*scabini*), de pairs (*pares*) ou de jurés (*jurati*) (72), qui constituent le principal organe et dont les membres fonctionnent, à la fois, comme conseil délibérant, comme agents d'exécution et comme jugeurs au tribunal municipal. A leur tête est un officier qui les préside, *maire* ou *mayeur* (*major*); parfois, il y a plusieurs maires. Mais, à côté de ce collège, il y en a souvent plusieurs autres, dont l'intervention est exigée, soit pour les actes d'administration, soit pour le fonctionnement de la justice : ce sont des collèges de *conseillers* et de *jurés* ou *voir-jurés* (73). Parfois,

---

(67) Voici la définition très exacte que M. Hegel donne de la commune, *Städte und Gilden*, II, p. 66 : « Elle se présente comme une union jurée des bourgeois dans le but de protéger la liberté des personnes et le droit de propriété contre l'arbitraire et les exactions du seigneur et des fonctionnaires; il s'y joint l'établissement d'une juridiction extraordinaire avec des chefs librement choisis, maire et jurés ou échevins, juridiction qui punit par le bannissement, la destruction de la maison ou la confiscation des biens, les délits publics, et qui fonctionne en même temps comme autorité administrative pour les affaires de la ville. » Voir Viollet, *Institutions politiques de la France*, III, p. 12 et suiv. Sur la condition des villes non communes dans le Midi, voir R. Michel, *Sénéchaussée de Beaucaire*, p. 207 et suiv.

(68) Luchaire, *Les communes*, p. 45 et suiv.; — Hegel, *Städte und Gilden*, II, p. 64, note 1 (Soissons); 142 et suiv. (Valenciennes); 166 et suiv. (Aire); 170 (Lille); 171 (Tournay).

(69) Luchaire, *Les communes*, p. 26 et suiv.; — Flach, *Les origines de l'ancienne France*, II, p. 414 et suiv., 391 et suiv.

(70) Charte de Beauvais, art. 1; — charte de Soissons (1181), art. 17; — Hegel, *op. cit.*, II, p. 7 (Rouen).

(71) Luchaire, *Les communes*, p. 64 et suiv.; — Hegel, *Städte und Gilden*, II, p. 6-7 (Rouen); 54 (Saint-Quentin); 74. Cependant à Aire les clercs et hommes de fief sont admis, p. 168.

(72) Le mot *jurati* s'emploie dans trois sens distincts : tantôt il désigne tous les membres de la commune jurée; tantôt il est porté par les magistrats principaux, et alors il n'y a pas d'échevins; tantôt il désigne un collège de magistrats distinct de celui des échevins, et dont l'action se combine avec la sienne.

(73) On peut voir un exemple clair et détaillé de cette organisation complexe, dans le *Livre Roisin* de Lille, p. 129 et suiv.

enfin, il y a à la base un corps nombreux de *pairs*, dans lequel sont pris tous les magistrats (74). Il est difficile de trouver la clef de toutes ces organisations : il est probable que ces corps divers furent des créations successives, qui se sont produites dans la période où les droits municipaux étaient progressivement conquis, et chacun d'eux représentait une nouvelle conquête; on les a maintenus et combinés dans la constitution définitive.

Ces différents officiers municipaux étaient, en principe, électifs, sans qu'on puisse retrouver exactement toutes les règles de ces élections. En général, cependant, le suffrage universel et direct ne paraît pas avoir fonctionné; c'est le suffrage restreint, compliqué par plusieurs degrés d'élection, qui paraît la forme dominante, ou l'élection par les corps de métiers (75); la cooptation des nouveaux officiers par les anciens joue aussi un rôle parfois important (76). La durée des fonctions, d'abord, semble-t-il, assez longue, tendit à se réduire à une ou deux années. Enfin l'assemblée des habitants intervient aussi à côté des officiers élus. Sans doute, bien que les renseignements précis manquent sur ce point (77), on réservait à sa décision les objets les plus importants. Il semble, tout au moins, que les règlements, qui constituaient la législation municipale, ne se faisaient pas sans elle : dans le *Livre Roisin*, nous voyons qu'à Lille, aux xiii° et xiv° siècles, les ordonnances de cette nature ne sont jamais faites sans qu'on constate qu'elles ont été arrêtées en pleine halle et acceptées *par tout le commun* ou *par une grande plenté du commun* (78).

## VI

Le « consulat » n'est pas, comme la commune jurée, un produit natal de notre pays; c'est une institution étrangère importée en France. C'est la forme sous laquelle s'organisèrent d'abord les cités italiennes, de l'Italie centrale et septentrionale, quand elles s'affranchirent dans le cours du xi° siècle : son nom venait de celui des magistrats élus, ou *consuls*, qui, en nombre variable, y exerçaient l'ensemble des pouvoirs (79). Il ne faudrait pas croire,

(74) Luchaire, *Lès communes*, p. 152; voyez dans Giry, *Etablissements*, ce qui concerne les cent pairs de Rouen et des chartes similaires.

(75) Luchaire, *Les communes*, p. 151 et suiv.

(76) Bonvalot, *Le tiers Etat d'après la loi de Beaumont*, p. 374.

(77) Luchaire, *Les communes*, p. 171 et suiv.

(78) Voyez les passages cités ci-dessus, p. 293, notes 21 et 23.

(79) Pertile, *Storia del diritto italiano*, § 47, 48. Le terme « consulat » n'est pas celui dont se servent les auteurs italiens pour désigner cette organisation municipale; ils disent la commune, *comune*. La commune italienne n'est pas d'ailleurs sans présenter certaines analogies dans son développement avec la commune française. Voyez l'excellent résumé des études critiques, consacrées aux communes italiennes, dans

d'ailleurs, que, même en Italie, le consulat soit résulté du maintien ininterrompu des municipes romains, dont les magistrats portaient parfois le nom de. *consules.* Cette opinion, jadis soutenue, est totalement abandonnée aujourd'hui, et l'origine du consulat municipal est tout autre. Les cités italiennes, lors de l'établissement du régime féodal, étaient presque toutes tombées sous la seigneurie des évêques, et ceux-ci, pour y diriger l'administration et y rendre la justice, choisissaient dans la population un certain nombre de conseillers et d'auxiliaires appelés *consules, consoli.* « Tout d'abord, dans leur travail d'émancipation, les cités obtinrent que l'évêque investît de l'administration de la ville une commission d'hommes élus par la commune; et dans cette période les citadins ne réclamaient que la sécurité personnelle, la libre jouissance des biens communaux et une juridiction propre. C'est seulement depuis l'empereur Henri IV (dernier tiers du xiᵉ siècle) que les citadins furent reconnus comme une corporation en forme de commune, eurent des représentants élus à périodes fixes, avec des privilèges. Les consuls ne pourvoyaient qu'aux affaires courantes, spécialement au maintien de la paix intérieure, étant responsables des vengeances exercées par les particuliers ou par la commune. Dans une seconde période la commune proclama son autonomie; les consuls de la commune se séparent alors des consuls des trêves (*consoli treguani*) auxquels reste l'administration de la justice, tandis que les premiers dirigent la chose publique; l'accord avec les évêques est rompu; l'autorité consulaire est reconnue par l'empereur, en tant qu'elle reconnaît le droit éminent de celui-ci. Dans une troisième période, l'autonomie de fait est sanctionnée par le traité de Constance. Les cités prennent la position d'ordres libres de l'empire, assimilées en principe, en droit et en fait, aux grands vassaux de la Couronne, sans cependant fournir les services féodaux, et alors elles se constituent en pleine liberté républicaine. » (80).

D'Italie, le consulat municipal gagna d'abord la Provence et le Comtat Venaissin; puis il se répandit dans tout le Languedoc au cours du xiiᵉ siècle. Dans cette région, les cités consulaires acquirent, en général, le *maximum* des franchises municipales : droit de justice, de législation, d'imposition et de guerre. De grandes cités, Marseille, Arles, Avignon, constituèrent de petites républiques presque indépendantes. Mais dans ce midi de la France, plus riche et plus civilisé que le nord, et où l'émancipation urbaine avait été

Salvioli, *Manuale di storia del diritto italiano*, 2ᵉ edizione, 1892, nᵒˢ 123 et suiv., *Origine, vicende, natura del comune.*

(80) Salvioli, *Manuale d'istoria del diritto italiano*, p. 217. Cf. Pertile, *Storia di diritto italiano*, t. II, p. 34 et suiv. — Cf. Salvioli, *Storia delle immunità delle signorie e giustizie delle chiese in Italia*, p. 153 et suiv.

souvent plus facile, le régime consulaire ne prit pas d'ordinaire
ce caractère d'hostilité et de réaction contre les pouvoirs féodaux,
que présentent, si tranché, les communes jurées. Cela se traduit,
en particulier, par ce fait que, souvent, une portion des places de
consuls est réservée aux nobles, qui ont ainsi leur représentation
assurée dans le gouvernement municipal (81).

Les consuls étaient élus pour une courte durée. En Italie, ils
avaient été d'ordinaire désignés par un suffrage indirect et restreint (82). En France, à en croire certains documents, le suffrage
universel et direct eût été la règle (83). Mais, d'après un système
très répandu, les consuls sortants désignent eux-mêmes et sous
leur responsabilité les nouveaux consuls, en étant tenus d'ailleurs
de les prendre parmi des candidats choisis par leurs conseillers ou
parmi ces conseillers eux-mêmes (84). Ces conseillers, appelés
aussi *curiales*, formaient un collège dont les consuls devaient prendre l'avis dans certains cas, et spécialement pour l'administration
de la justice (85). Il est probable qu'ils devaient leur origine à
cette tradition que nous avons constatée, et d'après laquelle le juge
prenait toujours conseil d'un certain nombre de prud'hommes.
Enfin, ici, comme dans les villes de commune, l'assemblée générale des habitants était parfois appelée à statuer (86).

Le consulat ne resta pas confiné à la Provence et au Languedoc.

(81) Flach, *Les origines de l'ancienne France*, II, p. 417; — Gasquet, *Précis des
institutions politiques et sociales de l'ancienne France*, t. II, p. 182 et suiv. — Cf. De
Maulde, *Coutumes et règlements de la République d'Avignon au xiiiᵉ siècle*, dans la
*Nouvelle revue historique de droit*, t. I, p. 186 et suiv.; 330; — R. Michel, *La Sénéchaussée de Beaucaire au temps de Saint Louis*, p. 192-292.

(82) Pertile, *Storia del diritto italiano*, § 43, p. 36 et suiv. ;— Salvioli, *Manuale*,
nᵒ 125.

(83) *Appendice* à la *Pratique* de Petrus de Ferrariis, tiré de la *Pratique* de
P. Jacobi, tit. XIX, nᵒ 7 : « Et in istis consulibus eligendis per singulos annos, ut
mos est, vocabuntur omnes municipes per tubam vel per campanam, vel per preconem, et si duæ partes venerint, quod est necesse, certe sufficit; et tunc quod major
pars illarum duarum partium fecerit in creandis consulibus et syndicis, omnes viden
tur fecisse. »

(84) Privilèges de Nîmes (1254), dans Giry, *Documents*, p. 83 : « Consules unius
anni, imminente electione consulum futurorum, suos conciliarios congregabant, et habito
de successorum electione tractatu, dicti consiliarii personas•XVI eligebant, scilicet
quatuor de quolibet quarterio civitatis, et licebat consulibus, qui tunc erant, de
dictis XVI, vel aliis de consilio, sibi eligere quatuor successores et eos publice
recitare. » — Charte de Riom, art. 10 : « Si contigerit quod electi consules ab aliis
de consulibus in se nollent onus consulatus suscipere, bajulus seu præpositus
noster... ipsos ad hoc compellere teneantur. » — Voyez, au xviᵉ siècle, des arrêts
constatant ce système et en tirant des conséquences intéressantes, dans La Roche-
Flavin, *Arrêts notables du Parlement de Toulouse*, l. I, tit XXXVIII, art. 2 et suiv

(85) P. Jacobi, *loc. cit.*, tit. XVIII, nᵒ I : « Consiliarii civitatum vocantur decuriones... Sed potest dici, quod verum credo, quod consules seu *consiliarii* civitatum,
vulgariter non vocantur decuriones. » — Pertile, *Storia del diritto italiano*, § 43, p. 49
et suiv.; — René de Maulde, *Coutumes et règlements de la république d'Avignon*,
*loc. cit.*, p. 188 et suiv.

(86) De Maulde, *Coutumes et règlements de la république d'Avignon*, *loc. cit*,
p. 188 et suiv.

Il remonta plus haut, en Auvergne, dans la Marche et le Limousin. Mais, dans cette nouvelle région, d'ordinaire les villes n'ont
pas, dans sa plénitude, la justice et la législation. Il faut savoir
enfin qu'au lieu du titre de consuls on trouve souvent dans les
villes du Midi ceux de *jurats* ou de *capitouls;* mais l'organisation
municipale n'en reste pas moins la même.

## VII

Les villes de prévôté sont celles qui, après les franchises accordées, continuent cependant à être administrées et justiciées par un
prévôt seigneurial ou royal. Mais elles ont obtenu par leur charte,
ces règles fixes pour le droit fiscal, pénal ou privé dont j'ai parlé
plus haut; et le prévôt, en entrant en charge, doit jurer solennellement le respect de ces franchises (87). Elles ont aussi et peuvent
acquérir des biens communs. Parfois, il est dit que, dans l'administration de la justice, le prévôt devra s'adjoindre un certain nombre de notables, *boni viri*, pris dans la population (88), ce qui,
d'ailleurs, n'est peut-être que la confirmation des usages antérieurs.

Le plus souvent, la ville de prévôté n'avait pas ce qu'on appellera plus tard un corps de ville, c'est-à-dire des officiers municipaux en titre et permanents. Lorsqu'il s'agissait de décider quelque
acte intéressant la ville, se rapportant par exemple aux biens
qu'elle pouvait posséder, il fallait alors réunir l'assemblée générale de tous les habitants (89), ce qui ne pouvait se faire que par
l'autorité du prévôt (90); l'assemblée statuait et pouvait même
nommer un ou plusieurs syndics pour suivre l'affaire (91). On

(87) Esmein, *Etudes sur les contrats dans le très ancien droit français*, p. 102; --
Hegel, *Städte und Gilden*, II, 77-80, 84 et suiv.

(88) Esmein, *Histoire de la procédure criminelle*, p. 17

(89) Mandement de Philippe le Bel de 1312, dans M. Fournier, *Statuts et privilèges*, t. I, nᵒ 42 : « Cum datum sit nobis intelligere quod cives Aurelianenses, qui
corpus et communiam non habent, sepe ut sepius, pro sue libito voluntatis, faciant
inter se congregationes et tractatus, non servata forma per privilegium nostrum ab
antiquo concessa, quomodo et qualiter ipsi inter se debebant congregari pro nego
ciis communibus dicte ville. » — C'est ainsi que la ville de Nevers, *qui communiam non habebat*, traite avec les docteurs qui veulent quitter Orléans, *ibid.*, t. I,
nᵒ 47 : « Inter nos unanimiter vocalis per preconem ipsius Nivernensis civitatis more
solito ipsius civitatis habitatoribus. » — Hegel, *Städte und Gilden*, II, 85-86 (Orléans).

(90) Boerius, *Decisio* 60 : « Imo nec sic congregari sine superioris licentia pro
faciendo et constituendo procuratorem, ad evitandum fraudes et machinationes. »

(91) Ainsi, dans la suite de l'affaire concernant la ville de Nevers, et rapportée
302, n. 66, quatre *electi* avaient été nommés par les habitants. M. Fournier, *Les
statuts*, t. I nᵒ 71 : « Commissarii, virtute mandati nostri, fecerunt cum proclamatione
debita et solemni evocari habitantes dicte ville et singulos eorumdem et maxime
quatuor electos per habitatores dicte ville, qui tunc temporis habebant tractare negotia
dicte ville. »

trouve cependant des villes de prévôté ayant un corps de ville, mais alors il y avait une véritable dualité administrative; c'est ce que l'on constate à Paris, où l'administration et même, nous l'avons vu, la justice étaient partagées entre le prévôt de Paris et le prévôt des marchands (92).

(92) Extraits du registre civil du Châtelet de Paris (xive siècle), publiés par M. Fagniez, dans les *Mémoires de la Société de l'histoire de Paris*, t. XVII, p. 108 : « A Paris est la prévosté de Paris et celle des marchans... pour lesquelles exercer a deus places, le chastelet pour celle de Paris, et pour la demeure du prévost de Paris... *similiter* les prévosts des marchans ont accoustumé de demourer en la maison de la ville assise en Grève. » — Hegel, *Städte und Gilden*, II, 86 et suiv. Il faut ajouter que la corporation des marchands de l'eau, qui d'abord avait acquis seule l'administration de la cité, fit place dans la suite à un certain nombre de corporations, comprises dans les six corps des marchands qui fournissaient les échevins (II, 108). La représentation de la ville par les échevins et les prévôts des marchands fut supprimée de 1383 à 1411.

# TROISIÈME PARTIE

## LE DÉVELOPPEMENT DU POUVOIR ROYAL ET L'ANCIEN RÉGIME

------

### TITRE PREMIER

#### L'UNITÉ NATIONALE ET L'ÉTAT PROGRESSIVEMENT RECONSTITUÉS SOUS LES ROIS DE LA TROISIÈME RACE

------

### CHAPITRE PREMIER

#### La reconstitution de l'unité nationale.

------

La féodalité avait brisé en France l'unité nationale et profondément altéré la notion de l'Etat : l'une et l'autre devaient être progressivement reconstituées sous les rois de la troisième race, et cette restauration organique va être, dans cette troisième partie, l'objet même de notre étude. Mais, avant de l'étudier dans le détail, en suivant une à une les principales institutions publiques, je voudrais ici l'envisager dans ses traits généraux et signaler les moyens juridiques par lesquels elle s'est accomplie.

### § I. — L'ANNEXION DES GRANDS FIEFS

La France féodale était divisée en un grand nombre de seigneuries supérieures ou grands fiefs, dont les titulaires exerçaient dans leur plénitude les droits régaliens. A la fin de la dynastie carolingienne, le roi de France n'exerçait plus ces droits que sur une partie très restreinte du territoire, où ne s'était constituée aucune de ces seigneuries supérieures, et que l'on appellera dans la suite son domaine propre, ou domaine de la Couronne (1). l a plupart de ces grands fiefs relevaient, il est vrai, de la couronne de France; leurs titulaires étaient les vassaux du roi; mais celui-ci n'avait sur eux que l'autorité d'un seigneur sur son vassal. Souvent cette vassalité n'était qu'une simple apparence ou même une fiction, et il arrivait que le vassal était plus puissant que le seigneur (2). Un certain nombre des grandes seigneuries com-

(1) A. Longnon, *Atlas historique de la France*, texte, p. 216 et suiv. — Flach, *Les origines de la France contemporaine*, t. III, ch. vi, n° 3, *Le principat.*

(2) M. Flach (*Origines de l'ancienne France*, IV), argumentant surtout contre M. Lot (*Fidèles et vassaux*, thèse lettres, 1903), a défendu une tout autre conception. « Les relations du roi avec ses vassaux et ses fidèles ont traversé une double phase : une phase de désorganisation allant jusqu'à la rupture de l'hommage (sauf dans la Francie), transformant la souveraineté royale en suprématie; une phase de réorganisation, sur la base du fief, où un hommage nouveau prend naissance et où la suprématie royale se change en suzeraineté féodale. » Il se forme spontanément des nationalités presque indépendantes, dont les chefs ne sont que les fidèles du roi, reconnaissent sa suprématie, mais sans être liés à lui par le lien de l'hommage. Toutes les présomptions sont contre cette théorie. Il faudrait des preuves bien certaines pour admettre que les chefs des grands Etats féodaux, qui ont été des vassaux du roi au ix⁰ siècle, qui le sont de nouveau au xii⁰ ou xiii⁰, ont passé par une période intermédiaire d'indépendance pour revenir à leur point de départ. Ces preuves contraires, M. Flach ne les a pas apportées. Les conclusions juridiques de M. Lot paraissent plus solidement établies. M. Flach (p. 162) doit reconnaître lui-même ce qu'il y a de paradoxal à présenter les ducs de Normandie comme jouissant de l'indépendance du x⁰ au xii⁰ siècle et ne se décidant à abdiquer cette indépendance pour faire hommage au roi de France qu'une fois devenus eux-mêmes les puissants rois de l'Angleterre.

Le principal argument de M. Flach est que les chefs de ces Etats agissent en fait vis-à-vis du roi avec une grande indépendance et traitent avec lui de la paix et de la guerre sur le pied d'égalité. Il se refuse à reconnaître vassalité et féodalité là où il ne voit pas scrupuleusement exécutées toutes les obligations découlant de l'hommage et du fief. Il se refuse à admettre une vassalité théorique coexistant avec une large indépendance de fait. Il est pourtant indispensable de distinguer le droit et le fait. La fidélité et la suprématie que M. Flach admet ne sont-elles pas souvent purement théoriques ? La guerre et les traités sur le pied d'égalité sont-ils plus conformes au droit entre fidèle et souverain qu'entre vassal et seigneur ? Il a pu arriver d'ailleurs que le roi renonce expressément aux services féodaux. Il semble bien que Louis et Lothaire aient dû faire aux ducs de Normandie cette concession momentanée (Flach, p. 154-199). Rien ne montre mieux ce qu'il y a d'exact dans cette conception, que M. Flach refuse de comprendre, d'une vassalité théorique dont le roi ne tire aucun profit réel.

En fait, chroniques et chartes fournissent des preuves suffisantes de l'hommage prêté par les grands vassaux et de l'investiture donnée par le roi. M. Flach argue (par exemple à propos du comté de Flandre), contre la théorie de la concession féodale, du fait que le roi, dont les textes disent qu'il concède la terre au successeur du comte défunt, n'est pas libre, après la mort d'un comte, de concéder à qui il veut le comté devenu vacant, mais que le successeur du défunt est désigné soit par la vocation héréditaire, soit par le choix de ses propres vassaux. Mais cela n'est-il pas parfaitement conforme à cette évolution qui a rendu le fief héréditaire, tout en maintenant au profit du seigneur le renouvellement de l'hommage et l'investiture ? Ne voit-on pas d'ailleurs que cette désignation du successeur se fait exactement de la même manière pour l'Etat féodal, que M. Flach estime indépendant, et pour les seigneuries que le comte tient incontestablement en fief du roi de France ? (p. 106 et 107, et n. 2).

Pour la Normandie, qui doit cependant son existence comme Etat féodal à la

prises dans les limites naturelles de la France ne relevaient pas de la couronne de France : celles-là étaient principalement situées à l'Est; par suite des partages opérés au ix<sup>e</sup> siècle entre les descendants de Charlemagne et des transformations politiques qui s'opérèrent ultérieurement dans cette région, elles furent comprises successivement dans le royaume de Lorraine (3), puis dans ce qu'on appela les royaumes de Bourgogne et d'Arles (4), et féodalement elles relevaient de l'Empire germanique, d'une façon plus ou moins effective, selon les lieux et les époques. D'autres seigneuries, comprises dans la monarchie carolingienne, mais très éloignées, contiguës à l'Espagne, étaient devenues complètement indépendantes : ce fut le cas du Béarn et de la Navarre (5).

Pour reconstituer l'unité nationale, il fallait que le roi se substituât successivement aux titulaires de toutes ces seigneuries, qu'il englobât celles-ci dans son domaine, de telle sorte que le domaine de la Couronne et le territoire français se recouvrissent exactement. Cette œuvre, qui fut accomplie sous les rois de la troisième race, est ce qu'on appelle ordinairement la réunion ou l'annexion des grands fiefs à la couronne de France. Elle commença dès l'avènement de la dynastie capétienne. Le domaine des derniers Carolingiens était, en réalité, réduit à quelques villes : par l'accession de Hugues Capet au trône, cette situation se modifia sensiblement.

conquête, la concession en fief dès le début n'est pas douteuse (sauf à discuter l'étendue de la concession primitive). Le roi fait régulièrement concession de la terre à chaque successeur du premier concessionnaire. Il est vrai que Dudon de Saint-Quentin parle de concession *in feudum et alodum*. Mais ces termes marquent seulement, sans qu'il faille avec M. Lot accuser Dudon de donner une entorse à la vérité, que ce fief devait être héréditaire. C'est une promesse de renouvellement aux héritiers. N'est-il pas naturel que Rollon l'ait demandée et tous les fiefs ne sont-ils pas en fin de compte devenus héréditaires de cette manière ? — (En ce sens : Lagouelle, *Essai sur la conception féodale de la propriété foncière dans le très ancien droit normand*, p. 88, et Prentout, *Dudon de Saint-Quentin*, p. 246.)

De même que la concession en fief, l'hommage peut être prouvé. En ce qui concerne Rollon, par exemple, il est fait mention de services dans les conseils donnés au roi par ses grands et dans les propositions mêmes de Rollon (Flach, p. 120 et suiv.). Le mot vassal est prononcé par Flodoard et la forme de l'hommage est reconnaissable dans la dation des mains. Guillaume Longue-Epée fit hommage à Charles, quand il fut associé au pouvoir par son père, il porta ensuite son hommage à Raoul, puis à Louis d'Outremer (*Id.*, p. 130, 135). M. Flach n'écarte ces textes qu'en changeant arbitrairement le sens des termes. Pourquoi *se committere* se traduit-il par faire hommage quand il s'agit des rapports entre les seigneurs normands et leur duc et prend-il une tout autre signification quant il s'agit des rapports du duc et du roi ? Pourquoi la *fides*, le service, la dation des mains, qui s'entendent de l'hommage des barons, n'auraient-ils plus le même sens dans le traité de Saint-Clair-sur-Epte ? M. Prentout (*Dudon de Saint-Quentin*, p. 230), a bien montré que la solution du problème est dans la traduction des mots *se committere*.

(3) Parisot, *Histoire de Lorraine*, I, 1919; — Flach, *Origines de l'ancienne France*, IV, p. 261.

(4) Longnon, *op. cit.*, p. 215 et suiv.; — Paul Fournier, *Le royaume d'Arles et de Vienne*.

(5) Longnon, *op. cit*, p. 227; — Léon Cadier, *Les Etats de Béarn*, I<sup>re</sup> partie, ch. v.

Le nouveau roi avait, en effet, une double qualité : il succédait aux prérogatives et au domaine du dernier Carolingien, mais il était en même temps le chef d'une puissante famille féodale et possédait en propre d'importantes seigneuries. Son domaine particulier, celui de duc de France, fut un apport considérable au domaine royal et en commença la reconstitution. On peut le considérer comme la première annexion, quoique, dans la réalité des faits, ce fût plutôt la couronne qui fut alors annexée au duché de France. Dès lors, les rois de la troisième race travaillèrent à accroître ce premier fonds par l'acquisition de seigneuries nouvelles; c'est une œuvre qui fut poursuivie avec une persévérance et un esprit de suite admirables, et qui se continuera jusqu'au xviii<sup>e</sup> siècle, jusqu'à la fin de l'ancien régime (6). Ce fut, avant tout, une œuvre politique, dont la diplomatie et la guerre furent les principaux moyens; mais ce fut aussi une œuvre juridique, en ce sens que les principes juridiques y jouèrent un rôle important, en facilitant l'accomplissement, fournissant des raisons à la diplomatie et des prétextes à la guerre, et empêchant qu'elle ne se défît, une fois accomplie.

I

Pour l'annexion des grands fiefs, la royauté française tourna contre la féodalité les principes mêmes du droit féodal, dans deux séries d'applications distinctes.

Pour les grands fiefs qui relevaient de la couronne de France. les principes féodaux fournissaient par eux-mêmes des causes directes de réunion : c'étaient tous les cas dans lesquels le fief concédé devait régulièrement faire retour au seigneur, et deux surtout furent utilisés par la politique royale. L'un était la réversion, c'est-à-dire le cas où le vassal mourait sans héritiers et sans avoir valablement disposé du fief : un certain nombre de seigneuries, dès les premiers temps, échurent ainsi aux Capétiens. L'autre cas était la commise, et c'est par droit de commise que furent adjugées à Philippe-Auguste, en 1203, les possessions de Jean sans Terre. La théorie de la confiscation fut plus profitable encore; toutes les fois qu'un vassal du roi commettait un crime capital entraînant confiscation de tous ses biens, alors même que l'on ne pouvait y voir un cas de commise, les fiefs du condamné

<hr/>

(6) Sur l'histoire de ces annexions, consulter : Longnon, *op. cit.*, p. 225 et suiv ; — Vivien de Saint-Martin, *Dictionnaire de géographie universelle*, art. *France;* — Brunet, *Abrégé chronologique des grands fiefs de la couronne de France*, Paris, 1769. Il y a d'ailleurs des monographies souvent excellentes sur l'annexion de la plupart des anciennes provinces.

relevant de la Couronne étaient nécessairement confisqués au profit du roi (7).

La patrimonialité des fiefs pleinement établie fournit une autre ressource pour l'annexion des grands fiefs. Par elle, ils étaient entrés dans le commerce, et, à ce point de vue, toutes les seigneuries étaient de même condition, les plus grandes comme les plus petites; ce fut seulement pour de véritables royaumes, représentant une réelle unité nationale, que l'inaliénabilité du domaine princier s'introduisit, mais fondée sur de tout autres principes que ceux du droit féodal. Les rois de France purent donc acquérir des seigneuries importantes par tous les modes de droit privé, achat, donation, legs, succession. Les contrats de mariage des héritiers présomptifs de la Couronne purent, en particulier, fournir une cause d'acquisition, lorsque la future reine de France, représentant quelque grande maison féodale, apportait en dot une seigneurie considérable.

Les acquisitions de cette espèce se réalisaient sans difficulté et produisaient pleinement l'effet désiré, lorsqu'elles s'appliquaient à des fiefs relevant de la Couronne de France. Il en était de même lorsqu'il s'agissait de principautés qui, 'après avoir été vassales, avaient secoué tout lien de suzeraineté et étaient devenues souveraines et indépendantes. Mais on sait qu'à l'Est une série de seigneuries importantes, appartenant naturellement au territoire français, avaient été placées dans la mouvance féodale de l'Empire germanique. Pour celles-là, l'annexion par voie d'achat ou de donation semblait devoir être impossible ou incomplète : d'un côté, en Allemagne, le vassal n'avait point acquis le droit d'aliéner son fief sans le consentement du seigneur; d'autre part, l'acquisition fût-elle autorisée ou tolérée au profit du roi de France, celui-ci n'allait-il pas se trouver le vassal de l'Empire ? L'œuvre d'annexion exigeait ici que, d'une façon ou d'une autre, les seigneuries dont il s'agit fussent détachées de l'Empire, féodalement émancipées de sa suzeraineté. C'est à cela que travaillèrent de ce côté, pendant plusieurs siècles, les rois de France (8): pour beaucoup de ces pays, d'ailleurs, la suzeraineté de l'Empire avait été le plus souvent simplement nominale, elle ne se réveillait qu'à de certains moments, parfois sous l'influence de la papauté (9). La royauté

---

(7) Chopin, *De domanio regni Franciæ*, l. I, tit. VII

(8) Voir Vidal de la Blache, *La formation de la France de l'est*, *Revue de Paris*, 1915; — H. Stein, *Notre frontière de l'Est*, Paris, 1916.

(9) C'est ainsi qu'au cours de son conflit avec Philippe le Bel, Boniface VIII, par une bulle du 31 mai 1303, rattacha expressément à l'Empire d'Allemagne tous les pays du sud-est qui en avaient jadis relevé et sur lesquels s'étendait l'influence française. Voyez *Notices et extraits des manuscrits de la Bibliothèque impériale*, t. XX, Iʳᵉ part., p. 147 ,nᵒ XVII : « (Omnes) per Tarentisiensis, Bisuntinensis, Ebredunensis, Aquensis, Arelatensis, Viennensis et Lugdunensis civitatum et diœceses et

française devait réussir à écarter ces obstacles, et c'est ainsi que, par des modes et des procédés divers, furent réunis au domaine la ville de Lyon, le Dauphiné, la Franche-Comté et le comté de Provence (10).

Les principes féodaux furent aussi un obstacle pour la pleine consolidation des conquêtes postérieures effectuées à la fin du xvi⁰ siècle et au cours du xvii⁰ siècle, dans les Trois-Evêchés et en Alsace. Là, en effet, étaient des seigneuries qui avaient relevé immédiatement de l'Empire, avec des droits effectifs de quasi-souveraineté, et qui prétendirent parfois à une situation semblable sous la domination française. Mais ces prétentions appuyées sur les principes de la féodalité politique, ne pouvaient triompher dans un Etat, comme notre monarchie absolue, où la féodalité n'était plus guère qu'une forme très particulière de la propriété foncière; et, sauf le respect de certains usages locaux, la souveraineté du roi s'établit dans toute son étendue (11).

## II

Les principes juridiques avaient rendu possible, parfois même directement opéré l'annexion des grands fiefs; il fallait qu'ils consolidassent aussi l'œuvre accomplie, en écartant les causes possibles d'affaiblissement et de démembrement. Dans ce but s'établirent deux séries de règles : celles sur la transmission de la couronne, et celles sur l'inaliénabilité du domaine.

Sous les Mérovingiens et tout d'abord sous les Carolingiens, la monarchie avait été véritablement héréditaire, et même patrimoniale; seul, ce dernier caractère explique les partages du royaume

provincias et per totam Burgundiam, Lotharingiam, comitatum Barrensem, terram Delphini et comitatum Provinciæ et Forcalquerii et principatum Auraisiæ et totum regnum Arelatense constitutos. »

(10) Voyez Paul Fournier, *Le royaume d'Arles et de Vienne, passim*, et spécialement p. 267, 301 et suiv., 313 336, 436 et suiv. Il est intéressant de voir comment Philippe le Bel faisait exposer les droits fondamentaux de la France sur la ville de Lyon, dans son conflit avec la papauté : *Scriptum contra Bonifacium*, nᵒˢ 15 et suiv., dans *Acta inter Bonifacium VIII, Benedict. XI, Clement. V et Philippum Pulchrum*, Paris, 1614, p. 140.

(11) Boulainvilliers, *Etat de la France, Extrait des Mémoires dressés par les Intendans du royaume, par ordre du roi Louis XIV, à la sollicitation de M. le duc de Bourgogne*, éd. de Londres, 1737, III, p. 424 et suiv. — On faisait d'ailleurs, en faveur de la France, des raisonnements d'un autre genre. Le Bret, *De la souveraineté du roi*, l. III, ch. ii : « Je me suis autresfois servi de semblables raisons pour justifier les droits que le roi a sur les villes de Metz, Toul et Verdun, qui sont de l'ancien domaine de la couronne, après avoir été reconquises sur ceux qui les avaient usurpées à la France. Ce que l'on peut dire aussi de toutes prétentions que nos rois ont sur le royaume de Navarre, de Naples, de Portugal, sur la Flandre, sur le Milanais et sur une partie de la Savoie et du Piémont, qui aians esté autrefois acquis à la couronne de France, n'ont pu estre alienez, ni prescrits par aucun temps. »

entre les fils du roi mérovingien et les *divisiones imperii* du
IX⁰ siècle, sous Charlemagne et ses successeurs. Sous les derniers
Carolingiens, la monarchie était en réalité devenue élective; l'installation solennelle par les grands du royaume, qui n'était auparavant qu'une simple forme, avait pris, avec l'affaiblissement du
pouvoir royal, la valeur d'une élection véritable. Le roi était élu
par un collège comprenant les principaux vassaux et prélats, ceux
qui avaient pu se réunir à cette occasion. C'est ainsi qu'avant l'avènement de Hugues Capet deux membres de sa famille avaient été
élus déjà et étaient montés sur le trône, Eudes, en 888, et Robert,
en 922; c'est ainsi que Hugues fut élu roi de France en 987.

La Monarchie Capétienne allait-elle rester élective ? De là dépendait son avenir et peut-être celui de notre pays. Pour lutter contre
la féodalité, pour accomplir en particulier l'annexion progressive
des grands fiefs, il fallait qu'elle devînt héréditaire, accumulant
de génération en génération les profits réalisés. Elle le devint
par l'effet de la coutume, le bonheur et l'habileté des premiers
Capétiens (12). Ceux-ci eurent le rare bonheur de laisser tous après
eux un ou plusieurs fils, désignés naturellement pour leur succéder, et ils surent leur assurer la succession par une pratique
très habile. Cette pratique consista en ce que le roi, de son vivant,
associa au royaume et fit couronner par avance le fils qui devait
lui succéder, son fils aîné, considéré comme *rex designatus* (13).
Cette association n'était pas chose absolument nouvelle, il y avait
en ce sens des précédents de l'époque carolingienne; mais, en la
pratiquant par un système suivi, les premiers Capétiens lui donnèrent une tout autre portée. L'habileté de cette pratique consistait
en ce qu'elle respectait dans la forme le principe électif, qu'elle
tournait en réalité. Dans la cérémonie du sacre il y avait une
partie, toute laïque et politique, dans laquelle le roi prêtait divers
serments, et où figuraient aussi les prélats et les grands vassaux,
qui, comme toute l'assistance, donnaient leur approbation à l'avènement du nouveau roi : l'onction et le couronnement n'étaient
donc pas tout. Il y avait là, dans la forme, un simulacre d'élection
par acclamation (14), et le sens primitif de cet acte se conservera
très tard dans la tradition (15). Mais cette élection était dans la

(12) Luchaire, *Histoire des institutions monarchiques sous les premiers Capétiens*,
t. I, ch. ii.

(13) Flach, *Origines de l'ancienne France*, t. III, p. 387 et suiv.

(14) Couronnement de Philippe Iᵉʳ (*Historiens de Gaule et de France*, XI, 32) :
« Post milites et populi tam majores quam minores uno ore consentientes laudave-
runt, et proclamantes : Laudamus, Volumus, Fiat. » — Le procès-verbal du sacre de
Philippe-Auguste, pièce d'ailleurs d'une authenticité douteuse, porte : « Audientes
autem prælati et principes voluntatem regis, omnes unanimiter clamaverunt, dicentes :
Fiat, Fiat. » Voir Schreuer, *Wahlelemente in den französischen Krönungsordnungen*,
*Festschrift Brunner*, 1910.

(15) Piganiol de la Force, *Nouvelle description de la France*, I, p. 58 (il s'agit du

main du roi, qui y faisait procéder en faveur de son fils : en choisissant avec soin le lieu et l'heure de ce sacre anticipé, il pouvait faire en sorte que seuls des hommes de confiance, vassaux et prélats, y assistassent. Il faut ajouter, d'ailleurs, que, malgré ce sacre du roi désigné, il fallait encore que celui-ci, après la mort de son père, se fît sacrer et couronner de nouveau : mais la première cérémonie, l'élection préparatoire avaient créé un préjugé puissant en sa faveur. Furent ainsi prématurément sacrés ou associés à la couronne les six premiers successeurs de Hugues Capet : Robert, Henri Ier, Philippe Ier, Louis VI, Louis VII et Philippe-Auguste. A partir de Philippe-Auguste, cette pratique disparut. Le principe héréditaire, la transmission du père au fils, avait alors deux siècles de possession, et cette longue série de précédents avait fondé la coutume (16) quant à ce point capital de l'ancien droit public. La monarchie capétienne était devenue héréditaire. En même temps elle était devenue héréditairement indivisible. Dans la longue série des précédents, les rois ne s'étaient jamais associé qu'un seul de leurs fils, et, après quelques hésitations, au début, cela avait toujours été l'aîné : l'indivisibilité et le droit d'aînesse caractérisèrent cette succession.

Par là, le domaine de la Couronne était soustrait aux partages successoraux. Mais une question restait ouverte : si le roi ne laissait pas d'héritier mâle, s'il n'avait pas de fils, mais seulement des filles, une femme pouvait-elle succéder à la couronne et monter

---

sacre de Louis XIV) : « (L'archevêque de Reims) demanda ensuite aux seigneurs assistans et au peuple s'ils l'acceptoient pour leur roi, et, ceux-ci ayant fait connoître par leurs acclamations qu'ils le souhaitoient, ce prélat prit de Sa Majesté le serment du royaume. » — Le Bret, *Traité de la souveraineté du roi*, éd. Paris, 1689, p. 8 : « Et je dirai en passant que ceux-là sont ridicules qui ont escrit que ce roiaume semble être électif pour ce que, au sacre des rois, les évêques de Laon et de Beauvais ont accoutumé de les élever de leurs chaires et de demander au peuple s'il les accepte pour leurs rois, et qu'après avoir reçu le consentement de l'assistance, l'évêque de Rheims reçoit d'eux le serment accoutumé. Car on observe cette cérémonie, non pas pour faire l'élection du prince, mais pour présenter au peuple celui que Dieu lui donne pour son roi, afin qu'il lui fasse l'honneur et l'hommage qu'il est obligé de lui rendre et pour remarquer aussi la différence qu'il y a entre un roi légitime et un tiran. » Ceux qu'attaque ici Le Bret sont les écrivains du xviᵉ siècle, qui ont essayé d'établir en France les principes de liberté politique, et dont il sera dit un mot plus loin. S'efforçant de démontrer que le principe de la souveraineté résidait dans la nation et que le roi n'était que son premier magistrat et son représentant, ils tiraient parti en ce sens des cérémonies et des serments du sacre : ils y voyaient une investiture donnée au nouveau roi par le peuple et des engagements précis du monarque envers la nation. — Sur les serments du sacre voyez encore Bossuet, *Politique tirée des propres paroles de l'Ecriture Sainte*, l. VII, art. 5, proposition 18, et sur les serments du sacre de Louis XVI, *OEuvres de Turgot*, éd. Daire, II, 501.

(16) Voici comment Yves de Chartres expose ce droit encore en formation à propos de l'avènement de Louis le Gros, dont il avait hâté le sacre (*Ep. CLXXXIX*) : « Si enim rationem consulimus, jure in regem est consecratus cui jure hæreditario regnum competebat, et quem communi consensu episcoporum et procerum jampridem elegerat. » Par ces derniers mots Yves rappelle le premier sacre qui avait été opéré au profit de Louis, du vivant de son père.

sur le trône ? L'accession des femmes au trône de France eût été une cause de faiblesse pour la monarchie capétienne : une reine eût mal tenu son rôle dans une société rude et violente; elle eût pu par mariage faire passer la royauté française dans une famille étrangère (17). Cependant, si la question se fût posée de bonne heure, peut-être eût-elle été tranchée en faveur des femmes. Celles-ci, à défaut de mâles, avaient été admises, en France, à la succession des fiefs, même les plus grands, comme les duchés et les comtés ; n'était-il pas naturel et logique d'appliquer la même règle pour la dévolution de la couronne (18) ? Heureusement, pendant trois siècles la difficulté ne surgit pas et les rois capétiens jusqu'en 1315 eurent tous le bonheur de laisser après eux un ou plusieurs fils. Mais, à la mort de Louis X le Hutin, le problème fut posé (19). Il laissait, au jour de son décès, une fille Jeanne, née d'un premier lit, et deux frères, fils comme lui de Philippe le Bel. Le roi d'ailleurs laissait sa seconde femme enceinte, et une assemblée de barons donna, dans ces conditions, le gouvernement du royaume à Philippe, premier frère du roi défunt, avec cette disposition que, si la reine veuve accouchait d'un fils, Philippe garderait le pouvoir à titre de régent; que, dans le cas contraire, il serait reconnu comme roi (20). La reine accoucha bien d'un fils, mais celui-ci mourut au bout de sept jours et, comme dit Loyseau, « n'a pas été porté au catalogue des rois de France ». Philippe se fit sacrer roi de France, mais non sans l'opposition de la part du duc de Bourgogne, qui tenait pour la fille de Louis X, et de la part de son propre frère. Pour plus de sécurité, le roi Philippe, un mois après son sacre (6 janvier, 2 février), réunit à Paris une assemblée de barons, de prélats et

(17) Claude de Seyssel, *La grant monarchie de France*, Paris, 1519, fo 7 : « Car tombant en ligne feminine elle auroit pu venir au pouvoir d'homme d'estrange nation qui est chose dangereuse et pernicieuse. » — Du Tillet, *Recueil*, p. 214 : « Elles sont perpétuellement exclues par la coustume et loy particulière de la maison de France, fondée sur la magnanimité des François ne pouvant souffrir estre dominés par femmes (ne) de par elles; aussi qu'elles eussent peu transférer la couronne aux étrangers. »

(18) Loysel, *Instit.*, IV, 3, 86 : « Le royaume ne tombe point en quenouille, ores que les femmes soient capables de tous autres fiefs. » — Paul Viollet, *Comment les femmes ont été exclues en France de la succession à la couronne*, dans les *Mémoires de l'Académie des inscriptions et belles-lettres*, t. XXXIV, Irᵉ partie (1893), p. 127 et suiv.

(19) Voyez Henri Hervieu, *Recherches sur les premiers Etats généraux*, p. 117 et suiv.

(20) La question de droit paraissait extrêmement douteuse; ce qui le prouve, c'est le traité intervenu entre Philippe et Eudes de Bourgogne, après la mort du roi, le 17 juillet 1316 (Dupuy, *Traité de la majorité des rois*, éd 1722, t. I, p. 204 et suiv.). Le traité assure à Jeanne et à sa sœur Marguerite le royaume de Navarre et les comtés de Champagne et de Brie, à condition que « elles feront quittance par mitant de tout le remanant du royaume de France et de la descendue du père, si bonne comme l'on pourra. » Cela, bien entendu, pour le cas où la reine-mère n'accoucherait pas d'un fils

de bourgeois de Paris, et là il fut solennellement déclaré que « femme ne succède pas à la couronne de France ». On n'a d'ailleurs que fort peu de renseignements sur cette assemblée, mais une tradition constante, et qui s'imposa, rattache à l'invocation de la loi salique la décision qui fut prise (21). On a souvent fait remarquer que la loi salique était oubliée depuis bien des siècles et que, d'autre part, elle ne contenait aucune disposition sur la transmission du pouvoir royal (22). Cependant c'était bien par une application de la loi salique, ou ripuaire, que, dans la Monarchie Franque, le royaume, considéré comme la terre du roi défunt, était partagé entre ses fils, à l'exclusion des filles (23). Il ne paraît point invraisemblable qu'on se soit référé à cette tradition en 1316, car on devait être à court d'arguments juridiques pour exclure la fille de Louis le Hutin, et plusieurs témoignages montrent que le souvenir, sinon la connaissance de la loi salique, persistait dans les esprits au cours du Moyen âge (24).

Ce premier précédent écarta les femmes de la succession au trône et fonda la coutume (25). Une seconde question, voisine, mais distincte de la première, se posa bientôt : les mâles, parents

(21) Cependant, on peut remarquer que dans le *Songe du Verger*, où la question est longuement discutée, c'est seulement à la *coutume*, non à la loi salique, que la règle est rapportée. Texte français, liv. I, ch. cxlii : « Puisque selon la coustume femme ne puisse succéder. » — Paul Viollet, *loc. cit*, p. 126, 173-174.

(22) Du Tillet, *Recueil*, p. 223 : « De la couronne de France les femelles ont toujours esté exclues, non par l'auctorité de la loi salique, laquelle dispose généralement que, s'il y a enfans masles, les femelles n'héritent qu'ès meubles et acquests, non en l'ancien patrimoine, qu'elle appelle terre salique... Par ladite loy salique, escrite pour les seuls subjects, quand il n'y avoit fils, les filles héritoient en l'ancien patrimoine. » C'est le même raisonnement qui est longuement exposé par Shakespeare, *Henry V*, act. I, sc. II, spécialement ces deux vers :

> There doth it well appear the salique law
> Was not devised for the realm of France.

(23) Le Bret, *De la souveraineté*, p. 10 : « Et combien que plusieurs révoquent en doute cet article de la loy salique, pour ce qu'il est extrait du titre *De allodiis* où il n'est point parlé ni de roiaume ni de fief; néanmoins c'est une objection captieuse, et personne n'ignore qu'anciennement l'on faisoit toujours un même jugement de la succession du royaume et des terres allodiales qui ne relevoient que de Dieu et de l'épée. »

(24) Un passage des *Libri feudorum*, l. II, tit. XXIX, mentionne la loi salique comme donnant son nom à une coutume milanaise, le mariage morganatique : elle est également citée par la glose du décret de Gratien, sur c. 10. C. XII, qu. 2. En France, il semble qu'on appelait loi salique, au xii° siècle, les principes essentiels du droit public ou féodal; Suger, *Vie de Louis VI*, éd. Lecoy de la Marche, p. 45 : « Virum nobilem Humbaldum aut ad exequendum justitiam cogere, aut pro injuria castrum *lege salica* amittere. »

(25) La règle fut en effet appliquée une seconde fois et sans difficulté en 1322, à la mort de Philippe le Long qui laissait plusieurs filles. Ce fut son frère Charles IV le Bel, qui lui succéda sans contestation. En 1328, Charles IV mourut laissant deux filles, dont une posthume; aucune prétention à la couronne ne fut soulevée en leur faveur, Viollet, *op. cit.*, p. 148-149 : « C'est ainsi, dit l'auteur, qu'en quatorze ans les femmes furent exclues à trois reprises du trône de France. Le droit public était fixé sur ce point. »

du roi par les femmes, pouvaient-ils succéder au trône ? En
1328 (26) mourut le roi Charles le Bel; il n'avait point de fils,
mais laissait sa femme enceinte; comme en 1315, un conseil de
barons se réunit pour statuer sur le gouvernement provisoire et
sur la régence éventuelle. Deux hommes se présentaient comme
candidats, en tant qu'héritiers présomptifs de la couronne, Philippe
de Valois et Edouard III d'Angleterre. Le premier était le cousin
germain du défunt, mais par son père, Charles de Valois, frère
de Philippe le Bel; le second invoquait le rang de neveu, par sa
mère Isabelle, fille de Philippe le Bel. Edouard semblait donc le
plus proche, mais il était parent par les femmes. L'assemblée,
pour cette raison principale, préféra Philippe de Valois, lui conférant le gouvernement provisoire, et au cas où la reine accoucherait
d'un fils, la régence et la tutelle. Si la reine mettait au monde
une fille, une nouvelle assemblée devait définitivement désigner
l'héritier du trône; mais la première décision faisait, pour cette
hypothèse, préjuger en faveur de Philippe de Valois. Ce fut lui,
en effet, qui fut choisi, lorsque la seconde éventualité prévue se
fut réalisée; et cette décision, bien que tout d'abord acceptée par
Edouard III, devait fournir le premier prétexte à la guerre de
Cent ans. Ainsi s'établit une seconde règle : pas plus que les femmes, les mâles, parents par les femmes, ne succédaient à la couronne (27). La raison qui paraît avoir été décisive, c'est que la
mère d'Edouard III, n'ayant eu aucun droit à la couronne, n'avait
pu en transmettre aucun à son fils (28); mais il faut reconnaître
que naturellement, sinon nécessairement, la seconde règle était en
germe dans la première. Tous les systèmes législatifs ou coutumiers, qui excluent les femmes de la succession, tendent à en
exclure également les parents par les femmes. C'est ce qu'admettaient pour la succession aux fiefs les *Libri feudorum* (29) et la

(26) Hervieu, *Recherches sur les premiers Etats généraux*, p. 179 et suiv.; — Viollet, *op. cit.*, p. 150 et suiv.

(27) De curieux mémoires sur la question furent présentés, au nom du roi d'Angleterre, au pape Benoît XII, à qui ce roi s'était adressé et qui, en 1340, se prononça
en faveur du roi de France; plus tard le différend fut soumis, par voie d'arbitrage,
au pape Clément VI, et nous avons un récit des débats émanant des envoyés anglais;
voyez Viollet, *op. cit.*, p. 159 et suiv. — La question est longuement discutée dans
le *Songe du Verger*, l. I, ch. cxli et suiv. Le texte français du *Songe* est probable
ment de 1378.

(28) Cette raison en droit ne paraîtrait pas bien forte à un jurisconsulte moderne,
quoi que semble en penser M. Viollet (p. 151). En effet, il ne s'agissait là ni d'une
*transmission* héréditaire de la mère au fils, ni d'une *représentation* de la mère par
le fils. Celui-ci prétendait venir à la succession en son nom personnel, par sa seule
vocation propre; il n'est point étonnant que, pour expliquer l'exclusion d'Edouard,
le jurisconsulte Balde ait été obligé de recourir à une explication subtile et abstraite
(Viollet, p. 168).

(29) *Libri feud.*, I, 8, § 2 : « Filia vero non succedit in feudo. » — II, 11 : « Proles
enim feminei sexus vel ex femineo sexu descendens ad hujusmodi successionem
adspirare non potest. »

Coutume de Normandie (30). La succession à la couronne de France était ainsi devenue absolument agnatique (31).

D'autre part se dégageait, d'abord obscurément, puis nettement et dogmatiquement, l'idée que cette succession était d'une nature particulière, très différente des successions du droit privé. La monarchie n'était pas, à proprement parler, héréditaire, en ce qu'elle n'entrait pas dans le patrimoine du roi qui accédait au trône : celui-ci ne la tenait pas de son prédécesseur, mais seulement de la coutume, constituant la loi nationale, qui y appelait, dans un certain ordre, les descendants de Hugues Capet (32). De ce principe découlaient des conséquences très remarquables :

1° Le roi, de son vivant, ne pouvait disposer de la couronne et désigner son successeur par acte entre vifs ou par testament (33). Il ne pouvait déshériter, écarter le successeur qui était désigné par la coutume nationale (34); c'est là la règle qu'invoqua Charles VII contre le traité de Troyes (35). 2° Bien que l'ancien droit privé

(30) *Grand Coutumier de Normandie*, éd. Tardif, ch. xxiii, p. 78 : « Procreati autem ex feminarum linea vel feminæ successionem non retinent dum aliquis remanserit de genere masculorum. » Cf. *Coutume de Normandie*, art. 248, et Basnage sur ce texte : « Ces paroles ont terminé cette question : *An sub appellatione liberorum vel descendentium masculorum comprehendatur masculus descendens ex femina ?* Du Moulin avoit fort bien remarqué que, quand il s'agit de l'explication de loix, de coutumes et de contrats, sous ce terme de *femelle* sont compris les mâles descendans des femelles, qui sont également exclus, *quia illud statutum videtur esse agnationis conservandæ causa.* »

(31) Il faut ajouter que, dans cette succession, la représentation avait lieu à l'infini en collatérale comme en directe, ce qui avait été aussi admis pour la succession aux baronnies relevant directement de la Couronne (Loysel, *Instit.*, II, 5, 10). Toutes ces règles se résumaient dans la formule suivante : « La couronne de France se transmettait de mâle en mâle dans la lignée de Hugues Capet, avec exclusion des femmes et des parents par les femmes, et droit de représentation à l'infini. »

(32) Loyseau, *Des seigneuries*, ch. ii, n° 92 : « Le royaume de France est la monarchie la mieux établie qui soit, estant... successive, non élective, non héréditaire purement ni communiquée aux femmes, mais déférée au plus proche masle par la loi fondamentale de l'Etat. » — Cf. *Des offices*, l. II, ch. ii, n° 34; — De l'Hommeau, *Maximes générales du droit français*, sur max. 6 : « Les rois de France ne sont héritiers de la couronne et la succession du royaume de France n'est pas héréditaire ni patrimoniale, mais légale et statutaire, de sorte que les rois de France sont simplement successeurs à la couronne par vertu de la loy et coustume générale de France. »

(33) Loyseau, *Des offices*, l. II, ch. ii, n° 34 : « Ainsi en usons-nous en France où il est vrai de dire que la couronne n'est pas purement héréditaire ni même *ab intestat.* »

(34) Car. Degrassalius, *Regalium Franciæ libri duo*, Paris, 1545, l. I, jus 11 : « Reges Franciæ non possunt privare filios masculos vel propinquiores de genere habendo respectum ad lineam masculam. » — Pocquet de Livonnière, *Règles du droit français*, I, 1, 10.

(35) Du Tillet, *Recueil des traitez d'entre les roys de France et d'Angleterre*, éd., 1602, p. 197 : « Au dommage et totale éversion de la couronne dont il (Charles VI) n'estoit qu'administrateur, non seigneur ou propriétaire, et, quand il eust eu le plus clair et sain entendement du monde, il n'en eust peu priver ledit sieur Dauphin son fils, auquel il devoit eschoir sans titre d'hoirie; pour quoi exhireditation, confiscation ou indignité n'y pouvoient avoir lieu pour crime ou cas que ce feust. Car, en France, le roy ne peut oster à son fils ou plus prochain ladite cou-

admît les renonciations à succession future, l'héritier présomptif
de la Couronne ne pouvait y renoncer par avance; l'acte de renonciation eût été de nul effet (36). 3° Si la descendance de Hugues
Capet était venue à s'éteindre, le dernier roi n'ayant pu disposer
du trône, celui-ci se serait trouvé nécessairement vacant, et la
nation eût repris le droit de disposer de ses destinées (37). C'était
reconnaître que le roi n'était que le représentant de l'État (38).

## III

En établissant que le royaume ne comportait pas la division
héréditaire, la coutume avait beaucoup fait pour cimenter l'unité
nationale; mais cette règle ne devait pas produire tous ses effets
naturels. L'usage s'établit, en effet, que le roi, de son vivant, donnait une compensation à ses fils puînés et même aux filles de
France; ou, s'il ne l'avait pas fait, son fils aîné, en accédant au
trône, pourvoyait ses frères et sœurs. Cette compensation consis-

ronne, s'il ne luy oste la vie : encore, luy mort, elle viendra à ses descendants
masles s'il en a. » C'est en réalité en faveur du futur Charles VII qu'un de nos
vieux jurisconsultes, Johannes de Terra Rubea, construisit la théorie; toute la doctrine postérieure dérive de lui; voyez *Hotomani J.-C. Disputatio in controversia
successionis regiæ inter patruum et fratris præmortui filium — Johannis de Terra
Rubea, antiqui auctoris, tractatus de jure legitimi successoris in hereditate regni.
Galliæ*, Paris, 1589. — Dans le *secundus tractatus*, p. 143 et suiv., Johannes de Terra
Rubea expose que la succession au trône n'est pas une véritable succession patrimoniale et héréditaire, mais une *successio in locum*, qu'elle est déterminée par la
coutume et que le roi régnant ne peut point faire une *constitutio* pour changer cet
ordre.

(36) Cette règle fut invoquée sous Louis XIV dans les négociations du traité
d'Utrecht; Giraud, *Le Traité d'Utrecht*, p. 92 (dépêche de Torcy) : « Suivant ces lois
(fondamentales) le prince le plus proche de la couronne est *héritier nécessaire*. Il
n'est redevable de la couronne ni au testament de son prédécesseur, ni a aucun édit,
ni à aucun décret, ni à la libéralité de personne, mais à la loi. Cette loi est regardée comme l'œuvre de celui qui a établi toutes les monarchies et nous sommes
persuadés en France que Dieu seul la peut abolir. Nulle renonciation ne peut la
détruire. »

(37) Bodin, *Les six livres de la République*, l. IV, ch. v, p. 988. — Nos anciens
auteurs ajoutaient cette conséquence, qu'à la mort du roi les traités qu'il avait
conclus, les lois qu'il avait édictées étaient caducs, à moins que le nouveau roi ne
les confirmât expressément ou tacitement, et l'on admettait facilement la confirmation tacite. Le nouveau roi, n'étant pas en droit le successeur de son prédécesseur,
n'était pas tenu des dettes publiques que celui-ci avait contractées. A chaque nouveau règne commençait en droit une souveraineté nouvelle. Sur ces divers points.
voyez Bodin, *Les six livres de la République*, l. I, ch. viii, p. 132; l. IV, ch. iv,
p. 159, 598; l. I, ch. vi, p. 827. — Loyseau, *Des offices*, l. II, ch. ii, n° 34; — De
L'Hommeau. *loc. cit*

(38) Loyseau, *Des offices*, l II, ch. ii, n° 42 : « La raison de toutes ces particularités
est que, comme les offices ne doivent pas estre conférés aux hommes à cause
d'eux, mais au contraire les hommes doivent estre donnez aux offices à cause du
public; aussi la vérité est que les principautez souveraines n'ont pas esté establies
en faveur des princes, mais en considération du peuple, qui a besoin d'un chef pour
estre gouverné. » Le principe essentiel à cet égard fut posé en faveur du dauphin
le futur Charles VII, contre les actes de son père Charles VI, qui l'excluaient de
la Couronne. De Terra Rubea, *Duo questiones*

tait en apanages, c'est-à-dire en seigneuries importantes, duchés ou comtés d'ordinaire, prises sur le domaine de 'la Couronne et concédées aux puînés. Cette pratique des apanages ne paraît pas avoir été spéciale à la royauté; dans les grandes seigneuries indivisibles, on la constate aussi (39). Obtenir un apanage n'était pas, d'autre part, un droit ferme pour les fils du roi, mais seulement une prétention reconnue équitable (40); pourtant cette institution eut pendant longtemps pour résultat de compromettre la reconstitution de l'unité nationale. Sans doute, par là, le royaume n'était pas divisé, car les puînés tenaient leurs apanages, non à titre de royaumes, mais en qualité de fiefs relevant de la Couronne : le domaine de la Couronne n'en était pas moins démembré. Les duchés ou comtés, que la politique habile ou la chance favorable y avaient réunis, en étaient distraits à nouveau au profit des puînés. La réunion des grands fiefs rappelait trop souvent l'œuvre de Pénélope, et c'est par là qu'on peut comprendre comment, pour certains d'entre eux, il fallut trois ou quatre réunions successives avant d'arriver à la définitive. D'autre part, les apanages donnèrent naissance à une féodalité supérieure de seconde formation, qui ne fut pas beaucoup moins redoutable pour la monarchie que ne l'avait été la première : c'est contre cette féodalité apanagiste que Louis XI aura principalement à lutter.

L'ancien droit public de la France n'arriva jamais à éliminer l'institution des apanages; mais il a réussi à les rendre moins dangereux et plus fragiles. Les apanages tout d'abord furent constitués dans les conditions ordinaires des concessions féodales. Ils constituaient des fiefs et devinrent avec ces derniers pleinement patrimoniaux, héréditaires et aliénables (41). C'étaient, d'autre part, des duchés, des comtés, des baronnies, et par suite, ils conféraient au titulaire, sauf l'hommage, la souveraineté féodale dans sa plénitude. Des deux côtés, leur portée fut restreinte, dans la suite. Cela se fit par une triple influence : les clauses apposées par les rois dans les concessions d'apanages, la coutume et la jurisprudence, enfin la législation des ordonnances. La transformation paraît avoir commencé dans le premier tiers du xiiie siècle, sous le

---

(39) Chopin, De domanio, l. II, tit. IV.

(40) Du Tillet, Recueil des rois de France, éd. 1602, p. 208 : « La loy et coustume particulière de la maison de France, récitée en l'arrêt donné au profit du roi Philippe tiers pour le comté du Poitou et terre d'Auvergne, contre Charles Ier, roy de Sicile, frère de saint Louys, au parlement de Toussaincts 1283, reiglant lesdits puisnez ne pouvoir quereller ou demander certaine légitime, part ou quotte leur estre deue en la succession du roy leur père, mais seulement provision pour leur vivre et entretien à la volonté et arbitrage dudit roy père. »

(41) Chopin, De domanio, l. II, III, n° 8; — Lefebvre de la Planche, Mémoires sur les matières domaniales ou Traité du domaine, Paris, 1765, t. I, p. 422 et suiv.

règne de Louis VIII; elle était terminée à la fin du xvie siècle (42).
Voici en quoi elle consista.

La réversibilité, le retour de l'apanage au domaine de la Couronne, fut admise toutes les fois que défaillaient des héritiers mâles de l'apanagiste dans la ligne directe. Cela s'établit progressivement. Dès le xiiie siècle, on inséra dans les constitutions d'apanages la clause de retour à la Couronne *faute d'hoirs*; elle pouvait recevoir plusieurs interprétations. Il aurait pu sembler naturel d'y comprendre tous les héritiers, quels qu'ils fussent (43). Mais on la restreignit d'abord aux héritiers en ligne directe de l'apanagiste, ceux qui étaient les « hoirs de son corps » (44). On exclut ensuite les filles et autres descendants du sexe féminin; cela résulta des dispositions et de la loi (45) : mais les auteurs trouvèrent après coup un raisonnement ingénieux pour justifier ce résultat. Ils admettaient, comme je vais le dire, que l'apanage n'avait jamais réellement cessé de faire partie du domaine royal; or, de par la loi salique, celui-ci ne pouvait être dévolu à une femme (46). La jurisprudence, en effet, se fixa en ce sens que la propriété même des terres composant l'apanage n'avait pas été transférée; d'où la conséquence que l'apanagiste et ses héritiers ne pouvaient les aliéner ou obliger (47). Les droits de l'apanagiste furent également restreints au point de vue seigneurial. L'habitude s'introduisit, au moins dès la fin du xive siècle, que le roi se réservait sur l'apanage

(42) Voyez les détails dans Chopin, *De domanio*, l. II, tit. III; — Du Tillet, *Recueil des rois de France*, p. 206 et suiv.; — Lefebvre de la Planche, *op. cit.*, l. XII, ch. iii; — Dupin, *Traité des apanages*, Paris, 1835.

(43) Chopin, *De domanio*, l. II, tit. III, no 8 : « Prius enim tradebatur apanagium Mævio ac hæredibus nulla sexus discretione vel qualitate hæredum præfinita, In hanc speciem Atrebaticus ager Roberto datus mense Junio an. 1225. »

(44) Du Tillet, *Recueil*, p. 208 : « Le comté de Clermont en Beauvoisis, baillé en appennage à Monsieur Philippes de France, comte de Bologne, fils puisné du roi Philippe-Auguste, avoit esté l'an 1248 adjugé audict roy Saint Loys contre ses frères Alphonse de Poitiers et Charles d'Anjou. » Cf. Lefebvre de la Planche, *op. cit.*, t. III, p. 425. — Cette interprétation dut s'introduire assez facilement, car c'était elle qui avait donné lieu à nos coutumes dites *souchères*; voyez ci-dessus, p. 202, note 63.

(45) Du Tillet, *Recueil*, p. 211 : « Depuis Monsieur Louis de France, duc d'Orléans, frère du roy Charles V, en tous les appennages des puinez de France, le retour à la couronne a toujours esté exprimé au default des hoirs masles descendans de loial mariage, pour oster toutes controverses. » — Edit de Moulins, févr. 1566, art. 1 (Isambert, t. XVI, p. 286).

(46) Du Tillet, *Recueil*, p. 208 : « Puis que les femelles par ladite loy estoient exclues de l'appennage fait des biens estans du domaine de la couronne, ledit mot hoirs simplement escrit ou prononcé étoit entendu des seuls masles en chose non transmissible à autres. » — Lefebvre de la Planche, *op. cit.*, p. 426 : « Cette clause, apposée dans le testament de Philippe le Bel, étoit d'autant plus juste qu'il étoit contre toute règle, que le domaine de nos rois, qui est incommunicable aux filles, perdît cette prérogative entre les mains des appannageurs. »

(47) Du Tillet, *Recueil*, p. 209 : « Par la susdite loy ou coustume, la propriété de ladite provision des puisnez est demeurée par devers ladite couronne, est le vray domaine d'icelle, car les fils qui en ont l'usufruict ou jouissance sont estimez partie du roy propriétaire et n'en peuvent aliéner ne obliger ladite propriété. »

la souveraineté, les cas royaux et un certain nombre de droits considérés comme essentiellement régaliens (48). Cependant, c'était au nom de l'apanagiste que la justice était rendue sur ses terres, et il avait la nomination des officiers publics (49).

Pour les filles de France, la coutume s'introduisit qu'elles devaient être apanagées seulement en deniers, non en terres. C'était déjà le règlement fait en 1374 (50) par Charles V; cela ressort clairement de l'ordonnance de 1566 (51). Cependant cette règle, étant donnée la pénurie du trésor, ne put pas toujours être observée; on constituait alors l'apanage des filles en terres et seigneuries, mais celles-ci étaient toujours rachetables au profit du Domaine pour la somme de deniers à laquelle l'apanage avait dû être d'abord arrêté (52).

IV

Dans la Monarchie Franque, nous l'avons vu, la notion de l'État s'était profondément altérée, en ce que le royaume et la puissance royale étaient considérés comme le patrimoine du roi, qui pouvait en disposer à son gré : ainsi s'explique la facilité avec laquelle il consentait l'abandon des droits régaliens. La conception féodale, faisant résulter la puissance publique d'un vaste système de contrats particuliers et de prescriptions accomplies, aggravait encore la confusion. Mais, lorsque la royauté fut en voie de reconstituer l'État à son profit, une autre idée naturellement se fit jour; elle se traduisit dans l'inaliénabilité du domaine de la Couronne. On entendit d'ailleurs par le domaine de la Couronne tout ce qui constituait, à un titre quelconque, la dotation, les droits, les privilèges de la royauté : souveraineté territoriale, droits régaliens, droits · féodaux, domaines, au sens propre du mot, dont le roi avait la

---

(48) Du Tillet, *Recueil*, p. 213 · « Vray est que les droicts royaux qui sont adhérens à la couronne ,inséparables d'icelle, sont reservez et ont toujours esté et souloit au duché ou comté qui estoit baillé estre retenue par le roi quelque ville ou il érigeoit un baillage royal pour la connoissance desdits cas royaux. » — Chopin, *De domanio*, l. II, tit. V-VII.

(49) Lefebvre de la Planche, III, p. 433 et suiv Mais cela ne s'appliquait qu'aux juridictions *ordinaires*, de création ancienne Le droit de nommer les officiers des juridictions *extraordinaires*, créées postérieurement (élections, greniers à sel, prévôtés des maréchaux, etc.), fut au contraire réservé au roi et ne passa pas à l'apanagiste (Ord. de Blois de 1579, art. 331). — Loyseau, *Des offices*, l IV, ch IX, n° 10. — De même, tandis que le produit des droits fiscaux anciens appartenait à l'apanagiste, les impôts proprement dits (taille, aides. gabelle) continuaient à être perçus au profit du roi.

(50) Isambert, *Anciennes lois*, V, p 439 et suiv.

(51) Art. 1 : « Le domaine de nostre couronne ne peut estre aliéné que... pour apanage des puinez masles de la maison de France. »

(52) Guy Coquille, *Institution*. p. 11 : « L'apanage est de deux sortes .. aux filles des rois pour estre rachaptable en deniers à toujours sans aucune prescription Car la dot ou apanage d'une fille de France est originairement en deniers. »

pleine propriété; tout cela fut englobé sous cette dénomination et déclaré inaliénable (53).

Ce ne fut point un phénomène particulier à la France : il fut, au contraire, général et se produisit dans les diverses principautés européennes, si bien que dès la fin du xiii⁰ siècle une légende se forma, racontant que le principe d'inaliénabilité avait été proclamé dans un congrès des princes de l'Europe, tenu à Montpellier en 1276 (54). Il s'introduisit incontestablement sous l'influence du droit romain qui fit prévaloir une notion de la souveraineté incompatible avec toute aliénation. Mais, d'autre part, le pouvoir royal devenant de plus en plus absolu, la règle de l'inaliénabilité gênait peu le monarque, sauf que son successeur pouvait l'invoquer pour révoquer l'aliénation. Aussi la première sanction, qu'on songea à lui donner, fut-elle de faire jurer au roi, lors de son avènement, qu'il n'aliénerait point le domaine et les droits de sa Couronne. En 1220, Honorius III, consulté sur la valeur d'un pareil serment prêté par le roi de Hongrie, le déclara absolument obligatoire et déclara nul tout serment postérieur et contraire (55). Puis la règle fut sanctionnée par la coutume ou par la loi des différents Etats.

En France, c'est à partir du xiv⁰ siècle qu'on voit apparaître ce principe; encore les premières ordonnances (ou actes royaux) qui en font l'application, révoquant les aliénations du Domaine accomplies sous les règnes antérieurs, ne le proclament-elles point comme une règle ferme et absolue; elles relèvent soigneusement ce trait que les aliénations révoquées ont été excessives ou captées (56). C'est à la fin du xiv⁰ et au début du xv⁰ siècles que les ordonnances

(53) On peut en donner comme formule ancienne une énumération contenue dans plusieurs articles du traité de Brétigny, art. 11 : « Tous les honneurs, obédiences, hommages, ligeances, vassaux, fiez, service, recognoissance, sermens, droitures, mere et mixte impere, et toutes manières de juridictions, hautes et basses, sauvegardes, seignories et souverainetés qui appartenoient et appartiennent, ou pourroient en aucune manière appartenir au roi ou à la couronne de France. » — Cf. art. 7. Le traité de Brétigny distingue, d'ailleurs, dans les pays cédés à l'Angleterre, ce que les rois tiennent en « demeine » et ce qu'ils tiennent en « fiez de service » (art. 8). — Il faut remarquer que le produit des impôts proprement dits ne fut jamais compris dans le domaine de la couronne; on l'opposait au contraire traditionnellement, sous le nom de *finances extraordinaires*, aux produits du domaine, qualifiés *finances ordinaires*. Cela vient sans doute de ce que la notion du domaine de la couronne avait été arrêtée avant que fussent établis les impôts permanents.

(54) Voyez le *Fleta*, traité de droit composé sous le règne d'Edouard I⁰ʳ, t. III, ch. vi, n⁰ 3 « Res quidem Coronæ sunt antiqua maneria, regis homagia, libertates et hujusmodi quæ, cum alienantur, tenetur rex ea revocare secundum provisionem omnium regum christianorum apud Montem Pessulonium anno regni regis Edwardi, filii regis H., quarto habitam »

(55) C. 33, X, *De jurej.*, II, 24.

(56) Ord. juin 1318 (Isambert, III, 179), avril 1321 (Isambert, III, 294), octobre 1349 (Ord. II, p. 315), juillet 1364 (Isambert, V, 217). — Esmein, *L'inaliénabilité du domaine de la Couronne devant les Etats généraux du xvi⁰ siècle*, dans *Otto Gierke zum 70 Geburtstage... Festschrift*, 1911, p. 261 et suiv.

deviennent précises et d'une portée générale (57). La coutume introduisit aussi en France le serment prêté par le roi à son sacre de ne point aliéner le domaine (58). Charles VI, dans un article de l'ordonnance cabochienne, vise ce serment, qu'il a prêté, dit-il, comme ses prédécesseurs (59). Il n'est cependant point du tout certain qu'il eût été déjà introduit à l'avènement de Philippe de Valois (60).

Lorsque l'inaliénabilité du domaine eut été ainsi introduite, on la ramena à un principe supérieur : ce fut l'idée que le roi n'était pas propriétaire des biens et droits qui y étaient compris; voilà pourquoi il ne pouvait pas les aliéner. Mais quel était le véritable titulaire de ces droits ? On personnifia d'abord la dignité royale, la Couronne, qui en était l'emblème, distincte de la personne du roi, et c'est elle qu'on donna comme propriétaire au Domaine; c'est ce qu'implique l'expression même *domaine de la couronne* (61). Au XVIe siècle, l'idée s'était éclaircie et perfectionnée. On disait désormais que le véritable propriétaire du Domaine, c'était la nation. Le roi en était dit simplement l'usufruitier ou l'usager, ou l'administrateur avec des pouvoirs très larges (62). Par là on s'était élevé, au moins sur ce point, à la notion de la personnalité de l'État.

Ce sont les ordonnances du XVIe siècle qui donnèrent à l'inalié*

(57) Ord., 1er mars 1388, art. 13 (Isambert, VI, 659) : « que nous ne ferons aucune aliénation de notre domaine »; — février 1401 (Isambert, VII, 9), janvier 1407, art. 32 (Isambert, VII, 166).

(58) La formule était (Isambert, V, p. 240) : *Et superioritatem, jura et nobilitates coronæ Franciæ inviolabiliter custodiam et illa nec transportabo nec alienabo.*

(59) Art. 89 (Coville, *L'ordonnance cabochienne*, p. 36); déjà il l'avait constaté dans l'ordonnance de 1401.

(60) Cela résulte des pièces qui nous ont été conservées sur la célèbre dispute de Vincennes, qui eut lieu sous ce règne. Pierre de Cuignières, pour exclure certaines prétentions de l'Église, invoque bien le serment que le roi aurait prêté à son sacre de ne pas aliéner les droits de la couronne : « Quare cum rex in sua coronatione juravisset jura regni non alienare, et alienata ad se revocare, si per Ecclesiam aut quemcumque alium erant aliqua usurpata, rex teneretur per juramentum ad se illa revocare. » Mais l'archevêque élu de Sens, qui lui répond, conteste l'exactitude de cette affirmation. S'adressant au roi il lui rappelle qu'il a prêté seulement à son sacre cinq serments, qu'il énumère, et au nombre desquels n'est point compris celui-là : « Ista jurasti et non plura, salvâ reverentia domini Petri qui vos unum aliud jurasse dicebat. » — Voyez *Libellus domini Bertrandi adversus Petrum de Cugneriis*, dans Durand de Maillane, *Preuves des libertés de l'Eglise gallicane*, t. III, p. 456 et 477.

(61) C'est la même idée qui se montre dans l'institution des *grands officiers de la couronne*, telle qu'elle sera indiquée plus loin. Cette personnification de la couronne se retrouve dans le droit public anglais des XIIIe et XIVe siècles, où elle produit des effets remarquables; voyez Pollock et Maitland, *History of the english law*, t. I, p. 495 et suiv.

(62) Du Moulin, sur la Coutume de Paris, *Des fiefs*, art. 3, glose 3, no 17; — Journal de Bodin aux Etats généraux de 1576, dans le recueil intitulé : *Des Etats généraux et autres assemblées nationales*, 1789, t. XIII, p. 299 : « L'avis commun étoit que le roi n'étoit que simple usager du domaine... quant au fonds et propriété dudit domaine, il appartenoit au peuple. »

nabilité du Domaine son expression définitive; elle se trouve dans l'Edit déjà cité de 1566. Deux exceptions seulement étaient admises à la règle : la constitution des apanages pour les fils de France et « l'aliénation à deniers comptants pour la nécessité de la guerre après lettres patentes pour ce décernées en nos parlements, auquel cas il y a faculté de rachat perpétuel ». Cette dernière aliénation portait le nom d'*engagement*, et l'on tenait qu'elle ne transférait en réalité ni la propriété, ni même la possession civile des biens engagés (63). En même temps que l'inaliénabilité, s'était introduite l'imprescriptibilité du Domaine (64).

Telles s'étaient dégagées ces règles, sages et protectrices (65), mais non toujours respectées. Elles ne s'appliquaient proprement qu'aux aliénations que le roi aurait voulu consentir au profit de quelques-uns de ses sujets vassaux. Le démembrement du royaume, faisant perdre au roi la souveraineté d'une province ou d'une ville, pour les faire passer sous une souveraineté étrangère, était également ment interdit par l'ancien droit public, mais en vertu de principes différents, qui dérivaient en partie de la conception féodale (66) et rappellent aussi par avance certaines idées affirmées au xixᵉ siècle. De bonne heure on soutint qu'une cité ne pouvait point être cédée à un souverain étranger sans le consentement des habitants (67). Par une thèse de droit public un peu différente, on soutint plus tard que le royaume ne pourrait être démembré sans l'assentiment des Etats généraux (68). Ici encore c'étaient des règles que la politique de la Monarchie absolue devait violer plus d'une fois. Cependant elles contribuèrent, dans une certaine mesure, à conserver à la France le duché de Bourgogne, que le traité de Madrid avait cédé à l'Empereur (69).

(63) Poulain du Parc, *Principes du droit français*, t. III, p. 8.

(64) *Ibidem*, p. 2.

(65) La théorie de l'inaliénabilité du domaine avait été construite afin d'empêcher l'aliénation de la souveraineté territoriale (duchés, comtés, seigneuries) et des droits régaliens; elle était trop rigoureuse en ce qui concerne les domaines proprement dits (maisons, champs ou forêts).

(66) Ci-dessus, p. 209, note 91. Lefebvre de la Planche, *op. cit.*, t. III, p. 393 et suiv.

(67) Degrassalius, *Regalium Franciæ*, l. I, p. 27 : « Rex Franciæ non potest alienare unam de civitatibus regni sui, invitis civibus, secundum Baldum, Hostiensem et Johannem Andreæ in novella, quos sequitur Jason. »

(68) Loyseau, *Des offices*, l. II, ch. ii, nᵒ 39 : « La royauté ou souveraineté est encore moins aliénable et plus inhérente à la personne que le simple office. Car, bien que l'office soit résignable en certains cas, la souveraineté ne l'est jamais, estant très certain que quelque monarque que ce soit ne peut, sans consentement des Estats de son pays, valablement, et pour toujours, céder son Estat à famille estrangère. Car c'est une obligation réciproque, comme au sujet d'obéir à son prince, aussi au prince de maintenir son sujet, et, comme le sujet ne peut se distraire de l'obéissance du prince, aussi un prince ne peut aliéner ses sujets. »

(69) Lefebvre de la Planche, *op. cit.* III, p. 395 : « On peut citer le traité de Madrid de 1526, à l'occasion duquel François II déclara qu'il n'avait pu abandonner ses sujets du duché de Bourgogne sans leur consentement. »

V

En admettant la théorie du domaine de la Couronne, le droit public des xvᵉ et xviᵉ siècles n'avait pas exclu la possibilité pour le roi d'avoir un domaine privé. Le premier comprenait toutes les acquisitions qui supposaient nécessairement chez lui la qualité de roi et se réalisaient à ce titre (par exemple, la commise ou la confiscation des fiefs relevant directement de la Couronne); dans le second pouvaient rester les acquisitions accomplies au profit du roi en vertu d'un titre qui aurait pu également opérer au profit d'un particulier (par exemple, par achat, donation ou legs). Le domaine privé, comme le domaine public, pouvait contenir des seigneuries, puisque celles-ci étaient devenues patrimoniales, et cependant il n'était pas soumis à la règle de l'inaliénabilité; les biens qu'il comprenait restaient dans le commerce et le roi pouvait valablement en disposer (70). Il y avait là une règle contraire au bien public, lorsque les acquisitions consistaient en seigneuries destinées naturellement à rentrer dans l'unité nationale. Des correctifs furent introduits, afin d'amener la réunion de ces acquêts au domaine de la Couronne : deux sont à signaler. L'Edit de 1566 (art. 2) décida que cette union résulterait nécessairement du fait que pendant dix ans ils auraient été tenus et administrés par des receveurs et officiers publics, comme les autres biens de la Couronne. Une seconde règle est très célèbre, c'est celle d'après laquelle tous les biens que possédait le roi de France au jour de son avènement étaient de plein droit et nécessairement incorporés au domaine de la Couronne. On justifiait cela en disant que le roi, par son avènement, contractait une union perpétuelle et indissoluble, pour lui et pour les siens, avec la Couronne, et que la réunion de ses biens personnels au Domaine était la dot de ce mariage (71). Cependant cette règle de droit, comme maxime impérative, ne s'établit que relativement tard (72). On en fit bien d'assez bonne heure une application à l'apanage qu'avait reçu un fils de France, qui succédait sur le trône à son frère mort sans enfants (73); mais, pour le sur-

---

(70) Poulain du Parc, *Principes*, t. III, p. 2. — Voyez cependant F. Hotman, *Franco-Gallia* éd. 1573, p. 59 les *Vindiciæ contra tyrannos*, éd. Ursellis, 1600, p. 107.

(71) Edit de 1607 (Isambert, t. XV, p. 528) : « La cause la plus juste de laquelle réunion a pour la plupart consisté en ce que nos dits prédécesseurs se sont dédiés et consacrés au public, duquel ne voulans rien avoir de distinct et de séparé, ils ont contracté avec leur couronne une espèce de mariage communément appelé saint et politique, par lequel ils l'ont dottée de toutes les seigneuries qui à titre particulier leur pouvoient appartenir, mouvantes directement d'elle. » Ici la couronne est encore personnifiée.

(72) Lefebvre de la Planche, *op. cit.*, t. I, p. 86 et suiv.

(73) Du Tillet, *Recueil*, p. 211 : « Ledit Valois (Philippe de) avoit frère..., fut douté si les terres de l'apennage tenues par lesdits roys avant que la couronne leur eschéut retournoient à icelle ou estoient à leurs puiznez,... attendu que le retour pour les appennages n'estoit qu'à défaut de masles qui duroient. Mais fut observée la réunion

plus, elle ne passa en loi que sous le règne d'Henri IV. Louis XII
en écarta expressément l'application, quant au comté de Blois, qui
lui appartenait avant son avènement : il établit même une Chambre
des comptes spéciale à Blois, pour bien marquer la séparation (74).
Henri IV voulut en faire autant pour tout son domaine ancien,
« même pour les duchés, comtés, viscontés, terres et seigneuries
enclavées au royaume de France » (75). Mais il se heurta à la·
résistance du Parlement de Paris, qui refusa d'enregistrer les
lettres patentes contenant cette distraction (76); il céda et confirma
la doctrine du Parlement par un édit de juillet 1607. Il faut observer que cette réunion de plein droit ne s'appliquait qu'aux seigneuries qui relevaient de la couronne de France; celles qui n'en relevaient point, et qui étaient ainsi situées en dehors du royaume, en
restaient distinctes, unies seulement à lui par une union personnelle,
jusqu'à ce qu'un acte du souverain établît l'union réelle (77). Une
fois cette évolution accomplie, il restait, quant aux seigneuries, peu
de chose du domaine privé. Aussi les auteurs des xvii° et xviii°
siècles disaient-ils volontiers que ce domaine n'existait plus en
droit français, « qu'en France le bien du roi et celui de la Couronne ne font plus qu'un seul corps et une seule masse » (78).
Mais il y avait là quelque exagération. Pour les seigneuries acquises par le roi, *ut privatus*, après son avènement au trône, on devait
admettre, d'après l'édit de Moulins de 1566, qu'il pouvait au moins
les aliéner dans les dix ans qui suivaient l'acquisition. ·

---

et retour desdites terres à la couronne, parce que par l'adoption d'icelle lesdits
roys ne les avoient perdues et estoient rentrées en elle et rejointes au lieu dont elles
estoient parties, la jouissance consolidée avec la propriété. »

(74) Dans son testament de 1505 (Dupuy, *Traité de la majorité des rois*, t. I,
p. 428), Louis XII lègue à sa fille Claude de France « nos dits duchez de Milan et
de Gennes, comtez de Pavie et d'Ast et autres terres et seigneuries que nous avons
delà les monts en Lombardie, et semblablement nos comtez de Blois, seigneuries
de Chaulny, Coucy, Pierrefonds, vicomté de Soissons et autres nos terres et seigneuries quelconques étans en nostre royaume de France, et autres biens quelconques
à nous appartenans, et desquels nous pouvons traiter et disposer et qui ne sont venus
de l'appanage de France. » Ce texte prouve, et cela est confirmé par d'autres témoignages, que les pays conquis par le roi pouvaient encore à cette époque rester dans
son patrimoine privé. Plus tard, le droit changea, la conquête enrichissait nécessairement et de plein droit le domaine de la couronne; Lefebvre de la Planche, I,
p. 106.

(75) Lefebvre de la Planche, *op. cit.*, p. 90 et suiv.

(76) Voyez les remontrances auxquelles donnèrent lieu les diverses tentatives
d'Henri IV à cet égard dans *Les remontrances de messire Jacques de la Guesle,
procureur général du roy*, p. 92 et suiv.

(77) Lefebvre de la Planche, *op. cit.*, t. I, p. 101.

(78) Lebret, *De la souveraineté*, l. III, ch. i, p. 93; — Lefebvre de la Planche,
I. p. 16, 78, 85.

# CHAPITRE II

## La souveraineté reconstituée au profit de la royauté.

———

Pour reconstituer l'État, en France, il ne suffisait pas que, par l'annexion des grands fiefs au domaine de la Couronne, le roi se substituât aux grands feudataires et éliminât ainsi la féodalité supérieure. En effet, par suite de la structure féodale, telle qu'elle a été plus haut décrite, le haut feudataire sur son grand fief, le roi sur son domaine, voyaient une légion de seigneurs inférieurs s'interposer entre eux et la population. Ceux-ci, dont le type était le haut justicier, absorbaient et exerçaient à leur profit les attributs les plus effectifs de la souveraineté : le droit de guerre, la justice et l'impôt. Les habitants n'étaient les sujets que de leur seigneur direct. Pour que le roi redevînt souverain et que tous les Français devinssent ses sujets, il fallait que le pouvoir royal éliminât cette féodalité inférieure, ou que tout au moins il la rendît inoffensive et, passant par-dessus, pût directement commander à tous. Cette restauration, comme l'annexion des grand fiefs, fut le résultat d'un travail persévérant et continu : ce fut aussi principalement une œuvre de sage politique; mais ici, comme pour la réunion des fiefs, et plus encore, les principes juridiques jouèrent un rôle important, et c'est ce que je voulais exposer dans ce second chapitre. D'ailleurs, pour faire saisir la portée de ce travail bien des fois séculaire, il faut ajouter deux observations. D'un côté, cette reconstitution de la souveraineté ne se poursuivit pas seulement à l'encontre des pouvoirs féodaux : elle s'opéra aussi, par les mêmes moyens ou par des moyens analogues, contre l'Église et contre les villes affranchies, dans la mesure où elles avaient empiété sur les attributs nécessaires de l'État. D'autre part, c'est seulement, comme je l'ai dit, la féodalité inférieure dont le pouvoir royal rogna ainsi les attributs : ce qu'elle gagna sur la souveraineté des grandes seigneuries tardivement réunies à la Couronne, comme la Bourgogne et la Bretagne, fut en réalité fort peu de chose; mais ces provinces ne restèrent pas pour cela en dehors du mouvement.

Comme la royauté agissait sur son domaine, ainsi, sous l'empire des mêmes causes, les ducs et les comtes agissaient dans leurs grands fiefs, refoulant et disciplinant à leur profit la féodalité inférieure, et, lors de l'annexion, le roi, succédant au duc ou au comte, n'eut qu'à recueillir les fruits de ce travail particulier. Parfois même la reconstitution de la souveraineté fut plus prompte et plus énergique dans tel grand fief que sur le domaine de la Couronne et put servir de modèle au pouvoir royal : c'est en particulier ce qui arriva dans le duché de Normandie (1).

## I.

Trois ordres de principes juridiques (2) jouèrent un rôle dans cette restauration; mais l'influence la plus ancienne et la plus profonde fut celle du droit romain. Chacun sait, c'est une phrase toute faite, que les légistes ont été les auxiliaires les plus actifs du pouvoir royal : or, dans la langue du Moyen âge, le mot légistes, *legistæ* désigne précisément ceux qui se sont livrés à l'étude des *lois*, c'est-à-dire du droit romain.

Comme nous le verrons en étudiant le développement du droit

---

(1) Mon savant ami, M. Flach, a consacré aux premières phases de cette reconstitution le troisième volume de son grand et bel ouvrage *Les origines de l'ancienne France* Ce volume contient le Livre quatrième intitulé *La renaissance de l'État.* J'aurai souvent l'occasion d'y renvoyer. Mais je n'adhère point à sa doctrine sur le *Regnum Francorum* (voyez ci-dessus, p. 61). Il estime que dans une partie de la Gaule, la *Francie (Francia),* jusqu'au xiᵉ siècle tout au moins, la race des Francs (à laquelle cependant d'autres races auraient été égalées *par croisement ou assimilation,* p. 159) aurait conservé une prééminence et supériorité juridiques, l'*aristocratie* franque *ayant le monopole des fonctions, le monopole de l'autorité,* p. 161. Les droits que le roi exerçait sur la Francie et ceux qu'il exerçait sur le reste de la Gaule auraient été différents, p. 209 et suiv. Cela ne nous paraît concorder ni avec la disparition du système de la personnalité des lois, ni avec la fusion des races en fait, ni avec l'établissement du régime féodal au cours du xᵉ siècle. Sans doute c'était toujours en droit la Monarchie Carolingienne qui se continuait sous les Capétiens; les premiers Capétiens eux-mêmes se prétendaient les successeurs des rois Carolingiens; par suite cette monarchie gardait le nom de *Regnum Francorum.* Les écrivains littéraires, comme l'a observé M. Flach, se référaient toujours au glorieux passé de cette monarchie, aux conquêtes de Clovis et de Charlemagne. Mais cela n'empêchait pas que les sujets de cette monarchie étaient égaux sans distinction de race lorsqu'ils étaient *ingenui;* c'est même par cette égale condition libre que le terme *Francus* tendait de plus en plus à désigner l'homme libre. Sans doute encore le territoire sur lequel le *rex Francorum* exerçait vraiment une autorité propre et souveraine se rétrécissait de plus en plus; il prit le nom de *Francia,* au sens étroit du mot, la *douce France,* de la Chanson de Roland; il deviendra presque égal à la future Ile de France. Dans le reste de la Gaule se formaient des grandes principautés féodales, même des royaumes, qui échappaient presque entièrement à l'autorité du *rex Francorum.* Mais cette situation est toute de fait. Elle résulte de l'anarchie et de l'affaiblissement du pouvoir royal, non d'une théorie juridique, savante et subtile, que n'a guère pu produire l'époque à laquelle on l'attribue (Voir ci-dessus, p. 310, n. 2)

(2) Sur l'histoire des théories politiques au Moyen âge, consulter R. W. et A.-J Carlyle, *A history of medieval political theory in the West;* le tome III (1915) est consacré à la période du xᵉ au xiiiᵉ siècles.

privé, le droit romain, au cours du Moyen âge, n'était jamais tombé en Occident dans un complet oubli. Il s'était maintenu dans la pratique judiciaire de certaines régions. L'étude même, et peut-être l'enseignement, n'en avait jamais complètement cessé, même aux ixe, x[e] et xie siècles ; mais cette étude était bien rudimentaire. Elle eut, dans la seconde moitié du xie siècle, une renaissance vigoureuse, qui paraît s'être développée parallèlement en France et en Italie, mais qui eut sa pleine floraison dans l'école que fonda à Bologne le célèbre Irnerius, à la fin du xie siècle. Ce qui caractérisa l'école bolonaise, ce qui fit son originalité et sa puissance, c'est que ses maîtres se mirent à étudier directement, minutieusement et intégralement la compilation de Justinien. Ce fut la découverte d'un nouveau monde, immense et fécond en trésors, et le succès de cet enseignement ainsi conduit fut prodigieux. Dès le xiie siècle, les étudiants, venus de tous les points de la chrétienté, affluèrent à l'école de Bologne; puis des maîtres se détachèrent pour aller porter dans d'autres contrées le nouvel évangile; des écoles se fondèrent en Italie et en France pour enseigner le droit romain. Cette rénovation devint un des facteurs les plus importants de la civilisation européenne; elle n'eut pas seulement une grande influence, comme on le verra plus loin, sur le développement du droit privé; elle en exerça une non moins profonde sur le droit public et sur la pensée même des nations occidentales. C'est là un fait de premier ordre, au point de vue scientifique et politique à la fois.

Le Moyen âge jusque-là n'avait point été dénué de culture intellectuelle; mais ce qui représentait la haute spéculation, celle qui fournissait à la société les principes dirigeants, c'était une science purement religieuse et ecclésiastique, la théologie. Elle régnait en maîtresse sur le monde des idées, toutes les autres branches des connaissances humaines rampaient à ses pieds et dans son ombre. Avec la renaissance des études de droit romain, cette royauté fut fortement entamée (3). Une science nouvelle naquit, indépendante et laïque, la science de la société civile, telle que l'avaient dégagée les Romains, et qui pouvait passer pour le chef-d'œuvre de la sagesse humaine. L'autorité des lois romaines remises en lumière s'imposa à l'Occident naturellement et sans lutte. Le grand renom de l'Empire romain n'était jamais sorti de la mémoire des hommes, et l'on sait quelle force avaient sur les esprits du Moyen âge les textes anciens : un texte, une *auctoritas* valaient mieux que toutes les raisons. Il en résulta qu'à côté du théologien se plaça le légiste, qui avait, comme lui, ses principes et ses textes, et qui lui disputa

---

(3) **Esmein**, *Nouvelle revue historique de droit*, 1886, p 430-431; — Marcel Fournier *l'Eglise et le droit romain au* xiiie *siècle, ibid.*, 1890, p. 80 et suiv.

la direction des esprits avides de savoir. L'influence de la nouvelle science laïque se fit même sentir sur les sciences ecclésiastiques : le droit canonique fut pénétré profondément par le droit romain restauré. L'Église sentit bien cette concurrence redoutable qui lui était faite; elle essaya, mais vainement, de défendre la théologie, de lui conserver la suprématie. En 1180, Alexandre III interdit l'étude du droit romain à tous les moines (4). En 1219, Honorius III étendit la prohibition aux prêtres et aux principaux clercs pourvus de bénéfices (5). Enfin le même pape défendit absolument d'enseigner le droit romain à l'Université de Paris et dans les lieux voisins (6) : l'Université de Paris, c'était le foyer principal de la théologie; la papauté en bannissait la science rivale.

Par cette influence doctrinale, le droit romain devenait, comme je l'ai dit, un facteur social important, car toute nouvelle orientation scientifique, quand elle prévaut, amène fatalement une modification dans la constitution même de la société. Mais il eut une action politique plus directe et immédiate. Les légistes, en effet, ne considèrent pas seulement les lois romaines comme la science et le droit du passé; ils s'employèrent, avec une foi profonde, à leur rendre la vie, à les faire passer dans la pratique, soit pour le droit privé, soit pour le droit public. Les uns, comme les maîtres de l'école de Bologne, n'hésitaient pas à demander qu'on les appliquât telles quelles; d'autres, comme nos romanistes de la première moitié du xive siècle, comme Bartole et son école, les adaptaient au milieu, les infusaient, comme un sang nouveau, dans les institutions anciennes. Mais, au fond, la tendance était la même, et l'œuvre s'accomplissait rapidement dans une large mesure; car, en France surtout, le personnel gouvernemental et administratif se recruta bientôt principalement parmi les légistes. Or voici la conséquence quant au droit public.

Dans la compilation de Justinien, ils trouvaient l'image d'une monarchie absolue et administrative, d'où la liberté était absente, mais d'où étaient également bannies les violences et la grossièreté de la société féodale, où régnaient l'ordre et la justice et où la notion de l'État était pleinement développée avec toutes ses conséquences. Ils y trouvaient la pleine souveraineté dans la personne de l'empereur, qui seul faisait la loi et par elle commandait à tous, levant seul les impôts et les levant sur tous les sujets de l'empire, exerçant seul le droit de rendre la justice par lui-même ou par des magistrats, dominant enfin jusqu'à l'Église, malgré les grands

(4) C. 5, **X**, *Ne clerici*, etc., III. 50.
(5) C. 10, **X**, *Ne clerici*, etc., III, 50.
(6) C. 28, **X**, *De privilegiis et exces*, V, 33. Sur ce texte diversement interprété, voyez Esmein, *Nouvelle revue historique*, 1886, p. 430.

privilèges que celle-ci avait déjà obtenus. Les légistes français s'efforcèrent de faire passer cet idéal dans la vie réelle et de reconstituer la puissance de l'empereur romain au profit du roi. Incessamment ils invoquaient à son profit les textes du Digeste et du Code, comme nous le verrons en parlant du pouvoir législatif, de l'impôt, de la justice (7), et alors il n'était pas de plus haute autorité. Cependant, en ce qui concerne le roi de France, ce travail de plaçage rencontra une objection subtile et d'ordre juridique. Les glossateurs de Bologne, qui, les premiers, avaient imaginé ce procédé d'adaptation et de restauration, par une interprétation littérale avaient appliqué les textes de lois qui visaient l'empereur romain à l'empereur d'Allemagne, au chef du Saint-Empire romain. Il y avait pour eux une double raison : en tant qu'Italiens, ils dépendaient de l'empire, et l'empereur allemand était, à leurs yeux, le continuateur légitime de l'Empire romain. Si ces textes de lois visaient naturellement et uniquement l'empereur, comme le pensaient les Bolonais, comment pouvait-on les appliquer au roi de France, qui n'était pas empereur ? (8). Ce fut, semble-t-il, un Italien, Balde, qui trouva la réponse à cette objection, dont on ne s'était point d'ailleurs beaucoup préoccupé en dehors de l'école. Elle consistait à dire que le roi de France était empereur dans son royaume, car il ne reconnaissait pas de supérieur (9). La difficulté se rattachait à une autre question, qui, heureusement, ne fut pas sérieusement agitée en dehors de l'école, c'était de savoir si le roi de France était un souverain complètement indépendant, s'il ne dépendait pas de l'Empire. Tout un parti de légistes et de canonistes soutenaient que l'empereur était maître du monde et que, par suite, nécessairement le roi de France lui était soumis. Dans ce sens étaient spécialement la glose du *Corpus juris civilis*, la glose du Décret de Gratien et celle des Décrétales de Grégoire IX (10); Bartole était un des tenants les plus fermes de cette opinion. Ils invoquaient des textes du Digeste,

(7) Voyez encore toute la série des applications dans Degrassalius, *Regalium Franciæ*, lib. I, p. 102 et suiv.

(8) L'objection est encore prévue par Degrassalius, *op. cit.*, p. 316 : « Ad id quod dicit (Petrus Jacobi) quod in rege non cadit crimen majestatis quia non dicit se imperatorem, quamvis vellet esse; respondetur quod illud falsum, quia rex Franciæ est imperator in suo regno. »

(9) Balde, sur la loi 7, C. *De probat.*, IV, 18; — Boutillier, *Somme rurale*, II, tit. I, p. 646 : « Puisque dict et montré ay des droicts et constitutions impériaux... dire et monstrer veux des droicts royaux. Si sçachez que le roi de France, qui est empereur en son royaume, peut faire ordonnances qui tiennent et vaillent loy... et généralement faire tout et autant que à droict impérial appartient. »

(10) L. 9, D. *De leg. Rhodhia*, XIV, 2 : « Respondit Antonius : ego quidem mundi dominus. » — Glose sur l. 3. C. VII, 37, vᵉ *Omnia* : « Omnia principis, etiam quoad proprietatem ut dixit Martinus principi apud Roncagliam timore vel amore. » — C. 22, D LXIII, glose, vᵒ *Per singulas*. — Voyez dans Degrassalius, *op. cit.*, lib. I, p. 53 et suiv., la liste des docteurs dans l'un et l'autre sens.

du Décret ou même de l'Evangile. Mais le roi de France avait aussi ses partisans parmi les docteurs. Le texte capital invoqué en sa faveur était une décrétale d'Innocent III, déclarant expressément « rex Franciæ superiorcm in temporalibus minime recognoscit » (11). Sans doute, c'était là une pure dispute scolastique, mais telle est la force de la tradition que Loyseau sous Henri IV (12), Le Bret sous Louis XIII (13), croient encore devoir affirmer, avec preuves à l'appui, que le roi de France est indépendant de l'empereur.

L'appui du droit romain eut ainsi une efficacité merveilleuse pour le développement du pouvoir royal; mais en même temps il contribua puissamment à former celui-ci sur le type du pouvoir absolu (14). L'Empire romain avait été la monarchie la plus absolue qui fut jamais, et l'on s'efforçait de faire la Monarchie française à son image (15).

## II

Les jurisconsultes, qui construisaient peu à peu le nouveau droit public à l'encontre des principes féodaux, n'invoquaient pas seulement les lois romaines; ils faisaient appel à un principe supérieur, compris aisément de tous, accessible aux ignorants comme aux savants : l'idée de l'intérêt public, auquel ils donnaient le roi comme représentant. Beaumanoir, dans sa théorie du pouvoir législatif de la royauté, ne s'inspirait pas seulement du droit impérial, il invoquait surtout le « commun profit du royaume ». A la même époque, Durantis fondait sur le même principe une thèse importante, qui devait restreindre beaucoup les guerres privées. Si au nom du droit romain il condamnait la guerre qu'un seigneur ferait à son roi (16), au nom de l'intérêt public il déclarait que

(11) C. 13, X, *Qui filii*, IV, 17; il est vrai que la glose ajoute (v⁰ *Minime*) : « De facto, de jure tamen subest Romano imperio. »

(12) *Des seigneuries*, ch. II, nᵒˢ 68 et suiv. : « C'est une fausse opinion de notre vulgaire de penser que tous les rois chrestiens doivent reconnoistre l'Empire, quoique la plupart des docteurs estrangers l'aient escrit, notamment Bartole. »

(13) *De la souveraineté du roi*, l. I, ch. III : *De l'erreur de ceux qui disent que la France doit dépendre de l'Empire.*

(14) Bien que les légistes aient aussi trouvé dans le droit romain et développé certains principes contraires à l'absolutisme (origine populaire du pouvoir, soumission du prince aux lois). G. Butler, *Roman law and the new monarchy in France*, *English hist. review*, 1920.

(15) Cf. Luchaire, *Manuel des institutions françaises*, période des Capétiens directs, p. 463. C'est au droit romain que notre ancien droit emprunta la maxime « princeps legibus solutus ». Esmein, *La maxime « princeps legibus solutus »* dans l'ancien droit public français; dans P. Vinogradoff, *Essays on legal history*, Congrès de Londres, 1913.

(16) *Speculum*, tit. *De feudis*, nᵒ 29, p. 309 · « Quid igitur si aliquis baro regis Franciæ facit guerram ipsi regi, baro ipse præcepit ex debito sacramenti fidelitati

tous les hommes de fief devaient se rendre à l'appel du roi qui les convoquait pour la défense de la patrie, quand même leur seigneur direct les eût requis en même temps pour une guerre privée (17). Dans la seconde moitié du xiii° siècle, l'auteur du *Grand Coutumier de Normandie* dégageait déjà l'une des applications les plus fécondes de ce principe. Il considérait le souverain (dans l'espèce, le duc de Normandie) comme le représentant et le gardien de la paix publique, et il en tirait cette conséquence, que toute violence, troublant cette paix, était une attaque contre le souverain et relevait de sa justice (18).

### III

Enfin ce sont les propres principes du droit féodal que les juristes exploitèrent au profit du roi en les tournant contre la féodalité. Cela se fit de plusieurs manières. Parfois ils ne firent que dégager les conséquences logiques des principes féodaux, que le démembrement féodal avait arrêtées en chemin, au profit de seigneurs inférieurs au roi, mais véritablement souverains. Ainsi s'établirent les diverses prérogatives acquises au roi en tant que souverain fieffeux du royaume : le droit de franc-fief et nouveaux acquêts (19), le droit d'amortissement (20), le droit d'affranchissement (21); on peut rattacher encore à la même source le droit d'autoriser les affanchissements des villes (22), et celui d'accorder la naturalisation aux aubains, tant que le droit d'aubaine fut considéré comme un droit seigneurial.

D'autres fois, l'effort consista à dénaturer les relations féodales, de manière à permettre au roi de passer par-dessus les seigneurs pour atteindre leurs sujets. L'exemple le plus frappant se trouve dans l'histoire de l'impôt royal. D'après la théorie féodale, le roi avait droit, dans certains cas, à exiger de ses vassaux, comme tout seigneur, l'aide féodale; mais il n'avait point le droit de lever des

hominibus suis quod ipsum juvent ; numquid tenentur eum contra regem juvare .. Dicendum est contra. Nam baro insurgens contra dominum videtur incidere in legem Juliam majestatis. »

(17) *Speculum*, tit. *De feudis*, n° 30 : « Nam rex qui habet administrationem regni vocat eos *pro communi* bono, scilicet pro defensione patriæ et coronæ; unde sibi jure gentium obedire tenentur. Nam pro defensione patriæ licitum est patrem interficere, *et publica utilitas includens in se privatam præferenda est privatæ.* Si tamen rex vocaret eos pro aliquo negotio non tangente *publicam utilitatem*, potius tenentur obedire baroni domino suo. »

(18) *Grand Coutumier*, ch. lii, p. 132 : « Vis est injuria alicui violenter irrogata, lædens pacem patriæ et principis dignitatem. Cum enim ad principem pertineat sub pacis tranquillitate populum sibi regere subrogatum, ad ipsum pertinet pacis fractores corrigere violentos. »

(19) Ci-dessus, p. 224.
(20) Ci-dessus, p. 270 et suiv.
(21) Ci-dessus, p. 237 et suiv.
(22) Ci-dessus, p. 289.

impôts sur les sujets de ces vassaux. Seulement, en pareil cas, la coutume permettait aux vassaux, tenus de contribuer en faveur du roi, de lever à leur profit une taille ou impôt compensatoire sur leurs propres sujets (23). La royauté en prit prétexte pour lever directement l'impôt sur ces derniers, lorsqu'on se trouvait dans un cas d'aide féodale. Il semblait qu'au fond rien n'était changé; il y avait dans la procédure simplement un circuit de moins : en réalité. le roi, comme autorité, s'était substitué au seigneur.

Enfin, dans d'autres hypothèses, on superposa le droit royal au droit seigneurial, celui-ci paraissant encore en première ligne et le droit du roi sur les sujets des seigneurs n'apparaissant que comme un complément et ne se manifestant qu'extraordinairement. Ainsi Durantis, tout en déclarant que les hommes des barons ne sont pas les hommes du roi, ajoute que celui-ci a cependant sur eux un certain droit général de juridiction et de puissance (24). Ce ne fut pas là seulement une idée féconde pour l'avenir; on y rattacha de bonne heure des prérogatives importantes. Tel est le droit de l'arrière-ban, c'est-à-dire le droit pour le roi, lorsque le service militaire qui lui était dû par ses vassaux propres se trouvait insuffisant, de requérir directement les hommes de ses vassaux, et, d'une façon générale, tous les habitants du royaume en cas de péril national (25). Mentionnons encore le droit de garde générale, que Beaumanoir reconnaît déjà au roi sur toutes les églises du royaume et qui devait s'exercer à côté ou à la place du droit de garde des seigneurs (26).

Ce droit supérieur du roi, planant au-dessus des pouvoirs féodaux, est d'abord bien vague, on le présentera plus tard d'une façon avantageuse en disant que les droits des seigneurs n'ont été que des concessions de la volonté royale, et que celle-ci a retenu tout ce qu'elle n'avait pas concédé expressément. Cette idée, qui

---

(23) *Grand Coutumier de Normandie*, ch. XLIV.

(24) *Speculum*, tit. *De feudis*, n° 28, p. 309 : Tamen homines ipsorum baronum non sunt homines ipsius regis. Bene tamen omnes homines qui sunt in regno Franciæ, sunt sub potestate et principatu regis Franciæ *et in eos habet imperium generalis jurisdictionis et potestatis*.

(25) *Grand Coutumier de Normandie*, ch. XXV, p. 67 : « Feoda autem loricæ in comitatibus vel baroniis, quæ ad servitium ducatus non fuerunt instituta, non debent servitium exercitus nisi dominis quibus supponuntur. Excepto tamen retrobannio principis, ad quod omnes qui ad arma sunt convenientes sine excusatione aliqua tenentur proficisci. » — Cf. Coutumes données par Simon de Montfort, *loc. cit.*, p 219 : « Ad bellum campale, sive nominatim, vel ad succurendum comiti, si fuerit obsessus, vel *ad rereban*, tenentur omnes ire communiter barones, milites majores et minores, qui fuerint citati; quod si baro, miles vel alius dominus terræ in hac suprema necessitate comprobatus fuerit non venisse ad comitem auxilium daturus, nisi suffi cienti causa (excusari) possit, bona mobilia ipsius erunt in manu et voluntate comitis et domini sub quo manebit. per medium. »

(26) Beaumanoir, Beugnot. XLVI, 1; Salmon, n° 1465

sera familière aux jurisconsultes à partir du xvi⁶ siècle, apparaît dès le xiii⁶ (27).

Dès la fin du xv⁶ siècle, la reconstitution de l'autorité royale à l'encontre de la féodalité inférieure était un fait accompli sur tous les points principaux. Les recueils de maximes juridiques, qui seront faits au commencement du xvii⁶ siècle, enregistreront toute une série de dictons, contenant l'expression de ce triomphe, et vieux sûrement de plus d'un siècle (28). Maïs la consolidation du pouvoir royal n'en continuera pas moins dans les trois siècles suivants, et, si l'on envisage cette œuvre de reconstitution dans ses résultats derniers, on doit reconnaître qu'elle fut à la fois incomplète et exagérée. Elle fut incomplète en ce que la royauté sut asservir la féodalité et lui enlever toute indépendance et valeur politique, mais elle ne parvint pas à l'éliminer. Les petits seigneurs féodaux subsistèrent et continuèrent même à exercer à leur profit, sous le contrôle du pouvoir royal, certains attributs de la puissance publique : le droit de justice et le droit de fisc; les tenures féodales restèrent la forme commune de la propriété foncière. La féodalité, ainsi survivante, fut un mal social des plus gênants dans l'ancien régime; c'était un organisme qui n'avait plus de fonction utile, qui ne rendait plus de services, qui au contraire gênait ou entravait le fonctionnement normal, et qui cependant devait encore être alimenté aux dépens du corps social. L'Eglise, quoique soumise à l'autorité effective du roi, conservait encore d'immenses privilèges à l'encontre de l'Etat. D'autre part, la royauté, en développant ses attributs, avait dépassé la mesure; elle avait atteint l'absolutisme le plus complet; l'Etat, en définitive, s'était trouvé reconstitué à son profit, plus qu'à celui de la nation.

Dans la longue histoire de la dynastie capétienne, on peut distinguer trois formes successives de monarchie (29), et il sera fait souvent allusion à cette distinction dans l'histoire qui va suivre des principales institutions publiques, bien que j'étudie successivement chacun d'elles dans tout le cours de son développement. La première forme, c'est la *Monarchie féodale* : elle va du règne

(27) *Grand Coutumier de Normandie*, ch. liii, p. 134 : « Habet (dux Normanniæ) etiam principaliter curiam de omnibus injuriis... exceptis tamen illis, quibus principes Normanniæ de hujusmodi habendis placitis curiam concesserunt prout per instrumenta vel per prescriptionem diuturnam est apparens. »

(28) « Si veut le roy, si veut la loy. Tous les hommes de son royaume lui sont sujets. Au roy seul appartient de prendre tribut sur les personnes. Toute justice émane du roy. Toutes guerres sont défendues au royaume de France, il n'y a que le roy qui puisse en ordonner. Le roy est protecteur et gardien des églises de son royaume. Le roy seul peut frapper monnaie d'or et d'argent. » Loysel, *Inst. coutumières*, I, 1, règles 1, 4, 5; VI, 1, règle 30; — L'Hommeau, *Maximes générales du droit français*, I, 3. 5, 9. 11. 12. 13.

(29) Sur ce qui suit, voir Mackinn, *Growth and decline of french Monarchy*.

de Hugues Capet à celui de Philippe le Bel. Sans doute, à la fin de cette longue période, la Monarchie Capétienne, vieille déjà de trois siècles, avait accompli d'immenses progrès, surtout dans l'ordre judiciaire; mais ses moyens d'action étaient encore enserrés et limités par les cadres féodaux; c'était le jeu des institutions féodales qui lui fournissait presque exclusivement ses ressources : il n'y avait encore ni impôts généraux, ni armée propre de la royauté; les Etats généraux n'étaient pas nés; la législation générale commençait à peine; le conseil du roi, à la fin du xiii° siècle, n'avait pas nettement acquis son caractère propre, c'était autant un pur conseil privé qu'un organe de l'Etat; et le Parlement lui-même était en voie de formation.

La *Monarchie tempérée* représente la seconde forme historique : elle va du règne de Philippe le Bel à celui d'Henri IV. En la qualifiant de tempérée, je ne veux point dire qu'elle reposât sur les principes qui font les libertés modernes, la souveraineté nationale et la liberté individuelle : mais il existait dans la nation, à côté du pouvoir royal pleinement développé, des forces plus ou moins indépendantes qui lui faisaient contrepoids (30). C'étaient les restes de la féodalité transformée, ou des corps constitués, créés par le pouvoir royal lui-même, mais qui avaient acquis des privilèges et exerçaient une action politique. De là une certaine somme de libertés générales ou locales, qui n'étaient point coordonnées et agissaient parfois à contresens, mais qui n'en limitaient pas moins l'autorité royale : telles étaient les tenues d'Etats généraux, l'institution des Etats provinciaux, les franchises municipales, les privilèges et assemblées du clergé, les droits politiques des parlements et cours souveraines. Dans la seconde moitié du xvi° siècle, une école remarquable se forma en France, qui eut pour but de dégager et de répandre les principes de la liberté politique. Elle affirma le principe de la souveraineté nationale et voulut faire de la monarchie française une monarchie vraiment représentative et soumise au règne de la loi. Les écrivains de cette école, que l'on appelle souvent les *monarchomaques* (31), sont tous d'ailleurs dominés par des passions religieuses. Ce sont ou des protestants, qui veulent avant tout conquérir la liberté religieuse, ou des catholiques fougueux, qui soutiennent la Ligue et combattent contre Henri III ou contre Henri IV. Protestants et catholiques concordent d'ailleurs sur les principaux points de la

---

(30) Un exposé des principes de cette monarchie tempérée se trouve dans le livre de Claude Seyssel, *La grant monarchie de France*, 1519.

(31) Ce nom leur fut donné en 1600 par Barclay, dans un livre intitulé : *De regno et regali potestate adversus Buchananum, Brutum, Boucherium et reliquos monarchomachos, lib. VI.* — Cf. Treumann, *Die monarchomachen*, Leipzig, 1895.

doctrine politique (32). Mais, en face de cette école libérale, s'élevait une école opposée, développant les principes de la monarchie de droit divin. Son principal représentant est Jean Bodin, qui publia en 1576 ses *Six livres de la République*. Ce puissant esprit, dont les vues sur d'autres points ont devancé la pensée moderne, est le premier constructeur d'une théorie complète et harmonique de la souveraineté. Il la conçoit comme un pouvoir absolu et indivisible, excluant et discréditant la théorie des Etats mixtes. C'était cette école qui devait triompher, secondée par les faits. La troisième et dernière forme de la monarchie française est, en effet, la *Monarchie absolue* (33) *et administrative* des xvii° et xviii° siècles. La transformation qui la produisit s'accentue à partir du règne d'Henri IV (34). Elle se caractérise par deux traits. D'un côté, les forces sociales, dont j'ai indiqué l'indépendance relative dans la période précédente, perdent leur pouvoir de résistance. Les organes par lesquels elles agissaient ne disparaissent point cependant pour la plupart. Si les Etats généraux ne sont plus réunis après 1614 et tombent en désuétude (35); si, au xviii° siècle, la plupart des municipalités cessent de représenter toute liberté locale; les Etats provinciaux, les assemblées du clergé, les droits politiques des parlements subsistent au contraire et continuent à fonctionner. Mais, sauf les parlements, brisés eux-mêmes en 1771, les autres corps ont renoncé à une lutte impossible et n'agissent plus qu'avec l'agrément de la royauté. D'autre part, l'organisation administrative se complète et se régularise par la forte constitution des conseils du roi et l'institution des intendants des provinces. Cette forme de gouvernement a d'ailleurs ses théoriciens, sur qui

(32) Les principaux ouvrages où se trouve cette doctrine sont les suivants : 1o François Hotman, *Franco-Gallia*, 1573; 2o un ouvrage anonyme et très remarquable composé en 1573 ou 1574, et intitulé : *De jure magistratuum in subditos et officio subditorum erga magistratus*; 3o *Vindiciæ contra tyrannos sive de principis in populum populique in principem legitima potestate;* ce traité célèbre, composé entre 1573 et 1576, fut publié sous le pseudonyme de Stephanus Junius Brutus; l'opinion la plus commune l'attribue au protestant Hubert Languet; 4o Jean Boucher, le prédicateur bien connu de la Ligue, *De justa Henrici tertii abdicatione a Francorum regno libri IV*, 1589; 5o *De justo reipublicæ christianæ in reges impios et hæreticos authoritate*, 1590; ce traité ne porte aucun nom d'auteur reconnaissable, mais il est généralement attribué à Guillaume Rose, évêque de Senlis, l'un des hommes de la Ligue.

(33) On faisait à la France un titre de gloire de cet absolutisme, Piganiol de la Force, *Nouvelle description de la France*, 1718, t. I, p. 41 : « Le roi de France est le premier potentat et le monarque le plus puissant et le plus absolu qu'il y ait en Europe. » C'est là une des idées chères à Bodin.

(34) Dans l'ouvrage cité à la note précédente (t. I, p. 211), Piganiol de la Force, qui décrit cette forme de gouvernement, prend le règne d'Henri IV pour point de départ : « Le gouvernement de la France ne fut d'abord porté au point de perfection où nous le voyons aujourd'hui... je me contenterai de le prendre à Henri IV. »

(35) Piganiol de la Force, dans son exposé, en parle comme d'une institution du passé (t. I, p. 204) : « Ils ont eu, dit-il, tant de part au gouvernement de l'Etat jusqu'à Henri IV, que j'ai jugé à propos de faire un peu connoître ces anciennes et puissantes assemblées. »

l'influence persistante et profonde de Bodin est aisément reconnaissable. Ils lui donnent de plus le caractère d'une monarchie de droit divin, dont la conception s'accentue progressivement. Si Charles Loyseau, sous Henri IV, voit encore dans le roi l'officier du peuple en même temps que le lieutenant de Dieu, il constate en revanche que les rois ont acquis par une longue possession la propriété même de la souveraineté et que la monarchie française est vraiment absolue (36). D'autres, à la même époque, parlaient plus clairement encore (37). Le Bret, sous Louis XIII, n'hésite pas sur la doctrine (38). Enfin la Monarchie Catholique de droit divin trouve dans Bossuet son théoricien définitif (39), et, dans une occasion solennelle, Louis XV viendra lui-même, en plein Parlement, en prononcer la formule (40).

(36) *Des offices*, l. II, ch. II, n°° 21, 22 : « Mais je dis qu'il (le roi) est officier et feudataire tout ensemble et à l'égard de Dieu et à l'égard du peuple. Premièrement il est officier de Dieu en tant qu'il est son lieutenant, qui le représente en tout ce qui est de la puissance temporelle... et semblablement, à l'égard du peuple, il est vrai que les roys sont officiers et seigneurs, je dis souverains officiers... et souverains seigneurs.. Il est bien vray que du commencement ils n'estoient que simples princes, c'est-à-dire simples officiers, n'ayans que l'exercice et non pas la propriété de la souveraineté, mais le peuple qui les élisoit et préposoit sur soy demeuroit en sa liberté naturelle tout entière... il y a déjà longtemps que tous les roys de la terre qui par concession volontaire des peuples, qui par usurpation ancienne (laquelle fau loy en matière de souverainetez qui n'en peuvent recevoir d'ailleurs), ont prescrit la propriété de la puissance souveraine et l'ont jointe avec l'exercice d'icelle. » — *Des seigneuries*, ch. II, n° 92 : « Le royaume de France est la monarchie la mieux établie qui soit et qui ait jamais été au monde, estant en premier lieu une monarchie royale et non pas seigneuriale, une *souveraineté* parfaite, à laquelle les Estats n'ont aucune part. »

(37) L'Hommeau, *Maximes générales du droit français*, sur la maxime 5 : « Il arriva à un advocat du Parlement de Paris de dire en plaidant que le peuple de France avoit donné la puissance aux roys, alléguant ce qui est dit en la loy première en ces termes : « lege regia, quæ de ejus imperio lata est, populus et in eum suam potestatem contulit ». Lors messieurs les gens du roy se levèrent et demandèrent en pleine audience que ces mots fussent rayez du plaidoyé de l'avocat, remonstrant que jamais les roys de France n'ont prins leur puissance du peuple : sur quoi la Cour fit deffense à l'avocat d'user plus de tels propos et discours, et de regret l'avocat ne plaida oncques cause. » Ce passage est d'ailleurs emprunté à Bodin.

(38) *De la souveraineté*, ch. II, p. 4 : « D'où l'on peut inférer que nos rois ne tenant leur sceptre que de Dieu seul, n'estant obligez de rendre aucune soubmission à pas une puissance de la terre et jouissant de tous les droits que l'on attribue à la souveraineté parfaite et absolue, qu'ils sont pleinement souverains dans leur roiaume... » — Ch. IX, p. 19 : « Mais l'on demande si le roi peut faire publier tous ces changements de loix et d'ordonnances, de sa seule autorité, sans l'avis de son conseil ni de ses cours souveraines. A quoi l'on répond que cela ne conçoit point de doute, parce que le roi est seul souverain dans son roiaume .»

(39) *Politique tirée des propres paroles de l'Ecriture Sainte, à Monseigneur le Dauphin*.

(40) Edit de décembre 1770 (Isambert, *Anc. lois*, XXII, 506) : « Nous ne tenons notre couronne que de Dieu. Le droit de faire des lois, par lesquelles nos sujets doivent être conduits et gouvernés, nous appartient à nous seuls sans dépendance et sans partage. »

# TITRE II

## HISTOIRE- DES PRINCIPALES INSTITUTIONS PUBLIQUES (XIᵉ-XVIIIᵉ SIÈCLES)

### CHAPITRE PREMIER

#### La justice.

Je commence l'étude historique du droit public de l'ancien régime par l'exposé de l'organisation judiciaire, telle qu'elle se développa sous l'action du pouvoir royal. Les idées anciennes et traditionnelles représentaient d'ailleurs le roi essentiellement comme un justicier (1). Il était avant tout débiteur de la justice envers ses sujets, comme dira Bodin au xvıᵉ siècle (2). Les textes officiels des trois derniers siècles de l'ancienne monarchie expriment encore cette idée que les juges ne sont que des instruments par lesquels il s'acquitte de cette dette; ils rendent la justice par la volonté du roi et à sa place, à sa décharge (3). Il y a deux autres raisons principales de suivre ce plan. C'est d'abord par la justice que le pouvoir royal se maintint et s'accrut dans la société féodale. D'autre part, les autorités judiciaires ont été à diverses époques associées à l'administration proprement dite ou à la législation : il est donc bon d'exposer leur histoire avant d'aborder ces derniers sujets. Ce chapitre sera divisé en trois parties : dans la première,

---

(1) Cf. Flach, *Origines de l'ancienne France*, t. III, p. 352 et suiv.; spécialement, p. 356, note 3.

(2) Bodin, *Les six livres de la République*, liv. I, ch. vıɪɪ, édit. Genève, 1629, p. 252.

(3) La Roche Flavin, *Treize livres des Parlemens*, l. XIII, ch. xɪ ɪ, n⁰ 5 : « Louis XI au mois d'avril de l'an 1483 envoya en sa cour de Parlement à Paris l'acte du serment qu'il avait fait à son sacre pour l'exhorter à bien rendre la justice et l'acquitter de l'obligation de son serment qui estoit de rendre ou faire rendre par ses officiers la justice en toute équité. »

je suivrai depuis le xi⁰ siècle jusqu'à la Révolution le développement organique des juridictions royales; dans la seconde, j'exposerai la contre-partie, c'est-à-dire l'abaissement parallèle des justices seigneuriales; dans la troisième, j'étudierai l'intervention directe et personnelle du pouvoir royal dans l'administration de la justice, c'est-à-dire la justice retenue et ses diverses manifestations.

## SECTION PREMIÈRE

### DÉVELOPPEMENT ORGANIQUE DES JURIDICTIONS ROYALES

Dès le xi⁰ siècle, on voit que la justice royale a deux sortes d'organes, des juridictions locales et une juridiction centrale, et dans le dernier état on retrouve, encore visibles malgré d'immenses transformations, ces antiques fondements. Je vais donc décrire l'évolution entière de ces deux éléments; j'indiquerai ensuite les juridictions d'exception qui avaient, au cours du temps, été créées à côté des tribunaux ordinaires.

### § 1. — JURIDICTIONS ROYALES : PRÉVOTÉS, BAILLIAGES ET SÉNÉCHAUSSÉES (4).

A l'avènement des Capétiens, la royauté n'exerçait plus la justice territoriale que sur son domaine et là où la juridiction n'avait point été absorbée par les justices féodales et seigneuriales (5), là où le roi avait conservé la justice directe sur les habitants. Dans ces lieux, au moins à partir du règne de Robert le Pieux, la justice fut rendue par un officier royal nommé ordinairement prévôt (*præpositus*) (6). Les prévôts furent certainement une création des premiers Capétiens; les anciens comtes et vicomtes carolingiens ayant inféodé à leur profit les justices qu'ils tenaient, une nouvelle inféodation était à craindre, si la Royauté ne confiait pas à des fonctionnaires nouveaux et plus humbles les villes qui avaient

---

(4) Sur ce qui suit, consulter Pardessus, *Essai sur l'organisation judiciaire* (*Ord.*, t. XXI). Un certain nombre d'études locales ont été publiées dans ces dernières années sur les institutions judiciaires. R. de Fréville, *Etudes sur l'organisation judiciaire en Normandie aux xii⁰ et xiii⁰ siècles, Nouv. revue hist. de droit,* 1912; — Oheix, *Essai sur les sénéchaux de Bretagne,* thèse, 1913; — R. Michel, *La sénéchaussée de Beaucaire au temps de Saint Louis,* 1910; — J. Bry, *Les viguries de Provence,* thèse, 1910; — Waquet, *Le bailliage de Vermandois aux xiii⁰ et xiv⁰ siècles, Bib. de l'Ecole des hautes études (sc. hist.),* fasc. 213, 1919; — Garaud, *Essai sur les institutions judiciaires du Poitou,* thèse, 1910.

(5) Ci-dessus, p. 254 et suiv.

(6) Voir Gravier, *Essai sur les prévôts royaux du xi⁰ au xiv⁰ siècles, Nouv. revue hist. de droit,* 1903.

échappé à la première (7). Probablement, pour la création de ces nouveaux officiers, la Royauté prit-elle exemple sur l'Eglise, dans les établissements de laquelle se trouvaient depuis longtemps des sortes d'intendants appelés *præpositi*. Quoi qu'il en soit, les prévôts, placés chacun à la tête d'une circonscription, furent d'abord, et pendant longtemps les seuls juges locaux de la monar-chie capétienne. Leur compétence, par là même, se trouvait illi-mitée, quant aux personnes qui étaient leurs justiciables. Mais de bonne heure certains habitants de leur circonscription y échap-pèrent, je veux dire les bourgeois des villes qui obtinrent le droit de justice. Je crois même que de tout temps les vassaux du roi, petits ou grands, épars dans le domaine, furent soustraits à la juridiction du prévôt et qu'au début ils pouvaient demander à être jugés par la *Curia regis*. Des textes du xiiiᵉ siècle semblent encore constater ce droit (8), et la règle, qui s'établira plus tard et durera jusqu'au bout, d'après laquelle les nobles défendeurs n'étaient jamais justiciables des prévôts, mais seulement des baillis royaux, me semble être la continuation, en même temps que la transformation de ce droit ancien.

Mais les prévôts n'étaient pas seulement ni même principalement des juges. Conformément à la tradition antérieure et à la loi natu-relle des gouvernements peu développés, ils concentraient entre leurs mains tous les pouvoirs : ils avaient des attributions admi-nistratives, militaires et financières. Représentants du roi dans leur circonscription, ils étaient chargés de transmettre ses ordres et d'en assurer, s'il était possible, l'exécution. C'étaient eux qui transmettaient les semonces aux hommes qui devaient le service militaire à l'ost du roi, et ils conduisaient les contingents ainsi réunis. Enfin, ils étaient chargés de faire rentrer, d'encaisser et de verser au trésor royal tous les revenus du roi. c'est-à-dire les revenus du domaine, dans leur prévôté (9). Ces dernières attribu-tions étaient même considérées comme les plus importantes de toutes, et elles expliquent la manière dont anciennement étaient

(7) Luchaire, *Manuel des institutions*, p. 540. — Pour Paris, c'est à partir du règne d'Henri Iᵉʳ ou même de Robert le Pieux (Gravier, *op. cit.*, p. 544) qu'on voit apparaître les prévôts. Le dernier comte de Paris fut Bouchard le Vieux, à qui Hugues Capet avait conféré cette charge, mais à vie seulement; Hegel, *Städte und Gilden*, II, p. 86-87. — Vie de Bouchard le Vieux, édition Bourel de la Roncière, p. 6. Dans le *Recueil des actes de Philippe Iᵉʳ*, publié par mon savant ami M. Prou, les prévôts royaux figurent assez souvent; on y voit en particulier les prévôts de Paris, d'Orléans, d'Etampes.

(8) *Etablissements de Saint Louis* I, ch. LXI et LXXVI; — *Livre de Jostice et de Plet*, I, 17, § 4 : « Duc, comte, barons ne devent pas estre tret en plet devant prévost dou fet de lor cors ne de lor demeine; quar chascune tele persone ne doit estre jugiez que par le roi, qui lui doit foi, ou par ses pers. »

(9) Brussel, *Traité de l'usage des fiefs*, ch xxxii; — Vuitry, *Etudes sur le régime financier de la France avant la Révolution*, t. I, p. 479 et suiv.

choisis les prévôts. Tout d'abord la charge tendit, semble-t-il, à s'inféoder, mais pour résister à cette tendance, les rois ne la conférèrent que pour un temps peu long et à un titre tout spécial. Les prévôtés étaient données à ferme, vendues (à temps), comme disent les vieux textes. On adjugeait à une personne, pour un temps déterminé et pour une certaine somme, le droit de percevoir tous les revenus royaux de la prévôté; et l'adjudicataire, pour le temps du bail, était nommé prévôt. Au fond, c'était là une opération qu'on retrouve en des temps et en des lieux fort divers; c'était une application de la ferme de l'impôt; mais, en même temps, cela prouve que le rôle financier des prévôts était considéré comme une fonction essentielle. A partir du xiii⁰ siècle, les ordonnances s'appliquent à réglementer cette adjudication des prévôtés, prenant des précautions pour que le système n'aboutisse pas à de trop mauvais choix et n'entraîne pas des abus trop criants (10). Mais en lui-même il était vicieux, le prévôt fermier cherchant à faire produire à la prévôté le plus possible, afin de réaliser un profit (11). Le seul moyen de purifier l'administration des prévôts était de donner les prévôtés non pas à ferme, mais en régie, de les donner *en garde*, comme on disait anciennement. Les rois prenaient parfois cette mesure, qui anciennement paraît n'avoir été adoptée que lorsqu'on ne trouvait pas de fermier (12) : Joinville a raconté comment, sous Saint Louis, la prévôté de Paris cessa d'être donnée à ferme, pour être confiée en garde à Etienne Boileau et quels merveilleux effets eut cette transformation (13). Mais ce régime de progrès ne se répandit que bien lentement : à la fin du xv⁰ siècle encore, il y avait des prévôtés en ferme (14). Dans

(10) Voyez, en particulier, l'importante ordonnance de Saint Louis, de 1254 (*Ord*, I, 65). — Sur la ferme des prévôtés, voyez le colonel Borelli de Serres, *Recherches sur les divers services publics du xii⁰ au xiii⁰ siècle*, Paris, 1895, p. 12 et suiv, 556 et suiv.; — Gravier, *op. cit*, p. 549 et suiv

(11) Une ordonnance célèbre de Philippe le Bel, de 1302, enlève au prévôt-fermier le droit de fixer les amendes, le plus souvent arbitraires; il y avait là pour lui une trop forte tentation (*Ord*, I, p. 360, art. 19) : « Inhibentes de cætero ne præpositi ad firmam præposituras tenentes *taxare vel judicare præsumant emendas*, sed tantummodo senescalli et baillivi, homines aut scabini dumtaxat. » Mais, pour le reste, leur pouvoir judiciaire subsistait.

(12) Borelli de Serres, *Recherches*, p. 14.

(13) *Vie de Saint Louis*, édit. de Wailly, ch. cxii, § 715-719. — Le colonel Borelli de Serres s'est efforcé de diminuer la portée de ce passage de Joinville qu'il considère comme interpolé. Voyez, dans ses *Recherches*, *Une légende administrative, la réforme de la prévôté de Paris et Etienne Boileau*, p. 531 et suiv. Mais au fond, c'est bien sous l'administration d'Etienne Boileau, d'abord lui-même prevôt fermier, que M. Borelli de Serres place, en 1265, un régime nouveau, en tant que définitif, pour la ville de Paris; p. 564 : « Voilà la réforme accomplie, la prévôté de Paris en régie, comme toujours depuis lors. » D'autre part, le texte de Joinville, sincère ou retouché, montre comment on appréciait une semblable transformation

(14) L'ordonnance de Blois, de mars 1498, art. 60, 61 (*Ord*, XXI, 188), suppose encore qu'à côté des prévôtés en garde, il y avait des prévôtés en ferme.

toute l'étendue du domaine royal, il y avait des officiers tels que ceux qui viennent d'être décrits, mais ils ne portaient pas toujours le nom de prévôts; dans certaines régions, il s'appelaient châtelains, ailleurs voyers ou viguiers (*vicarii*) (15).

Pendant longtemps, ai-je dit plus haut, les prévôts furent les seuls juges locaux de la Royauté. Ils étaient sous la surveillance du grand sénéchal, qui faisait des tournées d'inspection annuelles pour les contrôler (16). D'ailleurs les habitudes ambulatoires des premiers Capétiens et l'étendue restreinte du domaine rendaient faciles leurs rapports directs avec la cour du roi. Mais, dans la suite du temps, on sentit les inconvénients de ce système, et dans le cours du xiiᵉ siècle, apparaissent les *baillis* et *sénéchaux royaux*, qui sont les supérieurs et les surveillants locaux des prévôts (17) : les deux termes sont, en droit, synonymes; la qualification de sénéchal était usitée principalement dans le midi et l'ouest de la France, celle de bailli dans le reste du pays (18). On ne peut dire au juste à quelle date furent créés les baillis. Ils apparaissent pour la première fois d'une manière certaine dans l'acte de 1190 appelé testament de Philippe-Auguste (19) : mais là c'est déjà une institution générale et dont le fonctionnement est régulier. Il est probable que, comme la plupart des institutions anciennes, celle-ci ne fut pas le résultat d'un plan d'ensemble et d'un système préconçu, mais qu'elle eut pour point de départ des faits particuliers et accidentels, puis se généralisa peu à peu. Voici l'hypothèse qui me paraît la plus vraisemblable (20). Les seigneurs importants, ceux dont le fief représentait un petit Etat, avaient ordinairement un officier supérieur appelé sénéchal ou bailli, qui

(15) *Voyers* dans l'ouest (voir Halphen, *Prévôts et voyers au xiᵉ siècle, Moyen âge*, 1902) et *viguiers* dans le midi (R. Michel, *Sénéchaussée de Beaucaire*, p. 8, 52, 79), et en Poitou (Garaud, *Institutions judiciaires du Poitou*, p. 18). En Provence le viguier est un personnage du même rang que le bailli (Bry, *Vigueries de Provence*, p. 109).

(16) Brussel, *op. cit.*, I, p. 508, 510.

(17) Sur les baillis et sénéchaux en général voir : Dupont-Ferrier, *Les officiers royaux des bailliages et sénéchaussées et les institutions monarchiques locales en France à la fin du Moyen âge*, Paris, 1902.

(18) Les deux qualifications étaient si bien devenues synonymes que l'on voit parfois le même officier prendre indifféremment l'un ou l'autre titre; colonel Borelli de Serres, *Recherches*, p. 208, 209.

(19) C'est l'ordonnance par laquelle Philippe-Auguste, partant pour la Croisade, réglait le gouvernement du royaume pendant son absence (*Ord.*, I, 18). Les dispositions qui concernent les baillis sont les articles 1, 2, 4, 5, 6, 7, 16, 17. — Il faut remarquer d'ailleurs que M. Léopold Delisle, dans son *Catalogue des actes de Philippe-Auguste*, mentionne plusieurs actes antérieurs à 1190 et où des baillis déjà sont visés : nᵒ 202, adresse aux prévôts et baillis du roi (1187); nᵒ 224, aux prévôts et baillis de Jauville, Dourdan et Poissy (1188); cf. nᵒ 203, au connétable du Vexin et à tous ses prévôts et baillis.

(20) Voyez d'autres hypothèses dans Luchaire, *Manuel des institutions*, p. 544 et suiv.; cf. p. 266.

surveillait les officiers inférieurs, comme le roi avait le grand sénéchal surveillant les prévôts (21). Or il arriva que plusieurs des seigneuries ainsi constituées furent réunies à la Couronne, et assez naturellement le pouvoir royal fut conduit à leur laisser, après l'annexion, l'organisation qu'elles avaient auparavant. C'est sûrement ce qui se produisit sous Louis VII, lorsque, en 1137, il fut, par son mariage avec Eléonore de Guyenne, devenu maître du Poitou, de la Saintonge et du Bordelais. Le sénéchal de Poitou fut maintenu comme officier royal, au-dessus des prévôts (22). Dans la suite du temps, on dut sentir l'avantage d'une semblable organisation, et la création de nouveaux baillis sous Philippe-Auguste en fut la conséquence. La création des baillis royaux coïncide aussi avec la disparition de l'office de grand sénéchal sous Philippe-Auguste : à la place de ce supérieur et surveillant général, il est naturel qu'on ait établi des supérieurs et surveillants régionaux au-dessus des prévôts (23). Quoi qu'il en soit, ce fut une création féconde : les baillis et sénéchaux aux xiiie, xive et xve siècles devaient être la force principale de la Royauté à l'encontre de la féodalité du domaine, les instruments au moyen desquels s'accomplirent ses progrès.

Les baillis étaient, avant tout, les surveillants des prévôts, mais ils avaient aussi des fonctions propres à remplir. Comme les prévôts (24), ils réunissaient entre leurs mains l'ensemble des

(21) En Angleterre aussi, au xiie siècle, le sénéchal était le principal officier du baron. Le dialogue de l'Echiquier (Stubbs, Select charters, 3e édit., p. 240) parle du « generalis œconomus quem vulgo seneschallum dicunt. » — On sait que, du temps de Saint Louis, Joinville était sénéchal du comte de Champagne. Il y avait un sénéchal en Normandie, en Bretagne, en Vermandois (Waquet, op. cit., p. 19). Mais lors de la réunion à la couronne du Vermandois et de la Normandie, le grand sénéchal n'y fut pas maintenu comme officier royal

(22) Luchaire, Histoire des inst. monarch., 1, 218. — Les sénéchaux de première formation, conservés par la Royauté après une annexion, gardèrent d'abord le caractère marqué d'officiers féodaux. Luchaire, Manuel, p. 549-551. Voir dans le même sens pour les sénéchaux du midi, R. Michel, La sénéchaussée de Beaucaire, p. 25 En Provence les premiers baillis apparaissent sous les comtes au début du xiiie s (Bry, Vigueries de Provence, p. 10 et suiv.).

(23) La justice paraît d'abord exercée dans une même région par plusieurs baillis conjointement (Borelli de Serres, Recherches, I, p. 205, R. de Fréville, Organisation judiciaire en Normandie, Nouv. rev. hist de droit, 1912, p. 729, Waquet, Bailliage de Vermandois, p. 4). Mais dès le second quart du xiiie siècle on ne trouve plus qu'un seul bailli à la tête d'une circonscription plus petite.

(24) Le colonel Borelli de Serres, dans ses Recherches, II, p. 195 et suiv., 549 et suiv., présente une théorie nouvelle et intéressante sur l'origine des baillis royaux. Il montre que ce furent tout d'abord des commissaires extraordinaires délégués par le roi pour tenir des assises et surveiller les prévôts dans une région déterminée, le terme baillivus ayant d'abord un sens large. Ces premiers baillis, dont aucun n'était attaché à une circonscription déterminée, auraient été de compagnie, deux, quatre ou cinq ensemble, par les provinces qui leur étaient désignées. C'est seulement dans une seconde phase que le groupe se serait dissocié, chacun d'eux gardant à poste fixe une circonscription (bailliage) sous son autorité. En même temps les baillis seraient devenus agents financiers et comptables, ce qu'ils n'étaient pas d'abord. Ils

pouvoirs. Préposés à une vaste circonscription comprenant un certain nombre de prévôtés, ils y représentaient à tous égards le pouvoir royal. C'étaient eux dorénavant qui convoquaient les contingents dus par les vassaux du roi et par les villes. C'étaient eux qui concentraient les recettes effectuées par les prévôts, et, devenus comptables pour tout leur bailliage, devaient verser au trésor royal les sommes par eux recueillies, à des dates déterminées (25). Enfin les baillis avaient aussi des attributions judiciaires, mais celles-ci, très claires un peu plus tard, sont difficiles à déterminer au début. En effet, dans la suite leur juridiction sera abondamment alimentée par les causes qui, sous le nom de *cas royaux*, seront enlevées à la connaissance des prévôts aussi bien qu'à celle des seigneurs; et surtout ils seront juges d'appel par rapport aux prévôts et aux justices seigneuriales de leur bailliage (26). Mais, dans le dernier tiers du xiiᵉ siècle, la théorie des cas royaux n'était pas née et le système de l'appel, dans la plupart des régions, n'était pas encore développé. Il semble donc que dans les premiers temps il n'y avait point place pour leur juridiction à côté de celle du prévôt. Cependant on peut trouver, dès le début, deux objets très importants à leur activité judiciaire. Premièrement, le bailli, étant le supérieur et surveillant du prévôt, non seulement recevait les plaintes élevées contre celui-ci, mais encore pouvait et devait accueillir les plaideurs qui prétendaient que le prévôt leur déniait la justice; peut-être même pouvait-il, sans condition, accueillir toutes les causes que ceux de

---

auraient en premier lieu recueilli les revenus extraordinaires non compris dans la ferme des prévôtés, puis auraient concentré et versé au Trésor royal les recettes de leurs prévôts, Ce développement paraît appuyé par des preuves : il peut se concilier avec l'hypothèse exposée au texte en ce que des précédents divers ont pu conduire parallèlement à la création des baillis. Mais le colonel Borelli de Serres ne s'en tient par là. Il veut aussi que les baillis aient été des membres délégués de la *Curia regis.* Celle-ci, au xiiᵉ siècle, surchargée de besogne, aurait député quelques uns de ses membres pour tenir, à sa décharge, des assises locales, où figureraient avec eux les prévôts, les principaux seigneurs du pays : « Cette cour féodale (p. 200) substituée à la *Curia regis* centrale, agissait au nom de celle-ci dans tous les cas qu'un intérêt particulier ne lui faisait pas réserver, procédait pour elle à des enquêtes, recevait les appels contre les jugements prévôtaux, pacifiait les différends ou les tranchait. » Mais cette dernière hypothèse me paraît se heurter à des objections décisives. Elle suppose d'abord qu'au xiiᵉ siècle la *Curia regis* était un corps constitué et organisé. Or c'était encore simplement le roi statuant dans sa cour, c'est-à-dire entouré de ses conseillers Parmi ceux-là, il n'y avait guère de permanents que les grands officiers de la Couronne et quelques conseillers en titre. Dans les grandes assises solennelles, constituant la tenue proprement dite de la *Curia regis,* s'ajoutait un personnel nombreux et flottant composé des vassaux et des prélats. Une semblable *curia* n'a pas de membres qu'elle puisse déléguer; elle n'a qu'un pouvoir de conseil auprès du roi. L'hypothèse de M. Borelli suppose aussi l'institution de l'appel prématurément développée.

(25) Vuitry *op. cit.*, I, p. 487 et suiv.
(26) Ci après section II, § 2, 1, III.

sa baillie voulaient porter devant lui (27). En second lieu, lorsque la circonscription du bailliage contenait quelque seigneurie, jadis non absorbée dans le domaine royal, et où, avant l'annexion, les hommes du seigneur se réunissaient en cour féodale pour procéder au jugement par les pairs. le bailli continua à réunir ces hommes, devenus les vassaux directs du roi, pour leur administrer la justice selon les anciens principes (28). Cette pratique contribua sans doute à faire recevoir la règle d'après laquelle les nobles étaient les justiciables directs des baillis.

Les baillis, pour remplir leurs multiples fonctions et principalement celle de surveillants, n'étaient point anciennement sédentaires au chef-lieu du bailliage. Ils étaient, au contraire, des juges ambulants, parcourant leur circonscription et tenant périodiquement aux principaux lieux des assises solennelles (29).

Ces assises, en vue desquelles le bailliage était divisé en centres de réunion à peu près fixés, avaient une grande importance. Etaient convoqués à y comparaître et tenus de s'y rendre les officiers de justice des prévôtés royales et les seigneurs justiciers et leurs juges; y comparaissaient aussi les sergents et autres auxiliaires de la justice. Le bailli y exerçait sur le personnel judiciaire une sorte de juridiction disciplinaire, examinant les plaintes por-

(27) Ordonnance de 1190, art. 3 : « In bailliviis suis singulis mensibus ponent unum diem, qui dicitur assisia, in quo omnes illi qui clamorem facient recipient jus suum per eos et justitiam sine dilatione, et nos nostra jura et nostram justitiam. » — Cf. Boutillier, Somme rural, I. tit. III, p. 9, 10 : « En assise doivent estre tous procez décidez si faire se peut bonnement..., s'y doit chascun estre ouy en sa complainte, soit sur nobles. non nobles, sur officiers, sergens ou autres... Et est entendue assise aussi comme purge de tous faits advenus au pays. » Voyez aussi la description que donne de l'ancien sénéchal ducal le Grand Coutumier de Normandie, ch. x, p. 33 : « Solebat autem antiquitus quidam justiciarius prædictis superior per Normanniam discurrere qui seneschallus principis vocabatur. Ille vero corrigebat quod alii inferiores reliquerant, terram principis custodiebat, leges et jura Normanniæ custodiri faciebat et quod minus juste fiebat per baillivos corrigebat. »
(28) Ordonnance du 7 janvier 1278 (édit. Guilhiermoz, Enquêtes et procès, p. 610), art. 30 : « Chascuns baillis en cui court l'on juge par hommes contraigne les hommes au plustot qu'il pourra à jugier les causes amenées par devant eus. » — Coutumier d'Artois, tit. I III, nº 12 : « Et ce enten je quant aucuns baillus conjure les hommes dou prince, que il dient droit d'aucune queriele a le requeste des parties. » — Boutillier, Somme rural, II, tit. LXXXIII, p. 485 : « Par monseigneur le bailli de Tournesis et par les hommes du roy jugeans au conjurement dudit baillif, qui est son seigneur, lesquels hommes sont pers audit d'Ailly, seigneur de Rume. »
(29) Grand Coutumier de Normandie, p. 34 : « Singulas partes Normanniæ et baillivias visitabat. » — Boutillier, Somme rural, p. 9 : « Assise est une assemblée de sages juges et officiers du pays, que fait tenir ou tient le souverain baillif de la province. Et y doivent estre tous les juges, baillifs, lieutenans, sergens et autres officiers de justice et prévôté royale sur peine de l'amende, se ils n'ont loyal exoine. Et doit estre l'assise publiée par toutes les villes ressortissans à ladite assise, par sergent et commission du souverain baillif. le lieu et le jour des présentations. » Les lieux d'assises étaient généralement les sièges de prévôtés. Waquet, Baillage de Vermandois, p. 47.

téés contre ses membres. C'est à l'assise qu'étaient jugées les causes les plus graves, spécialement les causes criminelles, dont on saisissait de préférence le bailli. Certains actes judiciaires, par exemple les ·bannissements et les adjudications définitives des défauts, ne pouvaient se faire qu'en *assise*, et non en *prévôté*. C'était là une règle d'ailleurs prise, comme l'assise elle-même, à la procédure ordinaire des cours féodales, où se trouvait aussi la distinction de la prévôté et de l'assise (30). Dans le personnel de juges et de praticiens qui assistaient à l'assise, le bailli trouvait facilement des personnages capables pour composer le *conseil* dont il devait se faire assister dans ses jugements.

Mais cette forme ancienne se modifia au cours du temps. Le bailli (ou son lieutenant) devint un juge sédentaire, le tribunal de bailliage étant établi au chef-lieu de la circonscription. Cela se fit, non pas par l'action précise de la législation, mais par la coutume et cela résulta de ce que la compétence élargie du bailli, spécialement le jugement des cas royaux et surtout des appels, exigeait une suite et une concentration plus grandes, ne se prêtaient plus à ces déplacements et à cet éparpillement. Cela se marque dans la diminution progressive du nombre des assises, du xive siècle jusqu'au milieu du xvie siècle (31). La principale administration de la justice dans le bailliage devient la justice ordinaire qui se rend au chef-lieu d'une façon permanente. Dans la seconde moitié du xvie siècle et dans la suite, les assises des baillis en dehors du siège du bailliage n'ont pas absolument disparu, mais elles ne sont plus de droit commun, elles deviennent en quelque sorte un privilège : seul le bailli qui est en possession d'en tenir peut user d'un pareil droit. Elles sont en petit nombre, servant presque uniquement à recevoir les plaintes contre les officiers de justice subalternes. On peut cependant y juger des causes qui sont pendantes devant un prévôt (32).

Pour en finir avec ces baillis de l'ancien type, disons que la Royauté choisissait avec soin ces fonctionnaires importants et

(30) De Rozière, *L'assise du bailliage de Senlis en 1340 et 1341*, dans la *Nouvelle Revue historique de droit*, 1891, p. 622, 730. — Même à la fin du xve siècle le prévôt de Paris (qui, en réalité, était un bailli) tenait encore des assises à Corbeil Fagniez, *Extrait des registres du Châtelet de Paris*, dans les *Mémoires de la Société de l'histoire de Paris*, t. XVII, n° 83 : « Sur le diférant qui est entre les lieutenans civil et criminel de la prévôté de Paris, touchant les assises d'icelle prévôté de Paris qui estoient assignées mesmement au lieu de Corbueil à lundi prochain.. » (22 juin 1496, Parlement, Conseil).

(31) Dupont-Ferrier, *op. cit.*, p. 320 et suiv.

(32) Jousse, *Administration de la justice*, t. II, p. 241, 245, 246. *Ibidem*, p. 247 : « On peut juger en *première instance* aux assises les causes civiles ou criminelles·pendantes devant les prévôts royaux et autres juges subalternes sur lesquelles il y a eu assigna tion auxdites assises lorsque ces causes sont en état d'être jugées. » Cela montre bien l'incompatibilité des assises et de l'appel.

faisait en sorte de les avoir toujours dans sa main. Elle ne donna jamais à ferme les bailliages, comme elle donnait les prévôtés (33), et ne nommait point les baillis à titre viager ou pour un temps déterminé; elle les laissait même d'ordinaire assez peu longtemps en fonctions dans le même bailliage (34).

Tels étaient les baillis primitifs; mais, tout en subsistant, ils devaient subir au cours du temps de profondes transformations. Elles consistèrent surtout en ce que la confusion des pouvoirs, signalée plus haut (35), cessa peu à peu; chaque fonction distincte reçut un fonctionnaire spécial, et les baillis et sénéchaux gardèrent la moindre part des attributions qu'ils avaient jadis cumulées.

Ce qu'ils perdirent d'abord, ce furent leurs attributions financières; cela se fit localement, progressivement, avant d'aboutir à une mesure générale (36). Lorsque Saint Louis avait mis en garde la prévôté de Paris, il y avait institué un receveur royal pour percevoir, à la place du prévôt, les revenus du domaine; mais ce receveur resta longtemps seul de son espèce. Ailleurs, les baillis continuaient à les percevoir, mais d'ordinaire, pour se décharger d'une partie de leur tâche, ils avaient un commis chargé d'opérer ces recettes; celui-ci devait naturellement se transformer en un officier royal, en receveur nommé par le roi et seulement surveillé par le bailli. Philippe le Bel créa ainsi un certain nombre de receveurs royaux dans divers bailliages (37), mais c'est seulement en 1320 que la mesure devint générale. Nous trouvons cette année-là deux ordonnances, dont l'une défend aux sénéchaux et baillis de faire aucune recette, laissant ce soin aux receveurs (38), et l'autre détermine les fonctions de ces derniers (39). Dès lors, la séparation est opérée; malgré quelques vicissitudes (40), les receveurs subsisteront.

Les baillis perdirent semblablement leurs attributions judiciaires. Lorsque leur compétence s'élargit, l'administration de la justice devint, pour eux, un pesant fardeau. Pour s'en soulager, ils se

<hr/>

(33) Certains textes pourraient bien faire penser le contraire; Ordonnance de 1254, art. 24 : « Eos sane qui bailllivias nostras tenuerint aliis easdam *revendere* prohibemus. » Mais il s'agit là des prévôtés, parfois appelées baillies; d'autres articles de la même ordonnance le prouvent. Art. 7 : « (Jurabunt senescalli) quod in venditionibus bailliarum.. partem non habebunt. » Cf. art. 17 : «... inferiores baillivi ». Cf ci-dessus, p. 346, note 9.

(34) Luchaire, *Manuel des institutions*, p. 549.

(35) Ci-dessus, p. 347.

(36) Vuitry, *Etudes sur le régime financier de la France avant la Révolution*, nouvelle série, I, p. 294 et suiv.

(37) En 1294 en Vermandois (Waquet, *op. cit.*, p. 108). En Provence, dès le milieu du XIIIᵉ siècle il y a à côté du viguier et du bailli un clavaire, qui est l'officier de finances (Bry, *Vigueries de Provence*, p 138).

(38) Janvier 1320, art. 14 (*Ord.*, I, p. 705).

(39) Mai 1320, sur les fonctions des receveurs des droits royaux (*Ord.*, I, p. 712).

(40) Vuitry, *op. cit.*, I, p. 297.

faisaient remplacer par des lieutenants, qui jugeaient à leur place ;
c'était déjà une pratique commune dans la seconde moitié du
xiii° siècle (41). En cela, ils ne faisaient qu'user d'un droit général,
reconnu au *judex ordinarius* par les légistes et les canonistes sur
le fondement des lois romaines : il pouvait déléguer à un particulier sa *jurisdictio*, le droit de rendre la justice à sa place (42).
Ces lieutenants n'étaient que de simples commis, des mandataires
du bailli (43) : c'était lui qui les constituait, et il pouvait également
à volonté les destituer, révoquer leurs pouvoirs. Mais lorsque cette
pratique se fut enracinée et que communément la justice fut
rendue, non par le bailli, mais par des lieutenants permanents,
ceux-ci virent peu à peu leur situation se consolider et définitivement devinrent des officiers royaux en titre. Les ordonnances
commencèrent par leur assigner des gages payés par les receveurs
royaux (44) et pris sur les gages des baillis (45). Puis ils furent
directement nommés par le pouvoir royal et le bailli perdit le
droit de les destituer (46). Enfin les baillis furent complètement

(41) Ordonnance de 1254, art. 10 : « Vicarios autem, quos senescalli quandoque
pro se substituunt, nolumus ab ipsis institui, nisi prius sub forma prædicta præstite
rint juramentum. » Dans le Languedoc le sénéchal a, dès le début du xiii° siècle, à côté
de lui un *judex senescalli*, plus tard *juge mage*. Le viguier était aussi assisté d'un juge.
R. Michel, *Sénéchaussée de Beaucaire*, p. 47 et 67. De même les viguiers ou baillis
de Provence. Bry, *Vigueries de Provence*, p. 167.

(42) *Livre de Jostice et de Plet*, I. 19, § 8 : « Li baillis pot bailler sa jurisdiction à
autre ou mander; mès li autres ne la peut bailler à autre ne envoier. » Beaumanoir (Beugnot), I, 26 et suiv. — Voyez l. 6, § 1, D., I, 16, et Dig., I, 21, *De officio
ejus cui mandata est jurisdictio*.

(43) Johannes Faber les classe parmi les mandataires en examinant la question de
savoir dans quelle mesure le mandataire oblige le mandant (*Ad Instituta*, IV, 7,
11, n° 13) : « Quod instituit aliquem vicarium vel locumtenentem, videtur quod
talis eum obliget. » — Ordonnance de février 1388, art. 2 (Isambert, *Anciennes
lois*, VI, p. 645).

(44) Ordonnance de Montil-les-Tours, 1453; art. 89, 90 (Isambert, *Anciennes lois*,
IX, 239).

(45) Ordonnance de Blois de 1498, art. 49 (Isambert, *Anciennes lois*, XI, p. 347,.
La même ordonnance (art. 48) veut que les lieutenants généraux ne puissent être
« élus ou commis sinon qu'ils soient docteurs ou licenciés *in altero jurium* in université fameuse. » — Le 13 juin 1495 le procureur général rappelle au Parlement
de Paris que « le roi avait ordonné qu'en chaque bailliage et sénéchaussée il y eût
un *lieutenant général* et en chaque siège d'assise un *lieutenant particulier* pour
remplacer au besoin le bailli ou le sénéchal ». (Aubert, *Le ministère public de
Saint Louis à François Iᵉʳ*, dans la *Nouvelle revue historique de droit*, 1894,
p. 520, note 3).

(46) Chassanæus, *Catalogus gloriæ mundi*, part. VII, cons. 24 : « De locumtenen-
tibus generalibus qui resident et præsunt in loco principaliori sedis baillivatus s u
seneschalliæ cum habeant officium a rege... quoniam tales habent eamdem potestatem
quam ordinarius ex codicillis, hoc est, litteris officii, et per statuta seu ordinationes
regias. » — Degressalius, *Regalium Franciæ*, lib. I, p. 110 : « Imo (rex) et locumtenentes ipsorum magistratuum creat et instituit. Hodie extat ordinatio per quam omnes
locumtenentes sunt officia formata a principe conferenda quæ multos turbavit. »
— Guy Coquille, *Histoire de Nivernais* (OEuvres, **Paris**, 1666, I, p 396) : « Avant
cent ans les baillifs establissoient lesdits lieutenans, et en ce temps-là ils se disoient
lieutenans des baillifs, mais depuis les roys ont commencé à y pourvoir et ils se

dépossédés de leurs attributions judiciaires au profit de leurs lieutenants; il leur fut interdit de tenir le tribunal du bailliage et de participer aux jugements. Ils n'eurent plus que le droit et le devoir de faire exécuter les sentences rendues en leur nom (47).

Ce que les baillis gardèrent jusqu'au bout, ce furent leurs attributions militaires; mais celles-ci ne se rapportaient qu'au service féodal, qui était devenu dans le cours du temps un service dû au roi seul par les possesseurs de fiefs sous le nom d'arrière-ban. C'étaient les baillis qui convoquaient et conduisaient l'arrière-ban (48).

Pendant que cette évolution s'accomplissait, la juridiction de bailliage avait augmenté d'importance et en partie changé de caractère. Elle était, comme on l'a vu, devenue sédentaire dans la principale ville de la circonscription; le système des assises ambulatoires disparut en principe au cours du xvi⁰ siècle (49). D'autre part, son personnel judiciaire avait augmenté : au lieu du bailli, désormais écarté, il y avait plusieurs lieutenants. C'étaient d'abord le lieutenant général et le lieutenant particulier, le second destiné à suppléer ou décharger le premier. Ils devaient leur nom et leur origine aux anciennes habitudes des baillis : l'un était le délégué qu'il choisissait pour exercer tous ses pouvoirs judiciaires, tenir ordinairement sa place; l'autre avait pris la place des délégués extraordinaires que choisissait le bailli pour telle affaire déterminée (50). A ces deux s'ajouta le lieutenant criminel, auquel on donna dans la suite un assesseur. Les lieutenants criminels furent créés dans tous les bailliages par François Iᵉʳ, en 1522 (51); mais comme l'indique l'ordonnance créatrice, il en existait auparavant

---

nomment conseillers et lieutenans pour le roy ès bailliages et sénéchaussées. » — Ordonnance de 1498, art. 47.

(47) Chassanæus n'admettait pas encore cette règle (*Catalogus*, part. VII, cons. 24) : « Sed an tales baillivi seu senescalli habentes locumtenentes possint exercere juris dictionem in absentia suorum locumtenentium aut commissorum vel etiam in præsentia ? Dic quod sic, quando ambo sunt a lege. » Mais Guy Coquille la constate (*Histoire de Nivernois*, loc. cit., p. 396) : « Et de présent les baillifs et seneschaux des provinces continuent à estre de robe courte, mais ne peuvent s'entremettre à juger en jurisdiction contentieuse avec connaissance de cause. Ainsi fut dit contre du Vandel, baillif de Saint-Pierre-le-Moustier en robe courte, ès Grands Jours de Moulins, le 20 octobre de l'an 1550, ains la connoissance appartient à leurs lieutenans qui doivent estre de robe longue et gradués en droit. »

(48) Guy Coquille, loc. cit. : « Tellement qu'aujourd'huy les baillifs et seneschaux ne sont employez que pour tenir main forte à l'exécution des jugements de justice et pour la conduite de l'arrière-ban de leurs provinces, comme capitaines nais. »

(49) Elles se conservèrent localement, comme on l'a vu, en vertu de la coutume. — Guyot, *Répertoire*, vᵉ *Assise*.

(50) Cependant d'après le texte ci-dessus, p. 352, note 45, il semble que les lieute nants particuliers aient été à l'origine des suppléants que le bailli établissait dans un lieu déterminé, siège d'une assise périodique, en dehors du chef-lieu. Cf. Basnage, sur l'art. 572 de la Coutume de Normandie.

(51) Isambert, *Anc. lois*, XII, 197 .

dans quelques sièges, à Paris en particulier : ils réduisirent les lieutenants général et particulier à la juridiction en matière civile.

Pendant longtemps au tribunal du bailliage siégera un officier unique, d'abord le bailli, puis un de ses lieutenants. Cependant ce magistrat ne jugeait pas seul. Nous savons que, dans certains lieux et dans certains cas, le bailli ne faisait que convoquer et présider la cour féodale, et alors, d'après les principes exposés plus haut (52), c'étaient les hommes qui arrêtaient le jugement. Mais là même où l'on ne jugeait pas « par hommes », et toujours conformément aux anciens principes traditionnels, le bailli devait s'entourer d'un conseil, dont il prenait les membres parmi les notables qui assistaient à l'assise, spécialement parmi les praticiens estimés, avocats ou procureurs (53). Il devait en être de ces conseillers temporaires et improvisés comme des lieutenants primitifs; ils devaient se transformer en magistrats permanents. Cette création de magistrats conseillers eut lieu sous François Ier (54). De l'ancienne organisation il ne resta plus que cette règle, encore en vigueur aujourd'hui, d'après laquelle, en cas d'absence d'un magistrat, les avocats étaient appelés, par ordre d'ancienneté, à compléter le tribunal (55). C'était au fond une grande transformation; au lieu d'un juge unique, qui n'était pas lié par l'avis de son conseil (56), on avait un tribunal composé d'un certain nombre de magistrats et statuant à la pluralité des voix.

Sous le règne d'Henri II, en 1551, un certain nombre de bailliages et sénéchaussées reçurent une qualité et une importance nouvelles, sous le nom de sièges *présidiaux* (57).

C'était une réforme ingénieuse et utile en vue de corriger un des défauts de l'ancienne organisation judiciaire, qui était, comme on le verra plus loin, la trop grande multiplicité des degrés d'appel et où rien en principe ne limitait la faculté d'appeler, ni le chiffre de l'intérêt engagé, ni le nombre des instances déjà parcourues.

---

(52) Ci-dessus, p. 257.

(53) *L'assise de Senlis en 1340 et 1341 (Nouvelle revue historique de droit,* 1891, p. 762) donne la liste des conseillers d'une assise, sous ce titre : « Présenz aux jugemenz, conseillers »; De Rozière, *ibid.*, p. 720; — Esmein, *Histoire de la procédure criminelle en France*, p. 36.

(54) Chassanæus, *Catalogus*, part. VII, cons. 26 : « Debent (locumtenentes) præcedere assessores et alios consiliarios noviter creatos... » — 27 : « Aliquos habemus in Gallia ordinarios in plerisque curiis regiis qui habent tantummodo consulere in præsentia judicis ordinarii et majoris. Et in aliquibus locis vocamus assessores, ut in senescallia Pictaviensi ubi est assessor et etiam consiliarii noviter a paucis annis a rege nostro Francisco creati, sine quibus assessore et consiliariis non potest judicare locumtenens senescalli, imo nec assessor in absentia locumtenentis sine consilio dictorum consiliariorum judicare non potest. »

(55) Esmein, dans le *Recueil des lois et arrêts de Sirey*, 1886, I, p. 257.

(56) Esmein, *Histoire de la procédure criminelle*, p. 36.

(57) Edit. de janvier 1551 (Isambert, *Anc. lois*, XIII, 248).

L'Edit de 1551 donnait aux présidiaux le droit de statuer en dernier ressort sur les procès civils de petite importance, où le chiffre de l'intérêt en litige ne dépassait pas 250 livres tournois à payer pour une fois ou 10 livres tournois de rente et de recevoir pour ces causes les appels d'un certain nombre de simples bailliages appartenant à la même région. A cet effet on déterminait à ce point de vue le ressort du présidial, comprenant ces autres bailliages, et on lui donnait un personnel important de conseillers. Par là on ne diminuait pas en principe le nombre des degrés d'appel, mais on évitait que, pour ces petites causes, le dernier appel fût porté au Parlement, auquel le présidial était substitué; cependant, lorsque le minime procès naissait dans le ressort du présidial considéré comme simple bailliage, un degré d'appel était supprimé. Cette réforme modérée était bienfaisante; c'était beaucoup de ne point être obligé d'aller plaider au Parlement, dans un temps où les voyages étaient coûteux, difficiles et parfois dangereux. Lorsque l'intérêt engagé dépassait les chiffres indiqués ci-dessus le ressort restait tel que précédemment et en dernier ressort l'affaire allait au Parlement.

Ce système réussit d'abord, et la preuve en est qu'un Edit du mois de juin 1557 (58) augmenta le taux de la compétence particulière des présidiaux et leur donna le droit de juger en dernier ressort jusqu'au chiffre de 1.000 livres une fois payées et de 50 livres de rente (59). Mais ils rencontrèrent des résistances. La principale fut celle des Parlements, jaloux sans raison de voir des tribunaux inférieurs à eux, devenir juges en dernier ressort et partant souverains. D'autre part les simples bailliages de la région soumise à l'appel devant les présidiaux, sentaient comme une humiliation. La suppression des présidiaux fut demandée par de nombreux bailliages du Tiers Etat aux Etats généraux d'Orléans de 1560; la question ne fut pas alors résolue, mais elle le fut un peu plus tard par l'ordonnance de Moulins de 1566 qui ramena la compétence des présidiaux aux chiffres premiers de 250 et 10 livres. C'était presque réduire à rien la portée future de cette règle et le pouvoir de l'argent diminuant progressivement dans la suite, 250 livres étaient un taux bien faible aux xvii$^e$ et xviii$^e$ siècles (60). Il eût fallu relever ces chiffres; mais on ne le fit qu'en 1774, où le taux du dernier ressort fut élevé à 2.000 livres de principal et 80 livres de rentes (61).

(58) Fontanon, *Edits et ordonnances des rois de France*, 1611, t. I, p. 355.

(59) C'est le chiffre auquel l'Assemblée Constituante fixa la compétence en dernier ressort des tribunaux du district.

(60) C'est ce que démontre très bien l'abbé de Saint-Pierre dans son *Mémoire pour diminuer le nombre des procès*, Paris, 1725, p. 210 et s.

(61) Isambert, t. XXIII, p. 57.

Les prévôtés, dont je n'ai montré que la physionomie première, s'étaient transformées, comme les bailliages. Le prévôt comme le bailli avait perdu le caractère d'officier à tout faire aux fonctions multiples. Mais, à la différence du bailli, les seules attributions qu'il retint furent les judiciaires. La prévôté restera jusqu'au bout à l'étage inférieur des juridictions royales, et le prévôt y siégera, selon les anciens principes, c'est-à-dire comme juge unique. Il sera seulement créé des assesseurs aux prévôts en 1578 (62). Mais il ne sera pas créé là de conseillers en titre d'office, sauf dans certaines grandes prévôtés, qui, comme le Châtelet de Paris, étaient en droit de véritables bailliages.

Telles furent les juridictions locales de droit commun qu'eut 'a Royauté dans les provinces; la liste cependant n'en est point complète; il y manque les plus importantes, les parlements provinciaux. Mais ceux-ci résultèrent d'une multiplication et décentralisation de la juridiction centrale, d'abord unique; c'est donc l'histoire de celle-ci qu'il faut d'abord présenter.

§ 2. — Le parlement de Paris et les parlements de province (63).

I

Dès les premiers temps de la dynastie capétienne, on voit le roi rendre à certains jours la justice en personne, assisté des officiers de la couronne, de vassaux et de prélats. Ces assises s'appellent la *Curia regis*, et c'est à la fois la suite des traditions carolingiennes et la conséquence logique des principes féodaux

On a vu précédemment (64) comment dans la monarchie franque le roi rendait lui-même la justice; cela se maintint sous les derniers Carolingiens et continua sous les premiers Capétiens. La

---

(62) Edit d'avril 1578 (Isambert, *Anc lois*, XIV, 343).

(63) La Roche-Flavin, *Treize livres des Parlements de France* (1617); — Estienne Pasquier, *Recherches de la France* (1560); — Le Paige, *Lettres historiques sur les fonctions essentielles du Parlement*, etc. (1753); — Langlois *Textes relatifs à l'histoire du Parlement depuis les origines jusqu'en 1314*; — Le même, *Les origines du Parlement*, dans la *Revue historique*, t. XLII ; — Beugnot, *Préface* des Olim; — Boutaric, *Actes du Parlement de Paris* (Introduction); — Luchaire, *Histoire des institutions monarchiques*, t. I, ch. II, III; — Le même, *Manuel des institutions*, p. 558 et suiv.; — Aubert, *Le Parlement de Paris de Philippe le Bel à Charles VII;* — Le même, *Le Parlement de Paris des origines à François I*", 2 vol.; — *Recherches sur l'organisation du Parlement de Paris au XVI° siècle* (1515-1580), *Nouvelle revue historique*, 1912, 1916, 1917; — Guilhiermoz, *Enquêtes et procès, études sur la procédure et sur le fonctionnement du Parlement au XIV° siècle;* — Maugis, *Histoire du Parlement de Paris de l'avènement des Valois à la mort d'Henri IV*, 3 volumes 8°, 1913-1914; — J. Viard, *La cour au commencement du XIV° s,  Bib. de l'école des chartes*, 1916, et *La cour et ses parlements, ibid.*, 1918.

(64) Ci-dessus, p. 54.

forme du tribunal resta la même, sauf que ceux qui y siégeaient principalement, les ducs, les comtes et les évêques, n'étaient plus des fonctionnaires, mais des seigneurs à peu près indépendants; mais ce qui changea grandement, ce fut sa compétence. Rigoureusement toutes les causes que revendiquaient les justices seigneuriales et féodales ne pouvaient plus être portées devant lui, et il ne pouvait pas non plus fonctionner comme tribunal d'appel, puisque l'appel n'existait pas dans la procédure féodale (65) : tout au plus pouvait-on songer à remonter jusqu'à lui, par l'appel de faux jugement ou l'appel de défaute de droit, lorsque la sentence attaquée ou le déni de justice émanaient d'un vassal direct du roi; et encore n'en trouve-t-on des exemples qu'assez tard (66). Cependant la *Curia regis* garda quelque chose de son ancienne compétence générale. La Royauté avait conservé une autorité un peu vague, plutôt morale qu'impérative : elle en profita pour attirer devant elle des litiges, qui féodalement n'en auraient peut-être pas relevé. Elle revendiqua les causes qui mettaient en jeu les intérêts temporels des églises et des couvents, que le roi prenait sous sa garde; lorsque les villes auront été émancipées, elle se fera juge des procès où leurs droits seront en cause. D'une façon générale, par cette action judiciaire, le roi cherchait à se poser comme médiateur entre les forces féodales (67). Mais, pendant plusieurs siècles, bien souvent, en réalité, il ne pourra agir que par voie d'arbitrage, lorsque les deux parties consentiront à accepter son jugement (68).

En vertu des purs principes féodaux, la Cour du roi avait une compétence plus exactement déterminée. C'était une règle, nous le savons, que tout vassal devait trouver près de son seigneur, pour le juger, un tribunal composé de ses covassaux. Or, le roi avait beaucoup de vassaux, les uns grands feudataires relevant de la Couronne, les autres, seigneurs moins importants, dont les seigneuries étaient comprises dans le domaine royal ou relevaient

(65) Ci-dessus, p. 259. Sur la disposition de l'appel, voir Flach, *Origines de l'ancienne France*, t. III, p. 368 et 372.

(66) Langlois, *Textes*, n° 7; cf. 35, 38, 39; — Luchaire, *Histoire des instit*, I, p. 292; — Esmein, dans la *Nouvelle revue historique de droit*, 1884, p. 679.

(67) Luchaire, *Manuel*, p. 557. — M. Flach, *Origines de l'ancienne France*, t. III, p. 365, 370 marque très nettement cette compétence générale, au moins virtuelle, qui resta à la Cour du roi. Mais lorsque (p. 379) il parle de la « voie de l'*évocation* », il nous paraît introduire dans ce milieu une notion qui appartient à une époque postérieure.

(68) Voyez, par exemple, Langlois, *Textes*, p. 21 (a. 1158) : « Priusquam ingrederentur causam Guillermum fidem dare fecimus quod nihil in posterum clamaret. supra quam adjudicaret ei curia nostra. » — P. 27 (a. 1165-1166) : « Rex autem rogabat comitem ut compositioni acquiesceret secundum consilium comitis Henrici. » — P. 33 (a. 1216) : « Hoc autem judicium prædictum concesserunt prædicti Erardus et Philippa. »

des possessions anciennes de la famille capétienne. Tous devaient être jugés par leurs pairs sous la présidence du roi (69). Il résultait de là que, juridiquement, la juridiction du roi comprenait deux éléments distincts : une cour royale proprement dite, un tribunal du palais, comme dans la Monarchie franque, et une cour, ou plutôt plusieurs cours féodales. Mais il ne paraît pas qu'anciennement cela ait abouti à des assises distinctes; c'était au contraire devant la même *curia* que comparaissaient tous les plaideurs, quelle que fût leur qualité; lorsque le jugement devait se faire conformément aux principes féodaux, on avait soin sans doute d'avoir présents plusieurs véritables pairs du défendeur, et, ainsi, la règle était respectée (70).

Le personnel de ces assises n'était point fourni d'ailleurs par un corps constitué et permanent. C'étaient simplement les personnes que le roi réunissait à certaines époques pour tenir un conseil politique et délibérer sur les affaires du royaume, c'est-à-dire des prélats et des vassaux, auxquels s'adjoignaient les officiers de la Couronne. Cette réunion était proprement ce qu'on appelait la *Curia regis*, et, comme la plupart des institutions de cette époque, elle servait à plusieurs fins, fournissant à la fois le conseil délibérant et la cour de justice. La *Curia* était convoquée à des intervalles irréguliers, sans périodicité fixe, tantôt dans un lieu, tantôt dans un autre. Il résultait de là que la Cour du roi, juridiction centrale, avait un personnel variable, changeant selon les sessions et parfois selon les causes. Mais, en droit, peu importait : en réalité (sauf quand on devait appliquer le principe du jugement par les pairs), cette juridiction résidait tout entière en la personne même du roi; les prélats et les barons, comme les officiers royaux, ne formaient qu'un conseil, dont le monarque s'appropriait l'avis pour prononcer la sentence : c'était lui seul qui statuait en vertu de son autorité propre (71).

(69) Voyez les textes réunis par Le Paige, *Lettres historiques*, t. II, p. 47 et suiv.

(70) *Etablissements de Saint Louis*, I, 76 : « Se li bers est appelez en la cort le roi d'aucune chose qui apartaigne à l'héritage, et il die : « Je ne vueil pas estre jugiez fors par mes pers de ceste chose; adonc si doit l'en les barons semondre à tout le moins jusques à III; et puis doit la joustice feire droit *o ces et o autres chevaliers.* »

(71) Nous sommes heureux de voir notre ami M. Flach employer le même langage que nous, lorsque dans ses *Origines de l'ancienne France*, t. III, p. 384, il dit que « le roi s'appropriait le jugement de sa Cour ». Il montre les conséquences importantes de ce principe. Il en résultait en particulier que le jugement était définitif, ne pouvait être *faussé*, car il était rendu par le roi; « c'était sa décision qu'il aurait fallu fausser. » Mais je n'adhère point à sa doctrine, lorsqu'il dit, p. 384 : « Le même obstacle ne s'opposait pas, en principe, à ce que les juges du plaid royal fussent pris individuellement à partie, au moment où chacun d'eux émettait son avis. » Cela nous paraît contradictoire; puisque ces donneurs d'avis ne sont pas des juges (je laisse de côté le cas où il s'agit du jugement par les pairs). M. Flach invoque, il est vrai, le procès de Ganelon, dans la *Chanson de Roland* : « C'est pourquoi, dans le

Telle fut, dans ses traits généraux, la cour du roi primitive :
mais elle devait se transformer et donner naissance au Parlement
de Paris, et cette transformation, préparée sous la monarchie féodale, devait aboutir au xive siècle, sous la monarchie tempérée.
. Le Parlement de Paris devait d'ailleurs jusqu'au bout contenir
accouplés les deux éléments que j'ai montrés plus haut dans l'ancienne *curia* : une cour féodale et une cour royale de justice. Le
premier élément est représenté par les pairs de France, le second
par les magistrats du Parlement.

## II

D'après la langue et les principes du droit féodal, pouvaient
se qualifier pairs de France tous ceux qui étaient vassaux de la
couronne de France, c'est-à-dire relevaient directement du roi,
auquel, pris en cette qualité, ils devaient hommage. Sans doute le
terme dut être d'abord employé dans ce sens. Mais, dans le premier tiers du xiiie siècle, il prend une autre acception. Il désigne
alors un collège fermé, arrêté à un nombre déterminé de membres
et qui présente deux traits distinctifs. Il est composé de douze
pairs de France, et sur ce nombre, six sont des prélats et six des
grand feudataires laïques. Ce sont l'archevêque de Reims, les
évêques de Laon et de Langres, portant de par leurs seigneuries
ecclésiastiques le titre de duc, et les évêques de Beauvais, de
Noyon et de Châlons, portant le titre de comte, — les ducs de
Bourgogne, de Normandie et de Guyenne, et les comtes de Flandre, de Champagne et de Toulouse. Le collège des pairs est donc
constitué mi-partie, comme la Cour du roi elle-même, par les
représentants de l'Eglise et par ceux de la féodalité laïque : les
pairs de France sont le noyau même de cette cour et, comme on
le verra, pour eux seuls se maintiendra le principe du jugement
par les pairs.

Quand et comment se constitua ce collège des douze pairs ?
C'est un problème historique qui n'est pas encore résolu (72). Voici

procès de Ganelon, si vivement décrit par la *Chanson de Roland*, Pinabel peut, en
pleine cour de Charlemagne, fausser le jugement (l'avis) de Thierry, l'un des pairs.
Mais il est probable qu'en fait le respect dû au roi couvrait ses conseillers. » Mais il
nous paraît certain que Ganelon est jugé, non par le roi, ou par le tribunal du roi,
mais par la nation assemblée sous la présidence du roi C'est l'ancien *consilium*
général de la coutume germanique; les barons, dont est Thierry, ne font que jouer
un rôle analogue à celui des rachimbourgs dans le *mallus*. Cela résulte en particulier des vers qui relèvent les diverses populations dont se compose la grande assem
blée. V. 3793, édit. Gautier (Saxons, Poitevins, Normands, Français, Allemands,
ceux d'Auvergne). Cf. vers 3743, 3761, 3789, 3831, 3837, 3844, 3845.

(72) M. F. Lot a cherché à résoudre ce problème (*Quelques mots sur l'origine
des pairs de France*, dans la *Revue historique* (janvier-février 1894, t. LIV, p. 34
et suiv.). Mais son travail, intéressant d'ailleurs, ne me paraît pas fournir une

seulement ce qu'on peut constater comme données certaines. Le collège des douze pairs de France n'était pas encore formé lors du sacre et du couronnement de Philippe Ier en 1059, car les pairs n'y apparaissent pas, et l'une de leurs fonctions essentielles sera de jouer un rôle à part dans la cérémonie du sacre (73). En 1171, un texte donne à l'archevêque de Reims, qui sera le premier pair ecclésiastique, le titre de *par Franciæ* (74). En 1216 cinq pairs ecclésiastiques et le duc de Bourgogne tiennent à la Cour du roi une place distincte à côté des autres prélats et barons (75). Enfin, dans la seconde moitié du xiiie siècle au plus tard, le collège est énuméré au complet (76). D'après cela il est probable qu'il se constitua progressivement, par l'action combinée de la coutume (77) et de la volonté royale, à partir du règne de Louis VII (78). Nous

solution vraiment nouvelle; — de Manteyer, *L'origine des XII Pairs de France*, dans *Etudes d'histoire du Moyen âge* dédiées à M. G. Monod, Paris, 1896, p. 181-208; — Flach, *Origines de l'ancienne France*, t. III, p. 419-427. M. Flach qui a une théorie sur ce point, présente aussi les principales thèses anciennes et modernes.

(73) Du Tillet, *Recueil des rois*, p. 189 et 253 : « Les pairs de France (j'entends les douze anciens sudits) n'estoient encore constituez, joinct le sacre du roy Philippe premier faict en l'église du dit Reims l'an 1059, auquel ne se trouvèrent l'evêque de Beauvois, les ducs de Normandie, comtes de Champagne et de Toulouse et les autres qui y furent ne tinrent rang et ne firent office que de prélats et de barons. »

(74) *Historiens de Gaule et de France*, t. XVI p. 473; cf. Lot, *loc. cit.*, p. 52. L'authenticité de ce texte a été contestée par M. Langlois, *Rev. hist.*, tome 54, p. 382 En 1197 le roi offrait au comte de Flandre de lui faire rendre droit par ses pairs. Cartellieri, *Philippe Auguste*, II, 1910, p. 159. — Peut-être le titre de comte palatin joua-t-il un rôle dans cette formation. Le comte de Champagne, qui sera l'un des pairs de France, porte le titre de *comes palatinus* dans les lettres d'Yves de Chartres (fin du xie siècle), *Epist. XLIX, LXXXVI.* —.Cf., quant aux comtes palatins d'Angleterre, Pollock et Maitland, *History of the english law*, I, p. 570.

(75) Langlois, *Textes*, n° XIX

(76) Luchaire, *Manuel*, p. 561.

(77) M. Lot, *loc. cit.*, p. 53 et suiv, attribue à la seule coutume la formation du collège des douze pairs. Elle leur aurait donné d'abord un titre nu, n'entraînant aucun privilège particulier. Puis ils auraient revendiqué le droit d'être jugés les uns par les autres à la Cour du roi (p. 50). Quand les grands vassaux « au xiie siècle perdirent peu à peu l'habitude d'assister aux assemblées royales et furent remplacés par des praticiens, clercs et petits chevaliers, on comprend que leur orgueil refusât d'être jugés par ces humbles successeurs et qu'ils exigeassent d'avoir pour juges les princes leurs égaux, leurs vrais pairs » Cette hypothèse paraît bien hasardée et assez peu solide.

(78) Du Tillet croyait que les douze pairs avaient été institués par Louis VII (*Recueil des rois*, p. 254) : « Le roy Louis le Jeune audit an 1179 donnant à l'église de Reims, la prérogative de sacrer et couronner les roys, auparavant débatue, les créa pour lesdits sacre et couronnement et pour juger avec le roy les grandes causes audit Parlement. » Mais cela est inadmissible il n'est pas prouvé qu'ils figurent au sacre de Philippe-Auguste; Luchaire, *Histoire des institutions*, t. II¹, p. 394. A l'inverse, M. Molinier, *Histoire du Languedoc*, VII, p. 315 et suiv., croit que le collège ne fut complet, par l'adjonction du comte de Toulouse, que sous le règne de Saint Louis. On a souvent admis que le collège des pairs avait participé au jugement de Jean sans Terre. C'était déjà ce que rapportait, au xiiie siècle, Mathieu de Paris. Un document de l'an 1224, émané de Louis VIII, paraît être dans le même sens; Du Tillet, *Recueil des traictez entre les roys de France et d'Angleterre*, p. 31 : « Certification du roy Louis VIII, fils dudit roy Philippe que, régnant son dit pere, ledit roy Jean avoit, par jugement de la cour des pairs de France, donné avecques

n^ pouvons distinguer un à un les faits particuliers qui firent entrer chacun des pairs dans la liste, mais les causes générales d^ cette évolution ne sont peut-être pas impossibles à saisir. En premier lieu, la formation, près d'une haute cour féodale, d'un collège limité de pairs n'est point un phénomène unique; il se produisit ailleurs qu'à la cour de France. Ainsi, en Béarn, déjà en 1220, on trouve une cour féodale supérieure, ou « court majour » composée de douze barons ou jurats héréditaires (79). Dans la Navarre espagnole, on trouve aussi une *cort mayór* composée de douze *ricos hombres* (80). De même, dans certaines seigneuries de France : il y avait sept pairs du comté de Champagne (81) et six pairs du comté de Vermandois (82). Il semble donc qu'il y ait là une sorte de sélection et de régularisation naturelle aux institutions féodales. Quant au nombre douze, auquel on s'arrêta, il me paraît s'expliquer, outre la force de suggestion propre à ce chiffre (83), par l'influence que dut exercer la légende des douze pairs de Charlemagne, pleinement populaire aux xi° et xii° siècles, comme l'atteste la *Chanson de Roland* (84).

conformité d'opinions, confisqué tout ce qu'il avoit deça la mer... datée en may M. II. C. 24. — Au Trésor, registre 33, lettre LI. » Cf. Lot, *loc. cit.*, p. 40, 53.

(79) Léon Cadier, *Les Etats de Béarn*, p. 52 et suiv.; Esmein, Rapport à l'Académie des Sciences morales et politiques sur le prix Kœnigswarter, dans les *Séances et travaux de cette Académie*, t. LXXII, p. 265 et suiv.

(80) Léon Cadier, *op. cit.*, p. 27 et 54. M. Lot n'a pas tenu compte de ces faits importants, lorsqu'il écrit, *loc. cit.*, p. 49 : « Ce qui déroute, c'est la prétention qu'eurent en France un certain nombre de seigneurs laïques et ecclésiastiques de faire bande à part et d'exiger, pour qu'un jugement fût valable, qu'il fût rendu avec le concours d'un certain nombre de leurs pairs. Cela *paraît d'autant plus inexplicable* qu'on ne retrouve rien de semblable ailleurs. »

(81) Du Tillet, *Recueil des rois*, p. 256 : « En l'arrest des royne Blanche et conte de Joigny donné le penultième aoust mil trois cens cinquante quatre est narré que le conte de Champagne estoit décoré de sept contes, pairs et principaux membres de Champagne, assis avec le dit conte en son palais pour le conseiller et décorer. » — Pierre Pithou, *Le premier livre des Mémoires des comtes héréditaires de Champagne et de Brie*, à la suite des Coutumes de Troyes, 1609, p. 366 et suiv.

(82) Du Tillet, *Recueil des rois*, p. 254 : « Par l'arrest de la commune de Ham donné le dernier avril 1361... est narré que le sieur dudit Ham estoit l'un des six pairs du comté de Vermandois. » — Voyez aussi les douze pairs qu'Arnoul institua à Ardroz au xi°. siècle : « Duodecim pares vel barones castro Ardæ appenditios instituit. » (Chronique de Lambert d'Ardres, citée par Flach, *Origines*, t. II, p. 337, note 1).

(83) Le chiffre douze ou ses multiples revenant souvent dans les systèmes de composition, — les douze membres du jury anglais.

(84) *Chanson de Roland*, v. 262, 547, 2187. — Flach, *Origines*, III, p. 426. — M. Lot, *loc. cit.*, p. 50, adopte aussi cette manière de voir, qu'on trouve déjà dans la première édition de ce *Cours* (1893), p. 358 — Guy Coquille, *Traité des pairs de France* (OEuvres, I, p. 524) : « L'opinion commune, qui ordinairement n'est pas plus vraie, est que les pairs ont leur origine de Charlemagne. » — On peut se demander cependant si la légende des douze pairs de Charlemagne ne reflète pas, au contraire, en le reportant dans un lointain passé, le collège des douze pairs de France déjà formé au xi° siècle; mais cette formation précoce paraît inadmissible.

— Sur ces origines, M. Flach (*loc cit.*) a une théorie toute différente. Elle se caractérise surtout par deux traits. Il conteste que les pairs de France aient eu pour première et principale raison d'être la participation à la justice. C'est pourtant ce

Les douze pairies étaient une représentation exacte de la haute féodalité. Attachées à d'importantes seigneuries laïques ou ecclésiastiques, elles se transmettaient avec celles-ci et suivant les mêmes règles. Il en résultait, pour les pairies laïques, que, les fiefs qui les supportaient étant transmissibles aux femmes, il pouvait arriver que la pairie résidât aussi sur la tête d'une femme. La logique féodale n'avait point répudié cette conséquence; elle admettait qu'une femme, héritière de l'un des six duchés ou comtés, pouvait avoir la qualité de pair de France et même en faire les fonctions en siégeant au Parlement : il y en eut un certain nombre d'exemples (85).

Mais la pairie, tout en subsistant, devait changer de nature. Le collège des douze était nécessairement destiné à se modifier. Les pairies ecclésiastiques devaient rester immuables, les sièges épiscopaux qui les emportaient n'étant point supprimés (86). Mais les six pairies laïques devaient disparaître successivement, par la réunion à la Couronne des grands fiefs auxquels elles étaient attachées. A la fin du XIIIᵉ siècle, il y avait déjà des vides importants; le duché de Normandie, les comtés de Toulouse et de Champagne étant réunis à la Couronne, le corps des pairs laïques était réduit de moitié. Philippe le Bel voulut le rétablir au complet et, en 1297, il érigea en pairies l'Anjou, la Bretagne et l'Artois (87). Cette fois, c'était manifestement la volonté royale et non la coutume qui avait fait des pairs. C'était une création nouvelle, distincte de l'ancienne formation; dès lors il n'y avait pas de raison pour que le roi s'arrêtât à l'ancien chiffre de douze et, en effet, il fut bientôt

qu'on constate pour les formations similaires de pairs, notamment en Béarn. M. Flach ne veut pas non plus que la pairie constitue toujours, dans ses origines, un rapport féodal avec la Royauté. Une partie des pairs, notamment les ecclésiastiques auraient été simplement des *fidèles* ne devant pas l'hommage au roi, mais seulement le serment de fidélité. Ainsi, en dehors des purs principes féodaux, le collège des pairs de France, se serait constitué en englobant les vassaux quasi souverains les plus puissants et les prélats avec qui le monarque capétien entretenait les relations politiques les plus importantes. C'est après coup que la relation féodale aurait pris le dessus. Mais tout, au contraire, dans cette formation, reporte vers la féodalité. Les titres de duc ou de comte sont portés par les pairs ecclésiastiques en sont une preuve. M. Flach adhère aussi à l'opinion de M. de Manteyer (p. 422), lorsqu'il relève « d'une part, la relation entre la pairie laïque (princière) et l'existence aux xᵉ et xiᵉ siècles de six grands groupes ethniques en dehors de la France, *trois duchés et trois comtés-palatins* qui équivalaient à des duchés (*suit l'énumération des pairies laïques*) et d'autre part, la relation de la pairie ecclésiastique et l'existence de *six seigneuries ecclésiastiques formant marches-frontières.* »

(85) Du Tillet, *Recueil des rois* p. 258; cf. c. iv, X, *De arbitris* I. 1.

(86) Au xviiᵉ siècle l'archevêque de Paris fut bien créé pair de France avec le titre de duc de Saint-Cloud; mais on ne le compta jamais au nombre des pairs ecclésiastiques; bien que nécessairement ecclésiastique, il était pair laïque.

(87) Isambert, *Anc. lois*, II, 710 : « Considerantes etiam quod duodecim parium qui in prædicto regno nostro antiquitus esse solebant, est adeo numerus deminutus quod antiquus ejusdem regni status ex deminutione ejusmodi deformatus multipliciter videbatur »

dépassé (88). Au procès de Robert d'Artois, en 1336, « encores qu'il n'y eust en la main du roy que trois anciennes pairies, y en avoit huict nouvellement créées qui faisoient le nombre de unze payries laïques » (89). Mais, jusqu'au xvie siècle, il ne fut érigé de pairies qu'en faveur des enfants de France et des princes du sang. La première personne d'une qualité différente qui fut faite pair de France fut Claude de Lorraine, pour qui le duché de Guise fut érigé en pairie en 1527 (90). Il fut ainsi créé un assez grand nombre de pairies au xvie siècle (91); et il ne restait plus alors aucune des six anciennes pairies laïques (92). Au xviie siècle, le nombre augmenta sensiblement; ce fut l'ambition de tous les ducs d'obtenir la pairie et l'on connaît les controverses sur ce sujet auxquelles fut mêlé Saint-Simon. A la veille de la Révolution, il y avait trente-huit pairs laïques (93). Toutes ces pairies de seconde formation, dont on peut faire remonter l'origine première à 1297, étaient, au fond, bien différentes des anciennes : elles représentaient, non plus la haute féodalité, mais la haute noblesse. C'était, en réalité, une distinction personnelle conférée par le pouvoir royal, bien que la pairie fût toujours rattachée à une seigneurie déterminée. Aussi le roi, dans les lettres patentes d'érection, déterminait-il librement les conditions dans lesquelles la pairie ainsi créée se transmettait héréditairement : il pouvait la rendre purement viagère et personnelle (94).

Les pairs de France étaient et restèrent unis au Parlement par le lien le plus étroit, et cela dans un double sens. En premier lieu, ils étaient membres de droit du Parlement de Paris : ils pouvaient toujours y siéger et opiner comme les conseillers en titre (95).

(88) Du Tillet *Recueil des rois*, p. 257 : « Des lays le nombre a souvent esté accreu, au commencement pour honorer les princes du sang, puis autres : n'ont les roys les mains liées qu'ils n'en puissent créer tant qu'il leur plaist. »

- (89) Du Tillet, *Recueil des rois*, p. 257; — le même, *Recueil des grands*, p. 44

(90) Cependant, selon Du Tillet, *Recueil des rois*, p. 267, il y aurait eu, en 1505, érection d'une pairie au profit d'Engilbert de Clèves, qui était bien cousin germain de Louis XII, mais par les femmes. En réalité, les lettres de 1505 confirment seulement le titre de pairie au comté de Nevers en faveur d'Engilbert (*Ord.*, XXI, p. 323). Voyez Guy Coquille, *Histoire du Nivernais*, I, p. 456.

(91) Sur ces pairies, Du Tillet, *Recueil des rois*, p. 267 et suiv.; — Guy Coquille, *Traité des pairs*, OEuvres, I, p. 534 et suiv.

(92) Du Tillet, p. 257 : « Les cinq anciennes pairies laies sont retournées à couronne. »

(93) Boileau, *Etat de la France en* 1789 1re édit., p. 156.

(94) Du Tillet, *Recueil des rois*, p. 257 : « Ont les roys honoré des pairies aucuns princes, tant de leur sang que autres, ou grands sieurs ayant beaucoup mérité de la chose publique pour les prérogatives et prééminences qui sont es dites pairies. Les unes sont créées à vie seulement et sont personnelles; les autres, pour les seuls masles descendans; les autres, pour tous. »

(95) Loyseau, *Des offices* l. II, ch. II, no 44 : « C'est le Parlement qui s'appelle aujourd'huy cour des pairs; donc partant les pairs de France sont les plus anciens conseillers. Mais pour estre tels il faut qu'ils en fassent le serment sans lequel nul ne peut estre officier. »

Pour cela, ils prêtaient, comme ces derniers, un véritable serment professionnel (96). D'autre part, ils avaient et gardèrent en partie le privilège du jugement par les pairs, l'un d'eux ne devant alors être jugé que dans un tribunal où siégeraient les autres. Au xiii° siècle, les pairs de France avaient même tenté de dégager complètement la Cour des pairs ainsi entendue de la cour ordinaire du roi : leur prétention était que les pairs ne devaient être jugés que par les pairs. C'est ainsi qu'ils voulurent exclure du jugement de ces causes les grands officiers de la Couronne (97) et dénier complètement la compétence de la Cour du roi (98). Mais ces entreprises n'aboutirent pas. La cour des pairs se confondit dans le Parlement, s'unit avec lui; et la règle fut seulement reconnue que, dans certains cas, pour les procès où un pair était partie, au Parlement devaient se joindre les autres pairs de France, ou du moins ceux-ci devaient être régulièrement convoqués. Après des incertitudes et des discussions assez longues, le droit se fixa en ce sens (99) qu'en matière civile cette règle s'appliquait seulement lorsqu'il s'agissait de procès qui concernaient la pairie, qui avaient avec elle une liaison nécessaire; dans les autres cas, au contraire, les pairs étaient justiciables des tribunaux ordinaires. Quand un pair était poursuivi criminellement, il pouvait toujours revendiquer la juridiction du Parlement, les autres pairs convoqués. Bien que la portée exacte de cette règle ait été débattue jusqu'à la fin de l'ancien droit (100), elle avait reçu, dans des circonstances solennelles, une expression des plus précises (101).

Voilà ce que devint la cour féodale du monarque capétien; voyons ce que devint la cour royale, qui était aussi contenue dans l'ancienne *Curia regis* et qui forma le Parlement de Paris.

## III

Nous avons vu plus haut ce qu'étaient les assises de la *Curia regis* : le roi jugeait, assisté d'un conseil, que fournissait un personnel changeant de prélats et de vassaux, et où les officiers de la Couronne constituaient seuls un noyau presque fixe. Mais bientôt apparut un autre élément, germe véritable du futur Parlement. Les monarques capétiens eurent de bonne heure, attachés à leur personne et vivant au palais, des conseillers privés et intimes,

---

(96) Voyez la formule dans le *Recueil des rois*, de Du Tillet, p. 259.
(97) Langlois, *Textes*, n° XXI.
(98) Langlois, *Textes*, n°° XXXII, XXXIII *bis*, CXIII.
(99) Guyot, *Traité des droits, fonctions*, etc., II, p. 159 et suiv.
(100) Du Tillet, *Recueil des rois*, p. 268 et suiv.; — Guyot, *Traité des droits, fonctions*, II, p. 162 et suiv.
(101) Remontrances du Parlement de Paris de 1724.

qu'ils choisissaient de préférence parmi les clercs instruits et, lorsque l'étude des lois romaines fut remise en honneur, parmi les légistes (102). Ces *consiliarii* n'étaient point des officiers et des fonctionnaires; ils ne rentraient pas dans le cadre de la vieille constitution : c'étaient, en réalité, des serviteurs domestiques. Mais leur influence souvent était prépondérante (103); les rois les admirent dans le personnel de la *Curia regis* et les firent participer aux assises judiciaires qui s'y tenaient, avec les prélats et les vassaux. Aucun principe ne s'opposait à cela; car (sauf le cas où il s'agissait d'un pair) c'était du roi seul qu'en droit émanait la sentence, les prélats et les nobles ne formant qu'un conseil. Le rôle de ces conseillers dans le jugement des affaires devint très important de Louis VII à Philippe-Auguste (104). Ce sont eux vraiment qui commencent à avoir l'action directrice, et cela se conçoit aisément; car, dans le cours du xiie siècle, le droit romain et canonique commence à pénétrer la procédure de la cour, qui se fait plus savante, plus difficile à comprendre à ceux qui ne sont point des hommes de métier (105). Mais le fait qui devait donner véritablement une direction nouvelle à l'institution fut la création des baillis, avec les conséquences qu'elle entraîna. Comme on le verra plus loin, les baillis devinrent juges d'appel par rapport aux prévôts et aux justices seigneuriales, et la cour du roi devint juge d'appel par rapport aux baillis. La Cour du roi, qui jusque-là n'avait été qu'un tribunal sans compétence bien déterminée, jugeant en première et dernière instance un petit nombre de procès (106), devint par là même une cour d'appel souveraine, ayant un ressort très étendu, largement alimentée par les appels intentés contre les baillis. Pour accomplir la tâche, tâche lourde et toujours renaissante, qu'elle avait désormais à remplir, elle dut prendre une activité régulière, tenir des sessions périodiquement fixes, puis devenir enfin permanente; il lui fallut un personnel assuré, qui lui aussi tendit naturellement à la permanence (107). En même temps il était naturel

(102) Luchaire, *Manuel*, p. 534, 558. Sous Philippe Ier on reconnaît déjà un groupe de chevaliers accompagnant toujours le roi. Ce sont les palatins ou curiales. A côté d'eux figurent pour rendre la justice avec le roi les petits vassaux du domaine et les prélats. Au contraire les grands vassaux ne viennent à la cour qu'exceptionnellement. Fliche, *Philippe Ier*, p. 99 et suiv., 121.

(103) Par exemple : Rigord, *Histoire de Philippe-Auguste*, ad. an. 1183 : « Idem rex ad proceres multorum et maxime ad suggestionem cujusdam servientis qui eo tempore fidelissimus in negotiis regiis pertractandis esse videbatur. »

(104) Luchaire, *Manuel*, p. 558 et suiv.

(105) Luchaire, *Histoire des institutions*, I, ch. iii, p. 310 et suiv.

(106) Esmein, *Nouvelle revue historique*, 1884, p. 679.

(107) Le colonel Borelli de Serres a, sur l'origine du Parlement, une théorie (*op. cit.*, t. I, p. 289 et suiv.) qui fait corps avec sa théorie sur l'origine des baillis, ci-dessus, p. 347, note 24. Les premiers baillis, suivant lui, étant les délégués de la *Curia regis*, destinés à suppléer celle-ci (p. 290), pendant un demi-siècle ces fonctionnaires ambulants ont présidé en son nom au règlement de tout ce qui était

qu'elle devînt sédentaire, et il était inévitable qu'elle acquît une autorité propre, déléguée une fois pour toutes par le roi, au lieu de constituer le simple conseil du souverain, qui ne pouvait plus intervenir ordinairement en personne dans l'administration d'une justice aussi développée. Cette transformation, largement préparée sous Louis XI et Philippe III, se compléta sous les rois du xive siècle. C'est aussi au xiiie siècle, sous le règne de Saint Louis qu'apparaît le nom de Parlement (108). Mais c'est là un trait extérieur, qui ne paraît avoir aucun rapport avec les modifications fondamentales dont je parle. Le terme *parlamentum, parlement*, était employé dans la langue du Moyen âge pour désigner toute assemblée délibérante, toute réunion où l'on parlait en public (109). Appliqué à la cour, il désigne d'abord, et jusqu'au milieu du xive siècle, la session judiciaire de la cour (110). Disons d'abord les changements qui s'accomplirent dans le personnel du Parlement aux xiiie et xive siècles.

Sous le règne de Saint Louis, il semble que la composition des divers parlements tenus périodiquement soit la même que par le passé : on y voit toujours siéger des évêques, des chevaliers et des conseillers du roi. Mais, en y regardant de près, on remarque

d'intérêt privé et d'administration intérieure. Aussi ne voit-on alors à peu près d'autre trace de la *curia in parlamento* que par convocation spéciale à l'occasion de débats exceptionnellement importants. La juridiction des baillis aurait été alors en dernier ressort : « Les procès-verbaux des enquêtes de 1237 et 1248 ne sont presque uniquement que la relation d'actes de baillis contre lesquels les particuliers lésés n'avaient évidemment pu avoir aucun recours depuis une quarantaine d'années. » Mais les baillis étant devenus des « fonctionnaires de carrière » attachés chacun à une circonscription, individuellement responsables et comptables, n'avaient « pas tardé à commettre eux-mêmes les abus que leur institution primitive avait eu pour but de réprimer... Le besoin d'une juridiction supérieure à la leur s'est fait alors sentir et la curie a repris la tradition de ses sessions judiciaires en Parlement pour recevoir les appels formés contre ses propres représentants... La curie y a donné satisfaction en se réunissant de nouveau dans ce but hautement annoncé périodiquement, *in parlamento*, à jours et en lieux fixés à l'avance. » N'ayant ras admis la première hypothèse, nous n'admettons pas non plus la seconde qui nous paraît encore méconnaître ce que nous savons sur le développement de l'institution de l'appel.

(108) Le colonel Borelli de Serres donne des textes (*op. cit.*, t. I, p. 291, 292), où le terme est employé pour des sessions de 1252. Quant au Parlement d'Alphonse de Poitiers, voyez le même auteur, p. 292, note 6. — D'après M. Langlois, il apparaît pour la première fois dans un compte de 1239 (Langlois, *Textes*, no XXII).

(109) C. 2 (Alex. IV), *De imm. Eccles.* III, 23 : « Cessent in locis illis universitatum et societatum quarumlibet concilia, conciones et publica parlamenta. » — Joinville, *Vie de Saint Louis*, § 74 : « A ce parlement que li baron firent à Corbeil... establirent li baron qui la furent que li bons chevaliers li cuens Pierres de Bretaigne se reveleroit contre le roi. » Cf. § 607, 726.

(110) J. Viard, *La cour au commencement du xive s.*, et *La cour et ses parlements, Bib. de l'Ecole des chartes*, 1916 et 1918. Il y a donc toujours un organisme permanent, la cour du roi, dont l'activité s'exerce en matière judiciaire soit en parlement, soit dans l'intervalle de deux parlements. Ainsi en 1326 il n'y eut pas de parlement, cependant il y a des jugements et arrêts rendus par la cour.

un fait très important : c'est que, sur les listes relatant en divers cas la composition de la cour, les mêmes noms reviennent souvent (111). On voit par là que, pour chaque Parlement, le roi s'assurait d'avance le concours d'un certain nombre de personnes, qui devaient y siéger et y expédier les affaires (112); ceux qui venaient en outre, et qui avaient la qualité nécessaire pour siéger, formaient un personnel complémentaire. On doit remarquer aussi que, dès cette époque, les baillis étaient tenus de comparaître aux sessions du Parlement, car ils répondaient en personne aux appels intentés contre leurs jugements; et, lorsqu'ils n'étaient pas ainsi mis en cause, ils faisaient naturellement partie du conseil, qui arrêtait les sentences (113); ils figuraient tantôt comme parties et tantôt comme conseillers.

Sous le règne suivant, l'ordonnance célèbre de 1278, qui pour la première fois règle législativement le fonctionnement du Parlement, montre encore les choses dans le même état. Le corps qui arrête chaque sentence est encore appelé le conseil, et il comprend des chevaliers et des clercs (114). Mais il y a déjà une personne qui fait l'office de président suprême (115), et à la même époque le personnel désigné pour faire le service de la session prend un caractère professionnel, en ce que des gages lui sont alloués pour ce service (116). Avec Philippe le Bel, le système va se préciser, et le Parlement sera débarrassé des assistants inutiles, gardant seulement les membres choisis pour la session. Cependant, tout d'abord, on ne voit point de changement (117). Même l'ordonnance de 1291 apporte une seule retouche; elle décide que les baillis ne resteront pas à la délibération des arrêts, à moins d'être en outre conseillers en titre du roi; et, dans ce dernier cas, s'ils sont per-

(111) Voyez, à cet égard, les listes publiées par M. Langlois dans son recueil de textes, et les documents condensés par M. Aubert (op. cit., II, p. 297 et suiv.). La table des noms de personnes du premier volume des Olim (édit. Bougnot) fournit à cet égard des renseignements précieux, depuis l'année 1254 jusqu'à la fin du règne de Saint-Louis : il suffit de chercher par exemple aux noms Petrus de Fontanis. Gervasius de Sezannis, Stephanus Tastesaveur, Simon de Pogneiis, archiepiscopus Senonensis, Radulphus de Trapis, Johannes de Ulliaco, etc.

(112) Le Paige, Lettres historiques, II, p. 185 et suiv., soutient même, avec une certaine vraisemblance, qu'il y avait déjà à cette époque des présidents.

(113) Voyez, par exemple, Langlois, Textes, p. 39, 44, 62, 224. — Olim, I, p. 783 : « Dominus Julianus de Perona baillivus ipsius loci, scire volens quid super hoc esset facturus, alios consiliarios, domini regis super hoc consuluit. » — Le Paige, Lettres historiques, II, p. 200, 248, 269 et suiv. Certains d'entre eux avaient d'ailleurs la qualité de conseiller du roi proprement dite.

(114) Le texte dans Guilhiermoz, Enquêtes et procès, p. 601 et suiv., art. 18 : « Cil du conseil qui la seront metent à cuer et à oevre d'estude de retenir ce que devant eus sera proposé. » — Cf. art. 19. — Art. 27 : « Li chevalier et li clerc qui sont du conseil soient ententif à depescher les besoignes du Parlement. »

(115) Art. 12, et la note de M. Guilhiermoz, p. 605

(116) Langlois, Textes, no LXXXIX, compte de 1285.

(117) Langlois, Textes, n° CIV, liste des jugeurs dans un arrêt de 1290.

sonnellement mis en cause dans une affaire, ils devront se reli
rer (118). Mais, dans un règlement célèbre, postérieur à l'année 1206 (119) le système nouveau se dégage nettement. Il est
nommé (art. 7) un certain nombre de présidents ou souverains qui
sont pris parmi les hauts barons et les prélats, et dont deux, un
baron et un prélat, seront tenus d'être « continuement » au Parlement (120). De même, sont désignés limitativement et nominati-
vement dix-huit chevaliers ou personnes laïques (art. 8) et seize
clercs, qui devront aussi résider « continuement au Parlement,
espéciaument en la Chambre des Plez ». Sont exclus de la session
et de la délibération des arrêts toutes autres personnes, sauf quelques exceptions (art. 11); pourront encore entrer et auront alors
voix délibérative les barons et prélats qui font partie du conseil du
roi (121), quelques autres de ces conseillers, cinq ecclésiastiques
et deux prévôts. Voilà donc le Parlement avec une composition
bien arrêtée (122). A la vérité, ce personnel n'était pas encore fixe.
Chaque année le roi déterminait la composition du Parlement prochain, et, si un certain nombre de membres se perpétuaient de session en session, il y avait aussi chaque fois beaucoup de changements (123). Cependant, peu à peu, la fonction de conseiller ou de
président au Parlement tendait à devenir permanente, à constituer
un office et une magistrature. Sans doute, en 1342, on arrête
encore, à la fin de chaque Parlement, la composition du Parlement
suivant; mais, en réalité, on continue de session en session presque
toujours les mêmes conseillers (124); certains même recevaient
déjà leurs gages à vie (125). Ce fut seulement en 1344 que légale-

(118) Art. 6, Langlois, *Textes*, p. 158.

(119) Langlois, *Textes*, n° CXV. La date précise n'est pas déterminée. Voyez la
note p. 161.

(120) A côté des prélats et grands seigneurs et des simples conseillers nommés
pour une session, M. Borelli distingue des baillis ou sénéchaux anciens qui, ayant
une charge permanente, dirigeaient les services. Ce sont eux qui vers le milieu du
xiv° siècle deviennent les présidents. Borelli de Serres, *Recherches* III, p. 252
et suivantes.

(121) Ici le mot *conseil* désigne évidemment le grand conseil ou conseil étroit dont il
sera parlé plus loin.

(122) Les baillis ne devaient assister aux arrêts que s'ils étaient spécialement
mandés par les présidents (art. 12).

(123) Voyez les listes suivantes : liste postérieure à 1307 (Langlois, *Textes,*
n° CXXIV) comparée à celle contenue dans le règlement précédemment cité (*ibid*,
n° CXV); liste de 1310 (*Olim*, III, p. 610); listes de 1314, 1315, 1316, 1317, dans
Du Tillet, *Recueil des grands*, p. 38 et suiv.

(124) Ordonnance du 8 avril 1342 (*Ord.*, II, p. 173), art. 7 : « Quand nostre dit
Parlement sera finy nous manderons nostre chancelier, les trois maistres presi-
dens de nostre dit Parlement et dix personnes tant clercs comme lays de nostre
conseil... lesquels ordonneront selon nostre volonté de nostre dit Parlement, pour le
Parlement advenir. Et jurront par leurs sermens qu'ils nous nommeront des plus
suffisans. »

(135) Voyez les listes de 1340 et de 1341 données par M. Aubert, *op. cit*, p. 368
et suiv.

‚ment la position de conseiller au Parlement de Paris devint un état et un office (126). Le roi nomma alors un nombre déterminé de personnes « pour exercer et continuer lesdits états aux charges accoutumées ». Cela coïncidait avec une réduction sensible du nombre des membres du Parlement, et l'ordonnance décidait que ceux des conseillers antérieurement en fonctions qui ne faisaient pas partie des nouveaux élus pourraient bien assister encore aux séances et opiner, mais sans gages, jusqu'à ce qu'ils fussent nommés à un office de conseiller en titre devenu vacant (127). Les conseillers dorénavant étaient des magistrats permanents, mais non point encore inamovibles, ils ne conquerront l'inamovibilité qu'au cours du XVIe siècle, comme on le verra plus loin (128). Cependant, encore au milieu du XVe siècle et au commencement du XVIe siècle nos anciens auteurs avaient conservé le souvenir qu'en principe ces magistratures étaient annuelles, et ils se demandaient si, en droit, les conseillers du Parlement étaient véritablement permanents (129). Ces transformations avaient éliminé peu à peu du Parlement la haute noblesse et les prélats, sauf les pairs; il conserva cependant toujours un trait qui rappelait sa composition première. Il était composé mi-partie de laïques et d'ecclésiastiques. Un certain nombre de sièges, ceux des *conseillers clercs*, étaient nécessairement attribués à des ecclésiastiques, tandis que les autres, ceux des *conseillers lais*, ne pouvaient être occupés que par des laïques.

En même temps que s'accomplissaient ces transformations successives dans le personnel de la cour, les sessions du Parlement prenaient une périodicité de plus en plus régulière. Sous Saint Louis, il se tenait plusieurs Parlements par an, généralement quatre; puis, sous Philippe le Hardi, le nombre fut habituellement de trois et tendit à se réduire à deux. Presque toujours ils se tenaient à Paris (130). Cet état de choses purement coutumier fut rendu légal sous Philippe le Bel par les ordonnances qui suivirent les années 1296 et 1302; en temps de paix il dut y avoir deux Parlements par an, à Paris : l'un à l'octave de la Toussaint, l'autre trois semaines après Pâques; en temps de guerre, le premier se

---

(126) Cela résulte de l'art. 1 de l'ordonnance du 15 mars 1344.

(127) Ordonnance du 15 mars 1344, art. 1, 4, 5 (*Ord.*, II, p. 220).

(128) En outre, les pouvoirs des officiers étant caducs par la mort du roi qui les a nommés, une confirmation au début de chaque règne était nécessaire. Voir Maugis, *Hist. du parlement*, I, p. 35.

(129) Guy Pape (xve siècle), *Decisiones*, qu. 195; — Boerius, *Decisiones*, dec. 149, nᵒ 11 : « Officiarii qui sunt in aliquo officio etiam ad bene placitum ipsius principis, prout in omnibus officiis solet apponi « quamdiu nobis placuerit » censentur perpetui. »

(130) Voyez Langlois, *Textes*, p. 229, tableau des parlements tenus de 1255 à 1314.

tenait seulement (131). C'est là ce qu'on appelait autrefois le Parlement rendu sédentaire à Paris par Philippe le Bel. Ce règlement, d'ailleurs, fut assez mal observé et, à partir de l'année 1308, on ne trouve plus qu'un seul Parlement par an mais dont la session durait une grande partie de l'année (132), commençant à la Saint-André, à la Saint-Martin d'hiver ou à l'octave de la Toussaint. Dans le cours du xive siècle, la règle s'établit que le Parlement siège sans interruption depuis la Saint-Martin d'hiver jusqu'à la fin de mai; plus tard ce sera jusqu'à la mi-août (133). En réalité, c'était devenu une juridiction permanente et non plus des assises : le temps pendant lequel le Parlement ne siégeait pas, mais était représenté par une chambre des vacations, constituait simplement des vacances judiciaires (134). De bonne heure, un ordre régulier avait été fixé pour l'expédition des affaires, à partir de l'ouverture du Parlement. Il a été trouvé tout naturellement. Le Parlement étant éminemment la cour d'appel par rapport aux baillis, on appelait successivement toutes les causes d'un même bailliage; et les divers bailliages se succédaient dans un ordre déterminé. Chaque bailliage avait ses jours, arrangement qui est déjà supposé dans l'ordonnance de 1278 (135). Nous avons cet ordre pour l'année 1308 (136), et le système subsista jusqu'au bout pour les rôles ordinaires du Parlement de Paris; la liste resta même ce qu'elle était en 1308, sauf les changements qu'y firent introduire la création des Parlements de province et la formation successive du territoire national (137).

La Cour du roi, nous l'avons vu, n'avait point anciennement d'autorité propre : c'était le roi jugeant, assisté d'un Conseil. Cependant parfois le roi déléguait la présidence de la cour au sénéchal, au chancelier ou à quelque autre personne de son entourage. A partir du règne de Louis VII, ces délégations deviennent plus fréquentes,

---

(131) Langlois, *Textes*, n° CXV, art. 1, 2, 4; n° CXXIV; — ord. du 23 mars 1303, art. 62, *ibid.*, p. 174.

(132) Le Paige, *Lettres hist.*, p. 285. et suiv., 306 et suiv.

(133) Aubert, *op. cit.*, t. I, ch. vii; — Schwalbach, *Der civil Process des Pariser Parlaments*, § 2; — Boyer, *Le stile de la cour de Parlement*, édit. 1610, p 94.

(134) Néanmoins le Parlement conserva jusqu'au bout certains traits qui rappelaient l'ancien système de sessions; Le Paige, *op. cit.*, II, 297 : « Nous avons encore un reste de cette économie pour la chambre des vacations. Car il n'y a que le nombre limité par les lettres patentes qui ait des gages. Les autres conseillers n'en ont point, quoiqu'ils puissent siéger s'ils le veulent. » — Boyer, *Le stile de la cour de Parlement*, p. 94 : « Le Parlement se renouvelle tous les ans le lendemain de la Saint-Martin d'hyver, 12 novembre, auquel jour tous les officiers de la cour font serment de garder et observer les ordonnances. »

(135) Art. 20; cf. ord. de 1291, art. 7.

(136) Langlois, *Textes*, n° CXXV.

(137) Voyez la liste donnée par Boyer, *Le stile de la cour de Parlement* (1610), p. 92 v°; — Lange, *La nouvelle pratique civile, criminelle et bénéficiale 1710*, I, p. 74; — Guyot, *Répertoire* (1785), v° *Rôles*.

mais la règle reste que le roi siège à sa cour (138). Sous le règne de Saint Louis, c'est la cour elle-même qui a, tacitement et par mesure générale, le pouvoir de juger, comme si le roi était présent, toutes les fois qu'il n'est pas en cour. Ce pouvoir nouveau, qui constitue le Parlement en juridiction indépendante de la personne royale, apparaît avec une netteté parfaite dans les cas, nombreux dès la seconde moitié du xiiie siècle, où le roi plaide devant sa cour, comme demandeur ou comme défendeur, en personne ou par procureur (par ex. *Olim*, II, p. 112, n° VIII, a. 1278); le roi n'est plus alors que partie. En 1284, le Parlement fut ainsi appelé à juger un procès célèbre portant sur l'attribution du comté de Poitiers, et où les parties en cause étaient le roi de Sicile et le roi de France lui-même (139). Mais malgré cela, pendant tout le xiiie et même au xive siècle, l'action du roi sur la cour se fait toujours sentir, quoique de plus en plus relâchée. Sous Saint Louis, les anciens registres du Parlement, les *Olim* (1254-1318), nous montrent très fréquemment le roi tenant son Parlement ou en dirigeant l'action (140). Dans les affaires importantes, la cour ne donne encore qu'un conseil et réserve la décision au roi (141). Au xive siècle, la présence du roi au Parlement, pour le jugement des procès, devient plus rare, mais son intervention se fait encore sentir (142). Dans le cours du xve siècle, ces pratiques disparaissent; de l'ancienne juridiction personnelle du roi il ne restera que les manifestations que nous décrirons plus loin en parlant de la *justice retenue* et du *lit de justice* (143). Aussi, quoique le Parlement rendît ses sentences au nom du roi, source de toute justice, dans les arrêts qu'il prononçait, c'était la cour qu'on faisait parler (*la cour ordonne, condamne*), tandis que, dans les arrêts du Conseil du roi, le roi parlait toujours en personne (*par le roi en son conseil*) (144).

---

(138) Luchaire, *Histoire des institut*, I, ch. ii, p. 309 et suiv.

(139) Langlois, *Textes*, n° LXXXVI; Boutaric, *Actes du Parlement*, I, 389 et suiv. La cour juge le roi lui-même et prononce son absolution : « *Ipsum dominum Philippum regem absolvit curia ab impetitione Caroli regis prænotati.* »

(140) Le Paige, *Lettres historiques*, II, 183.

(141) Langlois, *Textes*, n° XXXIX (1261) . « Expedita fuit in hoc parlamento quantum ad consilium et non quantum ad regem cum quo erat super hoc loquendum »; *ibid.*, n° XLIII, 1263.

(142) Aubert, *op. cit.*, I, 191.

(143) Loyseau, *Des offices*, l. I, ch. xi, 22 : « En France, le roy est le vray chef du Parlement; c'est pourquoy on laisse toujours en la grand'chambre d'iceluy la première place vuide, comme estant la place du roy, appelée le lict de justice, où Sa Majesté sied, quand il luy plaist. »

(144) Degrassalius. *Regalium Franciæ*, lib. I, p. 117 : « Est notandum quod in pronuntiatione arrestorum præsidentes nomine curiæ loquuntur, dicendo : Curia condemnat vel absolvit. In quo differunt a magno consilio regis, in quo præses dignissimus, scilicet cancellarius pronuntiat sub nomine regis, dicendo : *Le roy ordonne.* » — Noël Valois, *Inventaire*, p. cxxiv; — de Boislisle, *Mémoires de Saint-Simon*, IV, p. 422.

IV

Le Parlement n'était point un corps simple; c'était au contraire un organisme complexe, comprenant plusieurs sections ou *Chambres*, qui remplissaient des fonctions diverses, quoique l'ensemble fût ramené à une certaine unité. Ces sections étaient au nombre de quatre, successivement formées. La *Grand'Chambre*, autrefois appelée *Chambre aux plaids*, représentait le Parlement primitif; c'était le noyau central auquel les autres chambres s'étaient rattachées, comme des organes auxiliaires et subordonnés. Sa fonction principale consistait à être le moteur et le régulateur du Parlement; elle était aussi restée par excellence la chambre des plaidoiries; pendant longtemps on ne plaida que devant elle; enfin, c'était là que se jugeaient certaines causes privilégiées (145). La *Chambre des enquêtes* avait une origine très ancienne (146). Lorsque dans la procédure, qui d'abord avait été purement orale, les pièces écrites prirent une place très importante, au cours du XIII° siècle, cela compliqua singulièrement la tâche du Parlement. Dans beaucoup de procès, il fallait dépouiller avec soin les volumineuses enquêtes qui avaient été faites par ordre du Parlement ou par ordre des premiers juges : un personnel spécial et compétent devenait nécessaire pour cela. On le trouva dans la combinaison suivante : on adjoignit au Parlement un certain nombre de clercs, comme *visores et reportatores inquestarum*; ils étaient chargés de dépouiller les enquêtes et d'en présenter la substance dans un rapport, puis, joints à un certain nombre de membres ou maîtres du Parlement, jugeaient l'affaire, sauf le contrôle possible de la Grand'Chambre (147). En 1307, cela se transforma en une véritable section du Parlement fonctionnant avec l'assistance des clercs rapporteurs. A partir de 1316, ces derniers sont agrégés à la Chambre des enquêtes, dont ils font partie, mais avec un rang inférieur à celui des jugeurs; enfin, vers 1336, tous sont mis sur le même pied, remplissant tour à tour les fonctions de rapporteurs et de juges (148). La Chambre des enquêtes était définitivement constituée, composée, comme la Grand'Chambre, de conseil-

(145) Benedicti (fin du xv° siècle), *Repetitio capituli Raynutius, De testamentis* (édit. Lyon, 1643, 1ʳᵉ part.; p. 98): « In prima quam Franci cameram vocant præsidentes quatuor et consiliarii triginta causas et lites audiunt, dilationes et quæ ad juris cognitionem attinent constituunt, leviora quædam et temporanea finientes. »

(146) M. Guilhiermoz a le premier nettement dégagé l'histoire de la Chambre des enquêtes dans son beau livre, *Enquêtes et procès*, p. VII et suiv., 158 et suiv.

(147) Voyez les diverses combinaisons successivement essayées pour le fonctionnement de ce système dans les ordonnances de 1278, 1291, 1296 (Guilhiermoz, *op. cit*, p. 158-160).

(148) Guilhiermoz, p. 160.

lers clercs et de conseillers lais; mais, si elle jugeait les procès
dont elle était saisie, ce n'était point elle qui prononçait l'arrêt :
il était prononcé par la Grand'Chambre, qui pouvait reviser le
procès (149). La Chambre des enquêtes connaissait de toutes les
causes qui devaient être jugées sur une enquête ordonnée par le
Parlement, ou qui avaient fait devant les premiers juges l'objet
d'une instruction par écrit et qui devaient être jugées sur ces pièces. Mais c'était de la Grand'Chambre qu'elle recevait ces procès;
c'était la Grand'Chambre qui les accueillait, les mettait en état et
déclarait les appels recevables. Aussi, pendant longtemps toutes
les plaidoiries qui étaient nécessaires, soit pour introduire les
procès, soit pour trancher les incidents auxquels ils donnaient
lieu, se produisaient devant la Grand'Chambre (150). Mais, dans le
cours du xvie siècle, on commença à plaider devant les Enquêtes
sur les procès qui leur étaient renvoyés (151), et elles prononcèrent
elles-mêmes leurs arrêts. Les Enquêtes étaient vraiment la partie
du Parlement qui faisait le plus de travail utile; aussi, au lieu
d'une Chambre des enquêtes, en trouve-t-on deux au xve siècle,
puis une troisième, une quatrième et une cinquième au xvie siècle (152); leur nombre était réduit à trois à la veille de la Révolution (153). Malgré tout, la Grand'Chambre conservait encore sur
elles une supériorité de rang, et les conseillers des enquêtes y
passaient par ordre d'ancienneté (154).

La *Chambre des requêtes* avait une autre origine. Le monarque
capétien dans les temps anciens ne rendait pas seulement la justice dans la *Curia regis*, il la rendait aussi d'une façon moins
solennelle et plus patriarcale; il accueillait fréquemment, entre
autres pétitions, les requêtes, dans lesquelles on lui demandait
justice, et, faisant comparaître les parties devant lui, il expédiait
en personne leur cause ou, plus souvent, la faisait expédier par
quelques-uns de ses conseillers. En droit, cela ne faisait aucune
difficulté, puisque, même quand la *Curia regis* était rassemblée, la
sentence ne procédait que de l'autorité du roi.

Cette juridiction (celle des conseillers délégués) s'appelait sous
Saint Louis « les plaids de la porte » (parce que c'était à la porte
du palais que les requêtes étaient reçues), et un peu plus tard « les

(149) Guilhiermoz, *op. cit.*, p 163-164; — Benedicti, *lcc. cit.* : « Inquestarum, id est
inquisitionum consiliarii dicuntur... sententias dictant, quas statutis diebus alter
præsidentium in prima curia palam enuntiat. »
(150) Guilhiermoz, p. vii, 158.
(151) *Répertoire de Guyot*, vo *Enquête*.
(152) La Roche-Flavin, *Treize livres des Parlements*, l. I, ch. xix.
(153) *Répertoire de Guyot*, vo *Enquête*. Sur les créations d'offices et de chambres
au xvie siècle, voir Aubert, *Recherches, Nouv. revue hist. de droit*, 1912, et parti
culièrement pour les chambres des enquêtes, p. 91 et suiv.
(154) La Roche-Flavin, *op. cit.*, l. I, ch. xvi; — Lange, *op. cit.*, I, p. 72.

requêtes » (155) : son fonctionnement a été très nettement décrit par Joinville, et, lorsqu'il nous montre Saint Louis rendant la justice dans le bois de Vincennes, assis au pied d'un chêne, cela en est simplement une application particulière (156). C'étaient alors en général les familiers du roi, ses conseillers ordinaires, qui l'assistaient pour les jugements (157). Mais il y eut aussi dès le XIIIᵉ siècle des conseillers appelés spécialement *maîtres de l'hôtel du roi* et vivant au palais, qui étaient chargés de recevoir les requêtes présentées par les particuliers et de les expédier ou d'en référer au roi. Ils avaient déjà une juridiction établie à cette époque (158). Ces maîtres des requêtes, qu'on appelait aussi *pour-*

(155) Joinville, *Vie de Saint Louis*, § 57 : « Il (Saint Louis) avoit sa besoigne atirie en telle manière que messire de Neele et li bons cuens de Soissons, et nous autres qui estiens entour li... aliens oïr les plaiz de la porte que on appelle maintenant les requestes. »

(156) *Vie de Saint Louis*, § 57-59.

(157) Dans les séarces du bois de Vincennes, rapportées par Joinville (§ 59), ce sont Pierre de Fontaines et Geoffroy de Villette que désigne le roi pour faire droit aux parties.

(158) *Livre de Jostice et de Plet*, I, 20, § I : « Li mestre de l'ostel le roi ont plenier poïr par dessuz toz autres. Et aucunes foiz avient qu'ils deivent porter les granz causes pardevant le roi, commo de cels qui convient jugiers par pers. On octroi len que l'en puisse de cels appeler. » M. Guillois (*Recherches sur les maîtres des requêtes de l'hôtel des origines à 1350*, thèse 1909), conteste que le passage cité du *Livre de Jostice et de Plet* vise les maîtres des requêtes de l'hôtel du roi. Il s'agirait simplement des conseillers ordinaires du roi ou du Parlement. M. Guillois se fonde surtout (p. 27) sur ce qu'au XIIIᵉ siècle les termes *hôtel du roi* et *Parlement* sont parfois employés comme synonymes. Sans contester ce dernier point, il me paraît certain que les *maîtres de l'hôtel* du *Livre de Jostice et de Plet* ne peuvent désigner des membres du Parlement. Un point est particulièrement significatif : le texte dit qu'on peut appeler de leurs jugements, ce qui ne peut s'appliquer au Parlement, de qui on n'appelle pas, c'est lui au contraire qui reçoit l'appel. Et l'on peut remarquer que plus tard, des sentences rendues soit à l'hôtel du roi par les maîtres des requêtes de l'hôtel, soit au Palais par la Chambre des requêtes, on pourra en principe appeler au Parlement. Le texte du *Livre de Jostice et de Plet* dit aussi que pour les *graves causes* les maîtres doivent en référer au roi. Cela est assez conforme au récit de Joinville où au paragraphe 58, on ne soumet au roi lui-même que les causes pour lesquelles les parties n'acceptent pas le jugement des maîtres. « Et quant il (Saint Louis) revenoit dou moustier et nous envoïoit querre.. et nous demandoit se il y en avoit nulz à délivrer que on ne peut délivrer sans lui : et nous les li nommions et il les faisoit envoier cuerre et leur demandoit : Pourquoi ne prenez vos ce que nos gens vous offrent. » Ces anciens *maîtres de l'hôtel du roi* n'étaient point des maîtres des requêtes en titre et l'office n'existait pas encore; mais c'étaient des conseillers intimes du roi qui en remplissaient les fonctions. Ils recevaient les pétitions adressées au roi et leur donnaient eux-mêmes une solution ou en référaient au monarque. Si la pétition tendait à la solution d'un litige contentieux, ils la tranchaient par un jugement; sauf. si les parties ne l'acceptaient pas, à soumettre l'affaire au roi (c'est là, je crois, l'appel dont parle le *Livre de Jostice et de Plet*). C'étaient là vraiment les *plaids de la porte*, qui disparaîtront, et ce nom ne désignait pas la justice directe et patriarcale rendue par le roi lui-même, qui subsistera longtemps. En effet, Commines nous raconte comment Charles VIII la rendait, et l'Ordonnance de Blois de 1579 contient encore un article dans lequel le roi promet qu'il s'y consacrera à certains jours. Lorsque Louis XIV donnait aussi à certains jours audience publique pour recevoir les *placets*, c'était encore une survivance de cette tradition.

*suivans,* parce qu'ils devaient suivre la personne du roi, furent d'abord deux, puis cinq, et enfin six, puis huit. Ils restèrent long-temps à ce chiffre qu'ils avaient atteint dans la première moitié du xiv⁰ siècle. Mais, à partir de François I⁰ʳ, leur nombre alla rapide-ment croissant; au commencement du xvii⁰ siècle, il y en avait cent vingt (159); le nombre fut quelque peu réduit dans la suite. Outre leurs fonctions, dont il sera parlé plus loin (160), les maî-tres des requêtes tinrent jusqu'au bout une juridiction importante, qui s'appelait les *Requêtes de l'hôtel du roi* (161). Ils étaient de plus reçus de droit au Parlement, comme conseillers, mais ils n'y pouvaient siéger que quatre à la fois (162).

Mais, dès la fin du xiii⁰ siècle, on constate aussi une **manière** différente de traiter les requêtes qui tendaient à la solution d'une affaire contentieuse. Lorsqu'elles se présentaient pendant la ses-sion du Parlement, ou n'avaient pas donné encore lieu à un règle-ment, on profitait de l'occasion pour les faire examiner et expédier par le personnel réuni à cette occasion, sans d'ailleurs les com-prendre dans le rôle ordinaire. L'ordonnance de 1278 a déjà une disposition à cet égard (163). Dans l'ordonnance de 1296, on députe à cet emploi deux clercs et deux laïques (164). Dans le règlement de 1307, il est constitué, à côté de la Grand'Chambre et des Enquêtes, une section particulière des Requêtes, qui comprend cinq membres pour les requêtes de la langue d'oc et six pour celles de la langue française (165). Dès lors, la Chambre des requêtes

(159) Sur ces origines et ce développement, La Roche-Flavin, *op. cit.* I, ch. xviii.

(160) Ch. ii, à propos du Conseil du roi.

(161) La Roche-Flavin, *op. cit.,* p. 31 (édit. Bordeaux, 1707); — Lange, *op. cit.,* I, p. 46 et suiv.

(162) Lange, *op. cit,* p. 47

(163) Art. 16 : « Les requestes seront ouiez en la sale par aucun des mestres, et seront portées au roi celles qui contandront grâce; et des autres lan comandera au baillif ce que lan devra comander. » — Cf. ord. 16 novembre 1318, art. 4.

(164) Art. 28 : « A oïr les requestes seront deux clercs et deux lais... et ce qu'ils ne pourront délivrer, ils le rapporteront à ceux de la chambre. »

(165) Langlois, *Textes,* p. 179. — Aubert, *Recherches sur l'organisation du Parlement de Paris au xvi⁰ siècle, Nouv. revue hist. de droit,* 1912, p. 53 et 84. — M. Guillois admet (p. 38 et suiv.) que dès l'origine et jusqu'au bout, les *requêtes de l'hôtel* et les *requêtes du palais* ont été absolument distinctes, et que ceux qui participaient à l'une ou à l'autre juridiction (en prenant ce mot dans son sens large ancien) étaient des fonctionnaires différents, n'appartenant point à un même groupe plus compre-hensif Or cela paraît vrai pour les origines, mais non pour toute la suite du temps. Il y a, en sens contraire, des indications assez précises. Les fonctionnaires qui avaient le droit de *committimus* au grand sceau, pouvaient évoquer leurs causes civiles aux *Requêtes de l'Hôtel* ou aux *Requêtes du Palais.* On pouvait appeler au Parlement des unes et des autres. Enfin les ordonnances de la seconde moitié du xiv⁰ siècle semblent bien rapprocher le service des deux sortes de Requêtes, les Requêtes du Palais et celles de l'Hôtel, en y déléguant les mêmes fonctionnaires (Ordonnances de 1359; règlements du 13 déc. 1361 et du 20 janv. 1370; *Ord.,* t. III, pp. 391, 532; IV, p. 370). Si en définitive, dans le système de la vénalité des charges, les places de conseillers à la Chambre des requêtes apparaissent

était créée; sous Philippe de Valois, elle sera comme les autres constituée à l'état permanent avec son personnel de conseillers. Elle fait partie intégrante du Parlement sous le nom de *Requêtes du palais*; et, dans la suite, au lieu d'une chambre, il y en aura deux (166). Mais, dans le cours du temps, les Requêtes du palais, comme celles de l'hôtel, avaient grandement changé de destination.

La *Chambre des requêtes du Palais* vit sa mission et sa compétence ancienne se modifier. Elle avait statué anciennement sur les pétitions contentieuses en général; elle devint une juridiction de privilégiés proprement dite, ne statuant, en principe, que sur les affaires de ceux qui avaient le droit de *committimus*. Le changement se fit au cours du xvie siècle, et la cause principale en fut l'encombrement, le trop grand nombre des affaires qui venaient à cette chambre. D'ailleurs, si, aux plaids de la porte du xiiie siècle, toutes les parties qui se présentaient paraissent avoir été admises, on en était sans doute venu à distinguer entre les pétitions et à n'admettre à la Chambre des Requêtes que celles de personnes en faveur (167). La Chambre des requêtes ne statuait pas en dernier ressort, et l'on pouvait, de ses sentences, appeler au Parlement proprement dit (168).

comme une catégorie particulière d'offices judiciaires, plus anciennement c'etaient simplement des maîtres des requêtes qui siégeaient à cette Chambre.

(166) La Roche-Flavin, *op. cit.*, I, ch. xxiv. Quand le Parlement fut devenu permanent (sauf une interruption qui équivalait à de simples vacances judiciaires), on interdit la connaissance de toutes les affaires contentieuses, présentées par requêtes, aux anciens maîtres de l'hôtel, qui étaient devenus les maîtres des requêtes, les *poursuivans*, à la suite du roi, elles durent toutes être portées au Parlement, à la section qui était la *Chambre des requêtes*. Mais celle-ci, changeant dans sa constitution, fut dorénavant composée elle-même d'un certain nombre de maîtres des requêtes, dont ces jugements devinrent la fonction propre. Alors les autres maîtres des requêtes, attachés à l'hôtel ou *poursuivans* perdirent, je crois, momentanément toute juridiction proprement dite; la juridiction importante des maîtres des requêtes de l'hôtel se rapportant aux offices et aux *committimus*, me paraît de création postérieure. Mais ils conservèrent l'examen des autres pétitions *non contentieuses*, les jugeant eux-mêmes ou en référant au roi, seul ou en son conseil. Leur rôle aux xive, xve et même xvie siècles fut très important.

(167) Le droit de *committimus* dans son organisation définitive se présentait sous deux formes. Le droit de *committimus* au grand sceau donnait le droit, à celui qui le possédait, d'attirer devant les Requêtes de l'Hôtel ou les Requêtes du Palais les causes civiles, où il était défendeur ou demandeur et qui dépassaient une certaine somme. C'était un privilège de hauts seigneurs, fonctionnaires ou dignitaires Les premiers qui l'obtinrent paraissent avoir été les *commensaux* du roi, et la raison était l'intérêt qu'il y avait à ne pas les écarter de la personne du roi pour aller plaider au loin. Puis la liste s'allongea progressivement; l'ordonnance de 1669 sur les *committimus* essaya de la fixer et d'en arrêter la croissance. Le droit de *committimus* au petit sceau fut créé dans des conditions quelque peu différentes pour donner un avantage semblable à des fonctionnaires provinciaux; il ne leur donnait naturellement le droit d'attirer leurs causes civiles que devant la Chambre des Requêtes du Parlement, dans le ressort duquel ils étaient domiciliés. Tel était le domaine réglé des *committimus*. Mais par des lettres spéciales le roi pouvait donner un droit semblable à toute personne.

(168) Chassanæus, Catalogus gloriæ mundi, part. VII, consid. 9 . « Quarta curia

La *Chambre de la tournelle*, ou chambre criminelle, n'était pas une section du Parlement au même titre que les précédentes; elle n'avait pas, en effet, de personnel distinct. Elle était composée d'un certain nombre de membres de la Grand'Chambre et d'un certain nombre de conseillers des Enquêtes, qui y servaient à tour de rôle, par un roulement établi (169); mais seuls les conseillers lais prenaient part à ce service, les conseillers clercs, en tant qu'ecclésiastiques, ne devant pas participer à des jugements où l'on prononcerait des peines entraînant l'effusion de sang (170). La tournelle (171), ainsi entendue, existait comme mesure d'ordre intérieur, pour faciliter le travail, dès la fin du xiv$^e$ siècle (172); mais elle ne fut légalement érigée en chambre distincte qu'au xvi$^e$ siècle (173).

Pour compléter cette histoire de l'organisation du Parlement, disons qu'à une certaine époque il y eut aussi une section distincte appelée *auditoire du droit écrit*, pour les procès des pays de droit écrit. Elle fonctionna dans la seconde moitié du xiii$^e$ siècle et au commencement du xiv$^e$, et même « fut rétablie plusieurs fois, mais toujours d'une façon éphémère, au milieu de ce dernier siècle » (174).

L'unité du Parlement reparaissait d'ailleurs dans certaines séances où il siégeait « toutes chambres assemblées », soit pour juger certaines causes, soit pour exercer d'autres attributions (175).

## V

Le Parlement originairement fut unique. Il ne pouvait en être autrement lorsque la juridiction centrale était la *Curia regis*; il en fut encore ainsi lorsque le Parlement de Paris s'en fut dégagé.

est eorum quos requestarum, id est supplicationum, palatii magistros vocant, apud quos causa eorum tantum agitur qui regis obsequiis deputati vel privilegio donati sunt. Et ab his quidem judicibus, provocare ad parlamentum licet. » — Lange, *op. cit*, I, p. 46-51; — La Roche-Flavin, *op. cit*, p. 35 : « Estant tous les présidens et conseillers des requestes de France... nommés et attitrés conseillers lays esdits parlemens avec pareils honneurs, séances et privilèges, gages, prérogatives et prééminences que les autres conseillers lays de la court, n'y ayant d'autre différence que sur leur juridiction particulière en leurs chambres... pour raison de laquelle juridiction ordinaire et en première instance il y a appel de tous leurs jugemens, en la Grand' chambre et aux Enquestes »

(169) Lange, *op. cit.*, p. 72.
(170) La Roche-Flavin, *op. cit.*, p. 72.
(171) Elle tirait son nom, suivant les uns, de ce qu'elle siégeait dans une tour du palais; suivant les autres, de ce que les conseillers y servaient par tour de rôle.
(172) Elle est mentionnée dans le Registre criminel du Châtelet de Paris qui est de cette époque (Esmein, *Histoire de la procédure criminelle*, p. 37).
(173) En 1515, selon La Roche-Flavin, *op. cit*, l. I, ch. xvii.
(174) Guilhiermoz, *Enquêtes et procès*, p. 157, et Appendices II et III.
(175) La Roche-Flavin, *op cit.*, I, ch. xvi, n° 10; — Boyer, *Stile de la cour de Parlement*, p. 3.

Mais lorsqu'il se fut séparé complètement de la personne du roi pour devenir une cour de justice constituée, il n'y avait plus de principe qui empêchât la création de juridictions semblables dans diverses parties du royaume. Cette création fut réclamée par des besoins impérieux et les Parlements de province furent successivement établis du XVᵉ au XVIIIᵉ siècles. Cela était nécessaire, en effet, avec l'agrandissement progressif du royaume, pour la bonne administration de la justice. Il devint impossible de concentrer le jugement en dernière instance de toutes les causes qui allaient jusque-là, sur un seul point. Le Parlement de Paris eût été absolument surchargé de travail et cela eût obligé bien souvent les parties à des voyages, qui anciennement étaient longs, difficiles, coûteux et dangereux. Mais cette raison, si juste et puissante qu'elle fût, n'amena pas seule la création des Parlements provinciaux : celle-ci fut préparée et commandée par des précédents historiques. Ils furent moins une création proprement dite qu'une transformation. Ils furent établis dans des grands fiefs ou principautés réunis à la Couronne, et dans lesquels avait existé, avant l'annexion, une juridiction seigneuriale supérieure et centrale, dont le Parlement provincial fut la continuation à un titre nouveau. Lorsque ces seigneuries ou principautés étaient avant l'annexion complètement indépendantes, ne relevant pas féodalement de la Couronne de France, leur juridiction centrale était alors parfaitement souveraine; il était naturel que la Royauté laissât aux habitants annexés le même avantage, en leur accordant un Parlement. Lorsque, au contraire, le pays réuni au Domaine était précédemment un grand fief relevant de la Couronne, tant que la réunion n'avait pas été opérée, l'effort de la Royauté avait été de soumettre la juridiction féodale supérieure au ressort du Parlement de Paris, à l'appel ouvert devant ce Parlement; et, dans une certaine mesure, elle y avait réussi pour la Bretagne, pour les possessions anglaises en Guyenne avant le traité de Brétigny, pour le duché de Bourgogne (176). Mais une fois l'annexion accomplie, il n'y avait plus de raison politique pour maintenir ce ressort et ces appels : on pouvait doter la région d'un Parlement souverain, puisque ce seraient dorénavant les juges du roi qui y siégeraient. Parfois, cependant, il s'écoula un temps assez long entre l'annexion de la seigneurie et la création du Parlement provincial; dans l'intervalle, fonctionna un système mixte. Pour remplacer l'ancienne juridic-

---

(176) Voyez pour la Bretagne, traité de 1237, entre le roi de France et le duc de Bretagne, dans Isambert, *Anciennes lois*, I, p. 238, et le texte latin dans Ferrault, *De juribus et privilegiis regni Franciæ, sive lilliorum*, priv. 11; Langlois, *Textes*, p. 168, 171; — pour la Guyenne, Langlois, *Textes*, p. 121, 130, 135, 187; — pour la Bourgogne, Langlois, *Textes*, p. 101, 107; *Ancienne Coutume de Bourgogne*, édit. Giraud, nᵒˢ 90 et suiv.

tion supérieure du duc ou du comte, des membres du Parlement
étaient envoyés sur les lieux en qualité de commissaires pour y
tenir des assises et recevoir les appels; cependant la règle était
qu'on pouvait appeler de la sentence de ces commissaires au Parlement de Paris. C'est ainsi que se tenaient, au xiii⁰ siècle, l'Echiquier de Normandie, les Assises de Toulouse et les Grands Jours
de Troyes (177); ces derniers, d'ailleurs, ne donnèrent pas naissance à un Parlement de province.

Les Parlements de province successivement créés furent les suivants (178), chacun d'eux souverain dans son ressort, comme le
Parlement de Paris l'était dans le sien :

1° Le *Parlement de Toulouse* est le premier qui apparaisse. Le
Languedoc avait eu un Parlement particulier et seigneurial sous le
gouvernement d'Alphonse de Poitiers; puis sous Philippe le Bel,
des délégués du Parlement de Paris vinrent périodiquement tenir,
comme on l'a dit, des assises à Toulouse jusqu'en 1291 (179). Enfin
la grande ordonnance de 1303 promit que tous les ans il se tien-
drait à Toulouse un Parlement, si les habitants consentaient à ne
point appeler des sentences qu'il rendrait au Parlement de
Paris (180). Selon les uns, l'offre n'aurait pas été acceptée ou
n'aurait pas eu effet (181); selon d'autres, l'institution aurait fonctionné, mais d'une façon éphémère, jusqu'en 1312 (182). C'est
seulement au xv⁰ siècle qu'un Parlement proprement dit fut établi
pour le Languedoc, et encore ne fut-il rendu sédentaire à Toulouse
qu'en 1443, et subit-il diverses vicissitudes jusqu'à la fin du
xv⁰ siècle.

2° Le *Parlement de Grenoble* succéda au Conseil delphinal créé
au xiv⁰ siècle par le dauphin Humbert II; il fut érigé sous Charles VII en parlement royal, à la demande du dauphin de France,
le futur Louis XI (actes de 1451 et 1453).

3° Le *Parlement de Bordeaux* fut destiné à remplacer le juge
souverain que le pays bordelais avait eu sous la domination
anglaise, depuis le traité de Brétigny, dans la personne du sénéchal de Guyenne. Promis dans la capitulation que Bordeaux con-

(177) Langlois, *Textes*, p. 108, 155, 159, 162, 174. Malgré la création des parlements
de province, le parlement de Paris continua d'envoyer, mais seulement dans son
ressort, des commissions de grands jours. Aubert, *Recherches, Nouv. revue hist. de
droit*, 1912, p. 359 et suiv.

(178) Sur les parlements de province, voyez La Roche-Flavin, *Treize livres des
parlements*, I, ch. vii-xiii; — *Répertoire* de Guyot, v⁰ *Parlement*. Il existe sur la
plupart des Parlements de province une ou plusieurs monographies. La plus impor
tante est l'*Histoire du Parlement de Rouen*, par Floquet.

(179) Langlois, *Textes*, n⁰ CXII.

(180) Art. 62, Langlois, *Textes*, p. 174.

(181) Le Paige, *Lettres historiques* II, p. 281 et suiv.; — Langlois, *Textes*, p. 174;
note

(182) *Répertoire* de Guyot, v⁰ *Parlement* (de Toulouse).

sentit en se rendant au lieutenant général de Charles VII, le Parlement royal fut créé en 1462. Il disparut lorsque, en 1468, la Guyenne fut constituée en apanage par Louis XI au profit de son frère Charles; il fut rétabli lorsque, à la mort de Charles, la Guyenne fut définitivement réunie à la Couronne.

4° *Le Parlement de Dijon* succéda à la cour supérieure des ducs de Bourgogne, qui consistait en assises périodiques et solennelles, les Grands Jours de Beaune et de Saint-Laurent, auxquels on donnait aussi le nom de Parlement (183). Après la mort de Charles le Téméraire, lors de la réunion du duché de Bourgogne au domaine de la Couronne, les Etats de Bourgogne demandèrent au roi, pour leur pays, la création « d'une cour souveraine de parlement garnie « de président et conseillers ». Louis XI, en effet, en mars 1476 (ancien style), créa ce Parlement, qui siégea d'abord à Beaune, puis fut bientôt transféré à Dijon.

5° Le *Parlement de Rouen* succéda à la juridiction supérieure des anciens ducs de Normandie appelée l'Echiquier, laquelle, sous des formes diverses, leur survécut pendant des siècles. Nous avons vu que sous Philippe le Bel, deux fois par an, les assises de l'Echiquier étaient tenues par des délégués du Parlement de Paris; mais l'appel de leurs sentences pouvait encore être interjeté devant le Parlement de Paris (184). Ce fut seulement la charte aux Normands de 1315 qui donna à l'Echiquier la juridiction en dernier ressort (185). C'est sur ces bases que, dans le cours des xive et xve siècles, il continua à fonctionner, tantôt sous l'autorité royale, tantôt sous celle des ducs, selon que la Normandie se trouvait réunie au domaine de la Couronne ou qu'elle en était distraite pour constituer un apanage. Ce n'était pas d'ailleurs une juridiction permanente, mais des assises périodiques tenues par des commissaires, que nommait le roi ou le duc : en outre, un grand nombre de dignitaires ecclésiastiques et de seigneurs y avaient séance et étaient tenus d'y assister (186). Après la réunion définitive, l'Echiquier fut rendu permanent et sédentaire à Rouen (187); en 1515, il reçut de François Ier le nom de Parlement.

6° Le *Parlement d'Aix* fut le Parlement de Provence. Celle-ci,

---

(183) *Ancienne Coutume de Bourgogne*, édit. Giraud, nº 97 : « Par mon seigneur le duc, l'an MCCCIIIXX, en son parlement. » Cf. Champeaux, *Ordonnances des ducs*.

(184) Le Paige, *Lettres hist.*, II, 233 et suiv.

(185) Ord. de juillet 1315, art. 17 (Isambert, *Anc. lois*, III, p. 110). Sur la date de la charte aux Normands, voir Artonne, *Le mouvement de 1314 et les chartes de 1315*, *Bibl. de la faculté des lettres de Paris*, 1912, p. 147.

(186) En vertu du principe que les jugements se font par l'assistance, les barons et prélats faisaient partie de la cour et opinaient, mais on appelait également à opiner les avocats et baillis présents, ce qui atténuait un peu le caractère archaïque et féodal de la cour. Voir R. de Fréville, *Fonctions des avocats normands au xive siècle, Congrès du millénaire normand*, Rouen, 1911.

(187) Edit de Louis XII, avril 1499 (Isambert, *Anc. lois*, XI, 389).

principauté devenue indépendante, avait, avant l'annexion, une cour souveraine qui, dans son dernier état, avait été organisée au commencement du xvᵉ siècle par Louis III, comte de Provence Lorsque le roi de France eut acquis, en 1481, le comté de Provence, Forcalquier et terres adjacentes, la situation changea. La « grand sénéchaussée et conseil », qui rendait la justice au nom du roi, n'était pas une juridiction souveraine, pas plus que les autres sénéchaussées. En 1501, Louis XII la transforma en une cour de Parlement pour la Provence (188).

7° La *Bretagne* avait eu, sous l'autorité de ses ducs, une juridiction supérieure, mais qui ne s'était point maintenue comme souveraine. C'étaient les *Grands Jours de Bretagne*, des assises périodiques et assez courtes, dont on pouvait, dans certains cas, appeler au Parlement de Paris (189). Cet état de choses dura après la réunion à la Couronne, sauf que les Grands Jours étaient tenus par des conseillers délégués du Parlement de Paris. Henri II, en 1553, les transforma en un Parlement qui présentait deux traits particuliers : il devait être composé mi-partie de Bretons et de Français; il tenait deux sessions, l'une à Rennes et l'autre à Nantes (190). Mais, dans le cours même du xviᵉ siècle, après une lutte prolongée entre les deux villes, le *Parlement de Bretagne* fut fixé sédentaire à Rennes.

8° Le Béarn indépendant avait un conseil souverain, qui était la transformation d'une ancienne cour féodale (191) et qui résidait à Pau. Louis XIII, lorsqu'il opéra, en 1620, l'union réelle de la Navarre et du Béarn à la France, érigea le conseil en Parlement, siégeant à Pau, pour ces pays (192).

9° Le *Parlement de Metz* fut érigé pour les Trois-Evêchés, qui, lorsqu'ils dépendaient de l'Empire, ressortissaient à la chambre impériale de Spire, comme juridiction souveraine. Après l'occupation de Metz, sous Henri II, et jusqu'à l'établissement du Parlement, la juridiction supérieure exercée au nom du roi paraît avoir eu une organisation rudimentaire, et c'est pour faire cesser cet état de choses que Louis XIII, en 1633, établit à Metz un Parlement, création déjà projetée par Henri IV (193).

(188) Isambert, *Anc lois*, XI, 422. On peut noter que, d'après ce texte, « le grand sеneschal du pays présent et futur demeure à toujours le chef et principal dudit Parlement ».

(189) Préambule de l'édit de 1553 (Isambert, *Anc. lois*, XIII, p. 302).

(190) Edit de mars 1553, art. 1 et 2.

(191) Cadier, *Les Etats de Béarn*, p 16, 293.

(192) Joly et Girard, *Traité des offices*, I, 594.

(193) Cela donna lieu à des plaintes de la part de l'Empereur, mais qui n'eurent point d'effet, la souveraineté sur les Trois-Evêchés ayant été reconnue à la France par le traité de Munster (Boulainvilliers, *Etat de la France*, Londres, 1737, t. II, 394, 412.

10° La *Franche-Comté*, ou comté de Bourgogne, avait eu, sous ses comtes, un Parlement souverain, qui avait été d'abord ambulatoire, puis sédentaire à Dôle depuis le règne de Philippe le Bon. Lors de la première annexion à la France, il fut confirmé comme juridiction souveraine par Louis XI. A la fin du xvᵉ siècle, la Franche-Comté passa à la maison d'Autriche, mais le Parlement de Dôle fut maintenu et plusieurs fois confirmé par les princes de cette maison. Il le fut à plusieurs reprises par Louis XIV, selon les vicissitudes des guerres et des traités qui lui donnaient ou enlevaient cette province, et enfin, le 22 août 1676, après la réunion définitive, il fut transféré à Besançon où il resta.

11° Le *Parlement de Douai* ne fut établi dans cette ville qu'au xviiiᵉ siècle, en 1713; mais il succédait à une série de juridictions souveraines. Lors de la réunion de Tournay à la France, il fut créé, en 1668, un conseil souverain comme ceux dont il sera bientôt parlé, lequel reçut la qualité de Parlement en 1686. Après la perte de Tournay, ce Parlement fut transféré à Cambrai en 1709, puis de là à Douai.

12° Le *Parlement de Nancy* fut le résultat de la dernière annexion importante qu'opéra l'ancien régime : il succéda à la cour souveraine de Lorraine et de Barrois, mais non sans difficulté. En effet, pendant que le duché de Lorraine était occupé par nos armes, sous Louis XIII et Louis XIV, le ressort en avait été attribué au Parlement de Metz; lorsque, à la mort du roi Stanislas, le duché fut définitivement réuni à la France, le Parlement de Metz réclama le ressort sur la Lorraine et le Barrois. En 1771, pour trancher la difficulté, il fut réuni et fondu avec la cour souveraine de Lorraine et établi à Nancy. Mais, en 1775, cette union fut dissoute, le Parlement de Metz rétabli dans sa ville et dans son ancien ressort, et, en même temps, la cour souveraine de Lorraine fut érigée en Parlement et fixée à Nancy.

Ces divers Parlements avaient été en général créés sur le type réduit du Parlement de Paris. Cela est vrai exactement de tous ceux qui furent établis jusqu'à la fin du xviᵉ siècle : ils avaient tous une grand'chambre, une ou plusieurs chambres des enquêtes, une chambre des requêtes et une tournelle criminelle (194). Pour ceux créés au xviiᵉ et xviiiᵉ siècles, il y eut souvent des organisations spéciales. Mais les Parlements de province différaient de celui de Paris en ce qu'ils n'étaient pas en même temps Cour des pairs, n'ayant point un collège féodal joint au corps des conseillers. Cependant, au xviiiᵉ siècle, à l'époque où se dégageait une

---

(194) La Roche-Flavin, *Treize livres*, l. I, ch. xv, n° 7 : « Au Parlement de Tholose, nous n'avons que six présidens en la cour, la grand'chambre, la tournelle, deux chambres d'enquestes, première et seconde, une chambre des requestes, et aux autres parlemens de même. »

doctrine, dont il sera parlé plus loin, d'après laquelle tous les Parlements ne formaient qu'un seul corps, divisé en plusieurs classes, certains Parlements de province prétendirent qu'ils pouvaient connaître des délits commis par un pair dans leur ressort, les autres pairs étant présents ou dûment convoqués.(195).

Outre les Parlements, il fut créé dans diverses provinces, au XVIIᵉ siècle, des cours de justice qualifiées *conseils souverains*. C'étaient des juridictions souveraines et qui, sous un autre nom, remplissaient les mêmes fonctions que les Parlements. Ce furent le *Conseil souverain de Roussillon*, continuant une cour établie avant l'annexion par les rois d'Espagne, et siégeant à Perpignan; et le *Conseil souverain d'Alsace*, érigé en 1679, et siégeant à Colmar. Il y avait aussi le *Conseil provincial d'Artois*, créé originairement par Charles-Quint, mais il n'avait qu'en partie la juridiction en dernier ressort (196).

§ 3. — LES TRIBUNAUX D'EXCEPTION. — LE MINISTÈRE PUBLIC.

I

Les juridictions royales, dont il a été parlé jusqu'ici, étaient des juridictions de droit commun, en ce sens qu'elles possédaient la compétence dans sa plénitude, pouvant juger tous les litiges dont la connaissance ne leur avait pas été enlevée par la loi. Mais il y avait à côté d'elles des juridictions d'exception nombreuses et importantes. J'entends désigner ainsi, non point des tribunaux d'occasion ou des justices privilégiées, mais des juridictions permanentes et régulières; seulement, c'étaient des tribunaux d'exception en ce sens qu'ils avaient été créés pour juger seulement une certaine classe de procès : leur compétence était réduite et limitée en vertu même de leur institution. Ils ne connaissaient que des matières dont la connaissance leur avait été formellement attribuée; aussi les appelait-on souvent *juridictions d'attribution*.

Les plus importantes de ces juridictions avaient été établies pour connaître des matières administratives. Il y avait parmi elles des cours souveraines, soit isolées, soit ayant sous elles une hiérarchie de cours inférieures dont elles recevaient les appels. Elles avaient en même temps une compétence criminelle accessoire, pour punir les délits qui se commettaient en violation des règles administratives dont elles avaient la garde. Au premier rang de ces

(195) Guyot, *Traité des droits, fonctions*, etc., II, p. 176 et suiv.; arrêtés des Parlements de Rouen et de Toulouse, 1764.
(196) *Répertoire* de Guyot, v° *Conseil provincial d'Artois*..

tribunaux étaient les Cours des comptes et les Cours des aides.
La *Chambre des comptes* de Paris était aussi ancienne, certains
disaient plus ancienne, que le Parlement de Paris et elle avait la
même origine (197). Les rois capétiens, lorsque leur domaine eut
grandi, furent amenés à faire vérifier périodiquement par des
délégués spéciaux les comptes de leurs agents financiers. Cela
avait lieu tout naturellement lors d'une réunion de la *Curia regis*.
Les délégués aux comptes étaient pris dans le personnel de cette
*Curia*, et ils étaient chargés, non seulement de vérifier les comptes, mais de trancher, sous l'autorité du roi, tous les incidents que
soulevait cette vérification, tous les litiges qui y étaient connexes
Ces délégués, les *gens des comptes*, comme on les appela, siégeaient anciennement au Temple, où se trouvait en dépôt le trésor
royal. Mais ce n'étaient point des fonctionnaires spéciaux et permanents. A la fin du xiiie siècle et au commencement du xive, le
système est le même. Ce sont quelques-uns des maîtres de la Cour
qui sont délégués pour entendre et juger les comptes. Dans les
listes se rapportant au début du xive siècle, qui nous sont parvenues, des membres sont choisis pour les comptes comme d'autres
sont désignés pour la Grand'Chambre et les Enquêtes (198). Mais
dans l'ordonnance de Philippe le Long de 1319, la Chambre des
comptes apparaît comme un corps permanent composé de membres en titre, de dignité diverse (199). La *Cour des aides* était une
cour souveraine établie pour statuer sur le contentieux en matière
d'impositions. Elle avait sous elle diverses séries de tribunaux,
dont elle recevait les appels : élections, greniers à sel, maîtres des
ports et bureaux des traites. Nous étudierons leurs origines en
exposant l'histoire des impôts. Comme le Parlement, la Cour des
Comptes et la *Cour des aides* de Paris étaient d'abord uniques de
leur espèce. Mais, comme le Parlement, et pour des raisons analogues, elles se multiplièrent. A la veille de la Révolution, il y

---

(197) Sur les origines de la Cour des comptes, voyez Le Paige, *Lettres hist*, II,
p. 217 et suiv.; — de Boislisle, *Premiers présidents ae la Cour des comptes*.
— R. Dareste, *La justice administrative en France*, p. 7 et suiv.; — Colonel Borelli
de Serres, *Recherches*, t. I, p. 183 et suiv.; t. II, sur la *comptabilité et Cour des
Comptes*; t. III le *Trésor royal*

(198) Liste postérieure à 1307, dans Langlois, *Textes*, p. 180; liste de 1316, dans
Du Tillet, *Recueil des grands*, p. 41.

(199) *Ord.* I, 783. — On disait couramment jadis et souvent on dit' encore que le
Parlement, le Conseil du roi et la Cour des comptes résultèrent de démembrements
successifs de la *Curia regis*. Il est plus exact de dire que ces trois corps se sont
formés successivement pour remplir trois ordres de fonctions auxquelles suffisait
d'abord le personnel de la *Curia*. Mais jusqu'au milieu du xive siècle, la *curia regis*,
de même qu'elle conserve en dehors des parlements sa compétence judiciaire, conserve
en dehors et au-dessus de la Chambre des comptes, quand celle-ci est organisée dans
la première moitié du xive siècle, des fonctions financières. Viard, *La Cour au com
mencement du* xive *siècle, Bib. de l'Ecole des chartes*, 1916.

avait douze chambres des comptes (200). Il fut aussi créé successivement un assez grand nombre de cours des aides; mais le nombre en fut peu à peu restreint. En 1770, il n'y en avait plus que cinq; en 1789, restaient seulement celles de Paris et de Montpellier (201). Très souvent la cour des aides avait été réunie à la cour des comptes ou au Parlement.

A côté des juridictions d'exception en matière administrative, dont je n'ai indiqué que les plus célèbres (202), il y en avait d'autres dont la compétence principale empiétait sur la justice en matière civile, commerciale ou criminelle. De celles-là était d'abord le *Grand conseil*, dont· l'origine sera indiquée plus loin (203). C'était aussi le cas des *Amirautés* de France. Les amirautés étaient des tribunaux où la justice était rendue au nom du Grand amiral de France et par ses lieutenants; elles comprenaient des sièges généraux ou supérieurs, en petit nombre, et des sièges particuliers ou inférieurs ressortissant aux premiers, dans tous les ports de quelque importance. Leur compétence avait été fixée définitivement, par l'édit de 1669, qui avait rétabli la charge de Grand amiral, et par l'ordonnance sur la marine de 1681 : elle comprenait, comme droit public, tout ce qui concernait la police et l'administration de la marine, et, comme droit privé, tout ce qui concernait le commerce maritime (204). Les *juges consuls*, ou tribunaux consulaires, jugeaient aussi en matière commerciale, mais pour le commerce de terre. Ce fut en 1563 seulement que l'institution proprement dite des juges consuls fut établie pour la ville de Paris (205); puis, par des décisions particulières, des juridictions semblables furent successivement créées dans les principales villes commerçantes (206). Mais, en réalité, les origines de ces juridictions, propres aux marchands d'une ville, sont beaucoup plus anciennes. Elles remontent à d'anciennes juridictions municipales,

(200) P. **Boiteau**, *Etat de la France en 1789*, p. 326.

(201) En 1770, Paris, Montpellier Bordeaux, Clermont-Ferrand, Montauban (*Almanach royal* de 1771). Pour 1787, voir Boiteau, *op. cit.*, p. 327.

(202) Je signale seulement les juridictions des eaux et forêts, la connétablie et maréchaussée de France au siège de la table de marbre, la cour des Monnaies; voyez Lange, *Pratique*, 1re partie; — R. Dareste, *La justice administrative en France*, p. 7-58; — G. Le Barrois d'Orgeval, *Le tribunal de la connétablie de France, du XIVe siècle à 1790*, thèse, 1917; — P. Viollet, *Le roi et ses ministres*, 1912, p. 305 et 314 et suiv.

(203) Ci-après ch. II, à propos des attributions judiciaires du Conseil du roi. — Sur la compétence du Grand conseil, Lange, *op. cit.*, I, p. 77.

(204) Sur les amirautés, voir Piganiol de la Force, *op. cit.*, I, p. 438, et Lange, *op. cit.*, I, p. 62 et suiv.; — P. Viollet, *Le roi et ses ministres*, 1912, p. 425 et suiv.

(205) Edit de novembre 1563 (Isambert, *Anc. lois*, XIV, 153).

(206) Voyez le tableau de ces villes avec les dates des érections, Boiteau, *op. cit.*, p. 324. On peut constater qu'il y eut deux générations, pour ainsi dire, de tribunaux consulaires, créés, les uns dans la seconde moitié du XVIe siècle à partir de 1563, les autres de 1704 à 1720. — Voir P. Viollet, *Le roi et ses ministres*, p. 308 et suiv.

et le nom de consuls, répandu dans toute l'Europe latine, avec cette acception, en est une marque extérieure (207). Les juges consuls de Paris, qui furent institués les premiers, avaient pour prédécesseurs les juges du Parloir aux Bourgeois, dont il a été dit un mot précédemment (208). Lyon avait eu aussi antérieurement sa juridiction des 'foires (209). De cette origine municipale, les tribunaux consulaires prirent aussi, probablement, un de leurs traits distinctifs, l'élection des consuls par les notables commerçants.

Les tribunaux des *prévôts des maréchaux de France* étaient des juridictions d'exception très importantes en matière criminelle; ils sont restés célèbres sous le nom de *Justices prévôtales*. Les maréchaux de France avaient, de haute ancienneté, une juridiction importante sur les hommes composant l'armée, qu'ils faisaient exercer par un prévôt : mais cette juridiction, qui subsista (210), ne fut point l'origine des tribunaux criminels dont je m'occupe ici (211). Les maréchaux eurent, en outre, sous leurs ordres, dans le cours du xive siècle, des troupes d'archers conduites par des capitaines, lieutenants ou prévôts, chargés de maintenir l'ordre dans les pays où séjournaient les troupes, et spécialement de saisir les pillards et maraudeurs qui suivaient l'armée (212). Les ordonnances du xive siècle et de la première moitié du xve nous montrent ces prévôts et capitaines faisant acte de juridiction, non seulement à l'égard des maraudeurs, mais encore à l'égard des habitants,

(207) Jean Toubeau, *Institutes du droit consulaire*, Paris, 1682, l. II, tit. II.

(208) Ci-dessus, p. 299. Ce qui montre bien le précédent, c'est que la juridiction du prévôt des marchands et des échevins de Paris, qui subsista, continua de connaître « des causes des marchands pour fait de marchandise arrivée par eau sur les ports de la ville de Paris... des délits commis par les marchands ». Lange, *Pratique*, I, p. 71.

(209) Edit de juillet 1669, portant règlement sur la juridiction des foires de Lyon (Isambert, *Anc. lois*, XVIII, 211), préambule : « La juridiction de la conservation desdits privilèges est une des plus anciennes et considérables justices du royaume sur le fait des foires et du commerce; *elle a servi d'exemple pour la création des juridictions consulaires de notre bonne ville de Paris et des autres de notre dit royaume.* » En 1655, cette juridiction avait d'ailleurs été unie et incorporée au corps consulaire de Lyon créé en 1595.

(210) Boutillier, *Somme rurale*, I, tit. XVII, p. 75; — Benedicti, *Repetitio*, part. I, p. 101 : « Qui etiam in exercitu (marescalli) præpositum habent, qui præpositus marescallorum vulgari eloquio nuncupatur, crimina belligerorum coercens. » — Lange, *Pratique*, I, p. 60. — Sur ce prévôt, voir Le Barrois d'Orgeval, *Le tribunal de la connétablie*, p. 85 et p. 175 et suiv.

(211) Cependant il est certain qu'au xve siècle les agents dont il s'agit étaient parfois choisis par le prévôt central des maréchaux comme ses délégués ou lieutenants. Nous voyons ainsi le fameux Tristan Lhermite, qui, de 1467 à 1477, exerça la charge de prévôt central des maréchaux de France, se nommer des lieutenants pour instruire ou juger une affaire; voyez les documents publiés par M. Lecoy de la Marche dans la *Revue de l'art chrétien*, 1892, t. II, 5e livraison.

(212) Benedicti, *Repetitio*, part I, p. 101 : « Habent etiam marescalli capitaneos sub se seu armigerorum duces. Quorum quidam vocantur tribuni quorum quilibet præest mille hominibus, alii sunt centuriones... alii dicuntur quinquagenarii..., alii decani. »

qu'ils cherchent souvent à distraire de leurs juges naturels; il y a
là des abus contre lesquels proteste le pouvoir royal, mais en
même temps une juridiction qui s'établit (213). Cependant, à la
fin du xive siècle, cette juridiction était encore extraordinaire et
passagère, car les prévôts des maréchaux n'avaient point été établis
à poste fixe, avec des circonscriptions déterminées (214). Cette
transformation s'accomplit dans la seconde moitié du xve siècle;
elle résulta peut-être de la création d'une armée permanente, représentée par les compagnies d'ordonnance. Les prévôts des maréchaux devinrent des fonctionnaires répartis dans les provinces où
logeaient les troupes, et chargés avec leurs hommes, les archers
de la maréchaussée, de maintenir l'ordre et la paix publique (215).
Ils devinrent, en même temps, juges criminels, non point avec
compétence générale, mais pour certains crimes et délits, dont
quelques-uns rappelaient leurs fonctions originaires, dont beaucoup n'avaient aucun rapport avec les choses de la guerre. Dès
lors, ce fut une partie importante du droit criminel que la détermination des *cas prévôtaux*, c'est-à-dire des infractions, que pouvaient juger les prévôts des maréchaux. On les divisa en deux
classes (216). Les uns étaient cas prévôtaux par la *qualité du délit*,
quelle que fût la personne qui l'eût commis; c'étaient les graves
attentats contre la sûreté publique, dont le type principal se trouvait dans les excès commis sur les grands chemins à main armée.
Dans les ordonnances du xvie siècle, figurent toujours aussi le pillage et la maraude, commis par des soldats ou rôdeurs, « les gens
d'armes tenans les champs et mangeans la poule du bonhomme,
et vivans sur le peuple ». Les autres cas prévôtaux l'étaient par
la *qualité des accusés* : c'étaient les crimes et délits, quels qu'ils
fussent, commis par les vagabonds et gens sans aveu, et par les
repris de justice. Cette justice prévôtale avait dans l'ancienne
France un renom terrible. Elle le devait en partie à la sévérité
naturelle du juge, qui était soldat en même temps que magistrat,
et qui avait le plus souvent comme justiciables la lie de la population, ce qu'on appelait le « gibier des prévôts des maréchaux »;
mais elle le devait aussi à certaines règles juridiques qui lui
étaient propres. La procédure, en principe, devait y être la même

(213) Lettres du 18 août 1351 (*Ord*, IV, 95); ordonnance de 1356, lettres du 5 mai
1357 (*Ord*. III, p. 112, 164); règlement du 22 juin 1373 (*Ord.*, V, p. 616).

(214) Papon, *Recueil d'arrêts notables*, l. IV, tit. XI, n° 2. — Le règlement de 1373
(*Ord.*, V, p. 617) veut que « nos subgez ne soient adjournez pardevant nos dits mareschaux, leurs lieutenants, prévos ou officiers lors que en notre dicte ville de Paris, et
non ailleurs, adfin que mieux leur bon droit leur soit gardé et deffendu. »

(215) Règlement du 20 janvier 1514, spécialement art. 15 et 34 (Isambert, *Anc lois*,
XII, p. 2 et suiv.).

(216) Esmein, *Histoire de la procédure criminelle*, p. 42, 218 et suiv., 385.

que devant les tribunaux criminels de droit commun (217); mais elle présentait ce caractère particulier, que le jugement était sans appel (218). Cette exclusion de l'appel s'expliquait historiquement par des considérations dans lesquelles je ne puis entrer ici (219) : mais elle ne présentait pas moins un contraste frappant avec la procédure des autres tribunaux criminels, où l'appel était toujours de droit et même était devenu nécessaire, obligatoire, lorsque la peine prononcée était grave. Cependant, certaines garanties restaient aux accusés contre les abus de cette justice. D'abord, les prévôts des maréchaux n'étaient pas juges de leur propre compétence; ils devaient la faire juger et reconnaître, dans chaque affaire, par le siège présidial le plus voisin. De plus, ils ne jugeaient pas seuls; ils devaient s'adjoindre un certain nombre de magistrats royaux, pris dans un bailliage, ou, à leur défaut, de gradués en droit. Enfin, les cas prévôtaux pouvaient aussi être portés devant les présidiaux, qui avaient à cet égard une compétence concurrente à celle des prévôts, et, pour cette raison, on les appelait également *cas présidiaux*.

L'organisation des justices royales, telle que j'en ai montré le développement complet, resta en vigueur jusqu'à la fin de l'ancien régime. Deux retouches partielles d'une assez grande importance furent seulement tentées, l'une en 1771, lors du coup d'Etat du chancelier Maupeou, l'autre en 1788, à la veille de la Révolution. Mais la première fut éphémère; les institutions qui en avaient été le résultat disparurent peu après l'avènement de Louis XVI; la tentative de 1788 resta sur le papier et n'aboutit point à une application effective. L'une et l'autre sont des incidents qui se rapportent à l'activité politique des Parlements et aux conflits qu'elle entraîna : j'en réserve l'étude pour le chapitre où j'exposerai cette question. Mais il est un organe auxiliaire qui, de bonne heure, vint compléter l'organisation judiciaire que j'ai décrite et dont il faut parler ici. Ce sont les procureurs et avocats du roi, qui ont donné naissance à l'institution du ministère public.

---

(217) Mais il fut bien difficile en fait d'amener les prévôts des maréchaux à respecter les règles qui leur étaient dictées; voyez les arrêts contenus dans le recueil de Papon, 1. IV, tit. XI, Imbert, *Pratique*, édit. Guenois, Paris, 1616, p. 827 . « Jaçoit que par arrest de la cour donné le 9ᵉ jour de février 1524, il soit enjoint auxdits prévosts d'exercer par eux-mêmes leurs offices et de non y commettre lieutenans, néantmoins ils font tous les jours le contraire. »

(218) A partir de 1647 les prévôts des maréchaux purent juger aussi, en dehors des cas prévôtaux, certaines autres affaires criminelles, mais alors à charge d'appel. *Ord* de 1651, Isambert, XVII, p. 279, art. 18. Le Barrois d'Orgeval, *Le tribunal de la connétablie*, p. 183.

(219) Esmein, dans la *Revue critique de législation et de jurisprudence*, mai 1884, p. 363-364.

## II (220).

Le mot procureur, *procurator*, désigne en droit la personne qui en représente une autre en justice. Mais, dans la procédure des cours féodales, qui, comme l'ancienne procédure romaine des *legis actiones*, exigeait en principe la comparution personnelle des parties, le droit de se faire représenter en justice constituait un privilège. En principe, il appartenait aux seigneurs laïques ou ecclésiastiques, mais à eux seulement (221); quant aux autres, ils ne l'obtenaient que par une grâce, une concession particulière de l'autorité souveraine (222). Les seigneurs importants usaient de cette prérogative et se faisaient représenter par un procureur lorsqu'il s'agissait de faire valoir leurs droits devant des tribunaux autres que les leurs (223), parfois même devant leurs propres justices : cependant, en ce dernier cas, anciennement, c'était d'ordinaire le juge lui-même qui faisait valoir les droits de son seigneur devant son conseil. Les procureurs ainsi choisis étaient tantôt *spéciaux*, tantôt *généraux* (224), suivant qu'ils avaient reçu pouvoir de représenter le seigneur dans une seule affaire ou dans toutes celles qu'il pourrait avoir devant une juridiction déterminée; mais tous étaient simplement des mandataires et des hommes d'affaires. Pendant longtemps on ne voit point le roi de France employer de tels procureurs : il ne requérait que devant sa cour ou devant les justices seigneuriales de son domaine; et, dans un cas comme dans l'autre, il était représenté par ses officiers de justice, baillis ou prévôts (225). Mais, vers la fin du XIIIe siècle, on voit aussi apparaître des procureurs du roi proprement dits, spéciaux (226) ou

(220) Aubert, *Le Parlement de Paris*, t. I, ch. IX; *Les gens du roi*; — Du même, *Le ministère public de Saint Louis à François Ier*, dans la *Nouvelle revue historique de droit*, 1894, p. 487 et suiv. — Du même, *Recherches sur l'organisation du Parlement de Paris, Nouv. revue hist. de droit*, 1912, p. 179 à 190; — Saulnier de la Pinelais, *Les gens du roi au Parlement de Bretagne*, 1553-1790, Paris, 1902.

(221) Même devant la cour du roi de France cela n'allait pas sans difficultés pour les plus grands seigneurs; voyez, pour le duc de Guyenne, Langlois, *Textes*, p. 107.

(222) Au XIVe siècle, les lettres de grâce étaient encore nécessaires; Aubert, *op. cit.*, I, p. 250.

(223) Voyez les procureurs du duc de Guyenne à la cour de France, Langlois, *Textes*, p. 65, 92, 113, 133. 146, — Le Paige, *Lettres hist.*, II, p. 194 et suiv.

(224) *Privilegia curiæ Remensis*, dans Varin, *Archives législatives de la ville de Reims*, Coutumes, I, p. 6

(225) Le Paige, *Lettres hist.*, II, 195

(226) Aubert, *op. cit.*, I, p. 201 et suiv. C'est certainement un procureur de cette espèce qui figure en 1278 au Parlement: *Olim*, II, p 112, n° VIII. — Tanon, *Histoire des justices des anciennes églises de Paris*, p. 387; p. 360 : « L'an de grâce MCCIIIIxx et IX, le samedi après la Nativité Nostre-Dame, feusmes admonestez par Renaut de la Monnaie, *procureur especial nostre seigneur le roi*, de fere enteriner le commandement nostre seigneur le roi de la monnoie. » — Quant à Julianus de Perona et Johannes de Ulliaco, que M. Aubert (*Le ministère public de Saint Louis à François Ier*, loc. cit., p. 488, note 2) donne comme ayant exercé la charge de procureur

généraux. A cette époque et au commencement du xiv⁰ siècle, les procureurs généraux eux-mêmes ne sont pas encore des fonctionnaires publics; ils sont de la même condition que les procureurs des seigneurs ou des particuliers (227). Mais, dans le premier tiers du xiv⁰ siècle, cela devint une fonction, un organisme régulièrement constitué; il y eut des procureurs du roi dans tous les bailliages ou sénéchaussées. L'institution cependant ne s'était point établie sans opposition; même en 1318 les procureurs du roi furent supprimés par une ordonnance, sauf dans les pays de droit écrit (228). Mais ce ne fut qu'une réaction éphémère, et l'institution prit racine définitivement. En même temps, le terme de *procureur général* prit une acception nouvelle et qu'il a gardée. Tous les procureurs du roi en titre étaient devenus des *procureurs généraux* au sens ancien du mot, puisque, dans leur circonscription, ils étaient chargés de faire valoir tous les intérêts du roi, mais on réserva ce titre au procureur du roi près d'un Parlement ou autre cour souveraine (229). Les procureurs du roi, originairement, n'avaient point de subordonnés et n'avaient point de supérieurs, mais une hiérarchie s'établit qui comportait l'un et l'autre. Trop chargés de besogne, ils se choisirent des suppléants qu'ils substituaient en leur lieu et place (230) : ces substituts, d'abord simples délégués, agréés par le tribunal devant lequel ils devaient requérir (231), devinrent plus tard des officiers en titre sous l'autorité du procureur du roi. D'autre part, les procureurs du roi étaient d'abord complètement indépendants du procureur général près la

du roi en Parlement en 1259 et 1260, s'ils parlent souvent au nom du roi, il est visible, cependant, que ce sont simplement deux membres du Parlement. Voyez *Olim*, I, spécialement p. 75, 76, XXIX; p. 128, Ví; plusieurs fois ils interviennent conjointement.

(227) Le Paige, *Lettres hist.*, II, 196, 197. Ils devaient, comme les particuliers, prêter, dans la cause qu'ils intentaient, le serment de calomnie. Ordonnance du 23 mars 1302, art. 20 (*Ord.*, I, p. 360).

(228) Esmein, *Histoire de la procédure criminelle*, p. 101 et suiv.; — Aubert, *op. cit*, I, p. 202.

(229) Selon Le Paige (II, p. 99), le terme « procureur général » avec ce sens technique ne paraît qu'en 1344; mais le *Stylus curiæ parlamenti* de Guillaume du Breuil (ch. iv, § 14, édit. Du Moulin), à propos d'une revendication dirigée contre le roi, distingue très bien le « procurator regius generalis per regem constitutus in parlamento » et le « procurator regius patriæ in qua res sita est », en se rapportant à un arrêt de 1325. — Cf. Aubert, *op. cit*, I, p. 206.

(230) Cette faculté de se substituer quelqu'un paraît avoir toujours appartenu au procureur du roi, car elle dérivait de la théorie du mandat et elle apparaît dans l'ordonnance du 23 mars 1302, art. 20 (*Ord.*, I, p. 360) : « Et si contingat ipsos (procuratores nostros) facere substitutos ipsis substitutis satisfaciant. » Dans ce sens, M. Aubert (*op. cit.*, I, p. 206) a donc raison de dire : « Les substituts ont été très probablement institués en même temps que les procureurs. » Mais cela serait faux, s'il entend par là les substituts en titre d'office. Les substituts du procureur général ne furent créés en titre d'office qu'en 1585, et ceux des procureurs du roi en 1616 (Isambert, *Anc. lois*, XIV, 601; XX, 266).

(231) Fagniez, *Fragments d'un répertoire de jurisprudence parisienne* (dans *Mémoires de la Société de l'histoire de Paris*, XVIII), nᵒˢ 15, 131, a. 1425 et 1396.

cour souveraine dont dépendaient les tribunaux auxquels ils
étaient attachés (232); mais, dans la suite, ils furent mis sous l'autorité et la surveillance du procureur général (233). Peu à peu,
il y eut des procureurs du roi non seulement devant les juridictions royales de droit commun, mais aussi devant les juridictions
d'exception et des procureurs généraux près de toutes les cours
souveraines. Le roi eut aussi des procureurs près des juridictions
ecclésiastiques ou officialités, où ils étaient chargés de veiller à ce
que les droits royaux ne fussent pas entamés (234). Il n'y eut pas
cependant de procureur du roi devant les juridictions seigneuriales : les seigneurs avaient des *procureurs fiscaux* qui y remplissaient un rôle analogue, et qui étaient contrôlés par les officiers
royaux.

En même temps qu'apparaissent les procureurs du roi, on voit
aussi apparaître des avocats du roi. En 1302, le célèbre Pierre
Dubois était avocat royal au bailliage de Coutances (235). Pendant
longtemps, ce ne furent point des fonctionnaires, mais simplement
des avocats ordinaires, auxquels le roi donnait sa clientèle. La
grande ordonnance de 1498 leur défendait seulement encore de
consulter au profit d'autres personnes contre les intérêts
royaux (236). Cependant, dès le commencement du XVIe siècle, le
pouvoir royal tendait à interdire aux avocats du roi de consulter
pour le public (237); cela devint une règle ferme pour les avocats
royaux des cours souveraines par l'ordonnance de Blois de 1579;
mais les avocats du roi près des cours inférieures purent encore
postuler et consulter pour les particuliers dans les causes où le
roi n'était pas intéressé (238). Néanmoins, les uns et les autres
étaient devenus des fonctionnaires royaux.

(232) Le Paige, *Lettres hist.*, II, 198 : « Il subsiste encore actuellement un document de cette ancienne fraternité entre le procureur général et les autres procureurs
du roi dans le cérémonial des lettres qu'il leur écrit; il les termine par ces mots :
« Je suis, Monsieur le Procureur, votre frère et ami. »

(233) Aubert, *Le ministère public de Saint Louis à François Ier*, loc. cit., p. 507,
note 2 : « Au XVIe siècle, le procureur général appelle souvent les procureurs généraux des bailliages et sénéchaussées ses substituts »

(234) Jacques Du Hamel, *De la police royale sur les personnes et les biens ecclésiastiques*, dans les *Traitez des droits et libertés de l'Église gallicane*, édit. 1731, t I,
p. 321 et suiv.

(235) *De recuperatione Terræ Sanctæ*, de Pierre Dubois, édit. Langlois, p. v, vii.
Sur les avocats du roi, voyez Aubert, *Le ministère public de Saint Louis à François Ier*, loc. cit., p. 516 et suiv.; — Aubert, *Recherches sur l'organisation du Parlement de Paris*, Nouv. revue hist. de droit, 1912, p. 190-193; — Lefèvre, *Les avocats
du roi depuis les origines jusqu'à la Révolution*, thèse, 1912.

(236) Isambert, *Anc. lois*, XI, 344

(237) On a une lettre de 1526, de François Ier au célèbre avocat Pierre Lizet, qui
faisait les fonctions d'avocat général. Le roi lui avait, à ce titre, promis une pension annuelle de 500 livres, outre ses gages ordinaires, « à ce qu'il n'allât aux consul-
tations des parties ». Mais la pension ne pouvant être payée, vu la pénurie du trésor,
le roi lui rendit le droit de consulter pour les particuliers (Isambert, *Anc. lois*,
XII, 273).

(238) Art 115.

Les procureurs du roi avaient pour fonctions générales d'intenter les actions au nom du roi lorsqu'il y avait lieu, et de défendre à celles qui étaient dirigées contre lui; en outre, d'intervenir, et de requérir dans toutes les causes où le roi était intéressé. Cela faisait que tantôt ils figuraient comme partie principale, tantôt comme partie jointe, lorsqu'ils appuyaient un plaideur, partie principale. L'intérêt royal qu'ils étaient chargés de faire valoir fut d'ailleurs successivement entendu de diverses manières. Tout d'abord, on ne prit en considération que les droits pécuniaires de la royauté; puis, le roi étant considéré comme le représentant de l'intérêt public, c'est l'intérêt public même que ces procureurs et avocats furent appelés à défendre devant les tribunaux.

### § 4. — LA VÉNALITÉ ET L'HÉRÉDITÉ DES OFFICES (239).

On n'aurait pas une notion complète de l'ancienne organisation judiciaire, si l'on ne savait comment étaient conférées cette multitude de charges qui avaient été successivement créées dans les justices royales. Elles étaient devenues vénales et héréditaires; c'est là un fait d'une importance capitale, dont il faut rechercher les origines et la portée.

La vénalité précéda l'hérédité, qui compléta le système. Elle se présenta d'ailleurs successivement sous des formes diverses. Ce qui apparut d'abord, ce fut l'usage par les officiers royaux de céder leur charge moyennant un prix : cette pratique, occulte en ce sens que le prix payé restait dans l'ombre, la cession paraissant gratuite, n'était qu'un abus, non une institution publique; elle était simplement tolérée par le pouvoir royal. Puis, la vénalité apparut au grand jour et devint officielle : elle fut pratiquée par le pouvoir royal lui-même, qui prit finance de ceux auxquels il conférait des charges vacantes; il permit aussi, moyennant un droit à son profit, la cession à titre onéreux de la part des officiers en place.

I

La cession des offices de judicature par les officiers qui les occupaient paraît avoir commencé par le haut de la hiérarchie, c'est-à-dire par les conseillers au Parlement. Cela vint surtout de ce que les charges de ces derniers furent les premières consolidées

(239) Loyseau, *Traité des offices*, l. I, ch. xi; l. II, ch. i; l. IV, ch. vii; — Pasquier, *Recherches de la France*, l. II, ch. iv; l. IV, ch. xvii; — La Roche-Flavin, *Treize livres des parlements*, l. II, ch. vi et vii. VI; — Aubert, *Recherches sur l'organisation du Parlement de Paris, Nouv. revue hist. de droit*, 1912, p. 201 et suiv.; — Maugis, *Histoire du Parlement de Paris*, I, p. 1 à 269 (résumé dans la *Nouv rev. hist. de droit*, 1914-15, p. 660-662), et III, p. 213-243.

et rendues perpétuelles, au milieu du xiv<sup>e</sup> siècle. Les prévôtés étaient, nous l'avons vu, soumises à cette époque à un régime spécial de fermes à temps; les baillis étaient des hommes de confiance qui restaient d'ordinaire peu longtemps dans la même circonscription. Deux causes amenèrent ou favorisèrent cette pratique. Ce fut, en premier lieu, l'exemple de ce qui se passait pour les bénéfices ecclésiastiques. Le droit canonique avait admis la faculté pour le titulaire d'un bénéfice ecclésiastique de s'en démettre en faveur d'une personne déterminée, capable de le tenir : cette *resignatio in favorem alicujus* était valable pourvu qu'elle fût approuvée par le pape, afin d'écarter tout soupçon de simonie (240). Rien ne parut plus naturel que de traiter à cet égard l'office de judicature comme le bénéfice ecclésiastique et de permettre ici aussi la *resignatio in favorem*. Il y avait bien une différence importante, en ce que la *resignatio* du bénéfice devait être essentiellement gratuite; mais cette différence n'apparaissait pas au dehors; car, comme on le verra plus loin, le magistrat, pendant longtemps, dut jurer, lors de son installation, qu'il n'avait rien donné ni payé pour être pourvu de son office. Ce qui montre clairement l'influence de la théorie bénéficiale sur la cession des offices, c'est que celle-ci fut aussi désignée par le terme de *resignatio*, et l'on transporta purement et simplement à cette dernière résignation certaines règles que la chancellerie apostolique avait édictées pour la *resignatio in favorem* des bénéfices. — La seconde cause agissante résulta d'une mesure libérale prise par le pouvoir royal et dont le but était tout autre. Pour pourvoir aux charges vacantes du Parlement, les ordonnances de la seconde moitié du xiv<sup>e</sup> siècle demandèrent à ce corps lui-même des présentations, et même, dans les dix-huit premières années du xv<sup>e</sup> siècle, cela devint une élection proprement dite; le Parlement élisait ses membres (241). Ce système d'élection, étant donnée la force de l'esprit de corps, favorisa grandement la vénalité, et même l'hérédité; à la place du conseiller démissionnaire, la cour élisait celui au profit duquel il avait résigné; à la place du conseiller défunt, elle élisait son héritier (242).

Lorsque Charles VII, vainqueur des Anglais, ramena à Paris

(240) Friedberg, *Lehrbuch des Kirchenrechts*, 3<sup>e</sup> édit., p. 318.
(241) Pasquier, *Recherches de la France*, l. IV, ch xvii, p 189; — La Roche-Flavin, *Treize livres*, l. X, ch. xxx, p. 610; — Hémar, *Les élections au Parlement* (discours de rentrée du 3 nov. 1874); — Aubert, *op. cit.*, t. I, ch. iii — Jusqu'en 1408, les candidats se présentent munis de lettres du roi « qui en distribue sans compter, plus attentif aux recommandations des princes et des grands qu'aux titres personnels des concurrents ». Cette libéralité du roi étendait les limites du choix de la cour. En 1408, il y a élection véritable, à laquelle la cour procède dès la nouvelle de la vacance. Maugis, *Histoire du Parlement*, I, p. 11 et suiv.
(242) Aubert, *op. cit.*, t. I, p. 63 et suiv.

son Parlement qui, pendant la lutte, avait siégé à Poitiers, il rétablit le choix direct des conseillers par le roi (243); mais la pratique des résignations n'en subsista pas moins : elle était répandue sous ce règne et parfaitement établie sous le règne suivant (244). Elle s'était étendue aux offices des baillis (et de leurs lieutenants) et des prévôts, lorsqu'ils furent devenus perpétuels. Il fallait, pour cela, que le pouvoir royal les admît; mais, cédant au courant et à l'opinion, il les admettait en effet. On trouve dans les textes officiels la constatation de cet abus, aussi bien sous Charles VII (245) qu'au début du règne de François Ier (246). Mais, jusque-là, c'était simplement une tolérance, et le trafic même était dissimulé. François Ier transforma cela en un système légal, s'étalant au grand jour, et la royauté elle-même donnait l'exemple. La cause du régime qu'il institua et des développements ultérieurs qu'il devait recevoir fut des plus simples : le désir de satisfaire aux besoins du trésor, sans créer de nouveaux impôts. Mais cette organisation monstrueuse n'aurait pas pu s'établir sans les précédents qui ont été signalés. François Ier commença ouvertement à vendre, c'est-à-dire à conférer, moyennant finance, les offices royaux nouvellement créés ou devenus vacants, et établit, dans ce but, en 1522, une administration particulière, sous le nom de

(243) Le Parlement résista de son mieux. Il sauva momentanément son droit sous la forme atténuée d'une présentation de deux candidats pour chaque place vacante Mais ses prérogatives sont fréquemment violées et disparaissent définitivement sous Henri II. Maugis, op. cit., I, liv. I, ch. 3 à 9.

(244) Commines, Mémoires, l. I, ch. vi : « Offices et estats sont plus désirés en ceste cité qu'en nulle autre du monde; car ceux qui les ont les font valoir ce qu'ils peuvent et non pas ce qu'ils doivent. Et a offices sans gages qui se vendent bien huit cens escus, et d'autres où il y a gages bien petits qui se vendent plus que les gages ne sauroient valoir en quinze ans Peu souvent advient que nul ne se desapointe et soutient la cour de Parlement cet article. »

(245) Arrêt du Conseil du roi, du 16 mai 1455 (dans Noël Valois, Le Conseil d'Etat, p. 288) : « Sur la requeste faicte par M. Anthoine Malbosc, notaire royal... qu'il plust au roy recevoir la résignation que Me Pierre Foull, procureur de l'inquisicion des hereges à Carcassone, veut faire dudit office au prouffit dudit Malbosc : combien que l'on pourroit dire que, en ceste partie, les ordonnances se devroient garder, et que, selon icelles, on devroit escripre aux officiers, toutes voyes, pour ce que ce n'est pas office de grant pris... a semblé que, ces choses considérées, ladite résignation peut bien estre receue pour ceste foiz. ;» — Ordonnance de Montil-lez-Tours, (1453, art. 84) : « Pour ce que nous avons entendu que plusieurs pour avoir et obtenir de nous aucuns offices de judicature au temps passé durant les guerres et divisions ont offert et payé plusieurs sommes de deniers à plusieurs de nos officiers et conseillers et par ce moyen ont obtenu les dicts offices. » — Lorsque sous Charles VIII, conformément au vœu des Etats de Tours, on revint momentanément au système de l'élection ou présentation pour le choix des magistrats, les résignations durent être admises d'autant plus facilement par le pouvoir royal, car en cas de résignation il n'y avait pas lieu à élection; le roi nommait directement le résignataire. Aubert, Le ministère public de Saint Louis à François Ier, loc. cit., p. 491, 492.

(246) Parmi les pouvoirs que François Ier confère, en 1515, à sa mère pendant son absence (Dupuy, De la majorité des rois, I, p. 457), figure celui « de recevoir et admettre les résignations de ceux qui tiendront aucuns offices. » Cf. les pouvoirs de la régente en 1523 (Isambert, Anc. Lois, XII, p. 211).

Bureau des parties casuelles (247). Au début, ce ne furent cependant que les offices se rapportant aux finances qui furent ainsi conférés ; mais, bientôt il en fut de même pour les offices de judicature. Pour ces derniers, pourtant, on prit un détour : on présenta comme un emprunt forcé la finance que le roi exigeait des pourvus (248). En même temps, un édit de 1529 enlevait au Parlement, pour l'attribuer au Grand Conseil, la connaissance des procès concernant les offices (249), afin d'avoir un instrument plus docile aux volontés du roi.

La pratique des résignations continuait; mais elle ne fut pas reconnue comme légale dans la première moitié du xvi° siècle; elle contrariait les intérêts du trésor, en diminuant le nombre des cas où le roi pouvait librement disposer des offices. Mais le pli était pris, et, comme dit Loyseau, « le roi, ayant vendu un office, ne pouvait pas, par puissance ordinaire, et selon justice, en refuser après la résignation faite à temps opportun et à personne capable » (250). Aussi, Charles IX se décidat-il à la permettre ouvertement et légalement, moyennant le paiement d'un droit très fort au trésor royal (251).

Dès lors, le système de la vénalité était complet; mais il ne s'était point établi sans protestations. Dès 1356, on trouve des plaintes formulées à cet égard par les Etats généraux (252). Mais c'est surtout aux Etats si remarquables de 1484 que les critiques furent vives et précises, et le Parlement, d'ailleurs, s'y associa (253). Aussi, les grandes ordonnances de 1493 et de 1498, qui furent rendues sur les cahiers de ces Etats, prohibèrent absolument la

(247) Loyseau, *Offices*, l. III, ch. ι, n° 91. — « Le roi François Iᵉʳ, successeur de Louis XII, pratiqua tout ouvertement et sans restriction la vénalité publique des offices... érigeant le bureau des parties casuelles en l'an 1522 pour servir de boutique à cette marchandise. »

(248) Loyseau, *Offices*, l. III, ch. ι, n° 93 : « Enfin toutefoys, sous luy (François Iᵉʳ) ou ses successeurs, la vénalité s'est glissée même à l'égard des offices de judicature, qui ont été mis en taxe aux parties casuelles, non pas du commencement comme ceux des finances, mais par forme de prest seulement; mais c'estoit un prest à jamais rendre et plustost une vente déguisée de ce nom; aussi à la fin de nostre temps seulement on a confondu es parties casuelles la vente des offices de finance avec ceux de judicature. »

(249) Edit du 25 octobre 1529 (Isambert, *Anc. Lois*, XII, 332).

(250) Loyseau, *Offices*, l. III, ch. ιιι, n° 12. Il ajoute : « Aussi cette faculté de résigner a toujours esté permise depuis que la vénalité des offices a esté introduicte, mesme estoit autrefoys pratiquée... gratuitement et sans payer finance. ». — Tessereau, *Histoire chronologique de la grande chancellerie de France*, Paris, 1676, rapport de Poyet, le futur chancelier, p. 91 : « Il se voit que depuis l'an 1535 jusqu'en 1539 il signa les taxes de résignation des offices arrêtées au Conseil. »

(251) Voyez ordonnance du 12 novembre 1567, déclaration du 22 juillet 1568 et édit de juin 1568 (*Ordonnances* de Fontanon, II, p. 561, 563, 564). Loyseau observe (*Offices, loc. cit.*) : « De sorte que, comme les guerres d'Italie ont été cause de la vente des offices, aussi les guerres civiles ont causé la vente des résignations. »

(252) Picot, *Histoire des Etats généraux*, I³, p. 114.

(253) Picot, *op. cit.*, II², 29 et suiv.

vénalité et rétablirent, pour le choix des magistrats, un système d'élection ou plutôt de présentation par les corps où la vacance s'était produite (254). Aux Etats généraux de la seconde moitié du xvi⁰ siècle, les protestations reparurent plus ardentes, puisque la vénalité avait grandi et s'était affirmée (255). Les ordonnances d'Orléans et de Moulins, sous Charles IX, et de Blois, sous Henri III, condamnèrent formellement la vénalité et établirent soit l'élection, soit la présentation des magistrats par les corps judiciaires (256). Mais, comme dit Etienne Pasquier, « tous ces derniers esdicts ont été esdicts de parade, sans effet, car jamais la vénalité des estats ne fut en si grand desbord, comme sous le règne d'Henri III » (257). Cependant, pendant tout le cours du xvi⁰ siècle, le magistrat dut prêter le serment qu'il n'avait acheté sa charge ni directement, ni indirectement, ce qui l'obligeait à commencer sa carrière par un parjure. « Mais le Parlement, ayant reconnu qu'il ne falloit plus en ce siècle espérer de réformation à cet esgard, a justement aboli ce serment en l'an 1597, peu après l'assemblée tenue à Rouen pour la réformation de la Justice. » (258).

II

Les charges étaient ainsi devenues complètement vénales, tantôt vendues par les officiers en fonction, tantôt par le pouvoir royal, mais elles n'étaient point encore héréditaires. Elles vaquaient, par la mort du titulaire, au profit du roi qui pouvait alors en disposer librement. Une mort subite empêchait l'homme en place de vendre son office au moyen d'une résignation, et même celui qui voyait venir la mort ne pouvait pas résigner utilement pendant sa dernière maladie. On avait, en effet, étendu aux résignations des offices une règle que la chancellerie pontificale avait édictée pour la résignation des bénéfices ecclésiastiques, la règle des quarante jours (259) : elle rendait la résignation nulle et de nul effet, si le résignant mourait dans les quarante jours qui suivaient (260). Mais

(254) Ordonnance de 1493, art. 70, 73; ordonnance de 1498, art. 31, 32, 40, 47. 60 (Isambert, *Anc. lois*, XII, p. 238, 343 et suiv.).

(255) Picot, *op. cit.*, II², 256 et suiv.; III², 181 et suiv.

(256) Ordonnance d'Orléans, art. 34, 39, 40; ord. de Moulins, art. 9, 10, 11, 12; ord. de Blois, 1579, art. 100, 101, 102, 133, 134.

(257) *Recherches de la France*, p. 390.

(258) Loyseau, *Des offices*, l. III, ch. I, nᵒ 94.

(259) Dans les règles de la chancellerie apostolique, elle portait la rubrique *De infirmis resignantibus*

(260) Loyseau, *Des offices*, l. II, ch XII, nᵒ 2 : « Condition selon le style de la grande chancellerie de France est apportée es provisions des offices faictes sur résignation : pourvu que le résignant vive quarante jours après la date des présentes. De sorte que le roi n'admet la résignation que sous ceste condition, comme de vérité sans icelle les offices deviendroient presque héréditaires. »

les charges, par la vénalité, étant devenues patrimoniales, en vertu d'une loi naturelle, elles tendaient forcément à devenir héréditaires. Cela se fit d'abord par des décisions et des grâces individuelles : le roi accordait à tel officier la *survivance* de son office au profit de telle personne déterminée, qui devait en être pourvue après sa mort, ou même concédait aux héritiers le droit de résigner la charge du défunt, laquelle survivait à celui-ci. C'était une pratique commune sous le règne de François I$^{er}$ (261), qui pourtant, en 1521, révoqua toutes les survivances accordées (262). Cette pratique persista dans le cours du XVI$^e$ siècle (263), troublée seulement par des révocations périodiques des survivances accordées, révocations dont le seul but était sans doute d'obtenir de nouveaux droits pour le trésor royal (264). Au commencement du XVII$^e$ siècle, en 1604, l'hérédité fut introduite par mesure générale et permanente. Elle fut établie, non point par une ordonnance en forme, mais simplement par un arrêt du Conseil, qui fut rédigé conformément au plan proposé par un secrétaire du roi nommé Charles Paulet, et le système reçut du public le nom de *Paulette*, bien qu'il portât officiellement celui de *droit annuel* (265). Voici en quoi il consistait : en payant chaque année au trésor un droit équivalant au soixantième du prix de l'office, le titulaire obtenait deux avantages : s'il résignait pendant sa vie, le droit de résignation était diminué de moitié et il échappait à la règle des quarante jours; s'il mourait en fonctions, le droit de résigner restait dans sa succession, et ses héritiers pouvaient l'exercer (266). Cela fut naturellement une mesure profondément favorable aux magistrats et aux officiers de finances (267); mais, en même temps, ce n'était pas

---

(261) Parmi les pouvoirs que François I$^{er}$ accorde à la reine-mère en 1523, en lui confiant l'administration du royaume pendant son absence, figure celui « d'accorder (les offices) en survivance du consentement desdits résignants. » (Isambert, *Anc lois*, XII, p. 213).

(262) Edit de juillet 1521 (Isambert, *Anc. lois*, XII, 189).

(263) Sur la pratique des survivances, voir Aubert, *Recherches sur l'organisation du Parlement de Paris, Nouv revue hist. de droit*, 1912, p. 220 et suiv.

(264) On trouve de ces révocations en 1541, 1559, 1577, enfin en 1579 dans l'ordonnance de Blois, art. 11; Loyseau, *Des offices*, l. II, ch x, n° 13.

(265) Loyseau, *Des offices*, l. II, ch., x, n$^{os}$ 15, 16 : « Cette invention fut premièrement auctorisée par arrêt du privé conseil du 7 décembre 1604, sur lequel le 12 du mesme mois fut faicte une déclaration du roy en forme d'édict, qui fut seulement publiée en la grande chancellerie et non au parlement... l'édict de Paulet, *ab inventore*, pour ce que M. Charles Paulet, secrétaire de la chambre du roy, en a donné l'advis ou au moins en a présenté les mémoires. »

(266) Loyseau, *Des offices*, l. II, ch. x, n° 14

(267) Voyez l'amusante et pittoresque boutade de Loyseau, *Des offices*, l. II, ch. x, n° 1 : « Au commencement du mois de janvier dernier 1608, pendant les gelées, je m'advisay, estant à Paris, d'aller un soir chez le partisan du droict annuel des offices, pour conférer avec luy des questions de ce chapitre. Il estoit lors trop empesché : j'avois mal choisy le temps. Je trouvay là dedans une grande troupe d'officiers se pressans et poussans, à qui le premier luy bailleroit son argent; aucuns d'eux estoient encore bottez, venans du dehors, qui ne s'estoient donné le loisir

un régime assuré; il eût suffi de la volonté du roi, sans loi proprement dite, pour suspendre la perception du droit annuel et, par là, l'hérédité des offices, qui en était la conséquence. De fait, la royauté plusieurs fois en fit la menace. Mais, en réalité, il eût été impossible de remonter le courant (268).

## III

Il ne faut pas exagérer la portée de la vénalité et de l'hérédité des offices de finance et de judicature. Ce qui était dans le commerce, c'était seulement la valeur pécuniaire du droit de résignation. Mais l'officier, le magistrat, était toujours nommé par des lettres du roi, qui seules pouvaient en faire un fonctionnaire public; la *provision* de l'office ne pouvait émaner que de la volonté royale. Il est vrai que, dans la mesure où le droit de résignation s'exerçait, le roi avait par là même renoncé à choisir lés fonctionnaires; il devait pourvoir le résignataire s'il présentait la capacité voulue par la loi. Pour que cette capacité fût certaine, on avait même cherché des garanties, les sentant plus nécessaires dans le régime de la vénalité (269). Pour être pourvu d'un office de judicature, il fallait avoir au moins l'âge de vingt-cinq ans, être licencié ou docteur en droit : il fallait, en outre, être examiné et reçu par le Parlement, au ressort duquel on allait appartenir, au point de vue de l'honorabilité et de la capacité (270). Pour ce qui

de se débotter. Je remarquay qu'à mesure qu'ils estoient expédiez, ils s'en alloient tout droict, chez un notaire assez proche, passer leur procuration pour résigner, et me sembloit qu'ils feignoient de marcher sur la glace, crainte de faire un faux pas, tant ils avoient peur de mourir en chemin. Puis, quand la nuit fut close, le partisan ayant fermé son registre, j'entendis un grand murmure de ceux qui restoient à depescher, faisant instance qu'on receust leur argent, ne sçachans, disoient-ils, s'ils ne mourroient point ceste mesme nuict. » Le *partisan*, c'est le fermier de cet impôt.

(268) Mentionnons un autre droit que le roi percevait à propos des offices; c'était le *marc d'or*; Piganiol de la Force, *op. cit.*, I, p. 310 : « Henri III, ayant institué l'ordrè du Saint-Esprit, assigna les appointements des chevaliers sur un droit qui seroit payé par tous les officiers qui obtiendroient des provisions de Sa Majesté; ce droit est très considérable, et appelé marc d'or, qui est 100 écus d'or. »

(269) La Roche-Flavin, *Treize livres*, l. VI, ch. xxviii, n° 8 : « Depuis les eslections abolies et l'introduction de la vénalité des offices, et les parties casuelles estant establies, pour esviter que les Parlements ne se remplissent de gens ignorans et meschans, par esdict ou lettres patentes données à Moulins au mois d'aoust en 1546..., fust establi une fòrme assez rigoureuse et un règlement aux examens, ordonnant que aucun ne feust receu président ou conseiller aux Parlemens, sans avoir atteint l'âge de trente ans et sans préalable information de ses vie et mœurs; et qu'il seroit procédé à leur examen toutes les chambres de la cour assemblées... à la fortuite ouverture des livres sur chacun des livres du droict et après sur la practique. »

(270) Sur les réception et examen des magistrats, voyez Loyseau, *Des offices*, l. I, ch. iv, — La Roche Flavin, *Treize livres*, l. VI, en entier; I XIII, ch. lv; — Aubert, *Recherches, Nouv. revue hist. de droit.* 1912, p. 228 et suiv.

concerne cette dernière, le candidat passait un examen devant le Parlement. portant sur la théorie, c'est-à-dire sur le droit romain, puis sur la pratique et les ordonnances, les officiers de finances n'étant examinés que sur ces dernières. Mais ces précautions, en réalité, étaient inefficaces. Les dispenses d'âge s'obtenaient aisément (271), et les examens subis devant le Parlement, très difficiles en apparence, étaient peu sérieux en réalité, surtout quand il s'agissait des fils de magistrats (272).

## IV

La vénalité et l'hérédité des offices de judicature eurent des conséquences très importantes, les unes de droit, les autres de fait, parfois heureuses et parfois déplorables.

La vénalité produisit un résultat excellent, en ce qu'elle engendra l'inamovibilité des magistrats, qui, par là, s'introduisit dans notre pays et qui constitue la meilleure garantie pour le justiciable. Quand les juges royaux étaient devenus permanents, ils n'étaient pas pour cela devenus inamovibles; ils étaient nommés pour exercer leurs fonctions tant qu'il plairait au roi (273). Il est vrai qu'une loi célèbre de Louis XI, inspirée d'ailleurs par l'intérêt des officiers et non par celui des justiciables, avait promis que désormais le roi ne donnerait aucun de ses offices « s'il n'était vacant par mort, ou par résignation faite de bon gré et consentement du résignant, ou par forfaiture préalablement jugée et déclarée judiciairement. » (274). Traditionnellement, on rattache à cet acte l'introduction de l'inamovibilité. Mais il n'y a là qu'une louable velléité : Louis XI lui-même viola largement sa promesse, malgré les termes énergiques dans lesquels elle était conçue, et les Etats de 1484 n'osèrent demander le rappel des officiers qu'il avait destitués (275); la manière dont ils s'exprimèrent à cet égard montre que l'inamovibilité n'avait point encore la valeur d'un principe. Mais, lorsque la vénalité se fut officiellement établie, les choses

(271) *Répertoire* de Guyot, vº *Juge* : « On ne pouvait autrefois être reçu juge avant vingt-cinq ans; mais depuis que les charges sont devenues dans les familles de robe une espèce de patrimoine, on accorde facilement des dispenses d'âge, qui, à la vérité, ne donnent pas pour cela voix délibérative. »
(272) La Roche-Flavin, *op. cit*, l. VI, ch. xxviii, nºˢ 8, 27; ch. xlvi, nº 3.
(273) Ci-dessus, p. 369, note 129.
(274) Lettres du 21 octobre 1467 (Isambert, *Anc. lois*, X, 541).
(275) Masselin, *Journal des Etats généraux de France tenus à Tours en 1484*, publié par A. Bernier, Paris, 1835, p 82 . « Quantum ad restitutionem officiorum... non placuit etiam multos articulos codici communi inserere, præsentim quod eorum forma et verbis fere omnia officia regni litigiosa fierent, quodque regis et principum nimium videretur arctari et ligari potestas, cum officia, *sicut beneficia*, immutabilia censerent. » Qu'on remarque le rapprochement fait ici entre les *offices* et les *bénéfices* ecclésiastiques. Cf. ci dessus, p 392.

changèrent de face. Le roi, lorsqu'il avait pris finance, aux parties casuelles, de celui auquel il conférait un office, ne pouvait équitablement révoquer à volonté cet officier, sans lui rendre son argent; et l'équité commandait la même solution lorsque le pouvoir royal avait investi un officier en vertu d'une résignation que celui-ci avait obtenue à prix d'argent. L'inamovibilité s'introduisit comme une conséquence juridique de la vénalité; elle résulta de l'idée de garantie que la vente entraîne naturellement avec elle (276). Ce qui le montre bien, c'est qu'elle ne fut par édictée seulement au profit des juges, pour lesquels elle se justifie rationnellement. Elle profita à bien d'autres, aux officiers de finances, par exemple, pour lesquels elle se concevait moins bien : elle s'attacha à toutes les charges devenues vénales. D'autre part, malgré certaines discussions, les juges des seigneurs, comme on le verra plus loin, ne furent reconnus inamovibles que lorsqu'ils avaient acheté leurs charges.

Ce mal, la vénalité, avait donc produit un bien, l'inamovibilité des magistrats; mais, auparavant, il engendra un vice criant de l'ancienne organisation judiciaire : le système des *épices*. Celui-ci se dégagea de certains germes, qui, probablement, sans la vénalité, ne se seraient point développés. Les anciennes mœurs judiciaires admettaient non seulement que le plaideur allât solliciter ses juges, mais encore qu'il leur fît de menus cadeaux de simple politesse, qu'il leur offrît des *épices* (277). On appelait ainsi, encore, au xvi⁰ siècle, des espèces de bonbons épicés, que nos aïeux aimaient à manger pour s'exciter à boire. C'était là une offrande purement volontaire et de valeur insignifiante. Mais, dès le commencement du xv⁰ siècle, il n'en était plus ainsi. La prestation des épices était devenue obligatoire pour les plaideurs et portée en taxe, et elle s'était transformée en argent (278). Ces

(276) La Roche-Flavin, *Treize livres*, l. II, ch. vii (1), n⁰ 22, p. 87 : « Lors des dictes eslections, dons et provisions gratuites des estats de judicature, la clause estoit insérée en toutes provisions et lettres : Pour jouir des estats, tant qu'il nous plaira, et se continue encore, mais sans effect. Car, depuis que du règne du roy François Ier la vénalité des offices fut permise, tant du costé du roy, qui prenait le quart de la finance, que des particuliers (n'estant raisonnabe de priver un officier de son estat financé sans le rembourser), il fust trouvé juste par le roy, les sieurs de son conseil et par tous les parlemens que le roy ne pourroit déposer ni priver ses subjects des offices qu'en trois cas, sçavoir par mort, forfaicture ou incompatibilité d'offices. Et à présent ne se peut faire à cause de l'esdict de la Paulette qu'au seul cas de forfaicture, quand par crime ou delict un officier est privable ou privé de son estat. »

(277) Au xiv⁰ siècle, Petrus Jacobi, dans sa *Practica*, rub. 32, disait même : « Sed audivi quod secundum jus canonicum et secundum statuta regia Franciæ permittitur esculenta et poculenta quodammodo et quasi indistincte recipere per judices ordinarios et delegatos, si eis offerantur a partibus et male. »

(278) Pasquier, *Recherches de la France*, l. I. ch. vi, p. 60 » D'une honnesteté on fit une nécessité. Pour laquelle cause le dix-septième jour de may 1402 fust ordonné que les espices qui se donneroient pour avoir visité les procès viendroient

taxes perçues par les juges devaient croître dans le cours du temps, et la cause en fut très simple. Les offices étant achetés très cher, pour un prix hors de proportion avec les gages qui y étaient attachés, il était naturel que les titulaires cherchassent à leur faire rapporter davantage, pour y trouver à la fois l'intérêt de leur argent et la rémunération de leur travail. Voilà comment, un vice en produisant un autre, la gratuité de la justice disparut dans l'ancien régime : le plaideur devait payer non seulement son procureur, son avocat, mais encore ses juges.

Quant aux conséquences qu'entraîna le système dans le domaine des faits, elles furent aussi très importantes et très diverses. Il assura à la magistrature une pleine indépendance; et, sans lui, les résistances politiques des parlements aux xviie et xviiie siècles ne se comprendraient pas. Il créa ainsi une classe de personnes, ayant en main l'exercice de l'autorité publique, dévouées par tradition au pouvoir royal, mais en réalité non choisies par lui et qu'il ne pouvait destituer. Telle était la valeur politique du système; quant à sa valeur judiciaire, elle variait fort selon les divers tribunaux dont il fournissait le personnel. La transmission des charges de judicature pouvant être facilement assurée du père au fils, il se forma près des juridictions supérieures des familles de parlementaires, qui, de génération en génération, fournissaient des magistrats, et chez qui s'entretenaient des traditions de haute intégrité et même de science (279). Mais, dans les tribunaux inférieurs, la vénalité fournissait un lit tranquille à l'incapacité et à l'ignorance.

Somme toute, les vices que le système produisit lui étaient propres; les heureux résultats qu'il donna sur certains points étaient accidentels; aucun esprit sensé ne pouvait manquer de le condamner. Ce ne sont pas seulement les penseurs, comme Montaigne et La Bruyère, qui l'ont flétri; les jurisconsultes et les magistrats, vraiment dignes de ce nom, n'étaient pas moins sévères. Loyseau, dans son *Traité des offices*, Lebret, dans son *Traité de la souveraineté du roi* (280), en signalent tous les inconvénients. Les commissaires qui fournirent à Louis XIV des mémoires sur la réformation de la justice proposaient d'abolir les *épices*, de restreindre la portée de la vénalité et de l'hérédité (281). Mais tout cela était

en taxe... Depuis les espices furent changées en argent, aimans mieux les juges toucher deniers que des dragées. »

(279) Cf. La Roche-Flavin, *Treize livres*, l. VIII, ch. xxxvi.

(280) L. II, ch. viii, p. 56.

(281) Bibliothèque nationale, Manuscrits, *Mélanges Clérambault*, no 613, p. 418 : « Si Votre Majesté... pouvoit faire un fonds certain pour augmenter les gages de ces officiers et par ce moyen retrancher toutes les espices et proffilts casuels, ce seroit la plus belle et la plus glorieuse action qui eust jamais esté faicte... estant asseuré que si

entré dans les moelles de l'ancien régime. Non seulement le trésor royal tirait de là des ressources importantes; mais, par une réforme, toute une classe de la société se serait sentie attaquée dans ce qu'elle considérait comme ses prérogatives et jusque dans ses fortunes privées. En effet, la valeur pécuniaire des offices, la finance qu'ils représentaient, formait une portion importante des patrimoines. Aussi la théorie des offices comprenait une autre partie, dans laquelle l'office était considéré au point de vue du droit privé, quant à la succession, au régime des biens entre époux, aux hypothèques (282). Pour abolir un semblable régime, il fallait la Révolution.

L'ancienne monarchie cependant, dans ses derniers temps, sous la pression de l'opinion publique, prépara l'abolition de la vénalité et de l'hérédité des charges. C'est Maupeou, le chancelier qui devait conduire la lutte contre les Parlements, qui entreprit cette œuvre. Non seulement dans les nouveaux corps judiciaires qu'il créa en 1771, il n'admit pas la vénalité, mais, avant même qu'il eût entamé le combat, dans un Edit de février 1771 concernant l'évaluation des offices (283), il avait posé les bases d'une réforme générale. L'Edit, dans son préambule, distinguait soigneusement l'office, dont le roi en principe pouvait toujours disposer, et la *finance*, c'est-à-dire le prix auquel il était officiellement évalué et qui constituait seule la propriété de l'officier, la seule chose dont il pût disposer et qu'il avait payée au roi ou au résignant pour obtenir l'office. Tant que le pouvoir royal lui laissait exercer le droit de résigner, il ne pouvait réclamer la restitution de la *finance*. Mais le roi pouvait toujours rendre libre entre ses mains la disposition de l'office; seulement alors il devait restituer la finance, encore pouvait-il prendre des délais pour cette restitution. Maupeou préparait par là le rachat possible de la vénalité, et nous savons par ailleurs qu'il envisageait la possibilité d'établir de nouveaux impôts à cet effet (284). Dans le même Edit il constate que le *droit annuel* ne jouait plus normalement, la dispense de le payer ayant été accordée à de nombreux officiers, d'autres ayant obtenu, comme un droit ferme, non subordonné au paiement du droit

tost que Votre Majesté ostera les profflcts que les juges tirent des procès, il n'y aura plus de procès ». — P. 428 : « Il seroit à propos que Votre Majesté exceptast du droit annuel tous les officiers principaux des compagnies souveraines et subalternes, comme présidens, lieutenans généraux, tant civils que criminels et ses procureurs. » — P. 625 : « Le meilleur des expédiens seroit d'oster entièrement la vénalité des offices et que le roi en disposast absolument, vacation arrivant, en faveur de ceux qui auroient les qualités requises. »

(282) Loyseau, *Des offices*, l. IV, ch. VIII; — *Répertoire* de Guyot, vᵒ *Office* et *Propre*.

(283) Isambert. *Anciennes lois*, t. XXII, p. 515.

(284) Flammermont, *Le Chancelier Maupeou et les Parlements*, p. 610.

annuel, l'hérédité proprement dite de la charge ou une survivance; l'Edit supprimait tous ces privilèges (sauf indemnité à ceux qui avaient payé pour les obtenir) et rétablissait, tant que le régime ancien durerait, l'égalité de la Paulette.

Le but immédiat que visait cet Edit était de procéder à une nouvelle évaluation des offices, laquelle n'avait pas été faite depuis très longtemps. Le système qu'inaugurait Maupeou à cet égard était fort ingénieux. L'évaluation devait être faite d'après l'estimation même des officiers, qu'on accepterait. Le chancelier pensait que les déclarations seraient généralement basses, parce que c'était d'après l'évaluation officielle qu'était calculé le *droit annuel*. Beaucoup de charges baissaient d'ailleurs progressivement de valeur.

En effet, considéré comme mode de recrutement de la magistrature royale, la vénalité se mourait. Les charges des cours supérieures, à la fin de l'ancien régime, trouvaient encore facilement des acquéreurs et se vendaient bien. Mais il en était autrement pour les sièges des juridictions inférieures, même pour les présidiaux. Le fait est certain, quoique les causes soient assez difficiles à discerner. Beaucoup de places restaient sans titulaires, ne trouvant pas d'acquéreurs (285).

## SECTION II

### ABAISSEMENT PROGRESSIF DES JURIDICTIONS SEIGNEURIALES

Le développement des juridictions royales eut pour contre-partie l'abaissement et l'asservissement des justices seigneuriales, ecclésiastiques et municipales. Pour les justices seigneuriales, les seules dont il sera question dans ce chapitre, la question doit être examinée à deux points de vue. Il faut montrer d'abord comment le principe sur lequel elles reposaient changea en partie et comment leur organisation fut profondément transformée; il faudra rechercher ensuite comment la royauté leur enleva partiellement leurs justiciables et comment elle les soumit totalement au contrôle de ses propres juridictions.

(285) *Discours sur l'état actuel de la magistrature et sur les causes de sa décadence*, prononcé à l'ouverture des audiences du bailliage d'Orléans le 15 novembre 1763 par M. Le Trosne, avocat du roi, Paris, 1764, p. 4 : « La magistrature du second ordre voit sa ruine se préparer par un dépérissement sensible et est menacée d'un prochain anéantissement. Si quelques tribunaux se soutiennent encore et voient leur chute un peu plus éloignée, presque tous les autres éprouvent une désertion qui leur fait craindre que la justice, faute de ministre, ne cesse bientôt de rendre ses oracles. La réclamation unanime et presque universelle des présidiaux annonce cette triste vérité et semble être le dernier soupir de la justice, prête à se voir réduite au silence. »

## § 1. — LES JUSTICES SEIGNEURIALES PERDENT LA FORME FÉODALE.

Dans la société féodale, la justice, nous l'avons vu (286), était dominée par les principes propres de la féodalité, soit quant à la compétence, soit quant à la composition des cours judiciaires : sous l'action du pouvoir royal, plus encore sous celle du droit romain, ces principes devaient être écartés, et, par suite, la compétence et l'organisation des juridictions seigneuriales devaient se modifier profondément.

### I

Il y avait dans la société féodale deux sortes de justices : la *féodale* et la *seigneuriale*. La première, tout seigneur de fief l'avait sur ses vassaux et sur ses tenanciers, lorsqu'il s'agissait des litiges relatifs à la tenure (287); elle dérivait, à l'origine, d'une convention. La seconde était un démembrement de la puissance publique, devenu, comme fief, la propriété de certaines personnes; elle n'appartenait qu'au seigneur justicier sur les habitants de son territoire.

La justice simplement *féodale* était destinée à disparaître, et elle disparut, sauf quelques vestiges. En effet, lorsque le droit romain eut reconstitué la notion véritable du droit de justice, attribut de l'Etat, la juridiction ne put être considérée que comme l'exercice même ou une concession de l'autorité publique : on ne put admettre qu'elle dérivât des conventions entre les particuliers (288). La *justice féodale* fut restreinte dès le XIIIᵉ siècle en ce que le vassal ne fut plus d'une façon générale justiciable de son seigneur de fief, pris en cette qualité : on ne maintint cette compétence que dans le cas, devenu exceptionnel, d'un hommage lige (289). En dehors de cette hypothèse, le seigneur foncier, pour le fief comme pour la censive, ne conservera juridiction et compétence que quant aux procès concernant la tenure. Dans cette mesure, la justice féodale se maintint assez longtemps, sous le nom de *justice foncière*. A la fin du XIVᵉ siècle, Boutillier la présentait encore comme le droit commun (290), et, même au commencement du XVIᵉ siècle,

---

(286) Ci-dessus, p. 254 et suiv.

(287) Ci-dessus, p. 256.

(288) Bacquet, *Traité des droits de justice*, ch. III, n. 14 : « De dire que *concesso feudo censetur concessa jurisdictio*, et que le droict de cens contient en soy subjection, recognoissance de supériorité et territoire, et que le territoire emporte juridiction : ce sont disputes et subtilitez de droit, qui ne sont reçues au royaume de France, auquel tous droits de justice dépendent du roy. »

(289) Voyez le passage de Durantis, ci-dessus, p. 255, note 43.

(290) *Somme rural*, 1. II, tit. XCI, p. 514 : « Si tost qu'un seigneur vient nouvellement à terre où il a justice haute, ou moyenne ou fonssière »; et les passages cités ci-dessus, p. 255 et suiv.

le principe est encore proclamé (291). Cependant, dès le xvᵉ siècle, il semble bien que, dans le droit commun, représenté par la Coutume de Paris, la justice foncière s'était affaiblie : elle n'entraînait plus aucun droit de juridiction, mais seulement le droit, pour le seigneur foncier, d'avoir un sergent pour faire exécuter, contre le vassal ou censitaire négligent, la saisie féodale ou censuelle, et de faire opérer ces saisies sur son ordre seul et sans autorité de justice (292). C'est là tout ce que constate Du Moulin, et encore ajoute-t-il que le seigneur foncier fera mieux de s'adresser à la justice (293). Dans le *Traité des droits de justice* de Bacquet, ce dernier attribut de la justice foncière est écarté (294), et désormais celle-ci peut être considérée comme une institution morte : elle subsistera localement dans quelques coutumes, mais ces applications isolées n'auront plus la valeur que de simples survivances. Sauf ces anomalies, il n'y a plus en France, dès la fin du xvıᵉ siècle, que des justices royales et des justices seigneuriales, et ces dernières sont considérées comme une concession du pouvoir royal. La justice, en théorie, est ramenée à l'unité (295).

(291) Boerius, *Decisiones*, qu. 227 : *An vendito reditu certo cum juridictione censeatur territorium sibi venditum*, nº 12 : « Nec tale jus directi dominii importat aliquam juridictionem et si fuerit concessus census et reditus regulari debet solum ad cognoscendum inter præbentes census et reditus, ratione illorum et non contractuum aut excessuum. »

(292) *Grand coutumier de France* (fin du xivᵉ), l. IV, ch. xı, p. 645 : « Justice foncière... peut avoir sergent pour exécuter sur son fons et siège d'une forme ou d'une table pour recevoir ses cens et peult avoir droit de chantellage ou rouage (*ce sont des droits sur la vente du vin*). Toutefois justice foncière de soy ne l'emporte pas. » — Cf. p. 647 : « Il ne peut pas faire crier la maison pour cause de son cens non paié, mais requerir au haut justicier. »

(293) Sur l'art. 42 de l'ancienne coutume de Paris, glose 1, nº 77, 78 : « Ulterius quæro utrum dominus possit sua propria authoritate hoc impedimentum facere vel jubere ? Videtur quod sic... Hanc vocabant veteres Galli et usque hodie justitiam fonciariam, gallice *justice foncière et exploit domanier*, ut pragmaticorum verbis utar... Dico dominum directum mero quidem jure consuetudinario et dominicali posse sola privata authoritate procedere, sed brevius, tutius et consultius est authuritate et mandato sui judicis, etiam fundiarii, vel alterius competentis, et per publicum executorem. »

(294) Ch. ııı, nᵒˢ 16 et 17.

(295) Bacquet, *Traité des droits de justice*, ch. ıv, nᵒˢ 1 et 2 : « On tient en France pour maxime certaine que le roy seul est fondé de droict commun en toute justice, haute, moyenne et basse par tout son royaume... Partant plusieurs sont d'advis que aucun seigneur ne peut prétendre droict de justice, soit haute, moyenne ou basse en aucun fief, terre ou seigneurie située en France, sans titre particulier, concession ou permission du roy ou de ses prédécesseurs. » — Jean Rochelle, *Questions de droict et de pratique*, Paris, 1613, tit. V, qu. 2, p. 239 : « Toute justice est haute, ou moyenne, ou basse. Quelques-uns y adjoustent la foncière ou censière, qui est pour la manutention des droits féodaux ou censiers, et sont confondues, car le seigneur censier est proprement le seigneur direct. » — Lange, *La nouvelle pratique*, éd. Paris, 1710, t. I, p. 16 : « Quiconque a fief a-t-il aussi la basse justice dans l'étendue de son fief ? Non, le fief et la justice n'ont rien de commun, comme disent nos docteurs françois, c'est-à-dire que le fief peut être sans justice. »

## II

· On a vu précédemment (296) comment les principes féodaux avaient dicté la composition des cours où se rendait la justice. La forme normale et ordinaire, c'était le seigneur siégeant en personne, et faisant rendre la justice sous sa présidence par ses vassaux, parfois par des tenanciers de condition roturière. Le seigneur pouvait déléguer à sa place son bailli ou son prévôt; mais celui-ci n'était alors que son représentant. Parfois, quand il n'y avait pas lieu au jugement par les pairs, le seigneur ou le bailli siégeait seul; mais c'était anciennement une forme exceptionnelle. Tout cela était destiné à disparaître, et les justices seigneuriales, en subsistant, devaient être organisées tout différemment et sur d'autres principes.

Ce qui disparut en premier lieu, ce fut le *jugement par les hommes*. Cette grande transformation, qui s'accomplit progressivement du xiiie au xve siècle, ne fut point l'œuvre de la législation, mais celle de la coutume. Aucune contrainte ne fut employée pour chasser les vassaux jugeurs des cours de justice; ils les désertèrent volontairement, spontanément, laissant la place aux juristes de profession. C'était un résultat fatal, amené par une autre transformation.

L'ancienne procédure des cours féodales était tout orale, formaliste et brutale. Avec ses formules arrêtées d'avance pour chaque demande et pour chaque défense, avec ses modes de preuve par les *judicia Dei* et le duel judiciaire, elle n'exigeait, pour être appliquée, aucune science proprement dite. Elle était cependant étonnamment subtile et savante à sa manière; les *Assises de Jérusalem* montrent en particulier que les barons du Moyen âge étaient aussi procéduriers que les patriciens de la Rome antique. Mais l'étude qui était nécessaire pour posséder à fond ce système ne se faisait point dans les livres. C'était une science toute populaire, qui se transmettait oralement; les causeries des anciens et la pratique des audiences remplaçaient, pour cet enseignement, les universités. Les hommes de fief et les hommes coutumiers, qui fournissaient les jugeurs, étaient naturellement et suffisamment instruits des règles qu'ils devaient appliquer dans leurs sentences. Mais, avec la renaissance des études de droit romain, et l'orientation scientifique qui en fut la conséquence, cette vieille procédure tendit peu à peu à s'altérer. Les hommes qui se livraient à l'étude du droit dans les universités en rapportaient la connaissance de la procédure romaine et canonique, savante et raisonnable. Comme c'étaient

(296) Ci-dessus, p. 257.

eux qui, dorénavant, figuraient au palais en qualité de conseillers du prince, dans les tribunaux en qualité d'avocats ou de baillis, fatalement ils devaient amener la substitution de la procédure savante à la procédure grossière.. Cela se fit progressivement dans le cours des XIII° et XIV° siècles, en partie par l'action de la coutume, en partie par celle la législation. Cette dernière contribua surtout à éliminer les modes de preuve anciens. Les *judicia Dei* par le feu et par l'eau furent interdits en 1215, au quatrième concile de Latran, par l'Eglise, qui, jusque-là, les admettait dans ses propres juridictions, et cette prohibition se fit recevoir devant les juridictions séculières (297). Saint Louis, par une ordonnance célèbre, défendit le duel judiciaire devant les justices royales (298). Sans doute, l'ordonnance de Saint Louis ne s'appliquait pas aux juridictions des barons (299), et même le duel judiciaire sera réintroduit dans les procès criminels par Philippe le Bel, comme *ultimum subsidium*, et, dans cette mesure restreinte, il subsistera aū cours des XIV° et XV° siècles; mais ce mode de preuve, âme de la procédure féodale, n'en avait pas moins reçu le coup mortel dès la seconde moitié du XIII° siècle. Ce qui remplaçait ces moyens réprouvés, c'était la preuve testimoniale par l'enquête, dans laquelle les témoins étaient interrogés en secret par un juge ou des commissaires et les témoignages soigneusement recueillis par écrit. Dans cette nouvelle procédure, les pièces écrites abondaient d'ailleurs. En même temps, la coutume s'imprégnait de droit romain. Pour appliquer ce droit et cette procédure, il fallait avoir étudié dans les livres et aux écoles. Les hommes de fief et les hommes coutumiers étaient incapables de faire fonctionner ce système. Voilà pourquoi il disparut des cours, où la justice ne fut plus rendue que par des juristes de profession, par l'officier du roi ou du seigneur, choisi dans cette classe, et appelant à son conseil les praticiens du siège, qui, eux aussi, étaient des juristes (300). Déjà, au XIII° siècle, Beaumanoir distingue les cours en deux classes : celles où l'on juge par hommes et celles où l'on juge par bailli (301). La transformation était donc commencée déjà; mais elle fut lente à s'accomplir. Au XIV° siècle, bien des justices seigneuriales fonc-

(297) C. 3, X, *De purg. vulg* , V, 35; — *Grand Coutumier de Normandie*, ch. LXXVI, p. 183; — Esmein, *Histoire de la procédure criminelle*, p. 46 et suiv., 324; — Bigelow, *History of procedure in England*, p. 323 et suiv.

(298) Sur la date de cet acte, voyez J. Tardif, dans la *Nouvelle Revue historique de droit*, XI (1887), p. 163 et suiv., et, quant au système qu'il introduit, Guilhiermoz, même *Revue*, XIII (1889), p. 23 et suiv.

(299) Beaumanoir (Beugnot), ch. LXI, n° 15 : « Quant li rois Loïs les osta (les gages de bataille) de se court, il les ne osta pas des cours à ses barons. »

(300) Ci-dessus, p. 258.

(301) Beaumanoir (Beugnot), ch. I, n° 13 : « Il y a aucuns liex là u lon fet les jugemens par le bailli et autre lieu là u li homme qui sont homme de fief font les jugemens. » Cf. n° 14; Salmon, n° 23 et 24.

tionnent encore d'après l'ancien type et les hommes de fief y sont en pleine activité judiciaire (302). A la fin de ce même siècle, Boutillier constate, comme Beaumanoir cent ans plus tôt, l'existence des deux classes de juridictions (303). C'est seulement dans le cours du xve siècle que le mouvement s'accentue. Au xvie, l'ancien type est une anomalie, et l'on dira justement que dorénavant le roi seul a des pairs (304).

Arrivée là, la justice seigneuriale subit une autre modification. Le seigneur, anciennement, pouvait tenir lui-même sa cour, ou la faire tenir par un officier, bailli ou lieutenant de bailli, et cela sans distinguer s'il jugeait par hommes ou sans hommes (305). La jurisprudence du xvie siècle lui enleva ce droit. Il fut obligé de nommer un juge pour rendre la justice en son nom et il lui fut interdit de prendre part aux actes de sa propre justice (306). Cela s'expliquait par la conception nouvelle des justices seigneuriales, qu'amena avec lui le développement du pouvoir royal; elles étaient considérées comme une délégation particulière de la justice royale. Le roi laissait aux seigneurs la juridiction à titre patrimonial, avec les profits qu'elle entraînait, mais il pouvait et devait assurer qu'entre leurs mains la justice serait bien administrée. Pour cela, il en défendait l'exercice aux seigneurs eux-mêmes, chez qui probablement n'existait point le savoir nécessaire au juge, et leur ordonnait d'instituer un juge de profession. Ce qui montre que telle fut bien l'idée, c'est que l'ordonnance d'Orléans prescrivit aux seigneurs de donner à leurs juges des gages suffisants; elle décidait, en même temps, que ceux-ci, avant d'entrer en fonctions, devaient subir un examen devant les juges royaux du plus prochain bailliage (307). Cette sage prescription était parfaitement logique (308). Elle fut

(302) Joannes Faber, *Ad instituta, De militari testam.*, p. 99 : « Milites nostri temporis... non continue stant in castris, sicut antiquitus, imo vadunt ad assisias et litigia... maxime in Normania et Piclavia ubi sunt ut plurimun advocati. »

(303) *Somme rurale*, I, tit. III, p. 13.

(304) Carondas, sur Boutillier, p. 488 : « L'auteur recite deux conditions auxquelles le vassal est suject. La première, d'assister aux plaids que son seigneur faict tenu, qu'on appelle en plusieurs coustumes estre des hommes jugeans, pairs et hommes féodaux ou de fief, ce que les seigneurs faisoient anciennement bien observer et sur amende; mais à présent n'est en usage si fréquent, sinon qu'en assises si le seigneur féodal a le droit de les tenir. » — Danty, *Traité de la preuve par témoins*, édit. Lyon, 1708, I, p. 345 : « N'y ayant plus de seigneurs de fief en France qui aient des pairs, si ce n'est le roi »

(305) Cela est pleinement admis par Boutillier, *Somme rurale*, I, tit. III, p. 13.

(306) Guy Coquille, *Histoire de Nivernois*, I, p. 325 : « D'ancienneté, les seigneurs ayans droit de justice exerçoient eux-mesmes la justice..., mais depuis a esté ordonné et est ainsi observé que les seigneurs justiciers doivent establir des juges sans eux-mêmes exercer : *imo*, il leur est défendu d'assister à l'expédition des causes. » — Loyseau, *Traité des offices*, l. V, ch. I, no 43.

(307) Art. 55.

(308) Loyseau aurait même voulu que les juges des seigneurs fussent bien nommés, c'est-à-dire choisis par ceux-ci, mais investis par le roi (*Traité des offices*, l. V, ch. I, nos 30-35).

souvent renouvelée dans les temps postérieurs; mais elle ne paraît
pas avoir été sérieusement appliquée (309). Les justices seigneuriales, surtout les moins importantes, étaient le plus souvent pour-
vues d'officiers incapables, les seigneurs faisant pour elles le moins
de dépenses qu'il était possible (310). Ce fut de bonne heure une
question agitée, que de savoir si les seigneurs pouvaient à volonté
révoquer les juges qu'ils avaient nommés. L'opinion qui triompha
et qui avait été consacrée par l'ordonnance de Roussillon, c'est
qu'ils avaient ce droit, à moins qu'ils n'eussent pris une finance
du juge pour l'instituer, ou que cette nomination ne fût le prix de
services antérieurs (311); c'est, comme je l'ai dit, une preuve que
l'inamovibilité des juges procédait seulement de la vénalité des
charges. Lorsque le juge avait acheté sa charge au seigneur, il
pouvait la résigner à prix d'argent; mais jamais ces offices ne
devinrent héréditaires; la Paulette ne s'appliquait qu'aux offices
royaux. Les seigneurs avaient aussi des procureurs fiscaux dans
leurs justices; ils remplissaient les mêmes fonctions que les procureurs du roi près des justices royales, quand il s'agissait de requérir dans l'intérêt public, et plaidaient en leur nom pour le seigneur,
quand l'intérêt particulier de celui-ci était en jeu (312).

§ 2. — LUTTE DES JURIDICTIONS ROYALES CONTRE LES JUSTICES
SEIGNEURIALES.

La royauté s'attaqua de bonne heure, dès le xiii° siècle, aux juridictions seigneuriales éparses dans le domaine de la Couronne.
Son effort porta sur deux points : en partie, elle s'efforça de ramener devant ses propres juridictions les causes dont connaissaient
les justices seigneuriales; dans tous les cas, elle voulut soumettre
les secondes au contrôle des premières. Au commencement du
xvi° siècle, elle avait obtenu un plein succès. Les instruments dont
elle s'était servie dans cette lutte étaient ses officiers judiciaires,
prévôts, baillis, procureurs du roi : les moyens employés avaient
été des armes purement juridiques, des théories de droit ingénieu-

---

(309) Lange, *Pratique*, I, p. 24 : « Mais cette ordonnance n'est point exécutée; au
contraire, quand les officiers royaux ont voulu assujettir les seigneurs à faire examiner et recevoir leurs officiers pardevant eux, leurs entreprises ont toujours été
réprimées. » — Brodeau, sur Louet, lettre O, n° 4.
(310) Loyseau, *Traité des justices de village*. Déjà au xiv° siècle, Petrus Jacobi,
dans sa *Practica*, rub. 32, s'exprimait ainsi : « Baro vel alter cujus sunt emolumenta curiæ, non curat de amore justitiæ, sed quærit quantum valent emolumenta
deductis impensis. »
(311) Boerius, *Decisiones*, qu. 227; — Loyseau, *Traité des offices*, l. V, ch. IV: —
Lange, I, *Pratique*, p. 19; — Laplace, *Introduction aux droits seigneuriaux*, 1749,
p. 247 et suiv.; — Ordonnance de Roussillon, art. 27.
(312) Loyseau, *Des seigneuries*. ch. X. n°° 72-73

ses, tirées du droit romain par les légistes, ou construites par eux en s'inspirant de son esprit. Je vais indiquer les principales.

## I

La théorie des *cas royaux* (313) fut la plus hardie. On entendit en effet par cas royal une cause, civile ou criminelle, dont seule pouvait connaître la juridiction royale, alors même que le défendeur, d'après son domicile et selon les principes généraux de la compétence, était le justiciable d'un seigneur. Le droit romain ne fournissait ici aucun point d'attache (314); les jurisconsultes royaux invoquèrent successivement deux idées très différentes. Ils s'attachèrent d'abord au droit royal strictement entendu, c'est-à-dire au droit personnel du roi, et ils classèrent parmi les cas royaux les actes qui s'attaquaient à la personne même du roi, comme le crime de lèse-majesté, ou ceux qui portaient atteinte à ses droits pécuniaires et domaniaux, comme le crime de fausse monnaie. Ils y rangèrent aussi les attentats commis sur les grandes routes, parce que celles-ci étaient royales, et les délits que la législation royale avait réprimés pour la première fois et par mesure générale (315). Mais une seconde idée, plus élevée et plus féconde, se fit jour de bonne heure : on fit du roi le représentant et le gardien de la paix publique, et par suite on réserva à ses juridictions la connaissance de tous les faits qui portaient gravement atteinte à cette paix. Dès le xiiie siècle, on réservait pour cette raison aux justices royales la connaissance des actions possessoires, données à raison des troubles ou dépossessions violentes (316); et cette idée aboutit dans la suite, mais seulement dans le cours du xvie siècle, à faire considérer comme cas royaux tous les crimes et délits ayant une véritable

(313) Esmein, *Histoire de la procédure criminelle*, p. 22 et suiv.; — *Stylus curiæ parlamenti*, ch. xxix; — Boutillier, *Somme rurale*, I, tit. LI, p. 350; II, tit. II, p. 647 et suiv.; — *Grand Coutumier de France*, I, ch. iii, p. 90 et suiv. — Loyseau, *Des seigneuries*, ch. xiv; — Perrot, *Les cas royaux, origine et développement de la théorie aux xiiie et xive siècles*, thèse, 1910.

(314) Aussi certains légistes contestaient-ils, au nom du droit romain, la théorie des cas royaux; par exemple Petrus Jacobi, *Practica*, rub. 35, *De cond. ex lege*. Voyez d'ailleurs le curieux et pittoresque tableau qu'il fait, dans ce passage, des entreprises des officiers royaux sur la juridiction des seigneurs.

(315) Guy Coquille, *Histoire de Nivernois*, I, p. 509 : « Par subtilités de raisons ils ont fait plusieurs cas royaux, qui de soy sont de jurisdiction ordinaire, comme de délits commis en assemblée d'hommes en armes, par prétexte qu'au roy seul appartient de permettre de s'assembler en armes (cf. *Stylus parlamenti*, ch. xxix, § 1); délicts commis sur les grands chemins, par prétexte qu'on les appelle chemins royaux; des usures et sermens vilains qu'on appelle blasphèmes, par prétexte que les roys par les ordonnances en ont fait les deffenses et estably les peines. »

(316) Pierre de Fontaines, *Conseil*, XXXII, 1 : « Contre droict vuelent tollir et tollent baillif et prevost as nobles hommes de notre país le plet de desseisine et de force feite en possessions de lors francs homes. »

gravité (317). D'ailleurs, les officiers royaux se gardaient bien, dans les temps anciens, de donner une définition précise des cas royaux, ou même de dégager les idées directrices qui permettaient de les distinguer. Ils parlaient vaguement de tout ce qui rentrait « dans le droit royal » (318). La royauté elle-même, lorsqu'elle était sollicitée par les seigneurs de donner des explications sur ce point, restait également dans le vague (319). Cela permettait aux baillis indéfiniment de nouvelles entreprises; en cas de résistance, on allait

(317) Voyez la liste donnée par Muyart de Vouglans, *Institutes au droit criminel*, Ire part., ch. iv. On a cherché plus d'une fois à ramener à un seul principe générateur la théorie des cas royaux. M. le président Tanon a émis cette idée qu'elle dérive du principe d'après lequel un seigneur suzerain ne reçoit pas la justice des mains d'un autre seigneur qui est son vassal, *Histoire des anciennes Eglises et communautés monastiques de Paris*, p. 94 : « Les cas royaux dérivaient en principe de l'idée que le seigneur suzerain ne pouvait pas recevoir la justice de la main de ses sujets, plaider devant leur cour. C'est ce principe qui, appliqué au seigneur suzerain par excellence, leur donna naissance. Il fut étendu dans la suite dans l'intérêt de la prépondérance du pouvoir royal, au delà de ses applications naturelles. Mais il n'était à l'origine qu'une conséquence de la hiérarchie féodale et il produisait des rapports analogues entre les autres seigneurs suzerains et leurs sujets hauts justiciers. On le voit, en effet, servant de guide à Beaumanoir dans l'énumération des cas qu'il réserve au comte de Clermont à l'encontre des seigneurs hauts justiciers ses sujets. » Cette idée a été reprise récemment et systématiquement appliquée par M. Ernest Perrot, dans sa thèse pour le doctorat, pleine de choses, *Les cas royaux, origine et développement de la théorie aux xiii° et xiv° siècles*, Paris, 1910, notamment, p. 232. Je ne crois point cette hypothèse bien fondée. Elle ne rend point compte du cas royal fondé sur l'ordre public et l'on en voit des exemples dès le xiii° siècle. Elle a bien produit une règle du droit royal qui s'affirme aussi au xiii° siècle, mais qui ne se confond point avec les cas royaux, la règle d'après laquelle *le roi ne plaide que devant sa cour*. Je crois qu'en dehors de l'idée de souveraineté royale, qui en est le principe profond, la théorie des cas royaux se forma d'une façon fragmentaire, les officiers du roi faisant valoir des raisons particulières, dont la cause fournissait le prétexte, pour chaque application successivement conquise. La méthode critique pour dégager cette genèse consisterait à étudier ainsi une à une chacune des premières applications. M. Flach donne aux cas royaux une origine qui remonterait jusqu'à la monarchie franque, *Origines de l'ancienne France*, t. III, p. 251 : « Nous savons, d'autre part, qu'il s'était produit, à l'époque franque, une sorte d'incorporation du ban royal. Elle accrut sa force de résistance aux agents dissolvants. Tandis que le *bannum* relatif aux délits moindres et aux simples désobéissances put être usurpé ou acquis assez facilement par les seigneurs, le *bannum* fondamental ne put l'être, en général, que par les princes et il resta aux yeux des populations un droit de suprême sauvegarde. Je n'hésite pas à penser que c'est de là surtout qu'émergea la théorie *des cas royaux* que nous voyons pointer dès la fin du xii° siècle. » Mais ce développement, qui a de la réalité pour l'Empire d'Allemagne, nous paraît inadmissible pour la France. La féodalité dans notre pays noya l'ancien droit du monarque franc et les vestiges de l'ancien *bannum* ne s'y trouvent que dans les justices seigneuriales. Il y a au contraire une réelle analogie entre les cas royaux et les délits les plus graves, dont la connaissance est réservée au roi dans les chartes de commune.

(318) *Grand Coutumier de France*, p. 92 : « Tous cas dont la cognoissance appartient au roy notre sire, soit à cause de souveraineté, ressort ou par droit royal. »

(319) Lettres de Louis X aux nobles de Champagne (*Ord.*, I, 606) : « Nous eussent requis que les cas nous leur voulsissions éclaircir; nous les avons éclaircis en ceste manière, c'est assavoir : que la royale majesté est entendue ès cas qui de droit, ou de ancienne coustume, puent et doivent appartenir à souverain prince et à nul autre. »

devant le Parlement, et le plus souvent la résistance était inutile (320). Lorsque le pouvoir législatif du roi fut pleinement développé, les ordonnances maintes fois statuèrent sur les cas royaux :
mais jamais elles n'en donnèrent une énumération limitative; la
liste se terminait toujours par cette clause : « ... et tous autres cas
appartenant au droit royal ». Cette clause était tellement traditionnelle qu'on l'inséra encore dans l'ordonnance criminelle de 1670,
bien qu'alors elle fût devenue pleinement inutile (321).

Les cas royaux comprenaient des causes civiles et des causes
criminelles, surtout de ces dernières. La connaissance en fut enlevée non seulement aux justices seigneuriales, mais encore aux
prévôts royaux : elles devaient venir en première instance devant
les baillis et sénéchaux.

## II

La théorie de la *prévention*, qui servit beaucoup aux juridictions
royales contre les juridictions seigneuriales, supposait que le juge
royal était saisi d'une cause, bien que le défendeur fût le sujet, le
justiciable d'un seigneur. Il était saisi par le demandeur par
préférence à la juridiction seigneuriale, parfois même, comme
dans la procédure criminelle inquisitoire, il se saisissait lui-même
ou était saisi par le procureur du roi. En vertu de la *prévention*
le juge royal, ainsi saisi de l'affaire, pouvait en connaître valablement.

Cependant généralement, dans la plupart des cas et des coutumes, la prévention était *à charge de renvoi;* sans cela à elle
seule, elle eût presque ruiné la juridiction seigneuriale. Cela voulait
dire que si le seigneur justicier, dont le défendeur était justiciable,
demandait au début de l'instance que l'affaire ainsi engagée devant
la juridiction royale fût renvoyée à sa justice, le juge royal était
tenu de prononcer ce renvoi. Mais le défendeur lui-même ne
pouvait le demander : on considérait qu'il était sans intérêt, la
justice royale lui assurant plus de garanties que la justice seigneuriale (322).

Parfois cependant, dans certaines coutumes et pour certains
cas, la prévention était *absolue,* c'est-à-dire que le juge royal,
saisi le premier, restait saisi et jugeait l'affaire, sans que le

(320) Petrus Jacobi, *Practica*, rub. 35, n° 5 : « In multis aliis detrahitur jurisdictioni aliorum per regales seu curiales, et si quis teneret palum in manu, ut ita
loquar, non posset se defendere ab eis; nec palus est ibi inquirendus neque pertica;
quia etiam si juste et licite de jure posset ei resisti..., non consulo ei resisti, quia
statim sunt indignati, et arrestant, capiunt, mulctant, et ad manum suam totam
jurisdictionem ponunt. »
(321) Esmein, *Histoire de la procédure criminelle*, p. 213
(322) Jousse, *Administration de la Justice*, t. I, p. 374.

seigneur justicier pût revendiquer sa juridiction et que le renvoi fût prononcé. C'était quelque chose d'analogue aux *cas royaux* (323).

La *prévention* supposait une double compétence, parallèle et concurrente, celle du seigneur et celle du juge royal. Comment cela s'expliquait-il ? Toutes les explications avaient pour point de départ cette idée que *toute justice émanait du roi*, que les seigneurs justiciers ne la possédaient que par une concession du roi, qui en était la source unique. Mais ils la possédaient cependant à titre patrimonial, car la justice seigneuriale était tenue à titre de fief; c'était un bien qui se transmettait héréditairement, qui pouvait être aliéné, acquis. Cela étant, le roi ne pouvait, semble-t-il, invoquer son droit de justice primordial, fondamental, pour entamer le droit concédé aux seigneurs, en attirant devant ses justices les causes de leurs sujets (324). Aussi la théorie commune supposait-elle une faute de la part du seigneur (ou de son juge). Le roi avait bien concédé la justice aux seigneurs (depuis le xive siècle c'est à une telle concession qu'on ramène toutes les justices seigneuriales); mais il l'avait concédée à condition que le seigneur la rendrait ou la ferait rendre soigneusement. On supposait, on présumait dans la théorie de la *prévention* que le seigneur (ou son juge) avait été négligent; c'était pour cela que le juge royal était saisi à sa place. C'est une idée qui a été nettement émise, très nettement en particulier dans la discussion de l'Ordonnance de 1670 sur la procédure criminelle. Cela était, en quelque sorte, une application restreinte de l'idée admise dès le xive siècle, que le seigneur qui abusait de sa justice, qui commettait des abus grâce à elle, pouvait en être privé pendant sa vie ou à toujours.

Mais une autre thèse était produite au xvie siècle, notamment, par les gens du roi. Elle prétendait que le roi en concédant la

(323) *Ancien coutumier d'Artois*, tit. XI (IX), § 1 : « Li roi a la connoissance de douaires d'aumones et vivres (legs) toutes les fois que on s'en trait à lui et en plaide on en ses prévostés... et en tous ces cas ne puet li baron ravoir sa court. » — Beaumanoir connaît aussi un certain nombre de cas dans lesquels le comte de Clermont avait la prévention absolue par rapport à ses vassaux hauts justiciers . ch. x, *Des cas des quix li quens de Clermont n'est pas tenus à rendre le cort à ses homes, ançois l'en demore le connoissance par raison de souveraineté*. — Boutillier, *Somme rurale*, 1. 51, p. 350. — Il semble, d'après ce dernier texte et d'autres sembla bles, que dans certains lieux les actions possessoires constituaient un cas de prévention absolue et non un cas royal, mais cf. *Stylus parlamenti*, ch. xxix, § 4. — M. Perrot, *op. cit.*, paraît avoir établi qu'un certain nombre de cas, parmi ceux donnés comme les *cas royaux* les plus anciens, sont des cas de prévention absolue.

(324) Johannes Faber, *Ad intituta*, *De atil. tut.*, p. 42 : « Dic, cum seneschallus judex superior in terra baronis in casibus vice ressorti tantum et sic *non potest exercere jurisdictionis actum nisi in defectu ipsius*, ad instar archiepiscopi qui est superior episcopi, et tamen non potest exercere jurisdictionem in diœcesi episcopi, nisi in casibus. »

justice aux seigneurs ne s'en était point dépouillé lui-même, qu'il l'avait conservée dans toute l'étendue du royaume, même là où existaient des justices seigneuriales. Là, il est vrai. en ce qui concerne les justices des seigneurs il la laissait dormir; mais elle pouvait sortir de son sommeil à toute occasion; c'est ce qui se passait dans l'hypothèse de la prévention (325). Cela était hardi et eût conduit logiquement à établir partout et en toute matière le système de la *prévention absolue.* C'est d'ailleurs à quoi aboutit l'ancien régime, mais à ses derniers jours et dans une loi éphémère, l'ordonnance de mai 1788 sur l'administration de la justice, le dernier essai de réforme judiciaire avant la Révolution. Elle exceptait, seulement en matière civile, le cas où la coutume interdisait formellement la prévention aux juges royaux, auquel cas elle admettait la prévention à charge de renvoi; et même non seulement le demandeur pouvait saisir directement le juge royal, mais le défendeur pouvait demander à être renvoyé devant celui-ci, lorsqu'il était assigné devant le juge seigneurial (326).

Par la théorie des cas royaux et par celle de la prévention, les juridictions royales enlevèrent aux seigneurs bon nombre de leurs justiciables : elles obtinrent le même résultat par d'autres moyens, dont je ne ferai qu'indiquer les plus notables, parce que les théories auxquelles ils se rattachaient n'entrèrent pas définitivement dans l'ancien droit français; ce furent des armes que la royauté abandonna après la lutte finie et le triomphe remporté. Ainsi, il était reçu, au xiv' siècle, que les justices du roi connaissaient de tous les contrats constatés par des titres revêtus du sceau royal (327), et même en certains lieux on avait admis qu'elles connaissaient de toutes les lettres obligatoires scellées dans le royaume (328). Mais cela s'atténua peu à peu : on exigea, pour justifier la compétence des justices royales, que le contractant se fût expressément soumis à leur coercition (329); puis il fut admis que par lui-même le sceau apposé à un titre n'était pas attributif de juridiction (330). On mentionne ordinairement la qualité de *bourgeois du roi* parmi les moyens par lesquels les justices royales empiétèrent sur les juridictions seigneuriales. Le bourgeois du roi était un sujet d'un seigneur que le roi faisait son bourgeois; il était rattaché à une ville royale, mais par un lien qui pouvait être

(325) Bacquet, *Traité des droits de justice,* ch. ix, n° 1.
(326) Art. 23-25, Isambert, *Anciennes lois,* XXVIII, p. 542.
(327) Boutillier, *Somme rurale,* II, tit. I, p. 652 : « Item le roy a la cognoïssance des lettres scellées du scel royal, circonstances et dépendances sans en faire renvoi aucun. »
(328) *Li droit et les coustumes de Champaigne et de Brie.* ch lxv, p. 405
(329) *Le Grand Coutumier de France,* l. I, ch. iii, p. 93.
(330) Loyseau, *Des seigneuries,* ch. xiv, n°° 13-15; — Perrot, *Cas royaux,* p 63 et suiv.

simplement fictif; il était simplement obligé de se rendre et de séjourner dans cette ville à quelque grande fête de l'année. Cette qualité le rendait justiciable du roi et non plus du seigneur. Cette institution, sans avoir toute l'importance qu'on lui a parfois attribuée, a joué un rôle qui n'est pas négligeable, comme le prouvent les plaintes des seigneurs (331). Enfin les lettres royaux, dont je parlerai bientôt, et qui jouaient un rôle si important dans l'administration de la justice, étaient toujours adressées aux justices royales, qui seules pouvaient les enregistrer; parfois elles attribuaient, par elles-mêmes, compétence à ces justices par rapport à l'affaire pour laquelle elles étaient délivrées; elles leur fournissaient toujours un prétexte commode pour se saisir du fond (332). Mais, laissant de côté ces moyens, qui n'eurent qu'une importance transitoire, j'arrive à une voie de droit, qui contribua plus que tout le reste à asservir les justices seigneuriales, je veux dire l'*appel*.

## III

L'*appel* n'enleva pas aux justices seigneuriales leurs justiciables, mais il leur fit perdre un attribut très important, la qualité de juridictions souveraines. La procédure des cours féodales, nous l'avons vu, ne connaissait pas l'appel proprement dit; elle ne comprenait, sous ce nom, que des voies de droit fort différentes (333). Dans le cours du xıı⁰ siècle, il tendit à s'introduire dans les juridictions séculières de la France, sous l'influence grandissante du droit romain et du droit canonique. Le droit romain de l'Empire, celui que les légistes trouvaient dans la compilation de Justinien, contenait l'institution de l'appel, et le

(331) Sur les bourgeoisies royales, voyez les ordonnances de 1287 et 1355; — la Coutume de Troyes, art. 2, et Pithou, sur cet article; — Brussel, *Usage des fiefs*, II, p. 920 et suiv. — Dans sa thèse de docotrat, *Les bourgeois du roi*, Paris, 1910, M. César Chabrun a repris cette question. Il a démontré que cette qualité n'était pas vraiment *personnelle*, conférée directement à la personne sans aucun rattachement à une ville royale, le faible lien que nous avons indiqué existant toujours. Cependant il était dans la logique de l'institution que cette qualité devînt purement personnelle, et c'est le phénomène qui s'est produit en Champagne, comme le montre M. Chabrun (p. 109 et suiv.). L'auteur cherche aussi à montrer que l'institution des bourgeois du roi n'a pas été une arme dirigée contre les justices seigneuriales. Mais les plaintes des seigneurs, qu'il a étudiées avec beaucoup de soin, sont un indice qui n'est pas trompeur.
(332) Guy Coquille, *Histoire de Nivernois*, I, p. 508 : « Il est accoustumé de prendre lettres en chancellerie, qui sont adressées à juges royaux et jaçoit que par ce prétexte ils ne deussent connoître que du simple entérinement des lettres... néantmoins avec leurs longues mains ils prennent la connoissance de tout ce qui s'ensuit. »
(333) Sur l'introduction de l'appel dans les justices séculières, voir Marcel Fournier, *Essai sur l'histoire du droit d'appel*, p. 172 et suiv., — Esmein, *Histoire de la procédure criminelle*, p. 24 et suiv.

droit canonique, procédant du droit romain sur ce point, l'avait conservée dans les juridictions ecclésiastiques, et l'avait même développée, après la renaissance des études juridiques au xiᵉ siècle. Cependant, l'appel. de l'ancien droit français n'emprunta pas toutes ses règles au droit romain et au droit canonique; comme il était naturel, il se rattacha d'abord aux voies de recours de la procédure féodale, sur lesquelles il se greffa et qu'il transforma, mais auxquelles il prit aussi quelques-uns de leurs traits.

Quoique cette histoire soit encore obscure sur bien des points, on peut admettre que l'appel s'introduisit d'abord seulement entre des justices du même ordre, dépendant d'un même seigneur, et tenues par des baillis ou prévôts sans le concours des hommes jugeurs : là, en effet, se trouvait une hiérarchie de fonctionnaires, ce qui est une condition naturelle pour le fonctionnement de l'appel, qui suit alors cette hiérarchie. C'est ainsi que de bonne heure, dans le Midi, on trouve dans une même grande seigneurie, ou dans une même ville, des appels interjetés du juge inférieur au juge supérieur, du sous-viguier au viguier, et de celui-ci au sénéchal (334). De même, dans le domaine de la Couronne, l'appel s'établit dans l'ordre des juridictions royales, du prévôt au bailli, et du bailli au Parlement (335). Mais il y eut certainement plus de difficulté pour introduire l'appel d'une juridiction seigneuriale à une juridiction royale. Il y avait déjà un précédent dans l'appel de défaute de droit, qui pouvait remonter au roi, lorsque le déni de justice émanait d'un seigneur qui était son vassal direct. En cas de mauvais jugement d'un seigneur, on introduisit l'appel par deux procédés. En premier lieu, quand il s'agissait de jugements rendus dans une justice relevant directement du roi, quant à la hiérarchie féodale, on maintint l'appel de faux jugement, mais on en changea la procédure : il fut porté comme précédemment devant le roi (c'est-à-dire devant sa cour) par une accusation de fausseté dirigée contre le juge; mais, au lieu de la vider par le duel judiciaire, on discutait en appel la question de savoir si le jugement avait été bien ou mal rendu (336). Une autre idée paraît s'être introduite en même temps, à savoir qu'on pouvait déférer au roi, en dehors des règles du faussement de jugement, toute sentence d'une justice seigneuriale qui violait une coutume; il s'agissait

---

(334) Fournier, *op. cit.*, p. 189 et suiv. — Dans les *Petri exceptiones legum romanarum*, on le trouve déjà. Edit. Savigny, l. IV, ch. ı, p. 402

(335) Beaumanoir (Beugnot), LXI, 65 : « Il convient apeler de degré en degré... si comme du prevost au bailli, du bailli au roi es corts la ù prevost et bailli jugent. » Salmon, 1774.

(336) Pierre de Fontaines rapporte les premiers exemples qu'il en vit, *Conseil*, XXII, 23, 24. Cependant Beaumanoir, qui écrit après lui, ne paraît admettre cette forme de procéder que lorsque le jugement a été rendu par bailli et non par hommes (*Cou tumes de Beauvoisis* (Beugnot), I, 14; — (Salmon), nᵒ 24.

alors d'une voie imitée du droit romain impérial, sous le nom de supplication (337). Mais ce système, qui portait toujours devant la cour du roi l'appel intenté contre une justice seigneuriale, se modifia en deux sens :

1° L'appel, à quelque titre qu'il fût intenté, suivit toujours l'ordre de la hiérarchie féodale. Ce fut ici l'appel de défaute de droit et de faux jugement qui fournit les règles du ressort (338). On ne put plus appeler directement au roi de toute justice seigneuriale, les seigneurs intermédiaires, quand il y en avait, ayant revendiqué et obtenu le droit de recevoir l'appel des seigneurs inférieurs (339). On appela d'un seigneur justicier au seigneur de qui sa justice était tenue en fief, de celui-ci à un autre, s'il y avait lieu, et ainsi de suite jusqu'à ce que la hiérarchie féodale fût épuisée et qu'on se trouvât en face du roi : c'est alors seulement que l'appel put être porté à la juridiction royale (340). Le principe, qui resta, c'est que l'appel monta de degré en degré et ne put être interjeté *omisso medio;*

2° Lorsque l'appel fut interjeté d'une justice seigneuriale à la juridiction royale, il ne fut plus porté directement à la Cour du roi, mais devant le bailli ou le sénéchal; et c'est seulement de la sentence rendue par ce dernier que l'on put interjeter appel au Parlement. Cette règle apparaît déjà, mais non absolue, au XIII° siècle (341). Elle est complètement établie au XIV° (342). Certaines juridictions seigneuriales, à raison de leur dignité, continuèrent cependant à relever directement du Parlement : les principales sont celles des pairs de France.

L'appel avait emprunté les règles du ressort aux voies de recours féodales; il leur prit bien d'autres traits, qu'il garda plus ou moins longtemps. Ainsi, tandis que, d'après le droit canonique, tout acte du juge faisant grief à l'une des parties pouvait donner lieu à un appel, dans certaines régions l'appel ne fut d'abord

---

(337) Pierre de Fontaines, XXII, 33 : « Quant aucuns dit que l'en li a fait jugement contre la costume del païs commune bien afiert au roi qui les costumes a à garder, qu'il oie le recort del jugement... bien afiert a lui qu'il les face rencerinier et amender ce qui est faiz encontre; mes, s'il ni trueve la costume brisiée, encore apèle le jugemenz mauveis par autre reison, ne s'en doit li rois meller, puisqu'il ne fut fausez là où il devoit en tens convenable. » — *Livre de Jostice et de Plet,* XX, 16, § 2; — *Etablissements de Saint Louis,* II, 15.

(338) Beaumanoir (Beugnot), LXI, 65; — (Salmon), 1774.

(339) Voyez, par exemple, les réclamations du duc d'Aquitaine. Langlois, *Textes,* p. 190. — Pour le duc de Bretagne, *Stylus parlamenti,* ch. XXIII, § 1.

(340) Beaumanoir (Beugnot), II, 30 : « Et aussi en la cort laie sont li apel de degré en degré, du souget as segneurs, et de segneurs en segneur jusques au roi en cas qui ne sont demené par gages de bataille. » Voyez les textes que j'ai cités dans mon *Histoire de la procédure criminelle,* p. 30.

(341) *Livre de Jostice et de Plet,* I, 19, § 3 : « L'en puet apeler de duc, de conte au baillif, s'il fet tort, an petiz afères. »

(342) Voyez le passage de Johannes Faber, cité plus haut, p. 413, note 324.

admis que pour un faux jugement et défaute de droit (343). Comme dans l'ancien appel de faux jugement, le résultat de l'appel intenté fut seulement de maintenir ou d'infirmer le jugement attaqué. Le juge d'appel déclarait simplement « bien jugé, mal appelé », ou au contraire « mal jugé, bien appelé »; mais, dans ce dernier cas, il ne connaissait pas en principe du fond de l'affaire pour substituer une nouvelle sentence à l'ancienne (344). Ce n'est que progressivement que s'introduisit la règle par laquelle le juge d'appel gardait la connaissance du fond (345). Enfin l'appel, comme les anciens recours féodaux, était dirigé contre le juge et non contre la partie; celle-ci était seulement ajournée accessoirement, intimée de comparaître (346). C'était encore le droit en vigueur au xvie siècle (347); et ce n'est qu'au xviie siècle que le juge, dont la sentence était frappée d'appel, fut mis hors de cause (348).

Le système d'appel qui s'était ainsi établi en France, en combinant des éléments hétérogènes, présentait un vice des plus graves. Les degrés d'appel étaient multipliés à l'excès, différant d'ailleurs en nombre, selon le tribunal qui avait statué en première instance. Si l'affaire avait commencé dans une justice seigneuriale, il pouvait se faire qu'on trouvât encore au-dessus d'elle un ou deux seigneurs devant lesquels on pouvait successivement interjeter appel; du dernier, on pouvait appeler au bailli, de là, au Parlement. Rien ne limitait cette faculté d'appel : il n'y avait pas en principe de taux, auquel la possibilité de l'appel fût subordonnée, et l'on n'avait pas non plus reçu en France une règle restrictive admise en droit canonique, d'après laquelle on ne pouvait pas interjeter plus de deux appels dans une seule et même cause (349).

(343) C'est la prétention formulée au nom du duc de Guyenne, au xiiie siècle, quant aux appels relevés de ses juridictions au Parlement; Langlois, *Textes*, p. 148 et 188. Voici la réponse faite au nom du roi de France en 1310 : « En la terre qui se governe par costume, l'en n'apelera que de défaute de droit et de faus jugement *ou de tel gref excès qui soit hors de tote justice.* » Pour les appels des Grands Jours de Bretagne, voyez les textes cités ci-dessus, p. 381, note 188.

(344) Imbert, *Pratique*, l. II, ch. vii, no 4, p. 542.

(345) Pothier, *Traité de la procédure civile*, no 374.

(346) Boutillier, *Somme rurale*, l. III, tit. III, p. 14 : « De juge royal ne faut autre ajourner que luy qui a donné la sentence... et intimer partie appelée, si c'est en païs coustumier; et si c'est en païs de droict escrit, il conviendroit ajourner la partie appelée et intimer le juge. »

(347) Lizet, *Pratique judiciaire*, l. II, tit. VII : « Fera inthimer la partie qui a obtenu jugement à son profit et adjourner le prevost ou chastelain royal ou le seigneur subalterne, qui doit respondre du fait de son juge, par devant le juge de la cour d'appel. »

(348) Pothier, *Traité de la procédure civile*, nos 352, 353.

(349) Voyez l'exemple cité par Imbert, l. II, ch. iii, nos 1, 8, il ajoute : « Dont s'ensuit qu'on peut appeler quatre fois en une cause, combien que de droict commun (droit romain) il ne fust loisible qu'appeler par devant deux juges et de la sentence du tiers juge on ne peut appeler, qu'on garde encore en cour d'Eglise, comme tout le parsus du droict canonique. »

Par là, les procès pouvaient être prolongés presque indéfiniment par une partie obstinée : ils s'éternisaient, entraînant des frais énormes pour des intérêts parfois peu considérables (350). Le mal fut senti, et la création des Parlements de province, puis celle des présidiaux, vint y apporter un certain remède. La véritable réforme eût consisté à enlever tout droit de ressort aux juridictions seigneuriales, à porter tout appel directement devant le juge royal (351). Mais on n'osa pas aller jusque-là. Les seigneurs perdirent le droit de recevoir les appels en matière criminelle (352), mais ils le conservèrent en matière civile; quelques mesures furent prises seulement pour empêcher la formation de plusieurs degrés d'appel dans une même seigneurie (353).

Par l'institution de l'appel, les justices seigneuriales étaient devenues les subalternes des justices royales; elles avaient, d'autre part, perdu, par les autres moyens indiqués plus haut, nombre de leurs justiciables, si bien que Guy Coquille, au xvie siècle, les appelait des « corps sans âme et sans sang ». Elles étaient mal tenues et encombrantes.

Les justices seigneuriales aux xviie et xviiie siècles rapportaient en matière civile peu de profit aux seigneurs; en matière répressive elles leur étaient onéreuses, car ils supportaient les frais du procès lorsque l'accusé était insolvable et qu'il n'y avait pas de partie civile. Même, par cette considération, il était dit dans les Mémoires présentés pour l'ordonnance de 1667, que leur suppression serait un profit pour les seigneurs. Cependant ceux-ci y tenaient beaucoup, non seulement par un sentiment d'orgueil, à raison de la dignité qu'elles leur conféraient, mais aussi parce qu'ils en retiraient de grands avantages patrimoniaux. En effet, la justice du seigneur était compétente pour condamner les tenanciers et sujets du seigneur au paiement des cens, redevances, droits féodaux et fiscaux. Il y avait là, pour ces profits, un moyen facile et sûr de les faire rentrer (354).

(350) Imbert, *Pratique*, l II, ch. iii, no 9. — **Edit portant création du Parlement de Provence** (Isambert, *Anc. lois*, XI, 422) : « Obvier aux grands longueurs, subterfuges et délais de parties plaidoyans, lesquels pourroient appeler des sentences qui sont données par les juges inférieurs jusque à quatre, cinq ou six fois, devant que de venir à la deffinitive, tellement que les procez estoient et sont comme immortels. »

(351) Imbert, *Pratique*, p. 503 : « Pour ce le roy et monseigneur le chancelier devroient pourvoir et supprimer et oster si grand nombre de degrez de jurisdictions. Et quant il y auroit deux degrez de subalternes et inférieures il suffirait : savoir un juge en chacune chastellenie, duquel on appelleroit droictement et sans moyen devant le juge présidial, duquel les appellations ressortissent nuement en cours de Parlement. »

(352) Esmein, *Histoire de la procédure criminelle*, p. 153.

(353) Loyseau, *Des seigneuries*, ch. iv, nos 55 et suiv.; ch. viii, nos 75 et suiv.; — Ordonnance de Roussillon, art. 24.

(354) C'est ce qu'a bien mis en lumière notre cher collègue, M. André Giffard, *Les justices seigneuriales en Bretagne aux xviie et xviiie siècles* (1661-1791), thèse pour

Avec le développement du pouvoir royal, il eût été logique et utile de les supprimer toutes. Que cette suppression fût possible en droit, personne n'en doutait, à partir du xviiᵉ siècle (355); et beaucoup la proposaient, non des esprits aventureux, mais des praticiens et des jurisconsultes (356). C'était, en particulier, le conseil que donnaient à Louis XIV les commissaires qui prépa raient l'ordonnance de 1667 (357). Mais la royauté n'osa pas réaliser cette réforme profonde; ici encore, pour déraciner ces vieilles institutions, il fallait la Révolution. Tout ce qu'on fit, ce fut de supprimer par voie de rachat les juridictions des seigneuries ecclésiastiques dans quelques grandes villes. Pour Paris, ce rachat, décidé en 1539, fut réalisé en 1674 (358). Le principe se fit aussi recevoir de bonne heure, que le seigneur justicier pouvait, par sentence de la juridiction royale, être déclaré déchu et privé de son droit de justice, lorsqu'il ne faisait pas rendre droit à ses sujets ou qu'il les maltraitait (359).

La Royauté cependant aurait eu la possibilité de faire périr, sans les supprimer, les justices seigneuriales. Il eût suffi d'exiger en fait que les juges possédassent les qualités voulues par les ordonnances, les preuves de capacité qu'elles exigeaient. Pour

le doctorat, Paris, 1902. Jousse, *Administration de la justice*, expose clairement le droit à cet égard encore au xviiiᵉ siècle Après avoir rappelé (t. I, p. 188), que « outre ces trois espèces de justices seigneuriales (haute, moyenne et basse), il y en a encore une quatrième, qu'on appelle *casuelle* ou *domaniale* ou *foncière*, qui a lieu en quelques coutumes », il expose qu'en général le droit de contraindre au paiement des droits féodaux ou seigneuriaux dûs au seigneur est un attribut de la justice seigneuriale, haute, moyenne ou basse. Parlant du bas justicier (p. 189), il dit : « Il peut contraindre les censitaires à payer le cens et en l'amende faute de paiement, pourvu que le droit de cens ne soit pas contesté »; p. 191, à propos du moyen justicier : « Il (le juge) peut condamner les censitaires du seigneur, qui sont ses justiciables, en l'amende de cens non payé, telle qu'elle est ordonnée par la coutume du lieu. » Enfin voici pour le haut justicier, p. 197 : « Quoique les juges des seigneurs ne puissent connoître des causes personnelles de leurs seigneurs, néanmoins, ils connoissent des droits, domaines, revenus ordinaires ou casuels, tant en fief qu'en roture, des terres dépendantes de la seigneurie, comme droits de rachat, quints et requints, cens, rentes et amendes, même des baux, jouissances, et dépendances, soit que l'affaire soit poursuivie sous le nom du seigneur ou du procureur fiscal. » Il semble que pour les droits de fief le seigneur haut justicier seul avait cette prérogative.

(355) Loyseau, *Des seigneuries*. ch. viii, nᵒ 80 : « Le roy peut par droicte justice et puissance réglée abolir toutes ces justices érigées sans sa permission, de quelque laps de temps que ce soit. »

(356) Imbert, *Pratique*, p. 503 : « Supprimer tous les juges et juridictions des autres seigneurs non estans seigneurs chastelains. Car la chose publique en est grandement intéressée et les pauvres subjects grandement vexez... Et ne faut avoir esgard à la diminution des émolumens des jurisdictions des seigneurs inférieurs par dessous le roy car l'exercice leur en couste presque autant que l'émolument. Et aussi ne faut préférer le bien privé au publique. »

(357) Esmein, *Histoire de la procédure criminelle*, p. 184, 214.

(358) Tanon, *Histoire des justices des anciennes églises de Paris*, p. 121 et suiv.

(359) Guy Pape, *Decis.*, 62; — Boerius, *Decis.*, 304. nᵒˢ 4, 5; — Bacquet, *Des droits de justice*, ch. xviii, nᵒˢ 2 et suiv.

avoir des juges de cette qualité, les seigneurs auraient été obligés de' leur donner des gages suffisants, de les bien payer, et plutôt que de faire cette dépense, ils auraient mieux aimé renoncer à leurs justices. C'est ce qu'exposait Maupeou dans le mémoire qu'il adressa à Louis XVI (360).

## SECTION III

### LA JUSTICE RETENUE (361).

D'après la théorie qu'avaient élaborée les légistes, la Royauté était la source de toute justice; le pouvoir judiciaire résidait tout entier dans le roi. Mais le roi, nous l'avons vu, avait cessé de bonne heure de rendre la justice en personne : il avait, à cet égard, délégué son droit et son pouvoir à des magistrats; c'est même pour cela que Montesquieu appelait la monarchie française une monarchie tempérée (362). Mais cette délégation était loin d'être complète; sans changer par une loi l'organisation judiciaire ni les règles de fond, le roi intervenait souvent, par des actes individuels, dans l'administration de la justice, soit pour troubler ou intervertir l'ordre des juridictions, soit pour arrêter ou pour régler le cours de la justice, substituant sa volonté dans un cas donné aux effets de la loi ou à l'action des tribunaux. Ces pratiques aboutissaient cependant à certaines catégories d'actes, ayant leur forme ou leurs règles propres, et par là l'arbitraire se limitait dans une certaine mesure. On justifiait, d'ailleurs, en théorie ces interventions. On disait que le roi, en déléguant l'exercice de la justice, n'en avait point aliéné la propriété; il l'avait retenue au contraire, et pouvait l'exercer lui-même, quand bon lui semblait, en écartant ses délégués ordinaires; c'est ce qu'on appelait la *justice retenue.* Voyons les principaux actes par lesquels elle se manifestait.

(360) Flammermont, *Le Chancelier Maupeou et les Parlements,* p. 610 et suiv.
(361) Je continue à classer, comme beaucoup de nos anciens auteu s, les actes royaux qui sont ici examinés sous la rubrique *Justice retenue.* Mais beaucoup d'entre eux étaient vraiment en dehors de ce cadre et répondaient à l'exercice d'un droit autre que celui de justice. Cela était vrai des *lettres de grâce* et même des *lettres de justice,* au moins à l'origine. Celles-ci étaient l'exercice du droit *de dispense* qui appartenait au roi; celui-ci, en effet, sans abroger la loi, ni y déroger, pouvait dans un cas donné, au profit d'une personne déterminée, dispenser de l'application de la loi, bien que celle-ci conservât son empire général. C'est ce qu'il faisait lorsqu'il accordait des lettres *de grâce* ou *de justice.* Voyez mon *Mariage en droit canonique,* t. II, p. 316 et suiv.; et mes *Eléments de droit constitutionnel français et comparé,* 5e édit., p .644 et suiv.
(362) *Esprit des lois,* l. XI, ch. VI : « Dans la plupart des royaumes de l'Europe le gouvernement est modéré, parce que le prince qui a les deux premiers pouvoirs (législatif et exécutif) laisse à ses sujets l'exercice du troisième (judiciaire). »

I

Celui qui était le plus simple, c'était l'*évocation* devant le Conseil du roi (363). Au lieu de laisser trancher un litige par la juridiction compétente, le roi l'évoquait devant lui pour le faire trancher par son conseil, dont il sera parlé plus loin. L'évocation pouvait avoir lieu même alors que la cour de justice compétente avait été déjà saisie. Cette pratique apparaît dès le xive siècle; malgré les protestations des parlements (364), elle se maintint jusqu'à la fin de l'ancien régime.

Les *jugements par commissaires* constituaient un acte plus arbitraire encore, quoique respectant mieux, en apparence, les formes de la justice. En effet, le roi, par une commission extraordinaire, donnait à une ou plusieurs personnes le droit de trancher souverainement une affaire déterminée. Les commissaires n'avaient que les pouvoirs que leur conféraient les lettres du roi, et ces pouvoirs étaient épuisés et cessaient lorsqu'ils avaient rendu leur sentence (365). C'était, en réalité, un tribunal d'occasion, constitué en vue d'une affaire spéciale et dessaisissant de la connaissance de cette affaire les tribunaux ordinaires. De vives réclamations s'élevèrent contre cette pratique, surtout de la part des Etats généraux, et, en 1579, par l'ordonnance de Blois, art. 98, le roi révoqua toutes les lettres de commissions extraordinaires qu'il avait accordées et promit de ne plus en accorder à l'avenir. Mais on entendit cette promesse en ce sens qu'elle ne concernait que les affaires d'intérêt privé, et non les causes où l'intérêt public était engagé (366). Presque tous les procès politiques dans l'ancienne France, au xvie et au xviie siècle, ont été jugés par commissaires.

Les lettres de *committimus* (367) contenaient une interversion, plus régularisée, de l'ordre des juridictions. C'était une grâce par laquelle le roi accordait à certaines personnes, à titre permanent, le droit d'attirer tous les procès qui les concernaient devant certaines juridictions, qui constituaient par là même des juridictions

---

(363) Voyez les formules de lettres d'évocation dans le *Nouveau stile de la chancellerie de France*, 1622, 1re partie, p. 76

(364) Noël Valois, *Inventaire*, p. xxvii et suiv.

(365) Lebret, *De la souveraineté*, l. II, ch. ı, p. 40 : « C'est un droit de la souveraineté qui prend sa source de celui qui donne le pouvoir aux rois d'instituer tels officiers que bon leur semble... Il est nécessaire qu'elles (les commissions) contiennent tout le pouvoir que le roi donne aux commissaires... Celle-là (qui n'est que pour un temps et pour l'expédition de certaines affaires) donne aux commissaires un rang plus élevé que n'avaient les officiers dont ils exercent les charges durant leur interdiction... toutefois, sitôt qu'ils ont accompli leur commission, ils deviennent personnes privées comme ils étoient auparavant. »

(366) Lebret, *op. cit*, p. 40.

(367) Le nom venait des mots par lesquels elles commençaient; ci-dessus, p. 375, ■. 165

privilégiées et qui étaient les requêtes du palais ou les requêtes
de l'hôtel (368).

Une autre application de la justice retenue, tout aussi arbitraire
dans son principe, aboutit à une institution utile et qui devait, en
se transformant, passer dans le droit moderne. Les arrêts rendus
en dernier ressort par des cours souveraines étaient, de leur nature,
inattaquables, tous les degrés de juridiction étant alors épuisés.
Mais le roi, en qui résidait toute justice, pouvait cependant les
casser; il pouvait écarter, supprimer l'œuvre des juges, comme il
aurait pu écarter de cette cause les juges eux-mêmes. Cela se fit
dans l'ancien droit principalement par deux procédures. L'une, la
plus ancienne, fut la *proposition d'erreur*. Elle supposait dans la
sentence une erreur de fait, et le plaideur à qui elle faisait grief
adressait au Conseil privé du roi une requête, avec les moyens et
causes d'erreur. Le chancelier les faisait examiner par les maîtres
des requêtes de l'hôtel du roi, qui déclaraient, par un avis, si les
erreurs étaient ou non recevables. Si l'avis était favorable, l'affaire
venait au Conseil du roi, qui, après un rapport fait par un conseiller ou un maître des requêtes, rendait un arrêt. L'arrêt ayant
admis les erreurs, il était délivré des lettres patentes adressées au
Parlement même qui avait rendu la sentence, lui mandant de la
reviser (369). La proposition d'erreur, comme je l'ai dit, ne pouvait
être intentée que pour erreur de fait; mais il paraît bien qu'au
xvi<sup>e</sup> siècle elle s'intentait aussi, irrégulièrement, pour erreur de
droit (370). Au xvii<sup>e</sup> siècle, cette voie de recours, considérée comme
abusive, fut supprimée par l'ordonnance sur la procédure de
1667 (371). Mais entre temps s'était formé un recours analogue, un
pourvoi en cassation des arrêts souverains, intenté devant le Conseil
du roi, pour violation des ordonnances ou coutumes (372); et il

(368) La matière fut réglée en dernier lieu par l'ordonnance de 1669 sur les évocations et *committimus*. Voyez les formules des lettres, *Nouveau stile de la chancellerie*, 1<sup>re</sup> partie, p. 51 et suiv.

(369) Boyer, *Le stile du parlement*, p. 209 et suiv.; — Imbert, *Pratique*, l. II,
ch. xvi, n<sup>os</sup> 1-12; — *Le nouveau stile de la chancellerie de France*, Paris, 1622, l. I,
p. 29 et suiv., 79 et suiv.

(370) Imbert, *Pratique*, loc. cit., n° 6 : « N'est permis d'alléguer en proposition
d'erreur, autres erreurs que de faict et non de droict, combien que souvent on en
allègue qui sont de droict. »

(371) Tit. XXXV, art. 42; — Lange, *Pratique*, I, p. 463.

(372) Chénon, *Les origines, conditions et effets de la cassation*, p. 31 et suiv. Une
troisième voie de recours, qui est restée dans notre droit moderne, la *requête civile*,
ressemblait à la proposition d'erreur. Elle était dirigée contre l'arrêt d'une juridiction souveraine et adressée aussi au roi en son Conseil. Instruite par des maîtres
des requêtes, si elle était admise, elle donnait lieu à la rescision de l'arrêt et au
renvoi de l'affaire devant la Cour qui l'avait rendu. Mais dans la suite du temps, le
chancelier et les maîtres des requêtes cessèrent d'examiner les requêtes civiles; ce
fut la cour même qui avait rendu l'arrêt, qui fit l'examen de la requête et prononça
la rescision de l'arrêt, s'il y avait lieu, pour examiner à nouveau l'affaire. Pour cela
il fallait toujours que des lettres fussent délivrées, mais elles l'étaient sans examen.

persista, après l'abrogation des propositions d'erreur (373). Le jugement de ces pourvois était même la fonction principale du Conseil privé ou Conseil des parties. Cela devint une voie de droit régulière et non point une grâce proprement dite accordée par le roi. Cependant, bien que, dans le dernier état, le pourvoi pût être porté directement au Conseil par une requête, il fallait tout d'abord qu'il fût déclaré admissible, avant d'être examiné au fond : c'étaient, sur le rapport d'un maître des requêtes, un certain nombre de commissaires choisis parmi les conseillers d'Etat qui faisaient cet examen préalable, ouvrant ou fermant au pourvoi la porte du conseil (374). Somme toute, il était résulté de là une institution utile; mais le pourvoi en cassation de l'ancien droit, vicié dans son origine, était une voie de recours très imparfaite. D'un côté, il conservait dans la forme le caractère d'une grâce, d'une faveur faite par le pouvoir royal. D'autre part, il était jugé sans garanties suffisantes; les maîtres des requêtes, qui l'instruisaient, en décidaient en fait, et il ne semble pas qu'il donnât lieu le plus souvent à une délibération sérieuse du Conseil (375). En dehors du pourvoi en cassation, un pourvoi *en revision* était également possible contre les condamnations définitives en matière criminelle, pour erreur de fait. Mais pour pouvoir présenter requête au roi à cet effet, il fallait obtenir une première grâce, s'il s'agissait de la peine de mort; c'était un sursis à l'exécution de la peine.

Enfin les *règlements de juges*, c'est-à-dire les conflits qui s'élevaient entre deux ou plusieurs juridictions, étaient aussi, par application de la justice retenue, tranchés par le Conseil du roi, lorsqu'ils ne rentraient pas dans la compétence d'une juridiction souveraine qui avait été elle-même détachée du Conseil du roi et qui s'appelait le *Grand Conseil* (376).

(373) Lange, *Pratique*, I, p. 453 : « S'il y avoit contravention visible, évidente et manifeste à la disposition de l'ordonnance ou d'une coutume, on pourroit se pourvoir en cassation au conseil privé; et il y a exemple de quantité d'arrêts du conseil qui en ce cas ont cassé les arrêts des cours souveraines. »

(374) De Boislisle, *Mémoires de Saint-Simon*, IV, p. 419; — Règlement de 1738, tit. IV, art. 21 (Isambert, *Anc. lois*, XXII, 48).

(375) Ce dernier vice est déjà signalé par Fénelon qui en proposait la réforme, *Plans de gouvernement concertés avec le duc de Chevreuse pour être proposés au duc de Bourgogne (OEuvres choisies*, édit. Hachette, t. IV, p. 406) : « Conseils composés non de maîtres des requêtes, introduits sans mérite pour de l'argent, mais de gens choisis *gratis* dans tous les tribunaux du royaume, pour redresser avec le chancelier tous les juges inférieurs. » — Cf. d'Argenson, *Considérations sur le gouvernement ancien et présent de la France*, édit. 1784, ch. VII, art. 28 et 29.

(376) Noel Valois, *Inventaire*, p. XLVIII; — Règlement de 1738, tit. VI; — Lange, *Pratique*, I, 78. — Il en était autrement lorsque le conflit s'élevait entre deux juridictions inférieures relevant d'une même cour souveraine, d'un même Parlement: ce dernier faisait alors, en vertu de sa compétence générale, le règlement de juges.

## II

Les *lettres de grâce* et *de justice* se rattachaient à la justice retenue : mais elles avaient des origines spéciales. Elles procédaient
en partie du droit romain; et elles faisaient alors jouer au roi un
rôle analogue à celui qu'avait rempli dans certains cas l'empereur,
et avant lui le préteur (377). Elles procédaient aussi en partie du
droit canonique, et par elles le roi exerçait ce pouvoir très particulier que le droit canonique reconnaissait au souverain, et
qui s'appelait le droit de *dispensatio* (378) : c'était un acte du pouvoir législatif, par lequel une personne déterminée était soustraite,
dans un cas donné, à l'application de la loi, sans que celle-ci fût
abrogée et perdît sa force générale (379).

Les *lettres de grâce* s'appliquaient en matière pénale. Elles
venaient du droit romain, le droit de grâce avait appartenu à
l'empereur, et, en suivant les textes qui le reconnaissaient, les
juristes l'avaient transporté au roi (380). Ils en avaient fait justement un droit régalien, appartenant au roi seul, déniant aux seigneurs le droit d'accorder grâce (381). Mais ces lettres de grâce
avaient une portée très grande : elles répondaient à plusieurs institutions, distinctes dans le droit moderne, ou maintenant disparues.
Aujourd'hui, nous distinguons très nettement la grâce et l'amnistie.
La première est un acte du pouvoir exécutif, qui fait remise en tout
ou en partie d'une peine régulièrement prononcée : elle n'efface que
la peine, laissant subsister la condamnation, et aussi, en principe,

(377) Lebret, *De la souveraineté*, l. IV, ch. ɪ, p. 129 : « On s'en sert (du sceau)
pour sceller les actes de justice, et principalement les restitutions et toutes les
affaires que le préteur romain expédioit *jure sui officii.* » *Le trésor du style de
la chancellerie* (1614, p. 1), appelle celle-ci, d'après Budée, « l'oracle d'équité,
promptuaire des grâces de justice, mais aussi de la libéralité royale et du droit pré-
torien: pour ce qu'en icelle sont octroyés les relèvements que le préteur souloit
anciennement donner. »

(378) Lebret, *De la souveraineté*, t. II, ch. ɪɪɪ, p. 44 : « Il (le roi) peut faire grâce
et *dispenser des loix* et de leurs peines ceux que bon lui semble. » — Loyseau,
*Des seigneuries*, ch. ɪɪɪ, n° 16 : « Sous ce droit de faire des loix, je comprends à
plus forte raison les privilèges qui sont loix privées et particulières... j'y comprends
les dispenses de toutes sortes, soit en civil ou en criminel, pour ce qu'il faut au
moins autant de puissance pour délier que pour lier. » Le pouvoir de dispenser de
l'application de la loi est déjà reconnu au roi par Beaumanoir, XLVIII, 8. Il s'agit
de l'ordonnance qui défendait aux roturiers d'acquérir des fiefs; et le jurisconsulte
constate que le souverain peut en accorder la dispense : « le tierce reson comment
li homme de poeste poest tenir franc fief, si est par especial grâce qu'il a du roi ou
du prince qui tient en baronie. » Cf. XLV, 30.

(379) Esmein, *Le mariage en droit canonique*, II, p. 316 et suiv., et *Eléments de
droit constitutionnel*, p. 526; — Sägmüller, *Lehrbuch des katholischen Kirchenrechts*,
3ᵉ éd., 1914, I, p. 139.

(380) Johannes Faber, *ad instituta*, I, 12, p. 35 : « Ego credo quod hodie possint
reges (restituere) quia non habent superiores sed alii non. »

(381) Loyseau, *Des seigneuries*, ch. v, n° 42.

toutes les incapacités que celle-ci avait entraînées; c'est une mesure individuelle. L'amnistie, au contraire, efface rétroactivement jusqu'au délit lui-même : elle arrête les poursuites, comme elle fait tomber les procédures commencées et les condamnations prononcées : c'est une mesure qui n'est pas prise en faveur d'un individu déterminé, mais qui, dans un intérêt d'apaisement général, comprend toute une catégorie de délits accomplis dans des conditions identiques ou semblables; chez nous, elle ne peut être accordée que par une loi. Mais ces idées très justes ont mis beaucoup de temps à se dégager, et dans l'ancienne France, le roi, par les lettres de grâce, exerçait à la fois, au profit des individus, le droit de grâce et le droit d'amnistie. Elles se divisaient en plusieurs classes (382). Les lettres d'*abolition* et de *pardon* accordaient des amnisties individuelles, les premières pour les crimes qui entraînaient peine de mort, les secondes pour les crimes et délits moins graves (383). Les *lettres de rémission* avaient une fonction toute spéciale : elles étaient accordées aux auteurs des homicides involontaires, ou accomplis en état de légitime défense. Cela venait de ce que l'ancien droit avait retenu une règle qu'on trouve dans beaucoup de vieux systèmes juridiques, et d'après laquelle l'homicide est envisagé comme punissable à raison de sa matérialité et sans tenir compte de l'intention de l'agent : les lettres de rémission corrigeaient la rigueur unique de cette règle (384). Les lettres de *commutation de peine*, de *rappel de ban*, de *rappel de galères* (385), contenaient des grâces partielles, ou la remise du bannissement; enfin, les *lettres de réhabilitation*, ou *pour ester à droit*, effaçaient les incapacités produites par la peine principale (386). Toutes ces lettres contenaient des grâces véritables, que le roi pouvait toujours refuser, sauf celles de rémission qui étaient de style (387). Mais elles étaient largement accordées quand il s'agissait de personnes nobles ou puissantes, et par là le roi arrêtait bien souvent le cours de la justice criminelle. L'abus était connu de tous, et souvent les Etats généraux l'avaient signalé dans leurs doléances. La royauté le reconnaissait elle-même, et, plus d'une fois, elle renonça dans des ordonnances au droit de grâce pour les crimes les plus graves.

(382) Esmein, *Histoire de la procédure criminelle*, p. 254 et suiv.
(383) Les formules dans le *Nouveau stile de la chancellerie*, l. I, p. 94 et suiv., 50.
(384) Boutillier, *Somme rural*, l. II, t. XL, p. 870 : « Coustumiers dient que crime n'a point d'adventure, qu'il ne chée en peine de mort ou rémission de prince. » — Cf. Brunner, *Ueber absichtslose Missethat im altdeutschen Strafrechte*, p. 5 et suiv.
(385) Les formules dans le *Nouveau stile de la chancellerie*, l. I, p. 101, 105 et suiv.
(386) Les formules dans le *Nouveau stile de la chancellerie*, l. V, p. 45, 116 et suiv.
(387) Loyseau, *Des seigneuries*, ch. xiv, n° 51 : « J'appelle les lettres de grâce celles qui dépendent do la pure grâce, libéralité ou bonté du prince et lesquelles il peut refuser sans violer le droict commun, comme les grâces, rémissions. »

Mais ces textes restaient lettre morte. Cependant, les cours n'étaient pas absolument dessaisies par les *lettres de grâce*. Celles-ci devaient être enregistrées, entérinées par les juges royaux, et ce n'était pas là une simple formalité extérieure. Les cours devaient vérifier si les lettres répondaient bien aux crimes commis; si le fait visé dans les lettres n'était pas identiquement celui qui avait été accompli, les juges pouvaient passer outre : la volonté du roi était inefficace, car elle ne s'appliquait pas au délit poursuivi.

Les *lettres de justice* s'appliquaient en matière civile et répondaient à une idée toute différente : elles servaient d'ordinaire non pas à arrêter, mais à diriger le cours de la justice.

Dans bien des cas, pour intenter une voie de recours contre un jugement, pour attaquer un contrat entaché de quelque vice, pour invoquer ce qu'on appelle en droit un *bénéfice*, c'est-à-dire un tempérament apporté à quelque règle trop rigoureuse, il ne suffisait pas d'établir en justice qu'on se trouvait dans les conditions voulues quant au fond, il fallait préalablement obtenir des lettres du roi, qui permettaient de le faire. Ainsi, par exemple, cela était nécessaire pour intenter la voie de recours appelée la requête civile; pour attaquer un contrat entaché de dol ou contenant une lésion; pour accepter une succession sous bénéfice d'inventaire en pays coutumier; c'était aussi par des *lettres de répit* que le débiteur malheureux pouvait obtenir un délai ou terme de grâce (388). Tous ces moyens subsistent dans le droit moderne, mais ils peuvent être portés directement devant les juges; dans l'ancien droit, pour les introduire, il fallait des *lettres de justice*. Cela s'explique historiquement. A l'origine, ces moyens, le plus souvent tirés du droit romain, n'étaient pas entrés dans la coutume : le roi, en permettant au plaideur de les invoquer, en ordonnant aux juges d'en tenir compte, faisait acte de souveraineté et accordait une véritable grâce individuelle, qu'il aurait pu refuser. Cela se voit bien dans les textes du xiiie et du xive siècle (389). Mais peu à peu le système se régularisa et se consolida. Ces recours et ces bénéfices furent pleinement admis par la coutume, si bien que le roi ne pouvait pas refuser les lettres de justice qui y correspondaient (390); et, d'autre part, ces lettres délivrées sans examen n'obligeaient pas les

---

(388) Dans le *Nouveau stile de la chancellerie* (1. I), voyez les formules : des lettres de requête civile, p. 27; — de rescision, p. 63; — de bénéfice d'inventaire, p. 33; — de répit, p. 44, 85 et suiv.

(389) Beaumanoir (Beugnot), XXXV, 29, *in fine* : « Li rois a de son droit que par renunciation que nus ait mis ès lettres... il ne laisse pas por ce, s'il va en l'ost ou contre l'ennemi de la foi, qu'il ne puisse fere les detes aterminer, selon qu'il voit le besoin de cex qu'il mainne aveques li.» — Cf. *Ancien coutumier d'Artois*, tit. II, § 8. p. 16. Il s'agit des lettres nécessaires, au xive siècle, pour se faire représenter en justice comme demandeur; elles sont désignées comme « une grâce du roi. »

(390) Loyseau, *Des seigneuries*, ch. xiv, n° 51.

juges, qui devaient examiner au fond si la partie était dans les conditions voulues pour s'en prévaloir (391). Elles ne furent plus délivrées par la grande chancellerie de France, mais par de petites chancelleries établies près des parlements. En réalité, elles n'étaient plus qu'une gêne, et, dès la fin du xvi⁰ siècle, on se demandait pourquoi on ne .supprimait pas cette formalité (392). Elles avaient servi, il est vrai, à attirer devant les juges royaux les affaires à l'occasion desquelles elles étaient délivrées et à dessaisir les juges seigneuriaux (393); mais, aux xvii⁰ et xviii⁰ siècles, cela n'avait plus d'importance. Leur seule utilité pratique était qu'il fallait payer un droit pour les obtenir; elles n'avaient plus que la valeur d'une mesure fiscale (394).

Toutes les *lettres royaux* dont il a été question jusqu'ici étaient des *lettres patentes* : cela se rapportait à leur forme. Elles étaient publiques et *ouvertes*, munies, quand elles émanaient de la Grande chancellerie. du sceau de l'Etat. Quand elles ne constituaient pas une simple formalité, elles étaient délivrées après une instruction et par l'intervention du chancelier : cela était une garantie, qui, dans une certaine mesure, suppléait aux formes de la justice. Mais il était d'autres lettres du roi, qui constituaient des actes plus arbitraires et plus dangereux, l'application extrême de la justice retenue; c'étaient les *lettres de cachet*. Elles appartenaient par la forme à la classe des *lettres closes*, c'est-à-dire qu'elles constituaient des ordres secrets du pouvoir royal, remis sous pli fermé à celui qui devait en assurer l'exécution. Elles ne passaient point par la chancellerie, n'étant pas munies du sceau de l'Etat, et, par suite, n'étaient pas soumises au contrôle du chancelier. Elles étaient seulement revêtues du cachet particulier du roi (de là leur nom) et signées par un secrétaire d'Etat. Elles pouvaient contenir toutes sortes d'ordres; mais, en fait, elles n'en contenaient guère que deux (395) constituant un empiétement du pouvoir royal sur la

(391) Voyez un jugement du Châtelet de Paris du 27 juin 1396, qui écarte des lettres de répit (Fagniez, *Fragments d'un répertoire de jurisprudence parisienne*, n⁰ 133).

(392) Guy Coquille, *Histoire de Nivernois*, I, 508 : « Par une pratique inventée sans grande raison que pour toutes rescisions de contrats, ores que la nullité y soit, que pour estre héritier par bénéfice d'inventaire et plusieurs autres cas, il est accoustumé de prendre lettres en chancellerie qui sont adressées à juges royaux, et jaçoit que par le prétexte ils ne deussent connoître que du simple entérinement des lettres... néanmoins avec leurs longues mains ils prennent la connaissance de tout ce qui s'en suit. »

(393) Loyseau, *Des seigneuries*, ch. xiv, n⁰ 53 : « A présent, c'est une formalité de pratique qui ne sert plus que pour l'entretien des officiers de la chancellerie; enfin ce n'est plus qu'un impost que le roy prend sur les procès, d'autant que si la cause de l'impétrant n'est bonne selon le droict commun ses lettres ne lui servent de rien. »

(394) Esmein, *Histoire de la procédure criminelle*, p. 257.

(395) Elles servaient, en général, d'instrument aux volontés purement arbitraires des monarques : ainsi les lettres de jussion pour l'enregistrement des ordonnances, dont

justice régulière : un ordre d'emprisonnement, sans forme de procès, dans une prison d'Etat, ou un ordre d'exil ou d'éloignement
de la cour. Elles avaient deux fonctions principales. D'un côté,
elles servaient à frapper des hommes politiquement gênants ou
dangereux, sans la publicité d'un procès; d'autre part, les familles
puissantes obtenaient des lettres de cachet pour faire emprisonner
sans aucun scandale leurs membres compromettants. Cette pratique s'était introduite grâce à l'idée répandue par les légistes que
la volonté du roi, même contraire au droit et à la justice, était
souveraine et devait être obéie (396). Cependant, cet abus fut
signalé par les Etats généraux (397); plus tard, les cours souveraines protestèrent maintes fois contre lui dans leurs remontrances.
Mais ce fut toujours en vain (398).

il sera parlé ci-après, les lettres par lesquelles le roi ordonnait l'élection des députés
aux Etats généraux, les lettres de convocation des Etats provinciaux étaient des
lettres de cachet. Elles contenaient aussi parfois l'ordre de donner une fille en
mariage à une personne déterminée (Esmein, *Le mariage en droit canonique*, II.
p. 257).

(396) Petrus Jacobi, *Practica*, rub. 35, n° 15 : « Nisi ex mandato expresso principis
seu regis hoc fieret; quia tunc esset acquiescendum, licet esset contra jus, ut Cod.
*De jure fisci*, 1. prohibitum, lib. X.. »

(397) Picot, *Histoire des Etats généraux*, 2ᵉ édit., II, 401; IV, 479. — Voir P. Viollet, *Le roi et ses ministres*, 1912, p. 165.

(398) Ce qui paraissait surtout exorbitant au xviiiᵉ siècle, c'étaient les lettres de
cachet en blanc à la disposition d'un secrétaire d'Etat, sans que le roi prît en réalité aucune décision spéciale. Voyez, sur ce point, ce passage de d'Argenson dans
ses *Considérations sur le gouvernement ancien et présent de la France*, édit. 1784,
cn. vii, art. 29, p. 235 (dans ce plan de réformes, l'auteur fait parler le roi lui-même
à qui il prête ses idées) : « Quant aux ordres qui s'expédient en notre nom, et qui
tendent à priver quelques-uns de nos sujets de leur liberté et à les éloigner de leur
état ou de leur domicile ordinaire, nous ne voulons point qu'il en soit donné sans
une approbation précise de notre main, que nous n'accorderons jamais que sur le
rapport au moins d'un de nos ministres, secrétaires ou conseillers d'Etat, qui nous
en garantira la justice et la nécessité et signera sur la feuille qui nous sera présentée. »

# CHAPITRE II
## Les ministres et les conseils.

---

Tout gouvernement quelque peu développé, possède au centre deux sortes d'organes : des ministres, au sens large du mot, c'est-à-dire des officiers supérieurs dont chacun est préposé à un grand service public, et qui ont reçu du souverain le droit de donner directement des ordres au nom de la puissance publique, — et des conseils, c'est-à-dire des corps délibérants, où l'on prépare et discute les principales mesures. Les premiers sont représentés dans l'ancienne France par les grands officiers de la Couronne, les secrétaires d'Etat et les employés supérieurs des finances; les seconds, par le Conseil du roi. Les grands officiers de la Couronne sont propres à la monarchie féodale, les secrétaires d'Etat et les employés supérieurs des finances sont, au contraire, une création de la monarchie tempérée, que conserve et renforce la monarchie absolue. Logiquement, les premiers auraient dû disparaître lorsque les seconds se furent définitivement implantés. Mais ce phénomène ne se produisit que partiellement. La monarchie, même absolue, conserva, parfois au premier rang, quelques-uns des grands officiers de la Couronne, quoique le pouvoir dirigeant ne fût plus en eux. C'est là un trait qui revient fréquemment dans les institutions de l'ancien régime; elles sont encombrées des débris survivants des organismes antérieurs.

## § 1. — LES MINISTRES.

### I. — *Grands officiers de la Couronne* (1).

La monarchie capétienne, continuant sans interruption la monarchie carolingienne, le monarque capétien eut autour de lui, comme organes de son gouvernement, les mêmes officiers qui avaient

---

(1) Sur les grands officiers de la Couronne, voyez Du Tillet, *Recueil des rois de France*, p. 268 et suiv.; — Loyseau, *Traité des offices*, l. IV, ch. ii et iii; — De **Luçay**, *Les secrétaires d'Etat depuis leur institution jusqu'à la mort de Louis XV*; et, pour la période féodale, Luchaire, *Manuel des institutions françaises*, p. 518 et suiv.; — colonel Borelli de Serres, *Recherches : Quelques droits des grands officiers*, t. I, p. 371 et suiv.

entouré et assisté les derniers Carolingiens, et, s'il créa des offices nouveaux, ils furent façonnés sur le modèle des anciens. Ces officiers présentaient, on l'a vu (2), ce caractère notable qu'ils étaient à la fois chargés d'un service domestique dans le palais du roi et d'un service public dans le gouvernement; ce sont les principaux d'entre eux qui recevront le titre de grands officiers de la Couronne. Les plus importants dans la monarchie féodale étaient au nombre de cinq : le sénéchal, le connétable, le bouteiller, le grand chambrier et le chancelier.

Le sénéchal (senescalcus, dapifer) était, au début, le plus puissant de tous. Outre ses fonctions domestiques, qui faisaient de lui l'intendant de la maison et le chef du service de table, il dirigeait la guerre et la justice. Son autorité même était telle que, lorsque la royauté sentit ses forces, elle se débarrassa de ce serviteur trop puissant. En 1191, le poste étant devenu vacant par la mort du titulaire, Philippe-Auguste résolut de ne plus le remplir, et cette décision fut maintenue sous ses successeurs : à partir de cette époque, le sénéchal disparut et ses attributions passèrent en partie au connétable et en partie au chancelier.

Le connétable, comme l'indique son nom latin, comes stabuli, avait pour service domestique la direction de l'écurie royale. Il hérita des attributions militaires du sénéchal et acquit, peu à peu, comme prérogative, le commandement de l'armée royale (3). Mais ce commandement en chef ne lui appartenait qu'en guerre, non en temps de paix. Cette restriction, qui résultait de la nature des choses, lorsque l'armée royale n'était composée que des contingents temporaires, fournis par le service féodal, devint au contraire fort importante lorsque l'armée permanente eut été créée (4).

---

(2) Ci-dessus, p. 63. Voici quels étaient sous Charlemagne les grands officiers domestiques (Hincmar de Reims, *Ad proceres regni pro institutione Carlomanni regis de ordine palatii ex Adalardo, Opera*, édit., Sirmond, t. III, p. 207, ch. xvi). « Aprocrisiarius autem, quem nostrates Capellanum vel Palatii Custodem appelant, omnem clerum palatii sub cura et dispositione sua regebat. Cui sociabatur summus *Cancellarius* qui a secretis olim appellabatur, erantque illi subjecti prudentes et intelligentes ac fideles viri qui præcepta regia absque immoderata cupiditatis venalitate scriberent et secreta illis fideliter custodirent. Post eos sacrum palatium per hos ministros disponebatur, per *Camerarium* videlicet, et *Comitem palatii, Senescalcum Buticularium, Comitem stabuli, Mansionarium,* Venatores principales quatuor, Falconàrium anum. » Les derniers officiers nommés dans ces passages sont toujours restés des ₐofficiers domestiques, plus tard des officiers de la maison du roi.

(3) Du Tillet, *Recueil des Rois*, p. 272 : « En la chambre des comptes y a un registre bien ancien auquel est contenu que le connestable de France est au-dessus de tous autres qui sont en l'ost (excepté le roi, s'il y est), soit ducs, barons, comtes, chevaliers, escuyers, sodoyers, tant de cheval que de pied, de quelque estat qu'ils soient, et tous luy doivent obéir. » — Loyseau, *Des offices*, l. IV, ch. ii, n° 18 : « L'autre prérogative est que dans les armées il a le commandement sur toutes personnes, mesme sur les princes du sang, comme il est contenu en ses lettres. »

(4) Loyseau, *Des offices*, l IV, ch. ii, n° 19 : « Son commandement n'est princi-

Le chancelier (5) n'était pas, au début, un bien grand personnage; sous les premiers Capétiens, la fonction était même partagée entre deux personnes. Il y avait un chancelier en titre, l'archevêque de Reims d'ordinaire, dont la situation n'était guère qu'honorifique; mais le directeur réel de la chancellerie était le chef des notaires .chargés de dresser les diplômes contenant l'expression des volontés royales (6). Son importance grandit sous Philippe‑Auguste et Louis VIII (7); il succéda aux attributions judiciaires exercées jadis par le grand sénéchal (8). A partir du XIVe siècle, il dirige l'action juridique et politique du pouvoir royal; il passe, sous la monarchie tempérée, au premier rang des grands officiers de la Couronne. Arrivée à son complet développement, la dignité de chancelier emportait trois prérogatives principales :

1° Le chancelier avait la garde et la disposition du sceau de France. Il en résultait que tous les actes de la volonté royale, qui, pour avoir force obligatoire, devaient être revêtus du sceau de France, passaient nécessairement par ses mains et étaient ainsi soumis à son contrôle (9). Ce contrôle, sous la monarchie tempérée, n'était point de pure forme, mais souvent effectif; on voyait parfois le chancelier refuser d'apposer le sceau à un acte signé au nom du roi et préparé par un secrétaire d'Etat, parce qu'il le considérait comme contraire aux principes (10). Pour cer-

palement qu'en la campagne, c'est-à-dire ès armées et non sur les places, ni mesme sur les gouverneurs des provinces. »

(5) Sur l'histoire et le rôle du chancelier, voir O. Morel, *La grande chancellerie royale et l'expédition des lettres royaux, de l'avènement de Fhilippe de Valois à la fin du XIVe siècle* (1328-1411), 1900; — P. Viollet, *Le roi et ses ministres*, 1912, p. 175 et suiv.; — L. Perrichet, *La grande chancellerie de France, des origines à 1328*, thèse 1912.

(6) Luchaire, *Manuel des institutions*, p. 522.

(7) La charge de chancelier resta vacante, il est vrai, depuis 1185, le chancelier reparaissant temporairement sous Louis VIII et au début du règne de Saint Louis, puis définitivement en 1315. Mais dans l'intervalle la fonction, qui était indispensable, était exercée par les gardes des sceaux, qui prennent l'autorité et souvent même, quoique indûment, le titre de chanceliers. (Perrichet, *op cit.*, p. 151.)

(8) Le chancelier anciennement était toujours un clerc, qui servait en même temps à la chapelle du roi, et c'était là son service domestique. Ce n'est qu'à partir du XIVe siècle que la charge fut donnée à des laïcs. (Lucnaire, *op. cit.*)

(9) Loyseau, *Des offices*, l. IV, ch. II, n°° 28, 32 : « Pour le regard de la première (prérogative), c'est celle qui dépend du sceau, en conséquence de laquelle il dresse ou du moins il donne la forme aux édits et toutes autres lettres patentes du roy, lorsqu'il y a apposé le sceau de France... Le chancelier a cela de plus que le connestable et surintendant des finances, à sçavoir que le connestable n'a pouvoir qu'en ce qui concerne la guerre, ni le surintendant qu'en ce qui concerne les finances, au lieu que le chancelier a à voir et sur celles de la guerre et sur celles de finance en ce qu'il faut qu'elles passent par le conseil ou par le sceau, de sorte qu'il est vray qu'il est comme le controlleur et correcteur de toutes les affaires de France. » — Lucien Périchet, *La grande chancellerie de France des origines à 1328*, thèse de doctorat, Paris, 1912, p. 432.

(10) La Roche-Flavin, *Treize livres*, l. XIII, ch. XVII, n° 18 : « Le chancelier de Philippe II, duc de Bourgogne, quitta les sceaux plustost que de passer des lettres

tains actes, le chancelier en avait la pleine disposition, les dressant lui-même et les scellant au nom du roi (11).

2° Le chancelier avait, comme disait Loyseau, la surintendance de la justice, était le chef de la magistrature (12). Cela se voyait à deux traits : il expédiait les lettres de provision à tous les officiers royaux et statuait sur leur délivrance ou leur refus (13), et, toutes les fois qu'il venait au Parlement ou autre cour souveraine, il en prenait la présidence (14).

3° Le chancelier était l'inspirateur de la législation royale. C'était lui qui proposait le plus souvent et qui faisait rédiger les ordonnances. Cette tradition constante fut, il est vrai, interrompue sous Louis XIV; le grand mouvement législatif, qui se produisit alors, fut dirigé par Colbert, contrôleur des finances, non par le chancelier Séguier; mais, sous Louis XV, le chancelier Daguesseau reprit glorieusement la tradition ancienne.

Enfin, et cela marquait bien la situation de premier ministre

iniques. Le duc voyant sa constance révoqua son commandement. » Voyez dans Tessereau, *Histoire de la grande chancellerie*, p. 75, le serment prêté par le chancelier Du Prat entrant en charge : « Quand on vous apportera quelque lettre signée par le commandement du roi, si elle n'est de justice et de raison, ne la scellerez point encore que ledit seigneur le commandast par une ou deux fois, mais viendrez devers iceluy seigneur et luy remonstrerez tous les points par lesquels ladite lettre n'est raisonnable; et après que aura entendu tous lesdits points, s'il vous commande de la sceller, la scellerez; car alors le péché en sera sur ledit seigneur et non sur vous. » On trouve rapportés dans l'ouvrage de Tessereau divers cas où en fait le chancelier refuse d'apposer le sceau, par exemple, p. 165 : « Le roi (Henri III), estant de retour en France, voulut remettre au duc de Savoye les villes de Pignerol, Savignan et autres places; mais le chancelier de Birague ayant fait difficulté de sceller les pouvoirs pour faire ladite restitution, Sa Majesté se fit apporter les sceaux, les fit sceller en sa présence, dont elle donna le brevet de décharge qui suit audit chancelier. » — Lebret, *De la souveraineté*, l. III, ch. II, p. 93 : « Les propriétaires des terres érigées en titre de duché, de marquisat et de comté... venans à décéder sans hoirs mâles procréés de leur corps, elles sont unies au domaine, sans pouvoir plus après en être séparées... et bien que cela ait été ci-devant négligé, toutesfois monsieur le garde des sceaux fit observer ce règlement, quand il fut question d'ériger en duché le marquisat de Villars, dont il ne voulut sceller les lettres que cette condition n'y fût insérée. »

(11) Loyseau, *Des offices*, l. IV, ch. II, n° 30 : « Mesmement, il y a plusieurs expéditions d'importance que le chancelier peut faire de son autorité sous le nom du roy, sans lui en parler. » — Degrassalius, *Regalium Franciæ*, lib. I, p. 143 : « Est aliud sigillum ad rescripta cujus custos et judex est magnus cancellarius Franciæ... qui solus expedit et sigillat litteras nomine regis, quamvis illas rex non videt. »

(12) Dès sa réapparition, en 1315, le chancelier est cité le premier des membres de la grand chambre (Perrichet, p. 436) Au xvᵉ siècle il est qualifié « le chief par especial du parlement. » (Morel, p. 16).

(13) Loyseau, *Des offices*, l. IV, ch. II, n° 22 : « C'est luy qui baille le titre, c'est-à-dire les lettres de provision, à tous les officiers, lesquelles il peut refuser ou différer, comme il luy plaist. »

(14) Loyseau, *Des offices*, l. IV, ch. II, nᵒˢ 32, 90 : « C'est pourquoy il a droit de présider au Parlement quand il y va, soit pour la vérification des édits, ou pour l'élection des officiers d'iceluy lorsqu'icelle luy estoit laissée. » — « Il est le chef de toutes les justices et il préside en toutes les cours souveraines quand il luy plaist s'y trouver ». »

qu'il occupait en droit, le chancelier présidait, à la place du monarque (15), plusieurs sections du Conseil du roi; c'est un point sur lequel nous reviendrons plus loin.

Les destinées du grand chambrier et celles du bouteiller furent à peu près les mêmes. Très influents au début, quoique sans attributions gouvernementales bien déterminées, à raison de leur charge domestique qui les mettait en relation constante avec le roi, ils perdirent leur importance politique lorsque le gouvernement fut vraiment organisé. Alors l'un redevint un simple officier domestique de la maison du roi; l'autre céda la place à des officiers du même genre qui s'étaient substitués à lui dans l'accomplissement effectif de son service intime. En effet, le grand chambrier, dès le XIIIe siècle, n'a plus qu'un titre honorifique et lucratif, et le service de la chambre est fait par des chambellans (16), dont l'un deviendra grand chambellan. Aussi, l'office de grand chambrier fut supprimé en 1545 (17). Quant au bouteiller, il devint le grand échanson; et grand chambellan et grand échanson ne furent plus que des officiers domestiques. placés sous l'autorité du chef de la maison du roi, le grand maître de France (18), qui avait sous lui tous les serviteurs intérieurs du palais et qui reçut le titre de grand officier de la Couronne, mais sans devenir jamais un ministre de la chose publique (19).

Si l'on a vu disparaître de bonne heure certains grands officiers de la Couronne, la monarchie féodale et même tempérée en créa de nouveaux (20). Les plus anciens sont les maréchaux de France qui apparaissent de bonne heure, et qui, par leurs fonctions, sem-

---

(15) Loyseau, *Des offices*, l. IV, ch. II, n° 31 : « Il est notoire que c'est le chancelier qui préside au conseil du roy, et qui d'ordinaire y tient le premier rang, comme représentant Sa Majesté en son absence. Mesme en sa présence et des princes du sang, c'est luy qui en prononce les arrests et résultats et qui a soin de les faire dresser et recevoir. »

(16) Du Tillet, *Recueil des rois*, p. 289 : « Le chambrier demeura pour titre, honneurs, droits et profits, son service departy à d'autres, sçavoir est auxdits chambellans, premier gentilhomme de la chambre et maistre de la garde-robe. »

(17) Du Tillet, *Recueil des rois*, p. 290.

(18) Du Tillet, *Recueil des rois*, p. 284 : « Cet office (grand queux de France) estoit et les *grand bouteillier et panetier* de France sont encore soubz le grand maistre de France. » — Loyseau, *Des offices*, l. IV, ch. II, n° 73 : « Pource que la charge de ces trois officiers de grand panetier, grand eschanson et grand queux dépendent naturellement de l'office de grand maistre de France, il y a apparence que les grands maistres les ont fait supprimer du moins quant au titre et aussi quant à la qualité d'offices de la couronne, dont toutesfois je ne trouve rien dans les livres; mais j'ay veu l'estat de la maison du roy d'à présent auquel ces trois offices ne sont point, mais s'y trouvent seulement employez le premier panetier, le premier eschanson, le premier tranchant. »

(19) Loyseau, *Des offices*, l. IV, ch. II, n° 11.

(20) Loyseau, *Des offices*, l. IV, ch. II, n° 54 : « D'autant que ce titre a esté trouvé magnifique et avantageux par dessus tous les autres, cela a esté cause que plusieurs des grands officiers tant de la guerre que de la cour et maison du roy y ont voulu y avoir part; mesme il y eut aucuns d'érigez encore le nostre temps. »

blent avoir été d'abord les lieutenants du connétable (21). Le développement de la marine amena la création du grand amiral qui
fut officier de la Couronne, au moins à partir du règne de
Charles V (22). Le grand-maître des arbalétriers avait aussi cette
qualité; et, quand il eut disparu, elle passa au grand-maître de
l'artillerie (23). Enfin, il fut créé deux autres grands officiers, le
colonel général de l'infanterie (24) et le colonel général de la cavalerie (25).

Les grands officiers de la Couronne avaient traditionnellement,
comme émoluments, certains revenus du domaine royal. Mais ils
possédaient une autre prérogative plus précieuse : ils disposaient,
plus ou moins complètement, des charges inférieures ou menus
offices dépendant de leur département, et ce fut pour eux une
source large de profits, lorsque ces charges devinrent vénales (26).
Mais ce qui caractérisait surtout la position de ces ministres ou
officiers supérieurs, c'est le titre auquel ils possédaient leurs
offices. Sous la monarchie féodale, ils avaient naturellement tendu
à les inféoder, ce qui aurait conduit, en cas de succès, à les
rendre héréditaires comme les fiefs (27). Ils faisaient hommage
au roi en cette qualité (28); et, en fait, durant cette période, plusieurs de ces offices se transmirent assez longtemps dans une
même famille. Le pouvoir royal de son côté résista à cette entreprise. Il saisit les occasions favorables pour interrompre cette
possession, soit en laissant un office vacant à la mort du titulaire,
soit même en cassant un grand officier, comme cela se vit plus
d'une fois au xve siècle; il prétendait traiter ces offices comme
charges amovibles. En définitive, il se dégagea un moyen terme
entre ces prétentions contraires. Les grands offices de la Couronne

(21) Du Tillet, *Recueil des rois*, p. 273 : « Les mareschaux de France sont dessouz
luy et ont leur office distinct de recevoir les gens d'armes, ducs, comtes, barons,
chevaliers, escuyers et leurs compagnons, — ne peuvent ne ne doivent chevaucher
ne ordonner bataille, se ce n'est par le connestable, ne faire bons ou proclamations
en l'ost sans l'assentiment du roy ou dudit connestable. » — P. Viollet, *Le roi et
ses ministres*, p. 301 et suiv.
(22) Du Tillet, *Receuil des rois*, p 280 et 281. — P. Viollet, *Le roi et ses
ministres*, p. 401 et suiv.
(23) Loyseau, *Des offices*, l. IV, ch. ii, n° 61
(24) Loyseau, *Des offices*, l. IV, ch. ii, n° 60 : « Le colonel de l'infanterie française
que le feu roi Henri III en l'an 1584 érigea en office de la couronne en faveur de
monsieur le duc d'Epernon. »
(25) Lebret, *De la souveraineté*, l. II, ch. v, p. 48. — Sur les colonels généraux,
voir P. Viollet, *Le roi et ses ministres*, p. 339 et suiv.
(26) Loyseau, *Des offices*, l. IV, ch. ii, n°s 85, 114 : « J'estime que le plus beau
droit qu'ayent à présent les officiers de la couronne, c'est la disposition des menus
offices de leur charge, depuis qu'ils se sont licenciez de les vendre. »
(27) Sur ce point, voyez Luchaire, *Manuel*, p. 519; — Du Tillet, *op. cit.*, p. 272
et suiv.
(28) Du Tillet, *Recueil des rois*, p. 272, 276, 278, 280, 285.

ne furent point héréditaires, mais ils devinrent viagers (29), donnant ainsi l'inamovibilité à leurs titulaires (30). C'était là un trait
fort remarquable, l'un de ceux qui distinguaient la monarchie
tempérée. Cela ne s'établit d'ailleurs en droit qu'assez tard. Pour
le chancelier il y a encore un exemple très net de révocation
sous Louis XI, celui du chancelier Doriole (31). Mais l'inamovibilité
était reconnue au cours du XVI° siècle et la maxime s'établit que
le chancelier ne perdait son titre qu'avec la vie.

C'était là chose grave, car au XVI° siècle le chancelier avait la
position et la valeur d'un premier ministre. Pouvait-on imposer
au roi l'obligation de garder un premier ministre qui avait perdu
sa confiance ?

On remédia à cet inconvénient en respectant les principes, tout
en donnant satisfaction à la volonté royale.

Le roi ne pouvait pas destituer le chancelier; mais on admit
qu'il pouvait lui enlever sa prérogative la plus importante, celle
qui faisait sa force, c'est-à-dire la garde et la disposition du sceau
de France. Alors le roi tenait lui-même le sceau, ou, ce qui était
plus ordinaire, il nommait un garde des sceaux spécial. Avant le
XVI° siècle, on voit déjà de ces gardes des sceaux, fonctionnaires
amovibles. Mais anciennement les gardes des sceaux n'apparaissent qu'au lieu du chancelier, lorsque la place de celui-ci est
vacante. A partir du XVI° siècle, on en voit créer, alors qu'il existe
un chancelier, et afin d'opérer, dans la mesure du possible, la
retraite de celui-ci (32). Pour le connétable et les autres officiers

(29) Guy Coquille, *Institution*, p. 4 : « Les conseillers faits (du roi) sont les officiers
généraux de la couronne. Ces dignités sont à vie et non pas héréditaires. » —
Loyseau, *Des offices*, 1. IV, ch. II, n° 4 : « Les officiers de la couronne prirent
cette dénomination du temps que les autres officiers du roy estoient destituables à
volonté et ceux de la maison du roi estoient au moins muables à toute mutation de
roy; et la prirent afin qu'estans tenus, non pour simples officiers du roy, mais pour
membres et instruments de la couronne, qui est immuable et immortelle, ils ne
fussent sujets à aucune destitution ny mutation. »

(30) Luchaire, *Manuel*, p. 523.

(31) Voyez dans Du Tillet, *Recueil des rois*, p. 271 et suiv., des exemples multiples
de destitution de connétables, il est vrai dans des temps troublés. Pour la révocation
du chancelier Doriole, Tessereau, *Histoire de la grande chancellerie*, p. 51, Louis XI
recommanda à son fils de ne pas destituer Guillaume de Rochefort, qu'il avait
nommé à la place de Doriole.

(32) P. Viollet, *Le roi et ses ministres*, p. 179 et suiv. — Lebret, *De la souveraineté*,
1. IV, ch. I, p. 130 : « Il a ce privilège (le chancelier), qu'on ne peut le priver de
sa charge qu'avec la tête et sans lui faire premièrement son procez, comme on le
pratiqua à l'endroit du chancelier Poiet, du temps de François Iᵉʳ. Car bien que
le roi puisse de son autorité absolue lui oster les sceaux, quand il le juge à propos
pour son service, néanmoins le caractère de la dignité lui demeure jusques à sa
mort. » — Piganiol de la Force, *op. cit.*, p. 343, 344. La création d'un garde
des sceaux à côté d'un chancelier avait souvent aussi pour cause la maladie ou
la vieillesse de ce dernier; voyez Tessereau, *Histoire de la grande chancellerie*,
passim. — De bonne heure les rois avaient nommé de simples gardes des sceaux,
au lieu de créer des chanceliers, notamment lorsqu'ils luttaient contre la tendance

de l'armée qui jouissaient de la même inamovibilité quant à leur fonction, on pratiqua un détour semblable, le roi nomma un lieutenant général qui prenait l'autorité sur toutes les troupes (33) ou même, plus tard, il déléguait temporairement à un personnage de marque la conduite d'une campagne (34).

Malgré ces tempéraments, la monarchie absolue se montra naturellement hostile à l'institution des grands officiers de la Couronne (35). Elle en supprima plusieurs par voie d'extinction ou de rachat. En 1627, disparut le connétable; en 1622, le colonel général de l'infanterie. Le grand amiral fut aussi supprimé sous Louis XIII; mais il fut rétabli en 1669, il est vrai, avec des prérogatives beaucoup moindres que celles dont il avait joui anciennement (36). En définitive, sous la monarchie absolue un seul d'entre eux conserva la qualité de ministre : ce fut le chancelier. Les ministres effectifs pour les autres services furent alors les fonctionnaires dont il reste à parler.

## II. — *Secrétaires d'Etat* (37) *et officiers supérieurs des finances.*

Les *secrétaires d'Etat*, qui devaient devenir les principaux ministres de la monarchie absolue, ont été le produit d'une longue évolution et leurs premières et lointaines origines sont fort

à l'inféodation des grands offices. Lucien Perrichet, *la grande chancellerie*, p. 145 et suiv. Mais jusque vers le milieu du xvi⁰ siècle, cela ne se produisit que lorsque la chancellerie était vacante, par mort du chancelier ou autrement. Il semble bien que la première nomination d'un garde des sceaux faite pour enlever au chancelier la disposition du sceau, se soit produite en 1550 au profit du garde des sceaux Bertrand contre le chancelier Olivier, et elle souleva des difficultés au Parlement: Tessereau, *Histoire de la grande chancellerie*, p. 104.

(33) Loyseau, *Des offices*, l. IV, ch. ii, n° 19.

(34) Lebret, *De la souveraineté*, l. II, ch. iv, p. 48 : « Bien que nous aïons à présent en France plusieurs charges militaires érigées en titre d'office perpétuel, comme de connestable et de maréchaux de France, de colonels de cavalerie et d'infanterie, néanmoins il est certain que le roi, selon les occurences qui se présentent, peut commettre à qui bon lui semble le commandement de ses armées, de quoi nous avons un exemple tout récent en la personne de monsieur le cardinal de Richelieu. »

(35) Ces grands offices ne furent point atteints par la vénalité qui s'étendit à tant d'autres. A la mort du titulaire, le roi choisissait effectivement le successeur Cependant, indirectement, ils étaient parfois acquis à prix d'argent. Loyseau, *Des offices*, l. IV, ch. ii, n° 116 · « Ils ne sont poins résignables, s'il ne plaist au roi, puisque Sa Majesté ne les vend point, mais c'est la vérité que la résignation que font les seigneurs de telle qualité n'est guère refusée, ce qui est cause que ces offices se vendent et trafiquent communément entre eux. »

(36) Piganiol de La Force, *op. cit.*, I, p. 437. Voici les officiers de la Couronne qu'énumère Piganiol de La Force, *op. cit.*, t. I, p. 181 : « Le chancelier de France, le garde des sceaux lorsqu'il y en a un, le colonel général de la cavalerie française, les maréchaux de France, le grand-maître de l'artillerie, le grand amiral. » — Cf. p. 395, 396

(37) Sur les secrétaires d'Etat, voyez l'ouvrage plus haut cité de M. de Luçay, et en dernier lieu P. Viollet, *Le roi et ses ministres*, p. 242 et suiv., qui donne la bibliographie.

modestes. Leurs ancêtres reculés ont été choisis dans le corps des notaires attachés à la Chancellerie de haute antiquité, ceux qui sont devenus les notaires-secrétaires de la maison et Couronne de France, et cette origine s'attestait encore dans les derniers siècles de l'ancienne monarchie en ce que tout secrétaire d'Etat devait être muni d'une charge de notaire-secrétaire du roi (38).

Lorsque le Conseil du Roi fut définitivement organisé, il devint nécessaire qu'un notaire du roi tînt registre des décisions prises, et assistât au conseil ou en reçût du chancelier les résultats. C'est ce que décide une ordonnance de Philippe le Long de 1318 (39). Le notaire choisi pour cela était naturellement un homme de confiance, et ainsi se détacha des autres un groupe de notaires du roi, désignés pour remplir ces fonctions, qu'on appela les *clercs du secret*, ou *secrétaires* (du secret conseil). Ils expédiaient aussi les pièces nécessaires pour assurer l'exécution des décisions prises au Conseil et l'habitude s'introduisit qu'ils signassent ces décisions après le roi, par ou pour le roi (40).

Dans le cours du xive siècle, parmi les secrétaires, s'en dégagea un nouveau groupe plus étroit, les *secrétaires des finances*. Ils étaient chargés de rédiger et signer les lettres en matière de finances, lesquelles étaient surtout des dons ou concessions du roi. Ils apparaissent très nettement dans une ordonnance de Charles V de 1373 (41). L'ordonnance Cabochienne de 1412 montre bien la situation (art. 219). Elle établit qu'il y aura huit notaires du roi qui *seront clercs du secret*, et de ce nombre deux seulement seront *secrétaires des finances*. La même ordonnance (art. 220) montre que les secrétaires des finances sont choisis sur la décision du Conseil ou en dehors de celui-ci (42).

Dès lors l'influence des secrétaires des finances alla toujours croissant, sans que pendant longtemps leur titre changeât. On les voit sous ce titre de *secrétaires des finances* figurer dans les occa-

(38) Piganiol de La Force, *Nouvelle description de la France*, t. I, p. 215 . « C'est en mémoire de leur origine que les secrétaires d'Etat sont obligés d'être notaires et secrétaires du roi. C'est en conséquence de cette délégation que le corps des secrétaires fit assigner en 1613 M. de Chavigny, secrétaire d'Etat, pour voir dire que défense lui serait faite de signer les lettres ordinaires du sceau, parce qu'il n'était pas du corps. Par arrêt du Conseil il fut ordonné qu'il se ferait pourvoir dans six mois d'une charge de secrétaire du roi conjointement avec celle de secrétaire d'Etat et pendant ce temps il signerait toutes les lettres communes et ordinaires du-sceau. » —'Voir P. Viollet, *Le roi et ses ministres*, p. 199 et suiv.

(39) *Ordonnances*, t. I, p. 668.

(40) Par exemple, *Ordonnances*, t. III, p. 330.

(41) *Ordonnances*, t. V, p. 647.

(42) L'ordonnance Cabochienne voit là un abus qu'elle veut faire disparaître : « Défendons à tous nos notaires et secrétaires sous peine de privation de leurs offices qu'ils ne signent aucunes lettres de justice, de grâce, de dons d'offices, d'argent et d'autres choses, si la requête n'a esté faite de la manière inscrite ès précédents articles. »

sions les plus importantes et jouer un rôle politique capital à la fin du xve siècle et au commencement du xvie. Ils ne portent pas d'autre titre officiel dans les pièces que relève le Catalogue des actes de François Ier (43). Cependant ils en prennent un autre dès ce règne, qui est un nom simplement d'usage mais très significatif, celui de *secrétaires des commandements de S. M.* Il se trouve dans le *Catalogus gloriæ mundi* de Chasseneuz (mort en 1542) (44). C'est encore la qualification que leur donne Jean Duret en 1574 (45). Ils étaient dès lors quatre en principe (*quatuor ordinarii*, dit Chasseneuz). Ce nouveau nom indiquait un élargissement de leurs fonctions. Jusque-là ils n'avaient signé que des *lettres* du roi; dorénavant c'étaient toutes les volontés quelconques du monarque, tous ses commandements (46), qu'ils transmettaient en son nom. Ils devenaient vraiment des ministres. Cette élévation fut due en partie à l'un d'eux, Florimond Robertet. Il appartenait à une famille dont beaucoup de membres occupèrent des charges dans l'entourage du roi (47) et dont il fut le grand homme. Secrétaire des commandements sous Charles VIII, Louis XII et François Ier, il exerça une influence profonde par la durée de ses services et par ses talents (48).

(43) *Catalogue des Actes de François Ier*, publié par l'Académie des sciences morales et politiques, t. IX, p. 145; quinze secrétaires de finances y sont relevés.

(44) *D. Bartholomei Chassanæi, burgundi, apud Aquas Sextias in senatu decuriæ præsidis Catalogus gloriæ· mundi.* Coloniæ 1592: Pars sexta, cons. 19, p. 263 : « qui sécretiora quæ vel nullis vel paucis communicantur, scribunt, dictant et explicant, quæ scilicet Princeps secreto, puta in cubiculo (quod vulgo dicitur *le cabinet*) jubet, ordinat et disponit libellosque puta epistolas et petitiones secrete principi legunt et explicant : et hodie apud nos dicuntur *secrétaires des' commandements (secrétaires d'F̓tat)* et sunt quatuor ordinarii scilicet dominus de Robertet, Gedoyne, de Neusville et Dorvet. » Le dernier nom doit sans doute être rectifié d'après le Catalogue des Actes de François Ier, Thierry Fouet, dit *Dorne.* Ce passage de Chasseneuz a été écrit du vivant de Florimond Robertet.

(45) *L'harmonie et conférence des magistrats romains avec les officiers français tant laiz que ecclesiastiques*, par Jean Duret, licencié ès lois et procureur du roy au pays de Bourbonnois, Lyon, 1574, p. 168, *Primicerii, secrétaires des commande mens.* A ceux que les anciens appeloient *Primicerios* nous pourrions approprier les quatre secrétaires des commandemens qui assistent au privé Conseil, escrivent les secrètes résolutions du Prince et sont ordinaires à son aureille. » Plus loin, p. 169, Duret parle des *secrétaires de la maison de France*, puis des *secrétaires des finances :* « Ceux qui suivent la cour sont appelez secrétaires des finances et les autres s'adonnent aux signatures des expéditions en chancellerie. »

(46) Le terme *commandement* était bien antérieurement usité pour désigner l'ordre du roi tendant à la délivrance de *lettres*, voyez ordonnance Cabochienne, art. 212, 213. — Les grands seigneurs avaient aussi des secrétaires des commandements.

(47) Tessereau, *op. cit.*, compte dix de ses membres ayant occupé la charge de notaire-secrétaire du roi.

(48) Chasseneuz, *Catalogus gloriæ mundi*, p. 164 (suite du passage cité plus haut, p. 505, note 3) : « sed inter omnes semper fuit et est præcipuus et maximæ auctoritatis apud reges Franciæ ipse dominus Robertet ». — Nous avons un intéressant registre de Florimond Robertet, registre officiel, qui a été publié de nos jours par un membre de cette ancienne famille; G. Robertet, *Les Robertet au xvie siècle*, Paris, 1888, *Registre de messire Florimond Robertet, chevalier, secrétaire des finances du*

Enfin sous Henri II ils conquirent le titre officiel de *Secrétaire d'Etat*. On fixait même jadis à ce changement une date précise, celle du traité de Cateau-Cambrésis de 1559 (49). Mais c'est là de la légende : le titre de *Secrétaire d'Etat* était naturel, comme celui de *Conseiller d'Etat*, et devait s'introduire à un moment donné du développement, comme il s'introduisait en Angleterre, où furent créés également des Secrétaires d'Etat par une évolution semblable à celle qui se produisit chez nous (50). Mais nous avons des pièces montrant que c'était chose faite avant 1559 (51). Dans un document officiel, le procès-verbal de l'assemblée des notables de 1557, le titre de secrétaire d'Etat apparaît (52). Il restera et les plus grands ministres le porteront, quand ils n'auront pas celui de Chancelier, ou de surintendant (puis contrôleur général) des finances (53).

Ce que nous avons dit jusqu'ici des Secrétaires des Commandements et Secrétaires d'Etat ne les montre pas cependant agissant comme de véritables ministres, c'est-à-dire comme ayant chacun un département qu'il dirige et où il commande au nom et à la place du roi. Cela fut ébauché par des lettres d'Henri II du 24 septembre 1547. Le roi répartissait entre les quatre secrétaires d'Etat les provinces du royaume avec lesquelles ils devaient correspondre, et cette répartition pour le gouvernement intérieur restera un trait permanent de l'ancien régime. Le roi répartissait également-

*roy des expéditions commandées par Madame regente, pendant l'absence dudit Seigneur hors de son royaume.*

(49) Piganiol de La Force, *op. cit*, t. I, p. 218. « On voit par ces lettres (d'Henri II de 1547) qu'ils ne sont qualifiés que de secrétaires des commandements et cela n'a changé que douze ans après, en 1559, au traité de Cateau-Cambrésis, où M. de l'Aubespine est qualifié chevalier, seigneur d'Hauterive, conseiller du roi très chrétien, son secrétaire d'Etat et de ses finances. Dès lors ils prirent tous quatre la qualité de secrétaires d'Etat et les rois la leur ont toujours donnée depuis dans leurs provisions. » On ajoutait même que c'était ' laude de l'Aubespine, qui voyant un des plénipotentiaires espagnols prendre au traité le titre de secrétaire d'Etat, n'avait pas voulu que le représentant de la France parût inférieur en dignité et avait spontanément pris le même titre; de Luçay, *op. cit.*, p. 17

(50) Anson, *Loi et coutume de la Constitution*, 2ᵉ partie, sect. II, § 4.

(51) Il est bien imprimé dans le *Catalogus gloriæ mundi* de Chasseneuz, qui a été écrit sous le règne de François Iᵉʳ (ci-dessus, p. 439, note 44). Mais il est mis là entre parenthèses, après *Secrétaires des commandements*; c'est sans doute une addition postérieure des éditeurs.

(52) Du Tillet, *Recueil des rois de France*, p. 107. « Au dessous dudit parquet, assez près du dernier degré il y avoit un grand bureau couvert de drap et un siège derrière, sur lequel estoient Messires Charles de l'Aubespine, chevalier, secrétaire d'Estat et des finances du roy, Clausse, chevalier, secrétaire d'Estat et des finances du roy, Jean du Thier, chevalier, secrétaire d'Estat et des finances du roy. »

(53) C'est ainsi que Richelieu a porté ce titre, dans des conditions particulières, il est vrai. Piganiol de La Force, *op. cit.*, t. I, p. 219 · « En 1616, Armand du Plessis de Richelieu pour lors évêque de Luçon et depuis Cardinal et premier Ministre, fut fait secrétaire d'Etat. Il obtint des lettres patentes pour précéder ses confrères au Conseil et partout ailleurs à cause de son caractère épiscopal. Mais comme une chose aussi extraordinaire avait été obtenue par l'autorité absolue de la reine-mère, elle ne fut pas plus tôt hors des affaires que ces lettres furent révoquées par d'autres lettres du 18 août 1617; elles furent obtenues par les autres secrétaires d'Etat. »

ment entre eux la correspondance avec les pays étrangers (54). En 1570, un règlement mit dans le département de l'un des secrétaires tout ce qui concernait la maison du roi (garde royale) et la gendarmerie (grosse cavalerie) (55) : c'était la première ébauche d'un ministère de la guerre. En 1589, un nouveau règlement fit faire un pas de plus; non seulement il maintint et compléta le département de la guerre, mais il créa un ministère des affaires étrangères, en mettant dans le département d'un autre secrétaire toute la correspondance avec l'étranger (56). Le règlement de 1589 avait aussi créé des bureaux ministériels, d'ailleurs des plus modestes (57). Tels furent les secrétaires d'Etat sous la monarchie tempérée · juridiquement, l'institution était arrivée dès lors à son complet développement, mais elle ne devait recevoir toute son importance politique que sous la monarchie absolue (58).

Cependant, sous celle-ci, l'importance de l'emploi fut tout d'abord voilée par la situation prépondérante que prenait l'un des secrétaires, Richelieu (59) ou Mazarin, en qualité de premier ministre tout-puissant. Avec le gouvernement personnel de Louis XIV, elle apparut dans tout son jour, rien ne s'interposait plus entre chacun des secrétaires et le roi. Ils devinrent alors ces ministres que Saint-Simon a si énergiquement qualifiés, « le monstre qui avait dévoré la noblesse, les tout-puissants ennemis des seigneurs, qu'ils avaient mis en poudre sous leurs pieds ». Choisis parmi les hommes désignés par leur capacité professionnelle, mais sortis ordinairement de la roture ou de la petite noblesse, ils étaient les instruments

(54) Piganiol de La Force, op. cit, t. I, p. 218. Il rapporte ces lettres qui ne sont pas dans Isambert et dont suit le passage topique : « Pourvoyant et donnant ordre à la conduite et direction de nos affaires, nous avons entre autres choses fait eslection de quatre de nos ames et feaux conseillers et secrétaires de nos commandemens et finances pour faire les expéditions et despesches d'Estat selon le département des charges, lieux et endroits des provinces que nous avons limitées et distribuées pour distinctement et respectivement en répondre afin que chacun d'eux sût ce qu'il a à faire. » *Histoire particulière de la cour de Henri II*, p. 287, « je parlerois de l'ordre du département de leurs charges (des secrétaires d'Etat), si cela ne remplissoit trop l'histoire et n'apportait la confusion et l'obscurité dans un long narré ».

(55) De Luçay, op. cit, p. 18.

(56) De Luçay, op. cit, p. 21

(57) Guyot, op cit., II, 2ᵉ partie, p. 219 · « Auront un commis et dix clercs et non davantage pour leur aider aux expéditions desdites charges. »

(58) Sully, dans ses *Économies royales*, manifeste encore du mépris pour les fonctions bureaucratiques des secrétaires du roi, dont les armes étaient « des mains de papier, des peaux de parchemin, des coups de ganivet, des traits de plumes, des paroles vaines, des sceaux et de la cire ». (Economies royales, I, p. 370); Nouailliac, *Villeroy, secrétaire d'Etat et ministre de Charles IX, Henri III et Henri IV*, thèse lettres 1909, p. 284. Cependant déjà sous Henri IV « le pouvoir qu'exerça Villeroy fut infiniment supérieur à sa charge. Par la faveur d'Henri IV il fut un des conseillers les plus influents du royaume, et pendant tout le règne un des trois ou quatre personnages qui, sous la souveraine autorité du roi, dirigèrent les affaires de la France ». Nouaillac, p. 269.

(59) Piganiol de La Force, op. cit, I, p. 219

naturels du pouvoir absolu, et leur avènement coïncidait avec l'abaissement politique de la haute noblesse. Aussi une réaction violente se déchaîna contre eux à la mort de Louis XIV. Le Régent, poussé par Saint-Simon (60), voulut rendre aux représentants de la haute noblesse la direction des affaires. Une Déclaration royale du 15 septembre 1715 créa six conseils, portés bientôt à sept, composés des plus grands seigneurs, entre lesquels devaient être réparties toutes les affaires générales du royaume, pour y être délibérées et rapportées ensuite au Conseil de régence (61). Les secrétaires d'Etat n'étaient point supprimés, mais ils n'avaient plus aucun pouvoir de décision propre : ils n'étaient que rapporteurs et secrétaires auprès des conseils. Mais cette tentative fut vaine. Elle échoua pour deux causes principales : d'un côté, les nobles composant ces conseils se montrèrent peu capables et s'épuisèrent en rivalités et conflits d'attributions entre les divers conseils; d'autre part, les secrétaires d'Etat, qui seuls avaient l'expérience et la tradition, ne fournirent aucun secours à ceux qui les dépossédaient. En 1718, l'essai fut considéré comme inutile, et un arrêt du Conseil de régence supprima cette organisation (62) : on revint à la forme de gouvernement antérieure, qui dura jusqu'à la Révolution, c'est-à-dire que les secrétaires d'Etat reprirent leur ancienne position et toute leur puissance.

Au cours des xviie et xviiie siècles, la détermination des départements ministériels entre les secrétaires tendit à se compléter; mais elle resta fort variable (63) et présenta jusqu'au bout une lacune importante. Il n'y eut, en réalité, que deux départements fixes : la guerre et les affaires étrangères; quant à la marine, aux colonies, au commerce, aux affaires du clergé et de la religion réformée, tantôt on les mit dans un département, tantôt dans un autre, joignant parfois au ministère de la guerre quelques-uns de ces services (64). Quant à l'administration intérieure, elle resta divisée entre les quatre secrétaires. Conformément à la tradition

(60) Voyez tout le récit de cette tentative dans les *Mémoires de Saint-Simon*, édit. Chéruel, t. XIII. — Le principal ministre au-dessus des secrétaires d'Etat réapparaîtra sous Louis XV, après la Polysynodie. P. Viollet, *Le roi et ses ministres*, p. 277 et suiv.

(61) Isambert, *Anciennes lois*, t. XXI, p. 36 : *Déclaration portant établissement de plusieurs conseils pour la direction des affaires du royaume.* — Voyez aussi dans le même volume, p. 49-78, une série d'ordonnances contenant la composition et le règlement des divers conseils.

(62) De Luçay, *op. cit.*, p. 225.

(63) Guyot, *op. cit.*, II, 2e partie, p. 220 : « Ils ont chacun leur département. Louis XIII les avait fixés par un règlement du 11 mars 1626; mais il a été fait depuis bien des changements. »

(64) Comparez les deux tableaux des départements donnés, l'un en 1718 par Piganiol de La Force (*op. cit.*, I, p. 220, 221), l'autre en 1787 par Guyot (*op. cit.*, II, 2e partie, p. 220, 221).

ancienne, chacun avait un certain nombre de provinces qui lui étaient assignées et avec lesquelles il correspondait. Enfin, toujours en vertu de la tradition, chacun d'eux expédiait exclusivement pendant trois mois les lettres de dons, bienfaits et bénéfices accordés par le roi (65).

Sous la monarchie féodale et tempérée, la haute administration financière s'était constituée, comme les finances elles-mêmes, progressivement et fragmentairement, et, affectée d'une dualité originelle, elle ne put arriver pendant longtemps à un système harmonique. D'un côté, il y avait les produits du Domaine, au début les seuls revenus de la monarchie (66) : ils étaient administrés et perçus sous la haute direction des Trésoriers de France, et le produit versé entre les mains d'un caissier central appelé le Changeur du trésor. Les impositions, créées sous la monarchie tempérée, étaient administrées sous la haute direction des Généraux des finances, et leur produit concentré dans les caisses des receveurs généraux (67). Les Trésoriers de France, au nombre de quatre, et les Généraux des finances, également quatre en nombre, quoique préposés chacun à une vaste circonscription régionale, appelée Généralité, composaient, en outre, au xvᵉ siècle et au commencement du xviᵉ, une sorte d'administration collective et centrale qui réglait le budget du royaume dans la mesure où il existait un budget régulier (68). Cette organisation, faite d'éléments hétérogènes soudés ensemble tant bien que mal, était manifestement peu satisfaisante : elle ne comprenait rien de semblable à un ministère des finances.

(65) Piganiol de La Force, op. cit., I, p. 220, 221. — Sous le gouvernement personnel de Louis XVI, on trouve un ministère dit de la *Maison du roi*. Le secrétaire d'Etat qui en était chargé (et le premier paraît avoir été M. de Malesherbes, nommé en juillet 1775), « avait dans son département la maison civile du roi, le clergé catholique, les protestants; il avait aussi, pour la plus grande partie de la France, les municipalités et les dons, brevets et pensions civiles. » (Baudot, *La France avant la Révolution, son état politique et social en 1787*, 2ᵉ édit., p. 30). Donnant à cette mesure une grande importance, on a voulu parfois y voir la création première d'un ministère de l'Intérieur. Mais il y a là une grande exagération. D'un côté, ce département continuait la confusion des services les plus divers; d'autre part, ce n'était point chose nouvelle qu'une semblable mesure; voyez de Boislisle, *Correspondance des contrôleurs généraux des finances avec les intendants des provinces*, t. I, Avant-propos, p. 9 : « Dans les divers départements que Colbert avait possédés, et qui restèrent une dizaine d'années entre les mains de Seignelay, celui de la Maison du roi était des plus considérables, puisqu'il comprenait, outre les services proprement dits du roi, l'administration des généralités de Paris, Limoges, Soissons, Orléans, Poitiers et La Rochelle, la direction des affaires ecclésiastiques, les relations avec les cours souveraines, la police, etc. »

(66) Voir plus loin, ch. IV.

(67) G. Jacqueton, *Documents relatifs à l'administration financière en France, de Charles VII à François Iᵉʳ*, p. IX et suiv.

(68) Jacqueton, op. cit., p. XIV et suiv., et p. 100. Dans les longs débats auxquels donna lieu la fixation des dépenses de l'Etat aux Etats généraux de 1484, on ne voit figurer comme représentant le pouvoir royal, que les généraux des finances; mais cela vient sans doute de ce que c'est surtout l'impôt qui est en jeu.

Sous François Ier et Henri II, elle subit de profondes modifica
tions. François Ier chercha à établir l'unité dans la trésorerie.
Il institua un *Trésorier de l'épargne*, entre les mains duquel
viendrait se concentrer le produit net des revenus du Domaine
et des impôts (69), et il créa seize receveurs généraux dans les
provinces, en augmentant ainsi le nombre; il décida aussi qu'ils
recevraient également les revenus du Domaine et le produit des
impôts. Ces receveurs généraux étaient toujours sous l'autorité des
Trésoriers de France et des Généraux des finances; mais les uns
étaient restés au nombre de quatre, les autres avaient dépassé
quelque peu ce chiffre; l'ancien équilibre était faussé (70). Henri II,
en 1551, rétablit l'harmonie en simplifiant le système. Il créa près
des recettes générales, portées à dix-sept, des officiers désormais
sédentaires dans leurs généralités et cumulant les fonctions des
anciens trésoriers et des anciens généraux (71). Cela était parfaitement logique; mais il semble que par là le gouvernement royal
perdait l'administration supérieure des finances qui se trouvait
auparavant dans la réunion centrale des trésoriers de France et
des généraux : en réalité, celle-ci était devenue inutile, car il
était né de nouveaux fonctionnaires qui formaient une administration centrale des finances plus homogène que l'ancienne. Voici
comment Loyseau raconte leur naissance : « Les trésoriers de
France étant maintenant dispersés et leur charge divisée par les
provinces, il a fallu par nécessité qu'il y eust bureau souverain et
général des finances, où se dressast l'estat entier d'icelles et s'en
fist le département à chacun de ces bureaux particuliers des provinces, bref où tout se rapportast enfin : c'est pourquoi du temps
de nos pères, les rois ont institué les intendans des finances, et,
pour ce qu'en toutes compagnies faut un chef ils ont mis au-dessus
d'eux un surintendant des finances... et encore, d'autant que les
finances sont chatouilleuses, ils luy ont baillé un controlleur géné-

(69) Edit du 28 décembre 1523 (Isambert, *Anciennes lois*, t. XII, p. 222), — Loyseau,
*Des offices*, IV, ch II, n° 37.

(70) Préambule de l'édit de 1551 (Isambert, *Anciennes lois*, t. XIII, p. 238) : « Lesdits thrésoriers de France et généraux de nosdites finances, d'autant qu'ils ne
résident ès sièges desdites receptes générales et ne peuvent voir et vérifier... parce
qu'ils ne peuvent résider ne assister qu'en l'une d'icelles.. à cause qu'iceux thrésoriers et généraux ont les uns cinq, les autres quatre et trois receptes générales
sous leurs charges. » — En 1484, les généraux des finances étaient au nombre
de six et il y avait six généralités: c'est en suivant le cadre des généralités
que les États généraux de 1484 se divisèrent en six *nations* ou *sections*. Mais les
généraux des quatre anciennes généralités conservaient une qualité particulière :
c'étaient eux qui faisaient partie de l'administration centrale.

(71) Edit de janvier 1551 (Isambert, *Anciennes lois*, t. XIII, p. 239, art. 1). Le texte
montre que le système avait d'abord été essayé, dans certaines provinces, annexées
après le règne de Charles VII, auxquelles l'ancienne organisation, qui avait été
arrêtée sous ce règne, ne s'appliquait pas.

«ral » (72). L'institution de ce personnel complet ne se fit point cependant d'un seul coup et d'après un plan préconçu, comme semble l'indiquer Loyseau. Ce sont les *intendants des finances* qui furent créés les premiers, et d'abord au nombre de deux seulement (73). Le contrôleur général fut établi ensuite, mais pour contrôler le Trésorier de l'épargne et non le surintendant des finances, qui n'existait pas encore (74). En effet, bien qu'on ait voulu souvent faire remonter assez haut cette dernière charge, il résulte des recherches récentes qu'elle ne fut établie que dans la seconde moitié du xvi° siècle (75). Le terme de surintendant ou superintendant des finances était ancien; mais il désignait d'une façon générique les fonctionnaires supérieurs de ce service (76). A partir de François I<sup>er</sup>, il est vrai, un véritable ministre des finances tend à se dégager. A cette tendance répond la surintendance de fait qui fut confiée à Semblançay; puis ce fut le Trésorier de l'épargne qui parut prendre cette situation prépondérante. Mais la fonction de surintendant devait échoir à un président des intendants des finances; et le premier qui l'exerça, comme une charge distincte et régulière, fut Artus de Cossé, baron de Gonnor, à dater tout au moins de l'année 1564 (77). A partir de

(72) *Des offices*, l. IV, ch. ii, n° 49.

(73) Lebret, *De la souveraineté*, l. II, ch. vi, p. 53 : « Le conseil des finances où l'on donne les principales fermes du roïaume... ce qui se fait en la présence du surintendant qui tient la première place après le chancelier ou le garde des sceaux et où assistent aussi les intendans que le roi François I<sup>er</sup> créa par son édit de l'année 1523, qui déclare par le menu toutes leurs fonctions. » Guillard, *Histoire du Conseil du roi*, 1728, p. 135. Les intendants des finances ne paraissent pas avoir été créés par un édit de 1523, comme le dit Lebret. L'institution, dans tous les cas, fut préparée par divers précédents, les commissaires de la Tour du Louvre nommés par François I<sup>er</sup> pour faire une enquête sur les agissements de certains généraux des finances, et aussi des intendants occasionnels et temporaires. — Sur les intendants de finances, voir P. Viollet, *Le roi et ses ministres*, p. 221 et suiv..

(74) Déclaration de 1547, art. 3 (Isambert, *Anciennes lois*, t. XIII, p. 5) : « Seront par nous establis deux bons personnages expérimentés pour contreroller la recette et dépense des deniers que recevra ledit trésorier de notre espargne... *et l'autre sera et résidera ordinairement à la suite de nostre cour*, lequel fera aussi registre de tous deniers de recepte et despense qui se fera lez nous par ledit trésorier de nostre espargne. » Comme l'indique ce texte, il y eut d'abord deux contrôleurs généraux. dont l'un, celui qui était à la suite de la Cour, paraît avoir été le plus important. Cf. Guillard, *Histoire du Conseil du roi*, p. 47.

(75) A. de Boislisle, *Semblançay et la surintendance des finances*, dans l'*Annuaire bulletin de la Société de l'histoire de France*, année 1881, p. 225 et suiv.; — Noël Valois, *Inventaire des arrêts du conseil d'État, Introduction*, p. ixii et suiv.; — P. Viollet, *Le roi et ses ministres*, p. 212 et suiv.

(76) Voyez, par exemple, *Olim*, II, p. 505, n° 5 (1309) : « Philippus... nostris superintendentibus financiarum negotiis in senescallia Petragoricensi. »

(77) A. de Boislisle, *op. et loc. cit*, p. 257-258 — Dans le contrat conclu en 1561, à Poissy, entre le pouvoir royal et le clergé de France, Gonnor figure seulement en titre « de conseiller au privé conseil », tandis qu'il y est question des intendants des finances, *Recueil des remonstrances, édits, contrats et autres choses concernant le clergé de France*, Paris, 1615, II° part., p. 5 et 5 v°. — Dans le procès-verbal de l'Assemblée des notables de 1557, publié par Du Tillet, *loc. cit.*,

ce moment la surintendance des finances était créée en droit; mais au xvi<sup>e</sup> siècle, elle eut parfois des intermittences, pendant lesquelles les intendants, privés de leur chef, agissaient seulement sous la direction du Conseil des finances, ou parfois la surintendance était exercée par un personnage qui n'en portait pas le titre (78). Dans la première moitié du xvii<sup>e</sup> siècle, le surintendant est bien effectivement le ministre des finances de la monarchie, ayant sous lui le corps des intendants et, à ses côtés, le contrôleur général (79). Mais toutes ces charges, comme celles des secrétaires d'Etat, n'étaient conférées que par des commissions toujours révocables (80).

La disgrâce et la condamnation de Fouquet amenèrent une simplification dans cet organisme. Il fut le dernier des surintendants des finances; après lui, la charge fut supprimée, Louis XIV voulut même d'abord se passer d'un ministre des finances et opérer exclusivement la haute direction de celles-ci au moyen d'un conseil dont il sera parlé plus loin. Ce conseil comprenait, comme on le verra, dans sa composition première, parmi ses membres, un intendant des finances. Celui-ci, dans la suite, fut remplacé par un contrôleur général des finances, seul en titre; peu à peu, il passa au premier rang et devint un véritable ministre, le plus puissant de tous, car, par les finances qu'il dirigeait, il touchait à tous les services (81).

Dans la dernière forme de la monarchie absolue, le gouvernement, sous l'autorité du roi, était ainsi remis à un ministère qui comprenait : le chancelier, les quatre secrétaires d'État et le contrôleur général des finances. Mais ce ministère, qui n'avait point de chef, manquait complètement d'unité : c'était un pur assemblage de fonctionnaires supérieurs, divers par leur ori-

p. 110, il est qualifié : « Le seigneur de Gonnor, *intendant des finances*, conseiller au privé conseil. »

(78) Noël Valois, *op. cit.*, p. LXV et suiv.

(79) Lebret. *De la souveraineté*, l. II, ch. VI, p. 53 : « La charge de surintendant est maintenant une des plus importantes du roïaume; c'est lui qui a la direction de l'économie publique et de qui dépendent ceux qui se mêlent des finances. » Voyez la commission du surintendant Fouquet, Boislisle, *op. cit.*, p. 259. — Dans le contrat passé avec le clergé de France en 1586 figurent côte à côte « Pompone de Bellièvre..., conseiller du roy en son conseil d'Estat et privé et surintendant de ses finances, et Robert Miron..., aussi conseiller dudit seigneur en son dit conseil d'Estat et privé et intendant et controoleur général de ses dites finances. » (*Recueil cité*, II<sup>e</sup> part., p. 48 v°).

(80) Loyseau, *Des offices*, l. IV, ch. II, n° 49 : « Mais toutes ces charges ne sont déférées que par commission, pource que les trésoriers de France en occupent le vray et ancien titre, et aussi qu'il est bien à propos que les charges des finances soient toujours révocables à la volonté du roy, et partant tous ces estats de surintendant, controlleur des finances et trésorier de l'espargne, ne peuvent plus estre offices de la Couronne. » Cependant, à diverses reprises, les charges d'intendants des finances ont été érigées en offices et même l'ont été définitivement.

(81) De Luçay, *op. cit.*, p 55 et suiv

gine, et le plus souvent indépendants les uns des autres (82). Cependant, une certaine unité de direction était rétablie par le fonctionnement des conseils du roi, qui constituaient le régulateur véritable de ce gouvernement (83).

## § 2. — LES CONSEILS.

La monarchie capétienne a toujours eu, pour son gouvernement, des conseillers et des conseils; mais le choix des uns et la composition des autres ont grandement varié, suivant les temps.

### I

Au début, la monarchie féodale n'avait point d'autres conseillers permanents que les grands officiers de la Couronne. Mais la *Curia regis* lui fournissait, par intervalles, avec une périodicité irrégulière, un grand conseil de gouvernement, comme elle lui fournissait le personnel des assises judiciaires. Elle fonctionnait en cette qualité, à la fois d'après la tradition de la monarchie franque et d'après les principes féodaux La monarchie carolingienne réunissait, on l'a vu, dans de grandes assemblées délibérantes, ou *placita*, les ducs, les comtes, les évêques et les abbés, qui étaient tenus de venir conseiller le monarque en leur qualité de fonction-

---

(82) Tous ces ministres, d'ailleurs, n'avaient point en réalité part à la direction politique de l'Etat, au gouvernement proprement dit. Sous Louis XIV, Saint-Simon ramenait à cinq le nombre des personnes qui dirigeaient la France; et il y comprenait le confesseur du roi, qui n'était pas ministre (*Projets de gouvernement résolus par M. le duc de Bourgogne, dauphin*, attribués à Saint Simon, Hachette, 1860, p. 85) : « Ces cinq sont les trois secrétaires d'Etat des affaires étrangères, de la guerre et de la marine, le contrôleur général, le confesseur qui a la feuille des bénéfices. » Sous Louis XV, le marquis d'Argenson ramène le gouvernement à deux hommes (*Considérations sur le gouvernement ancien et présent de la France* édit. 1764, p. 176) : « Il n'y a proprement que deux grands ministères en France, celui des affaires étrangères et celui des finances; à celui-ci sont réunis toute police générale, commerce, circulation d'argent, banque, et toute la fortune des particuliers. »

(83) Il ne faut pas exagérer l'importance des divers conseils sous Louis XIV et sous Louis XV. Sauf le Conseil d'en haut ou des affaires étrangères, qui était vraiment un conseil de gouvernement, les autres n'intervenaient vraiment d'une façon sérieuse et utile qu'en matière contentieuse, pour trancher un litige, ou pour faire des règlements (*Projets de gouvernement résolus par le duc de Bourgogne*, attribués à Saint-Simon, p. 85) : « Personne n'ignore que les quatre premiers (voyez la note précédente) soient souverainement et despotiquement les maîtres de leurs prodigieux départements, dont tout l'important, bien préparé par chacun d'eux et à son point, ne se décide qu'en tête-à-tête du roi avec eux, et le reste, quel qu'il soit, et sur lequel ils ont bien prévenu le roi dans ce travail solitaire, se voi't légèrement pour la forme de certaines choses au Conseil et y passe comme il a été résolu entre le roi et chacun d'eux. » — D'Argenson, *Considérations*, édit. 1764, p. 176 : « Les Conseils ne sont encore qu'un pouvoir de nom; il n'y passe que les plus chétifs objets de délibération. »

naires (84). Dans la monarchie féodale, ils s'étaient émancipés les uns et les autres, mais en même temps ils étaient devenus les vassaux du roi; ils lui avaient fait hommage et juré fidélité, et, par suite, ils lui devaient encore leurs conseils (85). La *Curia regis*, comme conseil du gouvernement et assemblée délibérante, fonctionna effectivement aux xi$^e$ et xii$^e$ siècles. Le roi la convoquait à l'avance, par des citations adressées aux principaux vassaux et prélats, d'ordinaire pour une des grandes fêtes de l'année (86); et les personnages cités étaient tenus de se rendre à la convocation (87). L'assemblée délibérait sur les affaires qui lui étaient soumises et prenait des décisions : celles-ci, en droit, ne s'imposaient pas au pouvoir royal, mais la résistance du roi aurait pu délier les vassaux de leur hommage (88). Au xii$^e$ siècle encore, la *Curia regis* restait le seul conseil du gouvernement qui rentrât dans la Constitution, dans les cadres réguliers des institutions publiques. Mais, de bonne heure, bien avant cette époque, les rois capétiens avaient attaché à leur personne des conseillers d'une autre espèce; c'étaient des hommes de confiance, choisis pour leur sagesse et leur science auxquels le roi donnait des gages et qui vivaient dans le palais avec les *domestici* (89) : le plus souvent c'étaient des clercs ou des légistes, lorsque ceux-ci apparurent. Ces personnages sont appelés les conseillers du roi, et, au xiii$^e$ siècle, on parle déjà d'eux comme composant le conseil du roi (90). Mais ce conseil n'est point encore un corps de l'Etat, c'est plutôt un service privé et domestique du monarque (91). Celui-ci utilisait ses conseillers gagés pour des besognes multiples

(84) Ci-dessus, p. 77-79.

(85) Ci-dessus, p. 220, note 1.

(86) Yves de Chartres, *Ep. XXII, XXVIII, LXII, CLVIII, CCIX.*

(87) Yves de Chartres, *Ep. XXII* : « Regali curiæ ad præsens nec secure possum interesse nec honeste. Supplico itaque Majestati Vestræ ut regia interim me mansuetudine supportetis. »

(88) Yves de Chartres, *Ep. CCIX* : « Notum volo facere Celsitudini Tuæ (Hugues, comte de Troyes) quia discussio illa quæ ventilanda est in octavis Pentecostes de conjugio regis et consobrinæ tuæ... ideo inutilis quia fœdus illud... consilio episcoporum et optimatum omnium cassabitur.. Jam enim insonuit murmur ducum et marchionum qui jam deliberant se a rege dividere. » — *Ep. CXC* «Concessit (rex) ut eum ad curiam suam, quæ Aurelianis in Natali Domini congreganda erat, secure adduceremus, et ibi cum eo et cum principibus regni de hoc negotio, quantum fieri posset salva regni integritate, tractaremus. »

(89) Luchaire, *Manuel des institutions*, p. 534 et suiv.

(90) Ordonnance de 1254, art. 6 (*Ord.*, I, p. 56) : « Addetur etiam juramento ipsorum (baillivorum) quod nihil dabunt vel mittent alicui *de nostro concilio.* » — Joinville, *Vie de Saint Louis*, ch. cxlv, § 750 (édit. de Wailly) : « L'on raconte du roi Phelippe, mon aïeul, que une foiz li dit un des conseillers que moult de tors et de forfaiz li faisoient cil de sainte Eglise. »

(91) Il existait alors dans la même qualité que le conseil que l'on voit encore aux xvii$^e$ et xviii$^e$ siècles, près des princes et grands seigneurs. Ceux-ci avaient un certain nombre d'avocats, pensionnés par eux et qui étaient *de leur conseil* pour délibérer sur leurs intérêts, toutes les fois que l'occasion se présentait.

et diverses; on les a vus figurer de bonne heure au milieu des vassaux et des prélats dans les assises de la *Curia regis* (92); c'étaient eux, sans doute, que le roi chargeait souvent d'expédier les requêtes et les plaids de la porte, dont il a été parlé plus haut; mais leur principal emploi était de donner des avis. Sous le règne de Philippe le Hardi, ils suffisent pour régler l'expédition des affaires courantes; la *Curia regis*, qui a déjà changé de caractère, n'est plus réunie que pour des questions d'une importance exceptionnelle (93).

## II

C'est au xiv⁰ siècle, sous la monarchie tempérée, que se dégage et s'organise le Conseil du roi proprement dit, c'est-à-dire un corps constitué, organe reconnu de l'administration royale, composé d'un nombre limité de conseillers, que le roi choisissait tous librement, et qui ne lui étaient point imposés par la hiérarchie feodale (94). Cela se fit par un progrès naturel et insensible. Le conseil privé du roi, dont je viens de parler, étant donné son rôle actif et important, acquit par la coutume le caractère et la valeur d'un conseil de gouvernement reconnu par le droit public et prenant, à la majorité, des décisions, qui parfois s'imposaient. C'est ainsi que sous Philippe le Bel, en 1297, lorsque le pape Boniface VIII, revenant sur la fameuse bulle *Clericis laicos*, accorde au roi de France et à ses successeurs le droit de lever, en cas de nécessité, des impôts sur le clergé, sans l'autorisation de la papauté, il décide que, si le roi est mineur de vingt-cinq ans, la déclaration qu'il y a nécessité devra être faite par la majorité du conseil étroit (95). D'autres documents du même règne montrent assez souvent l'intervention officielle du Conseil (96).

(92) Ci-dessus, p. 365.

(93) Langlois, *Le regne de Philippe III le Hardi*, p. 289 : « La *curia* palatine s'occupait de régler au nom du roi les affaires courantes; mais dès qu'il s'agissait d'une décision importante relative soit à la guerre, soit à la croisade, soit au droit public du royaume, les barons et les prélats venaient s'acquitter auprès du roi de leur devoir de conseil. »

(94) Sur le Conseil du roi, voyez Aucoc, *Le Conseil d'Etat avant 1789*; — Noël Valois, *Inventaire des arrêts du Conseil d'Etat sous le règne de Henri IV*, Introduction; — le même, *Le conseil du roi aux xiv⁰, xv⁰ et xvi⁰ siècles*; — A. de Boislisle, *Les conseils sous Louis XIV*, Appendice au t. IV de son édition des *Mémoires de Saint-Simon*, p. 377 et suiv.

(95) Lettres du 31 juillet 1297, dans Raynald, *Annales ecclesiastici*, édit. Theiner, t. XXIII, ad. an. 1297, n° 50 : « Ecclesiæ prælatorum, clericorum et laïcorum, qui de ipsorum successorum stricto consilio, seu majoris partis ipsorum, fuerint conscientiæ relinquatur. »

(96) Par exemple, *Ord.*, I, p. 316, notes : « Demum dominus rex anno Domini 1293 circa Ascensionem Domini apud Pontisaram, *cum majore et saniore parte sui consilii voluit* et præcepit quod dicta ordinatio de burgesiis per totum regnum

Mais, dès lors, il était inévitable que les princes et les seigneurs voulussent y pénétrer, afin de participer par là au gouvernement de l'Etat. Cela se produisit sous Philippe le Long, en 1316 (97); le Conseil prit alors un caractère nettement aristocratique, qu'expliquent les circonstances au milieu desquelles il fut créé (98). Deux ans plus tard, sous le même règne, on trouve une ordonnance qui établit des séances mensuelles du Conseil du roi ou Grand Conseil (99), confirmant ainsi l'institution de cette assemblée, dont la composition d'ailleurs se modifiait peu à peu. En outre, jusqu'en 1320, Philippe le Long, à côté de ce conseil politique, composé de personnages importants, paraît avoir gardé ses conseillers intimes, son conseil propre, composé d'hommes purement professionnels, tel que l'avaient eu ses prédécesseurs (100). Mais, à la fin du règne, les deux éléments sont fondus dans un seul corps, qui forme le Conseil du roi, tel qu'il fonctionnera au cours des xive et xve siècles : en dehors de ce conseil, le roi n'aura plus de conseillers intimes, dans l'ancien sens du mot, si ce n'est les maîtres des requêtes dont il a été déjà parlé et qui paraissent avoir joué ce rôle pendant assez longtemps. Ce conseil du roi porte d'ailleurs, dans cette période, divers noms : *grand conseil, conseil étroit, conseil privé.* Bien qu'on ait souvent soutenu le contraire, il nous paraît certain que ces divers termes, et d'autres encore, désignent anciennement un seul et même corps, le Conseil du roi. Ce conseil, par rapport à sa dignité et à son importance, était appelé *grand conseil;* il était appelé *étroit,* parce qu'il était l'entourage politique et immédiat du roi; il était appelé *secret,* parce que, comme tous les corps de cette espèce, il devait garder rigoureusement le secret des délibérations; il était enfin appelé *privé,* parce qu'il était la propriété, la privauté du Prince (101). Cependant, des traditions s'établissaient;

suum observaretur. » — Lettres de l'année 1300 (dans Dupuy, *Traité de la majorité de nos rois,* édit. Amsterdam, 1722, t. I, p. 201) : « A pourvu, ordené et établi par délibération de son conseil. » Georges Picot, *Documents sur les Etats généraux et assemblées tenues sous Philippe le Bel,* Paris, 1901, n° DCCXCIX (Etats de 1308, procuration du vicomte de Limoges, p. 576 : « Philippo Dei gratia Francorum regi et ejus nobili consilio. » Il est vrai que le numéro suivant (procuration du Guy de Lusignan) porte : « regie majestati et ejus *curie venerande* ». Mais le mot *curia* ne désigne pas les assises de la *Curia regis,* mais l'entourage habituel du roi dont le principal élément est le *Consilium.*

(97) Noël Valois, *Inventaire,* p. xvii. Quelque chose de semblable avait déjà figuré dans une ordonnance de Philippe le Hardi, réglant la régence après sa mort; — Dupuy, *Traité de la majorité des rois,* p. 191, 194.

(98) Philippe le Long n'était encore que régent; on était dans l'attente d'un fils posthume de Louis X; voyez ci-dessus, p. 319.

(99) *Ord.,* I, p. 657.

(100) Noël Valois, *Inventaire,* p. xx, xxi.

(101) Noël Valois, *Inventaire,* p. xvii et suiv. Ce qu'on peut dire seulement, c'est qu'à toute époque il y a eu un petit groupe de conseillers, qui seuls étaient appelés à discuter les affaires de haute importance et confidentielles. Dans une phase du xvie siècle cela prit le nom de *Conseil des affaires.* — Sur l'équivalence

il était d'usage de mettre dans le conseil les grands officiers de la
Couronne (d'abord le connétable et le chancelier), les princes du
sang, les principaux seigneurs; mais, en temps paisible, les légistes
et financiers, les hommes de robe longue y dominaient (102). Tous
ceux qui étaient nommés, *retenus*, au conseil du roi, comme on
disait, paraissent en avoir été membres au même titre, ayant les
mêmes devoirs et les mêmes privilèges; le chiffre des gages ou
pensions variait seulement suivant les personnes. Cependant on
peut constater, au moins pour le règne de Charles VII, que certains semblent être mis au Conseil seulement pour l'honneur, assistant rarement aux séances, tandis que d'autres sont assidus, au
contraire, comme des gens qui exercent une profession, et ceux-ci
sont surtout des clercs et des légistes (103). Il y eut à plusieurs
reprises des réformes au Conseil. Sans parler de celle qu'opérèrent
momentanément les Etats généraux du règne du roi Jean, l'ordonnance Cabochienne prit des dispositions pour le régulariser et
diminuer le nombre des membres. Les Etats généraux de 1484 le
réformèrent également; mais un intéressant registre des séances,
qui a été conservé, montre que l'état antérieur se rétablit bientôt (104). Dès le commencement du xvie siècle, cet état de choses
s'est régularisé et précisé. Sous François Ier, le Conseil du roi
comprend un nombre fixe de conseillers ordinaires (105) et permanents, suivant la personne du roi, qui cependant, comme on le
verra plus loin, n'étaient pas tous admis à toutes les délibérations.
Ce personnel devait rester le noyau du Conseil, auquel s'adjoin-

des divers termes relevés, voir Budée, *Adnotationes ad Pandectas*, sur la l. 12. Dig.
de Senatoribus, I, 9, p. 35. Mais il arriva que plusieurs de ces termes désignèrent
dans la suite une section du Conseil. Le mot *Grand Conseil* ou *Conseil de justice*
désigna sous Charles VII, Louis XI et Charles VIII une section du Conseil chargée
d'expédier les affaires contentieuses qui y venaient. On espéra débarrasser le Conseil
du roi de cette tâche par la création du *Grand Conseil*, cour de justice souveraine
qui subsista jusqu'à la fin de l'ancien régime, sauf une disparition momentanée
de 1771 à 1774. Mais le résultat désiré ne fut pas obtenu. Au xvie siècle les litiges
des particuliers affluèrent de nouveau au Conseil du roi, et une section fut de
nouveau créée, pour les juger, sous le nom de *Conseil privé*, terme pris dans un
nouveau sens : c'était le conseil où venaient les causes des particuliers (*privati*).

(102) Noël Valois, *Inventaire*, p. cvii
(103) Noël Valois, *Le conseil du roi aux xive, xve et xvie siècles*, p. 144 et suiv.,
150. Un document intéressant a été conservé pour le règne de Charles VII : *Un
fragment de registre du Grand Conseil de Charles VII*, dans l'*Annuaire-bulletin*
de la Société de l'histoire de France, année 1882, p 280, année 1883, p. 220.
(104) *Procès-verbaux du Conseil de régence du roi Charles VIII pendant les
mois d'août 1484 à janvier 1485* publiés d'après les manuscrits de la Bibliothèque
nationale par A. Bernier, dans la *Collection des documents inédits sur l'histoire
de France*. Ce *Conseil de régence* n'était que le Conseil du roi remanié.
(105) Degrassalius, *Regalium Franciæ*, lib. I, p. 115 : « Sicut olim erat imperatoris determinatus consiliariorum numerus, scilicet triginta, ita etiam consiliarii
Christianissimi Regis in suo magno consistorio sunt XXX, scilicet octo magistri
requestarum et XXII consiliarii, comprehensis magno cancellario, referendario et
procuratore regio. »

dront parfois d'autres conseillers ayant plutôt un rôle honorifique qu'une réelle influence (106). Voici, en effet, comment, à la fin du XVI° siècle et dans le premier tiers du XVII°, était composé le Conseil du roi :

1° Il comprenait d'abord les conseillers en titre, les conseillers ordinaires, dits à cette époque conseillers du roi dans son conseil privé. Ils étaient toujours à la suite de la Cour et recevaient des gages importants. Ils n'étaient nommés que par simple commission, toujours révocable (107).

2° Il comptait ensuite des membres de droit, qui peuvent se diviser en deux groupes. Les uns représentaient la haute noblesse (108) : c'étaient les pairs de France et les princes du sang (109). Les autres étaient les conseillers par excellence du roi; c'est-à-dire les grands officiers de la Couronne (110) et les secrétaires d'Etat (111), les surintendant et contrôleur général des finances (112).

3° Un troisième élément, très fourni en nombre, était constitué par ceux qu'on appelait les *conseillers à brevet*. C'étaient des personnes qui avaient reçu le titre, le *brevet* de conseiller du roi, leur conférant le droit de prendre au Conseil séance et voix délibéra-

(106) Claude de Seyssel, dans sa *Grant monarchie de France* (édit. 1519, p. 18 et suiv.), dégage trois conseils distincts que doit avoir le roi : l'un, qu'il appelle le conseil général ou grand conseil, comprenant « tous ceux qui sont qualifiés à raison de leur estat, degré ou office »; le second, appelé ordinaire, ne comprenant que « X ou XII membres ou bien un peu plus », pour le choix desquels on ne doit « avoir regard à hautesse de sang, à office ne à dignité, mais tant seulement à la vertu, expérience et preudhomie »; le troisième, dit conseil secret, ne doit comprendre que « trois ou quatre des conseillers ordinaires. » C'est, ramenée à des termes simples, l'organisation qui existe à la fin du XVI° siècle et au commencement du XVII°.

(107) Du Tillet, *Recueil des roys*, p. 300 : « Ledit conseil ayant la charge des affaires publiques, qui s'appelle de l'estat universel du royaume, pour y conseiller le roy, ceux qui y sont choisis et esleus le sont par commission, non en titre d'office. Aussi il seroit estrange asservir ledit roy à continuer les personnes audit conseil plus qu'il ne luy plairoit, et qu'il ne se fieroit à elles, attendue l'importance des grandes affaires qui y sont traitez. »

(108) Guyot, *op. cit.*, t. II, 2° partie, p. 146 : « Autrefois la pairie donnait à ceux qui en étaient revêtus le droit de séance au conseil du roi. Ils jouissaient même encore de cette prérogative pendant la minorité de Louis XIV. » Voyez cependant Du Tillet, *Recueil*, p. 256.

(109) Loyseau, *Des ordres*, ch. VII, n° 80 : « Ils (les princes du sang) sont conseillers nais du conseil du roy, et mesme de son parlement, qui estoit anciennement le conseil d'Estat. »

(110) Loyseau, *Des offices*, l. IV, ch. II, n° 114 : « Et pour le regard des privilèges des officiers de la couronne, j'estime qu'outre qu'ils sont anoblis de parfaite noblesse, ils sont conseillers nais du conseil d'Estat. »

(111) Les secrétaires d'Etat n'acquirent ce droit que lorsqu'ils furent devenus de véritables ministres; Guyot, *op. cit.*, t. II, 2° partie, p. 221 : « Le règlement du 3 janvier 1673 ordonne que les secrétaires d'Etat auront entrée, séance et voix délibérative dans tous les conseils. Aussi le roi les qualifia-t-il ordinairement de *nos conseillers en tous nos conseils*. »

(112) A. de Boislisle, *Mémoires de Saint-Simon*, t. IV, p. 385, 386.

tive, mais qui, en réalité, ne siégeaient pas le plus souvent. Ils n'étaient point tenus de suivre la Cour, parfois même ne le pouvaient pas (113), et le plus souvent ne touchaient point de gages comme conseillers du roi (114). Le *brevet* ainsi entendu était facilement accordé; les prélats l'obtenaient traditionnellement, ainsi que les principaux seigneurs : l'ordonnance de 1629 (dite Code Michau) en contient la preuve formelle (115). Cette pratique, jointe aux prérogatives des nobles qui étaient membres de droit, donnait au Conseil, à la fin de la monarchie tempérée, un caractère tout particulier (116). C'était encore la représentation de la noblesse et du clergé, et, par là, il avait gardé comme un reflet de l'antique *Curia regis*.

4° Enfin, le Conseil avait un personnel auxiliaire très important dans les Maîtres des requêtes. Ceux-ci avaient pour ancêtres, comme on l'a vu, ces clercs qui, attachés à la personne du roi, aidaient celui-ci à expédier les requêtes qu'il recevait directement, et à vider, sans forme de procès, un certain nombre de causes. Lorsque cette justice patriarcale disparut (117), ces utiles serviteurs furent maintenus, sous le nom, d'abord, de clercs poursuivants (118), puis de maîtres des requêtes. Leur nombre s'augmenta dans le cours du temps et ils furent affectés à un triple service : les requêtes du palais (Chambre des requêtes du Parlement), les requêtes de l'hôtel (juridiction également privilégiée) et le service du

(113) Noël Valois, *Inventaire*, p. cx.

(114) **Ainsi** s'explique le fait constaté par M. Noël Valois, *Inventaire*, p. cxii, note 9 : « Il semble même que certains conseillers fussent retenus sans gages. » Cf. A. de Boislisle, *Mémoires de Saint-Simon*, t. IV, p. 392, note 1.

(115) Art. 38 : « Voulons aussi et entendons appeler en nos conseils aucuns des principaux de nostre clergé pour y avoir entrée, séance et voix. Outre lesquels les autres prélats qui ont prêté le serment pourront y entrer et seoir selon et en la manière qu'il est porté aux règlements de nos dits conseils des années 1624 et 1628. » — Art. 202 : « Voulons aussi et entendons appeler en nos conseils aucuns de nostre noblesse pour y avoir entrée, séance et voix, ainsi que les autres conseillers; outre lesquels les princes, seigneurs et officiers de notre couronne, qui ont prêté le serment, pourront y entrer et seoir quand bon leur semblera, ainsi qu'il est accoustumé. »

(116) Loyseau, *Des ordres*, ch. vii, n° 104 : « Pareillement comme les princes du sang sont conseillers nais du conseil d'Estat, aussi les autres princes ont gagné cet avantage d'y avoir entrée, séance et voix, sans avoir besoin de brevet du roy à cette fin, comme les autres conseillers d'iceluy. » *Mémoires de Sully*, édit. 1743, t. III, p. 278 : « Le roi en étoit le chef (du conseil) et y assistoit assez assidûment. Les princes, les ducs et pairs, les officiers de la couronne, les chevaliers des ordres du roi et ceux qui avoient un brevet de Sa Majesté y avoient entrée et voix délibérative. »

(117) On en trouve encore une application ou résurrection momentanée sous Charles VIII; Commines, *Mémoires*, l. VIII, ch. xvii : « Il avoit mis sus une audience publique, où il escoutoit tout le monde, et par especial les pauvres, et si faisoit de bonnes expéditions, et l'y vis huit jours avant son trépas deux bonnes heures... Il ne se faisoit pas grandes expéditions à cette audience; mais au moins estoit-ce tenir ses gens en crainte. » Ci-dessus, p. 378 et suiv

(118) Du Tillet, *Recueil des roys*, p. 299.

Conseil du roi (119). Les maîtres des requêtes occupaient aux XIV⁰,
xvᵉ siècles et encore au commencement du xvrᵉ, une position très
importante. L'indétermination de leurs fonctions y contribuait certainement, et ils étaient souvent les conseillers intimes du roi. Ils
furent au Conseil les rapporteurs naturels des affaires, surtout
lorsque celui-ci exerça des attributions judiciaires (120). Mais leur
situation baissa à la fin du xviᵉ siècle, et ils ne gardèrent au Conseil
que le dernier rôle qui a été signalé (121), c'est-à-dire celui des
rapporteurs.

Le Conseil du roi, tel qu'il s'était développé du xivᵉ au xvᵉ siècle, était en réalité un corps destiné à remplir des fonctions fort
diverses. Il devait d'abord servir de conseil de gouvernement proprement dit; c'était en second lieu un conseil d'administration pour
tout le royaume et en même temps une juridiction contentieuse
administrative où se jugeaient toutes les plaintes et réclamations
que soulevait l'administration; enfin il arriva bientôt à exercer des
attributions judiciaires proprement dites, représentant une sorte de
cour de justice concurrente, ou supérieure, aux tribunaux judiciaires. Il était presque impossible que le conseil participât tout
entier indifféremment à ces diverses attributions : une division du
travail devait s'introduire, et certaines affaires devaient être réservées aux hommes spécialement compétents, ou aux conseillers qui
possédaient particulièrement la confiance royale. Cependant, sous
la monarchie tempérée, le sectionnement ne fut pas poussé très loin
et le Conseil conserva en apparence son unité. Voici ce qu'on peut
relever à cet égard :

1° De tout temps, il arriva par la force des choses que les
questions politiques les plus délicates et les plus graves ne furent
point délibérées en plein conseil. Toutes les fois que le roi
était maître de ses actions et n'était point dominé par un conseil
choisi et imposé par une faction politique, il tendit naturellement à
discuter ces affaires dans un cercle restreint de conseillers intimes,
au moins par une délibération préparatoire. Ce conseil politique et
secret n'apparaît pas le plus souvent comme un corps distinct aux
xivᵉ et xvᵉ siècles; mais parfois on en saisit la trace bien nette (122).

(119) Loyseau, Des offices, l. I, ch. xiv, nᵉ 51 : « (Ils) demeurèrent pour assister au
parlement et au conseil privé du roy, en qualité de référendaires ou maistres des
requêtes, ainsi qu'ils sont à présent, c'est-à-dire ayant la charge de rapporter et
représenter au roy les requestes et plaintes. »
(120) Noël Valois, Inventaire, p. cxvii.
(121) Id., ibid., p. cxviii.
(122) Noël Valois, Inventaire, p. xxxviii et suiv. Dans les pouvoirs qui ont à différentes époques été donnés par les rois à une régente ou à un lieutenant du royaume,
figure le droit de choisir ainsi certains membres du Conseil « appelés de ceux de
nostre grand conseil tels et en tel nombre comme bon lui sembleroit ». Voyez les
exemples dans Dupuy, Traité de la majorité des rois, t. I, p. 340, 350, 468, 478.

Au xvi⁰ siècle, il se dégage. Claude de Seyssel, dans sa *Grant monarchie de France*, l'indique comme indispensable (123), et, sous François Iᵉʳ, il s'établit sous les noms de *Conseil des affaires*, *Conseil étroit*, *Conseil secret;* il persiste sous les règnes suivants et prend sous Charles IX le nom de *Conseil des affaires du matin* (124). Il deviendra le Conseil d'Etat au commencement du xvii⁰ siècle.

2° Les questions de finances étaient des plus importantes parmi celles qui venaient au Conseil; cependant, jusqu'à la seconde moitié du xvi⁰ siècle, on ne trouve point de section spéciale pour les traiter. Cela s'explique par ce fait qu'elles étaient préparées et délibérées en premier lieu par la réunion des Trésoriers généraux et des Généraux des finances (125), et plus tard par le corps des intendants des finances (126), sous la direction de ses chefs. Mais, à partir de 1563, est institué un conseil spécial des finances qui, quoique subissant, jusqu'au règne de Henri IV, des vicissitudes nombreuses, se maintiendra néanmoins (127).

3° On a vu précédemment (128) comment et par quels moyens le Conseil du roi fut amené à entreprendre sur la justice, et comment ces divers moyens, évocations, règlements de juges, proposition d'erreur, cassation, se rattachent au principe de la justice retenue. En droit, il pouvait accueillir toute cause qui se présentait à lui; et, en fait, il en accueillait beaucoup. Ces empiétements du Conseil sur la justice ordinaire allèrent toujours en s'étendant aux xiv⁰ et xv⁰ siècles, malgré les résistances du Parlement, les protestations des Etats généraux (129) et même les efforts des rois pour les restreindre. La conséquence toute naturelle fut qu'il se forma dans son sein une section distincte, composée d'hommes plus particulièrement compétents, pour exercer ces attributions judiciaires. Probablement elle existait sous le nom de *Conseil de justice*, lorsque Charles VII essaya de débarrasser le Conseil de la connaissance des procès (130); sous Louis XI, elle reparaît, parfaitement distincte, fonctionnant comme une cour de justice (131) sous le nom de *Grand Conseil*. Cela continua d'abord sous Charles VIII. Cette section était composée du Chancelier et des maîtres des requêtes, éléments essentiels. Mais en droit, elle n'était pas séparée du Conseil; les membres quelconques de celui-ci pouvaient y pénétrer

(123) Ci-dessus, p. 452, note 106.
(124) Noël Valois, *Inventaire*, p. xl et suiv.
(125) Ci-dessus, p. 444.
(126) Ci-dessus, p. 414.
(127) Noël Valois, *Inventaire*, p. lxiii et suiv.
(128) Ci-dessus, p. 422.
(129) Noël Valois, *Inventaire*, p. xxv et suiv.; — Georges Picot, *Histoire des Etats généraux*, 2ᵉ édit., II, p. 43 et suiv.: cf. III, 215, IV, 31.
(130) Noël Valois, *Inventaire*, p. xxvii, xxviii
(131) *Id., ibid.*, p. xxviii et suiv

et y siéger s'ils le voulaient; en fait, les membres qui avaient des connaissances juridiques spéciales y siégeaient assez souvent. Cela avait des inconvénients dont se plaignirent les Etats généraux de 1484. Ils signalèrent en particulier ce fait, qu'il arrivait que prenaient part au jugement d'un litige pendant devant le Conseil, des membres qui n'avaient point pris part à tous les débats du procès. Ils demandèrent que la section fût pourvue d'un personnel assuré et suffisant de conseillers et qu'elle fût distincte du Conseil au sens large. C'est ce que réalisèrent une loi de Charles VIII en 1497, et une autre de Louis XII en 1498 (132). Elles firent même plus que n'avaient demandé les Etats. L'ordonnance de Charles VIII créa un *Grand Conseil* nouveau, ayant un personnel propre de conseillers et défendit aux membres du Conseil proprement dits d'y entrer et d'y siéger. Mais, quoique séparé ainsi du Conseil, c'en était encore une dépendance. Louis XII, par les lettres de 1498, en fit une véritable cour souveraine, complètement séparée et distincte du Conseil. Mais elle conserva d'abord, et même toujours, des traits qui rappelaient son origine et son premier état. Le Chancelier continua d'abord à en être le président, et ce n'est qu'au milieu du XVIᵉ siècle qu'on lui nomma un président en titre d'office. Les maîtres des requêtes, qui avaient continué d'y siéger, en disparurent, spécialement parce qu'ils n'avaient pas fait triompher leur prétention de pouvoir seuls en être nommés présidents. C'était une cour souveraine, dont la compétence territoriale s'étendait à tout le royaume, comme le Conseil du roi dont elle était sortie. Elle n'eut point d'abord de compétence déterminée *ratione materiæ*, car elle fut seulement destinée à juger, à la place du Conseil, les causes que le roi évoquait et enlevait aux juges ordinaires et naturels. Le Grand Conseil conserva cette qualité de juge par évocation, mais peu à peu, au hasard des circonstances, il acquit une compétence propre et précise sur certains points. Sous François Iᵉʳ, lorsque le Parlement de Paris faisait mine de ne pas vouloir appliquer le Concordat de 1516, le roi, en 1527, transféra au Grand Conseil le jugement des causes bénéficiales pour les bénéfices conférés en vertu du Concordat. Il acquit aussi, pour des raisons analogues, une compétence assez étendue en matière d'offices. Les règlements de juges lui furent aussi attribués en partie. Mais il paraît bien qu'il ne connut jamais des voies de recours fondées sur la justice retenue, propositions d'erreur et requêtes en revision, qui furent toujours réservées au Conseil du roi.

La création du Grand Conseil avait été une tentative louable pour arrêter les évocations au Conseil du roi et soumettre les

---

(132) Lettres de Charles VIII, *Ordon*, XXI, 4; lettres de Louis XII du 13 juillet 1498, *Ordon.*, XXI, 644.

causes évoquées à une Cour de justice proprement dite, et régulière, dont ce serait la fonction de les juger. Mais cet effort fut vain. L'habitude des évocations au Conseil reprit de plus belle au xvıᵉ siècle. Pour juger ces causes, ainsi que les voies de recours fondées sur la justice retenue, il se créa de nouveau une section au Conseil du roi, qui prit, comme on l'a vu (133) le nom de *Conseil privé*, plus tard aussi et surtout celui de *Conseil des parties*.

Le Grand Conseil subsista néanmoins, mais sans prestige, malgré les matières importantes dont la connaissance lui avait été attribuée, et sans grande activité. Il était plus docile au pouvoir royal que le Parlement, et l'on pouvait toujours transporter du second au premier la compétence pour les matières fécondes en conflits. Lorsque le Parlement de Paris fut cassé, en 1771, le personnel du Grand Conseil, momentanément supprimé, permit de constituer un nouveau Parlement, et lorsqu'en 1774 furent rétablis en fonctions les anciens Parlementaires, l'ordonnance sur la discipline du Parlement établit que le Grand Conseil, rétabli lui aussi, serait toujours prêt à prendre les fonctions du Parlement, si celui-ci démissionnait en masse ou cessait, de parti pris, l'administration de la justice.

Ainsi il s'était formé trois sections, qui étaient en réalité trois conseils distincts; c'est ce qu'explique Charles Loyseau : « Déjà, dit-il, il (le Conseil du roi) est divisé en trois chambres ou séances : l'une pour les affaires d'Estat, qui s'appelle particulièrement le Conseil d'Estat; l'autre pour les finances du roy, qui est nommée le Conseil des finances; et la troisième pour les procès, qu'on appelle le Conseil des parties. » (134). Le Conseil des finances était celui qui restait encore le moins distinct; parfois la décision suprême, en cette matière, revenait partie au Conseil d'Etat, partie au Conseil privé. C'est ce que semble constater Lebret sous Louis XIII : « Le Conseil d'Etat, dit-il, est divisé en deux chambres, dont la première est celle que l'on appelle Conseil privé, et qui est établie pour recevoir les plaintes des oppressions et des tirannies que l'on exerce sur le peuple dans les provinces, à quoi ni les juges ordinaires ni les Parlemens ne peuvent ou négligent de donner ordre, pour juger les différends qui arrivent entre les cours souveraines, pour connoître des évocations en d'autres Parlemens, pour ordonner sur les règlemens des juges, pour connoître de la direction des finances, pour avoir l'œil sur les baux à ferme des revenus du roïaume, et

---

(133) Ci-dessus, p. 450.

(134) *Des Ordres*, ch. ii, nᵒ 27, et il ajoute · « Et il a divers greffiers ou secrétaires en chacune séance pour recevoir les arrests et résultats d'icelles: mesme il y a trois sortes de secrétaires pour signer les expéditions de chacun conseil, à sçavoir les secrétaires des commandemens pour les expéditions concernantes l'Estat, les secrétaires des finances pour celles des finances, et les simples secrétaires pour les expéditions et affaires des parties. »

pour d'autres semblables matières dont elle a la cognoissance. La seconde est celle que l'on appelle proprement le Conseil étroit, qui ne se tient que dans le cabinet et en présence du roi, où n'entrent que les principaux ministres de l'Estat... Et c'est dans ce conseil que l'on traite les plus grandes affaires du roïaume, comme de la paix et de la guerre : c'est là où le roi donne audience aux ambassadeurs, où l'on délibère sur les réponses qu'on leur doit faire, où l'on arrête l'état général de toutes les finances du roïaume, où l'on délibère sur les déclarations que l'on doit faire contre ceux qui brassent des menées secrètes contre sa personne et contre l'Estat, où l'on reçoit les avis de tout ce qui se passe, soit dans les païs étrangers, soit dans les provinces du roïaume, où l'on lit les dépesches des ambassadeurs et où on leur donne l'adresse comme ils doivent se conduire en leurs ambassades, où l'on donne conseil aux rois d'établir de bonnes et saintes ordonnances et de révoquer les mauvaises ».(135).

De cette organisation, il résultait qu'un grand nombre de ceux qui avaient droit de siéger au Conseil du roi n'avaient plus entrée qu'au Conseil privé, où ils devaient prendre peu d'intérêt et ne servaient à rien (136). C'est aussi à ce conseil qu'étaient attachés les maîtres des requêtes.

III

Sous le règne de Louis XIV, le Conseil du roi prit sa forme définitive, qui répondait bien au génie de la monarchie absolue et administrative. La transformation consista en deux choses. On élimina du Conseil les éléments encombrants, c'est-à-dire les membres qui n'étaient admis que par honneur, comme représentant la noblesse ou le clergé, et l'on ne conserva que les hommes ayant une aptitude professionnelle. — Le Conseil perdit définitivement son unité; il se divisa en plusieurs conseils distincts, et ceux-ci furent plus nombreux que les sections précédemment existantes.

Les conseillers à brevet, qui encombraient inutilement le Conseil, furent supprimés en principe par le règlement de 1673; on n'en conserva le titre purement honorifique qu'à un certain nombre de hauts fonctionnaires et de prélats (137). Quant aux pairs de France et aux princes du sang, conseillers de droit, ils ne furent point à proprement parler exclus (138), mais ils laissèrent tomber

---

(135) *De la souveraineté,* l. II, ch. ii, p. 42.

(136) Dès le règne de François Ier, ce fait est constaté; Noël Valois, *Inventaire,* p xlix.

(137) A. de Boislisle, *Mémoires de Saint-Simon,* t. IV, p. 391 et suiv.

(138) Cependant, voyez Guyot, *op. cit,* t. II, 2ᵉ partie, p. 145 : « Mais en 1667 il fut fait un règlement pour diminuer le nombre des conseillers d'Etat, et les pairs en furent retranchés. »

leur droit en désuétude. Saint-Simon blâme fort les ducs et pairs de cette désertion, mais elle se comprend fort bien; le seul Conseil auquel fussent admis les conseillers de droit était le Conseil des parties (139). Le Conseil du roi ne comptait donc plus que des conseillers ordinaires, et il cessait par là même de représenter, dans une certaine mesure, le clergé et la noblesse; cependant il resta un dernier vestige, une survivance de cette représentation traditionnelle. Un petit nombre de places de conseillers ordinaires étaient réservées, les unes à des ecclésiastiques, les autres à des seigneurs voués à l'état militaire, choisis et nommés d'ailleurs par le roi comme les autres conseillers, c'était ce qu'on appelait les *conseillers d'Etat d'Eglise* et les *conseillers d'épée* (140).

Le Conseil, d'autre part, était divisé en un certain nombre de conseils véritablement distincts. Leur nombre varia d'ailleurs dans le cours des XVIIe et XVIIIe siècles, mais il en est quatre principaux qu'on trouve à l'état permanent depuis leur fondation (sauf l'interruption produite par les conseils aristocratiques de 1715).

## I. — *Le Conseil d'en haut, Conseil d'Etat ou Conseil des affaires étrangères (141).*

C'était le conseil où s'agitait la haute politique, et principalement « la paix, la guerre, les négociations avec les puissances ». Il était composé d'un petit nombre de personnes choisies par le roi. Personne, aucun ministre, n'en était membre de droit, sauf le secrétaire d'Etat aux affaires étrangères, qui, par la nature même des choses, y faisait les fonctions de rapporteur. Ceux qui étaient appelés au Conseil d'en haut prenaient le titre et la qualité de *ministres d'Etat* (142); ils gardaient ce titre alors même qu'ils avaient cessé d'en faire les fonctions, c'est-à-dire d'appartenir au Conseil d'en haut.

Bien que ce fût essentiellement un conseil de gouvernement, il rendait parfois des arrêts (143), soit des arrêts de règlement pour la police intérieure, soit de véritables sentences, quand il plaisait au roi d'y évoquer un litige.

---

(139) A. de Boislisle, *Mémoires de Saint-Simon*, t. IV, p. 385.

(140) De Boislisle, *op. cit.*, t. IV, p. 392.

(141) Piganiol de La Force, *op. cit.* (1715), t. I, p. 215; Guyot, *op .cit.* (1785), t. II, 2e partie, p. 193; de Boislisle, *Mémoires de Saint-Simon*, t. V, p. 487-464.

(142) Guyot, *op. cit.*, t. II, 2e partie, p. 213 et suiv.

(143) Guyot, *op. cit.*, t. II, 2e partie, p. 194; de Boislisle, t. V, p. 461.

## II. — *Le Conseil des dépêches* (144).

C'était le conseil pour l'administration intérieure du royaume. Son nom venait de ce que, comme dit un règlement de 1630, audit conseil « seront lues toutes les dépêches du dedans du royaume et délibéré des réponses de ce qui sera à faire à l'occasion d'icelles ». Il comprenait tous les membres du Conseil d'en haut, plus le chancelier et les ministres et conseillers que le roi voulait y appeler. Les quatre secrétaires d'État, entre lesquels était partagée l'administration des provinces, y figuraient nécessairement en qualité de rapporteurs, et c'était justement l'action régulatrice de ce conseil qui ramenait à une certaine unité le ministère fragmenté de l'intérieur.

Le Conseil des dépêches rendait de nombreux arrêts. Souvent, c'étaient de véritables litiges judiciaires qui étaient portés devant lui sur évocation (145). Mais plus nombreux encore et importants étaient les arrêts qu'il rendait en matière administrative proprement dite. C'étaient d'abord des arrêts de règlement, et par cette voie se faisaient, pour la France entière, les règlements les plus importants; mais c'étaient aussi des arrêts en matière contentieuse, les débats soulevés par les particuliers contre l'administration pouvant parfois être directement portés devant lui, et l'appel y étant toujours possible contre les décisions des intendants des provinces.

## III. — *Le Conseil des finances* (146).

Créé par un règlement du 15 septembre 1661, à la suite de la chute de Fouquet, il était destiné à remplacer la surintendance des finances que le roi supprimait à tout jamais. Le roi dorénavant voulait faire lui-même la fonction de surintendant, assisté de ce conseil qu'il composait d'un chef et de trois conseillers, dont l'un devait être intendant des finances; il y appellerait le chancelier, lorsque cela serait à propos. L'institution subsista, mais avec des modifications profondes, qui résultèrent surtout de l'élévation du contrôleur général à la position de ministre des Finances. Le roi disparut du Conseil au xviiie siècle; le chancelier y prit séance fixe, ainsi que le contrôleur général, à moins qu'il ne se fît remplacer par un intendant des finances. On y traitait tout ce qui concernait l'administration des finances et les revenus de l'État (147); on y

(144) Piganiol de La Force, t. I, p. 217; Guyot, t. II, 2e partie, p. 194; de Boislisle, t. V, p. 464-482.
(145) De Boislisle, t. V, p. 472.
(146) Piganiol de La Force, t. I, p. 215; Guyot, t. II, 2e partie, p 194.
(147) Les arrêts du Conseil en matière de finances avaient une forme particulière;

portait aussi le contentieux de tout ce qui concernait le Domaine et les impôts, dans la mesure où celui-ci n'était pas de la compétence des parlements ou des cours des Aides; encore le pourvoi en cassation contre les arrêts des cours des Aides était-il porté au Conseil des finances.

Le Conseil du roi avait en quelque sorte des appendices. C'étaient des corps où figuraient quelques-uns de ses membres, et qui se composaient, pour la plus grande partie, des intendants des finances, de conseillers d'Etat et de maîtres des requêtes; à savoir la *Grande* et la *Petite direction des finances* et le *Conseil des intendants des finances*. Là se préparait en partie la besogne du Conseil, avec l'assistance des bureaux, qui étaient à la suite du Conseil; là aussi se jugeaient un certain nombre d'affaires contentieuses qui rentraient dans sa compétence naturelle (148). On voit que dans l'ancienne France les attributions contentieuses de notre Conseil d'Etat étaient réparties entre le Conseil des dépêches, le Conseil des finances et les directions et commissions à la suite du Conseil.

### IV. — *Le Conseil des parties ou Conseil privé* (149).

C'était celui qui, à certains égards, représentait le mieux l'ancien Conseil du roi. Il était présidé par le chancelier, et tous les ministres y avaient entrée de droit, ainsi que les intendants des finances depuis l'année 1657. En réalité, dans l'organisation de l'ancienne France, il jouait un double rôle :

1° C'était la Cour de cassation de l'ancien régime, et là résidait sa fonction propre : de là, son nom de conseil des parties (150).

2° Il avait un personnel choisi, relativement nombreux, où le gouvernement prenait des sujets pour renforcer les autres conseils, pour composer les commissions à la suite du Conseil, et enfin pour diriger l'administration des provinces. Ce personnel comprenait deux éléments :

D'abord les *conseillers d'Etat*. En 1673, leur nombre fut fixé d'une façon définitive : c'étaient trois conseillers d'Eglise, trois conseillers d'épée, douze conseillers de robe longue ordinaires, c'est-à-dire

tout autant que la loi proprement dite, ils déterminaient le régime fiscal de l'ancienne France (Fleury, *Droit public de France*, publié par Daragon, 1769, t. I, p. 22) : « Arrêts du conseil sont loi pour l'ordre des finances, les formalités de chancellerie et tels règlements particuliers. »

(148) Piganiol de La Force, t. I, p. 216; Guyot, t. II, 2ᵉ partie, p. 197; de Boislisle, t. IV, p. 422-439.

(149) Piganiol de La Force, t. I, p. 222; Guyot, t. II, p. 196; de Boislisle, t. IV, p. 379-422.

(150) Sur la nature du pourvoi en cassation de l'ancien régime, voir ci-dessus, p 423.

servant toute l'année et douze semestres, c'est-à-dire ne servant que pendant six mois. En 1787, la composition était la même, sauf que depuis longtemps les conseillers semestres servaient toute l'année (151) La charge de conseiller d'Etat était restée une commission et ce n'était pas devenu un office, ce qui l'avait soustraite à l'envahissement de la vénalité; le roi choisissait effectivement ses conseillers. Mais, malgré leur qualité de commissaires, contre laquelle protestait déjà Lebret (152), ils devinrent inamovibles (153).

Les *maîtres des requêtes* (154) étaient également attachés au Conseil des parties. Leur nombre s'était beaucoup augmenté et fut fixé à quatre-vingts, dont le quart faisait à tour de rôle, pendant un trimestre, le service du Conseil, où ils préparaient et rapportaient les affaires; ils n'avaient voix délibérative que dans les affaires dont ils avaient fait le rapport (155). Mais, d'autre part, c'est parmi eux que l'on prit l'habitude de choisir les principaux sujets pour l'administration; ils étaient, selon un mot d'Argenson, « la vraie pépinière des administrateurs ». En effet, c'était leur corps qui, sauf de rares exceptions, fournissait les intendants des provinces (156) et les intendants des finances (157). Cependant les charges des maîtres des requêtes étaient devenues de véritables offices, vénales et héréditaires, comme ceux-ci (158). Mais le gouvernement n'avait point à redouter de leur part des velléités d'indépendance; c'étaient, en règle générale, des hommes jeunes qui désiraient arriver à de plus grands emplois, et la position de maître des requêtes était pour eux un marchepied afin de s'élever plus haut (159).

Les quatre conseils fondamentaux, dont il vient d'être parlé, ne sont pas les seuls qui aient existé d'une façon plus ou moins

---

(151) Guyot, t. II, 2ᵉ partie, p. 224.

(152) *De la souveraineté*, l. II, ch. III, p. 42 : « On peut conjecturer aussi de ce discours combien est relevée la dignité de conseiller d'Etat et combien ceux-là se sont montrés ridicules, qui ont osé mettre en avant que ce n'étoit qu'une simple commission. Car il est certain que les conseillers d'Etat ont toutes les marques des plus grands officiers...; la seule différence que l'on peut remarquer entre eux et les autres officiers est que ceux-ci peuvent vendre et résigner leurs charges, et non pas les conseillers d'Etat. »

(153) De Boislisle, t. IV, p. 395 : « Le caractère de conseiller d'Etat est indélébile et ne peut se perdre. »

(154) Guyot, t. II, 2ᵉ partie, p. 238 et suiv.; de Boislisle, t. IV, p 407-414.

(155) Piganiol de La Force, t. I, p. 223.

(156) Piganiol de La Force, t. I, p. 358 : « Les intendans sont presque toujours pris du corps des maîtres des requestes; je dis presque toujours, on a des exemples de quelques-uns qui n'estoient pas revestus de cette dignité. » — De Boislisle, t. IV p. 408.

(157) De Boislisle, t. IV, p. 388.

(158) De Boislisle, t. IV, p. 409.

(159) De Boislisle, t. IV, p. 409, 412.

permanente. Un Conseil du commerce (160), établi en 1700 par Louis XIV, se retrouve encore sous Louis XVI, après avoir subi, il est vrai, des modifications assez importantes.

(160) Guillard, *Histoire du Conseil du roi*, p. 147 et suiv.; — Guyot, t. II, 2ᵉ partie, p. 295 et suiv. — Le Conseil du commerce, tel qu'il fut organisé par l'arrêt du conseil du 29 juin 1700, présentait une différence marquée par rapport aux autres conseils du roi. C'était un corps simplement consultatif; mais, à côté de membres fonctionnaires (secrétaires d'Etat, conseillers d'Etat et maîtres des requêtes, intendants du commerce), il comprenait un certain nombre de négociants élus pour un an, dans les principales villes de France, par les corps de ville et les notables commerçants. Sous Louis XV, il y eut deux conseils du commerce : le *Conseil royal du commerce*, composé uniquement de fonctionnaires, comme les autres conseils du roi, et le *Conseil du commerce*, qui continuait celui créé en 1700, sauf quelques modifications, et qui prit en dernier lieu le nom de *Bureau du commerce*.

# CHAPITRE III

## Le pouvoir législatif. Les Etats généraux. Les droits politiques des parlements et cours souveraines.

---

### § 1. — LE POUVOIR LÉGISLATIF

Le pouvoir législatif avait été pleinement exercé par les rois, mérovingiens et carolingiens. Mais, dans la décadence carolingienne, cette législation, comme·une source tarie, avait pris fin presque subitement. Sous Charles le Chauve, les capitulaires sont encore nombreux et importants; les derniers capitulaires carolingiens qui aient la valeur d'une loi générale sont de Carloman II et de l'année 884 (1). Avec l'établissement du système féodal, le pouvoir législatif s'était démembré et dénaturé. Il résultait logiquement des principes féodaux que le droit de légiférer, attribut de la souveraineté, appartenait à tous ceux qui avaient conquis la souveraineté politique et dans la mesure où ils l'avaient acquise. Il appartenait par conséquent à chacun des barons de France dans sa seigneurie, et au roi seulement dans l'étendue du domaine de la Couronne; le roi avait perdu le droit de faire des lois obligatoires dans tout le royaume. Ce n'est pas tout : même dans ces limites, le roi cessa de promulguer des lois véritables, statuant à l'égard de tous et à toujours. Ce qu'on présente comme les lois des premiers Capétiens dans les recueils des anciennes lois françaises, ce sont seulement des actes ayant pour but de conférer certains droits ou avantages exceptionnels à des particuliers, à des établissements, à des corporations ou à des villes (2). La législation se bornait alors au *privilège*, comme dit la langue du moyen âge. Elle pouvait cependant avoir un autre objet : faire des règlements sur l'exercice de la juridiction. Mais, dans cette dernière application, le pouvoir législatif appartenait à toute personne

---

(1) *Karlomanni capitulare Vernense*, 884, Mart., dans Krause, *Capitularia*, II, 2, p. 371.

(2) Luchaire, *Manuel des institutions*, p. 489.

ayant le droit de justice (3). En réalité, pendant deux siècles, le x<sup>e</sup> et le xi<sup>e</sup>, il n'est plus fait en France de lois proprement dites ni par le roi ni par les grands feudataires; l'Eglise seule continue de légiférer pour son propre compte. A cette époque, le droit séculier public et privé n'est plus régi que par la coutume : les anciennes lois tombent en désuétude, et il n'en est pas promulgué de nouvelles.

La royauté devait reprendre la tradition interrompue de la législation et reformer à son profit le pouvoir législatif. Dès la seconde moitié du xii<sup>e</sup> siècle, elle essaie de faire quelques lois générales. Mais si elle pouvait ainsi légiférer pour le domaine de la Couronne, elle ne le pouvait pas pour les terres des barons. Un seul moyen existait d'étendre la loi à ces seigneuries, c'était d'obtenir l'assentiment de leurs seigneurs, qui, par là, se l'appropriaient en quelque sorte. Ce procédé paraît avoir été employé pour la première fois sous le règne de Louis VII. C'est ainsi qu'en 1155, à l'assemblée de Soissons, Louis VII, proclamant la paix de Dieu pour dix ans, la fit jurer aussi par de grands vassaux qui étaient présents (4). Sous Philippe-Auguste, par l'un ou l'autre procédé, il fut fait un certain nombre d'ordonnances, qui portaient alors le nom d'*établissements, stabilimenta*. Sous les deux règnes suivants on voit le pouvoir royal s'enhardir. Non seulement la législation pour le domaine de la Couronne devient plus abondante, mais aussi le roi, tout en cherchant à faire accepter par les barons les établissements auxquels il veut donner une portée générale, s'efforce de les imposer aux seigneurs qui ne les acceptent point (5). L'adhésion d'un certain nombre de ceux-ci n'est plus nécessaire que pour attester l'utilité de l'ordonnance : leur intervention se réduira bientôt à une simple consultation. En même temps, les grands feudataires font aussi pour leurs grands fiefs des établissements de même nature et

---

(3) Ferrault, *De juribus et privilegiis regni Franciæ*, privileg. 12 : « Rex solus facit constitutiones seu leges in regno Franciæ... intelligendo prædicta complexive, secus distributive, quia per ejus distributionem seu feudorum concessionem possunt duces, barones et alii domini castellani, non excedendo metas juridictionis concessæ, facere edicta. » — On s'était même demandé, au Moyen âge, si tout *castrum*, tout château fort, ne pouvait pas être le centre d'une législation particulière. Boerius, *Decisiones*, qu. 320, n° 5 : « Sed castrum non potest condere statuta ut notat Bartolus, in 1. *Omnes populi.* »

'4) Isambert, *Anc. lois*, t. I, p 153 : « In pacem istam juraverunt dux Burgundiæ, comes Flandriæ, comes Nivernensis et comes Suessonensis et reliqua baronia quæ aderat.»

(5) Ordonnance de Louis VIII de 1223, touchant les Juifs (*Ord.* I, 47) : « Fecimus stabilimentum super Judæos, quod juraverunt tenendum illi quorum nomina subscribuntur... Art. 3... Nullus nostrum alterius judæos recipere potest vel retinere, et hoc intelligendum est tam de iis qui stabilimentum juraverunt quam de iis qui non juraverunt. » — Ordonnance de Louis IX, de 1230, touchant les Juifs et l'usure (*Ord.*, I, 53), art 5 : « Et si aliqui barones noluerint hoc servare, ipsos ad hoc compellemus, ad quod alii barones nostri, cum posse suo, bona fide nos adjuvare tenebuntur. »

dans les mêmes conditions (6). La législation séculière est rentrée en activité.

Ce mouvement fut puissamment aidé par la diffusion des études de droit romain. Les légistes voyaient dans la compilation de Justinien le pouvoir législatif exercé pleinement et sans partage par le prince. Ils y lisaient cette maxime : *Quod principi placuit legis habet vigorem* (7) et ils s'efforçaient de la faire prévaloir au profit du roi. Ils sentaient clairement que l'intérêt public était en ce sens; et, à côté de la loi romaine, l'autorité suprême, ils invoquaient la commune utilité, comme source et comme limite à la fois du pouvoir législatif reconnu au roi. Dès le dernier tiers du xiiie siècle, Beaumanoir reproduit en français, comme un adage reçu, la maxime romaine (8), à laquelle le langage populaire donnera bientôt cette forme pittoresque : « Si veut le roi, si veut la loi. » (9). Beaumanoir est d'ailleurs le premier qui ait tenté une théorie du pouvoir législatif de la royauté; la voici résumée en quelques mots.

Pour Beaumanoir, le droit est fondé avant tout sur l'ancienne coutume, et toute altération, par voie d'autorité, de l'état de choses ancien est un *nouvel établissement*. Le droit de faire de nouveaux établissements est assez restreint et doit être envisagé séparément par rapport à la guerre et dans le temps de paix. En vue de la guerre, ou en face d'une grande calamité, comme une famine, le roi peut faire tous les nouveaux établissements qui sont nécessaires pour le salut public, et le même pouvoir appartient, dans leurs seigneuries, aux barons et aux seigneurs justiciers, pourvu qu'ils n'aillent pas contre les établissements faits par le roi. En temps de paix, le droit de faire de nouveaux établissements n'ap-

---

(6) Voyez l'assise de Geffroy, comte de Bretagne, de 1185, dans la *Nouvelle revue historique de droit*, XI, p. 120 : « Ego Gaufridus... dux Britanniæ... *utilitati terræ* providere desiderans petitioni episcoporum et baronum omnium Britanniæ satisfaciens, *communi assensu eorum* assisiam feci. » — *Grand Coutumier de Normandie, prologus*, p. 3 : « Leges et instituta quæ Normannorum principes, non sine magna provisionis industria, prælatorum comitum et baronum nec non et cæterorum virorum prudentium *consilio et assensu* ad salutem humani generis statuerunt. » — Coutumes générales données par Simon de Montfort en 1212 et qui sont de véritables lois, 'loc. cit., p. 212 : « De consilio venerabilium dominorum, scilicet archiepiscopi Burdigalensis, Tholosensis, Carcassonensis, Agenensis, Petragoriensis, Cosseranensis, Convenarum, Bigorrensis episcoporum et sapientum virorum et aliorum baronum et procerum nostrorum, tales generales consuetudines in tota terra nostra ponimus. » — Sur les comtes de Bretagne, de Hainault, de Toulouse, voyez Flammermont, *De concessu legis et auxilii*, p. 7, 8, 10.

(7) *Institutes* de Justinien, I, 2, 6.

(8) Beaumanoir, Beugnot, XXXV, 29, Salmon, 1103 : « Ce qui li plest a fere doit estre tenu por loi. » — Beugnot, XXXIV, 41, Salmon, n° 1043 : « Voirs est que li rois est sovrains par desor tous, et a, de son droit, le général garde de son roïaume, par quoi il pot fere tel establissement comme il li plest por le commun profit et ce qu'il establit doit estre tenu. »

(9) Loysel, *Inst. coutumières*, I, 1, 1.

partient qu'au roi seul, et il ne peut l'exercer qu'à trois conditions : il faut qu'il s'agisse de l'intérêt général, que les établissements soient faits à grand conseil et qu'ils ne soient point contraires à la religion chrétienne (10). De ces conditions, une seule a besoin d'explication : en disant que les établissements doivent être faits à grand conseil (11), le vieux jurisconsulte entend que le roi doit appeler à délibérer sur le projet un grand nombre de prélats et de barons, outre ses conseillers ordinaires. Il n'est pas tenu d'avoir leur assentiment, mais il doit les consulter. Beaumanoir distingue d'ailleurs deux sortes d'établissements : ceux que le roi fait pour le royaume tout entier et ceux qu'il promulgue seulement sur son domaine. Les premiers sont obligatoires sur les terres des barons comme sur celles du roi, et le roi peut au besoin les ramener à exécution en prononçant lui-même les amendes qu'il a édictées contre les récalcitrants; mais on sent bien que les seconds sont les plus fréquents (12).

Avec le règne de Philippe le Bel, la législation royale prend une véritable importance et devient très fournie. Le pouvoir législatif s'exerce, en un point, dans les conditions décrites par Beaumanoir, en ce que les ordonnances portent comme préambule qu'elles ont été prises avec grande délibération et grand conseil (13); mais, sous ce règne et les suivants, cela se fait de deux façons distinctes : tantôt il est constaté qu'un grand nombre de prélats et de barons ont été présents; tantôt il est dit seulement que le roi a statué dans son Grand Conseil (14). Tel restera le droit public de l'ancienne France. De plus en plus, ce sera seulement le Conseil du roi qui participera à la préparation et à la discussion des lois (15). Cependant, au xvie siècle encore, on admettra dans certaines occasions des notables au Conseil. Enfin, cette pratique dis-

(10) Cette maxime est renforcée par cette autre : « Princeps legibus solutus est », empruntée, comme la première, au droit romain. On l'entend à partir du xiiie siècle en ce sens que le prince, qui fait la loi, est affranchi de son observation. — Esmein, *La maxime « Princeps legibus solutus est » dans l'ancien droit public français;* — P. Vinogradoff, *Essays on legal history,* Oxford, University press, 1913; — Beaumanoir, ch. xlix, en entier.

(11) Beaumanoir, Beugnot, XLVIII, 4, Salmon, n° 1499 : « Et noz devons savoir que tel establissement sont fet par très grant conseil et por le commun porfit. » — Beugnot, XLIX, 6, Salmon, n° 1515.

(12) Beaumanoir, Beugnot, XLVIII, 4, Salmon, n° 1499; Beugnot, XLIX, 4, Salmon, n° 1513. Cf. LXI, 15, Salmon, n° 1722.

(13) Par exemple, ord. de 1311 sur l'usure (*Ord.*, I, 484) : « O grand conseil et o grant deliberation, deffendons », etc.

(14) Ordonnance sur les Juifs de Louis X, 1315 (*Ord.* I, 595) : « Eue plenière déli bération encore sus ceu avecq nos prélats et barons et notre grant conseil. » Mais on entrevoit souvent que les barons et prélats sont ceux qui figurent ordinairement au Conseil du roi. — Ordonnance de 1330 (*Ord,* II, 63) : « Habito super hoc consilio cum prælatis, baronibus et aliis de consilio nostro. »

(15) Ordonnance de 1318 sur le gouvernement général (*Ord.*, I, 669) : « Pour ce eue délibération en nostre grand conseil. »

paraîtra elle-même. Les ordonnances constateront seulement que le roi a consulté son conseil et plusieurs membres de sa famille, princes du sang ou autres (16). D'ailleurs, dès la fin du xive siècle, Boutillier reconnaît au roi le pouvoir législatif sans conditions ni limites (17).

Le pouvoir de législation générale reconnu au roi avait pour conséquence logique et dernière la disparition du pouvoir de législation particulière reconnu aux barons. C'était ce qu'admettait déjà Beaumanoir. Mais ce dernier résultat devait se produire tardivement. Pour les grands fiefs, duchés ou comtés, qui ne furent réunis au domaine de la Couronne qu'aux xve et xvie siècles, les ducs et les comtes conservèrent jusqu'au bout le pouvoir législatif; c'est ainsi que les coutumes de Bourgogne furent officiellement rédigées en 1459, non par l'autorité du roi, mais par celle du duc Philippe le Bon (18); il en fut de même pour les coutumes de Bourbonnais, d'Auvergne et de la Marche, qui, en 1493, 1510 et 1521, furent rédigées et décrétées par l'autorité des ducs ou comtes de ces pays. La législation émanée des ducs de Bretagne a une importance particulière.

Les rois de France, nous venons de le voir, avaient de bonne heure conquis (sur le Domaine au moins) le pouvoir législatif sans limite et sans partage. Cependant, dans une certaine mesure, deux autorités furent associées à l'exercice de ce pouvoir. Ce sont les Etats généraux et les Parlements et autres cours souveraines.

§ 2. — ÉTATS GÉNÉRAUX ET ASSEMBLÉES DE NOTABLES (19).

I

Les Etats généraux n'ont pas été une création voulue et réfléchie du pouvoir royal; ils s'imposèrent naturellement à lui. Leur institu-

---

(16) Voyez, par exemple, l'ordonnance de 1563, citée plus haut, qui crée les juges consuls (Isambert, *Anc. lois*, XIV, 153) : « Par l'avis de nostre très honorée dame et mère, des princes de nostre sang, seigneurs et gens de nostre conseil. »

(17) *Somme rurale*, II, tit. I, p. 646 : « Si sçachez que le roy de France, qui est empereur en son royaume, peut faire ordonnances qui tiennent et vaillent loy, ordonner et constituer toutes constitutions. »

(18) Notre cher collègue Champeaux a publié, en 1908, une partie des ordonnances des ducs de Bourgogne. *Les ordonnances des ducs de Bourgogne sur l'administration de la justice du duché*, avec une introduction sur les origines du Parlement de Bourgogne, par Ernest Champeaux; et E. Champeaux, *Ordonnances franc-comtoises sur l'administration de la justice*, 1345-1477, *Revue Bourguignonne*, 1912, 22, n° 1-2.

(19) Trois histoires des Etats généraux ont été écrites de nos jours : Rathery, *Histoire des Etats généraux en France*, Paris, 1845; — Arthur Desjardins, *Les Etats généraux de 1355 à 1614; leur influence sur le gouvernement et la législation du pays*; — Picot, *Histoire des Etats généraux*, 2e édit., 5 vol., 1888. — Il faut y ajouter H. Hervieu, *Recherches sur les premiers Etats généraux*.

tion fut la conséquence de deux faits. D'un côté, le pouvoir royal grandi avait besoin, pour accomplir son œuvre nationale, d'une assistance politique et pécuniaire plus étendue que celle qu'il pouvait exiger, d'après les anciens principes, des pouvoirs féodaux : il était donc obligé de venir à composition avec eux. D'autre part, l'émancipation des villes avait donné à celles-ci la valeur d'un élément distinct dans la société féodale, elles étaient devenues comme une classe particulière de seigneuries. Elles devaient donc être partie dans ces transactions entre la Royauté et les pouvoirs féodaux, qui constituent les premières tenues d'Etats généraux. Les Etats généraux furent réunis au xive siècle dans un double but : le roi leur demandait ou des subsides ou des conseils. Il est facile de voir comment on en vint là et comment ce double but dicta la composition des premiers Etats généraux.

D'après les principes féodaux, le roi n'avait pas, même sur son domaine, le droit de lever des impôts généraux : le droit d'imposer était devenu un droit seigneurial qui accompagnait d'ordinaire la haute justice, et le roi ne pouvait l'exercer que là où il avait conservé celle-ci sur les habitants (20). La monarchie capétienne, pendant longtemps, avait pu vivre sur les seules ressources du Domaine; mais, au xive siècle, elles devenaient manifestement insuffisantes. Toutes les fois qu'il s'agissait de conduire une grande entreprise, il lui fallait des ressources extraordinaires, et, lorsque l'entreprise était nationale, il était naturel qu'elles fussent fournies par la nation, au moyen d'un impôt général, levé, au moins, dans toute l'étendue du domaine de la Couronne. Le roi ne pouvant lever cet impôt d'autorité sur les terres des seigneurs, il fallait qu'il obtînt le consentement des seigneurs, laïques ou ecclésiastiques; il fallait qu'il obtînt aussi le consentement des villes émancipées, de celles au moins qui avaient acquis le droit de fixer elles-mêmes leurs impôts. Cela conduisait naturellement à réunir une assemblée où figureraient les seigneurs ecclésiastiques et laïques et les représentants des villes privilégiées. Or, telle fut, primitivement, la composition des Etats généraux.

En tant qu'ils étaient convoqués pour donner ·conseil à la Royauté, et c'est dans ce but qu'ils furent pour la première fois réunis par Philippe le Bel, en 1302 (21), les Etats généraux se rattachaient à des précédents très anciens, qui, en se modifiant peu à peu, conduisirent naturellement à cette institution. Les monar-

---

(20) Voyez ci-dessus, p. 169, 170, et ci-après, ch. iv.

(21) Lettre du clergé de France au pape Boniface VIII (Isambert, *Anc. lois*, II, p. 754 et suiv.) : « Nos universos et singulos tam prælatos quam barones et alios requisivit (rex) instantius, præcepit ut dominus et rogavit ac precibus instilit ut amicus ut... *prout ex debito fidelitatis astringimur, curaremus adesse consiliis et auxiliis opportunis.* »

ques capétiens avaient toujours eu des assemblées consultatives dans les tenues de la *Curia regis* (22); elle comprenait, nous le savons, des prélats et des seigneurs vassaux du roi, et avec eux les grands officiers et les conseillers particuliers du prince. Mais ces assemblées, qui étaient aussi des assises judiciaires, ne constituaient qu'un conseil féodal et ne pouvaient passer pour une consultation nationale. A la fin du xiiie siècle, il en était déjà autrement. L'ancienne *Curia regis* se divisait; ses attributions judiciaires s'exerçaient dans des sessions spéciales, en parlement; ses attributions consultatives passaient en grande partie au conseil privé du roi. Mais dans des circonstances délicates ou critiques, le roi réunissait une assemblée de barons et de prélats pour lui demander conseil. Ces assemblées, qui n'avaient point d'autre fonction, étaient plus nombreuses que l'ancienne *Curia* (23). C'étaient véritablement la noblesse et le clergé qui étaient consultés en corps; ce qui le montre, c'est que nous voyons les barons et les prélats délibérer séparément (24). Plusieurs assemblées de ce genre se tinrent sous le règne de Philippe le Hardi, et l'une décida de la paix ou de la guerre (25). Ce sont déjà les Etats généraux, moins les représentants des villes. La présence de ces derniers s'imposait si l'on voulait avoir l'appui de toutes les forces nationales, car les villes émancipées étaient des forces politiques indépendantes que l'on ne pouvait négliger. Déjà, la Royauté dans certains cas avait réuni les représentants des villes (26), mais elle les avait assemblés à part, sans convoquer les autres ordres. En les joignant, en 1302, aux seigneurs ecclésiastiques et laïques, Philippe le Bel réunissait dans une consultation solennelle tout ce qui représentait en France une autorité indépendante du pouvoir royal, et par là même il avait créé les Etats généraux. Mais il est bon de remarquer deux choses. En premier lieu, les membres de ces Etats, en tant qu'ils avaient à fournir des conseils, agissaient non en vertu d'un droit, mais pour accomplir un devoir, le devoir de fidélité qu'ils devaient au roi (27). Secondement, le roi, au lieu de convoquer les Etats généraux proprement dits, pouvait très bien ne

(22) Ci-dessus, p. 447.

(23) Langlois, *Le règne de Philippe le Hardi*, p. 146; il rapporte ce passage des *Annales de Saint-Martial* : « Philippus rex de baronibus et prælatis apud Bituricum... tenet consilium generale contra P. Aragoniæ. »

(24) Langlois, *op. cit.*, p. 150 : « Le roi requit ensuite les barons et les prélats de le conseiller fidèlement... Le 21, en effet, de très grand matin, les deux ordres s'installèrent dans deux salles séparées du palais du roi. Les avis furent d'abord partagés, mais dans chaque section, une majorité se forma presque en même temps... Au nom du clergé, l'archevêque de Bourges déclara... Après quoi, le sire de Neele, pour les barons, dit qu'il était du même avis. »

(25) Langlois, *op. cit.*, p. 146, 150, 289.

(26) Voyez Ordonnance sur les monnaies, de 1262 (*Ord.*, I, p. 93).

(27) Voyez le texte ci-dessus, p. 468, note 21.

convoquer qu'un ou plusieurs des ordres qui les composaient, lorsque cela lui paraissait suffisant pour atteindre le but qu'il visait (28). Par là, l'institution, considérée comme source des libertés publiques, recélait un vice originel dont elle ne sut pas se guérir.

L'hypothèse que j'ai produite sur l'origine des Etats généraux (29) est confirmée par d'autres faits. La formation d'assemblées nationales analogues à nos Etats généraux est un phénomène qui se produit, dans l'Europe du Moyen âge, chez toutes les nations qui sont parvenues à une certaine unité, malgré la forme féodale; et partout elles se constituent sur les mêmes bases, c'est-à-dire par l'adjonction des députés des villes aux principaux seigneurs laïques et ecclésiastiques (30). Cela se produisit tout d'abord en Espagne; en 1188 et 1189, les députés des communes furent associés aux barons et aux prélats dans les cortès de Léon et de Castille (31). Dans l'Empire d'Allemagne, les villes eurent des députés à la Diète à partir de l'année 1232; mais ils ne formèrent un ordre à part qu'au commencement du XIVᵉ siècle. En Angleterre surtout, les origines du Parlement correspondent exactement à l'origine de nos Etats généraux. C'est en 1297, sous Edouard Iᵉʳ, qu'apparaît le « Model Parliament », par l'adjonction définitive de députés élus aux prélats et aux principaux vassaux qui composaient le *Magnum consilium* du roi. C'est aussi une représentation de la nation divisée en trois ordres, quoique la représentation ne repose pas exactement sur les mêmes bases qu'en France (32). Cette coïncidence n'est point fortuite. Si, dans l'espace d'un siècle et demi, des assemblées nationales, présentant un caractère d'analogie indéniable, se forment dans les principaux Etats de l'Europe occidentale, c'est qu'elles sont un produit naturel de l'évolution historique.

Mais si l'institution des Etats généraux, comme toute institution importante et durable, était ainsi préparée et dictée d'avance par des causes profondes et d'ordre général, il fallait pour la dégager, une cause occasionnelle, un fait précis et contingent : c'est encore là une des lois ordinaires de l'histoire. Cet incident fut fourni par les différends qui renaissaient périodiquement entre Philippe le Bel et Boniface VIII. Un premier essai d'une semblable convo-

(28) Hervieu, *op. cit.*, p. 3, 24. — Voyez les prélats et barons seuls réunis, *Ord.*, I, p. 347, 412; les bourgeois seuls réunis, *Ord.*, I, p. 512, 548. — Il faut ajouter que pendant longtemps on distingua et on réunit séparément les Etats généraux de la langue d'oïl et les Etats de la langue d'oc (Hervieu, *op. cit.*, p. 2).

(29) Cf. Luchaire, *Manuel des institutions*, p. 502 et suiv.

(30) Stubbs, *Constitutional history of England*, t. II, p. 159 et suiv.

(31) Marina, *Théorie des Cortès ou Histoire des grandes assemblées nationales des royaumes de Castille et de Léon*, trad. Fleury, t. I, p. LXIII et 137.

(32) Anson, *The law and custom of the Constitution*, t. II, p. 43 et suiv.

cation, assez informe d'ailleurs, et qui a passé presque inaperçu, fut fait par Philippe le Bel, lorsqu'il engagea vigoureusement des poursuites contre Bernard Saisset, évêque de Pamiers (précédemment légat du pape), accusé de foi brisée et de lèse-majesté envers le roi de France. Philippe réunit à Senlis, le 24 mai 1301, une assemblée où figuraient des ecclésiastiques, des nobles et des bourgeois, desquels il requit conseil sur cette affaire délicate (33). Puis les choses suivant leur cours, et l'évêque de Pamiers étant gardé en prison par le roi, malgré les menaces du pape, celui-ci au mois de décembre 1301 convoqua à Rome pour le 1ᵉʳ décembre 1302 les dignitaires du clergé français et les mandataires des chapitres de l'Eglise de France, pour conseiller la papauté dans son différend avec le roi (34). Philippe le Bel, non content de défendre aux ecclésiastiques de son royaume de se rendre à cette convocation, retourna en quelque sorte contre Boniface l'arme dont celui-ci le menaçait et s'appropria son plan, en le transposant à son usage personnel. Il convoqua à Paris, pour leur demander conseil et appui, les principaux nobles, les prélats et représentants des corps ecclésiastiques et les représentants des villes privilégiées. La forme des Etats généraux était trouvée.

## II

Bien qu'ils représentassent, comme on l'a vu, les principales forces de la société féodale, les Etats généraux n'ont point été

(33) Dupuy, *Actes et preuves du différend entre Boniface VIII et le roi Philippe le Bel*, Paris, 1651, p. 629 (c'est un mémorandum rédigé en 1301 pour l'ambassadeur du roi auprès du pape, Pierre Flotte) : « Rex magis certiorari volens cupiensque omnem suspicionem evitari, testes prædictos, episcopos, abbates, clericos non parvi status, religiosos, comites et alios nobiles et burgenses omni suspicione carentes ad se fecit venire, et, super fidelitate qua sibi teneantur et juramentis eorum, super præmissis et de ea tangentibus veritatem ab his perquirens, majora et gravia contra dictum episcopum reperit quam sibi primo significata fuissent. Dictus ergo dominus rex, cum majoribus regni sui apud Silvanectum ad hoc specialiter vocatis deliberatione habita diligenti, petito consilio clericorum et laïcorum, doctorum et aliorum proborum virorum, fuit ipsi domino regi responsum... quod ex causis infrascriptis dictus episcopus in prisione custodiri debeat. » — Cf. Tosti, *Histoire de Boniface VIII et de son siècle*, trad. française, Paris, 1854, t. II, p. 211.

(34) Dupuy, *op. cit.*, p. 53. — Raynald, *Ann. eccles.*, ad ann. 1301, n° 29. Boniface déclare qu'il veut venir en aide à tous les ordres du royaume, opprimés par le roi, « paribus, comitibus aliisque nobilibus, universitatibus et populo dicti regni. » Voici dans quels termes il fait sa convocation : « Instructi et informati super præmissis et aliis, super quibus instructionem et informationem vestram videritis opportunam, vos fratres archiepiscopi et episcopi, necnon electi, doctores et magistri personaliter, vos vero capitula per procuratores idoneos cum sufficienti mandato et informatos plenius, nostro vos conspectui præsentetis, ut super præmissis et ea contingentibus vestra possimus habere consilia, qui apud eumdem regem suspicione caretis, et sibi et regno accepti estis et grati, et diligitis ipsum regem. » — Comparez les termes de la convocation pour les Etats généraux de 1302, ci-après, p. 473, note 37, et ci-dessus, p. 468, note 21.

conçus à l'origine comme une assemblée représentative et n'ont point été pendant près de deux siècles une assemblée élective.

Les documents relatifs aux Etats généraux du règne de Philippe le Bel, que le regretté Georges Picot a publiés en 1901 (35), jettent sur leur caractère primitif et prolongé une éclatante lumière. Ils ont été convoqués en vertu des principes féodaux et ce sont ces principes qui ont déterminé leur composition, leur mission et leurs pouvoirs.

Ils comprenaient d'abord les principaux seigneurs du royaume, vassaux du roi, et c'était en qualité de vassaux, en vertu des obligations résultant de cette qualité, de l'hommage et du serment de fidélité, qu'ils devaient au seigneur conseil et aide.

Etaient ensuite convoqués les prélats, qui étaient en même temps les seigneurs ecclésiastiques. Tous, il est vrai, ne prêtaient point, en cette dernière qualité, hommage au roi; mais tous lui devaient le serment de fidélité et c'est en vertu des devoirs qu'il engendrait qu'ils étaient convoqués aux Etats généraux (36). Y étaient également convoqués les corps ecclésiastiques (abbayes, chapitres, etc.) (37); ils étaient ordinairement titulaires de droits seigneuriaux en leur propre nom, et nous dirons bientôt comment, au point de vue des subsides, *auxilia*, leur intervention était nécessaire. Restaient les villes privilégiées. Un lien semblable existait-il entre elles et le roi ? Oui. Ces villes avaient pris, nous l'avons dit, dans la société féodale, la place, la position d'une seigneurie collective. Parfois cela était rigoureusement exact même dans la forme. La ville alors faisait hommage par l'organe d'un de ses officiers municipaux (38). Même quand il n'en était pas ainsi, le roi conservait sur ces villes un contrôle en même temps qu'il étendait sur elles sa protection, de sorte qu'elles étaient, elles aussi, convoquées aux Etats (39) en vertu d'un devoir de fidélité.

(35) *Documents relatifs aux Etats généraux et assemblées réunis sous Philippe le Bel*, publiés par Georges Picot, Paris, 1901, dans la *Collection des documents inédits sur l'histoire de France*.

(36) Picot, *Documents*, Pièce DCLVIII (Etats de 1308), adressée à l'évêque d'Uzès : « Sub fidelitatis vinculo quo nobis estis astricti injungentes quatinus... Turonis nobis cum presentialiter intersitis. »

(37) Picot, *Documents*, Etats de 1308, P. DCLXI, p. 491, au bailli de Mâcon : « Archiepiscopis, episcopis, abbatibus, baronibus, communitatibus et aliis insignibus locis regni nostri. » P. DCLXII, mandement de l'évêque de Narbonne (1308) : « Capitulo Ulicencis ecclesie, abbatibus ceterisque ecclesiarum prelatis ac capitulis ecclesiarum cathedralium et nostris et dictorum suffraganeorum nostrorum absentium vicariis, prioribusque decanis, prepositis, conventibus et aliarum ecclesiarum collegiis, tam exemptis quam non exemptis »

(38) Ci-dessus, p. 300. — Picot, *Documents*, p. 1 (1302) P. I, lettres au sénéchal de Beaucaire pour convoquer les villes de son ressort, p. 1 : « Mandamus vobis quatinus consulibus et universitatibus Nemausensi, Uticensi, Aniciensi, Mimatensi et Vivariensi, civitatum ac villarum Montis-Pessulani et Bellicadri mandetis ex parte nostra ac precipiatis *sub debito fidelitatis et quocunque alio vinculo quo nobis tenentur astricti* »

(39) Aussi dans les documents publiés par Georges Picot, les termes de la convo

De ces principes résultaient deux conséquences très nettes :
1ᶜ comparaître aux Etats généraux était, pour ceux qui y étaient
convoqués, non pas un droit, mais un devoir, une obligation; 2° les
service et assistance que le roi allait demander à ceux qui comparaissaient aux Etats généraux étaient ceux que le vassal devait à
son seigneur, c'est-à-dire essentiellement l'*aide* et le *conseil*, *auxi-*
*lium* (40) et *consilium* et cela restera, en ces termes ou en des
termes équivalents, ce que les lettres de convocation continueront
dans la suite à requérir des Etats (41).

Cette composition des anciens Etats généraux était aussi commandée par les principes en matière d'impôts qui étaient ceux du
xɪvᵉ siècle. Le droit de percevoir l'impôt avait, dans la société
féodale, passé aux seigneurs haut-justiciers; le roi ne pouvait les
percevoir que là où il exerçait la haute justice sur les habitants.
Cependant, comme on le verra plus loin, dès le xɪɪɪᵉ siècle s'introduisait l'idée que dans certains cas il était juste que le roi pût lever
des impôts généraux, des impôts sur les sujets de ses vassaux.
Mais cela ne pouvait se faire sans le consentement de ces seigneurs, sauf dans certaines hypothèses où l'on admit alors l'application précise, quoique transformée en partie, de la théorie de
l'*aide féodale*. Dans les autres cas, où le consentement des seigneurs était nécessaire, on fit bien rentrer le subside ou impôt
accordé dans la notion d'*aide*, et ces impôts extraordinaires et
temporaires portent bien au xɪvᵉ siècle le nom générique d'*auxilia,*
*aides*, quelles que fussent la nature et l'assiette de l'impôt dans
chaque hypothèse. Mais la notion d'*aide* s'était là élargie, désignant simplement un subside moralement dû par tous les sujets
fidèles.

Les villes émancipées avaient généralement dans leurs privilèges la garantie contre les impôts arbitraires. Parfois, elles
avaient le droit de s'imposer elles-mêmes, d'établir à leur profit
des impôts sur leurs habitants; mais plus généralement, en dehors
des taxes maintenues par leurs chartes, elles ne subissaient que
les impôts qu'elles consentaient.

---

cation sont-ils souvent les mêmes que ceux d'une citation en justice, *citatio, adjor-*
*namentum.* Pour les villes le devoir de comparaître est même éventuellement sanctionné par une peine; Picot, *Documents*, P. II, p. 3 : « Quod nisi juxta mandatum
hujusmodi comparuerint, coram predicta sacra regia majestate procedetur contra
illos auctoritate regia, prout' fuerit rationis. »

(40) Voyez par exemple, Picot, *Documents*, P. DCLVIII, p. 489, convocation adressée
à l'évêque d'Uzès : « Intersitis nobis ad premissa exequenda, *consilium opem et*
*auxilium prestaturi.* »

(41) Par exemple, lettres d'Henri III du 6 août 1576 portant convocation des Etats
de Blois (Isambert, *Anciennes lois*, XIV, 306) : « Aussi pour nous donner votre avis
et prendre avec eux (nous) une bonne résolution sur les moyens d'entretenir notre
Estat et d'acquitter la foi des rois nos prédécesseurs et la nôtre le plus au soulage-
ment de nos sujets que faire se pourra. »

Il en résultait que pour obtenir l'*auxilium* dans sa plénitude, le roi devait avoir le consentement des seigneurs ecclésiastiques et laïques et des villes privilégiées. Il pouvait, à cet effet, négocier avec ces autorités prises individuellement ou régionalement; mais le plus simple était de les consulter en bloc, dans les Etats généraux.

Le reste de la population ne comptait pas, et nous avons sur ce point une exposition très nette d'un notable jurisconsulte du XIVe siècle. Johannes Faber (Jean Faure). En dehors des seigneurs (les prélats et les barons), il ne faut appeler et consulter que les *Universitates* (42), c'est-à-dire les groupes qui ont une existence légale, privilégiée; le reste de la population, amorphe et sans droits, on l'ignore : « On peut dire que si les populations forment corps et université (*corpus vel universitatem habent*), il suffit d'appeler les consuls ou administrateurs de l'*Universitas* (43). Si elles ne forment pas corps ou *universitas*, il suffit d'appeler les prélats (*prelatos*), s'il s'agit de personnes ecclésiastiques ou les les barons (*barones*) qui ont la juridiction sur les territoires et sur les *villæ*, car ceux-là ont l'administration. » (44). Et plus loin : « La Cour de France (*Curia Franciæ*), quand elle veut faire des collectes, observe ce que j'ai dit, elle ne convoque que les prélats, les barons et les villes notables. »

De tels Etats généraux ne comportaient par eux-mêmes aucune élection. C'étaient des personnes physiques ou morales qui y étaient directement convoquées et qui étaient tenues de s'y rendre (45). Cependant il faut observer deux points. En premier lieu, les personnes physiques qui y étaient convoquées n'étaient pas tenues de s'y rendre en personne; elles pouvaient se faire représenter par un procureur (comme pour une citation en justice) (46). Celui-ci était simplement leur mandataire, soumis aux règles du mandat d'après le droit romain. D'autre part, les *personnes morales* (corps ecclésiastiques et villes) qui étaient également convoquées ne pouvaient, par la force des choses, comparaître en personne et devaient nécessairement comparaître par

(42) C'est le sens ancien du mot *Universitas*, *Université*, emprunté au droit romain, Digeste, III, 4, *quod cujuscumque* universitatis *nomine vel contra eam agatur*. Cela implique que les *Universitates* ainsi établies et conçues constituaient des personnes morales, avaient la personnalité civile. — Le sens moderne du mot *Université* vient de ce que les Universités constituaient (et constituent de nouveau) des corps importants de cette espèce.

(43) C'est en vertu de ce principe que les corps ecclésiastiques étaient convoqués.

(44) Johannes Faber, *Ad Instituta*, it. *de pœna temere litigantium*, n° 9.

(45) Dans les *Documents* publiés par Georges Picot, nous avons de ces lettres de convocation personnelle et de nombreuses pièces (procurations) qui les visent.

(46) Voyez par exemple Picot, *Documents*, P. DCCLIV, p. 581, procuration du seigneur de Mirepoix : « Ut Turonis... adessemus *saltem per procuratorem idoneum*, consilium impensuri super errore Templariorum. »

procureur. Ce procureur était nécessairement choisi par les membres du corps qu'il devait représenter. Quand il s'agissait d'une ville, nous voyons même que les procureurs, dès le début, durent être choisis par les magistrats municipaux (électifs eux-mêmes) et par les bourgeois (47). C'était bien là en fait une élection, quoique l'élu fût toujours strictement un procureur, possédant certaines facultés qui semblent incompatibles avec le caractère d'un député, celle, par exemple, de choisir un autre mandataire pour le remplacer en cas d'empêchement, ce que permettait à de certaines conditions la théorie romaine du mandat (48). On trouve même dès le début certains autres germes d'un futur système électif. Il est clair d'abord que plusieurs prélats ou barons pouvaient s'entendre pour choisir un procureur commun et se faire ainsi représenter à moins de frais. Mais il y a plus. Nous trouvons en 1308 que les divers évêques d'une province ecclésiastique sont autorisés à choisir l'un d'entre eux, qui viendra seul aux Etats et qui les représentera tous (49).

Ces anciens Etats généraux n'étaient point non plus une véritable assemblée représentative. Ceux qui y figuraient ne représentaient qu'eux-mêmes (ou leur mandant quand il s'agissait de procureurs). Sans doute ils représentaient en fait trois catégories d'autorités existant dans la société féodale, mais en *droit* chacun comparaissait en vertu d'une obligation personnelle. Cependant une certaine idée de représentation s'affirmait dès le début. Philippe le Bel, en 1302, déclare qu'il va réunir l'assemblée ainsi composée pour délibérer sur des choses qui intéressent tous les sujets de son royaume (50). Dans les lettres que les barons écrivent aux cardinaux de Rome après ces premiers Etats généraux,

(47) Picot, *Documents*, P. I (1302), lettres au sénéchal de Beaucaire, p. 1 : « Ut predicti consules et universitates civitatum et villarum predictarum, per duos aut per tres de majoribus et pericioribus singularum universitatum predictarum plenam et expressam potestatem habentes *a consulibus et universitatibus predictis*. » Cf. P. II.

(48) Voyez Picot, *Documents*, P. DCLXVIII, p. 498 et P. DCLXXVI, p. 503.

(49) Picot, *Documents*, P. DCLVIII, convocation de l'évêque d'Uzès (1308), p. 489 : « Nisi forte... in instanti congregatione quam fieri mandavimus... vestri vestrorumque comprovincialium de communi consensu vos simul omnes comprovinciales ex vobis unum ad premissa mittatis qui vicem omnium representet et omnium habeat plenam potestatem. »

(50) Picot, *Documents*, P. I, p. 1 : « Super pluribus arduis negociis nos, statum, libertatem nostros ac regni nostri, nec non ecclesiarum, ecclesiasticarum, nobilium, secularium personarum, *ac universorum et singulorum incolarum regni ejusdem non mediocriter* tangentibus, cum prelatis, baronibus et *aliis nostris ejusdem regni fidelibus et subjectis* tractare et deliberare volentes. » M. Picot a tiré, croyons-nous, de ce passage des conséquences exagérées. Il dit (*Introduction*, p. VIII) : « Lorsque Philippe le Bel voulut assembler à Paris les prélats, les barons *et les autres sujets du royaume*, il fit parvenir des lettres personnelles aux évêques et adressa aux baillis et aux sénéchaux l'ordre de convoquer les villes. » Le membre de phrase *et aliis fidelibus et subjectis* ne doit pas être traduit par *les autres fidèles sujets du royaume*, mais par *et d'autres fidèles sujets du royaume;* il me paraît désigner seulement les habitants des villes privilégiées.

ils déclarent qu'ils parlent au nom de tous les seigneurs et nobles de France. Ce sont là des germes qui devaient se développer dans la suite.

Le système des Etats généraux devait se modifier dans la suite, et ce fut généralement une conséquence logique de l'affaiblissement du régime féodal. Il n'est pas facile d'ailleurs de préciser quand et comment cette transformation s'accomplit (51).

⌐ Les nobles et les ecclésiastiques cessèrent d'être convoqués personnellement et tenus de comparaître aux Etats; les nobles et les ecclésiastiques d'un même bailliage furent seulement convoqués pour élire un ou plusieurs députés : en d'autres termes, la représentation de la noblesse et du clergé devint élective. Cela paraît s'être fait autant par la volonté des intéressés que par l'initiative du pouvoir royal. Les dignitaires ecclésiastiques et les nobles convoqués avaient eu de tout temps (sauf peut-être en 1302) le droit de se faire représenter aux Etats par des procureurs qu'ils choisissaient : c'était purement une application de la théorie du mandat, telle que l'admettait le droit civil (52). Mais si cela évitait aux intéressés la charge de comparaître en personne, cela ne les dispensait point de faire à cette occasion des dépenses parfois importantes, car ils devaient défrayer leur mandataire. Pour diminuer sans doute ces frais, on vit parfois, de bonne heure, les nobles d'une région choisir un petit nombre de procureurs pour les représenter tous (53). Il est certain que la comparution aux Etats était considérée comme une obligation pénible, plutôt que comme un droit utile. La Royauté se fit l'interprète de ces sentiments lorsqu'elle invita les nobles et les ecclésiastiques d'une circonscription à élire quelques-uns d'entre eux comme représentants de tous (54). Cela dut paraître d'autant plus naturel que, la féodalité politique s'affaiblissant, on ne comprenait plus le droit propre des seigneurs de figurer aux Etats généraux. Cette réforme n'était pas accomplie en 1428, car on convoqua encore à cette époque les gens d'Eglise et nobles « accoutumés d'être mandés » (55), elle était réalisée en 1484, car, aux grands Etats

(51) Ce problème est bien posé et discuté dans un mémoire qui paraît avoir été présenté à l'assemblée des notables de 1787 (*Mémoire sur les Etats généraux*, Lausanne, 1788, p. 54, 61, 66, 126 et suiv.).

(52) Tout le système des élections aux Etats généraux, tel qu'il se développa, ne fut lui-même au fond qu'une application du contrat de mandat.

(53) Les nobles toulousains en 1317 (Hervieu, *op. cit.*, p. 32). Cf. *Mémoire sur les Etats généraux* p 46

(54) *Mémoire*, p. 56. Il y avait eu de tout temps une certaine représentation dans l'ordre de la noblesse. Tous les seigneurs, en effet, n'étaient pas convoqués aux Etats généraux, mais seulement ceux de quelque importance (Hervieu, *op. cit.*, p. 8 et suiv.), et cependant ceux-là par leurs décisions engageaient tous les autres; voyez le préambule de l'ordonnance donnée à Château-Thierry, le samedi après la Saint-Remy (5 octobre 1303), dans Du Tillet, *Recueil des grands*, p. 36; cf. *Ord.*, I, p. 383

(55) *Mémoire*, p. 53.

généraux tenus à cette date, le clergé et la noblesse ne sont représentés que par des députés. Les évêques réclamèrent alors le droit
d'être tous et personnellement convoqués; et, sans nier absolument
leur droit, on leur fit une réponse qui montrait bien qu'il n'était
plus de mode (56). Les Etats généraux tenus sous Louis XI, en
1467, paraissent présenter une forme intermédiaire et servir de
transition. En effet, d'un côté nous y voyons une quantité de prélats
et de seigneurs qui comparaissent en personne ou par procureur,
selon les anciens principes (57); mais, en même temps, nous constatons que les villes, visées par lettres de convocation, ont élu
chacune trois députés, qui figurent sans doute les représentants
élus des trois ordres, car nous savons que l'un d'eux était nécessairement un ecclésiastique; les deux autres devaient être un noble
et un membre du tiers état (58) Les deux formes, l'ancienne et la
nouvelle, la comparution personnelle et la représentation élective,
coexistent ici; un peu plus tard, la seconde subsiste seule.

En même temps, le privilège des villes de députer seules aux
Etats généraux disparaissait, et les habitants des campagnes étaient
appelés à prendre part à l'élection des députés du tiers état. Cela
se produisit dans la seconde moitié du xv° siècle; aux Etats généraux de 1467, les villes seules sont représentées; en 1484, tous les
habitants du bailliage prennent part à l'élection (59). Mais il est

(56) *Mémoire*, p. 66; cf. p. 21. Voici, en effet, ce qui fut répondu par les Etats à
la demande des prélats : « Si omnes episcopi, ut volunt, vocari et adesse debeant,
cur non et archidiaconi et curati ? Imo vero cur non et omnes nobiles et tota ple's
regni, quam maxime negotium hoc respectat ?... Non recusabimus tamen eos habere
præsentes, dummodo suis impensis adsint. » *Journal de Masselin*, p. 407. Ce fait
atteste une fois de plus quelle importance eut cette question des frais dans la transformation de la représentation du clergé et de la noblesse.

(57) *L'ordre observé en l'assemblée des Etats généraux de France à Tours, de
l'an 1467*, par Jean le Prevost, secrétaire du roi et greffier es dits Estats (dans le
grand recueil intitulé : *Des Etats généraux et autres assemblées nationales*, 18 vol.,
1789, t. IX, p. 207), liste d'évêques se terminant par ces mots : « et autres qui comparurent par procureurs »: p. 209, liste de seigneurs : « et autres en grand nombre qui
comparurent par procureurs. » — Je désignerai dorénavant, selon l'usage, le recueil
que je viens de citer par le nom de son principal compilateur, Mayer.

(58) Mayer, t. IX, p. 209, 210 : « Etoient assises plusieurs notables personnes,
tant gens d'Eglise, bourgeois, *nobles*, qu'autres qui là étoient venus garnis de pouvoir suffisant, faisant et représentant la plus grande et saine partie des bonnes villes
et cités en ce royaume, desquelles villes les noms s'ensuivent... Et de chacune ville,
il y avoit un homme d'Eglise et deux laïcs. » Cf. *Mémoire*, p. 124 et suiv. *Journal
de Masselin*, p. 407 : « Tres duntaxat in unoquoque baillivatu vel senescalia deputari
soleant, et id etiam patentes regis litteræ canunt. » — Il ne faut pas trop s'étonner
de voir la représentation du clergé et de la noblesse élue par les cités; car, même
plus tard, on appelait à l'assemblée du tiers état dans les villes, en qualité de bourgeois, les nobles et ecclésiastiques qui y étaient domiciliés (*Mémoire*, p. 13). Cependant, c'est seulement pour le clergé et le tiers que l'on peut constater sûrement
l'élection faite en commun dans les villes (Viollet, *Les élections aux Etats généraux
réunis à Tours en 1468 et en 1484*, dans la *Bibliothèque de l'Ecole des Chartes*, 1866,
p. 24-26; cf. pour la noblesse, p. 30).

(59) Voyez cependant Viollet, *op. cit.*, p. 56 et suiv.

plus difficile encore qué précédemment de dire au juste comment
la transformation s'accomplit. La cause générale fut certainement
l'affaiblissement des libertés municipales : du moment que les villes
ne constituaient plus des forces politiques indépendantes, il n'y
avait pas de raison pour les faire représenter comme un ordre
distinct aux Etats. On voit, d'autre part, au xvi⁰ siècle, les habitants
des campagnes revendiquer parfois les mêmes privilèges que les
bourgeois de la ville voisine, et l'organisation, déjà reconnue par le
droit public aux paroisses et communautés d'habitants, donnait une
valeur propre à la population des campagnes (60). Enfin, l'admission des campagnes se fit d'autant plus facilement que la liste
des villes envoyant des députés aux Etats n'avait pas été arrêtée
d'une façon permanente, et que parfois la Royauté avait adressé
des lettres de convocation à des bourgades et presque à des villages (61).

Lorsque ces changements s'accomplirent, le mode d'élection qui
s'introduisit paraît avoir été des plus simples. Chaque bailliage
était invité par le roi à choisir, en leur donnant des pouvoirs
suffisants, un ou plusieurs députés de chaque ordre. Ces députés
étaient directement élus dans une assemblée qui se tenait au chef-
lieu de bailliage et dont étaient membres tous les habitants qui
voulaient s'y rendre (62) : il semble même que les trois ordres y
étaient confondus et procédaient en commun à l'élection des députés
pour le clergé, la noblesse et le tiers état (63). Mais ce système,
qui nous paraît avoir été d'abord pratiqué, ne dura pas; il fut
remplacé par un autre beaucoup plus complexe, mais plus conforme aux principes fondamentaux sur lesquels reposait cette institution. C'est dans la seconde moitié du xvi⁰ siècle qu'elle arriva à
son état définitif; nous allons l'étudier maintenant dans ce dernier
état et nous demander comment les députés étaient élus et comment
ils fonctionnaient.

(60) Boerius, decisio CCLXXII : Habitantes extra villam et civitatem, sive nobiles,
sive burgenses, *vel rustici*, si sint de jurisdictione illius civitatis, an possint esse
consules illius. »
(61) Hervieu, *op. cit*, p. 10 et suiv.
(62) Masselin, *Journal des Etats généraux tenus à Tours en 1484*, p. 406 : « Ad
eligendum hujusmodi legatos, mandato regio, ecclesiastici, nobiles et tertius status
suis in bailliviis et senescaliis vocantur et veniunt omnes qui adesse volunt. » —
Cf. Mayer, t. VII, p. 363; — Viollet, *op. cit.*, p. 31 et suiv.
(63) C'est la règle qui paraît avoir été encore édictée pour les élections aux Etats
d'Orléans de l'an 1560. Voyez les lettres de convocation, *Mémoire*, p. 133-134 : « Nous
mandons... que incontinent après la présente reçue vous ayez à son de trompe ou
autrement, à faire assembler en la ville principale de votre ressort... tous ceux des
trois Estats d'icelui... pour conférer ensemble tant des remontrances, plaintes et
doléances qu'ils auront à proposer et nous faire entendre en l'assemblée générale de
nosdits Estats, où nous entendons qu'ils envoient et fassent trouver audit jour certains bons personnages d'entre eux et pour le moins un de chaque Estat qu'ils choi-
siront à cette fin. » — Cependant les élections eurent certainement lieu à part dans
chaque ordre.

## III

Lorsque, en 1788, après une interruption de plus d'un siècle
et demi, le pouvoir royal se décida à remettre en activité l'institution des Etats généraux, il se trouva fort empêché pour déterminer les règles des élections; il fit cette déclaration « qu'on ne
constatait pas d'une façon positive la forme des élections, non
plus que le nombre et la qualité des électeurs et des élus » (64).
A la vérité il n'y avait jamais eu de loi électorale, le système
suivi avait varié selon les temps et selon les lieux, n'ayant pour
régulateur que les lettres de convocation du roi et les précédents.
Cependant, il n'en reposait pas moins sur certains principes fixes
et présentait une véritable logique (65).

La circonscription d'après laquelle se faisait la députation aux
Etats généraux était le bailliage ou la sénéchaussée (66). On peut
même dire que c'était plus qu'une circonscription électorale; c'était
vraiment l'unité, la personne publique en qui résidait le droit de
députation. De même que, dans le système ancien, c'étaient non
pas des individus, mais des seigneuries ecclésiastiques, laïques ou
municipales, qui étaient représentées aux Etats; de même, dans
le dernier système, c'était le bailliage qui s'y faisait représenter
par les députés de ses trois ordres (67). Chaque bailliage avait un

(64) Arrêt du Conseil du 5 juillet 1788 (Isambert, *Anc, lois*, XXVIII, 601).

(65) Ce sont surtout les recherches faites en vue des élections de 1789 qui fournissent
sur cette matière des renseignements utiles. Voyez les deux arrêts du Conseil du
6 juillet et du 5 octobre 1788; le grand recueil de Mayer, compilé à cette occasion,
le *Mémoire* plusieurs fois cité précédemment, et un autre *Mémoire sur les Etats
généraux et leurs droits et la manière de les convoquer*, par le comte d'Antraigues,
1789. — L'étude qui depuis lors a fourni le plus de renseignements sur la question
est un mémoire de M. Picot, lu en 1874 à l'Académie des sciences morales et politiques : *Les élections aux Etats généraux dans les provinces, de 1302 à 1614*, et
*Histoire des Etats généraux*, V², p. 242-267.

(66) Il y eut quelquefois des représentations par gouvernements; mais alors la
députation du gouvernement n'était qu'une délégation des députés d'abord élus par
les bailliages.

(67) C'est ainsi qu'en Angleterre le droit de députation à la Chambre des Communes
réside traditionnellement dans les comtés, dans les villes et bourgs, et dans les
Universités (Anson, *op. cit.*, I¹, p. 112 et suiv ). Mais tandis qu'en Angleterre les villes
et bourgs ont obtenu et gardé une représentation distincte, en France l'ancienne
représentation propre aux villes s est fondue dans la représentation du tiers état
pour tout le bailliage. On peut cependant trouver quelques traces de ces deux
représentations coexistantes. La ville de Paris paraît avoir toujours revendiqué une
représentation particulière, distincte de celle de la prévôté (bailliage) de Paris.
Procès-verbal de la prévôté de Paris en 1651 (*Mémoire*, Lausanne, 1788, p. 116) :
« Encore que la ville de Paris fît partie de la prévôté, néanmoins elle en étoit une
partie si considérable qu'elle avoit des avantages égaux à son tout, entre lesquels
un des plus remarquables étoit le privilège d'avoir de son chef des députés séparés »
*Ibid*. Extrait des registres de l'hôtel de ville de Paris (élections de 1614), p. 166 :
« Ses dits Etats ne concernant que les Etats du plat pays de la prévôté de Paris
et que pour les Etats de cette ville et faubourgs ils se tenoient audit hôtel de
cette ville. »

droit égal et le nombre des députés n'était point proportionnel à la population (68). D'autre part, il n'y avait que les bailliages royaux qui fussent représentés aux Etats, et par là même ceux-ci ne comprirent jamais que la représentation des pays composant le domaine de la couronne. Aux Etats généraux du xive siècle ne figuraient pas, pour cette raison, les villes de Bourgogne, de Provence et de Bretagne (69); la Bretagne manque encore aux Etats de 1484. Dans la suite, lorsqu'un bailliage royal était distrait du Domaine pour être constitué en apanage, il perdait sa représentation (70); lorsque par le démembrement d'un ancien bailliage un nouveau était créé, il acquérait par là même le droit d'avoir ses députés distincts.

Le mode d'élection n'était pas le même pour les trois ordres, qui depuis 1560 élisent toujours séparément leurs députés respectifs. On avait renoncé au système très simple suivi en 1484 : il avait, semble-t-il, soulevé les résistances des ordres privilégiés (71), et, comme je le dirai plus loin, il était loin de servir pleinement les intérêts du tiers état. Le suffrage était direct pour la représentation du clergé et de la noblesse; il était au contraire indirect, à deux ou plusieurs degrés, pour la représentation du tiers état (72). Le système suivi dérivait d'ailleurs logiquement des anciens principes : on transporta à l'assemblée électorale du bailliage les règles qui jadis avaient dicté l'assemblée même des Etats. De même que primitivement les seigneurs, ecclésiastiques et laïques, et les bonnes villes étaient directement convoqués par le roi à venir en personne aux Etats généraux ou à s'y faire représenter par procureur, ainsi dorénavant les électeurs étaient individuellement et impérativement convoqués par le juge royal à l'assemblée du bailliage, pour y participer, en personne ou par procureur, à l'élection des députés de leur ordre (73). Mais les élec-

---

(68) Il semble même que souvent le nombre des députés n'était pas limitativement fixé par les lettres de convocation : mais cela n'avait pas grande importance, étant donné le mode de votation, d'après lequel chaque bailliage n'avait qu'une voix (*Mémoire*, p. 76, 99 et suiv.).

(69) Cf. Hervieu, *op. cit*, p. 16.

(70) *Mémoire*, p. 73 et suiv.

(71) Viollet, *op. cit.*, p 47.

(72) On appelle suffrage direct celui dans lequel l'électeur désigne par son vote le député lui-même; suffrage indirect, celui dans lequel l'électeur choisit seulement un nouvel électeur, ou électeur du second degré. D'ailleurs, il est possible que l'électeur du second degré n'ait lui-même que le droit de choisir un nouvel électeur : on a ainsi un suffrage à deux, trois degrés, etc.

(73) Procès-verbal de la prévôté de Paris en 1651 (*Mémoire*, p. 147, 148) : « Louis Seguier... garde de la prévôté et vicomté de Paris, à notre premier sergent fieffé..., Nous vous mandons et ordonnons d'assigner à la requête du procureur du roi les archevêques, évêques, chapitres, abbés, prélats, curés et autres communautés ecclésiastiques; — ensemble les ducs, pairs, marquis, comtes, barons, châtelains et autres seigneurs possédans fiefs; — le prevôt des marchands et échevins de la

teurs ainsi convoqués n'étaient pas toujours des individus; souvent (toujours pour le tiers état) c'étaient des corps, des collectivités, et alors la représentation à l'assemblée électorale par un ou plusieurs procureurs, c'est-à-dire le suffrage indirect, s'imposait à l'électeur, comme, dès 1302, la représentation par procureur aux Etats généraux s'était imposée aux bonnes villes.

Pour le *Clergé*, le corps électoral était composé de tous les ecclésiastiques ayant un bénéfice dans la circonscription, et des représentants des corps ecclésiastiques. Cela donnait une liste plus ample que celle qui avait jadis servi à la convocation directe; cela comprenait en particulier tous les curés des paroisses (74). L'assemblée du clergé ainsi composée procédait directement à l'élection des députés qui devaient représenter le clergé du bailliage aux Etats généraux. Les élections de la *Noblesse* étaient aussi simples. Pour être électeur, il fallait, semble-t-il, remplir deux conditions : être noble et posséder un fief dans la circonscription (75). La seconde condition était comme un souvenir du système premier, d'après lequel c'étaient les seigneuries qui étaient convoquées. Il en résultait que, pour le noble possesseur de fief, prendre part à l'élection était un droit indépendant de l'âge ou du sexe : les mineurs et les femmes qui se trouvaient dans ces conditions pouvaient prendre part à l'élection par procureur (76). D'ailleurs, dans

justice de Paris, les prévôts des justices royales, les manans et habitants des villes, bourgs et villages de cette prévôté et vicomté de Paris, à comparoir au lundi 4 septembre prochain... et procéder à l'élection et nomination de personnes capables pour assister à la tenue desdits Etats généraux. » — Procès-verbal du bailliage de Châtillon-sur-Seine en 1614 (*Ibid*, p 172) : « Aurions au même instant, suivant lesdites lettres, expédié missives adressantes aux abbés, prieurs, bénéficiers, — chevaliers, gentilshommes, — et communautés dudit bailliage, et iceux convoqué et fait convoquer par trois sergens... et ledit jour 15 juillet... séant pour jugement en la grande salle de la maison royale dudit Chatillon, assisté des officiers dudit siège, en présence de nombre de gens ecclésiastiques, chevaliers, gentilshommes demeurans audit rsssort, et pareillement des envoyés par les communautés et villages ci-après nommés..., l'avocat du roi ayant exhorte les assistans à leur devoir, requis défaut contre les absens et iceux mulcté d'amende afin qu'à l'avenir ils se trouvent et comparent en cas semblable. »
(74) Picot, *Les élections*, p. 24; — *Mémoire*, p. 78 et suiv. Il est probable cependant que pendant longtemps les curés des campagnes ne furent pas admis à l'élection Les lettres de François II, pour les élections de 1560, convoquent seulement dans l'ordre du clergé « tous pers de France, prélats, abbés, prieurs et chapitres, et autres gens d'Eglise constitués en dignité » (*Recueil de Documents inédits du règne de François II*, t. II, p. C69, dans les *Documents inedits pour servir a l'histoire de France*). Mais aux Etats de 1614 cette extension du droit de suffrage était accomplie. Florimond de Rupine, dans son journal-mémoire (*Recueil de Mayer*, t. XVI, p. 49), raconte qu'alors le duc de Nevers « envoya par toutes les paroisses les personnes qui briguaient les voix des curés ». — Pour les élections de 1789, voyez le règlement du 24 janvier de cette année (Isambert, *Anc. lois*, XXVIII 639), art. 9-17.
(75) Picot, *Les élections*, p. 25; règlement du 24 janvier 1787, art. 9
(76) Picot, *Les élections*, p 25, règlement du 24 janvier 1789, art 20

les deux premiers ordres, malgré des divergences, le principe fut généralement admis qu'on pouvait voter par procuration (77).

Pour les élections du *Tiers état*, le système était plus compliqué. La complexité résultait de la difficulté de combiner, pour un résultat d'ensemble, le vote des villes et celui des campagnes. Le procédé adopté en 1484 était en somme peu satisfaisant, bien que ce fût, pour tous, le suffrage universel et direct : dans cette assemblée commune des trois ordres où se rendaient, s'ils le voulaient, tous les habitants mâles et majeurs du bailliage, il y avait peu de chances pour que les paysans osassent se présenter. On adopta une autre solution qui d'ailleurs répondait bien à l'esprit de notre ancien droit public, où l'individu était rarement pris en considération. Au lieu de convoquer pour l'élection des députés tous les roturiers des villes et des campagnes, individuellement considérés, on y convoqua les villes et les paroisses ou communautés des campagnes, considérées comme personnes publiques. Mais ces électeurs collectifs devaient nécessairement voter par procureurs : chaque groupe désignait ceux-ci selon sa coutume particulière, et, s'il y avait besoin pour cela d'une élection, celle-ci se faisait ainsi dans un milieu restreint et connu. Voilà comment s'introduisit le suffrage indirect dans les élections pour les députés du Tiers état. Dans les villes importantes, les élections du second degré comprenaient ordinairement les officiers municipaux, des délégués choisis par les corps de métiers, et des notables des divers quartiers (78). Dans les campagnes, il en était autrement. Là, l'unité électorale était la paroisse, parce que c'était aussi l'unité administrative (79), et les électeurs du second degré, ceux qui devaient représenter la communauté à l'assemblée du bailliage, étaient nommés par l'assemblée générale de tous les habitants de la paroisse imposés à la taille, par la raison très simple que cette assemblée était l'organe ordinaire et unique de la communauté (80). Dans les campagnes,

(77) *Mémoire*, p. 82, 84, Journal-mémoire de Florimond de Rupme, *loc. cit.*, p. 49 : « Le même jour ledit sieur et bailli de Saint-Pierre Le Moustier convoqua la noblesse de son ressort, mais avec si peu de splendeur et do reconnaissance de l'autorité royale qu'il n'y eut que trois gentilshommes qui comparurent en l'auditoire royal dudit lieu, les autres par procureur. »

(78) *Mémoire*, p. 9 : « Quant aux villes et paroisses, les assignations se donnent aux officiers municipaux, procureurs fabriciens, ou autres ayant droit de convoquer la commune. Ils suivent pour cette assemblée les formes usitees pour toutes les autres; mais ils y appellent tous les citoyens notables et tous les corps, arts et métiers par députés. »

(79) Voyez, ci-après, troisième partie, lit. II, ch. v, § 2, n° II.

(80) D'après l'arrêt du Conseil du 5 octobre 1788 (Isambert, *Anc. lois*, XXVIII, 615) : « Les habitants des campagnes, excepté dans un petit nombre de districts, ne paraissent pas avoir été appelés à concourir par leurs suffrages à l'élection des députés aux Etats généraux. » Aux Etats de 1560, en effet, d'après les lettres de François II, plus haut citées, sont seulement convoqués à l'élection pour l'ordre du tiers « deux députés pour les mayeurs, prévôts, eschevins ou principaux habitants

c'était donc un suffrage presque universel qui fonctionnait au premier degré. Mais les électeurs nommés par les paroisses rurales n'étaient pas toujours destinés à figurer à l'assemblée du bailliage. Souvent ils se joignaient à ceux qui avaient été élus par une petite ville voisine, comprise dans le bailliage, mais inférieure au chef-lieu, et là, en commun avec ceux-ci, ils désignaient de nouveaux électeurs qui, au nom des uns et des autres, devaient prendre part à l'élection des députés (81). Il semble qu'il en était régulièrement ainsi lorsque les habitants des paroisses n'étaient pas les justiciables directs du tribunal du bailliage, mais d'un autre siège inférieur. Il paraît bien aussi que c'était parfois spontanément que les électeurs ruraux s'associaient aux électeurs de la petite ville voisine, sans doute par esprit d'économie, afin de ne pas avoir à payer les frais de délégués spéciaux au chef-lieu du bailliage (82). Le suffrage pour les élections du tiers était donc toujours indirect, en partie au second degré et en partie au troisième. L'assemblée qui élisait les députés se composait de tous ces électeurs, choisis les uns par les autorités ou les corporations des villes, les autres par les électeurs des paroisses rurales et des petites villes (83).

de chacune ville, bourgs et bourgaiges. » Mais dans la suite les paroisses des campagnes étaient convoquées et tenues de se faire représenter: voyez ci-dessus, p. 481, note 73. Voyez aussi le procès-verbal du bailliage de Magny-en-Vexin, pour les élections de 1614, *Mémoire*, p. 178 · « Les habitans de cette ville de Magny et la paroisse, comparans par Nicolas le Fèvre, le sieur procureur-syndic d'icelle. Les habitans de N. comparans par N. (il dénomme ainsi chaque paroisse et son député, parmi lesquels on voit beaucoup de marguilliers). » Cependant il put arriver dans bien des lieux que les paroisses aient négligé de se faire représenter à certaines élections. Lorsque le système de votation, qui associait ainsi les campagnes aux villes, fut complètement développé, les villes importantes, qui autrefois étaient seules représentées aux Etats généraux, furent en droit sacrifiées; car, dans l'assemblée du bailliage, qui élisait les députés pour le tiers, la ville n'avait qu'une voix, comme chacune des paroisses rurales. Aussi certaines grandes villes conservèrent-elles le privilège d'avoir leur représentation propre, leurs députés particuliers, tout en participant à l'élection des députés du bailliage. C'est à quoi prétendit toujours la ville de Paris. Ainsi encore, aux Etats généraux de la Ligue en 1592, dont les pièces ont été publiées par M. Auguste Bernard dans la collection des *Documents inédits pour servir à l'histoire de France*, nous trouvons, à côté de la députation de Lyon, un député du plat pays pour le Lyonnais

(81) Picot, *Elections*, p. 18-22.

(82) Voyez les curieux procès-verbaux de Châtillon-sur-Seine, de Chinon et paroisses du ressort, de Loches et paroisses du ressort, en 1614, *Mémoire*, p. 171, 184 et suiv.; — Mayer, l. VII, p. 374 et suiv. — Cette façon de procéder avait pu s'établir sans loi proprement dite, en vertu de la théorie du mandat civil qu'on appliquait ici; en effet, le mandataire pouvait en principe se substituer un tiers dans l'exécution du mandat (L. 8, § 3, D. XVII, 1).

(83) Les élections se faisaient dans chaque collège électoral, à la pluralité des voix; le vote était public. Pour le tiers état, le délégué de chaque ville ou communauté venait successivement désigner à haute voix, sous la présidence du juge royal, le candidat auquel il donnait la voix de la collectivité qu'il représentait; l'élection se faisait à la majorité simple. Cependant on trouve aussi des élections informes, par acclamation, d'un personnage proposé à l'assemblée. Procès-verbal du bailliage de Magny-en-Vexin aux élections de 1614, *Mémoire*, p. 179 . « Et pour

Pour achever le tableau de ce système électoral, il faut encore indiquer deux règles.

Les élections directes ou successives n'avaient pas seulement pour but de désigner les députés; elles dégageaient aussi les doléances qu'ils devaient présenter au roi et les pouvoirs que les mandants leur conféraient. A cet effet, à la suite de chaque élection, il était dressé un cahier de doléances, généralement par des commissaires pris dans l'assemblée, et les délégués ou députés l'emportaient avec eux. Le cahier du clergé et celui de la noblesse du bailliage étaient obtenus en une seule opération, comme l'élection des députés eux-mêmes. Mais, pour le Tiers état, à chaque nouveau degré d'élection, il était dressé un nouveau cahier, dans lequel on fondait les divers cahiers apportés par les délégués qui prenaient part au vote : on obtenait ainsi, en définitive, un cahier commun pour le Tiers état de tout le bailliage.

Les députés aux Etats généraux étaient, quant à leurs pouvoirs, soumis au régime qu'on appelle le *mandat impératif*. Ils étaient obligés de présenter les doléances et réclamations dont les avaient chargés leurs commettants, et ils ne pouvaient accorder à la royauté que les demandes rentrant dans les pouvoirs que ceux-ci leur avaient conférés. Le fait est incontestable. Il suffit de rappeler que les lettres de convocation du roi recommandaient spécialement aux trois ordres de donner à leurs députés des pouvoirs suffisants pour l'expédition des affaires en vue desquelles ils étaient convoqués. Plus d'une fois, les députés répondirent aux demandes royales que celles-ci excédaient leurs pouvoirs, et il fallut les renvoyer devant leurs électeurs pour en recevoir de nouveaux (84). Très logiquement on voit les commettants se réserver le droit de donner à leur député de nouvelles instructions et de.

raison des personnes du tiers état, après que iceux nous ont, en la plus grande et saine partie, prié et requis assister auxdits Etats comme nommé et choisi de leur part, Nous (*c'est le lieutenant général du bailliage, président de l'assemblée*), désirant de tout notre pouvoir rendre les services que nous devons à Sa Majesté et au bien public, promettons pareillement assister aux Etats avec les dessusdits (*les députés élus par le clergé et par la noblesse*) et nous acquitter du dû et devoir de cette commission. » Bien des élections devaient se faire de cette façon; de même pour les délégués des paroisses

(84) Mayer, t. VIII, p. 388 et suiv.; t. XI, p. 169 et suiv.; — *Mémoire du comte d'Antraigues*, p. 128. — Cela se produisit, pour les demandes de subsides formulées par la Royauté, aux Etats généraux de 1560. Les députés du tiers aux Etats de Blois de 1576 et 1588 invoquèrent aussi leur mandat pour refuser tout impôt nouveau. Cette théorie du mandat limité et impératif se présenta aussi comme un obstacle, à l'Assemblée Constituante de 1789. Un certain nombre de députés, invoquant leur mandat, déclaraient ne pouvoir prendre part à des actes qui le dépassaient de beaucoup. Le roi, par une déclaration du 13 juin 1789 (art. 5), et par un règlement du 24 juin, permit à ceux qui se sentiraient gênés par leurs pouvoirs d'en demander de nouveaux à leurs commettants. Mais l'Assemblée Nationale, invoquant un droit nouveau, condamne nettement la doctrine du mandat impératif par une déclaration du 8 juillet 1789.

lui dicter ses votes (85). Il était responsable envers eux de l'exécution de son mandat, même pécuni̇*∵.̣.̣nent (86), et il semble bien
qu'ils pouvaient le révoquer (87). On était arrivé là, tout naturellement, en appliquant la théorie du mandat civil : le mandataire
n'a que les pouvoirs qui lui ont été donnés par le mandant. Cela
venait, pensons-nous, de ce que ceux qui comparaissaient aux
Etats généraux pour y représenter d'autres personnes, morales
ou physiques, directement convoquées, avaient été dans le premier
système des mandataires proprement dits, des *procureurs*. Lorsque
le régime changea et qu'il n'y eut plus que des députés élus par
chaque bailliage, par le clergé, la noblesse et le Tiers état de chaque
bailliage, on considéra que c'étaient les trois ordres de chaque
bailliage qui étaient directement convoqués aux Etats et qu'ils s'y
faisaient représenter par leurs procureurs (leurs députés). Le
système représentatif des temps modernes repose sur d'autres
principes; il ne confond plus avec le mandat du droit privé les
relations entre les électeurs et leurs députés; et ceux qui veulent
revenir au mandat impératif reprennent en réalité une conception
ancienne et étroite, fournie par le droit privé des Romains, à
une époque où on lui demandait la solution de tous les problèmes
juridiques. Toujours par application de cette théorie du mandat,
la règle était que le député devait être indemnisé de ses frais et
qu'il devait l'être par le mandant. Les députés recevaient donc une
indemnité (88) payée par les bailliages qui les avaient choisis :
le paiement de cette indemnité fit souvent naître des difficultés
et paraissait une lourde charge, qui rendait peu désirée la convocation des Etats généraux (89).

(85) Voici les instructions qu'aux Etats généraux de la Ligue, en 1593, la muni
cipalité de Reims donnait à son député (procès-verbal publié par M. A. Bernard,
p. 799) : « Il fera ce qu'il pourra pour avoir le temps pour nous avertir, afin de lui
mander ce qu'il aura à faire, et, au cas qu'il ne pût obtenir aucun délai, il se
conformera à ce que Sa Sainteté, le roi d'Espagne, les princes catholiques et les
Etats trouveront bon. » Il s'agissait, il est vrai, d'élire un roi de France.

(86) Le principe est nettement affirmé dans le *Journal de Masselin*, p. 416 (il
s'adresse aux députés du tiers) : « Conscientias vestras testamur, nos procuratores
populi, qui de parva culpa teneremur, res ejus sine pœna pendi concedere. » Nous
avons des documents qui nous montrent les députés rendant leurs comptes à leurs
commettants, après la tenue des Etats

(87) *Journal de Bodin aux Etats* de 1576, loc. cit., p. 224. Il s'agit là de Bodin
lui-même, député du Vermandois, que ses commettants voulaient révoquer. Il se
défendit, avec succès, devant le conseil du roi. Mais le principe même ne paraît
pas être contesté par lui; il conteste seulement qu'il y ait lieu de l'appliquer.

(88) Mayer, t. VII, p. 390 et suiv. Chaque ordre, logiquement, dans chaque bailliage,
devait séparément indemniser ses députés; c'est bien la règle que nous voyons
appliquée par des lettres de Charles IX du mois de janvier 1560 pour les Etats
d'Orléans. Cf. pour les Etats de la Ligue de 1560, A. Bernard, *op. cit.*, p. 791. Mais
il semble que souvent, surtout anciennement, on ait fait retomber toute la charge
sur le tiers état. Cf. Monstrelet, *Chronique*, édit. Buchon, p 828; *Journal de
Masselin*, p. 404.

(89) Viollet, *Elections*, p. 31 et suiv.

A l'époque où les Etats généraux devinrent une assemblée totalement élective, un certain nombre de provinces avaient leurs Etats particuliers, qui se réunissaient périodiquement, image en raccourci ou prototype des Etats généraux. Dans un système où le droit de se faire représenter à ceux-ci appartenait non pas aux citoyens pris en cette qualité, mais à des circonscriptions figurant des sortes de personnes publiques, n'était-il pas naturel d'utiliser cette représentation provinciale pour les Etats généraux et de faire représenter aux Etats généraux, non les bailliages de ces provinces, mais les Etats provinciaux eux-mêmes au moyen de délégués qu'ils choisiraient ? Cela paraissait logique; une véritable unité politique, supérieure aux bailliages, s'étant dégagée dans ces pays, c'était elle qui devait être représentée. Mais si les pays d'Etats demandèrent, en effet, et obtinrent parfois que leur représentation aux Etats généraux se fît de cette manière, la Royauté fut plutôt contraire; elle arriva à introduire souvent dans les pays d'Etats l'élection par bailliages et sénéchaussées : parfois il y eut un moyen terme. Le pays députait aux Etats généraux selon la méthode ordinaire, mais les Etats provinciaux y envoyaient, en outre, un délégué (90). Ce particularisme parut contraire à l'esprit public, lorsqu'il s'agit de convoquer les Etats généraux de 1789 (91).

## IV

Les lettres de convocation avaient fixé le lieu où se réuniraient les Etats à l'époque de leur réunion. Ils s'assemblaient dans l'une des villes près desquelles séjournait habituellement la Cour. C'est là que se réunissaient les députés, et tout d'abord chaque ordre procédait à la vérification des pouvoirs de ses membres : il tranchait les litiges qui s'élevaient à cet égard (92). Il nommait aussi son président et ses *orateurs* en vue des séances royales. La première de ces séances était l'ouverture même des Etats :

(90) Piganiol de La Force, *op cit*, I. I, p. 210 : « En Bretagne, en Dauphiné, en Provence, les députés pour les Etats généraux sont nommés dans des assemblées générales de toute la province; mais dans le reste du royaume, ce sont les bailliages, ou les sénéchaussées, ou les villes qui les nomment. » — Picot, *Elections*, p. 33 et suiv , — Mayer, t. VII, p 425 et suiv.

(91) *Mémoire*, Lausanne 1788, p. 88 et suiv.

(92) La vérification des pouvoirs de chaque député par l'ordre entier auquel il appartient paraît s'être introduite naturellement; les décisions prises devant engager l'ordre entier, tous étaient intéressés à s'assurer que leurs collègues avaient des pouvoirs réguliers et suffisants pour obliger leurs mandants. Cependant cette vérification des pouvoirs n'était pas un droit ferme pour les députés; le roi pouvait la réserver à son Conseil, comme le fit Henri III aux Etats de Blois de 1588 (Picot, *Histoire des Etats généraux*, III², p. 377). Dans tous les cas, le seul point qu'il fût permis à chaque ordre de vérifier, c'était la régularité de l'élection et du mandat, toutes les questions de droit que l'élection pouvait soulever étaient réservées au conseil du roi.

le roi en personne, ou par l'organe de son chancelier, exposait aux députés des trois ordres le but de leur convocation et les demandes de la royauté. C'était ce qu'on appelait l'*os aperlum*, parce que c'était cette invitation du roi qui donnait aux Etats le droit de délibérer : n'ayant aucune initiative propre, ils ne pouvaient délibérer que sur les questions posées par le pouvoir royal (93). Alors apparaissait un problème d'une importance capitale : comment les Etats prendraient-ils leurs délibérations ? Les trois ordres voteraient-ils séparément ou en commun ? Le système qui prévalut fut le vote par ordre : il fut pratiqué dès le xIVᵉ siècle, et il était en effet dans la logique de l'institution, en même temps qu'il fut pour elle une cause irrémédiable de faiblesse. C'est par un phénomène accidentel et très heureux qu'en Angleterre, grâce aux circonstances, la représentation analogue des trois ordres de la nation se réduisit à deux chambres. En France, une autre solution apparut momentanément; ce fut la délibération en commun des trois ordres, ramenant ainsi les Etats généraux à l'unité (94). On ne peut pas dire cependant que l'une ou l'autre solution fût une conséquence forcée des principes sur lesquels reposait l'institution. Le roi demandait aux trois ordres aide et conseil. Pour le conseil ils pouvaient très bien le lui fournir en commun; il acquérait même ainsi une plus grande force. L'aide pouvait aussi être accordée en commun, bien qu'elle le fût parfois par le Clergé et le Tiers état, chacun pour son propre compte; mais dans la suite du temps l'aide consista dans un impôt qui ne pesait le plus souvent que sur le Tiers état. Il semble qu'anciennement la question de la délibération en commun ou par ordre séparé était pour les Etats une question d'ordre intérieur et qui dépendait d'eux. Aux Etats de 1467, les trois ordres délibérèrent et votèrent en commun (95). Il en fut de même aux Etats de 1484, chose d'autant

---

(93) La langue du droit constitutionnel anglais, qui reflète tant de vieux usages et d'anciennes idées, a gardé le souvenir de principes analogues en ce qui concerne le Parlement d'Angleterre. Les auteurs expliquant la nature et les effets de la prorogation du Parlement, disent que la Couronne lui donne et lui retire à volonté la parole; c'est l'*os apertum*; le président de la Chambre des Communes s'appelle, on le sait, le *speaker*, c'est-à-dire son *orateur*.

(94) Picot, *Histoire des Etats généraux*, I², p. 357 et suiv.

(95) Procès-verbal de Prevost (Mayer, *op. cit.*, t. IX, p. 212) : « Et ce faict (après l'ouverture des Etats par le roi) se départirent le roi nostre Seigneur et autres dessudicts, après aucuns remercimens faicts à iceluy seigneur par lesdicts des trois Estats. Et depuis *se assemblèrent lesdicts des trois Estats en ladicte salle* par plusieurs et diverses journées jusqu au quatorzième jour dudit mois d'avril et tellement *débattirent les matieres* pour lesquelles estoient assemblés *et opinèrent sur ce qu'ils se concordèrent à une opinion commune et unique* telle qu'elle s'ensuit. »

Après les Etats généraux de 1302, les prélats, les seigneurs et les gens des villes adressèrent trois lettres distinctes aux cardinaux de Rome. Bien que ces lettres fussent consécutives aux Etats proprement dits, cela paraît bien être la conséquence

plus naturelle qu'alors les élections s'étaient faites en commun pour les trois ordres.

En 1356, les Etats, convoqués après le captivité du roi Jean et qui exercèrent effectivement le gouvernement pendant une courte période, adoptèrent un système mixte : les trois ordres délibérèrent à part, mais ils formèrent une grande commission composée de leurs délégués respectifs, à laquelle ils donnèrent de pleins pouvoirs, et celle-ci agissait en corps, comme une assemblée homogène (96). Mais ce furent là seulement des exceptions; en somme, l'institution resta fidèle à sa logique originelle; le vote par ordre prévalut et se maintint. Il rendait très difficile une décision émanant des Etats; car, en même temps, s'établissait le principe qu'il fallait pour cela un vote conforme des trois ordres, deux ordres ne pouvant, en formant la majorité (deux contre un), engager le troisième. Ce principe fut surtout réclamé et soutenu par le Tiers état, et cela pour une raison très simple et bien légitime. Sans lui, les deux ordres privilégiés, étant largement exemptés des impôts, auraient pu par leur vote concordant accorder des taxes dont, seul, le Tiers état, malgré son refus, aurait supporté tout le poids. Aussi est-ce à ce point de vue que la règle fut législativement sanctionnée (97). On alla même jusqu'à considérer comme un droit constitutionnel celui, pour chaque ordre. de délibérer à part (98). Cela n'empêchait point la possibilité de délibérer en commun; mais il fallait pour cela, outre l'autorisation du roi, le consentement de chaque ordre pris dans une délibération séparée (99). Il faut ajouter que jamais, dans les Etats généraux anciens, on ne vota *par têtes*. L'assemblée de chaque ordre, lorsqu'on votait séparément, ou l'assemblée des trois ordres, lorsqu'on vota en commun comme en 1484, n'était point considérée comme

d'une délibération séparée de chacun des trois groupes. — Cependant aux Etats de la seconde moitié du XIV° siècle, les doléances, remontrances, paraissent le plus souvent présentées en commun par les gens des trois ordres.

(96) Picot, *Histoire des Etats généraux*, I², p. 46, 47.

(97) Ordonnance d'Orléans (1561), art. 135 · « En toutes assemblées d'Estats généraux ou particuliers des provinces où se fera octroy de deniers, les trois Estats s'accorderont de la part et portion que chacun desdits Estats portera. Et ne le pourront le clergé et la noblesse seuls comme faisans la plus grande partie »

(98) Déclaration du roi dans la séance royale du 23 juin 1789 (Duvergier, *Lois françaises*, t. I, p. 24). « Le oi veut que l'ancienne distinction des trois ordres de l'Etat soit conservée dans son entier, comme essentiellement unie à la constitution de son royaume, que les députés librement élus par chacun des trois ordres forment trois chambres délibérant par ordre. »

(99) Rapport présenté par Necker au Conseil du roi le 27 décembre 1788 (Duvergier, *Lois françaises*, t. I, p. 25) . « Il serait sans doute à désirer que les ordres se réunissent volontairement dans l'examen de toutes les affaires où leur intérêt est absolument égal et semblable, mais cette détermination même dépendant du vœu distinct des trois ordres, c'est de l'amour commun du bien de l'Etat qu'on doit l'attendre. »

un corps simple, dont tous les membres auraient eu le même droit de vote, de telle façon que, pour dégager la majorité, il suffit de recueillir les voix et de les compter. La règle était que l'on votait par bailliages : chaque bailliage avait une voix, et c'était la majorité de ses députés qui décidait dans quel sens elle se porterait; s'ils étaient en nombre égal de part et d'autre, la voix du bailliage était perdue. Assez souvent, on vota par Gouvernements, chaque Gouvernement ayant une voix (100). Mais c'étaient encore les voix des bailliages compris dans le Gouvernement qui décidaient du vote de celui-ci. Tout cela était logique. Le bailliage était plus qu'une circonscription électorale au sens moderne du mot. Il était vraiment l'unité, la personne représentée aux Etats généraux; ou, tout au moins, c'était chacun des ordres du bailliage qui était représenté. Aussi le vote par bailliage se conserva-t-il jusqu'au bout (101).

Au cours de la session, il y avait ordinairement des séances royales où les trois ordres se réunissaient comme lors de l'ouverture, en présence du roi, et, par l'organe de leurs orateurs élus, lui communiquaient, dans des harangues solennelles, leurs sentiments et le résultat de leurs délibérations. Enfin la session se terminait, dans le même style, par une séance de clôture où s'opérait la remise des cahiers de doléances que les Etats avaient préparés, comme il sera dit plus loin (102).

## V

Il était très difficile de définir d'une façon précise les pouvoirs des Etats généraux. En fait, ils n'ont pas toujours été les mêmes, ayant varié selon les circonstances; en droit, ils ont toujours été vagues et mal déterminés.

Les Etats généraux ont exercé parfois des *pouvoirs extraordinaires*. Sous le règne du roi Jean le Bon, de 1355 à 1358, ils jouèrent un rôle semblable à celui d'un parlement moderne, fréquemment réunis, plusieurs fois dans une même année, de telle manière qu'au cours d'une session la session suivante et très proche était

(100) *Mémoire*, p. 97-110; — Mayer, t. VII, p. 481 et suiv.
(101) Rapport de Necker au Conseil du roi, le 27 décembre 1788 (Duvergier, *Lois françaises*, t. I, p. 5, il s'agissait du doublement du Tiers) : « On peut observer a la vérité que, si dans chaque ordre aux Etats généraux on opine par bailliage et non par têtes, la disparité à laquelle on propose à V. M. de remédier subsisterait également. Mais tout ce que V. M. peut faire, c'est de mettre les Etats généraux à même d'adopter l'une ou l'autre délibération. »
(102) Sur toute la procédure suivie aux Etats, voyez Mayer, t. VII, p. 445 et suiv.; — Piganiol de La Force, *op. cit.*, t. I, p. 207 et suiv. — Mais pour sentir la vie même de ces assemblées, il faut lire en entier quelqu'un de ces procès-verbaux qui ont été conservés, spécialement le *Journal d'Olivier Masselin* pour les Etats de 1484.

annoncée. Dès 1355, non seulement ils votaient l'impôt nécessaire pour la guerre, mais ils en avaient, par leurs délégués, l'administration et le contentieux : réparti par leurs délégués, levé par leurs agents, l'argent était payé aux armées par leurs propres receveurs, et ils revenaient vérifier les comptes au bout d'un an (103). En 1357, ils obtinrent encore davantage. S'il n'est pas certain qu'ils instituèrent un conseil de gouvernement électif, figuré par une commission de trente-six députés pris parmi eux, ils épurèrent tout au moins le Conseil du roi, chassant un certain nombre de ses membres et les remplaçant par leurs hommes (104). C'étaient là de bien remarquables conquêtes; mais elles étaient prématurées et furent éphémères. En 1420, les Etats généraux furent appelés à exercer un pouvoir plus considérable encore. On soumit à leur ratification le traité de Troyes, qui faisait passer la couronne de France sur la tête du roi d'Angleterre Henri V, après la mort de Charles VI (105). Les Etats réunis à Paris, le 6 décembre 1420, approuvèrent le traité de Troyes (106). En dernier lieu, à la fin du xvi° siècle, les Etats généraux furent assemblés pour procéder à l'élection d'un roi de France. Il est vrai qu'ils étaient convoqués par un pouvoir révolutionnaire : c'étaient les Etats de la Ligue de 1593.

C'étaient là des faits historiques qui s'étaient accomplis au milieu de crises graves dans des temps de péril national ou de révolution. Cependant la théorie courante et même officielle ne repoussait point absolument les pouvoirs qu'ils supposaient chez les Etats généraux. Sans doute, la domination éphémère des Etats sous le roi Jean garda le caractère d'une entreprise irrégulière des Etats contre la Royauté; mais l'on s'accordait à reconnaître aux Etats généraux certains pouvoirs, en quelque sorte constitutionnels, qui les faisaient dans quelques cas, très rares mais très graves, les arbitres de l'Etat.

Nous savons déjà que, quand il s'agissait de céder à une puissance étrangère tout ou partie du territoire national, on tenait que le roi ne pouvait valablement le faire sans le consentement des Etats

---

(103) Ordonnance du 28 décembre 1355, art. 1, 7 (*Ord*, III, 19 et suiv.).

(104) Voyez le procès-verbal des Etats du mois doctobre 1356 (Isambert, *Anc lois*, IV, 771), et, pcur la discussion. de la question, Noël Valois, *Le conseil du roi aux xiv°, xv° et xvi° siècles*, p. 28 et suiv., où les principaux travaux sur ce point sont rappelés.

(105) Art, 24 et 38, — Cosneau, *Les grands traités de la guerre de Cent ans*, p. 111, 113.

(106) Traité de Troyes, art. 24 : Il est accordé que nostre dit filz labourera par effect de son pouvoir que *de l'adviz et consentement des trois estaz desdits royaumes*. ostez les obstacles en ceste partie », etc. — Cependant le traité de Brétigny, qui cédait aux Anglais une grande partie du royaume, n'avait pas été soumis à cette ratification.

généraux (107). Ce qui s'était passé en 1420, pour le traité de
Troyes, pouvait être considéré comme un des précédents sur
lesquels se fondait cette doctrine.

En second lieu, il était admis par tous que si la lignée de Hugues
Capet venait à s'éteindre, si le roi mourait sans laisser aucun
héritier habile à lui succéder d'après le droit public français, il
appartenait aux Etats généraux d'élire un nouveau roi (108). Ce
droit logiquement en entraînait un autre. Lorsque le roi défunt
laissait bien sûrement un successeur, mais que plusieurs revendiquaient à la fois la Couronne, chacun d'eux se prétendant le plus
proche ou seul capable d'y succéder, on pouvait dire qu'il appartenait encore aux Etats généraux de désigner, parmi eux, le nouveau roi (109). C'est ainsi qu'on expliquait ordinairement les décisions qui, en 1315 et 1328, avaient fixé les principes dits de la
loi Salique et que l'on attribuait à des réunions d'Etats généraux (110). C'est cette même doctrine qu'invoquait la Ligue, lorsqu'elle convoquait les Etats de 1593. considérant l'héritier naturel
de la Couronne comme incapable de la recueillir, en sa qualité
d'hérétique.

Une autre prérogative, également reconnue, quoique moins nettement, aux Etats généraux, concernait la minorité des rois et l'organisation des régences. Il était admis que, convoqués en pareil cas,
ils pouvaient contrôler et même régler l'administration du royaume
jusqu'à la majorité du roi (111). Mais leurs pouvoirs à cet égard

---

(107) Ci-dessus, p. 327.

(108) Ci-dessus, p. 321 et suiv — Bodin, *Les six livres de la République*, l. VI,
ch v. p 988 : « Les monarchies ne tombent en choix tant que le droit successif
peut avoir lieu; et quand la lignée des monarques est faillie, le droit est dévolu aux
Etats. » — Zampini da Recanati, *Degli Stati di Francia e della lor possanza*, alla
Christianissima Reina madre de Re, Parigi, 1578, p. 51, 55 et suiv. Zampini (p. 44,
45) admet même que, dans ce cas, les Etats pourraient donner à l'Etat une autre
forme que la monarchie. — Edit du mois de juillet 1717, qui déclare inhabiles à
succéder au trône les bâtards légitimés de Louis XIV : « Si la nation française
éprouvait jamais ce malheur (que tous les princes du sang vinssent à manquer), ce
seroit à la nation elle même qu'il appartiendroit de le réparer par la sagesse de
son choix. »

(109) Zampini, *op. cit*, p. 81.

(110) Ci-dessus, p. 317 à 322.

(111) Aux Etats généraux d'Orléans, en 1560, la convocation avait été faite par
lettres de François II. Mais lorsque les députés se réunirent, François II était
mort et son successeur Charles IX était encore mineur. Beaucoup de députés prétendaient qu'ils ne pouvaient siéger parce qu'ils n'avaient pu recevoir de leurs com
mettants les pouvoirs nécessaires au rôle que jouent les Etats généraux pendant
une régence (Picot, *Histoire des Etats généraux*, t. II², p. 187 et suiv.) On peut voir
aussi quelle importance on attachait, de part et d'autre, à ce que les Etats généraux
convoqués par le gouvernement d'Anne d'Autriche en 1649, puis successivement
retardés, se réunissent après ou avant la majorité du roi (Picot, *op. cit*, t. V², p. 272
et suiv.).

étaient mal définis- (112), et d'autres autorités, les parlements en première ligne, prétendaient aussi intervenir en ces matières.

Enfin l'inaliénabilité du domaine de la Couronne, telle qu'elle avait été fixée par la coutume et par la loi (113), était considérée comme une des lois fondamentales du royaume. Le roi ne pouvait point l'écarter pour aliéner le Domaine, de sa seule autorité; mais il pouvait le faire avec l'autorisation des Etats généraux (114).

Mais si l'on veut dégager les *pouvoirs ordinaires* des Etats généraux, on voit qu'ils se réduisent à deux, toujours reconnus, quoique dans un sens différent, selon les temps. Ils avaient été convoqués dès Philippe le Bel, pour donner au roi *aide et conseil* (115), et, jusqu'au bout, on leur reconnut le droit de consentir des impôts (*aides*, en vieux français) et de présenter des avis ou doléances.

Si les Etats ont été appelés à consentir des impôts, dans tous les temps où ils furent convoqués, leur intervention à cet égard n'a pas toujours eu le même caractère. Dans la première moitié du xive siècle, ils avaient véritablement le vote de l'impôt; il fallait leur octroi pour établir un impôt général. Le roi n'avait pas encore le droit de lever d'autorité des impositions là où il n'avait pas la haute justice; sans doute, il avait d'autres moyens d'obtenir le consentement des seigneurs et des villes à un subside. comme on le verra plus loin; mais, seul, le consentement des Etats généraux pouvait par un seul acte créer un impôt général. Dès la fin du xive siècle, la situation n'était plus la même; un certain nombre d'impôts permanents existaient au profit du roi, qui, pour les lever, n'était plus obligé de s'adresser aux Etats. Cependant, ceux-ci, au xve siècle, rentrèrent dans leurs anciens droits. Charles VII, en engageant la lutte contre les Anglais, renonça, volontairement ou par force, aux impôts permanents; il tira ses ressources des subsides qu'il demanda aux Etats généraux des pays qui lui restaient fidèles. Ceux-ci montrèrent le plus grand patriotisme. De 1421 à 1433 les Etats généraux de la Langue d'oc et surtout ceux de la Langue d'oïl furent réunis presque tous les ans, parfois plusieurs fois dans la même année, et, sans accéder à toutes les demandes de la Royauté, ils votèrent des subsides incessants (116). Il semblait que, cette fois, les Etats généraux avaient définitive-

(112) Voyez les différentes opinions que relève sur ce point Philippe Pot dans son discours aux Etats généraux de 1484. *Journal de Masselin*, p. 142 et suiv.

(113) Ci-dessus, p. 322 et suiv.

(114) Henri III demanda vainement cette autorisation aux Etats de Blois, en 1576 (Journal de Bodin, *loc. cit.*, p. 207 et suiv. — Picot, *Histoire des Etats généraux*, t. III², p. 75).

(115) Voyez ci-dessus, p. 468. C'est aussi pour donner aide et conseil que les parlements anglais furent réunis (Anson, *op. cit.*, t. I¹, p. 16 et suiv.).

(116) Picot, *Histoire des Etats généraux*, t. I², p. 292 et suiv.

ment conquis le droit essentiel des assemblées politiques, celui de voter périodiquement l'impôt (117). Il n'en fut rien, et d'eux-mêmes ils y renoncèrent en admettant l'impôt permanent, en 1435, à Tours, sous la forme des aides (118), et bientôt l'ordonnance d'Orléans de 1439 rendit la taille permanente (119). La cause de cette capitulation, c'est qu'après l'immense effort qu'il venait de faire, le pays était épuisé; il ne demandait que la paix et le repos et se remettait volontiers aux mains du roi, qui venait de le conduire à une grande victoire nationale. Il y eut pourtant une protestation elle vint de la noblesse, qui, comme on le verra plus loin, était directement atteinte par les mesures de précaution dont le roi avait entouré l'établissement de la taille royale. Elle adressa au roi, en 1441, un cahier de doléances, dans lequel elle revendiquait pour les Etats le vote périodique de l'impôt (120); mais Charles VII, fort de l'opinion publique, y répondit que les assemblées d'Etats n'étaient qu'une cause de dépenses pour les populations qui, outre la taille, avaient à payer alors les frais des députés (121). L'idée contenue dans cette réponse, quelque grossière qu'elle paraisse, était certainement celle des contemporains : ce qui le montre bien, c'est qu'elle fut reproduite par les députés eux-mêmes, sous Louis XI, aux Etats généraux de Tours, en 1467 (122). Cependant le sens de la liberté parut se réveiller à la mort de Louis XI, aux Etats généraux convoqués à Tours, en 1484. L'occasion était favorable pour regagner le temps perdu, car il s'agissait de sortir des embarras d'une régence. Les trois ordres agirent avec une entente

(117) Id., ibid., p. 308 et suiv.

(118) Ordonnance du 28 février 1435 (v. s.) (Isambert, Anc Lois, t. VIII, p. 834) · « Instructions et ordonnances... sur la manière de lever et gouverner le fait des aides, qui souloient avoir cours pour la guerre, lesquels le roy nostre dit seigneur depuis son partement de Paris abattit, et du consentement des trois estatz de son obéissance a remis sus le xxviii° jour de février, lan mille IIIICXXXV. »

(119) Ordonnance d'Orléans, 2 nov. 1439, art. 41-44 et préambule (Picot, Etats généraux, t. 1², p. 320 et suiv.).

(120) Le texte a été conservé par Monstrelet; il est reproduit dans Isambert, Anc lois, t. IX, p. 108 : « Ont remontré au roi comment telles tailles et impôts se doivent mettre sus et imposer, et appeler les seigneurs et les Estats du royaume »

(121) Isambert, Anc. lois, t. IX, p. 808 : « N'est ja nul besoin d'assembler les trois Estats pour mettre sus lesdites tailles; car ce n'est que charge et dépense pour · le pauvre peuple, qui a à payer les frais de ceux qui y viennent, et ont requis plusieurs notables seigneurs dudit pays qu'on cessât de telle convocation faire et pour ceste cause sont contens qu'on envoie la commission aux esleuz, selon le bon plaisir du roi. »

(122) Procès-verbal de Le Prevost (Mayer, t. IX, p. 222) · « Et dès maintenant pour lors... toutes les fois que lesdits cas escherroient, iceux des Etats ont accordé et consenti, accordent et consentent que le roi, sans attendre autre assemblée ni congrégation des Etats, pour ce que aisément ils ne se peuvent pas assembler, y puisse procéder ·à faire tout ce que ordre de droit et de justice et les statuts et ordonnances du royaume le portent promettant et accordant tous iceux Etats servir et aider le roi touchant ces matières. » Cf. p. 219.

et un esprit politique remarquables. Ils protestèrent contre l'impôt permanent et réclamèrent le droit de consentir seulement pour une courte période, en invoquant, non l'ancien principe féodal, c'est-a dire le caractère seigneurial de l'impôt, mais le principe moderne, à savoir que l'impôt doit être consenti par le peuple qui le paie (123). Ils mirent en pratique leur théorie, réduisirent la taille au chiffre qu'elle avait atteint sous le règne de Charles VII, et ne la votèrent que pour deux ans (124); encore n'accordèrent-ils cela qu'à la condition que le roi ferait droit aux plaintes contenues dans leurs cahiers et qu'avant deux ans ils seraient convoqués à nouveau (125). Cette fois, il semblait bien que la liberté politique allait prendre racine. Mais il n'en fut rien. Quand le pouvoir royal fut sorti d'embarras, il reprit ses anciens errements et oublia ses promesses. Cependant, lorsqu'il fut certain qu'on ne voulait pas les tenir, 'e duc d'Orléans, qui devait être un jour Louis XII et qui était alors l'adversaire déclaré d'Anne de Beaujeu, vint protester au Parlement de Paris, accompagné du comte de Dunois et du sire de Richebourg. Il déclara que la dépense de l'Etat pour l'année écoulée (1484) dépassait de beaucoup la somme votée par les Etats, « bien que l'on ne peust ne deust asseoir sur le peuple autres ne plus grandes sommes que celles qui avoient esté octroyées ». Il demandait, ainsi que le comte de Dunois, la convocation des Etats généraux, se plaignant de ce que le roi était circonvenu par la dame de Beaujeu. Le premier président du Parlement, Jean de la Vacquerie, lui répondit en l'exhortant à l'union avec les autres membres de la Maison de France et déclina toute compétence en cette matière, disant que, « quant à la cour, elle est instituée par le roi pour administrer justice et n'ont point ceux de la cour d'administration de guerre, de finances ne du fait et gouvernement du roi ne des grands princes ». Cette réponse était assez extraordinaire, étant donnés les droits tout politiques et très étendus que s'attribuaient alors les Parlements, comme on le verra plus loin. Le duc,

(123) *Journal de Masselin*, p. 416 : « Jam intentio et conatus regia ex parte ferri videtur ut tallia, reliquorum instar tributorum, et velut res principi debita semper perseveret, et tandem immortalis fiat. Si hoc est admittendum, vestras, inquiunt (legati), conscientias testamur, *nos procuratores populi* qui de parva culpa teneremur, *res ejus sine pœna pendi concedere*, et id forsan non pro brevi temporis cursu, sed plane in æternas generationes. »

(124) *Journal de Masselin*, p. 428 : « Conclusimus nequaquam concedere nisi duodecies centum millia nec ultra quidem bienium... » P. 448 : « Eam ipsam concedunt summam quæ tempore licet Caroli septimi levari consueverat et hoc sub formâ et nomine doni ac liberalis concessionis, et non alias et ut de cætero tallia non vocetur, sed donum et mera liberaque gratuitas atque concessio. »

(125) *Journal de Masselin*, p. 450: « Instant dicti legati ut hinc ad duos annos status iterum congregentur et ut regi placeat nunc locum assignare et definire tempus decreto firmo et irrevocabili, non enim intelligunt dicti legati quod aliqui denarii de cætero imponantur nisi vocentur et expresse consentiant. »

vainement, flatta ces prétentions, en disant qu'il était « venu à la cour comme à la justice souveraine et qui doit avoir l'œil et le regard aux grands affaires du royaume ». Le Parlement fit la sourde oreille et se contenta de transmettre au roi le procès-verbal d' ce qui s'était passé (126). C'est qu'il s'agissait des Etats généraux, c'est-à-dire d'un pouvoir politique, en partie rival, dont les Parlements contrarièrent incontestablement le développement et auquel ils cherchèrent à se substituer.

Ce fut là la dernière chance sérieuse qui s'offrit à la nation de conquérir le vote libre et périodique de l'impôt. Ce n'est pas que les anciens principes fussent oubliés. Certains même soutenaient encore le droit absolu pour les Etats généraux de consentir périodiquement tous les impôts pour une courte durée. Telle était encore sous Henri III la doctrine de Bodin, qui prétendait qu'en ce point la constitution de la France et celle de l'Angleterre étaient pareilles (127). Mais l'opinion moyenne n'allait pas aussi loin. Dans la seconde moitié du xvıᵉ siècle, certains impôts, la taille. la gabelle, les aides, étaient levés depuis trop longtemps à titre permanent pour qu'on pût songer à les soumettre de nouveau au vote périodique des Etats; ils étaient comme incorporés au Domaine. Ce que demandaient les esprits libéraux à cette époque, c'est qu'il ne pût être établi et créé de nouveaux impôts, sans le consentement et l'octroi des Etats généraux, sauf le cas d'urgente nécessité, et cette prétention est même parfaitement admise dans un livre dédié, en 1578, à la reine-mère (128). Les Etats généraux de la seconde moitié du xvıᵉ siècle réclamèrent énergiquement le vote

---

(126) Voyez le procès-verbal et la décision de la cour dans Dupuy, *Traité de la majorité des rois*, t I, p. 416-426.

(127) Jean Bodin, *Les six livres de la République*, édit. Genève, 1629, 1. VI, ch. ıı, p. 880 : « Fut remonstré aux Estats de Tours sous Charles VIII par Philippe de Commines (?) qu'il n'y avoit prince qui eust puissance de lever impost sur ses sujets ni prescrire ce droit, sinon de leur consentement. Encore void on es commissions qui sont décernées pour les aides, tailles et autres imposts que le roy employe la protestation ancienne de les oster si tost que la nécessité le permettra. » — *Ibid.*, 1. I, ch. vııı, p 140 · « Mais on peut dire que les Estats (d'Angleterre) ne souffrent pas qu'on leur imposa charges extraordinaires ni subsides, sinon qu'il soit accordé et consenti au Parlement Je respons que les autres roys n'ont pas plus de puissance que le roy d'Angleterre, parce. qu'il n'est en la puissance de prince au monde de lever impost à son plaisir sur le peuple, non plus que de prendre le bien d'autruy. »

(128) Voyez l'ouvrage de Zampini da Recanati (cité ci-dessus, p. 567, note 1), p. 111 et suiv., 147; et l'*Epitome* en latin du même traité, p. 19 : « Tertium caput est quando agitur de nova introducenda superindictione novisve vectigalibus a populo exigendis, et ratio evidens est. Cum enim rex populo tuitionem et conservationen debent, propteraque ille populus illi... regalia concesserit, quæ sunt domania, gabellæ et cætera ad regem pertinentia jura, debet Rex illis esse contentus nec ad nova subsidia exigenda devenire. Quod si justa causa adsit, debet Status consulere ut ın re nova nova auvilia consequatur. Quod nihilominus est prudenter intelligendum ni res consultationem et consensum populi non permittat. Nam si talis eveniret casus

de l'impôt, ainsi entendu; ils firent même plus, ils refusèrent plus d'une fois de consentir les impositions qu'on leur demandait (129); car on leur en demandait encore; c'était même le principal objet de leur convocation. Mais ces réclamations et cette résistance furent inefficaces. La prérogative du pouvoir royal s'était consolidée avec le temps. Pour l'établissement des nouveaux impôts, on ne demandait plus le consentement des Etats qu'afin de faire mieux accueillir ces charges par la population : leur consentement, utile en fait, n'était plus nécessaire en droit, et la royauté pouvait s'en passer (130).

Quant à leur seconde attribution normale et ordinaire, c'est-à-dire le *conseil*, ce fut pour eux d'abord un devoir et non un droit. Ils ne donnaient leur avis que sur le point qui leur était soumis par le roi (131). Aucune initiative n'existait à leur profit, même en forme de conseil. Mais, d'autre part, nous voyons, dès le règne de Philippe le Long, que les convocations d'Etats sont souvent motivées par les plaintes ou suppliques qui ont été adressées au roi au nom des trois ordres touchant certains objets; et les ordonnances qui interviennent alors, après l'avis des Etats, portent parfois sur des objets très nombreux et très divers, à propos desquels une réforme est édictée (132). On peut en conclure que les membres des Etats profitaient de la réunion pour soumettre au roi en corps et par ordre les griefs dont ils demandaient le redressement. A partir des Etats du roi Jean, le système se précise. Les Etats, qui sont convoqués en 1355 et 1356 pour donner conseil et surtout aide, rédigent une liste précise de griefs qu'ils présentent au roi en lui demandant d'y faire droit; et comme le roi, de son côté, ne peut se passer des subsides qu'il leur demande, il intervient comme un marché entre les deux parties. Les Etats accordent les subsides

in quo instaret periculum et mora esset ruinam paritura (quemadmodum si vel immineret repentinus externorum inimicorum incursus, vel esset interiorum rebellium perdomanda contumacia), certe tunc potest Rex ex se ipso, et nullo populi assensu expectato, quinimo et illo renitente. . superindictionem imponere. »

(129) Etats généraux d'Orléans, 1560, de Blois, 1576 et 1588; — voyez Picot, *Histoire des Etats généraux*, II², 168 et suiv ; III, 51 et suiv , 72 et suiv , 93-95, 295-342; IV, 48.

(130) Loyseau, *Des seigneuries*, ch. III, n° 46 . « A mon advis, il ne faut plus douter qu'en France (qui est possible aujourd'huy la plus pure et parfaite monarchie du monde) nostre roy, n'ayant d'ailleurs presque plus d'autre fonds de finances, ce puisse faire des levées de deniers sans le consentement des Estats, qui, comme j'ay prouvé au chapitre précédent, n'ont aucune part à la souveraineté. »

(131) Voyez encore le préambule très net de l'ordonnance du 13 février 1318 (*Ord* , I, p. 679) · « Nous eussions fait appeler devant nous... les prélats, barons, chapitres et bonnes villes de nostre royaume.. auquel jour nous feimes dire et exposer nostre intencion en nostre présence, sur laquelle, eue délibération par aucuns jours, il nous ont fait réponse bonne et gracieuse »

(132) Voyez, par exemple, les ordonnances de février 1318, de mars 1332 (*Ord* , I, 679; II, 84). Cf. Lettres de 1321 (*Ord* , I, 814); Ordonnance de 1338 (*Ord* , II, 120).

et le roi fait droit aux réclamations des Etats (133). Ceux-ci avaient donc acquis en cela une véritable initiative : il était dès lors admis qu'ils pouvaient présenter des doléances à la royauté, bien que les chances d'obtenir satisfaction dépendissent uniquement des circonstances. Aux Etats généraux du xv⁰ siècle, sous Charles VI, en 1413 (134) et sous Charles VII (135), on voit reparaître les griefs et remontrances. Mais jusque-là, dans la forme du moins, elles apparaissent comme émanant directement des Etats eux-mêmes. Puis dans une forme nouvelle les doléances sont formu-lées par les électeurs et à chaque degré d'élection un cahier de doléances est rédigé, comme il a été dit plus haut. Les députés de chaque bailliage apportent, par leur ordre, les cahiers du bailliage, et les députés aux Etats généraux doivent, en commun ou par ordre, les réduire à l'unité. Aux Etats de 1467, ici encore on trouve une forme intermédiaire. On trouve encore les doléances présen-tées par les membres des Etats en leur propre nom. Mais de plus, certains députés élus par les villes apportent des cahiers parti-culiers qu'ils tiennent de leurs commettants, qu'ils déposent, et qu'ils demandent au roi de faire examiner (136). A partir des Etats de 1484, le système prend sa forme définitive : les députés de chaque bailliage apportent un cahier de doléances, et les demandes que contiennent les divers cahiers sont, après délibération, fondues en un cahier unique présenté au roi (137). C'est ce qui se fit tou-jours dans la suite, sauf que, les élections comme les délibérations se faisant à part pour les trois ordres, il en résulta, à chaque tenue. un cahier général du clergé, un cahier général de la noblesse et un cahier général du tiers état. De la part des populations et des députés, la rédaction des cahiers généraux était considérée comme le grand œuvre de la session, la tâche la plus importante des Etats. Ils étaient présentés au roi à la fin de la session, en lui deman-dant de donner réponse aux divers articles, ce qui ne se faisait pas toujours avant le départ des députés. D'ailleurs, en droit, le roi était libre absolument de repousser les demandes ou d'y accé-der; c'était une supplique qui lui était adressée; et, même approuvé par le roi, l'article du cahier ne devenait loi proprement dite et obligatoire que lorsqu'il avait passé dans une ordonnance et sous

(133) Voyez les ordonnances du 18 décembre 1355 et du 1ᵉʳ mars 1356. Elles sont divisées en deux parties, répondant exactement à cette transaction. L'ordonnance de 1355, en tête de la seconde partie, porte même expressément la rubrique : *Réponse aux griefs des Estats.*

(134) Les remontrances véhémentes présentées par l'Université de Paris au nom du tiers furent le point de départ d'un remarquable essai de réforme (Picot, *Histoire.* p 254 et suiv.; — Alfred Coville, *L'ordonnance cabochienne*, p. I-III).

(135) Picot, *Histoire des Etats généraux*, I², p. 293 et suiv.

(136) *Id., ibid.*, p. 344.

(137) *Id , ibid.*, p. 358 et suiv.; 389 et suiv

la forme que lui avait donnée le législateur royal. Les Etats de
Blois, en 1576, demandèrent bien que la disposition adoptée unanimement par les trois ordres eût nécessairement force de loi (138),
mais ils ne purent l'obtenir. Les députés se plaignirent souvent
aussi de ce qu'en les faisant passer dans une ordonnance, le pouvoir royal dénaturait les articles des cahiers. Ils demandaient enfin
que les ordonnances tirées des cahiers fussent définitives et obligatoires, sans avoir besoin d'être enregistrées par les Parlements
ou, du moins, sans que ceux-ci pussent les modifier lors de
l'enregistrement (139). Mais rien de tout cela ne fut accordé, et,
en droit, les Etats n'avaient point part au pouvoir législatif. Cependant, en fait, les cahiers des Etats, de 1484 à 1614, furent la source
d'une législation abondante et intelligente, quoique malheureusement mal observée : les grandes ordonnances réformatrices de
cette époque, dont nous aurons à parler plus loin, contiennent la
substance des doléances apportées par les Etats généraux (140).

En définitive, l'institution des Etats généraux avait avorté. Ils
n'avaient aucune périodicité régulière, apparaissant comme un
expédient suprême du gouvernement royal, en temps de crise.
Quant à leurs pouvoirs, le roi leur demandait de voter des impôts
qu'il pouvait établir sans eux et de donner des conseils qu'il était
libre de ne pas suivre. Ces attributions purement consultatives
faisaient même que des esprits très favorables à l'autorité royale,
comme Lebret, approuvaient cette institution (141). Mais la monar-

(138) Picot, *Histoire des Etats généraux*, III², p. 96-97. Le roi répondit qu'il ne
pouvait s'engager à cela, ne sachant pas ce que les trois ordres pourraient lui
demander unanimement. En effet, si les Etats avaient obtenu cela, non seulement
ils auraient eu l'équivalent d'un pouvoir législatif, mais le roi, dans ce cas, n'aurait
même pas eu un droit de *veto*.
(139) Picot, *Histoire des Etats généraux*, III², p. 99-100.
(140) Dans l'*Histoire des Etats généraux* de M. Picot, on trouvera les détails
précis et complets sur les cahiers des Etats généraux de 1484 à 1614 et sur les
ordonnances qui ont été rendues d'après ces cahiers
(141) *De la souveraineté*, l. IV, ch. xii, p. 164-165 · « Plusieurs soutiennent que
la réunion des Etats généraux... est incompatible avec la souveraineté des rois...
Mais j'oserai dire que cette opinion ne doit être reçue ni considérée que dans les
Etats tiranniques et seigneuriaux.... Dans un Etat roial, comme est celui de la France,
tant s'en faut que l'assemblée des Etats affaiblisse ou diminue la puissance des
rois, qu'au contraire elle l'autorise, elle la fortifie et la relève au plus haut point..
car les rois ne sont point obligés de suivre leur avis, si la raison naturelle, si la
justice civile et le bien et l'utilité de leur roïaume ne les y convient... L'on ne
tient les Etats que par la permission et le commandement de Sa Majesté, l'on n'y
délibère et l'on n'y résoud rien que par forme de requêtes et de très humbles supplications. » Déjà Bodin disait, *op. cit.*, l. I, ch. iii, p. 137 : « Quant aux coustumes
générales et particulières qui ne concernent point l'établissement du royaume, on n'a
pas accoustumé d'y rien changer, sinon après avoir bien et duement assemblé lesdits
Estats de France en général ou de chacun bailliage en particulier; non pas qu'il
soit nécessaire de s'arrester à leur advis, ou que le roy ne puisse faire le contraire
de ce qu'on demandera, si la raison naturelle et la justice de son vouloir s'y assiste...
Les Estats de tout le peuple sont assemblés présentans requeste et supplications à

chie absolue, par un instinct assez sûr, se défiait des Etats généraux même ainsi amoindris : elle sentait qu'il y avait en eux des
forces cachées, que les événements favorables pouvaient déchaîner.
Aussi, sans abolir l'institution, elle s'abstint soigneusement de les
convoquer (142). Toute leur activité se place sous la monarchie
tempérée, de 1302 à 1614. La réunion de 1614 fut la dernière
avant la Révolution. Cependant, en janvier 1649 (lettres des 23 et
24 janvier), au moment le plus critique de la première Fronde, la
reine régente, réfugiée à Saint-Germain avec le jeune roi, convoqua les Etats généraux pour le 15 mars suivant, afin d'opposer
sans doute au Parlement les vrais représentants de la nation.
Mais cela n'était qu'un expédient. La réunion, successivement
remise, n'eut jamais lieu : il y eut pourtant alors à diverses
reprises des élections de députés; mais cela en resta là. D'ailleurs,
seule, la noblesse s'agita alors pour obtenir cette tenue d'Etats;
le reste de la nation resta indifférent (143). Cependant les esprits
sages et clairvoyants, qui, à la fin du règne de Louis XIV, signalaient les plaies du pouvoir absolu et cherchaient à y apporter
remède, songèrent à remettre cette institution en activité. Fénelon
et Saint-Simon voulaient ardemment la réunion des Etats généraux (144), et, dans les plans de réforme qu'ils ont formés, ceux-
ci, réglementés à nouveau, devaient être l'un des organes réguliers
de l'Etat, réunis périodiquement et munis de pouvoirs suffisants (145). Mais tout cela fut vain, resta à l'état de spéculation
théorique. La convocation de 1789 fut vraiment la résurrection
d'une institution disparue (146).

leur Prince en toute humilité, sans avoir aucune puissance de rien commander, ni
décerner, ni voix délibérative; ains ce qu'il plaist au roy consentir ou disentir,
commander ou defendre, est tenu pour loy, pour édict, pour ordonnance. »

(142) Giraud, *Le traité d'Utrecht*, p. 101 (dépêche de Torcy) : « Les exemples des
siècles précédents ont fait voir que ces sortes d'assemblées ont presque toujours
produit des troubles dans le royaume, et les derniers Etats tenus en 1614 finirent
par la guerre civile... Les Etats, n'ayant point été convoqués depuis plus de cent
ans, sont en quelque manière abolis dans le royaume. »

(143) Picot, *Histoire des Etats généraux*, V², p. 275 et suiv.

(144) Saint-Simon, *Mémoires*, édit. Chéruel, t. XII, p. 220 et suiv. Fenelon, Lettre
au duc de Chevreuse du 4 août 1710, *OEuvres choisies*, édit. Hachette, t. IV, p. 325.

(145) Fénelon, *Plans de gouvernement concertés avec le duc de Chevreuse* (novembre 1711), dans ses *OEuvres choisies*, édit. Hachette, t. IV, p. 402; *Projets de
gouvernement résolus par Mgr le duc de Bourgogne dauphin, après y avoir
mûrement réfléchi*, publiés par M. Mesnard, 1860, et attribués à Saint-Simon,
p. 5, 6.

(146) Discours de Louis XVI à l'ouverture des Etats généraux, le 5 mai 1789 : « Un
long intervalle s'était écoulé depuis les dernières tenues des Etats généraux, et,
quoique la convocation de ces assemblées parût être tombée en désuétude, je n'ai
pas balancé à rétablir un usage dont le royaume peut tirer une nouvelle force et qui
peut ouvrir à la nation une nouvelle source de bonheur. »

## VI

Les Etats généraux n'étaient pas les seules assemblées où la France entière fût représentée, divisée en ses trois ordres : il en était d'autres, également générales, qu'on appelait *assemblées de notables*. Elles ne différaient pas des Etats généraux par l'étendue de leurs pouvoirs; car ceux-ci, on vient de le voir, n'avaient en réalité que voix consultative. Les assemblées de notables ne pouvaient avoir moins, et parfois elles exercèrent des *pouvoirs extraordinaires*, aussi étendus que ceux exercés dans certaines occasions par les Etats généraux. Elles différaient de ceux-ci par leur composition, en ce que ce n'étaient pas des assemblées électives : les notables qui y siégaient étaient choisis et convoqués par le pouvoir royal (147). Mais, comme celui-ci, pour représenter le Tiers état, choisissait les officiers municipaux des principales villes, la composition des assemblées de notables ressemblait fort aux Etats généraux du xiv⁰ siècle, alors que les représentants du clergé et de la noblesse étaient directement convoqués par le roi et que les bonnes villes, figurant seules le Tiers état, étaient souvent représentées par leurs officiers municipaux. Il en résulte que, pour ces temps anciens, il est assez difficile parfois à l'historien de discerner s'il a devant lui une tenue d'Etats généraux ou une assemblée de notables. La distinction ne se fit bien nette qu'à partir du moment où les Etats généraux devinrent une assemblée totalement élective. Les assemblées de notables furent surtout importantes au xvi⁰ siècle dans la période où cessa une première fois le fonctionnement des Etats généraux, de 1484 à 1560. A leur place furent réunies dans des occasions importantes des assemblées de notables, qui n'étaient point d'ailleurs d'une composition uniforme. Parfois il ne s'agissait que de conseils du roi renforcés, où étaient convoqués, à côté des conseillers ordinaires, des prélats et seigneurs notables et surtout des magistrats des cours souveraines. Telles furent, par exemple, l'assemblée à laquelle fut soumis l'Edit de tolérance rédigé par le Chancelier de l'Hôpital en faveur des protestants en 1562, et l'assemblée de Fontainebleau en 1560, où fut résolue la convocation des Etats généraux de 1560. Mais les assemblées de notables que l'on peut comparer aux Etats

(147) Procès-verbal de l'assemblée de 1558, dans Du Tillet, *Recueil des grands*, p. 106 : « Les prevost et eschevins de la ville de Paris et autres marchands et gens du tiers état *mandez...* Les sieurs de Ruffey, etc., et grand nombre de gentilshommes *mandez...* » A certaines assemblées de notables du xvi⁰ siècle, il y eut peut-être une élection, ou délégation par des corps de villes ou des corps judiciaires; peut-être en fut-il ainsi en 1506 pour les villes; peut-être y eut-il certaines élections en 1596...; sur ce dernier point, voir R. Charlier-Meniolle. *L'Assemblée des notables tenue à Rouen en 1596*, thèse de doctorat, Paris. 1911, p. 47 et suiv.

généraux comprenaient aussi des officiers municipaux des principales villes. Il y en eut de très importantes au xvi' siècle. Telles
sont celles de 1506 sous Louis XII, où fut discutée la question de
savoir si, quant au mariage de la fille du roi, serait exécuté ou non
un traité conclu avec l'Espagne; beaucoup d'historiens y voient à
tort de véritables Etats généraux; l'assemblée de Cognac en 1526,
où l'on examina si le traité de Madrid devait être exécuté dans la
disposition qui cédait la Bourgogne à Charles-Quint et où figuraient
des députés des Etats de Bourgogne; l'assemblée de Paris de
décembre 1527, sur le même sujet (148); l'assemblée de 1558 (ancien
style), réunie au milieu de circonstances difficiles et qui vota même
des subsides sous une forme particulière (149). Dans toutes ces
assemblées les magistrats formaient un élément très important,
presque prépondérant. De là cette idée fausse anciennement répandue, qu'ils y siégaient comme un ordre à part (150).

En 1596 une autre assemblée, très importante, se tint à
Rouen (151) : il s'agissait de rétablir l'ordre dans les finances du
royaume et de réparer les maux causés par la guerre civile.
Henri IV donna aux notables les pouvoirs les plus étendus : « Je
ne vous ai point appelés, leur dit-il, comme faisaient mes prédécesseurs, pour vous faire approuver leurs volontés; je vous ai
assemblés pour recevoir vos conseils, pour les croire, pour les
suivre, bref, pour me mettre en tutelle entre vos mains : envie
qui ne prend guère aux rois aux barbes' grises, aux victo-
rieux. » (152). D'ailleurs, cette assemblée différait des notables
ordinairement réunis en ce qu'elle était en partie élective; les
corps judiciaires avaient élu leurs délégués, ainsi que les
villes (153), et des cahiers avaient été rédigés dans les villes
Les notables sentirent leur force; ils demandèrent le libre vote de
l'impôt et ne le consentirent que' pour trois ans. Ils firent plus,
et réclamèrent en partie l'administration et la disposition des
impôts. Les revenus de l'Etat seraient divisés en deux parts égales.

(148) Isambert, *Anciennes lois*, XII, p. 285. Cette assemblée, où le seul élément
représentant les villes était des officiers municipaux de Paris, est appelée le *lit de
justice;* mais c'était, croyons-nous, pour écarter toute idée d'Etats généraux.

(149) Du Tillet, *Recueil des grands de la Cour*, édit. 1601, p. 104 et suiv.; Mayer,
op. cit., t. X, p. 268 et suiv.

(150) Montaigne, *Essais*, l. I, ch. 22 · « Qu'y a-t-il de plus farouche que de voir
une nation où par légitime coustume la charge de juger se vende et les jugemens
soient payés à purs deniers comptants et où légitimement la justice soit refusée à
qui ne peut payer; et ait cette marchandise si grand crédit *qu'il se fasse en une
police un quatrième estat de gens manians les procès pour le joindre aux trois
anciens de l'Eglise, de la noblesse et du peuple »* Le début de ce passage vise la
vénalité des charges et les *épices.*

(151) Mayer, t. XVI, p. 1-46, — Picot, *op. cit*, IV², p. 109-169.

(152) Mayer, t. XVI, p. 13

(153) Picot, *op cit*, IV², p. 113

De l'une, destinée aux besoins de la politique courante, le roi aurait l'entière disposition; quant à l'autre, affectée aux dépenses permanentes résultant des lois, elle serait perçue et employée sous l'autorité d'une commission élue par les notables, et appelée *conseil de raison* (154). Le roi, quoique avec répugnance, accorda même cette demande sur l'avis prévoyant de Sully. Le Conseil de raison fut, non pas élu par les notables, mais nommé par le roi et pris parmi eux. Mais ceux qui le composaient ne tardèrent pas à sentir les difficultés de la tâche qu'ils avaient assumée : il leur manquait l'expérience et les connaissances techniques. Ils vinrent d'eux-mêmes remettre leurs pouvoirs au roi et demander à être déchargés de leur tâche. — Les Etats généraux de 1614 furent suivis d'assemblées de notables tenues l'une à Rouen en 1616, puis à Paris en 1618, l'autre à Paris en 1626 (155).

Les assemblées de notables qui, dans une période du xviᵉ siècle, avaient en quelque sorte remplacé les Etats généraux, devaient à la fin de l'ancien régime en marquer et précéder la résurrection. C'était là une marche naturelle; elle avait été proposée par Fénelon lorsque, dans l'entourage du duc de Bourgogne, il prévoyait les changements qui pourraient se produire à la mort de Louis XIV; il proposait alors de commencer par une assemblée de notables, avant de faire reparaître les Etats généraux sur la scène politique. C'est ce qui se fit aux derniers jours de l'ancien régime. Une assemblée de notables fut convoquée sous le ministère de Calonne, le 29 décembre 1786, et se réunit à Versailles le 12 février 1787 (156). Composée de princes du sang, prélats, nobles, magistrats des Cours souveraines et officiers municipaux des grandes villes, l'assemblée délibéra par bureaux, dont chacun comprenait un nombre à peu près égal de membres pris dans les catégories ci-dessus indiquées. Des séances plénières avaient lieu de temps à

---

(154) Le mot *raison* est ici pris dans le sens de *comptes*, comme dans l'expression *livre de raison* Tout cela est raconté dans les *Economies royales de Sully* (collection Michaud, t. I, p. 237 et suiv.) et ce récit est généralement accepté par les historiens comme répondant à la réalité. Cependant la chose est contestée par certains, notamment par M. Noël Valois dans l'introduction de ses *Arrêts du Conseil d'Etat pendant le règne de Henri IV*. La raison principale est qu'aucune source contemporaine ne mentionne explicitement un fait aussi notable. Il est vrai que les *Economies royales* n'ont pas été écrites par Sully lui-même, mais par des secrétaires sur ses indications. Mais comment aurait-il toléré qu'une mention contraire à la vérité sur un tel point s'y glissât, et comment aurait-elle pu échapper à sa connaissance ? La tradition constante en ce sens a été recueillie par Mézeray, et de multiples documents, contemporains des faits, rapportent le plan de division des revenus royaux en deux classes, dont l'une seulement serait à la libre et entière disposition du roi, ce qui est la base même du Conseil de raison. Voyez R. Charlier-Meniolle, *op. cit*, p 62-74.

(155) Picot, *op cit*, IVᵃ, p. 253-269, 272 292

(156) *Procès verbal de l'Assemblée des notables tenue à Versailles en l'année 178* , Paris, Imprimerie royale, 1788.

autre, généralement des séances royales. Des projets très importants furent soumis aux notables. Outre un projet, qui créait dans les pays d'élections des assemblées provinciales et de district électives et y créait dans les campagnes de véritables municipalités, de multiples projets sur les impôts étaient présentés par Calonne. C'étaient des réformes profondes, qui auraient supprimé en grande partie les inégalités géographiques, les duretés, les privilèges que présentait alors le régime fiscal. On proposait d'établir comme principal impôt (à la place des vingtièmes) une *imposition territoriale*, impôt foncier pesant également sur toutes les terres sans exception, même sur celles du domaine de la Couronne, même sur les biens ecclésiastiques, qui auraient été pour la première fois directement imposés. C'était un effort sérieux de l'ancien régime pour se réformer lui-même, sauf en ce qui concerne l'organisation politique. Les notables, auxquels le déficit des finances fut pleinement révélé, montrèrent à la fois une grande indépendance pour réclamer des éclaircissements sur les finances, et un singulier attachement aux principes et aux privilèges anciens. Ils firent à Calonne une opposition parfois contradictoire dans ses termes, mais énergique. Calonne lutta avec un talent et une habileté de discussion remarquables, presque comme un ministre responsable devant un Parlement moderne; mais il succomba devant les intérêts coalisés contre lui. Il fut destitué au cours même des travaux de l'Assemblée et bientôt remplacé par Loménie de Brienne, l'un des notables (157). L'Assemblée se sépara sans avoir donné des résultats importants, si ce n'est l'ébranlement qu'elle produisit, et qui accéléra la Révolution (158). Loménie de Brienne reprit et promulgua, modifiés, quelques-uns des projets soumis aux notables, ceux sur l'organisation provinciale, sur l'imposition territoriale et sur l'impôt du timbre. Les deux derniers causèrent un conflit grave avec le Parlement de Paris, dont il sera parlé plus loin..

Une seconde assemblée de notables se tint l'année suivante, le 5 octobre 1788. Elle était composée des mêmes personnes que celle de 1787; on les avait simplement rappelées pour gagner du temps. Mais les événements avaient marché rapidement. La convocation des Etats généraux était décidée et imminente et c'était pour les consulter sur les règles des élections et sur le fonctionnement des Etats généraux (règles presque oubliées après une interruption de 175 ans) que l'on réunissait de nouveau les notables. Ils délibérèrent par bureaux, comme la première fois, répondant à un

---

(157) *Procès-verbal*, p. 239. Il était alors nommé simplement chef du Conseil des finances; c'est un peu plus tard qu'il devint Contrôleur général et principal ministre

(158) La dernière séance se tint le 25 mai 1787

questionnaire qui leur fut soumis. Ces réponses sont très intéressantes (159).

### § 3. — LES DROITS POLITIQUES DES PARLEMENTS ET AUTRES COURS SOUVERAINES

Les Parlements de l'ancienne France ont joué, on le sait, un
rôle politique des plus actifs et des plus importants. On tenait dès
le xvi° siècle que leurs attributions strictement judiciaires n'étaient
pas les seules qu'ils possédaient, et que leur autorité s'étendait
aussi, dans certains cas et sous certaines formes, aux affaires
publiques (160). Eux-mêmes prétendaient avoir part à la police
et à la réformation de l'Etat, par une ancienne et constante coutume (161). Ils se disaient en particulier les gardiens des *lois
fondamentales* ou *principes fondamentaux* de la monarchie. On
entendait par là certaines règles de droit public, considérées comme
si essentielles que le roi lui-même, pleinement investi du pouvoir
législatif, ne pouvait y déroger. De ce nombre étaient, de l'aveu
de tous, les règles sur la dévolution de la Couronne, celles qui
faisaient la monarchie française héréditaire et non seigneuriale (162), et l'inaliénabilité du domaine de la Couronne : à côté
de ces points précis, on tendait à considérer aussi comme lois
fondamentales le principe que la monarchie française était non
despotique, mais réglée et modérée; seulement, ici on tombait dans
le vague et les Parlements avaient beau jeu (163).

Comment des corps judiciaires avaient-ils pu se transformer
ainsi en corps politiques ? La principale cause se trouvait dans
la confusion des pouvoirs, qui est un des traits distinctifs de l'ancien régime, et dans ce fait que la coutume était la source principale du droit public, transformant souvent en règle ce qui origi-

(159) *Procès-verbal de l'Assemblée tenue à Versailles en 1788*, Imprimerie royale,
1788.

(160) La Roche-Flavin, *Treize livres des parlements*, l. XIII, ch. xvii, n° 1 :
« Les parlements n'ont pas été seulement établis pour le jugement des causes et
procès entre parties privées, mais ont été aussi destinés pour les affaires publiques
et vérification des édits. »

(161) *Histoire du temps*, ou véritable récit de ce qui s'est passé dans le Parlement
de Paris, depuis le mois d'août 1647 jusqu'au mois de novembre 1648. Paris, 1649,
p. 143 · « La police et la réformation de l'Estat, qui est de droict public un
privilège et une attribution qui a esté donnée au Parlement, aussi ancienne que le
Parlement mesme... »

(162) Lebret, *De la souveraineté*, l. I, ch. iv, p. 7, 8. Ci-dessus, p. 320 et suiv.

(163) Loyseau, *Des seigneuries*, ch. ii, n° 9, parlant des lois qui bornent la
puissance du souverain, énumère les lois de Dieu, celles de la nature « et finallement
les loix fondamentales de l'Estat, pour ce que le prince doit user de la souveraineté
selon sa propre nature et en la forme et condition qu'elle est establie. » Edit de
décembre 1770 (Isambert, *Anc. lois*, XXII, 306) · « Ce qu'ils appellent les principes
fondamentaux de la monarchie. »

nairement avait été un abus. Ici, d'ailleurs, les rois eux-mêmes avaient anciennement favorisé cette confusion entre le gouvernement et la justice. Ils avaient pris souvent le Parlement comme conseil de gouvernement aux xiii⁰ et xiv⁰ siècles, venant lui soumettre des projets et demander des avis : alors même qu'il y eut un conseil particulier de gouvernement dans le *Grand conseil* ou *Conseil étroit*, souvent encore les rois, aux xiv⁰ et xv⁰ siècles, réunissaient en un seul corps le Parlement et ce Conseil, ou tout au moins des membres pris dans l'un et dans l'autre, pour délibérer sur quelque sujet important (164), et pendant longtemps la parenté proche des deux corps s'attesta par un certain nombre de traits. Dans la crise que suscita le grand schisme d'Occident, à la fin du xiv⁰ et au commencement du xv⁰ siècles, la Royauté associa le Parlement d'une façon presque constante aux actes politiques que les circonstances exigeaient. Il y avait là un entraînement héréditaire du Parlement de Paris vers la politique. Enfin, ce qui permit aux Parlements de devenir une véritable force politique pouvant entrer en lutte avec la Royauté, ce fut la vénalité et l'hérédité des charges, qui assura aux parlementaires la plus complète indépendance.

Pour jouer ce rôle politique, assez mal précisé, auquel on les reconnaissait appelés, tantôt les Parlements utilisaient leurs attributions judiciaires, tantôt ils exerçaient des droits tout différents, extrajudiciaires, des attributions vraiment gouvernementales ou administratives.

En premier lieu, leur compétence judiciaire étant générale, illimitée en principe, les Parlements pouvaient être saisis de questions de droit public impliquant parfois les intérêts politiques les plus graves et qu'ils tranchaient par un arrêt (165). On a des exemples pour le Parlement de Paris au xv⁰ siècle (166), et, lorsqu'en 1643 Anne d'Autriche et en 1715 le duc d'Orléans lui demandèrent de leur donner la régence sans conditions, ils ne firent qu'invoquer ce principe (167). Mais pour que l'application en fût possible, il fallait que le Parlement fût saisi par le pouvoir royal de la question. On ne le voit intervenir spontanément de cette manière qu'en temps de guerre civile, par exemple par le célèbre

(164) Noël Valois, *Inventaire, Introduction*, ch. i.

(165) En vertu du principe que les différends entre seigneur et vassal sont jugés par la cour du seigneur, le roi faisait anciennement juger par sa cour de la légitimité de ses droits contestés par ses sujets. C'est ainsi que Philippe le Bel soumet au jugement de sa cour, sur appel ou doléance des seigneurs, la question de la légalité des impositions qu'il avait ordonnées pour la guerre de Flandre. Artonne, *Le mouvement de 1314, Bib. de la Faculté des lettres de Paris*, 1912, App. n° 2, p. 164.

(166) Bodin, *Les six livres de la République*, l. I, ch. viii, p. 137.

(167) Ci-dessous, p. 518 et 519.

arrêt de la loi Salique du 28 juin 1593 et par celui du 24 mars 1594 (168).

En second lieu, et cette fois spontanément, les Parlements pouvaient utiliser leurs attributions judiciaires dans le domaine politique, en poursuivant devant eux, le cas échéant, les hauts fonctionnaires, pour crimes ou délits faciles à trouver dans l'ancien droit. Ces poursuites, il est vrai, pouvaient être facilement arrêtées par le roi, à qui il suffisait d'évoquer l'affaire devant son Conseil pour en dessaisir le Parlement; mais l'éclat que celui-ci désirait, l'éveil qu'il avait voulu donner à l'opinion publique ne s'en étaient pas moins produits (169).

Mais les droits politiques les plus importants des Parlements étaient extrajudiciaires. C'étaient le *droit d'enregistrement et de remontrances*, et le *droit de faire des arrêts de règlement*.

## I

C'était un principe acquis et certain que les lois émanées de la volonté royale, édits, ordonnances, déclarations, lettres patentes, ne devenaient exécutoires que lorsqu'elles avaient été enregistrées au Parlement (170). Cet enregistrement n'était point une simple formalité; la loi était préalablement *vérifiée*, c'est-à-dire discutée, et le Parlement pouvait refuser l'enregistrement ou ne l'accorder qu'en partie, réservant ou modifiant certains articles (171). Lors-

---

(168) Ci-dessous, p. 517.

(169) Les poursuites de ce genre ont été fréquentes dans l'ancien régime. En voici deux exemples frappants, car ils concernent deux ministres. Le premier est un arrêt du Parlement de Paris du 8 janvier 1649, rapporté dans les *Mémoires* de M⁽ᵐᵉ⁾ de Motteville (collection Michaud et Poujoulat, 2ᵉ série, t. X, p. 234) : « La cour, toutes les chambres assemblées... attendu que le cardinal Mazarin est notoirement l'auteur de tous les désordres de l'Etat et du mal présent, l'a déclaré et déclare perturbateur du repos public, ennemi du roi et de son Etat, lui enjoint de se retirer de la cour dans ce jour et dans la huitaine hors du royaume, et, ledit temps passé, enjoint à tous les sujets du roi de lui courre sus; fait défense à toutes personnes de le recevoir. » Le second arrêt est du Parlement de Paris, du 10 août 1787 ; « Le Parlement donne acte au procureur général du roi de la plainte qu'il rend des déprédations commises dans les finances, soit par des échanges et acquisitions onéreuses à l'Etat, soit par l'extension des emprunts au delà des sommes portées dans les édits et déclarations registrés en la cour, soit par des manœuvres pratiquées dans la refonte des monnaies, soit par les fonds du trésor royal fournis pour soutenir des agiotages funestes à l'Etat, soit par des abus d'autorité et autres de tous genres commis par M. de Calonne dans l'administration des finances..., lui permet d'informer des dits faits. » Voyez Raudot, *La France avant la Révolution*, p. 193. Alors, il est vrai, Calonne n'était plus ministre.

(170) La Roche-Flavin, *Treize livres*, l. XIII, ch. xvii, n° 3 : « Telle est la loy du royaume que nuls édits, nulles ordonnances n'ont effect, on n'obéit à iceux ou plustost on ne les tient pour édicts et ordonnances s'ils ne sont vérifiés aux cours souveraines et par la libre délibération d'icelles. » — Guy Coquille, *Institution*, p. 7: — Pasquier, *Recherches*, p. 60, 567.

(171) La Roche-Flavin, *loc. cit.* : Après en avoir délibéré, quelquefois est ordonné

qu'il refusait ainsi d'enregistrer, il en donnait les raisons dans des *remontrances*, qu'il adressait au roi par écrit ou qu'il lui faisait présenter oralement par des députés. Chaque Parlement avait indépendamment pour son ressort le droit d'enregistrement, et tous étaient égaux en ce point (172) : il pouvait en résulter que telle loi fût obligatoire dans le ressort de certains Parlements et ne le fût pas dans certains autres (173). Ce n'étaient pas seulement les lois, mais aussi les traités conclus par le roi avec les puissances. qui, pour devenir obligatoires, devaient être enregistrés en Parlement. Mais ici il semble que, dans l'opinion commune, il suffisait de l'enregistrement par le Parlement de Paris pour la France entière (174). Enfin, par rapport aux lois, le droit d'enregistrement n'appartenait pas seulement aux Parlements, mais aussi aux autres cours souveraines, Cours des comptes, Cours des aides, Grand Conseil, mais, forcément, avec une moindre étendue : les seuls édits, en effet, qu'on leur adressait à fin d'enregistrement, étaient ceux qui statuaient sur des matières rentrant dans leur compétence, les seuls qu'elles eussent à appliquer (175). Tel était ce droit

que la publication s'en fera, quelquesfois sont faictes remonstrances à Sa Majesté, et si elle (la cour) commande la publication estre faicte, souvent elle contient quelques modifications qui sont de pareil effect que les édicts mesmes et dépendances d'iceux. » D'après le même auteur (*ibid.*, n° 25), il pouvait y avoir des particuliers opposants à la publication des édits.

(172) La Roche-Flavin, *op. cit*, l. XIII, ch. VIII, n° 1 : « Les Parlemens de France sont tous esgaux en authorité et jurisdiction... J'ai veu souvent refuser (au Parlement de Toulouse) plusieurs édicts, en nombre de plus de quatre-vingts receus au Parlement de Paris, bien qu'il y eust jusques à six, voire sept jussions. »

(173) La Roche-Flavin, *loc. cit.* : « Ayant le Parlement de Paris ordonné par arrest que les Jésuites videroient la France .. nous prohibasmes l'exécution dudit arrest. ce qui maintint les Jésuites dans toute nostre province de Languedoc et partie de la Guyenne de nostre ressort. »

(174) Dupuy, *Du Parlement*, à la suite du *Traité de la majorité des rois*, II, p. 422 · « Les princes étrangers traitans avec nos rois n'ont jamais manqué... de stipuler particulièrement et expressément que les traictez seront vérifiés et publiés dans le Parlement de Paris seulement, et quelquefois dans tous les Parlemens du royaume ». Voyez les exemples qu'il cite. Il faut d'ailleurs distinguer entre les traités. Ceux qui entraînaient, pour leur application, quelques modifications au droit français, public ou privé, devaient nécessairement être enregistrés comme les lois et par chaque Parlement, puisqu'ils apportaient un changement à la législation C'est ainsi que devaient être enregistrés les concordats. Ainsi les lettres par lesquelles Louis XI, en 1461, avait accordé au pape Pie II l'abrogation de la Pragmatique sanction (Isambert, *Anciennes lois*, X, 393), furent bien enregistrées au Parlement de Toulouse (*Stylus curiæ parlamenti*, édit. Du Moulin, 6ª pars., n° 46). mais le Parlement de Paris refusa de les enregistrer,. de même que, plus tard, le concordat conclu en 1472 avec Sixte IV (Isambert, *Anciennes lois*, X, 850). Pour les traités dont l'exécution n'entraînait aucune modification du droit français, en droit leur enregistrement aux Parlements n'était pas nécessaire On ne les y portait que pour leur donner plus de solennité, pour éviter peut-être cette caducité dont anciennement ils étaient frappés à la mort du roi qui les avait conclus. Ci-dessus, p. 321, note 37. On comprend qu'il suffit alors de les faire enregistrer par le Parlement de Paris.

(175) La Roche-Flavin, *op. cit*, l. XIII, ch. XVII, n° 3 — Guy Coquille, *Institution,*

d'enregistrement qui, rigoureusement appliqué, aurait eu pour effet, comme le dira Louis XV, de réduire le pouvoir royal à la proposition des lois (176). Il faut voir comment on explique son introduction et comment s'en accommodait la Royauté.

Les jurisconsultes et parlementaires français du xvie au xviiie siècle avaient une thèse très simple pour expliquer et justifier le droit d'enregistrement. Elle était historique et consistait à remonter du Parlement de Paris aux Parlements féodaux et à la *Curia regis*. Il avait été un temps (177) où le roi ne pouvait faire une loi obligatoire dans tout le royaume sans obtenir l'assentiment des prélats et barons réunis à cet effet dans la *Curia* ou Parlement : ce droit, le Parlement de Paris l'avait conservé, en se transformant et devenant sédentaire; il l'avait transmis aux Parlements de province créés à son image. On remontait même plus haut encore, pour donner à ce droit une antiquité plus vénérable; on soutenait que le Parlement féodal, en discutant et consentant les lois, avait succédé aux attributions des *Placita* mérovingiens et carolingiens (178), dont on exagérait le pouvoir, en en faisant de véritables assemblées législatives au lieu de simples corps consultatifs. C'était là une théorie ingénieuse, mais insoutenable : dans la chaîne qu'on établissait il y avait des solutions de continuité multiples et évidentes. Les Parlements féodaux étaient autre chose que les *Placita* carolingiens, et surtout le Parlement, composé de magistrats nommés par le roi, était tout autre chose que la réunion des barons et des prélats dans la *Curia regis*.

Cette théorie, d'ailleurs, qui fut, au xviiie siècle, la charte invoquée par les Parlements, était grosse de conséquences. Il en résultait logiquement, en effet, que le droit de vérification des Parle-

p. 5 : « Les lois et ordonnances des roys doivent estre publiées et vérifiées en Parlement ou en autre cour souveraine selon le subject de l'affaire, autrement les sujets n'en sont liez, et quand la cour adjouste à l'acte de publication que ça este de l'exprès mandement du roi, c'est une marque que la cour n'a pas trouvé l'édit roisonnable. »

(176) Edit. ue 1770 (Isambert, *Anc. lois*, XXII, 506) · « Ils élèvent leur autorité à côté et même au-dessus de la nôtre, puisqu'ils réduisent par là notre pouvoir législatif à la simple faculté de leur proposer nos volontés, en se réservant d'en empêcher l'exécution »

(177) Ci-dessus, p. 468 et suiv.

(178) Voyez sur cette théorie, Pasquier, *Recherches de la France*, l. 11, ch. ii et suiv.; p. 44 et suiv.; — La Roche-Flavin, *op. cit*, l. XIII, ch xvii, n° 1 · « Tout ainsi que sous Charlemagne et ses successeurs on n'entreprenoit chose de conséquence au royaume que l'on n'assemblât le Parlement, composé de princes, prélats, barons et plus apparens du royaume, pour avoir l'œil sur ceste affaire aussi, ce Parlement ayant esté arresté, fut trouvé bon que les volontés générales de nos rois n'obtinssent point lieu d'édits, sinon qu'elles fussent émologuées et vérifiées en ce lieu. » L'ouvrage souvent cité de Le Paige, *Lettres historiques sur les Parlements*, a été spécialement composé pour établir cette thèse; voyez surtout I, p. 86-87, 170, 265-274; II, 4 et suiv

ments était aussi ancien que la monarchie; que, fondé sur cette coutume traditionnelle, il était lui-même l'une des lois fondamentales (179), et que, par suite, la Royauté ne pouvait ni le supprimer, ni le restreindre : la pratique même du *lit de justice*, tel qu'il sera décrit plus loin, devenait d'une correction douteuse.

Aussi le pouvoir royal ne pouvait admettre cette thèse; et, pour expliquer les droits reconnus au Parlement, une autre doctrine, officielle en quelque sorte, avait cours dans l'ancienne France. Elle les faisait simplement reposer sur une concession du pouvoir royal, plutôt tacite que formelle et conforme au génie de l'ancienne monarchie. Elle admettait chez les fonctionnaires royaux, au moins supérieurs, un pouvoir et un devoir de conseil à l'égard du roi; le cas échéant, lorsqu'ils recevaient de lui un ordre qui leur paraissait contraire à la loi commune ou à la justice, ils lui devaient des remontrances même répétées. Bodin, qui a spécialement développé cette théorie (180), la corroborait par une autre application de la même idée généralement admise. Le chancelier, lorsque le roi faisait présenter au sceau quelque mandement contraire aux principes, devait refuser de le sceller et ne céder qu'à la dernière extrémité; les exemples de semblables résistances étaient assez nombreux et célèbres (181).

Cette thèse supposait chez le roi la possibilité de supprimer ou de restreindre le droit d'enregistrement et de remontrances (182). Elle s'accordait parfaitement avec la pratique des lettres de jussion et du lit de justice.

Considérée au point de vue historique, cette explication contenait une grande part de vérité, exagérée cependant. En réalité, ce droit s'était formé par la coutume et par voie d'empiétement, avec la tolérance du pouvoir royal. La lecture publique de l'ordonnance par le Parlement et la transcription du texte sur ses regis-

---

(179) La Roche-Flavin, *Treize livres des Parlements*, l. XIII, ch. xvii, nᵒˢ 3 et 23 : « Telle est la loi du royaume... en France; telle a toujours été la commune observance fondée sur les anciennes lois du royaume... Il est vrai que, *par l'une des lois fondamentales* de ce royaume, les prédécesseurs rois ont donné le pouvoir aux Parlements de les vérifier (les lois), homologuer, refuser, limiter ou restreindre. »

(180) *Les six livres de la République*, l. III, ch. iv, p. 415; l. VI, ch. iv, p. 965.

(181) Voyez ci-dessus, p. 432, note 10, le trait du chancelier de l'Hôpital, rapporté par Bodin, l. I, ch. viii, p. 132, et le serment du chancelier Du Prat en 1514, dans Tessereau, *Histoire de la grande chancellerie*, p. 75.

(182) Lebret, *De la souveraineté*, l. I, ch. ix : « L'on demande si le roi peut faire et publier tous ces changements de lois et d'ordonnances de sa seule autorité, sans l'advis de son conseil ni de ses cours souveraines. A quoi l'on répond que cela ne reçoit point de doute, pour ce que le roi est seul souverain dans son royaume et que la souveraineté n'est non plus divisible que le point en la géométrie. Toutefois il sera toujours bien à un grand roi de faire approuver ses lois et ses édits par les Parlemens et les autres principaux officiers de la Couronne, qui sont obligés par serment de le servir et de le conseiller avec toute sorte de fidélité. »

tres étaient des formalités qui, en soi, se concevaient fort bien : c'était le moyen par lequel se faisait anciennement la promulga tion de la loi, et c'était le plus simple qu'on pût employer à une époque où l'imprimerie n'était pas connue. La même transcription était opérée, dans leurs circonscriptions respectives, par les baillis et sénéchaux; et les cours gardaient sur leurs registres le texte qu'elles devaient appliquer. Mais comment cette simple formalité se changea-t-elle en une discussion de la loi et en un contrôle exercé sur le pouvoir royal (183) ? Ce fut certainement par un empiéte ment des magistrats, mais la Royauté dut s'en accuser en partie. En effet, se défiant justement des entraînements et des sollicita tions qui pourraient la porter à abuser de la justice retenue, dès le commencement du xiv⁰ siècle, elle recommanda aux baillis et à tous les gens de justice de ne pas mettre ses ordres à exécution, lorsqu'il se trouverait qu'ils contenaient quelque disposition con traire au devoir de leur charge (184). A partir du xiv⁰ siècle, visant spécialement les *lettres de grâce* et les ordres royaux qui enjoi gnaient de surseoir aux arrêts, les ordonnances prescrivent aux Parlements de n'en tenir aucun compte lorsqu'ils sont contraires à la justice et au droit (185). Sans doute, dans ces textes, il ne s'agissait pas des lois proprement dites, mais bien des ordres spéciaux ou des lettres accordées par le roi au profit des parti culiers : on conçoit néanmoins combien facilement les Parlements en purent prendre prétexte pour exercer, par rapport aux lois elles-mêmes, une vérification semblable. Au xviii⁰ siècle, ces textes sont constamment invoqués par eux pour justifier leur pou voir de vérification. Dès la fin du xiv⁰ siècle, ce pouvoir s'exerça, d'abord sur de véritables privilèges, puis sur des lois proprement

---

(183) M. Maugis, *Histoire du Parlement de Paris*, I, p. 522 et suiv., a essaye de montrer comment le droit du Parlement a passé peu à peu du simple enregistre ment, garantie de publicité et d'authenticité, dont la validité de la décision du prince ne dépend pas, à une vérification nécessaire à la valeur même de l'acte législatif. Il énumère une série d'exemples progressant de la simple formalité d'enregistrement à la délibération, puis à la réserve et à la correction. Seulement tous ces exemples sont à peu près de même date.

(184) Ordonnance de mars 1302, art. 21 (*Ord*, I, 361) : « Precipimus quod omnes senescalli, baillivi, prepositi et quicunque alii justiciarii in regno nostro constituti mandata regia cum debita reverentia suscipiant et diligenter executioni debite demandent, nisi aliqua vera et justa causa et legitima obsistat, quominus juxta jura mentum suum ea facere aut exequi minime teneantur. »

(185) Ordonnance de novembre 1318, art. 25, 26 (*Ord.*, I, 669); Ordonnance de février 1319, art. 8 (*Ord*, t. I, p. 619); Ordonnance de décembre 1344, art. 10 (*Ord*, II, 280). Cette disposition fut souvent répétée dans la suite; les principaux textes ont été réunis au xviii⁰ siècle dans un petit volume intitulé : *Monumens précieux de la sagesse de nos rois*, 1753. On peut remarquer que Claude Seyssel, dans sa *Grant monarchie de France*, ne parle que de la vérification des lettres de justice et de grâce, non de celle des ordonnances, l. I, ch x·

dites au commencement du xvᵉ siècle (186). Au cours du xvᵉ on voit bien parfois le roi annulant les réserves faites par le Parlement lors de la vérification (187), mais le droit n'en prend pas moins racine. Il est parfaitement établi dans la seconde moitié de ce siècle; il suffit d'en citer une preuve célèbre : Louis XI ne put obtenir du Parlement de Paris que celui-ci enregistrât l'abrogation de la Pragmatique sanction et le Concordat conclu avec Sixte IV, et ce Concordat ne put recevoir son exécution. J'ai déjà dit d'ailleurs que ces droits des Parlements, quelque exorbitants qu'ils paraissent, se rattachaient à un principe, à une tradition de l'ancienne monarchie, dont on trouve d'autres applications et qu'on peut appeler le *pouvoir du conseil*. Les officiers et magistrats supérieurs, qui étaient en contact immédiat avec le roi, pouvaient et devaient même lui faire des remontrances sur les actes qu'il se disposait à accomplir et qu'ils considéraient comme contraires à la justice et à l'utilité publique. Ceux des officiers ou magistrats supérieurs dont l'intervention était nécessaire pour la perfection de tels actes pouvaient et devaient même la refuser et résister tant qu'il n'était pas certain que le roi imposait une volonté éclairée et définitive. Le Chancelier fournit à cet égard un parallélisme démonstratif. Il pouvait au xviᵉ siècle encore refuser, en pareil cas, de sceller les lettres patentes, comme les Parlements refusaient d'enregistrer les lois. Les formules et les formes sont semblables de part et d'autre, ainsi que les remontrances, les protestations et réserves, lorsque le roi impose sa volonté.

Ce droit du Parlement tempérait singulièrement le pouvoir royal : aussi ce dernier ne le reconnaissait point comme contenant une véritable participation au pouvoir législatif; c'étaient de simples conseils que le roi avait permis aux Parlements de lui présenter à l'occasion des lois qu'il leur adressait (188). Cependant comme, somme toute, le refus d'enregistrement était exercé et même très fréquemment dans les temps difficiles (189), le pouvoir royal avait dû chercher un moyen pour résoudre à son avantage les conflits qui pouvaient en résulter.

(186) Lettres de jussion de 1392 (Isambert, *Anc lois*, VI, 703; cf. VIII, 614). — Pasquier, *Recherches*, l. II, ch. iv, p. 61 et 418. — La Roche-Flavin, *op cit.*, l. XIII. ch. xvii, n° 14.

(187) Lettres du roi de 1453 (*Ord*, XIV, 261).

(188) Lebret, *De la souveraineté*, l. I, ch. ix, p. 19 : « L'on demande si le roi peut faire et publier tous ces changements de loix et d'ordonnances de sa seule autorité, sans l'avis de son conseil ni de ses cours souveraines. A quoi l'on répond que cela ne reçoit point de doute... Toutefois il sera toujours bien séant a un grand roi de faire approuver ses loix et ses édits par ses Parlemens. »

(189) La Roche-Flavin, *op. cit*, l. XIII, ch. xvii, n° 14 : « Et depuis l'an 1562, jusqu'en l'an 1589, que les rois estoient moindres ou mal conseillez et que les troubles et guerres civiles ont eu cours, nous en avons veu un grand nombre et je croy plus de cent refusés. »

Lorsqu'un semblable refus était opposé et que le roi ne cédait pas aux remontrances qui lui étaient adressées, il envoyait à la cour des lettres dites *de jussion*, qui contenaient l'ordre formel d'avoir à enregistrer sur l'heure et sans modification (190). Mais souvent ces lettres n'avaient aucun effet : la cour y répondait par de nouvelles remontrances, auxquelles le roi répliquait par de nouvelles lettres de jussion, et la chose pouvait durer longtemps sur ce ton (191). Souvent cependant le Parlement cédait, en mettant sur ses registres que l'ordonnance avait été *lecta et publicata de expresso mandato domini regis*, par voie de protestation (192). Mais si le Parlement persistait, il fallait trouver un moyen pour le ramener à l'obéissance. En 1566, l'Ordonnance de Moulins avait coupé court en prohibant les *itératives remontrances*, faisant une nécessité légale de l'enregistrement après que les premières remontrances avaient été inutilement présentées (193). Mais cette loi ne fut point exactement observée, et le dernier remède était le *lit de justice*, c'est-à-dire le roi se rendant au Parlement et faisant sous ses yeux, et sans délibération, transcrire l'ordonnance sur les registres. De bonne heure, dès le commencement du xv° siècle, on vit ainsi un roi ou un régent forcer la main au Parlement (194). Mais, au xvi° siècle, la chose avait été ramenée à une théorie juridique dissimulant le coup de force et le ramenant aux formes du droit. Le *lit de justice*, c'était en réalité le roi venant tenir lui-même sa cour, comme l'avaient fait ses prédécesseurs de la branche capétienne pendant près de trois siècles. Par le fait, les membres du Parlement perdaient leur autorité propre; ils n'étaient plus que de simples donneurs de conseil, et le Parlement résidait tout entier pour un moment dans la personne du roi. Par sa présence et son action propre, celui-ci faisait disparaître, tant qu'il siégeait, ceux qui n'étaient que ses délégués (195).

(190) Voyez la formule des lettres de jussion, dans le *Nouveau style de la chancellerie*, l. I, p 278. C'étaient des lettres de cachet.

(191) Voyez ci-dessus, p. 508, note 172

(192) La Roche-Flavin, *op. cit.*, l. XIII, ch. xvii, n° 14 · « Auquel cas pour faire apparoir que ce n'estoit de l'intention ni par délibération de la cour, le registre estoit chargé du très exprès commandement du roy present et residant avec son chancelier à ladite publication. » Il ajoute, n° 16, qu'en ce cas la cour fait encore délibération « que chasque année seront continuées très humbles remonstrances au roi de révoquer cet édit », et il en donne un exemple pour le Parlement de Toulouse.

(193) Art. 2 : « Après que sur icelles remontrances leur aurons fait entendre nostre volonté, voulons et ordonnons estre passé outre à la publication, sans aucune remise à autres secondes. »

(194) Pasquier, *Recherches*, l. II, ch. iv

(195) La Roche-Flavin, *op. cit.*, l. XIII, ch. xvii, n° 26 · « Quand le roy est présent à la publication des édits, le chancelier ou président... dit en ceste sorte · Le roy vous dit que sur le reply des lettres sera mis qu'elles ont esté leues, publiées et enregistrées, ouy sur ce son procureur, sans y mettre « le requérant ny

Le lit de justice, d'ailleurs, ne terminait pas toujours le conflit. Les magistrats, quand la voix leur était rendue, trouvaient de nouveaux moyens de résistance, dont la plupart avaient l'apparence d'actes révolutionnaires. Ils déclaraient qu'ils ignoreraient dans l'administration de la justice la loi enregistrée contre leur volonté; ou encore ils donnaient en masse leur démission, sûrs qu'elle ne serait pas acceptée dans ces conditions; ou enfin ils suspendaient l'administration de la justice, n'ouvrant pas les audiences jusqu'à ce qu'il leur fût donné satisfaction (196). Le gouvernement, de son côté, avait à sa disposition des armes du même genre : il faisait emprisonner par lettres de cachet quelques-uns des meneurs, ou il exilait le Parlement tout entier et en corps dans une petite ville du ressort, ou enfin il menaçait de suspendre la perception de la Paulette. Aussi, pour éviter ces difficultés et ces conflits, quand il s'agissait d'une loi purement politique ou administrative, qui ne pouvait donner lieu à des litiges portés devant les Parlements, au lieu de lui donner la forme d'une ordonnance ou d'un édit, le roi procédait-il souvent par un simple arrêt de son Conseil, qui, au fond, avait alors la même force et évitait de passer devant le Parlement (197).

## II

Les Parlements et autres cours souveraines participaient aussi, dans un certain sens, à la législation par le droit de rendre des *arrêts de règlement*. Ces arrêts ne se rattachaient point à la justice contentieuse et n'étaient point rendus pour trancher un litige entre deux parties. C'étaient de véritables règlements, ayant force obli-

consentant », car l'advis ny présence du procureur ne sert de rien, le maistre présent. Comme aussi le roi présent, le Parlement ny autre magistrat ne peut user d'aucun commandement ny exercice de justice de luy mesme : *Adveniente principe cessat magistratus.* » — L'Hommeau, *Maximes générales du droit français*, l. I, 3 : « Quelque grande puissance qu'ayent les magistrats souverains, elle n'a aucune force quand le roy souverain parle et commande, voire mesme la seule présence du roy fait cesser toutes les puissances des magistrats. De sorte que où le roi est présent, tous les magistrats n'ont point de puissance, non plus qu'en la présence du soleil approchant de l'horizon, toutes les lumières célestes n'ont point de clarté, au contraire or perdent du tout. C'est pourquoy, quand le roi entre dans ses palais de justice, les juges se lèvent et cessent de rendre justice, tandis que le roi est présent. »

(196) Ces moyens furent surtout employés au xviii° siècle; ils sont visés pour la plupart dans l'édit de 1770 (Isambert, *Anc. lois*, XXII, p. 503-504).

(197) L'Hommeau, *Maximes*, I, 5 : « Aujourd'huy, pour éviter aux longueurs des vérifications des édits du roy et difficultez qu'y apportent les cours souveraines, les affaires d'Estat se passent sans édits, par arrest du privé conseil du roy, en sorte qu'il ne se fait plus guère de vérifications d'édits ès cours souveraines; mais, pour dire la vérité, les affaires ne s'en portent pas mieux » On trouvera un résumé avec extrait de pièces, des conflits parlementaires du xviii° siècle dans Léon Cahen, *Les querelles religieuses et parlementaires sous Louis XV*, 1913

gatoire dans le ressort du Parlement qui les avait faits, et seulement dans ce ressort; ils n'avaient de l'arrêt que la forme, le Parlement n'en ayant point d'autre pour exprimer ses décisions. Ils statuaient pour l'avenir par disposition générale et à l'égard de tous, comme la loi elle même. Comment les Parlements avaient-ils acquis ce droit si remarquable ? Il s'expliquait historiquement et rationnellement. La cause première et générale s'en trouvait dans une confusion, propre à la coutume féodale, entre le droit de justice et le droit de réglementation. Ils paraissent alors inséparables : qui possédait le droit de justice avait, dans la même mesure, le droit de réglementation; celui-ci était la conséquence et l'appendice de celui-là (198). Cette confusion disparut, il est vrai, dans le cours du temps. Il en résulta que les justices seigneuriales et inférieures perdirent le pouvoir réglementaire (199). Les bailliages et sénéchaussées le conservèrent longtemps et ne le perdirent qu'au cours du xvıᵉ siècle. Le Parlement le conserva et cela pour deux raisons. En premier lieu, le Parlement pendant longtemps, ce fut en droit le roi lui-même qui était censé faire siennes les décisions prises par ses conseillers : il était tout naturel, dans de semblables conditions, que le Parlement statuât souvent par dispositions réglementaires (200), et, de fait, nous trouvons en grand nombre dans les *Olim* des règlements de cette espèce. Ayant pris cette attribution, le Parlement la conserva quand il eut acquis une autorité propre. D'autre part, elle fut confirmée, dès le xıvᵉ siècle, par l'interprétation qu'on donna à certains textes des lois romaines. 'l y était dit à propos du Sénat : *Non ambigitur senatum jus facere posse* (201), et le droit romain reconnaissait aussi au Préfet du prétoire un pouvoir *quasi législatif* (202) : on appliqua cela au Parlement, qui traditionnellement prenait le titre de *Senatus* et qui représentait la plus haute autorité judiciaire dans la monarchie française, comme le Préfet du prétoire la représentait dans l'Empire romain (203).

---

(198) Ci-dessus, p. 464.

(199) Cependant on pourrait croire qu'à la fin du xıvᵉ siècle Boutillier reconnaît encore aux justices seigneuriales le pouvoir réglementaire (*Somme rurale*, I, tit. II, p. 7) : « Commune observance est un establissement que le seigneur a estably en sa cour, outre les us, stile ou rit qui y est, pour ce qu'aucunes fois est de nécessité que les juges fassent aucuns establissements pour obvier ou refréner la malice des subtils. » Mais il en donne seulement comme exemples des mesures d'ordre intérieur : « Comme si un juge ordonnoit en la cour qu'un jour on plaideroit les causes d'office et l'autre on plaideroit des causes des parties singulières ou un jour des causes criminelles et l'autre jour des causes civiles. »

(200) Voyez ci-dessus, p. 358, 870-1.

(201) I, 9, D. *De leg.*, 3.

(202) Ci-dessus, p. 4, note 16.

(203) Johannes Faber, *Breviarium Codicis*, sur la loi dernière au Code *De legibus*. — Aufrerius, sur les *Decisiones capellæ Tolosanæ*, qu. 406 et 480, Lyon, 1617, p. 351 et 422

Une fois le droit établi et devenu traditionnel, on le justifiait autrement, par une délégation du roi, qui, ne pouvant tout connaître, ni pourvoir par des lois à tous les besoins qui se révélaient, avait permis aux Cours souveraines d'y suppléer par des règlements obligatoires dans leur ressort (204). Elles possédaient ainsi un pouvoir réglementaire pour tous les objets rentrant dans leur compétence, et leurs règlements constituaient une véritable législation; mais on disait que celle-ci était simplement *provisoire* et *supplétoire*. Elle était provisoire, parce qu'elle était faite en attendant une loi et pour en tenir lieu dans l'intervalle : de fait, certains articles très importants des anciennes ordonnances ont été inspirés par un arrêt de règlement de tel ou tel Parlement, que le législateur s'est approprié en le généralisant. Cette législation était purement supplétoire, en ce que les Parlements pouvaient bien statuer ainsi dans le silence de la loi et de la coutume, pour combler une lacune qu'elles présentaient; mais ils ne pouvaient modifier les dispositions légales ou coutumières (205). Les Parlements faisaient ainsi des arrêts de règlement sur des points rentrant dans le droit privé ou dans le droit criminel. Ils en faisaient également sur la police, qui étaient de véritables règlements administratifs : cela venait de ce que, dans l'ancien droit, la police ne fut jamais séparée de la justice. Mais, ici, les Parlements avaient des concurrents dans les autorités municipales et administratives, qui avaient un pouvoir de réglementation semblable. Les Parlements (et les autres cours souveraines pour les objets de leur compétence) étaient les seules juridictions royales qui pussent statuer par arrêts de règlement : les tribunaux de bailliage ne le pouvaient plus (206).

(204) Loyseau, *Des seigneuries*, ch. III, n° 12 : « Le roy, ne pouvant tout sçavoir ni estre partout, et par conséquent ne lui estant pas possible de pourvoir à toutes les menues occurrences qui arrivent en tous les endroits de son royaume et qui requièrent estre réglées promptement, permet à ses principaux officiers, soit des cours souveraines, soit des villes, de faire des règlemens, chacun au fait de leurs charges, qui ne sont pourtant que provisoires et faits sous le bon plaisir du roy. auquel seul appartient faire lois absolues et immuables. »

(205) Lebret, *Traité de la souveraineté*, l. I, ch. IX, p. 20 : « L'on fait encore cette demande, savoir si les cours souveraines ont aussi le droit de faire des lois. A quoi l'on répond qu'elles peuvent bien faire des règlemens publics, selon les occasions qui se présentent aux formes de la justice et de la police et par provision seulement : mais qu'elles ne peuvent rien définir par une loi générale, mêmement contre les lois et ordonnances qui sont déjà reçues; et c'est ainsi que l'on doit entendre et recevoir en France ce mot du jurisconsulte : *Non ambigitur senatum jus facere posse.* »

(206) La Roche-Flavin, *op. cit.*, l. XIII, ch. XXIII, n° 7 : « Parce que ce seroit un désordre et discordance en une province ou ressort d'un Parlement si chaque siège de séneschal ou bailliage avoit diverses observances, à très bonne raison les Parlemens ne veulent pas que les baillis, sénéchaux ou juges des lieux entreprennent de faire en leurs sièges des règlements particuliers sur le faict de la justice... et partant on dit que les règlemens appartiennent aux Parlemens en première instance. »

III

Bien que l'activité politique des Parlements ait été presque constante, à partir du xvi° siècle, on peut distinguer quatre périodes principales pendant lesquelles elle a été surtout énergique et marquée par des faits importants.

La première se place en pleine guerre civile, à la mort du roi Henri III, lorsque la Ligue était maîtresse de Paris (207). Dès le 11 février 1589, Henri III avait transféré le Parlement de Paris à Tours, donnant l'ordre aux officiers de se rendre dans cette ville (208); mais il n'avait été obéi que par quelques-uns. De là, deux Parlements rivaux : l'un resté à Paris, plus nombreux et dévoué à la Ligue; l'autre siégeant en province (209), celui d'Henri III et plus tard Henri IV. Le Parlement ligueur, après la mort d'Henri III, exerça véritablement l'autorité souveraine, conjointement avec le duc de Mayenne, le lieutenant général : il ordonnait par ses arrêts la levée des impôts (210) et homologuait de la même manière les décisions prises par l'Union. Mais, peu à peu, il se forma dans son sein un *tiers parti* favorable à la reconnaissance d'Henri IV, à de certaines conditions. Le Parlement rendit alors deux arrêts politiques et célèbres. L'un, du 28 juin 1592, est dit arrêt de la loi Salique : il visait les négociations engagées par la Ligue pour appeler au trône de France un prince étranger qu'on aurait marié à une princesse du sang de France, ou une princesse étrangère, et, invoquant les lois fondamentales et surtout la loi Salique, il déclarait par avance nul et de nul effet tout ce qui serait arrêté dans ce sens (211). L'autre arrêt, du 27 mars 1594, révoquait les pouvoirs de Mayenne, ordonnant aux ligueurs de reconnaître Henri IV pour roi; il cassait et annulait tous les actes accomplis par les Etats généraux de la Ligue et prononçait leur dissolution définitive (212).

La seconde période se place au début du règne de Louis XIV, et ce fut l'initiative de la régente qui invita le Parlement à entrer

(207) Voir Maugis, *Histoire du Parlement de Paris*, II, 1914, ch. iii à vii.

(208) Isambert, *Anc. lois*, XIV, 633. Le Parlement avait d'ailleurs engagé officiellement Henri III à rentrer dans Paris, lorsqu'il avait quitté cette ville en 1588 (La Roche-Flavin, *op. cit.*, l. XIII, ch. xiv, n° 1).

(209) A Tours et à Châlons. Il y eut ainsi une sorte de démembrement du ressort. (Maugis, *op. cit.*, p. 179 et suiv.)

(210) C'était d'ailleurs un droit que les théoriciens reconnaissaient au Parlement en cas d'extrême nécessité (La Roche-Flavin, *op. cit.*, l. XIII, ch. liii, n° 5).

(211) Isambert, *Anc. lois*, XV, 71 : « Dès à présent ladite cour déclare tous traités faits et à faire pour l'établissement de prince ou princesse étrangers nuls et de nul effet et valeur comme faits au préjudice de la loi Salique et autres lois fondamentales de l'Etat. »

(212) Isambert, *Anc. lois*, XV, 85

en scène. Peu avant sa mort, dans un édit du 20 avril 1643 (213),
qu'il avait fait enregistrer au Parlement, Louis XIII avait institué
Anne d'Autriche régente, mais en lui adjoignant sept conseillers,
qui en réalité avaient toute l'autorité. Anne d'Autriche s'adressa
au Parlement pour avoir la régence sans conditions. Celui-ci,
malgré l'Edit du 20 avril qu'il avait enregistré, se prêta à cette
demande et accorda à la reine-mère « l'administration absolue,
pleine et entière, des affaires du royaume pendant la minorité ».
Cela se fit dans la forme d'un lit de justice où comparut le roi
enfant (214). C'était faire du Parlement l'arbitre de l'Etat; aussi
n'hésita-t-il pas à user largement de ses pouvoirs ordinaires. Il
refusa d'enregistrer successivement un certain nombre d'édits qui
créaient des taxes nouvelles, si bien qu'en 1645 la régente fit tenir
au petit roi un nouveau lit de justice où l'on enregistra en sa
présence dix-neuf de ces édits. Mais le Parlement préparait une
plus vaste entreprise et une résistance énergique. En 1647, éclata
toute une série de conflits avec le gouvernement, et le Parlement
s'unit pour la lutte avec les autres cours souveraines de la capitale, le Grand Conseil, la Cour des comptes et la Cour des aides.
Cela se fit par une ligue proprement dite, en forme d'arrêt, que
l'on appela l'*arrêt d'union* des cours souveraines (215). Celles-ci,
par une entente complète et sans faire aucun appel à la force,
prétendirent amener le pouvoir royal à composition. Du 30 juin
au 12 juillet 1648, elles rédigèrent toute une série d'articles, qui
constituaient comme une charte constitutionnelle, dont elles demandaient l'acceptation au roi (216). Elles réussirent, et les articles,
d'abord acceptés en partie, passèrent en bloc dans une Déclaration
royale du 31 juillet 1648 (217). C'était une victoire remarquable
qui pouvait être d'autant plus féconde qu'elle avait été entièrement
pacifique; mais elle ne tarda pas à être compromise. La guerre
civile s'ouvrit, en effet : la première Fronde de 1648 à 1649, et la
deuxième en 1650. Le Parlement de Paris, qui avait pris parti
pour la Fronde, se trouva parmi les vaincus, et, le 21 octobre
1652, il devait enregistrer une Déclaration, qui exceptait de l'amnistie accordée par le roi à raison des troubles, un certain nombre
de présidents ou conseillers, et qui défendait expressément au
Parlement de s'assembler pour délibérer sur les affaires de

(213) *Id., ibid.*, XVI, 550.
(214) Isambert, *Anc. lois*, XVII, 2 et suiv. Cela supposait évidemment que, comme
la transmission de la Couronne, et par voie de conséquence, l'organisation de la
régence était considérée comme échappant à l'autorité du roi.
(215) Voyez cet arrêt du 13 mars 1648 dans l'*Histoire du temps*, p. 80.
(216) Ces articles sont dans l'*Histoire du temps*, p. 158-175, et dans Isambert,
*Anc. lois.*, XVII, 72 et suiv.
(217) Isambert, *Anc. lois*, XVII, p. 84-89.

l'Etat (218). C'était lui enlever toute initiative en matière politique, mais ses droits d'enregistrement et de remontrances restaient intacts. Ils furent un peu plus tard gravement entamés. L'ordonnance de 1667, sur la procédure civile, qui enlevait aux Parlements le titre de cours souveraines, auquel ils tenaient tant, complétée, précisée par une Déclaration de 1673, statua sur ce point. Ces textes ne supprimèrent point la nécessité de l'enregistrement pour rendre la loi exécutoire, ni le droit de remontrances des Parlements, mais ils rendirent l'un et l'autre inoffensifs (219). Ils instituaient ce qu'on a appelé le système de l'*enregistrement préalable* : c'est-à-dire que les Parlements devaient enregistrer immédiatement, purement et simplement, sans réserves ni modifications, l'édit qui leur était adressé; ils pouvaient néanmoins présenter à ce sujet des remontrances au roi dans un délai très court, et, quelle que fût la réponse, il leur était défendu de les renouveler. C'était rendre illusoires les remontrances, puisqu'elles n'intervenaient qu'après l'enregistrement accompli; les Parlements avaient perdu, non pas le droit d'opérer, mais celui de refuser l'enregistrement. L'ordonnance de Moulins avait, nous l'avons vu, établi un régime analogue, quoique moins rigoureux, et n'avait point été respectée. Cette fois, on vivait sous le gouvernement personnel de Louis XIV : le roi fut obéi et les remontrances célèbres auxquelles donna lieu l'enregistrement de la Déclaration de 1673 furent les dernières dans lesquelles le Parlement osa élever la voix sous ce règne.

A la mort de Louis XIV, il devait reconquérir tous ses droits, grâce à une occasion favorable; on se trouvait dans une situation analogue à celle qui s'était présentée en 1643. Le nouveau roi était mineur et le roi défunt avait réglé la régence, comme jadis l'avait fait Louis XIII. Cette fois, ce n'était pas dans une Déclaration, préalablement enregistrée, qu'était contenue cette réglementation, mais dans le testament de Louis XIV. Ce testament (220) instituait un conseil de régence dont il désignait tous les membres, et déclarait que « toutes les affaires qui doivent être décidées par l'autorité du roi, sans aucune exception ni réserve », seraient

(218) Déclaration du 21 octobre 1652 (Isambert, *Anc. lois*, XVII, 299). « Faisons très expresses inhibitions et défenses aux gens tenans notre dite cour de Parlement de Paris de prendre ci-après aucune connaissance des affaires générales de notre Etat et de la direction de nos finances, ni de rien ordonner ni entreprendre, pour raison de ce, contre ceux à qui nous en avons confié l'administration à peine de désobéissance. »

(219) Ordonnance de 1667, tit. I, art. 2-6. Le système de l'ordonnance de 1667 consistait en ce qu'un court délai était accordé aux Parlements pour enregistrer ou faire des remontrances; s'ils le laissaient passer sans faire l'une ou l'autre chose, la loi était censée enregistrée de plein droit (Déclaration du 24 février 1673, Isambert, *Anc. lois*, XIX, 70).

(220) Isambert, *Anc. lois*, XX, 623

réglées par ce conseil « à la pluralité des suffrages, et sans que le duc d'Orléans, chef du Conseil, puisse, seul et par son autorité particulière, rien déterminer, statuer et ordonner ». Par là, le duc d'Orléans était expressément réduit au rôle de président du Conseil de régence; il n'hésita pas à saisir le Parlement, soutenant que la régence lui appartenait par droit de naissance, en vertu des lois fondamentales du royaume, et que le roi défunt n'avait pas pu l'en priver, pas plus qu'il ne lui aurait été possible de disposer de la Couronne (221). Le Parlement, écartant le testament, accorda au duc d'Orléans la régence sans autres conditions que celles qu'il avait lui-même exposées à la cour (222). Mais, en revanche, une Déclaration royale du 13 septembre 1715 rétablit le Parlement dans ses droits anciens quant à l'enregistrement et aux remontrances (223). Les Parlements, surtout celui de Paris, ne tardèrent pas à faire un fréquent usage de leur liberté restaurée. Le règne de Louis XV, jusqu'en 1770, fut fertile en conflits entre eux et le pouvoir royal, conflits pleins d'incidents et où souvent les deux partis allaient jusqu'à l'extrême usage de leurs droits traditionnels (224). Deux causes surtout les excitèrent.

Ce fut d'abord une querelle religieuse, celle que fit naître la célèbre bulle *Unigenitus*. En 1671, un Oratorien, le Père Quesnel, avait publié un ouvrage intitulé : *Réflexions morales sur le Nouveau Testament*. Ce livre fut dénoncé comme entaché de jansé-

(221) Isambert, *Anc. lois*, XXI, 5 : « Je suis donc persuadé que suivant les lois du royaume... la régence m'appartient; mais je ne serai pas satisfait si, à tant de titres qui se réunissent en ma faveur, vous ne joignez vos suffrages. Je vous demande donc... de délibérer... sur le droit que ma naissance m'a donné et sur celui que le testament pourra y ajouter. »

(222) Arrêt du 2 septembre 1715 (Isambert, *Anc. lois*, XXI, 24) : « Déclare M. le duc d'Orléans régent en France pour avoir en ladite qualité l'administration des affaires du royaume pendant la minorité du roi..., ordonne qu'il pourra former le conseil de régence, même tels conseils inférieurs qu'il jugera à propos et y admettre les personnes qu'il en jugera les plus dignes. » Ces derniers mots font allusion aux conseils, destinés à prendre l'autorité des secrétaires d'État, dont il a été parlé plus haut, p. 442 et suiv. Le duc d'Orléans, pour se bien faire venir du Parlement, lui avait en même temps présenté le plan de ses conseils. Quant au Conseil de régence, il avait déclaré « qu'il estoit dans la résolution de se soumettre à la pluralité des suffrages, estant toujours disposé à préférer les lumières des autres aux siennes propres », demandant seulement que l'on exceptât « de ce qui serait soumis à la pluralité des voix la distribution des charges, emplois, bénéfices et grâces, sur quoy pourtant il consulteroit le Conseil de régence. »

(223) Isambert, *Anc. lois*, XXI, 40 : « Nous avons cru ne pouvoir rien faire de plus honorable pour elle (cette compagnie) que de lui permettre de nous représenter ce qu'elle jugera à propos, avant que d'être obligée de procéder à l'enregistrement des édits et déclarations que nous lui adressons, et nous sommes persuadé qu'elle usera avec... sagesse et... circonspection de l'ancienne liberté dans laquelle nous la rétablissons. »

(224) On peut suivre année par année et presque jour par jour la suite et les incidents de ces conflits dans l'ouvrage remarquable de notre cher confrère, M Rocquain · *L'esprit révolutionnaire avant la Révolution*.

nisme à Louis XIV; le roi obtint, en 1713, du pape Clément XI, une bulle (commençant par le mot *Unigenitus*) qui condamnait cent une propositions contenues dans le livre du Père Quesnel. Cette bulle fut enregistrée au Parlement, comme elle devait l'être pour avoir force en France (225), mais elle souleva une vive réprobation dans bien des esprits. Deux partis se formèrent, les *acceptants* et les *opposants*. Mais, tant que vécut Louis XIV, il n'y eut point d'éclat public et le feu couva sous la cendre. Après 1715, il éclata : la question fut incessamment agitée dans des brochures, dans les mandements des évêques; souvent, des paroles on passait aux actes, le clergé refusant aux opposants l'administration des sacrements. Le Parlement prenait parti et intervenait fréquemment, soit spontanément, soit sur des appels comme d'abus émanant des particuliers; il poursuivait et condamnait les brochures ou les mandements, ou bien encore il citait les ecclésiastiques eux-mêmes à raison des refus de sacrements. Le pouvoir royal intervenait aussi de temps en temps, tantôt en faveur d'un parti, tantôt en faveur de l'autre; et alors il évoquait d'ordinaire devant le Conseil du roi les causes brûlantes dont le Parlement était saisi, ou intimait à celui-ci l'ordre de cesser les poursuites commencées; ou bien encore c'était une Déclaration imposant à tous silence sur la question et que le Parlement n'enregistrait pas sans remontrances. Cela donna lieu à une fermentation de l'opinion publique, qui serait mal comprise, si l'on ne savait que la bulle *Unigenitus* n'était, en réalité, qu'un prétexte. Les titres d'*acceptants* et d'*opposants* recouvraient deux tendances religieuses divisant les Français sur la question fondamentale des rapports entre l'Eglise et l'Etat. D'un côté, étaient les *Ultramontains* représentés pas les Jésuites et par une grande partie du haut clergé; de l'autre bord, les *Gallicans*, qui comptaient dans leurs rangs la plupart des magistrats parlementaires et presque tout le clergé du second ordre. Cependant les querelles religieuses peuvent être considérées comme finies à partir de 1762, lorsque le Parlement de Paris, et après lui les autres Parlements, eurent prononcé l'expulsion des Jésuites. Mais il restait une autre source de conflits, les augmentations d'impôts nécessitées par la dilapidation des finances et par la guerre de Sept ans (1756-1763). Les Parlements, en vérifiant les édits qui augmentaient les impositions ou en créaient de nouvelles, prétendirent en réalité contrôler les finances de l'Etat (226); ils y étaient

---

(225) Isambert, *Anc. lois*, XX, 616.

(226) La Roche-Flavin, *op. cit.*, l. XIII, ch. xvii, n°° 19 et suiv., montre que telle était déjà la pensée des Parlements du xvi° siècle : « Entre autres édits qui doivent la plus estre refusés par les Parlements sont ceux qui introduisent de nouveaux et extraordinaires subsides... il ne faut avoir esgard ni aux beaux prétextes ni aux

comme naturellement invités par ce fait que, les Etats généraux
n'étant plus convoqués, les contribuables étaient à l'entière merci
du pouvoir royal, si les Cours souveraines ne se faisaient leurs ·
interprètes et leurs défenseurs (227).

Pendant cette longue suite de conflits, les Parlements furent
amenés à exposer la théorie de leurs droits dans leurs remontrances multipliées (228). Ils acceptèrent la thèse historique alors
en faveur, et qui a été rapportée plus haut (229), et ils y ajoutèrent un corollaire important, ce qu'on appela le système des
classes. Cela consistait à déclarer que tous les Parlements de
France ne faisaient qu'un seul corps. Ayant été tous successivement démembrés du Parlement de Paris, ils devaient être considérés, non comme des corps distincts, mais comme les diverses
classes d'un Parlement unique (230). Il en résultait que tous
devaient être solidaires pour la défense de leurs droits, l'attaque
dirigée contre l'un d'entre eux s'adressant en même temps à tous
les autres. Enfin, ils contestaient la légalité même des enregistrements obtenus par le moyen du lit de justice (231). Néanmoins,
jusqu'en 1770, tous les conflits eurent leur solution accoutumée.
Mais, au mois de décembre de cette année, Louis XV tint au Parlement un lit de justice pour l'enregistrement d'un Edit, que j'ai
eu bien souvent l'occasion ·de citer, et dans lequel il affirmait en
sa personne le pouvoir absolu et de droit divin et condamnait les
doctrines sur lesquelles les Parlements étayaient leurs privilèges (232). Cet acte fut suivi de la démission en masse des membres
du Parlement; ce n'était point là un fait sans précédents; mais ce
qui était nouveau, c'est que le roi, cette fois, poussé par le chancelier Maupeou, était décidé à briser toute résistance. Dans la

spécieux noms des imposts pour les vérifier, car les princes trouvent des noms doux
et agréables aux choses bien amères... Je ne veux en ces refus comprendre les imposts,
aydes, tailles et subsides anciens sans lesquels un Estat ne se peust soustenir. »

(227) L'idée était effectivement soutenue aux xvii° et xviii° siècles que les Parlements avaient succédé aux droits des Etats généraux. Voici ce que je lis dans un
factum publié en 1717 à l'occasion de l'affaire des princes légitimés : « Les délibérations de ces Etats ne sont regardées comme des lois qu'après qu'elles ont été enregistrées dans tous les Parlements. C'est donc une marque bien constante que les
Parlements, qu'on dit·représenter les Etats, sont même leurs supérieurs »

(228) Flammermont, Remontrances du Parlement de Paris au xviii° siècle, 3 vol.
Collection des documents inédits sur l'histoire de France.

(229) Ci-dessus, p. 508 et suiv.

(230) Edit de décembre 1770 (Isambert, Anc. lois, XXII, 504) : « Elles se sont considérées comme ne composant qu'un seul corps et un seul Parlement divisé en
plusieurs classes, répandues dans les différentes parties de notre royaume. Cette
nouveauté... se reproduit dans leurs arrêts sous les termes de classes, d'unité, d'indivisibilité. »

(231) Ibid : « On les voit qualifier ces enregistrements de transcriptions illégales
et contraires a ce qu'ils appellent les principes fondamentaux de la monarchie. »

(232) Sur tout ce qui suit, voir Flammermont, Les Parlements et le chancelier
Maupeou.

nuit du 19 au 20 janvier 1771, des agents du roi passèrent au domicile des magistrats et demandèrent s'ils maintenaient leur démission, exigeant une réponse par oui ou par non. Tous la maintinrent. La réplique ne se fit pas attendre : le 20 janvier, ils étaient
exilés de Paris et un arrêt du Conseil déclarait leurs charges
confisquées (233). Le vide immense que laissait la disparition
de ce corps de magistrats fut comblé aussitôt. Dès le 23 janvier,
les officiers du Conseil du roi (conseillers et maîtres des requêtes)
étaient provisoirement délégués pour rendre la justice au Parlement et les avocats au Conseil du roi autorisés à y plaider (234).
Au mois d'avril, un Edit supprimait le Grand Conseil, qui n'avait
jamais été qu'une juridiction inutile, et appelait son personnel
« à servir dans le Parlement de Paris »; ainsi reconstitué (235).
Le Parlement n'était pas d'ailleurs frappé seulement dans le présent; des précautions étaient prises pour qu'il ne pût reconstituer
sa puissance. Son immense ressort était démembré : on y créait à
côté de lui, sous le nom de Conseils supérieurs, six Cours souveraines (236) La création de Conseils supérieurs semblables était
indiquée par l'Edit pour le ressort du Parlement de Normandie.
Elle fut même réalisée dans le ressort d'autres Parlements. C'était
amoindrir considérablement son importance, et par suite son personnel devait être diminué. Le Parlement de Paris ne fut pas seul
frappé : la Cour des aides de Paris, qui avait fait cause commune
avec lui, le fut également et fut supprimée (237); enfin les divers
Parlements de province, qui, fidèles au système des classes, avaient
hautement protesté, furent frappés dans les derniers mois de 1771;
ils furent transformés en Conseils supérieurs du nouveau type ou
virent leur personnel renouvelé. Parfois une Cour souveraine autre
que le Parlement, une Chambre des comptes, par exemple, fournit
le nouveau personnel. D'ailleurs, quant à l'enregistrement des lois
par les Cours souveraines, rien ne fut changé, si ce n'est qu'il fut
prescrit de ne point rendre les remontrances publiques (238).

Ces transformations étaient combinées de manière à réaliser

(233) Isambert, *Anc. lois*, XXII, 510.

(234) Lettres patentes du 23 janvier 1771 et déclaration du 22 février (Isambert,
*Anc. lois*, XXII, 510-511).

(235) Isambert, *Anc. lois*, XXII, 523.

(236) Edit de février 1771 (Isambert, *Anc. lois*, XXII, 512), art. 1 : « Nous avons
établi... dans les villes d'Arras, de Blois, de Châlons, de Clermont-Ferrand, de
Lyon et de Poitiers, un tribunal de justice, sous la dénomination de Conseil supérieur,
qui connoîtra au souverain et en dernier ressort de toutes les matières civiles et
criminelles dans toute l'étendue des bailliages qui formeront un arrondissement. »

(237) Edit d'avril 1771 (Isambert, XXII, 522). Voyez, comme exemple, Roman, *Le
coup d'Etat du chancelier Maupeou en Provence*, 1771-1774 (*Nouvelle revue historique*, 1909).

(238) Pour son ancien ressort, le Parlement de Paris conservait seul le droit d'enre
gistrement.

d'heureuses réformes, tout en frappant un corps politique. Les Conseils supérieurs étaient établis sur un type modeste et économique; et surtout, pour les magistrats qui les composaient, la vénalité des charges était supprimée et la gratuité de la justice était assurée par la suppression des épices (239). Les nouvelles charges créées au Parlement de Paris n'étaient pas non plus vénales (240) et les fonctions de procureur et d'avocat étaient réunies (241). C'étaient là des réformes utiles, intéressantes et bien motivées. De même, le texte officiel faisait observer que, par la création des Conseils supérieurs dans le ressort du Parlement de Paris, la justice était rapprochée des justiciables; et la suppression de la Cour des aides de Paris, qui rendait aux juges de droit commun la connaissance des questions d'impôt, était également présentée sous un jour favorable. Mais l'opinion commune ne vit que le dernier coup porté aux libertés publiques; on appela cet acte le *coup d'Etat* du chancelier Maupeou. De fait, en brisant la résistance des Parlements, il avait fait tomber le dernier contrepoids du pouvoir royal. Mais le résultat fut tout autre qu'il le prévoyait. L'indignation publique se manifesta par une immense littérature de pamphlets et de brochures, dans lesquels, plus hardiment que jamais, on discuta la constitution coutumière de l'ancienne France, et par là le coup d'Etat de Maupeou fut une préparation directe de la Révolution.

L'œuvre proprement dite du Chancelier fut éphémère. L'un des premiers actes de Louis XVI fut de la jeter à bas pour rétablir l'état de choses antérieur. Dans un lit de justice, le 12 novembre 1774, le nouveau roi vint faire enregistrer toute une série d'Edits qui opéraient cette *restitutio in integrum* (242). Les anciens officiers du Parlement de Paris, cassés en 1771, étaient remis dans leurs charges; la Cour des aides de Paris et le Grand Conseil étaient rétablis; les Conseils supérieurs étaient supprimés, ainsi que les avocats-procureurs créés à Paris. Quelques modifications dans l'organisation du Parlement étaient seulement introduites; et, quant aux remontrances, le système de l'ordonnance de Moulins était reproduit, défendant les itératives remontrances (243). Les Parlements de province furent successivement rétablis dans le cours de l'année 1774 (244). Mais, chose notable, le Parlement de

(239) Edit créant les Conseils supérieurs (Isambert, *Anc. lois*, XXII, 513-514), art. 2 et 3, et préambule.

(240) Isambert, *Anc. lois*, XXII, 522.

(241) Edit de mai 1771 (Isambert, *Anc. lois*, XXII, 528).

(242) Isambert, *Anc. lois*, XXIII, 43-86.

(243) Ordonnance sur la discipline du Parlement, 1774, art. 24-27 (Isambert, *Anc lois*, XXIII, 54).

(244) Isambert, *Anc. lois*, XXIII, p. 43, note 3.

Paris ne profita d'abord de sa liberté reconquise que pour faire opposition à un certain nombre de mesures libérales, que l'opinion publique imposa au gouvernement personnel de Louis XVI, comme nous le constaterons lorsqu'elles passeront successivement sous nos yeux. C'est seulement en 1787 qu'il reprit la direction du mouvement politique, comme interprète de l'esprit public. Après la première réunion des Notables, en exécution de leurs délibérations, le gouvernement de Louis XVI rédigea un certain nombre ae projets de lois importants. Plusieurs étaient conformes au vœu général (liberté du commerce des grains, établissement des assemblées provinciales, conversion en argent de la corvée royale); mais il y avait aussi des Edits fiscaux. L'un, d'ailleurs assez bien combiné, établissait une imposition territoriale (245), un autre créait un impôt nouveau du timbre (246). Le Parlement refusa de les accepter. Le roi les fit enregistrer dans un lit de justice; mais le Parlement protesta dans des remontrances rendues publiques, faisant appel aux Etats généraux, dont il fut ainsi le premier à demander la réunion (247). La Royauté se crut assez forte encore pour user de ses anciens procédés, et le Parlement fut exilé à Troyes. Mais la Cour des aides et la Cour des comptes le soutinrent en refusant également d'enregistrer les Edits; il finit cependant par céder et obtint son rappel en acceptant, à la place des impôts proposés, une autre combinaison financière. Ce n'était là qu'une trêve. Le 19 novembre, Louis XVI vint faire enregistrer, dans une séance royale, tout un système d'emprunts (248); le roi ayant laissé la liberté à chacun d'exprimer son opinion, le duc d'Orléans et les conseillers Sabatier et Fréteau, qui avaient dirigé la résistance, furent, le premier exilé, les deux autres enlevés et conduits dans des prisons d'Etat. De là une nouvelle et plus ardente agitation parlementaire (249). Le roi espéra la terminer par un acte analogue à celui du chancelier Maupeou (250) : il tint, en effet,

---

(245) *Id., ibid.*, XXVIII, 392.

(246) *Id., ibid.*, XXVIII, 400.

(247) *Id., ibid.*, XXVIII, 429. Arrêt du Conseil qui casse les arrêts du Parlement de Paris des 7, 13, 22 et 27 août 1787 : « Le Parlement, par son arrêté du 13 du même mois, a essayé de persuader au peuple que c'étoit par une déférence volontaire pour les désirs du roi que de tout temps il s'étoit prêté à enregistrer 'es impôts; qu'il n'avoit aucun pouvoir à cet égard et qu'il n'en pouvoit pas recevoir du roi; que cette erreur avoit duré assez longtemps et qu'il déclaroit que le roi ne pourroit à l'avenir obtenir aucun impôt, sans au préalable avoir convoqué et entendu les Etats généraux du royaume. » Voyez les *Mémoires du chancelier Pasquier*, qui, alors âgé de vingt ans, était conseiller au Parlement de Paris, t. I, p. 23 et suiv.

(248) Sur cette séance royale, et en quoi elle différait d'un lit de justice proprement dit, voyez *Mémoires de Talleyrand*, t. I, p. 185; — *Mémoires du chancelier Pasquier*, I, p. 28.

(249) *Mémoires du chancelier Pasquier*, I, p. 29.

(250) Voici ce qu'en disait à Joseph II Marie-Antoinette, dans une lettre du 24 avril

un lit de justice, le 8 mai 1788, pour faire enregistrer six Edits ou Déclarations. Les uns étaient des mesures libérales : réformes humaines dans la procédure criminelle (251), suppression de certaines juridictions d'exception en matière fiscale et domaniale (Elections, Greniers à sel, Bureaux des traites, etc.); les autres étaient dirigés contre les Parlements. C'était d'abord la transformation d'un grand nombre de bailliages et de sénéchaussées en *Grands bailliages* jugeant en dernier ressort les procès civils jusqu'à concurrence de 20,000 livres; en même temps, un certain nombre de bailliages simples étaient transformés en présidiaux. Comme une conséquence naturelle, en apparence, le nombre des offices était réduit au Parlement de Paris. Enfin, l'enregistrement des ordonnances était établi sur de nouveaux principes. Il était enlevé aux Parlements et Cours souveraines pour être transféré à un corps nouveau appelé *Cour plénière* (252). Celle-ci était composée de la Grand'chambre du Parlement de Paris, grossie des pairs de France, princes du sang et conseillers d'honneur; d'un certain nombre de grands officiers de la Couronne ou plutôt de la Maison du roi (253), et de délégués pris dans les principaux corps ou classes de fonctionnaires : Archevêques, Evêques, Maréchaux de France, Gouverneurs de provinces, Conseil d'Etat, Parlements de province, Chambre des comptes et Cour des aides. Ces délégués, généralement au nombre de deux, étaient choisis par le roi et nommés à vie. Par cette création, le gouvernement prétendait rétablir dans leur pureté les traditions anciennes, en rendant l'enregistrement à un corps unique, comme avait été le Parlement de Paris à l'origine (254). Le Parlement n'accepta point son abaisse-

---

1787 : « Nous sommes au moment de faire de grands changements dans les Parlements. Depuis quelques mois les ordres et réponses du roi ont annoncé une grande suite et fermeté de principes. Les Parlements sont étonnés et inquiets... On pense à les borner aux fonctions de juges et à former une autre assemblée, qui aura le droit d'enregistrer les impôts et les lois générales au royaume. »

(251) Esmein, *Histoire de la procédure criminelle*, p. 399

(252) Isambert, *Anc. lois*, XXVIII, 560. L'idée de cette Cour plénière, qui apparaît déjà dans les lois de 1774, était empruntée principalement aux *Lettres historiques sur les fonctions du Parlement* de Le Paige. Là, en effet, est exposée une thèse historique curieuse, qui est reproduite dans le préambule de l'Edit de 1788, *rétablissant une Cour plénière*. D'après cette thèse l'ancienne constitution française aurait connu trois sortes d'assemblées : le Parlement, ou Cour ordinaire du roi, la *Cour plénière* et les Etats généraux, assemblées extraordinaires. Le Parlement et les Etats généraux s'étaient conservés (sauf l'interruption des Etats généraux); la Cour plénière aurait au contraire disparu. Louis XVI déclarait vouloir rétablir le système intégral. Il est remarquable que M. Flach, *Origines de l'ancienne France*, t. III, p. 433 et suiv., croit aussi retrouver an XIᵉ siècle, auprès du roi : I, une *Cour plénière*; II, une *Cour restreinte*, ou *Grand Conseil*; III, la *Cour du Palais*.

(253) Chose curieuse, les officiers choisis étaient : le grand aumônier, le grand maître, le grand chambellan et le grand écuyer.

(254) Isambert, *Anc. lois*, XXVIII, 562 · « Une cour unique étoit originairement dépositaire des lois, et la rétablir, ce n'est pas altérer, c'est faire revivre la constitution de la monarchie. »

ment. Dès le lendemain, il prenait un arrêté dans lequel il déclarait
« tenir pour maxime constitutionnelle qu'il ne peut être levé d'impôts que de l'octroi et du consentement de la nation représentée par
des députés librement élus et légalement convoqués ». Il était
soutenu par la magistrature entière de la France; tous les Parlements de France l'imitaient, et l'un d'eux, prévoyant une destitution en masse de ses membres, comme en 1771, déclarait « traîtres
à la patrie ceux qui prendroient leurs places ou partie de leurs
fonctions » (255). Une immense agitation s'ensuivit à Paris et dans
les provinces; le pouvoir royal n'était plus de force à persister
dans ses résolutions. Le 8 août, parut un arrêt du Conseil qui
suspendait l'établissement de la Cour plénière et fixait au 1er mai
suivant la tenue des Etats généraux. Mais, en même temps, la
carrière politique des Parlements était épuisée.

(255) Isambert, *Anc. lois*, XXVIII, 568 — *Mémoires du chancelier Pasquier*, I,
p 37.

# CHAPITRE IV

## Les impôts.

————

Dans la société féodale, le droit de lever l'impôt était devenu un droit seigneurial; il était, en principe, l'attribut de la haute justice (1). Il en résultait cette conséquence : non seulement le roi ne pouvait pas établir et lever des impôts à son profit dans les grands fiefs, qui constituaient véritablement des principautés souveraines, mais, même dans son Domaine, il ne le pouvait pas partout où il trouvait devant lui un seigneur haut justicier; il ne pouvait imposer à son profit que là où il avait conservé la haute justice sur les habitants (2). Pour rétablir le droit public sur ses véritables bases, une double transformation devait s'accomplir : il fallait donner au roi, représentant l'Etat, le droit de lever l'impôt sur tous les habitants, dans toute l'étendue du royaume; il fallait enlever aux seigneurs le droit de percevoir aucun impôt. Voyons dans quelle mesure ce double travail s'accomplit.

(1) Ci-dessus, p. 263.
(2) Flammermont,, *De concessu legis et auxilu*, p. 52-53, 57, 72, 93-95, 105, 109, et les textes qu'il cite — Le principe est encore rappelé très nettement dans Boulain villiers (*Etat de la France*, Londres, 1717, t. III, p. 490); l'auteur parle des impositions dans les Flandres : « La raison pour laquelle les hauts justiciers dirigent ces impo sitions et entendent les comptes des mises est qu'ils jouissent encore du droit, autrefois commun à tous les seigneurs de haubert, d'imposer eux-mêmes leurs vassaux des taxes proportionnées à ce qu'ils accordaient volontairement aux souve rains, le roi n'ayant point anciennement le droit d'exiger aucune somme des vassaux, des seigneurs, si eux-mêmes n'y avaient consenti et n'en avaient fait l'imposition. Ainsi les comtes de Flandres et ducs de Bourgogne se sont toujours adressez aux quatre justices de cette province, qui étaient alors les seules, afin qu'ils voulussent laisser lever sur les habitants de leurs terres les sommes convenues et dont ils avaient besoin. »

## § 1. — ÉTABLISSEMENT ET DÉVELOPPEMENT DES IMPÔTS ROYAUX.

Pendant près de trois siècles, la monarchie capétienne n'eut d'autres ressources que les produits du Domaine royal. Cela comprenait, d'ailleurs, des revenus de nature diverse : 1° le produit des terres dont le roi avait conservé la propriété; 2° les redevances et produits casuels des terres que le roi avait inféodées; 3° les profits de justice perçus dans les justices royales; 4° le produit des droits régaliens, autres que celui de lever l'impôt, qui restaient l'attribut de la Couronne ou que le roi exerçait dans son Domaine comme un baron dans son grand fief; 5° les impositions que le roi pouvait établir en qualité de haut justicier. Alors même que l'impôt royal fut né et développé, l'idée se conserva encore pendant longtemps que les revenus du Domaine formaient la dotation normale et suffisante de la Couronne, et qu'elle devait s'en contenter en principe, ne demandant à l'impôt qu'un secours momentané et exceptionnel (3). Elle fut très nettement exprimée par les Etats-généraux de 1484 (4); et le langage, qui conserve pendant des siècles la trace des conceptions abandonnées, en maintint longtemps l'expression. Dans l'ancienne France, on appelait encore *finances ordinaires* le produit du Domaine et *finances extraordinaires* le produit des impôts, alors que l'impôt était devenu la ressource principale et normale de la Royauté (5).

Le pouvoir royal dut, en effet, recourir de bonne heure aux impôts plus ou moins généraux dans certains cas exceptionnels. Les premières occasions furent fournies par les croisades, et le premier cas d'application certain fut sous Philippe-Auguste la *dîme saladine*, levée pour subvenir aux frais de l'expédition que

(3) La théorie ancienne et féodale, qui refuse au roi tout autre subside que les redevances domaniales et féodales, et tout autre service que le service féodal, exception faite de l'arrière-ban, est très nettement exprimée dans les chartes que Louis X dut accorder aux diverses provinces soulevées dès la fin du règne de Philippe le Bel contre les nouvelles pratiques du gouvernement royal. Voir Artonne, *Le mouvement de 1314 et les chartes provinciales de 1315, Bib. de la Faculté des lettres de Paris*, 1912, et particulièrement Coville, *Les Etats de Normandie*, p. 105 et suiv. — Les seigneurs chefs d'états féodaux, qui éprouvaient comme le roi le besoin de se procurer des ressources supplémentaires, avaient conscience qu'ils ne pouvaient en exiger sans outrepasser leurs droits. Voir les remords et les pénitences de Humbert I⁰ʳ et de Humbert II de Dauphiné aux xiii° et xiv° siècles (Dussert, *Les Etats de Dauphiné*, p. 23 et 24).

(4) *Journal de Masselin*, p. 414 : « Dicebant domanium eo regi traditum ut inde suæ domus statum ducat et solita portet onera, quod etiam aliquando tam amplum fuit ut potuerit quibusdam reipublicæ necessitatibus sine aliis tributis sufficere. »

(5) *Le vestige des finances*, dans Jacquelon *Documents relatifs à l'administration financière*, p. 205 : « Il y a deux manières de finances, assavoir finances ordinaires et finances extraordinaires. — Quelles sont les finances ordinaires ? C'est le domaine du roy. » — P. 225 : « En quoi consistent les finances extraordinaires ? C'est le revenu des greniers, aides et tailles du royaume. »

le roi de France allait conduire contre le sultan Saladin (6); cet exemple fut suivi par Louis VIII et par Saint Louis (7), et des levées de ce genre seront opérées au xiv⁰ siècle en vue de toutes les guerres soutenues par la royauté. Mais, pour cela, il fallait que le roi obtînt le consentement des seigneurs justiciers. Il put l'obtenir en invoquant le principe de l'aide féodale, élargi par le sentiment d'un patriotisme naissant : n'était-il pas équitable que le vassal du roi aidât pécuniairement son seigneur dans des affaires intéressant le royaume entier et que n'avait pu prévoir la vieille constitution féodale ? D'autre part, quelle aide légère pour le vassal que celle qui consistait à laisser lever un impôt sur ses sujets ! Ces impôts du xiv⁰ siècle consentis par les seigneurs prirent en effet le nom d'*auxilia*, *aides*. Les rois, pour les obtenir, usèrent de trois procédés distincts (8).

Le plus ancien, mais qui souvent fut suivi encore après que les autres eurent été introduits, consistait à négocier individuellement avec les seigneurs laïques et ecclésiastiques de la région où l'on avait l'intention de lever l'impôt. Le roi, à cet effet, nommait des commissaires qui se rendaient sur les lieux et entamaient des négociations; souvent il abandonnait aux seigneurs une partie de la taxe, afin d'avoir leur adhésion (9). De pareils pourparlers avaient lieu avec les villes émancipées, celles qui, d'après leurs chartes, avaient le droit de consentir leurs impositions (10).

Le second procédé consista à réunir les seigneurs laïques et ecclésiastiques et les officiers municipaux des villes privilégiées dans chaque région du Domaine royal ayant une individualité distincte, soit dans chaque bailliage, soit dans un ensemble de plusieurs bailliages et sénéchaussées constituant ce qu'on appellera plus tard une province. Il y avait alors une délibération commune. et l'adhésion à l'impôt royal était donnée pour toute la circonscription (11). C'est de cette pratique que sortirent, comme on le verra plus loin, un certain nombre d'Etats provinciaux.

(6) Rigord, ad ann. 1188. D'ailleurs, cette dîme ne formait pas un impôt profitant au roi seul; au contraire, le principe féodal était respecté : « Qui alicujus terræ magnam justitiam habet, idem terræ decimam habebit. » Mais c'était un impôt levé sur tous en vue d'une expédition nationale.

(7) Flammermont, *op. cit.*, p. 74-77; de même, Alphonse de Poitiers, p. 78-89. — Pour le règne de Louis VII, p. 69-70.

(8) Sur ce qui suit, voyez Vuitry, *Etudes sur le régime financier de la France avant la Révolution* : Le régime financier de la monarchie féodale aux xi⁰, xii⁰ et xiii⁰ siècles, 1 vol., 1878; — *Nouvelle série* : Philippe le Bel et ses trois fils : les trois premiers Valois, 2 vol., 1883.

(9) Flammermont, *op. cit.*, p. 106 (actes de 1295), 108. — Moreau de Baumont, *Mémoires concernant les impositions et droits*, édit. 1769, t. II, p. 2, 3. — Instructions de Philippe le Bel de 1302 (*Ord.*, I, 370).

(10) Flammermont, *op. cit.*, p. 43, 44.

(11) Voyez des exemples : en 1319, les nobles réunis en Auvergne; en 1350, les Etats de Vermandois et les Etats de Normandie; en 1351, le bailliage d'Amiens (*Ord,*

Enfin, le procédé le plus simple, et le plus satisfaisant en même temps, consista à demander l'aide aux Etats généraux, comme on· l'a vu précédemment. Mais ce procédé, lorsqu'il eut été introduit, ne fit point disparaître les deux autres, qui furent encore employés de préférence selon les cas (12). Il faut ajouter que les aides votées par les Etats généraux, au cours du xive siècle, ne furent pas simplement une application du principe que j'ai indiqué; les seigneurs ecclésiastiques et laïques ne se contentaient pas ordinairement de laisser le roi lever un impôt sur leurs sujets imposables, c'est-à-dire serfs ou roturiers; le plus souvent, à cette époque, l'aide votée par les Etats généraux porta sur tous les sujets du royaume, c'est-à-dire même sur les nobles et les ecclésiastiques.

En même temps que les rois obtenaient ainsi des impôts extra-ordinaires, plus ou moins généraux, ils essayaient, dans certains cas, d'en établir *d'autorité*, sans vote ni adhésion préalable. Lorsque le roi, considéré comme seigneur, se trouva dans un cas précis où, d'après la coutume, le seigneur pouvait exiger de ses vassaux l'aide féodale (13), il prétendit, au cours du xiiie siècle, lever une imposition sur les sujets de ses vassaux, au lieu de faire contribuer les vassaux eux-mêmes. Au fond, cela revenait à peu près au même, car le seigneur vassal qui payait l'aide à son propre seigneur avait coutume de la récupérer en levant, à cette occasion, sur ses sujets, une taille au moins égale (14); on évitait même un circuit inutile. Mais, en droit, c'était une atteinte aux principes féodaux; c'était le roi passant par-dessus la tête des seigneurs pour commander à leurs sujets. Néanmoins, malgré certaines résistances, Saint Louis, Philippe le Hardi et Philippe le Bel levèrent dans ces conditions l'aide féodale sur les sujets des seigneurs épars dans leur domaine, mais, non point, semble-t-il, sur les sujets des grands vassaux (15). Ils la levèrent également sur les villes privilégiées, et même, quoique avec difficulté, sur celles qui n'étaient pas enclavées dans le Domaine royal (16). Dans la seconde moitié du xive siècle, il fut fait de ce principe une application bien plus importante par les conséquences qu'elle entraîna :

I, 692; III, 391; II, 402, 439). — Thomas, *Les Etats provinciaux de la France centrale sous Charles VII.*

(12) La première aide fut demandée aux Etats généraux en 1314 (Flammermont, *op. cit.*, p. 118).

(13) Ci-dessus, p. 191.

(14) *Grand coutumier de Normandie*, ch. 44. — Cf. Lettres de Louis VII à l'abbé de Tournus, a. 1171 (*Ord.*, XI, 205), art. 3 : « Si abbas ad nos venerit pro expeditione aut pro regali nostro recipiendo... secundum qualitatem et quantitatem negocii quæret auxilium et capiet ab hominibus suis. »

(15) Flammermont, *op. cit.*, p. 41, 44, 48.

(16) Flammermont, *op. cit.*, p. 48, 48-52, 55; — *Olim.*, I, 848 : « Cum illud quod ab eis petitur non sit tolta, tallia... sed quoddam jus domino regi debitum de regni consuetudine generali. »

c'est en l'invoquant que furent établies, en 1360, sans vote ni octroi, les impositions destinées à payer la rançon du roi Jean (17).

Le pouvoir royal se rattacha enfin à un autre principe pour imposer d'autorité : ce fut la conversion du service militaire en argent. Le service était dû au roi, d'après les règles féodales, par ses hommes de fief et aussi par les villes et même par des roturiers des campagnes, là où il exerçait la haute justice (18). Au lieu d'exiger d'eux le service militaire, le roi se crut autorisé, en cas de guerre, à exiger d'eux de l'argent : c'est ce que fit à plusieurs reprises Philippe le Bel (19). En même temps, l'idée se dégageait (sans avoir jamais complètement disparu) qu'en cas de péril national le roi pouvait appeler à prendre les armes tous les habitants du royaume; c'est ce qu'on appela l'*arrière-ban* (20), et ce fut un prétexte pour édicter, au lieu d'une pareille levée en masse, un impôt général (21). Philippe le Bel imposa directement des subsides de ce genre à raison de la guerre et sans prendre le détour de la conversion du service militaire (22).

Jusqu'ici l'impôt n'apparaît que comme une ressource extraordinaire et momentanée : il faut qu'il soit consenti, ou que les principes féodaux permettent de le lever pour une occasion déterminée. Nous savons pourtant que, dans la suite, certains impôts devinrent permanents et que le roi, par une loi ordinaire, put à volonté en établir de nouveaux. Mais nous n'avons pas montré complètement comment le droit public changea ainsi : nous avons vu comment les Etats généraux perdirent leur droit; il faut dire maintenant comment le roi acquit le sien. Deux influences principales conduisirent au droit royal d'imposer, aux impôts permanents.

Ce fut, en premier lieu, l'influence du droit romain. Le droit d'établir des impôts, qui appartenait sans partage à l'empereur romain, apparaissait aux légistes comme un des attributs naturels et nécessaires de la royauté qu'ils restauraient (23). Dès le règne

---

(17) Vuitry, *Etudes*, nouvelle série, t. II, p. 108. Voyez le préambule de l'ordonnance du 25 décembre 1360, qui les établit (*Ord*, III, p. 433).

(18) Ci-dessus, p. 249.

(19) Flammermont, *op. cit.*, p. 97-100; — Boutaric, *Institutions militaires de la France avant les armées permanentes*, p. 228 et suiv. — Sur les précédents plus anciens, voyez Borelli de Serres, *Recherches, Les prisées du service roturier*, t. I, p. 467.

(20) Pierre Dubois, *De recuperatione Terræ sanctæ*, édit. Langlois, p. 115 : « Si vero dominus rex judicat omnium debentium armorum servicium auxilium sibi non sufficere, potest vocare retrobannium, videlicet primo auxilium franca feoda tenentium... Si non sufficiat, vocare debet... auxilium populi, id est omnium franca feoda non tenentium. » — Boutaric, *op. cit.*, l. IV, ch. III, p. 223 et suiv.

(21) Boutaric, *op. cit.*, p. 230 et suiv.

(22) Flammermont, *op. cit.*, p. 104 et suiv.

(23) Degrassalius, *Regalium Franciæ*, lib. I, p. 106 : « Hinc est etiam quod, sicut imperator imponit nova vectigalia et subsidia... ita et rex christianissimus et non alius quacunque dignitate regali, ducali aut comitali, vel alia fungatur. Ita in specie

de Charles VI, ce droit était proclamé au profit du roi de France, et l'on accusait de lèse-majesté ceux qui le contestaient (24). Aux Etats généraux de 1484, les délégués royaux qui disputèrent sur ce point avec les députés affirmèrent hautement que le roi avait le droit de prendre les biens de ses sujets pour les nécessités de l'Etat, alors même que le peuple aveuglé lui refuserait son adhésion (25). L'autre influence, non moins pénétrante, fut celle de la coutume, fondant le droit sur une longue possession. Par un concours de circonstances, il arriva qu'en fait, dans la seconde moitié du xive siècle, un certain nombre d'impôts royaux devinrent permanents, levés d'année en année, et cela avec la tolérance des Etats généraux convoqués de temps à autre. Les aides destinées à payer la rançon du roi Jean furent ainsi levées pendant vingt ans (26). Il est vrai que presque tous les impôts permanents furent supprimés à la fin du règne de Charles VI, dans les pays soumis à la domination anglaise, et ils le furent également, pendant une première période du règne de Charles VII, dans les pays qui lui étaient restés fidèles. Mais les populations n'y avaient pas moins été accoutumées pendant longtemps, et lorsque les principaux furent établis, dans la seconde moitié du règne de Charles VII, cela parut chose toute naturelle; c'était le retour à un état de fait déjà accepté. Sous ce règne et le suivant, la coutume continua à les enraciner, à les transformer en taxes perpétuelles, et les Etats généraux de 1484, qui voulurent réagir contre le système, constatèrent bien l'effet de la coutume (27).

Cependant, un certain nombre de provinces échappèrent à cette extension du pouvoir royal et conservèrent, d'une façon plus ou

de rege Franciæ dicit Salicetus in L. 1, C. *Nova vect. imponi non posse*, et Petrus Jacobi in sua *Practica*. »

(24) Johannes Gallus, quæstio LX (édit. Dumoulin) : « Item nota quod rex Franciæ quomodocumque sibi licet imponere super subditis suis immediate vel mediate in toto regno suo subsidia absque consensu, permissione vel tolerantia suorum subditorum quorumcumque... Et hoc teneas, nec unquam contrarium dicas, ne crimine sacrilegii accuseris et reus majestatis fias. » L'auteur, il est vrai, lorsque le roi concède à quelqu'un le droit de lever un impôt, maintient les anciens principes : « Licet concedat alteri quod imponat, hoc semper sibi conceditur et habetur in usu, dum tamen altus justiciarius illorum super quibus concedit consentiat, et subditi super quibus conceditur vel major pars illorum. » — *Le Songe du verger*, l. 1, ch. cxxxv, contient aussi une théorie intéressante sur le droit d'imposer, où les principes romains et canoniques sont combinés avec les principes féodaux.

(25) *Journal de Masselin*, p. 420 : « Quod si etiam contra rationem dissentiret (populus), certe non ambigimus regem posse subditorum bona capere, quatenus reipublicæ periculis et necessitatibus provideat. Alias rex frustra videretur institutus, si non posset ad rationem cogere renitentes et invitos. »

(26) Vuitry, *Etudes*, nouvelle série, II, p. 118-139.

(27) *Journal de Masselin*, p 414 : « Pro hostibus demum arcendis, et, ut aiunt, guerræ facto quædam fuere concessa auxilia et nominatim salis gabella, quartagia potuum et impositiones, quæ post exactam causam cessare debuerunt, *sed longa consuetudine, imo gravi corruptela, jam velut domanium, æterna perseverant*. »

moins complète, le droit de consentir périodiquement, pour un court laps de temps, les impositions qu'elles payaient au trésor royal. Ce sont les pays qui conservèrent leurs Etats provinciaux; leur droit, devenu exceptionnel, représentait ainsi l'ancien droit commun de la France.                                                    •

D'ailleurs, en théorie, c'était encore l'idée dominante chez les publicistes du xvıᵉ siècle que l'établissement d'un nouvel impôt ne pouvait se faire sans le consentement des contribuables. Ils la justifiaient en disant que la propriété privée, étant de droit naturel, devait être inviolablement respectée par le souverain lui-même, et que l'impôt était une véritable atteinte à la propriété. Cette doctrine se trouve même chez des absolutistes, comme Bodin (28). Au xvıᵉ siècle on admettait encore que le consentement des Etats généraux était nécessaire pour établir de nouveaux impôts, pour en créer. Les Etats généraux du xvıᵉ siècle affirmaient leur droit à cet égard et, somme toute, la Royauté ne le contestait pas; elle n'établit d'impôts nouveaux à cette époque de sa propre autorité qu'en invoquant, par quelque raisonnement subtil, l'adhésion des Etats eux-mêmes (comme en 1562), ou en présentant l'impôt créé comme un simple remplacement, ainsi qu'il fut fait pour le *taillon*, sous Henri II.

Ce n'est vraiment que sous Louis XIV que la Royauté acquit le *droit d'imposer* de sa seule autorité. C'est ainsi qu'il établit l'impôt de la *Capitation* et celui du *Dixième* (plus tard les *Vingtièmes*), dont il va être parlé bientôt. Encore eut-il à cet égard de grandes perplexités, que Saint-Simon nous a racontées dans ses Mémoires. C'était toujours la vieille idée qu'établir un impôt, c'était prendre le bien de ses sujets, et il fallut que des théologiens lui déclarassent qu'en cas de besoin il pouvait disposer de tous les biens de son royaume.

Cependant les lois créatrices d'impôts, comme les autres lois et plus rigoureusement encore, devaient être vérifiées par les Parlements et par les Cours des aides. Les Parlements, remplaçant en quelque sorte les Etats généraux qui n'étaient plus réunis, exercèrent au xvıııᵉ siècle un véritable contrôle sur les lois de finances. Ils ne vérifiaient pas seulement ces lois en elles-mêmes, quant à leurs principes et quant à leur système, mais encore quant aux ressources qui étaient demandées par le pouvoir royal, qui lui étaient nécessaires; ils réclamaient à cet égard des justifications. Cette admission des nouveaux impôts par les Parlements cessa cependant à la fin de l'ancien régime, en 1787, lorsqu'on présenta au Parlement de Paris deux Édits, soumis aux Notables mais lar-

---

(28) *Les six livres de la République,* l. I, ch. vııı, p. 110. — Cf. Zampini, *op. cit.,* p. 111 et suiv.

gement modifiés, sur l'Imposition territoriale et l'impôt du timbre. Le Parlement déclara qu'il n'avait pas qualité pour les enregistrer, qu'ils ne pouvaient être consentis que par les contribuables ou par les représentants des contribuables, par les Etats généraux, dont ils réclamèrent la convocation. C'était la vieille doctrine de l'impôt consenti qui faisait sa réapparition. Le Parlement prétendit même, par une théorie subtile, qu'il ne s'en était jamais écarté. Il soutenait que toujours il avait admis qu'un impôt ne pouvait être établi sans le consentement des contribuables. Mais ce consentement pouvait être donné de deux manières : ou par la volonté expresse des contribuables exprimée par des représentants, ou tacitement par le fait que les contribuables se soumettaient à l'impôt et le payaient. Les Parlements, en enregistrant les nouveaux impôts, prétendaient simplement s'être portés garants de cette acceptation tacite des populations envers le roi; et de fait on trouve dans les remontrances du xviii⁰ siècle certains passages qui paraissent se référer à cette thèse (29). En 1787, le Parlement déclarait qu'il ne pouvait plus, dans les circonstances présentes, se porter garant de ce consentement du peuple.

Voilà comment s'établirent l'impôt royal permanent et le droit royal d'imposer; voyons maintenant le système d'impôts qui en fut la conséquence. Ces impôts de l'ancien régime se divisent historiquement en deux séries, représentant des formations successives. Les uns, nés sous la monarchie tempérée, furent plutôt le produit d'une sélection naturelle que le résultat d'une législation rationnelle. Pendant la période d'un siècle et demi environ où l'impôt royal resta une mesure extraordinaire et transitoire, un grand nombre de formes d'impôts furent successivement usitées et essayées. Les types les plus commodes, ou ceux dont les circonstances favorisèrent l'implantation, se dégagèrent et restèrent à l'état permanent. En même temps se produisait un second phénomène, autre conséquence d'une formation coutumière : aucun de ces impôts, restés à l'état définitif, n'était vraiment général et commun à tout le royaume. Certaines provinces avaient échappé à chacun d'eux, bien que, sous une autre forme, elles en payassent d'ordinaire l'équivalent. Les impôts, compris dans la seconde formation, avaient été établis sous la monarchie absolue; ils étaient un produit proprement dit de la législation, et c'étaient généralement des créations plus rationnelles que les premiers. Mais comme ils se superposèrent à ceux-ci, sans les faire disparaître, ils amenèrent en somme, avec une plus grande complication du système,

(29) Esmein, *La Chambre des Lords et la démocratie*, p. 34. — Flammermont, *Remontrances du Parlement de Paris au xviii⁰ siècle*, t. III, p. 664, 671, 673, 678; Cf. p. 417.

une charge nouvelle du contribuable, c'est-à-dire du roturier, car les ordres privilégiés, bien que, cette fois, on eût voulu les atteindre, y échappèrent en grande partie. Le système d'impôts de l'ancien régime présentait ainsi deux traits saillants, inégalité et diversité; inégalité entre les sujets, diversité entre les provinces. J'étudierai les principales de ces impositions, et suivant la division, déjà employée, en impôts directs et impôts indirects.

## § 2. — LES IMPÔTS ROYAUX DANS L'ANCIEN RÉGIME (30).

### A. — *Impôts directs.*

Les principaux impôts directs étaient la *taille*, établie sous la monarchie tempérée; la *capitation* et les *vingtièmes*, établis sous la monarchie absolue.

1

La *Taille* est une forme d'impôt qui nous est déjà connue par la taille servile (31) et la taille roturière (32) : c'est de celle-ci que dérive la taille royale qui se superposa ou se substitua à elle. Dès le xiii⁰ siècle, l'idée s'était fait recevoir que les vassaux du roi, ceux du Domaine tout au moins, devaient lui permettre de tailler leurs sujets, lorsqu'il était engagé dans une guerre et afin de lui fournir les ressources nécessaires. Parfois, c'était un droit ferme, sanctionné par la coutume (33); parfois, c'était seulement un principe, reconnu comme équitable et moralement obligatoire; le roi, pour lever cette taille, avait alors besoin du consentement des seigneurs, mais ceux-ci, en équité, étaient tenus de l'accorder (34), il arrivait même que de grands vassaux en autorisassent la levée sur leurs terres (35). Dans le cours du xiv⁰ siècle, la taille ainsi conçue fut un des subsides qu'accordèrent souvent les Etats géné-

---

(30) Voyez sur ce sujet : Moreau de Beaumont, *Mémoires concernant les impositions et droits en Europe*, 1768; — Necker, *De l'administration des finances de la France*, Lausanne, 1785; — Marion, *L'impôt sur le revenu au xviii⁰ siècle, principalement en Guyenne*, 1903, — le même, *Les impôts directs sous l'ancienne monarchie, principalement au xviii⁰ siècle*, 1910, p. 1 à 49; — Le même, *Histoire financière de la France depuis 1715*, I, 1715-1789, 1914; — Esmonin, *La taille en Normandie*, thèse lettres, 1913; — Lardé, *La capitation dans les pays de taille personnelle*, thèse, 1906
(31) Ci-dessus, p. 227.
(32) Ci-dessus, p. 263.
(33) Voyez, par exemple, les lettres patentes délivrées à l'évêque de Paris au nom de Saint Louis, Philippe le Hardi et Philippe le Bel; Dupuy, *Traité de la majorité des rois*, I, p. 182-183 : « Quod reges Franciæ... habent taliam super homines terræ dilecti et fidelis episcopi Parisiensis... in certis casibus... et insuper exercitum et equitationem *vel taliam propter hoc factam.* »
(34) Flammermont, *op. cit.*, p. 105 et suiv.; — Moreau de Beaumont, *op cit.*, t. II, p. 20.
(35) Flammermont, *op. cit.*, p. 106.

raux ou provinciaux au pouvoir royal; à cette époque et au xvᵉ siècle, il arriva aussi fréquemment que le roi en levât sans cet octroi,
en invoquant les nécessités de la guerre. Mais, jusque-là, la taille
royale n'avait été qu'un impôt extraordinaire et transitoire; elle
devint permanente sous le règne de Charles VII, comme l'atteste
l'ordonnance de 1439. Cette transformation fut, d'ailleurs, naturelle et logique. Il y avait traditionnellement une relation entre la
taille royale et la guerre nationale; celle-ci entraînait et légitimait
celle-là (36). Tant qu'il n'y eut point d'armée permanente, légalement instituée, les dépenses de la guerre furent, comme celle-ci,
transitoires, et la taille royale dut avoir le même caractère. Mais,
lorsque Charles VII, par l'institution des compagnies d'ordonnance, eut définitivement établi un noyau d'armée permanente,
complété par la réserve des francs-archers, les dépenses faites par
la royauté en vue de la guerre devinrent annuelles et régulières, et
la taille, qui était destinée à les couvrir, dut devenir aussi permanente. L'ordonnance de 1439, elle-même, fait le rapprochement :
elle rattache la taille, qu'elle suppose, aux tailles temporaires et
extraordinaires que le roi levait, en cas de guerre, sur les terres
des seigneurs (37). Mais en même temps, et très logiquement, elle
abolissait la taille seigneuriale : le roi levant dorénavant tous les
ans la taille sur tous les roturiers du royaume, ceux-ci eussent été
accablés si leur seigneur particulier avait pu les tailler de son
côté; la taille seigneuriale eût fait une concurrence désastreuse à
la taille royale (38). La taille servile se conserva cependant au
profit des seigneurs (39); c'était un trait naturel presque essentiel

(36) C'est encore le raisonnement que font les députés aux Etats de 1484 (*Journal de
Masselin*, p. 414) : « In hoc tailliarum vectigali, quod primum guerræ causa institutum,
etiam, causa cessante, supprimendum videretur... adeo ut jam in immensum et intolerabiliter creverit, non autem apparente nulla belli materia nisi parvi admodum
momenti. »

(37) Art. 41, 42, 43 (Isambert, *Anc. lois*, IX, 69).

(38) Art. 44 (Isambert, *Anc. lois*, IX, 70) : « Pour ce que plusieurs mettent tailles sus
en leurs terres sans l'autorité et congé du roi, dont le peuple est moult opprimé, le
roi prohibe et defend... que nul de quelque estat, qualité ou condition qu'il soit, ne
mette ou impose taille, aide ou tribut sur ses sujets ou autres, pour quelque cause
ou couleur que ce soit, sinon que ce soit de l'autorité et congé du roi et par ses
lettres patentes. » Cf. ci-dessus, p. 533, note 24. — La taille seigneuriale se conserva
cependant localement en qualité de redevance coutumière. Mais ce n'était plus alors
un attribut naturel et général des hautes justices. Elle devait toujours être fondée
sur un titre particulier, et, à moins de dégénérer en taille servile, elle devait être
restreinte à un petit nombre de cas, généralement aux quatre cas que comprenait
l'aide féodale. Elle prenait par là le caractère dominant d'une prestation attachée
aux tenures roturières au profit du seigneur dont elles relevaient. — Certains même
ne l'admettaient pas autrement; par exemple, Jean Rochette, *Questions de droit et
de pratique*, 1613, tit. I, qu. 47 : « Seigneur direct et foncier a le droit de taille ès quatre
cas, non le seigneur justicier. » Cependant l'opinion commune était qu'elle pouvait
aussi être due au seigneur justicier, mais toujours en vertu d'un titre (Boutaric, *Traité
des droits seigneuriaux*, édit. Toulouse, 1751, p. 330 et suiv.).

(39) Cependant Chassanæus explique, par l'existence de la taille servile en Bour-

du servage, et dès la fin du xive siècle, le nombre des serfs avait tellement diminué que la taille servile était presque une quantité négligeable. Dès lors, la taille royale avait reçu sa consécration définitive; sa croissance était finie. Il faut voir sur quoi portait au juste cet impôt et comment il était administré (40).

La Taille se présentait sous deux formes distinctes : la *personnelle* et la *réelle*. La *taille personnelle*, qui était le droit commun, était un impôt sur le revenu considéré dans son ensemble; chaque contribuable était taxé d'après ses facultés, c'est-à-dire d'après son revenu, quelle qu'en fût la source, qu'il provînt de la propriété foncière ou mobilière, du commerce, de l'industrie ou du travail manuel (41), les journaliers même étaient imposés (42). Mais tous les sujets du royaume n'étaient point taillables; seuls, les roturiers et les serfs payaient cet impôt. Les ecclésiastiques et les nobles en étaient exemptés, et cette exemption, au point de vue historique, s'expliquait aussi facilement qu'elle se justifiait mal au point de vue de la raison. La taille royale n'avait été que la copie, le sur-moulage pour ainsi dire, de la taille seigneuriale, et celle-ci n'avait jamais atteint que les roturiers et les serfs (43). D'ailleurs, beau-

gogne, ce fait que la taille ordinaire du roi ne se lève pas dans cette province (*In consuet. Burg.*, rub. 9, art. 18, no 10) : « Quæ possit esse causa quare principes et duces Bugundiæ et nunc reges Franciæ, qui sunt duces, nullas exigant tallias in Burgundia ? Nam, ut videmus, hæc patria est talliabilis subditis et feudatariis, cum omnes habeant subditos suos talliabiles, et, si iterum talliarentur, duplici onere gravarentur. » Il est vrai que le roi levait en Bourgogne les *jouages* ou *præstantiæ* votes tous les trois ans par les Etats; mais cela n'embarrasse pas Chassanæus : « Cum præstantiæ non debeantur dominis nec possint fieri per dominos, ideo duces Burgundiæ possunt illas facere. »

(40) *Traité sur les tailles et les tribunaux qui connoissent de cet impôt*, par Auger, 3 vol., Paris, 1788.

(41) Guy Coquille, *Histoire de Nivernois*, I, p. 498; — Moreau de Beaumont, *op. cit.*, II, p. 18 et suiv.; 100 et suiv.; — Vauban, *La dîme royale*, préface et première partie, *passim*.

(42) Moreau de Beaumont, *op. cit.*, II, p. 109.

(43) Ci-dessus, p. 263. Dans la suite du temps, on justifia cette exemption en disant que les nobles aidaient le roi de leur épée, les ecclésiastiques de leurs prières, les roturiers de leur argent. On trouve encore cette explication dans le discours que prononça le garde des Sceaux à l'ouverture des Etats généraux de 1789; l'orateur cherche à montrer seulement pourquoi elle ne pouvait plus dorénavant se maintenir. Mais c'était là évidemment un thème trouvé après coup. — Quant à l'exemption des nobles, il faut ajouter qu'elle n'était pas en fait aussi complète qu'elle le paraissait Lorsqu'ils avaient des propriétés immobilières et qu'ils les affermaient, le fermier payait, à raison de la jouissance de ces terres, une taille dite dans la suite *taille d'exploitation*; et par conséquent la taille du fermier entrait en ligne de compte pour la fixation du fermage, qui se trouvait diminué d'autant. Or, à l'exception de quelques charruées, que le privilégié pouvait faire valoir dans une seule paroisse, il était obligé d'affermer à des taillables, sous peine d'être lui-même compris au rôle « faute de donner colon ». (Marion, *Impôts directs*, p. 9.) Aussi en 1789 Sieyès, dans son fameux opuscule : *Qu'est-ce que le tiers état* (3e édition, 1789, S. 84, note 1), soutenait-il que la suppression de la taille personnelle serait pécuniairement avantageuse aux privilégiés. Mais il n'y avait là qu'une répercussion inévitable de l'impôt. Le privilège n'en subsistait pas moins. Le noble qui affermait ses terres ne payait pas personnel-

coup de roturiers étaient également exempts à raison des fonctions royales qu'ils exerçaient, et la plupart des villes avaient obtenu l'exemption de la taille, déchargeant ainsi leurs habitants. Cet impôt pesait de tout son poids (44) sur les habitants des campagnes, les fermiers et les cultivateurs. La *taille réelle* était l'exception (45). C'était un impôt foncier, portant sur le revenu seul des immeubles (46). C'était aussi un impôt inégal, mais d'une inégalité moins choquante que la taille personnelle. Tous les immeubles, en effet, ne la payaient pas : en étaient exemptés les biens d'Église et les biens nobles, c'est-à-dire les fiefs; y étaient par conséquent seuls soumis les tenures roturières ou serviles et les alleux non-nobles (47). Mais, pour savoir si le possesseur était exempt ou

lement une taille correspondant à la propriété, à côté de la taille d'exploitation du fermier, comme l'aurait fait un roturier : « Ils ne payaient rien comme propriétaires, et leurs fermiers n'étaient imposés que pour moitié de ce qu'auraient payé des propriétaires roturiers. » (D'Arbois de Jubainville, *L'administration des intendants*, d'après les archives de l'Aube, Paris, 1880, p. 49). Les domestiques des nobles étaient également exemptés de la taille personnelle (*ibid*, a. 37).

(44) Lebret, *De la souveraineté*, l. III, ch. viii, p. 113 : « Nous ne voions dans tout le plat païs que rigueur extrême et (j'oserois dire) que toute inhumanité. Car, après que ces pauvres gens ont été pillés et saccagés par les gens de guerre, il faut encore qu'ils paient seuls toutes les crues qui se lèvent durant les tems misérables, d'autant que c'est alors que tous les exempts font valoir leur privilège avec le plus de puissance... Puisque (les tailles) sont à présent augmentées de trente fois plus qu'elles n'étoient du commencement, seroit-il plus raisonnable de diminuer le nombre des privilèges au lieu de l'augmenter, comme on fait tous les jours. » — Moreau de Beaumont, II, p. 23 : « Quoique les tailles doivent être assises, portées et payées par toutes manières de gens contribuables... néanmoins les plus riches sont ceux qui payent le moins et qui cherchent à s'exempter, les uns sous prétexte qu'ils sont nobles, quoiqu'ils n'en justifient point, les autres en qualité de fermiers et métayers des gens d'Eglise, nobles ou autrement, ce qui est toujours à la foule du pauvre peuple. » — *L'homme en société, ou nouvelles vues politiques et économiques pour porter la population au plus haut degré en France*, Amsterdam, 1763, I, p. 84 (l'auteur propose de chasser de Paris et des villes quantité de gens du peuple qui y sont inutiles) : « La consommation des denrées n'étant pas tout à fait si forte à Paris qu'elle l'est à présent... le roi y perdroit peut être, mais... *ce seroit compensé avec usure par les tailles et autres impositions que les gens payeroient dans les campagnes.* » — P. 181 : « Il y a une infinité de maux qui semblent n'être attachés qu'aux malheureux habitants des campagnes. Tout le poids et les charges de l'Etat ne tombent pour ainsi dire que sur eux. » Beaucoup de villes, il faut le dire, étaient franches ou avaient acheté leur exemption et payaient, à la place de la taille, un abonnement pris sur le produit de leurs octrois (Necker, *op. cit.*, I, p. 5; — Marion, *Impôts directs*, p. 22 ;— Esmonin, *Taille en Normandie*, p. 393). On appelait ces villes *tarifées*, parce que la somme à laquelle elles étaient abonnées se percevait au moyen d'un tarif sur l'entrée des marchandises. Voyez une liste précise des exempts dans l'*Instruction générale des finances*, par l'Escuyer, 1622 (à la suite du *Nouveau stile de la chancellerie*), p. 26.

(45) Moreau de Beaumont, II, p. 18 : « Pour les pays d'élection, la taille est réelle seulement dans les généralités de Grenoble, Montauban et Auch, et dans deux élections de la généralité de Bordeaux, celles d'Agen et de Condom. » Voir la liste des pays de taille réelle dans Marion, *Impôts directs*, p. 18, n. 1.

(46) La taille réelle ne portant que sur le revenu des immeubles, on cherchait à atteindre les autres par une taxation complémentaire (compois cabaliste). Il faut ajouter que le cadastre était fort mal fait (Marion, *Impôts directs*, p. 19).

(47) L'affranchissement des biens ecclésiastiques dérivait de l'immunité générale des biens d'Eglise. Quant aux fiefs, ils paraissent avoir été exemptés à raison du service

non, il fallait considérer ici, non sa qualité personnelle, mais celle de sa terre; le fief était toujours exempt, même entre les mains d'un roturier; le bien roturier était toujours imposé, même entre les mains d'un noble. A raison de ce caractère, la *taille réelle* était bien moins impopulaire que la taille personnelle, et aussi parce qu'elle ne présentait pas cet arbitraire inévitable qu'entraîne tout impôt sur l'ensemble du revenu et qui accompagnait spécialement la taille personnelle dans l'ancien régime (48).

La Taille, personnelle ou réelle, était un impôt, non de quotité, mais de répartition : le pouvoir royal ne déterminait pas directement ce que devait payer le contribuable et n'arrêtait pas sa contribution à tant pour cent du revenu; il fixait seulement chaque année la somme totale que devait fournir la taille, et c'était par une série de répartitions, qui sera bientôt décrite, que l'on arrivait en dernière analyse à trouver la cote de chaque contribuable. C'était, par conséquent, un impôt très souple, dont le roi pouvait augmenter à volonté le produit sans aucune retouche au système (49). Aussi suivit-il une marche rapidement ascendante. Au principal se joignirent aussi plusieurs contributions accessoires, réparties au marc le franc de la taille, et qui, comme celle-ci, avaient pour origine les dépenses de la guerre. Les principales étaient la *Grande crue*, qui fut établie sous François Ier pour faire les frais d'une milice éphémère appelée les *légions* (50), et le *Taillon*, établi sous Henri II pour augmenter la solde et payer le logement des gens de guerre (51).

La Taille royale ne se levait pas dans tout le royaume, mais seulement dans les *Pays d'élections*, qui tiraient leur nom du principal organe administratif établi pour l'administration de cet impôt; elle n'était pas perçue dans les pays d'Etats. Ceux-ci

militaire qui y était attaché (Chassanæus, *In consuet. Burg.*, rub. 9, n° 15) : « Quando nobiles possident allodialia, credo quod pro illis possunt colleclari, secus autem si possident feudalia, vel de pertinentiis feudalium, ex quo in illis jam in pluribus graventur erga principem. Ne ergo duplici ratione graventur, non tenentur ad aliquod onus ratione bonorum feudalium. »

(48) *Journal de Masselin*, p. 464 : « Cum enim, inquit (unus plebeius legatus), ejus patriæ mos sit ut hæreditates ad talliam pedatim imponantur et magis sit realis quam personalis collecta. Et forsan si hæc utique per regnum consuetudo servaretur, magis posset ad æquum partitio fieri nec valerent in his personarum favores vel odia... Si semel fuerit hæreditas talliæ imposita... nunquam posthac ab hujusmodi subjectione eximitur, etiamsi in nobilissimis manibus qualicumque modo deveniat. » — Vauban, préface : « La *taille réelle* fondée sur les arpentages et les revenus des héritages est bien moins sujette à corruption, il faut l'avouer. » — Boulainvilliers, *Etat de la France*, II, 169; III, 538 et suiv.; IV, 24, 67, 71, 232, 423; V. 254, 341; VI, 19, 20.

(49) *Journal de Masselin*, p. 416 : « Adinventum est et additum talliæ tributum, quod non, ut cætera, certa summa limitatur, sed imponitur ac moderatur pro qualitate rei, imo verius arbitrio principis adeo ut jam in immensum et intolerabiliter creverit. »

(50) Edit du 24 juillet 1524 (Isambert, *Anc. lois*, XII, 390).

(51) Moreau de Beaumont, *op. cit.*, II, p. 13.

votaient, répartissaient et levaient eux-mêmes les équivalents qu'ils payaient au trésor royal. Ceci nous amène à étudier l'administration, la répartition et le contentieux de la taille; ils avaient d'autant plus d'importance que l'organisme, établi à cette fin, servait aussi, en partie, pour l'administration et le contentieux des autres impôts. Son origine se trouve dans les mesures que prirent les États généraux, sous le règne du roi Jean, lorsqu'ils acquirent, dans les années 1355 et suivantes, le droit d'administrer et de percevoir l'impôt. Ils établirent, sous le nom de *députés* ou d'*élus* (52), des délégués qu'ils choisirent eux-mêmes en les prenant parmi leurs membres et qu'ils chargèrent d'aller dans les provinces faire la répartition des aides consenties; ils devaient aussi en faire opérer la levée; ils avaient autorité sur tous les contribuables et pouvaient les contraindre « par toutes voyes et manières que bon leur sembleroit ». Ils étaient élus à raison de trois par diocèse, un de chaque ordre, devaient se réunir pour décider toutes les affaires graves et convoquer, pour la répartition, les officiers municipaux ou, à leur défaut, de notables habitants. Au-dessus d'eux, les États élurent un certain nombre de personnes, qui, sous le nom ·de *superintendants* ou *généraux des finances*, devaient avoir l'administration supérieure des aides et en même temps juger souverainement et en dernier ressort tous les litiges auxquels elles donneraient lieu; ces Généraux furent d'abord (en 1355) au nombre de neuf, trois de chaque ordre; puis réduits à six, deux étant pris dans chacun des trois ordres (53¹). Cette organisation simple et forte survécut au règne éphémère des États : le pouvoir royal, sorti de leur tutelle, se l'appropria bientôt, mais en lui faisant subir deux modifications très importantes. Tous ces députés aux finances, les supérieurs comme les inférieurs, furent nommés par lui et non plus choisis par les représentants de la nation. A l'étage supérieur, on sépara le contentieux de l'administration : une partie des *généraux des finances* furent préposés exclusivement à l'administration de celles-ci et gardèrent leur ancien titre; les autres furent

(52) Il y avait eu déjà quelques années auparavant des subsides levés par des élus pris dans les trois ordres. Voir en 1348, pour le Vermandois, Waquet, *Bailliage de Vermandois*, p. 117.

(53¹) Le point de départ est l'ordonnance du 28 décembre 1355 (*Ord.*, III, 19), art. 2 et 3 : « Des trois estats dessuzdiz seront ordonnez et deputez certaines personnes... qui par les pays ordonneront les choses dessuzdites, qui auront receveurs et ministres selon l'ordonnance et instruction qui sera faite sur ce; et oultre... seront ordonnez et establis par les trois estatz neuf personnes bonnes et honnestes, c'est à sçavoir de chascun estat trois, qui seront generaulx et superintendans sur tous les autres et qui auront deux receveurs ·generaux... et vaudra tout ce qui sera fait et ordonné par lesdits generaux deputez, comme arrest de Parlement, sanz ce que l'on en puisse appeler. » — Les textes qui retouchèrent et complétèrent le système sont : Ordonnance du 3 mars 1356, art. 2 et 3; Lettres du 3 mars 1356; Instructions du 4 mars 1356; Ordonnance du 14 mai 1358, art. 17 et 27 (*Ord.*, III, 124; IV, 181, 183; III, 221).

chargés uniquement du contentieux et finirent par former un tribunal qui, sous le nom de *Cour des aides*, prit place parmi les cours souveraines. A l'étage inférieur, au contraire, les élus, devenus fonctionnaires royaux, permanents et sédentaires, continuèrent à garder entre leurs mains à la fois l'administration et le contentieux. Il ressort d'un acte de Charles VI, de 1388 (53²), que le roi, jusqu'à cette date, avait confié à quatre de ses conseillers le gouvernement supérieur de ses aides et finances : il institua alors six « généraux conseillers pour le faict des dites aydes. gouverner et maintenir ». Il leur donna pouvoir de nommer des *élus* et leur confia à la fois le contentieux et l'administration supérieure. C'est seulement en 1390 que trois généraux furent préposés à l'administration et trois autres à la justice des aides (54). Les généraux des finances se partagèrent les provinces pour l'administration, et la circonscription à laquelle chacun d'eux était préposé prit le nom de *généralité*. Ainsi se formèrent trois, puis quatre généralités; en 1484, il y en avait six (55). On a vu, précédemment (56), comment, sous François Iᵉʳ et Henri II, les Généralités furent successivement portées à seize, puis à dix-sept, et comment les charges des Généraux des finances furent unies à celles des trésoriers de France. Sous Louis XIII, il y avait vingt et une généralités (57); il y en avait trente-cinq en 1789. On a vu également comment le nombre des Cours des aides se multiplia. Dans les pays où se levait la taille royale, les Généralités étaient divisées en un certain nombre d'*élections* ayant chacune son bureau d'Élus; au contraire, il n'y avait pas d'élections dans les *pays d'États*. La Généralité devint peu à peu la circonscription administrative la plus importante de l'ancienne France. Mais revenons à l'administration de la Taille pour voir comment s'en faisaient la répartition et la perception.

Chaque année, pour l'année suivante, le *brevet de la taille* était préparé par le Conseil du roi, contenant la somme totale qu'on demandait à cet impôt; il contenait aussi une répartition de cette somme entre les diverses généralités des pays d'élections, et répartissait enfin le contingent de chaque généralité entre les diverses élections qui la composaient (58). Ce projet était envoyé aux

(53²) *Ord.*, VII, 228.

(54) *Ord.*, VII, 404; — Pasquier, *Recherches*, l. II, ch. vii.

(55) *Journal de Masselin*, p. 304 (le gouvernement parlant aux députés) : « Concedit ut, cum in sex partes vos ipsi diviseritis, ita *sex adhuc eligatis viros* vestri consortii, *singulos ex singulis generalitatibus.* »

(56) Ci-dessus, p. 444.

(57) *Le guidon des secrétaires*, à la suite du *Nouveau stile de la chancellerie*, p. 30

(58) *Instruction générale des finances*, par l'Escuyer, Paris, 1622, à la suite du *Nouveau stile de la chancellerie*, p. 50. Le grand défaut du système était que l'administration centrale manquait de renseignements pour une répartition équitable entre les généralités. Colbert essaya de réunir quelques éléments de statistique économique

*Bureaux des finances* qui le renvoyaient avec leurs observations, et il était arrêté définitivemenι et transmis aux Élus. Ceux-ci répartissaient à leur tour le contingent de l'élection entre les diverses paroisses qui la composaient, et ιl était procédé dans chaque paroisse à la répartition dernière entre tous les habitants taillables. Cette opération se faisait d'après des principes assez libéraux : elle était faite par des répartiteurs ou *asséeurs* qu'élisaient les contribuables eux-mêmes. C'était là une tradition ancienne pour la taille servile et seigneuriale (59). Elle fut suivie également pour la taille royale, et un règlement de Saint Louis la ῾confirmaiι expressément pour la levée des tailles dans les villes du roi (60). Cette élection des asséeurs était faite par l'assemblée générale des habitants taillables, sous ῾a présidence de l'Élu. C'étaient eux qui estimaient le revenu de ῾haque contribuable et fixaient sa cote (61). Ils avaient ainsi un pouvoir considérable et tout à fait arbitraire; ils en usaient en fait sans ménagements, de sorte qu'à tour de rôle les asséeurs élus épargnaient leurs amis dans la répartition et chargeaient les autres (62). D'ailleurs, leur propre sort était assez dur; ils étaient en effet devenus en même temps *collecteurs* de la taille, chargés de la faire rentrer et d'en rendre compte. Ils étaient, à ce point de vue, responsables de leur négligence et de leurs fautes (63), et Jacques Godefroy les comparait aux malheureux curiales du Bas-Empire, chargés de la perception de la *capitatio.* Les collecteurs portaient leurs recettes à la caisse d'un

---

(Esmonin, *Taille en Normandie*, p. 29 et suiv.) Entre les élections la répartition était également faite par le conseil du roi, mais sur les indications fournies par l'intendant; c'est *l'avis sur le brevet* (Esmonin, *op. cit*, p. 66 et suiv.).

(59) Ci-dessus, p. 227.

(60) *Ord.*, I, 291. — Selon M. d'Arbois de Jubainville, *L'administration des intendants*, p. 27, note 3, les asséeurs auraient été primitivement nommés par les Elus; ce serait seulement une ordonnance du 29 novembre 1379 qui en aurait accordé l'élection aux villes et paroisses. Mais le texte (Isambert, *Anciennes lois*, V, 515-516) paraît viser, non un système régulier, mais des abus qui s'étaient introduits dans l'administration des Elus, et rétablir la coutume traditionnelle.

(61) Auger, *Traité sur les tailles*, I, p. CCLIX et suiv.

(62) Vauban, *Dîme royale*, 1re partie : « (Les tailles) sont assises sans proportion, non seulement en gros de paroisse à paroisse, mais encore de particulier à particulier; en un mot, elles sont devenues arbitraires. De laboureur à laboureur, ou de paysan à paysan, le plus fort accable le plus faible... Toutes ces animosités et ces haines invétérées se perpétuent dans les familles des paysans à cause des impositions non proportionnées de la taille, dont ils se surchargent chacun à leur tour. » Cf. d'Arbois de Jubainville, *L'administration des intendants*, p. 27 et suiv. et p. 47; l'auteur signale aussi le droit qu'avait le receveur des tailles « d'exercer la contrainte par corps contre les habitants les plus riches de la paroisse, qui, après avoir payé leur quote-part de l'imposition, pouvaient être ainsi forcés à faire l'avance de l'imposition des autres contribuables, lorsqu'il y avait retard de la part de ceux-ci. Cette solidarité subsista jusqu'à la déclaration du 3 janvier 1775. »

(63) Auger, *Traité des tailles*, I, p. CCLXXXIII; on en était venu à établir pour la désignation des collecteurs un roulement entre les principaux habitants (*ibid.*, I, p. CCLIX et suiv.).

trésorier particulier, qui résidait au chef-lieu de l'Élection; les receveurs particuliers versaient à leur tour dans la caisse du receveur général au chef-lieu de la Généralité. La taille, surtout la taille personnelle, était, on le voit, un impôt mal équilibré, écrasant pour le peuple des campagnes, et maintes fois ses vices furent signalés dans l'ancien régime; ce furent eux surtout qui inspirèrent à Vauban la *Dîme royale*. Elle subsista néanmoins jusqu'au bout. On se contenta seulement d'en atténuer quelque peu les inconvénients (64). Cependant il faut reconnaître que l'action des Intendants fut active et bienfaisante en cette matière. Elle commença dans la seconde moitié du xviiᵉ siècle et s'accentua dans le cours du xviiiᵉ. Ils surveillèrent la répartition de la taille entre les paroisses de chaque Election (65) et exercèrent sur la répartition, dans chaque paroisse, un contrôle que n'avaient jamais sérieusement exercé les Élus, auxquels il se substituèrent dans une large mesure, soit en vertu de leurs pouvoirs généraux, soit en vertu de lois spéciales. A' cet effet ils nommaient des délégués qu'on appela *Commissaires aux tailles*. Ceux-ci ne faisaient pas disparaître les *collecteurs* qui continuaient à être élus par l'assemblée générale (sauf que cela devint en dernier lieu un roulement entre les habitants capables); mais c'étaient eux, les *Commissaires aux tailles*, qui faisaient effectivement la répartition, et la marque en est qu'alors les *collecteurs* élus cessaient d'être responsables. Les Intendants s'efforcèrent aussi de réglementer le mode de répartition de la taille et de substituer à l'estimation des revenus en bloc la décomposition du revenu global, suivant la diversité des revenus qui le constituaient et à chacun desquels s'appliquait, pour l'imposition, une proportion différente (66). Mais cela n'était guère pos-

(64) Il y eut des essais faits, mais sans grand succès, en vue de tarifer la taille personnelle, c'est-à-dire de lui donner une base certaine, principalement en ce qui concerne l'estimation des revenus fonciers, les plus importants, afin de supprimer l'arbitraire de la taxation. Voir Marion, *Impôts directs*, p. 27-30, 33-37, et *Histoire financière*, I, p. 162 et 249; — G. Besnier, *L'établissement de la taille proportionnelle en 1717, Etudes lexoviennes*, I, p. 1915. Il ne faut pas confondre cette tarification de la taille avec le tarif ou impôt indirect qui remplaçait la taille dans les villes dites tarifées. Cf. *supra*, p. 538, n. 44. On tenta aussi en 1718, suivant la formule de Vauban, de remplacer la taille par une dîme royale, impôt perçu en nature à l'image de la dîme ecclésiastique. La tentative fut abandonnée au bout de peu d'années. (Marion, *Impôts directs*, p. 30.) C'est une déclaration de 1768 qui fixa définitivement les règles d'estimation des revenus des taillables et généralisa le système des commissaires malgré la protestation des cours souveraines. (Marion, p. 39 et suiv.)

(65) Le *département* (c'est ainsi que s'appelait la répartition entre les paroisses) était fait par l'intendant assisté d'un ou deux trésoriers, des élus et quelquefois des receveurs des tailles. (Esmonin, *La taille en Normandie*, p. 136 et suiv.)

(66) En particulier pour les ouvriers l'imposition était de la valeur d'un certain nombre de journées de travail par an; mode d'évaluation qui a passé dans les lois de la Révolution. Cette décomposition de différents revenus fut particulièrement réglée pour le ressort de la Cour des aides de Paris par une Déclaration du 11 août 1776 Auger, *op. cit.*, I, p. cclxviii, et III, p. 178). Voyez aussi et surtout les curieux docu-

sible à appliquer que lorsqu'il était nommé des *commissaires aux tailles*, lorsqu'il était fait, comme on disait, des *rôles d'office* et non quand les rôles étaient faits *à l'ordinaire*, simplement par les collecteurs élus. Les Intendants, en particulier, dégagèrent le principe de la *taille d'exploitation*, c'est-à-dire de l'imposition qui, dans les rôles de la taille, était imputée à la jouissance directe des propriétés foncières. Cette taille d'exploitation était payée même par les privilégiés lorsqu'ils faisaient valoir eux-mêmes leurs terres au lieu de les affermer; le privilégié, le noble, jouissait alors seulement du privilège des *quatre charrues*; il était exempt pour la quantité de terre que quatre charrues suffisaient à labourer. Les Intendants établissaient aussi dans certains cas, eux-mêmes et directement, la cote de certains taillables, des personnes qu'il fallait favoriser ou protéger.

Les taillables d'une paroisse ou communauté d'habitants furent longtemps soumis, dans certaines hypothèses, en cas d'insolvabilité des contribuables individuels et des collecteurs, à une *responsabilité solidaire* (67); elle provenait de diverses causes et principalement de ce que, la communauté ne constituant pas une personne morale, le groupe des habitants répondait de ce qu'elle devait. Cette responsabilité ne fut jamais complètement abolie; mais sous le ministère de Turgot l'application en fut réduite à des cas tout à fait exceptionnels.

Les litiges se référant à la répartition ou au paiement de la taille étaient jugés en première instance par les officiers des Élections, en appel et en dernier ressort par la Cour des aides. Lorsque les Intendants intervenaient dans la répartition dernière de la taille, les litiges qu'elle soulevait étaient jugés par eux en première instance; l'appel, en principe, était néanmoins porté à la Cour des aides, non au Conseil du roi.

## II

D'autres impôts directs furent créés, aux XVIIᵉ et XVIIIᵉ siècles, sous la monarchie absolue. Inspirés en partie par les propositions des écrivains qui demandaient l'abolition de la Taille ou des Gabelles (68), ce furent des créations plus satisfaisantes que la taille. Ils furent établis sur le principe d'égalité, devant atteindre tous les

ments publiés par M. d'Arbois de Jubainville, *L'administration des intendants*, p. 30-47. Il en résulte qu'au XVIIIᵉ siècle chaque paroisse avait un tarif permanent pour l'estimation des divers revenus imposés à la taille, mais il contenait encore bien des éléments arbitraires.

(67) Esmonin, *La taille en Normandie*, p. 405 et suiv.

(68) Th. Ducrocq, *Le mémoire de Boulainvilliers sur l'amortissement des gabelles*, Poitiers, 1884, p. 25 et suiv.

sujets du royaume, les ecclésiastiques et les nobles aussi bien que les roturiers. Mais les privilèges invétérés avaient tant de force qu'ils rendirent vaine cette bonne intention du législateur. La réglementation établie par lui fut faussée dans la pratique au profit du clergé et de la noblesse; en définitive, ces nouveaux impôts aboutirent principalement à une nouvelle surcharge des taillables, qui furent frappés trois fois par l'impôt direct sur le revenu. Ces impôts, la *Capitation* et les *Vingtièmes*, furent nécessités par les guerres qui marquèrent la fin du règne de Louis XIV et, sous Louis XV, par la guerre de Sept ans.

La *Capitation* (69) fut établie par une Déclaration du 18 janvier 1695, pour la guerre contre la ligue d'Augsbourg (70). Ce n'était point une capitation proprement dite, c'est-à-dire un impôt levé sur les personnes, à raison de tant par tête; c'était plutôt un impôt sur le revenu classifié ou divisé par classes. Les contribuables étaient répartis en un certain nombre de classes et tous ceux compris dans une même classe payaient la même cote; par là, l'impôt se rapprochait d'une capitation, mais la somme imposée à toutes les personnes comprises dans la même classe était fixée d'après leur revenu présumé, et par là c'était un impôt sur le revenu. Je dis d'après le revenu présumé, car c'était en principe d'après leur qualité, état ou profession, que les sujets étaient placés dans telle ou telle classe. On dressa ainsi vingt-deux classes, dont la première, commençant par le dauphin, était taxée à 2,000 livres et la vingt-deuxième à une livre (71). Ceux qui ne rentraient pas directement et d'une façon adéquate dans l'une des vingt-deux classes devaient être taxés « sur le pied de celle à laquelle ils auraient le plus de rapport par leur profession, état et qualité (72).

(69) Moreau de Beaumont, *op. cit.*, II, 407 et suiv.; — G. Lardé, *La capitation dans les pays de taille personnelle*, thèse 1906; — Marion, *Impôts directs*, p. 49-61.

(70) Voyez le texte dans de Boislisle, *Correspondance des contrôleurs généraux des finances avec les intendants des provinces*, Paris, 1874, t. I, Appendice, p. 565 et suiv. Le préambule indique les scrupules du roi et contient une justification de l'impôt · « Nous avons résolu d'établir une capitation générale, payable, pendant le temps de la guerre seulement, par tous nos sujets sans aucune restriction par feux ou par familles, et nous avons lieu de juger ce moyen d'autant plus sûr *que les plus zélés et les plus éclairés de nos sujets des trois ordres qui composent cet Estat semblent avoir prévenu nostre intention*, et que les Estats de Languedoc, se trouvant réunis selon l'usage ordinaire, après avoir accordé le don gratuit de 300,000 l. que nous leur avons demandé... par une délibération expresse de leur assemblée... nous ont proposé ce secours. »

(71) De Boislisle, *loc. cit.*, p. 574. Cette dernière classe comprenait, entre autres, les simples manœuvres et journaliers, les garçons des cabarets, les apprentis des artisans, les servantes des petites villes, bourgs et villages, et « généralement tous les habitants des bourgs et villages cotisés à la taille à 40 sols et au-dessus qui ne sont pas compris dans les classes précédentes. »

(72) De Boislisle, *loc. cit*, p. 567 : « Comme il se pourroit que plusieurs de nos sujets prétendissent n'être compris dans aucune des 22 classes portées par le tarif attaché sous le contre-scel des présentes, nous déclarons que tous ceux qui ne seront

C'était, en soi, un système assez défectueux, car il ne pouvait amener une exacte proportionnalité, deux personnes de même qualité ou de même profession, même dans un milieu d'importance égale, pouvant avoir un revenu très différent (73); mais il était d'une application assez facile. La Capitation devait, d'ailleurs, cesser avec la guerre, et, de fait, elle fut supprimée par un arrêt du Conseil du 17 décembre 1697, avant même que la paix de Riswick eût été ratifiée. Ce ne devait être là cependant qu'une interruption et non une abolition. La Capitation fut en effet rétablie par une Déclaration du 12 mars 1701, et cette fois, malgré les promesses, elle devint perpétuelle et subsista jusqu'à la fin de l'ancien régime. Mais, dans la perception de cet impôt ainsi rétabli, on s'écarta profondément du système et des règles qui avaient été édictées en 1695. Le régime de l'impôt perdit son unité; il présenta sous un même nom des variétés profondes. Tantôt ce fut un impôt de quotité et tantôt un impôt de répartition. Certaines catégories de contribuables restèrent, ou à peu près, sous le régime de 1695, payant d'après un tarif uniforme pour chaque catégorie. Telles furent la capitation de la Cour et celle des troupes. Mais le plus souvent la nouvelle capitation devint un impôt de répartition sur le revenu, qui devait être exactement proportionnel à celui-ci, mais qui, remis à la taxation des Intendants, sauf quelques garanties empruntées à la Déclaration de 1695, devint absolument arbitraire (74). Pour les roturiers qui payaient la taille personnelle, le procédé employé fut très simple : on fit de la Capitation purement et simplement un supplément de la taille; on la fixa au marc la livre de celle-ci; et l'on fit de même pour la capitation de tous ceux, roturiers ou privilégiés, qui payaient la taille réelle, dans les pays où existait cette forme d'impôt (75). Quant

pas précisément compris dans l'une des dites classes seront imposés et cotisés par lesdits intendants... sur le pied de celle desdites classes à laquelle ils auront le plus de rapport par leur profession, état ou qualité. »

(73) Moreau de Beaumont, *op. cit.*, II, p. 410 : « L'identité des mêmes états, qualités et fonctions, n'entraîne point celle des fortunes et des facultés, et une opération qui est appuyée sur une pareille base s'écarte nécessairement des vues de justice et d'égalité. » — Vauban, *Dîme royale*, 1re partie : « La capitation, qui, pour avoir été trop pressée et faite à la hâte, n'a pu éviter de tomber dans de très grands défauts, qui ont considérablement affaibli ce qu'on devait en espérer et produit une infinité d'injustices et de confusions. »

(74) Voici ce qu'en disait l'abbé de Saint-Pierre (*Les rêves d'un homme de bien qui peuvent être réalisés, ou les vues utiles et praticables de M. l'abbé de Saint-Pierre*, Paris, 1775, p. 91) : « Cette méthode des taxes faites par emplois, par charges, par dignités, par professions, par métiers, fut faite à bonne intention : ce fut pour rendre ce secours plus prompt et pour éviter l'inconvénient de la taxe arbitraire des intendants, laquelle, faute de suffisante connaissance du revenu de chaque capitable et par l'effet naturel des recommandations injustes, est ordinairement très disproportionnée et très injuste. »

(75) Necker, *De l'administration des finances de la France*, éd. Lausanne, 1785, t. I, ch. vii, p. 128 : « Dans le plus grand nombre des provinces la partie de cet impôt, qui

aux autres contribuables, divers régimes leur furent appliqués.
Les corps judiciaires supérieurs et les corps de marchands et
d'artisans furent autorisés à répartir, selon certaines régles, leur
part de capitation entre leurs membres; la capitation de la ville
de Paris était fixée et répartie à part, par des autorités et suivant
des principes distincts (76). Pour les nobles des provinces et la
population des villes exemptes de la taille, la répartition de la
capitation était laissée principalement à l'arbitraire des Intendants,
sauf quelques règlements insuffisants (77).

La Capitation devait atteindre « tous les sujets de quelque qualité et condition qu'ils fussent, les ecclésiastiques séculiers ou réguliers, les nobles, les militaires, à l'exception de ceux des taillables
dont les cotes étaient au-dessous de quarante sous, des ordres
mendians et des pauvres mendians, dont les curés des paroisses
donneroient les rôles ». Mais, en définitive, le clergé y échappa
complètement et la noblesse ne la subit point sincèrement et intégralement. De 1695 à 1698, le clergé, qui votait ses autres contributions dans des assemblées particulières, dont il sera parlé plus
loin, consentit un don annuel de quatre millions pour être déchargé
de la Capitation (78). En 1701, il renouvela avec le pouvoir royal
cet abonnement de quatre millions par an; et bientôt, par un traité
du 11 avril 1710, le roi déchargea définitivement le clergé de

concerne les roturiers, se répartit au marc la livre de la taille, et l'on agit de même
dans les pays de taille réelle, à l'égard des contribuables en général. » — D'Arbois de
Jubainville, *L'administration des intendants*, p. 25. — C'est ce qu'on appelait la *capitation taillable*.

(76) Guyot, *Répertoire*, v° *Capitation*. — Déclaration de 1695, *loc. cit.*, p. 566 : « Que
le rôle d'imposition sur les bourgeois et habitants de notre bonne ville de Paris soit
fait et arresté par le prévost des marchands et eschevins de ladite ville. » La taxation
fut faite à Paris au dixième du prix du loyer. C'est le principe de notre contribution
mobilière. Marion, *Impôts directs*, p. 53; — Lardé, *Capitation*, p. 337.

(77) Déclaration de 1695, *loc. cit.*, p. 566 : « Que les rôles de ladite capitation payable
par les gentilshommes et nobles soient arrestés par les intendans et commissaires
départis conjointement et de concert avec un gentilhomme de chaque bailliage qui
sera par nous choisi et nommé à cet effet. » — Necker, *op. cit.*, p. 128 : « On y suit
quelques autres règles, mais moins fixes pour la capitation des nobles, des privilégiés,
des habitants des villes franches... Cependant tel est l'abus inséparable de ces sortes
de répartitions, qu'à Paris, par exemple, où cet impôt est considérable, l'on a adopté
des règles de proportion qui n'ont aucun rapport exact avec la différence des facultés,
mais cette imperfection a paru préférable aux inconvénients d'un arbitraire indéfini;
telles sont les fixations déterminées en raison des charges, des titres, des dignités, des
grades militaires et des emplois de finances; tels sont les règlements intérieurs pour les
corps des marchands, les tarifs pour les domestiques et plusieurs autres encore. »

(78) Cela était prévu dans la Déclaration même de 1695, *loc. cit.*, p. 566 : « Mais
d'autant que l'Assemblée générale du clergé de notre royaume se doit tenir en ceste
année, que les témoignages que nous avons toujours reçus du zèle de ce corps nous
font présumer qu'il continuera à nous en donner des marques en nous accordant par
un don gratuit des secours proportionnés aux besoins de l'Estat, et qu'il ne seroit
pas juste qu'il se trouvast en même temps chargé de contribuer à la capitation,
voulons que, quant à présent, le clergé et les membres en dependans ne soient point
compris dans le tarif qui sera arresté en nostre conseil, ni dans les rôles qui seront
arrestés par les intendans. »

France de la Capitation, moyennant une somme de vingt-quatre millions, payée une fois pour toutes à titre de rachat. La noblesse y resta soumise, les Intendants dressant les rôles de concert avec un gentilhomme de chaque bailliage, désigné par le roi; mais, en fait, les nobles obtenaient souvent des décharges ou des réductions, et l'administration éprouvait les plus grandes difficultés à faire rentrer leurs cotes; on avait pris le parti de les retenir sur les gages ou pensions qu'ils pouvaient recevoir du roi. Dans le système ainsi faussé, la plus grosse part de la Capitation retombait sur les taillables et était devenue un véritable supplément de la taille (79).

En 1710 fut créé l'impôt du Dixième (80). Il se présentait comme devant atteindre le revenu de tous les sujets. Il se présentait aussi comme devant cesser avec la guerre; en effet, il fut supprimé au début du règne suivant, en 1717. Mais en 1725 fut établi un impôt du cinquantième, qui portait principalement sur le revenu des immeubles frugifères (81), qui ne réussit pas et fut éphémère. Mais en 1733 le Dixième fut rétabli, puis supprimé en 1737 et remis en 1741. Il fut en 1749 converti en un impôt du vingtième (82). Dès lors ce fut la quotité fixée pour cet impôt; mais elle pouvait facilement être doublée ou triplée. Seulement à partir de ce moment c'est l'impôt du Vingtième (ou des vingtièmes). A partir de 1756, il y eut un second vingtième, qui tendit à se perpétuer, comme le premier. En 1764 il fut affecté à l'amortissement de la dette, et l'on fixa la durée des deux vingtièmes qui devaient expirer l'un en 1767 et l'autre en 1772 (83). Mais des prorogations intervinrent. En dernier lieu le second vingtième devait expirer en 1790; mais une Déclaration de 1787 le prorogea jusqu'à 1792. Il devait finir auparavant, mais par le fait de la Révolution. Un troisième vingtième fut perçu de 1760 à 1763 et de 1778 à 1786.

Cet impôt, sous ses quotités variées, a toujours au fond été le même quant à sa nature (sauf l'impôt du cinquantième, qui devait en particulier se percevoir en nature sur les immeubles frugifères);

(79) Moreau de Beaumont, op. cit., II, 421 : « C'est ici le lieu d'observer que dans la masse totale de cette imposition la capitation de la noblesse et des privilégiés forme dans les provinces l'objet le moins considérable; la portion la plus forte est celle qui est répartie entre les taillables et non privilégiés au marc la livre de la taille. » — Necker, op. cit., I, p. 128 : « La partie de la capitation, qui n'est pas répartie au marc la livre de la taille, est de tous les impôts le plus difficile à recouvrer, et l'on sollicite sans cesse des modérations. »

(80) Déclaration de 1710, Isambert, Anciennes lois, XX, 558, le préambule.

(81) Isambert, Anciennes lois, XXI, 89.

(82) Edit de mai 1749, Isambert, Anciennes lois, XXII, 233. Le texte intégral est reproduit dans Guyot, Répertoire, vo Vingtièmes. Cet Edit et celui de 1710 sont les deux plus importants dans la matière.

(83) Isambert, Anciennes lois, XXII, 425.

il a pourtant, au cours du temps, subi des modifications assez profondes.

Bien qu'il se présentât comme un impôt général sur le revenu, l'impôt du Vingtième (Dixième) n'en comprenait point toutes les sources, et la loi énumérait spécialement et séparément les revenus qu'il saisissait. C'étaient essentiellement le revenu des immeubles, les rentes, le produit des droits féodaux et seigneuriaux. L'Édit de 1710 visait également les appointements des fonctionnaires et le produit des charges et professions. Au contraire, les bénéfices du commerce et des métiers manuels (*vingtièmes d'industrie*) n'étaient imposés que lorsque l'industriel avait un certain capital, une installation et un outillage. On peut dire que c'était, non point un impôt sur le revenu global, quelle qu'en fût la source, mais un impôt sur le revenu de certains capitaux ou valeurs déjà acquis. Cela se montre à certains traits : les revenus patrimoniaux des villes et communautés étaient imposés et, quand il s'agissait d'immeubles productifs, comme un bien affermé, l'impôt du vingtième était dû, non par celui qui en jouissait, par le fermier, comme quand il s'agissait de taille d'exploitation, mais par le propriétaire lui-même (84); le fermier devait seulement en faire l'avance, mais il comptait au propriétaire ce qu'il avait payé en déduction sur le fermage. C'était d'ailleurs un système général de l'Édit que de faire avancer l'impôt par les détenteurs et débiteurs, sauf le droit pour ceux-ci d'en demander le remboursement aux propriétaires et créanciers. Cependant, malgré cela, une déclaration, avec des peines pécuniaires sévères contre le manque de déclaration ou les fausses déclarations, était demandée aux contribuables par l'Édit de 1710.

Ce caractère réel de l'impôt du Vingtième s'accentua de plus en plus dans le cours du temps. Les vingtièmes d'industrie ne furent jamais rigoureusement perçus. L'industrie avait été exemptée du cinquantième en 1725 et elle ne fut pas assujettie au troisième vingtième. En 1757 un arrêt du Conseil supprima les cotes des vingtièmes d'industrie inférieures à trois livres, même pour le premier vingtième, et un arrêt du Conseil de 1777 (85), dont il va être bientôt parlé, déclarait que le roi aurait désiré supprimer absolument les vingtièmes d'industrie et il les supprimait dans les campagnes.

(84) Voyez *Rapport* fait au nom du Comité d'imposition sur la contribution foncière à l'Assemblée nationale, à la suite du procès-verbal du 11 sept. 1790 (Baudouin, t. XXX, p. 18 : « Il est de la nature de la contribution foncière que c'est au propriétaire à l'acquitter tout entière et que les fermiers et locataires ne doivent rien supporter... Les propriétaires étaient, sous l'ancien régime, soumis aux vingtièmes et à leurs sols pour livre. »

(85) Isambert, *Anciennes lois*, XXV, 148.

D'autre part la déclaration exigée du contribuable par l'Édit de 1710, qui était une pièce essentielle du système, mais qui avait rencontré les plus vives résistances, surtout de la part des nobles, tombait peu à peu en désuétude. Elle est visée encore en ce qui concerne les biens les plus importants dans l'Édit de 1749, mais elle n'est exigée que de ceux qui n'ont point été compris dans les rôles dressés en 1741 (86). De même cet Édit, tout en soumettant les commerçants au Vingtième, n'exigeait d'eux de déclaration que quant à leurs immeubles et biens acquis (87).

Il faut ajouter que les rentes sur les Hôtels de ville (c'était la forme commune des rentes émises au profit de l'État) et sur l'État avaient été soumises au dixième par l'Édit de 1710. Aucun scrupule ne s'était manifesté à cet égard. Mais ces rentes et toutes celles qu'on peut appeler les *rentes publiques* furent exemptées du vingtième par les Édits de 1741 et de 1749 (88). La doctrine n'avait point changé dans l'intervalle; mais, en vue de l'émission, alors nécessaire, de nouvelles rentes, l'intérêt du crédit public avait amené ce changement.

En définitive, les *Vingtièmes* devenaient principalement, presque uniquement, un impôt foncier, et cela était bien reconnu (89). Aussi lorsqu'en 1787 on voulut créer *l'Imposition territoriale*, on proposa en même temps de supprimer ce qui représentait alors le mieux l'impôt foncier (en dehors de la taille réelle), c'est-à-dire les Vingtièmes. Il y a plus, on tendait à transformer les Vingtièmes en une prestation pesant sur les immeubles seuls et presque fixe. Sans

(86) Art. 14 : « Pour fixer le vingtième du revenu des biens qui y sont sujets, ordonnons que tous les propriétaires ou usufruitiers desdits biens qui n'auraient point été compris dans les rôles arrêtés en notre Conseil, en exécution de notre Déclaration du 29 août 1741, fourniront dans la quinzaine du jour de la publication du présent Edit des déclarations exactes à ceux qui seront préposés à cet effet. »

(87) Art. 11 : « Comme dans tous les fonds sur lesquels nous ordonnons la levée du vingtième ne sont pas compris les biens des particuliers, commerçans ou autres, dont la profession est de faire valoir leur argent et qu'il est juste toutefois qu'ils y contribuent à proportion de leurs ressources et profits, ordonnons que chacun d'eux contribuera sur le pied du vingtième des ressources et profits, que leur bien peut produire, sans qu'il puisse être exigé d'eux de déclaration d'autres biens que ceux énoncés dans les articles 4 et 5 du présent Edit (les biens acquis). »

(88) Edit de 1749, art. 6 : « Pareillement le vingtième de toutes les rentes sur le clergé, sur les villes, provinces, pays d'Etats et autres, *à l'exception des rentes perpétuelles et viagères sur l'Hôtel de ville de notre bonne ville de Paris, sur les tailles, des quittances de finances,* portant intérêt à deux pour cent (bons du trésor) employées dans nos Etats, ensemble des gages réduits au denier cinquante, et de toutes les rentes que nous avons spécialement exemptées du dixième établi par notre Déclaration du 29 août 1741, lesquelles seront pareillement exemptes du vingtième. »

(89) Necker, *De l'administration des finances de la France,* 1785, édit. in-8o, t. I, p. 18 : « Les trois vingtièmes et les quatre sols pour livre en sus du premier s'élèvent à 76,500,000 livres. *C'est l'impôt le plus essentiellement territorial.* Cependant il faut en retrancher la partie qui porte sur le revenu des offices et même sur l'industrie, dans le petit nombre de provinces où ce droit fiscal subsiste encore; ces deux sortes de vingtième se montent à environ 2,500,000 livres. »

doute on ne voulait pas l'immobiliser, mais on voulait qu'elle ne pût varier qu'au bout d'un temps suffisamment long et après une sérieuse vérification, pour donner toute sécurité aux propriétaires. C'est ce que détermina après plusieurs mesures antérieures et moins complètes l'arrêt du Conseil de 1777. Il décida que les cotes des provinces vérifiées ne seraient pas soumises avant vingt ans à une nouvelle vérification. Il organisait, en même temps, la procédure de vérification qui devait protéger les petits propriétaires incapables de se défendre eux-mêmes. Deux traits en montraient bien l'esprit. D'un côté les déclarations et vérifications individuelles étaient supprimées. D'autre part, les contrôleurs des Vingtièmes devaient procéder à la vérification collective dans chaque paroisse, en y appelant les collecteurs des tailles et le syndic, et de plus deux propriétaires élus par la communauté (90).

Le Vingtième avait été établi comme un impôt général pesant également sur tous les sujets; mais ici encore l'égalité inscrite dans la loi ne put se maintenir dans la pratique. Le clergé de France sut s'y soustraire presque complètement : il fit d'abord reconnaître que la contribution ne pouvait porter sur les bénéfices ecclésiastiques, constituant les biens de l'Église, mais seulement sur les biens propres des ecclésiastiques; puis, en votant périodiquement des dons gratuits, il échappa complètement aux vingtièmes (91). Il est vrai que le *clergé de France* ne comprenait que le clergé des pays qui étaient déjà réunis à la Couronne au milieu du xvie siècle. Le clergé des provinces annexées postérieurement, dit *clergé étranger* ou des pays conquis, ne participait pas aux privilèges du clergé de France, dans l'organisation politique duquel il n'était pas compris, comme il sera dit plus loin. Il devait donc supporter la Capitation et les Vingtièmes; mais, en fait, le clergé de la plupart de ces provinces avait obtenu des abonnements qui en tenaient lieu (92). La noblesse restait, elle, soumise aux Vingtièmes; mais, dans l'estimation de ses revenus, se glissaient des ménagements et des faveurs qui réintroduisaient en réalité le privilège (93). Enfin,

(90) Isambert, *Anciennes lois*, XXV, 146.

(91) Necker, *op. cit.*, p. 211 : « Le clergé de France... ne connoit ni le mot de vingtième ni celui de capitation; et les subventions qu'il fournit au gouvernement ont lieu sous la forme de dons gratuits. »

(92) Necker, *op. cit.*, p. 211 : « Le clergé de Flandre, d'Artois, du Hainault et du Cambrésis contribue, comme la noblesse, aux impositions établies dans ces provinces; et les clergés d'Alsace, de Lorraine, des Trois-Évêchés, du Roussillon, d'Orange et de Franche-Comté payent chacun les vingtièmes et la capitation d'après des abonnements séparés, convenus avec le trésor royal et susceptibles de variation. »

(93) *Mémoire sur l'imposition territoriale*, p. 91 : « En 1772, il fut reconnu qu'ils (les vingtièmes) n'étoient pas portés à leur valeur. De fausses déclarations, des baux simulés, des traitemens trop favorables accordés à presque tous les riches propriétaires, avoient entraîné des inégalités et des erreurs infinies. » — Edit du 6 août 1787, préambule : « A raison d'abonnements et d'exceptions... une grande partie de nos sujets ne satisfaisoit pas à cette imposition dans l'étendue que sa dénomination suppose. »

pour la Capitation et pour les Vingtièmes, les pays d'État avaient obtenu des abonnements (94); et même un certain nombre de villes s'étaient isolément abonnées pour le vingtième ou s'en étaient rachetées. La monarchie expirante essaya de corriger ces vices. Calonne, comme on l'a dit, proposa, en 1787, aux Notables de remplacer les Vingtièmes par un impôt territorial (95) : celui-ci, en effet, fut établi par l'Édit du 6 août 1787 que j'ai déjà plusieurs fois cité; mais ce fut justement l'un des Édits qui suscitèrent la crise finale entre le Parlement de Paris et le gouvernement de Louis XVI.

Les Intendants des provinces avaient l'administration et le contentieux de la Capitation et des Vingtièmes (96) : de leurs sentences, on pouvait appeler au Conseil du roi.

## B. — *Impôts indirects.*

Les principaux impôts indirects établis sous la monarchie tempérée sont les *Aides*, la *Gabelle* et les *Traites*.

## III

Le mot *Aides* a eu successivement deux sens. Dans un premier sens large, il désigna d'abord les subsides extraordinaires et temporaires que les rois obtenaient par le consentement des seigneurs et des villes, ou levaient en vertu des principes féodaux, quelle que fût d'ailleurs l'espèce d'impôt par lequel l'aide était réalisée. Dans un second sens plus étroit, il désigna un impôt indirect levé sur la vente de certains objets de consommation. Sous cette forme, les Aides commencèrent à être levées d'une façon suivie, après 1360, pour le paiement de la rançon du roi Jean. Supprimées à la fin du règne de Charles VI, elles furent rétablies à titre définitif et permanent par l'ordonnance du 28 février 1435 (97). Ce qui varia beaucoup dans le cours du temps, c'est la liste des objets de consommation, soumis aux Aides (98). Le vin et les spiritueux restèrent cependant le principal, et la vente en était sujette à deux droits distincts : le droit de *gros* atteignant les ventes faites par le producteur ou les marchands en gros, le droit de détail visant le débit

---

(94) Moreau de Beaumont, II, 430 et suiv., 471, 485 et suiv.

(95) Chose curieuse, le projet présenté par Calonne admettait que cet impôt serait perçu en nature (*Procès-verbal*, p. 94). C'était reprendre la *Dîme royale* de Vauban.

(96) Sous leurs ordres se trouvait un personnel spécial : un directeur des vingtièmes par généralité, assisté d'un certain nombre de contrôleurs chargés de vérifier les déclarations; Marion, *Impôts directs*, p. 66.

(97) Isambert, *Anc lois*, VIII, 834.

(98) Moreau de Beaumont, *op. cit.*, III, p. 277-472; — Brunet de Granmaison employé dans les aides, *Dictionnaire des aides*, Paris, 1730.

dans les auberges ou cabarets. Bien qu'il fût naturel que, comme impôt de consommation, les Aides frappassent indifféremment tous les sujets, il n'en était pas absolument ainsi, et là même le privilège avait su se glisser. Dès 1435, les nobles furent déclarés exempts du droit de gros, quant à la vente du vin produit dans leurs propres crus (99), et ils conservèrent ce privilège. Les ecclésiastiques l'obtinrent aussi pour la vente de la récolte de leurs bénéfices, et un certain nombre d'officiers royaux jouissaient d'une exemption semblable à celle des simples nobles, ou plus étendue (100).

Les Aides proprement dites ne se levaient pas dans toute la France, et seulement dans les ressorts des Cours des aides de Paris et de Rouen; mais, dans le reste du royaume, existaient d'ordinaire des impôts semblables, sous des noms différents et avec des combinaisons diverses.

Le contentieux des Aides était jugé en première instance par les officiers des élections, en appel et en dernier ressort par les Cours des aides.

Comme le mot *Aides*, le mot *Gabelle* a eu successivement deux sens. En premier lieu, il a désigné un impôt de consommation en général; on disait ainsi la Gabelle du vin ou la Gabelle de l'huile. En définitive, il a désigné l'impôt royal sur la vente du sel monopolisée au profit de l'État. Ce n'est que peu à peu que cet impôt s'est introduit, et on peut suivre ses progrès. Il n'existait pas en 1315, car nous avons une ordonnance de cette année, de Louis X, dans laquelle il s'élève contre l'accaparement du sel par les marchands, nommant des commissaires pour en faire la recherche et faire mettre en vente publique celui qu'ils auront trouvé (101). D'autre part, il ne tarda pas à être établi, et l'acte de 1315 servit peut-être même de prétexte pour cela, car, en 1318, une ordonnance de Philippe le Long constate que « la gabelle du sel... estoit moult déplaisante au peuple »; on craignait « qu'elle ne durast à perpétuité » et « fut mise dans le domaine royal ». Philippe déclare que telle n'est point son intention; il désirait que « par bon conseil et advis bonne voye et convenable fust trouvée par laquelle l'on mist bonne provision pour le fait de la guerre et lesdites gabelles fussent abatues à toujours » (102). En attendant, il les maintenait.

---

(99) Ord. de 1435, art. 34 : « Le roy ordonne que les nobles de son royaume, extraictz de noble lignée et vivant noblement sans marchander... soient frans, quites et exempts de paier imposicions de vins, grains et autres biens creuz en leurs héritages; et que se lesdiz nobles vendent ou font vendre quelque part que ce soit, soit à taverne et détail lesdiz vins ou brevaiges, ils en paieront le VIIIe pour ce que ce n'est pas office de noble que d'estre tavernier. »

(100) Brunet de Granmaison, *op. cit.*, v° *Exempts*, et aux mots auxquels il renvoie.

(101) Ordonnance du 25 septembre 1315 (*Ord.*, I, 606).

(102) Ordonnance du 25 février 1318 (*Ord.* I, 679).

Cependant peut-être furent-elles momentanément supprimées; car, en 1342, Philippe VI déclare qu'il a décidé « certains greniers ou gabelles de sel être faits par son royaume » et « ordonné député et commis certains commissaires ès lieux où il appartient pour lesdits greniers publier, faire exécuter et mettre en ordre » (103). Il établissait à cette date une commission de sept personnes pour constituer la juridiction supérieure de la Gabelle; mais peut-être alors la Gabelle n'était-elle établie qu'en certains lieux. Elle devint générale par la volonté des États de 1355 (104); et, cette fois, elle était définitivement établie dans les pays de Languedoil (105). Dans le cours du xvᵉ siècle, elle fut aussi étendue au Languedoc (106). Elle avait pris la forme d'une vente monopolisée dans les *Greniers à sel royaux;* dans certaines régions, il y avait aussi des revendeurs et *regratiers* autorisés.

L'impôt de la Gabelle variait encore plus que les autres dans son application géographique. Certaines provinces en étaient exemptes, et dans celles qui le supportaient étaient en vigueur des systèmes fort différents (107). Les provinces affranchies de cet impôt n'avaient pas toutes obtenu leur exemption de la même manière. Les unes, ignorant la gabelle alors qu'elles n'étaient pas encore réunies au domaine de la Couronne, avaient stipulé et obtenu, lors de l'annexion, le maintien de la franchise (108). Les autres avaient été d'abord soumises à la Gabelle, mais elles avaient acheté leur affranchissement en payant, à un moment donné, une grosse somme au pouvoir royal (109). Celui-ci s'était prêté à ce contrat, à raison de ses besoins urgents et aussi parce que la Gabelle avait suscité dans ces régions de redoutables soulèvements : on les appelait les *Pays rédimés.* Quant aux provinces soumises à la gabelle, elles présentaient de nombreuses variétés; mais on y distinguait surtout deux zones bien tranchées.

(103) Ordonnance du 20 mars 1342 (*Ord.,* II, 179).

(104) Ordonnance du 28 décembre 1355 (*Ord.,* III, 19), art. I : « Pour faire la dite armée et payer les frais et despens d'icelle ont regardé et avisé que, par tout ledit pays coustumier, une gabelle soit mise et imposée sur le sel. »

(105) Ordonnance du 19 juill. 1367 (*Ord.,* V, 14), art. 9; — Règlement sur la vente du sel de 1372 (*Ord.* V, 576).

(106) Ordonnance du 14 octobre 1493; Ordonnance du 6 janvier 1496; Déclaration du 8 novembre 1498 (*Ord.,* XXI, p. x et suiv., 131 et suiv.).

(107) Moreau de Beaumont, *op. cit.,* III, p. 1-272; — *Mémoire sur la gabelle* présenté aux Notables de 1787, *Procès-verbal,* p. 165 et suiv.

(108) *Mémoire,* p. 170 : « La Bretagne a conservé une franchise absolue; l'Artois, la Flandre, le Hainaut, le Calaisis, le Boulonnois, l'Alsace, le Béarn, la Basse-Navarre et autres pays nouvellement acquis à la Couronne en jouissent aussi. »

(109) *Mémoire,* p. 170 ; « En 1549 et 1553, le Poitou, la Saintonge, l'Aunis, l'Angoumois, le Haut et Bas-Limousin, la Haute et Basse-Marche, le Périgord et la Haute-Guyenne se rédimèrent de la gabelle moyennant une somme de 1.743.500 livres. Plusieurs autres provinces ont obtenu des affranchissements partiels ou des modifications de l'impôt par de semblables rachats. »

Dans les *Pays de Grandes gabelles* (110), non seulement le commerce du sel n'était pas libre, mais la consommation ne l'était pas non plus. Chaque chef de famille devait prendre au grenier royal une quantité de sel déterminée : c'était ce qu'on appelait le *devoir de gabelle;* et ce *sel de devoir* ne pouvait être employé que pour l'alimentation de la famille, pour le *pot et la salière.* Pour tous autres usages, en particulier pour les salaisons de viande de porc, qui constituaient à peu près la seule viande que mangeassent les paysans, il fallait acheter d'autre sel, alors même que la quantité prise comme sel de devoir dépassait les besoins de l'alimentation (111). Comment était-on arrivé à un régime si vexatoire et déraisonnable ? Ce n'était pas par esprit de tyrannie, mais en quelque sorte par nécessité. Le sel se vendant au grenier du roi bien au-dessus de sa valeur réelle (c'était la différence entre le prix marchand et le prix de vente au grenier qui constituait l'impôt), la Gabelle suscitait une contrebande effrénée et le trafic des *faux sauniers* est resté célèbre. Malgré toutes les rigueurs, le gouvernement n'arrivait pas à l'empêcher, et il fut amené à la décourager en la rendant sans objet : le chef de famille, obligé de prendre au Grenier plus de sel qu'il ne lui en fallait, n'avait plus que faire du contrebandier (112). Mais un autre régime existait aussi dans les pays de Grandes gabelles. Au lieu de fixer directement la quantité de sel que chaque chef de famille devait prendre au grenier, on déterminait en bloc et par paroisse la quantité de sel qui devait être consommée par les habitants, puis on la répartissait entre les taillables, ce *sel d'impôt,* bien entendu, ne pouvant être employé que pour l'alimentation (113). On faisait ainsi de la Gabelle, au lieu d'un impôt de quotité, un impôt de répartition (114). Dans les *Pays de petites gabelles*, le commerce du sel n'était pas libre non

(110) Ils comprenaient les généralités de Paris, Orléans, Tours, Soissons, Moulins, Dijon, Châlons-sur-Marne, Amiens, Rouen, Caen et Alençon.

(111) *Mémoire*, p. 171 : « Chaque chef de famille est forcé de lever directement au grenier dans la proportion de 7 livres par tête, et ce devoir de gabelle ne le dispense pas d'acheter le sel nécessaire pour ses salaisons, dont les billets de gabellement sont différents de ceux du devoir. A défaut de la représentation de ces billets, ils encourent l'amende et la confiscation. A l'exception de la classe la plus indigente (de la population) à qui il est permis de se pourvoir au regrat, avantage perfide que le bénéfice du regratier fait tourner en surcharge. »

(112) Le devoir de gabelle est déjà inscrit dans le règlement de 1372, art. 8, comme moyen d'empêcher les fraudes.

(113) *Mémoire*, p. 171 : « Le sel de devoir, c'est-à-dire la quantité qu'on est forcé de consommer, y est imposée collectivement par paroisse et par les officiers des juridictions des gabelles; des collecteurs nommés annuellement sont chargés de la répartition sur les contribuables. »

(114) Chose singulière, le *Mémoire* considère la vente par impôt comme moins dure que le devoir de gabelle à raison de 7 livres par tête, p. 172 : « Cette forme, porte-t-il, est encore plus dure que celle des greniers d'impôt. » Mais comme il indique, d'autre part, que « la régie des greniers d'impôt a lieu dans la partie des grandes gabelles qui avoisine les pays de franchise », on peut présumer le contraire.

plus; on ne pouvait acheter que celui qui venait du Grenier à sel, où il se vendait aussi au-dessus du prix marchand, quoique moins cher que dans la zone des Grandes gabelles, mais, en droit, la consommation était libre (115); le chef de famille achetait seulement ce dont il avait besoin. Cependant, en fait, sa condition n'était pas beaucoup meilleure que celle du contribuable assujetti au *devoir de gabelle*; en effet, les agents faisaient périodiquement chez lui des visites domiciliaires; il était tenu de montrer les *billets de gabellement* indiquant les quantités de sel qu'il avait prises au Grenier ou au regrat, et, faute de les produire, il était condamné aux peines de faux saunage (116).

L'impôt de la Gabelle était, en principe, égal pour tous; les nobles et les ecclésiastiques y étaient soumis comme les roturiers (117); seuls, les établissements charitables et un certain nombre de fonctionnaires royaux avaient ce qu'on appelait le *franc salé*, c'est-à-dire qu'ils prenaient le sel aux greniers du roi, mais au prix marchand (118). En réalité, tout le poids retombait sur les pauvres; car le devoir de gabelle, qui était dans une maison riche une dépense insignifiante, était pour eux une lourde charge. C'était l'impôt le plus détesté de l'ancien régime (119), surtout à cause de l'inquisition et de la répression qui l'accompagnaient : visites domiciliaires, saisies et amendes. Le contentieux était jugé en première instance par des juridictions établies près des magasins royaux et qui portaient aussi le nom de *Greniers à sel;* en appel et en dernière instance, par les Cours des aides.

Voici comment la monarchie expirante jugeait la Gabelle dans un mémoire présenté à l'assemblée des Notables en 1787 : « Un impôt si considérable dans sa quantité qu'il excède le produit des deux vingtièmes, si disproportionné dans sa répartition qu'il fait payer dans une province vingt fois plus qu'on ne paye dans une autre, si rigoureux dans sa perception que son nom seul inspire l'effroi; un impôt qui, frappant une denrée de première nécessité, pèse sur le pauvre presque autant que sur le riche, et qui par l'attrait violent qu'il présente à la contrebande, fait condamner tous les ans à la chaîne ou à la prison plus de cinq cents chefs

---

(115) Moreau de Beaumont, *op. cit.*, III, p. 179 : « La consommation du sel est absolument libre dans les pays de petites gabelles où l'on ne peut néanmoins faire usage que de celui qui est pris dans les greniers du roi. »

(116) *Mémoire*, p. 172, 173.

(117) Cependant, dans les pays où avait lieu la *vente par impôt*, « les nobles, ecclésiastiques et privilégiés ne sont pas compris dans les rôles d'impôt, mais ils sont individuellement tenus de prendre directement au grenier leur sel de devoir à raison de 7 livres de tête. »

(118) Moreau de Beaumont, *op. cit.*, III, p. 84 et suiv.

(119) Déjà les Etats généraux de 1484 en avaient demandé la suppression (*Journal de Masselin*, p. 83) : « Ut salis gabellæ auferantur et ejus loco, in ingressu regni aliquid imponeretur æquivalens, quia hoc videbatur onerosum esse et plenum abusibus. »

de famille et occasionne plus de quatre mille saisies par année : tels sont les traits qui caractérisent la gabelle. » (120).

Les *Traites* ou droits de douane jouaient dans l'ancien régime un rôle très important, à la fois économique et fiscal. Ces droits n'étaient pas perçus seulement à la frontière à raison du commerce avec l'étranger, ils l'étaient aussi dans l'intérieur du royaume, pour le commerce de province à province ou même parfois de ville à ville. C'étaient là des *douanes intérieures*, l'un des fléaux du commerce dans l'ancienne France (121). Ce système, il faut le dire, n'avait pas été une création voulue et réfléchie de l'autorité publique. La plupart des douanes intérieures résultaient de la formation historique et fragmentaire de l'ancienne France : elles avaient été créées, alors que les pays qu'elles séparaient, n'ayant pas encore été réunis à la Couronne, étaient véritablement étrangers; puis on les avait maintenues après l'annexion opérée, par cet esprit de conservation et souvent de particularisme qui caractérisait l'ancien régime. D'autres douanes intérieures se rattachaient, par leur origine, à l'histoire de l'impôt royal (122); elles avaient fourni un expédient au pouvoir royal, à l'égard des provinces qui ne voulaient pas accepter d'impôt.

Les premiers droits de douane proprement dits furent des droits à l'exportation, établis d'autorité par le roi. Au commencement du XIVe siècle, Philippe le Bel et Philippe le Long prohibèrent successivement l'exportation des objets d'alimentation, des matières d'or et d'argent, des laines et étoffes (123). Cette prohibition était fondée sur la vieille et instinctive idée qu'un pays compromet sa prospérité en laissant passer à l'étranger les choses nécessaires à la vie qu'il a produites; mais, au fond, la mesure avait surtout un but fiscal. Le roi se réservait, en effet, le droit d'autoriser exceptionnellement l'exportation par mesure individuelle et moyennant finance (124). Cette exportation ne pouvait se faire que par cer-

(120) *Mémoire*, p. 165. Plus loin, on lit : « Cette étrange constitution divise tout le royaume, exige 1,200 lieues de barrière intérieure, entretient une 'guerre continuelle entre les préposés de la ferme et les contrebandiers et occasionne tous les ans plus de 4,000 saisies domiciliaires, plus de 3,400 emprisonnements et plus de 500 condamnations à des peines capitales ou afflictives. »

(121) Vauban, *Dîme royale*, 1re partie : « Il faut parler à tant de bureaux pour transporter des denrées, non seulement d'une province ou d'un pays à un autre, par exemple de Bretagne en Normandie, ce qui rend les Français étrangers aux Français... mais encore d'un lieu à un autre dans la même province. »

(122) Sur les Traites, voir Moreau de Beaumont, *op. cit.*, III, p. 478-585; — Necker, *op. cit.*, II, p. 113 et suiv.; — et l'un des *Mémoires*, présentés aux notables de 1787, *Procès-verbal*, cité, p. 117 et suiv.

(123) Ordonnances de 1302 et 1303; Mandement de 1321 (*Ord.* I, 352, 373, 750) Cf. Ordonnance de septembre 1358 (*Ord.*, III, 254).

(124) Voyez spécialement le mandement de 1321, adressé aux *portuum et passagiorum custodibus*; il prohibe l'exportation pour les objets « pro quibus nobis est financia facienda... nisi super hoc primitus pro nobis finetur ».

tains « ports et passages » où le roi plaçait des gardiens; ainsi furent établis, dès le xive siècle, un certain nombre de bureaux de douanes soit sur les côtes, soit sur les frontières terrestres, et les droits qui étaient levés prirent le nom de droit de *Rêve* ou de *Haut passage*. Il semble d'ailleurs que ce moyen de se procurer de l'argent ait été considéré moins comme l'établissement d'un impôt proprement dit que comme l'exercice légitime du pouvoir réglementaire appartenant au roi sur le commerce. Ce qui le montre, c'est que les rois d'Angleterre en usèrent largement à une époque où ils n'avaient plus certainement le droit d'établir des impôts sans un vote du Parlement (125).

Sous le règne de Jean le Bon, ces droits d'exportation furent étendus, sous le nom d'*Imposition foraine*, au commerce avec certaines provinces qui refusèrent de payer les Aides établies pour la rançon du roi Jean (126). Ces provinces, au point de vue douanier, furent désormais *considérées comme étrangères*. Sous Henri II, les droits de douane antérieurement établis, « rêve, domaine forain ou haut passage et imposition foraine », furent unifiés « pour estre cueillis tous ensemble et par un mesme moyen (127); et, sous Henri III, s'y ajouta un supplément sous le titre de Traite domaniale. Au xvie siècle, apparurent aussi les droits à l'importation, d'abord sur les épiceries, puis sur l'ensemble des marchandises, les droits étant fixés par un tarif général de 1581; « le commerce avec les provinces réputées étrangères y fut soumis comme le commerce avec l'étranger ».

Ainsi s'était formé de pièces et de morceaux un système douanier; mais, non seulement il était une création due au hasard, il était encore incomplet géographiquement, n'embrassant pas toutes les provinces du royaume. « En 1621, un nouveau motif engagea Louis XIII à multiplier les bureaux des traites; ce prince, ayant reconnu qu'il n'en existait aucun dans quelques provinces frontières, ni du côté de l'étranger, ni du côté de l'intérieur du royaume, ordonna qu'il en serait établi de l'un des deux côtés à leur choix. » (128). Ces provinces, qui étaient la Bourgogne, le Dauphiné, la Saintonge, l'Aunis, la Guyenne, la Bretagne, le Maine et la Provence, optèrent pour garder le libre commerce, les

---

(125) Le lieu, par lequel le commerce avec l'extérieur était exceptionnellement autorisé moyennant finances, s'appelait *staple*; voyez Dicey, *The Privy council*, p. 60 et suiv.

(126) Ordonnances et instructions de juillet 1376 (Isambert, *Anc. lois*, V. 451) : « L'imposition foraine des denrées et marchandises, prises par manière d'achat ou chargées ou royaume es païs ou parties où lesdites aides ordonnées pour la guerre ont cours pour porter hors du royaume ou en aucuns lieux ou parties du royaume où lesdites aides n'ont aucun cours, n'est point levée. »

(127) Edit de septembre 1549 (Isambert, *Anc. lois*, XIII, p. 104).

(128) Moreau de Beaumont, *op. cit*, III, p. 495.

unes avec le royaume, les autres avec l'étranger, sauf la Provence qui laissa établir des bureaux de tous les côtés. « Alors les bureaux qui existaient dans la Picardie, la Champagne, la Bourgogne, le Poitou, le Berry, le Bourbonnais et l'Anjou, formèrent une chaîne continue, et l'enceinte qu'ils renfermèrent fut appelée l'*enceinte des cinq grosses fermes*. Toutes les provinces extérieures furent réputées étrangères. » (129). Ce n'étaient là d'ailleurs que les lignes générales du réseau douanier; car, soit dans l'intérieur des Cinq grosses fermes, soit dans l'intérieur ou dans les rapports entre elles des Provinces réputées étrangères, il y avait aussi des péages particuliers ou des douanes spéciales. Cet état de choses fut à la fois simplifié et compliqué sous les règnes de Louis XIV et de Louis XV. En définitive, on distingua trois catégories de provinces :

1° Les Cinq grosses fermes pour lesquelles Colbert avait réalisé une réforme importante : il avait supprimé, sauf quelques exceptions peu considérables, tous les droits levés précédemment dans l'étendue de leur enceinte, de sorte que « les marchandises qui circuloient dans l'étendue des Cinq grosses fermes ne devoient aucuns droits, ni par mer, ni par terre; l'intérieur de ces provinces étoit libre ». Les droits de douanes n'étaient levés que pour le commerce des cinq grosses fermes avec l'étranger et avec les provinces réputées étrangères (130).

2° *Les Provinces réputées étrangères* (131). — Elles n'avaient pas accepté le tarif établi par Colbert en 1664, ayant alors préféré

---

(129) Moreau de Beaumont, III, 496.

(130) Le tarif appliqué était alors celui de 1664, et une grande ordonnance de 1687 réglait le commerce des Cinq grosses fermes (Isambert, *Anc. lois*, XX, 24 et suiv.). — Le plan de Colbert avait été plus vaste que cela; mais il ne put le réaliser en entier; *Mémoire* présenté aux Notables, p. 120 : « Il entreprit de supprimer les traites intérieures et d'établir un régime uniforme pour toutes les douanes du royaume; c'est dans cette vue que fut rédigé le tarif de 1664... Il crut devoir laisser aux provinces la liberté d'opter entre le nouveau régime qu'il établissait et celui sous lequel elles avoient existé jusqu'alors. Un grand nombre de provinces acceptèrent le tarif; ce sont celles qui sont connues sous la dénomination de *provinces des cinq grosses fermes*. Les autres préférèrent demeurer dans leur premier état; ce sont celles qui ont le titre de *provinces réputées étrangères...* »

(131) Le Lyonnais, le Forez, le Dauphiné, la Provence (à l'exception de Marseille et de son territoire), le Languedoc et le comté de Foix, le Roussillon, la Guyenne, la Gascogne, la Saintonge, les îles de Ré et d'Oléron, la Flandre, le Hainaut, l'Artois, le Cambrésis, la Bretagne et la Franche-Comté. Pour celles-là, Colbert avait fait aussi quelque chose d'important; *Mémoire présenté aux Notables*, p. 120 : « Ce partage, qui trompa les espérances de Colbert, lui fit prendre le seul parti qui lui restoit, celui d'establir du moins des *droits uniformes* sur les objets les plus intéressans du commerce et d'en ordonner la perception aux frontières des *provinces réputées étrangères*; c'est ce qui donna lieu aux tarifs de 1667 et 1671, dont l'exécution caractérise les provinces ainsi dénommées et les différencie des provinces des cinq grosses fermes soumises particulièrement au tarif de 1664... Un grand nombre d'arrêts du Conseil ont successivement établi les *droits uniformes* sur diverses marchandises qui n'avoient pas été comprises dans les tarifs de 1667 et 1671; en sorte qu'il y a aujourd'hui plus de deux cinquièmes des principaux objets de commerce qui y sont assujettis. »

conserver le**u**r condition antérieure. Elles avaient conservé entre
elles et aussi chacune dans son intérieur de nombreux péages
locaux; « les marchandises qui circuloient dans ces différentes provinces réputées étrangères payoient les droits des provinces dont
elles sortoient, de celles dont elles empruntoient le passage et de
celles pour lesquelles elles étoient destinées » (132). Elles payaient,
de plus, les droits de douanes pour le commerce avec les cinq
grosses fermes et avec l'étranger.

3° *Les Provinces traitées comme pays étrangers* (133). — C'étaient
trois provinces réunies tardivement à la France, l'Alsace, les Trois
Évêchés et la Lorraine, qui avaient conservé au point de vue des
douanes françaises ·leur condition antérieure. Elles commerçaient
librement avec l'étranger, c'est-à-dire que, pour ce commerce, elles
ne payaient pas les droits d'exportation ou d'importation fixés par
les tarifs français; mais en revanche, dans leur commerce avec le
reste du royaume, elles payaient les mêmes droits que ceux établis
pour le commerce des autres provinces françaises avec l'étranger.
Les ports francs de Dunkerque, Bayonne et Marseille jouissaient
d'une condition semblable (134). Telle était, comme disait Necker,
cette construction monstrueuse·aux yeux de la raison.

Le contentieux des *Traites* était jugé en première instance par
les *Maîtres des ports* ou par les *Bureaux des traites*, en appel et en
dernier ressort par les Cours des aides.

## IV

Les impôts indirects créés aux xvii⁰ et xviii⁰ siècles étaient,
comme les impôts directs, nés dans la même période, mieux combinés que les anciens. Ce qui le montre bien, c'est que la plupart
d'entre eux ont été repris par notre droit moderne où ils figurent
encore. J'indiquerai seulement les principaux. Le monopole de la
vente du *tabac* fut établi par une Déclaration de 1674 (135). L'impôt
du *Timbre*, c'est-à-dire la nécessité d'employer pour les actes judiciaires ou extrajudiciaires du papier ou parchemin timbré aux
armes de l'État et vendu à son profit, fut établi par une série
d'Édits ou Déclarations dont la première est du mois de mars 1653,
et celles qui peuvent être considérées comme ayant organisé le système sont du mois d'août 1674 et du mois de juin 1680 (136). Le

(132) Moreau de Beaumont, III, 525.
(133) Le *Mémoire* présenté aux notables, p. 121, les qualifie *provinces à l'instar de l'étranger effectif.*
(134) Moreau de Beaumont, III, p. 558 et suiv.
(135) Isambert, *Anc. lois*, XIX, 145.
(136) *Répertoire* de Guyot, v⁰ *Formule.* On donnait ce nom au papier timbré, parce

*Contrôle* ou enregistrement des actes moyennant un droit perçu, afin de leur donner date certaine à l'égard des tiers, est aussi de la même période : il avait, il est vrai, été établi à la fin du xvie siècle, mais avec une portée tout autre (137) et n'avait pas subsisté; il fut introduit par un Édit du mois de janvier 1654 (138). Le droit de *Centième denier* (139) est l'origine des droits de mutation qui existent dans nos lois, mais lui-même se rattachait à de très anciens précédents. Il se présenta, lorsque le roi l'établit, comme un impôt de superposition; et il conserva ce caractère, comme dominant, jusqu'à la Révolution. Jusqu'au commencement du xviiie siècle, il n'y eut pas d'impôt de mutation royal et général; seuls, les seigneurs percevaient les profits casuels (relief et quint, lods et ventes) à l'occasion des mutations de tenures féodales relevant d'eux. En 1703, parut une Déclaration qui semblait avoir pour but unique d'assurer le paiement de ces droits féodaux. Le préambule rappelait en effet (ce qui, d'ailleurs, était vrai) que les seigneurs et le roi lui même, en cette qualité, étaient souvent privés de ces profits par le soin que prenaient les nouveaux acquéreurs de cacher leurs acquisitions. Pour remédier à ces fraudes, l'art. 24 ordonnait que « les contrats de vente, échange, décrets et autres titres translatifs de propriété *de biens immeubles tenus en fief ou en censive* du roi ou des particuliers » seraient insinués et enregistrés au greffe des bailliages ou sièges royaux de la situation des biens; pour cet enregistrement, il devait être payé au greffier le centième denier du prix de ces biens ou de l'estimation qui en serait faite, si le prix n'était pas exprimé. En réalité, c'était l'impôt royal se greffant sur le profit seigneurial, et l'intérêt des seigneurs n'était qu'un prétexte. Ce qui le montre bien, c'est qu'en 1704 une nouvelle Déclaration assujettit au centième denier « les actes translatifs de propriété de biens en franc-aleu, franc-bourgage, franche-bourgeoisie, qui, d'après les coutumes et usages du pays, n'étaient

que, en 1671 et 1674, on avait décidé qu'il serait mis en vente des papiers, non seulement timbrés, mais portant la formule imprimée des divers actes de procédure ou autres. Mais cela ne fut pas exécuté. Le système du timbre dans l'ancien régime était gênant et rigoureux. D'un côté, un papier spécial était timbré pour chaque généralité et ne pouvait pas être employé dans une autre; de plus, le produit du timbre étant affermé, on ne pouvait user du papier émis par un fermier que pendant la durée de son bail. D'autre part, les actes qui auraient dû être rédigés sur papier timbré et qui l'avaient été sur papier libre « ne produisaient point d'hypothèque et n'étaient ni authentiques, ni exécutoires; ils étaient même nuls. »

(137) Edit de juin 1581 (Isambert, *Anc. lois*, XIV, 493). Mais l'enregistrement qui était exigé par cet edit pour tous les actes translatifs ou constitutifs de propriété ou de droits réels, et pour les baux dépassant neuf années, avait une importance toute spéciale. La propriété ou les droits dont il s'agit n'étaient transférés à l'égard des tiers que par l'enregistrement et à la date de celui-ci. C'était comme un premier essai de la *transcription* de notre droit actuel.

(138) Isambert, *Anc. lois*, XVII, 312.

(139) *Répertoire* de Guyot, vo *Droit de centième denier*.

sujets à aucun droit aux mutations » (140). Mais, de son rattachement originel et ordinaire aux profits féodaux, le droit royal de
centième denier prit et conserva deux traits importants. En premier lieu, ce droit de mutation ne fut jamais perçu que pour les
translations de propriété immobilière; la propriété mobilière y
échappa, comme elle avait échappé (sauf pour la succession servile) au profit féodal. Secondement, en cas de transmission succes-
sorale, il ne fut jamais dû dans la succession en ligne directe, mais
seulement en collatérale; car, en droit coutumier, le droit de relief
ne s'était maintenu qu'en ligne collatérale. De l'établissement du
centième denier résulta une gêne nouvelle pour le commerce des
tenures féodales, qui, en fait, représentaient la forme commune de
la propriété foncière : il fut chargé d'un double droit de mutation.
Il fallut, pour acquérir, payer le seigneur et le roi, sans compter
le notaire ou le greffier.

Le contentieux des nouveaux impôts indirects fut le plus souvent
attribué aux Intendants, sauf appel devant le Conseil du roi; parfois il fut renvoyé devant quelqu'une des juridictions anciennes.

## V

Le recouvrement des impôts directs, nous l'avons vu, avait été
établi sur le principe de la *régie* : il se faisait au profit de l'État
par les agents de l'État, comptables et responsables. Pour le recouvrement des impôts indirects, au contraire, ce fut le système de la
*ferme* qui l'emporta et s'établit. Nous avons déjà vu une application ancienne de ce système dans la gestion des prévôts (141). Le
nom même qui désignait les droits de douanes rappelle le même
mode d'exploitation; il venait des *traitants* auxquels le pouvoir
royal cédait à forfait le droit de les percevoir. La Gabelle fut généralement exploitée de la même manière (142), ainsi que les Aides.
Mais pendant longtemps tous ces impôts furent donnés à bail par
des *fermes locales*. Il y avait, dans chaque région déterminée, une
adjudication de l'impôt qui pouvait être levé et autant de baux

(140) La Déclaration voulait pourtant rattacher encore cette disposition à l'intérêt
seigneurial, « d'autant, disait-elle, que les fermiers de nos domaines et les seigneurs
particuliers dans leurs terres n'ont pas moins d'intérêt de connoître quels sont les
héritages pretendus en franc aleu que ceux qui n'y sont pas ».
(141) Ci-dessus, p. 345. Sur le système de la ferme voir Frémy, *Première tentative
de centralisation des impôts indirects*, Bib. de l'Ecole des chartes, 1911; — Pierre Roux,
*Les fermes d'impôts sous l'ancien régime*, thèse 1916.
(142) Cependant, il y eut un autre mode souvent pratiqué, principalement dans les
deux premiers siècles de l'histoire de la gabelle (Beaulieu, *Gabelle*, p. 9). Les marchands en gros, producteurs de sel, qui ne pouvaient cependant en vendre librement,
étaient admis à l'apporter au grenier royal, où il se vendait pour leur compte, sauf
le profit que le roi s'attribuait.

distincts qu'il y avait d'impôts différents donnés à·ferme. C'étaient, dans les Pays d'élections, les Élus qui procédaient à ces adjudications (143). Mais, au commencement du xvii° siècle, s'introduisit l'usage de les faire toutes au Conseil du roi et par arrêt de ce conseil (144). Les lots tendaient aussi à devenir plus considérables, à comprendre une région plus étendue, comme l'atteste pour les Traites la dénomination des *Cinq grosses fermes* (145). Les impôts indirects de création nouvelle, généralement soumis au même mode de recouvrement, paraissent avoir été affermés par un seul bail chacun, pour toute l'étendue du royaume. Cela devait aboutir au système de la *Ferme générale*, consistant à comprendre dans un bail unique tous les impôts et produits dont la Royauté affermait le recouvrement. Non seulement cela simplifiait l'administration et les comptes, mais cela permettait au gouvernement d'obtenir un prix d'adjudication plus élevé, les frais généraux étant beaucoup moins considérables pour une seule compagnie fermière que pour des entreprises distinctes et multipliées. C'est sous Colbert que l'on voit pour la première fois, dans le bail Fauconnet de 1681, la ferme générale des droits et domaine du roi (146). Le bail de la Ferme générale fut dès lors fait au nom d'un seul adjudicataire pour un laps de temps variable, mais qui était ordinairement de six années. C'était lui qui, en droit, était seul fermier, « et tous les arrêts, jugements et sentences rendus sur le fait des fermes ne font jamais mention que de l'adjudicataire, soit pour le condamner ou l'absoudre, soit pour le charger de la régie de quelque nouvelle partie des revenus du roi. Les actes judiciaires de toute espèce sont passés en son nom et signifiés à son domicile, qui est l'Hôtel des

(143) *Instruction générale des finances*, par l'Escuyèr, à la suite du *Nouveau stile de la chancellerie*, p. 24 : « Lesquels imposts et subsides s'appellent aides et se baillent à ferme au plus offrant et dernier enchérisseur par les esleus, controolleur et greffier de chacune eslection, pour trois ou quatre ans ou moins ou plus selon qu'il est porté par les lettres de commission du roy... Apsès que le bail des dites fermes est expédié par lesdits esleus, ils... l'envoyent au conseil privé de Sa Majesté. »

(144) Lebret, *De la souveraineté du roi*, l. II, ch. vi, p. 53 : « Le conseil des finances où l'on donne *les principales fermes* du royaume. » Préface sur le *Vestige des finances*, à la suite du *Thrésor et stile et protocolle de la chancellerie de France*, édit. 1613, p. 57 : « Quant aux fermes (qui est la seconde recepte de l'espargne), elles se délivrent les après-disnées au conseil au plus offrant et dernier enchérisseur, et ce pour un nombre d'années. » — Ordonnance de 1629, art. 346 : « Tous les baux à fermes de nos domaines, aides, gabelles et autres subsides et impositions, quelles qu'elles soient, seront faits en notre conseil en la manière accoutumée. »

(145) En 1584, un seul bail était fait pour les cinq fermes principales (douanes de Lyon et imposition foraine; traite domaniale; entrée des grosses denrées et marchandises; sol pour livre de la draperie; cinq sols par muid de vin). Après un essai de régie le système des cinq grosses fermes fut réorganisé par Sully en 1599. Iremv, *Premières tentatives de centralisation des impôts indirects*, *Bib. de l'Ecole des chartes*, 1911.

(146) P. Roux, *Ferme des impôts*, p. 214. Voir dans l'article *Ferme générale du roi* du *Répertoire* de Guyot et dans Roux, p. 632, la liste complète des adjudicataires de la ferme générale de 1680 à 1780.

 fermes à Paris, et dans les provinces aux différents bureaux de perception ». Mais cet adjudicataire n'était en réalité qu'un prête-nom, destiné à faire dans le système de la ferme l'unité juridique, c'était un peu comme le gérant d'un grand journal moderne. Les véritables intéressés et les véritables administrateurs étaient les cautions que devait fournir celui-là, et ce sont ces cautions qu'on appelait les *Fermiers généraux* (147). D'ailleurs, la plupart du temps, la ferme se divisait en fait, par la nomination de sous-fermiers, responsables envers les Fermiers généraux comme ceux-ci l'étaient envers l'État (148).

La Ferme générale comprenait, ai-je dit, l'ensemble des revenus ou impôts que le roi affermait. De plus, les Fermiers généraux recevaient souvent en régie la perception de certains impôts indirects moyennant une remise proportionnelle (149).

Le système était onéreux pour l'État, les Fermiers généraux réalisant d'énormes bénéfices; il était funeste aux contribuables, la Ferme les poursuivant avec la dernière âpreté, avec le soin du commerçant qui ne veut subir que les moindres pertes. Il avait aussi un autre résultat. Les Fermiers généraux avaient sous eux une armée d'agents hiérarchisés et disséminés dans tout le royaume, qui exerçaient les droits de l'État et qui cependant dépendaient d'une entreprise particulière et financière. Ce n'était pas la moins choquante des disparates que présentait l'ancien droit public (150).

## § 3. — DÉCADENCE DE L'IMPÔT SEIGNEURIAL

Si la logique des principes avait été souveraine, en même temps que l'impôt royal s'établissait et se généralisait, l'impôt seigneurial aurait dû disparaître; mais la longue possession fut ici plus forte que la logique : l'impôt seigneurial se maintint, mais entamé et

(147) *Répertoire* de Guyot, v° *Ferme générale du roi* : « On le nomme adjudicataire des fermes générales du roi, et les fermiers généraux sont ses cautions pendant la durée du bail... Par le nom d'adjudicataire, on entend toujours ses cautions; il est collectif pour désigner le corps de la Ferme générale ou la Compagnie des fermiers généraux. » Cette combinaison me paraît s'expliquer par ce fait que, à l'époque où elle fut imaginée, la personnalité civile de la société financière, distincte de la personnalité des associés, n'était pas encore nettement dégagée. Voyez sur ce point un passage intéressant dans Toubeau, *Les Institutes du droit consulaire*, Bourges et Paris, 1682, p. 505.
(148) Les sous-fermes, qui diminuaient le produit de l'impôt et alourdissaient la charge du contribuable, furent interdites en 1756. Roux, *op cit*, p. 440 et suiv.
(149) Necker, *op. cit.*, I, p. 44, 48 et suiv. — Voyez *in extenso*, dans l'article cité du *Répertoire* de Guyot, le bail de la ferme générale en 1780.
(150) La monarchie tendait à la fin de l'ancien régime vers la suppression de la ferme générale et son remplacement par la régie. En 1780, Necker organisa la régie intéressée en divisant la ferme en trois groupes, dont chacun comprenait des impôts de même nature. Les fermiers touchaient une part fixe et le surplus se partageait entre eux et le roi. Roux, *op. cit*, p. 678 et suiv.

transformé; c'est une des manifestations principales, par lesquelles la féodalité survécut jusqu'à la Révolution. Nous avons précédemment (151) divisé les droits fiscaux des seigneurs en trois classes : profits de justice, impôts proprement dits, produits des droits régaliens autres que celui d'imposer; voyons ce que devinrent les uns et les autres sous la monarchie tempérée et absolue.

1° Les justices seigneuriales étant maintenues, les profits de justice, l'amende et la confiscation continuèrent à appartenir aux seigneurs. Même, dans les coutumes où la confiscation des biens se conserva comme conséquence des peines capitales, les seigneurs hauts justiciers en profitèrent quant aux biens situés dans leur territoire, quoique le crime qui l'entraînait fût réservé, comme cas royal, à la connaissance des juridictions royales. Dans un petit nombre de cas seulement le droit de confiscation fut attribué au roi (152).

2° Quant aux impôts seigneuriaux proprement dits, les uns disparurent : ce furent ceux qui répondaient au type de l'impôt direct, et nous avons eu l'occasion de montrer comment fut abolie la taille seigneuriale, sauf quelques vestiges (153). Les impôts indirects, au contraire, péages et droits de marché, subsistèrent, mais transformés, reprenant le caractère d'une concession royale. A partir du XVIᵉ siècle, en effet, le droit de les établir fut nettement considéré comme constituant, non plus un attribut de la haute justice, mais un privilège de la souveraineté royale. De là, deux conséquences : 1° défense aux seigneurs, sous des peines très sévères, d'en établir de nouveaux; 2° faculté pour le roi de supprimer ceux qui existaient et qui étaient incompatibles avec le bon ordre. Le pouvoir royal en laissa pourtant subsister un grand nombre, mais à condition qu'ils fussent établis sur des titres ou sur une possession immémoriale (154).

---

(151) Ci-dessus, p. 262.

(152) Coquille, *Institution*, p. 41 : « Esdits païs, où par les coustumes la confiscation a lieu au profit des seigneurs hauts justiciers, sont exceptez seulement le crime de lèze-majesté humaine, et autres de lèze-majesté divine et humaine, et es autres est adjouté le crime de fabrication de fausse monnoie : es quels crimes la confiscation appartient au roy au préjudice des hauts justiciers. »

(153) Ci-dessus, p. 536.

(154) Loyseau, *Seigneuries*, ch. IX, nᵒˢ 99, 100; — Bacquet, *Traité des droits de justice*, ch. XXX; — Lefebvre de la Planche, *Traité du domaine*, l. I, ch. V, t. I, p. 38 et suiv.; — Laplace, *Introduction aux droits seigneuriaux*, vᵒ *Banalités* et *Péage*. — Les banalités, à la différence des péages, n'étaient point considérées comme l'exercice d'un droit régalien et comme une concession du pouvoir royal. On leur donnait en droit une origine contractuelle; on admettait qu'elles dérivaient toujours d'une convention intervenue entre le seigneur et les habitants. Par suite, elles ne pouvaient s'établir que par titre et non par la prescription. Cependant, si un seigneur, par exemple, faisait par ordre du juge défense aux habitants de moudre ailleurs qu'à son moulin et que cette défense fût respectée pendant trente ans, le droit de banalité était fondé; mais même alors cela supposait un consentement tacite de la communauté (Doutaric, *Droits seigneuriaux*, édit. Toulouse, 1751, p. 340 et suiv.).

3° Reste le produit des droits régaliens autres que l'impôt proprement dit; ici le fisc des seigneurs fut largement entamé. Un certain nombre de ces droits (droit de battre monnaie, régale des évêchés) n'avaient appartenu en principe qu'aux seigneuries supérieures, et, par la réunion de ces grands fiefs au domaine de la Couronne, ils firent naturellement retour à celle-ci (155). Pour ceux mêmes qui avaient été rattachés en général aux hautes justices, quelques-uns furent également ramenés dans le domaine royal. Ainsi, dès le xvi° siècle, le principe fut proclamé que le droit d'aubaine ne pouvait appartenir qu'au roi et n'être exercé que par lui (156); on alla même si loin que l'on considéra comme nuls les textes officiels des coutumes qui l'attribuaient expressément aux seigneurs (157); ils étaient contraires à un principe du nouveau droit public. On laissa, au contraire, aux seigneurs les droits de déshérence et d'épave, comme celui de confiscation.

(155) L'Hommeau, dans ses *Maximes générales*, I, 12, tout en proclamant qu'« au roi seul appartient de battre monnaie d'or et d'argent dans son royaume », ajoute encore ce commentaire : « Quelquefois le prince souverain donne privilège et permission aux princes et grands seigneurs de faire battre monnaie en leurs terres, mais tel privilège est sujet à révocation, comme tous privilèges ne durent que pour la vie de ceux qui les ont octroyez. Et quelques privilèges que les seigneurs aient de faire battre monnaie, toujours la loi et prix de ladite monnaie dépend du prince souverain qui seul peut donner la loi, le prix et la force à la monnaie et de l'un et de l'autre métal. » Au xviii° siècle, on va plus loin (Dunod, *Sur la coutume du comté de Bourgogne*, ch. ii, n° 12) : « En France, le droit de faire battre monnaie est exercé par le roi seul, et tous les privilèges accordés à d'autres sur ce fait sont supprimés et abolis. L'on en a au comté de Bourgogne des exemples dans l'Eglise de la cité royale de Besançon et dans l'abbaye de Saint-Claude, à qui les souverains avaient donné le droit de battre monnaie, qui a été révoqué. »

(156) Bacquet, *Droit d'aubaine*, ch. iv et xxviii. Le droit d'aubaine, d'ailleurs, qui ne pouvait plus s'appliquer qu'à des étrangers proprement dits, s'était d'assez bonne heure adouci, surtout en ce que les enfants de l'aubain, français et régnicoles, pouvaient lui succéder.

(157) Lefebvre de la Planche, *Traité du domaine*, t. II, p. 9 et suiv.

# CHAPITRE V

## L'administration des provinces et les libertés locales.

---

### § 1. — GOUVERNEURS ET INTENDANTS.

Nous avons vu naître et se développer la plupart des organes par lesquels le pouvoir royal administrait et justiciait la France, prévôts, baïllis et sénéchaux, Parlements, Chambres des comptes, élus, généraux des finances, trésoriers généraux et Cour des aides. Mais ces organes multiples, divers par leur origine et par leurs fonctions, avaient besoin d'une direction d'ensemble pour travailler de concert à l'œuvre commune. Ce régulateur était, avant tout, le gouvernement central; mais il ne pouvait suffire à tout. Il fallait, en outre, qu'il y eût dans chaque circonscription importante un représentant général et politique du pouvoir royal, pouvant commander aux divers fonctionnaires de son ressort. Ce représentant, sous la monarchie féodale, avait été le baïlli ou sénéchal (1), et la circonscription par excellence était alors le bailliage ou la sénéchaussée; sous la monarchie tempérée, ce fut le *Gouverneur*, et la division politique était alors le Gouvernement; sous la monarchie absolue, ce fut l'*Intendant*, et la circonscription qui prit alors la plus grande importance fut la Généralité, chaque intendant étant d'ordinaire préposé à une Généralité. D'ailleurs, ces trois ordres de fonctionnaires, qui en réalité se succédèrent au pouvoir, subsistèrent les uns à côté des autres, le fonctionnaire déchu restant auprès de l'officier triomphant. Dans le dernier état, il y avait encore des sénéchaux et baïllis d'épée, des gouverneurs et des intendants.

---

1) Ci-dessus, p. 346 et suiv

I

Les Gouverneurs furent seulement, au début, des commandants militaires, et ils devaient garder ce caractère comme prépondérant. Ils apparurent dès le xive siècle; mais il n'y en eut alors que dans les provinces frontières (2); dans les provinces de l'intérieur, les baillis et sénéchaux disposaient des forces armées et faisaient les fonctions de gouverneurs militaires (3). Mais à la fin du xve siècle et au commencement du xvie, on abandonna cette distinction et des gouverneurs furent institués dans la plupart des pays, aussi bien à l'intérieur qu'aux frontières. En 1545, François Ier voulut réagir et revenir à l'ancien système ou tout au moins supprimer les gouverneurs inutiles. Il les révoqua tous, sauf ceux de quatorze provinces (4). Mais ce ne fut qu'un temps d'arrêt; le nombre des gouverneurs augmenta considérablement pendant les troubles du xvie siècle (5). En 1579, l'ordonnance de Blois chercha de nouveau à le réduire; elle n'en maintint que douze, dans ce qu'on appelait les douze anciens gouvernements (6). Comme la la première, cette réaction fut inutile; la multiplication des gouverneurs reprit de plus belle. Au xviiie siècle, en 1776, à une époque où pourtant leurs charges ne représentaient plus guère que des sinécures, il y en avait quarante, y compris celui de la Corse (7); souvent même, il y avait un ou plusieurs lieutenants de gouverneurs. Les gouverneurs (et cela répondait bien au génie de la monarchie tempérée qui les créa) furent toujours pris dans la haute noblesse; mais leur rôle fut bien différent, suivant les temps. Ils eurent successivement, comme on va le voir, leur ère de grandeur et leur période de décadence.

(2) Du Tillet, *Recueil des rois*, p 304 : « N'y souloit avoir gouverneurs ou lieute nans-généraux qu'ès provinces limitrophes pour veiller sur les ennemis voisins et garder la frontière en bon estat de défense. »

(3) Edit du 6 mai 1545 (Isambert, *Anc. lois*, XII, 893) : « Aux autres pays et provinces de notre royaume, qui ne sont en frontières, y ont esté longtemps institués baillis et sénéchaux, qui ont, entre autres choses, le regard et superintendance sur les nobles et sujets à nos ban et arrière-ban. » — D'Espinay, *La sénéchaussée d'Anjou*, p. 8 et suiv

(4) Edit de 1545, cite : « Fors seulement esdits pais et provinces de nostre royaume qui sont en frontière, qui sont Normandie, Bretagne, Guyenne, Languedoc, Provence, Dauphiné, Bresse, Savoye, Piedmont, Bourgogne, Champagne, Brie, Picardie et l'Isle de France. »

(5) Du Tillet, *Recueil des rois*, p. 304 · « Depuis ont esté instituez autres gouverneurs ès provinces non limitrophes, et apparu par la division de religion survenue ou prétexte d'icelle qu'il estoit nécessaire, puisqu'en temps de division toutes provinces sont limitrophes, la guerre estant intestine... Quand Dieu sera appaisé à la France et que sa paix et union y sera retournée, ladite révocation sera la très bien venue. »

(6) Art. 271 (Isambert, *Anc. lois*, XIV, 441).

(7) Réglement du 18 mars 1776 (Isambert, *Anc. lois*, XXIII, 436.)

Les gouverneurs, conformément à leur origine, n'avaient en propre, comme fonction, qu'un commandement militaire : le droit de commander aux troupes cantonnées dans leur gouvernement et de faire cesser, par la force, toute résistance aux lois, tous troubles et rébellions (8). Ils n'avaient en principe aucune juridiction, et nos anciens auteurs voyaient dans cette règle comme le principe d'une utile séparation des pouvoirs (9). Mais, d'autre part, ils étaient les représentants directs du pouvoir royal dans leur gouvernement, et, à ce titre, ils s'appelaient les lieutenants généraux du roi (10). Aussi étaient-ils chargés de transmettre les volontés du roi et avaient-ils le droit de réunir le Parlement, les corps et collèges des villes pour délibérer, s'il y avait lieu, sur les affaires publiques (11). Au xvi⁰ siècle et au commencement du xvii⁰, leur pouvoir de fait s'étendait très loin. Ils levaient parfois de leur propre autorité des impositions dans leur province (12); ils permettaient, contrairement aux lois, l'exportation des céréales (13); ils s'arrogeaient le droit de juger les personnes et de les condamner même à mort et sans appel, ou, en sens inverse, ils accordaient, comme aurait pu le faire le roi, des grâces et rémissions qui arrêtaient l'action des tribunaux répressifs (14).

(8) Du Tillet, *Recueil des rois*, p. 305 : « (Leur est) commandé de ne s'entremettre du fait de la justice ordinaire, mais ayder ès exécutions d'icelle ès cas où il ne pourroit sans leur aide autrement estre pourvu pour les rebellions, s'ils en sont requis; contre les sujets rebelles n'obéissans et usans de voye de fait peuvent user des armes et force jusqu'à la mort. » Il ajoute : « Il y a deux sortes d'armes : les unes sont pour la guerre et défense du pays, sur lesquelles lesdits gouverneurs et lieutenans ont commandement. Il y en a d'autres pour les exécutions de justice et police ordinaire, comme sergens, archers, sergents du guet et de ville ayant serment aux séneschaux, baillis, prévôts des marchands et eschevins. Si lesdits lieutenants et gouverneurs avoient pouvoir de leur défendre de s'employer à servir à ce qu'ils sont destinez, les exécutions de justice et police ordinaire seroient empeschées par ceux qui les doibvent ayder au besoin. »

(9) Du Tillet, *Recueil des rois*, p. 304 : « Aussi très prudemment à ceux qui ont les armes insolentes jusques à faire cesser les lois, l'administration de la justice a esté déniée; et pour la bonne conduite des deux, l'administration de la justice a esté laissée aux juges et à ceux auxquels est la force commise, commande la confortemain à ladite justice. » — Lebret, *De la souveraineté*, l. II, ch. v, p. 52 : « Le pouvoir des gouverneurs est grandement limité. Car, à présent ils n'ont de juridiction sur les sujets du roi que pour s'assurer de la personne des délinquants. et pour empêcher que les soldats ne se débandent et ne fassent des désordres dans la campagne. » — Loyseau, *Des offices*, l. IV, ch. iv, n° 80.

(10) Du Tillet, *Recueil des rois*, p. 304 : « Il y a des gouverneurs de la Rocheile, Touraine, Péronne, Mondidier, Roye et autres, qui n'ont auctorité que de baillifs et ne prennent le titre de lieutenans-généraux comme font les autres gouverneurs. »

(11) Du Tillet, *loc. cit.*, p. 304 : « En (leurs) pouvoirs y a un·article louable d'assembler le parlement ou aucuns d'iceluy et les autres corps et collèges des villes pour adviser à ce qui est utile. Si ledit article ne les lie, il les adverlit. »

(12) Cela ressort bien nettement des ordonnances qui le prohibent et qui sont citées plus loin

(13) Du Tillet, *Recueil des rois*, p. 305.

(14) Loyseau, *Des seigneuries*, ch. iv, n° 34; *Des offices*, l. IV, ch. iv, n°ˢ 80 et suiv. — Quant aux jugements dont il est question, les gouverneurs recevaient par-

Sans doute, les ordonnances prohibaient sévèrement ces abus (15); mais elles n'étaient point exactement obéies. Sans doute, aussi, pour assurer leur indépendance et même leur supériorité, les Parlements avaient le droit de vérifier les commissions des gouverneurs (16); mais leur résistance était le plus souvent brisée. Il est vrai que la fonction de gouverneur n'était pas un office proprement dit, mais une simple commission : le titulaire était donc toujours révocable par le roi; il ne pouvait disposer de sa fonction en la résignant, et elle n'était pas héréditaire (17); mais c'était le droit plutôt que le fait. En fait, les gouverneurs étaient à vie, et leur charge, après leur mort, passait le plus souvent à quelqu'un de leurs fils (18). Aussi Loyseau voyait-il en eux le germe d'une nouvelle féodalité politique (19). En cela, il se trompait. Leur puissance, si grande pendant les troubles de la Ligue, puis affaiblie sous Henri IV, reprit une nouvelle force sous Louis XIII, et Richelieu trouva en quelques-uns d'entre eux ses principaux adversaires. Mais, en définitive, ils devaient être matés; ils furent strictement réduits à leurs fonctions militaires; même le plus souvent au xviiie siècle, ils furent privés de toute autorité effective (20), n'ayant pas même le droit de résider dans leur Gouvernement (21). Leur charge était devenue une véritable sinécure; mais, très largement rétribuée (22), elle constituait l'une des faveurs les plus recherchées par la haute noblesse. S'ils étaient

fois des commissions spéciales leur donnant ce pouvoir (La Roche-Flavin, *Treize livres*, 1. XIII, ch. xxxi, n° 3).

(15) Ordonnance de mars 1388, art. 42; Ordonnance de Blois, 1579, art. 273-275 (Isambert, *Anc. lois*, VI, 661; XIV, 441).

(16) La Roche-Flavin, *op. cit.*, 1. XIII, ch. xxxi, n°ᵉ 1-3

(17) Loyseau, *Des offices*, 1. IV, ch. vi, n°ᵉ 37 et suiv.; Ordonnance de Blois de 1579, art. 272.

(18) Loyseau, *Des offices*, 1. IV, ch. iv, n°ᵉ 52, 59, 60 : « Ils n'ont accoustumé n'estre revoquez par les rois... Après leur mort, leurs enfants prennent à injure si le gouvernement est conféré à un autre, ne se reputans pas gouverneurs, mesmes aspireroient volontiers à se faire seigneurs absolus. »

(19) Loyseau, *ibid.*, n°ᵉ 71, 72 : « Et puis dire que faute d'avoir entretenu cette révocation, la seule puissance des gouverneurs... est suffisante pour nous faire retomber aux mesmes hazards du passé. Comme on a veu pendant l'anarchie de ces derniers troubles la France presque en train d'estre cantonnée en autant d'Estats souverains qu'il y avoit de gouverneurs, si pour nostre éternel malheur la Ligue eut esté victorieuse. » Puis, parlant d'Henri IV, dont il dit qu'il n'y eut « jamais en France roi plus absolu que lui », il ajoute : « Ce mal ne manquera point de recommencer à la première guerre civile... et Dieu veuille que ce ne soit point pendant la minorité de ses enfants. »

(20) Les pouvoirs militaires appartiennent alors à des commandants. P. Viollet, *Le roi et ses ministres*, p. 361.

(21) D'Argenson, *Considérations sur le gouvernement ancien et présent de la France*, Amsterdam, 1764, ch. vii, art. 29, p. 239 : « Les gouverneurs de provinces et de places sont réduits à un titre utile, mais sans fonction, s'ils n'ont des lettres de commandement avec résidence; un même département ne peut avoir deux maîtres (le gouverneur et l'intendant). »

(22) Voyez le règlement du 18 mars 1776.

ainsi déchus de leur ancienne grandeur, c'est que de nouveaux représentants généraux du pouvoir royal s'étaient établis dans les provinces, d'abord à côté d'eux, puis les supplantant; ceux-là, c'étaient les *Intendants des provinces*, l'un des instruments les plus actifs de la monarchie absolue et administrative.

## II

L'Intendant fut, en effet, la cheville ouvrière de l'administration provinciale; il y apporta l'unité et la centralisation. Sa fonction essentielle fut d'être contrôleur de tous les services publics. Les autorités anciennes subsistent : Gouverneurs, Parlements et autres corps judiciaires, Bureaux des finances, officiers des Élections; mais elles fonctionnent sous la surveillance de l'Intendant, qui dirige leur action et souvent empiète sur leurs attributions. On cite, à ce sujet, un mot frappant de Law, le financier : « Jamais, disait-il au marquis d'Argenson, je n'aurais cru ce que j'ai vu quand j'étais contrôleur des finances. Sachez que ce royaume de France est gouverné par trente intendants. Vous n'avez ni Parlements, ni États, ni Gouverneurs. Ce sont trente maîtres des requêtes, commis aux provinces, de qui dépendent le malheur ou le bonheur de ces provinces, leur abondance ou leur stérilité. » (23). L'Intendant ne concentrait pas seulement l'administration entière dans une seule main, il la rattachait en même temps par un lien étroit au gouvernement central. Les Intendants étaient ordinairement des maîtres des requêtes, c'est-à-dire des membres détachés du Conseil du roi; dans tous les cas, ils étaient en communication constante avec les secrétaires d'État, le Contrôleur général et le Conseil des dépêches. Ils demandaient et recevaient des instructions pour chaque affaire délicate; s'ils entraient en conflit avec les autorités locales ou les particuliers, le litige était toujours évoqué devant le Conseil du roi, qui statuait aussi comme juge d'appel sur les arrêtés qu'ils rendaient : ainsi se préparait, dès l'ancien régime, la séparation des autorités administrative et judiciaire, que devaient proclamer les lois de la Révolution (24). Tel fut le rôle historique et politique des Inten-

---

(23) De Tocqueville, *L'ancien régime et la Révolution*, 1. II, ch. II, *Œuvres complètes*, t. IV, p. 54.

(24) Cf. Lebret, *De la souveraineté*, 1. IV, ch. IV, p. 139 : « On doit tenir... pour les autres droits du roi... que la connaissance en appartient à ses officiers selon l'attribution qui leur est faite par les édits et ordonnances; en quoi l'on ne doit pas comprendre les choses qui concernent l'administration et le gouvernement de l'Etat, dont la connaissance est réservée à la seule personne du roi, sans qu'aucun autre s'en puisse entremettre que par son ordre et commission. »

dants (25) : il faut dire maintenant quelle fut leur origine et quels étaient leurs pouvoirs.

On a souvent attribué à Richelieu la création des Intendants (26). En effet, un Édit de 1635 institua des officiers de ce nom (27); mais, en réalité, il n'y a de commun que le nom. Les fonctionnaires établis en 1635 sont tout simplement' des présidents des Bureaux des finances, érigés en titre d'office. Les intendants proprement dits sont plus anciens; il en existe dès la seconde moitié du xvi⁰ siècle. Richelieu les a admirablement utilisés, mais ne les a point inventés, et cette institution, comme tant d'autres, se dégagea naturellement de certains précédents. Dès le règne de Saint Louis, le pouvoir royal sentit le besoin d'exercer un contrôle sur les officiers locaux au moyen d'enquêteurs extraordinaires, qui venaient sur les lieux recevoir les plaintes et les observations des habitants. Ces enquêteurs fonctionnèrent activement dans la seconde moitié du xiii⁰ siècle (28); on les retrouve aussi au xiv⁰ siècle sous le nom de réformateurs (29). Dès le xiv⁰ siècle, des missions du même genre sont données aux maîtres des requêtes (30). Au xvi⁰ nous avons de nombreuses mentions de ces inspections ou, comme on disait alors, de ces chevauchées des maîtres des requêtes : elles doivent avoir lieu tous les ans, et le royaume doit être divisé à cet effet en un certain nombre de départements (31). Cela fut certainement un des précédents de l'institution des intendants. Par là s'expliquent le contrôle permanent qu'ils exerçaient

(25) Sur ce point, consulter l'ouvrage cité de Tocqueville, *L'ancien régime et la Revolution, passim.*

(26) Sur les Intendants, voir Hanotaux, *Origines de l'institution des intendants des provinces;* — d'Arbois de Jubainville, *L'administration des intendants,* p. 4-25; Ch. Godard, *Les pouvoirs des intendants sous Louis XIV, particulièrement dans les pays d'élection;* — Paul Ardascheff, *L'administration provinciale en France dans les derniers temps de l'ancien régime (1774-1789); les intendants des provinces,* t. I et II, 1906 (en russe); traduction française par Jousserandot, II, 1906, et un volume de pièces justificatives, Yourieff, s. d.; P. Ardascheff a résumé ses idées dans la *Revue d'histoire moderne et contemporaine* (1903), sous le titre *Les intendants de province à la fin de l'ancien régime,* p. 5 à 38; P. Viollet, *Le roi et ses ministres,* p. 524 à 580; M. Viollet donne une bibliographie complète des études locales jusqu'en 1911. Y ajouter depuis : S. Canal, *Les origines de l'intendance de Bretagne.* Ann. de Bretagne, 1911; de Beaucorps, *Une province sous Louis XIV, l'administration des intendants d'Orléans,* 1686-1713, *Mém. de la Société hist. d'Orléanais,* 1911; Croquez, *L'intendance de la Flandre wallonne sous Louis XIV,* 1667-1708; M. Lhéritier, *Tourny, intendant de Bordeaux,* thèse lettres, 1920.

(27) Isambert, *Anc. lois,* XVI, 442

(28) Luchaire, *Manuel des institutions,* p. 553 et suiv.

(29) Johannes Faber, *Ad instituta, De mandato,* p. 230 v⁰ : « Quid de reformatoribus qui mittuntur de curia Franciæ ad provincias reformandum. Non video cur non duret eorum officium post mortem mittentis »

(30) Guillois, *Recherches sur les maîtres des requêtes de l'hôtel,* 1909, p. 166-8; P. Viollet, *Le roi et ses ministres,* p. 530

(31) Ord Orléans, 1560, art. 33, 34; Moulins, 1566, art. 7; Ord de 1629, art. 58 — Guyot, *Traité des droits, fonctions,* etc., ch. xxxii, 1. III, p. 120 et suiv.

sur tous les fonctionnaires royaux et la tradition constante qui les faisait prendre parmi les maîtres des requêtes; c'étaient les anciens chevaucheurs, devenus des inspecteurs permanents et résidents. Aussi les tournées d'inspection des maîtres des requêtes disparaissent-elles avec l'établissement des intendants. Cependant, les deux institutions coexistent d'abord parallèlement, au moins dans certaines régions (32). Ce qui fut le véritable prototype des intendants, ce sont les commissaires extraordinaires que les rois envoyaient parfois dans une province avec de pleins pouvoirs pour y établir l'ordre ou y opérer des réformes difficiles. A la fin du xvi⁰ siècle, le pays étant désorganisé par les guerres civiles, l'emploi de ces commissaires extraordinaires devint plus fréquent, parce qu'il était plus nécessaire; bientôt quelques-uns furent maintenus à poste fixe et devinrent les premiers intendants. Dans le titre officiel que portaient ceux-ci figure une rubrique qui rappelle cette origine; ils étaient qualifiés *commissaires départis dans les généralités du royaume pour l'exécution des ordres du roi.*

En 1629, l'institution des Intendants était déjà suffisamment généralisée pour que le Code Michau la réglementât (33). Mais elle était extrêmement mal vue par les Parlements, qui sentaient venir des maîtres dans ces fonctionnaires d'apparence modeste (34); aussi l'un des articles qui furent imposés au roi par les cours souveraines de Paris, en 1648, réclamait-il la révocation des Intendants (35) : le roi, en effet, les révoqua en bloc, sauf quelques rares exceptions (36). Mais ce fut une éclipse momentanée, ou plutôt la suppression ne fut pas même exécutée.

(32) Guyot, *Traité des droits, fonctions,* etc., ch. xiii, t. III, p- 121, 122.

(33) Art. 81 : « Que nul ne puisse être employé ès charges d'intendants de justice ou finances que nous députons en nos armées ou provinces, qui soit domestique, conseil ou. employé aux affaires, ou proche parent des généraux desdites armées ou des gouverneurs desdites provinces. »

(34) Voyez aussi sur la résistance des Parlements de province, Guyot, *op. cit.,* t. III, p. 121 et suiv.; — Hanotaux, *Origines de l'institution des intendants,* p. 41 et suiv., 264 et suiv.

(35) Guyot, *op. cit.,* t. III, p. 119. — Déclaration du 18 juillet 1648 (*Histoire du temps,* p. 393) : « Nous révoquons toutes les *commissions extraordinaires* qui pourroient avoir esté expédiées pour quelque cause et occasion que ce soit, *mesme les commissions des intendants de la justice* dans les généralités de notre royaume. » — On trouve en particulier de semblables commissions extraordinaires dans le dernier tiers du xvi⁰ siècle, à l'effet de réformer dans diverses provinces la répartition des tailles (Ordonnance de mars 1583, art. 17; — d'Arbois de Jubainville, *op. cit.,* p. 14, 194 et suiv.); — Viollet, *Le roi et ses ministres,* p. 540 et suiv.

(36) *Histoire du temps,* p. 394 : « Excepté dans les provinces du Languedoc, Bourgogne, Provence, Lyonnois, Picardie et Champagne, esquelles provinces les intendants par nous commis ne pourront se mesler de l'imposition et de la levée de nos deniers, ny faire aucune fonction de jurisdiction contentieuse, mais pourront seulement ès dites provinces estre près des gouverneurs pour les assister en l'exécution de leurs pouvoirs. » Les plans de réforme de Fénelon et de Saint-Simon (ci-dessus, p. 447, n. 82 et 83) comportaient aussi la suppression de l'institution des intendants et la rentrée des gouverneurs en pleine activité.

Dans le cours du xvii° siècle il en fut établi partout, dans, les Pays d'États comme dans les Pays d'élections. On ne créa point pour eux de circonscriptions nouvelles; on utilisa pour leur établissement la circonscription supérieure en matière d'impôts, la Généralité; cependant, il n'y avait pas toujours une correspondance exacte entre l'intendance et la généralité. A la veille de la Révolution, il y avait trente-deux intendants.

La circonscription de l'intendant étant fort étendue (37), l'intendant ne pouvait pas par lui-même voir à tout; il dut nécessairement se faire remplacer. Il usa pour cela du droit de délégation qui appartenait, en principe, aux commissaires du Prince; et celui qu'il choisissait pour le remplacer fut appelé *Subdélégué*, parce que l'intendant était lui-même le délégué du roi (38). Ces subdélégués n'étaient point des fonctionnaires; ils étaient choisis et révoqués par l'Intendant comme ses simples mandataires. Cependant, en 1704, la Royauté, par un Édit, transforma leurs fonctions en office proprement dit, afin de pouvoir les vendre; mais cela n'eut aucun succès (39), et ces offices de Subdélégués furent supprimés partiellement en 1713 et totalement en 1715 (40). On revint au système de la simple délégation par l'Intendant de ses pouvoirs. Le Subdélégué, n'étant donc pas un fonctionnaire, ne pouvait, en principe, rien décider par lui-même; à moins d'un ordre général ou spécial de l'Intendant, il ne pouvait que lui faire un rapport (41). Lorsqu'il statuait par délégation, en vertu des principes généraux, on pouvait appeler de ses ordonnances à l'Intendant; enfin, il n'avait pas d'appointements, mais seulement des indemnités de déplacement (42). On appelait *Département* la circonscription à laquelle était préposé un Subdélégué; mais celle-ci, naturellement, n'avait pas de fixité, n'ayant pas d'existence légale. L'Intendant, comme il pouvait à volonté supprimer ses Subdélégués, pouvait aussi modifier leurs départements (43).

(37) Dans le plan du marquis d'Argenson, *op. cit*, édit. 1764, p. 237, il est dit : « Le royaume sera divisé en départements moins étendus que ne le sont aujourd'hui les généralités...; à la tête de chaque département, il y aura un intendant de police et finances. »

(38) Guyot, *op. cit*, t. III, p. 441.

(39) C'est pourtant ce que proposait de nouveau d'Argenson, *op cit.*, p. 240 : « Les intendants auront sous eux plusieurs subdélégués distribués par départements qui seront appelés subdélégations; *ils seront officiers royaux.* »

(40) Guyot, *op. cit.*, t. III, p. 441-443.

(41) Mourlot, *La fin de l'ancien régime et les débuts de la Révolution dans la généralité de Caen*, 1787-1790. 1913, p. 18.

(42) Guyot, *op. cit.*, p. 441, 444, 445. Malgré cela ces postes étaient fort recherchés, ils étaient souvent donnés à des hommes qui exerçaient d'autres fonctions. Milhac, *Les subdélégués en Champagne*, thèse 1911, p. 14 et 20.

(43) Milhac, *op. cit.*, p. 12. Guyot, *op. cit.*, t. III, p. 445 et suiv., où l'on trouve plusieurs commissions de subdélégués Voir aussi la commission du subdélégué de Marmande en 1747 dans M. Lhérilier, *Tourny, intendant de Bordeaux*, p. 41.

Si maintenant on veut déterminer les pouvoirs des Intendants, deux observations préalables sont d'abord nécessaires. En premier lieu, ces pouvoirs n'ont pas toujours été les mêmes. Les intendants de la seconde moitié du XVIᵉ siècle et de la première moitié du XVIIᵉ siècle furent des fonctionnaires de combat; ils rencontrèrent des résistances énergiques de la part des Parlements ι'. de celle des Gouverneurs. Ils en triomphèrent, soutenus par le pouvoir royal; mais, par la force des choses, ils eurent besoin de pouvoirs extraordinaires, plus étendus que ceux qui suffisaient aux intendants du XVIIIᵉ siècle. Cependant, ces pouvoirs extraordinaires continuèrent pour la plupart à figurer dans les commissions délivrées aux Intendants; mais ils n'étaient là que pour la forme; c'étaient des armes inutiles dont on ne faisait plus usage. D'autre part, les premiers intendants, envoyés dans des pays occupés par les troupes, étaient à la fois *civils* et *militaires* (44). Dans la suite, il y eut des *Intendants militaires* spéciaux pour l'armée; cependant, les Intendants des provinces conservèrent certaines attributions qui rappelaient leur premier état, spécialement en ce qui concerne les subsistances et le logement des troupes. Cela dit, leurs attributions définitives (45) se rangent sous un triple chef qu'indique leur titre officiel : ils étaient appelés en effet *Intendants de justice, police* et *finances* (46).

Considérés comme *Intendants de justice*, ils pouvaient entrer et prendre séance dans les cours et tribunaux judiciaires, et même présider les juridictions autres que les Parlements. Ils avaient un droit de surveillance sur tous les magistrats, pouvaient leur adresser des remontrances, et même les suspendre de l'exercice de leur charge, sauf à en référer au pouvoir royal. Enfin ils pouvaient juger eux-mêmes et en dernier ressort les crimes contre la sûreté de l'État, assemblées illicites, séditions, monopoles, entreprises et levées de troupes, en appelant au jugement un certain nombre de juges ou gradués en droit. Mais, bien que ce dernier pouvoir continuât à figurer dans les commissions (47), d'ordinaire, en pareil cas, l'Intendant se faisait autoriser par une commission spéciale.

Leurs attributions en matière de *finances* étaient des plus impor-

---

(44) Voyez l'article 81 de l'ordonnance de 1629, ci-dessus, p. 573, note 33.

(45) Sur ce qui suit, consulter le Traité de Guyot, ch. LXXXIII, en entier, et d'Arbois de Jubainville, *L'administration des intendants;* voyez aussi les diverses commissions d'intendants rapportées par M. d'Arbois de Jubainville, *op. cit*, p. 194 et suiv., et celle donnée à Turgot le 8 août 1761, dans la *Nouvelle revue historique de droit*, t. XIII, 1889, p 775.

(46) Guyot, *op. cit.*, t. III, p. 119. Les premiers intendants en Champagne sont seulement qualifiés *intendants de justice* (d'Arbois de Jubainville, *op. cit.*, p. 16, 17, 194, 195); mais le terme était pris dans un sens très compréhensif.

(47) Il figure dans celle de Turgot, art. 2, *loc cit.*, p. 776.

tantès; elles se reféraient surtout à la répartition et au contentieux des impôts (48). Ils avaient, nous l'avons vu, compétence exclusive à cet égard quant aux impôts directs établis aux xviiᵉ et xviiiᵉ siècles, la Capitation et les Vingtièmes, et quant à la plupart des impôts indirects créés dans la même période (49). Ils avaient aussi compétence exclusive, quant aux impôts anciens et nouveaux dans un certain nombre de provinces annexées aux xviiᵉ et xviiiᵉ siècles, qui n'avaient jamais eu ou qui n'avaient pas conservé d'États provinciaux et où il n'avait pas été établi d'Élections : on appelait ces provinces *pays d'imposition* (50). Quant aux impôts anciens dans le reste du Pays, les autorités qui les administraient, avant l'établissement des intendants, avaient été maintenues dans leurs attributions; mais les Intendants eurent le droit de contrôler leurs opérations et d'y prendre part. Souvent ils procédaient d'office à la répartition de la taille entre les paroisses, et, par leurs commissaires, entre les taillables de chaque paroisse. Dans la mesure où ils avaient opéré la répartition, ils connaissaient alors du contentieux.

La *Police* était la source la plus abondante de leurs attributions; car, par ce mot, on entendait autrefois l'administration en général. En qualité d'intendants de police, ils pouvaient d'abord faire des règlements administratifs, concurremment avec les Parlements et les autorités municipales; mais le plus souvent ils en adressaient la demande et le plan au Conseil du roi, et celui-ci faisait, par un arrêt, le règlement demandé. Quant aux objets sur lesquels portait leur action administrative, ils étaient aussi nombreux qu'importants. Voici quelques-uns des principaux : Ils avaient la surveillance de tout ce qui concernait le commerce et l'agriculture. Ils exerçaient sur les municipalités et communautés d'habitants la tutelle administrative (ni le mot ni la chose ne sont nouveaux); leur autorisation était nécessaire pour les principaux actes qu'elles avaient à accomplir (51). Ils réglaient tout ce qui concernait la levée des milices. Celles-ci étaient obtenues par une conscription forcée, exercée sur les roturiers des campagnes par voie de tirage au sort; elles servirent aux xviiᵉ et xviiiᵉ siècles à compléter l'armée active recrutée par l'engagement volontaire, et tantôt les miliciens furent incorporés dans les régiments actifs pour en combler les vides, tantôt ils formèrent des régiments à part, consti-

(48) Dès 1648, il en était ainsi (*L'histoire du temps*, p. 394) : « L'année présente les deniers ont été imposez et en partie levez dans toutes les généralitez par les ordres des intendans. »

(49) Ci-dessus, p. 552, 562.

(50) Boulainvilliers, *Etat de la France*, t. III, p. 283, 384, 460.

(51) Guyot, *op. cit.*, t. III, p. 289 et suiv.; p. 289 : « Les communautés d'habitants sont sous la protection spéciale du roi; il n'est donc pas étonnant que les commissaires de Sa Majesté en soient, comme on l'a déjà dit, *les tuteurs.* »

tuant une sorte de réserve. Les Intendants déterminaient, par leurs règlements, les conditions du tirage au sort, que les ordonnances fixaient d'une façon assez lâche, et ils y faisaient procéder par leurs subdélégués (52). Enfin, ils réglaient aussi en pleine liberté le service de la corvée royale. Celle-ci était une prestation en nature, en journées de travail, imposée aux taillables des campagnes pour la construction ou l'entretien des routes royales (53). On pouvait appeler devant le conseil du roi de toutes les ordonnances rendues par les intendants, sauf de celles qui se rapportaient à la répartition de la taille; pour ces dernières, l'appel était porté devant les Cours des aides (54). Par la force des choses, leurs pouvoirs, tels que je viens de les décrire, se trouvaient restreints dans les pays d'États (55); mais, en réalité, ils dictaient le plus souvent aux États la volonté du roi.

Voilà quels furent aux différentes époques les directeurs et les régulateurs de l'administration provinciale; mais l'action des agents royaux ne faisait pas tout dans cette administration. Il existait, dans une certaine mesure, des libertés locales. Celles-ci étaient représentées par deux séries d'institutions, les États provinciaux et les franchises municipales.

## § 2. — ÉTATS PROVINCIAUX ET MUNICIPALITÉS.

### I

Les États provinciaux étaient pour une province ce que les États généraux étaient pour le royaume entier. C'était l'assemblée représentative des trois ordres de la province. Ils apparaissent au xive siècle, comme les États généraux, quoique sur certains points leur préparation remonte plus haut; et dans ce siècle, comme dans la première moitié du xve, ils se présentent comme une institution générale existant dans toutes les provinces. Mais, dans la suite, la Royauté tendit à les supprimer, et ceux qui subsistèrent constituèrent un privilège. D'autre part, ceux qui survécurent arrivèrent à un état plus stable et plus régulier que les États généraux; ils eurent une périodicité fixe et conservèrent, quant aux impôts, la plupart des droits que perdirent les États généraux. Il faut voir quelle fut leur origine, quelles étaient leur

---

(52) Guyot, *op. cit*, III, 225 . « Les intendans ont une attribution pleine et sans réserve de tout ce qui regarde la levee de la milice. »

(53) Guyot, *op. cit.*, III, 317 · « Les corvées royales... étoient de la compétence exclusive et absolue des intendants C'étoit à ces magistrats qu'appartenoit la connaissance et le règlement du service des corveables. »

(54) Guyot, *op. cit.*, III, 433.

(55) Guyot, *op. cit*, III, 391.

composition et leurs attributions, et dire en terminant quels sont ceux qui subsistèrent jusqu'au xviiiᵉ siècle (56).

Dans certaines provinces, l'origine des États provinciaux est très claire; ce sont celles où ces États existaient déjà avant la réunion au domaine de la Couronne, à l'époque où elles constituaient des souverainetés indépendantes. En effet, manifestement les mêmes causes en amenèrent la formation et l'intervention dans le gouvernement du duc ou du comte, qui avaient amené en France les convocations d'États généraux. Puis, lors de l'annexion, la province conserva ses États comme ses autres privilèges : tel fut le cas de la Bourgogne, de la Bretagne, de la Provence, par exemple (57); tel fut aussi le cas d'un certain nombre de pays réunis au xviiᵉ siècle (58). Mais l'origine est moins facile à saisir dans les provinces qui appartenaient déjà, et quelques-unes depuis longtemps, au domaine de la Couronne, lorsque les États provin-, ciaux y firent leur apparition. Il paraît bien qu'ils y eurent pour germe les assises solennelles tenues par les baillis et sénéchaux. Là, se rendaient nécessairement tous les officiers royaux, les officiers municipaux et seigneuriaux, et aussi les nobles dans les régions où ils participaient aux jugements; il y venait encore des évêques, abbés ou prieurs (59). Là se discutaient forcément les affaires intéressant le bailliage, et le principe est proclamé au xivᵉ siècle qu'avec l'avis de ces « sages et seigneurs » le bailli pouvait faire en assise les règlements utiles pour le pays (60). Il est vrai que ces réunions avaient un personnel flottant et un

(56) Voir sur les Etats provinciaux : Laferrière, *Etude sur l'histoire et l'organisation comparée des Etats provinciaux aux diverses époques de la monarchie jusqu'en 1789*, dans les Séances et travaux de l'Académie des Sciences morales et politiques, t. LIII; — Thomas, *Les Etats provinciaux de la France centrale sous Charles VII*; — Léon Cadier, *Les Etats de Béarn*; — Coville, *Les Etats de Normandie*; — Prentout, *Les Etats de Normandie, Journal des savants*, 1919; — Quessette, *Administration financière des Etats de Bretagne*, Ann. de Bretagne, 1911; — Dussert, *Les Etats du Dauphiné* aux xivᵉ et xvᵉ s , th. lettres, 1915. — On trouve de nombreux et utiles renseignements dans Boulainvilliers, *Etat de la France*, *passim*.

(57) En Dauphiné la nécessité d'obtenir des subsides que le dauphin ne pouvait lever dans les domaines des seigneurs, ni imposer aux bourgeois, qui ne sont pas taillables à merci, sans le consentement des uns et des autres, amena la réunion des premiers *parlements généraux*, prototypes des Etats (la première mention est de 1338). Les Etats provinciaux furent définitivement institués par les rois dauphins après 1350. Dussert, *op. cit.*, p. 20 et suiv

(58) Cependant, un certain nombre de ces derniers pays perdirent leurs Etats sous l'administration royale. Voyez pour l'Alsace, les Flandres, la Franche-Comté : Boulainvilliers, *Etat de la France*, t. III, p. 268, 381, 449.

(59) Molinier, *Catalogue des actes de Simon et d'Amaury de Montfort*, dans la *Bibliothèque de l'Ecole des chartes*, 1873, p. 164, 177

(60) Boutillier, *Somme rurale*, 1. I, tit. III, p. 10 : « En assises, *appelez les sages et les seigneurs du pays*, peuvent estre mises sus nouvelles constitutions et ordonnances sur les pays et destruites autres, qui seroient grevables et en autre temps, non. »

caractère mal déterminé; mais tout se précisa lorsque le pouvoir royal les utilisa pour demander un vote de subsides, ou dans un intérêt analogue. On fut alors amené à leur donner une composition semblable à celle des États généraux, déterminée par les mêmes principes (61), à y citer les seigneurs laïques et ecclésiastiques et les représentants des villes. Enfin, lorsque le bailliage ne répondait pas à une division provinciale suffisamment vaste et individualisée, il arriva que l'on convoqua les représentants de plusieurs bailliages, qui faisaient corps au point de vue de l'histoire et des intérêts provinciaux; on eut ainsi des États provinciaux d'une grande importance. Nous avons un exemple précis de cette formation, il se rapporte aux plus anciens et aux plus célèbres peut-être des États provinciaux, à ceux du Languedoc (62). Le point de départ est ici fourni par une ordonnance de Saint Louis, de 1254, rendue en faveur de la sénéchaussée de Beaucaire. Les enquêteurs royaux envoyés à Nîmes en 1247 avaient recueilli diverses plaintes, une entre autres concernant les interdictions d'exporter les céréales et objets de consommation prononcées par les sénéchaux et les permissions exceptionnelles qu'ils accordaient par faveur (63). Le roi, par des lettres du mois de juillet 1254, décida qu'à l'avenir le sénéchal de Beaucaire ne pourrait prononcer une semblable interdiction qu'en prenant l'avis d'une assemblée où figureraient les prélats, les nobles et les représentants des bonnes villes (64). Dans les années suivantes, des assemblées furent tenues à cet effet dans les sénéchaussées de Beaucaire et de Carcassonne. L'institution fonctionna, dans ces conditions et sans les dépasser, pendant les règnes de Louis IX et Philippe le Hardi (65). Plus tard, la Royauté utilisa ces assemblées pour l'octroi et la repartition des aides qu'elle demandait et leur conféra ainsi des attributions nouvelles. Enfin, pour plus de commodité, « au lieu de convoquer une assemblée distincte pour chacune des trois sénéchaussées du Languedoc, on fixa un seul lieu de réunion pour toutes les trois; les États du Languedoc étaient fondés » (66).

(61) Ci-dessus, p. 472.

(62) Molinier, *Etude sur l'administration de Saint Louis et d'Alphonse de Poitiers*, dans l'*Histoire du Languedoc*, édit. Privat, t. VII (1879), p. 508-511. Sur l'origine des Etats de Languedoc et sur tout ce qui se rapporte à ces Etats, voir le livre remarquable de M Dognon, *Les institutions politiques et administratives du pays de Languedoc du* xıı° *siècle aux guerres de religion.*

(63) Ci-dessus, p. 557.

(64) *Ord.*, I, 74, art. 27 · « Si tamen justa causa extiterit, propter quam videatur interdictum hujusmodi faciendum, congreget senescallus consilium non suspectum in quo sint aliqui de prælatis, baronibus, militibus et hominibus bonarum villarum, cum quorum consilio dictum faciat interdictum. »

(65) Molinier, *loc. cit.*, p 511.

(66) Molinier, *loc. cit*, p. 511; — Dom Vaissette, *Histoire du Languedoc.* VIII, ch 1349, 1393-1395, 1449-1450, 1664, 1739.

Les États provinciaux étaient la réduction des États généraux; ils avaient donc, en plus petit, la même composition. Seulement, ils ne suivirent pas, sur ce point, la même évolution que leurs grands frères; ils conservèrent plutôt le type originel et leur composition resta celle des États généraux du XIVᵉ siècle. En d'autres termes, la représentation des trois ordres n'y était élective que pour une faible part, et le tiers état n'était représenté que par les villes. Y siégeaient, pour le clergé, en vertu d'un droit personnel, les prélats, archevêques et évêques, les abbés et prieurs de la province, quelquefois aussi les principaux dignitaires des églises cathédrales ou collégiales; souvent, en outre, les églises de cette espèce avaient le droit de s'y faire représenter par procureur. Pour la représentation de la noblesse, les usages étaient assez divers. Tantôt c'étaient tous les gentilshommes ayant fief dans la province qui avaient droit de séance (67); tantôt c'étaient seulement un certain nombre de seigneurs qui avaient acquis par la coutume le droit personnel de la convocation; parfois, le roi désignait, pour chaque session, à côté de ceux-là, un certain nombre de députés pris dans le corps de la noblesse. Enfin, pour les villes qui figuraient aux États, elles étaient le plus souvent représentées par un ou plusieurs de leurs officiers municipaux; mais il y en avait aussi qui élisaient des députés spécialement à cet effet (68); quelquefois même, à côté d'un officier municipal, la ville envoyait un député.

Les États provinciaux qui se maintinrent au delà du XVᵉ siècle acquirent une périodicité régulière; ils étaient, selon les cas, convoqués, soit annuellement, soit tous les deux ou trois ans. Mais le principe était qu'ils ne pouvaient se réunir sans une convocation du pouvoir royal (69); elle se faisait par lettre de cachet et était transmise par le gouverneur (70). Les États avaient un président de droit qui était tantôt le gouverneur, tantôt un prélat; mais, aux XVIIᵉ et XVIIIᵉ siècles, c'était en réalité l'Intendant qui était le véritable organe des demandes et des volontés royales. Les usages suivis pour les délibérations étaient naturellement assez différents; mais la délibération par ordre était la règle pour toutes les questions importantes; cependant, dans beaucoup de ces États, le prin-

(67) C'est le cas des Etats du Dauphiné aux XIVᵉ et XVᵉ siècles, Dussert, op cit., p. 295.

(68) Ou bien c'était le « magistrat » de la ville, c'est-à-dire le corps des officiers municipaux, qui choisissait le député.

(69) Lebret, De la souveraineté, 1. IV, ch. XII, p 164 : « L'ordre que l'on tient en la convocation de ces Etats est le même que l'on observe aux Etats généraux, car il faut une permission particulière du roi auparavant que de pouvoir légitimement s'assembler. »

(70) Voyez le modèle de ces lettres, dans le Guidon des secrétaires, à la suite du Stile de la chancellerie, p. 20 vᵒ.

cipe s'était établi que le vote concordant de deux ordres faisait majorité et obligeait le troisième, à moins qu'il ne s'agît de l'*octroi* volontaire des impôts, « de matières de pure grâce » (71). Leurs pouvoirs étaient très grands en apparence et d'ordre politique, dépassant de beaucoup la simple autonomie administrative. En effet, ils avaient conservé, en principe, le droit de voter l'impôt, non seulement celui qui était destiné aux besoins propres de la province, mais celui qui était payé par elle au trésor royal, et ils le votaient seulement pour le temps qui s'écoulait entre deux sessions; le plus souvent, pour attester encore mieux leur droit, ils qualifiaient ces impôts de *dons gratuits*. Mais, si ce droit se maintint jusqu'au bout, respecté dans la forme, sous la monarchie absolue il avait peu de réalité et n'était guère gênant pour le pouvoir royal. Celui-ci était sûr d'imposer sa volonté et eût brisé les résistances des États (72); le consentement de l'impôt n'était volontaire que dans la forme. Cependant, ce droit était encore précieux pour les pays d'États. En effet, pour eux, l'équivalent des impôts ordinaires, payés directement par les pays d'élections, avait été arrêté à une somme déterminée; pour la Capitation et les Vingtièmes, de véritables contrats d'abonnement étaient même intervenus entre eux et la Royauté. Toute élévation du chiffre accoutumé ou convenu eût été nécessairement discutée par les États, et le droit de discussion est précieux, même en face d'un maître (73). D'autre part, les pays d'États avaient cet avantage que les impôts destinés à fournir les sommes versées au trésor royal étaient établis d'après les usages traditionnels de la province; ils étaient répartis et levés, non par les officiers royaux, mais par les délégués des États ou, sous leur direction, par les autorités municipales (74). Aussi, pendant l'intervalle des sessions,

(71) Boulainvilliers, *Etat de la France*, II, 240 (Artois); III, 142 (Bourgogne); V, 366 (Bigorre); 395 (Basse-Navarre).

(72) Boulainvilliers, *Etat de la France*, VI, 379 (Languedoc) : « L'ancienne liberté que la province a prétendu se conserver, comme si elle payait volontairement la part des impositions que tout le monde supporte en général. » — *Traité de la politique de France*, par P(aul) H(ay), marquis de C(hastelet), Cologne, 1677, I, p. 191 : « Le roy pourroit se rendre maître des députations et autres commissions lucratives qui se donnent aux Estats, comme par exemple en Bretagne feu M. le maréchal de la Milleraye nommoit seul... Jamais on n'a délibéré après ce qu'il avoit ordonné »

(73) Bodin, *Les six livres de la République*, l. III, ch. VII, p. 501 : « On ne peut nier que par ce moyen (des Etats provinciaux) le Languedoc n'ait esté deschargé sous le roy Henry de cent mil livres tous les ans, et le païs de Normandie de quatre cent mil qui furent égalées sur les autres gouvernements qui n'ont point d'Estats » — *Répertoire de Guyot*, v° Bretagne : « Le droit de consentement dont jouit la nation lui procure souvent, sans nuire au fisc, des abonnements avantageux par eux-mêmes et par la modération avec laquelle se font les perceptions. Mais les franchises les plus précieuses dont les Bretons sont redevables à leur prérogative sont de ne payer ni aides, ni tailles, ni gabelles. »

(74) Aussi la préface déjà citée du *Vestige des finances*, édit. de 1613, dit-elle (p. 56) : « Aux six généralités qui n'ont point d'eslections, sçavoir : Montpellier,

la plupart des États provinciaux avaient-ils des commissions intermédiaires (75) et des syndics, dont le rôle ne se bornait pas là
d'ailleurs, mais qui suivaient aussi l'exécution des travaux d'utilité
provinciale décidés par les États. Ceux-ci, en effet, avaient le droit
de lever des impositions pour les besoins particuliers de la province et d'en faire l'emploi. Cette prérogative, ils l'avaient même
d'abord exercée en toute liberté et indépendance, puis, comme
toutes les autres, sous le contrôle du pouvoir royal (76). On peut
ajouter que les travaux publics et en particulier les grandes
routes étaient mieux exécutés ou entretenus dans les pays d'États
que dans les autres (77). Enfin, les États provinciaux décidaient
une dernière catégorie de dépenses assez singulière : ils payaient
l'entretien et le train de maison du gouverneur, et pour cela ils
débattaient et traitaient avec lui.

Après avoir créé au xive siècle une bonne partie des États provinciaux, la Royauté, lorsqu'elle n'eut plus besoin d'eux, ayant
acquis le pouvoir général d'imposer, s'efforça de les détruire : son
but fut de transformer successivement les pays d'États en pays
d'élections. Dès la seconde moitié du xve siècle, elle avait réussi
dans une assez large mesure : le Limousin, la Marche, l'Anjou et
la Guyenne avaient perdu leurs Etats et reçu des Elections; il en

Toulouze, Bourgogne, Grenoble, Aix, Bretagne, toutes levées sur le peuple s'y
font par receptes particulières, qui sont disposées par diocèses, bailliages ou sièges,
et portent leurs deniers à la recepte générale. » — Bodin, *Les six livres de la République, loc. cit.* : « Il est bien certain que les eslections coustent deux fois autant
au roy et aux subjets que les Estats, et en matière d'imposts plus il y a d'officiers,
plus il y a de pilleries; et jamais les plaintes et doleances des pays gouvernez par
eslection ne sont veues, leues ni présentées, ou, quoy que ce soit, on n'y a jamais
d'esgard, comme estans particulières. »

(75) Par exemple, les *Grands élus* de Bourgogne, la commission intermédiaire de
Bretagne, les *Assiettes* de Languedoc. Souvent même la commission statuait en
première instance sur le contentieux de ces impositions, ou ce droit appartenait aux tribunaux ordinaires. En appel, on allait devant la Cour des aides ou le
Parlement.

(76) Lebret, *De la souveraineté*, l. IV, ch. xii, p. 160 : « On n'y doit rien proposer que pour le service de Sa Majesté et pour le bien et l'utilité de la province,
suivant ce qui leur est prescrit par les lettres patentes qu'on leur envoie à ce
sujet. » — Le marquis de Mirabeau, *Mémoire sur les Etats provinciaux*, dans l'*Ami
des hommes*, t. IV (1769), p. 110 et suiv., 113.

(77) Bodin, *Les six livres de la Republique, loc. cit* : « Combien qu'il y a mil
autres utilités des Estats en chascun pays; c'est à sçavoir le bien concernant la
communauté de tout le pays, s'il est question de faire levée d'hommes ou d'argent
contre les ennemis, ou bien de bastir forteresses, unir les chemins, refaire les
ponts, nettoyer le pays de voleurs et faire teste aux plus grands : tout cela s'est
mieux fait par ci-devant au pays de Languedoc par les Estats qu'en autre province
de ce royaume. Ils ont ordonné douze cents livres par chascun an pour l'institution
de la jeunesse de tous le pays en la ville de Nismes, outre les autres collèges particuliers; ils ont basty les belles forteresses du royaume. » — Marquis de Mirabeau,
*op. cit.*, p. 102 — Boulainvilliers, *Etat de la France*, IV, 185 : « Les grands chemins
généralement parlant sont plus beaux en cette province (Bretagne) qu'en aucun autre
royaume Les Etats font la dépense de les entretenir. »

fut de même de tout le centre de la France, où d'ailleurs, en bien des parties, l'institution n'avait pas en réalité pris racine. Mais, au xvi⁰ siècle, outre les provinces qui les conserveront jusqu'au bout, le Dauphiné, la Normandie, l'Auvergne, la Provence les avaient gardés; elles devaient les perdre ou les voir transformer au xvii⁰ (78). En 1628, des Élections furent créées en Dauphiné; de vives réclamations furent élevées par les trois ordres du pays; mais des arrêts du conseil des années 1635, 1636, 1637 leur défendirent toute réunion, et les choses en restèrent là. Il y avait eu suppression des États en fait plutôt qu'en droit; aussi, à la veille de la Révolution, ils sortiront de ce long sommeil et spontanément rentreront en activité. En 1638, Richelieu suspendit les États de Normandie. Ils rentrèrent en activité en 1643, mais ce devait être pour peu de temps : des Élections avaient été établies dans l'intervalle et ils furent définitivement supprimés en 1655. Les États particuliers de la Haute-Auvergne furent supprimés sous le règne de Louis XIII, avant l'année 1624, et, malgré les résistances que cet acte avait rencontrées, dans un mémoire de l'année 1638 l'intendant de Mesgrigny proposait de supprimer également les États du Bas-Pays. Ces derniers échappèrent cependant momentanément à ce coup. On a les procès-verbaux de leurs réunions jusqu'en l'année 1672; ils paraissent même s'être réunis postérieurement à cette date, mais ils n'apparaissent plus après 1680 (79).

En 1630, Richelieu avait établi également des Élections en Provence; mais le pays entama une lutte légale, énergique et sans violences, et, en 1639, intervint une transaction : à la place des anciens États, mais ayant les mêmes attributions, fut établie l'assemblée des *Communautés du pays*. Le changement consista en ce que la nouvelle assemblée fut presque exclusivement composée des représentants des municipalités; deux évêques et deux gentilshommes seulement y siégeaient pour représenter le clergé et la noblesse. Le Languedoc eut aussi, de 1629 à 1632, une crise terrible à traverser : d'un côté, la Royauté créant des Élections, d'autre part, la province faisant cause commune avec un rebelle, le duc de Montmorency. Le conflit se termina par l'édit de Béziers, du mois d'octobre 1632, qui maintint les États de Languedoc, mais leurs privilèges étaient amoindris (80). La Bretagne conserva ses États

---

(78) Bodin, *Les six livres de la République*, loc. cit., atteste que dès la fin du xvi⁰ siècle une tendance s'affirmait à la suppression des États provinciaux : « Toutesfois il y en a qui se sont efforcez par tous moyens de changer les Estats particuliers de Bretagne, Normandie, Bourgogne et Languedoc, Dauphiné, Provence, en élections, disant que les Estats ne se font qu'à la foule du peuple. »

(79) Dussert, *Les États du Dauphiné*, p. 338; — Rivière, *Histoire des institutions de l'Auvergne*, t. II, p. 29, 35, n° 1.

(80) Boulainvilliers, *État de la France*, VI, p. 369.

avec moins de difficultés, mais cependant ils perdirent l'anna-
lité (81).

En définitive, voici quels étaient les États provinciaux qui subsistaient au xviiiᵉ siècle. Ils étaient tous dans des provinces situées
aux extrémités du royaume, ou du moins loin du centre, où
l'élément gouvernable avait été plus complètement pétri par le
pouvoir royal. Ils se divisent naturellement par groupes. Au nord-
ouest étaient les États de Bretagne. Au nord les États de l'Artois,
ceux du pays de Lille, du Tournaisis et du Hainaut (82). Au nord-
est, pointant vers le centre, les grands États de Bourgogne, qui,
d'ailleurs, avaient comme appendices les petits États particuliers
du Charolais et du Mâconnais (83). On trouvait aussi des États
quelque peu rudimentaires dans la Bresse et le Bugey (84). Venaient
ensuite au sud-est les États ou communautés de Provence: au sud,
les grands États de Languedoc. Enfin, au sud-ouest, dans la région
pyrénéenne et voisine de l'Espagne, il y avait toute une série
d'États, dont quelques-uns étaient importants et avaient l'organisation typique et traditionnelle, dont les autres étaient à peine
organisés; c'étaient les États de Foix, du Nébousan, des Vallées, de
Bigorre, du pays de Labour, de la Souile, du Béarn et de la Basse-
Navarre (85). Mais quatre seulement avaient, parmi tous ces États,
une réelle importance; c'étaient ceux de Bretagne, de Bourgogne,
de Provence et de Languedoc (86).

La Royauté, du xvᵉ au xviiᵉ siècle, avait fait une guerre suivie
aux États provinciaux et était parvenue à en supprimer un grand
nombre. Arrivée à ses derniers jours, elle sentit que son triomphe
avait été trop complet; en supprimant l'autonomie provinciale,
elle avait aussi ralenti la vie des provinces. Elle voulut in extremis
rendre des assemblées représentatives à toutes les provinces qui
n'en avaient plus, c'est-à-dire aux Pays d'élections. Les esprits
éclairés avaient, depuis longtemps déjà, signalé la nécessité d'une
semblable réforme. La reconstitution des États provinciaux, leur
extension à toutes les provinces du royaume, figurait dans les plans
de gouvernement combinés par Fénelon et par Saint-Simon. L'École
des économistes français du xviiiᵉ siècle s'était vivement préoccu-
pée de cette question des libertés locales, qui primait sûrement à
ses yeux la poursuite de la liberté politique : le marquis de Mira-

(81) J'ai indiqué qu'un certain nombre de pays annexés au xviiᵉ siècle avaient aussi perdu leurs États, ci-dessus, p. 579, note 58.
(82) Boulainvilliers, *Etat de la France*, II, 287 et suiv., III, 488 et suiv., 542 et suiv
(83) *Ibidem*, III, 204, 214.
(84) *Ibidem*, III, 234-239, 250.
(85) Boulainvilliers, *Etat de la France*, V. 256, 257, 365, 369, 370, 384, 394.
(86) Aussi le marquis de Mirabeau consacre-t-il à leur organisation un chapitre particulier, *op. cit.*, p. 152 et suiv.

beau, Le Trosne avaient, dans des livres très lus, demandé qu'on fît des États provinciaux une institution générale (87). Cette mesure fut une de celles qu'essayèrent de réaliser les ministres de Louis XVI. Le premier qui conçut un plan de réforme dans ce sens fut Turgot : il avait imaginé tout un système d'assemblées représentatives ou *municipalités* superposées et élémentaires les unes des autres. En bas étaient les municipalités des villes et les communautés d'habitants des campagnes; groupées par circonscriptions, elles auraient choisi des députés qui auraient formé les assemblées d'élection, de bailliage ou de viguerie; celles-ci, à leur tour, au moyen de leurs députés, auraient formé des municipalités ou assemblées de province, « lesquelles enfin auraient eu, pendant u i certain temps, à la cour, des députés qui, réunis, puissent coopérer sous les ordres du roi à l'administration municipale de la totalité du royaume (88). » En principe, il est vrai, tous ces corps ne devaient avoir que voix consultative. Mais Turgot, avant d'avoir trouvé l'occasion de faire discuter ce projet par le Conseil du roi, disparut du ministère. Necker reprit l'idée, en la ramenant à des proportions plus modestes; il en fit, dans son premier ministère, des applications isolées et des essais partiels. En 1778, il créa, dans le Berry, une assemblée provinciale composée en partie de membres choisis par le roi et en partie de membres désignés par les premiers, pour « répartir les impositions, diriger la confection des grands chemins et les ateliers de charité, ainsi que tous autres objets » qu'il plairait au roi de lui confier. Dans l'intervalle des sessions, elle devait être représentée par un bureau intermédiaire (89). Des arrêts du conseil de 1779 et de 1780 instituèrent des assemblées semblables dans d'autres pays d'élections, le Dauphiné, la généralité de Moulins, la généralité de Montauban (90).

(87) L'ouvrage du marquis de Mirabeau a été plusieurs fois cité ci-dessus. — Le Trosne, *De l'administration provinciale et de la réforme de l'impôt*, 1779. — D'Argenson, *Considérations sur le gouvernement ancien et présent de la France*, éd. 1784.

(88) Il exposa ses idées dans un mémoire rédigé par Dupont de Nemours sur ses indications. Voir Paul Martin, *Les idées de Turgot sur la décentralisation administrative*, thèse 1917, particulièrement ch. 3 à 5; — *OEuvres de Turgot*, éd. Daire, t. II, p. 502; *Mémoire au roi sur les municipalités, sur la hiérarchie qu'on pourrait établir entre elles et sur les services que le roi en pourrait retirer. — Mémoires sur la vie et les ouvrages de M. Turgot*, ministre d'Etat, 2ᵉ partie, Philadelphie, 1782, p. 19 L'auteur (Dupont de Nemours) ajoute, p. 59, note 20 · « Cet établissement ne devait d'abord être fait que pour les provinces qu'on appelle pays d'élections; mais il y avait lieu de croire que les grands avantages qu'elles en retireraient engageraient plus tôt ou plus tard les pays d'Etats eux-mêmes à demander au roi de changer la forme de leur administration et de les rapprocher de la Constitution générale. »

(89) Arrêt du Conseil du 12 juillet 1778 (Isambert, *Anc lois*, XXV, 354).

(90) Necker ne s'occupa pas seulement des assemblées provinciales comme ministre, mais aussi comme écrivain; il publia, en 1781, le mémoire qu'il avait adressé au roi sur ce sujet, et le reprit dans son livre, *De l'administration des finances de la France*, t. II, ch. v-viii.

On marchait vers une organisation générale commune à tous les Pays d'élections, et, en effet, un projet dans ce sens fut soumis par Calonne aux notables de 1787 (91). Ce projet était même assez libéral; aux assemblées organisees par Necker, qui étaient composées de membres non élus par les populations (92), il substituait des assemblées provinciales totalement électives, sans distinction d'ordres, et renouvelées par tiers tous les trois ans. D'ailleurs, comme dans le plan de Turgot, il y avait trois degrés d'assemblées : les Assemblées paroissiales et municipales, les Assemblées de district, les Assemblées provinciales, et les membres de chaque assemblée supérieure étaient élus par les assemblées inférieures. Le projet sortit des délibérations de l'Assemblée, modifié, mais non amélioré : il fut transformé en loi par un Édit du 22 juin 1787, que complétèrent des règlements adressés aux diverses provinces (93). Les Assemblées municipales étaient bien principalement électives, mais elles comprenaient deux membres de droit, le seigneur (justicier) et le curé. Les Assemblées provinciales étaient composées de membres nommés par le roi, comme représentants des trois ordres, et de membres choisis par les premiers. Les assemblées d'Élection étaient aussi composées de membres nommés par le roi et de membres choisis par les Assemblées provinciales; ils devaient tous être pris parmi ceux qui siégeaient dans les Assemblées paroissiales. Ce n'était qu'au fur et à mesure des renouvellements partiels, à partir de 1790, que les unes et les autres devaient devenir électives dans des conditions d'ailleurs assez différentes de celles contenues dans le premier projet (94). Les Assemblées provinciales, les plus importantes de toutes, étaient chargées « de la répartition et assiette de toutes les impositions, tant de celles dont le produit était versé dans le trésor royal que de celles affectées aux dépenses locales ». Elles avaient le droit de présenter des doléances, des vœux et des projets de réforme. Bien qu'elles fussent organisées de manière à contenir la représentation des trois ordres, on délibérait en commun et le vote se faisait par

(91) Mémoire sur l'établissement des assemblées provinciales, *Procès-verbal*, p. 84 et suiv.

(92) Les assemblées créées par Necker comprenaient des membres pris dans les trois ordres, mais de telle sorte que la représentation du tiers Etat (villes et campagnes) était égale à celle des deux autres ordres, la représentation de la noblesse étant elle-même plus nombreuse que celle du clergé. Sauf quelques membres perpétuels (prélats), l'assemblée se renouvelait par tiers, après chaque session, au moyen de présentations faites par elle au gouvernement royal. Le vote avait lieu par têtes.

(93) Isambert, *Anc. lois*, XXVIII, 364, 366. Voyez la critique de cette organisation dans l'ouvrage de Sieyès, *Qu'est-ce que le tiers état ?* 3ᵉ édit., 1789, p. 63 et suiv.

(94) Les membres des assemblées d'Election devaient alors être élus par un collège comprenant les curés et les seigneurs des paroisses et deux délégués de chaque municipalité. Les membres sortants de l'Assemblée provinciale devaient être élus par les assemblées d'élection de la province, entre lesquelles ils étaient répartis.

têtes. Dans l'intervalle des sessions, elles étaient représentées par un bureau intermédiaire, et elles nommaient des procureurs-syndics pour agir en leur nom. Les Intendants maintenus devenaient, en réalité, les exécuteurs de leurs volontés.

Les Assemblées provinciales furent constituées et entrèrent en activité : les procès-verbaux de leurs opérations ont été publiés pour la plupart (95). Il en résulta une vaste agitation, qui peut compter parmi les précédents immédiats de la Révolution. Notons, en terminant, que cette organisation éphémère a fourni sûrement certains éléments à l'organisation administrative qu'établit l'Assemblée Constituante pour la commune, le district et le département (96).

## II

Les franchises municipales, dans la société féodale, présentaient, nous l'avons vu (97), deux caractères bien saillants : d'un côté, c'était la diversité et l'inégalité entre les villes, soit quant au fond, soit quant à la forme; d'autre part, les franchises de certaines villes dépassaient de beaucoup la simple autonomie administrative et constituaient un empiétement profond sur les droits de l'État. L'effort de la Royauté fut de supprimer les droits exorbitants des villes, d'éliminer ces petits États particuliers du grand État reconstitué : elle y arriva par un travail constant, poursuivi du xive au xvie siècle. En même temps, la diversité plus haut rappelée s'atténua; elle n'exista plus, en réalité, que dans la forme des institutions municipales, et même là une certaine unité s'était introduite.

Le pouvoir royal eut souvent sur les villes une prise facile et par leur propre faute. Dans ces petits centres de liberté souvent mal réglée, il se produisit des troubles, des violences et des émeutes. La Royauté intervenait alors, à raison d'un droit de haute police qu'elle réclamait et se réservait (98). Elle profitait de l'occasion pour rogner les privilèges de la ville coupable; c'est ainsi que fut supprimée spécialement en nombre de lieux la forme de *Com-*

(95) Beaucoup ont été publiés de 1787 à 1789 (Camus et Dupin, *Bibliothèque choisie de livres de droit*, no 582); d'autres l'ont été de nos jours.

(96) Sur ce qui précède, consulter L. de Lavergne, *Les assemblées provinciales sous Louis XVI*; — P. Viollet, *Le roi et ses ministres*, p. 573 et suiv., donne une bibliographie complète à laquelle il faut ajouter : F. Mourlot, *La fin de l'ancien régime et les débuts de la Révolution dans la généralité de Caen*, 1787-90. Thèse, lettres, 1913.

(97) Ci-dessus, p. 296 et suiv.

(98) Petrus Jacobi, *Practica*, rub. 24, no 23 : « Si in villa fiat seditio, scilicet quod minores insurgant contra majores cum armis, rex Franciæ retinet sibi et bene jurisdictionem et punitionem in toto regno suo, licet illi sub jurisdictione alicujus comitis vel baronis. » Cf. Beaumanoir, L, 5 et suiv. — Le chapitre L de Beaumanoir contient les détails les plus instructifs sur les abus politiques et financiers qui se produisaient dans les villes de commune, et sur le pouvoir de contrôle et le droit d'intervention qui appartenaient alors au seigneur, de qui émanait la charte.

mune (99). Il arriva d'autre part que les villes, libres de s'imposer
et d'employer leurs finances, eurent une gestion financière impru-
dente ou folle; elles se trouvèrent finalement obérées, aux prises
avec des difficultés qu'elles ne pouvaient surmonter. Elles firent
alors appel à la Royauté (100); celle-ci vint à leur secours et procéda à la liquidation de leurs dettes; mais, en même temps, elle
réforma leur organisation et les mit en tutelle, pour prévenir de
nouvelles et semblables dilapidations. En dehors de ces occasions
particulièrement favorables qui lui permettaient de retirer les chartes ou de les reviser, elle arriva par d'autres moyens à supprimer
ou à rendre inoffensifs tous les droits incompatibles avec la notion
de l'État, qu'avaient possédés certaines villes. Le plus anormal
peut-être, le droit de guerre, disparut avec les guerres privées; les
milices communales, qui avaieι t joué parfois un rôle glorieux dans
les guerres nationales du xivᵉ et du xvᵉ siècle, furent non pas
supprimées absolument pour la plupart, mais tranformées en corps
inoffensifs, compagnies d'arbalétriers ou gardes bourgeoises. Les
justices municipales furent battues en brèche par les baillis et les
procureurs du roi, comme les justices seigneuriales, et par les
mêmes moyens. Elles furent même plus profondément atteintes
que ces dernières. En effet, en 1566, l'ordonnance de Moulins enleva
à toutes les villes le droit de justice en matière civile, le leur laissant au contraire en matière criminelle ou de police lorsqu'elles le
possédaient (101). Cet article, d'ailleurs, souleva de vives résistances dans les villes, et un certain nombre d'entre elles, pour des
causes diverses, conservèrent la juri liction en matière civile (102).
Enfin les villes conservèrent le droi. de réglementation en ce qui
concerne la police municipale; que nt au droit de consentir les
impôts qu'elles payaient au trésor royal, toutes l'avaient perdu en
principe, bien que souvent elles eussent, au point de vue des impositions, une condition favorisée (103).

Par ces conquêtes successives du pouvoir royal, les droits des
villes privilégiées s'étaient rapproché et égalisés; au commencement du xviiᵉ siècle, leur condition était à peu près la même; ce
qu'elles avaient toutes, les unes l'ayai t gardé, les autres l'ayant
acquis, c'était le droit d'administrer elle -mêmes, par leurs officiers
élus, leurs intérêts locaux et pécuniaire , sous le contrôle du pou-

(99) Hegel, Städte und Gilden, II, p. 72-77.

(100) Luchaire, Les communes françaises, p. 200, 284 et suiv.

(101) Art. 71 (Isambert, Anc. lois, XIV, 208). L'article suivant créait même dans toutes
les villes, qui n'avaient eu aucun droit de justice jusque là, une juridiction municipale
de simple police.

.(102) Loyseau, Seigneuries, ch. xvi, nᵒˢ 80, 89; — Esmein, Hist nre de la procéd're
criminelle, p. 217 et suiv.

(103) Ci-dessus. p. 539, 548.

voir royal. On distinguait dans leurs finances deux sortes de deniers. Les uns étaient dits *patrimoniaux*; c'étaient « les revenus des héritages et autres biens appartenant aux villes, pour quelque cause que ce fût, autrement que par concession du roi », et de ceux-là elles pouvaient librement disposer (104). Les autres s'appelaient *deniers d'octroi;* c'était le produit des impositions que la ville levait sur les habitants pour ses propres besoins, ou sur les denrées qui se débitaient dans leur territoire; mais dorénavant il fallait toujours pour cela l'autorisation du roi, et l'acte d'autorisation ou les lois générales déterminaient l'affectation des fonds ainsi obtenus (105).

Ces taxes devaient même perdre au xviie siècle le caractère de véritable impôt municipal. Une Déclaration du mois de décembre 1647 ordonna que tous les deniers d'octroi (droits d'entrée), qui se levaient au profit des communautés du royaume, seraient « portés à l'Épargne », c'est-à-dire versés au trésor royal, qui en bénéficierait. La Déclaration permettait cependant aux villes de lever les mêmes deniers à leur profit « par voie de doublement », c'est-à-dire en s'imposant deux fois. Cependant, en 1653, la Royauté se contenta de prendre la moitié du produit des octrois. C'est ce qu'on appela dès lors « la première moitié des octrois », qui était levée dans la suite par les fermiers des Aides (106). Au xviiie siècle, les taxes directes, que le roi permettait aux villes de s'imposer, n'étaient plus également qu'une addition aux impôts royaux (107).

La diversité qui subsistait entre les villes consistait donc surtout dans les formes de l'organisation municipale, chacune d'elles vivant sur sa coutume ou sur sa charte; le nombre des officiers, leurs noms et leurs attributions particulières, variaient beaucoup. Cependant, à peu près partout, on trouvait deux choses : l'*Assemblée générale* des habitants et le *Corps de ville*. L'Assemblée géné-

---

(104) Loyseau, *Des offices*, l. V, ch. vii, nº 33 : « Quant aux deniers patrimoniaux, ils peuvent être employés indistinctement en toutes les nécessitez des villes par ordonnances des eschevins. » Cela n'était vrai cependant que des revenus produits par ces biens. Pour aliéner les biens eux-mêmes, au moins les immeubles, il fallait l'autorisation du roi. Cette règle, très certaine sous la monarchie absolue, est déjà proclamée à la fin du xive siècle par Boutillier, *Somme rurale*, I, xlvii, p. 337 : « Quiconque achète du prince bien se prenne garde, car toujours le r'aura le prince pour son sort.. si aura la commune s'il n'estoit confermé du prince souverain. »

(105) Loyseau, *Des offices*, l. V, ch. vii, nº 33 « Les deniers d'octroy sont ceux qui procèdent de certaines levées, que le roy octroye et permet de faire chacun an dans les villes. » Le terme d'*octrois* s'appliquait d'abord à toutes les impositions, quelles qu'elles fussent, que les villes étaient autorisées à établir; il se restreignit dans la suite aux taxes sur l'entrée des marchandises (Dunod, *Sur la coutume du comté de Bourgogne*, p. 50).

(106) Lefebvre de la Planche, *Traité du domaine*, l. IX, ch. viii

(107) Dunod, *Sur la coutume du comté de Bourgogne*, p. 50 : « Depuis quelque temps MM. les intendants de Franche-Comté ordonnent que les départements se feront au marc la livre des impositions ordinaires. »

rale, qui tantôt comprenait la totalité des bourgeois, tantôt seulement des notables, avait deux attributions. Elle élisait le Corps de
ville, c'est-à-dire les officiers municipaux (108), et elle statuait
directement sur certaines questions, qui, d'après la coutume ou la
charte, devaient lui être soumises. Toutes les fois qu'elle se réunissait, elle était présidée, non par un officier municipal, mais par le
juge royal des lieux (109). Le Corps de ville comprenait d'ordinaire
un collège de magistrats, échevins ou autres, qui fonctionnaient
réunis comme conseil délibérant, et agissaient individuellement
comme agents d'exécution. Tantôt ce corps avait un chef, un maire,
également élu par la population; mais la règle s'était introduite que
l'élection du maire, au moins pour les villes importantes, devait
être confirmée par le pouvoir royal (110). Tantôt le Corps de ville
n'avait pas de chef municipal, tous les officiers étant égaux, et
alors on admettait, semble-t-il, qu'il devait être présidé par le juge
royal (111).

L'organisation municipale, dans la société féodale, avait eu un
caractère strictement urbain; elle ne s'appliquait qu'aux villes et
ne s'étendait pas aux campagnes (112). Cela resta la règle jusqu'à
la fin de l'ancien régime; les populations des campagnes n'avaient
point d'officiers municipaux, ceux-ci ne se comprenant que comme
*Corps de ville.* Cependant, on reconnut aux *Communautés d'habitants* certains droits collectifs et corporatifs, et par là les campagnes avaient reçu de la coutume une organisation municipale rudimentaire (113). L'unité élémentaire fut ici la *paroisse;* cela résulta
de faits simples et généraux, qui, d'ailleurs, se sont reproduits
dans l'Europe entière. La vie légale et corporative des paroisses

(108) Loyseau, *Des offices*, l. V, ch. vii, no 42 : « En France, il n'y a point d'autre
cérémonie, sinon qu'en assemblée générale de la ville ou de certains deputez de chacun
quartier, selon les formes particulières de chacune ville, on eslit les eschevins..., et
après telle élection il n'est pas besoin d'autre confirmation .. mais tout aussi tost que
l'élection est faite le bailly ou son lieutenant ou autre magistrat royal, qui préside en
l'assemblée, prend le serment des officiers esleus. »
(109) Loyseau, *Des offices*, l. V, ch. vii, nos 22, 23 : « Ce qui s'observe partout suivant
l'ordonnance de l'an 1559, art. 6. » — Isambert, *Anc. lois*, XIII, 540.
(110) Loyseau, *Des offices*, l. V, ch. vii, no 23 : « Es villes où il y a un maire ou tel
autre chef du corps de ville, il est bien raisonnable qu'ayant été eslu par le peuple
il soit après confirmé et approuvé par le roy, notamment ès villes d'importance. »
Cf. no 42.
(111) Loyseau, *Des offices*, l. V, ch. vii, no 21 : « Es villes où il n'y a que des pairs
ou eschevins, sans maire, le premier juge ou principal magistrat de la ville a droit
de présider et estre chef des eschevins, comme estant leur maire perpétuel, afin que le
corps de ville ne soit sans chef... Et de vray il seroit très utile pour maintenir le peuple en la parfaite obéissance du roy que son premier officier.. présidast partout au
corps de ville; et si cela eût eu lieu auparavant ces derniers troubles, il y a apparence
qu'ils ne fussent pas arrivez. »
(112) Ci-dessus, p. 296.
(113) La Poix de Fréminville, *Traité général du gouvernement des biens et affaires
des communautés d'habitants*, 1760; — Jousse, *Traité du gouvernement spirituel et
temporel des paroisses*, 1774.

sortit du règlement nécessaire de deux sortes d'intérêts, qui restèrent jusqu'au bout son principal aliment.

Ce fut d'abord l'autorité ecclésiastique qui réunit les habitants de la paroisse pour les faire contribuer aux dépenses et à l'entretien de l'église et du cimetière. Cela aboutit à une *Assemblée générale* des paroissiens, qui eut pour fonction principale d'élire les membres de la *Fabrique paroissiale* et le sacristain. A ces objets de délibération s'en joignirent d'autres dans la suite, mais qui étaient également sous le contrôle et la direction de l'autorité ecclésiastique : ce furent l'assistance obligatoire des indigents (chaque paroisse devant nourrir et entretenir ses pauvres) (114) et l'entretien de l'école (115).

D'autre part, les groupes d'habitants épars dans les campagnes avaient, de haute ancienneté, des biens communs, dont il n'est pas très facile de distinguer les origines, mais· dont l'existence est certaine. Il fallait bien que le groupe des propriétaires, qui d'ordinaire était la paroisse, pût délibérer sur l'administration et l'emploi de ces biens; cela donnait encore lieu de réunir l'*Assemblée générale* de la communauté. Mais, en principe, elle ne pouvait se tenir qu'avec l'autorisation du seigneur justicier (116). Quand elle se réunissait pour statuer sur ses intérêts matériels et pécuniaires et que la délibération prise par elle avait besoin de suite et d'exécution, elle nommait à cet effet un procureur ou syndic qui la représentait (117).

Cette organisation rudimentaire, établie par la coutume, fit que tout naturellement le pouvoir royal utilisa la paroisse et l'assemblée paroissiale pour l'accomplissement des prestations et services publics qu'il exigeait des campagnes. C'est cette Assemblée générale qu'il chargea de nommer les asséeurs et collecteurs de la taille (118); c'est elle qui servit au gouvernement de Charles VII

(114) La Poix de Fréminville, *op. cit.*, p. 544 et suiv.

(115) La Poix de Fréminville, *op. cit.*, p. 492 et suiv. : Déclaration du 14 mai 1724 qui ordonne d'établir des maîtres et maîtresses d'école dans toutes les paroisses et établit l'instruction primaire obligatoire (art. 6), il est vrai que le système qu'elle contient est surtout destiné à faire disparaître le protestantisme. D'après ce qui vient d'être exposé, la *fabrique* a précédé la *communauté d'habitants* agissant en vue de ses intérêts temporels (sauf peut-être en ce qui concerne les *biens communaux* qui sont très anciens). En effet, l'élection par les habitants des marguilliers (*matricularii, thesaurarii*) apparaît dès le XIIIᵉ siècle, dans le registre des visites d'Eudes Rigaud, archevêque de Rouen. Dans la suite, l'assemblée générale, statuant sur les intérêts purement temporels des habitants, ou réunie pour satisfaire à un service public, comme la répartition de la taille, ou le tirage au sort de la milice, se distingua nettement de la fabrique. Mais i assemblée générale était aussi un des organes de celle-ci, élisant les marguilliers et statuant sur les actes les plus importants qui intéressaient la fabrique.

(116) La Poix de Fréminville, *op. cit.*, p. 186 et suiv.

(117) *Id*, *ibid*, p. 189 et suiv.

(118) Ci-dessus, p. 543. Le système remonte sans doute très haut et a des précédents dans la pratique de la taille seigneuriale. Au XIIIᵉ siècle, un village dépendant de

pour la levée des francs-archers (119); c'est elle qui servira plus tard pour la levée de la milice et la corvée royale (120). Par là, cette organisation des campagnes entrait vraiment dans le droit public de l'ancien régime. Mais elle n'en resta pas moins très rudimentaire (121), sauf dans certaines régions du pays où les communautés d'habitants avaient en général leurs officiers municipaux (122).

Mais revenons aux villes dont nous n'avons suivi l'organisation municipale que jusqu'au commencement du xviie siècle. On peut dire qu'elle avait alors atteint son niveau normal, contenant toute la somme de liberté nécessaire pour la gestion des intérêts locaux. Cette autonomie fut considérablement réduite par la monarchie absolue. En premier lieu, les Intendants acquirent la pleine tutelle administrative sur les villes, comme sur les communautés d'habitants (123). Les villes ne purent plus plaider sans leur autorisation; pour emprunter, vendre ou acquérir, il leur fallut une autorisation du Conseil du roi (124). D'autre part, les officiers municipaux cessèrent, dans une large mesure, d'être librement élus par les villes.

l'abbaye de sainte Geneviève doit à celle-ci 48 setiers d'avoine, « qui plures potest persolvere persolvat, qui minus minus ». Il y avait donc une répartition faite probablement par les habitants. Archibald, Serfs of Sainte Geneviève, English hist. review 1910, p. 130.

(119) Lettres du 28 avril 1448 (Isambert, Anc. lois, IX, 169 et suiv.)

(120) La Poix de Fréminville, op. cit., p. 187 : « Il y a des assemblées qui sont nécessaires pour les intérêts du prince, telles que pour nommer les asséeurs et collecteurs pour la levée des tailles et impositions publiques ou autres choses qui regardent le gouvernement. »

(121) Mémoire sur les assemblées provinciales, présenté aux notables en 1787 (Procès verbal, p. 86) : « L'usage d'assembler en certains cas les habitants des paroisses et de les autoriser à prendre des délibérations a existé de tout temps et subsiste encore dans le royaume; mais ces assemblées n'ayant pas d'objet habituel et régulier, ceux qui s'y trouvent admis ne peuvent être préparés sur rien, et, le seul domicile dans la paroisse donnant le droit d'y assister, elles sont presque toujours composées d'un si grand nombre de membres qu'elles deviennent tumultueuses. » — D'Arbois de Jubainville, L'administration des intendants, p. 124 : « (Dans les communautés rurales), l'administration s'exerçait par un conseil qui n'était autre que l'assemblée générale des habitants : le rôle de pouvoir exécutif et de comptable y était rempli par un agent qu'on appelait syndic, qui était élu par cette assemblée et qui devait à elle seule rendre compte de son administration. Mais cet agent n'était pas magistrat, il ne pouvait pas rendre d'ordonnance. »

(122) Le Marquis de Mirabeau, op. cit, p. 103 « Dans les pays d'Etats, chaque paroisse ou chaque lieu fait communauté, comme les grandes villes le font ailleurs. Il y a des consuls, un maire, un hôtel de ville; on assemble le conseil dans les affaires de la communauté. » — Correspondance entre le comte de Mirabeau et le comte de la Marck publiée par M. de Bacourt, Bruxelles, 1851, t. II, p. 150 : « Il y a d'ailleurs de grandes provinces dont les moindres villages ont en des municipalités depuis plusieurs siècles. » Sur les réformes apportées au régime municipal par l'ordonnance de 1787, voir plus haut p. 586. On trouvera un bon exemple du fonctionnement de ces nouvelles assemblées paroissiales dans Mourlot, op. cit, p. 93 et suiv.

(123) Colbert par l'édit de 1683 (Isambert, XIX, p. 420) organisa cette tutelle administrative des intendants sur les communautés. Ardascheff, Les intendants de province sous Louis XVI, traduction Jousserandot, II, p. XVI.

(124) Guyot, Traité des droits, fonctions, etc., t. III, p 283 et suiv.

Des témoignages précis montrent que les intendants acquirent en bien des lieux le droit de contrôler et de confirmer les élections, ou même de nommer les officiers municipaux. Mais, à la fin du xviie siècle, un nouveau système fut introduit. De 1692 à 1724, une série d'Édits et de Déclarations établirent d'abord des maires, puis des échevins, jurats, capitouls, perpétuels et en titre d'office. Le prétexte donné, c'étaient les brigues et désordres que causaient les élections et l'intérêt même des villes (125). Mais en réalité, il n'y avait là qu'un plan fiscal; on créait ces charges perpétuelles pour les vendre, comme les offices de finance et de judicature. Ce qui le montre bien, c'est qu'on créera bientôt des officiers alternatifs, afin d'avoir à vendre, pour la même fonction, deux charges au lieu d'une. On permit aussi aux villes de recouvrer leur ancienne liberté en rachetant les offices créés; un certain nombre le firent, parfois forcées par le gouvernement (126). En 1764 et 1765, des Édits généraux supprimèrent toutes ces charges et rétablirent la liberté des élections; seuls, les maires devaient être nommés par le roi, sur une liste de trois noms présentés par le corps de ville (127). Mais, en 1771, les officiers perpétuels étaient rétablis, sauf dans les villes qui se rachetèrent (128). Tel était l'état des choses à la veille de la Révolution (129). Seules, quelques grandes villes avaient échappé à l'application de ce système et conservé leur régime antérieur; mais les élections n'y étaient que pour la forme (130).

Cependant, l'organisation municipale avait fait quelques progrès dans cette période, en ce sens que des lois générales intro-

(125) Edit du 27 août 1692 (Isambert, *Anc. lois*, XX, 158) : « La cabale et les brigues ont eu le plus souvent beaucoup de part à l'élection de ces magistrats;... les officiers ainsi élus pour ménager les particuliers auxquels ils étoient redevables de leur emploi... ont surchargé les autres habitants des villes et surtout ceux qui leur avoient refusé leurs suffrages... Des maires en titre... n'étant point redevables de leurs charges au suffrage des particuliers... en exerceront les fonctions sans passion et avec toute la liberté qui leur est nécessaire... Etant perpétuels, ils seront en état d'acquérir une connaissance parfaite des affaires de leur communauté. »

(126) En 1748 un arrêt du Conseil déclarait les offices rachetés et réunis aux communautés à charge du paiement d'un droit annuel. M. Lhéritier, *Tourny, intendant de Bordeaux*, p. 117.

(127) Août 1764 et mai 1765 (Isambert, *Anc. lois*, XXII, 405 et suiv., 434 et suiv.). Les élections étaient faites par une assemblée des notables élus eux-mêmes par les bourgeois groupés par classes (clergé, noblesse, officiers, marchands, etc.) suivant un système fort aristocratique.

(128) Edit de novembre 1771 (Isambert, *Anc. lois*, XXII, 539).

(129) Arrêt du Conseil du 5 octobre 1788 (Isambert, *Anc. lois*, XXVIII, 613) : « Les municipalités des villes (anciennement) furent principalement chargées des élections du tiers Etat; mais dans la plus grande partie du royaume les membres des municipalités, choisis autrefois par la commune, doivent aujourd'hui l'exercice de leurs fonctions à la propriété d'un office acquis à prix d'argent. »

(130) Voici ce que disait au xviiie siècle l'avocat Barbier des élections municipales de Paris (*Journal*, édit. Charpentier, t. IV, p. 384) : « Cette élection n'est que pour la forme; on sait quatre ans à l'avance quels seront les eschevins nommés. » Cf. p. 462

duisirent pour la première fois une organisation municipale uniforme et minutieusement reglementée dans tout le royaume. L'Édit du mois d'août 1764 l'établissait pour toutes les villes de 4,500 habitants et au-dessus, et celui du mois de mai 1765 pour les villes et bourgs dont la population était inférieure. Ces lois ne visaient cependant, conformément à la tradition, que les localités qui avaient déjà un Corps de ville (131); les Communautés des campagnes restaient en dehors de cette réglementation. La seule chose que la législation fît pour elles, c'est qu'en 1702 un Édit avait établi un syndic perpétuel dans chaque paroisse (132).

(131) Edit de 1765, art. 1 : « Dans toutes les villes et bours, *qui ont des officiers municipaux* . »

(132) Edit de mars 1702 (Isambert, *Anc. lois*, XX, 408). Cette disposition d'ailleurs ne paraît pas avoir été appliquée. Les Intendants avaient acquis le droit de régler l'élection des syndics des communautés rurales ou même de les nommer directement; voyez les documents rapportés par M. d'Arbois de Jubainville, *L'administration des intendants*, p. 125-143. Dans tous les cas, le syndic de paroisse rurale paraît avoir été l'homme de l'Intendant, chargé simplement de recevoir ses ordres et dont la principale fonction consistait à convoquer, le cas échéant, l'assemblée des habitants. D'Argenson, *Considérations sur le gouvernement ancien et présent de la France*, éd. 1764, p. 236 : « Il y a partout... des syndics dans les villages, mais il arrive que ceux des bourgs et des villages, qualifiés syndics et eschevins, sont à peine connus dans le lieu de leur magistrature et se trouvent dénués de toute autorité et de rétribution pour leur travail, quoique le Conseil leur adresse souvent des ordres et les charge de la manutention des règlements. » — Turgot, *Mémoire sur les municipalités* (*Œuvres*, éd. Daire, II, p. 509) : « Ces points, indispensables pour que les affaires de chaque village soient bien faites, ne sauraient être remplis par les syndics actuels qui n'ont aucune autorité. »

# CHAPITRE VI

## Le pouvoir royal et les cultes.

---

## SECTION PREMIÈRE

### L'ÉGLISE CATHOLIQUE

On a vu précédemment (1) quelle était la condition juridique de l'Église dans la société féodale : les principes essentiels sur lesquels elle reposait se maintinrent jusqu'à la Révolution, mais elle subit cependant de profondes altérations. Le pouvoir royal restauré, tout en conservant à l'Église ses privilèges traditionnels, réussit à supprimer ou à rendre inoffensifs ceux des droits acquis par elle qui empiétaient sur les attributions essentielles de l'Etat; il parvint, d'autre part, à mettre sous son contrôle efficace l'ensemble du clergé français. Cela fut le résultat d'un travail non moins persévérant que celui dirigé contre la Féodalité, et, ici encore, ce furent la plupart du temps des théories de droit, habilement maniées par les jurisconsultes, qui assurèrent la victoire à la Royauté. Le droit romain y servit beaucoup, car, si les empereurs chrétiens avaient doté l'Église de ses premiers privilèges légaux, ils l'avaient en même temps surveillée et contenue. A partir du xvi⁰ siècle, lorsque les études historiques furent remises en honneur, les jurisconsultes français purent aussi invoquer les témoignages nombreux qui attestaient l'action du pouvoir royal sur l'Église dans la monarchie mérovingienne et sous les premiers Carolingiens. Enfin, aux xvii⁰ et xviii⁰ siècles, la monarchie absolue, invoquant surtout la raison d'État et l'intérêt public, édicta un certain nombre de lois qui consacraient définitivement la suprématie politique de l'État à l'égard de l'Église. Mais, jusqu'au bout, dans l'ancien régime, l'Église fut étroitement unie à l'État, sans

---

(1) Ci-dessus, p. 267 et suiv.

se confonu.. entièrement en lui (2). Le clergé formait un ordre privilégié de la nation : il avait sa représentation distincte dans les États généraux et dans les États provinciaux, outre ses propres assemblées, dont il sera bientôt parlé : il conservait son immense patrimoine; il gardait ses propres juridictions, reconnues par l'État à côté des tribunaux publics. Les lois de l'Église étaient en même temps lois de l'État, et celui-ci assurait leur application, même par la force publique, dans la mesure où elles étaient reçues en France. C'est ainsi que les règles canoniques sur les bénéfices s'appliquaient devant les juridictions royales, comme devant les tribunaux ecclésiastiques; c'est ainsi que l'État s'employait au besoin pour assurer le respect des vœux monastiques, ramenant au couvent le moine profès qui voulait rentrer dans le monde. D'ailleurs, le droit séculier, acceptant certaines règles du droit canonique, en tirait des conséquences logiques aussi bien contre l'Église qu'en sa faveur : c'est ainsi qu'interprétant le vœu de pauvreté, prononcé par les religieux, il les frappait de mort civile, les déclarant dorénavant incapables d'acquérir ou de transmettre aucun droit civil, et ouvrant leur succession au moment où ils entraient en religion (3). Dans cette matière immense des rapports entre le pouvoir royal et l'Église catholique, je choisirai pour les exposer, quatre points essentiels : le patrimoine de l'Église, la collation des bénéfices, les juridictions ecclésiastiques, la théorie des libertés de l'Église gallicane.

## § 1. — LE PATRIMOINE ECCLÉSIASTIQUE.

L'Église conserva son patrimoine ancien, la perception de la dîme (4) et le droit d'acquérir de nouveaux biens; mais ce droit

---

(2) Cependant l'idée s'était dégagée et fait admettre qu'en droit et en principe les ecclésiastiques étaient membres de la société civile et soumis à sa puissance, sauf leurs privilèges; que les biens ecclésiastiques étaient des biens français, soumis aux lois du pouvoir temporel. Elle est déjà nettement affirmée dans une réponse au pape Boniface VIII, préparée en 1296 par le gouvernement de Philippe le Bel (Dupuy, *Histoire du différend*. Preuves, p. 21 et suiv.); à la fin de l'ancien régime, elle ne trouvait plus de contradicteurs. Voyez un opuscule publié en 1789, *Accord de la monarchie et de la liberté*, ou examen critique des bases de la Constitution proposées dans les différents cahiers, p. 115 : « L'Église est dans l'État; c'est un principe qui ne souffre plus aujourd'hui de difficulté. »

(3) Il semble que la mort civile des religieux s'est introduite au xiiie siècle dans le droit français (*Grand coutumier de Normandie*, édit. Tardif, ch. xxv, p. 90; — Richer, *Traité de la mort civile*, Paris, 1755, p. 676 et suiv.); — E. Durtelle de Saint-Sauveur, *Recherches sur l'histoire et la théorie de la mort civile des religieux des origines au xvie siècle*, 1910.

(4) Ajouter à la bibliographie donnée p. 269, n. 7 : P. Viard, *Histoire de la dîme ecclésiastique en France aux xive et xve siècles*; *Zeitschrift der Savigny Stiftung, kan Abt.*, 1913; — *Au xvie siècle*, Paris, 1914; — H. Marion, *La dîme ecclésiastique en France au xviiie siècle et sa suppression*, thèse 1912.

d'acquérir finit cependant par être limité, et les biens ecclésiastiques durent contribuer d'une façon permanente au paiement des charges publiques.

I

Jusqu'au xviii° siècle, les établissements ecclésiastiques conservèrent le droit d'acquérir des biens, sans autres gênes que celles qu'avait introduites le droit féodal et dont il a été parlé précédemment (5). Le droit royal d'amortissement qui s'en était dégagé (6) s'était pourtant transformé à partir du xvi° siècle, mais en théorie, non en pratique. Il était issu, comme on l'a vu, de principes purement féodaux, et n'avait été créé que dans l'intérêt pécuniaire des seigneurs superposés dans la hiérarchie féodale; le roi n'avait fait que revendiquer la place qui lui appartenait dans cette hiérarchie. Mais les jurisconsultes des trois derniers siècles de l'ancienne monarchie ont sur ce point une théorie toute différente. Ils supposent et admettent l'existence d'une règle très ancienne, plus ancienne que les fiefs eux-mêmes, d'une loi aussi vieille que la monarchie, et d'après laquelle les établissements ecclésiastiques auraient été déclarés incapables d'acquérir en France des immeubles quels qu'ils fussent. Seulement le roi pouvait accorder la dispense de cette loi comme des autres, et c'est ce qu'il faisait par l'amortissement (7). D'après cela, il était facile d'expliquer comment l'amortissement était nécessaire désormais pour les acquisitions d'alleux, comme pour celles de tenures féodales (8), et en même temps, l'amortissement royal passait au premier plan; l'indemnité due par l'établissement au seigneur direct n'en était que la conséquence et l'accessoire (9). Logiquement aussi, le roi aurait dû vérifier l'utilité ou les inconvénients de l'acquisition, au point de vue de l'intérêt public, avant d'accorder l'amortissement. Mais la pratique ne fut point influencée par cette théorie; l'amor-

---

(5) Ci-dessus, p. 270 et suiv.

(6) Ci-dessus, p. 271.

(7) *OEuvres de Le Maistre*, Paris, 1653, 2° partie, *Des amortissements*; — Bacquet, *Du droit d'amortissement*; — Jarry, *Des amortissements, nouveaux acquêts et francs fiefs*, Paris, 1715

(8) Ci-dessus, p. 272. La règle nouvelle, qui étend la nécessité de l'amortissement aux acquisitions d'alleux, se trouve déjà dans l'ordonnance de Philippe le Hardi de 1275, art. 5 (*Ord.*, I, p. 303). Cf. ibid., p. 303, les instructions qui accompagnent cette ordonnance : « De allodiis autem quæ ab ecclesiis quibusdam absque præstatione financiæ consueverunt, ut dicebatur, acquiri, quia usus seu consuetudo hujusmodi est potius censendus abusus, de ipsis allodiis, sicut de feodis et retrofeodis financiam... usu non obstante prædicto persolvent. »

(9) *OEuvres de Le Maistre, loc. cit.*, p. 219. Lorsqu'un vassal ou tenancier aliénait au profit d'un établissement ecclésiastique sa tenure, le seigneur de qui elle relevait ne pouvait contraindre l'établissement à délaisser l'héritage, quoique non amorti, si son indemnité lui était payée.

tissement n'était pas un contrôle véritable de ces acquisitions, car, en fait, il se résolvait dans le paiement d'une taxe par l'établissement acquéreur. Le pouvoir royal ne vérifiait point l'utilité de l'acquisition et ne refusait jamais l'amortissement (10); il l'avait seulement étendu aux acquisitions d'immeubles tenus en franc alleu. Sous un tel régime, le patrimoine ecclésiastique avait eu un développement toujours croissant; les églises et les couvents s'étaient enrichis bien au delà de leurs besoins. L'abus était assez criant pour que divers esprits, des jurisconsultes sérieux, aient proposé dans l'ancienne France la sécularisation des biens ecclésiastiques, le *disestablishment* de l'Eglise catholique (11). Lebret, sous Louis XIII, estimait le patrimoine ecclésiastique au tiers des biens immeubles situés en France (12); on finit par sentir qu'il y avait un danger immense à laisser les biens s'accumuler aux mains d'un propriétaire qui, en principe, n'aliénait jamais; à permettre surtout, au détriment des familles, les libéralités testamentaires librement faites à l'Église (13). Cependant, le pouvoir royal se contenta d'abord d'une mesure insuffisante. Un édit de 1666 défendit de fonder à l'avenir aucun établissement religieux sans une autorisation du roi par lettres patentes dûment enregistrées aux Parlements (14). Mais, sous Louis XV, par les soins du chancelier d'Aguesseau, fut rendue une loi complète, prévoyante et sévère, l'Édit de 1749, *concernant les établissements et acquisitions des gens de mainmorte* (15). Dorénavant, les établissements ecclésiastiques, et, en général, les établissements ayant la personnalité juridique, ne pouvaient acquérir des immeubles ou des droits immobiliers que moyennant l'autorisation royale, par lettres

---

(10) Edit du mois d'août 1749 sur les établissements et acquisitions des gens de mainmorte, préambule : « Ce qui semblait devoir arrêter le progrès de leurs acquisitions a servi au contraire à l'augmenter contre l'intention du législateur, par l'usage qui s'est introduit de recevoir d'eux, sans aucun examen, le droit d'amortissement. » Comme l'amortissement n'était pas régulièrement payé lors de l'acquisition, la *recherche des amortissements* menaçait toujours le clergé. En 1639, Richelieu y eut recours pour se procurer des ressources. Tournyol du Clos, *Richelieu et le clergé de France*, *la recherche des amortissements*, thèse, 1912.

(11) Pierre Dubois (xiv⁰ siècle), *De recuperatione Terre sancte*, édit. Langlois, p. 35 et suiv.; — Boerius, *Decisiones* (xiv⁰), Dec. 69, n⁰ 3.

(12) *De la souveraineté*, l. I, ch. xiv, p. 29 : 'ᴄ Le tiers, ou peu s'en faut, de tous les biens de France aians été donnés à ceux de cet ordre... ».

(13) Edit d'août 1749, préambule : « Les inconvénients de la multiplication des établissements de mainmorte et la facilité qu'ils trouvent à acquérir des fonds naturellement destinés à la subsistance et la conservation des familles ., une très grande partie des fonds de notre royaume se trouve actuellement possédée par ceux dont les biens ne pouvant être diminués par des aliénations s'augmentent au contraire continuellement par de nouvelles acquisitions. »

(14) Isambert, *Anc. lois*, XVIII, 94.

(15) Voyez le texte, avec commentaire, dans Sallé, *L'esprit des édits et déclarations de Louis XV*, édit. 1754, p. 409 et suiv. Il avait été précédé de deux déclarations moins complètes, de 1738 et 1739.

patentes, vérifiées en parlement après enquête. Encore cela ne
s'appliquait-il qu'aux acquisitions par acte entre-vifs; les établissements de mainmorte étaient déclarés absolument incapables
d'acquérir par libéralité testamentaire des biens de cette nature; et
il était interdit de faire par testament une fondation nouvelle avec
dotation immobilière, même sous la condition que des lettres
patentes l'autorisant seraient obtenues après le décès du testateur.
D'ailleurs, les établissements de mainmorte conservaient la pleine
liberté d'acquérir, par tous les modes et sans autorisation, des
biens mobiliers, et spécialement des rentes sur l'État, sur la caisse
du Clergé, sur les pays d'État. Cette liberté laissée s'expliquait
par le peu de considération dont jouissait à cette époque la fortune
mobilière.

## II

Le patrimoine de l'Église apparaissait anciennement comme
soustrait au pouvoir de l'État, sauf les obligations féodales envers
le suzerain, qui ne pesaient guère que sur les seigneuries ecclésiastiques. Les biens de l'Église semblaient, comme l'Église elle-
même, hors des atteintes de la puissance publique, et traditionnellement ils échappaient à tout impôt. La Royauté s'efforça d'établir
que ces biens, malgré leur affectation, n'étaient pas moins sujets
à son pouvoir que tous les autres, et elle arriva à les soumettre
efficacement à l'impôt, quoique sous une forme particulière.

La première théorie, que la Royauté paraît avoir produite dans
ce sens, fut celle de la *garde royale universelle* sur les églises et
couvents du royaume; elle est déjà dans Beaumanoir (16). Le droit
de garde dont il s'agit était une institution féodale qui, à l'égard
des églises, représentait à la fois une tutelle et une exploitation.
C'était la force temporelle intervenant pour protéger les établissements pieux et tirant généralement profit de son intervention. Le
seigneur, qui avait la garde d'une église ou d'un couvent, pouvait
intervenir sur les possessions de cet établissement, toutes les fois
qu'il s'agissait de les défendre contre les attaques du dehors ou de
faire cesser des troubles intérieurs. Il devait pour cela employer
au besoin la force, et aussi la justice, s'il avait compétence pour
juger les perturbateurs; il pouvait spécialement prendre en sa
main les biens de l'Église et y établir des gardiens (17). La garde

(16) Ch. xLVI, 1, Beugnot : « Il y a grant différence entre garde et justice, car tix a
justice en aucuns liex, qui n'en a pas la garde; et voirs est que li rois generalement a
le garde des églises du roiaume, mais especialement çascuns barons l'a en se
baronnie. »
(17) Beaumanoir, Beugnot, ch. xLVI; — Guilhiermoz, *Enquêtes et procès*, p. 311 et
suiv.

ainsi entendue, qui n'était pas autre chose au fond qu'un droit de
haute police sur les possessions de l'Église, appartenait, dans la
société féodale, tantôt au roi, tantôt à un seigneur laïque ou ecclésiastique. Mais, dès le xiiie siècle, la Royauté prétendit avoir sur
toutes les églises et couvents un droit de garde général; il ne produisait aucun effet là où s'exerçait le droit de garde particulier des
seigneurs, mais il entrait au contraire en activité lorsque le seigneur renonçait à son droit ou lorsqu'il négligeait de l'exercer (18).
Peu à peu, il devait éliminer la garde seigneuriale (19); aussi
figure-t-il en bon rang parmi les prétentions de Philippe le Bel à
l'égard de l'Église (20), et c'est l'un des droits qu'enregistreront les
maximes coutumières constatant le triomphe du pouvoir royal (21).

D'autre part, la Royauté affirmait que les terres de l'Église
étaient restées sous l'empire de la puissance publique, et elle en
tirait deux conséquences capitales. La première était que toute
action réelle intentée à raison de ces biens, tout litige les concernant, rentraient dans la compétence des justices temporelles, spécialement de la justice royale, non dans celle de la juridiction
ecclésiastique (22). L'Église avait bien prétendu connaître des
entreprises dirigées contre ses biens; mais, en France, elle n'avait
pu faire admettre cette prétention. La seconde conséquence était
que la Royauté, ayant constitué en grande partie le patrimoine de
l'Église ou ayant permis qu'il se formât, avait le droit d'en surveiller l'usage et d'en contrôler l'emploi (23). En définitive, le
principe se dégagea que les possessions ecclésiastiques étaient
soumises, comme les autres terres du royaume, à la puissance
royale (24). Cela devait conduire à les soumettre à l'impôt.

Cependant l'immunité des biens ecclésiastiques fut assez longtemps respectée dans la société féodale; cela venait de ce que
l'impôt proprement dit y jouait un rôle relativement restreint et
que le pouvoir royal avait peu de besoins, ayant peu de portée.

(18) Beaumanoir, Beugnot, ch. xlvi, i. et suiv; — Voir Perrot, Cas royaux, p. 122
et suiv.

(19) Lors de la réaction féodale qui suivit la mort de Philippe le Bel, le roi fut
obligé de reconnaître le droit de garde des seigneurs sur leurs églises. Artonne, Le
mouvement de 1314, Bib de la faculté des lettres de Paris, 1912, p. 113.

(20) Scriptum contra Bonifacium, art. 3 et 4, dans Dupuy, Histoire du différend,
Preuves, p. 317 et suiv.

(21) Ci-dessus, p 338, note 28.

(22) Scriptum contra Bonifacium, art 5.

(23) Ibid., art. 3.

(24) Lebret, De la souveraineté, l. I, ch xiii, p. 26 : « Ce serait trop diminuer les
droits de la souveraineté royale, de mettre en doute que nos rois ont exempté de leur
sujétion les terres et les possessions dont ils ont fait présent aux églises ou qu'ils ont
permis leur être données par leurs sujets. Car il est véritable qu'ils ont en leur
roiaume un souverain empire sur tout ce qu'il contient et que toutes les terres, soit
des ecclésiastiques, soit des laïques, relèvent médiatement ou immédiatement de leur
couronne. »

Mais lorsque celui-ci eut reçu un certain développement, il dut chercher à se procurer des ressources en faisant contribuer à ses dépenses l'Église, le plus grand propriétaire du royaume de France, comme d'ailleurs de la chrétienté. L'Église sentit elle-même cette nécessité et ne se refusa point absolument à ces contributions. Lorsque les canonistes du xiiie siècle construisirent en forme la théorie de l'immunité ecclésiastique, ils admirent que les biens d'Église pouvaient dans certains cas être frappés par l'impôt ordinaire (25) et permanent. La législation des conciles permit même les contributions extraordinaires de la part de l'Église, dans les divers pays. Le troisième concile de Latran en 1179 les autorisa, à la double condition que les biens des laïques fussent insuffisants pour subvenir aux besoins et que ces subsides fussent consentis par l'évêque et le clergé de chaque diocèse (26); en 1215, le quatrième concile de Latran exigea de plus l'autorisation expresse de la Papauté (27). La Royauté française utilisa ces principes, et les contributions demandées par elle à l'Église précédèrent même les aides extraordinaires et générales dont il a été parlé plus haut (28); on les constate dès le règne de Louis VII (29). A partir du règne de Louis VIII, elles prirent une forme particulière. Ce furent les *décimes*, c'est-à-dire un impôt ordinairement fixé au dixième du revenu des bénéfices ecclésiastiques. Le point de départ avait été la *dîme saladine* établie sous Philippe-Auguste, en vue de la croisade. Dans la seconde moitié du xiiie siècle et dans le cours du xive, cela devint une contribution très fréquente du clergé (30) : d'ailleurs, c'était une contribution consentie. Le roi la demandait à des assemblées du clergé, et celui-ci l'accordait sous le nom de don gratuit. Cela ne paraît pas avoir souffert de difficulté de la part du clergé de France; mais cela souleva des résistances et des objections de la part de la Papauté. Celle-ci avait

(25) Voyez en particulier Innocent IV, *Commentarii super libros decretalium*, sur le c. 1, X, *De censibus*, III, 39, et sur le c. 4, X, *De imm. eccl.*, III, 49; — Hostiensis, *Summa decretalium*, p. 334 et suiv. C'était surtout des textes du droit romain qui influençaient en ce sens les canonistes, car, on l'a vu (ci-dessus, p. 144, 145, note 20), le droit romain impérial n'avait point complètement exempté de l'impôt ni les biens ni même les personnes ecclésiastiques; et dans le même sens on trouvait aussi des textes au décret de Gratien, par ex. c. 27, C. XI, qu. 1; c. 12, C. XXIII, qu. 8; c. 40, C. XVI, qu. 1. Sur la théorie définitive des canonistes, voyez Auffrerius, *De potestate secularium super ecclesiasticis personis et rebus*, fallent, regulæ secundæ, n° 27, dans *Opuscula*, éd. 1533, p. 39 v°.

(26) C. 4, X, *De imm. eccl.*, III, 49.

(27) C. 7, X, *De imm. eccl*, III, 49. Eug. Mack, *Die kirchliche Steuerfreiheit in Deutschland seit der Dekretalengesetzgebung, Kirchenrechtliche Abhandlungen de Stutz*, n° 88, Stuttgart, 1916.

(28) Ci-dessus, p. 530.

(29) Flammermont, *De concessu legis et auxilii*, p. 63-70.

(30) Vuitry, *Etudes sur le régime financier de la France*, 1re série, p. 404 et suiv ; 2e série, I, 170-178; II, 202-211.

au début concédé elle-même les premières décimes, levées en vue
des croisades, que les rois se proposaient d'entreprendre (31), soit
contre les infidèles, soit contre les hérétiques albigeois, parfois
pour d'autres guerres. Ainsi en obtinrent Louis VIII, Saint Louis,
et Philippe le Hardi. Philippe le Bel lui-même, au début de son
règne, obtint de lever pendant quatre ans les décimes que Martin IV avait accordées à Philippe III, en vue de la guerre contre
l'Aragon (32). Mais il ne tarda pas à se dégager de ces formes
gênantes pour affirmer son pouvoir propre à l'égard du clergé. En
1294, il demanda à celui-ci un subside, en forme de décime, sans
l'autorisation du pape, et le clergé l'accorda (33). En 1295, il alla
plus loin et établit un impôt général, d'abord du centième, puis
du cinquantième de tous les biens, qui frappait indifféremment tous
les sujets, les ecclésiastiques comme les laïques. La mesure avait
été décidée dans une assemblée où figuraient les principaux dignitaires du clergé, et celui-ci l'accepta en général sans résistance.
Une opposition partielle se produisit cependant, dont fut saisi le
pape Boniface VIII (34). Celui-ci lança alors, le 24 février 1296 (35),
la célèbre bulle *Clericis laïcos*, dans laquelle, affirmant l'immunité
ecclésiastique, il reprenait et accentuait, quant aux subsides extraordinaires que les clercs pouvaient consentir, les règles édictées
par le quatrième concile de Latran; la bulle était dirigée moins
encore contre les souverains, qui établiraient de semblables impositions, que contre les clercs, qui consentiraient à les payer sans
l'autorisation du pape. Mais Philippe le Bel sut résister avec calme
et vigueur. Il gêna de son côté le pape, en défendant de faire sortir
du royaume l'or, l'argent et les matières précieuses, ce qui privait
la Papauté des ressources pécuniaires qu'elle tirait de la France.
Le clergé même de certains diocèses français s'adressa au pape
pour lui demander de rapporter ses prohibitions. Boniface VIII
céda. Après avoir autorisé divers diocèses ou corps ecclésiastiques
à payer, il donna de la bulle *Clericis laïcos* une interprétation qui
la rendait inoffensive (36). Il permettait en effet au clergé de
France de faire au roi des dons gratuits ou des prêts, librement
consentis; pour les subsides proprement dits, en cas de nécessité et
lorsqu'il y aurait péril en la demeure, il admettait que le roi se

(31) Gottlob, *Die päpstlichen Kreuzzuges Steuern des XIII Jahrhunderts*, 1892.
(32) Langlois, *Le règne de Philippe III le Hardi*, p. 352 et suiv.; — Raynald, *Annales ecclesiastici*, ad ann. 1286, no 29 (éd. Theiner, t. XXIII, p. 11).
(33) Kervyn de Lettenhove, *Codex Dunensis*, Bruxelles, 1865, nos 118 et 122.
(34) Raynald, *Annales ecclesiastici*, ad ann. 1296, no 23; — *Ordonnances*, XII, 333
(35) *Registres de Boniface VIII*, publiés par MM. Digard, Faucon et Thomas, no 1567; — c.3 , VIo, *De imm. eccl.*, III, 23.
(36) Bulle du 7 février 1297, dans Raynald, *Annales ecclesiastici*, ad ann. 1297, no 49, t. XXIII, p. 218, et dans Baillet, *Histoire des démêlés du pape Boniface VIII avec Philippe le Bel*, Actes et Preuves, no 3, p. 11; — Bulle du 31 juillet 1297, dans Raynald, *Annales ecclesiastici*, ad ann. 1297, no 50.

passât de l'autorisation papale, et même qu'en cas de péril extrême, dont lui-même serait juge, il établît d'autorité un impôt sur le clergé.. Sans doute, lorsqu'en 1301 le conflit reprit plus ardent entre le roi et le pape, celui-ci révoqua tous les privilèges qu'il avait accordés à Philippe le Bel; mais les actes de Boniface VIII ' contre Philippe le Bel furent annulés par ses successeurs. La Royauté française se trouva ainsi, même au point de vue du droit canonique, remise dans la position que lui avaient faite les concessions émanées de Boniface en 1297. Sans que la Papauté intervînt, les rois demandaient très souvent au clergé de France, dans le cours des xive et xve siècles, des dons gratuits, en fait véritables subsides, et le clergé les accordait. Mais tant que ce système resta en vigueur, les contributions du clergé étaient fréquentes et ordinaires, mais non constantes; au xvie siècle, elles devinrent régulières et permanentes.

En 1516, à l'occasion du Concordat, Léon X accorda pour un an à François Ier une décime sur le clergé de France; le prétexte était une guerre projetée contre les Turcs, « selon le dessein du roi qu'il avoit appris ». On fit alors une taxe de chaque bénéfice, bien inférieure au dixième du revenu, et qui resta en vigueur dans la suite.

La concession de la décime par le Pape n'avait été faite que pour une année. Mais la levée s'en continua d'une façon presque ininterrompue. Le roi obtenait pour cela, sans difficulté, semble-t-il, le consentement du clergé; non pas qu'il y eût toujours à cet **effet des assemblées générales du clergé, mais la concession se** faisait fragmentairement, par l'action individuelle des évêques (parfois le roi reprenait l'ancienne méthode et obtenait le consentement de la Papauté) (37). Cela était si bien établi, cela devenait si bien des décimes ordinaires qu'en 1557 Henri II établit dans chaque diocèse un receveur royal pour les percevoir (38). Cela paraissait un régime définitif; la contribution de l'Église aux dépenses publiques allait prendre cependant une forme différente.

La Royauté, à la veille des guerres de religion, était dans une pénurie extrême; une bonne partie du Domaine avait été aliénée ou engagée pour se procurer de l'argent, ainsi que le produit de

---

(37) Louis Serbat, *Les assemblées du clergé de France, Origines, organisation, développement* (1561-1615); Paris, 1906 (Bibliothèque de l'Ecole des Hautes Etudes, 4ᵉ section), p. 17-30. — Parmi nos anciens auteurs, Héricourt, *Les lois ecclésiastiques dans leur ordre naturel*, t. 5, p. 262; Fleury, *Institution au droit ecclésiastique*, édit. Boucher d'Argis, t. II, p. 217. — C'est à partir de 1532 que la formalité du consentement du pape disparut définitivement. Cans, *La contribution du clergé de France à l'impôt*, p. 6, n. 3.

(38) Cependant les lettres patentes de 1557 (Isambert, *Anc. lois*, XIII, 494) ne présentent point le droit comme ordinaire; elles placent les décimes que les évêques accordent parfois au roi parmi les *droits casuels* que les receveurs créés sont chargés de percevoir.

divers impôts. Telle est la situation que le Chancelier de L'Hopital exposa aux Etats généraux d'Orléans en 1561 (n. s.), et, comme dans cette crise, tous les regards se tournaient vers l'Eglise, le grand propriétaire, il fit entendre que l'Eglise devait principalement fournir de quoi remettre le roi en possession. Aux États de Pontoise, qui furent la continuation de ceux d'Orléans, la Noblesse et le Tiers État proposèrent de s'en prendre largement aux biens ecclésiastiques (39). Le Clergé lui-même avait fait des offres, l'offre des quatre décimes par an, renouvelée lors de la remise des cahiers aux États de Pontoise. Cela aboutit au *Contrat de Poissy* conclu en 1561 entre le clergé de France et la Royauté (40).

Un pareil contrat paraît d'abord surprenant; c'est le roi traitant avec ses sujets. Cela répondait pourtant très bien aux principes de l'ancien droit. Ce n'était même pas la Royauté traitant avec l'Église considérée dans son ensemble (auquel cas le Pape aurait nécessairement figuré au contrat). Le clergé français était un des trois ordres du royaume, et les ordres étaient des personnes publiques avec qui le roi pouvait traiter. Le cahier de la Noblesse à Pontoise avait proposé, avec d'autres clauses, un pareil contrat entre le roi et le clergé de France. On utilisa pour le conclure le *Colloque de Poissy*, sorte de concile contradictoire, où, au mois d'octobre 1561, les prélats les plus marquants de France étaient réunis pour entendre et discuter la doctrine des principaux Ministres protestants. C'est à Poissy que le contrat fut signé. Mais le Colloque ne fournissait point vraiment une représentation de l'Ordre du clergé français. C'était, comme je l'ai dit, une sorte de concile (dans sa partie catholique); les prélats présents n'avaient pas, semble-t-il, pouvoir pour obliger le clergé de France. On s'en tira en faisant engager les archevêques et évêques présents, comme mandataires des autres, se portant forts pour ces derniers. Des *députés* figurent aussi au contrat de Poissy, comme représentant le clergé de divers *gouvernements;* ce sont probablement des députés du Clergé aux États de Pontoise, restés sur les lieux; à ces États les députés, en effet, comparaissaient par Gouvernements. Tout cela apparaît dans le texte même du contrat qui a été souvent publié (41).

Pour comprendre l'économie de ce contrat et les engagements qu'y prenait l'Église, il faut se rappeler quelle était alors la dette publique. Elle se présentait principalement sous la forme de rentes

---

(39) Esmein, *L'inaliénabilité du domaine de la Couronne devant les Etats Généraux du xvi*ᵉ *siècle,* dans *Otto Gierke zum 70 Geburtstage von Schülern Freunden und Verehrern dargebrachte Festschrift,* p. 361 et suiv. Sur les aliénations de biens ecclésiastiques au profit du roi avec l'assentiment du pape au xvi*ᵉ siècle, voir Maugis, *Hist. du Parlement de Paris,* I, p. 688 et suiv.

(40) Sur le contrat de Poissy, voir Julien Laferrière, *Le Contrat de Poissy* (thèse de doctorat); Louis Serbat, *Les assemblées du Clergé de France,* p. 30 et suiv.

(41) *Mémoires du clergé,* éd. 1780, t. IX, p. 1 et suiv.

constituées, d'ailleurs rachetables, dont le droit canonique lui-même reconnaissait alors la légitimité. Mais pour des causes diverses, la plupart de ces rentes n'avaient pas été directement émises, créées et vendues par le pouvoir royal. Celui-ci les avait fait émettre à son profit par de grandes villes de France, Toulouse, Lyon et surtout Paris. C'est en 1522 que cela avait commencé (42) et naturellement ces hôtels de ville, étant débiteurs des rentes envers les rentiers, avaient pour garantie des biens du Domaine engagés ou le produit de certains impôts. Cela étant donné, voici les engagements que prenait le Clergé dans le contrat de Poissy; ils se divisaient en deux séries qui différaient quant à la durée et quant aux sommes à fournir : 1° pendant une suite de six années (1562-1567), dans des conditions déterminées, il paierait au roi annuellement la somme de seize cent mille livres. Cela devait servir, semble-t-il, à racheter les domaines et droits engagés à d'autres qu'à la ville de Paris; 2° à partir du 1er janvier 1568 commençait une nouvelle série de dix années, pendant lesquelles le Clergé s'engageait à opérer le rachat (qui devait être terminé à la fin de l'année 1577) du domaine engagé à la ville de Paris; jusqu'au rachat opéré, le clergé s'engageait aussi à payer les arrérages des rentes que ce domaine garantissait (43).

Le roi de son côté prenait des engagements. Le premier, le plus important au moment critique où l'accord intervenait, était qu'il garantissait au clergé son temporel actuel. Secondement pendant la durée du contrat, ou du moins pendant la première période de six années, le roi déchargeait le clergé du paiement des décimes antérieures, absorbées en quelque sorte dans les prestations nouvelles. Enfin, il donnait au clergé, provinces ecclésiastiques et diocèses, le droit de nommer des délégués pour faire la répartition et la levée des fonds sur les bénéficiers : c'était là une organisation nouvelle, permanente et légale. Rien n'était prévu pour le moment où les seize années viendraient à leur fin.

L'exécution du contrat de Poissy donna lieu à de graves difficultés. Le défaut principal était qu'il n'avait bien réglé qu'une chose, la liquidation et l'amortissement de ce qui était dû par le roi à la ville de Paris. Il laissait celui-ci sans secours de la part

---

(42) P. Cauwès, *Les commencements du crédit public en France, les rentes de l'Hôtel de Ville de Paris au XVIe siècle*, dans la *Revue d'économie politique*, 1895-1896.

(43) Voici comment cela est précisé dans le contrat de 1567 : « sçavoir est payer et fournir... pendant six années chacun an la somme de seize cent mille livres tournois, pour ladite somme estre employée à l'acquit et rachapt de ses domaines, aydes, gabelles et rentes constituées sur les receptes tant générales que particulières du royaume, et, lesdites six années expirées remettre en la possession et jouissance dudit seigneur roi lesdits domaines, aydes et gabelles qui pouvoient jusqu'au dit jour estre aliénés par ledit seigneur ou ses prédécesseurs à la ville de Paris à constitution de rente. »

du clergé pour les dépenses courantes et ne réglait pas l'avenir à partir de 1568.

Aussi dès 1563 le roi Charles IX avait-il le désir de rompre le contrat de Poissy (44). Il n'hésita pas d'ailleurs, dans cette première période de six années, à fausser l'accord : au lieu d'employer les seize cent mille livres annuelles fournies par le clergé à racheter les domaines et droits engagés hors de la ville de Paris, il les utilisa pour gager de nouvelles émissions de rentes, sans parler d'autres ressources qu'il se procurait parallèlement sur les biens ecclésiastiques (45). Cependant l'expiration de la première période approchait, il fallait prendre des arrangements en vue de la seconde. A cet effet une Assemblée du clergé fut convoquée en 1567 (46). Le roi essaya d'obtenir qu'elle transformât l'obligation de rachat en un subside annuel, la continuation des seize cent mille livres par an, comme précédemment (47). Mais le Clergé résista, déclarant vouloir s'en tenir à la stricte exécution du contrat de Poissy (48). Le roi céda en apparence et le Clergé s'engagea expressément envers la ville de Paris pour le rachat des rentes et le paiement des arrérages jusqu'à ce rachat. Mais le roi, grâce à la connivence des agents généraux du Clergé, obtint que les sommes versées par le Clergé pour le rachat servissent au paiement des arrérages de rentes anciennes ou nouvelles (49) Dans ces conditions, l'expiration de la seconde période contenue dans le contrat

(44) Bodin, *Les six livres de la République*, l. I, ch. VIII, p. 152 : « Puisqu'il (le roi) est garant aux sujets des contrats et obligations naturelles qu'ils ont les uns envers les autres, à plus forte raison est-il débiteur de justice en son propre fait, comme la Cour de Parlement de Paris rescrivit au roy Charles IX en l'an 1563, au mois de mars, que Sa Majesté seule ne pouvoit rompre le contrat faict entre lui et le clergé, sans le consentement du clergé, attendu qu'il estoit débiteur de justice. »

(45) Louis Serbat, *Les assemblées du clergé*, p. 42, 43, 44.

(46) Il y eut déjà en 1563 une réunion d'ecclésiastiques, à laquelle M. Serbat p. 44, note 1) paraît attacher une importance exagérée.

(47) *Protestation du Clergé à l'assemblée de 1580*, dans *Recueil des remontrances, Edits et contrats et autres choses concernant le clergé de France*, Paris, 1615, deuxième partie : *Contrats faits et passés entre le roi et le clergé* (la protestation raconte ce qui s'est passé en 1567) : « Toutesfois, d'autant que depuis quelque temps ledit sieur (roi) aurait demandé aux dits bénéficiers, au lieu du rachapt, la continuation desdites seize cent mille livres tournois pour six années et pour la levée d'icelle somme décerné ses commissions. »

(48) *Ibidem*, p. 17 : « A quoi seroit impossible aux dits bénéficiers de fournir au moyen des grandes pertes qu'ils ont endurées durant ces troubles. A ces causes, ils auroient très humblement supplié et requis ledit sieur Roy que son bon plaisir fût de se contenter du contenu au contrat dessus daté (de Poissy) et d'avoir pour agréable que par eux fût suivi et observé. »

(49) *Protestation* de 1580, *loc. cit*, p. 26 : « Outre la somme à laquelle se montaient par an les arrérages, il a esté levé sur le clergé autre somme pour acquitter le sort principal qui est tout entière tombée entre les mains de MM. le Prévost des marchands et eschevins de la ville de Paris qui, du consentement des députés généraux du clergé alors establis dans ladite ville de Paris, mais contre la défense à eux expressément faite par l'assemblée de l'an 1567, ont détourné les décimes destinées au rachapt à autre charge. »

de Poissy arrivant, qu'allait-il se passer ? La question était d'autant
plus pressante que la ville de Paris voulait se prévaloir des engagements que le Clergé avait pris envers elle, en 1567, en vue du
rachat des rentes (malgré le détournement des fonds à ce destinés)
et était prête à se livrer à des voies d'exécution (50). Le Clergé de
son côté prétendait, non sans apparence, être pleinement libéré
ayant fait les fonds nécessaires pour exécuter les deux séries d'obligations qu'il avait contractées au contrat de Poissy (51).

Pour liquider cette situation une Assemblée du Clergé fut convoquée en 1579 et se réunit à Melun en 1580; elle est très importante, car c'est là qu'ont été posées les bases du système définitif
de contribution du Clergé. Le Clergé assemblé révoqua les agents
généraux qui avaient compromis ses intérêts et fit une protestation
solennelle, que traditionnellement il reproduisit à toute occasion
jusqu'à la fin de l'ancien régime. De plus, il demandait des juges
pour trancher le différend (52). Mais le ·roi (c'était maintenant
Henri III) n'était point disposé à écouter ces raisons. Il manifesta
nettement sa volonté d'obtenir du Clergé une contribution régulière
et permanente (53). Le Clergé n'osa point résister, « se représentant lesdits ecclésiastiques, porta la protestation, l'obligation où ils
sont à la conservation des biens de l'Eglise, qui sont dédiéz à
l'entretènement du service divin, nourriture des pauvres et œuvres
de pitié ». Un nouveau contrat, celui de Melun, fut conclu pour six
années entre le Roi et le Clergé. Le Clergé s'engageait à payer
1,300,000 livres par an : c'était moins que la somme contenue dans
la première partie du contrat de Poissy (1,600,000 livres); c'était un
peu plus que la somme réclamée par la ville de Paris (1,202,000 livres). Le contrat de Melun affectait annuellement 1,200,000 livres
au paiement des arrérages des rentes sur l'Hôtel de Ville de Paris,
et le surplus à l'Hôtel de Ville de Toulouse. L'espoir y était exprimé
qu'avant son expiration (en 1586), le litige fondamental sur l'exécution du contrat de Poissy serait vidé, et aussi que d'ici là les
rentes pourraient être rachetées. Mais il était dit que, dans le cas
où ce résultat ne pourrait être obtenu « sa dite Majesté permet,
dès à présent, une assemblée générale de ceux dudit Clergé au

---

(50) *Protestation* de 1580, p 29 : « Messieurs de l'Hôtel de Ville de Paris prétendent
ledit clergé estre obligé envers eux jusqu'à la somme de 1.202.000 livres, rachetable au
denier douze, et prétendent, à faute de paiement des arrerages de ladite rente, faire
exécuter lesdits contrats et en vertu d'iceux procéder par saisies et contraintes sur les
bénéficiers de France. »

(51) *Protestation*, p. 30 et suiv.

(52) *Protestation, Contrats*, p. 33 : « Ont supplié (le roi et son conseil) les en dés-
charger et tenir quittes.... ou bien bailler juges non suspects pour en juger entre eux
et lesdits de la ville de Paris de la validité ou invalidité desdits contrats. »

(53) *Protestation*, p. 33 : « Ce que S. M. n'ayant trouvé à propos leur auroit fait
entendre qu'elle désiroit être secourue d'eux, comme l'avoient esté ci-devant ses prédécesseurs. »

vingt-cinquième du mois de juillet ensuyvant audit an 1585, sans qu'il soit besoin d'autres lettres de commission ou signification ».

L'Assemblée ainsi annoncée se tint en effet en 1586 à Paris. Elle commença par voter un don gratuit extraordinaire, « un million (payable en 15 mois) pour être employé aux frais de la guerre que S. M. est contrainte à entretenir contre ceux qui veulent empêcher et s'opposer à l'exécution de son Édit à la réunion de tous ses sujets à l'Eglise catholique, apostolique et romaine ». Puis on revint à la question des difficultés sur l'exécution du contrat de Poissy. Le Clergé demandait encore des juges, « sur quoy leur ayant S. M. fait connaître que le temps et la saison n'estoient à propos pour débattre et disputer de telles affaires et les mettre en jugement, partant il désiroit estre secouru dudit Clergé et qu'ils continuassent encore la subvention accordée par le contrat de 1580 pour estre employée au paiement desdites rentes, selon et ainsi qu'il est accordé par luy » (54). Le contrat fut donc renouvelé et cette fois pour dix années, en indiquant qu'un nouveau renouvellement aurait lieu au bout de ce temps.

Dorénavant le système définitif de la contribution du Clergé était créé. Le Clergé contribuait régulièrement aux dépenses publiques, mais dans des conditions tout à fait particulières. C'était par un accord avec le pouvoir royal, dont le point central et principal était un contrat formel entre les deux parties, renouvelé tous les dix ans, et à cet effet se tenaient tous les dix ans de grandes Assemblées du clergé de France. Ce contrat contenait les *Décimes ordinaires*, c'est-à-dire la somme traditionnelle de 1,300,000 livres par an, fixée au contrat de Melun. C'était aussi la représentation des anciennes décimes perçues avant 1561 (55), qui, après avoir été supprimées pendant l'exécution du contrat de Poissy, avaient reparu par une nouvelle péripétie au contrat de Melun. Cette somme était traditionnellement affectée par chaque contrat au paiement *des rentes* sur l'Hôtel de Ville. Les officiers de l'Hôtel de Ville pouvaient délivrer des contraintes contre le receveur général du Clergé, et lorsque tel ou tel diocèse recevait du roi une décharge partielle de sa part contributoire, le roi « remplaçait à l'Hôtel de Ville les sommes dont les diocèses, les bénéficiers et le receveur étaient ainsi déchargés » (56).

C'était là la contribution normale, ordinaire du Clergé. Mais sou-

---

(54) *Contrats*, etc., p. 46.

(55) Ce qui le montre en quelque sorte matériellement c'est que le texte des contrats y comprenait expressément « la composition des Rhodiens ». C'était la somme à laquelle dans la période qui suivit l'année 1516, après conflit avec le clergé de France, les chevaliers de Saint-Jean de Jérusalem, alors établis à Rhodes, avaient transigé avec celui-ci pour leur part contributoire dans les anciennes décimes.

(56) Héricourt, *Les lois ecclésiastiques*, l. IV, ch. v, nᵒˢ 58 et 64

vent, presque à toutes les grandes Assemblées, le roi demandait en outre de grosses sommes, une fois payées, sous le nom de *dons gratuits*. Ces sommes n'étaient point incorporées dans le contrat; elles étaient votées dans des conditions quelque peu différentes et n'étaient point, le plus souvent, payées au moyen de décimes; le Clergé se les procurait ordinairement par des emprunts dont il n'avait qu'à payer les intérêts, se constituant ainsi une dette qui grossissait toujours et qu'il n'amortissait pas (57).

Aux Décimes ordinaires s'ajoutèrent, dans le cours du temps, d'autres prestations. Nous savons que les impôts de la Capitation et des Vingtièmes, en principe, étaient supportés par les ecclésiastiques, comme par les autres sujets, pesant, non sur leurs bénéfices, mais sur leurs biens personnels. Seulement le Clergé obtint pour ses membres, des abonnements qui tenaient lieu, en ce qui les concernait, de la perception directe de l'impôt. Il racheta même la Capitation en 1710 (58). Les sommes nécessaires étaient fournies par le clergé de France, réglées par les Assemblées, comprises dans son administration financière. Mais, et cela était juste, le Clergé percevait de ce chef une taxe sur les biens personnels des ecclésiastiques (59).

Les Assemblées du Clergé qui statuaient sur tous ces points étaient des assemblées représentatives et électives. Les anciennes assemblées du clergé qui avaient souvent secouru le roi, celles des xiii$^e$, xiv$^e$ et xv$^e$ siècles et encore celles de la première moitié du xvi$^e$, n'étaient point des assemblées électives. C'étaient, peut-on dire, des Assemblées de notables-ecclésiastiques, où étaient réunis les principaux prélats séculiers et réguliers. Lorsqu'une subvention était accordée au roi par quelqu'une de ces assemblées, la répartition s'en faisait par province ecclésiastique et par diocèse.

L'assemblée qui conclut en 1561 le contrat de Poissy, toute d'oc-

(57) Voir A. Cans, *L'organisation financière du clergé de France*, thèse lettres, 1910, p. 173 et suiv.

(58) L'édit du 18 janvier 1695, qui établissait la capitation, y soumettait le clergé à partir de l'année 1696. L'assemblée de 1695 obtint l'exemption moyennant quatre millions par an pendant la durée de la guerre. L'édit de 1701 exempte le clergé, mais une assemblée extraordinaire vota un secours égal au produit de la capitation. En 1709, le clergé se racheta pour vingt-quatre millions. Cans, *Contribution*, p. 30. L'édit de 1710 créant le dixième ne mentionnait pas le clergé comme y étant soumis; celui-ci vota un don gratuit de huit millions, mais les biens patrimoniaux des clercs payaient le dixième. Cans, *op. cit.*, p. 78 et 82.

(59) Héricourt, *Les lois ecclésiastiques*, l. IV, ch. v, n° 18 : « Avant les secours tenant lieu de capitation et dixième, les ecclésiastiques n'étaient imposés à aucune subvention pour leur bien patrimonial et ils ne payaient rien au roi quand ils ne possédaient pas de bénéfices. On a dérogé à cette règle pour les subventions extraordinaires de 1710 et de 1711 et pour celle de 1715... C'est pourquoi on fait porter une partie de la charge à tous les ecclésiastiques, en proportion des biens laïcs qu'ils possèdent. — Les bénéficiers, outre la taxe de leurs bénéfices, portent encore une partie de l'imposition pour leur patrimoine... Chacun doit être taxé dans le lieu de sa résidence pour cette part personnelle de l'imposition qui est dépendante du bénéfice. »

casion, n'était pas non plus élective, bien qu'il y figurât sans doute des députés du Clergé, restés des États de Pontoise (60). L'assemblée de 1567 se considéra certainement comme une assemblée représentative (61). Fut-elle élective (62) ? Cela est fort douteux, quoiqu'elle ait posé elle-même certaines règles de l'élection pour l'avenir. Lorsqu'il s'agit, en 1579, de réunir l'assemblée de Melun, la question se posa de savoir si l'on procéderait ou non par élection : « On voit dans le procès-verbal de l'assemblée de Melun, dans la séance du 1er mars 1580, que quelques personnes voulurent inspirer au roi Henri III que quand on voudrait convoquer le Clergé il suffiroit d'appeler les évêques et quelques autres bénéficiers considérables et qu'il n'étoit pas nécessaire que les chapitres et autres bénéficiers inférieurs fussent appelés. » (63). Si cet avis avait été suivi, peut-être les Assemblées du clergé auraient-elles pris définitivement la forme des assemblées de notables. Mais il n'en fut rien, ce fut le système électif qui fut alors appliqué et l'emporta. Il s'imposait en quelque sorte : on était à un moment où les États généraux, les États généraux électifs, rentraient en pleine activité et faveur. L'Assemblée générale du clergé devait naturellement suivre les mêmes règles; c'était la représentation d'un seul Ordre au lieu d'être la représentation des trois Ordres.

Les élections pour les Assemblées générales du clergé étaient à deux degrés. Elles se faisaient par province ecclésiastique, c'était chaque province qui était représentée (64). Mais les électeurs du second degré étaient nommés dans chaque diocèse par les bénéficiers du diocèse, et l'évêque était de droit électeur. Les députés de la province se divisaient en deux ordres : le premier ordre c'étaient les évêques, le second ordre c'était le reste du clergé; on élisait toujours par province un même nombre de députés du premier et du second ordre.

Dans l'Assemblée on votait par province, chaque province ayant une voix, dont l'attribution était déterminée par le vote des députés de la province. Chose notable, quand il s'agissait de voter le contrat, l'unanimité des provinces était nécessaire, comme dans les congrès diplomatiques, une province ne pouvant en engager une

(60) Ci-dessus, p. 604 et note 41

(61) Voyez contrat de 1567 (Contrats, p. 12) : « Lesdits syndics et députés généraux du clergé, fondés par lettres de procuration desdits archevêques, évêques et clergé de France, faisans et représentans la plus grande et saine partie dudit clergé de France. »

(62) Mémoires du clergé, t. VIII, p. 103 : « L'assemblée tenue en 1567 ordonna, par une délibération du 6 novembre 1567, qu'aux assemblées qui se tiendraient à l'avenir on n'admettrait que les députés des provinces ecclésiastiques. »

(63) Mémoires du clergé, t. VIII, p 108.

(64) Mémoires du clergé, t. VIII, p. 103 : « L'assemblée de Melun, convoquée en 1579, n'approuva point que des diocèses particuliers y eussent leurs députés; elle n'admit point les députés des diocèses de Cahors, de Vabres et de Condom. »

autre (65). On s'était départi de cette règle, pour le vote des dons gratuits, qui pouvaient être votés à une majorité dépassant les deux tiers des suffrages (des provinces), mais Héricourt nous apprend que ces votes se faisaient toujours également à l'unanimité (66).

En réalité, c'était l'autorité royale qui imposait cette contribution, et les auteurs ecclésiastiques ne le contestaient point (67). Mais le Clergé avait cependant conquis un privilège considérable: comme les pays d'Etats, plus librement et plus complètement que ceux-ci, il votait et consentait ses impôts et les administrait lui-même.

Le clergé de France avait, en réalité, son propre parlement (68) dans les grandes Assemblées, qui se réunissaient tous les dix ans. Elles étaient électives (69), comme on l'a vu, et, dans le dernier état, chaque province ecclésiastique envoyait quatre députés, « dont deux du premier ordre, c'est-à-dire qui étaient évêques ou archevêques, et deux du second ordre, qui étaient abbés, prieurs ou qui possédaient dans la province quelque bénéfice sujet aux décimes » (70). De même, le Clergé réglait presque souverainement le contentieux de ses impositions, et toute une organisation judiciaire s'était successivement constituée à cet effet. D'abord, en 1567, pouvoir avait été donné sur ce point aux syndics et députés généraux du Clergé; puis, en 1580, une décentralisation s'était opérée et un certain nombre de *Chambres ecclésiastiques* souveraines avaient été établies dans les provinces; enfin, en 1625, il fut décidé que les contestations seraient tranchées en première instance par les évêques, syndics et députés des diocèses (71), formant ce qu'on appelait le bureau diocésain, sauf appel aux *Bureaux* ou *Chambres* des

(65) *Mémoires du clergé*, t. VIII, p. 70.

(66) Héricourt, *Les lois ecclésiastiques*, 1. IV, ch. vi : « Pour accorder un don gratuit ou une autre subvention extraordinaire, il faut suivant les règlements que la délibération passe de plus des deux tiers des provinces, de sorte que si un tiers des provinces s'oppose au don ou est d'avis de donner moins, la délibération doit être dressée suivant cet avis; c'est ce que porte le règlement fait en 1646. Mais on n'a point eu lieu jusqu'à présent d'en faire l'application, le clergé ayant offert au roi les dons gratuits d'un consentement unanime. »

(67) Fleury, *Mémoire sur les affaires du clergé*, à la suite de son *Institution au droict ecclésiastique*, édit. Boucher d'Argis, II, p. 228, note 1 : « C'est le roi qui impose le clergé en général et en particulier; les contrats que le clergé fait avec le roi ne sont que des abonnements, semblables à ceux que le roi fait avec les pays d'Etats. »

(68) Il est certain que ces Assemblées du clergé étaient ce qui donnait le mieux à nos ancêtres la conception et le modèle d'une grande assemblée représentative et délibérante lorsque les Etats généraux eurent cessé de fonctionner. On a même parfois exagéré cette idée de nos jours. On a prétendu que le règlement qu'adopta l'Assemblée constituante n'aurait été que la reproduction du règlement des Assemblées du clergé de France. Mais nous avons les divers règlements que firent les Assemblées du clergé, et le règlement de l'Assemblée constituante est tout différent.

(69) Le gouvernement royal exerce sur ces élections une très grande influence. Cans, *Organisation financière*, p. 50 et suiv.

(70) Piganiol de La Force, I, p. 282.

(71) Cans, *Organisation financière*, p. 197 et suiv.

provinces (72). L'Assemblée décennale nommait aussi des syndics ou députés généraux qui furent remplacés, à la suite de l'assemblée de Melun, par « des agents et solliciteurs généraux, pour solliciter à la suite de la cour les affaires du Clergé » (73). Enfin, dans l'intervalle des grandes Assemblées, il y avait une *Petite assemblée*, beaucoup moins nombreuse, pour recevoir les comptes de tous les agents et comptables du Clergé; elle se tenait d'abord tous les trois ans, puis, à partir de 1625, tous les cinq ans (74). Cette organisation, qui n'avait trait qu'aux intérêts temporels (75), fonctionnait à souhait, sauf que les impôts du clergé présentaient le même vice capital que les autres impôts de l'ancien régime, c'est-à-dire l'inégalité (76). Mais ses finances étaient bien administrées. Il jouissait, par suite, d'un grand crédit : on le voyait bien lorsqu'il émettait un emprunt, comme il le faisait le plus souvent lorsqu'il avait une grosse somme à payer d'un seul coup au trésor royal.

Outre les assemblées générales, tenues de dix ans en dix ans, le roi pouvait convoquer, quand il le croyait nécessaire, des assemblées extraordinaires du clergé de France. On sait aussi que le clergé des *pays conquis* n'entrait pas dans cette organisation (77).

### § 2. — LA COLLATION DES BÉNÉFICES.

On a vu précédemment (78) quels étaient les principes anciens sur la collation des bénéfices ecclésiastiques; elle reposait sur l'autonomie des églises locales et des couvents. Mais deux puissances devaient chercher à mettre la main sur cet immense trésor de faveurs à distribuer : la Royauté et la Papauté. Elles s'en disputèrent, en effet, longtemps la disposition et finirent par transiger. La Royauté ne chercha cependant d'abord à diriger la collation des bénéfices qu'en usant de ses droits anciens et traditionnels. Quant aux bénéfices supérieurs, elle utilisait son droit d'autorisation et de confirmation des élections et son droit d'investiture (79),

---

(72) *Contracts*, p. 26, 39, 96; — Fleury, *Mémoire*, p. 231-233.

(73) Fleury, *Mémoire*, p. 231, il ajoute : « Ils sont deux du second ordre, nommés tour à tour par les provinces. » A. Cans, *Organisation financière*, p. 124 et suiv.

(74) *Contracts*, p. 38, 51, 64, 78, 96; — Fleury, *Mémoire*, p. 231.

(75) Fleury, *Mémoire*, p. 230 : « Ces assemblées ne sont point des conciles, étant convoquées principalement pour les affaires temporelles, et par députés seulement, comme les assemblées d'Etats. »

(76) Lebret, *De la souveraineté*, l. I, ch. xiv, p. 30 : « Ce que l'on peut reprendre et blâmer en la levée de ces décimes, c'est l'inégalité de leur département; car, bien qu'il se doive faire à proportion du revenu des bénéfices, néanmoins cet ordre a été changé, partie par les brigues des plus puissants qui rejettent toujours la charge sur les plus faibles, et spécialement sur les pauvres curés. »

(77) Ci-dessus, p. 552.

(78) Ci-dessus, p. 274.

(79) Ci-dessus, p. 275 et suiv.

pour imposer les candidats de son choix. Pour les bénéfices inférieurs, elle acquit le droit de disposer de tous ceux qui étaient
vacants dans les évêchés, pendant que ceux-ci étaient eux-mêmes
vacants et en régale (80). Enfin, rappelons que les rois, en qualité
de fondateurs des églises ou des couvents, disposaient d'un grand
nombre de bénéfices séculiers ou réguliers (81). Mais la Papauté,
de bonne heure, chercha à augmenter ses droits, quant à la collation des bénéfices dans toute la chrétienté. Elle introduisit peu à
peu de nouvelles règles à cet égard dans le droit canonique; de
là, des luttes dont il faut sommairement rapporter l'histoire.


I


C'est dans le cours du XIIIᵉ et surtout du XIVᵉ siècle que ce développement s'accomplit, et la Papauté empiéta largement, soit sur
le droit des évêques collateurs ordinaires, soit sur celui des électeurs. Pour les bénéfices inférieurs, les moyens les plus ordinairement employés furent la *prévention* et les *grâces expectatives.*
Par la première, on admit que le pape avait, en concurrence avec
les collateurs ordinaires, le droit de conférer tous les bénéfices
vacants; celui des deux qui conférait le premier prévenait l'autre
et faisait un acte valable (82). Par les *grâces expectatives*, le pape
conférait par avance à une personne déterminée un bénéfice actuellement occupé, pour le moment où il deviendrait vacant. D'abord
ce fut une prière adressée aux collateurs ordinaires, puis un ordre,
puis une disposition ferme annulant toute collation contraire (83).
Pour les bénéfices supérieurs, évêchés et abbayes, ce fut surtout
au moyen des *réserves* que la Papauté s'en attribua la disposition;
le pape se réservait le droit de les conférer et, soit après, soit avant
la vacance, faisait la défense aux chapitres ou aux couvents de
procéder à l'élection. Ces réserves, qui s'appliquaient également
aux bénéfices inférieurs, étaient tantôt *spéciales*, visant un bénéfice
déterminé, tantôt *générales*, en comprenant toute une catégorie
Les *réserves générales*, établies sous divers prétextes, devinrent de

(80) *Scriptum contra Bonifacium*, art. 12; ci-après, p. 639.
(81) *Ibid.*, art. 9.
(82) Le premier texte sur la prévention qui figure au *Corpus juris canonici* est de
Boniface VIII, c. 31, VIᵒ, *De præbend. et dign.*, III, 4. — Cela était tempéré par la
règle *De verisimili notitia*; il fallait que depuis la vacance il se fût écoulé un temps
suffisant pour que le pape fût présumé en avoir eu connaissance; il ne pouvait conférer
auparavant en vertu du droit de prévention.
(83) Thomassin, *Vetus et nova Ecclesiæ disciplina*, part. II, l. I, ch. XLIII; c. 27,
28, X, *De præb.*, III, 5; c. 1, 6, VIᵒ, *De conc. præb.*, III, 7; Clément, 1, *De conc. præb.*,
III, 3; c. 37, X, *De rescrip.*, I, 1; — H. Baier, *Päpstliche Provisionen für niedere Pfrün-
den bis zum Jahre 1304, Vorreformationsgeschichtliche Forschungen*, publiées par
Finke. VII. Münster, 1911. Le plus ancien exemple est de 1137.

plus en plus compréhensives (84), et les *Règles de la chancellerie apostolique* vinrent compléter le système. Ces règles, d'abord fixées par l'usage seul, se codifièrent peu à peu, du Pontificat de Jean XXII à celui de Nicolas V (85). Dans leur dernier état, la première de ces règles réserva au pape toutes les églises épiscopales et toutes les abbayes d'hommes dont le revenu dépassait 200 florins; la seconde lui réservait les premières dignités des églises cathédrales et collégiales, les prieurés et autres dignités conventuelles; enfin, d'après la huitième, pour tous les autres bénéfices, pendant huit mois de l'année le pape seul en disposait, l'évêque ne pouvant conférer que pendant les quatre autres mois, et encore le droit de prévention s'exerçait-il pendant ces quatre mois. On le voit, le droit des collateurs ordinaires était presque réduit à rien (86), et le droit des électeurs n'existait plus. On prit l'habitude d'appeler les bénéfices supérieurs *Bénéfices consistoriaux*, parce que dorénavant le pape les conférait dans le Consistoire, des cardinaux.

En même temps les papes, comme les rois, avaient senti l'insuffisance des revenus de leur patrimoine ancien; ils avaient été naturellement conduits à imposer les biens de l'Eglise disséminés dans toute la chrétienté. Ces impôts avaient été parfois des Décimes (87); mais, là, la Papauté s'était heurtée, surtout en France, à l'opposition du pouvoir royal (88). Ce qui s'introduisit, au contraire, chez nous, comme dans les autres pays chrétiens, ce furent les *Annates*. Ce nom générique comprenait plusieurs droits divers, qui étaient perçus par la Papauté à l'occasion de la collation des bénéfices qu'elle conférait elle-même; le nom venait de ce que la prestation exigée équivalait ordinairement au revenu d'une année du bénéfice. Parfois la Papauté se réservait les fruits de tous les bénéfices vacants pendant un certain temps (les *vacants*), mais cela ne devint pas un système. Pour les bénéfices inférieurs, c'étaient les autorités ecclésiastiques locales, évêques, chapitres, abbés, qui de bonne heure avaient prélevé, à leur profit, les premiers fruits des bénéfices vacants ou nouvellement conférés dans leur dépendance. Le

(84) Voyez comme résumant les précédentes, la constitution de Benoît XII, de 1335, c. 13, *Extr. com., De præb. et dign.*, III, 2. — Voir Lux, *Constitutionum apostolicarum de generali beneficiorum reservatione ab anno 1265 usque ad annum 1378 emissarum tam intra quam extra corpus juris existentium collectio et interpretatio*. Wratislaviae, 1904.

(85) *Regulæ cancellariæ apostolicæ*, von Johannes XXII bis Nicolaus V, gesammelt und herausgegeben von Ottenthal, Innsbruck, 1888.

(86) Cependant les droits des patrons laïques avaient été complètement respectés (Thomassin, *op. cit.*, part. II, 1. I, ch. XXXII, nº 5).

(87) La décime est accordée au roi par le pape (cf. *supra*, n. 31), mais parfois le pape lève, en outre, une décime pour lui-même. Voir Samaran et Mollat, *La fiscalité pontificale en France au XIVᵉ siècle*, 1905, p. 20.

(88) *Scriptum contra Bonifacium*, art. 3.

pape commença par les imiter, sans doute quand il conférait lui-même un bénéfice dont le collateur ordinaire jouissait de ce droit; puis il se substitua tout à fait aux collateurs (89). La première réserve des annates au pape remonte à Clément V, qui, le 1er février 1306, réclama les annates de tous les bénéfices alors vacants et qui deviendraient vacants pendant les trois années suivantes dans les Iles britanniques (90). Jean XXII renouvela et généralisa la mesure en 1316 (91). A partir de 1326 les annates sont limitées aux bénéfices vacants *apud sedem apostolicam* et par suite conférés par le Saint Siège. Ce sont là les annates proprement dites qui ne se lèvent que sur les bénéfices inférieurs. Pour les bénéfices supérieurs, la Cour de Rome, de haute ancienneté, prenait un droit lorsqu'elle les conférait elle-même; c'étaient comme des frais de bureau et d'expédition. Lorsqu'elle les conféra tous, par suite des réserves, le droit fut maintenu et élevé; sous le nom de *communia et minuta servitia*, il allait partie au trésor papal et partie aux cardinaux (92). Tous les évêchés et couvents étaient taxés à cet effet à la curie. Toutes ces impositions, différentes par leur origine et leur quotité, étaient désignées sous le nom générique d'*Annales*.

## II

Ces progrès du pouvoir pontifical ne s'étaient point produits sans soulever des résistances dans la chrétienté et particulièrement en France. Un acte, qui porte la date de 1268 et qui est célèbre sous le nom de *Pragmatique sanction de Saint Louis*, rétablit expressément le droit des collateurs ordinaires et la liberté des élections ecclésiastiques (93); il réprouve et prohibe les exactions et les lourdes charges pécuniaires imposées par la Papauté aux Eglises du royaume (94). Mais c'est un texte dont l'authenticité n'est point certaine (95). La mesure en elle-même n'a rien que de vraisemblable. Une bonne partie des théories, par lesquelles la Papauté étendait sa puissance, remontent au XIIIe siècle, et nous

---

(89) Sur les annates, voyez Marca, *De concordia sacerdotii et imperii*, l. VI, ch. x et suiv.; Samaran et Mollat, *La fiscalité pontificale en France au XIIIe siècle*, 1905; article « annate » du *Dictionnaire d'histoire et de géographie ecclésiastiques*, de Mgr Baudrillart, 1920, dans lequel on trouvera la bibliographie complète.

(90) Le texte de la bulle a été retrouvé et commenté par Lunt, *The first levy of papal annats*, American historical review, 1912.

(91) En France les annates avaient été cédées au roi Philippe le Long par le pape, aussi la bulle de 1316 ne mentionne pas notre pays.

(92) Voir A. Clergeac, *La curie et les bénéfices consistoriaux, étude sur les communs et menus services*, 1300-1690, Paris 1911 .A partir de 1273 la réglementation des services est complète, leur application s'étend avec les réserves pontificales.

(93) Art. 1, 2 et 4 (*Ord.*, I, 97).

(94) Art. 5.

(95) Ad. Tardif, *Histoire des sources du droit canonique*, p. 276 et suiv.

avons les preuves de tentatives particulières faites par elle, en 1225, pour s'attribuer le profit de deux prébendes dans toutes les églises cathédrales et collégiales (96). Mais, outre que le style de la pièce présente des singularités qui peuvent faire croire qu'elle a été fabriquée après coup, un fait surtout la rend suspecte : elle ne fut pas invoquée dans la querelle entre Philippe le Bel et Boniface VIII, où ces questions tenaient une place importante; on n'en fit usage qu'au xve siècle (97).

Sous Philippe le Bel sûrement les empiétements de la Papauté s'exerçaient en France, car c'était là l'un des griefs du roi, signalé dans la lettre que le clergé de France adressa au pape en 1302 (98) de même que l'un des griefs du pape contre le roi était les impôts levés sur les ecclésiastiques (99). Enfin, une réaction des plus vives se produisit à la fin du xive siècle et dans la première moitié du xve. Elle émana de l'Eglise elle-même, mais la monarchie française lui donna son plus puissant appui. Elle fut surtout provoquée par le grand schisme d'Occident, qui dura de 1378 à 1429 et qui mit en présence deux, puis trois papes rivaux. Chacun d'eux, dans cette lutte, usa jusqu'à l'extrême des privilèges conquis par la papauté quant à la collation des bénéfices et aux annates, et ces abus apparurent alors dans tout leur jour. Il en résulta qu'en France une série d'ordonnances, rendues après la réunion d'assemblées du clergé, en 1385, 1398, 1406 (100), rétablirent jusqu'à nouvel ordre l'Eglise gallicane dans ses anciennes libertés (101). D'autre part, dans la première moitié du xve siècle, de grands conciles généraux s'assemblèrent; réunis principalement pour mettre fin au schisme, ils entreprirent la réforme générale de l'Eglise, *in capite et in membris*. Deux surtout sont remarquables : le concile de Constance, qui siégea de 1414 à 1418, et le concile de Bâle, qui s'ouvrit en 1431. Ce dernier entreprit hardiment la réforme en ce qui concerne les bénéfices, mais il ne tarda pas à rentrer en lutte violente avec le pape Eugène IV, qui, finalement, prononça la dissolution du concile de Bâle et sa translation à Ferrare, en 1437. Les Pères réunis à Bâle n'acceptèrent point le coup qui leur était

(96) Lea, *A history of the inquisition*, I, p. 195.

(97) Elle est peut-être l'œuvre de Gérard Machet, confesseur du roi, qui paraît en avoir fait usage le premier; N. Valois, *Pragmatique Sanction*, p. CLXI et suiv.

(98) Lettre des prélats (Isambert, *Anc. lois*, II, p. 756).

(99) Bulle *Ausculta fili* (*Id.*, *ibid.* II, p. 732).

(100) Sur l'attitude du parlement vis-à-vis de ces ordonnances, voir Maugis, *Histoire du Parlement de Paris*, I, p. 527 et suiv. Consulter sur toute cette histoire du Schisme et de la Pragmatique : Haller, *Papstum und Kirchenreform*, 1903; N. Valois, *La Prag matique Sanction*, 1906; id., *Le grand schisme d'Occident*, 1896-1902, 4 vol.; id., *La crise religieuse du xve siècle*, 2 vol., 1909.

(101) *Preuves des libertés de l'Eglise gallicane*, édit. 1731, t. II, p. 8 et suiv. — Bulæus, *Historia Universitatis Parisiensis*, IV, 847-851.

porté; ils continuèrent à siéger; mais, ne sachant quel serait le
résultat dernier de la lutte, ils essayèrent, pour assurer les réformes qu'ils avaient décrétées, de les faire adopter comme lois nationales par les principales nations européennes. Ils réussirent auprès
de deux : la France et l'Allemagne. Sur la demande des délégués
du Concile, Charles VII, qui d'ailleurs avait défendu aux évêques
français de se rendre à Ferrare, réunit à Bourges, aux mois de
mai et de juin 1438, une grande assemblée du clergé de France,
où figuraient aussi les princes du sang et des membres de son
Conseil. Là se rendirent et parlèrent les orateurs du concile et
aussi les légats du pape (102), et, après mûre délibération, l'assemblée adopta, avec quelques modifications, vingt-trois décrets du
concile de Bâle (103). Ils furent rédigés sous le nom de *Pragmatique sanction* et furent enregistrés par le Parlement au mois de
juillet 1439 (104). Tout cela était fort naturel; le régime contenu
dans la Pragmatique était à peu près celui que les ordonnances
avaient établi en France depuis 1385.

La Pragmatique sanction (105) rétablissait la liberté des élections
pour les bénéfices anciennement électifs, spécialement pour les
archevêchés et évêchés, pour les abbayes et les prieurés conventuels, et pour les prélatures des églises collégiales; elle reprenait
les règles anciennes sur les élections et y ajoutait quelques dispositions nouvelles. Elle abolissait, sauf quelques exceptions, les
*réserves* générales ou spéciales et les *grâces expectatives*. Quant à
la prévention, le concile de Bâle ne l'avait point abolie, et la Pragmatique la laissa subsister également, tout en demandant que le
concile la limitât. Elle prononçait l'abolition complète et détaillée
des annates, c'est-à-dire de tous les droits perçus sous quelque
nom que ce fût à l'occasion de la collation des bénéfices. Sur la
plupart de ces points, d'ailleurs, quelques concessions avaient été
faites par l'assemblée de Bourges en faveur du pape alors régnant.
En dehors de ces réformes se rattachant à des questions alors
brûlantes, la Pragmatique sanction contenait, sur la discipline et
la juridiction ecclésiastiques, un grand nombre de dispositions
utiles, empruntées également aux décrets du concile de Bâle.

(102) Préambule de la Pragmatique : « Ipsius præfati summi pontificis necnon et
sanctæ synodi generalis prædictæ solemnes oratores ad nos destinatos... audivimus
attenteque audiri fecimus. »

(103) De ces décrets, deux seulement (tit. V, *De collationibus*, et tit. VI, *De causis*)
sont postérieurs à la dissolution du concile prononcée par le pape.

(104) Les mêmes décrets furent adoptés pour l'Allemagne dans des conditions semblables à la diète de Mayence en 1439 (Koch, *Sanctio pragmatica Germanorum illus-
trata*, 1789, p. 15 et suiv.).

(105) Comme tous les textes anciens d'une grande importance, la Pragmatique sanction de Charles VII a eu sa glose, très estimée, par Cosme Guymier. En voici une
édition : *Pragmatica sanctio cum glossis egregii eminentisque scientiæ viri domini
Cosme Guimier, in supremo Parisiensi senatu-inquestarum præsidis*, Paris, 1546

C'est ainsi qu'elle réservait aux gradués des Universités un certain nombre de bénéfices, à la fois pour favoriser l'enseignement et pour élever le niveau intellectuel dans le clergé; qu'elle réglait prudemment l'usage de l'excommunication; qu'elle réglementait sagement l'appel et la dévolution des causes au pape, établissant que celui-ci devait nommer, pour statuer à sa place, des commissaires dans le royaume.

Cette loi fut très bien accueillie en France par la magistrature et · le clergé inférieur. Mais le clergé supérieur lui était hostile, et la Papauté, qui avait triomphé du concile de Bâle, ne reconnut jamais une constitution où l'œuvre de celui-ci était conservée en partie. La Pragmatique ne fut jamais régulièrement et très sérieusement appliquée (106). Son application était d'ailleurs bien difficile avec les résistances du haut clergé, et le pouvoir royal y tenait médiocrement : ce qu'il désirait, c'était mettre la main sur la collation des bénéfices supérieurs, et non pas rendre l'autonomie aux églises locales. Louis XI, pendant une partie de son règne, s'employa même à l'abroger (107), et négocia successivement avec les papes Pie II, Paul II et enfin Sixte IV. Plusieurs édits furent rendus dans le sens de l'abrogation (108); même en 1472, le roi conclut un concordat avec le pape Sixte IV, mais toujours il échoua devant la résistance du Parlement de Paris, qui refusait d'enregistrer ces actes. Dans la seconde moitié du règne, parfois des velléités d'appliquer la Pragmatique sanction se manifestèrent, comme aussi sous le règne de Charles VIII. Mais, la plupart du temps, le roi et le pape s'entendaient quand il s'agissait de la nomination d'un évêque ou d'un abbé : le roi laissait faire l'institution par le pape, mais le pape nommait le candidat que le roi désignait. Ces marchés devaient fournir le modèle de la transaction définitive.

En 1510, le conflit, devenu chronique depuis longtemps, prit un caractère d'acuité. Les vicissitudes des guerres d'Italie avaient mis aux prises Louis XII et le pape Jules II; et l'on se battit, non seulement sur le champ de bataille, mais aussi à coup de conciles pour ainsi dire. Louis XII, uni à l'empereur Maximilien, invoqua une disposition, jusque-là inappliquée, du concile de Constance qui ordonnait la tenue d'un concile général tous les dix ans; il en convoqua un qui se tint successivement à Pise, à Milan puis à

---

(106) Voir comme exemple : Joseph Salvini, *L'application de la Pragmatique Sanction sous Charles VII et Louis XI au chapitre cathédral de Paris*, *Revue d'histoire de l'Eglise de France*, 1912.

(107) *Journal de Masselin*, p. 408 · « Multi nostrum licentiose loquentes dicebant omnes eos episcopos regia et sæculari potestate factos, nec in eorum promotione fuisse pragmaticam servatam... et eos vulgo episcopos regis Ludovici vocabant. »

(108) Lettres du 27 novembre 1461 (Isambert, *Anc. lois*, X, 393); Lettres du 24 juillet 1467 (*ibid.*, X, 540).

Lyon, et qui suspendit le pape (109). Celui-ci, de son côté, après avoir mis l'interdit sur le royaume de France, réunit, en 1512, le cinquième concile de Latran. Là il fit lire les lettres de Louis XI qui jadis avait déclaré la Pragmatique abolie, et l'avocat du concile requit qu'il fût fait droit en conséquence et que le Roi, le Clergé et les Parlements de France fussent cités pour proposer leurs défenses. En 1513, Jules II mourut; mais son successeur, Léon X, continua la procédure commencée au concile de Latran, en prorogeant seulement les délais de comparution. De son côté, Louis XII mourait le 1er janvier 1515 (nouveau style). Les deux adversaires, entre lesquels la lutte avait atteint son plus haut degré d'intensité, ayant ainsi disparu de la scène, une entente devenait possible. François Ier entama des négociations dans ce but, après la victoire de Marignan; il eut à Bologne une entrevue avec Léon X, dans laquelle les deux souverains posèrent les bases d'un concordat que rédigèrent ensuite le chancelier Duprat et les délégués du pape. Il fut ratifié par une bulle du 16 août 1516 et enregistré au concile de Latran, qui prononça solennellement l'abrogation de la Pragmatique sanction.

Le Concordat de 1516 (110) paraissait conserver, dans une large mesure, le droit antérieurement en vigueur dans notre pays, et pourtant il consacrait une révolution profonde. C'était, en effet, la Pragmatique, dont il reproduisait la plupart des dispositions (111), sauf en deux points essentiels : la collation des bénéfices supérieurs et les Annates. Pour la collation des bénéfices supérieurs, les élections étaient supprimées, sauf dans un petit nombre de couvents, qui conservaient ce privilège : la nomination appartenait au roi, la provision et l'institution étant faites par le pape. C'était, on le voit, le système qui, en fait, avait été pratiqué le plus souvent malgré la Pragmatique, celle-ci étant en vigueur; mais il était maintenant consacré en droit. La nomination faite par le roi liait le pape, lorsqu'elle portait sur une personne ayant les qualités voulues par les canons pour obtenir le bénéfice : le pape était alors tenu de délivrer les bulles d'institution; il n'avait aucun choix à

(109) Lettres du 16 juin 1512 (Isambert, *Anc. lois*, XI, 651); — Du Tillet, *Les libertés de l'Eglise gallicane*, édit. 1602, p. 81.

(110) Le Concordat, comme la Pragmatique, eut sa glose autorisée, celle de Rebuffe; on la trouve dans la *Praxis beneficiorum* de cet auteur. — Sur le Concordat de 1516, voir Imbart de la Tour, *Les origines de la Réforme*, II, 1909, p. 446 et suiv; — J. Thomas, *Le Concordat de 1516*, 3 vol., 1910.

(111) Beaucoup d'anciennes éditions donnent la concordance; voyez par exemple Doujat, *Specimen juris ecclesiastici apud Gallos usu recepti*, Paris, 1671, præfat, p 34 et suiv. — Imbert, *Pratique*, t. II ch. III, n° 19 : « La Pragmatique sanction faite au concile de Basle, laquelle n'est abolie, mais renouvelée en la plus grande part entre le pape et le roi, fors quant es élections, lesquelles sont abolies par les dits Concordats. »

exercer (112). Ainsi la disposition des bénéfices supérieurs (113) passait, en France, à la Royauté; c'était la part qui lui était faite **dans cette transaction**. Quant à la part faite à la Papauté, c'était le rétablissement des Annates. Cependant on n'osa pas l'insérer **dans le Concordat**. Il y était fait seulement allusion dans un passage, où il était dit que les lettres de provision devaient exprimer le revenu annuel véritable du bénéfice (114). Le sens réel de ce passage fut précisé par une bulle de Léon X du 1er octobre 1516, que l'on ajouta dans la suite aux éditions du Concordat (115), comme titre XIXe et dernier, mais sans qu'elle fût acceptée en son entier (116). Les Annates furent en effet rétablies, mais seulement pour les bénéfices consistoriaux et encore modérées; elles ne portèrent pas sur les bénéfices inférieurs (117).

Tel fut le compromis qui termina des luttes séculaires et qui devait rester en vigueur pendant deux cent soixante-treize ans. Il allait transformer en partie le haut clergé français. En effet, le roi, ayant désormais la pleine et libre disposition des bénéfices supérieurs, ne les accorda plus qu'aux fils des familles nobles, ayant des appuis à la cour. Sous le régime de l'élection, et même sous celui de la collation consistoriale, les hommes de grand talent **entrés dans l'Église** avaient pu s'élever aux plus hautes dignités, quelle que fût leur origine. Désormais il n'en fut pas ainsi : il fallait approcher du Prince, avoir l'oreille du ministre qui tenait

---

(112) Rebuffe, *Praxis benefic.*, édit. Lyon, 1599, p. 554, 556, v° *Debeat* : « Papa debet providere nominato a rege, quando est qualitatis requisitæ per hunc textum, alioquin contractus non servaretur... et si alteri provideret, nulla esset provisio et posset rex resistere illi provisioni factæ per papam. » On avait d'ailleurs recherché une sanction effective pour le droit royal : si le pape ne pourvoyait pas la personne nommée par le roi, celui-ci pouvait faire procéder à une élection (Rebuffe, *op. cit.*, p. 556).

(113) Pour la collation des bénéfices inférieurs, les dispositions de la Pragmatique, qui protégeaient les collateurs ordinaires, avaient été conservées et même améliorées par le Concordat.

(114) Tit. VI, § 4 : « In provisionibus quas... etiam promotis ad ecclesias cathedrales et metropolitanas ac monasteria, ut obtenta per eos beneficia retinere possint, fieri contigerit, illorum verus annuus per florenos aut ducatos auri de camera aut libras turonenses aut alterius monetæ valor secundum communem expressionem exprimi debeat »

(115) Le Parlement avait bien vu la portée de l'allusion contenue au Concordat. Dans ses remontrances sur ce dernier (*Mémoire du clergé*, t. X, p. 162), il indiqua « que l'expression de la valeur des bénéfices tendait à établir la levée des Annates et qu'il était facile d'en prévoir des suites très mauvaises ». Le chancelier Duprat répondit « que dans le Concordat il n'est point parlé des annates, que la fin de ce traité n'est point de les rétablir ».

(116) Rebuffe, *op. cit*, p. 789 : « Constitutio hæc tanquam bursalis non est a regnicolis recepta... ideo, cum non sit recepta constitutio, alia non scribo. » — Voyez la bulle dans Isambert, *Anc. lois*, XII 98.

(117) Cependant cela donna lieu à de grandes difficultés (*Preuves des libertés de l'Eglise gallicane*, édit. 1731, ch. xxii). On trouva un moyen simple pour exclure l'annate des bénéfices inférieurs. Ce fut de leur attribuer toujours dans les provisions une valeur annuelle inférieure à 24 ducats d'or, l'usage de la cour de Rome étant de ne percevoir l'annate qu'au-dessus de cette valeur (Rebuffe, *op. cit.*, sur le titre VI, § 4, du Concordat; — *Mémoires du clergé*, X, p. 178).

à sa disposition la *feuille des bénéfices*. Le haut clergé prit un dou-ble caractère qu'il n'avait pas eu dans le passé : il devint un corps aristocratique et en même temps docile au roi, de qui il tenait ses prélatures. Le roi tirait par là une influence immense de la dis-position des bénéfices; même il en disposait, dans certains cas, plus librement encore. Au moyen de la *Commende*, il attribuait la plupart des abbayes, quant à la jouissance du temporel, à des hauts dignitaires du clergé séculier (118). Même on trouvait moyen de faire passer à des laïcs le revenu des bénéfices, soit au moyen de la *Commende* (119), soit en les grevant de pensions que le bénéficier devait payer (120).

Le Concordat fut très bien accueilli par le haut clergé; il suscita, au contraire, l'opposition la plus violente parmi les parlementaires et le clergé inférieur. Le Parlement de Paris manifesta sa résis-tance par les moyens légaux dont il disposait. « L'avocat général Le Lièvre avait interjeté appel, au commencement du Parlement de 1516, de l'abrogation de la Pragmatique, et, quand le roi fut au Parlement, on refusa en sa présence de publier et ratifier le concordat. » Cependant, il fallut céder; on n'alla même pas jus-qu'au lit de justice, et l'enregistrement eut lieu avec la mention de l'exprès commandement du roi (121). « Le Parlement se vit obligé d'enregistrer, malgré les oppositions de l'Université et du chapitre de Paris. Cette publication fut faite le 22 mars 1518 (122), et, le 24 du même mois, les chambres assemblées, renouvelant leur appel et leurs protestations, déclarèrent qu'elles suivraient la Pragmatique dans tous les procès qui se présenteraient à juger; ce qui obligea le roi François Iᵉʳ à donner une Déclaration, en 1527, par laquelle il attribua au Grand Conseil la connaissance des

(118) Piganiol de la Force, *op. cit.*, I p. 263, 264 : « Aujourd'huy la plupart des abbayes du royaume sont possédées par des abbez commandataires ou séculiers, quoique dans leur origine elles dussent être remplies par des abbez réguliers... On ne les donne ordinairement qu'à des personnes dont les parents ont bien servi l'Etat » — *Répertoire* de Guyot, vᵒ *Commende*.

(119) Il existait une sorte de fidéicommis appelé *Confidence* par lequel la personne pourvue d'un bénéfice en faisait passer le revenu à une autre personne, ecclésias-tique ou laïque. La *Confidence* était prohibée et punie par le droit canonique et par le droit français. Mais elle était le plus souvent tolérée (*Répertoire* de Guyot, vᵒ *Confidence*). — Sur ces abus voir Martin, *Le gallicanisme et la réforme catholique*, thèse lettres, 1919, p. 152.

(120) *Recueil des remontrances, édicts et contrats du clergé*, p. 6 (a. 1577) : « Quand nous pensons aux économes, confidences, constitutions de pensions pour les femmes et autres personnes laïcs et à tant de symonies qui se commettent tous les jours ès premiers bénéfices... quel déplaisir et crève-cœur est-ce à toute l'Eglise que d'ouïr en la bouche des laïcs, capitaines et femmes : mon évêché, mon abbaye, mes cha-noines, mes moines. »

(121) Lecta publicata et registrata ex ordinatione et de præcepto domini nostri regis reiteratis vicibus facto. »

(122) Sur les difficultés de cet enregistrement, voir J. Thomas, *Concordat*, II, p 237

procès sur le titre des bénéfices consistoriaux. » (123). La bourgeoisie, qui était restée fidèle à l'esprit de la Pragmatique, essaya
d'obtenir la révocation du Concordat, lorsqu'elle put faire entendre
sa voix aux Etats généraux du xvi⁰ siècle. Elle demanda, aux Etats
d'Orléans, le rétablissement des élections canoniques, et la suppression des Annates. Le gouvernement royal ne pouvait accorder
le premier point, étant tenu par le Concordat, mais il accéda, autant
qu'il le pouvait, à la demande du Tiers Etat, qu'avait appuyée la
Noblesse. Il remplaça l'élection demandée par des présentations
faites au roi, quand il s'agissait de pourvoir à un évêché ou à une
abbaye. Même le collège électoral qui faisait ces présentations
était élargi quand il s'agissait d'un évêque; au chapitre cathédral
chargé de la présentation étaient joints des membres du clergé
diocésain, des nobles, des officiers municipaux. Mais ce système.
inscrit dans l'Ordonnance d'Orléans de 1561, ne fut pas appliqué.
En 1579, l'Ordonnance de Blois, rendue sur les cahiers des Etats
généraux de 1576, ne contient plus qu'un système particulier
d'enquêtes sur les candidats aux prélatures. L'Ordonnance d'Or
léans avait aussi supprimé les Annates, mais elles furent bientôt
rétablies.'

Le Concordat ne s'appliquait pas à toute la France, mais seulement aux provinces qu'avait régies la Pragmatique; restaient en
dehors non seulement les, pays réunis aux xvii⁰ et xviii⁰ siècles,
mais encore la Bretagne et la Provence; des indults du pape avaient
introduit un régime analogue à celui du Concordat pour la collation des bénéfices supérieurs dans ces pays, qu'on appelait *Pays
d'obédience* (124).

### § 3. — LA JURIDICTION ECCLÉSIASTIQUE.

On a vu précédemment (125) quelle immense étendue avait
acquise dans la société féodale la compétence des juridictions ecclésiastiques. Cela devait fatalement amener des résistances et une
réaction de la part des seigneurs, et, en effet, elle se produisit
d'assez bonne heure. Une des premières ordonnances, rendue par
Philippe-Auguste sur la demande des barons et d'accord avec eux,

(123) Héricourt, *Lois ecclésiastiques*, L. II, ch. IV, pr. -- Le roi voulait briser ainsi,
en même temps que la résistance des parlements, celle des chapitres, qui s'appuyaient
sur d'anciens privilèges d'élection pour se soustraire à l'application du concordat. Le
pape accorda à François I⁰ʳ personnellement la suspension de ces privilèges d'élection et l'indult fut renouvelé par ses successeurs jusqu'à Charles IX, à partir duquel
le renouvellement parut inutile, les privilèges d'élection étant définitivement désuets.
J Thomas, *op. cit.*, III, p. 118 et suiv.
(124) Durtelle de Saint-Sauveur, *Les pays d'obédience dans l'ancienne France*,
thèse 1908; — J. Thomas, *op. cit.*, II. p. 334 et suiv.
(125) Ci-dessus, p. 278 et suiv.

a justement pour objet de supprimer les excès les plus intolérables de la juridiction ecclésiastique (126). Les réclamations des justiciers se reproduisirent, et le conflit continua, particulièrement sous le règne de Saint Louis (127) et sous Philippe le Hardi. Mais les seigneurs ne luttaient contre la juridiction ecclésiastique que dans la mesure où leurs intérêts féodaux et pécuniaires se trouvaient compromis par son action envahissante. C'est, en réalité, seulement à partir du xive siècle que la monarchie entreprendra la lutte pour son propre compte avec un esprit de suite qui ne se démentira pas. Ce sera l'État reconquérant peu à peu ses attributions essentielles, usurpées par l'Eglise. C'est avec le règne de Philippe le Bel que commence cette action décisive de la Royauté; on trouve, sous ce régime, une enquête générale sur les juridictions ecclésiastiques en Languedoc (128) et de nombreuses ordonnances ou mandements, mais vagues ou timides encore, sur la juridiction de l'Eglise (129). Sous le règne de Philippe de Valois, en 1329, cette grande question fut solennellement agitée en présence du roi, entre les représentants de l'Eglise et ceux de la Royauté. C'est ce qu'on appelle la *Dispute de Vincennes*, parce qu'une partie des séances fut tenue en ce lieu. Le célèbre Pierre de Cuignières (130) portait la parole au nom du roi, et nous avons les articles contenant les réclamations qu'il présenta; l'un de ses adversaires, Pierre Bertrand, évêque d'Autun, nous a laissé une sorte de procès-verbal du débat (131). Sous le règne de Charles V, nous trouvons une autre dispute, qui, pour être fictive, n'en constitue pas moins une pièce importante et quasi officielle : c'est le *Songe du Verger*, compilation intéressante, dédiée au roi lui-même, où sont fondus un certain nombre d'ouvrages, et dans laquelle un clerc et un chevalier discutent les droits de l'Eglise et ceux du pouvoir séculier (132).

(126) *Ord.*, I, 39.

(127) P. Fournier, *Les officialités au moyen âge*. p. 94 et suiv.

(128) *Notices et extraits des manuscrits de la Bibliothèque nationale*, t. XX, 1re partie, p. 132 et suiv.

(129) Ord. de 1290; mandements et lettres de 1299; Ordonnances de 1302; Ordonnances et lettres de 1303 (*Ord*, I, 318, 331, 334, 340, 354, 402, 512); — voyez encore sous le règne suivant : Ordonnance de 1315, art. 11; Lettres de 1315 (*Ord.*, I, 565, 638).

(130) Guymier, *Glose de la Pragmatique Proemium*, vo *Libertatis*, p. 9 : « Tempore Philippi regis de Valesio, Petrus de Cugneriis putavit auferre jurisdictionem temporalem Ecclesiæ, super quo vide disputationem factam in nemore Vincennarum. » — Moinac, *Ad Codicem*, sur la loi 8, *De episcop. aud.*, I, 4. — Olivier Martin, *L'assemblée de Vincennes en 1329 et ses conséquences*, Paris, 1909.

(131) *Libellus domini Bertrandi adversus Petrum de Cuneriis*, dans les diverses éditions des *Preuves des libertés*.

(132) Le *Songe du Verger* existe sous deux formes, un texte latin et un texte français; le premier est probablement de 1376 et le second de 1378; voyez Carl. Muller, *Ueber das Somnium Viridarii*, dans la *Zeitschrift für Kirchenrecht* de Dove et Friedberg, t. XIV, p. 134 et suiv. — Le texte français se trouve dans les *Traités des libertés de l'Eglise gallicane*, édit. 1731.

Dès le xiv⁰ siècle, je l'ai dit, les officiers royaux battirent en brèche la juridiction ecclésiastique, et ils arrivèrent peu à peu à reconquérir sur elle toutes les causes qui se rapportaient aux inté-rêts temporels. Ce travail fut conduit avec une rare habileté. Sans contester les privilèges traditionnels de l'Eglise, et en témoignant pour eux le plus grand respect, nos juristes arrivèrent à les rendre illusoires par une série de théories ingénieuses et subtiles, qu'ils mirent au service de l'Etat. Ce travail était achevé au xvii⁰ siècle, et il avait été presque tout entier l'œuvre de la doctrine et de la juris-prudence; la législation n'intervint qu'assez tard, avec une grande prudence, pour en consacrer les résultats. Voici les principaux traits de cette œuvre originale.

## I

Les juridictions ecclésiastiques avaient, en premier lieu, acquis compétence sur les membres du Clergé. Elles revendiquaient la connaissance exclusive de toutes les poursuites à fins pénales diri-gées contre eux, et, au civil, de toutes les actions personnelles et mobilières où ils étaient défendeurs (133). Le privilège de clergie, ainsi entendu, ne fut jamais abrogé (134) dans l'ancien droit fran-çais. Il était reconnu au xviii⁰ siècle comme au xii⁰, bien que les jurisconsultes déclarassent qu'il existait en vertu d'une simple tolé-rance du roi (135). Mais, en réalité, il ne trouvait plus, au xviii⁰ siècle, d'application utile; les tribunaux royaux connaissaient en fait de presque toutes les causes contre les clercs défendeurs. En matière criminelle, ce résultat avait été obtenu par la *théorie du cas privilégié*. On entendit par là un crime ou délit commis par un ecclésiastique, et présentant pour l'ordre public une telle gravité que le juge royal pouvait en connaître, malgré le privilège de clergie : le privilège était ici pour le juge, non pour l'accusé. Cette théorie fait son apparition au xiv⁰ siècle (136), et le nombre des cas privilégiés va toujours en augmentant; mais, en réalité, le sys-tème suivi fut pendant longtemps timide et insuffisant. En effet, ce dont connaissait le juge royal, ce n'était pas à proprement parler le délit commis par l'ecclésiastique, mais seulement le trouble que ce délit avait apporté à l'ordre public; quant au délit lui-même, à

---

(133) Ci-dessus, p. 280.

(134) La proposition en fut faite cependant dans le projet de l'Ordonnance criminelle de 1670 (Esmein, *Histoire de la procédure criminelle*, p. 215).

(135) Lebret, *De la souveraineté*, l. I, ch. xii, p. 24 : « Entre les marques de leur subjection (des ecclésiastiques) aux puissances temporelles, celle d'être leurs justi-ciables est l'une des principales. » — 'Voyez la discussion de l'Ordonnance de 1670, Esmein, *op. cit.*, p. 216.

(136) D'abord, dans le *Stylus curiæ parlamenti*. ch. xxix, § 4; puis dans Boutillier, *Somme rurale*, l. II, tit. VII, p. 720.

raison du privilège de clergie, il restait, sous le nom de *Délit commun*, de la compétence du juge ecclésiastique. De là dérivaient deux conséquences remarquables. En premier lieu, le juge royal ne pouvait point, à raison du *Cas privilégié*, prononcer contre le clerc une peine afflictive, mais seulement une peine pécuniaire, une amende, qu'il fixait, il est vrai, arbitrairement (137); il ne pouvait prononcer de peine corporelle que si l'ecclésiastique, préalablement jugé et dégradé par le juge d'Eglise, à raison du délit commun, était ainsi livré au bras séculier. Secondement, le même fait, envisagé à deux points de vue différents, donnait lieu à deux instances distinctes et successives, l'une devant le juge royal pour le *Cas privilégié*, l'autre devant le juge d'Eglise pour le *Délit commun*. L'ordre de ces deux instances varia selon les temps : tantôt le juge royal dut agir le premier et tantôt le juge d'Eglise. En 1580, l'Edit de Melun donna une solution qui devait rester définitive. Il établit une procédure conjointe, ordonnant que l'instruction serait faite en commun par le juge d'Eglise et par le juge royal « qui serait tenu d'aller au siège de la juridiction ecclésiastique (138). » Mais, si les deux juges instruisaient conjointement, ils statuaient par des jugements séparés, chacun à son point de vue, et il pouvait se faire que l'accusé fût condamné d'un côté et acquitté de l'autre. Au commencement du XVIIᵉ siècle, la théorie fit un progrès décisif. On admit, par une fiction des plus heureuses, que, le cas privilégié constituant un délit très grave, l'ecclésiastique qui l'aurait commis serait considéré comme dégradé de plein droit, et par conséquent pleinement justiciable du juge royal, qui pouvait directement lui infliger une peine afflictive sans attendre du juge d'Eglise aucune condamnation ou dégradation (139). Le droit canonique, pour certains crimes atroces, contenait déjà des précédents en ce sens, on ne fit que les généraliser. Comme, d'autre part, la liste des cas privilégiés, qui n'avait jamais été arrêtée législativement, arriva à comprendre tous les crimes et délits importants (140),

(137) D'Argentré, *In patrias Britonum leges*, sur les art. 4, 7; — Ayrault, *L'ordre, formalité et instruction judiciaire* l. II, art. 2, noˢ 6 et suiv.; — Lizet, *Pratique criminelle*, l. I, tit. VII, p. 61; — Milletot, *Traité du délit commun et cas privilégié*, dans les *Traités des libertés*, édit. 1731, t. I, p. 247 et suiv.
(138) Art. 22 (Isambert, *Anc. lois*, XIV, 471).
(139) Lange, *Pratique*, II, p. 5. — Muyart de Vouglans, *Institutes au droit criminel* 4ᵉ partie, p. 209 : « Nous croyons inutile de rappeler ici (les formalités de la dégradation), parce qu'elles ne sont pas en usage parmi nous et que nous regardons les ecclésiastiques condamnés pour crimes atroces comme suffisamment dégradés par le crime même. » — On tira même du droit reconnu au juge royal d'infliger alors des peines afflictives la justification des cas privilégiés, Lebret, *op. cit.*, p. 36 : « Que si les crimes dont les ecclésiastiques sont accusés se trouvent si atroces qu'ils méritent des peines plus sévères que la juridiction ecclésiastique n'en peut ordonner, c'est alors que les officiers du roi peuvent en prendre connaissance. »
(140) Lebret, *De la souveraineté*, l. II, ch. XII, p. 26 : « Nous n'avons point de cons-ᵃᵇ

les juges royaux se trouvaient avoir pleinement reconquis la juridiction répressive sur les ecclésiastiques. Restait, il est vrai, la
procédure conjointe qui fut maintenue, quoique dorénavant sans
effet; encore l'anomalie était-elle sensiblement atténuée, en ce que,
lorsque l'affaire venait devant le Parlement (et elle y venait nécessairement quand il s'agissait d'un crime grave) (141), l'usage voulait que l'évêque choisît l'un des conseillers clercs pour représenter, dans ce procès, la juridiction ecclésiastique (142).

Le privilège de clergie ne fut pas mieux maintenu au civil. Ici
ce furent deux principes très simples qui furent employés. On a
vu précédemment qu'en France la justice séculière avait toujours
été compétente à l'égard des clercs, quand il s'agissait de statuer
sur une question de tenure féodale (143). Très logiquement, on
étendit cela à toutes les actions réelles, et, dès le XIVe siècle, c'était
un principe que les juridictions ecclésiastiques ne pouvaient jamais
en connaître, même quand le défendeur était un clerc (144). Du
même coup, il se trouva bientôt qu'elles ne pouvaient plus connaître la plupart du temps des actions personnelles naissant de contrats consentis par les clercs. En effet, dans l'ancien droit français,
tout contrat constaté par un acte notarié emportait hypothèque
générale sur les biens du débiteur (145), et l'hypothèque, en droit
commun, était, chez nous, un droit réel immobilier (146). Le second
principe introduit fut plus simple et plus efficace encore. Le privilège de clergie avait été considéré par le droit canonique comme
essentiellement d'ordre public; d'où la conséquence que le clerc
poursuivi ne pouvait pas y renoncer et que le juge séculier devait
d'office se dessaisir. Mais, dans l'ancienne France, tout naturellement, on abandonna cette idée. Les ecclésiastiques étaient, en principe, les justiciables du roi, comme ses autres sujets; si le clerc,
poursuivi en matière simplement personnelle, ne demandait pas
son renvoi au juge d'Eglise, le juge royal restait saisi et statuait

titution, ni d'ordonnance, qui ait clairement distingué ces crimes. » — Muyart de
Vouglans, *Institutes au droit criminel*, 4ª partie, p. 203.

(141) Esmein, *Histoire de la procédure criminelle*, p 245, 246.

(142) Cela était même prescrit par l'Edit sur la juridiction ecclésiastique de 1695.

(143) Ci-dessus, page 282.

(144) *Scriptum contra Bonifacium*, art. 5.

(145) Esmein, *Etudes sur les contrats dans le très ancien droit français*, p. 207.

(146) *Libellus domini Bertrandi*, réponse à l'art. 21 de Pierre de Cuignières; — *Le
Songe du Verger*, l. II, ch. cciii, cciv; — Fleury, *Institution au droit ecclésiastique*,
édit. Boucher d'Argis, II, p. 49, IIIe part., ch. v : « Quant aux personnes ecclésiastiques, le juge d'Eglise doit connaître de leurs différends en matière pure personnelle,
ou même entre un clerc et un laïque, si le clerc est défendeur. Mais pour peu qu'il
y ait d'action réelle ou mixte, c'est-à-dire hypothécaire, ils vont devant le juge laïque,
même en défendant. De même, quand il s'agit de l'exécution d'un contrat passé par-
vant notaire, ou d'une reconnaissance de promesse. »

valablement. En fait, au xviiᵉ siècle, les membres du clergé préféraient les juridictions royales à la justice ecclésiastique (147).

On arriva même à attirer devant les juridictions royales la plupart des *causes bénéficiales*, c'est-à-dire des procès s'agitant entre ecclésiastiques à raison de l'attribution des bénéfices (148). Ici, encore, le droit de l'Eglise ne fut point directement contesté, mais toute une classe de ces causes lui échappa naturellement. C'étaient les procès qui s'élevaient à raison des bénéfices conférés par le roi, soit par l'exercice de son droit de patronage, soit en vertu des concordats ou indults, soit par l'effet du droit de régale; c'était, en effet, une règle qu'en France le roi ne plaidait que devant ses propres tribunaux. Puis, par un détour, ceux-ci acquirent aussi le plus souvent la connaissance des autres causes bénéficiales. De bonne heure, les rois de France réclamèrent la connaissance de ces causes, lorsque l'action les concernant était intentée au *possessoire* et non au pétitoire, lorsque le clerc qui agissait demandait simplement que sa possession fût respectée ou qu'il fût remis en possession, s'il l'avait perdue par violence. La raison de cette prétention était que le roi, en vertu de son droit de garde général, était ici fondé à intervenir, et que, d'ailleurs, il lui appartenait de faire cesser tous les troubles et violences se rapportant à la possession des biens situés dans le royaume. Dès le xivᵉ siècle, le Parlement suivait cette jurisprudence (149), et, au commencement du xvᵉ siècle, elle fut expressément reconnue par les papes (150). Or, en jugeant la possession et le fait, les juges royaux arrivèrent naturellement à décider le fond et le droit. En général, quand il s'agit d'une action possessoire, le juge n'examine pas et ne doit pas examiner le fond du droit, mais seulement le fait de la possession, et si elle a été, chez le demandeur, suffisante et exempte de vices. Mais en matière bénéficiale, il en était autrement, et cela d'après les principes mêmes du droit canonique. En effet, le bénéfice n'était pas un objet susceptible de possession à l'égard de tous; on ne pouvait, sans péché mortel, le posséder qu'à un certain titre. Il fallait que le juge examinât le titre du demandeur pour colorer sa possession, pour la rendre utile (151). Le juge royal, qui connais-

(147) Fleury, *Institution*, II, p. 49 : « En matière pure personnelle, un clerc poursuivant un clerc du même ressort va d'ordinaire devant le juge laïque, parce que la justice y est plus prompte et que les jugements ont exécution parée, le clerc défendeur peut ne pas demander son renvoi. »

(148) G. Delannoy, *La juridiction ecclésiastique en matière bénéficiale dans l'ancien régime en France*, Bruxelles, 1910.

(149) *Olim*, édit. Beugnot, II, p. 521 (a. 1311) : « Ad cognitionem sæcularis curie nostre racione gardie et violencie vel alias pertinet », III, p. 265 (a. 1307) : voyez déjà un cas douteux en 1269 (*Olim*, I, p. 781) — Johannes Gallus, qu. 182.

(150) Bulles de Martin V (1413 et 1428), d'Eugène IV (1432); — Lettres de Léon X (1513); — *Preuves des libertés*, édit. 1731, t. II, p. 153 et suiv.

(151) Règle 1, *de reg. juris*, in VIᵒ; c. 2, VIᵒ, *De rest. spoliat.*, II, 5.

sait de l'action possessoire concernant un bénéfice, examinait donc
et appréciait le titre du demandeur (152). Une fois le *possessoire*
ainsi tranché, le *pétitoire*, la question du fond, l'était par là même,
et la justice royale ne permettait pas qu'on remît en cause sa décision, en agissant ensuite devant le juge ecclésiastique; c'était un
cas d'appel comme d'abus (153). Il est vrai que les parties pouvaient conserver l'avantage de la juridiction ecclésiastique, en enta-
mant, par l'action pétitoire, le procès sur le bénéfice (154); mais
cela ne se faisait point, et l'on aimait mieux plaider devant le juge
royal (155).

Enfin, quand il s'agissait des vœux des religieux, si, pour les
faire observer, l'Eglise invoquait l'assistance et l'autorité du pouvoir temporel, le juge royal devenait forcément juge de leur
validité.


## II


Si la juridiction de l'Eglise sur les membres du clergé avait été
ainsi réduite, à plus forte raison sa juridiction sur les laïques avait-
elle été entamée. Elle portait, nous l'avons vu (156), sur trois objets
principaux : le mariage et ses dépendances, les testaments et les
contrats et enfin les délits concernant la foi. Au xviii⁰ siècle, il
n'en subsistait plus qu'une ombre. Ici encore s'opéra un travail
juridique analogue à celui qui a été décrit plus haut; on refit en
sens inverse le *processus* qu'avait suivi la jurisprudence ecclésiastique à sa période de croissance. Dès qu'une question touchait de
près ou de loin au spirituel, l'Eglise jadis s'en était emparée; en
montrant qu'il s'agissait avant tout des intérêts temporels, la juridiction temporelle recouvra successivement les causes qu'elle avait
perdues.

(152) Ordonnance dé Villers-Cotterets de 1539, art. 46; — Louet et Brodeau, *Recueil
d'aucuns notables arrêts*, lettre R, n⁰ 29.

(153) Févret, *Traité de l'abus*, édit. Lausanne, 1788, t. I, p. 431, 432. — L'ordonnance
de 1539 reconnaît encore aux parties le droit de se pourvoir au pétitoire devant le
juge d'Eglise après jugement du possessoire par le juge séculier (art. 49, Isambert,
XII, p. 812); mais dès le début du xvii⁰ siècle les parlements admettaient l'appel comme
d'abus contre les recours de ce genre à la juridiction ecclésiastique; et malgré les
protestations du clergé (Etats de 1614, assemblées de 1635, 1666, 1670), malgré les
déclarations royales de 1641 et 1666 dont le Parlement refusa l'enregistrement, la jurisprudence fut maintenue. Delannoy, *op. cit.*, p. 138 et suiv.

(154) Il faut dire la même chose des dîmes que des bénéfices. Lorsqu'il s'agissait des
dîmes non inféodées, les juridictions ecclésiastiques continuèrent à être compétentes
pour connaître du pétitoire, et aussi de l'action personnelle dirigée par le décimateur
contre le contribuable; mais le possessoire leur échappait.

(155) Févret, *op. cit.*, I, p. 432 : « Les parties peuvent de gré à gré commencer par
le pétitoire; mais cela se fait rarement, voire presque point du tout, *idque propter
commodum possessionis*, qui se doit demander en cour laie. » — D'Oveli, *Questions
notables de droit*, édit. Toulouse, 1655, p. 85; — Lange, *Pratique*, t. II, p. 181.

(156) Ci-dessus, p. 282.

Pour le mariage, la jurisprudence ramena d'abord devant les tribunaux séculiers (c'est-à-dire royaux) toutes les causes portant sur un intérêt purement pécuniaire ou temporel, que l'Eglise n'avait attirées à elle qu'accessoirement : questions de dot et de douaire, séparations de biens, séparations de corps, contestations de légitimité. On réduisit ainsi sa compétence aux questions de validité ou de nullité de mariage, les seules qui touchassent au sacrement. Encore en écarta-t-on un grand nombre dans lesquelles le sacrement n'était pas intéressé, soit parce que le mariage était déjà dissous lorsque l'action en nullité était intentée, soit parce que le mariage était tellement nul qu'il n'avait pas pu avoir une apparence d'existence juridique. De même, on enleva aux justices ecclésiastiques les actions tendant à contester, non la validité, mais la célébration du mariage, parce qu'alors il s'agissait d'un simple fait, — et les procès sur les fiançailles et les oppositions au mariage lorsque l'une des parties était, non pas l'un des prétendus fiancés, mais un tiers, le père par exemple. La jurisprudence en était là au xvie siècle. Elle alla plus loin aux xviie et xviiie siècles, ouvrant une voie parallèle devant les juridictions royales même pour les causes matrimoniales concernant le *vinculum et fœdus matrimoniale*, par rapport auxquelles les officialités restaient compétentes. Cette voie concurrente, que les parties pouvaient prendre au lieu de s'adresser à la juridiction ecclésiastique, qu'elles devaient prendre parfois, était l'*appel comme d'abus*. C'était une procédure dont il sera parlé plus loin, et par laquelle on demandait au Parlement d'annuler un acte de l'autorité ecclésiastique contraire au droit et aux lois. On considéra la célébration *in facie Ecclesiæ* d'un mariage entaché de quelque cause de nullité comme un acte de cette nature, et l'on permit de l'attaquer et de le faire casser par l'appel comme d'abus. Ce fut cette dernière voie que prirent presque toujours les parties; en fait, la juridiction ecclésiastique ne connaissait plus guère que de certaines oppositions au mariage et des contrats de fiançailles, lorsque le débat s'agitait entre fiancés et qu'il n'était pas demandé de dommages-intérêts (157).

La juridiction de l'Eglise, en matière de contrats, n'avait jamais été bien solidement établie en France que lorsqu'elle reposait sur un serment ajouté aux conventions pour les renforcer ou les valider. Il est vrai qu'anciennement tous les contrats portaient cet accessoire. Le droit séculier chercha parfois à défendre cette apposition du serment dans les actes; mais cependant on ne trouve pas

(157) Sur tous ces points, Esmein, *Le mariage en droit canonique*, t. I, p. 35-43, et les textes cités à l'appui. — Ce que l'Eglise conserva, ce fut la tenue des registres destinés à constater les mariages, comme les baptêmes et les décès; encore dut-elle subir sur ce point la réglementation et le contrôle du pouvoir royal (*ibid.*, t. I, p. 43, 44; t. II, p. 203 et suiv.).

cette prohibition à l'état général et permanent; on procéda plus
sûrement en rendant le serment inoffensif et inopérant. Lorsqu'il
accompagnait un contrat valide, le moyen fut très simple; on dit
qu'il n'était alors qu'un accessoire et que le juge séculier, compétent pour connaître du principal, était aussi compétent quant à
l'accessoire. Lorsqu'il assortissait un contrat, nul selon les principes du droit commun, la difficulté fut plus grande; cependant,
on en triompha. Le roi accorda, pour ces contrats, des lettres de
rescision qui les annulaient, « pourvu, portaient-elles, que le sup-
pliant feust dûment dispensé par son prélat, ou autre ayant
puissance, du serment par lui prêté »; et cette dispense devint
bientôt de droit, si bien qu'on finit par la laisser de côté. Enfin,
la doctrine du xvıᵉ siècle formula cette règle, contraire aux principes du droit canonique, mais souverainement conforme à la raison, que tout serment contraire aux lois et aux bonnes mœurs
était nul et inopérant (158).

En matière de testaments, l'Eglise n'avait jamais eu en France
qu'une compétence concurrente; elle la perdit, mais relativement
assez tard. Elle n'était contestée que quant aux abus qu'elle entraînait, lors de la dispute de Vincennes (159). C'est au xvᵉ siècle
qu'elle est niée par le Parlement de Paris (160); elle disparut
complètement au xviᵉ siècle, quoique, dans certaines provinces,
comme en Bretagne, la juridiction ecclésiastique ait continué jusqu'à la fin de ce siècle à connaître de la forme extérieure des
testaments, non de la validité quant au fond des libéralités testamentaires (161).

Les crimes et délits concernant la foi ou la religion, qui subsistèrent avec l'intolérance religieuse, furent naturellement ramenés
devant les juridictions royales; on les classa au premier rang des
cas royaux, comme crimes de lèse-majesté divine au premier ou
au second chef (162). Seule, l'hérésie (à moins de lois spéciales,
comme celles qui intervinrent contre les protestants dans la première moitié du xvıᵉ siècle) resta pendant longtemps dans la compétence ecclésiastique. Mais, au xviiiᵉ siècle, Muyart de Vouglans
ne la distingue pas des autres cas de lèse-majesté divine au premier chef. Les délits pour lesquels l'Eglise avait eu compétence
simplement concurrente, l'adultère, l'usure, la fornication des

laïques, lui furent enlevés plus complètement et plus promptement. Muyart de Vouglans considère qu'elle n'a plus juridiction, en matière criminelle, que pour les délits communs des clercs; et même, lorsqu'elle néglige de les réprimer, le juge séculier peut en connaître, bien qu'ils ne constituent pas des cas privilégiés (163). Le droit d'asile des églises avait, chose curieuse, survécu pendant des siècles; il était encore admis par l'ordonnance de 1539 (164), mais il fut aboli par la jurisprudence des Parlements.

Dans cette longue décroissance de la compétence ecclésiastique, la législation proprement dite n'avait joué qu'un rôle secondaire. Deux textes pourtant doivent être signalés à raison de leur importance. C'est d'abord l'ordonnance de Villers-Cotterets, de 1539, qui, dans son article premier, défend à tous les juges d'Eglise « de ne faire citer ne convenir les laiz par devant les juges d'Eglise ès actions pures personnelles, sur peine de perdition de cause et d'amende arbitraire ». Loyseau, exagérant peut-être un peu, constatait par un détail précis l'effet considérable de cette disposition : « Ce règlement a tellement diminué la justice ecclésiastique et augmenté la temporelle au prix de ce qu'elles estoient l'une et l'autre, qu'estant à Sens en ma jeunesse j'ouy dire à deux anciens procureurs d'Eglise, qui avoient veu le temps d'auparavant ceste ordonnance, qu'il y avoit lors plus de trente procureurs en l'officialité de Sens, tous bien employez, et n'y en avoit que cinq ou six au bailliage, bien que ce soit un des quatre grands bailliages de France; et maintenant, tout au contraire, il n'y a que cinq ou six procureurs morfondus en l'officialité, et il y en a plus de trente au bailliage (165). » Le second texte est l'Edit de 1695, portant règlement pour la juridiction ecclésiastique (166); il consacrait, en termes clairs, les résultats définitifs obtenus par la jurisprudence (167).

---

(163) *Institutes*, p. 202. C'était déjà la doctrine d'Imbert au xvi⁰ siècle (*Pratique*, l. III, ch. vii, n° 2) : « Il y a certains crimes desquels la cognoissance appartient indifféremment aux juges royaux et aux juges ecclésiastiques, sçavoir est hérésie, blasphèmes... sortilège ou sorcellerie. Mais cela se doit entendre que les juges ecclésiastiques cognoissent contre les prestres ou clercs accusez desdits crimes, et les juges royaux aussi en prennent cognoissance contre les laïcs chargez des crimes ci-dessus nombrez. Et ainsi a esté dict par arrest de la cour du Parlement de Paris l'unziesme jour de mai 1530. »

(164) Art. 166.

(165) *Des seigneuries*, ch. xv, n° 79.

(166) Isambert, *Anc. lois*, XX, 243.

(167) L'article 34 en particulier contient une formule des plus précises sur la compétence respective des Cours d'Eglise et des Parlements.

## § 4. — LES LIBERTÉS DE L'ÉGLISE GALLICANE.

### I

On entendait, dans l'ancienne France, sous le nom de *libertés, droits et franchises de l'Eglise gallicane*, un ensemble de règles qui déterminaient la condition de l'Eglise nationale quant au temporel et à la discipline (168). Elles établissaient, en réalité, que l'Eglise gallicane était, à cet égard, largement indépendante de la Papauté, mais qu'en revanche elle dépendait, dans la même mesure, du pouvoir royal. C'était donc une partie très importante de notre ancien droit public. Les termes *Libertés, droits et franchises de l'Eglise gallicane* apparaissent de bonne heure. Ils sont prononcés par les prélats dans la dispute de Vincennes (169). Les Ordonnances des XIVᵉ et XVᵉ siècles, rendues pendant le grand schisme (170), proclament et rétablissent ces libertés; la Pragmatique sanction en contient l'expression et en même temps une application éclatante. Mais c'est seulement dans la seconde moitié du XVIᵉ siècle et au commencement du XVIIᵉ que ces principes arrivèrent à former un corps de doctrine. Cela se fit par l'action, non de la législation, mais de la littérature. Quatre écrivains exercèrent à cet égard une influence prépondérante. Le premier, Jean du Tillet, composa sous Henri II plusieurs substantiels mémoires et études sur les libertés de l'Eglise gallicane (171). Puis Guy Coquille, sire de Romenay, écrivit, avec sa vigueur ordinaire, toute une série de mémoires et discours sur le même sujet (172), qui, il est vrai, ne furent publiés qu'après sa mort. En 1594, Pierre Pithou réduisit à la forme d'une sorte de Code les *Libertés de l'Eglise gallicane*, en les ramenant à quatre-vingt-trois

---

(168) Sur le gallicanisme, voir : Hanotaux, *Introduction au Recueil des instructions données aux ambassadeurs* (VI, Rome), Paris, 1888; — Von Schulte, article *Gallikanismus*, de la *Realencyclopedie für protestantische Theologie*; — Dubruel et Arquillière, article *Gallicanisme* du *Dictionnaire apologétique de la foi catholique*, 1911; — Maugis, *Histoire du Parlement de Paris*, I, 1913, p. 704 et suiv., II, 1914, p. 277 et suiv.; — V. Martin, *Le gallicanisme et la réforme catholique, Essai historique sur l'introduction en France des décrets du concile de Trente* (1563-1615), thèse lettres, 1919.

(169) *Libellus domini Bertrandi* (discours de l'élu de Sens), dans les *Preuves des libertés*, édit. Durand de Maillane III, p. 478 : « Placeat Vestræ (regiæ) Celsitudini... matrem vestram Ecclesiam Gallicanam *in suis franchisiis libertatibus et consuetudinibus conservare*. » Mais dans ce passage, le prélat veut spécialement viser les privilèges dont jouissait l'Eglise quant à la juridiction.

(170) Ci-dessus, p. 616, n. 100.

(171) Ils se trouvent dans l'édition citée de 1602, à la suite de la *Chronique abrégée des rois de France*, p. 73.

(172) Dans l'édition de ses œuvres, Paris, 1666, ils occupent une grande partie du tome I, de la page 1 à la page 337.

règles ou maximes (173); le recueil était dédié à Henri IV (174), et il acquit immédiatement une immense autorité, si bien qu'au xviii<sup>e</sup> siècle on le citait comme une loi (175). Enfin, en 1639, parut un ouvrage capital, dû au savant Pierre Dupuy, *Les preuves des libertés de l'Eglise gallicane;* c'est un recueil considérable de documents originaux et de faits historiques, destinés à prouver et établir la doctrine contenue dans les articles de Pithou. Lors de son apparition, le livre fut supprimé par décision royale, sur les instances du haut clergé. Mais il fut réédité en 1651, avec approbation du roi; il était devenu classique dans l'ancienne France (176).

Les règles, contenues dans le corps de doctrine ainsi formé, se ramènent à trois principes essentiels, dont elles ne sont que les conséquences (177). 1° *La puissance temporelle était considérée en France comme complètement distincte et absolument indépendante de la puissance spirituelle.* Il en résultait que le pape ne pouvait pas délier les Français du serment de fidélité envers le roi, ni excommunier celui-ci; les officiers royaux ne pouvaient pas non plus être excommuniés pour le fait de leur charge, c'est-à-dire à raison de l'accomplissement de leurs fonctions (178). 2° *Pour la discipline et le temporel, le pape n'avait pas une autorité absolue sur le clergé de France.* Son autorité subissait, au contraire, deux restrictions importantes. . En effet, l'Eglise de France, s'attachant au droit canonique ancien, n'avait pas admis, pour une bonne partie, les décisions contenues dans les Recueils de Décrétales des papes; d'un autre côté, la règle s'était établie que le pape ne pouvait valablement légiférer sur la discipline et le temporel de l'Eglise gallicane qu'avec l'autorisation et la confirmation du roi (179). De là, des conséquences très importantes.

(173) Dans Dupin, *Libertés de l'Eglise gallicane*, Paris, 1826, p. 68.

(174) Dupin, *op. cit.*, p. 25.

(175) Dupin, *op. cit.*, p. 28.

(176) Les différentes éditions de ce livre présentent d'ailleurs des divergences sensibles. D'un côté, les documents donnés comme preuves y sont diversement classés, d'autre part, les unes contiennent seulement les *Preuves*, les autres contiennent aussi les *Traités des libertés*, c'est-à-dire divers ouvrages anciens ou modernes sur ce sujet. La meilleure édition est celle de 1731, qui donne les *Preuves* et les *Traités.* Une dernière édition a été publiée par Durand de Maillane (5 vol., Lyon, 1771); elle contient des pièces importantes postérieures à l'époque où écrivait Dupuy, mais elle ne donne que le catalogue des pièces publiées par ce dernier.

(177) Du Tillet, *op. cit*, p. 83, les ramenait à deux principes, un peu différents; mais l'ensemble de sa doctrine concorde avec celle de ses successeurs.

(178) Pithou, art. 4, 15, 16.

(179) Guy Coquille, *Institution*, p. 15 : « Le roy est protecteur et conservateur des églises de son royaume, non pas pour y faire loix en ce qui concerne le fait des consciences et la spiritualité, mais pour maintenir l'Eglise en ses droicts et anciennes libertez... Ces libertez consistent en ce que l'Eglise de France, en s'arrestant bien aux anciens décrets, n'a pas admis et receu beaucoup de constitutions papales, faites depuis quatre cents ans, qui ne concernent l'entretenement des bonnes mœurs et de la saincte et louable police de l'Eglise, mais tendent à enrichir la Cour de Rome et

Aucun décret des conciles se référant à la discipline ou au temporel, aucune décision papale, décrétale, bulle ou rescrit, statuant sur les mêmes matières, ne pouvaient être publiés et exécutés en France, qu'autant qu'ils avaient été autorisés et approuvés par l'autorité royale (180). Le pape ne pouvait lever en France, sans la même autorisation, aucune imposition sur les personnes ou sur les biens ecclésiastiques; il ne pouvait pas permettre que ces biens fussent possédés et tenus contrairement aux dispositions des lois nationales; il ne pouvait pas en autoriser la vente (181). 3° *Le roi, quant à la discipline et au temporel, avait autorité légitime sur l'Eglise gallicane*, dont il était à ce point de vue le véritable chef, bien qu'on évitât de le dire expressément (182). Voici quelques-unes des conséquences les plus importantes qui dérivaient de ce principe. Les conciles ne pouvaient se réunir en France qu'avec l'autorisation du roi, et lui-même pouvait en convoquer dans son royaume pour statuer sur les questions de discipline et de temporel. Les évêques ne pouvaient sortir du royaume sans la permis-

les officiers d'icelle et à exalter la puissance du pape sur les empereurs, rois et seigneurs temporels. »

(180) Pithou, art. 11, 14, 29, 41-44. C'est en exécution de cette règle que le concile de Trente ne fut pas admis en France en ce qui concerne la discipline et le temporel. Doujat, *Prænotionum canonicarum libri quinque*, l II, ch. vii, § 72 : « Hæc (decreta), quoniam aliqua ex parte Gallicæ Ecclesiæ ac regiis apud nos juribus atque usui adversari videbantur, nondum in hoc regno palam et generatim, sed eorum non pauca regiis constitutionibus sancita sunt. » — Pothier, *Du contrat de mariage*, n° 349 : « Le concile de Trente ne put être reçu en France malgré les efforts que firent la Cour de Rome et le clergé pour l'y faire recevoir. Tous les catholiques reconnaissent et ont toujours reconnu que les décisions de ce concile sur le dogme sont la loi de l'Eglise; mais l'atteinte qu'il donne dans ses décrets de discipline aux droits de la puissance séculière et à nos maximes sur un très grand nombre de points fut et sera toujours un obstacle insurmontable à sa réception dans ce royaume. » — Il y eut bien une publication faite par les Etats de la Ligue en 1593, mais tous les actes de ces Etats furent par la suite déclarés nuls. Le pape fit de la publication une condition de l'absolution d'Henri IV, et le roi était disposé à la faire avec les réserves nécessaires; en 1600 l'édit de la publication était signé, mais le roi recula devant la résistance certaine du Parlement. Le clergé fit de vains efforts aux Etats de Blois de 1576, et surtout à ceux de 1614, pour obtenir la publication officielle, à laquelle il consentait ou demandait lui-même des réserves (réserve des droits du roi, des libertés de l'Eglise gallicane, des exemptions des chapitres et des abbayes). Il se contenta de guerre lasse de le *recevoir* expressément dans son assemblée de 1615 Cette *reception* n'obligeait que le clergé lui-même, la publication par le roi aurait été nécessaire, le clergé le reconnaissait, pour que les juges du royaume fussent obligés de juger les affaires ecclésiastiques conformément aux decrets du concile. Voir V. Martin, *Le gallicanisme et la réforme catholique, Essai historique sur l'introduction en France des décrets du concile de Trente* (1563-1615) thèse lettres 1919

(181) Pithou, art. 14, 27, 28.

(182) La Roche-Flavin, *Treize livres*, l XIII, ch. xliv, n° 18 : « En France, nos devanciers ont recogneu nos rois, non pour les chefs de leur Église, car véritablement, il n'y a, ne peut ni doit avoir autre chef que le pape... mais comme faisans l'une des meilleures et plus saines parties d'icelle. » — Arrêt du conseil du 24 mai 1766 (Isambert, *Anc. lois*, XXII, p. 452) : « Ce droit que donne au souverain la qualité d'évêque du dehors et de vengeur des règles anciennes, droit que l'Eglise a souvent invoqué elle-même pour le maintien de l'ordre et de la discipline... »

sion du roi (183). On rattachait aussi à la même idée les droits de
garde, de régale, d'approbation en matière d'élections et d'investiture, ainsi que la théorie des biens de mainmorte. Enfin, le roi
exerçait la haute surveillance sur les corporations et communautés
religieuses. Aucune ne pouvait exister dans le royaume, si elle
n'était autorisée par lui (184); il pouvait les réformer dans leur
discipline. Il pouvait aussi les supprimer et les interdire, lorsqu'elles paraissaient dangereuses; l'expulsion de l'ordre des Jésuites, deux fois judiciairement prononcée au xvie et au xviiie siècle,
fut simplement une application de ces principes.

Cet ensemble de règles, bien que seulement fixé par la coutume
et la doctrine, avait force de loi dans l'ancienne France, et nos
jurisconsultes avaient su leur donner une sanction efficace : *l'appel
comme d'abus*. C'était une voie de droit qui pouvait être intentée
par les particuliers ou par les procureurs généraux et par laquelle
on déférait au Parlement un acte de l'autorité ecclésiastique,
comme contraire aux lois et aux coutumes du royaume ou aux
canons reçus en France. Le Parlement saisi examinait la régularité de l'acte; s'il le trouvait abusif, il le cassait, et, pour imposer
à l'autorité ecclésiastique le respect de cette décision, il avait deux
moyens à sa disposition. Il pouvait prononcer contre l'ecclésiastique de qui l'acte émanait une amende arbitraire, et il pouvait
faire saisir son temporel, c'est-à-dire les bénéfices dont il était
pourvu, jusqu'à ce qu'il fût venu à obéissance. L'appel comme
d'abus avait servi d'abord et principalement à réprimer les empiétements de la juridiction ecclésiastique, et il était alors dirigé
contre les procédures ou les jugements des Cours d'Eglise; mais
il pouvait aussi être intenté à raison d'un acte quelconque de
l'autorité ecclésiastique, pourvu qu'il fût contraire aux maximes
françaises ou au droit canonique reçu en France (185). Il était

(183) Pithou, art. 10, 13.

(184) Héricourt, *Lois ecclésiastiques*, IV, ch. iii, no 1, p. 218 : « On ne peut établir
aucune communauté séculière ou régulière sans une permission expresse du roi, qui
ne l'accorde qu'après avoir fait examiner en son Conseil l'approbation de l'évêque
diocésain, les avis des maires et eschevins, des curés des paroisses et des supérieurs
des anciennes maisons religieuses du lieu où l'on propose de faire le nouvel établissement. Les lettres patentes en doivent être enregistrées au Parlement, à la Justice
royale et à l'Hôtel commun des villes, après que les oppositions, s'il y en a quelqu'une,
ont été levées. Les Communautés qui se sont formées sans observer toutes ces formalités ne peuvent ester en justice ni acquérir des immeubles, et, en cas qu'elles fassent
quelque acquisition sans observer ces formalités, les fonds, qu'elles ont acquis par
achat ou donation, sont confisqués au profit des hôpitaux des lieux où la communauté
s'étoit assemblée. Ce qui a lieu même pour les maisons particulières des Ordres
et des Congrégations qui ont obtenu des permissions générales de s'établir dans le
royaume. »

(185) Guy Coquille, *Institution*, p. 18 : « Quand il y a quelque entreprise contre ces
libertez par les supérieurs ou juges ecclésiastiques, on a recours au roi en ses Cours
de Parlement, par appellation comme d'abus, dont lesdits Parlements connoissent.
Et quand l'abus est contre l'impétration d'aucun rescrit du pape, par honneur on ne

porté, ai-je dit, devant les Parlements (186), et Pithou faisait remarquer que ces juridictions, composées de conseillers clercs et de conseillers laïques, étaient, par là même, très bien choisies, pour trancher ces différends entre l'Eglise et l'Etat (187). Mais rien n'empêchait que l'appel comme d'abus ne fût évoqué devant le Conseil du roi, comme toute autre cause. Au xviiiᵉ siècle, dans les longues disputes que souleva la bulle *Unigenitus*, les appels comme d'abus furent très fréquemment évoqués au conseil, et ainsi, sans doute, se forma l'idée que le Conseil d'Etat était leur juridiction naturelle, idée qui a triomphé dans le droit moderne. Quand cette voie de droit fut-elle introduite ? La tradition de l'ancienne France la faisait remonter très haut et en attribuait l'invention à Pierre de Cuignières. Mais si celui-ci, dans la dispute de Vincennes, signala les nombreux abus de l'autorité ecclésiastique, il n'indiqua aucun moyen nouveau pour les réprimer. Il paraît certain que le système complexe qui constitua l'appel comme d'abus, se forma progressivement au cours des xivᵉ et xvᵉ siècles. Au début du xivᵉ siècle, le pouvoir royal revendique très nettement, en cas d'empiétement de la juridiction ecclésiastique sur la juridiction temporelle, le droit d'en connaître et de saisir le temporel des ecclésiastiques, pour les contraindre à respecter et à exécuter le jugement rendu sur le conflit, ou même sans jugement, si l'attentat est notoire (188). Cette saisie n'était point nouvelle; on en trouve des exemples dès le règne de Philippe Iᵉʳ; ce qui était nouveau, c'était la théorie curieuse par laquelle on la ramenait aux principes du droit romain et canonique (189). Mais le

se dit pas appelant de l'octroy du rescrit, ains seulement de l'exécution, comme pour blasmer seulement l'impétrant sans toucher au concédant. » — Pithou, art. 79.

(186) *Répertoire* de Guyot, vᵒ *Abus*. « L'appel comme d'abus se relève devant les tribunaux séculiers, et à cause de l'importance de la matière, ce sont les Cours souveraines qui en connoissent à l'exclusion des tribunaux inférieurs. » Dans le premier tiers du xviᵉ siècle, seul le Parlement de Paris connaissait des appels comme d'abus qui se concentraient tous devant lui (Imbert, *Pratique*, l. II, ch. iii, nᵒ 16, p. 505). Mais cela fut une règle éphémère, car elle n'existe plus dès la seconde moitié du xviᵉ siècle (Le Maistre [1562], *Des appellations comme d'abus*, dans ses *Œuvres*, édit. 1653, p. 94) : « La Cour de Parlement de Paris en cognoissoit privativement aux autres, mais à présent toutes les cours en prennent cognoissance. » D'autre part, cette compétence exclusive du Parlement de Paris ne paraît pas avoir existé tout d'abord; voyez les textes cités ci-après, notes 189 et 191, qui nous montrent aux xivᵉ et xvᵉ siècles des appels comme d'abus devant l'Échiquier de Normandie et le Parlement de Toulouse.

(187) Pithou, art. 81, 82.

(188) Par *jurisdictio*, dans la langue de cette époque, il faut entendre « puissance ».

(189) *Scriptum contra Bonifacium*, art. 24 (*Preuves des libertés* édit. 1731, ch. vii, 26-27). Le raisonnement contenu dans ce texte, véritable origine de l'appel comme d'abus, est des plus notables. Il considère la plainte du juge séculier, qui aurait dû connaître de l'affaire si les juges ecclésiastiques n'étaient pas sortis de leur compétence, comme une revendication de son droit de justice, c'est une action semblable a celle par laquelle le propriétaire d'un immeuble revendique celui-ci ou repousse les troubles apportés à sa possession. Or le droit de justice séculière était considéré

propre de l'appel comme d'abus, c'est-à-dire le droit pour le Parlement de casser un acte quelconque de l'autorité ecclésiastique (190), n'apparut que plus tard (191). Probablement, cela résulta de la Pragmatique sanction; celle-ci étant loi de l'Etat, les Parlements n'hésitèrent point à annuler tous les actes qui la violaient (192). Somme toute, c'est seulement dans la seconde

dès cette époque comme un droit réel immobilier. En vertu d'un principe déjà signalé (n. 144), cette action réelle immobilière, quoique dirigée par un ecclésiastique, ne pouvait être portée que devant la justice séculière. C'était donc le juge laïque, supérieur aux deux parties en conflit, qui était compétent pour connaître du litige. En Normandie, au xvᵉ siècle encore, en cas d'empiétement du juge ecclésiastique, on pouvait procéder contre lui par le bref de *feodo et eleemosina*, par lequel était introduite la question de savoir si un immeuble était un fief ou une terre tenue en franche aumône (une terre amortie), et à propos duquel le *Grand Coutumier de Normandie* disait déjà (ch. cxv, p. 247) « In principis curia debent teneri et omnes aliæ inquisitiones quæ ad declarationem jurisdictionis ecclesiasticæ et laïcalis occasione pertinent feodorum. » Voyez MM. Mirot et Deprez, *Un conflit de juridiction sous Charles VI*, dans le *Moyen âge*, mai-juin 1897, p. 136. — D'ailleurs, tant que cette voie de recours fut ainsi conçue le juge supérieur qui constatait l'empiétement commis par la juridiction ecclésiastique, ne pouvait pas logiquement annuler lui même les actes et sentences émanés de celle-ci, il pouvait seulement ordonner au juge ecclésiastique de les révoquer et l'y contraindre par amendes et saisie de temporel; voyez les pièces citées par MM Mirot et Deprez, *loc. cit.*, p. 143, 146, 160

(190) *Répertoire de Guyot* vᵒ *Abus* : « Pour donner matière à l'appel comme d'abus, est-il nécessaire que l'acte dont on appelle soit un acte de juridiction ? Non; dès que cet acte est émané d'un corps ecclésiastique, d'un prélat ou même d'un simple ministre de l'Église, il suffit, pour qu'il soit passible de l'appel comme d'abus, qu'il renferme une entreprise sur l'autorité temporelle, ou qu'il trouble l'ordre politique, ou qu'il blesse la discipline dont le roi est le protecteur. »

(191) On trouve incontestablement dès la fin du xivᵉ siècle et au commencement du xvᵉ des appels comme d'abus, ainsi qualifiés et répondant bien à leur nom; mais il s'agit alors seulement de procédures contentieuses ou de jugements émanant des officialités qui sont déférés au Parlement et annulés par lui, comme empiétant sur la justice séculière Voyez en particulier un procès soumis, en 1395, à l'Échiquier de Normandie, rapporté par Houard, *Dictionnaire de droit normand*, vᵒ *Échiquier*, II, p. 77, voyez aussi des arrêts de 1404 et 1449 cités par Févret, *De l'abus*, I, p 11. Cependant, à la fin du xvᵉ siècle, en 1486, Auffrerius paraissait contester encore la régularité de ces recours (*De potestate seculari super ecclesiasticis*, fall. regulæ sec., nᵒ 30, p. 40) : « In presenti regno ubi ecclesiastica potestas abutitur notorie sua jurisdictione vel potestate, quo casu etiam contra clericos concedi solent per cancellarium litere in casu appelli ab abusu notorio vulgariter nuncupato, de quibus sepenumero dubitavi ubi fundari poterant in jure... nunquam tamen audivi neque vidi nisi semel quod super meritis hujusmodi causarum appellationum fuerit pronuntiatum, sed duntaxat vel appellationes annulari aut quod appellantes non erant ut appellantes recipiendi quia a judice spirituali non est ad secularem judicem appellandum. »

(192) C'est ainsi que Le Maistre, *op. cit.*, p. 94, disait des appels comme d'abus « qu'ils ont commencé .. d'estre principalement en usage en France sous Louis XII ». Il faut cependant ajouter qu'Auffrerius distingue nettement des appels comme d'abus proprement dits les annulations prononcées en vertu de la Pragmatique. Après avoir parlé des premiers dans le passage cité à la note précédente, il traite des secondes un peu plus loin, au nᵒ 31 « Hoc fit vel attentatur contra decreta Basiliensis concilii et Pragmaticam sanctionem; fundant se judices temporales dicentes hujus habere cognitionem... Et ita de facto a tempore Caroli VIII servari vidi. » Mais, dans la suite, les deux procédures se fondirent en une seule, qui fut l'appel comme d'abus élargi, sous sa forme définitive. — On peut voir dès 1461 (dans le *Stylus curiæ parlamenti*, édit. Du Moulin, VIᵃ pars, nᵒ 47, p. 653) un appel comme d'abus au sens

moitié du xvᵉ siècle que l'appel comme d'abus est complètement
développé et armé de toutes pièces (193).

## II

Les libertés de l'Eglise gallicane furent, au xviiᵉ siècle, non pas
réglementées, mais consacrées législativement par la célèbre Déclaration de 1682. L'occasion fut, on le sait, un conflit entre Louis XIV
et la Papauté au sujet du droit de régale.

Il semble bien étrange que ce droit ait pu soulever des difficultés à cette époque, car il existait depuis des siècles, mais il
avait reçu des développements successifs. Il conférait, on le sait,
deux prérogatives distinctes au pouvoir royal. La première consistait dans le droit de percevoir les revenus du temporel pendant
la vacance; c'était la plus ancienne, et on l'appelait parfois la
*régale temporelle*. Elle ne fut jamais contestée par la Papauté, et
Boniface VIII lui-même se contenta de protester contre les abus
de jouissance commis par les commissaires royaux (194). La
seconde prérogative, c'était le droit pour le roi de conférer, pendant la régale, les bénéfices inférieurs dépendant de l'évêché et
qui eux-mêmes se trouvaient alors vacants; on l'appelait parfois
la *régale spirituelle*. Ce second droit était sûrement moins ancien
que le premier, et l'origine en est obscure. Il fut sans doute
contesté dans le conflit entre Philippe le Bel et Boniface VIII,
car c'est un des privilèges de la couronne de France que le roi
revendique alors expressément (195). A partir de cette époque il
fut définitivement admis, mais entre les deux régales il subsistait
encore au xviᵉ siècle une différence importante. La régale temporelle était généralement reconnue comme universelle; elle portait
de plein droit sur tous les évêchés, à moins qu'ils en eussent été

le plus large accueilli par le Parlement de Toulouse. Il est dirigé contre Jean de
Navarre, « miles et comes palatinus », qui « processerat ad creationem notariorum
imperialium et legitimationes in hoc regno temporalia tangendo, abusus fuerat et
interceperat contra jura regis (fecit legitimationes authoritate apostolica et imperiali),
et declaravit Curia omnia per eum in hac parte facta esse nulla ac nullius effectus »
   (193) Sur ces origines, voyez Fleury, *Institution au droit ecclésiastique*, II. p 190
et suiv.; — Févret, *De l'abus*, l. I, ch ii; — Marca, *De concordia sacerdotii et imperii*,
l. IV, ch. xviii
   (194) Articles dont le pape Boniface avait chargé le cardinal Jean, du titre de Saint-
Marcellin, l'envoyant en France, dans Dupuy, *Histoire du différend*, p. 91, art 7 :
« Item quod (rex) gardia et custodia ecclesiarum cathedralium vacantium, quas
vocant regalia per abusum, non abutatur. » etc.
   (195) *Scriptum contra Bonifacium* (*ibid*, p 319), art. 12 : « Item certum, notorium
et indubitatum existit quod quamdiu vacant dictæ ecclesiæ, in quibus dictus dominus
rex habet regalia, idem dominus rex donat et donare consuevit dignitates et præben-
das et beneficia, quorum collatio modo quocumque pertinere potest ad prælatum
illius Ecclesiæ. »

exemptés expressément par le pouvoir royal. La régale spirituelle, au contraire, était particulière; elle frappait seulement les évêchés que la coutume ancienne y avait soumis (196). Cette distinction devait tendre à s'effacer cependant avec la monarchie absolue et le droit divin. La régale spirituelle fut considérée comme universelle, aussi bien que la temporelle, et l'on fournit des raisonnements à l'appui.

Dès le règne de Louis XIII, Lebret raconte qu'il avait soutenu et fait accepter cette thèse par le Parlement de Paris (197), et alors cela ne souleva aucun conflit. Louis XIV crut sans doute faire une chose toute simple, lorsqu'en 1673 il consacra cette doctrine dans une Déclaration qui soumettait tous les évêchés à la régale, « à l'exception de ceux exemptés à titre onéreux » (198). Quelques évêques cette fois résistèrent; ils furent soutenus par la cour de Rome; des censures ecclésiastiques furent lancées contre les bénéficiers que le roi avait pourvus en régale dans ces évêchés, et enfin le pape Innocent XI adressa à Louis XIV deux brefs menaçants (199). Le roi suivit l'exemple donné jadis par Philippe le Bel en semblable occurrence : il convoqua, le 16 juin 1681, non les Etats généraux, alors tombés en désuétude, mais une Assemblée du clergé de France. Cette Assemblée, qui se réunit à Paris au début de l'année 1682 (200), montra le plus grand dévouement à la cause royale. Elle adhéra d'abord à la régale universelle et adressa au pape une lettre où elle exprimait cette adhésion (201). Elle donna au roi des armes contre la Papauté, en rédigeant une célèbre Déclaration, que l'on confond trop souvent avec la doctrine

(196) Le Maistre, *Des régales*, dans les *OEuvres*, édit. 1653, p. 272, 273 : « Quant à la première régale (celle qui concerne le temporel), elle appartient au roy en toutes les Églises cathédrales de son royaume, tant en deçà que delà Loire... La régale concernant le spirituel emporte la collation des bénéfices, de la quelle nous entendons parler »; p. 283 : « Nous est expressément monstré que le roi n'a droit de régale en tous les esvêchez de son royaume, mais seulement en aucuns. »

(197) *De la souveraineté*, l. I, ch. xvi, p. 33 : « Je parlerai donc premièrement de la régale spirituelle, qui est un droit qui appartient à nos rois à cause de la qualité d'ecclésiastique qui est unie à leur dignité royale par le moyen de cette onction divine (le sacre)... La seconde maxime que l'on doit donc tenir en matière de régale, c'est qu'elle a lieu en toutes les églises cathédrales du roïaume, comme il a été jugé sur mes conclusions en la cause de la régale d'Angoulême. »

(198) Déclaration du 10 février 1673 (Isambert, Anc. lois, XIX, 67).

(199) Voyez sur les brefs les arrêts du Parlement de Paris des 31 mars et 21 juin 1681 (Isambert, *Anc. lois*, XIX, 262, 272).

(200) Cette assemblée était analogue mais non point identique à celles dont il a été parlé plus haut, p. 610 et suiv.; Piganiol de La Force, *op. cit.*, I, p. 282 : « Dans ces occasions, il n'y a point d'autres députés du second ordre que les deux agents généraux qui se trouvent en charge. L'assemblée de 1681 est une de ces assemblées extraordinaires. On y appela les députés des provinces de Cambray et de Besançon, parce qu'il s'agissoit des intérests de toute l'Église de France. . au lieu que dans les assemblées ordinaires... on n'appelle point les ecclésiastiques des pays conquis »

(201) Isambert, *Anc. lois*, XIX, 374.

proprement dite des libertés de l'Eglise gallicane (202). Elle
comprenait quatre articles. Le second et le quatrième, reprenant
les décrets du concile de Constance, proclamaient la souveraineté
des conciles généraux et leur supériorité sur le pape et affirmaient
que, même sur les questions de foi, le jugement du pape n'était
pas irréformable, si l'assentiment de l'Eglise ne s'y ajoutait. Le
premier et le troisième ne faisaient que confirmer les libertés et
franchises de l'Eglise gallicane; ils affirmaient la séparation des
deux puissances et l'indépendance du pouvoir temporel, et, invoquant les canons anciens qui limitaient la puissance pontificale,
promettaient le maintien inébranlable des coutumes suivies par
l'Eglise de France (203). Cette Déclaration, dont Bossuet avait
été le principal rédacteur, et dont il composa plus tard en latin
une défense célèbre, fut publiée dans un Edit, et celui-ci, dûment
enregistré, devint loi d'Etat; elle dut être enseignée dans toutes les
Universités, Collèges et Séminaires, et tout candidat à la licence
ou au doctorat en théologie et en droit canon dut en soutenir la
doctrine dans une de ses thèses. Le conflit entre le roi et le pape
n'était pas terminé; il traîna encore pendant quelques années; mais
le coup décisif avait été porté. Il paraît bien d'ailleurs que
Louis XIV fit amende honorable envers la Papauté (204); mais la
Déclaration de 1682 ne perdit pas pour cela sa valeur juridique,
comme on l'a prétendu (205). Devenue loi d'Etat, en passant dans
un Edit, elle resta telle et devait forcément rester telle, à moins
d'être abrogée par un autre Edit. Non seulement cette abrogation
n'eut pas lieu, mais un arrêt du Conseil, du 24 mai 1766, confirma
expressément la Déclaration et en ordonna le respect (206).

## SECTION II

### LES PROTESTANTS ET LES JUIFS

### I

Lorsque apparut en France la religion réformée, on lui appliqua
les règles traditionnelles en matière d'hérésie; de ce chef, les pro-

(202) Edit pour l'enregistrement de la déclaration du clergé, mars 1682 (Isambert,
Anc lois, XIX, 379).
(203) Valere etiam regulas, mores et instituta a regno et Ecclesia Gallicana recepta,
palrumque terminos manere inconcussos. »
(204) L. Mention, Documents relatifs aux rapports du clergé avec la royauté de
1682 à 1705.
(205) Ad. Tardif, Histoire des sources du droit canonique, p. 241.
(206) Isambert, Anc lois, XXII, 454 : « Veut Sa Majesté que les quatre propositions

testants furent soumis aux poursuites criminelles. Mais cependant on ne se référa point simplement aux règles du droit canonique; ils furent l'objet de toute une législation particulière. De 1525 à 1559, parurent une série d'Ordonnances, Edits ou Déclarations qui édictèrent ou modifièrent les peines applicables aux protestants et déterminèrent les juridictions compétentes, qui tantôt furent les juges ecclésiastiques et tantôt les juges royaux (207). Parfois, le pouvoir royal donnait ordre de ralentir ou de cesser les poursuites, et parfois il les activait. En 1561 (a. s.), parurent deux Edits, dus au chancelier de L'Hôpital et empreints d'un large esprit de tolérance, établissant un régime provisoire en attendant les décisions définitives du concile de Trente (208). Mais, presque aussitôt, commencèrent les guerres de religion. Elles furent interrompues par divers Edits de pacification, véritables traités entre belligérants, qui assuraient aux protestants, non seulement la garantie contre toutes poursuites, mais encore la liberté du culte et une sorte de souveraineté dans certaines villes de France; mais leur condition ne devait être réglée par un loi durable que dans l'Edit donné à Nantes, par Henri IV, en 1598 (209).

L'Edit de Nantes porte encore le caractère bien prononcé d'un traité conclu entre deux puissances. Cela vient d'abord de ce que nombre de ses dispositions ont été empruntées aux Edits de pacification antérieurs (210). Cela tient aussi à ce qu'on ne comprenait point alors la liberté de conscience et de culte telle que nous la concevons aujourd'hui. On ne donnait à la religion réformée qu'une demi-liberté, et en même temps on accordait aux protestants certains droits qui pouvaient paraître des privilèges; en réalité, ce n'étaient que des moyens de défense, de sages précautions prises en faveur du parti le plus faible, à une époque où la guerre religieuse avait cessé, mais où les passions n'étaient point encore calmées.

Toute persécution religieuse était supprimée à l'égard des protestants; « ils pouvoient demeurer partout sans être enquis, vexez,

arrêtées en l'assemblée des évêques de son royaume, convoqués extraordinairement à cet effet en ladite année 1682, et les maximes qui y sont reconnues et consacrées, soient inviolablement observées en tous ses Etats et soutenues dans toutes les Universités et par tous les Ordres, Séminaires et Corps enseignants, ainsi qu'il est prescrit par ledit Edit de 1682. »

(207) Voyez dans Isambert, *Anc. lois,* à la table, v° *Culte protestant*

(208) Edit de juillet 1561 et Déclaration du 17 janvier 1561 [anc style] (Isambert, *Anc. lois,* XIV, 109 et 124).

(209) P.-E. Vigneaux, *La véritable date de l'Edit de Nantes et des actes additionnels* (*Revue des études historiques*, 1909).

(210) Pierre de Beloy, *Conférence des édits de pacification des troubles survenus au royaume de France pour le faict de la religion, et traitez ou réglemens faicts par les rois Charles IX et Henri III,* — *et de la déclaration d'iceux du roi Henri IV de France et de Navarre, publiée au Parlement le 25 février 1599,* Paris, 1600.

molestez ni astreints à faire chose pour le fait de la religion contre leur conscience » (211). Cependant, ils devaient encore chômer les fêtes catholiques, et ils continuaient à payer la dîme (art. 20 et 25). Ils n'avaient point entièrement le libre exercice de leur culte. Ils l'avaient partout comme culte privé, c'est-à-dire « dans leurs maisons et pour leur famille seulement » (art. 8) (212). Mais, quant au culte public, il n'était permis que dans certains lieux : 1° dans les villes où il avait été concédé par les Edits de pacification antérieurs (art. 9 et 10); 2° dans tous les chefs-lieux de bailliage ou sénéchaussée ressortissant directement à un Parlement; les protestants pouvaient y ouvrir un temple dans un faubourg ou, à défaut, dans un bourg ou village voisin; 3° dans les hautes justices dont le seigneur appartenait à la religion réformée, et tant qu'il était lui-même présent (art. 7). Il ne pouvait y avoir de temple protestant à Paris, ni dans un rayon de cinq lieues autour de la capitale (213).

Dans la mesure d'ailleurs où le culte public leur était permis et pour l'entretien de ce culte, ils acquéraient des droits corporatifs, semblables à ceux que possédait depuis des siècles l'Eglise catholique. Il était dit dans les articles particuliers de l'Edit de Nantes (art. 43) : « Les donations et légats faits et à faire, soit par disposition de dernière volonté, à cause de mort ou entre vifs pour l'entretènement des ministres, docteurs, escholiers et pauvres de ladite religion prétendue réformée et autres causes pies, seront valables et sortiront leur plein et entier effect, sans préjudice toutesfois des droits de Sa Majesté et de l'autruy, en cas que lesdits légats et donations tombent en mainmorte, et pourront toutes actions et poursuites nécessaires pour la jouyssance desdits légats, causes pies et aultres droicts... estre faicts par procureurs sous le nom du corps et communauté de ceux de ladite religion qui y aura intérêt. » C'était le droit d'acquérir librement des biens qui était ainsi accordé aux établissements protestants, comme aux établissements catholiques sous la simple réserve de la théorie de l'amortissement, telle qu'elle a été ci-dessus développée (214). De plus, comme l'Eglise réformée n'avait pas un patrimoine ancien et considérable, comparable à celui de l'Eglise catholique, on permettait aux protestants de s'imposer pour les besoins du culte; seulement, conformément au droit public de cette époque, les délibérations où se votaient les sommes ne pouvaient être prises que

(211) Edit de Nantes, art. 6 (Isambert, *Anc. lois*, XV, 174).

(212) Encore si la maison était comprise dans une ville, bourg ou village, soumis a la haute justice d'un seigneur catholique, et où celui-ci avait lui-même sa maison fallait-il l'autorisation du seigneur.

(213) Cf. art. 13, concernant le culte dans les armées

(214) Ci-dessus, p. 271 et suiv.

sous la présidence et l'autorité du juge royal (215). Enfin les ministres de la religion réformée étaient, comme le clergé catholique, exempts des tailles et autres charges personnelles (art. particul. 45).

Les protestants acquéraient la pleine capacité civile. Ils étaient déclarés « capables de tenir et exercer tous estats, dignités, offices et charges publiques quelconques, royales, seigneuriales ou des villes » (art. 27). Leurs enfants étaient admis dans les Universités, Collèges et Ecoles, et leurs malades dans les hôpitaux (art. 22). Mais ils ne pouvaient avoir d'écoles et de collèges propres et particuliers que là où le culte public leur était permis. Pour leurs mariages, ils étaient valablement célébrés devant leurs pasteurs, et la juridiction, pour les causes matrimoniales, attribuée aux Parlements (216); leurs morts devaient être enterrés dans des cimetières particuliers (art. 28, 29).

En matière judiciaire, ils obtenaient certains privilèges apparents. Tous les procès dans lesquels un protestant était partie principale, soit comme demandeur, soit comme défendeur, et qui venaient devant un Parlement, étaient jugés par une chambre spéciale, souvent composée mi-partie de conseillers catholiques et de conseillers protestants. Cette chambre ,que l'on appela *Chambre de l'Edit*, ne fut cependant pas érigée dans tous les Parlements, mais seulement dans quelques-uns d'entre-eux où l'on concentra toutes ces causes (art. 30-57). Dans les présidiaux, lorsqu'ils jugeaient en dernier ressort, les protestants parties principales avaient le droit de récuser sans motif deux juges; ils pouvaient parfois en récuser trois devant le prévôt des maréchaux (art. 65). Enfin, au point de vue du serment, certaines dispositions particulières étaient édictées en leur faveur (217). Telle est l'économie de cet Edit célèbre qui devait assurer la tranquillité à la France pendant près d'un siècle. Il fut plusieurs fois confirmé sous Louis XIII, mais en réalité ce n'était qu'une trêve. L'Eglise catholique, intimement unie à l'Etat, n'avait jamais accepté la liberté accordée au culte protestant; elle tendait fatalement à l'éliminer et elle devait réussir. L'Edit de Nantes fut révoqué, en effet, par Louis XIV, en 1685 (218). Mais ce n'était que le point culmi-

---

(215) Articles particuliers de l'Edit de Nantes (44) : « Permet Sa Majesté à ceux de ladite religion eux assembler par devant le juge royal, et par son authorité égaler ou lever sur eux telle somme de deniers qu'il sera arbitré estre nécessaire pour estre employée pour les frais de leurs synodes et entretenement de ceux qui ont charge pour l'exercice de leur dite religion »

(216) Cela résultait des articles secrets de l'Edit. Cependant ils étaient tenus d'observer les règles du droit canonique sur les mariages entre parents ou alliés (art. 23).

(217) Art 24, concernant à la fois le serment promissoire ajouté aux contrats et les formes du serment en justice.

(218) Edit de Fontainebleau, octobre 1685 (Isambert, *Anc. lois*, XIX, 530).

minant d'un mouvement commencé bien auparavant. Non seulement, dans la doctrine religieuse, une savante préparation avait
peu à peu conduit à cette conclusion (219); mais encore toute une
serie de mesures gouvernementales, depuis vingt années, avaient
entamé successivement la condition légale des protestants (220).
A partir de 1669, les Chambres de l'Edit avaient été supprimées;
des arrêts du Conseil avaient successivement interdit aux protestants les diverses fonctions et emplois publics; ils avaient localement prohibé le culte protestant. Le dernier coup, frappé par
l'Edit de Fontainebleau, fut peut-être le résultat d'un marché tacite
entre le roi et le clergé de France; ce fut peut-être le prix de la
Déclaration de 1682 (221). Le système de cet Edit était des plus
simples. Tous les temples étaient démolis, toutes les écoles supprimées; il était défendu de se réunir pour l'exercice de la religion réformée, même dans les maisons particulières. Quant au
sort fait aux protestants, il fallait distinguer les ministres ou
pasteurs et les simples fidèles. Les premiers, s'ils ne se convertis-
saient point à la religion catholique, devaient quitter le royaume
dans la quinzaine de la publication de l'Edit, sous peine des galères; aux seconds, au contraire, il était fait défense « de sortir du
royaume, eux, leurs femmes et enfants, ni d'en emporter leurs
biens, sous peine, pour les hommes, des galères et de confiscation
de corps et de biens, pour les femmes ». D'ailleurs, on promettait
à ceux qui resteraient en France de les laisser « continuer leur
commerce et jouir de leurs biens sans pouvoir être troublés ni
empêchés, sous prétexte de ladite religion dite réformée », pourvu
qu'ils ne fissent à ce sujet aucun exercice ni assemblée (222). On
sait que ces défenses n'empêchèrent point nombre de protestants
de 'passer à l'étranger et d'y porter les industries françaises; on
sait aussi que la tolérance bien réduite qui était promise ne fut
pas fidèlement observée. En réalité, cependant, au commencement
du xviiiᵉ siècle, il y avait encore en France, dans les diverses

---

(219) Voyez un remarquable article de M. Sabatier, *La révocation de l'Edit de
Nantes et les jésuites*, dans le *Temps* du 8 mai 1886

(220) *Recueil des édits, déclarations et arrests du Conseil rendus au sujet de la
religion prétendue réformée depuis 1679 jusqu'à présent*, Paris, 1701.

(221) En effet, dans l'adhésion donnée, en 1682, par les évêques de France au
principe de la régale universelle (Isambert, *Anc. lois*, XIX, 377), on lit : « Par une
voie qui marque à tout le monde et à la postérité combien nous sommes sensibles
à la protection que le roi nous donne tous les jours et à nos Eglises, *particulièrement
par ses édits contre les hérétiques.* »

(222) L'Edit de Fontainebleau fut complété par une série de mesures de plus en
plus vexatoires : je citerai seulement deux Edits de 1685 et 1686, l'un défendant aux
protestants d'avoir pour domestiques des personnes autres que des catholiques, le
second ordonnant que de cinq à dix ans leurs enfants leur seraient enlevés pour
être mis aux mains de personnes catholiques, parents ou autres (Isambert, *Anc. lois*,
XIX, 517 et 543).

parties du pays, un assez grand nombre de protestants (223). Leur condition, qui, en fait, était très dure, devint, même en droit, toute particulière à la fin du règne de Louis XIV et au commencement du règne de Louis XV. Il fut alors établi comme vérité légale, par une présomption de droit, que tous les protestants restés dans le pays avaient embrassé la religion catholique, de sorte qu'il n'y avait plus en France que des anciens catholiques et des nouveaux convertis (224). Il en résultait deux conséquences des plus graves. Les protestants, qui, en fa't, manifestaient leur croyance, pouvaient être poursuivis comme relaps, c'est-à-dire comme des hérétiques qui revenaient à leur hérésie après l'avoir abjurée. En second lieu, étant invinciblement présumés catholiques, il leur était impossible de contracter un légitime mariage autrement que devant le curé catholique; en effet, les Ordonnances, adoptant sur ce point le droit établi par le concile de Trente, avaient subordonné la val'dité du mariage des catholiques à sa célébration devant le propre curé de l'un des époux et un certain nombre de témoins (225). Tout d'abord le clergé catholique se prêta aux circonstances; il célébrait sans difficulté des mariages entre protestants avérés; mais, au milieu du xviii° siècle, il éprouva des scrupules et s'assura de la catholicité des contractants, refusant autrement de se prêter à la célébration (226). Dès lors, il fut impossible aux protestants de contracter valablement mariage et d'avoir des enfants légitimes; ils étaient privés d'état civil. Cependant, la jurisprudence des Parlements, par d'ingénieuses théories, arrivait parfois à admettre la légitimité de leurs enfants (227). Dans certaines régions de l'Est, les protestants avaient conservé, en vertu des traités de réunion, la liberté et même l'ancienne dotation de leur culte; en Alsace, leur condition était ainsi exceptionnelle et privilégiée (228).

Cet état de choses dura jusqu'en 1787. Sous la régence du duc d'Orléans, quelques velléités de revenir sur l'Edit de Fontainebleau s'étaient manifestées, mais n'avaient pas abouti. L'opinion

(223) Boulainvilliers, *Etat de la France*, III, 161, 231, 243; IV, 8, 28, 48, 57, 60, 80, 106, 240, 250, 254, 257, 284, 286, 303, 313, 344, 377, 382, 385, 387, 421; VI, 7, 319, 341.

(224) Déclarations du 8 mars 1715 et 14 mai 1724 (Isambert, *Anc. lois*, XX, 640; XXI, 261). — Préambule de l'Edit de novembre 1787 (*ibid.*, XXVIII, p. 473) : « Les ordonnances ont même supposé qu'il n'y avait plus que des catholiques dans le royaume, et cette fiction, aujourd'hui inadmissible, a servi de motif au silence de la loi » (sur l'état civil des protestants)

(225) Esmein, *Le mariage en droit canonique*, t. II, p. 201 et suiv.

(226) *Ibidem*, t. II, p. 236; — *Mémoires sur le mariage des protestants*, 1785, 1786.

(227) Beauchet, *Etude sur les formes de la célébration du mariage dans l'ancien droit français*, dans la *Nouvelle Revue historique* (1882), p. 671 et suiv.

(228) Beauchet, *loc. cit.*, p. 679; — Boulainvilliers, *E'at de la France*, III, p. 363

publique imposa une réforme au gouvernement de Louis XVI; elle fut réalisée par un Edit du mois de novembre 1787 (229). Les protestants étaient rétablis dans une partie de leurs droits. Ils n'acquéraient point la liberté du culte public, celui-ci étant réservé à la religion catholique; il leur était défendu de former aucun corps, aucune association. Mais ils obtenaient les droits civils et publics, étant capables d'acquérir toutes sortes de biens, d'exercer « tous commerces, arts, métiers et professions, sans que, sous prétexte de leur religion, ils pussent être inquiétés ». Cependant, leur étaient interdites « toutes les charges de judicature, les charges municipales érigées en titre d'office et ayans fonctions de judicature et toutes les places qui donnent droit à l'enseignement public ». Quant à leur état civil, ils avaient droit de faire constater légalement les naissances et les décès et de contracter légitime mariage. Les déclarations et consentements étaient reçus, à leur choix, ou par le curé catholique, qui ne faisait plus à leur égard que fonction d'officier d'état civil, ou par le juge royal des lieux. C'était, dans l'ancienne France, sur un point limité, une première laïcisation de l'état civil (230). L'Edit de 1787 souleva la résistance du Parlement de Paris; il fallut, pour l'enregistrement, que l'autorité royale lui forçât la main.

## II

Au Moyen âge, les *Juifs* avaient une condition spéciale faite de nombreuses infériorités et de quelques privilèges. En France, ils n'étaient point traités comme les hérétiques; ils n'avaient à craindre aucune poursuite criminelle à raison de leur foi, mais ils ne jouissaient pas de la pleine capacité civile. Ils étaient, disaient les canonistes et les théologiens, *in servitute quasi publica* (231). Ils étaient soumis au plein arbitraire du Prince ou du seigneur haut-justicier, qui les rançonnait à peu près comme il exploitait ses serfs. Les textes du XIIIᵉ et du XIVᵉ siècle les rapprochent de ces derniers, mais pour les comparer, non pour confondre les deux conditions (232). A certains égards, la condition du Juif

---

(229) Isambert, *Anc. lois*, XXVIII, 472.

(230) L'Edit porte le titre : *Edit concernant ceux qui ne font pas profession de la religion catholique*. On a voulu parfois en tirer cette conclusion qu'il s'appliquait à tous les non-catholiques. Mais le long et curieux préambule, ainsi que l'économie des dispositions, montrent clairement qu'il ne s'agit là que des protestants. Sur l'état civil des protestants, voir Lévy, *L'application de l'Edit de 1787*, *Nouv. revue hist. de droit*, 1911, et la bibliographie, p. 433.

(231) C. 13, X, *De Judæis*, V, 6. — Saint Thomas d'Aquin, *Summa*, IIᵃ IIᵉ, qu. 10, art. 12 : « Judæi sunt servi principum servitute civili. »

(232) Voyez le texte cité plus haut, p. 226, note 162. — *Registre criminel de Saint Germain-des-Prés* (1272), dans Tanon, *Histoire des justices des anciennes églises*

était meilleure que celle du serf; à certains autres, elle était pire. Les Juifs n'étaient point soumis au formariage et à la mainmorte; là où ils étaient tolérés, ils vivaient sous la loi mosaïque; enfin la coutume leur permettait généralement le prêt à intérêt, qu'elle interdisait aux chrétiens, conformément au droit canonique (233). Mais le seigneur, sous qui ils résidaient, les tenait à sa discrétion; il pouvait les retenir sur ses terres et les revendiquer comme les serfs de poursuite; il pouvait, au contraire, les expulser de force et arbitrairement, ce qu'il n'avait pas le droit de faire pour ses serfs de poursuite.

En réalité, jusqu'à la fin du xii$^e$ siècle, ils paraissent avoir été généralement tolérés en France (234); ils étaient arrivés à la richesse par le commerce et le prêt à intérêt (235). Mais de la fin du xii$^e$ siècle à la fin du xiv$^e$, ils furent l'objet de toute une série d'ordonnances odieuses et vexatoires, dont la première est de Philippe-Auguste et de 1182. Elles se succédaient avec une sorte de régularité et d'alternance. Une ordonnance prononçait l'expulsion des Juifs et confisquait, au profit du roi ou des seigneurs, tout ou partie de leurs créances; puis, au bout d'un certain temps, on les laissait rentrer dans le royaume, commercer et s'enrichir de nouveau; alors, une nouvelle ordonnance prononçait encore l'expulsion et la confiscation, et ainsi de suite. Il y avait là, pour le pouvoir royal, une source inépuisable de profits et comme une coupe réglée (236). D'autres ordonnances, dans les périodes où les Juifs étaient tolérés, déterminaient, quant aux taxes auxquelles ils pouvaient être soumis, le droit respectif du roi et des seigneurs,

de Paris, p. 424 : « Pour ce, que le Juif se pooit marier senz le congé dou roi et donner ses biens et à mort et à vie, qu'il n'estoit pas de condicion a serf, quar serf ne puert tel chose feire. »

(233) Entre les canonistes, c'était une question controversée que de savoir si le prêt à intérêt était permis aux Juifs.

(234) En l'an 1010, on voit cependant l'évêque de Limoges chasser les Juifs qui ne se convertissent pas au christianisme (Adémar de Chabannes, Chroniques, éd. Chavanon, III, 47, p. 103) : « Eo anno Hilduinus episcopus Judeos Lemovicæ ad baptistum compulit, lege prolata ut aut christiani essent aut de civitate decederent... Et tres vel quatuor Judæi christiani facti sunt. Cetera autem multitudo per alias civitates diffugere cum uxoribus et liberis festinavit. »

(235) Voici comment Rigord, ad. ann. 1182, expose la situation : « Longam habentes conversationem in tantum ditati sunt quod fere medietatem totius civitatis (Parisius) sibi vindicabant... tradentes christianis sub usuris pecunias suas in tantum gravaverunt cives et milites et rusticos de suburbis, oppidis et vicis, quod plurimi ex eis compulsi sunt possessiones suas distrahere, alii Parisiis in domibus Judæorum sub juramento astricti quasi in carcere tenebantur captivi. »

(236) Le Juif était tellement considéré comme naturellement exploitable par l'autorité publique que, lorsqu il se convertissait à la religion chrétienne, tous ses biens alors acquis étaient confisqués de plein droit. Voyez l'édit d'Abbeville du 15 avril 1393 qui supprima cette coutume (Isambert, Anc lois, VI, 728). Montesquieu, qui, dans l'Esprit des lois (l. XXI, ch. xxi), signale ce vieux droit, le rapproche justement de l'amortissement des biens acquis par l'Eglise : c'était la compensation des profits que le souverain perdait lorsque son sujet juif se faisait chrétien

et réglementaient les conditions dans lesquelles ils pouvaient pratiquer le prêt à intérêt. A .la fin du xiv⁰ siècle, des ordonnances de
1394 et 1395 paraissent avoir prononcé leur expulsion définitive
du royaume (237); mais c'est une fausse apparence, car, deux siècles plus tard, ils furent expulsés à nouveau par un Edit de
Louis XIII, du 23 avril 1615 (238). D'ailleurs, cette loi ne paraît
pas avoir été exécutée. Mais les Juifs demeurèrent sous le coup
de ce texte; légalement, ils étaient expulsés de France. Aux
xvii⁰ et xviii⁰ siècles, ils restèrent tolérés dans les pays, moyennant le paiement. de redevances diverses, dues les unes aux seigneurs et aux villes, les autres au roi. Dans certaines provinces
de l'Est, l'Alsace et la Lorraine, ils avaient acquis une condition
stable et privilégiée; ils se mariaient légalement devant leurs rab-
bins et étaient jugés par ceux-ci, quand le litige était entre deux
Juifs (239); ils subissaient pourtant certaines restrictions au droit
commun, par exemple quant à l'acquisition des immeubles (240).

Telle fut leur condition jusqu'à la fin de l'ancien régime. Cependant, un Edit de janvier 1784 supprima, dans toute l'étendue du
royaume, en faveur des Juifs, « les droits de péage corporels,
travers, coutumes et tous autres de cette nature pour leur personne
seulement, soit que lesdits droits dépendissent du domaine de la
Couronne, soit qu'ils appartinssent à des villes et communautés,
à des seigneurs ecclésiastiques ou laïcs » (241).

(237) Isambert, *Anc. lois*, IV, 750, 758.
(238) *Id., ibid.*, XVI, 76.
(239) Beauchet, *op. cit.*, dans la *Nouvelle Revue historique*, 1882, p. 682.
(240) Lettres patentes concernant les Juifs d'Alsace, du 10 juillet 1784 (Isambert,
*Anc. lois*, XXVII, 438). Les Juifs n'étaient pas Français, régnicoles; ils pouvaient cependant être naturalisés sous certaines réserves par des lettres du roi. Voyez Guyot,
*Répertoire*, v⁰ *Juifs*.
(241) Isambert, *Anc. lois*, XXVII, p. 360.

# CHAPITRE VII

## L'état des personnes, la condition des terres, le régime des métiers et du commerce.

---

Je réunis en un même chapitre ces trois séries d'institutions, parce que, juridiquement, elles ont un caractère commun; elles touchent à la fois au droit public et au droit privé.

## SECTION PREMIÈRE

### L'ÉTAT DES PERSONNES

L'état des personnes reposa jusqu'à la fin de l'ancien droit sur les bases qu'avait établies la société féodale; jusqu'au bout, il y aura des nobles, des roturiers et des serfs. Cependant, peu à peu, une certaine égalisation s'était produite. Le nombre des serfs avait diminué considérablement, si bien que la condition servile était devenue un état tout à fait exceptionnel. D'autre part, l'état du roturier tendait de plus en plus à figurer le droit commun, le noble étant un privilégié et le serf un incapable. Il suffira ici, comme précédemment, de parler des nobles et des serfs

### § 1. — LES NOBLES

La noblesse féodale avait été vraiment active. Intimement unie à la possession des fiefs et de la chevalerie (1), elle avait été la force militaire et le soutien de la société. Ses privilèges s'expliquaient par les services publics qu'elle rendait; enfin, ce n'était point une classe fermée et les roturiers pouvaient largement y pénétrer (2). Mais tout cela changea avec le temps. La chevalerie disparut, le service militaire attaché aux fiefs perdit son importance, et, en

(1) Ci-dessus, p. 219.
(2) Ci-dessus, p. 222 et suiv.

droit, toute connexité disparut entre la noblesse et le système féodal. Non seulement on était noble sans posséder des fiefs, mais on pouvait en posséder sans être noble (3). La noblesse devint une qualité purement personnelle, et les privilèges qui y étaient attachés, et qui furent de plus en plus sensibles, ne se justifiaient plus par un grand service public indispensable et reconnu de tous. Cependant, la noblesse ne devint pas un corps absolument fermé; elle continua a se recruter par de nouveaux membres, mais ce recrutement fut bien différent de celui qui l'avait alimentée dans la société féodale. Tandis qu'anciennement le roturier devenait noble par son mérite et son activité, en se faisant recevoir chevalier ou en acquérant un fief, dans le nouvel état de choses, il fallut, pour l'anoblir, un acte de souveraineté. A partir du XIVe siècle, ce fut un droit de la Royauté de conférer la noblesse par lettres (4). Il se forma aussi, principalement sous l'influence du droit romain, une noblesse de fonctionnaires royaux; mais, au fond, elle tirait encore son origine de la volonté royale, qui tacitement accordait la noblesse en conférant la fonction.

J'ai dit que toute attache entre la féodalité et la noblesse avait été rompue; mais il ne faut pas oublier que les *seigneuries* subsistaient, conférant encore à leur titulaire des attributs importants, spécialement le droit de justice et de fisc. Seulement, ces attributs passaient à tout propriétaire du fief, au roturier comme au noble, car le roturier pouvait librement acquérir ces immeubles, sauf le paiement du droit de franc-fief. On pouvait être seigneur sans être noble, et noble sans être seigneur. Pour les hautes seigneuries titrées, cependant, baronnies, marquisats et comtés, il était admis que les roturiers ne pouvaient les acquérir sans obtenir des lettres du roi le leur permettant (5). Mais alors beaucoup admettaient que cette acquisition anoblissait de plein droit le roturier et qu'il en était de même lorsque le roi recevait simplement l'hommage d'un homme de cette condition, pour une de ces grandes seigneuries relevant du domaine de la Couronne (6)

Telle fut la noblesse de la monarchie tempérée et absolue; disons rapidement quels étaient ses privilèges, d'où elle dérivait et comment elle se perdait (7).

(3) Ci-dessus, p. 224.

(4) Sur le premier anoblissement attribué à Philippe le Hardi, en faveur de Raoul l'Orfèvre, voyez Langlois, *Le règne de Philippe le Hardi*, p. 204 et suiv.

(5) D'ailleurs, quand elles passaient d'une famille noble dans une autre famille noble, il fallait la même autorisation.

(6) De la Roque, *Traité de la noblesse*, Paris, 1768, ch. xx, p. 62; — Loyseau, *Des ordres*, ch. vi, n° 65. — En sens contraire, Lefebvre de la Planche, *Traité du domaine*, l. V, ch. x, n° 4.

(7) Les principaux auteurs à consulter sont . De la Roque, *Traité de la noblesse*; — Loyseau, *Des ordres*, ch. iv-vi.

I

Les privilèges des nobles, sous l'influence du pouvoir royal s'étaient à la fois rétrécis et étendus. Les règles qui, dans la société féodale, au point de vue du droit privé, de la procédure et de l'organisation judiciaire, leur faisaient une condition à part, avaient successivement disparu ou s'étaient transformées. Les nobles, comme les roturiers, étaient pleinement les sujets du roi En revanche, leurs privilèges touchant au nouveau droit public avaient reçu un accroissement sensible; beaucoup de fonctions tendaient à leur être réservées, et leur exemption en matière d'impôts, quoique remontant aux principes féodaux, avait pris une importance nouvelle avec le développement de l'impôt royal; elle s'était tellement enracinée que la législation des XVII° et XVIII° siècles avait voulu et n'avait pu en avoir entièrement raison (8). Ces privilèges, d'ailleurs, comme le disait très bien Loyseau, n'étaient pas tous de la même nature. Les uns étaient des droits fermes, que les nobles pouvaient au besoin revendiquer devant les tribunaux; les autres étaient simplement des faveurs traditionnelles du pouvoir royal; il fallait les implorer et les obtenir, mais elles étaient rarement refusées. On peut ramener à trois chefs les privilèges des nobles :

1° Ceux qui concernaient l'ordre politique et administratif. A ce chef se rattachaient l'exemption de certains impôts et l'admission à certaines charges et emplois publics. Traditionnellement, certaines fonctions étaient réservées aux nobles; mais, fort rarement, il existait dans ce sens une règle légale et impérative. Cependant, sous Louis XVI, une prescription de ce genre fut introduite, pour tous les grades militaires, par un règlement du 22 mai 1781; il fallut désormais, pour y aspirer, établir une noblesse vieille de quatre générations (9).

2° Ceux qui concernaient le droit criminel ou la procédure. Certaines peines n'étaient jamais prononcées contre les nobles : c'étaient le fouet et la hart ou pendaison, Ils obtenaient facilement des lettres d'abolition et de pardon. Lorsque, poursuivis en matière criminelle, ils comparaissaient devant un Parlement, ils étaient jugés par la Grand'Chambre, et non par la Tournelle. Enfin, au civil comme au criminel, ils n'étaient pas justiciables des prévôts royaux et comparaissaient en première instance devant les baillis et sénéchaux.

3° Ceux qui se rapportaient au droit civil, et ils étaient peu

(8) Ci-dessus, p. 545 et suiv.
(9) Isambert, *Anc. lois*, XXVII, 29.

nombreux. Dans certaines coutumes, les successions, spécialement au point de vue du droit d'aînesse, étaient réglées autrement entre nobles qu'entre roturiers, bien que, d'ordinaire, ce fût la qualité des biens, et non celle des personnes, qui était prise en considé-ration (10). La *Garde noble*, donnant certains droits de jouissance sur les biens d'un mineur, n'était aussi, en général, reconnue par les coutumes qu'au profit des ascendants nobles, comme l'indique son nom.

## II

On distinguait, quant à leur source, trois sortes de noblesses : la noblesse de race, la noblesse de lettres et la noblesse de dignité.

La *Noblesse de race* dérivait de la naissance. Elle appartenait à tout enfant légitime dont le père était noble. Cela, excluait l'enfant légitime dont le père était roturier, bien que sa mère fût noble; la noblesse maternelle ne fut reconnue que par quelques coutumes · tout à fait exceptionnelles, et avec des effets fort restreints (11). Cela excluait aussi le fils bâtard d'un père noble; cependant, sur ce dernier point, le droit fut assez long à se former. Dans les temps anciens, au contraire, les enfants illégitimes, avoués par leurs pères nobles, jouissaient incontestablement de la noblesse. Mais, dit de la Roque, « on jugea à propos de déroger à cet ancien ordre, parce qu'il multipliait trop cette sorte de noblesse; et main-tenant l'on ne tiendra pas pour noble le bâtard d'un ancien gentil-homme, s'il n'a lettres patentes (d'anoblissement) du roi, vérifiées avec toutes les circonstances requises (12). » La preuve de la noblesse de race était assez difficile. En effet, dans la rigueur des principes, il aurait fallu, pour l'établir, remonter de génération en génération, jusqu'à ce qu'on trouvât, chez un ancêtre, un fait générateur de sa noblesse. Mais cette recherche indéfinie eût été, encore plus jus-tement que pour l'établissement de la propriété, une *probatio dia-bolica*. Aussi on s'en désista, et la règle communément reçue en France fut qu'il suffisait de prouver la possession de la noblesse pendant trois générations, y compris celle dont l'état était contesté; mais, dans certaines provinces, on exigeait cette preuve pendant quatre générations (13). La preuve devait être faite, en principe,

(10) Voyez pourtant Jean Rochette, *Questions de droit et de pratique*, 1613, tit. I, qu. 21, p. 23 : Entre roturiers les fiefs se partent également; toutefois ils sont partagés noblement entre les enfans de conseillers des Cours souveraines, lesquels sont anoblis par leurs estats.

(11) De la Roque, *op. cit.*, ch. xi.

(12) *Op. cit.*, ch. xxxviii, cxxx et suiv. Ce point de droit fut fixé par une ordonnance du mois de mars 1600, ar. 26 (Isambert, *Ana lois.*, XV, 234), et par la grande Ordon-nance de 1629, art. 197.

13) De la Roque, *op. cit.*, ch. ixiv, p. 249 : « Pour la preuve de la noblesse à

par écrit et par actes authentiques; mais, à défaut, la preuve testimoniale par quatre témoins était admise (14). Cela avait même fait
naître une question, à savoir : si la noblesse ne pouvait pas s'acquérir par prescription, par la possession prolongée. Certains l'admettaient, mais l'opinion dominante était en sens contraire. La
possession pendant trois générations faisait présumer la noblesse
et dispensait d'une preuve complète et adéquate, mais elle ne la
fondait pas. Si, en remontant plus haut, l'adversaire pouvait établir la roture de la famille, la présomption devenait inefficace (15).

La *Noblesse de lettres* était celle que conférait le roi par des
lettres patentes. Elle était d'ailleurs, en droit, parfaitement équiva-
lente à la noblesse de race et transmissible aux descendants de
l'anobli. Ces lettres devaient être vérifiées, non pas nécessairement
en Parlement, mais à la Cour des aides et à la Chambre des comptes, et celle-ci déterminait en même temps une finance que devait
payer l'anobli. La raison en était très simple. En transformant un
roturier en noble, le roi perdait un contribuable, puisque les
nobles échappaient à certains impôts; il était naturel qu'il en fût
indemnisé (16). Les cours qui enregistraient les lettres de noblesse
avaient d'ailleurs un pouvoir très large et pouvaient les écarter, si
les conditions auxquelles elles étaient subordonnées n'étaient pas
vérifiées (17).

Il faut ajouter que l'ancienne manière d'anoblir par la collation de la chevalerie persistait au profit du roi; elle équivalait à des
lettres d'anoblissement. Mais cela se faisait dorénavant par la nomination à l'un des ordres de chevalerie successivement institués par
les rois, Ordres de l'Etoile, de Saint-Michel, du Saint-Esprit (18)
et de Saint-Louis.

On appelait *Noblesse de dignité* ou encore *Noblesse civile* celle
qui résultait de certains emplois ou dignités. Elle fut principale-

---

l'égard du temps, il y en a qui la réduisent à un siècle, se fondant sur ce que trois
âges et trois générations se rapportent d'ordinaire à ce temps. Cette preuve de trois
générations a lieu dans ce royaume où l'on admet la noblesse qui a trois degrés,
y compris l'inquété, c'est-à-dire qui remonte jusqu'à l'ayeul. Il n'y a que la province
de Normandie où les quatre degrés s'observent, ce qui est plus régulier. »

(14) De la Roque, *op. cit.*, ch. LXIV.

(15) De la Roque, *op. cit.*, ch. LXIII. D'ailleurs, le roi pouvait, quand il le voulait,
ordonner la vérification par mesure spéciale des titres de noblesse dans telle ou
telle province, et il en déterminait alors les conditions.

(16) De la Roque, *op. cit.*, ch. LXX, p. 277 : « Le roi prend le droit d'indemnité sur
les anoblis, comme celuy de l'amortissement des héritages. »

(17) De la Roque, ch. LXIV, p. 256 : « On peut même dire que toutes les lettres
d'anoblissement ne sont pas toujours des titres valables et exempts de révocation, si
les services qui y sont exprimés ne sont vérifiés sans fraude ni déguisement, et que
les trois indemnités ne soient acquittées, tant envers le roi qu'envers les communautés et paroisses des anoblis, et encore envers les pauvres qui doivent recevoir des
aumosnes des anoblis. »

(18) Loyseau, *Des ordres*, ch. VI, nos 39 et suiv.; — De la Roque, *op. cit.*, ch. XXII

ment introduite sous l'influence du droit romain impérial qui n'en connaissait point d'autre (19). Mais elle ne se fit recevoir que relativement assez tard. Un règlement d'Henri III pour les tailles, en 1582, ne reconnaît encore que deux sortes de nobles, « ceux qui sont de maison et de race noble, ceux aussi dont les ancestres ont obtenu lettres d'anoblissement. Depuis, la maxime a esté introduite que les rois confèrent la noblesse, non seulement par lettres, qui est le moyen ordinaire et exprès, mais encore par un moyen tacite, c'est-à-dire par les hauts offices de justice et par les services que le père et l'ayeul ont continué do rendre au public (20). » Cette noblesse fut d'abord strictement personnelle, limitée à la personne de l'officier qui avait tenu l'emploi. Puis pour certaines charges, les plus élevées, elle devint héréditaire, transmise de plein droit par l'officier à ses descendants, à condition, dans certains cas, qu'il eût occupé la fonction pendant un temps déterminé. Dans les autres charges anoblissantes, elle resta personnelle; cependant le principe se fit admettre que, si la même dignité avait été successivement exercée dans la même famille pendant plusieurs générations, au troisième ou au second degré, la noblesse devenait héréditaire (21). On désignait souvent cette noblesse comme étant *de robe;* mais elle comprenait bien d'autres officiers que les magistrats judiciaires. Le nombre de ceux qui en jouissaient était considérable; Necker l'évaluait au delà de quatre mille en 1785. (22), et la conséquence pratique était que toutes ces personnes étaient exemptes de la taille et d'un certain nombre d'autres impôts.

La noblesse se perdait de deux façons : par suite d'une condamnation entraînant infamie, et par le fait dc *déroger,* c'est-à-dire de mener un état de vie incompatible avec la qualité de noble. Les emplois qui entraînaient la dérogeance étaient fort nombreux; c'étaient principalement les métiers manuels et les arts mécaniques, sauf la profession de verrier; le commerce, sauf le commerce maritime, et certaines professions auxiliaires de la justice, comme celles de sergent et de procureur. C'était toutefois une question de savoir si alors la noblesse était perdue ou si elle sommeillait seulement pendant la dérogeance; les usages n'étaient pas les mêmes dans toutes les provinces, et parfois la solution donnée n'était pas identique pour toutes les espèces de noblesse (23). Même lorsque la noblesse avait été radicalement éteinte, le roi pouvait la restituer par des lettres de réhabilitation.

---

(19) Ci-dessus, p. 20.
(20) De la Roque, *op. cit.,* ch. xxxi, p. 122.
(21) De la Roque, *op. cit., ch.* xxxi, xli et l.
(22) *De l'administration des finances, t. II,* ch. xiv, p. 104. Il donne l'énumération de ces charges.
(23) De la Roque, *op cit.,* ch. lxxxviii, cxxxv, cxlv.

§ 2. — LES SERFS

Dans la société féodale, le nombre des serfs était très considérable; dans les campagnes, presque toute la population agricole, dans les villes, presque toute la classe ouvrière, était de condition servile (24). Si maintenant nous nous plaçons au xvie siècle et que nous consultons les textes des coutumes officiellement rédigées à cette époque, nous constatons aisément que le servage est devenu un état exceptionnel. En effet, une dizaine seulement de ces coutumes lui consacrent des dispositions : les plus notables sont celles du Nivernais, du duché de Bourgogne, de la Franche-Comté, de l'Auvergne, du Bourbonnais, de la Marche, de Vitry et de Troyes (25). Cette grande transformation résulta de plusieurs causes :

1° Beaucoup d'affranchissements avaient été accordés par des seigneurs laïques, soit par intérêt pécuniaire (lorsqu'ils les faisaient payer), soit pour le salut de leurs âmes, car l'Eglise considérait l'affranchissement comme une œuvre pie. Ce qui avait eu surtout une action efficace, c'était les affranchissements collectifs accordés à tous les habitants d'une ville, d'un bourg ou d'un village; les chartes de villes, en particulier, avaient opéré cette œuvre de libération (26).

2° La coutume amena de plein droit, dans bien des pays, la disparition du servage, en abolissant par la désuétude les droits et incapacités qui caractérisaient la condition servile. Comme antérieurement, aux xe et xie siècles, elle avait transformé l'esclave en serf, de même elle transforma, aux xve et xvie siècles, le serf en roturier. Cela fut d'autant plus facile que les seigneurs purent garder sur leurs anciens serfs une partie des droits qui avaient antérieurement pesé sur eux; les corvées pouvaient être dues par des roturiers; les rentes seigneuriales grevant les héritages roturiers remplaçaient la taille abonnée assez avantageusement. Qu'on ne s'étonne pas de ce fait, que constataient, sans pouvoir toujours l'expliquer, nos auteurs du xviiie siècle (27). Chez certaines nations

(24) Ci-dessus, p. 224 et suiv.

(25) Guy Coquille, *Institution*, p. 183 et suiv.; — Boutaric, *Traité des droits seigneuriaux*, édit. Toulouse, 1751, p. 316 : « M. Boissieu prétend que le mot de *taillable* est synonyme de celui de *mainmortable* et est censé n'avoir été inséré dans les terriers et reconnaissances que par une mauvaise imitation de ces titres plus anciens, qui remontoient au temps où les censitaires étaient serfs et attachés à la glèbe; qu'ainsi ce mot ne doit rien opérer pour soumettre les habitants à la servitude de la mainmorte, qui n'est plus en usage que dans quelques coutumes. »

(26) Voyez les excellents développements donnés sur ce sujet par La Thaumassière, *Décisions sur la coutume de Berry*, l. I, ch. i.

(27) *Répertoire de Guyot*, v° *Mainmorte* : « Le Grand sur la coutume de Troyes. convient qu'il y a eu un temps où il y avoit des taillables et des serfs de poursuite

d'Europe, le servage disparut ainsi, sans avoir été formellement aboli; c'est ce qui se passa pour l'Angleterre, où les derniers vestiges s'en effaçent au commencement du xviie siècle (28).

3° Même dans les provinces où la coutume n'avait pas aboli le servage, la jurisprudence avait indirectement, mais sûrement, diminué le nombre des serfs. Elle se montra très difficile quant à la preuve du servage (29), très facile, au contraire, pour en admettre l'extinction. Elle accueillait contre lui la prescription, toutes les fois que le texte de la coutume ne l'avait pas expressément exclue (30). Elle considérait parfois comme francs les enfants nés d'un mariage, contracté par le serf hors du lieu de servitude avec une personne franche et de bonne foi.

Là même où le servage avait été maintenu, la condition servile fut améliorée; le *serf de corps et de poursuite*, au sens ancien du mot (31), cessa d'exister. Le terme resta bien, mais désigna dorénavant l'ancien serf de servitude personnelle, celui qui pouvait librement circuler et choisir son domicile, en traînant partout avec lui sa servitude (32). Même cette servitude était devenue anormale; la servitude se présentait naturellement, aux yeux des jurisconsultes, comme une charge purement réelle, que le serf pouvait librement dépouiller en déguerpissant la tenure servile. C'était celle-là qu'on devait présumer (33).

et par conséquent une mainmorte personnelle; mais il dit : « *Nous ne voyons plus à présent aucun serf de poursuite; ils sont entièrement abolis dans cette coutume. Mais pourquoi sont-ils abolis ? La coutume n'a point changé, on ne l'a point abrogée par une nouvelle.* » Ce qui embarrasse l'auteur, c'est que le texte officiel de la coutume, qui impliquait la servitude personnelle, n'avait pas été réformé, mais comme on le verra plus loin (IVe partie, ch. I, § 3, n° 3) la rédaction officielle des coutumes n'empêcha pas complètement celles-ci de se modifier par l'usage.

(28) Rudolf Gneist, *Englische Verfassungsgeschichte*, p. 626, note 3.

(29) *Répertoire de Guyot*, v° *Mainmorte*, addition. — Ci-dessus, p. 656, note 25.

(30) Guy Coquille, *Coutume de Nivernois*, sur l'art. 6 du titre *Des servitudes* : « Si le serf estant allé au loi s'étoit marié à femme franche d'honneste lieu et eust des enfants, je croy que, par le temps de vingt ans ou au plus de trente ans que luy et ses enfants auroient demeuré en quasi-possession de la liberté, la servitude seroit esteinte par prescription. »

(31) Ci-dessus, p. 226.

(32) Guy Coquille, *Coutume de Nivernois*, loc. cit., sur l'art. 6, qui commence par ces termes : *Les hommes et femmes de condition servile sont de poursuite* : « Cet article montre que la servitude estant de naissance tient et adhère à la chair et aux os; en sorte que le serf demeure serf en quelque part qu'il aille, ores qu'il quitte tous ses biens meubles et immeubles. » — Préambule de l'Edit du 8 août 1779 (Isambert, Anc. lois, XXVI, 140) : « Nous voulons parler du droit de suite sur les serfs mainmortables, en vertu duquel les seigneurs de fiefs ont quelquefois poursuivi dans les terres franches de notre royaume, et jusque dans notre capitale, les biens et les acquêts de citoyens éloignés, depuis un grand nombre d'années, du lieu de leur glèbe et de leur servitude. »

(33) Du Moulin, *Coutume de Paris, Des fiefs*, art. 8, glose 3, n° 5 : « Una, quam personalem vocant, quæ sequitur servum quocumque locorum confugerit et bona, acquisiverit, adhuc viget in paucis locis Galliæ. » — Préambule de l'Edit de 1779 : « Ce droit (de suite) excessif que les tribunaux ont hésité d'accueillir. »

La Royauté fit fort peu de chose pour l'abolition du servage; elle la contraria plutôt par le droit royal d'affranchissement (34) Cependant, les jurisconsultes du xvi° et du xvii° siècles n'hésitaient pas à reconnaître que le roi pouvait, de son autorité, donner la .pleine franchise aux serfs des seigneurs (35), mais il n'usa point de cette prérogative. Le droit du seigneur sur le serf apparaissait comme une propriété légitime et respectable, dont on ne pouvait le .dépouiller sans une juste indemnité. Le pouvoir royal n'intervint, par des actes généraux, qu'en faveur des serfs du domaine de la Couronne, une fois au xiv° siècle et une autre fois au xviii°. La première mesure est contenue dans un Edit célèbre de Louis le Hutin, de 1315, dont le préambule, inspiré par le droit romain, proclame que la liberté est le droit naturel; le roi offrait aux serfs de ses domaines l'affranchissement, mais moyennant finance (36). C'était là une mesure purement fiscale; ce qui le montre bien, c'est qu'un mandement de la même année ordonne de lever une aide sur les serfs qui ne voudraient pas acheter leur liberté (37) Sous Louis XVI, une mesure plus généreuse fut prise par l'édit du 8 août 1779 (38). Le préambule portait que le roi aurait voulu « abolir sans distinction ces vestiges d'une féodalité rigoureuse », mais que « l'état des finances ne lui permettait pas de racheter ce droit aux mains des seigneurs »; il était retenu par « les égards qu'il aurait toujours dans tous les temps pour les lois de la propriété ». Il renonçait donc à abolir d'autorité le servage sur les terres des seigneurs, mais il l'abolissait complètement sur les terres de la Couronne, même sur les domaines engagés (art. 1-3); les tenures serviles étaient transformées en censives, « chargées d'un sol de cens par arpent, ledit cens emportant lods et ventes » (art. 4). Le roi invitait les seigneurs à suivre son exemple à l'égard de leurs serfs, et pour ces affranchissements il renonçait à tout droit. D'autre part, pour tous les serfs qui existeraient encore en France, la servitude personnelle était abolie par l'article 6 : « Le droit de suite sur les mainmortables demeurera éteint et supprimé

---

(34) Ci-dessus, p. 238.

(35) Lebret, *De la souveraineté*, l. IV, ch. xi, p. 263 : « Quant aux mainmortes personnelles, c'est-à-dire de ceux qui sont de condition servile, il n'y a point de doute que le roi par le droit de souveraineté n'ait la puissance de les affranchir contre le gré des seigneurs qui les possèdent... Le roi de sa puissance souveraine les peut relever de cette misère et les affranchir malgré leurs propres seigneurs, comme il fut jugé solennellement au Parlement de Paris en l'an 1571; il est vrai que ce fut à la charge d'indemniser le seigneur sur le fonds à eux appartenant, comme il étoit juste. »

(36) *Ord.*, I, 583; — Artonne, *Le mouvement de 1314 et les chartes provinciales de 1315*, p. 72.

(37) Isambert, *Anc. lois*, III, 104.

(38) *Id.. ibid.* XXVI, 139.

dans tout notre royaume, dès que le serf ou mainmortable aura acquis un véritable domicile dans un lieu franc; voulons qu'alors il devienne franc à l'égard de sa personne, de ses meubles, et même de ses immeubles, qui ne seraient pas mainmortables par leur situation ou par des titres particuliers. »

## SECTION II

### LA CONDITION DES TERRES

Le régime de la propriété foncière reposa jusqu'à la fin de l'ancien droit sur les bases qu'avait établies la société féodale (39). A la veille de la Révolution, les tenures féodales en représentaient encore la forme ordinaire, toujours divisées en tenures nobles, roturières et serviles. L'alleu restait une exception. Cependant, de profondes modifications s'étaient produites au cours du temps quant aux tenures, et l'alleu avait eu aussi son histoire dans les temps modernes.

### I

Parmi les tenures féodales, il en est qui se maintinrent à peu près telles que nous les avons décrites aux XIIIᵉ et XIVᵉ siècles; ce sont les tenures roturières et serviles. Les premières avaient acquis alors la pleine patrimonialité, les secondes ne devaient jamais l'acquérir, mais le fief subit de nombreuses et importantes modifications.

Les premiers changements se rapportent aux services dus par le vassal. Ceux-ci avaient été organisés en vue du groupe féodal; lorsque la féodalité politique disparut, ils devaient cesser également, faute d'objet. Le service de justice disparut lorsque la justice cessa d'être rendue par les jugeurs féodaux (40). Le service de conseil n'avait plus sa raison d'être lorsque, seuls, les rois eurent besoin de conseillers politiques; quelques grands seigneurs conservèrent bien un conseil particulier, mais il était composé d'avocats et non de vassaux. Seul, le service de guerre subsista jusqu'au bout; le possesseur d'un fief put être requis de fournir le service militaire. Mais celui-ci, depuis la disparition et l'interdiction des guerres privées, ne pouvait plus être dû au seigneur, qui, en rassemblant des hommes de guerre, eût été coupable de *port d'armes* défendu. Il ne pouvait être réclamé que par le roi; aussi se transforma-t-il

---

(39) Ci-dessus, p. 187 et suiv.
(40) Ci-dessus, p. 406.

dans ce sens (41). Il prit le nom d'*Arrière-ban*, terme qui reçut ainsi une acception nouvelle et désigna le service militaire que durent dorénavant au roi tous les possesseurs de fiefs dans la France entière. Ainsi entendu, l'arrière-ban, convoqué par le bailli ou sénéchal, fonctionna jusqu'au xviiiᵉ siècle (42). On peut voir, dans les *Lettres* de Mᵐᵉ de Sévigné, que parfois il préoccupait encore les nobles au xviiᵉ siècle. Les *Aides féodales*, qui tenaient essentiellement à la constitution du groupe féodal, disparurent également; elles ne figurent plus parmi les charges naturelles du fief dans les traités de la dernière époque (43). Cela étant donné, il semble que tout ce qui dépendait du lien personnel et de l'ancienne fidélité entre le seigneur et le vassal, tout ce qui avait été la sanction des anciens services imposés au vassal par le seigneur, aurait dû disparaître également. Le fief n'aurait plus dû produire que ses effets réels, c'est-à-dire ceux qui représentaient la valeur pécuniaire du domaine éminent : les profits en cas de mutation (droit de relief, quint et rachat), le retrait féodal et le droit de réversion. Il n'en fut rien cependant, et ces dernières transformations ne s'accomplirent pas. Sauf les services disparus, les anciennes règles du fief subsistèrent, quoique dénaturées et le plus souvent sans objet. Cette survivance, qui, en apparence, ne s'explique point (44), avait peut-être une raison d'être profonde; peut-être les anciens juristes sentaient-ils inconsciemment que tous les droits féodaux tomberaient fatalement le jour où l'on enlèverait

---

(41) Carondas, sur Boutillier, p. 488 : « L'autre condition de suivre son seigneur en l'ost et armée procède de l'ancien et premier droit des fiefs qui estoit militaire, d'où est aussi procédée l'institution du ban et arrière-ban... Le ban estoit la convocation que faisait faire le roy ou souverain prince, et l'arrière-ban, *ou heribannum*, la publication que le seigneur appelé au ban de son roy ou prince faisoit faire pour assembler ses vassaux... Mais à présent telles anciennes mœurs sont hors d'usage et depuis ont esté faictes des ordonnances qui prescrivent la forme du ban et arrière-ban. » — Il y a là une tentative curieuse pour rattacher aux anciens principes la forme définitive de l'arrière-ban : on suppose que même anciennement le seigneur n'aurait convoqué ses vassaux que pour le service du roi. Cf. Boutaric, *Traité des droits seigneuriaux*, Toulouse, 1751, p. 391 et suiv.

(42) *Répertoire* de Guyot (1784), vᵒ *Ban* : « Il y a près d'un siècle qu'il n'a pas été question de l'exercice de ce droit; les dernières convocations que l'on connaisse sont celles qui eurent lieu en 1674 et en 1689. »

(43) Par exemple, Pocquet de Livonnière, *Traité des fiefs*, Paris, 1756, p. 24, 25. — Laplace, *Introduction aux droits seigneuriaux*, p. 23 : « Aide chevel est un droit que le seigneur *exigeait autrefois* de ses vassaux en trois occasions. » L'aide s'était conservée cependant à titre exceptionnel dans quelques coutumes (*Répertoire* de Guyot, vᵒ *Aide*).

(44) Boutaric, *Traité des droits seigneuriaux*, p. 391 : « Le vassal étant ainsi dispensé par les lois du royaume et de l'obligation de servir son seigneur envers et contre tous et de l'obligation encore du service militaire... M. de Boissieu (*De l'usage des fiefs*, ch. II, p. 18) a quelque raison de dire que la prestation de foi et hommage n'est plus aujourd'hui qu'une cérémonie et que les fiefs ne sont plus qu'une ombre d'honneur, que des squelettes dépouillés des nerfs qui les soutenoient et les faisoient mouvoir autrefois. »

au fief son ancienne physionomie. Ce n'est qu'à la veille de la Révolution que certains proposeront l'abolition des tenures féodales et l'affranchissement de la propriété foncière. Jusqu'aux derniers jours de l'ancien régime, le fief resta une institution généralement acceptée, mais on la sentait tellement vermoulue qu'elle s'effondrerait au premier essai de réparations.

Bien que ce ne fût plus qu'une forme de la propriété foncière, on tenait encore qu'en droit le fief reposait essentiellement sur l'obligation de fidélité entre le vassal et le seigneur. Il en résulta que la prestation de foi et d'hommage, qui en était l'expression et la source, se maintint également; elle devait toujours être renouvelée à tout changement de vassal et de seigneur. Cependant la vassalité n'était plus prise au sérieux par personne, si ne n'est peut-être par quelques seigneurs campagnards, dont la prétention semblait absolument ridicule au xviiᵉ siècle (45). Mais il avait bien fallu que l'hommage s'humanisât pour ainsi dire. Il ne pouvait plus être question d'amener le vassal tête nue et de le faire agenouiller devant le seigneur (46). Déjà, Du Moulin réservait cette forme pour l'hommage-lige prêté au souverain lui-même et déclarait que, dans les autres cas, il suffisait au vassal de promettre fidélité en levant la main (47). Enfin, on admit que le vassal avait seulement à se présenter en personne devant le seigneur et que l'hommage était censé par là avoir été prêté (48). Ce qui avait de l'importance, beaucoup plus que l'hommage, c'était l'*Aveu et le Dénombrement* que le vassal, en entrant en possession, devait au seigneur. C'était un acte authentique portant reconnaissance du fief par le vassal et donnant le détail de ce qu'il tenait à ce titre du seigneur.

La commise, qui avait été la sanction des obligations essentielles du vassal, subsista comme l'hommage; elle put encore être

---

(45) Voyez une lettre de Bussy-Rabutin du 22 février 1678 (*Lettres de Mᵐᵉ de Sévigné*, édit. Monmerqué, lettre 682) : « L'ami commun lui représenta ma naissance, la supériorité que j'avais eu sur lui pendant quelques années et mes grands emplois ensuite. Il lui répondit qu'il en convenoit, mais que tout cela n'étoit pas si fort que le fief dominant qu'il avoit sur moi... Guitaut lui montra une lettre que vous aviez écrite de Bourbilly par laquelle vous le traitiez de *monseigneur* et vous lui mandiez que, pour ne pas encourir le crime de félonie, vous ne manqueriez pas de lui aller rendre au plus tôt vos devoirs. Je sais bien, ajouta-t-il, que Mᵐᵉ de Sévigné badinoit, mais en badinant elle disait la vérité. »

(46) Boutaric, *Traité des droits seigneuriaux*, p. 390.

(47) *Coutume de Paris*, art. 3, glose 3, nᵒˢ 15, 16. — Cf. Esmein, *Etudes sur les contrats*, p. 103.

(48) Challine, *Méthode générale pour l'intelligence des coustumes de France*, p. 53 : « L'exhibition de la personne du vassal emporte la prestation du serment *implicite*... suivant la doctrine des arrests de la cour. Il en est de même des formalitez de présenter la bouche, du baiser et de la jonction des mains, lesquels sont abrogez par le non-usage. »

prononcée en cas de désaveu et en cas d'injure grave du vassal envers le seigneur. Mais le désaveu lui-même était considéré comme une injure grave, non comme un manquement à la fidélité proprement dite (49), et les juristes trouvèrent moyen de concilier la commise avec la nature nouvelle des fiefs. Ils admirent que tous les fiefs résultaient originairement d'une donation et que celle-ci était confirmée à chaque changement de seigneur; par suite, ils assimilèrent la commise à la révocation des donations pour ingratitude du donataire (50). Les obligations qui subsistaient à la charge du vassal, soit quant aux honneurs, soit quant aux profits du fief, n'avaient donc plus jamais la commise pour sanction, mais seulement la saisie féodale; cette dernière, d'ailleurs, dans la plupart des cas, n'était qu'un simple séquestre et ne faisait pas acquérir les fruits au seigneur.

En réalité, malgré toutes ces survivances, le fief était devenu une simple forme de la propriété foncière. Les seigneurs ne songeaient qu'aux profits pécuniaires qu'ils pouvaient en retirer; ceux-ci, d'ailleurs, quoique casuels et non réguliers dans leur échéance, étaient assez importants et entraient comme élément notable dans beaucoup de patrimoines.

## II

Les tenures féodales n'étaient pas les seules qui existassent dans notre ancien droit. Il en était une autre classe, très importante et très féconde en types variés, qui ne comptait pas, dans ses origines, parmi les éléments générateurs du système féodal et qui ne se rattachait par aucune relation nécessaire à la féodalité. Bien qu'elles imitassent parfois les tenures féodales, celles-là étaient purement *foncières* C'étaient de simples amodiations de la terre, et elles n'impliquaient aucune supériorité du concédant sur le concessionnaire; elles pouvaient exister ou subsister dans une société qui n'aurait jamais connu ou qui aurait éliminé le système féodal. Aussi la Révolution les traita-t-elle autrement que les tenures féodales; tandis qu'en définitive, par les lois de la Convention, elle abolit sans indemnité toutes les tenures féodales, elle laissa

(49) Pocquet de Livonnière, *Traité des fiefs*, p. 124 : « Le désaveu est un délit féodal et une injure faite au seigneur; c'est pourquoi, si le seigneur, ayant connaissance du désaveu de son vassal, le laisse en paix et décède sans avoir formé la demande de la commise, il est présumé avoir remis l'injure qui lui avoit été faite; ses héritiers n'en peuvent poursuivre la vengeance. »

(50) Pocquet de Livonnière, *Traité des fiefs*, p. 127 : « Les fiefs sont tous à présent présumés de concession et procéder de la libéralité du seigneur; en sorte que le vassal, qui commet une ingratitude considérable envers son seigneur, mérite d'être puni par la révocation du bienfait qu'il avait reçu et par la perte de son fief. »

généralement, au contraire, subsister les tenures foncières, sauf
faculté de rachat pour le tenancier.

Ces tenures ou charges simplement foncières, dans leurs nombreuses variétés, se ramenaient à deux types principaux. Les
unes étaient des baux perpétuels ou à très long terme, dans lesquels
le droit du preneur était très fort, non seulement par sa durée,
mais encore par sa nature, étant réel et librement aliénable. Les
autres avaient transféré au tenancier, non pas seulement la jouissance, mais encore la pleine propriété de la terre; seulement le
bailleur se réservait une rente annuelle, et le droit de percevoir
cette rente avait le caractère d'un droit réel qui pesait sur le fonds
en quelques mains qu'il passât (51). Il ne faudrait pas croire d'ailleurs que ces tenures foncières fussent toutes des formations juridiques, postérieures à l'établissement de la féodalité, plus jeunes
historiquement que les tenures féodales; cela était vrai de beaucoup
d'entre elles, mais quelques-unes étaient aussi anciennes ou même
plus anciennes que les tenures féodales. Ainsi, les deux plus remarquables et les plus répandues étaient le bail à rente foncière et
l'emphytéose. Or, la rente foncière, à l'origine, se confondait peut-
être complètement avec la censive (52), ou plutôt elle me paraît
en être dérivée. Je crois qu'elle se dégagea comme contrat distinct,
surtout pour éviter l'application de la règle : *Cens sur cens n'a
lieu* (53), et pour permettre au censitaire d'aliéner à son profit le
domaine utile moyennant un cens ou rente (54). Quant à l'emphytéose,
c'est une institution du droit romain, qui se maintint sans interruption dans le midi de la France; il est vrai que là, l'emphytéose, avec l'établissement de la féodalité, prit ordinairement le
caractère d'une tenure féodale; ce fut, dans les pays de droit écrit,
le type commun des tenures féodales roturières. Mais elle sut
reprendre aussi le caractère de tenure simplement foncière, principalement sous l'influence du droit romain.

Les tenures simplement foncières se distinguaient juridiquement
des tenures féodales par deux différences notables : 1° Elles pouvaient, en principe, être établies sur toute espèce de fonds, aussi

(51) Voyez pour le détail, E. Chénon, *Les démembrements de la propriété foncière
en France avant et après la Révolution*, Paris, 1881.

(52) Viollet, *Histoire du droit civil français*, 2ᵉ édition, p. 676 et suiv.

(53) Voyez en particulier, dans Flammermont, *Histoire des institutions munici
pales de Senlis*, p. 178, un acte de 1239, d'où il paraît bien résulter que le surcens
admis n'est pas autre chose que le bail à rente foncière, consenti par le censitaire, de
la terre tenue en censive. C'est bien ainsi qu'on l'entendait au xviᵉ siècle (Du Moulin,
sur l'art. 129 de la coutume d'Orléans) : « Héritage baillé à cens ne se peut
bailler à autre cens, *scilicet proprie* portant directe, *sed bene* à rente ou pension
*quæ improprie vocatur census*. »

(54) Ch. Lefebvre, *Les rentes perpétuelles dans l'ancien droit français*, Nouv. revue
hist. de droit, 1914-15, p. 113 et suiv.; — H Legras, *Le bourgage de Caen*, thèse,
1911, p. 142.

bien sur le domaine utile d'une tenure roturière que sur celui d'un fief; au contraire, les tenures féodales ne pouvaient être établies que sur un fief ou un alleu (55). Seule l'emphytéose ne pouvait porter que sur un alleu. 2° Les charges foncières étaient prescriptibles; la propriété en était affranchie lorsqu'elles n'avaient pas été acquittées pendant le temps voulu pour la prescription. Au contraire, dans la plupart des coutumes, les charges résultant des tenures féodales étaient imprescriptibles, même par la prescription centenaire. « La chose est si triviale, disait Boutaric, qu'il n'est point de paysan qui l'ignore, point de tenancier qui se croie dispensé de payer, par cette raison que le seigneur n'aura rien exigé pendant des siècles entiers » (56).

On voit par ce qui vient d'être dit que le plus souvent les tenures foncières se superposaient aux tenures féodales, grevant, entre les mains du possesseur, la propriété d'une double charge; celui, par exemple, qui acquérait une censive du censitaire à charge de rente foncière devait le cens au seigneur et la rente au crédirentier. Aussi devinrent-elles aussi gênantes que les tenures féodales elles-mêmes. Elles avaient été bienfaisantes à l'origine, car elles avaient permis à bien des cultivateurs d'acquérir la propriété de la terre ou un droit équivalent, sans en fournir le capital, et moyennant le paiement d'une rente. Mais de génération en génération le souvenir de l'avantage originel s'effaçait, et le fardeau de la charge perpétuelle se faisait plus lourdement sentir. La propriété foncière, dans beaucoup de mains, se trouvait ainsi accablée de charges diverses, résultant du système des tenures, sans compter l'impôt royal et la dîme payée à l'Eglise (57).

### III

L'alleu s'était maintenu en France contre la féodalité, alors qu'elle était dans toute sa force; il faillit disparaître par l'action du pouvoir royal. Dès le xvie siècle, les jurisconsultes soutenaient au profit du roi une thèse qui était dans la logique féodale et qui avait pleinement triomphé en Angleterre avec la conquête normande. Ils soutenaient que la maxime : *Nulle terre sans seigneur*, était d'une vérité générale et absolue, non pas à l'égard des seigneurs, mais à l'égard du roi. Toute terre située dans le royaume relevait féodalement du roi, médiatement ou immédiatement, et

---

(55) Ci-dessus, p. 215.
(56) *Traité des droits seigneuriaux*, p. 44 et suiv.
(57) Voyez le tableau détaillé de ces charges, dans Boncerf, *Les inconvénients des droits féodaux*, Londres, 1776.

celle qui ne reconnaissait pas d'autre seigneur direct devait reconnaître le roi en cette qualité (58). C'est ce qu'on appela la *directe royale universelle*, et c'était la condamnation de tout franc-alleu, qui devait être transformé nécessairement en fief ou en censive tenus du roi. La Royauté n'hésita pas à faire passer cette théorie dans la pratique. Elle procéda d'abord par des instructions données aux collecteurs des droits de franc-fief; puis elle inscrivit sa prétention dans les ordonnances et en fit une loi. Elle est nettement formulée dans l'article 383 de l'Ordonnance de 1629 (59); mais cet article est un de ceux qui furent repoussés par les Parlements, lors de l'enregistrement. Un Edit de 1692 (60) reprit et proclama le principe. Mais le pouvoir royal se heurta à une résistance énergique et pacifique des provinces allodiales, c'est-à-dire de celles où il existait beaucoup d'alleux. En définitive, il admit une sorte de transaction. Il soumit tous les alleux nobles (61) à la directe de la Couronne, et il obtint une finance des propriétaires des alleux roturiers, dans plusieurs provinces, rachat de la liberté de leurs terres, qui ainsi fut maintenue (62).

On le voit, la monarchie absolue ne songea aucunement à accomplir la réforme de la propriété foncière, la plus utile de toutes et la plus désirée au xviiie siècle par la masse de la population. Elle se porta plutôt en sens contraire. Cela ne doit point étonner, car il n'y a pas, dans l'ordre social, de transformation plus profonde. La forme féodale, qui existait depuis des siècles, n'a disparu en Europe que sous l'influence plus ou moins directe de la Révolution française. Dans un grand pays libre, l'Angleterre, qui est restée en dehors de cette influence, elle subsiste encore. Il est vrai que, depuis le xviie siècle, tout ce qui constituait une prérogative utile

(58) Bacquet, *Du droit des francs-fiefs*, ch. ii, n° 21 : « Combien que les docteurs tant légistes que canonistes, tiennent que tous héritages de leur première nature sont allodiaux, francs et libres, et qu'on ne les peut prétendre féodaux ou censuels, si l'on ne fait apparoir de l'investiture ou du bail à cens ou de la prise à rente : toutefois plusieurs sont d'advis que cette maxime ne peut estre receue en France, où l'on tient communément qu'on ne peut tenir terre sans seigneur; de fait, celui qui prétend son héritage estre tenu en franc aleu doit faire apparoir de son titre exprès et spécial; autrement pourra imposer cens sur son héritage, lequel il payera au roy eu esgard aux prochaines terres payans censive, comme il est contenu ès instructions dressées pour le fait des francs-fiefs et nouveaux acquests. »

(59) « Tous héritages relevant de nous en pays coustumiers ou de droit escrit sont tenus et sujets aux droits de lods, ventes, quints et autres droits ordinaires... et sont tous héritages ne relevans d'autres seigneurs censez relever de nous. »

(60) Isambert, *Anc lois*, XX, 165, préambule : « Nous n'avons point de droit ni mieux établi ni plus inséparablement attaché à notre Couronne que celui de la mouvance et directe universelle que nous avons sur toutes les terres de notre royaume. »

(61) Ci-dessus, p. 219.

(62) Sur cette histoire et cette lutte, voyez Chénon, *Histoire des alleux en France*, ch. iv, n°s 44-49.

ou un profit pécuniaire du seigneur féodal a disparu dans le droit anglais. Il n'est resté qu'une forme particulière de la propriété foncière, gênante à certains égards, mais nullement oppressive. Encore cette transformation incomplète, propre au droit anglais, ne s'est-elle pas uniquement accomplie par une action pacifique; la Révolution qui abattit Charles Ier et établit momentanément la République y eut incontestablement sa part (63).


## SECTION III

### LE RÉGIME DES MÉTIERS ET DU COMMERCE

L'organisation des métiers, de l'industrie et du commerce, telle qu'elle s'était développée dans l'ancienne France, avait pour base essentielle les Communautés d'artisans et de marchands. La liberté de l'industrie et du commerce n'était point reconnue; elle était remplacée par une réglementation autoritaire, qui se ramenait à trois principes fondamentaux : 1° Tous les artisans et marchands étaient classés par corporations, auxquelles ils ne pouvaient se soustraire, et dont ils subissaient les statuts. 2° Toute personne n'était point autorisée à travailler ou à commercer pour son propre compte en ouvrant boutique ou atelier et en entrant dans la corporation correspondante. Il fallait, pour cela, subir un stage et un examen professionnel, payer des droits à la Corporation et au Trésor royal. Le stage était parfois long, l'examen difficile, et le nombre des apprentis que chaque patron pouvait prendre était limité réglementairement. 3° Chaque Corporation avait ses règlements propres, qui déterminaient étroitement le genre de fabrication ou de commerce seul permis à ses membres; ils fixaient aussi les conditions de la fabrication et la qualité des produits mis en vente.

Ce régime s'était constitué peu à peu; il n'avait pas été le résultat d'un plan préconçu. Mais, quand il fut arrivé à son complet développement, on prétendit le justifier rationnellement. On soutenait qu'il servait à la fois les intérêts du producteur et ceux du consommateur. D'un côté, en effet, il empêchait l'abaissement exagéré des profits et des salaires, résultat inévitable de la trop grande concurrence, en arrêtant la multiplication inutile des patrons et des ouvriers; d'autre part, il assurait au consommateur un produit sincère et bien fabriqué (64). On ne s'apercevait pas qu'on sacri-

---

(63) Frederik Harrison, *Oliver Cromwell*, London, 1890, p. 129.
(64) Remontrances de l'avocat général Séguier sur l'Edit de 1776, supprimant les jurandes et maîtrises (*Extrait du procès-verbal du lit de justice tenu le 12 mars 1776*,

fiait la liberté du travail, la plus légitime de toutes; qu'on rendait impossibles le progrès et le bon marché, résultat de l'émulation et de la concurrence.

I

Les Corporations d'artisans et de marchands avaient, pour la plupart, une origine très ancienne. Quelques-unes, c'étaient surtout des corps de marchands, remontaient vraisemblablement aux *Collegia* du Bas-Empire (65). Dans le droit impérial, cette organisation corporative était imposée par la loi, surveillée par l'autorité administrative; après la chute de l'Empire, elle s'était conservée sous la forme de l'association libre. Les corps d'artisans, d'ouvriers, avaient souvent une autre origine; ils s'étaient formés pour la défense mutuelle des intérêts; parfois, ils résultaient naturellement de ce que les ouvriers qu'ils comprenaient étaient serfs d'une même abbaye (66). Mais ce ne furent point d'abord des corps fermés, ni une enrégimentation par voie d'autorité. Tous ceux qui, en fait, exerçaient le métier pouvaient y entrer, en se soumettant aux statuts, et aucun ouvrier ou marchand ne songeait à rester en dehors de la corporation. A cette époque l'homme isolé était sans force et sans droit; le métier ou le commerce absolument individuels étaient impossibles (67). La liberté du travail avait été cependant restreinte dans la société féodale, en ce que, pour pouvoir exercer la plupart des métiers, il fallait obtenir l'autorisation, moyennant finance, de l'autorité qui exerçait la haute justice dans le lieu, seigneur, municipalité ou pouvoir royal (68), mais cela

Paris, 1776, p. 24) : « La loi a érigé des corps de communautés, créé des jurandes, a établi des règlements, parce que l'indépendance est un vice dans la constitution politique, parce que l'homme est toujours tenté d'abuser de la liberté. Elle a voulu prévenir les fraudes en tout genre et remédier à tous les abus. La loi veille également sur l'intérêt de celui qui vend et sur l'intérêt de celui qui achète; elle entretient une confiance réciproque entre l'un et l'autre... » — P. 27 : « Tout ouvrier voudra travailler pour son compte... Le défaut d'ouvrage, et la disette qui en sera la suite, ameutera la foule de compagnons échappés des ateliers, où ils trouvaient leur subsistance. »

(65) Ci-dessus, p. 21.

(66) Flach, *Les origines de l'ancienne France*, II, p. 378 et suiv.; — ci-dessus, p. 292.

(67) Gross, *The gild merchant*, p. 43 et suiv.

(68) Voyez, par exemple, *Registre de Sainte-Geneviève* (a. 1279), dans Tanon, *Histoire des justices*, p. 369 : « L'an de grâce MCCLXXIX, au mois de marz, achetèrent le mestier des bazeniers à Saint-Maart, Beaudoin de Châlons, Guillaume de Laon, etc , chascun V sols à leur vie, ne plus n'en paieront. Et leurs hoirs de leurs cors le doivent avoir pour V solz à leurs vies. Et quiconques le voudra avoir d'autres personnes, il achètera X solz de l'abbé et du couvent. Et einsint fut accordé au marché fere. » — A Paris, le droit de vendre les métiers appartenait au roi, sauf dans les justices des églises et couvents; mais pour un certain nombre d'entre eux, le roi avait cédé ce droit à des officiers de sa Couronne ou de sa maison, le Grand

suffisait en droit pour ouvrir boutique ou atelier et le nombre des patrons ou des ouvriers n'était pas limité.

Dans le cours des xiii° et xiv° siècles, une transformation se produisit. Les statuts des Corporations qui, jusque-là, avaient été le plus souvent purement coutumiers, qui, dans tous les cas, n'avaient que le caractère de règlements intérieurs, furent fréquemment soumis à l'approbation de l'autorité seigneuriale, municipale ou royale (selon les cas), et devinrent ainsi des règlements publics et administratifs. Cette rédaction se fit, pour Paris, sous le règne de Saint Louis, sous la direction d'Etienne Boileau, prévôt des marchands, et elle nous a été conservée sous le nom de *Livre des métiers* (69). Les Corporations profitèrent de cette intervention pour limiter, à leur profit, la libre concurrence (70). Non seulement les conditions dans lesquelles le métier ou le commerce seraient exercés furent fixées, mais encore le nombre des apprentis fut déterminé, et il fut édicté que personne ne serait admis à la maîtrise qu'après un stage et des épreuves relatives à la profession (71). Dès lors, pour exercer le métier, il fallut, comme précédemment, payer un droit, soit à un seigneur, soit au roi, et, de plus, passer par la filière établie et payer des droits à la Corporation. Ce régime existe incontestablement pour certaines professions dans le *Livre des métiers;* mais il semble que bon nombre restent encore sous le régime de la liberté (72). Cette réglementa-

Chambrier, le Grand Chambellan, le Grand Panetier, le maître-queux (Hegel, *Stadte und Gilden*, II, p. 95).

(69) Il a été édité dans la Collection des documents inédits sur l'histoire de France par M Depping, et, depuis, par MM. Lespinasse et Bonnardot dans la Collection de l'histoire de Paris. L'introduction donnée par les derniers éditeurs constitue un des travaux les plus importants sur le sujet.

(70) C'est une tendance qui s'était de leur part manifestée depuis longtemps. Au xii° siècle nous voyons, par exemple, les cordonniers et les tanneurs de Rouen obtenir des privilèges leur assurant que nul ne pourra exercer le métier, si ce n'est qu'il ait été autorisé par eux : « Nullus operatur de officio eorum in Rothomago nec infra leucatam Rothomagi nisi per eos (Hegel, *State und Gilden*, I, p. 12, d'après Chéruel, *Histoire de Rouen pendant l'époque communale*, I, p. 34). — En 1141, les changeurs du Grand-Pont, à Paris, auraient obtenu de Louis VII le même privilège (Hegel, *op cit.*, p. 93); mais l'authenticité de cette charte n'est pas certaine, voyez de Lasteyrie, *Cartulaire de Paris*, I, n° 417.

(71) Parfois on saisit très bien cette initiative des corps de métiers, demandant euxmêmes la réglementation autoritaire. Ainsi pour la ville d'Amiens, voyez Augustin Tierry, *Documents sur l'histoire du Tiers Etat*, n° 201, I, p. 516: n° 202, p. 517; n° 203, p. 540: n° 297 (a. 1390 , p 785 : « Désirans ceux dudit mestier que les fraudes, cautelles, malices, et le faulx mauvais ouvrage qui en icelle (ville) par aulcuns se commettent à présent cessent du tout, et que en la dicte ville se face meilleur et plus profitable ouvrage dudit mestier, au proufit et plaisir des accateurs, à la requeste des gens dudit mestier, ordonnons... » C'est toujours l'intérêt public, « le commun profit », que les Corporations mettent en avant.

(72) Dans le *Livre des métiers*, on trouve souvent cette formule : « Pourra faire le métier quiconque l'aura acheté et saura le fere. » Je crois que cela doit s'entendre dans le sens de la liberté. Sur le régime des métiers aux xiii° et xiv° siècles, voyez G. Fagniez, *Etudes sur la classe industrielle à Paris au xiii° et au xiv° siècles.*

tion répondait d'ailleurs à l'opinion commune; une pareille disci
pline était considérée comme utile et raisonnable. Pourrait-on s'en
étonner, quand on constate que, de nos jours, des idées semblables
ne répugnent point à la conscience populaire ?

Jusqu'à la fin du xvie siècle, cette organisation ne fut établie que
localement et fragmentairement par des règlements et des lettres
patentes spéciales à chaque ville; et beaucoup d'abus s'étaient
glissés dans un développement ainsi produit. Cela ne devint une
règle générale que par l'ordonnance de décembre 1581, qui l'étendit à tous les arts et métiers (73). Mais, dans les troubles de la
Ligue, les désordres et les abus s'y étant glissés de nouveau, l'organisation fut reprise par un Edit de 1597 (74). Cependant, malgré
la généralité des termes de ces lois, elle ne s'étendit pas à tous
les artisans du royaume (75). Elle n'existait que dans les villes qui
avaient une organisation municipale; les ouvriers des villages et
des bourgs demeurèrent sous le régime de la liberté (76).

## II

Dans toutes les villes soumises au régime dont on vient de
voir la formation, les métiers et commerces étaient répartis en
*Communautés*, dont chacune était affectée à un travail ou négoce
distinct, et qui ne pouvaient empiéter sur leurs domaines respectifs.
Le patron ou l'ouvrier ne pouvaient se livrer à un travail qui ne
répondait pas à la délimitation légale de leur profession, quelque
voisin qu'il en fût d'ailleurs. Ainsi les ébénistes et tourneurs et
menuisiers en meubles appartenaient à des Communautés différentes; les cordonniers et bottiers ne pouvaient, en travaillant dans
le vieux, faire concurrence aux savetiers. Cette démarcation, qui
bien souvent n'était pas strictement respectée, donnait lieu à des
litiges incessants entre les Communautés (77). Chaque Communauté était organisée par *Maîtrises* et par *Jurandes*.

(73) Isambert, *Anc. lois*, XIV, 509; — Loyseau, *Des offices*, L V, ch. vi, n° 77.

((74) Isambert, *Anc lois*, XV, 155. Cf. XIV, 91.

(75) Même après ces lois générales, dans chaque ville, les Communautés continuèrent
à être régies par des règlements particuliers contenus dans des lettres patentes,
des arrêts du Conseil, des arrêts de règlement des Parlements, ou même, semble-t-il
parfois, de simples bailliages.

(76) Cette liberté leur était enviée par quelques-uns au xviiie siècle (*L'homme en
société ou nouvelles vues énonomiques*, 1763, I, p. 96) : « Il faudrait que cette
création de maîtrises en charge regardât tout le royaume et qu'aucun endroit n'en
fût exempté, pas même les villages, où il faut nécessairement des artisans, surtout
dans les métiers qui servent à faire des ustensiles propres au labourage et à
l'agriculture. »

(77) Le préambule de l'Edit de 1776 parle (Isambert, XXIII, 375) « des procès inter-
minables qu'occasionnèrent entre toutes ces Communautés leurs prétentions respec

Les *Maîtres* étaient ceux qui avaient seuls le droit de travailler pour leur propre compte, d'ouvrir boutique ou atelier, et de prendre à leur salaire des compagnons (ouvriers) et des apprentis (78). Le nombre des maîtres n'était point directement limité par la loi; mais il était difficile et coûteux d'arriver à la maîtrise (79). Il fallait commencer par être apprenti pendant un temps déterminé, puis compagnon (ouvrier) également pendant un certain nombre d'années. Enfin, il fallait subir un examen professionnel, consistant surtout dans le *chef-d'œuvre;* on entendait par là la confection d'un objet rentrant dans les données du métier, mais pour lequel les difficultés à vaincre étaient inutilement accumulées (80). D'autre part, il y avait des droits à payer, les uns au trésor royal, qui continuait ainsi à vendre le métier, les autres à la Communauté : droits d'entrée, de bienvenue et de banquet (81). De plus, à chaque avènement d'un nouveau roi, les maîtres en exercice payaient une finance au trésor royal; c'était le prix de la confirmation tacite de leurs privilèges (82). En revanche, les statuts des Corporations faisaient des avantages signalés aux fils des maîtres; pour eux, le temps de l'apprentissage ou du compagnonnage était diminué, les droits pécuniaires abaissés, la réception rendue plus facile. Il résultait de ce système que la condition de l'apprenti était assez bonne et l'apprentissage sérieux, quoiqu'il fût payé plus cher. Mais l'état des simples compagnons était défavorable, en ce sens surtout qu'il était sans issue; ils n'avaient guère d'espoir d'arriver à la maîtrise, et souvent les statuts des Communautés leur interdisaient le mariage (83) : ils avaient seulement

tives sur l'étendue de leurs privilèges exclusifs ». — *L'homme en société,* I, p. 222 : « Peut-être a-t-on eu dans les commencemens de bonnes raisons pour les morceler ainsi; mais il est arrivé que ces professions ainsi limitrophes les unes des autres ont perpétuellement des procès ensemble. »

(78) Représentations de Séguier, *loc. cit.,* p. 27 : « Donner à tous vos sujets indistinctement la faculté de tenir magasin et d'ouvrir boutique, c'est violer la propriété des maîtres qui composent les Communautés. »

(79) Préambule de l'Edit de 1776 : « Leur esprit général (des statuts) est de restreindre le plus possible le nombre des maîtres, de rendre l'acquisition de la maîtrise d'une difficulté presque insurmontable pour tout autre que pour les enfants des maîtres actuels. »

(80) *Ibidem* : « La multiplicité des frais et des formalités de réception, la différence du chef-d'œuvre, toujours jugé arbitrairement, surtout la cherté et la longueur inutile des apprentissages et la servitude prolongée du compagnonnage. »

(81) Cependant l'auteur d'un livre curieux, plusieurs fois cité (Goyon de la Plombanie), se plaignait qu'il y eût encore trop de maîtres. (*L'homme en société,* I, p. 90) : « On ne cherche qu'à recevoir de nouveaux maîtres parce qu'il y a de nouveaux droits à percevoir... Ces gens, après avoir payé leur maîtrise et fait un établissement, sont souvent un temps considérable sans rien gagner, faute de pratiques, ou parce que le nombre des maîtres est trop grand. » Aussi proposait-on de transformer les maîtrises en charges vénales et héréditaires, comme les offices.

(82) Lefebvre de la Planche, *Traité du domaine,* 1. IX, ch. I, n° 22.

(83) *L'homme en société,* I, 93 (il parle des ouvriers qui arrivent à la maîtrise sans

la ressource d'aller de ville en ville chercher du travail; de là, l'habitude du *Tour de France* et les sociétés de compagnonnage.

On pouvait, il est vrai, arriver à la maîtrise d'une autre façon, mais qui présentait une application plus nette encore du privilège. Le roi, en vertu de sa souveraineté, pouvait directement créer, par lettres patentes, des maîtres dans telle ou telle Communauté. Ces lettres de maîtrise étaient surtout émises à l'avènement d'un nouveau roi (84), elles étaient données ou délivrées moyennant finance. Le plus souvent, d'ailleurs, elles étaient rachetées par les Communautés elles-mêmes, désireuses de ne point voir s'augmenter ainsi le nombre de leurs maîtres.

La *Jurande* était la juridiction professionnelle de la Communauté. Elle était composée d'un certain nombre de maîtres élus par les autres, et qui prêtaient serment en justice à cette qualité; de là le nom de *Jurés* (85). Les jurés étaient chargés de veiller à l'observation des règlements sur l'apprentissage, la fabrication et la vente. Parfois ils avaient le droit de prononcer des peines disciplinaires; mais généralement, ils ne pouvaient que faire rapport et poursuivre les contrevenants devant les tribunaux (86). C'étaient eux aussi qui, parfois, avec l'adjonction d'un certain nombre de maîtres ordinaires, étaient chargés de statuer sur la réception à la maîtrise et particulièrement sur le chef-d'œuvre (87).

Envisagées à un autre point de vue, les Communautés étaient des personnes morales, capables de posséder, de contracter, d'emprunter, et souvent elles étaient frappées d'impositions spéciales par le pouvoir royal. Enfin, ordinairement, la Communauté était doublée d'une *Confrérie religieuse*, ayant son patron et observant certaines fêtes, certaines pratiques religieuses ou charitables. Ces confréries étaient, pour la plupart, très anciennes; elles avaient

---

pouvoir en tirer profit) : « La misère où ces familles sont réduites les met hors d'état d'élever leurs enfants. *S'ils fussent demeurés garçons (ce qu'on appelle compagnons*), ils auroient toujours trouvé de l'occupation, soit dans une ville, soit dans une autre. »

(84) Lefebvre de la Planche, *op. cit.*, l. IX, ch. I, n° 22; voyez un Edit du mois de mai 1767, créant ainsi « des brevets ou privilèges qui tiendront lieu de maîtrises ». — Isambert, *Anc. lois*, XXII, 468.

(85) Aux XIII° et XIV° siècles, le prévôt de Paris, qui avait la police sur les métiers et qui recevait le serment des *jurés*, paraît aussi les avoir souvent choisis lui-même (Hegel, *Städte und Gilden*, II, p. 95).

(86) Loyseau, *Des seigneuries*, ch. IX, n° 49 : « De là la police du baron ou chastelain dépend d'avoir corps de mestiers en sa ville, d'y faire eslire chascun an des jurez, visiteurs et gardes de chascun mestier, qui soient tenus par certain temps de rapporter et affirmer devant le juge ordinaire les visitations qu'ils auront faites chez chacun maistre de leur mestier. »

(87) Il semble d'ailleurs que cette juridiction disciplinaire fonctionnait assez mal (*L'homme en société*, I, 89) : « S'il y a des règlements rigoureux et gênans à faire observer, ce n'est que contre les pauvres maîtres qu'on veille à leur exécution, ou contre ceux qui ne briguent pas l'honneur de passer par les charges. Car ce n'est que pour se tirer de la vexation qu'on se détermine à se mettre sur les rangs. »

souvent été, au Moyen âge, la forme naturelle et primitive de l'Association, qui obtenait ainsi la protection de l'Eglise (88); elles avaient subsisté par la force de la tradition, et il s'en était fondé de nouvelles. Mais, bien que les membres de la Communauté et de la Confrérie correspondante fussent les mêmes, elles étaient distinctes en droit. La Communauté était une organisation officielle et administrative, qui ne servait qu'à assurer le choix régulier des maîtres et l'observation des règlements du métier; la Confrérie était une Association libre, grâce à laquelle les divers maîtres du métier pouvaient, sous le couvert des réunions-religieuses et charitables, discuter leurs intérêts communs et s'entendre pour l'action ou la résistance. La première pouvait subsister, quoique la seconde disparût; c'est ce qui arriva à plusieurs reprises. En 1305, un mandement de Philippe le Bel défendit à Paris toutes réunions occultes ou publiques de plus de cinq personnes, et la généralité des termes visait sûrement les Confréries (89). Mais cela ne dura pas très longtemps; en 1307, il permit aux Marchands de Paris de rétablir leur Confrérie et accorda, en 1309, la même autorisation aux drapiers; sous Philippe le Long, d'autres corporations furent aussi remises dans leur ancienne liberté (90), et les Confréries reprirent comme par le passé. Au XVIᵉ siècle, nous les voyons cependant supprimées à nouveau, par mesure générale, dans l'Ordonnance de Villers-Cotterets (art. 185 et suiv.). Mais cela fut encore une mesure transitoire. C'étaient là des actes politiques, à des époques où ces Associations pouvaient facilement devenir séditieuses; mais les Communautés formées par jurandes et maîtrises n'en conservaient pas moins leur organisation et leur existence (91).

Les corps de métiers ne représentaient que la petite industrie, la seule qui fût connue au Moyen âge. Lorsque naquit la grande industrie des fabriques, spécialement sous la protection de Sully et de Colbert, naturellement elle fut soumise à un autre régime, mais ce ne fut pas non plus celui de la liberté; tout au contraire, ce fut le monopole.

(88) Flach, *Les origines*, II, p. 373, 382.

(89) *Ordonnances*, I, p. 428 : « Ne aliqui cujuscunque sint conditionis vel ministerii aut status in villa nostra predicta, ultra quinque insimul, per diem vel noctem, palam vel occulte congregationes aliquas sub quibuscunque forma, modo vel simulacione de cetero facere presumant. »

(90) Sur ces actes du XIVᵉ siècle, voyez Hegel, *Städt⁰ und Gilden*, II, p. 98 et suiv.

(91) Hegel, *op. cit.*, II, p. 99, 103. — Les Confréries d'ailleurs, au XVIIIᵉ siècle, n'avaient plus aucune action efficace et sérieuse. Leur activité se bornait le plus souvent à célébrer, par une messe solennelle et un banquet, la fête du saint, patron de la corporation, et à honorer les funérailles de leurs membres. Les Sociétés de compagnonnage, plus actives comme associations d'assistance mutuelle, étaient occultes et simplement tolérées par le pouvoir royal.

Pour créer une fabrique, il fallut des lettres patentes du roi, autorisant la fondation, et, en même temps, elles attribuaient au concessionnaire un droit exclusif de fabrication, dans une région déterminée; elles fixaient souvent aussi les conditions de la fabrication ou même de la vente.

## III

Ce régime fut vivement attaqué par les publicistes et économistes du xviiie siècle; et il suffisait de ses exagérations dernières pour en sentir l'absurdité. Comment justifier que les bouquetières, les fruitières et les perruquiers, par exemple, dussent faire le stage professionnel et subir l'examen pour exercer leur métier ? Turgot, arrivé au ministère, résolut d'appliquer les doctrines de l'école à laquelle il appartenait, et il fit adopter par le roi, au mois de février 1776, un Edit supprimant les Jurandes et Communautés de commerce, arts et métiers (92); le préambule contient un intéressant exposé sur les origines et le système de cette organisation. Il établissait en principe la liberté du commerce et des arts manuels; il suffisait dorénavant, pour ouvrir boutique ou atelier, de faire une déclaration à la police, les maîtres étant aussi tenus de présenter à toute réquisition la liste des ouvriers ou compagnons qu'ils employaient. Les contestations sur les malfaçons seraient jugées à Paris par le lieutenant de police, à ses audiences du Châtelet, en dernier ressort jusqu'à 100 livres, et au-dessus, sauf appel au Parlement; le même juge statuait aussi, dans les mêmes conditions, sur les litiges que pouvaient soulever les contrats d'apprentissage ou de travail. Seules, la pharmacie, l'imprimerie, l'orfèvrerie étaient soumises au régime de l'autorisation préalable. Par suite, toutes les maîtrises existantes étaient supprimées; elles l'étaient même sans indemnité; car, disait le préambule, « les maîtres qui composent actuellement les Communautés, en perdant le privilège exclusif qu'ils ont comme vendeurs, gagneront comme acheteurs à la suppression du privilège exclusif de toutes les autres communautés (93). L'Edit ne s'arrêtait pas là. Ayant brisé l'ancienne orga-

(92) Isambert, *Anc. lois*, XXIII, 370.

(93) Le Parlement critiqua d'ailleurs énergiquement en droit cette suppression sans indemnité, considérant le droit des maîtres comme une propriété qu'ils avaient payée; voyez le discours de l'avocat général Séguier, *loc. cit*, p. 427. Mais le système de l'Edit était fort soutenable. Les maîtres n'avaient point un véritable monopole, car leur nombre n'était pas légalement limité et le pouvoir royal pouvait même, comme on l'a vu, créer à volonté de nouvelles maîtrises. La maîtrise était bien différente d'un *office* royal. Aussi, certaines maîtrises qui avaient été transformées en offices, celles des barbiers, perruquiers-étuviers, étaient-elles respectées par l'Edit, qui déclarait que le roi n'aurait pu les abolir sans remboursr la finance. Cf. Lefebvre de la Planche, *Traité du domaine*, t. III, p. 15

nisation autoritaire, et craignant qu'elle ne se reformât par le seul jeu des initiatives privées, il interdisait toute organisation libre par voie d'association entre les membres d'un même métier ou commerce. Les anciennes Confréries étaient supprimées en même temps que les Communautés; défense était faite aux maîtres, compagnons et apprentis de former aucune Association ni Assemblée sous quelque prétexte que ce fût (94).

L'Edit ne s'appliquait immédiatement qu'à la ville de Paris; la suppression des Communautés devait avoir lieu successivement dans les villes des provinces. Il ne concernait point la grande industrie des fabriques; mais pour celle-là aussi, Turgot, par une série d'arrêts du Conseil, avait corrigé sur divers points les excès du monopole et introduit, dans une certaine mesure, le régime de la liberté (95). L'Edit de 1776 fut assez mal accueilli par le public; il souleva la résistance du Parlement, qui se fit l'interprète de l'opinion (96), et dut être enregistré dans un lit de justice. La réforme qu'il avait opérée fut d'ailleurs éphémère. Après la disparition de Turgot, au mois d'août 1776, parut un nouvel Edit qui rétablissait l'organisation ancienne, purgée de ses vices les plus sensibles (97). Il était créé, à Paris, six Corps de marchands et quarante-quatre Communautés d'artisans. Le régime nouveau établi par cette loi fut, d'ailleurs, étendu successivement aux diverses parties du royaume par des Déclarations, Lettres patentes ou Arrêts du Conseil. Il est assez intéressant, car il représente le suprême effort de l'ancienne monarchie quant à cette réglementation. Voici les points principaux sur lesquels il différait de l'organisation antérieure à 1776. Il n'embrassait pas tous les métiers compris dans les anciennes Communautés; un certain nombre restaient libres, mais ils étaient tels et si peu importants qu'on se demande comment ils avaient pu jamais être soumis à la maîtrise. Les Communautés conservées étaient partout réduites en nombre, deux ou trois étaient fondues en une seule. Il était désormais permis aux particuliers de se faire recevoir et de rester en même temps maîtres dans deux

(94) Voyez cette affirmation dans le préambule de l'Edit, *loc. cit*, p. 372 : « La source du mal est dans la faculté même accordée aux artisans d'une même profession de s'assembler et de se réunir en un même corps. » Cependant, d'après l'Edit (art. 10), la ville de Paris était divisée en un certain nombre d'arrondissements, et tous les ans les marchands et artisans de chaque arrondissement devaient en commun élire, par la voie du scrutin, un syndic et deux adjoints « pour veiller sur les commerçants et artisans de leur arrondissement, sans distinction d'etat ou de profession, en rendre compte au lieutenant-général de police, recevoir et transmettre ses ordres. »

(95) *Mémoires sur la vie et les ouvrages de M. Turgot*, Philadelphie, 1782, II, p 116 et suiv.

(96) J'ai cité plusieurs des remontrances présentées par l'avocat général Séguier.

(97) Isambert, *Anc. lois*, XXIV, 74.

Communautés distinctes, et tous ceux qui avaient ouvert boutique ou atelier, sous le régime de liberté établi par Turgot, conservaient leur situation acquise; ils étaient joints à la Communauté comprenant leur métier, à titre d'*agrégés*, sans avoir besoin d'y prendre la maîtrise, mais sans pouvoir participer à son administration. Pour cette administration des nouvelles Communautés, le gouvernement représentatif était, en quelque sorte, substitué au gouvernement direct; sauf dans les plus petites, ce n'était plus l'assemblée de tous les jurés ou syndics, mais bien des délégués ou commissaires élus par elle. Enfin les droit payés autrefois à la Communauté pour obtenir la maîtrise étaient supprimés, mais le droit payé au trésor royal était rétabli. La défense, pour les maîtres et compagnons, de former entre eux aucune association libre était renouvelée. Ainsi se préparait par avance la législation future de l'Assemblée Constituante.

# QUATRIÈME PARTIE

## LA COUTUME ET LA LOI
## DEPUIS LA FORMATION DU DROIT
## COUTUMIER

---

### OBSERVATIONS PRÉLIMINAIRES

Le droit privé et criminel, dans la monarchie franque, était déterminé d'une façon très particulière. Il était *personnel* le plus souvent, variant selon la race à laquelle appartenaient les sujets du royaume. D'autre part, on vivait, en principe, sous l'empire de la *loi écrite* (1). Beaucoup des lois, dont on suivait les dispositions, étaient d'ailleurs, pour la plus grande partie, d'anciennes coutumes, mais elles avaient été arrêtées dans une rédaction officielle. Qu'il s'agît des *Leges barbarorum* ou des *Leges Romanorum*, le juge devait se reporter à un texte officiel ou autorisé. A côté des lois personnelles s'appliquaient les lois communes à tous, les Capitulaires des rois. Mais, dans le droit séculier de la monarchie franque, il n'y avait point place pour la coutume proprement dite, ou du moins celle-ci ne pouvait être invoquée tant que, sur le point litigieux, on trouvait un texte de loi. Parallèlement au droit séculier, s'appliquait le droit canonique dont j'ai montré la portée et indiqué les sources anciennes.

Mais tout cela devait changer dans la décomposition de la monarchie. Les lois personnelles et les capitulaires tombèrent en désuétude, et, à leur place, se formèrent des coutumes territoriales. Le droit romain lui-même cessa d'être consulté comme loi

---

(1) Capitul. de 802, c. xxvi (Boret., I, 96) : « Ut judices secundum scriptam legem juste judicent, non secundum arbitrium suum. » — *Pippini cap. ital.*, 790, c. x (p. 201) : « Ubi lex est, præcellat consuetudinem et nulla consuetudo superponatur legi. » Waiz, *Deutsche Verfassungsgeschichte*, III², p. 632 et suiv.

écrite, et ses règles ne subsistèrent dans certaines régions, qu'en passant dans la coutume; celle-ci, à un moment donné, détermina seule tout le droit séculier, public et privé. Cette période chaotique, qui, suivant les lieux, comprend, en tout ou en partie, les x⁰ et xi⁰ siècles, finit partout dans le cours du xii⁰. Une première législation écrite, le droit romain, renaît en effet et sort de l'oubli dans la seconde moitié du xi⁰ siècle. Dans le cours des deux siècles suivants, ce droit rentra en vigueur, tantôt s'appliquant à côté de la coutume, tantôt la refoulant ou la transformant; et, jusqu'à la fin de l'ancien régime, dans une mesure variant suivant les lieux et les matières, il resta en vigueur comme loi impérative. Dans le cours du xii⁰ siècle, le pouvoir législatif royal ou princier rentra aussi en activité; de là, une législation nouvelle, celle des Ordonnances, qui, à partir du xiv⁰ siècle, forma, soit pour le droit public, soit pour le droit privé, un ensemble de règles dont l'importance alla toujours croissant; elle transforma même, au cours du xvi⁰ siècle, la plupart des coutumes importantes en véritables lois. Pendant que cette évolution s'était accomplie, le droit canonique avait eu son développement propre et ininterrompu. Alors que le cours de la législation séculière s'arrêtait complètement, la législation de l'Eglise continuait son activité; puis le droit canonique, profondément pénétré par la renaissance du droit romain, devenait un vaste système juridique, complet et méthodique. Il exerçait à son tour une influence notable sur diverses parties du droit séculier et restait, dans une certaine mesure, jusqu'à la fin de l'ancien régime, à l'état de loi impérative, et effectivement appliquée. De cette esquisse rapide il résulte que l'ancien droit français, privé et criminel, se composait, en définitive, de quatre législations ou systèmes juridiques distincts, qui s'appliquaient parallèlement et distributivement : la coutume, le droit romain, la législation des ordonnances et le droit canonique. Je vais les reprendre successivement, afin d'étudier rapidement le développement propre et les ressources principales de chacun d'entre eux (2).

(2) Cette quatrième partie est sensiblement moins développée que les trois premières Cela tient à la nature de l'enseignement; d'autre part on peut trouver sur les sources du droit des renseignements précis et complets dans d'excellents livres déjà publiés. Je renvoie, pour ce qui sera omis ici, à l'*Histoire du droit français*, de M. Viollet, 2ᵉ édit.; — à l'*Histoire du droit et des institutions de la France*, de M. Glasson; — au *Manuel d'histoire du droit français*, de M. Brissaud, I; — enfin à l'exposé qu'a donné M. Brunner, dans l'*Encyclopädie der Rechtswissenschaft*, de Holtzendorf, 1889, p 305 et suiv.

# CHAPITRE PREMIER

## La coutume et le droit romain.

———

### I

Le régime suivi dans la monarchie franque pour l'application du droit privé et criminel était compliqué, fécond en difficultés, et par conséquent délicat et fragile. Il est même étonnant qu'il ait pu se conserver aussi longtemps, car il ne disparut en France que dans le cours du xᵉ et, pour certaines régions, du xiᵉ siècle. De même qu'il s'était naturellement établi et imposé, de même il cessa naturellement et par la force des choses, lorsqu'il fut devenu absolument impraticable.

Le système de personnalité des lois impliquait deux conditions nécessaires. En premier lieu, il fallait dans chaque procès déterminer la race du défendeur pour lui appliquer sa loi personnelle; or, à mesure que l'époque des. établissements barbares reculait dans le passé, cette détermination devenait plus difficile, les races se croisant par les mariages, ce qui devait amener en même temps le contact constant et le mélange des diverses lois. D'autre part il fallait que les juges fussent capables de connaître et de comprendre le texte des diverses *Leges* et celui des Capitulaires; or l'ignorance et la barbarie montaient constamment, comme un flux irrésistible, et l'homme sachant lire devenait une rareté. Dans ces conditions, un résultat était inévitable : on dut laisser de côté le texte des lois et répudier la personnalité du droit; et, dans chaque région ayant une individualité propre, il se forma une coutume, régissant uniformément, sans distinction de race, tous ceux qui y étaient domiciliés. Naturellement, ce furent, dans chaque pays, les *Leges* des races dominantes qui fournirent les éléments constitutifs de la coutume. Mais les *Leges* n'en tombèrent pas moins en désuétude : aux *lois personnelles* succèdent des *coutumes territoriales*. C'est un résultat qui se produit suivant les pays, un peu plus tôt ou un peu plus tard, mais les dernières traces des lois personnelles disparaissent dans le cours du xiᵉ siècle (1). Encore, depuis longtemps, ce n'étaient plus des lois, mais ·simplement des coutumes. On peut affirmer, en effet, que, dans le cours du xᵉ siècle, lorsqu'un plaideur revendique la loi salique, burgonde ou romaine, comme sa loi personnelle, les juges ne consultent plus le texte de la loi, mais seulement les usages suivis par les hommes qui vivent sous la loi invoquée (2) : la *lex* est devenue coutume, tout .en conservant le caractère de personnalité (3). Mais la coutume territoriale, uniforme pour tous, s'imposait en quelque sorte, à raison de sa commodité et de sa plus grande simplicité, comme système juridique. Aussi sa formation commence-t-elle de bonne heure (4), et son triomphe définitif est amené par le mélange des races et, par suite, des lois personnelles (5).

En même temps que les *Leges*, les Capitulaires tombaient en désuétude, et plus facilement encore. Cette législation, touffue et incessamment modifiée ou complétée, n'avait pas pénétré profondément dans la conscience populaire, comme les lois personnelles qui constituaient pour chaque race un patrimoine national; on voit, par les objurgations qui y sont adressées aux officier royau :, que ceux-ci la faisaient mal appliquer le plus souvent. Dans le cours du xᵉ siècle, les Capitulaires tombent dans l'oubli : quelques-unès de leurs prescriptions subsisteront seulement en passant dans la coutume. Les capitulaires ecclésiastiques se maintinrent mieux

(1) Voir Thévenin, *Textes relatifs aux institutions privées et publiques, aux époques mérovingienne et carolingienne*, en se rapportant à la *Table méthodique* vⁱˢ *Personnalité* et *Territorialité des lois*. — Stouff, *Etude sur le principe de la personnalité des lois*, p. 4, 5.

(2) Thévenin, *Textes*, p. 241, note 1, p. 202, note 2; — Schulte, *Lehrbuch der deutschen Reichs und Rechtgeschichte*, 4ᵉ édition, p. 114, note 2; — Brunner, *Deutsche Rechtsgeschichte*, I², p. 505.

(3) Cependant, en 864, l'Edit de Pistes paraît bien renvoyer au texte même de la loi romaine; parlant du faux monnayeur, il dit, c. xvi : « In illa terra in qua judicia secundum legem Romanam terminantur secundum illam legem judicetur. Et in illa terra in qua judicia secundum legem Romanam non judicantur, monetarius... falsi denarii manum dexteram perdat sicut in quarto libro capitulorum continetur, capite trige simo tertio. » Le renvoi au *Capitularium* d'Anségise implique parallèlement le renvoi au Bréviaire. — Il ne faut pas croire d'ailleurs que ce passage suppose l'application du droit romain, *comme loi territoriale*, dans une partie du pays: il vise seulement les régions où la loi romaine était la loi personnelle de la population dominante.

(4) Marculfe en composant son recueil de formules, indique déjà qu'il les rédige d'après la coutume traditionnelle des lieux, préface : « Hæc quæ apud majores meos *juxta consuetudines loci quo degimus* didici. » Il est vrai qu'il s'agit ici simplement de la rédaction des actes écrits.

(5) Brunner, *op. cit.*, I², p. 377 et 378.

en ce que certains d'entre eux furent admis au nombre des textes qui faisaient autorité dans l'Eglise et entrèrent ainsi dans le droit canonique écrit : l'Eglise avait même conservé la connaissance du Recueil des Capitulaires de Benedictus Levita, comme elle avait conservé en France celle du Bréviaire (6). Mais pour le droit séculier, il fut une période, celle des xe et xie siècles, où la loi n'existait plus et où tout était réglé par la coutume : sans doute celle-ci, selon les régions, était plus ou moins imprégnée de droit germanique ou de droit romain; mais, du Nord au Midi, c'était la coutume qui régnait sans partage. Ces premières coutumes présentaient deux caractères principaux. — Elles étaient strictement locales, ne s'appliquant qu'en un lieu étroitement limité : la raison en est très simple. Les coutumes territoriales ne furent point comme on l'a dit parfois une création propre de la féodalité; mais leur formation coïncida dans le temps avec l'établissement des institutions féodales. Or la féodalité avait créé, dans le royaume, un nombre immense de justices absolument souveraines; chacune d'elles eut au début sa coutume particulière (7). — En second lieu, ces coutumes furent longtemps flottantes et mal dégagées; on peut dire que, pendant une certaine période, la justice fut souvent rendue, non seulement sans loi, mais encore sans règle fixe.

## II

La renaissance des études de droit romain, qui se produisit dans la seconde moitié du xie siècle, et qui atteignit sa pleine floraison au xiie, introduisit un élément nouveau. Elle révolutionna le droit privé plus profondément encore que le droit public (8). Partout le droit romain exerça son influence scientifique, servant de modèle aux jurisconsultes, et faisant pénétrer dans la jurisprudence des principes directeurs; dans certaines régions, il se fit recevoir comme loi véritable, comme loi écrite et impérative. Dans le midi de la France, où la coutume avait été profondément imprégnée de droit romain, où les populations vivaient en réalité sous l'empire du droit romain passé à l'état de coutume, les lois romaines, remises en lumière et en honneur, prirent sans difficulté force de loi vivante. Cela se fit naturelle-

(6) Yves de Chartres le cite à la fin du xie siècle. Ep CLXXXI: de même qu'il cite le Code Théodosien d'après le Bréviaire, Ep. CCXII.

(7) Sur l'importance de l'élément féodal dans la formation du ressort des coutumes, voir Chénon, Le pays de Berry et le détroit de sa coutume, Nouv revue hist. de droit, 1915

(8) Ci-dessous, § 4, et ci-dessus, p. 331 et suiv.

ment, par le consentement des populations, par l'autorité de la coutume. Ce fut comme un pays qui, ayant perdu ses codes, aurait vécu pendant quelques siècles sur leur seul souvenir et qui les retrouverait un beau jour. Plus tard, nos anciens jurisconsultes étaient assez embarrassés pour expliquer cette valeur acquise dans une portion de la France par le droit romain. Ils craignaient d'y voir un signe de cette suprématie prétendue par l'Empire et contre laquelle ils protestaient; ils disaient généralement que c'était un effet de la bienveillance des rois de France, qui avaient permis aux populations de se servir des lois romaines (9). Mais si quelques provinces du Midi, lors de leur réunion à la Couronne (10), avaient en effet obtenu la confirmation de ce privilège, c'était bien par un phénomène naturel que ces lois étaient tout d'abord rentrées en vigueur. Dans les régions du Centre ou du Nord, où la coutume avait été beaucoup moins imprégnée de droit romain, celui-ci ne se fit point recevoir en bloc et en qualité de loi écrite et positive. La coutume resta le droit commun, protégée par l'autorité royale, et le droit romain ne put s'imposer qu'en s'infiltrant dans la coutume, en en modifiant les règles par l'influence de la pratique et en en comblant les lacunes. Cette infiltration fut d'ailleurs très considérable et se fût étendue probablement plus loin encore, si elle n'avait été arrêtée par la rédaction officielle des coutumes, dont il sera parlé plus loin. Ainsi s'établit la division de l'ancienne France en *Pays de coutumes* et *Pays de droit écrit*. Elle est nettement constatée dès le commencement du xiiie siècle, car elle figure dans une Décrétale d'Honorius III, de 1219 (11); elle est reproduite dans l'Ordonnance sur le Parlement de janvier 1278 (12); enfin, elle est visée dans les lettres de Philippe le

(9) Ferrault, *De jure liliorum*, priv. 1 · « Pro regno Franciæ, quod nunquam fuit subjectum imperio nec est spes quod obediat, et si legibus imperialibus utimur, ille usus permissus et quatenus lex regni non disponit. » — Ferrière, *Histoire du droit romain*, Paris, 1718, p. 290 : « Ce n'est qu'en vertu d'un privilège spécial de nos rois que ces provinces se sont conservées dans l'usage où elles étoient de se conformer aux lois romaines. D'où il faut conclure que ce droit romain n'a pas force de loy dans ces provinces par l'autorité de ses législateurs, mais seulement par une concession que nos rois leur en ont bien voulu faire. » Ci-dessus, p. 334.

(10) Degrassalius, *Regalium Franciæ*, lib.. I, p. 121 : « In patria juris scripti, ut est lingua occitana, quæ ex contractu seu conventione inita cum rege christianissimo et in institutione curiæ parlamenti Tolosæ debet regi jure scripto, ut late per dominum Gulielmun Benedicti in repetitione C. *Raynucius* in v°, *Et uxorem* in II decis. »

(11) C. 28, 'X, *De privileg.*, V. 33 : « Quia in Francia et nonnullis provinciis laici Romanorum legibus non utuntur. » C'est la bulle qui interdit l'enseignement du droit romain à l'Université de Paris et dans les lieux voisins. — *Francia* est pris là dans un sens particulariste, l'Ile-de-France.

(12) Ordonnance de 1278, art. 9 : « Li advocat ne soient hardi d'eus mesler d'alleguier droit escrit, la ou coustume aient lieu, mais usent des coustumes. »

Bel (13), qui reconnaissent en 1312 l'Université d'Orléans (14). Elle subsistera jusqu'à la Révolution, et même jusqu'à la promulgation du Code civil. Disons quelle était la détermination géographique des deux zones, et quel était au juste le régime suivi dans chacune d'elles pour le droit privé.

La ligne séparative des Pays de coutumes et des Pays de droit écrit n'était point représentée par la Loire, comme on le dit trop souvent. Elle coïncidait à peu près avec la ligne séparative des patois de Langue d'oc et des patois de Langue d'oïl telle qu'on l'a relevée de nos jours. En partant de l'Ouest, elle longeait la limite septentrionale de la Saintonge, du Périgord, du Limousin; puis, descendant quelque peu vers le Sud, elle coupait l'Auvergne à la hauteur de Murat et de Saint-Flour; elle remontait alors et empiétait sur le duché de Bourgogne, englobant le Mâconnais; elle passait ensuite au Nord de la Bresse et finissait à Gex (15). Les provinces qui se trouvaient au Nord de cette ligne étaient pays de coutumes; celles qui se trouvaient au Sud, pays de droit écrit. Cependant, il y avait des îlots de droit écrit dans la zone coutumière. Une province très importante, l'Alsace, était pays de droit écrit (16), mais par suite d'un autre développement, elle avait été comprise dans le mouvement qui amena, au XIV° siècle, la réception du droit romain comme droit commun dans les pays allemands. Cinq Parlements, ceux de Toulouse, Bordeaux, Grenoble, Aix et Pau, et le Conseil souverain d'Alsace ne comprenaient dans leur ressort que des pays de droit écrit; deux Parlements, ceux de Paris (17) et de Dijon, comprenaient, en partie, des pays de droit écrit. Tout le reste était des pays de coutumes.

Quant au régime qui était celui de chacune des deux zones, il ne faudrait pas croire que d'un côté le droit romain s'appliquât seul et que de l'autre la coutume régnât sans partage; de part et d'autre, le droit romain recevait son application et l'on trouvait des coutumes. Mais le régime n'en était pas moins profondément différent. Dans les Pays de droit écrit, le droit romain formait le droit commun et général. C'était dans la compilation de Justinien que l'on en trouvait l'expression autorisée. Le Digeste, le Code de

(13) Isambert, *Anc. lois*, t. III, p. 20.

(14) Marcel Fournier, *Statuts et privilèges des Universités françaises*, I, n° 37 : « Regnum nostrum consuetudine moribusque præcipue non jure scripto regitur, licet in partibus ipsius regni quibusdam subjecti ex permissione nostrorum progenitorum et nostra juribus scriptis utantur in pluribus, non ut juribus scriptis ligentur, sed consuetudine juxta scripti juris exemplar introducta. »

(15) Voyez la carte qui se trouve dans l'*Histoire du droit français* de Warnkonig et Stein, t. II.

(16) *Répertoire* de Guyot, v° *Alsace*.

(17) Les pays de droit écrit du Parlement de Paris étaient le Forez, le Beaujolais et une partie de l'Auvergne.

Justinien, les Institutes, les Novelles avaient la valeur de véritables Codes, au sens moderne du mot; et, comme on avait reçu en bloc cette législation, telle qu'elle avait été promulguée au vi⁰ siè-cle par l'Empereur, on faisait tout naturellement prédominer les parties les plus récentes sur les parties les plus anciennes. En cas de règles divergentes contenues dans cette vaste compilation, on donnait le pas au Code sur le Digeste et aux Novelles sur le Code. Mais les lois romaines cédaient elles-mêmes le pas à la coutume; lorsqu'il en existait une c'était elle qui, sans conteste, devait être appliquée (18).

Il y eut anciennement de très nombreuses coutumes dans les pays de droit écrit, qui, pour la plupart, furent rédigées et publiées, par l'autorité seigneuriale ou royale, du xii⁰ au xv⁰ siècles (19). Presque toutes, il est vrai, étaient des coutumes locales, restreintes à une ville et à sa banlieue, au territoire d'un bourg. Très peu de coutumes générales s'y formèrent; on peut en citer cependant, comme les Statuts de Provence et la Coutume de Bordeaux qui s'étendait à tout le diocèse de Bordeaux. Mais presque toutes ces coutumes tombèrent en désuétude dans les trois derniers siècles de l'ancien régime, du xvi⁰ au xviii⁰ siècle, et laissèrent le champ libre au droit romain. Cela se fit par l'action des jurisconsultes, qui considéraient les règles coutu-mières, divergentes du droit romain, comme ayant un caractère odieux, et par la jurisprudence des Parlements, qui abondèrent dans le même sens (20). Presque seules, se maintinrent en vigueur celles qui furent comprises dans la rédaction officielle des coutu-mes, accomplie à partir de la fin du xv⁰ siècle par le pouvoir royal.

Il y eut une branche importante de l'ancien droit qui échappa toujours, dans les pays de droit écrit, à l'empire du droit romain : je veux dire les matières féodales, les règles déterminant les droits des seigneurs justiciers ou fonciers. Le droit romain, qui n'avait pas connu les fiefs, ne contenait rien qui les concernât. Comment ces questions étaient-elles jugées en pays de droit écrit, lorsqu'il n'existait pas de coutume locale qui les eût tranchées ? On fut souvent tenté de leur appliquer les règles du droit féodal conte-nues dans un recueil célèbre, appelé *Libri* ou *Consuetudines feu-*

(18) Johannes de Casaveteri, *Consuetudines Tolosæ*, Toulouse, 1544, p. 2 v⁰ : « Ex quibus infero quod consuetudines Tolosæ vincunt legem scriptam. »

(19) Emile Jarriand, *Histoire de la Novelle 118 dans les pays de droit écrit*, thèse pour le doctorat, ch. xiii, p. 254 et suiv. : *Géographie coutumière des pays de droit écrit*; — du même, *La succession coutumière dans les pays de droit écrit*, suivie d'un tableau des coutumes du pays de droit écrit, dans la *Nouvelle Revue historique de droit*, 1890, p. 30 et suiv., 222 et suiv.

(20) Voyez les ouvrages cités de M. Jarriand.

*dorum.* Ce recueil, composé de parties d'âge divers, dont les plus anciennes remontent à la fin du xı° siècle ou au commencement du xıı°, avait reçu sa forme dernière au xııı° (21). C'était à l'Ecole de Bologne qu'il avait été arrêté dans son texte définitif; il y était expliqué et commenté, comme les textes de la compilation de Justinien, et il avait reçu d'elle sa glose, comme les diverses parties du *Corpus juris civilis.* Il formait donc, dans l'enseignement de l'école qui répandit sur l'Europe la science du droit romain restauré, comme un appendice de la compilation de Justinien (22); selon quelques-uns, il devait même être considéré comme faisant partie intégrante du *Corpus juris civilis* (23). On conçoit, d'après cela, que, dans les pays où le droit romain s'était fait recevoir comme loi impérative et commune, on fût tenté d'accueillir au même titre les *Libri feudorum;* et, de fait, ils furent reçus par certains pays de droit écrit, le Dauphiné par exemple (24), sauf certaines modifications établies par l'usage. Mais ce fut généralement la solution contraire qui l'emporta. On n'accorda aux *Libri* qu'une valeur simplement doctrinale (25) et, dans chaque province de droit écrit, il s'établit, pour le règlement des matières féodales, une coutume générale non écrite, dont l'expression se trouvait dans la jurisprudence des Parlements. C'était, d'ailleurs, cette jurisprudence qui, seule, fournissait le sens exact des lois romaines, telles qu'elles étaient appliquées dans ces

(21) Karl Lehman, *Die Entstehung dɔr Libri feudorum,* Rostock, 1891, — du même, *Consuetudines feudorum (liber feudorum, jus feudale Longobardorum),* I, *Compilatio antiqua,* Gottingæ, 1892.

(22) C'est par suite de cette tradition encore agissante que la plupart des éditions du *Corpus juris civilis* contiennent encore les *Libri feudorum.*

(23) Du Moulin, sur la coutume de Paris, tit. I, *Des fiefs,* rubrique n° 26 : « Ex prædictis consequitur falsum esse quod vulgo quidam opinantur, refert et sequitur Jason post plures, librum feudorum esse de corpore juris civilis, nam non magis est de corpore juris quam lex Lóngobarda vel consuetudo Aurelianensis. »

(24) Guy Pape, *Decisiones,* qu. 297 : « Constitutiones feudales clausæ in libris feudorum faciunt jus commune apud omnes... Facit bene cap. ı de feud. cog., et ita etiam in hoc patria Delphinatus sicut jus scriptum servatur, exceptis aliquibus in quibus consuetudo contraria in hac patria reperitur. »

(25) Du Moulin, sur la coutume de Paris, tit. I, rubrique n° 112 : « Ita tenet Petrus Jacobi quod consuetudines scriptæ in libro feudorum a principio usque ad finem pro nihilo haberi debent quantum ad nos in toto regno Franciæ : non tamen nego quin decore allegari possint in causis in quantum sunt conformes contractui vel nostræ consuetudini, ad notitiam vel conformitatem antiquitatis, sed non ad decisionem » Du Moulin étend expressément sa doctrine à la Provence et même au Dauphiné, malgré le témoignage de Guy Pape, *ibid.,* n°ˢ 105, 113 et suiv. — Certains auteurs donnaient, en pays coutumier, aux *Consuetudines feudorum* la valeur d'une loi supplétoire (Chassanæus, sur la coutume du duché de Bourgogne, rubrique *Des fiefs, in fine*) : « Adverte etiam quod in feudis particularis et localis consuetudo est attendenda, et postmodum recurrendum est ad jus feudorum et post tale jus ad legem scriptam, ut tenet Boerius in consuetudinibus Bit., tit. *Des prescriptions,* § 2, glos. 2 » Mais ce sentiment n'avait pas prévalu (La Thaumassière, *Décisions sur les coutumes du Berry,* l. II, déc 1).

pays (26). En effet, en s'appropriant une législation faite tant de siècles auparavant et pour une civilisation aussi différente, ils avaient dû nécessairement en changer le sens et la portée véritables. La pratique et la doctrine s'étaient ingéniées à la mettre en harmonie avec les besoins et les idées des temps nouveaux. Il s'était fait tout un travail d'adaptation et d'interprétation, analogue à celui qui a produit dans les pays allemands le *droit romain moderne* (*Heutiges römisches Recht*), celui qui formait encore, jusqu'à ces derniers temps, la base et le fonds commun de leur droit privé (27).

Dans les Pays de coutume, le droit coutumier représentait le droit commun, et nos anciens jurisconsultes avaient grand soin de distinguer la coutume française des statuts municipaux qu'on trouvait en Italie, et dont parlaient fréquemment les docteurs italiens. Le droit commun en Italie, comme dans nos pays do droit écrit, était le droit romain; les statuts des villes représentaient, par conséquent, un droit exceptionnel, qu'on devait restreindre le plus possible. Au contraire, les coutumes des pays coutumiers tenaient, comme droit civil, la place du droit romain; elles étaient le fondement de la législation propre des Français (28). Là, d'ailleurs, par diverses causes, et surtout par l'influence des tribunaux d'appel, il s'était formé d'assez bonne heure des coutumes générales, qui s'étendaient à tout un bailliage ou, parfois, à toute une province, et dont les coutumes locales n'étaient guère que des variantes insignifiantes. Mais cependant, dans les pays coutumiers, le droit romain recevait encore deux applications distinctes :

1° La renaissance des études de droit romain avait exercé une influence si profonde qu'à partir du XIVe siècle, d'un bout de la France à l'autre, sans distinction de zones, certaines branches du

---

(26) Pour chaque Parlement, il a été publié un ou plusieurs recueils d'arrêts qu'il faut tout d'abord consulter pour connaître le droit de chaque province. En outre, il y a des ouvrages généraux sur le droit romain tel qu'il était suivi dans les pays de droit écrit : Boutaric, *Les institutes de l'Empereur Justinien conférées avec le droit français*, Toulouse, 1740; — Claude de Serres, *Les institutions du droit français suivant l'ordre de celles de Justinien, accommodées à la jurisprudence moderne et aux nouvelles ordonnances*, Paris, 1753.

(27) Par suite de la réception du droit romain en Allemagne, au XIVe siècle, il formait le droit commun là où il n'avait pas été édicté de codes nationaux ou impériaux; mais maintenant l'Empire d'Allemagne a son Code civil.

(28) Du Moulin, *Coutume de Paris*, tit. I, rub. n° 108 : « Omne jus municipale in contrarium præsupponit aliud jus commune. Atqui in hoc regno non recognoscimus hoc jus commune; itaque apud nos consuetudines nostræ non sunt jura municipalia sed jura communia cujusque loci... Verum est quod quædam generaliores aliis, quædam χυριχι, ad quas cum vicinis recurrendum. » — Guy Coquille, *Questions sur les coutumes*, I : « Donques nos coustumes sont nostre vray droict civil et sur icelles faut raisonner et interpréter *ex bono et æquo*, ainsi que faisoient les jurisconsultes romains sur les lois et édicts. »

droit privé furent régies exclusivement par les principes des lois romaines. Il en était ainsi en particulier des contrats et obligations (29). Sur ces matières, le droit coutumier avait eu auparavant un système propre et très original (30); mais dans le cours du XIIIᵉ siècle, le droit romain l'élimina peu à peu en se substituant à lui, si bien que, lorsque les coutumes générales furent rédigées officiellement, elles ne continrent que très peu de dispositions sur les contrats.

2º Pour les matières qu'avait réglementées la coutume, il arriva souvent qu'elle était incomplète; cela fut surtout saisissable, lorsqu'elle eut été enfermée dans une rédaction officielle. Comment fallait-il combler cette lacune ? Deux opinions se formèrent sur ce point (31), dont aucune d'ailleurs ne paraît avoir remporté une victoire incontestée, le Conseil du roi ne cassant point les arrêts rendus dans ces conditions et qui ne pouvaient être considérés comme ayant violé les lois ou les coutumes. Selon les uns, dans le silence de la coutume, il fallait se reporter au droit romain, dont l'application s'imposait alors; c'est ce que soutenaient entre autres Mornac, Lizet, Loyseau (32). D'après cette opinion, le droit romain aurait été, pour les pays coutumiers, un droit supplétaire mais impératif; la différence avec les Pays de droit écrit aurait consisté seulement dans l'importance plus grande et dans l'existence de coutumes générales. Selon les autres, le droit romain n'avait jamais force de loi en pays coutumier. Lorsqu'une coutume était muette sur un point, il fallait recourir, soit aux coutumes voisines, soit à la coutume de Paris, oracle des pays coutumiers; ce n'est qu'en dernier lieu qu'il fallait consulter le droit romain, et encore en tant que *ratio scripta* et non comme *jus scriptum;* telle était l'opinion de Du Moulin, De Thou et Guy Coquille (33).

(29) Ferrière, *Histoire du droit romain*, 298 : « Le droit romain enseigne ce qui concerne les contrats, les tutelles, les restitutions en entier, les obligations, les actions et une infinité d'autres matières, sur lesquelles ni les ordonnances, ni les coustumes n'ont rien établi ou du moins dont elles n'ont parlé que légèrement. »

(30) Esmein, *Etudes sur les contrats dans le très ancien droit français.*

(31) Arthurus Duck, *De l'usage et de l'autorité du droit civil dans les Etats des princes chrétiens* (trad. franç.), Paris, 1699, l. II, ch. v, nᵒˢ 31 et suiv.; — Bretonnier, *Questions de droit*, édit. Boucher d'Argis, t. I, préface; — Challine, *Méthode générale pour l'intelligence des coutumes de France*, ch. XII

(32) Loyseau, *Du déguerpissement*, l. II, ch. vi, nᵒ 6 : « Devant que d'estendre aux autres coustumes la décision de celle de Paris, il faut premièrement sonder le droit romain; et s'il contient certaine et résolue décision du point controversé, non répugnante à l'usage général de France, alors posé que la coustume de Paris soit contraire, il faut, plustost que de la suivre, s'arrester à la disposition du droict commun. »

(33) Du Moulin, *loc. cit*, nᵒ 107 : « Deficiente vero vel dubia consuetudine localis præfecturæ tum in materia consuetudinum nostrarum non est recurrendum ad jus Romanum, sed ad vicinas et generales et promiscuas consuetudines Galliæ ultimo jus commune Romanum sub Justiniano magno redactum, quatenus rationi congruit

D'ailleurs, le texte d'un certain nombre de coutumes écartait la difficulté; après avoir réglementé sur certains points une institution, il décidait que, pour le surplus, il en serait *ainsi que de droit*, ce qui renvoyait au droit romain (34). J'ai montré ainsi quelle part respective s'étaient faite dans l'ancienne France la coutume et le droit romain; il faut maintenant reprendre chacun de ces deux systèmes juridiques pour le suivre dans son développement propre.

### § 2. — LE DÉVELOPPEMENT DU DROIT COUTUMIER

Les coutumes de l'ancienne France ont, pour la plupart, passé par deux états successifs : elles ont été d'abord un pur droit coutumier, fixé par le seul usage, et pouvant incessamment se transformer; puis leurs dispositions, plus tôt ou plus tard, ont été arrêtées dans une rédaction officielle, approuvée et promulguée par l'autorité publique. Telles sont les deux formes que nous allons successivement étudier.

### I

La coutume non écrite, qui, par sa souplesse et sa conformité constante avec le vœu des populations, offrait certains avantages, présentait aussi, dans la pratique, d'immenses inconvénients. Elle était, par sa nature même, difficile à connaître et difficile à appliquer. Sans doute, si le juge et son conseil avaient personnellement pleine et entière connaissance de la coutume invoquée, qui était notoire et remplissait toutes les conditions voulues pour obliger, cela suffisait (35). L'ancienne organisation judiciaire était même

nec moribus receptis repugnat, debet attendi. » — Guy Coquille, *Coutumes de Nivernais*, préface : « Les loix faictes par les Romains nous doyvent semondre à nous en aider quand les constitutions et ordonnances de nos rois, ou le droict général français non escrit, ou nos coustumes nous défaillent, nous en ayder, dis-je, par bienséance et pour la raison et non par nécessité. »

(34) Cela avait lieu même dans les coutumes du Midi (Jarriand, *La succession coutumière, loc cit.*, p. 52 et suiv.). En revanche, chose curieuse, l'ancienne coutume de Bordeaux, quoique située en pays de droit écrit, contenait expressément le système contraire (*Le livre des coutumes*, art. 228, éd. Barckhausen, p. 176) : « Costuma es en Bordales que, sy lo cas que s'aben no se put jutgar segont costuma, car no n'y a punt d'aquet cas, hom deu recorre a las costumas semblans; essy no n'i a semblans costumas, deu hom recor a rason naturau plus promedana de la costuma; e, sy aquestas causas defalhen, hom deu recorre a dreyt escript. »

(35) Fagniez, *Fragments d'un répertoire de jurisp. parisienne*, n° 40 : « Aprez lecture faite en plein auditoire des dits articles, les coustumes et usages posées en yceulx niées par lesdits procureurs, les avons reputé et reputons par l'opinion des assistans pour toutes notoires, et par sequel seront tenues pour confessées. » (1402) Cf. n° 71 (1398). — Boutillier, *Somme rurale*, l. I, tit. II, p. 6 : « Ancores y a une

naturellement constituée pour que cette connaissance des coutumes fût familière au tribunal; c'étaient, en effet, des hommes du pays qui siégeaient comme jugeurs, ou, à défaut de jugeurs, c'étaient les anciens praticiens du siège qui composaient le conseil du juge. Néanmoins, il arrivait souvent, lorsque la question était neuve, que la coutume prétendue n'était pas connue des juges ou n'était pas certaine pour eux. Il fallait, en effet, pour être appliquée, qu'elle reposât sur des précédents assez anciens et qu'elle fût régulièrement établie, qu'elle fût *præscripta* et *approbata* (36). Il était nécessaire alors d'en faire la preuve, et c'était une preuve assez difficile (37) et très particulière, puisqu'il s'agissait d'établir, non le fait, mais le droit. Dans certaines régions, et spécialement dans les Pays de droit écrit, on appliqua, sauf quelques déviations, les règles de la preuve testimoniale ordinaire, et même deux témoins suffisaient pourvu qu'ils déposassent de faits véritablement concluants (38). Mais, dans les Pays coutumiers s'était introduit un mode de preuve spécial, l'*enquête par turbe* (*inquisitio per turbam*). C'était une application particulière d'une forme d'enquête très ancienne, qui remontait à la monarchie carolingienne et qui avait jadis constitué un privilège du pouvoir royal dans les causes où ses droits étaient intéressés (39). Il ne

autre coustume appelée notoire coustume, laquelle est notoire et si manifeste qu'il ne la faut avoir en doubte aulcun, comme plusieurs choses sont si notoirement usées et gardées en aulcuns pays que elles sont cognues et notoires à tous, et de celle se peut on bien rapporter à la discrétion de la court en cas que la partie adverse *ne* le mettroit en fait contraire. » La négation *ne*, qui me paraît altérer le sens de la phrase, ne se trouve pas dans l'édition de la *Somme rurale* imprimée à Abbeville en 1486 (f° ij r°), que possède la Bibliothèque de la Faculté de droit de Paris.

(36) Johannes Faber, *Ad instituta*, 1, 2, 3, v° *Ex non scripto*, p. 15 et suiv.; — Boutillier, *Somme rurale*, l. I, tit II, p. 5 . « Coustume local selon les anciens est un establissement tenu et gardé au pays par les anciens sages a ce d'accord et confermez estre et demourer ainsi selon la situation du lieu ou ce est fait tel, et par si longtemps que a coutume prescrite et conferme peut et doit suffire. » *Grand coutumier de France*, l. II, ch. III, p. 192 : « Coustume est un raisonnable establissement non escript et pour le commun profit mis au pais, et par le prince gardé et approuvé notoirement par le cours de XL ans. »

(37) Boutillier, *Somme rurale*, l. I, tit. II, p. 6 : Il y a différence entre coustume, car il y a coustume privée et coustume notoire et est périlleuse chose à arguer la première pour doubte de preuve... et la dernière est plus légère, car elle se prouve de elle-mesme... Et se doibt garder l'advocat tant qu'il peut de proposer la privée, car elle est difficile et forte à prover. »

(38) Johannes Faber, *loc. cit*, n° 11; — Panormitanus, sur c. 47, X, *De testibus* II, 20. — Arrêt du Parlement de Paris de 1287, *Olim*, II, p. 268, n° 6 : « Dictum fuit per arrestum quod super consuetudines... inquireretur *per testes singulares* quia terra Agenensis regatur jure scripto » Sur la preuve des coutumes, voir Pissard, *Etude sur la connaissance et la preuve des coutumes dans le droit coutumier et dans le système romano-canonique* (thèse de doctorat, 1909); Esmein, *Decem faciunt populum* dans les *Mélanges, P.-F. Girard*.

(39) Brunner, *Die Entstehung der Schwurgerichte*, p 84, 127

s'agissait pas du tout de la preuve testimoniale ordinaire. Les témoins produits pour prouver la coutume, choisis en nombre suffisant parmi les hommes sages et expérimentés de la région, étaient rassemblés, et le cas leur était soumis. Ils délibéraient alors entre eux, puis venaient déclarer qu'ils tenaient pour existante ou pour inexistante la coutume invoquée (40). Au fond, c'était là un jury rendant son verdict collectif, et non point des témoins déposant individuellement, et cela concorde bien avec l'opinion qui voit dans la vieille *inquisitio* carolingienne l'origine du jury anglais (41). Comme ce dernier, d'ailleurs, la *turbe* devait prendre délibération à l'unanimité des voix (42). On peut ajouter que ce mode de preuve n'était pas seul employé dans les Pays coutumiers. Au xiiie siècle, nous en voyons un autre usité à Paris et qui consistait à demander l'avis du *Parloir aux bourgeois*, qui, représentant la municipalité et la population parisiennes, paraissait être l'interprète naturel des usages locaux (43). Il semble, d'ailleurs, que le sens exact de cette procédure n'ait pas été bien conservé aux xive et xve siècles (44); car, à cette époque, la jurisprudence, rapprochant l'enquête par turbe et l'enquête ordinaire, établit que, comme dans cette dernière, il faut avoir

(40) Sur le fonctionnement des enquêtes par turbes, voyez Imbert, *Pratique*, l. I, ch. xliii, nᵒˢ 8 et suiv.; — Challine, *Méthode générale pour l'intelligence des coustumes de France*, Paris, 1676, p. 178 et suiv.; — Bornier, *Conférence des ordonnances*, I, p. 87; — Brunner, *op cit.*, p. 385 et suiv.

(41) Brunner, *Die Entstehung der Schwurgerichte*, p. 428 et suiv.

(42) Arrêt du Parlement de Paris de 1318, *Olim*, II, p. 460 . « Testes trahentes se ad partem collocutionem suam inter se super hoc habuerunt, et postea coram dictis auditoribus reventes *dixerunt se totaliter esse concordes* in deliberatione quam ipsi habuerunt, quod ipsi deponerent super consuetudine prædicta. Et de consensu ipsorum omnium ipsi unum ex eis concorditer elegerunt ad referendum et deponendum vice omnium suam super hoc veritatem. » — Glose du *Grand coutumier de Normandie* dans l'édition de 1523, citée par Brunner, p. 391 : « Et s'il y en avait un à descort toute la tourbe seroit de nulle valeur. » — Imbert, *loc. cit.*, p. 302 : « Un des dits témoins, que l'on appelle le rapporteur de la tourbe, pour luy et tous les autres présens, à part et séparément des parties, dit et rapporte la délibération et résolution de tous lesdits témoins, *lesquels il faut estre concordans en un mesme dire* »

(43) Le Roux de Lincy, *Histoire de l'Hôtel de ville de Paris*, p. 121 (a. 1293), à la requête du prévôt de Paris; p. 122 (a. 1293), également; p. 124 (a. 1293), à la requête de l'official de Paris.

(44) Ainsi nous voyons à Paris la preuve par turbe, confondue en partie avec l'enquête ordinaire [Fagniez, *op. cit.*, n° 60 (a. 1402)] : « Ledit Tire-avant pourra faire, si bon luy semble, jurer, oïr et examiner en tourbes tant de tesmoins qu'il voudra sur les usages et coustumes posez aux escriptures dudit Tire-avant... sauf et réservé au dit Gueroult de bailler contrediz contre les tesmoins qui ainsi seront examinez en tourbe... qui ainsi seront produiz de la partie du dit Tire-avant; c'est à sçavoir ceux demourans en Normandie seront examinez par le commissaire du païs et ceux de la Prévosté de Paris par maistre Aubert Delaporte, commissaire » Ici, on le voit, la turbe a perdu son unité.

deux témoins concordants, il faudrait aussi, dans l'autre, deux turbes concordantes (45) de dix témoins chacune (46).

## II

Nous savons comment les contemporains de ce pur droit coutumier pouvaient établir et prouver la coutume non écrite; mais comment pouvons-nous maintenant connaître ce vieux droit, qui, dans certaines régions, a duré très longtemps sous cette forme ? Les *sources* que nous possédons, c'est-à-dire les documents écrits qui nous en ont conservé l'expression, se ramènent à plusieurs catégories distinctes :

### A. — *Coutumiers et Livres de pratique.*

La première et la plus importante comprend les *Coutumiers* et

(45) D'après la glose du *Grand coutumier de Normandie*, rapportée dans l'édition de 1523 et citée par Brunner, p. 394, cette idée ne se serait point fait admettre sans difficulté : « Et il suffiroit d'une turbe à rigueur, car elle vaut deus tesmoings, mais le mieux est d'en faire plusieurs. »

(46) Brunner, *op. cit.*, p. 390. — Challine, *op. cit.*, p. 179 . « Deux tourbes estans de mesme advis font preuve entière et concluante, et chaque tourbe doit estre composée de dix turbiers chascune, *bina debet esse turba, seu decuria ex decem testibus*, en la loy *Prætor*, § *Turbam, De vi bonor. rapt* » Ce dernier passage montre comment on était arrivé au chiffre de dix témoins. La loi romaine invoquée (L. 4, § 3, D. XLVII, 8), définissant le mot *turba* dans une tout autre acception, portait : « Enimvero si plures fuerunt, *decem* aut quindecim homines, turba dicetur. » On transporta cela à la *tourbe* de l'enquête. — Imbert, *Pratique*, l. I, ch xliii, n° 7 : « N'est comptée une tourbe que pour un tesmoin ès cas, esquels on fait preuve par tourbes... Et pour ceste cause pour le moins il faut deux tourbes, veu que chacune ne vaut qu'un tesmoin. Et doit estre la tourbe de dix tesmoins pour le moins; l'on a accoustumé d'en mettre treize ou quatorze, afin que, s'ill y en avoit aucuns qui fussent suffisamment objectez, ledit nombre de dix demourast entier. » — On trouve aussi un autre chiffre, celui de douze turbiers, qui nous ramène vers les origines du jury anglais. Il est donné par Boutillier, *Somme rurale*, l. I, tit. II, p. 6 : « Si appartient qu'avant que coustume soit prescrite qu'elle soit telle que par *dix (lequel nombre de dix fait turbe)* ou douze hommes des plus sages et anciens du lieu elle ait esté approuvée, tellement que jugement en soit ensuyvi, et de ce jugement ait esté appelé en Cour souveraine, de laquelle il ait esté dit bien jugé et mal appelé » Les mots en italiques qui figurent dans l'édition de Charondas (1633) ne se retrouvent pas dans l'édition d'Abbeville de 1486; celle-ci dit simplement *par douze hommes ou plus*, et c'est aussi le texte qu'on trouve dans l'édition de Paris (1538). Ces mots sont donc une addition postérieure destinée à mettre Boutillier d'accord avec le droit nouveau; mais lui exigeait toujours au moins douze turbiers. Quant à l'autre condition qu'il requiert pour que la coutume soit prescrite et prouvée à l'égard de tous, à savoir que le jugement rendu sur l'enquête par turbe ait été déféré en appel à la Cour souveraine et confirmé par elle, elle dérive de l'interprétation donnée à un texte de droit romain (L. 31, D. *De leg*, I, 3). Il en reste ceci · que seuls les Parlements purent ordonner les enquestes par turbes (Guenois, sur la *Pratique d'Imbert*, Paris, 1606, p. 305) : « Il n'appartient qu'à une Cour souveraine d'ordonner qu'il sera informé par turbe d'un stil ou coustume... et a esté souvent jugé que les présidiaux, encore qu'ils jugent souverainement en certains cas, ne peuvent ordonner qu'il sera informé de la forme d'user d'une coustume. »

*Livres de pratique* des xiiie, xive et xve siècles. On entend, pour cette époque, par *coutumier*, un ouvrage privé dans lequel un particulier a réuni les dispositions d'une ou de plusieurs coutumes. Le plus souvent, le rédacteur est un officier de justice, qui ·a vécu et exercé ses fonctions dans le pays, mais son livre n'en est pas moins sans valeur officielle. Les *Pratiques* sont des ouvrages du même genre, mais spécialement destinés à exposer la procédure et la jurisprudence d'un ou de plusieurs tribunaux déterminés; le mot *Style* (*stylus*) est également employé dans le même sens (47). D'ailleurs, cette distinction est souvent difficile à établir car beaucoup d'ouvrages sont à la fois des coutumiers et des pratiques. Le nombre de ces livres n'est pas très grand, quoique leur utilité fût extrême à une époque où l'on n'avait pas de lois écrites. Cependant, je ne puis parler de tous; j'en indiquerai quelques-uns parmi les principaux.

Les plus anciens qu'on trouve en France sont du xiiie siècle (48), et c'est dans ce siècle qu'il en a été composé le plus grand nombre. Pour le Nord et le centre du pays, quatre sont à signaler spécialement. Ils présentent certains caractères communs : ils sont écrits en langue française, et non en latin, et tout en fournissant sur la coutume des détails plus ou moins abondants, ils sont fortement imprégnés de droit romain et canonique.

1° Le *Conseil à un ami* de Pierre de Fontaines (49). Le titre de l'ouvrage vient de ce que, comme l'auteur l'indique dans le premier chapitre, il a été composé sur la demande d'un puissant seigneur (Saint Louis sans doute), pour l'éducation de son fils, qui doit régner après lui. Pierre de Fontaines, qui fut du Conseil de Saint Louis (50), bailli de Vermandois, et souvent porté sur les listes du Parlement, prétend (à tort, il est vrai) avoir le premier entrepris une œuvre semblable (51). Ce qu'il se propose en apparence, c'est de décrire les coutumes de Vermandois et la pratique des cours séculières (52). Mais, en réalité, ce qu'il donne à cet

---

(47) Johannes Faber, *loc. cit.*, n° 3 : « Consuetudo differt a stylo, quia stylus proprie dicetur circa illa quæ tangunt modum ordinandi acta et sententias et alia quæ scribuntur a stylo cum quo scribitur. »

(48) Sauf la Très ancienne coutume de Normandie, dont une partie, comme on le verra plus loin, remonte aux dernières années du xiie siècle. Dans les Assises de Jérusalem, *Le livre des assises de la Cour des bourgeois* remonte aussi à la seconde moitié du xiie siècle. Mais je laisse ici de côté, malgré son intérêt, *Le droit latin en Orient*; voyez sur ce point Viollet, *Histoire du droit français*, p. 169 et suiv.

(49) Edition Marnier, 1846.

(50) Ci-dessus, p. 367, note 111; p. 374, note 157.

(51) Ch. i, n° 3, p. 5 : « Nus n'entreprit onques devant moi ceste chose, dont j'ai exemplaire. »

(52) P. 3 : « Requérez que je li face un escrit selonc les us et coustumes de Vermandois et d'autres corz laies. »

égard ne représente qu'une faible partie de son livre. La plus
grande portion est simplement une paraphrase, souvent une traduction littérale, des textes romains, et particulièrement du Code de
Justinien. L'ordre même suivi par l'auteur est celui de ce Code,
dans ses livres II et III jusqu'au titre XXXIII. Sans doute, l'auteur
sentait que dorénavant c'était là le bagage le plus utile pour les
hommes de loi (53). Le *Conseil à un ami* a été composé postérieurement à l'administration de Pierre de Fontaines, comme bailli de
Vermandois; M. Marnier en place la rédaction entre 1254 et
1259 (54).

2° Le *Livre de Jostice et de Plet* (55) a été rédigé dans la
seconde moitié du xiiie siècle, sûrement après 1259, car il contient
l'indication d'un jugement rendu à l'Hôtel du roi en cette
année (56). C'est probablement un produit de l'Ecole de droit
d'Orléans, en pleine activité à cette époque. Il contient deux éléments juxtaposés : le droit commun coutumier de l'Orléanais, et
des textes de droit romain et canonique souvent littéralement traduits. Par là il se rapproche du *Conseil à un ami*, mais il en
diffère à deux points de vue. En premier lieu, la portion coutumière est ici beaucoup plus importante; elle a été empruntée en
partie, très vraisemblablement, à un *Usage d'Orlénois*, antérieurement rédigé et dont s'est servi également le compilateur des *Etablissements de Saint Louis* (57); mais l'auteur a dû puiser aussi à
d'autres sources. Toujours est-il que le droit coutumier qu'il donne
est très original et présente un caractère archaïque très prononcé :
cela se voit principalement dans le système qu'il fournit sur les
contrats et sur la théorie des preuves (58), et dans les formules de
demande et de réponse pour les diverses actions qui forment la
plus grande partie du livre XIX. — D'autre part l'auteur, comme
Pierre de Fontaines, a suivi l'ordre d'un Recueil de lois romaines,
mais ici c'est le Digeste, et non le Code, qui a été choisi. Lorsqu'il
arrive à la matière du mariage, il prend les Décrétales de Grégoire IX et en traduit le plus souvent le texte ou la glose ordi-

(53) Lui-même constatait, avec une certaine mélancolie, l'altération des anciens usages,
p 4 : « Les anciennes coutumes, que li preudome çà en arrière soloient tenir et user,
sont molt anéanties et presque totes faillies, partie par bailliz et par prévôz, qui plus
entendent à lor volonté fère que à user des costumes; partie par la volenté de sens,
qui plus s'aert à son avis que as fez des anciens. »
(54) P. 3, note *a*.
(55) Edition Rapetti.
(56) XIX, 26, § 13 : « Li sires d'Ambeze apela le conte de Blois de défaut, sur la
demande d'un bois, en l'ôtel du roi, *l'an mil deux cent cinquante neuf*, à Pante
coste. »
(57) Viollet, *Etablissements de Saint Louis*, t. I, p. 59-77.
(58) Esmein, *Etudes sur les contrats dans le très ancien droit français*, p. 47
et suiv.

naire (59). Notons en terminant une supercherie naïve : l'auteur démarque souvent les textes qu'il traduit en les mettant sous le nom de ses contemporains. Ainsi il met dans la bouche du roi Louis tel rescrit de l'Empereur Hadrien; au lieu de Paul ou d'Ulpien, il fait parler Jehan de Beaumont ou tel autre de ses contemporains (60).

3° Les *Etablissements de Saint Louis* (61) sont un recueil important divisé en deux livres, dont le caractère véritable a longtemps été une énigme. Anciennement on y voyait une œuvre législative de Saint Louis, un code des lois de ce prince promulgué par lui-même (62). Dans ce sens, on invoquait d'abord le titre même du livre. Puis l'ouvrage contient une ordonnance authentique de Saint Louis, celle qui supprime le duel judiciaire, et un règlement sur la procédure des juridictions royales; enfin, un certain nombre de manuscrits contiennent une préface, dans laquelle parle Saint Louis, ordonnant ces établissements. Mais depuis longtemps on avait reconnu que c'était l'œuvre d'un particulier; la démonstration définitive a été faite de nos jours par M. Paul Viollet, qui a su dégager tous les éléments constitutifs de cette compilation (63). L'auteur inconnu était sans doute un officier royal qui écrivait un peu avant l'année 1272. Son œuvre, comme les précédentes, est surtout un *Coutumier*, renforcé de droit romain et canonique; mais le procédé de composition est particulier. Il a pris pour base de son travail des Recueils antérieurs, purement coutumiers, ou des Règlements royaux et il les étaye ou parfois les retouche par des références au droit romain et au droit canonique (64). Les neuf premiers chapitres du premier livre sont copiés sur un règlement fait pour la Prévôté de Paris et reproduisent aussi l'ordonnance sur les duels; les chapitres x à CLXXV sont pris à une ancienne coutume d'Anjou et du Maine, dont nous avons le texte par ailleurs. Le livre deuxième est copié en grande partie sur une ancienne coutume d'Orléans (*L'usage d'Orlénois*) aujourd'hui per-

(59) Tout le livre X, sauf le dernier chapitre. Il serait intéressant de comparer minutieusement cette traduction ou adaptation avec les textes originaux.

(60) D'après une hypothèse dont on peut dire seulement qu'elle n'est pas invraisemblable, l'auteur du *Livre de jostice et de plet* serait Philippe de Remi, le père de Beaumanoir, qui fut bailli de Robert, comte d'Artois, en Gâtinais. H. Stein, *Conjectures sur l'auteur du livre de jostice et de plet, Nouv revue hist. de droit,* 1917.

(61) Edition Paul Viollet.

(62) On est étonné de voir encore cette opinion dans certains ouvrages, d'ailleurs excellents (Charles Lea, *A history of the Inquisition,* t. I, p. 221) : « It is not until Louis issued his *Etablissements,* in 1270, that we find the heretic formally condemned to be burned alive, thus rendering it recognized law of the land. »

(63) Viollet, *Etablissements de Saint Louis,* t. I, p. 1-85, 448-455, 482-495.

(64) Ces références ou modifications sont imprimées dans l'édition de M. Viollet en lettres italiques.

due et qui a été également utilisée par le *Livre de Jostice et de Plet*.

4° Les *Coutumes de Beauvoisis* ont une date et un auteur certains. Elles ont été terminées en 1283 (65). Leur auteur est Philippe de Beaumanoir, personnage important du xiii° siècle (66). Il fut successivement bailli seigneurial de Clermont en Beauvoisis, bailli royal de Senlis, de Vermandois, de Touraine, sénéchal de Saintonge et de Poitou. C'est un esprit supérieur et un écrivain de race, qui, outre son grand ouvrage juridique, a laissé des œuvres poétiques (67). Comme jurisconsulte, il dépasse de beaucoup ses contemporains, et les *Coutumes de Beauvoisis* sont bien différentes des Coutumiers précédents. Ce qui distingue surtout Beaumanoir de Pierre de Fontaines et des auteurs du *Livre de Jostice* et des *Etablissements*, c'est qu'il ne compile pas comme eux, amalgamant plus ou moins grossièrement des sources coutumières, romaines et canoniques : il a composé un livre absolument personnel et original. Ce n'est pas qu'en son écrit l'influence du droit romain et canonique ne se fasse sentir; on s'est même demandé s'il n'avait pas pris pour modèle et suivi dans ses divisions tel ou tel ouvrage de pratique canonique (68); et souvent, dans telle théorie qu'il expose, un œil exercé peut reconnaître, bien qu'il ne soit pas invoqué, un principe emprunté au droit romain. Mais c'est lui qui crée et dirige son exposition, et l'on peut même ajouter qu'en somme il reproduit fidèlement la coutume et la pratique de son pays et de son temps. Ce qui fait surtout sa supériorité, c'est que c'est un théoricien et le premier en date, sauf peut-être l'auteur du *Grand coutumier de Normandie*, dont il sera parlé plus loin. Il ne se contente pas de rapporter la coutume, mais il en cherche la raison et veut dégager le principe directeur des institutions. Nous avons eu l'occasion de relever sa théorie du pouvoir législatif (69) et de la garde générale du roi sur les églises (70). Il a également une théorie sur les rapports entre les puissances spirituelle et temporelle (71), il a formulé une vue d'ensemble du servage; et combien d'autres exemples

(65) *Coutumes de Beauvoisis*, édit. Beugnot, II, p. 506, Salmon, n° 1982 : « Ici define Philippe de Beaumanoir son livre, lequel il fist des coutumes de Biauvoisins, en l'an de l'Incarnacion mil deus cens quatre-vins et trois. »

(66) Voy., sur sa vie, H. Bordier, *Philippe de Remi, sire de Beaumanoir;* — Viollet, *Histoire du droit français*, p. 186 et suiv.

(67) Suchier, *OEuvres poétiques de Philippe de Remi, sire de Beaumanoir*, dans les publications de la Société des anciens textes français.

(68) Daniels, *System und Geschichte des französischen Civilprocess*, p. 38-47, — Gross, *Incerti auctoris ordo judiciarius*, p. 75 et suiv.; — Zucker, *Aprise und loial enquête*, p. 79 et suiv. — Cf. Viollet, *Histoire du droit français*, p. 186-187.

(69) Ci-dessus, p. 466.

(70) Ci-dessus, p. 601.

(71) *Coutumes de Beauvoisis*, Beugnot, XLVI, 11, 12; Salmon, n°˙ 1474, 1475.

on pourrait encore présenter. Enfin, il est pitoyable aux petits et croit peu aux sorciers (72); ce serait assez pous assurer à tout jamais la gloire d'un homme du XIII° siècle (73).

A côté de ces ouvrages capitaux, je citerai encore le *Livre des Constitutions démenées et Châtelet de Paris* (74), le *Coutumier d'Artois* (75), qui est en grande partie un remaniement du *Conseil de Pierre de Fontaines*, et le *Coutumier de Picardie* (76); il est vrai que ces deux derniers empiètent quelque peu sur le XIV° siècle (77).

Les *Coutumiers normands* tiennent une place à part parmi ceux du XIII° siècle, à raison de leur importance et de leur originalité. La féodalité normande avait une organisation très forte et très disciplinée 'à la fois; la procédure des Cours de Normandie garda longtemps 'sa vieille physionomie et résista énergiquement à l'invasion du droit romain; enfin ces livres, par suite des circonstances historiques, figurent à la fois parmi les sources de l'ancien droit français et de l'ancien droit anglais. Deux de ces coutumiers doivent être signalés. L'un, *Le très ancien coutumier de Normandie* (78) est un traité anonyme qui comprend deux parties distinctes. La première date de la fin du XII° siècle (a. 1199 ou 1200); la seconde se place dans le premier tiers du XIII° siècle (vers 1220). L'ouvrage est écrit·en latin; mais il en existe une traduction française du XIII° siècle. L'autre coutumier est généralement appelé *Grand Coutumier de Normandie*. C'est un ouvrage du XIII° siècle (79), extrêmement remarquable par la netteté et la

(72) Ci-dessus, p. 283, note 70.

(73) Il a été publié trois éditions de Beaumanoir : l'une a été donnée par La Thaumassière en 1690, d'après un manuscrit en dialecte picard; la seconde, par M. Beugnot en 1842. Toutes les deux sont rares aujourd'hui. Une nouvelle édition a été publiée (1898) par M. A. Salmon, après une revision critique des manuscrits. Outre la division en chapitres, elle comprend une seule suite de paragraphes.

(74) Edition Mortet, 1883.

(75) Edition Ad. Tardif, 1883.

(76) Edition Marnier, 1840.

(77) Pour la date du Coutumier d'Artois, voyez Tardif, *op. cit*, p 15; pour celle du Coutumier de Picardie, Marnier, *op. cit*, p. 4.

(78) J. Tardif, *Coutumiers de Normandie*, textes critiques, première partie : *Le très ancien coutumier de Normandie*, texte latin, Rouen 1881, texte français, 1903; — Brunner, *Entstehung der Schwurgerichte*, p. 127 et suiv.; — P. Viollet, *Hist litt. de la France*, XXXIII, 1906.

(79) L'opinion dominante plaçait la rédaction de cet ouvrage entre 1270 et 1275 (Brunner, *op. cit.*, p. 137; — Glasson, *Histoire des institutions de la France*, t. IV, p. 126). M. J. Tardif, dans l'introduction de la nouvelle édition qu'il a donnée du texte latin (p. CLXXX-CXCV), la place un peu plus haut, entre 1254 et 1258, sous le règne même de Saint Louis; et j'abonde dans son sens, inclinant même à vieillir encore l'ouvrage de quelques années en plus. Si, en effet, dans un passage qui paraît bien appartenir au texte primitif (*De justiciatione*, VI, 7), Saint Louis est désigné d'une façon assez claire, rien ne dit, dans ce passage, qu'il fût déjà mort. Il paraît bien certain encore que l'auteur, dans son second prologue, s'est inspiré

méthode de l'exposition; il révèle aussi chez son auteur un esprit élevé et une grande science, bien que le style soit toujours concis et presque impersonnel. L'auteur me paraît avoir été un clerc, mais très versé en même temps dans la jurisprudence des cours séculières de son pays (80). On peut croire que le nom de cet homme éminent a été retrouvé. En effet, dans une enquête ouverte au commencement du XIVᵉ siècle, les habitants des îles Normandes déclarèrent qu'ils avaient adopté comme expression de leurs coutumes un Recueil composé par un Normand du nom de Maucael, depuis que la Normandie n'appartenait plus aux rois d'Angleterre, et qu'ils appelaient la *Somme Maucael*. Or, manifestement, cette *Somme Maucael* n'est autre que le *Grand coutumier de Normandie* qui souvent, dans les manuscrits, est intitulé : *Summa de legibus consuetudinum Normanniæ* (81), et qui, aujourd'hui encore, forme

de la bulle du 5 septembre 1234, par laquelle Grégoire IX envoyait, en guise de promulgation, son Recueil de Décrétales aux Universités de Paris et de Bologne (p. CLXXXVIII). Cela nous oblige à placer la rédaction du coutumier postérieurement à cette date. Mais, d'autre part, dans le chapitre CXI, que M. Tardif considère aussi comme faisant partie du texte original, l'auteur rappelle le procédé grossier par lequel on faisait en Normandie le calcul de la prescription trentenaire. Ce procédé consistait à choisir un événement très connu de tous, remontant à trente ans au moins, et à déclarer couverts par cette prescription tous les actes, et ceux-là seulement, qui étaient antérieurs à cette date notable. Lorsque la date choisie avait trop vieilli, prolongeant par trop la durée de la prescription, une décision de l'Echiquier en fixait une autre. Le dernier événement qui avait été ainsi choisi était, nous dit l'auteur, le couronnement du roi Richard Cœur de Lion, accompli en l'an 1189; mais, ajoute-t-il, le roi devrait bien maintenant fixer une autre date, car depuis celle-là il s'est écoulé aujourd'hui plus de temps que n'en exige la prescription. Cette façon de parler peut bien s'entendre d'un laps de quarante ou de cinquante ans; mais on ne comprendrait pas qu'on eût laissé prendre à une prescription, normalement trentenaire, une durée dépassant quatre-vingts ans, ce qu'il faudrait admettre si ce passage avait été écrit après la mort de Saint Louis, arrivée en 1270. Je croirais donc que le Coutumier a été composé peu après 1234 (le délai de fait pour la prescription s'élevant alors à un peu plus de quarante-cinq ans) L'utilisation par l auteur de l'Ordonnance de 1254 (Tardif, p. CLXXXVII) ne me paraît pas démontrée. — Dans le même sens, R. Génestal, *Bulletin des sociétés savantes de Caen*, 1910, p. 190.

(80) Les passages abondent dans lesquels se trahit un homme d'Eglise toujours précis quand il s'agit de droit canonique; voyez édit. Tardif, ch. IX, p. 39; ch. XXV, p. 87, ch. XXX, p. 99; ch. XXXIV, p. 113-4; ch. XLII, p. 125, ch. III, p. 137; ch. LXI, p. 156; ch. LXXXI, p. 191; ch LXXX, LXXXI, p. 194, 195; ch. LXXXII, p. 197; ch. LXXXIV, p. 199, ch. CX, p. 265. On peut ajouter ce fait (ci-dessus, note 79) que l'auteur s'est inspiré, dans son prologue, de la bulle par laquelle Grégoire IX promulguait son Recueil de Décrétales, et cela probablement à une date voisine de cette promulgation. — En sens contraire, Tardif, *op cit.*, p. CCIX.

(81) C'est sous ce titre qu'il a été publié par Ludewig : *Reliquiæ manuscriptorum omnis ævi*, t. VII. C'est le titre que lui a conservé notre savant ami M. Joseph Tardif dans l'édition définitive qu'il en a donnée : *Coutumiers de Normandie*, textes critiques, t. II, *La Summa de legibus Normanniæ in curia laïcali*, Rouen et Paris, 1896. C'est l'œuvre de l'érudition la plus patiente et la plus exacte. Le texte est établi avec la critique la plus précise, et dans l'*Introduction* sont traitées toutes les questions que l'histoire du livre a soulevées.

le droit commun des îles anglo-normandes (82). Le *Grand coutumier* a été écrit en latin par son auteur, et l'on doit tenir pour postérieure la version française, qui cependant appartient aussi au xiii⁰ siècle (83). Ce n'était, comme les autres coutumiers, qu'une œuvre privée, mais le succès en fut immense, bien justifié d'ailleurs. Il acquit bientôt, par l'usage, la valeur d'une rédaction authentique de la coutume de Normandie, et les tribunaux s'y référèrent comme à un texte officiel. Cela fut même cause que cette coutume ne fut officiellement rédigée qu'assez tard, de 1577 à 1583. Ce fut surtout la difficulté que l'on avait à comprendre l'ancien texte qui fit demander par les Etats de Normandie la rédaction nouvelle (84).

Les *Coutumiers et Livres de pratique* des xiv⁰ et xv⁰ siècles sont assez différents de ceux du xiii⁰ : ils sont en un sens plus savants, en ce qu'ils ne contiennent point, comme beaucoup de ces derniers, une juxtaposition grossière du droit coutumier et du droit romain. La fusion de ces deux éléments s'est opérée, et le droit qui en est résulté a plus d'unité et d'équilibre. Mais, parmi ces ouvrages, on n'en trouve aucun qui ait la valeur et l'originalité des *Coutumes de Beauvoisis* ou du *Grand coutumier de Normandie*. Je vais ici encore indiquer les principaux :

1° Celui qui a eu le plus de succès et d'influence est la *Somme rurale* de Jean Boutillier. L'auteur fut, dans la seconde moitié du xiv⁰ siècle, successivement lieutenant du bailli de Vermandois, bailli de Vermandois, lieutenant du bailli de Tournai, Tournaisis, Mortagne et Saint-Amand. Il mourut en 1395 et travaillait encore à son ouvrage après 1387 (85). Son livre n'est point spécialement

(82) Sur cette question, voyez J. Tardif, *Les auteurs présumés du Grand Coutumier de Normandie*, dans la *Nouvelle Revue historique de droit*, 1885, p. 155 et suiv. Cf. *Introduction*, p. cxcix.

(83) J. Tardif, *Introduction*, p. cxxxiv. Il y a aussi une troisième forme, celle-là en vers français, à laquelle on donne la date presque certaine de 1280 (*ibid*, p. cxxxv, clxxx). Les deux textes, latin et français, ont été publiés, imprimés en regard sur deux colonnes, par M. William Laurence de Gruchy, à Jersey, en 1881, sous ce titre : *L'ancienne coutume de Normandie*. C'est simplement une réimpression très utile des anciennes éditions gothiques, faite, dit M. Tardif, « avec autant de soin que d'intelligence ». Elle a été publiée dans un but pratique, pour donner le texte légal encore en vigueur dans les îles Normandes. L'édition de M. Tardif est faite pour la science et l'histoire du droit.

(84) Procès-verbal de la coutume de Normandie (Lettres d'Henri III, de 1577) : « Plusieurs fois nous eust été requis par les Estats du dit pays et qu'il fust très nécessaire, parce que les coutumes, usages et stil d'iceluy ne se trouvent escrites qu'en un livre fort ancien, composé de langages et mots peu intelligibles, estans la pluspart d'iceux hors d'usage et peu ou point entendu des habitants du pays; mesmes aussi qu'aucuns articles de coustumes, employez au dit livre ancien, concernans tant l'instruction que décision des procès, sont antiquez d'un commun et tacite consentement par non usage. »

(85) Tous ces détails sont empruntés à M. de Meulenaere, *Jean Boutillier, esquisse*

consacré au droit d'une province déterminée, bien qu'il rapporte souvent les coutumes de l'Artois, de la Flandre et de la Picardie. Il a une portée générale; l'auteur a voulu principalement exposer en langue française, en termes intelligibles de tous, les règles du droit romain dans la mesure où elles étaient reçues par la jurisprudence des cours séculières, et indiquer, en même temps, les principales divergences des coutumes. Tel est du moins l'objet du premier livre (86); le second, beaucoup moins étendu, se rapporte au droit public et est consacré « aux droits royaux ». Le titre, d'ailleurs, est parlant par lui-même. Les *Sommes* étaient les ouvrages qui résumaient titre par titre une des parties composant le *Corpus juris civilis* ou le *Corpus juris canonici* (par exemple *Summa Codicis, Summa decretalium;* et, par le mot *rural,* Boutillier entend sûrement le langage vulgaire opposé au latin, langue des clercs et des légistes (87). Il se trouva que cela répondait à un besoin général et profond; l'immense succès du livre en est la preuve (88). Il a été souvent imprimé, mais il manque une bonne édition critique (89).

2° La *Très ancienne coutume de Bretagne* est un coutumier du premier tiers du XIVᵉ siècle (90). Le nom de l'auteur n'est point

*biographique,* dans la *Nouvelle Revue historique de droit,* 1891, p. 18 et suiv. M de Meulenaere a établi que la véritable forme du nom de ce jurisconsulte était *Boutilier,* c'est celle en effet que donnent les anciennes éditions de la *Somme rurale* (par ex. celles d'Abbeville, 1486, et Paris, 1538). La forme *Bouteillier,* consacrée par l'usage, est la plus usitée dans les ouvrages modernes.

(86) L II, tit. I, p. 646 : « Puisque dict et monstré ay des droicts et constitucions impériaux, et comme les coutumes locaux s'y concordent, dire et monstrer veux des droicts royaux. »

(87) M. de Meulenaere, *loc. cit,* p. 32, donne une autre interprétation : « C'est du droit coutumier que l'auteur veut s'occuper principalement. *Somme rurale* serait donc synonyme de *Somme coutumière.* Tel est bien le sens que Boutillier lui-même attachait au mot *rural;* cela résulte de plusieurs passages de son livre. » Mais cela n'est point exact. D'un côté, le droit coutumier occupe une place relativement petite et secondaire dans la *Somme rurale;* d'autre part, les passages que M. de Meulenaere cite en faveur de son opinion me paraissent confirmer la mienne. Ainsi il est dit, l. I, tit C, p. 570 : « Dire veux comment j'ay veu émanciper, que les ruraux appellent mettre son enfant hors de son pain et de son pot. » Là, Boutillier ne fait que traduire en langage vulgaire le terme de droit *émanciper.* Il a été dirigé par cette pensée qu'exprimait déjà Beaumanoir, VI, 1 (Beugnot) : « Li clerc ont une manière de parler moult bele, le latin; mais li lai qui ont à pledier contre aus en cort laïe n'entendent pas bien les mos meismes qu'ils dient en françois. »

(88) Voyez en tête de l'édition de Charondas ce distique de Godefroy, qui résume en même temps l'objet du livre : *Quæ tibi dat Codex, quæ dant Digesta, quod usus,* — *Ruralis paucis hæc tibi Summa dabit*

(89) L'édition la plus répandue, celle qui a été toujours citée ici, a été donnée par Charondas le Caron, en 1603. Mais elle est pleine de fautes, et sûrement des additions ou des gloses se sont glissées dans le texte. Elle donne même (p. 873) le testament de Boutillier, faussement daté : « Le 19ᵉ jour de septembre l'an 1402. » M de Meulenaere a établi que Boutillier est mort entre le 16 septembre 1395 et le 24 janvier suivant, et son testament porte justement la première de ces deux dates.

(90) Au XVIIᵉ siècle, Pierre de Hévin, dans ses annotations sur les arrêts de Frain

connu, mais il résulte de ses propres explications que c'était un homme mêlé à la pratique judiciaire (91). Son ouvrage, très méthodique, est divisé en neuf parties, disposées dans une même suite d'articles, mais ce ne sont point des articles de coutumes, brefs et impératifs, comme ceux qui seront arrêtés plus tard. C'est encore un exposé descriptif et raisonné. L'auteur subit et traduit, dans une large mesure, l'influence du droit romain et canonique; mais il donne en même temps les règles propres du droit breton, si bien qu'au commencement du xixe siècle les celtisants le prenaient souvent, quoique bien à tort, comme interprète de la tradition celtique. Son exposition, d'ailleurs, est claire et bien conduite; on trouve, en particulier dans la quatrième partie, un des meilleurs traités de la procédure criminelle au xive siècle. L'écrivain inconnu qui composa le coutumier était un esprit sage, un homme pieux et instruit (92);

(Rennes, 1684, l. II, ch. xcviii), lui assigna la date approximative de 1330, et ce jugement n'a pas été contredit par la critique moderne. Notre collègue et ami M. Planiol, dans l'édition qu'il a donnée de la *Très ancienne coutume*, a démontré par une pièce authentique (*Introduction*, p. 6, 7) que cette rédaction existait déjà et était notoire en 1341; en s'aidant de divers autres indices, il la place entre 1312 et 1335 environ. — On l'appelle la *Très ancienne coutume de Bretagne*, parce qu'elle a été suivie de deux autres textes : l'*Ancienne* (la première rédaction officielle) de 1539, et la *Nouvelle coutume*, ou coutume réformée, de 1580. Les trois textes se trouvent dans le *Nouveau coutumier général* de Bourdot de Richebourg (1724), t. IV, p. 198-462.

(91) Edit. Planiol, p. 52 : « Nous avons commencé à escripvre et à diviser en ceste manière, non pas par l'escience de nous seulement que pour ce que nous avons entendu et apprins o les sages qui approvez estoient en la duchié généralment, et par les opinions que ils montroient et confortoient par resons efficaces, et qui appelez estoient de monseigneur le duc de Bretaigne, des evesques, des barons, des uns et des autres, à gouverner la duchiée en leur temps par le sens d'iceulx. »

(92) M. Planiol, *L'esprit de la coutume de Bretagne*, Vannes, 1891, p. 3, note 1, pense que l'ouvrage est résulté de la collaboration de plusieurs auteurs : « Une ancienne tradition attribue la rédaction de la coutume à trois personnages, Copu le Sage, Mahé le léal et Tréal le fier. Le prologue et la façon dont les auteurs parlent d'eux-mêmes annoncent en effet une œuvre collective. » Je ne puis partager cette opinion. La tradition rappelée se rapporte manifestement, par les noms des trois rédacteurs, à l'idée qui fait rentrer dans le vieux fonds celtique la *Très ancienne coutume*; on a là comme le pendant des quatre sages qui auraient rédigé la loi salique (ci-dessus, p. 107, note 2). D'autre part, l'ouvrage me paraît présenter une unité et attester une personnalité qui exclut l'hypothèse de plusieurs collaborateurs, et le prologue, très intéressant, ne me semble rien indiquer de semblable. L'auteur, pour se désigner lui-même, dit *nous* au lieu de *je*; mais c'était une forme de langage parfaitement usitée aux xiiie et xive siècles; par exemple, le *Grand coutumier de Normandie* débute ainsi : « Pour ce que notre intention est de déclarer en ceste œuvre au mieux que nous pourrons les droicts et establissements de Normandie... »; on n'en a jamais conclu que ce Coutumier avait plusieurs auteurs. Le prologue de la *Très ancienne coutume* me paraît, au contraire, nettement indiquer un auteur unique en plusieurs passages, dans celui qui est cité à la note précédente, notre 91, et dans ceux-ci : « Pour ce que par nous ne peut tout estre accomply »; — « Se aucunes choses ne sont esclardies par faute d'entendre ou par vice de escrevaing ». — Dans son édition (1896) de la *Très ancienne coutume* (*Introduction*, p. 8 et suiv.), M. Planiol a repris cette question; il maintient son opinion et discute les arguments en sens contraire

son style naïf et convaincu ne manque pas de charme (93). Son œuvre eut la même fortune que le *Grand coutumier de Normandie;* elle devint, par l'usage, le texte officiel de la coutume de Bretagne. La première rédaction officielle, celle de 1539, fut une revision et une réduction du vieux texte (94); d'Argentré, son principal commentateur, appelle constamment les commissaires de 1539ᵉ les *réformateurs* (95).

3° La *Practica forensis*, de Jean Masuer, appartient à la première moitié du xvᵉ siècle (96). L'auteur, qui était avocat à Riom et « le conseil de tous les grands seigneurs de sa province », a voulu avant tout réunir deux choses dans son ouvrage : le *style* suivi devant

que je viens de présenter, et qui figuraient déjà dans la seconde édition de ce *Cours* (1894), p. 737, note 2. Il a trouvé en particulier un de Tréal et un Copu, dont l'existence et les fonctions dans le premier tiers du xivᵉ siècle conviendraient ici à merveille. Mais il montre en même temps que les Mahé, les Copu, et même les de Tréal abondaient à cette époque; ce sont des noms bien bretons. Je persiste à croire que la *Très ancienne coutume* a un auteur unique, comme elle me paraît présenter une réelle unité de style. Ce qui rend à mes yeux particulièrment suspecte la tradition contraire, défendue par M. Planiol, ce ne sont pas tant les noms des trois personnages que les épithètes dont ils sont accompagnés : Copu *le sage*, Mahé *le léal* et Tréal *le fier;* trois particuliers ainsi qualifiés (il ne s'agit pas de rois ou de princes) se présentent naturellement comme des personnifications du conte ou de la légende. J'ajouterai que cette tradition me paraît se rattacher étroitement à l'idée ancienne (*Introduction,* p 15) qui voyait dans la *Très ancienne coutume,* non pas une œuvre privée, mais une rédaction officielle. Nos trois personnages étaient pris sans doute pour les anciens qui représentaient la population dans cet acte ou pour les commissaires du duc.

(93) Jusqu'ici, les textes imprimés, et spécialement celui de Bourdot de Richebourg, fourmillaient de fautes, contenant des variantes et des gloses, qui se sont glissées dans les manuscrits. L'auteur lui-même invitait les hommes de bonne volonté à compléter et à corriger son livre : « Plaise à touz qui voiront et orront ceste matère l'amender ce que verront que devra estre amendé, et adjoustent ce qu'ils verront devoir estre adjousté et accompli par raison. » On voit là, nettement exprimée, la pensée qui permettait aux anciens de corriger, retoucher et augmenter sans scrupules les œuvres juridiques. M. Planiol a publié une nouvelle édition, fruit de longues années de travail : *La Très ancienne coutume de Bretagne,* avec les assises, constitutions de Parlement et Ordonnances ducales, suivies d'un Recueil de textes divers antérieurs à 1491, édition critique accompagnée de notices historiques et bibliographiques, par Marcel Planiol, Rennes, 1896. C'est le texte sûr et correct longtemps attendu. M. Planiol l'a établi (*Introduction,* p. 48 et suiv.) en prenant pour base les deux meilleurs manuscrits du xivᵉ siècle, qui concordent d'ailleurs d'une façon presque absolue, et en les corrigeant seulement ou les complétant, dans leurs passages défectueux ou leurs lacunes certaines, par les leçons des autres manuscrits ou des incunables. Ces corrections ou additions sont toujours indiquées par des crochets.

(94) Procès-verbal de la coutume de 1539 (Bourdot de Richebourg, *op cit ,* p. 336) · « Certains bons et notables personnages sçavans et expérimentez desdits pays et duché de Bretagne... s'estoient assemblez en la ville de Rennes pour veoir le livre coustumier ancien du dit pays et duché et d'iceluy extraire les articles des dites coustumes, et mettre par titres convenables et resequer ce qui estoit superflu. »

(95) Par exemple, *Commentarii in patrias Britonum leges,* Parisiis, 1628, p 2, in rub : « Ista *reformatores* perpetuo confundunt. »

(96) Ad. Tardif, La « *Practica forensis* » *de Jean Masuer,* dans la *Nouvelle Revue historique de droit,* t VII, 1883, p. 283 et suiv.

les tribunaux du pays et les principales règles de la coutume d'Auvergne. La *Practica forensis* est donc à la fois un Coutumier et un Livre de pratique, et elle est appelée parfois *Practica senescaliæ Alverniæ*. D'ailleurs, dans un certain nombre de ses chapitres, Masuer expose les principales théories du droit privé, en prenant pour point de départ la méthode et les principes des docteurs, légistes et canonistes. L'ouvrage eut un immense et durable succès; il fut « pendant longtemps le coutumier ou plutôt la coutume de la province (97) ». Rédigé en latin, dans un style de légiste et de praticien (98), il eut, dans la suite, plusieurs traductions françaises.

Les deux ouvrages, par lesquels je termine cette revue partielle, sont des styles ou livres de pratiques, principalement consacrés à la jurisprudence du Parlement et du Châtelet de Paris; ils appartiennent l'un et l'autre au xive siècle.

4° Le *Stylus curiæ parlamenti* (99) a pour auteur l'avocat Guillaume du Breuil; il paraît avoir été composé en 1330 (100). C'est l'ouvrage d'un pur praticien; il cite parfois les textes romains ou canoniques, mais les seules autorités décisives sont pour lui les *Ordinationes regiæ* et les *Arresta curiæ*. Son style est absolument concis, net et précis, et son ouvrage a exercé dans l'ancienne France une action très sensible, tant à cause de sa valeur propre qu'à raison des compléments qui y furent ajoutés dans les éditions imprimées à partir du xive siècle. En effet, un Toulousain, Stephanus Auffrerius (101), y joignit, à la fin du xve siècle, des gloses sans grande valeur, conçues d'après la méthode scolastique, mais aussi un Recueil important d'arrêts. et un autre d'Ordonnances royales. Le tout fut imprimé en 1513 par les soins de Descousu (*Dissutus*), et, un peu plus tard, on imprima à la suite, dans une nouvelle édition, les *Quæstiones Johannis Galli*, dont plus loin il sera dit un mot (102). L'édition la plus souvent citée (quoique peu critique) est celle qu'a donnée Du Moulin (103).

(97) Ad. Tardif, *loc cit.*, p. 288.

(98) J'utilise l'édition suivante : *Masueri, jurisconsulti Galli longe celeberrimi Prac tica forensis*, Lugduni, 1677.

(99) Th. Schwalbach, *Der Civilprocess des Pariser Parlements nach dem Stilus der Brueils*, Freiburg, 1881. — Edition F. Aubert, 1909

(100) Schwalbech, *op. cit*, p. 1. Cf. ci-dessus, p. 449, note 2

(101) Il était en 1483 professeur à l'Université de Toulouse et official de l'archevêché (*Decisiones capellæ Tolosanæ*, édit. Lugduni, préface, n. 3).

(102) Schwalbach, *op. cit.*, p. 4, donne sans justification la date de 1495 aux gloses d'Auffrerius. — Benedicti, dans sa *Repetitio in C Raynutius*, composée à la fin du xve siècle, cite souvent un Recueil d'arrêts et un Recueil d'ordonnances qu'il attribue à Auffrerius et qui sont identiques à ceux imprimés à la suite du *Stylus*

(103) *Caroli Molinæi opera omnia*, Parisiis, 1681, t. II, p. 403 et suiv.

5° Le *Grand coutumier de France* (104), ou *Coutumier* de *Charles VI*, est un Recueil tout à fait composite; c'est surtout un livre de pratique et, en partie, un Coutumier. Il contient, amalgamés : « 1° des Ordonnances sur la juridiction royale, en particulier sur celle du Châtelet et sur les appellations au Parlement de Paris; 2° un style du Parlement et un autre style de procédure; 3° des règles de la coutume de Paris, spécialement quant aux tenures féodales (105). Très probablement, le Recueil s'est formé progressivement par le travail de plusieurs auteurs et par des additions successives. Mais sa forme définitive en quatre livres lui fut donnée dans le dernier tiers du xiv° siècle par Jacques d'Ableiges, personnage notable, et qui fut, en particulier, bailli de Saint-Denis et d'Evreux. M. Léopold Delisle, mis en éveil par certaines indications d'un manuscrit du xv° siècle, acheté en 1880 par la Bibliothèque nationale, a pu retrouver, dans un autre manuscrit de la Bibliothèque, le texte même arrêté par Jacques d'Ableiges et précédé d'une intéressante préface de ce dernier (106). Il a également établi que l'auteur avait terminé son travail entre les années 1387 et 1389 (107).

(104) Edition Dareste et Laboulaye, Paris, 1868.

(105) Voyez dans l'edition Dareste et Laboulay , p. 10 et suiv., l'énumération et l'agencement de ces divers éléments

(106 L. Delisle, *L'auteur du Grand coutumier de France*, dans les *Mémoires de la Société de l'histoire de Paris*, t. VIII, 1881, p. 140 et suiv. Cependant il paraît certain qu'aucun manuscrit, pas même celui qui contient la préface, ne donne intégralement et sans modifications ou additions le texte de d'Ableiges — Depuis une dizaine d'années il s'est fait un travail actif autour du *Grand coutumier* et de Jacques d'Ableiges, ayant pour but de déterminer les éléments dont se compose le *Grand coutumier*, et aussi de la compilation de Jacques d'Ableiges, qui apparaît elle-même comme ayant été peu originale. Les principales études à cet égard sont celles de nos collègues André Giffard et Olivier Martin. Voir : A. Giffard, *Etudes sur les sources du droit coutumier aux xiv° et xv° siecles*. I. Un style du Châtelet utilisé par d'Ableiges (*Nouvelle Revue historique de droit français et etranger*, t. XXX, 1906); II. *Les Coutumes notoires*, les Décisions de Jean des Mares et leurs sources; III. Un troisième abrégé de Beaumanoir (*Nouvelle revue historique*, 1908); IV, Le *vaticanus* 4790 vient-il de d'Ableiges ou de sa source ? (*Nouvelle Revue historique*, 1909); V, *Les établissements de Saint Louis et le style des Maucreux*; VI, Eudes de Sens et Jacques d'Ableiges, *Nouvelle revue historique*, 1913; — Olivier Martin, *Le manuscrit vatican 4790 et le Grand coutumier de Jacques d'Ableiges* (*Nouvelle Revue historique de droit*, 1906). — *Un coutumier du Châtelet de la fin du xv° siècle*, dans *Travaux juridiques et économiques de la Faculté de droit de l'Université de Rennes*, t. I, 1907. — *Le manuscrit vatican 4790 du Grand coutumier de Jacques d'Ableiges* (*Nouvelle Revue historique*, 1910). — *Notes sur quelques écrits juridiques peu connus* (*Nouvelle Revue historique*, 1911).

(107) *Loc. cit*, p. 151. Peut-être l'illustre savant va-t-il un peu loin lorsqu'il écrit, p. 148 : « Cette préface (celle de Jacques d'A.) dissipe toutes les obscurités qui enveloppaient les origines du *Grand coutumier*. Ce célèbre recueil a été, dès le principe, composé de quatre livres, il est l'œuvre de Jacques d'Ableiges. » Jacques d'A. reconnaît lui-même, dans sa préface (*ibid*, p. 146), qu'il a emprunté son œuvre à des traités antérieurs : « Je qui petitement suys fondé pour estudier en grans livres ne en grans ou haultes sciences, ay quis et serchie en plusieurs petits livres et petits traictiez, puis ça et puis la à grant peine et en grant cure. »

## B. — Recueils d'arrêts et de jugements.

Les sentences et arrêts sont la meilleure et la seule expression vraiment authentique d'une coutume non écrite; mais, comme chacun d'eux contient une décision isolée sur un point particulier, il faut en avoir une collection relativement considérable pour être renseigné par là sur le droit de l'époque et du pays auxquels ils se rapportent. Des collections de ce genre nous ont été transmises de deux façons distinctes :

1° Les unes sont des *Collections d'arrêts notables*, compilées par des particuliers, par des jurisconsultes expérimentés. Les Coutumiers anciens contiennent presque tous, épars parmi leurs pagos, un certain nombre de ces jugements; quelques-uns en sont presque intégralement composés, comme le Coutumier de Picardie cité plus haut (108) Mais, aux xive et xve siècles, on trouve des Recueils qui ne contiennent pas autre chose que des arrêts choisis, classés avec plus ou moins de méthode, et généralement annotés ou commentés; d'ailleurs, ce n'est pas le texte même de la sentence, mais seulement sa substance et la règle qui s'en dégage, que rapporte le jurisconsulte. Les plus importants de ces Recueils d'arrêts sont : 1° Les décisions de *Jean des Mares* ou *Des Marès*, avocat au Parlement de Paris, mort en 1383 (109); — 2° Les *Quæstiones Johannis Galli*. Jean Le Coq fut avocat et avocat général au Parlement de Paris, et son Recueil comprend des arrêts des années 1384 à 1414 (110); — 3° Les *Decisiones Gratianopolitanæ Guidonis Papæ* (111). Ce sont des arrêts du Parlement de Grenoble que recueillit Guy Pape, conseiller à ce Parlement à partir de l'année 1440 (112). Ici, le commentaire dépasse la valeur des arrêts, vu la science profonde de l'auteur et son talent d'exposition.

(108) Ci-dessus, p. 801
(109) Elles ont été publiées à la suite du commentaire sur la *Coutume de Paris* de Julien Brodeau, Paris, 1658-1669. Brodeau a également imprimé, à la suite de son commentaire, un recueil de *Coutumes toutes notoires et jugées au Châtelet de Paris*, t. I, p. 59. C'est une série de dispositions coutumières établies dans des enquêtes par turbes. Voir l'étude précitée de M. Giffard (ci-dessus, p. 703, note 106), qui a démontré que ces décisions attribuées à Jean de Marès ne sont pas de lui, et a dégagé les sources de ce Recueil.
(110) Elles sont imprimées à la suite du *Stylus* dans les anciennes éditions posterieures à 1513; dans l'édition de Du Moulin, elles forment la *quinta pars*, p. 551 et suiv
(111) Je cite d'après l'édition : *Decisiones Guidonis Papæ, jurisconsulti clarissimi, per eumdem ex senatusconsultis Gratianipoliani parlamenti, cujus præsidem egit, singulari judicio et eruditione collectæ*, Lugduni, 1602; voyez Chabran, *Etude sur Guy Pape*, thèse de doctorat, 1912.
(112) *Præfatio Guidonis Papæ* : « Ego, Guido Papa, legum doctor inter cæteros minimus, anno primo quo fui assumptus consiliarius in curia parlamenti Delphinalis videlicet anno Domini 1440, præsens opus compilare inchoavi. »

2° Les secondes collections d'arrêts sont d'une autre nature; ce sont des registres officiels tenus par des greffiers. La procédure des Cours féodales était d'abord purement orale; le jugement lui-même était prononcé oralement, sans qu'il fût consigné par écrit. Si, plus tard, il était contesté, il fallait en prouver l'existence et la teneur, soit par le témoignage de ceux qui l'avaient entendu prononcer, soit par une preuve spéciale appelée le *Record de cour*, c'est-à-dire l'attestation du tribunal lui-même. Mais cela était plein d'inconvénients, et dès le xiii<sup>e</sup> siècle, les principales juridictions françaises avaient dans leurs greffes des pièces écrites et authentiques relatant les actes de la procédure et le jugement qui l'avait terminée. L'usage nouveau paraît avoir commencé par la Normandie, sous l'influence des pratiques anglaises. Dès la seconde moitié du xii<sup>e</sup> siècle, à l'*Echiquier de Normandie*, des clercs écrivaient tous les actes et jugements d'une même session, sur des peaux de parchemin, cousues bout à bout et conservées en forme de rouleau (113); et cela formait le rôle (*rotulus*) de la session. Mais cela constituait des documents matériellement difficiles à consulter. Aussi, au xiii<sup>e</sup> siècle, l'habitude s'introduisit-elle que les clercs tenaient en outre un registre (*registrum*) en forme de *cahier*, où ils reportaient, non pas toutes les mentions du rouleau, mais les plus notables, et la substance des arrêts; on peut démontrer l'existence de ce registre au moins depuis l'année 1225 (114). Le Registre du xiii<sup>e</sup> siècle n'a pas été conservé, mais quatre clercs, restés inconnus, firent des Recueils d'arrêts en le prenant pour source, et, grâce aux fragments de ces compilations, que nous possédons encore, M. Léopold Delisle a pu reconstituer un grand nombre de jugements de l'Echiquier, qui vont de 1207 à 1270 (115).

Le *Parlement de Paris* (116) commença aussi, dans le cours du xiii<sup>e</sup> siècle, à inscrire sur des *rotuli* les actes et les arrêts de chaque session. Mais l'incommodité de cette sorte de documents se fit également sentir, et, en 1263, le greffier Jean de Montluçon,

---

(113) On peut démontrer l'existence de ces *rotuli* au moins à partir de l'année 1180, et l'usage s'en maintient jusqu'à la fin du xiii<sup>e</sup> siècle (Léop. Delisle, *Mémoires sur les Recueils de jugements rendus par l'Echiquier de Normandie sous les règnes de Philippe-Auguste, de Louis VIII et de Saint Louis*, à la suite de son *Recueil des jugements de l'Echiquier*, Paris, 1864, p. 257, 266, 268).

(114) Léop. Delisle, *op. cit.*, p. 257, 258.

(115) *Recueil des jugements de l'Echiquier de Normandie au* xiii<sup>e</sup> *siècle* (1207-1270), Paris, 1864. Auquel il faut ajouter : E. Perrot, *Arresta communia scacarii*, *Bibliothèque d'histoire du droit normand*, 1<sup>re</sup> série, I, 1910

(116) Beugnot, préface des *Olim*; — Boutaric, *Actes du Parlement de Paris*; — Langlois, *De monumentis ad priorem curiæ regis judiciariæ historiam pertinentibus*, Paris, 1887; le même, *Textes relatifs à l'histoire du Parlement de Paris*, introduction.

pour permettre, à la cour de se reporter plus facilement à sa jurisprudence antérieure, commença à tenir un registre spécial, contenant les principaux arrêts *in extenso* ou en abrégé. Il voulut aussi remonter dans le passé et fit le même travail pour les années 1254 à 1257. Ses successeurs immédiats, Nicolas de Chartres et Pierre de Bourges, continuèrent la tenue des registres, et, lorsque le dernier mourut, en 1319, il existait sept registres d'arrêts choisis, allant de 1254 à 1318. De ces registres, quatre ont été conservés : ce sont ceux-ci qu'on appelle les *Olim* du Parlement de Paris; ils ont été publiés par M. Beugnot (117). Les trois autres, spéciale ment ceux de Nicolas de Chartres, sont perdus; mais ils ont pu être reconstitués en partie par MM. Léopold Delisle et Langlois (118).

Ces registres sont les plus importants qui aient été retrouvés et imprimés; mais ce ne sont pas les seuls. Il en existe de semblables, émanant des juridictions inférieures. Je citerai seulement, pour le Châtelet, le *Registre criminel du Châtelet de Paris*, du 6 septembre 1389 au 18 mai 1392 (119), si riche en données importantes et pleines d'intérêts, et les fragments de sa jurisprudence en matière civile, publiés par M. Fagniez (120); — pour les justices seigneuriales, les Registres des justices des couvents et églises de Paris, se rapportant aux xiiie et xive siècles, publiés par M. Tanon (121); — enfin, pour les juridictions ecclésiastiques, le *Registre de l'officialité de Cerisy*, qui comprend des actes de 1314 à 1457 (122).

### C. — *Les proverbes, dictons et maximes juridiques.*

C'est là encore une source précieuse de renseignements sur

(117) *Les Olim ou registres des arrêts rendus par la Cour du roi sous les règnes de Saint Louis, de Philippe le Hardi, de Philippe le Bel, de Louis le Hutin et de Philippe le Long*, publiés par le comte Beugnot, Paris, 1839. — L'origine du terme *Registres Olim* n'est point établie. On a remarqué que le second volume (t. II, p. 5) commence par les mots : « Olim homines de Baiona »; mais il est vraisemblable qu'on a voulu par ce nom indiquer l'antiquité des registres.

(118) Léop. Delisle, *Essai de restitution d'un volume perdu des Olim*, dans les *Actes du Parlement de Paris*, I, p. 315-364; le même : *Notices et extraits des manuscrits de la Bibliothèque nationale*, t. XXIII; *Fragments inédits du registre de Nicolas de Chartres*; — Langlois, *Nouveaux fragments du « Liber inquestarum »* de *Nicolas de Chartres*, dans la *Bibliothèque de l'Ecole des Chartes*, 1885, p. 440-477.

(119) Publié par la Société des bibliophiles français, 2 vol., Paris, 1861.

(120) *Fragments d'un Répertoire de jurisprudence parisienne*, dans les *Mémoires de la Société de l'histoire de France*, t. XVII. M. Olivier Martin a publié dans la *Nouvelle Revue historique de droit*, 1913 et 1914-15, un choix de *sentences civiles du Châtelet de Paris* (1395-1505) d'après les registres originaux.

(121) *Histoire des justices des anciennes Eglises et Communautés monastiques de Paris*, 1883, p. 322-561, et *Nouvelle Revue historique de droit*, 1886, p. 52-182.

(122) Edité par M Gustave Dupont, Caen, 1880.

notre ancien droit coutumier. Tout système purement coutumier a une tendance naturelle à se fixer en dictons pittoresques, souvent rimés par assonance, faciles à retenir et compris de tous. Le droit, populaire encore, se condense en proverbes, comme la langue populaire. Comme le disait si bien notre regretté collègue et ami Poisnel, à propos du vieux droit romain : « Dans un droit non écrit, les adages ont un prix que nous soupçonnons peu maintenant. Une coutume est d'abord flottante; puis elle se fixe, elle prend conscience d'elle-même; alors, des formules brèves et fortes la saisissent et la résument pour la rappeler sans cesse. Les Codes du droit écrit n'ont plus le secret de la langue impérieuse que crée le génie d'un peuple pour commander à sa mémoire. Ces proverbes juridiques étaient si bien faits qu'ils ne s'oubliaient plus (123). » Ces dictons abondaient dans l'ancienne France. Pendant longtemps ils restèrent dans la tradition orale; mais, à la fin du XVIᵉ siècle et au commencement du XVIIᵉ, on se mit à les recueillir et à les publier. C'était le moyen de les conserver, car ils étaient condamnés à tomber dans l'oubli, s'ils n'avaient été alors réunis dans des livres. N'ayant plus leur ancienne utilité, car alors la plupart des coutumes générales avaient été officiellement rédigées, ils seraient sortis de la circulation comme des pièces démonétisées. Trois des Recueils sont à citer. Le plus ancien et le plus important a pour titre : *Les institutes coutumières, ou Manuel de plusieurs et diverses règles, sentences et proverbes, tant anciens que modernes, du droit coutumier et plus ordinaire de la France*, par Antoine Loisel. Il fut publié en 1608, à la suite de l'*Institution au droit français* de Guy Coquille. Il suit, en général, l'ordre des *Institutes* de Justinien; mais il est divisé en six livres, subdivisés en titres, dont chacun contient un certain nombre de règles ou maximes (124). En 1614, parurent les *Maximes générales du droit français*, divisées en trois livres, de Pierre de L'Hommeau, sire du Verger (125). Enfin, dans la seconde moitié du XVIIᵉ siècle, un avocat de Bourges, Nicolas Catherinot, fit aussi un Recueil du même genre, mais moins étendu et moins méthodique, que M. Laboulaye a publié de nos jours (126). Pour l'usage de ces Recueils,

---

(123) *Recherches sur les Sociétés universelles chez les Romains*, dans la *Nouvelle Revue historique de droit*, t. III, p. 442.

(124) La meilleure édition est celle donnée par Dupin et Laboulaye, Paris, 1846; elle contient les notes excellentes qu'y avait jointes Eusèbe de Laurière en 1710, plus une introduction historique et des annotations nouvelles.

(125) La meilleure édition est celle de Paris, 1665, avec les notes et observations de Paul Challine, qui, la même année, publia aussi une édition annotée des *Institutes* de Loisel.

(126) *Les axiomes du droit français, par le sieur Catherinot*, dans la *Nouvelle Revue historique de droit*, t. VII, 1883, p. 41 et suiv.

il faut observer qu'ils contiennent généralement des maximes d'âge très différent, confondues et juxtaposées : les unes appartiennent à un fonds très ancien, sans qu'on puisse le plus souvent déterminer leur âge; d'autres, au contraire, sont relativement modernes. Il faut donc user, à leur égard, d'une critique attentive.

## § 3. — LA RÉDACTION DES COUTUMES

Les inconvénients de la coutume non écrite étaient trop sensibles pour qu'on ne songeât pas de bonne heure à la fixer par une rédaction authentique et officielle. Ces rédactions, faites par l'autorité publique, sont de deux sortes. Les unes, les plus anciennes, ont été faites sous l'autorité seigneuriale et sont contenues dans des chartes émanées des seigneurs ou du roi agissant en qualité de seigneur local; les autres ont été faites par l'initiative et sous l'autorité du pouvoir royal, à partir de la seconde moitié du xv⁰ siècle.

### I

De bonne heure, certaines villes ou bourgs obtinrent de leurs seigneurs des chartes dans lesquelles les règles de leur coutume étaient établies, en même temps que le respect en était promis. Ces *Chartes de coutumes* sont très nombreuses des xii⁰ et xv⁰ siècles, particulièrement dans le Midi de la France. Souvent, pour une même coutume, il y a plusieurs chartes successives, se complétant ou se modifiant progressivement. Très souvent, la charte accordée par un seigneur est postérieurement confirmée par le pouvoir royal. Les *Chartes de villes*, c'est-à-dire celles qui avaient pour but d'accorder à une agglomération d'habitants les franchises et l'organisation municipales, contiennent aussi fréquemment des articles ayant pour objet de fixer et de constater la coutume sur tel ou tel point déterminé. Cela était surtout naturel et parfois nécessaire dans les villes qui obtenaient le droit de justice. Les chartes municipales du Midi sont particulièrement abondantes en dispositions de ce genre; quelques-unes contiennent comme un petit Code complet, civil et criminel.

Ces rédactions plus ou moins complètes, faites par l'autorité seigneuriale, ne changeaient point la nature du droit coutumier et ne le transformaient pas en loi écrite. Mais elles offraient cet immense avantage, que dorénavant il n'était plus besoin d'établir l'existence des conditions sans lesquelles la coutume n'avait point autorité (127) il suffisait d'invoquer le texte officiel (128).

(127) Ci-dessus, p. 689.
(128) Johannes de Casaveteri, sur la coutume de Toulouse, confirmée par Philippe

## II

Mais cela ne répondait point au principal besoin des Pays coutumiers. Ce que les chartes avaient publié et confirmé, c'étaient des *coutumes locales;* ce qu'il fallait à ces pays, c'était un texte arrêté et authentique des *coutumes générales* qui formaient leur droit commun. Parfois, ce besoin avait trouvé satisfaction d'une façon très simple; quelques provinces, la Normandie et la Bretagne, avaient adopté pour texte officiel de leur coutume un ancien Coutumier et lui avaient donné par l'usage, en quelque sorte, force de loi (129). Mais c'étaient là des cas isolés, exceptionnels, et, dans la plupart des juridictions, on n'avait pour guides que les pièces, généralement mises en Recueil, qui contenaient le résultat des enquêtes par turbes sur la coutume; encore celles-ci étaient-elles parfois contradictoires (130). Le besoin d'avoir un texte certain était si pressant que, dans la première moitié du xvᵉ siècle, on voit des rédactions faites spontanément par les autorités judiciaires locales avec le secours des praticiens; c'est ce que l'on constate pour l'Anjou et le Maine, le Poitou et le Berry (131). Le Gouvernement de Charles VII se fit l'interprète du vœu général, et, en 1453 (ancien style), l'Ordonnance de Montil-les-Tours prescrivit et organisa, par mesure générale, la rédaction des coutumes « de tous les pays de France (132) ». L'opération devait comprendre deux parties (133). Les officiers royaux des diverses juridictions, ayant une coutume générale distincte, devaient faire un projet de rédaction, d'accord avec les praticiens du siège, et les représentants de la population; puis le projet devait être envoyé au roi, qui, après l'avoir fait examiner et reviser par les membres du Grand Conseil ou du Parlement, le promulguerait et lui donnerait force

le Bel, p. 2 v° : « Ex isto verbo præcedentibus apparet... quod causa cognita princeps hujusmodi consuetudines confirmavit et auctorisavit. Ex quibus infertur quod, cum agitur de viribus hujusmodi consuetudinum, non est disputandum an habeant ea quæ requiruntur ad esse consuetudinis : videlicet an sint præscriptæ, an fuerit per eas judicatum, et sic de similibus. »

(129) Ci-dessus, p. 698, 701.

(130) Lettres de Charles VIII du 15 mars 1497 (*Ord*, XXI, p., 18) : « Souvent en une mesme jurisdiction s'est trouvé coustumes contraires et différentes avoir esté prouvées. »

(131) Viollet, *Histoire du droit*, p. 142.

(132) Article 125 (Isambert, *Anc. lois*, IX, 252) : « Ordonnons et décernons, déclairons et statuons que les coustumes, usages et stiles de tous les pays de nostre royaume soyent rédigez et mis en escript, accordez par les coustumiers, praticiens et gens de chascun des dits pays de notre royaume, lesquelz coustumes, usages et stiles ainsi accordez seront mis et escritz en livres, lesquelz seront apportés par devers nous, pour les faire veir et visiter par les gens de nostre grant conseil ou de nostre parlement, et par nous les décréter et conformer. »

(133) Sur ce qui suit, voyez principalement Klimrath, *Etudes sur les coutumes* dans ses *Travaux sur l'histoire du droit français*, t. II, p 131-170.

de loi (134). Mais le travail marcha d'abord fort lentement; peu de coutumes furent rédigées sous le règne de Charles VII et sous celui de Louis XI (135).

C'est sous le règne de Charles VIII qu'une impulsion active fut donnée à l'œuvre, en même temps qu'intervint une modification heureuse dans la procédure. Ce roi renouvela d'abord, en 1493, l'ordre aux officiers royaux des lieux d'avoir à rédiger les projets de coutumes (136); puis il nomma une commission de huit membres, chargée de recevoir ces projets et de signaler les difficultés qu'ils rencontreraient. Leurs observations étaient soumises au premier président du Parlement de Paris, Jean de La Vacquerie, lequel en conférait avec les premiers commissaires et autres conseillers du roi. Mais ce système entraînait beaucoup de complications et de lenteurs, et nombre de coutumes toutes prêtes attendaient leur promulgation. A la mort du président de La Vacquerie, le roi simplifia la procédure. Il décida que dorénavant, lorsqu'un

---

(134) D'après un passage de la *Somme rurale* de Boutillier, tel que le donne l'édition de Charondas de 1603, on pourrait croire que la théorie et la procédure de la rédaction officielle des coutumes était dégagée dès la fin du xiv⁰ siècle. On y lit en effet, l. I, tit. II, p. 5 : « Il y a coustume privée et coustume notoire. Il est périlleuse chose à arguer la première pour doute de la preuve, *sinon qu'elle fut rédigée par écrit de l'authorité du prince, et les trois Estats du lieu ou bailliage, pour ce faire appelez et assemblez, arrestée pour eoustume.* » Mais c'est là certainement une addition postérieure, de la fin du xv⁰ ou du xvi⁰ siècle, qui s'est glissée dans le texte. Ces mots ne se trouvent ni dans l'édition d'Abbeville, 1486, ni dans celle de Paris, 1538.

(135) Cependant, si l'on en croit Commines, Louis XI aurait conçu une œuvre gigantesque [en ce qui concerne le droit coutumier; il en aurait rêvé la rédaction d'ensemble, et même l'unification des coutumes. Voici en effet ce que l'historien rapporte dans ses *Mémoires*, l: VI, ch. vi (lequel correspond à l'année 1479) : « Ce temps durant eut un désir fort singulier, procédant de tout son cœur, de pouvoir mettre une grande police au royaume et principalement sur la longueur des procès... Aussi désiroit fort qu'en ce royaume on usast d'une coustume, d'un poids, d'une mesure, et que toutes ces coustumes fussent mises en françois en un beau livre pour éviter la cautele et la pillerie des advocats, qui est si grande en ce royaume que nulle autre n'est semblable. » De fait, un document curieux, récemment acquis par la Bibliothèque nationale, et publié dans la *Nouvelle Revue historique de droit français et étranger*, juillet-août 1894, p. 555, démontre que le renseignement donné par Commines est exact et que Louis XI, à cette date, entreprit quelque chose dans ce sens. C'est une quittance du 26 août 1480 par laquelle Pierre Chapon, clerc, déclare avoir reçu la somme de 110 sous tournois « pour un voyage par lui fait..., alant porter certaines lettres de monseigneur le chancelier du roy. nostre dit seigneur, avecques certains mandemans pour envoyer par tous les bailliages et sénéchaucées de ce royaulme, afin que les bailliz et seneschaulx des dits bailliages envoyassent au dit seigneur, signé de leurs mains, les coutumes et stilles de leurs dits bailliages pour en faire une coustume nouvelle. »

(136) *Ord.*, XXI, p. 18 : « Eussions mandez à nos dits baillifs, senescaux et autres juges de nostre dit royaume, qu'appelez avec eux nos officiers chascun en sa juridiction, les gens d'Eglise, nobles, praticiens et autres gens de bien en ce cognoissans, ils feissent rediger et mettre par escrit lesdites coustumes et icelles, ensemble leur advis de ce qu'il leur sembleroit devoir estre corrigé, adjousté, diminué et interprété, nous envoyassent pour y pourvoir ainsi que de raison. »

projet aurait été examiné par les huit commissaires, il ne serait plus soumis ni au président du Parlement, ni à d'autres conseillers; mais deux des commissaires, choisis par la commission, se rendraient au chef-lieu du pays régi par la coutume, pour en faire la publication; et là, dans une assemblée où figureraient les représentants de la population, ils tàcheraient de résoudre les difficultés et de faire adopter le texte; on ne réserverait pour une décision ultérieure que les points sur lesquels on n'aurait pu s'entendre (137). C'était une heureuse simplification, et la procédure définitive était trouvée. Louis XII continua ce système, presque sans aucune retouche, complétant de temps à autre la commission centrale, lorsque des vides s'y produisaient (138); il fonctionna également dans la suite, sauf que, quand le gros du travail eut été accompli, il n'y eut plus de commission centrale permanente, et les commissaires chargés de publier chaque coutume furent directement choisis et désignés par des lettres patentes du roi. Dans ce système, la rédaction d'une coutume comprenait quatre phases ou opérations distinctes qui, en fait, pouvaient être séparées par un intervalle plus ou moins long :

1° La rédaction du projet ou cahier préparatoire, qui était toujours confiée au principal juge royal du pays, dont il s'agissait de rédiger la coutume. Ce magistrat devait d'ailleurs en délibérer avec tous les juges royaux du ressort, les avocats et procureurs et des notables (139).

2° La nomination des commissaires (toujours deux d'après les lettres de 1497, plus tard trois ou quatre d'ordinaire et rarement plus) (140), qui étaient chargés de se rendre sur les lieux pour publier et décréter la coutume. .

3° La publication. Ce n'était pas une simple formalité matérielle, mais un débat contradictoire. A cet effet, les commissaires avaient fait convoquer, pour un jour donné, les représentants des trois ordres de la circonscription (141). Le Clergé était représenté par les seigneurs ecclésiastiques, la Noblesse par les seigneurs laïques, le Tiers Etat par les procureurs des municipalités et des communautés d'habitants les plus importantes, outre les hommes

---

(137) Lettres du 15 mars 1497 (*Ord*, XXI, p. 9).

(138) Lettres du 4 mars 1505 et du 18 septembre 1509 (*Ord.*, XXI, p. 322 et 402).

(139) Ci-dessus, p. 709, note 132.

(140) On peut remarquer que, pour les deux rédactions officielles de la coutume de Bretagne, il y avait, en 1539, cinq commissaires et six en 1575; mais les lettres du roi Henri III, qui nommaient ces derniers, donnaient pouvoir d'agir et décider à quatre d'entre eux « en l'absence ou empeschement des autres ». En 1539, les lettres de François I<sup>er</sup> déclarent aux commissaires : « Vous mandons et commettons par ces présentes et les quatre, trois et deux de vous. »

(141) Sur le rôle joué par les Etats dans la rédaction, voir Hirschauer, *La rédaction des coutumes d'Artois au xvi<sup>e</sup> siècle, Nouv. Revue hist. de droit,* 1918.

de loi qui assistaient toujours et qui, dans la plupart des cas, appartenaient au Tiers État (142). Les articles du projet étaient lus et, s'il y avait lieu, discutés. Pour qu'une disposition fût adoptée, il fallait qu'elle eût pour elle la majorité de chacun des ordres (143). Les articles qui avaient été accordés étaient immédiatement décrétés, c'est-à-dire promulgués au nom du roi par les commissaires; ceux sur lesquels on n'avait pu s'entendre étaient seuls réservés, et, à partir du règne de Louis XII, ce fut au Parlement du ressort que fut réservée la décision de ces difficultés.

4° Le texte de la coutume était enregistré par le Parlement, et c'était à cette occasion qu'il tranchait les questions controversées et réservées.

L'acte le plus important de cette procédure était certainement la *Publication* (144); on dressait soigneusement un *Procès-verbal* authentique de tout ce qui s'était passé dans l'assemblée. C'était là une pièce capitale, qui contenait les *travaux préparatoires* de la coutume officielle. Aussi l'imprimait-on toujours à la suite du texte même; et ce sont surtout ces *Procès-verbaux* qui nous renseignent sur la manière dont s'est accomplie cette grande œuvre de la rédaction officielle des coutumes. On a pu voir que l'assemblée dans laquelle se faisait la publication rappelait d'assez près la composition des Etats provinciaux. Aussi les jurisconsultes et publicistes du XVIᵉ siècle tenaient-ils que c'était bien là une application de cette même institution et que les coutumes avaient été arrêtées par le vote des trois Etats du bailliage ou de la province, l'autorité du prince s'y étant jointe. Certains même, exagérant l'idée, disaient que c'étaient vraiment les représentants des trois ordres qui avaient légiféré (145). En fait, dans les provinces qui

(142) **Lettres de** 1497 (*Ord.*, XXI, 19) : « Pour faire ladite publication seront derechef convoquez et appelez lesdits trois estats en chascun bailliage, sénéchaussée et jurisdiction, et en leur présence seront leues et ouvertes les difficultez trouvées en icelles par ceux des dits commissaires qui auront la charge de faire ladite publication. »

(143) *Ibidem*, p. 19 : « Voulons tous et chascun les articles qui seront accordés par lesdits estats, *ou la plus grant et saine partie d'iceux*, et nos dits commissaires estre publiés. » Cette formule, *major et sanior pars*, est celle qu'avait introduite pour les élections le droit canonique; il fallait réunir, pour avoir la majorité, non seulement les plus nombreux, mais encore les plus sensés, et cela donnait un grand pouvoir d'appréciation à l'autorité chargée de vérifier l'élection ou le vote. La même formule figure encore dans les lettres de Louis XII, du 4 mars 1505 (*Ord.*, XXI, p. 333); mais dans celle de 1509 (*Ord.*, XXI, p. 403) on lit : « A ce que les estats, *ou la plus grande partie de l'un d'iceux*, avoient quelque désaccord ou différend qu'ils ne pourroient pour lors terminer, soient rapportez par devant les gens de nostre dite court. »

(144) Lettres de 1505 et de 1509.

(145) Bodin, *Six livres de la République*, l. I, ch. VIII, p. 137 : Quant aux coustumes générales et particulières... on n'a pas accoustumé d'y rien changer, sinon après avoir bien et deuement assemblé les trois Estats de France en général ou de

avaient conservé leurs Etats provinciaux, ceux-ci ou procédèrent seuls à la rédaction et publication de la coutume, ou tout au moins y jouèrent un rôle prépondérant. La coutume de Bourgogne, en 1459, fut rédigée par une commission qu'avaient élue les Etats et le texte approuvé par eux (146). En 1582, pour la rédaction de la coutume de Normandie, les commissaires sont d'abord en présence des Etats de la province, qui, même « aux premiers jours de la séance, s'estant présentées plusieurs affaires pressées pour le service du roi, n'avoient pu procéder à la lecture et publication du cahier coutumier »; mais, dans la suite de la procédure, celui-ci fut envoyé dans chaque vicomté, et les dignitaires et communautés ecclésiastiques, les seigneurs laïques et les nobles possesseurs de fiefs, enfin les plus notables personnes de justice et les communautés des villes et gens du Tiers Etat des bourgs et bourgades furent cités et assignés à la publication, selon les principes ordinaires. De même en Bretagne, en 1575, les commissaires sont d'abord en présence des seuls Etats provinciaux, qui nomment eux-mêmes un certain nombre de délégués « pour assister avec lesdits commissaires au nom des dits Estats ». Mais dans la suite, on voit assigner et appeler à la publication « en général tous les évêques, abbés, prieurs, communautés, chapitres et collèges du dit pays, le duc de Penthièvre, les barons, comtes, vicomtes, seigneurs châtelains et autres nobles d'iceluy; ensemble les procureurs des villes et communautés, et particulièrement les députés des dits Estats ».

La plupart des coutumes des pays coutumiers furent rédigées sous Louis XII, surtout de 1506 à 1510; celle d'Orléans le fut en 1509, et celle de Paris en 1510 (147). Beaucoup le furent encore sous François Ier : par exemple, celle de Bretagne, en 1539; quelques-unes, mais plus rares, dans la seconde moitié du xvie siècle; par exemple, celle de Normandie, de 1577 à 1583. Le travail se

chascun bailliage en particulier. » — Coquille, *Histoire de Nivernois*, p. 519 : « L'autre pouvoir des Estats est au fait des coustumes qui tiennent lieu et sont le vrai droit civil des provinces, en l'accordance desquelles coustumes est représentée l'ancienne liberté du peuple françois en tant qu'il avoit et a encore aujourd'huy droit de faire loy sur luy-mesme, qui estoit le même droit qu'avoit le peuple romain... Cela se fait en l'assemblée des trois Estats de chascune province ou des deputez en ladite assemblée qui représentent tout le peuple. Et par le témoignage, advis et volontés des dits Estats, les anciennes coustumes sont rapportées et prouvées et, si elles semblent bonnes, sont confirmées, sinon sont réformées. »

(146) Chassanæus, *In consuet. Burg.*, p. 667 : « Tres status patriæ... approbaverunt consuetudines nostras factas et redactas per quosdam deputatos, qui quidem deputati fuerunt tam a viris ecclesiasticis quam aliis hominibus illius patriæ. »

(147) M. Olivier Martin a retrouvé et étudié le procès-verbal d'une assemblée tenue au Châtelet en juin et juillet 1507 pour préparer la rédaction des coutumes de la vicomté et prévôté de Paris; O. Martin, *Un document inédit sur les travaux prépa ratoires de l'ancienne coutume de Paris, Nouv. Revue hist. de droit*, 1918.

poursuivit même encore aux xvii⁰ et xviii⁰ siècles, mais par des actes isolés et exceptionnels. Pour beaucoup de coutumes, d'ailleurs, la première rédaction ne fut pas définitive. Au bout d'un certain nombre d'années, la pratique et la doctrine en signalèrent les lacunes et les défauts; on sentit aussi le besoin de réformer quelques-unes des règles qui y étaient contenues. De là, dans la seconde moitié du xvi⁰ siècle, beaucoup de *Réformations* se produisirent pour des coutumes qui avaient été rédigées dans la première moitié du siècle; elles se firent, d'ailleurs, dans les mêmes formes que la première rédaction. Ainsi furent réformées les coutumes de Sens en 1555, de Touraine et de Poitou en 1559, de Bretagne en 1580, de Paris en 1580, d'Orléans en 1583. On eut alors deux textes, l'*Ancienne* et la *Nouvelle coutume*, dont la comparaison est souvent intéressante pour l'historien.

Quelques provinces avaient eu leurs coutumes officiellement rédigées, sous l'autorité de leurs ducs ou comtes, avant leur annexion à la Couronne (148); elles conservèrent leur valeur après la réunion, sauf une réformation possible sous l'autorité du roi. Ainsi la coutume du duché de Bourgogne, rédigée sous Philippe le Bon, en 1459, fut réformée sous Charles IX et Henri III, de 1502 à 1575. Les coutumes des Flandres et des Pays-Bas, pour les provinces annexées à la France au xvii⁰ siècle, avaient été rédigées par l'autorité des archiducs; elles gardèrent leur valeur en France. Enfin, disons que la rédaction royale des coutumes ne toucha guère que les pays coutumiers. La principale raison fut que les pays de droit écrit n'avaient guère que des coutumes locales. Cependant quelques coutumes y furent rédigées de la même manière : par exemple celle de Bordeaux, en 1520 (149).

### III

La rédaction des coutumes par l'autorité royale eut des conséquences considérables, mais sur lesquelles il ne faut pas se méprendre. Elle ne changea point sensiblement les dispositions du droit coutumier; car, le plus souvent, les rédacteurs se contentèrent d'enregistrer la coutume, sans la modifier. Cependant, des retouches furent faites à cette occasion dans une certaine mesure (150); le président Lizet était célèbre pour s'être efforcé de

(148) Ci-dessus, p. 468.

(149) Le texte de toutes les coutumes officiellement rédigées se trouve dans le *Nouveau coutumier général* de Bourdot de Richebourg.

(150) Cela rentrait dans les intentions de la Royauté; voyez ci-dessus, p. 710, note 166 — Lebret, *De la souveraineté*, l. I, ch. ix, p. 19 : « Il n'y a point de doute que les rois peuvent user de leur puissance et changer les loix et ordonnances anciennes de leurs

ramener au droit-romain les coutumes dont il avait été le commissaire. On a dit souvent que la rédaction officielle uniformisa le droit coutumier. Cela est certainement inexact en un sens, car la diversité des coutumes générales fut, au contraire, définitivement consacrée et immobilisée lorsqu'elles furent enfermées dans un texte précis et impératif. Mais cela est vrai dans un autre sens, lorsqu'on se concentre dans le ressort d'une coutume générale; la rédaction eut pour effet d'éliminer, d'abroger une quantité de coutumes locales divergentes. Cela se fit très simplement. Toute localité qui prétendait avoir une coutume propre et particulière dut la faire apparaître et la revendiquer lors de la publication de la coutume générale dans le ressort de laquelle elle était située; sinon, elle était soumise de plein droit à la coutume générale. En fait, beaucoup de coutumes locales ne furent pas ainsi invoquées, et elles perdirent leur force. Mais si la rédaction ne modifia pas profondément le contenu du droit coutumier, elle en transforma, au contraire, le caractère et la nature. Elle fit, des coutumes, de véritables *lois écrites*, qui dérivèrent dorénavant leur force obligatoire, non plus du seul consentement tacite des populations, mais de l'autorité royale qui les décrétait (151). Cependant, nos anciens auteurs signalaient des différences notables entre ces lois spéciales et les lois ordinaires. Ils faisaient observer que la population avait un rôle important dans la rédaction des unes, tandis qu'elle ne participait pas à celle des autres (152). En second lieu, les coutumes devaient bien être enregistrées par le Parlement, mais elles n'étaient point vérifiées par lui quant aux articles accordés lors de la publication; d'où il résultait que ces articles avaient force obligatoire du jour où ils avaient été décrétés et avant qu'ils fussent enregistrés (153). Malgré ces différences, la coutume était devenue

estats, ce qui ne s'entend pas seulement des loix générales, mais aussi des lois municipales et des coustumes particulières des provinces. »

(151) Challine, *Méthode générale pour l'intelligence des coutumes de France*, p. 13 : « L'intention de la loy, c'est-à-dire de la coustume, qui est notre loy »; p. 26 : « Les coustumes sont des conventions publiques accordées du consentement des trois ordres du royaume... qui ont esté consacrées par l'authorité souveraine du roi qui leur donne le sceau et la vigueur. » — Lettres de 1509 (*Ord.* XXI, 404) : « ' Icelles faites entretenir, garder et observer inviolablement comme loy perpétuelle. »

(152) Guy Coquille, *Questions sur les coustumes*, n° 1 : « Les commissaires ordonnez par le roy pour présider en ces assemblées d'Estats les ont auctorisées (les coutumes) en y inspirant la puissance de loy... Mais, en effet, c'est le peuple qui fait la loy, qui est une marque de l'ancien establissement de cette république françoise, meslée de démocratie, aristocratie et monarchie. Car faire loy est droict de souveraineté. »

(153) *Annæi Roberti Rerum judicatarum libri IV*, édit. 1604, L. II, ch. i, p. 296. et suiv. — Louet et Brodeau, *Recueil d'anciens notables arrests*, lettre C, n° 20 : « ... D'autant que les coustumes ne s'homologuent et ne se vérifient en la cour,

loi écrite par la rédaction, et cela suffisait pour en changer la nature, ce qui se traduisait par un certain nombre d'effets précis :

1° Le texte, et par là même les dispositions de la coutume, furent immobilisés en principe. Ils ne purent plus être modifiés que par une rédaction nouvelle, intervenant dans les mêmes conditions que la première avec l'autorité du pouvoir royal. De là, les nombreuses *Réformations* signalées plus haut.

2° Pour toutes les règles contenues dans le texte, il fut désormais interdit d'offrir la preuve que la coutume était autre au moment où elle avait été rédigée. Les enquêtes par turbes devinrent inapplicables dans cette mesure; c'était déjà la disposition de l'Ordonnance de Montil-les-Tours, et elle fut reprise par les Ordonnances postérieures (154).

3° L'infiltration proprement dite du droit romain dans la coutume devint impossible désormais; il ne put plus agir sur elle que par voie d'interprétation. C'est à ce fait principalement que la France dut de conserver à peu près intact son ancien droit coutumier, tandis que d'autres pays, l'Allemagne par exemple, le perdirent pour la plus grande partie.

Cependant il ne faudrait pas exagérer l'immobilisation du droit coutumier; malgré la rédaction officielle, il pouvait encore se modifier par l'usage, et cela de deux façons. D'abord, par la désuétude : celle-ci, conformément au droit romain, abrogeait même les lois, à plus forte raison les coutumes. On pouvait proposer que tel article était hors d'usage et par suite sans force (155). En second lieu, on pouvait également proposer qu'à la place ou à côté de la disposition contenue dans le texte une nouvelle coutume s'était formée. Mais il fallait pour cela établir un usage certain et immémorial (156). Dans cette mesure, pour établir l'abrogation ou le

mais seulement s'apportent au greffe d'icelle pour y avoir recours. Autrement seroit si les trois estats avoient renvoyé la résolution de quelques articles à la cour, car, en ce cas, tels articles n'auroient lieu que du jour où la cour auroit prononcé par son arrest. »

(154) Lettres de 1505 (*Ord*, XXI, p. 333) : « Icelles voulons inviolablement estre gardées et observées, sans enfraindre, comme loy perpétuelle, sans qu'aucun dorénavant soit reçu à poser ne prouver coustumes contraires ne desrogeant à icelles coustumes ainsi publiées. »

(155) Anne Robert, *op cit.*, p. 293 : « Consuetudinum vis et auctoritas apud nos tanta est, ut non facile convelli queat. Aliquando tamen ex longa diuturni temporis mora et tacito illiteratoque consensu quædam statuta in desuetudinem abire et exolescere contingit. » — Challine, *Méthode générale*, cinquième règle (p. 48) : « Comme l'usage a introduit toutes les dispositions des coustumes, aussi est-il vrai que le non-usage les peut abolir. »

(156) Challine, *Méthode générale*, p. 178 : « Mais l'on peut estre reçeu à prouver par tourbes que, depuis la rédaction de la coustume, l'usage a introduit quelque nouvelle disposition, ainsi qu'il a esté jugé par arrest prononcé en robes rouges du mois de février 1528 et, depuis ce temps-là, par une infinité d'autres arrests »;

nouvel usage, la preuve des enquêtes par turbes resta en vigueur (157), restreinte cependant aux cours souveraines, jusqu'à ce que l'Ordonnance de 1667 l'abolît et la remplaçât par des actes de notoriété (158).

Si les coutumes étaient bien devenues des lois écrites, il ne faudrait pas croire que ce fussent de véritables Codes, compréhensifs et complets. Elles contenaient fort peu de règles sur le droit criminel et sur la procédure, et quant au droit privé et féodal, il n'y a guère qu'un certain nombre d'institutions qui figurent presque dans toutes : l'état des personnes, les droits de justice, les tenures féodales ou foncières, les droits des gens mariés, les donations, successions et testaments, et enfin les voies d'exécution sur les biens. Encore nombre de ces matières ne sont-elles le plus souvent réglementées qu'en certains points les plus importants.

## IV

La rédaction exerça sur le développement du droit coutumier une influence plus profonde encore par un effet simplement indirect, dont il me reste à parler. Elle l'éleva au rang de science; elle en rendit possible l'étude méthodique; elle créa la littérature du droit coutumier, source principale de notre droit privé. Jusque-là les ouvrages consacrés aux coutumes étaient presque uniquement descriptifs, destinés à recueillir la coutume plutôt qu'à l'interpréter. Toute l'interprétation juridique, enseignée aux écoles ou contenue dans les livres, était traditionnellement concentrée sur les textes précis du *Corpus juris civilis* et du *Corpus juris canonici*. Par la rédaction officielle, on obtint toute une série de textes du même genre pour le droit coutumier, et l'on se mit à les commenter avec la même méthode et tout d'abord dans la même langue, c'est-à-dire en latin, si bien que le texte était français et le commentaire latin; les commentaires en langue française ne s'introduisirent que plus tard. Ce n'est pas dans les Universités que se fît

p. 50 : « D'ailleurs, comme la coustume ne se peut establir que par un temps immémorial, aussi est-il vray qu'elle ne peut estre abolie que par le même temps. »

(157) Elle servait aussi dans d'autres cas (Imbert, *Pratique*, 1. I, ch. XLIII, n° 9) . « L'on doit seulement user de ces tourbes quand il est question d'une coustume ou usance ancienne gardée de tout temps, et encore à présent, laquelle toutesfoys n'a point esté mise au livre des coustumes des pays réformées. Et lors il faut avoir lettres royaux pour estre receu à l'articuler et prouver. Ou bien il est question d'une coustume ancienne qui a eu cours par cy-devant et au temps dont il est question. Ou bien s'il est mestier d'avoir l'interprétation d'une coustume ambiguë ou obscure estant au dit livre coustumier réformé, comment par usance ancienne l'on a accoustumé l'entendre et usiter. En ces deux cas, ne faut avoir lettres royaux. »

(158) Ord. de 1679, tit. XIII.

cette étude scientifique du droit coutumier, car traditionnellement on n'y enseignait que le droit romain et le droit canonique; parfois, comme à Paris, ce dernier seulement. C'est seulement en 1679 que l'enseignement du droit français reçut une place bien modeste dans les Universités (159). Ce sont les avocats et les magistrats qui composèrent ces commentaires des coutumes; mais ils avaient été formés à la méthode des légistes et canonistes de profession; ils firent ce qu'auraient fait ceux-ci; leurs ouvrages sont farcis de citations des textes de l'un et de l'autre *Corpus juris* et de citations des docteurs. Malgré cela, leurs écrits furent plus vivants et pittoresques, sortant du palais et du barreau, que s'ils fussent sortis de l'Ecole. Il n'est point de coutume générale qui n'ait eu plusieurs commentateurs, et les principales en ont une légion. Je ne puis songer à donner un aperçu de cette immense littérature, je voudrais signaler quelques-uns de ses plus illustres représentants et indiquer le principal résultat qu'elle a produit pour l'avenir.

Les jurisconsultes coutumiers les plus éminents sont incontestablement les premiers, ceux du xvie siècle, car ils ont été des créateurs. Ce sont eux qui ont construit la théorie des principales institutions coutumières, ou qui, du moins, en ont dégagé les principes et dégrossi les matériaux. Ceux des xviie et xviiie siècles ont surtout repris les travaux de leurs prédécesseurs, pour y faire une sélection rationnelle et établir des systèmes mieux pondérés. Ils ont mis la dernière main à l'œuvre et c'est pour cela qu'ils sont aujourd'hui les plus connus; mais ils n'ont pas la force et le génie inventif des ouvriers de la première heure. Parmi ceux-ci, il faut citer les noms suivants. *Boerius* (Nicolas Boyer) fut avocat, puis professeur à Bourges, et enfin président au Parlement de Bordeaux. Son commentaire latin sur les coutumes de Bourges parut en 1508 et fut le premier de tous : ses *Decisiones supremi senatus Burdigalènsis* sont une mine féconde en renseignements de tout genre. — *Chassanæus* (Barthélemi de Chasseneuz), avocat, puis magistrat parlementaire, publia, en 1523, ses *Commentarii in consuetudines ducatus Burgundiæ*. C'était un homme fort savant, qui avait étudié aux écoles d'Italie, et son livre, quoique spécialement consacré à la coutume de Bourgogne, est un traité de droit français en général. — Bernard d'Argentré (*Argentræus*), président au présidial de Rennes, fit paraître de son vivant, de 1568 à

---

(159) Edit d'avril 1679 (Isambert, *Anc lois*, XIX, 199), art. 14 : « Nous voulons que le droit français contenu dans nos ordonnances et dans nos coustumes soit publiquement enseigné, et, à cet effet, nous nommerons des professeurs qui expliqueront les principes de la jurisprudence françoise et qui en feront des lectures publiques. » — A. de Curzon, *L'enseignement du droit français aux* xviie *et* xviiie *siècles, Nouv. Revue hist de droit*, 1919.

1584, une série de commentaires sur les divers titres de la coutume de Bretagne de 1539 et des notes sur la coutume réformée de 1580. Il avait l'intention de refondre et de compléter son commentaire; mais la guerre civile et la mort l'en empêchèrent; et son fils, Charles d'Argentré, en donna après sa mort, sur un manuscrit du père, une édition telle quelle, mais complète (160) : c'est un des ouvrages fondamentaux sur l'ancien droit coutumier, surtout par l'ampleur avec laquelle les principales théories y sont exposées. — René Chopin (*Choppinus*) publia deux commentaires latins très amples, l'un sur la coutume d'Anjou, en 1581, l'autre sur la coutume de Paris, en 1596 (161). A ceux-là, on pourrait en joindre bien d'autres, mais je voudrais terminer la nomenclature en dégageant la personnalité et l'œuvre de deux hommes qui dépassent tous leurs voisins : Du Moulin et Guy Coquille.

Charles du Moulin (*Molinæus*), né en 1500, mort en 1566, fut un grand jurisconsulte et un grand esprit. Il était avocat au Parlement de Paris, mais il ne plaida guère, car il avait la parole difficile : cependant il professa, à diverses époques et en divers lieux, avec un grand succès, des leçons publiques; mais il les dictait sans doute selon la mode de l'époque. C'est avant tout un écrivain : son style est à vrai dire dénué de charme, c'est un latin rocailleux et scolastique, mais la force et la netteté de sa pensée sont extraordinaires. J'ai dit que c'était un grand esprit, et il le montra bien en combattant pour des causes, condamnées de son temps, mais que devait faire triompher l'avenir. L'un des premiers, dans son *Tractatus contractuum, usurarum et redituum*, publié en 1546 (162), il s'éleva contre la prohibition du prêt à intérêt, que notre ancien droit avait empruntée au droit canonique. Lorsque l'Ordonnance de 1539 eut définitivement banni de la procédure criminelle la liberté de la défense, il protesta énergiquement contre ce système monstrueux (163). Gallican ardent, il composa un écrit (164) qui lui valut des poursuites, terminées en 1557 par des lettres d'abolition. Comme jurisconsulte, il fut universel, semblable en cela à beaucoup d'hommes du xvie siècle; il fut à la fois roma-

---

(160) Préface de Charles d'Argentré adressée au Parlement de Bretagne (édit. Paris, 1628) : « Huic operi vix dum nascenti quantopere acclamavit universa togatorum natio... Hos tamen tanti sudoris et tot annorum commentarios nova multarum rerum accessione locupletare statuerat, nisi funesta belli civilis facies id meditantem interpellasset. » L'éditeur, Nicolas Buon, ajoute qu'il reproduit ce commentaire « cum ejusdem (ad reformatam) notis ».

(161) Le commentaire sur la coutume d'Anjou est précédé d'un *Tractatus de summis Gallicarum consuetudinum regulis*.

(162) Au tome II, p. 1 et suiv. de ses *OEuvres complètes*, édit. 1681.

(163) Esmein, *Histoire de la procédure criminelle*, p. 161.

(164) Son commentaire sur l'Edit des petites dates de 1550; *OEuvres*, t. IV, p. 229 et suiv.

niste, canoniste, jurisconsulte coutumier et toujours supérieur. L'interprétation qu'il donna de certaines lois romaines acquit une autorité définitive et incontestée, si bien que les théories qu'il en tira ont passé de proche en proche jusque dans les pages de notre Code civil. La théorie des obligations divisibles et indivisibles (Code civil, art. 1217-1233) repose sur son *Extricatio labyrinthi dividui et individui* (165), et celle de la subrogation (Code civil, art. 1249-1252) a été fondée en grande partie par les leçons qu'il professa à Dôle (166). Son œuvre coutumière a été plus originale encore et plus vaste; elle comprend deux éléments principaux : 1° Un commentaire étendu sur les premiers titres de la première coutume de Paris, et un commentaire analytique sur les articles suivants (167); 2° des notes sur la plupart des coutumes de France rédigées de son temps (168). Le commentaire sur la coutume de Paris a été le fondement du droit de l'ancienne France quant aux matières féodales; les notes sur les coutumes, barbares dans la forme, souvent moitié en latin et moitié en français, ont fixé le sens de la plupart des articles délicats. L'influence de Du Moulin, comme d'ailleurs celle de d'Argentré, se fit à tel point sentir de leur temps qu'ils furent en quelque sorte législateurs. En effet, lorsqu'on réforma, en 1580, la coutume de Paris et celle de Bretagne, une grande partie des modifications introduites étaient fournies par les critiques du Du Moulin et de d'Argentré dans leurs commentaires.

Guy Coquille, sire de Romenay en Nivernois, est aussi un grand jurisconsulte et fut un grand citoyen. Il avait fait de fortes études de droit, pour la théorie, à l'Université de Padoue, et, pour la pratique, chez un procureur. Il entra au barreau et fut successivement échevin de Nevers et procureur fiscal de Nivernois. Mais ce qui lui fait le plus d'honneur, c'est qu'il fut trois fois élu comme député du Tiers Etat aux Etats généraux, aux Etats d'Orléans en 1560, et à ceux de Blois en 1576 et 1588. Comme jurisconsulte, le champ de son étude est des plus étendus. Nous savons déjà qu'il étudia spécialement le droit public ecclésiastique et qu'il fut l'un des fondateurs de la théorie des libertés de l'Eglise gallicane (169). Son œuvre coutumière comprend trois parties principales : 1° Un commentaire de la coutume de Nivernais; 2° *Des questions, responses et méditations sur les articles des coutumes*, où sont traitées

---

(165) *Œuvres*, t. III, p. 89.

(166) *Quinque solemnes lectiones Dolanæ* (*Œuvres*, t. III, p. 387).

(167) *Œuvres*, t. I, p. 1 et 667.

(168) Elles se trouvent classées par ordre de coutumes dans les *Œuvres*, t. IV, p 693 et suiv.; elles ont été publiées, classées par matières, Paris, 1715.

(169) Ci-dessus, p. 633.

la plupart des difficultés qu'elles soulèvent; 3° l'*Institution au droit des Français ou Conférence des coutumes de France* (170), admirable petit livre, où est résumé, dans ses principaux titres, tout le droit coutumier de l'ancienne France.

## V

Le droit coutumier avait été arrêté dans des textes précis et scientifiquement commenté, mais il n'était point uniforme.

Les coutumes générales des diverses régions différaient souvent entre elles. C'était, dans la pratique, un immense inconvénient; il en résultait, pour le droit national, des difficultés analogues à celles qui se présentent aujourd'hui dans le droit international privé; il y avait des conflits de coutumes comme il y a aujourd'hui des conflits de lois françaises et étrangères; si bien que, pour trancher ceux-ci, on utilise encore aujourd'hui les théories qu'avaient imaginées nos anciens auteurs pour résoudre ceux-là (171). Cet inconvénient, tout le monde le sentait, mais le pouvoir royal n'osa jamais entreprendre, dans son ensemble, l'unification et la codification du droit privé de l'ancienne France. Du Moulin cependant, dès le xvi° siècle, avait proposé de ramener à l'unité les coutumes, et il avait même présenté, dans ce but, un plan assez simple (172); mais on ne pouvait guère y songer pratiquement au moment où les diverses coutumes venaient d'être rédigées. Au xvii° siècle, une tentative plus restreinte fut faite par Guillaume de Lamoignon, Premier président du Parlement de Paris : il voulut uniformiser la jurisprudence de son Parlement et fit agréer son projet au roi Louis XIV. Pour cela, il réunit douze avocats fameux et fit préparer une série d'articles destinés à composer une sorte de Code, et qui devaient être discutés ensuite dans une assemblée où chaque chambre du Parlement serait représentée par deux de ses membres (173). L'œuvre commencée n'aboutit pas; on en sentit l'impossibilité pratique. Le travail de rédaction des articles fut continué cependant, comme œuvre privée, par les avocats Auzanet et Fourcroy, et le résultat en fut publié plus tard sous le titre : *Arrêtés du président de Lamoignon.*

En réalité, l'unification législative du droit coutumier ne pouvait

---

(170) Les trois ouvrages se trouvent au tome II de l'édition de ses œuvres, Paris, 1666.

(171) Lainé, *Introduction au droit international privé*, spécialement t. II.

(172) *Oratio de concordia et unione consuetudinum Franciæ* (*OEuvres*, t. II, p. 690)

(173) *Recueil des arrêtés de M. le Premier président de Lamoignon*, Paris, 1777, avertissement, p. 6.

être réalisée que lorsqu'elle aurait été mûrement préparée par la
doctrine et la science. Cette élaboration doctrinale se fit en effet
par une littérature qui dégagea le *droit commun coutumier*. Il fut
obtenu surtout par deux moyens : 1° On constata, ce qui était vrai,
que les principales institutions coutumières reposaient au fond,
dans toutes les coutumes, sur des principes identiques, et que les
divergences ne portaient guère que sur des détails secondaires et
accidentels; les jurisconsultes, dans l'exposition doctrinale, insis-
tèrent sur les uns et glissèrent au contraire sur les autres, dégageant ainsi, dans les grandes lignes, un ensemble d'institutions
et de règles communes à la France coutumière; 2° la doctrine prit
pour type normal du droit coutumier la coutume de Paris, à
laquelle on s'efforça de ramener toutes les autres, lorsque le texte
ne s'y opposait pas absolument (174). Cet ascendant, la coutume de
Paris le conquit naturellement, non seulement par l'attrait et l'influence propres à la capitale, mais surtout parce qu'elle eut les
plus nombreux et illustres commentateurs. L'élaboration du droit
commun coutumier date du xvi° siècle; c'est l'objet même, on peut
le dire, de l'*Institution au droit des Français*, de Guy Coquille. Au
xvii° siècle furent surtout composées des monographies conçues
dans le même esprit, consacrées aux principales institutions du
droit coutumier, et embrassant parfois les règles du droit écrit sur le
même sujet. Les principales sont : les traités de Charles Loyseau
sur la rente foncière et les hypothèques (175); de Lebrun et de
Renusson sur la communauté entre époux, les successions et les
propres (176); de Ricard sur les donations et les testaments (177).
Au xviii° siècle, la méthode s'élargit; un même auteur composa
des ouvrages d'ensemble ou des suites de traités où toutes les
matières du droit privé étaient exposées à ce point de vue. Le
travail le plus considérable en ce sens se trouve dans les œuvres
de Pothier sur le droit français. L'auteur, né en 1699, mort en
1772, était professeur à l'Université d'Orléans et conseiller au
présidial de la même ville. Il a exposé, dans ses divers traités,
toutes les matières du droit privé (178), et son influence a été
immense sur les rédacteurs du Code civil. Dans un grand nombre
d'articles, et spécialement dans la matière des obligations, ils ont
pris Pothier pour guide, si bien que lorsqu'on a voulu fixer le

(174) Challine, *Méthode générale*, ch. XIII.
(175) *Traité de la garantie des rentes*, paru à la fin du xvi° siècle; *Traité du déguerpissement et délaissement par hypothèque*, 1613.
(176) Renusson a publié ses traités les uns à la fin du xvii° siècle, les autres dans le premier tiers du xviii° siècle; Lebrun a écrit dans la première moitié du xviii°.
(177) Ricard appartient à la seconde moitié du xvii° siècle.
(178) OEuvres de Pothier, édit. Bugnet, 11 vol.

sens des dispositions qu'ils avaient écrites, on a dû, tout d'abord, se référer aux œuvres de ce jurisconsulte. Considéré en lui-même, en dehors de son influence codificatrice, il me paraît sensiblement inférieur aux maîtres du xvi⁰ siècle; il n'a ni leur vigueur, ni leur indépendance; mais il est admirablement clair, méthodique et pondéré. Beaucoup d'ouvrages conçus dans le même esprit furent composés au xviii⁰ siècle; je n'en citerai que deux qui, plus d'une fois, ont également inspiré les rédacteurs du Code civil : l'ouvrage de Bourjon, dont le titre est significatif : *Le droit commun de la France et la coutume de Paris réduits en principes* (1747-1770), et les *Règles du droit français* de Pocquet de Livonnière (1768).

## § 4. — L'ÉTUDE ET L'INTERPRÉTATION DU DROIT ROMAIN

### I

On a vu précédemment comment le droit romain était resté en vigueur en Gaule après les établissements des barbares (179), et comment plus tard il s'était maintenu à titre de coutume dans une portion du pays (180). La connaissance même des textes persista, au moins en partie, soit en Italie, soit en France, pendant tout le cours du Moyen âge, bien que ceux qui la possédaient fussent sans doute en nombre très restreint. Ces faits importants sont acquis à la science depuis que Savigny a publié sa magistrale *Histoire du droit romain au Moyen âge* (181), et la critique contemporaine n'a fait que confirmer, en les précisant et en les complétant, les résultats qu'il avait obtenus (182). Mais un autre problème s'est posé, aujourd'hui vivement débattu : l'enseignement du droit romain s'est-il perpétué sans interruption depuis la chute de l'Empire d'Occident, quoique bien amoindri aux ix⁰ et x⁰ siècles, ou la renaissance dont nous allons parler, et qui se produisit au cours du xi⁰, fut-elle vraiment la résurrection d'une science morte, qui avait totalement cessé d'être enseignée (183) ? Ce n'est pas ici le lieu de discuter

(179) Ci-dessus, p. 51 et suiv.
(180) Ci-dessus, p. 679-682.
(181) *Geschichte des römischen Rechts im Mittelalter*, 2⁰ édit., Heidelberg, 1850, traduite en français par Guénoux.
(182) Voyez l'ouvrage de Max Conrat, *Geschichte der Quellen und Litteratur des römischen Rechts im früheren Mittelalter*, erster Band, Leipzig, 1889-1891. Tous les renseignements y sont réunis et appréciés avec un soin et une critique qui ne laissent rien à désirer.
(183) Dans le sens de la continuité, voyez surtout les travaux de M. Fitting, et spécialement *Les commencements de l'École de droit de Bologne* (traduction Paul Leseur), Paris, 1888; et sur des études plus récentes du même auteur, M. Georges Blondel, dans la *Nouvelle Revue historique de droit*, 1892, p. 238. — En sens contraire,

cette question : voici ce qui se dégage des recherches et des polé-
miques. L'enseignement élémentaire du droit romain paraît avoir
toujours persisté dans les écoles d'arts libéraux, spécialement dans
celles établies par des Eglises ou des Couvents. Il se rattachait,
comme complément, à l'étude de la rhétorique et à l'*ars dictaminis*,
c'est-à-dire à l'art de rédiger les actes en forme; il servait aussi
de préparation à l'étude du droit canonique. Mais il est plus difficile de déterminer s'il exista avant le $xi^e$ siècle, soit en Italie, soit
en France, de véritables écoles de droit, spécialement consacrées
à cet enseignement. Cependant, il y eut anciennement à Rome
une école de ce genre, remontant aux temps de l'Empire, et qui
paraît être restée en activité ininterrompue et exister encore dans
la seconde moitié du $xi^e$ siècle (184). Dans la seconde moitié de ce
même siècle, Pavie possédait une école pleinement florissante où
l'on enseignait principalement le droit lombard (185), mais aussi,
semble-t-il, le droit romain. Un peu plus tard, Ravenne en avait
également une, dont les docteurs, consultés par les Florentins sur
une question délicate, avaient une connaissance assez familière
du droit romain (186). Mais partout l'étude de ce droit était seule
ment l'accessoire de quelque autre étude, et l'on peut affirmer que
l'enseignement en était donné d'après des résumés traditionnels,
et non par l'interprétation directe des textes.

Dans la seconde moitié du $xi^e$ siècle, une renaissance marquée
se produisit : elle eut deux phases distinctes. Dans la première,
le mouvement paraît s'être développé parallèlement dans les Ecoles
de France et d'Italie. Il est difficile de déterminer exactement l'individualité et l'activité particulière de ces Ecoles; mais nous avons
deux ouvrages qui assurément procèdent de quelqu'une d'entre
elles et qui ne sont pas sans valeur : l'un a reçu le titre de *Brachy·*

M. Max Conrat, *op. cit.*, et M. Flach, *Etudes critiques sur l'histoire du droit romain
au Moyen âge, Paris*, 1890; j'ai donné un compte rendu de ce dernier ouvrage dans
la *Nouvelle Revue historique*, 1890, p. 654.

(184) M. Fitting me paraît avoir démontré clairement que Rome possédait dans
la seconde moitié du $xi^e$ siècle une école où le droit romain était enseigné d'après
les textes de la compilation de Justinien, et il a par là même rendu très vraisemblable l'existence antérieure et ininterrompue de cette école; Fitting, *Questiones de
juris subtilitate des Irnerius*, Berlin, 1894, Einleitung, n° 14, p. 38 et suiv. Dans
cette publication, M. Fitting a édité un vieux et curieux ouvrage de droit romain,
qui sûrement a été composé à Rome vers la fin du $xi^e$ siècle et qu'il attribue à
Irnerius. Sur ce dernier point seulement je me séparerai du savant allemand. Voyez
l'étude que j'ai publiée dans le *Moyen âge*, février 1895 : *L'œuvre d'Irnerius d'après
des recherches récentes*. Voyez, comme résumant à sa date tous les résultats acquis
sur l'Ecole de Bologne, A. Gaudenzi, *Lo Studio bolognese nei primi due secoli della
sua existenza*, discorso inaugurale del anno academico, 1900-1901, con note illustrative,
Bologna, 1901.

(185) Brunner, *Deutsche Rechtsgeschichte*, I, p. 389.

(186) Damiani, *De parentelæ gradibus*, dans Migne, *Patrologie lat.*, t. CXLV, p. 191,
195, 203

*logus juris civilis* (187); l'autre s'appelle *Petri exceptiones legum Romanarum*, et il s'est composé lui-même par la fusion de deux Recueils antérieurs (188). Dans la seconde phase, un centre se dégagea, d'où rayonna la science nouvelle. Au-dessus de toutes les autres s'éleva l'Ecole fondée dans le dernier tiers du XI° siècle à Bologne, en Italie. Bologne possédait à cette époque, et depuis longtemps, une de ces Ecoles d'*artes liberales*, dont il a été parlé plus haut, et, par un phénomène naturel, l'enseignement du droit romain se constitua à côté. En 1076, un maître, nommé Pepo, y donnait l'enseignement, mais il ne put le fonder définitivement. Après une interruption, l'œuvre fut reprise par celui qui est resté célèbre sous le nom d'Irnerius (189), le véritable fondateur de l'Ecole de Bologne, qui commença à professer le droit vers 1088, et qui mourut après 1125. Il avait d'abord enseigné les arts libéraux; il s'adonna ensuite à l'étude et à l'enseignement des lois romaines, sur l'invitation, dit une chronique, de la comtesse Mathilde de Toscane. Le nouveau maître eut un prodigieux succès et donna la forme et la direction à la science. Il laissa après lui des élèves qui eux-mêmes en formèrent d'autres, et l'Ecole était fondée, d'où le droit romain rajeuni allait rayonner sur le monde, disciplinant les esprits et civilisant les peuples.

On voit l'inanité de la légende ancienne qui attribuait la renaissance du droit romain soit à une constitution de Lothaire II, qui aurait remis les lois romaines en honneur (190), soit à la découverte d'un manuscrit des Pandectes que les Pisans, en 1135, auraient rapporté du pillage d'Amalfi. La constitution de Lothaire est supposée, et, en 1135, Irnerius avait fait son œuvre et était mort : à cette époque, la renaissance du droit romain avait commencé certainement depuis près d'un siècle (191). Mais cependant dans ces récits, comme dans toute légende, il y a une part de

(187) Il a été édité pour la première fois à Lyon en 1548; M. Böcking en a publié une édition à Berlin en 1829. M. Fitting estime cependant que le *Brachylogus* n'a été composé qu'après la renaissance Irnérienne; il croit pouvoir y relever les traces de l'enseignement d'Irnerius, *Summa codicis des Irnerius*, Berlin, 1894, Einleitung, n.° 35, p. 685. Il considère au contraire comme antérieures les *Petri exceptiones*.

(188) On le trouve dans le tome II de l'*Histoire du droit romain au Moyen âge*, de Savigny. Sur la provenance française du *Brachylogus* et du *Petrus*, voyez Tardif, *Histoire des sources du droit français, origines romaines*, p. 209 et suiv., 16 et suiv.

(189) La forme véritable de son nom paraît avoir été Wernerius ou Guarnerius, peut-être encore Wirnerius.

(190) Voyez, par exemple, Anne Robert, *Rerum judicatarum lib.* II, ch. I, p. 291 : « Ipsa quidem juris Romani scientia per aliquot sæcula in tenebris jacuit, quoad tandem Lotharius Cæsar ejus nominis secundus, qui circa annum 1127 imperare cœpit, collapsa juris illius studia rursus erexit, suadente Irnerio seu Wernero jurisconsulto. »

(191) Fitting, *Les commencements de l'Ecole de Bologne*, p. 3.

vérité. L'originalité d'Irnerius consista bien à remettre en lumière
les lois romaines, restées jusque-là dans l'ombre, car le premier
il en fît une science. D'autre part, quoique cela soit contesté, il
semble bien que les Pandectes, le vrai trésor du droit romain,
aient cessé d'être connues du ix⁰ au xi⁰ siècle (192), et tous les
textes du Digeste qui servirent à l'enseignement renouvelé paraissent provenir, directement ou indirectement, du manuscrit unique
qui fut conservé successivement à Pise et à Florence et qu'on
appelle la Florentine (193).

En quoi consista au juste l'œuvre propre d'Irnerius, et comment s'explique ce renom immense et persistant qui fait de lui
la source d'où est sortie, au moins en puissance, la jurisprudence
des temps modernes ? Jusqu'à ces derniers temps, la critique
n'avait guère réussi à débrouiller cette énigme, n'ayant presque
aucuns renseignements précis sur le vieux maître; elle se contentait d'une hypothèse généralement admise. On supposait qu'Irnerius avait été un autodidacte; qu'il s'était remis à étudier les textes
de la compilation de Justinien, qui avant lui n'étaient plus lus et
consultés; et que, par une activité intellectuelle intense et prodi-
gieuse, il en avait retrouvé le sens et la portée. Il y avait là
une sorte de miracle, un phénomène en dehors des lois naturelles. Mais depuis quelques années la critique est entrée dans
une autre voie. Celui qui l'a ouverte vraiment, c'est M. Pescatore,
dans sa féconde étude sur *Les gloses d'Irnerius* (194). Il s'est
attaché à étudier de près les seules productions certaines qui nous
restent du maître, c'est-à-dire les gloses qui sont marquées à son
nom, à son sigle, et il a montré qu'il y en avait assez pour attester sa valeur supérieure. Depuis lors, on s'est ingénié à retrouver,
dans les bibliothèques, des manuscrits contenant d'autres œuvres

---

(192) Conrat, *Geschichte der Quellen*, I, p. 65 et suiv.

(193) Conrat, *op. cit*, p. 74 et suiv., d'après les recherches de Mommsen, dont les
résultats sont exposés dans sa grande édition du Digeste, I, p. 13 et suiv. Il est
vrai que le texte dont se servaient les Bolonais, contenu dans un grand nombre de
manuscrits du xi⁰ et du xii⁰ siècles et que l'on appelle la *littera vulgata* ou vulgate,
présente, par rapport à la Florentine, des variantes, parfois heureuses. M. Mommsen
explique ce fait par l'hypothèse, fortement établie, que les Bolonais auraient corrigé
leur texte, dérivé d'un manuscrit copié sur la Florentine, par la collation avec un
autre manuscrit indépendant, aujourd'hui perdu; cf. Girard, *Manuel*, 5⁰ édit., p. 81.
C'est peut-être aux recherches que Grégoire VII fit faire dans les bibliothèques italiennes pour trouver des textes anciens sur lesquels appuyer la nouvelle discipline
de l'Eglise, que l'on doit d'avoir retrouvé et mis en circulation les textes du Digeste.
P. Fournier, *Un tournant de l'histoire du droit*, *Nouv. Revue hist. de droit*, 1917,
p. 151 et suiv.

(194) G. Pescatore, *Die Glossen des Irnerius*, Greifswald, 1888. Un grand nombre
de gloses inédites d'Irnerius ont été publiées par M. E. Besta dans le second volume
de son consciencieux travail : *L'opera d'Irnerio, contributo alla storia del diritto
italiano*, Turin, 1896.

du même jurisconsulte, plus étendues et systématiques. Plusieurs ont été en effet mises au jour, qui lui sont attribuées par leurs éditeurs (195). Si cette attribution est pour la plupart de ces écrits fort contestable, elle me paraît devoir être maintenue en ce qui concerne une *Summa codicis* (196), publiée par M. Fitting : c'est une œuvre fort remarquable et importante, et qui a sans doute servi de modèle et, en partie, de matériaux aux *Sommes* du même genre qui furent plus tard composées dans l'Ecole Bolonaise. De cet ensemble de recherches se dégage une double conclusion D'un côté, Irnerius n'a point créé lui-même toute sa science du droit romain. Il l'a reçue en partie des écoles antérieures; cela résulte de ce que, sur diverses questions, il cite l'opinion d'autres jurisconsultes, nécessairement contemporains ou antérieurs. Mais, d'autre part, il a vraiment donné à l'enseignement du droit romain sa forme et sa direction, c'est de lui que procède toute l'Ecole Bolonaise. Souvent, en effet, on retrouve, chez les docteurs qui l'ont suivi, ses idées propres, ses explications, sa terminologie et jusqu'aux transitions par lesquelles il passait, dans son commentaire, d'un titre du Code à un autre titre, fidèlement et traditionnellement reproduites. Il fut donc vraiment un homme de génie, dans sa sphère propre, un véritable créateur; mais il le fut dans des conditions ordinaires et naturelles. Ce qui paraît avoir fait surtout sa force, c'est la pleine possession des textes, l'art de les rapprocher et d'en tirer des conséquences : il put ainsi fondre en un système des connaissances éparses avant lui et restées souvent sans portée.

Quoi qu'il en soit, l'Ecole de Bologne éclipsa toutes les autres; c'est elle qui fournit, pour l'enseignement du droit romain, des maîtres à l'Italie et aux autres pays d'Europe. Sa méthode et sa doctrine s'imposèrent partout, et l'empreinte dont elle marqua la science du droit est si profonde qu'on peut encore en retrouver aujourd'hui la trace sur bien des points. Ce fut justice d'ailleurs;

(195) M. Fitting a édité deux ouvrages qu'il attribue à Irnerius, une *Summa codicis* et des *Quæstiones de juris subtilitate*, déjà cités ci-dessus, p. 724, note 184. Il le croit aussi l'auteur d'une *Summa legis Longobardorum*, publiée en 1870 par M. Anschütz. De son côté, M. Palmieri lui attribue un *Formularium tabellionum*, qu'il a publié, 2ᵉ édit., Bologne, 1898, mais qui ne saurait lui appartenir, comme je crois l'avoir démontré dans l'article plus haut cité que j'ai donné au *Moyen âge*. La publication de ces textes, surtout de ceux édités par M. Fitting, a donné lieu d'ailleurs à de nombreuses et intéressantes controverses. Il en résulte qu'aucune des œuvres attribuées à Irnerius, en dehors des gloses, et d'une partie des *Authentiques*, ne peut lui être attribuée avec certitude, pas même la *Summa codicis*. Pour plusieurs, on discute même sur le point de savoir si elles sont antérieures ou postérieures à la renaissance Irnérienne. On trouvera un exposé résumant le débat et faisant connaître les diverses opinions produites, dans E. Besta, *L'opera d'Irnerio*, t. 1. Voyez aussi l'intéressant article de notre collègue M. Meynial, *Encore Irnerius*, dans la *Nouvelle Revue historique de droit français et étranger*, mai-juin 1897, p. 339.

(196) Sur ce qu'étaient les *Sommes*, voyez plus loin, p. 728.

à côté de l'immense travail qu'elle accomplit, les efforts des *Prébo-lonais*, comme on appelle parfois les précurseurs d'Irnerius, en réalité étaient peu de chose. C'est l'Ecole de Bologne et les autres écoles qui se formèrent à côté d'elle en Italie qui dictèrent en France l'interprétation du droit romain; jusqu'au xvi^e siècle, notre pays fut tributaire, à cet égard, des docteurs italiens. Il faut donc dire un mot de leurs principaux représentants.

## II

On peut appeler proprement *Ecole des glossateurs* ou Ecole de Bologne la série des maîtres qui se formèrent et enseignèrent dans cette ville, depuis sa fondation par Irnerius jusqu'à la rédaction de la glose d'Accurse dans le premier tiers du xiii^e siècle. Le nom de glossateurs leur vint des *gloses*, ou explications généralement brèves, qu'ils composaient pour éclairer les parties délicates et importantes d'un texte, et que l'on recueillit dans les manuscrits avec le texte même, d'abord entre les lignes, puis en marge (197). Cela indique que leur enseignement était essentiellement exégé-tique, c'est-à-dire qu'ils lisaient et expliquaient l'une après l'autre toutes les lois d'un même titre du Digeste ou du Code. En même temps, ils furent amenés à composer les *casus*, c'est-à-dire à reconstituer l'hypothèse prévue par chacun des textes qu'ils expli-quaient. Enfin, nous avons encore un autre produit notable de leur enseignement : ce sont les *Summæ* ou *Sommes* dans lesquelles un maître résumait titre par titre le contenu d'un des recueils qui composent la compilation de Justinien, donnant ainsi une Somme des Institutes, du Digeste ou du Code; c'est par là surtout qu'ils obtenaient une synthèse du droit romain à laquelle Irnerius s'éleva peut-être du premier coup (198). Nous avons ainsi une idée de leur méthode; disons quels étaient leurs qualités et leurs défauts.

Leur qualité maîtresse fut de procéder à l'étude directe, inté-grale et minutieuse des textes qui figurent au *Corpus juris civilis*. Ils les examinèrent isolément et les comparèrent entre eux avec un soin et une critique vraiment admirables; si bien que, pour beaucoup d'entre eux, ils ont fixé le sens d'une façon définitive. Leur principale faiblesse, c'est que pour interpréter les textes

(197) Les gloses qui nous sont restées contiennent d'ailleurs des exposés de nature très diverse, depuis les simples remarques grammaticales jusqu'aux théories juridi-ques les plus importantes, quoique succinctes; voyez Pescatore, *Die Glossen des Irnerius*, p. 49 et suiv.

(198) Un certain nombre d'écrits des anciens glossateurs, inédits ou rares, ont été publiés en Italie ces dernières années, dans la *Bibliotheca juridica medii ævi*, sous la direction du professeur Gaudenzi.

juridiques, ils n'avaient que ces textes eux-mêmes à leur disposition. Ils ne connaissaient bien ni l'histoire romaine (199) ni la littérature latine, et par suite, ils ne pouvaient comprendre le sens et la portée de beaucoup d'institutions, ne connaissant pas le milieu où elles s'étaient développées.

Leur influence profonde ne se fit pas seulement sentir par la doctrine et la méthode; elle imposa encore au recueil des lois romaines, tel qu'il passa dans l'usage, une forme et des divisions particulières. Ils adoptèrent une traduction latine des Novelles, différente de l'*Epitome Juliani* qui antérieurement s'était fait recevoir en Occident; ils lui donnèrent le nom d'*Authenticum*, parce qu'ils pensaient, peut-être avec raison, posséder en elle une collection officielle (200), et la divisèrent en neuf parties ou *Collationes*. Acceptant la compilation de Justinien comme une législation encore en vigueur, ils furent amenés à faire prédominer les lois les plus récentes sur les plus anciennes, et, par suite, ils sentirent le besoin d'indiquer dans le Code même de cet Empereur les modifications qu'y avait apportées, sur certains points, le droit des Novelles. Ils le firent par des extraits de ces dernières, qu'ils insérèrent dans le Code à la suite des constitutions qu'elles modifiaient, et ils appelèrent ces additions *Authentica*, les *Authentiques* (201). Les *Authentiques*, d'ailleurs, continrent parfois des constitutions, non des Empereurs romains, mais des Empereurs d'Allemagne, car les Bolonais considéraient ces dernières comme la continuation véritable du droit romain (202). C'est pour une raison semblable qu'ils insérèrent au *Volumen legum* les *Libri feudorum* (203). Enfin ils adoptèrent une division tripartite du Digeste qui devait être longtemps suivie dans les écoles. Elle comprenait le *Digestum vetus* (l. i-xxiv, t. 2), l'*Infortiatum* (l. xxiv,

(199) On connaît la boutade de Rabelais, *Pantagruel*, L. II, ch. x : « Ineptes opinions de Accurse, Balde, Bartole, de Castro, de Imola, Hippolytus, Panorme, Bertachius, Alexander, Curtius et ces autres vieux mastins qui jamais n'entendirent la moindre loy des Pandectes, et n'estoient que gros veaux de disme, ignorans de tout ce qui est nécessaire à l'intelligence des loix. Car, comme il est tout certain, ils n'avoient cognoissance de langue ny grecque ny latine mais seulement de gothique et barbare... Au regard des lettres d'humanité et cognoissance des antiquités et histoires ils en estoient chargés comme un crapaud de plumes, dont toutesfois les droits sont tous pleins et sans ce ne peuvent estre entendus. »

(200) Une opinion soutient en effet que cette traduction est celle faite en Italie pour les nouveaux sujets latins que la conquête avait donnés à Justinien; voyez dans ce sens Zachariæ, *Zur Geschichte des Authenticum*. Dans l'opinion dominante, on ne voit là qu'une œuvre privée; Krueger, *Histoire des sources*, § 48; Girard, *Manuel élémentaire de droit romain*, 5e édit., p. 82.

(201) Beaucoup parmi les *Authentiques* sont l'œuvre même d'Irnerius, et c'étaient d'abord des gloses comme les autres, Pescatore, *op. cit*, p. 11, 14, 59 et suiv. — Fitting, *Summa codicis des Irnerius, Einleitung*, n° 17, p. 43 et suiv.

(202) Ci-dessus, p. 334.

(203) Ci-dessus, p. 684-685.

t. 2-xxviii) et le *Digestum novum* (l. xxxix-l); elle rappelait probablement l'ordre historique dans lequel l'Ecole, à ses débuts, avait successivement connu ou utilisé les livres des Pandectes.

Les glossateurs les plus célèbres furent : Bulgarus, Martinus Gosia, Jacobus et Hugo, surnommés les *quatre docteurs*, les successeurs immédiats d'Irnerius; Rogerius, Placentinus, Johannes Bassianus, Otto et Azo (204). Placentin professa en France, à Montpellier, probablement de 1170 à 1183, et mourut dans cette ville en 1192 (205). Azo enseigna également en France, du moins en Provence (206).

Dans le premier tiers du xiii⁰ siècle se produisit un fait d'une importance capitale. Le professeur Accurse (1182-1260) eut l'idée d'élever à l'Ecole de Bologne un monument digne d'elle, en concentrant dans un livre tout ce qu'elle avait produit d'essentiel. Pour cela, il réunit, en les classant et en cherchant à les concilier lorsqu'elles étaient contraires, les principales gloses que les docteurs avaient accumulées depuis Irnerius par leur travail successif. Il composa ainsi une glose d'ensemble, ou *Grande Glose*, qui résuma le travail des générations précédentes (207). La glose d'Accurse eut un immense succès; elle représenta l'interprétation définitive des lois romaines. Dans l'Ecole et au palais, elle acquit une autorité presque législative; bientôt elle devint le complément obligé du texte à côté duquel on la reproduisait constamment; ce fut la *Glossa ordinaria* ou glose par excellence. Il arriva même que la glose masqua le texte, et cela eut un contre-coup fâcheux sur l'enseignement des écoles, qui perdit en partie son originalité première. Les professeurs, en effet, se donnèrent pour tâche d'expliquer non seulement le texte, mais encore la glose, et souvent c'est sur elle qu'ils firent porter leur principal effort. Cependant l'activité des docteurs italiens prit bientôt une autre direction.

Les glossateurs avaient poursuivi un double but. Ils avaient cherché sincèrement à retrouver le sens exact des textes romains, sans y rien ajouter de leur propre fonds; ils avaient tenté de faire passer dans la pratique, intégralement et telle quelle, la

(204) Savigny, *Geschichte*, 2ᵉ édit., t. IV et V. — Sur l'école des glossateurs d'Irnerius à Accurse, voyez aussi Landsberg, *Die Glosse des Accursius, und ihre Lehre von Eigenthum*, Leipzig, 1883, p. 11-23.

(205) Savigny, *op. cit.*, t. IV, p. 245 et suiv. — Pierre de Tourtoulon, *Placentin, La vie et les œuvres*, Paris, 1896.

(206) Schulte, *Geschichte der Quellen und Litteratur des canonischen Rechts*, t. II, p. 130, note 1. — Pour les maîtres français dans cette période, voir Savigny, *op. cit.*, t. IV, p. 440 et suiv.

(207) La glose des Novelles porte la date de 1220; *Auth. collatio quinta*, lit. II, præfat, vᵉ *Indicationis* : « Si autem velis illam indictionem colligere accipe annos Domini qui sunt MCCXX. » — Sur la glose d'Accurse, voyez l'ouvrage de Landsberg cité ci-dessus (note 204), p. 23 et suiv.

législation ainsi restaurée (208). C'était là, d'ailleurs, pour la seconde partie du moins, un résultat impossible à atteindre, et, pour la première partie, la Glose semblait avoir tout fait. Aussi, à partir du xIVe siècle, la science entra-t-elle décidément dans une autre voie. Elle s'efforça de dégager des lois romaines, par une interprétation plus ou moins sincère ou forcée, des principes et des théories fécondes en résultats et répondant aux besoins de la pratique. Ce fut un travail de construction plus que d'interprétation véritable. En même temps, comme il s'agissait de poser des principes et d'en dégager les conséquences, les jurisconsultes s'approprièrent le mode de raisonnement, qui s'était développé pour la théologie et la philosophie, c'est-à-dire la dialectique scolastique (209). Cette tendance nouvelle paraît s'être manifestée d'abord en France, et se rattacher à l'enseignement que Jacques de Revigny (Jacobus de Ravanis) donna dans le dernier tiers du xIIIe siècle (210). Mais elle eut son représentant le plus illustre dans la personne de l'Italien Bartole (211). Celui-ci, dont la vie fut courte (1314-1357), exerça une influence immense et atteignit à la gloire la plus complète. C'est de lui que procède, on peut le dire, toute la littérature postérieure du droit romain jusqu'à l'Ecole française du xvIe siècle. Il avait été admirablement préparé à entrer dans la voie nouvelle, par les années qu'il consacra à la pratique judiciaire avant de commencer son enseignement (212). Il ne fut point un inventeur, car son maître Cinus s'était inspiré de Jacques de Revigny et de ses élèves, et lui-même puisa largement à la même source (213). Mais il appliqua leur méthode avec une puissance et un génie supérieurs et en tira d'immenses richesses juridiques. L'œuvre qu'il a laissée abonde en théories ingénieuses et d'une grande portée, dont il est vraiment le créateur, et qui très souvent sont restées dans la science (214). D'ailleurs, du xIVe au xvIe siècle, l'Italie produisit encore nombre de docteurs dont le renom fut universel, et qui, tous, sont en réalité des Bartolistes. Les principaux sont : Balde (Baldus), Paulus de Imola,

(208) Sur ce point, voyez Fitting, *Quæstiones de juris subtilitate des Irnerius*, Einleitung, p. 23 et suiv.

(209) Caillemer, *L'enseignement du droit civil en France vers la fin du xIIIe siècle*, dans la *Nouvelle Revue historique*, III, 1878, p. 604; — Flach, *Cujas, Bartole et les Bartolistes*, même *Revue*, 1883, p. 218 et suiv.; Rivier, *ibid.*, 1888, p. 301.

(210) Voyez les travaux cités à la note précédente : Rivier, p. 60; — Flach, p. 216. Sur les *Lecturæ* de Jacques de Revigny, voyez M. d'Ablaing, même *Revue*, 1888, p. 360.

(211) Savigny, *op. cit*, t. VI, p. 137 et suiv.

(212) *Ibidem*, t. VI, p. 157.

(213) Flach, *loc. cit.*, p. 218, 219.

(214) J'en ai donné un exemple notable, dans la *Nouvelle Revue historique*, 1887, p. 328 et suiv.

Paulus de Castro, Bartholomæus Cæpolla, Philippus Decius et Jason Mainus ou de Maino (215).

## III

La France, nous l'avons vu, à la fin du xiiie siècle et au commencement du xive, avait possédé une école originale de romanistes. Elle eut pour représentants Jacques de Revigny, Pierre de Belleperche (P. de Bellapertica), Guillaume de Cunéo, Petrus Jacobi et Johannes Faber (216). Tous les quatre furent professeurs aux Universités de Toulouse, Montpellier ou Orléans; en outre, Pierre de Belleperche devint chancelier de France, Guillaume de Cunéo mourut évêque, et Johannes Faber fut avocat et juge seigneurial. Ce qui les distingue surtout, c'est le caractère vivant et pratique de leurs écrits. Ils s'efforcèrent constamment de féconder par les principes du droit romain les institutions coutumières et politiques de leur époque (217), et d'en établir la théorie. Cela est vrai surtout des deux ouvrages qu'a laissés Jean Faure, son *Breviarium in Codicem* ou Somme du Code, et son *Commentarius ad Instituta;* aussi, dans l'ancienne France, reçut-il le nom de *Pater practicæ*. Mais cette brillante floraison s'arrêta là : la France se noya dans le courant bartoliste dont elle avait été la source première; et, jusqu'au xvie siècle, ce furent les écrits des docteurs italiens qui fournirent aux écoles et aux tribunaux l'interprétation du droit romain, de même que, précédemment, elle avait été fournie par la Glose (218).

Mais, au xvie siècle, se produisit, dans notre pays, une nouvelle renaissance des études de droit romain, qui différa profondément de celle des xie et xiie siècles. Elle fut une conséquence de la *Renaissance* proprement dite, et présenta deux caractères distinctifs : 1° Elle eut pour but de rendre aux lois romaines leur véritable portée et leur sens originel, au moyen de l'histoire et de l'érudition 2° elle tendit à faire la synthèse et le système du droit

(215) Sur les cinq premiers, Savigny, *op. cit*, t. VI, p. 208, 277, 281, 320, 372, sur le dernier, Panzirolus, *De claris legum interpretibus*, l. II, ch. cxxvii.

(216) Savigny, *op. cit*, VI, p. 27-46. Sur Jacobi voir le travail de M. R. Grand dans la *Bibliothèque de l'Ecole des Chartes*, 1918.

(217) On peut s'en apercevoir aux nombreuses citations que j'ai empruntées à la *Practica* de Jacobi et aux Instituts de Faber.

(218) Par certains passages d'auteurs littéraires, on peut constater quels étaient les romanistes les plus connus en France. Voyez le passage de Rabelais, plus haut cité, p. 729, note 199. On peut y joindre les passages suivants : Corneille, *Le Menteur*, acte I, scène vi : « Je sais le Code entier avec les *Authentiques*, — le Digeste nouveau, le vieux, l'*Infortiat*, — ce qu'en a dit Jason, Balde, Accurse, Alciat. » — Molière, *M. de Pourceaugnac*, acte II, scène xiii : « Si vous consultez nos auteurs, — législateurs et glossateurs, — Justinian, Papinian, — Ulpian et Tribonian, — Fernand, Rebuffe, Jean Imole, — Paul Castre, Julian, Barthole, — Jason, Alciat et Cujas. »

romain, ainsi reconstitué, pour dégager son esprit et sa philosophie (219). En même temps, elle introduisit dans ces études, qui
continuèrent à être exposées en langue latine, le latin poli et élé-
gant des humanistes, au lieu de l'idiome barbare qu'avaient parlé
les glossateurs et surtout les Bartolistes. Ce mouvement (220),
comme toute rénovation, eut ses précurseurs qui furent un Italien,
Alciat, et un Français, Budée; elle eut son foyer principal dans
la petite Université de Bourges (221). Ses représentants les plus
illustres, que je choisis au milieu d'une véritable pléiade, furent
Cujas, Doneau et Jacques Godefroy.

Cujas (1522-1590) (222) professa un peu partout dans les Ecoles
de France, comme c'était alors l'usage pour les maîtres célèbres,
mais surtout à Bourges. Il a laissé une œuvre d'une étendue et
d'une richesse admirables. Il représente surtout, dans l'école du
xvie siècle, la méthode historique et l'érudition appliquées au droit
romain, et jamais peut-être on n'en a tiré de plus féconds résultats.
Ses principaux ouvrages sont : 1° ses *Observationes et emenda-
tiones*, en dix-huit livres, où il éclaire et souvent rétablit d'innombrables passages des lois et des auteurs latins; 2° ses Commentaires sur les fragments des principaux ouvrages des grands jurisconsultes épars dans le Digeste. En rapprochant livre par livre
les débris d'un même ouvrage, Cujas a essayé de leur rendre, dans
la mesure du possible, leur physionomie originale. C'est ainsi
qu'il a reconstitué en partie Papinien, Paul, Julien et Modestin (223). Cujas a suivi la méthode exégétique, tempérée par les
reconstitutions dont il vient d'être parlé. — Doneau représente
surtout la synthèse du droit romain (224). Né en 1527, à Chalon-
sur-Saône, il étudia d'abord à Toulouse, puis à Bourges où il pro-

---

(219) Rabelais a dégagé nettement tous ces caractères, *Pantagruel*. l. II, ch. x.
Voyez le fragment cité plus haut, p. 729, note 199, et encore ce passage : « Davantage,
veu que les loix sont extirpées du milieu de philosophie morale et naturelle, comment
l entendront ces folz, qui ont par Dieu moins estudié en philosophie que ma mulle ? »

(220) Sur ce qui suit, voyez Adolphe Tardif, *Histoire des sources du droit français,
Origines romaines*, ch vi, p. 463 et suiv.; — Stintzing, *Geschichte der deutschen
Rechtswissenschaft*, 1880, t. I, ch. x, p. 367-385.

(221) Voyez dans Rabelais, *Pantagruel*, l. II, ch. v, le passage où Pantagruel
visite successivement les diverses Universités de France; en dernier lieu : « Ainsi vint
à Bourges, où estudia bien longtemps et profita beaucoup en la Faculté des loix. »

(222) Berriat Saint-Prix, *Histoire du droit romain suivie de l'histoire de Cujas*,
Paris, 1821.

(223) La meilleure édition des œuvres de Cujas est celle de Naples, en 11 volumes.

(224) M. Ad. Tardif, *op. cit.*, p. 436, place Doneau parmi les Bartolistes, comme
« le plus éminent représentant de l'Ecole dogmatique ou bartoliste. » C'est là une
erreur manifeste. Doneau fut, il est vrai, l'adversaire de Cujas à Bourges, mais
pour des raisons personnelles. Il est dogmatique, comme tous ceux qui synthétisent;
mais sa méthode est aussi éloignée que possible de celle des Bartolistes; voyez un
exemple de la différence des procédés dans la *Nouvelle Revue historique de droit*,
1888, p. 342 et 345.

fessa. Protestant, il dut fuir la France après la Saint-Barthélemy et se réfugia en Hollande, puis en Allemagne, où il mourut en 1591. Son principal ouvrage est intitulé *Commentarii juris civilis*, en vingt-huit livres. Les seize premiers livres parurent seuls de son vivant; les livres XVII à XXVIII furent publiés après sa mort et sur ses notes par Scipio Gentilis. — Jacques Godefroy appartient à cette école, plutôt par sa filiation scientifique que par le temps où il écrivit. Il est en effet un auteur du XVIIe siècle (1582-1652). Il fut, pour le droit du Bas-Empire et surtout pour le droit public de cette époque, ce que Cujas avait été pour le droit privé. Son principal ouvrage, ses *Commentaires sur le Code théodosien*, garde aujourd'hui encore toute sa valeur (225). Un autre Godefroy, Denys Godefroy, le père du précédent, doit être également cité, parce qu'il a donné au *Corpus juris civilis* une forme qui est restée classique dans les éditions françaises : il a ajouté aux documents qu'y avaient joints les Bolonais, d'autres textes, publiés et traduits du grec au XVIe siècle, des Constitutions byzantines et spécialement des Novelles de Léon le Philosophe. Les notes dont il avait accompagné les textes du *Corpus juris civilis* ont été longtemps renommées.

Cette grande école française du XVIe siècle exerça une immense influence scientifique sur le monde entier, et spécialement sur l'Allemagne (226); mais son influence sur la pratique, sur l'interprétation du droit romain, tel qu'il était appliqué par les tribunaux, fut beaucoup moins considérable. Ceux-ci restèrent en grande partie fidèles aux doctrines qu'ils tenaient de l'Ecole bartoliste. Cujas exerça sur le développement des théories de droit romain suivies en France, une action beaucoup moins puissante que Du Moulin (227), et la filiation du romaniste Du Moulin n'est pas niable : par la forme comme par le fond, c'est le dernier des grands Bartolistes (228).

Après cette brillante floraison, l'étude et l'enseignement du droit romain baissèrent sensiblement en France aux XVIIe et XVIIIe siècles. On ne trouve plus que deux noms qui méritent d'être cités (229). Le premier est Domat (1625-1695), avocat général du roi au présidial de Clermont-Ferrand. Il a composé sur le droit privé un grand ouvrage qui parut en partie après sa mort (de 1689 à 1697) : *Les lois civiles dans leur ordre naturel*. Ce qu'il a voulu

---

(225) Ci-dessus, p. 4, note 14.

(226) Voyez l'ouvrage de Stintzing plus haut cité, p. 733, note 220.

(227) Ci-dessus, p. 719.

(228) M. Tardif, qui a placé Doneau parmi eux, n'y range cependant pas Du Moulin, dont il n'apprécie pas, à leur juste valeur, les travaux sur le droit romain, *op. cit.*, p. 458.

(229) Sur les autres, voyez Ad. Tardif, *op. cit.*, p. 494-497

faire, c'est une œuvre de vulgarisation pratique. Comme il le dit dans sa préface, il a fait deux remarques. La première, c'est que le droit romain avait en France une très grande importance : « Comme (ces textes) contiennent le droit naturel et la raison écrite, on les cite devant les tribunaux; on les enseigne publiquement, et c'est sur l'étude de ces livres qu'on donne les degrés et qu'on examine ceux qui veulent entrer dans les charges de judicature (230). Mais, d'autre part, il a remarqué qu'en général on connaissait très mal ce droit. Il a cherché la cause de cette contradiction et il l'a trouvée dans ce double fait, que le Recueil des lois romaines, étant écrit en latin, est difficile à comprendre, et que, de plus, il est extrêmement étendu, sans que les lois y soient rangées dans un ordre logique. Pour remédier à ces inconvénients, il a entrepris d'exposer les lois romaines en langue française et de les présenter dans leur ordre naturel. Partant de là, il a combiné une exposition systématique du droit romain débarrassé des détails historiques et présenté comme la raison écrite, applicable à tous les pays et à tous les temps : il a voulu atteindre « l'ordre par le retranchement de l'inutile et la clarté par le simple effet de l'arrangement ». Son exposition est en effet froide, claire et bien ordonnée; mais le livre a peu de valeur scientifique. Il a été cependant quelquefois utilisé par les rédacteurs du Code civil.— Pothier, que nous connaissons déjà par ses œuvres françaises (231), a produit sur le droit romain une œuvre d'ensemble, qui est aussi et avant tout un arrangement : ses *Pandectæ Justinianeæ in novum ordinem digestæ*, publiées en 1748. C'est un travail de haute patience et en même temps d'érudition. Ici l'ordre des titres est respecté et les lois ne sont point transportées hors de celui auquel elles appartiennent. Mais, dans chaque titre, elles sont classées méthodiquement de manière à présenter une exposition suivie et complète de la matière, grâce à des transitions et à des notes explicatives, le tout en latin.

(230) Edition Paris, 1713, *Préface.*
(231) Ci-dessus, p. 722.

# CHAPITRE II

## Les Ordonnances.

---

La législation des Ordonnances est extrêmement touffue, et présente une somme de documents considérable. Je comprends d'ailleurs, sous cette dénomination, toutes les lois véritables émanées du pouvoir royal, quelle que fût d'ailleurs leur dénomination : *Ordonnances*, *Edits*, *Déclarations* et *Lettres patentes* (1). Elles ont toutes la même nature et avaient toutes la même force. Le plus souvent on réservait le nom d'Ordonnance à une loi étendue et embrassant des matières diverses; l'Edit était généralement destiné à réglementer une institution déterminée; la *Déclaration*, a proprement parler, était une loi interprétative d'une loi antérieure (2); cependant, souvent elle contenait une réglementation principale et nouvelle, mais ordinairement d'importance secondaire; les lettres patentes, enfin, avaient le plus souvent un caractère marqué de particularité. Mais ces distinctions et cette termino-

(1) Le terme « pragmatique sanction » est aussi quelquefois employé. Dans l'ancien droit public, le pouvoir législatif, le pouvoir exécutif et le pouvoir judiciaire résidant tous ensemble et intégralement dans la personne du roi, il semble qu'il n'était pas toujours aisé de distinguer les lois proprement dites des autres actes contenant l'expression de la volonté royale. A un certain point de vue, en effet, tous ces actes étaient compris et confondus sous la dénomination générique de *mandements* royaux; voyez la longue et curieuse énumération des mandements que donne Bodin, *Les six livres de la République*, l. III, ch. iv, p 410. Cependant les lois se distinguaient des autres mandements par deux signes précis · 1° en ce qu'elles contenaient une règle de droit générale et permanente; 2° en ce que, pour devenir exécutoires, elles devaient être enregistrées par les Parlements et autres Cours souveraines; c'est pour cela que les Arrêts du conseil du roi, lorsqu'ils étaient destinés à avoir force de loi, devaient être eux-mêmes enregistrés sous forme de lettres patentes. Cf. ci-dessus, p. 514, note 197.

(2) Lebret, *De la souveraineté*, l. I, ch. ix, p. 19 : « Il n'appartient aussi qu'aux princes d'expliquer le sens des lois et de leur donner telle interprétation qu'ils veulent, lorsqu'il arrive des différends sur la signification des termes : principalement lorsqu'il s'agit d'expliquer un cas général et douteux non compris dans le texte de la loi et que pour le définir il est besoin d'une déclaration en forme de loi. »

logie n'étaient point exactement respectées, et elles n'avaient aucune importance juridique. Toutes ces lois ont été réunies dans des Recueils, les uns anciens, les autres modernes. Deux de ces derniers doivent être cités : 1° l'un, dit *Collection des Ordonnances du Louvre*, a été publié volume par volume depuis 1723, et successivement par les soins d'Eusèbe de Laurière, de Secousse, de Villevaut, de Bréquigny, de Camus, de Pastoret et de Pardessus. Sous l'ancien régime, cette publication se fit par l'initiative et sous l'autorité des chanceliers. Après la création de l'Institut de France, elle reprit sous le patronage et la direction de l'Académie des Inscriptions et Belles-Lettres, qui l'a poussée jusqu'au vingt-unième volume, c'est-à-dire jusqu'à la fin du règne de Louis XII et à l'année 1514 (3). L'Académie des Sciences morales et politiques a pris la suite de l'œuvre (4). Cette vaste collection, qui n'est pas sans défauts ni sans lacunes, est encore la meilleure que nous possédions pour les siècles qu'elle embrasse. — 2° Le *Recueil général des anciennes lois françaises*, publié de 1823 à 1827 par MM. Jourdan, Decrusy et Isambert, et plus connu sous le nom seul de ce dernier. Pour la période qu'il a en commun avec le *Recueil des Ordonnances*, il est moins complet que ce dernier, qu'il reproduit en général, et auquel il renvoie, mais en se contentant de donner la date et le titre de certains documents, sans en donner le texte. En revanche, il va jusqu'au 5 mai 1789 (5).

Je ne puis songer à analyser ou à décrire cette immense législation, et je ne parlerai point des lois qui ont un objet particulier et qu'on peut appeler *spéciales;* mais il faut faire connaître les ordonnances qui ont une portée générale et compréhensive, qui constituent des réglementations portant sur un grand nombre de points ou des Codes détaillés. Ces ordonnances générales se divisent en deux groupes bien distincts : d'un côté, celles qui ont été rendues du xiv<sup>e</sup> au xvii<sup>e</sup> siècle; d'autre part, les grandes ordonnances de Louis XIV et de Louis XV.

(3) Les derniers documents insérés sont des lettres patentes du mois de novembre 1514.

(4) *Catalogue des actes de François I<sup>er</sup>*, en dix volumes, 1887-1908; *Ordonnances de François I<sup>er</sup>*, I (1515-16), 1902.

(5) Le Recueil d'Isambert comprend 28 volumes, et la table parue en 1833. L'ouvrage, trop rapidement composé et publié, est malheureusement très imparfait. Il présente de nombreuses lacunes, et l'on peut relever des erreurs trop fréquentes dans la date ou même l'attribution des textes, et dans les textes eux-mêmes ou dans les notes qui les accompagnent. Voyez, sur ce point, M. Aucoc, *Mémoires sur les collections des lois antérieures* à 1789 (Comptes rendus de l'Académie des Sciences morales et politiques, 1882, tome CXX, p. 43 et suiv.); voyez aussi les observations du même auteur dans l'avant-propos de l'*Institut de France, Collection des lois, statuts et règlement concernant les anciennes académies et l'Institut*, p. iv.

I

Les Ordonnances générales, qui ont été rendues du xiv<sup>e</sup> au xvii<sup>e</sup> siècle, et qui souvent sont très étendues et pleines de sages dispositions, présentent des caractères communs et distinctifs. Ce sont des ordonnances pour la réforme (6) de l'Etat, et, par suite, elles contiennent des dispositions sur les matières les plus variées, parcourant successivement les diverses branches de l'administration et du gouvernement pour corriger les abus qui y avaient été signalés. Mais, en revanche, elles ne touchent qu'en certains points à chacune d'entre elles. Ce ne sont pas des codifications, mais au contraire des retouches partielles. Le plus souvent, mais non toujours, elles ont été rendues après des convocations d'Etats généraux, sur les doléances et les cahiers de ceux-ci. Enfin, elles ont toujours eu pour principal rédacteur le Chancelier qui alors était en fonctions.

La série de ces lois commence par une Ordonnance de Philippe le Long, de 1318 (7). Viennent ensuite celles rendues, sous le règne du roi Jean, après les diverses sessions des Etats (8); l'Ordonnance cabochienne, sous Charles VI (9). Sous Charles VII, la plus importante est celle de Montil-les-Tours, qui contient 123 articles (10) : elle fut rendue à la suite d'une consultation solennelle dans laquelle, d'après le préambule, on doit reconnaître une Assemblée de notables, et c'est en quelque sorte le programme de réformes que voulait réaliser la Royauté, la guerre de Cent ans étant finie. A la fin du xv<sup>e</sup> siècle, nous trouvons deux grandes ordonnances rendues sur les cahiers des Etats généraux de 1484 : celle de juillet 1493 sur l'administration de la justice (111 articles) (11), et celle de Blois (162 articles), du mois de mars 1498 (12). Sous François I<sup>er</sup> fut rendue la grande Ordonnance de Villers-Cotterets, en 1539, sur le fait de la justice et pour l'abréviation des procès (192 articles) (13), une de celles dont l'influence a été le plus réelle et qui a eu de nombreux et habiles commentateurs. Viennent ensuite les Ordonnances qui se rattachent au nom du chancelier de L'Hôpital. Les trois principales ont été rendues d'après les

---

(6) Elles sont souvent intitulées « Ordonnances pour la réformation de la justice »

(7) Ci-dessus, p. 497, note 132.

(8) Ci-dessus, p. 498, note 133.

(9) Voyez l'édition qui en a été donnée par M. Coville, et ci-dessus. p. 498, note 134

(10) Isambert, *Anc lois*, IX, p. 202 et suiv Elle est intitulée « pour la reformation de la justice ».

(11) Isambert, *Anc. lois*, XI, p. 214.

(12) Isambert, *Anc. lois*, XI, p. 323 « sur la réformation de la justice et l'utilité générale du royaume ».

(13) *Ibidem*, XII, p. 600

cahiers des Etats généraux tenus à Orléans en 1561 (14), de Roussillon en 1563 (15), et de Moulins en 1566 (16). Les Etats de 1576
donnèrent aussi lieu à une nouvelle Ordonnance de Blois (363 articles), en 1579 (17). Enfin la série se termine, au xviie siècle, par
la Grande Ordonnance de 1629 (18), qui fut rédigée par les soins
du chancelier Michel de Marillac, d'après les cahiers des Etats
généraux de 1614 et les avis des Assemblées de notables qui les
suivirent. C'était une œuvre considérable (461 articles), la plus
étendue qu'eût encore produite la législation royale; elle contenait
nombre de réformes utiles et intelligentes. Mais précisément e
caractère réformateur souleva les résistances des Parlements :
ils l'enregistrèrent de mauvaise grâce et avec de nombreuses modifications ou même l'écartèrent (19). On la ridiculisa en l'appelant
le *Code Michau* (*Michau* est un péjoratif de Michel), et elle fut
peu ou point observée.

Un certain nombre d'institutions importantes ont été réglementées par ces ordonnances et en ont porté la trace durable. La célébration du mariage fut fixée par l'Ordonnance de Blois de 1579
(art. 40, 44, 45), et par celle de 1629 (art. 39) (20). La tenue,
par les curés des paroisses, de registres authentiques pour constater les décès, mariages et baptêmes, fut organisée par les Ordonnances de 1539 (art. 50, 56), de 1579 (art. 40, 181) et de 1629
(art. 40). L'Eglise avait elle-même inauguré cette pratique, mais
la législation royale la régularisa : elle assura la bonne tenue des
registres, leur donna force authentique et défendit en principe tout
autre mode de preuve pour établir les mariages, naissances et
décès (21). L'Ordonnance de Moulins introduisit (art. 54) une limitation de la preuve testimoniale, qui a passé dans notre Code civil,
et dont elle est une disposition importante (22). Dans la tradition
antérieure, la preuve par témoins était la preuve par excellence,
toujours admise et pouvant même faire tomber la preuve écrite;
d'où l'ancien axiome : *témoins passent lettres*. Mais cela était plein
de dangers, les témoins pouvant être facilement trompés ou trompeurs. L'Ordonnance de Moulins défendit de prouver par témoins
les contrats au-dessus de 100 livres et de recevoir la preuve testi-

(14) *Ibidem*, XIV, p. 63
(15) *Ibidem*, XIV, p. 160.
(16) *Ibidem*, XIV, p. 189.
(17) *Ibidem*, XIV, p. 380.
(18) *Ibidem*, XIV, p. 223.
(19) Pour le Parlement de Paris, voyez Isambert, *Anc. lois*, XVI, p. 342.
(20) Esmein, *Le mariage en droit canonique*, II, p 201 et suiv.
(21) *Ibidem*, II, p. 203 et suiv.
(22) Code civil, art. 1341.

moniale outre ou contre le contenu aux actes (23). Les donations furent soumises, par les Ordonnances de Villers-Cotterets (art. 132, 133), et de Moulins (art. 58), à une publicité spéciale par un enregistrement ou *insinuation* de l'acte au greffe des juridictions royales, empruntée d'ailleurs au droit romain. Enfin les substitutions fidéicommissaires furent restreintes et assujetties à la publicité par l'Ordonnance d'Orléans (art. 58) et celle de Moulins (art. 57).

Mais, à côté de ces réformes partielles et durables, dont on pourrait multiplier les exemples, les Grandes Ordonnances des xvᵉ et xvıᵉ siècles accomplirent une œuvre presque codificatrice pour une branche importante du droit : elles fixèrent les principes essentiels de la procédure civile et criminelle, qui s'était peu à peu développée depuis le xiiıᵉ siècle, sous l'influence du droit romain et du droit canonique. Pour la procédure criminelle en particulier, cette fixation législative eut un effet décisif et fut opérée principalement par les Ordonnances de 1498 et de 1539. La procédure criminelle des cours féodales avait été accusatoire, orale et formaliste; la liberté de la défense y était entière, et, si les moyens de preuve étaient grossiers (*judicia Dei* ou duel judiciaire le plus souvent), aucune contrainte n'était employée contre les accusés et tout se passait au grand jour. Dans le cours des xiiıᵉ, xivᵉ et xvᵉ siècles, une procédure présentant les caractères absolument opposés se substitua peu à peu à celle-là. Cela provint d'un certain nombre de causes : l'influence du droit romain, et surtout du droit canonique, où s'était produite d'abord une évolution semblable et qui servit de modèle aux justices séculières — la disparition des jugements de Dieu et du duel judiciaire — le besoin d'une répression énergique dans la société grossière du Moyen âge. Quoi qu'il en soit, une nouvelle procédure criminelle s'établit qui s'appela la *procédure extraordinaire*, mais qui devint bientôt le droit commun, suivie pour toutes les infractions de quelque gravité. Elle était *inquisitoire*, l'ancienne accusation ayant complètement disparu : la poursuite était toujours intentée en droit au nom du juge lui-même, quoiqu'elle pût être provoquée par la dénonciation ou la plainte de la partie lésée ou par celle du ministère public. — Toute l'instruction avait pour but principal d'arracher des aveux à l'accusé, sur lequel pesait une présomption de culpabilité. Pour cela, les moyens les plus odieux étaient employés : les interrogatoires captieux et répétés, le serment imposé à l'accusé de dire toute la vérité sur lui-même, la torture enfin, sous ses deux formes : question préparatoire contre les accusés pour leur arracher

---

(23) Sur cette réforme, Esmein, *Etudes sur les contrats dans le très ancien droit français*, p. 62 et suiv.

l'aveu du crime, question préalable contre les condamnés pour obtenir la révélation de leurs complices. — Cette procédure était complètement *secrète*. Non seulement, dès le xvᵉ siècle, le public avait été chassé des auditoires criminels, mais encore la plupart des actes étaient faits en présence d'un seul magistrat et de son greffier, en dehors de l'accusé, qui n'en avait pas connaissance et qui ne pouvait les contredire. Ils étaient constatés dans des pièces écrites, qui étaient communiquées au ministère public mais non à l'accusé. C'est ainsi que les témoignages étaient recueillis, et l'accusé ne pouvait les discuter que dans une confrontation avec le témoin, aussitôt qu'on lui avait donné lecture de la déposition; encore fallait-il qu'il présentât ses reproches et causes de récusation contre le témoin avant de l'avoir entendue. Le procès criminel avait pris la forme d'une instruction préparatoire *secrète et écrite*, démesurément développée et conduite par un seul juge : c'était presque uniquement sur les pièces écrites de cette instruction que le tribunal assemblé rendait la sentence; il ne voyait l'accusé qu'une fois, lors d'un dernier interrogatoire que celui-ci subissait devant lui. La *liberté de la défense* avait presque complètement disparu; en principe, l'accusé ne pouvait être assisté d'un avocat ou conseil, et il ne pouvait point librement faire entendre des témoins à décharge, il pouvait seulement être admis à prouver à la fin de l'instruction des *faits justificatifs* d'une espèce particulière, comme un *alibi*. Toutes ces règles s'étaient peu à peu développées; mais elles furent arrêtées, précisées et rendues plus rigoureuses par les Ordonnances de 1498 et de 1539 qui les consacrèrent définitivement (24).

## II

Les Grandes Ordonnances de Louis XIV et de Louis XV présentent un tout autre caractère que les ordonnances générales de la période précédente. Ce sont des *codifications;* elles contiennent la réglementation complète, systématique et détaillée d'une branche du droit plus ou moins importante et étendue. Elles ont été rédigées par des commissions composées d'un petit nombre d'hommes compétents; et, de cette élaboration, il nous est souvent resté d'importants travaux préparatoires. Cette œuvre de codification est analogue, par la forme et les procédés, à celle qui s'accomplira plus tard sous le Consulat et le Premier Empire et qui a produit nos Codes. Les ordonnances de ce type, dont il va être parlé, ont une importance toute particulière dans l'histoire du droit français.

---

(24) Sur toute cette procédure, son histoire et son système, Esmein, *Histoire de la procédure criminelle*, 1ʳᵉ partie, p. 43-174.

Elles ont, dès l'ancien régime, codifié certaines parties du système juridique, les soumettant à une loi précise et uniforme pour tout le pays; elles ont eu de nombreux et illustres commentateurs qui en ont précisé les dispositions; enfin, elles ont fourni la substance et la forme pour plusieurs de nos Codes, soit dans l'ensemble, soit dans certaines parties. Cette codification fragmentaire par voie d'ordonnances se produisit à deux époques, sous Louis XIV et par l'influence de Colbert, sous Louis XV et sous la direction du chancelier d'Aguesseau.

Colbert sut inspirer à Louis XIV la pensée d'être un grand législateur, et il suggéra en même temps le plan de cette législation nouvelle (25). Il voulait employer seulement deux catégories de personnes : des praticiens éminents et des membres du Conseil du roi. Les premiers, réunis à quelques-uns des seconds, dresseraient les projets; on les discuterait ensuite dans un *Conseil de justice*, composé de conseillers d'Etat et de maîtres des requêtes soigneusement choisis. Le Parlement et les corps judiciaires étaient tenus à l'écart. Ce plan fut suivi, en effet, sauf qu'il reçut des modifications assez importantes pour la rédaction des deux premières ordonnances, celles de 1667 et de 1670.

I. — La première ordonnance mise sur le chantier fut celle de la *Procédure civile*. Le projet en fut préparé par une commission composée d'avocats et de conseillers d'Etat, et présidée par Pussort, l'oncle de Colbert; l'avocat Auzanet, qui en faisait partie, nous a fait le récit de ses travaux. Tout était prêt à être rapporté au Conseil de justice, lorsque l'intervention de Guillaume de Lamoignon, premier président du Parlement de Paris, donna une autre direction à l'entreprise. Il vint parler au roi des projets de réforme et de codification qu'il avait lui-même conçus (26). Louis XIV lui répondit que Colbert s'occupait précisément d'un semblable projet et l'engagea à se concerter avec lui. Du coup, le Parlement rentra en scène, et il fut entendu qu'avant d'être soumis au Conseil de justice, le projet serait d'abord discuté dans une commission mixte, composée de magistrats du Parlement, de conseillers d'Etat et de maîtres des requêtes. Ces *Conférences* se tinrent en effet : le procès-verbal en a été conservé et publié (27). Pussort et Lamoignon s'y firent surtout remarquer. Le texte ainsi arrêté fut ensuite revisé par le Conseil de justice. Il devint l'*Ordonnance*

---

(25) Sur ce plan et sur la rédaction des Ordonnances de 1667 et 1670, Esmein, *Histoire de la procédure criminelle*, p. 177 et suiv.

(26) Ci-dessus, p. 721.

(27) *Procès-verbal des conférences*, tenues par ordre du roi pour l'examen des articles de l'ordonnance civile du mois d'avril 1667 et de l'ordonnance criminelle du mois d'août 1670, nouvelle édition, Paris, 1709.

*civile touchant la réformation de la justice*, du mois d'avril
1667 (28). C'est un Code de procédure civile, minutieux et complet,
en trente-cinq titres. Le but poursuivi par les rédacteurs fut surtout de préciser les formes et de retrancher les formalités et écritures inutiles. Il fut complété par diverses ordonnances accessoires,
dont la principale fut celle du mois d'août 1669, sur les évocations,
*committimus* et règlements de juges (29). Les commentateurs les
plus célèbres de l'Ordonnance de 1667 ont été, au xviii⁰ siècle,
Jousse et Pothier. Elle a largement servi de modèle à notre Code
de procédure civile de 1806. On peut même dire que le système
contenu dans ce dernier, quoique plus simple et meilleur que
celui de l'Ordonnance, porte les traces trop profondes de cette
parenté.

II. — L'*Ordonnance criminelle* de 1670 (30) fut préparée et rédigée comme la précédente. Pour elle aussi, le travail des commissaires rédacteurs fut discuté dans une commission mixte, et nous
avons encore le procès-verbal des conférences. C'est une loi considérable, où, pour la première fois, toutes les formalités de l'instruction criminelle étaient minutieusement réglées. Les rédacteurs
s'efforcèrent surtout d'assurer la régularité et la sincérité de toutes
les pièces écrites. C'était d'un intérêt capital, puisque le jugement
était rendu presque uniquement sur ces pièces; mais c'était un
résultat impossible à atteindre, surtout devant les juridictions inférieures. On chercha aussi à diminuer les frais et à supprimer les
abus. Mais, en même temps, l'Ordonnance poussa à l'extrême les
rigueurs de la procédure criminelle. Le secret, qui la dominait, fut
renforcé encore; la défense de donner un conseil aux accusés devint
une loi précise, ne comportant que de rares exceptions déterminées; le serment prêté par les accusés fut impérativement imposé.
Enfin, on enleva à l'accusé la faible ressource de faire tomber, lors
de la confrontation, les témoignages produits contre lui. L'Ordonnance décida que le témoin qui se rétracterait à la confrontation
serait poursuivi pour faux témoignage et parjure; car il avait déjà
déposé deux fois devant le juge sous la foi du serment (31). Dans
les conférences, Pussort se montra le partisan inflexible de toutes
ces rigueurs. Lamoignon, au contraire, protesta contre elles; il
combattit le serment des accusés, l'interdiction des conseils, le système de confrontation et même l'emploi de la torture. Celle-ci,
d'ailleurs, ne fut pas précisée par la loi comme les autres actes de
l'instruction. La façon de l'administrer resta livrée à la diversité

(28) Isambert, *Anc. lois*, XVIII, 103.
(29) *Ibidem*, XVIII, 341.
(30) *Ibidem*, XVIII, 371.
(31) Sur tous ces points, Esmein, *Histoire de la procédure criminelle*, p. 212-260.

des jurisprudences (32). A la demande d'une réglementation précise, Pussort fit cette réponse étonnante, « que la description qu'il faudroit faire seroit indécente dans une ordonnance ». L'Ordonnance criminelle de 1670 a eu de nombreux commentateurs; les plus célèbres sont, au xviiie siècle, Jousse et Muyart de Vouglans Dépouillée de ses monstruosités, elle a servi de modèle à une partie de notre Code d'instruction criminelle, celle qui traite de l'instruction préparatoire. Cette instruction est restée secrète, et la contradiction n'y est pas, en principe, ouverte au prévenu : la procédure devant les juridictions de jugement est inspirée, au contraire, des lois de la Révolution (33).

Les deux Ordonnances codificatrices de 1667 et de 1670 sont les seules pour lesquelles les membres du Parlement de Paris aient été admis aux travaux préparatoires. Pour celles dont il reste à parler, le plan originaire de Colbert fut suivi sans aucune modification.

III. — *L'ordonnance du commerce*, du mois de mars 1673 (34), fut préparée de longue main par Colbert. Dès 1670, il demandait des mémoires sur ce sujet aux hommes compétents, et spécialement à Savary, négociant célèbre retiré des affaires et écrivain sur le droit commercial (35). Il constitua ensuite un Conseil de réforme, présidé par Pussort, et où l'influence de Savary fut dominante (36); c'est de là que sortit l'Ordonnance. C'était un *Code du commerce terrestre*. Il fut complété dans la suite par un autre qui contient les règles du commerce maritime. C'est l'*Ordonnance de la marine*, du mois d'août 1681 (37); celle-ci, il faut le remarquer, ne réglementait pas seulement la marine marchande et le commerce maritime au point de vue du droit privé, mais aussi au point de vue administratif. Ces ordonnances ont eu pour principaux commentateurs, au xviiie siècle — celle de 1673 : Jousse, Boutaric et Pothier, — et celle de 1681 : Pothier et surtout Valin. L'une et l'autre ont grandement servi à la rédaction du Code de commerce de 1807 : le livre II, qui traite *du commerce maritime*, procède de l'Ordonnance de 1681; les deux autres livres ont pour modèle l'Ordonnance de 1673. Il

(32) *Ibidem*, p. 229 et suiv., p. 241.

(33) *Ibidem*, p. 527-550.

(34) Isambert, *Anc. lois*, XIX, p. 93.

(35) Vie de Savary, en tête de son *Parfait négociant*, édit. Paris, 1777, p. 22 : « En 1670, il fut convié de contribuer de ses lumières et de son expérience dans les affaires du commerce, pour la réformation que l'on y vouloit faire, et pour la composition du code marchand qu'on projettait alors. »

(36) *Ibidem*, p. 22 : « Les mémoires n'ayant pas déplu, il fut mis au conseil de la réforme, où il se distingua tellement par la solidité de ses avis... que presque tous (les articles) ayant été dressés sur ses représentations, M. Pussort, qui était président de la commission, n'appeloit ordinairement cette Ordonnance que le *Code Savary*. »

(37) Isambert, *Anc. lois*, XIX, p. 282.

faut savoir enfin qu'à côté de l'ordonnance de 1681, une autre grande ordonnance sur la marine fut promulguée au mois d'avril 1689 (38); elle était très ample, divisée en vingt-trois livres, mais c'était la réglementation de la marine de guerre qu'elle contenait. Elle organisait, pour le recrutement de ses équipages, un système de classes (l. VIII) qui est l'origine première du système de l'inscription maritime encore aujourd'hui en vigueur.

IV. — L'Ordonnance de 1669 *portant règlement sur les eaux et forêts* (39), véritable *Code forestier*, fut rédigée sur des mémoires fournis par des « commissaires départis pour la réforme des eaux et forêts ».

V. — On doit ajouter à ces lois l'Edit du mois de mars 1685, touchant la police des îles de l'Amérique française, appelé *Code noir* (40). C'est la réglementation de l'esclavage des nègres. On est frappé de la dureté avec laquelle elle est établie, tempérée seulement par les règles de la discipline catholique sur ce sujet, que le roi sanctionne non moins énergiquement (41).

VI. — Enfin, il faut mentionner, quoique plus spécial et d'une durée éphémère, un Edit du mois de mars 1673 « portant établissement des greffes pour l'enregistrement des oppositions des créanciers hypothécaires » (42). Ce que le législateur voulait établir par là, c'était la publicité des hypothèques, qui étaient occultes dans l'ancien droit, comme en droit romain, au grand détriment du crédit. Mais cette utile institution rencontra d'immenses résistances; beaucoup de nobles surtout avaient leurs biens grevés d'hypothèques et ne voulaient point faire apparaître cet état de choses au grand jour. Le roi fut obligé de céder et révoqua au mois d'avril 1674 l'Edit de 1673 (43).

Sous Louis XV, une nouvelle série de codifications fut entreprise

(38) *Ordonnance de Louis XIV pour les armées navales et arsenaux de marine*, Paris, 1689. Elle n'est que mentionnée par Isambert, *Anc. lois*, XX, 73.

(39) Isambert, *Anc. lois*, XIX, p. 219.

(40) Isambert, *Anc. lois*, XIX, p. 494. C'est le titre qu'il porte déjà dans Valin, *Nouveau commentaire sur l'ordonnance de la marine*, La Rochelle, 1766, t. I, p. 428.

(41) Préambule · « Nous avons bien voulu faire examiner en notre présence les mémoires qui nous ont été envoyés par nos officiers de nos îles d'Amérique, par lesquels nous avons été informé du besoin qu'ils ont de notre autorité et de notre justice pour y maintenir la discipline de l'Eglise catholique, apostolique et romaine, et pour y régler ce qui concerne l'état des esclaves. »

(42) Isambert, *Anc. lois*, XIX, p. 73.

(43) Isambert, *Anc lois*, XIX, p. 133 · « Quoique nos sujets puissent recevoir de très grands avantages de son exécution, néanmoins, comme il arrive ordinairement que les règlements les plus utiles ont leurs difficultés dans leur premier établissement et qu'il s'en rencontre dans celui-ci qui ne peuvent être surmontées dans un temps où nous sommes obligés de donner une application principale aux affaires de la guerre. » Sur les édits de 1673 voyez E. Blum, *Les essais de réforme hypothécaire dans l'ancien régime*, thèse 1913, p. 59 à 78.

par l'initiative du chancelier d'Aguesseau : il avait même conçu l'idée de réformer l'ensemble des lois françaises et de les réduire en un seul corps (44). Il demanda des mémoires aux hommes et aux corps compétents, consulta les Parlements et institua une commission centrale qui fut comme son conseil privé. De là sortirent un certain nombre de lois, fragment de l'œuvre colossale qu'il avait rêvée. 1° L'*Ordonnance de 1731 sur les donations* (45); le législateur déclarait qu'il avait choisi cette matière pour la régler par une loi uniforme applicable à tout le royaume, parce que, « soit par sa simplicité, soit par le peu d'opposition qui s'y trouve entre les principes du droit romain et ceux du droit français, elle a paru la plus propre à fournir le premier exemple de l'exécution du plan proposé ». 2° L'*Ordonnance de 1735 sur les testaments* (46). Ici, le législateur n'osa pas complètement établir l'unité qu'il avait en vue; il laissa au contraire en substance, spécialement quant aux formes du testament, à l'institution d'héritier et à la liberté de disposer, subsister les différences traditionnelles entre les Pays de coutume et les Pays de droit écrit, se contentant d'unifier la jurisprudence pour chacun des deux systèmes (47). 3° L'*Ordonnance de 1747 sur les substitutions fidéicommissaires* (48). Ces trois lois ont une influence très notable sur le droit postérieur; leurs dispositions ont passé, dans une large mesure, dans les parties correspondantes du Code civil (49). 4° L'*Ordonnance de 1737 concernant le faux principal et le faux incident et la reconnaissance des écritures et signatures en matière criminelle* (50). C'était une réglementation tellement parfaite de la matière, au point de vue technique, qu'elle a passé presque entière dans nos Codes de procédure civile ·t d'instruction criminelle.

Le chancelier d'Aguesseau avait eu spécialement l'intention de reviser l'Crdonnance criminelle de 1670; mais il n'y toucha que par des lois de détail, qui perfectionnèrent la procédure sans en changer l'esprit. Ce sont, outre l'Ordonnance sur le faux, un Edit de 1730 sur des points de détail, et une Déclaration de 1731 sur les cas

(44) Francis Monnier, *Le chancelier d'Aguesseau*, 2ᵉ édit., p. 286 et suiv

(45) Isambert, *Anc. lois*, XXI, p. 343.

(46) *Ibidem*, XXI, p. 386.

(47) Sallé, *Esprit des ordonnances de Louis XV*, Paris, 1754, t. I, p. 234 : « Le législateur auroit pu sans doute ramener sur ce point à une seule et même loi tous les peuples soumis à son obéissance, et ce parti auroit semblé le plus capable de remplir le but d'unité et de simplicité qu'il s'est proposé Mais voulant bien se prêter au préjugé naturel qu'a chaque peuple pour les usages dans lesquels ils est né, il a laissé à chaque province ses loix et ses coutumes particulières, et il s'est contente de réformer ce qui étoit défectueux, d'y fixer ce qui étoit douteux et incertain »

(48) Isambert, *Anc. lois*, XXII, p. 193.

(49) Les textes en sont rapportés, dans l'édition Tripier, sous les articles correspondants du Code.

(50) Isambert, *Anc. lois*. XXII, p. 1.

prévôtaux et présidiaux (51). Sous Louis XVI seulement, intervinrent deux réformes bienfaisantes : une Déclaration du 24 août 1780 abolit la question préparatoire (52); l'un des Edits de 1788 supprimait la question préalable et introduisait quelques autres réformes libérales (53).

On le voit, l'ancienne France avait arrêté une portion notable de son droit dans des lois écrites, générales et uniformes. Elle avait un Code de procédure civile, un Code d'instruction criminelle, un Code de commerce : elle avait même codifié certaines parties du droit civil. Mais, chose digne de remarque, elle n'avait pas de Code pénal, ni rien qui en approchât. Le droit pénal, dont la détermination précise est à nos yeux la condition même de la liberté individuelle, n'avait que pour une faible part une expression sûre et législative. C'est un des vices principaux que signaleront les publicistes du xviii° siècle dans le système de notre ancien droit public. Au Moyen âge et jusqu'au xiv° siècle, ce fut la coutume, généralement non écrite, qui détermina les règles du droit pénal. Elle fixait d'une façon précise la peine de chaque délit. Les peines, d'ailleurs, étaient alors peu nombreuses : peine de mort, sous des formes variées, et mutilations, pour les crimes et délits graves; amendes pour les infractions plus légères. Quand on prend, au contraire, les textes officiels des coutumes rédigées par le pouvoir royal, on constate qu'ils ne contiennent que fort peu d'articles consacrés au droit pénal. Où se trouvait dorénavant la détermination des faits punissables et des peines qu'ils entraînaient ? Dans les Ordonnances, on la trouvait en partie pour tels ou tels délits; mais il n'y avait là qu'une législation fragmentaire, qui laissait de côté la plus grande partie du droit pénal. Le véritable droit commun, en matière pénale, n'était déterminé ni par la coutume ni par la loi.

Dans la période qui s'étend du xiii° au xv° siècle, un grand changement s'était accompli, nous le savons, dans la composition des cours de justice. Le jugement des causes criminelles, comme celui des autres, avait passé des hommes jugeurs aux légistes de profession; et ceux-ci introduisirent, plus profondément et plus largement encore en matière pénale qu'en matière civile, les règles et les principes du droit romain. C'est dans ce droit qu'ils allèrent chercher la définition des délits, et les règles sur la responsabilité, la culpabilité, la tentative, la récidive et la complicité. Le système de peines du droit romain servit aussi de modèle. De là résulta *un droit pénal commun*, qui contenait la plupart des règles et dont l'expression se trouvait, d'un côté, dans les ouvrages des crimi-

(51) Esmein, *Histoire de la procédure criminelle*, p 385, 220
(52) Isambert, *Anc lois*, XXVI, p. 373.
(53) *Ibidem*, XXVIII, p. 526.

nalistes des xvi⁰ et xvii⁰ siècles, qui avaient obtenu une autorité universelle et dont les plus célèbres étaient Julius Clarus et Farinaccius (54), — et, d'autre part, dans la jurisprudence des Parlements. Un grand nombre de crimes et de délits étaient punis par la seule application de cette doctrine, sans qu'ils fussent prévus et punis par une loi proprement dite ou par une coutume. D'ailleurs. ce droit pénal était dominé par une règle, qui, comme. la plupart des autres, avait été empruntée au droit romain (55) : « Aujourd'hui, disait-on, toutes les peines sont arbitraires en ce royaume. » (56). Cela voulait dire que le juge pouvait, à volonté, combiner et doser les peines, les élevant ou les abaissant à son gré. La seule chose qu'il ne pouvait pas faire, c'était inventer une peine nouvelle; il devait employer une de celles qui étaient en usage. Cependant, quelques-uns lui refusaient ce pouvoir lorsqu'une loi ou une coutume édictait une peine fixe (57); mais la plupart pensaient qu'il pouvait, même dans ce cas, la modifier en plus ou en moins, en invoquant une juste cause (58). D'ailleurs, aucune loi ne donnait la liste des peines admises; l'Ordonnance de 1670 contenait une énumération de ce genre, mais tous reconnaissaient qu'elle était incomplète (59).

(54) Esmein, *Histoire de la procédure criminelle*, p. 288, 347.

(55) Ci-dessus, p. 32.

(56) Muyart de Vouglans, *Institutes au droit criminel*, p. 391 : « La maxime *que les peines sont arbitraires en ce royaume*, c'est-à-dire que le juge a le pouvoir de les augmenter ou diminuer suivant les circonstances »; — p. 360 : « Lorsque ces peines ne sont point portées expressément par aucune loi, il doit les augmenter ou diminuer suivant les circonstances, de manière que la peine soit toujours proportionnée au délit. »

(57) Lebret, *De la souveraineté*, l. II, ch. iii, p. 44 : « Bien que quelques graves auteurs aient mis en avant que les peines, quoique prescrites par les loix et les ordonnances du prince contre les crimes et les délits, soient arbitraires en ce royaume, toutesfois cela ne doit se pratiquer que lorsque le prince laisse la peine à l'arbitrage du juge, mais non pas quand la loi contient une peine certaine et précise. »

(58) Andreas Tiraquellus, *De pœnis legum ac consuetudinum statutorumque temperandis*, præf. n° 16 : « Quæ dicta sunt sane intellegito ut videlicet non possit judex temere et sine causa augere aut minuere pœnas a jure statutas... ob causam verum utrumque impune facere. »

(59) Esmein, *Histoire de la procédure criminelle*, p. 243, 244.

# CHAPITRE III

## Le droit canonique.

### I

Le droit canonique avait gardé dans l'ancienne France, jusqu'à un certain point, la valeur d'une loi vivantè et impérative.

En premier lieu, c'était lui seul, en principe, qui était invoqué et appliqué devant les tribunaux ecclésiastiques, ou Officialités, dans la mesure où ils étaient compétents. Cependant si, sur tel ou tel point, le droit canonique n'avait pas été admis en France, conformément aux libertés de l'Eglise gallicane, ou s'il avait été modifié par une ordonnance royale, le juge d'Eglise devait respecter ces réserves ou modifications (1). Même à partir de la fin du xviie siècle, la procédure civile et criminelle devant les Officialités fut conduite, non d'après les règles du droit canon, mais d'après les Ordonnances de 1667 et de 1670 (2); on verra un peu plus loin quelle est l'explication très simple de ce phénomène.

D'autre part, il recevait aussi application devant les tribunaux séculiers, et cela provenait de trois causes distinctes.

1° De bonne heure, les principes du droit canonique se firent recevoir par les juridictions séculières, en ce qui concerne certaines institutions que l'Eglise avait prises sous sa protection particulière, ou certains intérêts qui, disait-on, mettaient en jeu le salut des âmes. C'est ainsi que la prohibition du prêt à intérêt passa du

---

(1) Imbert, *Pratique*, l. II, ch. iii, n° 8 : « Ce qu'on garde encore en cour d'Eglise, comme tout le parsus du droict canon, fors ce qui est contre la liberté du royaume. »

(2) Fleury, *Institution au droit ecclésiastique*, 3ᵉ partie, ch. vi, t. II, p. 52 : « Les ordonnances qui ont été faites en France depuis deux cents ans, pour l'abréviation des procès, n'ont pas été sitôt pratiquées dans les officialités et on y a plus longtemps gardé la langue latine et les anciennes procédures, mais on s'en est débarrassé insensiblement. La plupart des actes s'y font en français, comme ailleurs, et les ordonnances de Louis XIV y sont observées, surtout celle de 1667 pour la procédure civile et celle de 1670 pour la procédure criminelle. Il 'est vrai que la procédure n'est pas uniforme dans toutes les officialités. Chacune a quelques usages particuliers »

droit canonique dans notre ancien droit français, où elle se maintint jusqu'à la Révolution, sauf quelques exceptions locales et quelques adoucissements. De même, les testaments, soit quant aux
formes, soit quant à certaines dispositions, avaient été régis
anciennement par le droit canonique, même devant les tribunaux
séculiers, et c'était lui également qui avait fourni un certain nombre de règles à la théorie de la prescription. Sans doute, dans le
cours du temps, la plupart de ces points avaient été réglés par les
coutumes, les ordonnances et la jurisprudence des arrêts, mais
conformément à la tradition établie. C'était toujours au droit canonique qu'il fallait remonter pour trouver le tréfonds; c'est à lui
souvent qu'il fallait demander l'interprétation.

2° La procédure canonique, civile et criminelle, avait exercé une
influence profonde sur le développement de la procédure des cours
séculières. Lorsque la vieille procédure féodale s'altéra d'abord,
puis disparut, ce fut le droit canon qui fournit principalement les
éléments et les règles de celle qui la remplaça (3). En cette matière,
on citait concurremment, devant les tribunaux, les textes du droit
romain et du droit canonique. Aussi avons-nous vu que les grandes
ordonnances de Louis XIV, sur la procédure civile et criminelle, se
firent recevoir sans difficulté devant les Officialités : ce qu'elles
contenaient, en substance, c'était le droit canon revisé, précisé et
perfectionné.

3° Enfin, on a vu précédemment comment avaient été successivement ramenées devant les juridictions royales un grand nombre de
causes, pour lesquelles l'Eglise avait auparavant compétence exclusive *ratione materiæ* (4). Cela s'était fait sans révolution législative, et par suite elles avaient passé *cum sua causa*, c'est-à-dire
avec la loi qui les régissait quant au fond, devant les tribunaux
séculiers. La juridiction avait changé, mais le droit applicable était
resté le même. Les juridictions royales devenues compétentes
appliquaient le droit canonique à ces matières, comme l'y avaient
appliqué les Officialités dépossédées. Il en était ainsi, par exemple, pour le mariage, pour les causes bénéficiales, pour les crimes
contre la foi.

Le droit canonique devait ce large et persistant empire non seulement à l'autorité dont jouissait l'Eglise, mais surtout à l'influence
de l'enseignement public. Dans toutes les Universités, on enseignait
le droit canonique à côté du droit romain. A l'Université de Paris,
depuis 1220 (5), on n'enseignait même, officiellement du moins,

---

(3) Il ne faut pas exagérer cela cependant. Voyez Guilhiermoz, *De la persistance du
caractère oral dans la procédure civile française*, dans la *Nouvelle Revue historique
de droit*, t. XIII, 1889, p. 21 et suiv.

(4) Ci-dessus, p. 628 et suiv.

(5) Ci-dessus, p. 333.

que le droit canon; et c'est seulement l'Edit de 1679 qui y rétablit
au grand jour l'enseignement du droit romain (6). Pour être un
jurisconsule complet, on prenait ses grades *in utroque jure*, et il fallait connaître l'un et l'autre pour posséder la science du droit (7).

## II

Le droit canonique avait eu de bonne heure des Recueils, où les
textes les plus utiles étaient réunis. Nous connaissons les plus
anciens (8); mais dans le cours du temps ils devinrent de plus en
plus complets et systématiques, de manière à permettre l'étude
entière et méthodique de cette branche du droit. Le premier essai
dans ce sens fut fait par Burchard, évêque de Worms, qui composa
entre 1012 et 1022 (9) son *Liber decretorum* ou *Decretum* (10). Il
fut écrit, comme l'auteur l'indique, sur la demande de Brunicho,
prévôt de l'évêché, pour fournir aux ecclésiastiques du diocèse un
guide dans l'administration des pénitences publiques et aux jeunes
clercs un manuel d'étude. Il est divisé en vingt livres dont chacun
traite d'une matière spéciale, et est subdivisé en chapitres portant
des rubriques appropriées. Burchard a extrait la substance des
principaux écrits qui contenaient les règles du droit canonique :
textes de l'Ecriture, écrits des Pères de l'Eglise, Conciles, Décrétales, *libri pœnitentiales* (11); on y trouve aussi du droit romain,
mais de seconde main, et avec de fausses attributions (12). Burchard avait le sentiment qu'il tentait une œuvre nouvelle et importante (13).

A la fin du xiᵉ siècle ou au commencement du xiiᵉ, apparaissent

(6) Art. 1 (Isambert, *Anc. lois*, XIX, 196) · « Dorénavant les leçons publiques du
droit romain seront rétablies dans l'Université de Paris, conjointement avec celles
du droit canonique. »

(7) C'était un proverbe du Moyen âge : *Legista sine canonibus parum valet, cano
nista sine legibus nihil.*

(8) Ci-dessus, p. 162 et suiv.

(9) Conrat, *Geschichte der Quellen*, I, 261. Voir sur Burchard les études de M. P.
Fournier : *Etudes critiques sur le décret de Burchard de Worms*, *Nouv. Revue hist
de droit*, 1910, et *Le décret de Burchard de Worms*, *Revue d'histoire ecclésiastique*, 1911.

(10) On le trouve dans la *Patrologie latine* de Migne, t. CXL, p. 536 et suiv., sous
le titre : *Burchardi Wormaciensis Ecclesiæ episcopi decretorum libri viginti.*
Il a été aussi appelé *Collectarium*, sans doute d'après ce passage de la préface, p. 540 :
« Quamobrem hunc meum laborem nemo ut collecticium aspernetur. »

(11) Voyez la liste des écrits utilisés, Migne, *loc. cit*, p. 540, et P. Fournier, *op. cit*

(12) Conrat, *op. cit.*, p. 259, 260.

(13) Préface, p. 540 : « Synodalia præcepta, sanctaque instituta tam ex sanctorum
Patrum sententiis quam in canonicis scriptis, adjutore Deo, in unum fascem ex
amplissimo orbe collegi. Eaque, ut potui, uno veluti corpore connexa, viginti libris
distinxi, ita ut quisquis eos diligenter legerit fructum non vulgarem sentiet se brevi
consequi posse... Quare etiam si nostræ provinciæ limites non exierit nihil omnino
ægre feremus, modo nostrorum ministrorum manibus teratur. »

des ouvrages du même genre, mais marquant un progrès réel. Ils
se rattachent au nom d'Yves de Chartres, qui contribua grandement
à construire le système du droit canonique. L'un de ces Recueils
lui appartient incontestablement et est intitulé *Panormia sive liber
decretorum* (14). L'auteur y a concentré par la disposition des textes un résumé du droit canonique entier (15) : l'ouvrage est divisé
en huit livres, comprenant chacun une série de chapitres précédés
de rubriques. Un autre Recueil, intitulé *Decretum* (16), est proche
parent de celui-là, mais plus ample et plus riche en documents; il
est divisé en dix-sept livres, subdivisés en chapitres, également
assortis de rubriques; il a été composé à la fin du xie siècle (17).
On a douté que le *Decretum* fût l'œuvre d'Yves de Chartres (18);
cependant l'attribution est très vraisemblable, car il est démontré
aujourd'hui que la Panormie procède du *Decretum*, dont elle a été
extraite (19). Ces deux ouvrages sont très supérieurs à celui de
Burchard, surtout par l'usage intelligent et important qui y est fait
du droit romain. Yves de Chartres contribua d'ailleurs beaucoup à
fixer la doctrine du droit canonique par les avis qu'il donnait aux
autres évêques, lorsqu'il était consulté par eux sur des points délicats, et qui nous ont été conservés dans ses lettres.

Au milieu du xiie siècle ou quelques années plus tôt (20), parut
un nouvel ouvrage, qui devait faire oublier tous les autres, servir
de base véritable à la science du droit canon et former la première
partie du *Corpus juris canonici*. Il était intitulé *Concordia discor-
dantium canonum*, et son auteur s'appelait Gratien (*Gratianus*). De
cet écrivain, d'ailleurs, on sait peu de choses : il était Italien,

---

(14) Edition Sébastien Brandt (expensis Michaelis Furter), 1499.

(15) Prologue : « Exceptiones ecclesiasticarum regularum partim ex exemplis Roma
norum pontificum, partim ex gestis conciliorum catholicorum episcoporum, partim ex
tractatibus · orthodoxorum Patrum, partim ex institutionibus catholicorum regum,
nonnullo labore in uno corpore adunare curavi. »

(16) *Ivonis Carnotensis opera*, Paris, 1647.

(17) Conrat, *op. cit.*, I, p. 283.

(18) Dans ce sens, A. Theiner : *Ueber Yvo's vermeintliches Dekret*, 1832, et la
thèse de l'abbé Menut, *Sur les Recueils de droit canonique attribués à Yves de
Chartres*. Sur Yves de Chartres, voyez encore l'étude qu'a publiée en 1897 notre
collègue Paul Fournier dans la *Bibliothèque de l'Ecole des Chartes*.

(19) Conrat, *op. cit.*, p. 383.

(20) Le *dictum* qui suit le ch. xxxi, C. ii, qu. 6, contient une formule de procédure
portant la date de MCV. Mais les glossateurs anciens faisaient remarquer eux
mêmes que l'ouvrage ne pouvait être aussi ancien. C'est ce que relevait déjà le
décrétiste Huguccio (Savigny, *Geschichte des röm. Rechts*, § 45); c'est ce que répète
après lui la glose ordinaire : « Dicit Hug (utio) quod hic est falsa littera, quia non
sunt tot anni quod liber iste compositus fuit. » Elle lui donne même la date
précise de 1150 : « Et fuit anno domini MCL ut ex chronicis patet. » M. Maassen
(*Paucapalea*, p. 474-478) lui attribue également la date de 1150 ou 1151. M. Schulte
(*Geschichte der Quellen und Litteratur des canonischen Rechts*, § 13, t. I, p. 48)
place la rédaction entre 1139 et 1144, d'après de bons arguments. Cf. A. Gaudenzi,
*L'età del decreto di Graziano e l'antichissimo ms. di esso*, dans le t. I des *Studi
e Memorie per Storia dell Università, di Bologna*, 1907

moine et maître ou docteur en théologie. Ce n'était point un homme supérieur, il s'en faut de beaucoup; il était très inférieur à Yves de Chartres pour l'intelligence et l'esprit critique. Il a puisé comme lui à toutes les sources, acceptant aussi bien les documents apocryphes que les authentiques; et ses textes sont très souvent fautifs dans leur contenu ou leur attribution. Cependant, son travail acquit une autorité que n'avaient jamais eue les Recueils d'Yves de Chartres; il fit promptement oublier les ouvrages similaires et antérieurs, et bientôt on ne l'appela plus que le *Decretum Gratiani*, ou simplement *Decretum*, le Décret par excellence. Cela tint à deux causes.

En premier lieu, il contenait un élément vraiment nouveau. Ce n'était pas seulement un recueil de textes faisant autorité et méthodiquement disposés, de manière à former un corps de doctrine; il contenait une partie dogmatique toute d'exposition et de discussion. Elle avait surtout pour but, comme l'indiquait le titre original, de concilier les autorités, en apparence contraires (*discordantes canones*). Pour cela, l'auteur posait la question à laquelle se référaient les *auctoritates* qu'il allait rapporter; puis il disposait celles-ci de façon à présenter *le pour* et *le contre*, à la manière scolastique, et enfin il indiquait la conciliation. On donne à cette partie, propre à son auteur, le nom de *Dicta Gratiani*, et par là Gratien accomplissait pour le droit canonique ce que Pierre Lombard faisait à la même époque pour la théologie (21). — D'autre part, l'ouvrage de Gratien tomba dans un milieu essentiellement juridique. Composé sans doute à Bologne même, l'Ecole de droit qui fleurissait dans cette ville s'en empara, lui appliqua la même méthode qu'aux textes de la compilation de Justinien, et construisit vraiment sur cette base le système du droit canonique. Les *Sentences* de Pierre Lombard, plus spécialement consacrées au dogme et à la théologie, furent au contraire adoptées par la grande Ecole de théologie parisienne; et ces deux ouvrages, soit par leur disposition propre, soit par le milieu dans lequel ils furent d'abord étudiés, contribuèrent puissamment à faire deux sciences distinctes de la théologie et du droit canonique, qui, jusque-là, avaient été mal séparés.

Le Décret de Gratien est divisé en trois parties. La première se divise elle-même en *Distinctions*, subdivisées en chapitres ou canons (22). La seconde contient un certain nombre de *Causes*, sub-

(21) Les *Sententiæ* de Pierre Lombard et le Décret de Gratien ont certaines parties communes dans lesquelles sûrement l'un des livres procède de l'autre. Je crois, mais cela est discuté, que Pierre Lombard représente l'original et Gratien la copie: voyez mon *Mariage en droit canonique*, t. I, p. 56 et suiv., p. 311, note 4.

(22) On cite par exemple : c I, D. I.

divisées en questions, qui comprennent elles-mêmes un certain nombre de canons (23). La troisième se divise en Distinctions et chapitres comme la première (24). D'ailleurs, le Décret n'atteignit cette forme dernière qu'entre les mains de *Paucapalea*, l'un des disciples de Gratien, qui introduisit la division par Distinctions de la première partie, et qui ajouta, au cours de l'exposition, un certain nombre de textes, qui sont désignés sous le nom de *Paleæ* (25). L'Ecole de Bologne accumula les gloses sur le Décret de Gratien, comme elle l'avait fait pour la Compilation de Justinien, et cela aboutit à une glose ordinaire, qui fut composée par Johannes Teutonicus, au commencement du xiiie siècle, complétée et retouchée, au cours de ce même siècle, par Bartholomæus Brixiensis (26).

Les textes du Décret étant, comme on l'a dit, criblés de fautes, furent corrigés, à la fin du xvie siècle, par des commissaires que nomma la Papauté, et l'édition ainsi revisée fut publiée en 1583 (27).

Le Décret de Gratien contenait beaucoup de Décrétales des papes; mais, bientôt, il en fut promulgué de nouvelles et en grand nombre, car les papes du xiie et du xiiie siècle furent d'abondants législateurs. On prit l'habitude d'appeler ces Décrétales nouvelles *Extravagantes* (*extra decretum vagantes*), parce qu'on ne les trouvait point au Décret, qui formait alors le Corps du droit canonique. Le besoin de voir réunie cette législation importante fit composer successivement, de 1187 à 1226, cinq Recueils de Décrétales, que l'on appelle les *Quinque compilationes antiquæ* (28); la première, celle qui donna le modèle de toutes les autres, avait eu pour auteur Bernard de Pavie (*Bernardus Papiensis*). Le pape Grégoire IX voulut, des Décrétales ainsi successivement compilées, faire un Code officiel et adapté aux besoins de la pratique. Il voulut qu'on retranchât des textes tout ce qui était inutile pour en dégager la portée juridique et tout ce qui était abrogé; il chargea de ce soin Raymond de Penaforte. Le texte ainsi obtenu fut promulgué en 1234 par l'envoi qu'en fit le pape aux Universités de Bologne, de Paris et de Salamanque, comme en témoigne la lettre placée en tête du Recueil. Il se divise en cinq livres, subdivisés en chapitres,

---

(23) Ces noms viennent de ce que chaque *Cause* repose sur une hypothèse assez compliquée et comprenant plusieurs *questions* délicates, que l'auteur veut discuter successivement. On cite par exemple : c. 1, C. I, qu. 1. La Cause XXXIII, qu. 3, forme un traité spécial *De pœnitentia*, subdivisé en sept Distinctions.

(24) Pour la distinguer de celle-ci, on ajoute la rubrique générale *De consecratione*; on cite c. I, D. I, *De consecrat.*

(25) Schulte, *Geschichte der Quellen*, § 23. — Maassen, *Paucapalea*, Wien, 1859.

(26) Schulte, *Geschichte der Quellen*, §§ 23-29.

(27) Les éditions critiques modernes reproduisent à part les corrections et les observations des *Correctores Romani*

(28) Edition Friedberg, Lipsiæ, 1882. Quant aux recueils postérieurs à Gratien et antérieurs à Bernard de Pavie, voyez Friedberg : *Die Canones Sammlungen zwischen Gratian und Bernhard von Pavia*, 1897

conformément à la coupe adoptée par Bernard de Pavie (29). Les *Décrétales de Grégoire IX* s'ajoutèrent ainsi au Décret et formèrent la seconde partie du *Corpus juris canonici*. L'Ecole se mit à les gloser et à les résumer dans les *Sommes* : par là, à côté des *Décrétistes* se placèrent les *Décrétalistes*. Très vite, une glose ordinaire fut adoptée, celle de Bernard de Parme (*Bernardus Parmensis*), que son auteur retouchait encore en 1263.

Le pape Boniface VIII fit faire à son tour un nouveau recueil de Décrétales, contenant les plus importantes de celles qui avaient été édictées depuis 1234; il le promulgua en 1298, en l'adressant aux Universités de Bologne et de Salamanque. Il l'appela le *Liber sextus*, voulant indiquer que c'était comme un sixième livre ajouté aux cinq de Grégoire IX (30), bien qu'il fût lui-même divisé en cinq livres, selon l'ordre traditionnel. Il forma la troisième partie du *Corpus juris canonici*, et eut sa glose ordinaire, composée par Johannes Andreæ, célèbre canoniste de la première moitié du xiv<sup>e</sup> siècle.

Après le concile général tenu à Vienne en 1311, le pape Clément V fit faire un Recueil des Décrets du concile et de ses propres constitutions, qu'il envoya, en 1313, aux Universités françaises de Paris et d'Orléans. Néanmoins, après sa mort, Jean XXII le publia à nouveau en 1317. On appelle ces Décrétales les *Clémentines ;* leurs cinq livres ont été glosés par Johannes Andreæ et le cardinal Zabarella. Ils forment la quatrième partie du *Corpus*, qui resta longtemps en cet état. Mais, à la fin du xv<sup>e</sup> siècle, y furent ajoutées deux collections d'*Extravagantes*. L'une est dite *Extravagantes de Jean XXII*, et comprend vingt Décrétales de ce pape, divisées en quatorze titres. Le Recueil avait été arrêté en 1325, peut-être par les ordres du pape lui-même. L'autre, les *Extravagantes communes*, comprend des constitutions de divers papes, depuis Urbain IV et l'année 1261 jusqu'à Sixte IV et à l'année 1483; il reçut sa forme dernière du licencié Chappuis, dans une édition publiée à Paris de 1499 à 1502 : c'est cette édition qui a donné sa consistance définitive au *Corpus juris canonici*.

Le Code du droit canonique, ainsi constitué, servait en France comme dans les autres pays catholiques. Il était expliqué dans les écoles et cité devant les tribunaux; cependant, on n'était point

---

(29) Un vers mnemotechnique indique en gros les matières contenues dans chaque livre, en les désignant par un mot : *Judex, judicium, clerus, connubia, crimen.* Il faut ajouter cependant que la matière des contrats est aussi contenue dans le III<sup>e</sup> livre (*clerus*). — On cite les Décrétales de Grégoire IX . c. I, X. *De summa trinit.*, l. I. Le signe X veut dire *Extra :* cela rappelle le temps où les Décrétales de Grégoire IX « *extra corpus vagabantur* ».

(30) La lettre d'envoi s'exprime ainsi : « Quem librum quinque libris aliis dicti voluminis decretalium annectendum censuimus sextum nuncupari ut idem volumen senarium, qui numerus est perfectus, librorum... numerum comprehendens. »

d'accord quant à l'autorité juridique qu'il possédait en notre pays. Certains disaient que dans aucune de ses parties il n'avait force de loi, mais seulement une autorité doctrinale, n'ayant point été approuvé par le pouvoir royal, comme devaient l'être les Décrets des conciles et les bulles des papes pour obliger les Français (31). D'autres admettaient que certaines parties, comme les Décrétales de Grégoire IX, étaient vraiment, en France, des lois canoniques, à raison de la consécration tacite que leur avait donnée le pouvoir royal, et en tant qu'elles ne contenaient rien de contraire aux libertés de l'Eglise gallicane; c'était sur le *Liber sextus* qu'on avait le plus de doutes, à raison du différend entre Philippe le Bel et Boniface VIII (32).

Quant aux sources du droit canonique postérieures à l'achèvement du *Corpus*, ou qui n'y sont pas entrées, il faut les chercher, pour les constitutions des papes, dans les Recueils des bulles pontificales, et, pour les Décrets des conciles, dans les publications spéciales ou d'ensemble qui leur sont consacrées (33). Les documents les plus importants sont les canons et décrets du concile de Trente (34); mais il faut se rappeler que le concile de Trente, quant à la discipline et au temporel, ne fut jamais admis dans l'ancienne France (35).

---

L'exposition contenue dans ce livre ne dépasse, sur aucun point, l'année 1788; elle s'arrête au seuil de la Révolution. Cependant dans le cours d'histoire générale du droit français de première année. beaucoup de professeurs introduisent certains éléments de l'histoire du droit de la Révolution ou même du premier Empire. On trouvera cette histoire dans mon *Précis élémentaire de l'histoire du droit français de 1789 à 1814* (Révolution, Consulat, Empire).

(31) Ed. Martin, professeur à la Faculté de droit de Paris, *Institutiones juris cano nici*, 1788, t. II, p. 326 : « Si nunc inspiciamus quæ singularum partium, quibus constat corpus juris canonici, sit auctoritas in Gallia : quamvis et in scholis legantur et ad probationem invocentur in judiciis, nullam tamen apud nos vim juris habere constat; cum eorum nulla sit munita auctoritate publica. » Cf. ci-dessus, p. 634-635.

(32) Doujat, *Prænotionum canonicarum libri quinque*, 1. IV, ch. xxlv.

(33) Tardif, *Histoire des sources du droit canonique*, p. 77 et suiv.; 83 et suiv.

(34) Edition Schulte et Richter, *Canones et decreta concilii Tridentini*.

(35) Ci-dessus, p. 5, note 180.

FIN

# TABLE DES MATIÈRES

## PREMIÈRE PARTIE

### LES ORIGINES

Tableau d'ensemble, p. 1. — § 1. *Organisation administrative et judiciaire,* p. 4; préfets du prétoire, p. 4; diocèses, provinces, *civitates,* p. 4; organisation municipale, p. 5; *defensor civitatis,* p. 9; *patrocinia vicorum,* p.{10; assemblées provinciales, p. 11; l'organisation judiciaire, l'appel, p. 12. — § 2. *Impôts.* Impôts directs, *capitatio terrena,* p. 13; *capitatio plebeia,* p. 15; leur répartition et collecte, p. 16; impôts indirects, p. 17; réquisitions et *munera,* p. 18. — § 3. *État des personnes et condition des terres.* — I. *Honestiores et humiliores,* p. 20; artisans et marchands, p. 21; colons, p. 22. — II. Propriété romaine et tenure, p. 25; propriété provinciale, p. 26: la grande propriété, les *potentes,* p. 26; *agri limitanei,* p. 29. — § 4. *Sources du droit et droit criminel* — I. Le *jus vetus,* p. 30; *leges* et *codices,* p. 31. — II. Droit criminel, p. 32

§ 1. *Les coutumes germaniques avant les invasions.* Les sources, p. 35; Tacite, p. 35; constitution des *civitates* germaniques, p. 36; le *pagus,* p. 37: le *comitatus,* p. 38; la royauté, p. 40; nobles, libres, esclaves et affranchis, p 41; propriété foncière, p. 41; les délits et les compositions, p. 43. — § 2. *Les établissements des barbares en Gaule. La personnalité des lois.* Germanistes et Romanistes, p. 44; les dépossessions dans les royaumes: burgonde, p. 46; wisigoth, p 47; et franc, p. 47; la jouissance des lois romaines laissée aux Gallo-Romains, p. 49; la personnalité des lois, p 51; chez les Burgondes et les Wisigoths, p. 52; chez les Francs, p. 52.

Section première. Les institutions publiques. L'état des personnes et la propriété foncière. Le droit criminel. Les sources du droit. — § 1. *Le pouvoir royal et ses principales manifestations.* — I. Idée générale, p. 57;

## TROISIÈME PARTIE
### LE DÉVELOPPEMENT DU POUVOIR ROYAL ET L'ANCIEN RÉGIME

### TITRE PREMIER
#### L'UNITÉ NATIONALE ET L'ÉTAT PROGRESSIVEMENT RECONSTITUÉS SOUS LES ROIS DE LA TROISIÈME RACE

# TABLE ALPHABÉTIQUE

12830. — Bordeaux, Imprimerie Y. Cadoret, 17, rue Poquelin-Molière.

www.ingramcontent.com/pod-product-compliance
Lightning Source LLC
Chambersburg PA
CBHW032302210326
41520CB00047B/811

# A LA MÊME LIBRAIRIE

**Précis élémentaire de l'histoire du droit français de 1789 à 1814.** — Révolution, Consulat et Empire, suivi d'une table des matières alphabétique très détaillée, par A. ESMEIN. 2ᵉ tirage, 1911, 1 vol. in-8º .............................
................................................ broché, **16** francs ; cartonné, **22** fr. **50**

**Éléments de droit constitutionnel français et comparé,** par A. ESMEIN, 7ᵉ *édition*, revue par Henri NÉZARD, professeur de droit constitutionnel à la Faculté de droit de Caen. 1921, 2 vol. in-8º............... ..... ..... ..... **40** francs.

**Précis élémentaire de droit constitutionnel** (organisation des pouvoirs publics et libertés publiques), par Félix MOREAU, doyen de la Faculté de droit de l'Université d'Aix-Marseille. 9ᵉ *édition*, complètement revue. 1921, 1 vol. in 8º. **20** francs.

**Histoire des institutions politiques et administratives de la France,** — Droit public, — par Paul VIOLLET, membre de l'Institut, 3 vol. in-8º (Période gauloise. — Période gallo-romaine. — Période franque)... .. ......................
.............. Tome I *(épuisé)*. — Tome II, **16** francs. — Tome III, **20** francs.

**Le roi et ses ministres** pendant les trois derniers siècles de la monarchie, par Paul VIOLLET, membre de l'Institut, professeur d'histoire du droit civil et du droit canonique à l'Ecole des Chartes, bibliothécaire de la Faculté de droit. 1912, 1 vol. in-8º... .............. ................. . .. ...... , ........ broché, **20** francs

**Programme du cours d'histoire du droit français,** par Emile CHENON, professeur à la Faculté de droit de l'Université de Paris, brochure in-8º. 1907..... **3** francs.

**Cours d'Économie politique,** par Charles GIDE, professeur honoraire à la Faculté de droit de l'Université de Paris. 6ᵉ *édition*, 1923. 2 vol. in-8º...................
.......... .............. .......... brochés, **44** francs ; cartonnés, **59** francs.

**Principes d'Économie politique,** par Charles GIDE, professeur honoraire à la Faculté de droit de l'Université de Paris. 24ᵉ *édition*, 1923, 1 vol. in-18...........
........ ..................... ................... ......... cartonné, **17** fr. **50**

**Cours d'Économie politique,** par Henri TRUCHY, professeur à la Faculté de droit de l'Université de Paris. 1921-1923, 2 vol. in-8º........................
Chaque volume............../............ broché, **20** francs ; cartonné, **27** fr **50**

**Précis de droit civil,** contenant dans une première partie l'exposé des principes, et, dans une deuxième, les questions de détail et les controverses, par G. BAUDRY-LACANTINERIE, doyen et professeur honoraire de droit civil à la Faculté de droit de Bordeaux. 12ᵉ *et* 13ᵉ *éditions*, revues et mises au courant de la législation, de la doctrine et de la jurisprudence, par Paul GUYON, professeur de droit civil à l'Université de Grenoble. 3 vol. in-8º........................
Chaque volume............ .. broché, **25** francs ; cartonné, **32** fr. **50**

**Résumé de droit civil,** par H. BŒUF, docteur en droit, avocat à la Cour d'appel, répétiteur de droit. Tome I. 8ᵉ *édition*, 1921, 1 vol. in-18..... broché, **12** francs.

**Éléments de droit romain,** à l'usage des étudiants des Facultés de droit, par Gaston MAY, professeur de droit romain à la Faculté de droit de Paris. 14ᵉ *édition*, contenant : l'histoire du droit romain, les personnes, les droits réels, les obligations, les successions, la procédure civile et les actions. 1922, 1 vol. in-8º.............
.......... .....................  broché, **20** francs ; cartonné, **27** fr. **50**

**Précis des institutions du droit privé de Rome,** destiné à l'explication des auteurs latins, par G. MAY, professeur de droit romain à la Faculté de droit de Nancy, et Henri BECKER, professeur de rhétorique au Lycée de Nancy. In-18, 1892 *(nouveau tirage)*. ........ ................ ................................. **12** francs.

**Droit romain,** par F. BERNARD, docteur en droit, ancien magistrat, avocat à la Cour d'appel de Paris. 3ᵉ *édition*, refondue et corrigée. 1908, 1 vol. in-18... **15** francs.

12.830. — Bordeaux, imprimerie CADORET, 17, rue Poquelin-Molière.